TEPS의 모든 파트별 유형과 전략을 담은 실전 완성서

Joseph Kim's

TEPS MASTER 1000제

죠셉킴

문제집

KB233354

Joseph Kim's
TEPS MASTER 1000제

텝스를 완벽히 분석·반영한 전략, 유형, 난이도 그리고 친절한 해설 등을 담은 실전문제 제시

사람in
saram in.com

Joseph Kim's

대한민국 대표영어시험 TEPS 에서 명실 공히 국내 제1의 선두주자로 꼽히고 있으며 on-line 강의, off-line 강의, 출판 쪽에서 활동 중인 대표강사. 다년간 유수학원들에서 TEPS 강좌를 개척해온 노하우로 각계각층의 수강생들에게 고득점을 안겨주며 실력을 검증받았음.

약력

GRIFFITH UNIVERSITY (AUSTRALIA) 졸업

서울대학교 TEPS 관리위원회 공식 인증 강사

(현) 이익훈어학원 (강남본원) TEPS 대표강사

(현) 이익훈 인터넷 어학원 TEPS 대표강사

(현) 메가스터디 TEPS 대표강사 (www.megaenglish.net)

(현) 엠베스트 TEPS 대표강사 (www.mbest.co.kr)

(전) EBS 교육방송 Radio TEPS 강의 진행자 (www.ebs.co.kr)

(전) YBM e4u 어학원 (종로본원) TEPS 대표강사

(전) 주안 민병철 어학원 TEPS 대표강사

(전) 종로 외대 어학원 TEPS 대표강사

메가스터디(www.megaEnglish.net) TEPS 상담 & 자료코너 연재

국내 제1의 TEPS 동호회카페 [TEPS 990] 상담 & 자료실 연재

http://cafe.daum.net/newteps

Daum 카페 [죠셉킴 TEPS] 운영자

http://cafe.daum.net/jkteps

Joseph Kim's

TEPS
MASTER1000제

Joseph Kim's
TEPS MASTER 1000제

저자 | 죠셉킴
초판 1쇄 인쇄 | 2010년 6월 14일
초판 1쇄 발행 | 2010년 6월 21일

발행인 | 박효상

편집 | 강성실, 김은선, 정혜미
영업 | 이종선, 이태호, 이전희
디자인 | 이명애

출판등록 | 제10-1835호
발행처 | 사람in
주소 | 121-839 서울시 마포구 서교동 378-16번지 4F
전화 | 02) 338-3555(代)   팩스 | 02) 338-3545
e-mail | saramin@netsgo.com
Homepage | www.saramin.com

:: 책값은 뒤표지에 있습니다.
:: 파본은 바꾸어 드립니다.

© 죠셉킴 2010

ISBN 978-89-6049-164-9 18740
     978-89-6049-135-9(set)

사람in
saram
in com

Joseph Kim's
TEPS
MASTER 1000제

대한민국 대표 공인 영어시험 텝스(TEPS)를 준비하시는 수험자들을 위해 국내 영어교육의 핵심 역할을 하고 있는 도서출판 사람in과 대한민국 대표 TEPS 강사 죠셉 킴 선생님이 TEPS 수험자 여러분들을 위하여 최종으로 여러분들의 실력을 확인하고, TEPS의 모든 파트별 유형(Type)과 전략(Strategy)을 제시하여 실전에 대비 할 수 있는 Joseph Kim's 〈TEPS MASTER 1000제〉를 출간하게 되었습니다.

본 〈TEPS MASTER 1000제〉의 출간 목표는, 실전테스트를 통해 실질적인 전략을 키워서 가장 빠른 시간 안에 높은 점수를 획득할 수 있게 하는 것입니다. 이를 위하여 서울대 언어교육원의 출제경향의 토대위에서 실전레벨의 수준으로 가장 양질의 문제들만을 엄선했다고 자부하는 바입니다. 이 한권의 책으로 「이것이 바로 실전 TEPS다!」라는 것을 느끼실 수 있으실 것이며, 다른 TEPS Master 시리즈와의 연계성을 통해 990점 만점의 꿈을 실현할 수 있는 토대가 되리라 확신합니다.

필자가 강의하는 학원 수강생들 중 학원 수업을 두 달 정도 들은 후 시험을 보는 경우가 있는데, 필자의 경우 그러한 수강생들에게 학원을 다니면서 시험을 같이 보라고 충고합니다. 그 이유는 TEPS도 나름대로의 시험 규칙(rule)이 있고 시간 제한이라는 넘어야 할 산이 있으므로 이는 영어실력과는 별도로 평소에 자주 시험을 봐서 몸에 익혀 두어야 훨씬 놓은 점수를 획득할 수 있기 때문입니다. 이를 위해서는 모의고사를 본인 스스로 많이 풀어서 문제 푸는 능력과 시간 활용 능력을 키우는 것이 상당히 중요합니다. 특히 TEPS는 다른 시험들과 상당히 다른 점들이 많기 때문에, 모의고사를 보지 않고 곧바로 시험장으로 향할 경우 예상치 못한 상황들 때문에 많이 당황할 수 있으므로 각별히 유의해야 합니다.

실전 1000제 모의고사는 실제로 TEPS를 수험생들과 함께 보며 문제 유형을 100% 정확히 파악하고 있는 현직 텝스 전문 강사가 집필했다는 점에서, 양질의 TEPS 문제집에 갈급한 수험자들에게 좋은 학습 길잡이가 될 수 있다고 믿습니다. 아무쪼록 이 문제집들을 통해서 좋은 결과 얻으시길 바랍니다. 본 문제집은 각 문항의 난이도를 표시한 가장 최신의 유형 문제들로만 구성된 모의고사 5회분을 한 권으로 제작하였으며, 지속적으로 1000제를 비롯한 후속 문제집 시리즈 역시 이어질 예정입니다.

이 책이 나오기까지 정말 많은 기도와 격려로 가장 큰 힘이 되어준 아내, 그리고 나의 모든 것 되신 좋으신 하나님께 이 책을 바칩니다.

2010년 5월 서초동에서

Joseph Kim

Contents »

책의 구성 및 특징

General Strategy

General Strategy

1 모의고사라고 한 번 풀고 끝내지 말고, 풀어본 문제를 두세 번씩 다시 풀어본다

TEPS 문제들은 유형이 다양하게 출제되고 문제를 푸는 행위 자체가 좋은 학습이 되기 때문에, 한 번만 풀고 정답을 확인하기보다는 2회 이상 문제를 다시 풀어보는 것이 실제 시험장에서 청취력 향상에 도움이 된다. 뿐만 아니라, TEPS 청해 문제의 각 유형을 숙지하고 파트별 시간 안배 연습에 상당한 도움이 된다.

2 Part I, I –dictation(받아쓰기)을 반드시 한다

청해 파트 I, II의 경우 크게 나누어봤을 때, 의문문과 평서문으로 분류할 수 있으며 문장의 첫 마디, 시제, 인칭, 동음이의어를 가지고 함정을 만든 오답들을 배치하는 경우가 많다. 이런 오답의 함정을 피하고 대비할 수 있는 방법은 각 문장을 듣고 받아쓰기하는 것이다. 청해 Part I, II에서 등장하는 표현들은 영어를 모국어로 사용하는 사람들이 현장에서 늘 사용하는 생활영어 및 구어체 관용표

각 영역별로 반드시 알아두어야 할 일반적인 전략(General Strategy)들을 제시했습니다.

영역·파트별 Type

Type 3 평서문

의문사나 조동사로 시작되는 의문문과는 달리, 평서문으로 제시되는 유형으로 앞의 두 유형의 답변보다 다양한 답변이

L/C _ 평서문

M I hope you'll come and visit me again soon. I had a really great time.

W ____________________

(a) Whatever you want to do is fine with me.
(b) Sorry, but I don't remember where you live.
(c) I'll definitely be back. Just let me know when you're free.
(d) I don't get many visitors these days.

M 네가 곧 다시 놀러 왔으면 좋겠어. 아주 재미있는 시간을 보냈어.
W ____________________

각 영역의 파트별로 TEPS의 기본적 유형(Type)들의 특징과 예문을 실었습니다.

파트별 Analysis

Analysis

Part III
- 숫자나 약속시간, 사람 이름, 전개 상황에 대한 중요한 정보를 시험지에 간략하게 메모를 한다.
- 만일 대화의 도입이나 두 사람의 관계를 묻는 경우 두 번째 들을 때, 특히 도입부에 집중한다.

L/C _ 요점 파악

M So you're just going to throw all of those batteries into the garbage?
W Yeah. They're all dead and I'm not going to just keep them lying around.
M Well, I don't think it's a very good idea.
W Why not? It's not like I can do anything with them.
M The chemicals in batteries are toxic and when you throw them away they get buried in the earth.
W So what? All of our garbage ends up at the landfill.

각 파트별 대표 유형을 자세하게 분석(Analysis)해 놓았습니다.

문항별 Joseph's focus

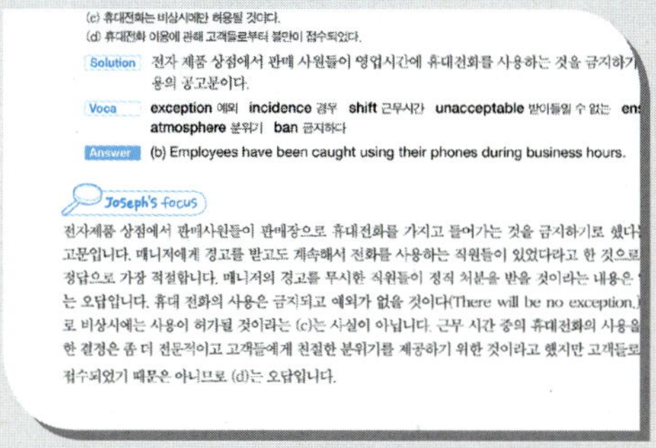

(c) 휴대전화는 비상시에만 허용될 것이다.
(d) 휴대전화 이용에 관해 고객들로부터 불만이 접수되었다.

Solution 전자 제품 상점에서 판매 사원들이 영업시간에 휴대전화를 사용하는 것을 금지하기 위한 용의 공고문이다.

Voca exception 예외 incidence 경우 shift 근무시간 unacceptable 받아들일 수 없는 ens atmosphere 분위기 ban 금지하다

Answer (b) Employees have been caught using their phones during business hours.

🔍 Joseph's focus

전자제품 상점에서 판매사원들이 판매장으로 휴대전화를 가지고 들어가는 것을 금지하기로 했다 고문입니다. 매니저에게 경고를 받고도 계속해서 전화를 사용하는 직원들이 있었다라고 한 것으로 정답으로 가장 적절합니다. 매니저의 경고를 무시한 직원들이 정직 처분을 받을 것이라는 내용은 는 오답입니다. 휴대 전화의 사용은 금지되고 예외가 없을 것이다(There will be no exception.) 로 비상시에는 사용이 허가될 것이라는 (c)는 사실이 아닙니다. 근무 시간 중의 휴대전화의 사용을 한 결정은 좀 더 전문적이고 고객들에게 친절한 분위기를 제공하기 위한 것이라고 했지만 고객들로 접수되었기 때문은 아니므로 (d)는 오답입니다.

기존의 단순한 간략 해설에서 벗어나 Joseph's focus를 두어 자세한 문항분석을 수록했습니다.

동의어와 반의어, 연어 수록

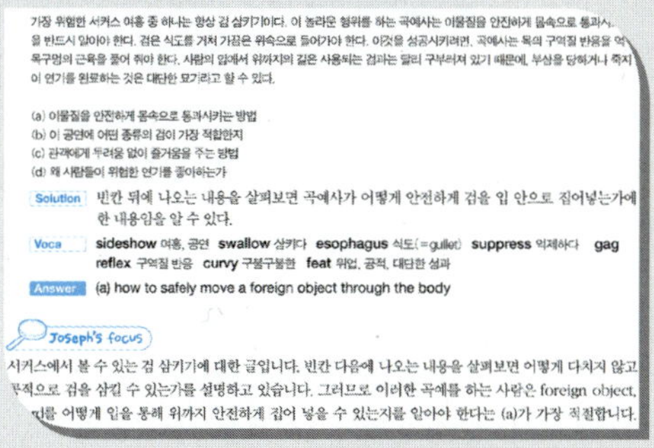

가장 위험한 서커스 여흥 중 하나는 항상 검 삼키기이다. 이 놀라운 행위를 하는 곡예사는 이물질을 안전하게 몸속으로 통과시 을 반드시 알아야 한다. 검은 식도를 거쳐 가끔은 위속으로 들어가야 한다. 이것을 성공시키려면, 곡예사는 목의 구역질 반응을 억 목구멍의 근육을 풀어 줘야 한다. 사람의 입에서 위까지의 길은 사용되는 검과는 달리 구부러져 있기 때문에, 부상을 당하거나 죽지 이 연기를 완료하는 것은 대단한 묘기라고 할 수 있다.

(a) 이물질을 안전하게 몸속으로 통과시키는 방법
(b) 이 공연에 어떤 종류의 검이 가장 적합한지
(c) 관객에게 두려움 없이 즐거움을 주는 방법
(d) 왜 사람들이 위험한 연기를 좋아하는가

Solution 빈칸 뒤에 나오는 내용을 살펴보면 곡예사가 어떻게 안전하게 검을 입 안으로 집어넣는가에 한 내용임을 알 수 있다.

Voca sideshow 여흥, 공연 swallow 삼키다 esophagus 식도(=gullet) suppress 억제하다 gag reflex 구역질 반응 curvy 구불구불한 feat 위업, 공적, 대단한 성과

Answer (a) how to safely move a foreign object through the body

🔍 Joseph's focus

서커스에서 볼 수 있는 검 삼키기에 대한 글입니다. 빈칸 다음에 나오는 내용을 살펴보면 어떻게 다치지 않고 목적으로 검을 삼킬 수 있는가를 설명하고 있습니다. 그러므로 이러한 곡예를 하는 사람은 foreign object, 를 어떻게 입을 통해 위까지 안전하게 집어 넣을 수 있는지를 알아야 한다는 (a)가 가장 적절합니다.

문항에서 제시된 단어 외에, 중요 단어들에 한해 동의어(Synonym), 반의어(Antonym), 연어(Collocation) 등을 수록하여 어휘의 확장(Extension)을 가져올 수 있도록 구성하였습니다.

기출예상 TEPS 청해 표현

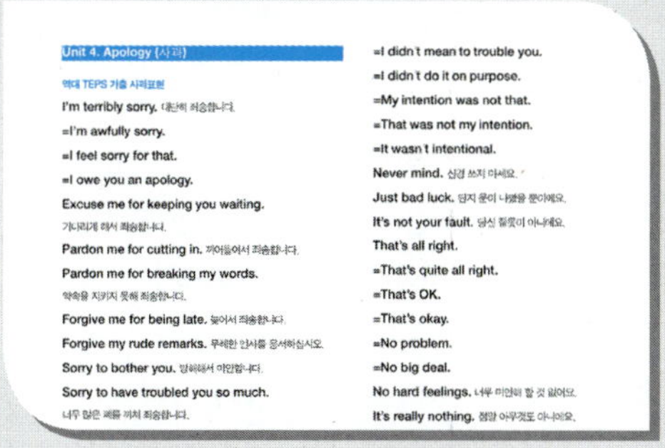

Unit 4. Apology (사과)

역대 TEPS 기출 사례표현

I'm terribly sorry. 대단히 죄송합니다.
=I'm awfully sorry.
=I feel sorry for that.
=I owe you an apology.
Excuse me for keeping you waiting.
기다리게 해서 죄송합니다.
Pardon me for cutting in. 끼어들어서 죄송합니다.
Pardon me for breaking my words.
약속을 지키지 못해 죄송합니다.
Forgive me for being late. 늦어서 죄송합니다.
Forgive my rude remarks. 무례한 인사를 용서하십시오.
Sorry to bother you. 방해해서 미안합니다.
Sorry to have troubled you so much.
너무 많은 폐를 끼쳐 죄송합니다.

=I didn't mean to trouble you.
=I didn't do it on purpose.
=My intention was not that.
=That was not my intention.
=It wasn't intentional.
Never mind. 신경 쓰지 마세요.
Just bad luck. 단지 운이 나빴을 뿐이에요.
It's not your fault. 당신 잘못이 아니에요.
That's all right.
=That's quite all right.
=That's OK.
=That's okay.
=No problem.
=No big deal.
No hard feelings. 너무 미안해 할 것 없어요.
It's really nothing. 정말 아무것도 아니에요.

청해 표현의 확장을 위해 기출이 예상되는 분야·주제별 TEPS 주요 청해 표현들을 수록했습니다.

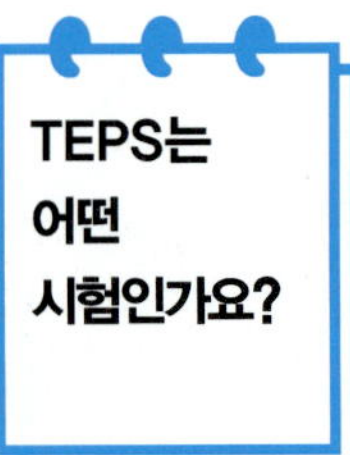

TEPS의 특징

TEPS(Test of English Proficiency developed by Seoul National University)는 서울대 언어교육원이 오랜 시간에 걸쳐 집중적인 연구를 통해 개발한 한국인의 실용 영어능력 평가 시험이다. Proficiency는 「숙달도」라는 뜻으로, 그 사람의 영어 실력이 얼마나 몸에 배어 있고 익숙한가를 측정한다. 따라서 단순한 암기와 요령만으로 고득점을 얻게 되는 시험이 아니라, 꾸준히 폭넓은 학습을 통하여 영어에 대한 전체적인 이해력이 바탕이 되어야 하는 시험이다. 또한 TEPS는 한국인들의 실제 영어 실력을 효과적으로 정확히 측정해주며, 변별력에 있어서 수험자의 영어 실력 파악에 도움을 준다. TEPS는 다양하고 일반적인 영어능력을 평가하는 시험으로 시험기관인 각 대학(원)의 진학뿐 아니라 입사할 때도 사용되고 있다

TEPS의 구성

TEPS는 청해, 문법, 어휘, 독해 4개 영역에 걸쳐 총 200문항으로 구성되어 있으며 시험시간은 140분이다. 만점은 문항반응이론(IRT)에 따라 채점하기 때문에 전부 맞아도 990점이고 모두 틀려도 10점은 나온다.

영역	점수	시간	지문과 문항 수
청취 (Listening Comprehension)	396	55분	Part Ⅰ(15문항) : 문장 하나를 듣고 이어질 대화 고르기 Part Ⅱ(15문항) : 3 문장의 대화를 듣고 이어질 대화 고르기 Part Ⅲ(15문항) : 6-8 문장의 대화를 듣고 이어질 대화 고르기 Part Ⅳ(15문항) : 단문의 내용을 듣고 질문에 해당하는 답 고르기
문법 (Grammar)	99	25분	Part Ⅰ(20문항): 대화문의 빈칸에 적절한 표현을 고르기 Part Ⅱ(20문항): 문장의 빈칸에 적절한 표현을 고르기 Part Ⅲ(5문항): 대화에서 어법상 틀리거나 어색한 부분 고르기 Part Ⅳ(5문항): 대화에서 어법상 틀리거나 어색한 부분 고르기
어휘 (Vocabulary)	99	15분	Part Ⅰ(25문항): 대화문의 빈칸에 적절한 단어 고르기 Part Ⅱ(25문항): 단문의 빈칸에 적절한 단어 고르기
독해 (Reading Comprehension)	396	45분	Part Ⅰ(16문항): 지문을 읽고 질문의 빈칸에 들어갈 내용 고르기 Part Ⅱ(21문항): 지문을 읽고 질문에 가장 적절한 내용 고르기 Part Ⅲ(3문항): 지문을 읽고 문맥상 어색한 내용 고르기
총계	990	140분	13개 Part (총 200문항)

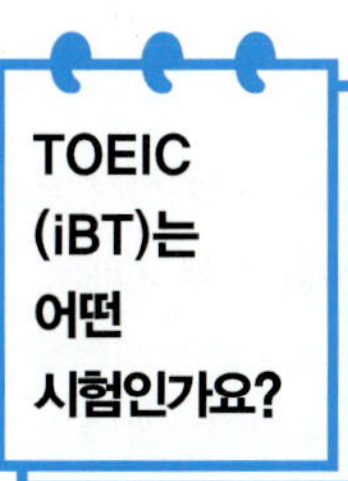

TOEFL(iBT)의 특징

토플(TOEFL: Test of English as a Foreign Language)은 미국 교육평가원(ETS: Education Testing Service)에서 주관하는 영어 시험으로, 영어를 모국어로 하지 않는 학생들이 대학 환경에서 사용되는 영어를 얼마나 잘 사용하고 이해하는가를 평가한다. 미국 대학이나 대학원 진학을 희망하는 이들이라면 거의 필수적으로 치러야하는 영어시험이다.

TOEFL의 구성

iBT 토플(Internet-Based TOEFL)은 과거 PBT(Paper-Based TOEFL)과 CBT(Computer-Based TOEFL) 이후의 새로운 토플 시험 형식으로 ETS에서 정한 고사장의 컴퓨터에 연결된 인터넷을 통해 실시된다. iBT 토플에서는 언어의 4가지 영역인 읽기, 듣기, 말하기, 쓰기 영역을 모두 평가한다.

영역	점수	시간	지문과 문항수
읽기(Reading)	0 - 30	60 ~100분	총 36 ~ 70개 독해지문 3 ~ 5개 (한 지문 당 12~14개)
듣기(Listening)	0 - 30	60 ~90분	총 34 ~ 51개 대화(Conversation): 듣기 지문 2 ~ 3개 한 지문 당 5문항 출제
			강의(Lecture): 듣기 지문 4 ~ 6개(3~5분) 한 지문 당 6문항 출제
휴식 (10분)			
말하기(Speaking)	0 - 30	20분	총 6개 독립형 문항 2개 통합형 문항 4개
쓰기(Writing)	0 - 30	50분	총 2개 독립형 문항 1개 통합형 문항 1개
Total	0 - 120 점	약 4시간	

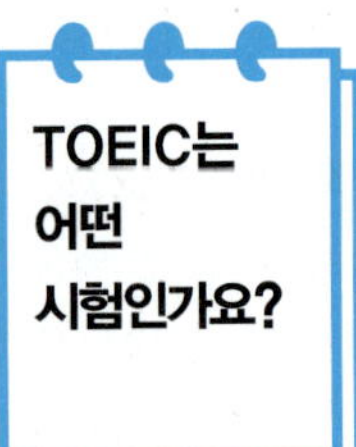

TOEIC의 특징

TOEIC(Test of English for International Communication)은 국제 커뮤니케이션 능력을 위한 미국 ETS에 의해 개발된 영어 테스트로서, 대학입시나 입사 시험 및 부서 배치, 승진을 비롯한 해외 파견 근무 자격시험으로 활용되고 있다. TOEIC이 다른 영어 시험들과 구별되는 점은 TOEIC이 '지식' 이 아니라 영어의 '기능과 실용성'을 측정하는데 중점을 둔다는 것이다.

TOEIC의 구성

TOEIC은 Listening Comprehension과 Reading Comprehension으로 나뉘어 있으며, 각 섹션별로 100문항씩 총 200문항으로 이루어져 있다. 청해 4파트, 독해 3파트로 구성되어 있다. 정기시험의 경우 패키지 형태인 TOEIC Speaking and Writing Tests, 그리고 TOEIC Speaking Test 등 2가지의 형태로 응시가 가능하다.

영역	점수	시간	지문과 문항 수
청취 (Listening Comprehension)	495	45분	Part 1 사진 묘사 (10문항) Part 2 질의 응답 (30문항) Part 3 짧은 대화 (30문항) Part 4 설명문 (30문항)
독해 (Reading Comprehension)	495	75분	Part 5 단문공란 메우기 (문법/어휘) (40문항) Part 6 장문 공란 메우기(12문항) Part 7(독해) 1개의 문단(28문항) 2개의 문단(20문항)
총계	990점	120분	7개 Parts 200문항

유형	구분	문제 유형	유형	시간
말하기 (Speaking)	Questions 1-2	Read a text aloud – 문장 읽기	2	각45초
	Questions 3	Describe a picture – 사진 묘사	1	45초
	Questions 4-6	Respond to questions – 듣고, 질문에 답하기	3	4번:15초 5번:15초 6번:15초
	Questions 7-9	Respond to questions using information provided – 제공된 정보를 사용하여 질문에 답하기	3	7번:15초 8번:15초 9번:15초
	Questions 10	Propose a solution – 해결책 제안하기	1	60초
	Questions 11	Express an opinion – 의견 제시하기	2	60초

쓰기 (Writing)	Questions 1-5	Write a sentence based on a picture – 사진에 근거한 문장 만들기	2	총 8분
	Questions 6-7	Respond to a written request – E-mail 답변 작성하기	1	문제당 10분
	Questions 8	Write an opinion essay – 의견 기술하기	3	30분

TEPS & TOEFL & TOEIC의 특징 비교

	TEPS	TOEFL(iBT 기준)	TOEIC
출제 기관	서울대 어학연구소	미국 ETS (Educational Testing Service)	미국 ETS (Educational Testing Service)
개발 목적	한국인의 실용 영어 능력 측정	북미 혹은 영어권 대학(원) 유학에 필요한 영어 능력 측정	비즈니스 커뮤니케이션 영어 능력 측정
구성	청해:60문항 문법:50문항 어휘:50문항 독해:40문항 총 200문항	Reading 36~70문항 Listening 34~51문항 Speaking 6문항 Writing 2문항	L/C100문항 R/C 100문항 총 200문항
만점	990점	120점	990점
시간	2시간 20분	4시간	2시간
유효 기간	2년	2년	2년
평가 기준	절대 평가	상대 평가	상대 평가
채점 방식	같은 문항수를 맞추어 도 문항의 난이도에 따라 다른 점수를 받음. 문항반응 이론 (IRT: Item Response Theory) 채택.	맞은 개수에 따라 0~120점까지 나타남. Writing에서는 읽기/듣기/쓰기 3개의 섹션이 통합된 문제 1개와 기존 CBT 의 TWE 형식의 문제 1개 출제.	두 가지 영역, 청취와 독해 각 부분은 각 5~495점의 점수로 표시. 전체 점수는 10~990점까지로 나타남.
응시료	33,000원	US $ 170	39,000원
시험 특징	1. 한국인에게 맞춘 영어시험 2. 편법, 눈속임이 통하지 않는 시험 3. 속도화 시험 4. 실용영어 능력 평가 5. 듣기능력 집중 시험 6. 세분화된 성적 통보	1. 세계적으로 가장 널리 사용 (180개국 1,275 개소의 테스트 센터에서 시행됨) 2. 청취, 문법, 독해, 쓰기, 말하기, 표현에서 종합적인 점수를 제공함 3. 학문적인 영어 4. 인터넷 기반 (IBT)	1. L/C로 회화능력 간접 측정 2. 시험의 소재는 사회 및 직장생활에 필요한 기본적인 단어 사용 3. 별도의 환산표에 의해 난이도 조정 4. 점수 등급별로 구분 5. 객관식이지만 간접적으로 회화능력 측정

TEPS, TOEFL, TOEIC의 점수 비교표

TEPS (990점)	TOEFL IBT (120점) / CBT (300점) / PBT (677점)	TOEIC (990점)
951 ~	117 ~ / 287 ~ / 660 ~	980 ~
901 ~ 950	111 ~ 117 / 273 ~ 287 / 640 ~ 663	950 ~ 975
851 ~ 900	101 ~ 112 / 253 ~ 273 / 607 ~ 643	910 ~ 945
801 ~ 850	98 ~ 102 / 247 ~ 253 / 597 ~ 610	875 ~ 905
751 ~ 800	92 ~ 99 / 237 ~ 247 / 580 ~ 597	835 ~ 870
701 ~ 750	84 ~ 93 / 223 ~ 237 / 563 ~ 583	790 ~ 830
651 ~ 700	79 ~ 85 / 213 ~ 223 / 550 ~ 563	750 ~ 785
601 ~ 650	76 ~ 80 / 207 ~ 213 / 540 ~ 550	705 ~ 745
551 ~ 600	69 ~ 76 / 193 ~ 207 / 523 ~ 543	650 ~ 700
501 ~ 550	62 ~ 70 / 177 ~ 193 / 503 ~ 523	600 ~ 645
451 ~ 500	58 ~ 63 / 167 ~ 177 / 493 ~ 503	545 ~ 595
400 ~ 450	57 ~ 58 / 163 ~ 167 / 487 ~ 493	490 ~ 540

✚ 각 시험의 유형과 난이도가 다르고 평가방법이 다르므로 절대적인 기준이 될 수 없으며, 참고용으로 이용한다.

TEPS_ MASTER_ 1000제_

General Strategy, Type

Practical Test(1회)

Listening Comprehension

Grammar

Vocabulary

Reading Comprehension

Listening Comprehension

General Strategy

1 모의고사라고 한 번 풀고 끝내지 말고, 풀어본 문제를 두세 번씩 다시 풀어본다

TEPS 문제들은 유형이 다양하게 출제되고 문제를 푸는 행위 자체가 좋은 학습이 되기 때문에, 한 번만 풀고 정답을 확인하기보다는 2회 이상 문제를 다시 풀어보는 것이 실제 시험장에서 청취력 향상에 도움이 된다. 뿐만 아니라, TEPS 청해 문제의 각 유형을 숙지하고 파트별 시간 안배 연습에 상당한 도움이 된다.

2 Part I, II – dictation(받아쓰기)을 반드시 한다

청해 파트 I , II의 경우 크게 나누어봤을 때, 의문문과 평서문으로 분류할 수 있으며 문장의 첫 마디, 시제, 인칭, 동음이의어를 가지고 함정을 만든 오답들을 배치하는 경우가 많다. 이런 오답의 함정을 피하고 대비할 수 있는 방법은 각 문장을 듣고 받아쓰기하는 것이다. 청해 Part I , II에서 등장하는 표현들은 영어를 모국어로 사용하는 사람들이 현장에서 늘 사용하는 생활영어 및 구어체 관용표현들로 구성되어 있다. 이러한 것들을 소리 내어 통째로 암기를 해서 익숙해지면 Part III에 등장하는 대화에 대한 이해도도 상당히 좋아질 뿐만 아니라, 다양한 상황에 대한 표현들을 익히게 되므로 우리나라 영어 학습자들에게 취약한 미국문화에 대한 이해도 상당히 향상된다.

3 Part III, IV – shadowing(따라 읽기)을 하며 질문이 무엇을 요구하는지를 파악한다

Part III, IV는 크게 봤을 때 대의 파악 유형과 세부 내용 파악 유형으로 나누어 볼 수 있는데, Part I , II와 달리, 두 번 들려주는데다가 Question이 등장하고 그 Question에 따라 집중해 들어야 할 부분이 달라지므로 받아쓰기나 무작정 외우는 것보다 shadowing(따라 읽기)을 하며 전체 문맥의 흐름과 질문에서 요구하는 점을 빠르게 파악하는 것이 중요하다. 들리지 않는데 무조건 듣기만 하지 말라는 외국어 습득 이론이 있다. 특히 Part IV처럼 내용이 많은 경우에는 더욱 그렇다. 긴 내용에 대한 순간 독해력이 부족하기 때문에 지문의 내용을 절반도 이해하지 못하는 경우, 반드시 대본을 빨리 읽는 독해 훈련에 상당한 시간을 투자해야 한다. 이 과정에서 원어민 음성을 통해 끊어 읽기나 발음 등에 대해서도 숙달할 수 있기 때문이다.

문장형식

Part I 문장 하나를 듣고 이어질 대화 고르기 (15문항)

질의응답 문제를 다루며 내용 자체는 단순하고 기본적인 수준의 생활영어 표현으로 구성되어 있지만, 재빠른 상황 판단 능력을 요구한다. 따라서 이 파트에서는 순발력 있는 상황 판단 능력이 요구된다.

Part II 3문장의 대화를 듣고 이어질 대화 고르기 (15문항)

짧은 대화 문제로 두 사람이 A-B-A-B 순으로 대화하는 형식이며, 약 12초 전후로 짧게 구성되어 있다.

TYPE

Type 1 의문사 있는 의문문

대화의 질문에 Who, Where, What, Why, When, How 등의 의문사가 있는 유형이다. 이런 종류의 구체적인 의문문의 유형을 살펴보면 다음과 같다.

유형	표현	답변
의견	What do you think of ~? (의견)	Yes / No로 시작하면 일반적으로 답이 아닐 가능성이 높으며 구체적인 답변이 제시되어야 한다.
종류	What kind of ~? (종류)	
방법	What should I do ~?, How~ (방법)	
장소, 방향	Where is ~ Which is the best place ~? (장소) Which direction ~? (방향)	
이유, 상태	Why ~? What made~? How come~? (이유) What's it like~? (상태)	
수, 빈도(횟수),기간	When ~? How long ~? (기간) How many ~? (수) How often~? (빈도, 횟수) How soon~? (시간)	
소감, 평가, 제안	How do you like ~? (소감, 평가) How would you like~? Why don't you / we~? (제안)	

L/C_의문사 있는 의문문

M How soon after the interview will I know whether I have the job?

W ________________________

(a) Just fill out an application and leave it on the desk.
(b) You're highly qualified for the position.
(c) You'll be in charge of communicating with branches overseas.
(d) That could take anywhere from 1 to 3 weeks.

M 면접을 보고 얼마 후에 합격했는지 여부를 알 수 있나요?

W ________________________

(a) 지원서를 작성해서 책상 위에 놓아 주세요.

(b) 당신은 직책을 맡을 자격을 충분히 갖추고 있습니다.

(c) 당신은 해외 지사와 연락하는 일을 담당하게 될 거예요.

(d) 일주에서 3주까지 걸릴 수 있어요.

Solution 면접을 보고 합격 여부를 아는데 얼마나 걸리냐고 묻고 있다.

Voca **application** 지원서, 신청서   **qualified** 자격을 갖춘

Answer (d) That could take anywhere from 1 to 3 weeks.

Joseph's focus

면접을 본 후 얼마나 빨리 결과를 알 수 있는지를 묻고 있습니다. 답변으로는 대강의 예상 기간을 알려 주거나 잘 모른다는 말을 기대할 수 있습니다. (a)는 지원서를 작성해 책상 위에 놓으라고 했으므로 질문에 답변을 하고 있지 않고 (c)는 채용되면 어떤 업무를 맡게 될 것인가를 묻는 질문에 대한 답변입니다.

Type 2 의문사 없는 의문문

대화의 질문이 의문사가 아닌, Be동사(Be 동사의 부정문), Do(Don't)나 Have(Haven't) 등과 같은 조동사로 시작하거나 부가의문문으로 시작하는 유형이다. 이런 종류의 구체적인 유형은 다음과 같다.

유형	표현	답변
Be(Be 동사의 부정 의문문)	Are you ~? Is it ~? Isn't it ~?	Yes/No의 답변이나 Actually I am, I do, I'm afraid~또는 중립적인 말(I'm not sure./ I have to check.)이 답이 된다.
Do(Don't)	Do you ~? Don't you ~?	
Have(Haven't)	Have you ~? Haven't you ~?	※ 부가의문문의 경우는 질문이 무엇이든 대답은 Yes, No 혹은 생략된다.
Can(Can't)	Can you ~? Can't you ~?	
부가의문문	~, isn't it?~, aren't you? ~haven't they?	

L/C_의문사 없는 의문문

M Would it be OK if I paid for these now and came back to get them in about an hour?

W _______________________________

(a) I'll be back soon. I just need to get something.

(b) I don't see why not. I'll put your name on this bag.

(c) There's a mistake on the bill here.

(d) No, I'm sorry, but we don't have any of those.

M 지금 이 물건 값을 지불하고 한 시간쯤 후에 와서 찾아가도 될까요?

W _______________________

(a) 곧 돌아올게요. 필요한 게 있어서요.

(b) 안 될 것도 없죠. 이 가방에 이름을 적어 둘게요.

(c) 이 청구서에 오류가 있어요.

(d) 아니오, 미안하지만, 저희는 그런 게 없는데요.

| Solution | 상점에서 산 물건을 맡기고 나중에 찾아가도 되냐고 묻고 있다. 적절한 대답으로는, 승낙을 하거나 곤란하다고 말할 것이 기대된다. |

| Voca | **pay for** 대금을 지불하다 |

| Answer | (b) I don't see why not. I'll put your name on this bag. |

Joseph's focus

상점에서 물건을 산 사람이 다른 일을 보고 난 후에 가는 길에 물건을 찾아가도 되겠느냐고 묻고 있습니다. 적절한 답변으로는 승낙, 거부 혹은 매니저에게 물어봐야 한다고 하는 등의 경우들을 예상해 볼 수 있습니다. (a)는 손님이 할 말로는 적절하지만 이 상황에서 직원이 할 만한 대답은 아닙니다. '안 될 것도 없죠.'라고 승낙한 후, 구입한 물건이 들어있는 가방에 이름을 써서 보관해 두겠다는 (b)가 정답으로 가장 적절합니다.

Type 3 평서문

의문사나 조동사로 시작되는 의문문과는 달리, 평서문으로 제시되는 유형으로 앞의 두 유형의 답변보다 다양한 답변이 제시된다.

L/C_평서문

M I hope you'll come and visit me again soon. I had a really great time.

W ________________________________

(a) Whatever you want to do is fine with me.
(b) Sorry, but I don't remember where you live.
(c) I'll definitely be back. Just let me know when you're free.
(d) I don't get many visitors these days.

M 네가 곧 다시 놀러 왔으면 좋겠어. 아주 재미있는 시간을 보냈어.
W ________________________________

(a) 네가 하고 싶은 건 뭐든지 좋아.
(b) 미안하지만, 네가 어디 사는지 기억이 안 나.
(c) 꼭 다시 올게. 시간날 때 알려 줘.
(d) 요즘에 찾아오는 사람들이 별로 없어.

| Solution | 즐거운 시간을 보낸 후, 친구를 배웅하면서 꼭 다시 오라고 말하고 있으므로 친구 입장에서 반드시 다시 오겠다고 화답하는 (c)가 정답이다. |

| Voca | **definitely** 분명히, 확실히 |

| Answer | (c) I'll definitely be back. Just let me know when you're free. |

Joseph's focus

자신의 집에서 친구와 즐거운 시간을 보낸 후 헤어지면서 친구에게 즐거운 시간을 보냈다며 또 다시 놀러 오라고 했으므로, 친구 쪽에서 꼭 다시 오겠다고 약속하는 (c)가 정답으로 가장 적절합니다. (a)는 무엇을 하고 싶냐는 질문에 대한 답변으로 적절합니다. (d)는 남자가 한 말에 visit이 사용된 것을 이용한 함정이며, 놀러 오는 사람들이 별로 없으니 자주 놀러 오라는 의미로 오히려 남자가 할 말로 적절합니다.

Analysis

Part I

- 문장의 첫 마디, 시제, 인칭, 동음이의어를 가지고 함정을 만든 오답들에 주의합니다.
- 처음 나오는 의문사, 시제, 인칭을 빠르게 포착해 상황에 맞는 답을 찾아냅니다.

L/C_의문사 없는 의문문

M Are you still going to have time to pick up the materials for our project later this afternoon?

W ___________________________

(a) I don't see why not.
(b) This material is too thin.
(c) Thanks, but I can't accept this.
(d) Yes, it's almost three o'clock.

M 오늘 오후에 프로젝트에 필요한 재료들을 사러 갈 시간이 여전히 있니?
W ___________________________

(a) 없을 이유가 없지.
(b) 이 천은 너무 얇아.
(c) 고맙지만, 이건 받아들일 수 없어.
(d) 응, 거의 세 시야.

Solution 오늘 오후에 재료를 사러 갈 시간이 있을지를 묻고 있다.

Voca **pick up** 사다

Answer (a) I don't see why not.

Joseph's focus

[Are you going to have time~?]로 시작된 질문이라고 해서 어디에 가는지를 묻거나 시간을 묻는 질문이라고 착각하지 않도록 주의합니다. 계획한 대로 여전히 오늘 오후에 재료를 사러 갈 시간이 있냐고 묻고 있으므로 '시간이 있다, 없다' 혹은 '깜박 잊었다' 등의 답변을 기대해 볼 수 있습니다. 보기로 주어진 표현들 중에서 yes/no로 대답한 문장은 (d)뿐입니다. 하지만 (d)는 시간이 몇 시인 줄 아느냐? [Do you have the time?/Do you know what time it is?]에 대한 답변으로 적절합니다. (b)는 질문에서 쓰인 단어 material을 사용하고 있지만, 질문은 시간이 있는지를 묻고 있는 것이므로 적절한 답변이 아닙니다. [I don't see why not.]은 '안 될 이유가 없지.'라며 간접적으로 시간이 있음을 답하고 있습니다.

Part II

- 대화의 첫 번째, 두 번째 부분에 20~30퍼센트, 세 번째 부분에 70~80퍼센트 정도의 비중을 두고 들도록 합니다.
- Part I과 마찬가지로 의문사, 시제, 인칭을 빠르게 포착해 상황에 맞는 답을 찾아내는 것이 중요하며 대화에 나왔던 단어가 선택지에 나온 경우 답에서 제외시킵니다.

L/C_의문사 있는 의문문

W Is there anything I can help you with, or are you just browsing?
M I'm actually looking for a gift for my sister and I have no idea what to buy.
W Well, what kinds of things does your sister enjoy?
M _______________________

(a) That's just it. I'm not sure what she's really into.
(b) Thanks, but I think I'll be OK on my own.
(c) Well, I really enjoy reading books whenever I have time.
(d) I don't think she would like that very much.

W 뭘 도와 드릴까요, 아니면 그냥 구경하시는 건가요?
M 여동생에게 줄 선물을 찾고 있는데 뭘 사야 할 지 전혀 모르겠어요.
W 동생이 어떤 것들을 좋아하나요?
M _______________________
(a) 바로 그게 문제죠. 걔가 뭘 좋아하는지 잘 모르겠어요.
(b) 고맙지만, 혼자서도 괜찮을 것 같아요.
(c) 시간이 날 때마다 책 읽기를 좋아해요.
(d) 동생이 그걸 그다지 좋아할지 잘 모르겠어요.

Solution 점원인 여자가 여동생의 선물을 사러 온 남자에게 동생이 어떤 것을 좋아하는지를 묻고 있다.

Voca **browse** 둘러보다 **be into** ~에 관심이 있다(=be interested in)

Answer (a) That's just it. I'm not sure what she's really into.

Joseph's focus

상점에 들른 남자는 여동생에게 줄 선물을 찾고 있는 중인데 뭘 살지를 모르겠다 말하고 여자는 여동생이 무얼 좋아하냐고 묻고 있습니다. 남자의 마지막 대답으로는 여동생이 좋아하는 것들을 말하거나 혹은 잘 모르겠다고 말할 것으로 예상해 볼 수 있습니다. (a)의 [~what she's really into...]는 '그녀가 진정으로 좋아하는 것'의 뜻이며, 여기서 be into는 'be interested in'을 의미합니다. 그러므로 동생이 무엇에 관심이 있는지를 몰라서 무슨 선물을 살지 모르겠다는 (a)가 정답으로 가장 적절합니다. (b)는 대화의 맨 처음에 도와줄까라고 물었을 때 그냥 혼자서도 괜찮다는 대답으로는 적절하지만 남자의 마지막 말로는 적절하지 않습니다. (c)는 자신이 시간이 날 때마다 책읽기를 즐긴다고 했지만, 남자가 아닌 여동생이 무엇을 좋아하느냐고 물었으므로 정답이 될 수 없습니다. (d)는 선물로 줄 만한 물건을 두고 할 수 있는 말이지만 무엇을 살지도 모르는 상황이므로 정답으로 적절하지 않습니다.

Part I **Questions 1-15**

You will now hear fifteen conversation fragments, each made up of a single spoken statement followed by four spoken responses. Choose the most appropriate response to the statement.

** **1** (a) (b) (c) (d)

** **2** (a) (b) (c) (d)

* **3** (a) (b) (c) (d)

* **4** (a) (b) (c) (d)

* **5** (a) (b) (c) (d)

** **6** (a) (b) (c) (d)

*** **7** (a) (b) (c) (d)

* **8** (a) (b) (c) (d)

** **9** (a) (b) (c) (d)

** **10** (a) (b) (c) (d)

*** **11** (a) (b) (c) (d)

** **12** (a) (b) (c) (d)

** **13** (a) (b) (c) (d)

** **14** (a) (b) (c) (d)

*** **15-1** (a) (b) (c) (d)

*** **15-2** (a) (b) (c) (d)

*16 (a) (b) (c) (d)

**17 (a) (b) (c) (d)

**18 (a) (b) (c) (d)

**19 (a) (b) (c) (d)

**20 (a) (b) (c) (d)

**21 (a) (b) (c) (d)

**22 (a) (b) (c) (d)

*23 (a) (b) (c) (d)

**24 (a) (b) (c) (d)

*25 (a) (b) (c) (d)

**26 (a) (b) (c) (d)

**27 (a) (b) (c) (d)

**28 (a) (b) (c) (d)

**29 (a) (b) (c) (d)

***30-1 (a) (b) (c) (d)

***30-2 (a) (b) (c) (d)

출제형식

Part III 긴 대화(6~8문장)를 듣고 이어질 대화문 고르기 (15문항)

Part III은 앞의 두 파트에 비해 다소 긴 대화를 들려준다. 대신 대화 부분과 질문을 들려 준 뒤, 다시 한 번 대화 부분을 들려주기 때문에 길이가 긴 데 비해서 많이 어렵지는 않으며 청해 파트에서 가장 쉬운 편에 속한다.

Part IV 담화를 듣고 질문에 가장 적절한 답 고르기 (15문항)

Part IV는 앞의 Part I ~ III에 비해 지문의 길이가 길고 뉴스를 듣거나 강의를 들을 때와 비슷한 상황을 설정하여 얼마나 잘 이해하는지를 측정하는 담화문 형태가 된다. 이야기의 주제, 목적, 화제, 세부 사항 및 이를 근거로 한 추론 등을 다루며, 들으면서 곧바로 내용을 이해할 수 있는지를 잘 평가해 주는 부분이 된다.

TYPE

Type 1 대의 파악

대의 파악은 지문 앞부분에 답의 단서가 들어 있거나 전체 내용을 근거로 답을 유추할 수 있는 유형이 대부분이다. 대체로 함정이 적은 유형이므로, 지문을 두 번째 들을 때 질문의 핵심어만 재빠르게 뽑아낼 수만 있으면 80퍼센트 이상 성공이라고 할 수 있다. 최근 시험에서는 대화나 지문에 등장한 단어나 어구와 뜻은 같은데 표현만 다르게 바꾼 선택지가 등장하는 경우가 상당히 많으므로 유의하며 청취한다.

> **L/C_대의 파악**
>
> M Excuse me. Do you know there is a good place to buy shoes around here?
> W Hmm… let's see. Well, there's a place called Florman's just up the block.
> M I've been there already, actually. Everything there was so formal.
> W OK, then what are you looking for exactly?
> M Actually, I'm looking for some athletic shoes. Just something which I can use for jogging, and not too pricy.
> W In that case, any of the big box stores would probably have what you need.
> M You know, that'd probably do the trick.
> W Well, then just take a right at the next intersection and you'll run right into Smith's Value World.
>
> Q. What is the conversation about?
> (a) Why it's best to shop around for the best prices
> (b) Directions for getting to the woman's place of business
> (c) The best place nearby for purchasing cheap sports shoes
> (d) Ways to find quality products while on a fixed income

M   실례합니다. 이 근처에 신발을 살 만한 좋은 장소가 있는지 아세요?
W   음… 생각을 좀 해보고요. 한 블록 가면 플로맨이라는 상점이 있어요.

M 사실 거기는 이미 가 봤어요. 모두 꽤 정장풍이더라고요.

W 어떤 걸 찾으시는데요?

M 운동화 종류를 찾고 있어요. 조깅할 때 신을 수 있는 별로 비싸지 않은 걸로요.

W 그렇다면 대형 할인점이 좋을 것 같네요.

M 그게 좋을 것 같네요.

W 그러면 다음 사거리에서 우회전을 하시면 스미스 할인 세상이 보일 거예요.

무엇에 관한 대화인가?
(a) 최상의 가격을 위해 여기 저기 알아보는 것이 좋은 이유
(b) 여자가 운영하는 회사에 가는 방향
(c) 값 싼 운동화를 살 만한 근처의 상점
(d) 고정된 수입으로 좋은 품질의 제품을 찾는 법

Solution 남자는 여자에게 운동할 때 신을 수 있는 신발을 살 수 있는 곳을 알고 있는지를 묻고 있다.

Voca **athletic** 운동 경기의, 운동선수다운 **pricy** 가격이 비싼 **do the trick** 효과가 있다, 적당하다 **intersection** 사거리

Answer (c) The best place nearby for purchasing cheap sports shoes

대화의 주요 내용이 무엇인가를 고르는 문제입니다. 대화 자체는 별로 어려운 것이 없습니다만, 대화중에 여자가 신발 가게로 가는 방향을 알려 주는 것과 보기 (b)의 여자가 운영하는 가게로 가는 길을 혼동하지 않도록 합니다. 참고로 여기에서 'big box store'는 월마트 등과 같은 '대형 할인점'을 통틀어 말합니다. 남자는 운동화를 살 수 있는 상점이 어디인지 묻고 있으므로 (c)가 정답이 됩니다.

Type 2 세부 내용 파악

Part Ⅲ, Ⅳ 중 대의 파악 유형은 어느 특정 부분을 놓치더라도 전반적인 대화나 글의 분위기로 정답을 고를 수 있다. 반면 세부 내용을 묻는 문제의 경우는 질문에서 묻는 세부 내용을 놓칠 경우 정답을 고르기 힘들기 때문에 쉽게 풀리지 않는다. 따라서 첫 번째 들을 때는 대화나 지문의 전체적인 내용을 파악하고 두 번째 들을 때는 세부적인 내용 파악에 유의한다. 특히 세부 내용을 묻는 유형에서는 주어지는 질문을 잘못 듣는 경우 대화나 지문 내용을 완전히 이해했다 할지라도 정답을 못 고르는 상황이 올 수 있으므로, 질문이 무엇을 요구하는지 정확히 파악하는 것이 관건이 된다.

L/C_세부 내용 파악

W I'd like two tickets for the late showing of *Charlie Monster Goes to Nowhere Land*, please.

M No problem. That'll be $20, and I'll also need to see your ID.

W OK. It's around here somewhere. Oh, here it is.

M I'm sorry, but I can't sell you tickets to that film.

W What's wrong? Is it sold out or something? Couldn't I just get tickets for another time?

M No, it's not that. You have to be 18 to see *Charlie Monster*. It's rated R.

W Oh, come on. You can't let me in just this once?

Q. Why can't the woman get in to the movie?
(a) Because she isn't old enough.
(b) Because she can't find her ID.
(c) Because she missed the last showing.
(d) Because the tickets were sold out.

W 〈찰리 몬스터 미지의 장소에 가다〉 늦은 상영 시간으로 표 두 장 주세요.
M 물론이죠. 20달러 되겠고요, 신분증을 보여 주세요.
W 알겠어요. 여기 어딘가에 있을 텐데. 아, 여기 있어요.
M 죄송하지만, 그 영화표는 팔수가 없겠네요.
W 뭐가 문젠가요? 매진됐나요? 다른 시간 상영 티켓도 살 수 없나요?
M 그게 문제가 아니고요. 〈찰리 몬스터〉를 보려면 18세 이상이 돼야 합니다. 18세 이상 관람가예요.
W 그러지 말고 이번 한 번만 들여보내 주면 안 될까요?

왜 여자는 영화관에 들어 갈 수 없는가?
(a) 나이가 어려서
(b) 신분증이 없어서
(c) 마지막 상영이 끝나서
(d) 표가 매진돼서

Solution 매표소 직원인 남자가 신분증을 확인하고 나서 [You have to be 18 to see *Charlie Monster*. It's rated R.]이라고 했으므로 여자가 18세 미만이라는 것을 알 수 있다.

Voca **be sold out** 매진되다 **rate** 등급을 매기다, 등급

Answer (a) Because she isn't old enough.

Joseph's focus

여자가 매표소에서 영화표를 사는 중입니다. 매표소 직원인 남자는 신분증을 확인하고 나서 영화가 R등급이기 때문에 표를 판매할 수 없다고 거부하고 있으므로 (a)가 정답이 됩니다. 영화의 등급은 rating이라고 하는데 G(General audience)는 전체 관람가, PG(Parental guidance)는 부모의 지도가 요망되는 준 일반 관람가, PG-13은 부모의 강력한 주의가 요망되는 13세 이상 관람가, R은 (Restricted)로 18세 미만은 부모의 동반이 요망되는 18세 이상 관람가를 의미합니다.

대체로 38번 이후에 나오는 문제는 진위 파악 문제이다. 즉 선택지 중에서 옳은 것을 고르는 문제이기 때문에 메모하지 않으면 정답을 고르기가 힘들 수 있다. 즉, 중요한 사항을 꼼꼼히 적지 않으면 다 듣고도 틀릴 수 있기 때문에, 대화 속의 남녀의 의견을 오답으로 혼동하지 않도록 잘 구분해 적어 놓아야 풀 수 있는 유형이다.

L/C 내용 일치

As of September 15th, sales representatives will no longer be permitted to carry cell phones on to the sales floor. There will be no exceptions. Recently, there have been a number of incidences of employees text messaging and making personal phone calls during their shifts even after several warnings from a manager. This type of behavior is unacceptable. Here at Electronics N' Things, we want to ensure a professional, friendly atmosphere at all times. It is in this spirit that the decision to ban cell phone use has been made. Thank you for your cooperation.

Q. Which is correct according to the announcement?
(a) Those who ignored the manager's warnings will be suspended.
(b) Employees have been caught using their phones during business hours.
(c) Cell phones will be permitted in emergency situations.
(d) There have been complaints from customers about cell phone use.

9월 15일자로 판매 사원들은 더 이상 판매장으로 휴대전화를 가지고 들어가는 것이 허용되지 않을 것입니다. 이 규정에 대해 예외는 없을 것입니다. 최근 직원들이 매니저로부터 여러 차례 경고를 받은 이 후에도 근무 시간 중에 문자메시지를 보내거나 사적인 전화 통화를 하는 사례가 많이 있었습니다. 이러한 행위는 허용되지 않습니다. 일렉트로닉스 앤 씽스에서는 항상 전문적이고 친절한 분위기를 보장하고자 합니다. 이러한 의미에서 휴대 전화 사용 금지 결정이 내려지게 되었습니다. 여러분의 협조에 감사드립니다.

공고문의 내용과 일치하는 것은?
(a) 매니저의 경고를 무시한 사람들을 정직 처분을 받을 것이다.
(b) 직원들은 업무 시간 중에 휴대 전화를 사용하다가 발각된 적이 있다.
(c) 휴대전화는 비상시에만 허용될 것이다.
(d) 휴대전화 이용에 관해 고객들로부터 불만이 접수되었다.

Solution　전자 제품 상점에서 판매 사원들이 영업시간에 휴대전화를 사용하는 것을 금지하기로 했다는 내용의 공고문이다.

Voca　exception 예외　incidence 경우　shift 근무시간　unacceptable 받아들일 수 없는　ensure 보장하다　atmosphere 분위기　ban 금지하다

Answer　(b) Employees have been caught using their phones during business hours.

Joseph's focus

전자제품 상점에서 판매사원들이 판매장으로 휴대전화를 가지고 들어가는 것을 금지하기로 했다는 내용의 공고문입니다. 매니저에게 경고를 받고도 계속해서 전화를 사용하는 직원들이 있었다라고 한 것으로 볼 때 (b)가 정답으로 가장 적절합니다. 매니저의 경고를 무시한 직원들이 정직 처분을 받을 것이라는 내용은 없으므로 (a)는 오답입니다. 휴대 전화의 사용은 금지되고 예외가 없을 것이다(There will be no exception.)라고 했으므로 비상시에는 사용이 허가될 것이라는 (c)는 사실이 아닙니다. 근무 시간 중의 휴대전화의 사용을 금지하기로 한 결정은 좀 더 전문적이고 고객들에게 친절한 분위기를 제공하기 위한 것이라고 했지만 고객들로부터 불만이 접수되었기 때문은 아니므로 (d)는 오답입니다.

추론문제에서는, 대화나 글의 전체적인 상황 파악과 동시에 대화나 글의 공간적 배경이나 묘사되는 사건이 무엇인지 머릿속으로 그리면서 청취하는 능력을 묻는 경우가 많다. 첫 문장부터 중간 문장까지는 대부분 서론인 반면, 중간 이하의 질문에서 원하는 힌트가 숨어 있는 경우가 많다. 다른 유형의 문제들과 비교해 봤을 때, 주제가 무겁고 전문적인 것들이 많고 대화나 글의 중간에 상황이 갑자기 반전되는 경우가 많으므로, 전체적인 흐름을 종합적으로 판단해야 한다는 점에 유의해야 한다.

L/C_추론

Nowadays, many shoppers venture no further than their home computers to make the majority of their purchases. But not all customers are so enthusiastic about online shopping. Some shoppers are still wary of entrusting their credit card number and other important personal information to cyberspace. Besides the fear of identity theft, other customers are not interested in paying shipping fees or waiting several days for their purchases to arrive at their door. For many, the conveniences of shopping online do not outweigh the hassles.

Q. What can be inferred according to the talk?
(a) Many people find online shopping less enjoyable than shopping in stores.
(b) Online companies usually offer customers several shipping options.
(c) Most customers shop online because they can buy items cheaply.
(d) Some customers avoid online shopping because of the shipping fees.

요즘 많은 소비자들이 필요한 물건들의 대부분을 구매하기 위해 감히 가정용 컴퓨터를 벗어나 멀리 가려 하지 않는다. 하지만 모든 소비자들이 온라인 쇼핑에 열광하는 것은 아니다. 일부 소비자들은 자신들의 신용카드 번호나 다른 중요한 개인 정보들을 가상공간에 맡기는 것을 여전히 조심스러워한다. 신용 절도에 대한 두려움 이외에도, 다른 소비자들은 운송비를 부담하거나 자신이 산 물건이 도착하는 데 며칠을 기다리는 것을 좋아하지 않는다. 많은 사람들에게 온라인 쇼핑의 편리함은 불편함 점들을 능가하지 못한다.

위 담화에서 추론할 수 있는 것은?
(a) 많은 사람들이 온라인 쇼핑이 상점에서의 쇼핑보다 즐겁지 않다고 생각한다.
(b) 온라인 회사들은 일반적으로 소비자들에게 여러 가지 배송 수단을 제공한다.
(c) 대부분의 소비자들은 더 값싸게 구매할 수 있기 때문에 온라인 쇼핑을 한다.
(d) 일부 소비자들은 운송비 때문에 온라인 쇼핑을 피한다.

Solution　많은 소비자들이 온라인으로 쇼핑을 하고 있지만 아직도 일부 소비자들은 온라인으로 물건을 구매하는 것을 꺼리고 있다.

Voca　venture 위험을 무릅쓰다　enthusiastic 열광적인　wary 조심성 있는　entrust 맡기다　outweigh 능가하다　hassle 귀찮은 일　shipping option 배송방법

Answer　(d) Some customers avoid online shopping because of the shipping fees.

Joseph's focus

담화를 듣고 유추하는 유형의 문제입니다. 우선 담화의 요지를 알고 이를 바탕으로 문제에 접근하는 게 중요합니다. 많은 소비자들이 온라인으로 쇼핑을 하고 있지만 여전히 많은 사람들이 온라인 쇼핑을 꺼리고 있다고 설명하고 있습니다. 상점에서 직접 쇼핑을 하는 것이 더 즐겁다고 생각하는 사람들이 있겠지만 언급되지 않았으므로 (a)는 정답이 될 수 없습니다. 온라인으로 구매를 하면 더 저렴한 제품들이 있는 것은 사실이지만 이것 역시 언급되지 않은 내용이므로 (c)는 오답입니다. 그러므로 운송비를 내는 것을 꺼려서 온라인 쇼핑을 하지 않는 소비자들이 있다는 (d)가 정답이 됩니다.

Analysis

Part III

- 숫자나 약속시간, 사람 이름, 전개 상황에 대한 중요한 정보를 시험지에 간략하게 메모를 한다.
- 만일 대화의 토픽이나 두 사람의 관계를 묻는 경우 두 번째 들을 때, 특히 도입부에 집중한다.

L/C _요점 파악

M So you're just going to throw all of those batteries into the garbage?

W Yeah. They're all dead and I'm not going to just keep them lying around.

M Well, I don't think it's a very good idea.

W Why not? It's not like I can do anything with them.

M The chemicals in batteries are toxic and when you throw them away they get buried in the earth.

W So what? All of our garbage ends up at the landfill.

M But things like batteries never break down, so they're bad for the planet.

W OK, OK. I'll try to find a place where I can dispose of them safely.

Q. What is the main idea of the dialogue?
(a) Using batteries is bad for the environment.
(b) It's a good idea to have plenty of spare batteries.
(c) Throwing batteries in the trash pollutes the Earth.
(d) There's too much garbage in the landfills.

M   너 그 건전지들을 전부 쓰레기통에 그냥 버리려고?
W   응. 다 사용한데다가 그냥 굴러다니게 두지 않으려고.
M   그건 별로 좋은 생각이 아닌 것 같아.
W   왜? 그것들을 다른 데 사용할 수 있는 것도 아니잖아.
M   건전지에 들어 있는 화학 물질은 독이 있는데다가 네가 그걸 그냥 버리면 땅 속에 묻히게 돼.
W   그게 뭐 어떤데? 우리가 버리는 쓰레기가 결국에는 다 매립지로 가는 거잖아.
M   하지만 건전지 같은 것들은 전혀 분해가 안 되기 때문에 환경에 나쁘단 말이야.
W   알았어, 알았다고. 그것들을 안전하게 처리할 수 있는 장소를 찾아보도록 할게.

대화의 요점으로 알맞은 것은?
(a) 건전지를 사용하는 것은 환경에 나쁘다.
(b) 여분의 건전지를 많이 갖고 있는 것은 좋은 생각이다.
(c) 쓰레기통에 건전지를 버리는 것은 지구를 오염시킨다.
(d) 매립지에는 너무 쓰레기가 많다.

Solution 여자가 건전지를 쓰레기통에 버리는 걸 보고 남자는 그것이 환경을 해칠 수 있다고 말한다.

Voca chemical 화학물질 toxic 독성이 있는 landfill 매립지

Answer (c) Throwing batteries in the trash pollutes the Earth.

Joseph's focus

건전지 사용 자체가 환경에 나쁘다는 것은 아니므로 (a)는 정답이 될 수 없고 (b)는 언급되지 않았습니다. 매립지는 언급되었으나, 매립지에 너무 많은 쓰레기가 있다는 것은 대화의 주요 내용이 아니므로 (d)도 오답이 됩니다. 남자가 한 말[But things like batteries ~ planet.]을 통해 요점은 (c)가 됩니다.

Analysis

Part IV

- 처음 들을 때 지문의 종류가 보도문인지 논문발표, 일기문, 편지 등인지 우선 파악해야 한다. 이때 중요 정보가 나오면 두 번째 들려 줄 때 해당 질문에 맞춰 듣도록 한다.
- 부정, 이중 부정, 부정+비교, 비교의 뜻을 나타내는 긍정문, 최상급이 쓰인 보기에 주의한다.

L/C_내용 일치

The 1970s was a decade defined by an explosion of exciting music that provided the soundtrack for youth culture. However, one of the most exciting musical trends to come out of this time was punk rock. Punk, exemplified by bands such as the Ramones and the Clash, was an attempt to take rock n' roll back to its roots. Punk musicians often used simple three chord melodies. Many of the players were amateurs, which often accounted for the genre's raw sound. The lyrics, usually screamed rather than song, spoke of the alienation youths felt from mainstream society.

Q. Which is correct according to the passage?
(a) Punk rock became popular after the 1970s.
(b) Many punk rock musicians were inexperienced.
(c) Punk musicians were influenced by mainstream bands.
(d) Punk rock did not usually have lyrics.

1970년대는 청년 문화의 배경 음악을 제공한 흥미진진한 음악이 급증한 시대로 정의된다. 하지만, 이 시대에 발생한 가장 흥미로운 음악적 경향의 하나는 펑크록이었다. 라모네스와 크래쉬와 같은 밴드들로 대표되는 펑크 음악은 로큰롤을 그 근본으로 되돌리고자 한 시도였다. 펑크 음악가들은 종종 단순한 세 개의 화음을 이용했다. 연주자들의 대다수는 아마추어였는데, 이것은 펑크 록의 거친 사운드를 설명해 준다. 노래로 불리기보다는 외쳐졌다고 할 수 있는 가사들은 주류 사회로부터 젊은이들이 느낀 소외감에 대한 내용이었다.

글의 내용과 일치하는 것은?
(a) 펑크 록은 1970년대 이후에 인기를 얻었다.
(b) 많은 펑크 록 음악가들은 경험이 없었다.
(c) 펑크 음악가들은 주류 밴드의 영향을 받았다.
(d) 펑크 록은 보통 노래 가사가 없었다.

Solution 펑크 록에 관한 담화를 듣고 일치하는 것을 고르는 문제이다. 연주자들이 아마추어였고 펑크록의 거친 사운드를 설명해주는 것을 통해 (b)가 적절하다.

Voca define 정의를 내리다   account for ~을 설명하다   alienation 소외(감)   mainstream 주류의

Answer (b) Many punk rock musicians were inexperienced.

Joseph's focus

1970년대 등장한 펑크 록 음악에 대한 내용입니다. [Many ~ raw sound.] 부분에서 펑크 음악의 연주자들이 전문 연주인들이 아니었기 때문에, 펑크 록의 사운드가 거칠고 다듬어지지 않았다고 했으므로 (b)가 정답이 됩니다. 가사가 노래로 불리기보다는 외쳐지는 형태였다고 했지만 가사가 없었다는 (d)는 사실과 다릅니다.

Would you give me a rain check? 이게 무슨 말이야? rain check이 무엇 인지만 알면 되겠는데…. 하하! 여러분들, 야구 좋아하세요? 무슨 뚱딴지같은 질문이냐고요? 왜 야구 경기는 비가 오면 취소되잖아요. 강우 콜드게임(called game)이라고 해서요. 이때 경기장 측에서 관 중들의 입장권에 경기가 취소되었다는 확인도장을 찍어주는데, 이게 바로 rain check예요. 이렇게 rain check이 찍혀 있는 입장권은 유효해서 다음 번 게임에 사용할 수 있게 되는 거죠. 여기서 바로 이 표현이 나오게 된 것입니다. 「지금은 사정상 불가능하니, 다음 기회로 미루어 주세요.」라는 부탁의 의미로 쓰이는 것입니다.

We're all booked up. [We're all booked solid.]라고도 표현할 수 있는데요, 여기 서 be booked up은 「예약이 다 차 있다」는 의미로 「빈 방이 없습니다.」라고 해석하면 됩니다. [They are all reserved.] 또는 [We have no vacancies.]라고 해도 마찬가지 의미가 됩니다.

Cash or charge? 시험에 charge가 가끔씩 출제가 되는데요, 과거에는 「현금이에요, 외 상이에요?」라고 해석했지만 요즘은 「현금이에요, 신용카드예요?」라고 해석해도 무방합니다. 즉, [Cash or credit card?]라고 묻는 것과 마찬가지가 되어버린 거죠. 왜냐하면 credit card로 결제하면 일반 적으로 한 달 후에 은행계좌에서 그 금액이 인출되는데, 손님 입장에서 보면 한 달 외상 거래한 것이 되지요. 즉, credit card(신용카드)로 charge(외상)한 게 되는 것입니다. 간단히 [Cash or credit?] 이라고 해도 무방합니다.

cut a fine figure 「남의 눈에 띄다」 또는 「두각을 나타내다」라는 의미예요. [Joseph cuts a fine figure in mathematics.] 를 해석해 보세요. 「조셉은 수학에서 좋은 숫자를 자른다.」라고 하실 건가요? 아니겠죠. 따라서 「죠셉은 수학에서 두각을 나타냅니다.」라고 해석합니다.

be cut out for 「~을 위해 재료로 딱 맞게 잘라져 있다」는 의미로서, [You are cut out for teaching.(너는 가르치는 데 적격이다.)] 라고 해석해요. 즉 cut our for는 「~에 안성맞춤이다」 또는 「~ 에 적격이다」라는 의미를 가지고 있습니다.

Snap out of it! 「그것으로부터 snap해 나와라!」 이 문장에서 it은 「괴로운 현실」을 의미하며, snap은 「재빨리 행동하다」라는 의미로 쓰였어요. 따라서 직역을 하면, 「괴로운 현실에서 재빨리 나 와라」가 되겠고, 그러기 위해서는 어떻게 해야 할까요? 그렇죠. 「기운을 내세요.」라고 해석하면 OK! [Cheer up!]이나 [Pull yourself together!] 또는 [Brace up yourself!]도 모두 같은 의미입니다.

This is on me. 직역하면 「이것은 나에게 붙어 있어요.」인데, 의역을 하면 두 사람 이상이 함께 음식을 먹고 나서 「이건 제가 낼게요.」라는 의미예요. 만약에 레스토랑의 주인이나 종업원이 [This coffee is on one the house.]라고 하면, 그건 바로 「이 커피는 house가 내는 거예요.」가 되겠죠? 여기서 house는 레스토랑을 의미하는 것으로 「이 커피는 서비스입니다.」라고 해석하면 됩니다!

Part Ⅲ Questions 31-45

You will now hear fifteen complete conversations. For each item, you will hear a conversation and its corresponding question, both of which will be read twice. Then you will hear four options which will be read only once. Choose the option that best answers the question.

*31 (a) (b) (c) (d)

**32 (a) (b) (c) (d)

**33 (a) (b) (c) (d)

**34 (a) (b) (c) (d)

*35 (a) (b) (c) (d)

**36 (a) (b) (c) (d)

**37 (a) (b) (c) (d)

***38 (a) (b) (c) (d)

*39 (a) (b) (c) (d)

**40 (a) (b) (c) (d)

*41 (a) (b) (c) (d)

**42 (a) (b) (c) (d)

*43 (a) (b) (c) (d)

**44 (a) (b) (c) (d)

***45-1 (a) (b) (c) (d)

***45-2 (a) (b) (c) (d)

You will now hear fifteen spoken monologues. For each item, you will hear a monologue and its corresponding question, both of which will be read twice. Then you will hear four options which will be read only once. Choose the option that best answers the question.

**46   (a) (b) (c) (d)

**47   (a) (b) (c) (d)

***48   (a) (b) (c) (d)

***49   (a) (b) (c) (d)

**50   (a) (b) (c) (d)

***51   (a) (b) (c) (d)

**52   (a) (b) (c) (d)

**53   (a) (b) (c) (d)

**54   (a) (b) (c) (d)

*55   (a) (b) (c) (d)

**56   (a) (b) (c) (d)

**57   (a) (b) (c) (d)

*58   (a) (b) (c) (d)

**59   (a) (b) (c) (d)

***60-1 (a) (b) (c) (d)

***60-2 (a) (b) (c) (d)

Grammar

General Strategy

1 출제되는 부분이 정해져 있다

문법 영역의 경우, 평소 영어 관련 강의나 수업 때 다룬 것이 항상 90퍼센트 가량 나오는 것을 확인할 수 있는데, 평소 공부할 때에도 빈출되는 문법을 중점적으로 다루면 시험에 많은 도움이 된다. 주로 시험에서 많이 다루는 내용은 시제, 분사구문, 수동태, 문장의 형식, 조동사, 명사와 관사, 어순, 일치, 대명사 등인데, 특히 항상 출제되는 것은 시제, 조동사, 수동태, 준동사가 된다. Part IV의 경우, 그냥 독해를 하지 말고 각각 선택지의 주어, 동사를 파악해서 수의 일치(주어와 동사의 단수/복수 일치), 시제 일치(각 선택지들 간의 시제 흐름 일치), 태의 일치(능동태/수동태)가 맞는지만 확인해도 상당수 문제를 풀 수 있다.

2 오답 노트를 만든다

TEPS 문법 영역에서 점수를 올리는 지름길은 누가 뭐래도 오답 노트인데, 오답 노트야말로 실수를 줄여나가는 확실한 방법이다. 한번 풀어본 문제라서 눈에는 익은데, 정답이 헷갈린다든지 정답을 꼼꼼하게 확인해 두지 않아서 공부할 때 틀렸던 문제를 실전에서 또 다시 틀린다면, 고득점은 멀어질 수밖에 없다. 본 모의고사를 본 후, 틀린 문제들만을 따로 준비해 둔 노트에 정리해서(문제와 답만 적기) 각 문제 옆에 그 문제에 해당하는 chapter 이름을 표시해 둔다. 이렇게 하면 TEPS 문법이 항상 다루는 부분에서 문제가 출제된다는 사실을 깨닫게 될 것이며 본인이 어느 부분에서 취약한지도 파악이 될 것이다.

3 문법 문제는 뒤부터 푼다

문법 파트의 경우, 문제 푸는 순서도 중요하지만 문법과 독해 섹션을 풀 때는 뒤쪽 문항들의 배점이 높으므로 뒤쪽 문제부터 풀어 나가는 게 유리하다.

출제형식

Part I 대화문의 빈칸에 적절한 표현 고르기 (20문항)

Part I 은 A, B 두 사람의 짧은 대화를 통해 전치사의 의미, 구문 이해력, 품사 이해도, 시제, 접속사 등 문법에 대한 이해력을 묻는 형태로 되어 있다. 주로 후자(B)의 대화중에 빈칸이 있고 그 곳에 들어갈 적절한 표현을 고르는 형식이다.

Part II 문장의 빈칸에 적절한 표현 고르기 (20문항)

Part Ⅱ는 문어체 질문을 다룬다. 서술문 속의 빈칸을 채우는 문제로, 총 20문항으로 구성되어 있다. 이 파트에서는 문법 자체에 대한 이해도는 물론 구문에 대한 이해력이 중요하다.

Part III 대화문에서 어법상 틀리거나 어색한 부분 고르기 (5문항)

Part Ⅲ는 대화문에서 어법상 틀리거나 어색한 부분이 있는 문장을 고르는 다섯 문항으로 구성되어 있다. 이 영역 역시 문법뿐만 아니라, 정확한 구문 파악, 회화 내용의 파악능력이 대단히 중요하다.

Part IV 한 단락에서 어법상 틀리거나 어색한 문장 고르기 (5문항)

Part Ⅳ는 한 문단을 주고 그 가운데 문법적으로 틀리거나 어색한 문장을 고르는 다섯 문항으로 되어 있다. 틀린 부분을 신속하게 골라야 하므로 속독 능력이 중요하다.

TYPE

Type 1 품사 및 문장성분

영어의 8품사인 명사, 대명사, 동사, 형용사, 부사, 전치사, 접속사, 감탄사를 활용한 유형이 제시된다. 이러한 각 품사들은 문장 내에서 주어, 술어, 목적어, 보어, 부사구, 전치사구 등이 문장 성분으로 쓰인다.

GR_동명사

In this part of the plaza, ______________ liquor without ordering a meal is not permitted.
(a) purchase
(b) purchased
(c) purchasing
(d) having purchased

광장의 이 구역에서는 식사를 주문하지 않고 주류를 구입하는 게 허용되지 않아.

Solution 동명사가 문장의 주어로 쓰인 경우이다.

Voca **plaza** 광장 **liquor** 주류 **meal** 식사

Answer (c) purchasing

Joseph's focus

빈칸에 알맞은 동사의 형태를 고르는 문제입니다. 주어진 문장에서 빈칸 부분은 주어의 역할을 하므로 동사 purchase의 주어가 될 수 있는 형태를 골라야 합니다. 동사가 주어로 쓰이려면 동명사의 형태나 to부정사의 형태가 되어야 합니다. 보기에서 동명사의 형태는 (c)와 (d)이지만 완료 동명사(having + p.p)를 쓸 필요가 없으므로 단순형인 (c)가 정답입니다. 추가적으로 동명사 주어는 단수 동사와 함께 쓰인다는 사실도 문제로 자주 출제되므로 기억해 둡니다.

영어 문법에서 가장 중요한 부분에 해당되는 시제 관련 유형은 현재(완료/진행), 과거(완료/진행), 미래(완료/진행) 등이 있다.

GR_태 / 시제

A: I just wanted to make sure that everything is in place for the meeting in two weeks from now.

B: Absolutely. Everything ___________ as we planned. You have nothing to worry about.

(a) will be arranged

(b) arranged

(c) was arranged

(d) being arranged

A 2주 후에 있을 회의 준비가 모두 잘되어 있는지 확인하고 싶어요.
B 물론이지요. 모든 게 우리가 계획한 대로 준비될 거예요. 걱정 안 하셔도 됩니다.

Solution 모든 것이 준비가 될 것이라고 했으므로 수동태가 되어야 한다.

Voca in place 제자리에, 준비가 된 Absolutely 그럼, 물론이지 arrange 마련하다, 처리하다

Answer (a) will be arranged

Joseph's focus

태와 시제를 함께 묻는 문제입니다. 행동을 하는 주체가 누구인지 별로 중요하지 않은 경우 혹은 주체가 일반인인 경우 수동태의 [by + 행위자]는 생략할 수 있습니다. A가 2주 후에 있을 회의라고 했으므로 여기서는 모든 것이 준비가 될 것이라는 의미가 적절하다. 그러므로 미래형 수동태 [will be p.p.]가 가장 적절합니다. (c)와 (d)도 수동태의 형태이나 (c)는 과거형이므로 정답이 될 수 없고 (d)는 진행형이므로 역시 적절하지 않습니다. 수동태의 기본 형태는 [be + p.p.]라고 알고 있지만 be동사 대신 get을 쓰기도 합니다.

Type 3 문법적 요소의 혼합

TEPS에서는 단순 문법의 차원을 넘어 다양한 문법적 요소를 혼합시키는 문제의 유형으로 자주 출제된다. 이러한 문법적 요소(to 부정사, 동명사, 분사, 가정법, 태, 부가의문문, 어순, 수일치, 도치 등.)의 역할과 활용을 평소에 꼼꼼히 기억해야 풀 수 있는 유형이다.

GR_병렬

(a) Think about what your life was like when you were a kid. (b) Chances are, the problems you had then were very minor compared to the ones you have now that you're older. (c) As an adult, you have bills to pay, bosses to please, and decisions to be made. (d) Still, you should remember that being an adult also gives you freedom you never had before.

(a) 당신이 어렸을 때 삶이 어땠는지를 생각해 보십시오. (b) 그때 당신이 가지고 있었던 문제들은 지금 나이가 든 당신이 가진 문제들에 비하면 매우 사소한 것일 가능성이 큽니다. (c) 성인으로서 당신은 지불할 공과금 고지서들과 기분을 맞춰야 하는 상사, 그리고 내려야 할 결정들도 갖고 있습니다. (d) 그러나 당신은 성인이 되는 것이 이전에는 갖지 못했던 자유를 제공한다는 것도 기억해야 합니다.

Solution　동일한 문법요소가 병렬 관계를 이루고 있는 문장에서, 반복되는 말이 생략될 때 연결되는 어구들이 같은 형태와 구조를 가져야 한다.

Voca　**minor** 사소한　**compared to** ~와 비교하여

Answer　(c) to be made → to make

Joseph's focus

원래 문장은 의미상 [As an adult, you have bills to pay, (you have) bosses to please, and (you have) decisions to make.]로 괄호 안의 반복되는 말이 생략된 것이라고 볼 수 있습니다. 이때 문장이 병렬관계를 이루려면 [you have + 명사 + to 부정사]의 형태가 각각 반복되어야 하고 이때 문장의 태(態)도 같아야 합니다. bills to pay, bosses to please는 모두 능동의 관계이므로, (c) to be made는 to make가 되어야 합니다.

Analysis

Part I

- 적절한 문장 구조를 갖추었는지 알아본다.
- 출제 빈도수가 높은 문법 요소들(전치사, 품사, 시제, 태, 조동사, 접속사, 가정법)을 정리한다.

GR_사역동사 / 어순

A: Why did you take the bus to work instead of driving your car?

B: I haven't _______________________ in a few months, so I took it to the mechanic just to make sure that everything's all right.

    (a) had checked it   (b) got checked it

    (c) had it checked   (d) been checked it

A 왜 네 차를 운전하지 않고 버스를 타고 출근했니?

B 차를 점검한 지 몇 달 됐기 때문에, 모든 게 괜찮은지 확인하기 위해 차를 정비소에 맡겼어.

Solution   have의 목적어 it은 자동차를 가리키므로 목적격 보어와의 관계는 수동이 되므로 과거 분사를 쓴다.

Voca   **instead of** ~하는 대신에   **mechanic** 정비사

Answer   (c) had it checked

Joseph's focus

사역동사와 관련하여 빈칸에 적절한 동사의 형태와 어순을 묻는 문제입니다. 사역동사 make, have, let 등은 목적어 다음에 목적격보어로 원형 부정사를 씁니다. have는 목적어가 사람일 경우에는 [have+사람+원형 부정사]의 형태로 '…이 ~하도록 시키다'의 의미입니다. 예를 들어, [I had my secretary type the letter.]라고 하면 나는 '내 비서에게 편지를 타이프 치도록 시켰다'는 의미가 됩니다. type을 하는 주체는 my secretary이고 type과 my secretary의 관계는 능동입니다. 그러나 목적어가 사람이 아닌 사물일 때는 목적격보어로 원형 부정사가 아닌 수동의 의미를 가진 과거분사를 씁니다.

Part II

- 준동사의 활용 및 역할, 그리고 명사, 관사의 정확한 분류가 필요하며, 이런 문법적 요소들의 문장내 의미 파악에 중점을 두도록 한다.

GR_시제 / 태

Soon students everywhere ___________________ several languages from an early age so that they can compete on a global scale.

  (a) will be taught   (b) will teach

  (c) would teach   (d) will have been taught

세계 각국의 학생들은 곧 전 세계적인 규모로 경쟁을 할 수 있도록 어릴 적부터 여러 언어들을 배우게 될 것이다.

Solution 학생들이 여러 언어를 배우게 될 것이라는 의미가 되어야 하므로 미래 시제와 수동태가 쓰여야 한다.

Voca **several** 여럿의, 몇몇의   **compete** 경쟁하다   **scale** 규모

Answer (a) will be taught

빈칸에 알맞은 시제와 태를 고르는 문제입니다. 우선 문장에서, Soon이라고 했으므로 미래의 의미를 나타내는 시제가 필요하다는 것을 알 수 있습니다. 수동태를 쓸 것인가, 능동태를 쓸 것인가를 결정하기 위해서는 주어인 students와 빈칸에 들어갈 동사(teach)의 관계를 살펴봐야 합니다. 학생들의 입장에서는 여러 언어들을 누군가로부터 배우는 것이므로 주어와 동사의 관계는 수동태가 되어야 합니다. 그러므로 (a)가 정답이 됩니다. 또한 수여동사(send, promise, teach, ask, give 등)가 [간접목적어+직접목적어]가 따라오는 4형식 문장으로 쓰일 때, 두 가지의 수동형이 가능하다는 것도 기억해 둡니다.

★★

1

A: _________________ that new TV show? I personally don't like it at all.

B: It's a bit silly, but it's also funny, too. I like it.

(a) What do you think about
(b) How do you think about
(c) What do you like
(d) How do you think

★

2

A: Everything was wonderful, and we had a great time. Thank you for inviting us.

B: Thanks for coming. And it was nice to _________________ you again. Good night.

(a) have met
(b) having met
(c) meet
(d) meeting

★★

3

A: How was your job interview?

B: I was so worried, but everything went very well. Actually, it _________________ better.

(a) can be
(b) can't be
(c) could be
(d) couldn't have been

★★

4   A: Oh, Bill, it was very brave of you to stand up for that poor woman.
B: It was nothing. Anyone _______________ it.

(a) had done
(b) will have done
(c) could have done
(d) must have done

★★★

5   A: Look at this weather-forecasting umbrella. I might buy one.
B: No way! I can't let _______________.

(a) you to waste your money on a such useless thing
(b) you wasting your money on a so useless thing
(c) you waste your money on such useless thing
(d) you waste your money on such a useless thing

★★

6   A: It's obvious to me that aliens don't really exist.
B: I don't know. _______________ people believe in them.

(a) A many
(b) A great many
(c) A great deal
(d) A little

★

7   A: Naomi? Is that you?
B: Oh, Jack! Long time no see! _______________.

(a) It had been five years since we've last seen each other
(b) It's been five years since we last saw each other
(c) Five years has passed after we last saw each other
(d) Five years was passed that we've last seen each other

8 ★★

A: You look very busy. Can you make it to the soccer game tonight?

B: Sure. By the time you come to pick me up, I _________________
everything.

(a) will have finished
(b) finish
(c) will finish
(d) would finish

9 ★

A: I can't decide _________________ to walk or get a taxi.

B: I don't see any taxis around here.

(a) if
(b) whether
(c) that
(d) which

10 ★★

A: Why did you stop taking foreign language classes? I thought you enjoyed them.

B: Yeah, but I realized that _________________ at the same time.

(a) I was hard to study two languages
(b) it was hard for me to study two languages
(c) studying two languages was hard of me
(d) foreign languages are too hard to me

11 ★

A: I heard your husband bought a new car for you. What type of car did he get?

B: A compact, but to be honest with you, I _________________ an SUV.

(a) will rather have
(b) rather had
(c) will have rather
(d) would rather have

12 A: I can't believe that we have finally finished the work. We're done at last!

B: Isn't it nice? Let's just sit down and relax for a moment, _______________?

(a) shall we

(b) will we

(c) are we

(d) should we

★

13 A: You look exhausted today. Didn't you sleep well last night?

B: _______________. And I have a headache.

(a) No, I didn't

(b) Yes, I didn't

(c) No, I did.

(d) Yes, I did.

★★

14 A: My back has been bothering me ever since I helped my brother move his furniture.

B: You must have hurt yourself. _______________ go see a doctor before it gets worse.

(a) You'd

(b) You'd better

(c) You ought

(d) You'd rather

★★★

15 A: I really need to talk to Mr. Harris. Do you think he has time to meet me today?

B: I'm sorry, but I'm afraid _______________. He's booked up all day.

(a) that

(b) to

(c) so

(d) not

★★★
16 A: Sounds like you had fun in Japan. What was the weather like in Tokyo, anyway?

B: It was _________________. It was hot and humid.

(a) similar like Seoul
(b) somewhat similar to Seoul
(c) so much like Seoul
(d) somewhat like that of Seoul

★★
17 A: Hey, Susie. I've been thinking about taking a vacation to New York City this summer.

B: Sounds great, but isn't everything really expensive in New York? _________________ it would cost?

(a) How much do you think
(b) How many do you think
(c) Do you think how much
(d) Do you think how many

★
18 A: How could he still deny _________________ involved in the murder?

B: I know. All the evidence points to him being guilty.

(a) being
(b) to be
(c) be
(d) to being

★★
19 A: Is there any particular wine you prefer? Red, white or rosé?

B: Well, you know a lot more about wine than I do. ________________ you choose is fine with me.

(a) Which
(b) That
(c) However
(d) Whatever

★★★
20-1 A: It's cold. Why didn't you wear that nice coat you bought last winter?

B: Well, I was going to, but the problem is ________________ and never picked it up.

(a) because I've sent it to the dry cleaner
(b) because I've sent it to the dry cleaner's
(c) that I've sent it to the dry cleaner's
(d) that I've sent it to the dry cleaner

20-2 A: I really like this flat screen TV, but I'm afraid that I can't buy it today.

B: I understand. But ________________ you change your mind, I'll be here until 9:00 this evening.

(a) must
(b) might
(c) should
(d) would

★
21 Jessie was very excited because his artwork _________________ in an international exhibition.

(a) included
(b) including
(c) has included
(d) was included

★★★
22 The new products are so popular that it's hard to keep them in stock; they _________________ like hot cakes!

(a) selling
(b) are selling
(c) are sold
(d) have been sold

★★★
23 Canada's trade deficit with Russia increased by four hundred percent, _________________ to the previous decade.

(a) comparing
(b) compared
(c) having been comparing
(d) to have compared

★★
24 The Baudelaire children flee from town to town _________________ Count Olaf should show up again to steal their fortune.

(a) lest
(b) if
(c) with
(d) for

★★★

25 It is challenging, ___________________ impossible, for women in Iran to get a divorce.

(a) if any
(b) if ever
(c) if so
(d) if not

★★★

26 ___________________ to her beauty, it is her intelligence that I find most attractive.

(a) Attracted as I am
(b) Though attracted I am
(c) How attracted I am
(d) Despite of my attraction

★

27 Even though the political situation in the country has become worse this year, its economy is expected ___________________ by as much as ten percent.

(a) growing
(b) to grow
(c) having grown
(d) to have grown

★★

28 If they had been more prepared for an emergency situation, lots of victims ___________________.

(a) have saved
(b) could have saved
(c) had been saved
(d) could have been saved

★

29 The math problem was so confusing that even my teacher had trouble
_______________________ it.

(a) to explain
(b) and explained
(c) explaining
(d) to be explained

★★★

30 Two thirds of the people in town work at Data Corporation's facilities,
_______________________ will have an enormous effect on the city's employment
opportunities.

(a) the closedown of which
(b) of which closedown
(c) to close down which
(d) which of closedown

★★

31 After closely studying the proposed company buyout deal, the chairman
suggests that three million Euros _______________________ an acceptable price.

(a) is
(b) are
(c) be
(d) have been

★★

32 Though many consider the government too powerful, it nonetheless performs
valuable functions by creating key infrastructures, developing national laws and
_______________________ forces for the nation's defense.

(a) provide
(b) providing
(c) provides
(d) provided

33   The US government makes two thirds of its money in taxes which
is _________________ by the richest five percent of Americans.

(a) paid
(b) to pay
(c) pay
(d) was paid

★★

34   The climatic conditions _________________ the early Antarctic explorers lived
and traveled can best be described as extreme and dangerous.

(a) under which
(b) under what
(c) for which
(d) for what

★★

35   One of the man's two sisters is a homemaker, while the _________________ is
a banker.

(a) others
(b) other
(c) another
(d) one

★★

36   Having unearthed a rare _________________ mastodon in Romania, the
archaeologists are now searching for more fossils in the area.

(a) 2.5 million-years-old
(b) 2.5 millions-years-old
(c) 2.5 million-year-old
(d) 2.5 millions-year-old

★

37 The United Nations urged the rebel forces as recently as last Friday
_______________________ the ceasefire agreement that they had signed just last
month.

(a) to respect
(b) respecting
(c) to be respected
(d) being respected

★★

38 The works of the medieval philosophers would have been lost forever if it
_______________________ for the nameless scribes who had recorded their words
on paper.

(a) was not
(b) were not
(c) have not been
(d) had not been

★★

39 Never _______________________ seen the Northern Lights before I went to northern
Russia last year.

(a) have I
(b) I had
(c) had I
(d) I have

★★★

40-1 Many unlikely theories ___________________ the president's assassination have been put forth since his death in 1979.

(a) pertaining
(b) pertaining to
(c) pertained
(d) pertained to

40-2 It is interesting to see how creative and resourceful children can be during playtime if ___________________.

(a) their own devices left to
(b) devices their own to left
(c) to their own devices left
(d) left to their own devices

Analysis

Part III

● 출제 빈도가 높은 문법 요소들(전치사, 품사, 시제, 태, 조동사, 접속사 등)을 정리해 본다.

GR_부사

(a) A: I'm really bored. How about going out and seeing a movie or something?

(b) B: I don't think it is in a good idea. Why do we always have to go out lately at night?

(c) A: Oh, come on. It's only 10:30 and the night is still young.

(d) B: Well, I guess it is Saturday and I do feel kind of restless myself.

(a) A 정말 지루해. 나가서 영화를 보든지 뭘 하는 게 어때?
(b) B 좋은 생각이 아닌 것 같아. 우리는 왜 꼭 밤늦게 외출을 해야 하는데?
(c) A 그러지 말고 가자. 이제 겨우 10시 30분이고 아직 이른걸.
(d) B 하긴 토요일이고 나도 잠이 안 오니까 괜찮겠지.

Solution late와 lately는 둘 다 부사이지만 의미가 다르므로 경우에 따라 바르게 골라 써야 한다.

Voca **bored** 지루한 **restless** 안절부절 못하는(=unsettled)

Answer (b) lately → late

Joseph's focus

late와 lately는 둘 다 부사이지만, late는 '늦게'의 뜻이고, lately는 '최근에'의 뜻입니다. 대화에서는 왜 꼭 밤늦게 외출을 하고 싶어 하냐고 반문하고 있으므로 lately 대신에 late를 써야 합니다.

Part IV

● 연결사의 일치와 함께 TEPS 문법 영역에서 출제 빈도가 높은 강조, 삽입, 도치, 일치 등과 같은 문법 요점들을 정리한다.

GR_동명사

(a) There are many people who refuse to celebrate holidays because they are fed up with the commercialism that seems to drive them. (b) These people feel disgusted that right after one holiday has ended, another is just around the corner, enticing people to buy. (c) But holidays don't have to inspire such cynical feelings. (d) Celebrate each holiday according to one's personal beliefs, is more fulfilling than dismissing them altogether.

(a) 연말 연휴를 축하하기를 거부하는 많은 사람들이 있는데 그들은 자신들을 몰아세우는 상업주의에 질렸기 때문이다. (b) 이들은 한 휴일이 끝나자마자 사람들이 물건을 사도록 부추기는 또 다른 휴일이 다가오는 것에 혐오감을 느낀다. (c) 하지만 휴일들이 이러한 냉소적인 감정들을 불러일으킬 필요는 없다. (d) 각각의 휴일을 자신의 신념에 따라 축하하는 것이 휴일 전체를 모두 거부하는 것보다 훨씬 만족감을 준다.

Solution 동사가 주어로 쓰일 때는 동명사형으로 써야 한다.

Voca **refuse** 거부하다 **fed up** 싫증이 난, 질린 **commercialism** 상업주의 **disgust** 구역질 나게하다, 혐오감을 주다 **entice** 유혹하다, 꼬드기다 **inspire** 영감을 주다 **cynical** 냉소적인 **fulfilling** 만족감을 주는(↔ unfulfilling) **dismiss** 거부하다(= reject, disregard)

Answer (d) Celebrate → Celebrating

동명사는 동사이면서 명사의 속성을 가지고 있어 주어와 보어의 역할을 할 수 있으며, 동명사가 주어로 쓰일 때는 단수 동사를 사용합니다. 각 휴일을 자신의 개인적 신념에 따라 축하한다는 (d)의 [Celebrate each holiday according to one's personal beliefs, is more fulfilling than dismissing them altogether.] 에서 Celebrate는 문장의 주어이고 is의 주체이므로 동명사 형태인 Celebrating이 되어야 합니다.

41

(a) A: Did you know that Lin Edmunds has come back to town?

(b) B: No, I didn't. How long has she been here for?

(c) A: I heard she was here for just two or three days.

(d) B: Let's give her a call and see if we can get together.

42

(a) A: Jack, could you lend me some cash until I get paid on Friday?

(b) B: It depends. How much do you want and when will I get them back?

(c) A: I guess $50 will see me through until the weekend.

(d) B: I'll lend you $10, but you have to pay me back on Friday!

43

(a) A: Check out this pretty scarf! It'll really go good with your new dress.

(b) B: Oh, I don't know. I'm not really into such bold colors.

(c) A: Well, you'd certainly make a statement by wearing it!

(d) B: OK, if you like it so much, why not buy it for yourself?

44

(a) A: I am hardly not prepared to give my speech.

(b) B: You'll do great. You always do.

(c) A: Are you ready for yours?

(d) B: I think so. I worked hard on it.

★★★

45-1 (a) A: This was fun. I'm such glad we took the time.

(b) B: Me, too. I just wish we could get out of town more often.

(c) A: I didn't think you liked to travel.

(d) B: I don't like driving. But it's good to get away from the hustle and bustle of the city.

45-2 (a) A: I can't believe that your grandfather is still fit enough to run the marathon.

(b) B: Well, he's always been an actively person. I can't imagine him slowing down.

(c) A: I hope I still feel as healthy as he does when I'm his age.

(d) B: If you take care of yourself now, I'm sure you'll feel great later in life.

 Identify the option that contains an awkward expression or an error in grammar. (46~50)

★

46 Across many times and places, colors have been used to represent the same things. (a) Take, for example, the color black. (b) It is the villain's color in the literature of many cultures. (c) White, on the other hand, is with the idea associated of purity. (d) The most emotionally intense color is red, often standing for passion, anger or love. Blue has the opposite meaning, being a tranquilizing color.

★★

47 (a) Contrary to what is written in many history textbooks, the Wright brothers were not the first in flight. (b) In 1901, Gustave Whitehead made several short airborne hops, and was determined to make a sustained flight. (c) Finally, with an army of reporters looking on by support, he took to the air and actually managed to stay aloft for some time. (d) He flew for seven miles, turned around, and landed.

★★

48 On Sundays alone, 51.3 million newspapers are sold. (a) If everyone in the United States recycled only 1/10 of these papers, over 25 million trees could be saved annually! (b) But recycling efforts projected to increase for reasons more closely tied to energy consumption. (c) For each soda can recycled, the equivalent of six ounces of fuel oil is saved. (d) This can power a fuel-efficient vehicle for roughly six miles, on average.

★★

49 (a) Today, polygraphs, or lie detector tests, are used by criminal justice systems to check the veracity of a suspect's story or alibi. (b) Interestingly, cultures around the world have come up with their own methods of lie detection through the ages. (c) In West Africa, for example, people in a tribal court who was suspected of participation in a crime were made to pass around a bird's egg to one another. (d) Anyone who broke the egg was considered guilty, as he or she would probably be nervous and thus more prone to drop the egg or squeeze it to the breaking point.

★★★

50-1 (a) Supernovas, or exploding stars, are fascinating sights. (b) They are so bright that they can outshine an entire galaxy in the sky for weeks, generate more energy than our sun will produce in its lifetime. (c) In the process, the dying star's materials are blasted into space, which creates a shock wave that sometimes helps form new stars. (d) Happening just once every fifty years in our galaxy, such explosions, though quite lovely to behold, are nonetheless relatively rare.

50-2 (a) One of the most difficult things for people to do is to let go of the past, but sooner or later we all must do it. (b) This means refusing to think about what you will have done if you had only know better. (c) It also means forgiving yourself for the mistakes you made years ago and moving on. (d) Letting go of the past isn't easy, but it will allow you to live a better life.

Vocabulary

General Strategy

1 TEPS 어휘는 대부분 생활영어들이다

어휘 영역의 상당수 문제들에는 L/C Section에 나오는 informal한 영어 표현들이 등장한다. informal한 표현이란, 일반 구어체에서 격의 없이 빈번하게 사용되는 표현으로 저속한 표현과는 다른 개념이다. 반면 문어체 표현과 관련해서는 기존의 다른 시험과 큰 차이를 나타내지 않고 있지만 구어체의 표현만큼 요즘은 그리 많이 출제되고 있지 않다.

특히 어휘 영역에서는 쉬운 단어에 주목할 필요가 있다. 평소에 익숙하다고 해서 주의를 기울이지 않지만, 실상은 정확한 쓰임을 몰라서 실수할 수 있는 단어들이 어휘 영역의 주요 출제 대상이 된다. 그리고 철자가 비슷한 단어들이나 모양이 비슷한 단어들을 구별하는 문제들도 매회 거의 빠지지 않고 출제되고 있다. 흔히 동의어라고 생각되지만 쓰임이 각각 다른 단어들이 많이 있으므로, 양적인 면에 너무 집착하지 말고 개별 단어의 정확한 쓰임을 의미 있는 문장을 통해 착실히 익혀두는 습관이 필요하다. 이때 가급적이면 예문이 풍부한 영영사전을 이용하는 것이 좋고, TEPS에서는 실제 영어에서 활용 빈도가 낮은 표현이나 구문은 출제를 꺼리는 경향이 있다는 점을 명심한다.

2 속도 감각을 가지고 빨리 푼다

지금까지 TEPS 어휘 영역에서 출제된 단어의 수준은 기존의 다른 영어 시험들과 비교할 때 결코 어렵다고 할 수는 없으나, 기본적으로 속도 감각이 뒷받침되어야 좋은 점수를 얻을 수 있다. 신속한 문제 해결 능력을 위해서는 어휘의 정확한 의미가 내재화되어 있어야 하므로, 쉬운 의미라고 하더라도 반복적으로 활용하는 습관이 매우 중요하다. 이것이 시간을 절약해 속도 있게 풀 수 있는 기반이 된다.

출제형식

Part I **대화문의 빈칸에 적절한 단어 고르기 (25문항)**

Part I은 단순한 동의어 및 반의어를 선택하는 문제는 거의 없고, 문맥을 근거로 해서 가장 적절한 어휘를 선택하는 유형을 문어체와 구어체로 나누어 측정한다.

Part Ⅱ는 하나 또는 두 개의 문장으로 구성된 글 속의 빈칸에 가장 적당한 단어를 골라 넣는 유형이다. 어휘를 공부할 때 의미를 단편적으로 암기하는 것보다는 하나의 표현으로, 즉 의미구로 알아 놓는 것이 제한된 시간 내에 어휘 시험을 정확히 푸는 데 많은 도움이 된다.

TYPE

Type 1　의미를 혼동하기 쉬운 어휘

의미나 형태상 혼동하기 쉬운 어휘들이 있는데, 예를 들면, 형태(boost 증대시키다, boast 자랑하다)를 혼동시키거나, 의미를 혼동(consciousness 의식, conscience 양심) 시키는 유형이다.

VC_의미를 혼동하기 쉬운 어휘

A: I can't remember what _________________________ Tommy wears, can you?

B: No, I just remember that his feet were huge for a 12-year-old.

(a) size

(b) dimension

(c) length

(d) measurement

A 타미의 사이즈가 기억이 안 나. 넌 기억나니?

B 아니, 12살짜리치고는 발이 아주 컸다는 것만 기억나.

Solution　B가 한 말로 미루어 보아 신발 사이즈에 대해 이야기하고 있다는 것을 알 수 있다.

Voca　**dimension** 크기, 치수, 규모　**measurement** 치수

Answer　(a) size

Joseph's focus

size와 measurement는 유사한 의미이지만 measurement는 '치수를 측정하다(take measurements)'와 같은 용법으로 쓰입니다.　dimension에도 '크기, 치수'의 의미가 있지만 '부피, 규모, 면적'의 의미로 쓰입니다. length는 '길이'의 의미로 knee-length dress (무릎까지 내려오는 길이의 드레스), shoulder-length hair (어깨까지 내려오는 길이의 머리) 등과 같이 쓰입니다. 신발이나 옷의 경우 size를 씁니다. 문제에서는 신발 크기에 대해 이야기하고 있으므로 (a)가 정답이 됩니다. 참고로 measures(복수형)는 '수단, 조치, 대책' 등의 의미로 쓰입니다.

문맥에 맞는 적절한 고급 어휘의 뜻을 묻는 문제가 자주 출제된다. 어려운 단어가 나와 뜻을 잘 몰라도 문맥이 너무도 명확하기 때문에 정답을 쉽게 구할 수 있는 경우가 많다.

- No one knew of his **whereabouts**(→ 소재, 행방), making it impossible to deliver the news.
  (아무도 그의 **행방**을 몰라서 그 소식을 전하는 것이 불가능했다.)
- He was a **virtuoso**, and could improvise nearly any piece of music that he heard.
  (그는 **거장**이어서 어느 곡을 듣는지 거의 즉석에서 연주할 수 있었다.)

VC_문맥에 맞는 고급 어휘

After retiring, Ms. Lee became a(n) _________________________ reader, finishing as many as two books a week.

(a) voracious   (b) assertive

(c) tumultuous   (d) idiomatic

은퇴 후, 이씨는 열정적인 독서가가 되어 일주일에 책을 두 권씩이나 읽었다.

Solution 책을 여러 장르에 걸쳐 다양하게 많이 읽는 사람을 'voracious reader'라고 한다.

Voca **voracious** 왕성한, 열정적인 **tumultuous** 소란스러운, 무질서한 **idiomatic** 관용적인, 관용구가 많은

Answer (a) voracious

Joseph's focus

어려운 형용사들 중에서 문장의 의미를 가장 잘 완성하는 단어를 고르는 문제입니다. 책을 읽기를 좋아해서 가리지 않고 많은 책을 읽는 사람을 'voracious reader'라고 합니다. 또한 voracious는 appetite와 함께 쓰여 '왕성한 식욕'이라는 의미가 되기도 합니다. 또한 음식을 잘 먹는 사람을 'voracious eater'라고 합니다. [have a voracious appetite for something]이라고 하면 꼭 음식이 아니더라도 무엇을 하고자 하는 열정이 강한 것을 의미합니다. 그래서 [have a voracious appetite for reading]이라고 하면 '독서에 열정을 가지고 있다'는 뜻입니다. reader와 함께 사용될 수 있는 형용사들로는 alert(민첩한), fast(빠른), avid (열렬한), sophisticated (세련된) 등이 있습니다.

Type 3 연어(collocation)

문어체에서는 사용 빈도가 낮지만 일상 구어체에서 많이 사용되는 관용표현들을 알아야 풀 수 있는 유형이다.

VC_연어 (collocation)

A: Helen blew a fuse when she found out that her bike was missing.

B: I guess she doesn't think that practical _________________ are very funny.

(a) lessons   (b) jokes

(c) pranks   (d) mistakes

A 헬렌은 자전거가 없어졌다는 것을 알고 아주 화가 났어.
B 그녀는 장난이 그다지 재미있다고 생각하지 않는 모양이군.

Solution 말로 하는 농담이 아니라 실제 행동으로 하는 장난을 practical joke라고 한다.

Voca **prank** 장난

Answer (b) jokes

Joseph's focus

blow a fuse나 hit the ceiling은 '매우 화를 내다'라는 의미입니다. 대화로 미루어 볼 때 헬렌이 누군가가 자전거를 숨긴 것을 알고 매우 화를 냈다는 것을 알 수 있습니다. practical joke란 말로만 하는 농담, 장난이 아니라 '(실제 행동으로 하는) 장난'을 가리킵니다. 몰래 카메라 같은 유형의 장난이라고 생각하면 이해가 빠를 것입니다. prank도 장난이라는 의미가 있지만, 여기서는 practical과 함께 쓰일 수 있는 단어를 찾아야 합니다. prank는 보통 prank call(장난전화)과 같은 형태로 쓰입니다. '농담을 하다'라고 할 때는 make a joke, crack a joke 혹은 tell a joke라고 합니다. 또한 상대방을 불쾌하게하거나 적절하지 못한 농담을 'sick joke'라고 합니다.

Type 4 다의어

한 단어에 최소 두 가지 이상의 뜻이 있는 단어로 TEPS 어휘시험의 단골 유형이다. 사전을 펼쳐 각 동사의 광범위한 쓰임새를 예문을 통해서 하나하나 음미해 본다.

VC_다의어

Coffee lovers who stop by Java Junction on Fourth Street are in for a ___________ today as the manager there is unveiling her new choco-moca surprise.

(a) taste   (b) delicacy
(c) treat   (d) sale

오늘 4번가에 있는 자바 정선에 들르는 커피 애호가들은 매니저가 손님들에게 새로운 초코 모카커피를 소개함에 따라 좋은 대접을 받게 된다.

Solution be in for a treat은 '누군가에게 좋아하는 일이 생길 것'이라는 것을 알 때 쓰는 표현이다.

Voca **unveil** 밝히다, 드러내다

Answer (c) treat

Joseph's focus

be in for a treat이라고 하면 '어떤 사람에게 좋아하는 일이 생길 것'이라는 의미입니다. 이 문장에서처럼 커피를 좋아하는 사람들은 새로운 커피가 나오는 것을 즐기게 될 것이므로 빈칸에는 treat이 가장 적절합니다. 이처럼 treat이 명사로 쓰일 때는 '즐거움, 기쁨' 등의 의미가 됩니다. 예를 들어, [It was a real treat to see my favorite singer performing.]은 '내가 가장 좋아하는 가수가 공연하는 것을 보게 된 것은 정말 기쁜 일이었다.'라는 뜻이 됩니다. 또한 우리말로 '한 턱'의 의미로 쓰여서 It's my treat., Let me treat you., It's my turn to treat.등은 '이번에는 내가 한 턱 낼게요.' 등으로 쓰입니다.

구동사 (phrasal verb)는 동사를 기본으로 뒤에 부사나 전치사가 결합되어 새로운 의미를 만드는 것으로 TEPS에서 몇 문항씩 꼭 출제되는 유형 중 하나이다.

형태	설명	빈출 구동사
[동사+부사/ 전치사] or [동사+부사+전치사]	turn on(~를 켜다)은 구동사인데, 이때 on은 전치사가 아니고 부사로 쓰인 것으로 구동사에 사용되는 부사는 대부분이 전치사 출신의 부사이다.	break down(파괴하다, 고장 나다), bring about(초래하다), cut off(전기, 가스, 수돗물 등의 공급을 끊다), come to(결국~이 되다, 합계가 ~이 되다), come down with(~에 걸리다),

VC_구동사

A: Did Brad finally decide to settle his case out of court?

B: No, he's so stubborn that he still refuses to _________ even though he's going to lose.

(a) hold up

(b) close off

(c) take in

(d) back down

A 브래드가 결국 소송을 법정에 가지 않고 해결하기로 결정했어?

B 아니, 그는 너무 고집이 세서 질 것이 뻔 한데도 물러서기를 거부하고 있어.

Solution '물러서다'의 의미를 가진 구동사는 back down이다.

Voca **out of court** 법정 밖에서, 당사자들끼리 합의하여　**stubborn** 고집이 센　**hold up** 견디다　**close off** 고립시키다　**take in** 받아들이다　**back down** (주장 등을) 굽히다, 패배를 인정하다

Answer (d) back down

Joseph's focus

브래드는 너무 고집이 세서 재판에서 질 것이 뻔 한데도 물러서지 않고 있다고 말하고 있습니다. back down은 원래 주장이 좋은 생각이 아니라고 판단되어 '주장을 철회하다, 포기하다'라는 의미입니다. 여기서는 브래드가 back down하지 않고 문제를 법정까지 끌고 갈 것이라고 말하고 있습니다. back을 사용한 구동사들 중에서 흔하게 쓰이는 표현들을 살펴봅시다. back out은 back down과 유사한 의미로 쓰이지만 back down이 '(주장이나 고집을) 굽히다'는 의미로 쓰이는 반면, back out은 주로 거래 등을 '취소, 철회'하는 경우를 가리킵니다. back off는 '물러서다'의 의미가 있으며 회화에서는 흔히 참견을 하는 사람에게 '넌 빠져'라고 말할 때 많이 쓰입니다. back up은 '누구를 지지하다, 차를 후진하다, (주문, 자동차 등이) 밀리다'의 의미로 쓰입니다.

청해 시험에 등장하는 구어체 문장들이 문법시험에도 자주 등장하고, 실제 회화에서 꼭 필요한 구어체 문장의 어순이나 화법 등을 묻는 경우가 많은 유형이다.

형태	설명	빈출 구동사
다양한 품사들이 조합된 동사(구)	일종의 관용구라고 할 수 있으며, 각 단어들의 조합으로 원래 단어의 뜻과 달라진다. 결과적으로 의미가 원래 개별 단어의 뜻에서 확장된 의미를 나타내며, 회화에서 많이 사용된다.	keep track of (~을 기억하다) get the hang of (~의 사용법을 알다) give a hand (돕다) call in sick (병가를 내다) Keep your chin up! (힘내!)

VC_구어체 idiom

A: You've been really grouchy these past few days. What's up?

B: I'm trying to quit smoking. I want to _________________, but it's really difficult.

(a) cry wolf

(b) go cold turkey

(c) hold my horse

(d) smell a rat

A 너 지난 며칠간 시무룩하네. 무슨 일이야?

B 담배를 끊으려고 노력 중이야. 단번에 끊고 싶은데 정말 힘드네.

Solution 금연을 하려고 한다고 했으므로 go cold turkey가 가장 적절하다.

Voca **grouchy** 기분이 좋지 않은 **cry wolf** 거짓말로 세상을 시끄럽게 하다 **go cold turkey** (마약 등을) 갑자기 끊다 **hold one's horse** 참다, 서두르지 않다 **smell a rat** 낌새를 알아채다

Answer (b) go cold turkey

Joseph's focus

영어 구어체 idiom 중에서는 동물이 등장하는 숙어들이 매우 많고 가끔 출제되므로 보기에 나오는 것들을 차곡차곡 기억해 둡니다. 문제에서는 담배를 끊으려고 한다는 말에서 힌트를 얻을 수 있습니다. go cold turkey는 좋지 않은 습관,(특히, 흡연)들을 점차적으로가 아닌 하루아침에 끊는 것을 의미합니다. cry wolf는 '거짓 경고로 세상을 시끄럽게 하다'를 의미하며 hold one's horse는 '참다, 서두르지 않다', smell a rat는 '의심이 간다'는 의미입니다. 문제에서는 며칠간 왜 그렇게 신경질적인지를 묻자 담배를 끊으려는 중인데 쉽지 않다고 했으므로 (b)가 가장 적절합니다.

Analysis

Part I

- 단어의 1차적인 의미를 파악하는데 머물지 말고, 구어체에서 사용되는 어휘들을 문장째 암기한다.
- 동의어라고 생각되거나 쓰임이 각기 다른 단어들이 많으므로 개별 단어의 정확한 쓰임을 의미 있는 문장을 통해 익히도록 한다.

VC_구어체 idiom

A: I asked Anna to go to the dance with me.

B: Don't __________________ your breath. She only has eyes for one guy.

(a) keep   (b) hold

(c) carry   (d) wait

A 애나한테 나랑 같이 무도회에 가자고 했어.
B 너무 기대하지 마. 걔는 오직 한 남자한테만 관심이 있어.

Solution [Don't hold your breath.]는 어떤 일이 일어날 가능성이 별로 없으니 '숨죽이고 기다리지 말라'는 뜻이다.

Voca **hold one's breath** 숨죽이다, 기대하다   **have eyes for (someone)** ~에게 관심이 있다

Answer (b) hold

[Don't hold your breath.]라고 하면 기다리고 있는 일이 일어날 확률이 거의 없으니 '기대하지 말라'는 의미입니다. 여기서는 애나에게 무도회에 같이 가자고 했다고 하자, 걔는 오직 한 사람에게만 관심이 있으니 기대하지 말라고 하고 있습니다. 이와 유사한 표현으로 [Don't waste your breath.]가 있는데, 이것은 상대방이 듣지 않을 테니 '(입 아프게 조언을 하느라) 힘을 뺄 필요가 없다'는 뜻이 됩니다. 또한 take one's breath away는 주로 '(어떤 것이 너무나 아름다워서) 숨이 멎을 정도이다'는 의미입니다.

Part II

- 개별 단어의 정확한 쓰임을 의미 있는 문장을 통해 익히도록 한다.
- formal한 표현에서 머무르지 말고 informal한 영어 표현을 많이 알아둔다.
- 연어(collocation)를 많이 알아둔다.

VC_전치사

The day was so beautiful and sunny that, _______________________ any sudden misfortune, it was the perfect time to set off for an adventure.

(a) bar

(b) barred

(c) barring

(d) to bar

날이 매우 아름답고 화창해서 갑작스런 불행한 일이 일어나지 않는 한 모험을 시작하기에 완벽한 때였다.

Solution barring은 except for, unless something exists의 뜻을 가진 전치사이다.

Voca **barring** …이 없으면 **sudden** 갑작스런 **set off** 출발하다, 시작하다

Answer (c) barring

barring은 바로 뒤에 언급되는 내용이 '발생하지 않는다면'의 의미를 가진 전치사입니다. 그러므로 unless … happen의 뜻이라고 할 수 있습니다. 예를 들어, barring accidents라고 하면 '사고가 발생하지 않는다면'의 뜻이며 문제에 쓰인 barring any sudden misfortune은 '만일 갑작스러운 불행이 닥치지 않는다면'의 뜻입니다. barring이 전치사로 쓰인다는 것을 알지 못하면 문장이 동사 bar를 이용한 분사구문이 아닐까 생각하게 될 수도 있습니다.

Vocabulary

★★

1

A: Welcome! How was your flight?

B: Not bad, but there was a ________________ at the airport in San Francisco.

(a) delay
(b) press
(c) rush
(d) speed

★★

2

A: I just need to ____________ some details. You were born in Greece, right?

B: No. I moved to Greece when I was two. I was born in Italy.

(a) agree
(b) test
(c) debate
(d) clarify

★★★

3

A: Why did you choose this hotel instead of the one across the street?

B: Because this hotel offers a(n) ________________ breakfast.

(a) honorary
(b) complimentary
(c) gratuitous
(d) patronage

★★

4

A: Do you want any more ice cream?

B: No, you can have the ________________ of it.

(a) rest
(b) residue
(c) surplus
(d) remnants

★★★

5

A: I really don't feel like making dinner.

B: Maybe we should just order some ________________ .

(a) takeout
(b) drive-in
(c) outtake
(d) takeover

★★

6

A: Why did you fire that nice lady?

B: She might have been kind, but she was completely ________________.

(a) underrated

(b) insufficient

(c) outsmarted

(d) incompetent

★★★

7

A: So I owe you $3 for my coffee. Do you have change for a twenty?

B: No, I don't. Let me pay this time and we can ________________ later.

(a) level out

(b) add up

(c) make up for

(d) settle up

★★

8

A: I missed the staff meeting yesterday.

B: Don't worry. I'll ________________ you in on the details later.

(a) set

(b) fill

(c) find

(d) update

★★

9

A: I'm in favor of ________________, but Mom just takes it too far.

B: Yeah. Reusing the same tea bag for a week is a little too much for me.

(a) promptness

(b) specificity

(c) detainment

(d) frugality

★★

10

A: Did you get to buy one of the new cell phones?

B: No. I went to the store at 7 in the morning, but people were already ________________ around the block.

(a) stocked up

(b) stored up

(c) lined up

(d) backed up

11

A: I'm curious. How many _________________ does this ski lift make every hour?

B: It can do as many as seven.

(a) posts   (b) turns

(c) spots   (d) runs

12

A: Will you help me put on this bracelet?

B: Sure. And say, you're all _________________. What's the occasion?

(a) worn out   (b) outfitted with

(c) dressed up   (d) put on

13

A: So how much will you have to pay for rent?

B: That _________________ (on) whether I will have a roommate or not.

(a) matters   (b) depends

(c) decides   (d) happens

14

A: I'm afraid I sprained my ankle.

B: Let me see. Are you in any _________________?

(a) harm   (b) injury

(c) pain   (d) wound

15

A: Sir, I have Mr. Brown on line 2 for you.

B: I'll _________________ it right away. I know he doesn't like to be on hold.

(a) hang   (b) hold

(c) get   (d) wait

★★★
16

A: Your cat is ________________ her cheek against my leg. Why does she do that?

B: It's just her way of saying I like you.

(a) stroking   (b) pounding
(c) dabbing   (d) rubbing

★
17

A: Do you still keep in touch with Tara?

B: Sure. She ________________ over about once a week.

(a) goes   (b) comes
(c) follows   (d) moves

★★
18

A: I heard that your house was destroyed in the flood.

B: Yeah, it was horrible, but I'm just ________________ that everyone is safe.

(a) merciful   (b) thankful
(c) bewildered   (d) infuriated

★
19

A: We need to do something drastic to turn around our financial situation.

B: You've got a(n) ________________. I'm beginning to think the same thing.

(a) sense   (b) line
(c) issue   (d) point

★★★
20

A: You're such a jerk! How could you say that to me?

B: No, please don't ________________ me wrong. I didn't mean to upset you.

(a) take   (b) do
(c) get   (d) make

21 A: As soon as I have ________________ the bar exam, I will apply for a
position at several law firms.
B: Are you going to move out of town?

(a) shown   (b) gained
(c) passed   (d) credited

22 A: I get so nervous when the teacher asks me a question in class.
B: Me too. My mind goes ________________, and I can't remember anything.

(a) blank   (b) empty
(c) void   (d) clear

23 A: Kate didn't get the job she wanted. I think she'll go back to teaching.
B: It's a good thing that she has her teaching position to ________________
back on.

(a) go   (b) give
(c) turn   (d) fall

24 A: Did you know that Jenny's going out with Dan again?
B: I heard. I don't understand why she's ________________ him. She should
dump him.

(a) hanging on to   (b) getting on with
(c) fixing up with   (d) breaking up with

★★★

25-1 A: What did you think of the apartment you looked at today? Was it clean?
B: Very. The previous tenants must have been ________________.

(a) careless　　　　　　　(b) rampant
(c) immaculate　　　　　　(d) meticulous

25-2 A: I hate it when Jim tries to be funny at the dinner table. It's embarrassing.
B: Yeah, I wish he had a more ________________ sense of humor.

(a) punctual　　　　　　　(b) jovial
(c) subtle　　　　　　　　(d) futile

★★
26 Claire ____________ her place on stage and began to sing.

(a) won   (b) saved
(c) took   (d) lost

★
27 I had to pay $5 in late fees. I forgot to return the book when it was

____________.

(a) due   (b) tardy
(c) unsettled   (d) owed

★★
28 No matter how well you plan, problems always ____________.

(a) fail   (b) encounter
(c) pose   (d) occur

★★★
29 He faces charges of causing bodily injury while driving under the
____________ and driving on a suspended license.

(a) result   (b) control
(c) influence   (d) authority

★
30 Before we start working on the house, we should go to the ____________
to get the paint and some tools.

(a) delicatessen   (b) realtor's
(c) stationary store   (d) home improvement store

★★
31 The children were captivated by the ________________ details on the miniature dollhouses.

(a) exquisite
(b) superfluous
(c) atrocious
(d) conspicuous

★★
32 He is living ________________ of the saying that anything is possible if you put your mind to it.

(a) testimony
(b) credential
(c) proof
(d) validation

★
33 When typing, ________________ is more important than speed.

(a) veracity
(b) accuracy
(c) compatibility
(d) authenticity

★
34 She was born and raised in a devout Christian family, but she ________________ to Islam right after she got married.

(a) conveyed
(b) converted
(c) altered
(d) transferred

★★
35 New DNA evidence ________________ him of a murder that took place twelve years ago, and his family is very excited to have him back after so many years.

(a) clarified
(b) convicted
(c) cleared
(d) condemned

36 The following table shows the adult ________________ rate in developing nations which contains the percentage of the population over 15 years old who can read and write.

(a) literary
(b) literacy
(c) litigious
(d) illegible

★★

37 Many experts suggest that it is better for a child to be ________________ enough to participate in music or sports, as well as in academic subjects.

(a) in-depth
(b) well-read
(c) well-rounded
(d) right-minded

★★

38 Andrew Carnegie was an Irish immigrant who rose from ________________ beginnings to become one of the richest men of his time.

(a) discriminating
(b) menial
(c) humble
(d) boastful

★★★

39 The Mayor announced on Friday that the city has given a final ________________ of next year's budget to the city's budget committee.

(a) statement
(b) draft
(c) manuscript
(d) verse

★★

40 While opponents of ________________ engineered food claim that it is dangerous, some scientists believe that it is an effective way to feed the world's growing population.

(a) technically
(b) theoretically
(c) genetically
(d) chemically

★★
41 The superstitious tribe lived in fear, waiting for an ancient _________________
to come true.

    (a) forecast   (b) sight
    (c) prophecy   (d) viewpoint

★
42 Those rules only apply during the school year and are not _________________
during the summer vacation.

    (a) prone   (b) liable
    (c) applicable   (d) dependable

★★
43 Based on the candidate's qualification and prior work experience, the salary is

_________________ .

    (a) incessant   (b) versatile
    (c) subjective   (d) negotiable

★★★
44 The new president was elected with a(n) _________________ to improve the
economy.

    (a) edict   (b) decree
    (c) mandate   (d) proclamation

★★
45 They received the letter stating that the journalists had been kidnapped and
held for _________________ by the rebel forces.

    (a) ransom   (b) reward
    (c) contribution   (d) grant

★★

46 Many people want to live in San Diego because of its pleasant, ________________ climate.

(a) ostensible
(b) desiccated
(c) temperate
(d) relentless

★

47 The con artist copied the famous paintings and sold them as ______________.

(a) specimens
(b) prototypes
(c) originals
(d) forgeries

★★

48 Most of the time my job is exciting, but sometimes it is difficult to get through the more ________________ aspects of it.

(a) incredulous
(b) mundane
(c) remedial
(d) unprincipled

★★

49 The gentleman paid ________________ during the ceremony to his elders and ancestors.

(a) tribute
(b) penalty
(c) bribe
(d) premium

★★★

50-1 A former government worker admitted leaking the _______________ information to the press.

(a) secretive

(b) legitimate

(c) irrefutable

(d) classified

50-2 It is fascinating to study the history of nonviolent revolutions that not only got the world's attention, but gained enough momentum to __________ powerful regimes.

(a) topple

(b) stumble

(c) overwhelm

(d) reconcile

Reading Comprehension

General Strategy

1 시간 배분에 따라 점수가 달라진다

TEPS 독해는 수험자들이 가장 어려워하는 부분인데, 어휘의 수준도 높거니와 대체로 시간 배분을 제대로 하지 못하기 때문이다. 평상시에 모의고사를 통해 시간을 잘 배분하는 훈련을 해야 실전에서 다소 여유를 갖고 자신 있게 대처할 수 있다.

독해 파트 Ⅰ의 경우 다른 파트에 비해 비교적 배점이 낮으므로 한 문제당 평균 40초에서 50초를 넘기지 말고, Part Ⅱ의 경우는 내용과 Question이 다양하게 등장하므로 문제당 1분에서 1분 30초 안에 풀도록 한다. 가장 배점이 높은 Part Ⅲ의 경우 문제당 2분에서 2분 30초를 잡는 것이 바람직하며 전체 독해 문제들을 Part Ⅲ → Part Ⅰ → Part Ⅱ 순으로 푸는 것이 효율적이다.

2 아는 만큼 읽힌다, 어휘력은 기본이다

TEPS 독해는 주로 비전문적인 학술문들을 위주로 출제하고 과학, 의학, 역사, 문학, 언어, 문화 전반에 걸쳐 다양한 토픽이 출제되므로 풍부한 어휘력이 독해 고득점을 좌우하는 요소라는 사실에는 이견이 없을 것이다. 어휘력 증진을 위한 여러 가지 방법이 있겠지만, 가급적이면 주제별 어휘를 정리하고 영영사전을 통해 의미를 찾아 문장과 글을 이용해서 정확한 의미를 알아두어야 한다. 그리고 모의고사를 풀 때에는 지문의 전체를 보면서 주요 어휘들의 의미를 확실하게 익혀둠과 동시에 어법에 해당하는 요소들을 의식적으로 파악하는 훈련이 매우 중요하다.

독해력은 어휘력과 배경지식이 다라고 말할 수 있다. 따라서 특정 분야에 대한 어휘력이 약하거나 배경지식이 부족한 경우라면 아무리 짧고 단순한 지문이 출제되어도 쉽게 문제를 해결할 수 없다. 이에 대한 대책으로 문제를 풀고 난 후에 지문을 다시 한 번 차분히 읽으면서 어휘와 표현을 정리하는 것과 동시에 전체 내용에 대한 이해도를 높여야 한다. 그래서 수험자들은 독해 파트를 문제 풀이로만 생각하지 않고, 반드시 지문을 2~3번 더 읽어보면서 내용을 이해하고 배경지식을 쌓는 것과 동시에 어휘를 숙지하도록 한다.

출제형식

Part I 은 빈칸 채우기 유형으로, 한 단락의 글을 읽고 그 안의 빈칸에 알맞은 표현을 고르는 16문항으로 이루어져 있다. 글 전체의 흐름을 파악하여 문맥상 빈칸에 들어갈 내용을 찾는 문제이다.

TYPE

Type 1 글의 흐름 완성

주로 글 전체의 통일성에 어긋나지 않게 앞뒤의 내용을 힌트 삼아, 흐름을 완성시키는 유형으로 빈칸은 한 단어(word)나 구 (phrase), 혹은 절(clause)의 형태로 들어간다.

R/C_글의 흐름 완성

Keeping a diary is a great way to express your feelings and talk about the things that matter to you. Maybe this is why blogging has become such a popular activity. Blogs are online diaries that anyone can write. They can center on anything from day-to-day thoughts to serious political observations. One of the best things about blogs, in contrast to traditional diaries, is that they _________________. People can read your ideas and respond to them with comments, pictures, and links to other websites.

(a) are interactive

(b) cannot be lost or stolen

(c) are legally bound

(d) have unlimited space

일기를 쓰는 것은 자신의 감정을 표현하고 자신에게 중요한 것에 대해 이야기할 수 있는 좋은 방법이다. 아마도 이것이 블로그 운영이 그렇게 인기 있는 활동이 된 이유일 것이다. 블로그는 어느 누구나 쓸 수 있는 온라인 일기이다. 블로그는 일상적인 생각에서부터 심각한 정치적 논평에 이르기까지 무엇이든 초점을 맞출 수 있다. 블로그의 장점 중 하나는 전통적인 일기와는 달리, 쌍방향 대화식이라는 점이다. 사람들은 당신의 생각을 읽고 그것에 대해 글, 사진, 다른 웹사이트로의 링크로 답을 할 수 있다.

(a) 쌍방향이다
(b) 분실되거나 도난당할 수 없다
(c) 법적으로 제약을 받는다
(d) 무제한적인 공간을 갖는다

Solution 블로그 운영이 전통적인 일기 쓰기와 어떻게 다른가를 묻는 문제이다.

Voca **center on** ~에 초점을 맞추다 **observation** 의견, 관찰 **in contrast to** ~와 반대로 **interactive** 상호적인, 쌍방의 **bound** (법 의무 등에) 얽매인, ~해야 하는

Answer (a) are interactive

Joseph's focus

블로그 운영이 무엇인지, 전통적인 일기 쓰기와는 어떻게 다른지에 대한 글입니다. 빈칸의 바로 뒤에 오는 문장 [People can read ~ other websites.]에서 다른 사람들이 온라인 일기인 블로그의 내용을 읽고 다양한 방식으로 답변을 할 수 있다고 했으므로, 지극히 사적인 기록인 전통적인 일기와는 달리, 블로그는 쌍방향이라는 것이 가장 다른 점이라고 할 수 있습니다. 보기로 주어진 다른 내용들도 블로그의 특징일 수 있지만 이 글에서는 전혀 언급되지 않았습니다.

Part I에서는 Type 1 처럼 글의 흐름을 완성하는 게 빈칸채우기의 일반적 유형이지만, 세부적으로 빈칸의 위치에 따라 처음이나 마지막에서 주제를 파악하라는 유형의 문항이 제시된다.

R/C_주제문 파악

One of the most dangerous circus sideshow attractions has always been sword swallowing. The performer of this amazing act must understand _______________.
The sword must go down the esophagus and towards, and sometimes into, the stomach. In order to achieve this, the performer must first suppress his gag reflex and relax his throat. Unlike the swords being used, the path leading from the mouth to the stomach is curvy, so perfecting this act without injury or death is quite a feat.

(a) how to safely move a foreign object through the body

(b) what type of sword is best for the performance

(c) ways to please the audience without frightening them

(d) why people enjoy seeing dangerous performances

가장 위험한 서커스 여흥 중 하나는 항상 검 삼키기이다. 이 놀라운 행위를 하는 곡예사는 이물질을 안전하게 몸속으로 통과시키는 방법을 반드시 알아야 한다. 검은 식도를 거쳐 가끔은 위속으로 들어가야 한다. 이것을 성공시키려면, 곡예사는 목의 구역질 반응을 억누르고 목구멍의 근육을 풀어 줘야 한다. 사람의 입에서 위까지의 길은 사용되는 검과는 달리 구부러져 있기 때문에, 부상을 당하거나 죽지 않고 이 연기를 완료하는 것은 대단한 묘기라고 할 수 있다.

(a) 이물질을 안전하게 몸속으로 통과시키는 방법
(b) 이 공연에 어떤 종류의 검이 가장 적합한지
(c) 관객에게 두려움 없이 즐거움을 주는 방법
(d) 왜 사람들이 위험한 연기를 좋아하는가

Solution 빈칸 뒤에 나오는 내용을 살펴보면 곡예사가 어떻게 안전하게 검을 입 안으로 집어넣는가에 대한 내용임을 알 수 있다.

Voca sideshow 여흥, 공연 swallow 삼키다 esophagus 식도(=gullet) suppress 억제하다 gag reflex 구역질 반응 curvy 구불구불한 feat 위업, 공적, 대단한 성과

Answer (a) how to safely move a foreign object through the body

Joseph's focus

서커스에서 볼 수 있는 검 삼키기에 대한 글입니다. 빈칸 다음에 나오는 내용을 살펴보면 어떻게 다치지 않고 성공적으로 검을 삼킬 수 있는가를 설명하고 있습니다. 그러므로 이러한 곡예를 하는 사람은 foreign object, 즉 sword를 어떻게 입을 통해 위까지 안전하게 집어넣을 수 있는지를 알아야 한다는 (a)가 가장 적절합니다. 어떤 종류의 검이 이 곡예에 가장 적절하다거나, 관객들에게 겁을 주지 않으면서 여흥을 제공한다거나, 왜 사람들이 위험한 곡예를 보는 것을 즐기는가에 대한 내용은 전혀 언급되지 않았습니다. [Unlike the swords being used, ~ is curvy.]부분 때문에 (b)를 정답으로 고르지 않도록 주의합니다. 이 부분은 단지 검 삼키기가 힘든 곡예인 이유 중의 하나가 검은 일직선인데 반해서 입에서 위까지 이르는 몸속의 부분은 그렇지 않다는 것을 설명하기 위한 것일 뿐입니다.

글의 마지막 부분의 빈칸을 채우는 형태로, 빈칸에 세부사항 혹은 진위파악처럼 지문에서 명시 되지 않는 내용을 유추 혹은 추론을 해서 선택지에서 답을 찾아내 넣는 유형이다.

R/C_결론 찾기(유추)

Some of the most well-preserved bodies come not from the ancient pyramids of Egypt, but rather, from the frozen slopes of the Andes Mountains. With her elaborately braided hair and peaceful expression, the Incan Ice Maiden looks less like a five-hundred-year-old mummy and more like a sleeping child. In a rare, but important Incan ritual, the girl was taken to the slopes by priests and sacrificed to serve as an intermediary between the spirit and human worlds. To die in this way was ________________________, which explains why her body was found with many precious items including gold and silver.

(a) considered extremely honorable

(b) cause for community celebration

(c) only for the oldest girl in the family

(d) usually a decision made by religious parents

가장 잘 보존된 시체들 중 일부는 고대 이집트 피라미드에서 나온 것이 아니라 안데스 산맥의 얼어붙은 비탈에서 나온 것들이다. 정교하게 딴 머리와 평화롭게 보이는 얼굴 표정으로 잉카 얼음 소녀 미라는 5백년 된 미라라기보다는 마치 잠자고 있는 아이처럼 보인다. 매우 드물지만 중요한 잉카 의식에서 이 소녀는 사제들에 의해 이 비탈로 끌려가 영혼 세계와 인간 세계간의 매개자가 되기 위해 희생되었다. 이러한 방식으로 죽음을 맞는 것은 매우 명예로운 일로 여겨졌는데, 그 사실은 미라가 금과 은을 포함한 많은 귀중한 물건들과 함께 발견된 이유를 설명해 준다.

(a) 매우 명예로운 것으로 여겨졌다
(b) 지역 축하 행사의 원인이었다
(c) 집 안의 장녀에게만 한정되었다
(d) 보통 신앙심이 깊은 부모에 의해 결정되었다

Solution 소녀 미라가 금은보화와 함께 묻혔다는 사실은 이 의식의 제물로 바쳐지는 것이 명예로운 일로 여겨졌다는 것을 설명해 준다고 할 수 있다.

Voca well-preserved 잘 보존된 slope 비탈 elaborately 정교하게 braided (머리를) 땋은 rare 희귀한, 드문(=uncommon) ritual 의식, 행사 intermediary 매개자(물) precious 소중한

Answer (a) considered extremely honorable

Joseph's focus

본문의 내용을 파악하여 결론 부분의 빈칸을 유추하는 문제입니다. 잉카 의식에서 영혼 세계와 인간 세계의 매개자로 삼기 위해 소녀가 희생되곤 했는데, 이 미라는 이렇게 희생된 소녀들 중 하나라고 추정됩니다. 또한 미라가 온갖 장신구와 귀중품들과 함께 발견된 것으로 보아, 제물로 선택되는 것이 명예로운 일로 여겨졌다고 짐작할 수 있으므로 (a)가 정답이 됩니다. 미라와 함께 묻힌 물건들만으로 소녀의 죽음이 종교심이 깊은 부모에 의해 결정되는 것이므로, 집안의 장녀만이 제물로 바쳐졌는지, 사람들이 이러한 의식을 축하했는지의 여부는 알 수가 없습니다.

빈칸에 구조나 논리상 적절한 연결사를 고르는 유형으로 독해 Part I의 문항 15, 16에 주로 등장한다. 이러한 연결어들은 필자가 지문에서 중요하다고 생각하는 내용을 독자들에게 암시하는 장치들이므로 글의 논리적 연결에 큰 역할을 한다.

유형	연결어	유형	연결어
추가	in addition, moreover, besides, what's more, furthermore	결과	therefore, hence, thus, so, accordingly, consequently
역접	but, however, on the other hand, in contrast	유사	similarly, likewise, in the same way
양보	though, although, while, despite, in spite of	예시	for example, for instance, to illustrate

R/C_연결어

Hoping to give its young citizens an edge in a global economy, many governments have begun subsidizing early education programs. The expectation is that children who have this head start will ultimately learn more in shorter periods of time. _________________, critics cite evidence to the contrary. Sweden is one such country that has state-sponsored preschool programs for infants as young as one. One might expect Swedish children to earn top marks on international standards tests, especially compared to their demographically identical neighbor, Finland (whose children do not attend school until age seven). Yet Finnish children consistently outperform their Swedish rivals.

(a) However

(b) For instance

(c) Therefore

(d) In general

국제 경제에서 자국 아이들에게 우위를 제공하기 위한 바람으로 많은 국가들이 조기교육 프로그램을 보조하기 시작했다. 이렇게 한 발 앞선 아이들은 결국에는 더 짧은 시간에 더 많은 것을 배우게 될 것이라고 기대된다. 하지만 비평가들은 그에 반대되는 증거들을 언급한다. 스웨덴은 어리게는 한 살까지의 영아들에게 국가에서 지원하는 취학 전 프로그램을 실시하고 있는 나라들 중의 하나이다. 스웨덴 어린이들이, 특히 인구학적으로 유사한 이웃 나라 핀란드와 비교해 볼 때, 국제적으로 표준화된 시험에서 높은 성적을 얻을 것이라고 기대된다. (핀란드 아이들은 일곱 살에 학교를 다니기 시작한다.) 그러나 핀란드 아이들은 지속적으로 스웨덴의 라이벌보다 높은 성적을 보이고 있다.

Solution 빈칸 앞에서는 일부 국가들이 조기교육을 실시한다는 내용이, 빈칸 바로 뒤에서는 이에 반대하는 비평가들이 스웨덴을 예로 들며 조기교육이 효과가 없다고 주장하는 내용이 나온다. 앞의 내용과는 대조를 이루는 내용이 따라오므로 however가 가장 적절하다.

Voca **edge** 우위 **subsidize** 보조금을 지급하다 **head start** 유리한 출발 **cite** 언급하다 **state-sponsored** 국가가 지원하는 **preschool** 유치원, 취학 전의 **demographically** 인구통계학적으로 **identical** 동일한 **outperform** ~보다 뛰어나다

Answer (a) However

Joseph's focus

조기교육의 효과가 예상과는 달리, 역효과를 불러올 수 있다는 요지의 글입니다. 연결사를 넣는 문제는, 빈칸 전후의 문장만 정독해도 정답을 고를 수 있는 경우가 대부분입니다. 빈칸을 기점으로 앞부분의 내용은 조기교육의 긍정적인 효과를 소개하고, 뒷부분은 스웨덴과 핀란드의 실례를 들어 반론을 제시하고 있으므로 글의 구조상 역접의 의미를 가진 연결사가 들어가야 한다는 점을 쉽게 알 수 있습니다.

Analysis

Part I

- 빈칸 위치를 파악한다.

  상단에 있는 경우 → 문단의 주제와 관련된 내용이 정답이 될 확률이 높다.

  중반부에 있는 경우 → 주제와 관련 있는 선택지가 정답이 되는 것은 아니므로 문맥을 잘 살펴 가장 논리적인 것을 고른다.

  하단에 있는 경우 → 지문 전체를 다 읽어 봐야 하므로 시간도 훨씬 더 소요되긴 하지만, 주장하는 바를 요약 정리하거나 지문의 첫 문장을 재 진술하는 경우가 많아 의외로 답을 찾기가 쉽다.

- 빈칸 앞뒤의 전체적인 구조와 흐름 파악을 위해서 역접, 인과, 부연 설명, 예시 등의 연결어(구)에 주의한다.

R/C_글의 흐름 완성

The enormous, heavily built and arched body of the Stegosaurus has fascinated scientists and dinosaur enthusiasts alike since its discovery in 1877. However, one of the most mysterious features of this extinct creature is ________________. It led many scientists to believe that the animal had room to accommodate a second brain. It was also theorized that this brain, which would have been much larger than the one located in the Stegosaurus's skull, gave it a short-term cognitive boost when it was threatened by predators. A more recent idea is that the animal used this cavity as a storage for energy reserves, much like a camel's hump.

(a) the ability to fight predators   (b) an unusually small skull

(c) a large cavity in the hip region   (d) the hollow space to store food

검룡의 거대하고 육중한 몸집과 굽은 몸체는 1877년 발견된 이래로 과학자들과 공룡에 관심이 많은 사람들을 매료시켜왔다. 그러나 이 멸종한 생물체의 가장 신비로운 특징 중의 하나는 둔부에 있는 거대한 빈 공간이다. 이것은 많은 과학자들이 이 공룡에게 또 하나의 뇌를 수용하는 공간이 있다고 믿게끔 만들었다. 또한 검룡의 두개골 안에 위치하고 있는 뇌보다 훨씬 클 것으로 생각되는 이 뇌 때문에 검룡은 천적들로부터 위협을 받았을 때 단기적 인지력 향상됐을 것이라는 이론이 세워지기도 했다. 좀 더 최근의 이론은 검룡이 이 빈 공간을 마치 낙타의 혹과 같이 에너지를 비축하는데 사용했다는 설이다.

(a) 천적과 싸우는 능력   (b) 비정상적으로 작은 두개골

(c) 둔부에 있는 큰 빈 공간   (d) 음식을 저장할 수 있는 빈 공간

Solution 과학자들이 검룡에게 또 하나의 뇌가 있다고 믿도록 만든 신체적인 특징이 무엇인가를 찾는 문제이다. 검룡은 몸의 뒷부분에 큰 빈 공간이 있었는데, 이 때문에 검룡이 second brain을 가지고 있다는 이론이 세워지기도 했다.

Voca **arched** 아치 모양의 **theorize** 이론을 세우다 **cognitive** 인지력의 **boost** 힘, 증가 **cavity** 빈 공간, 충치 **storage** 저장, 창고 **reserve** 저장, 비축 **predator** 천적, 육식 동물

Answer (c) a large cavity in the hip region

Joseph's focus

일부 과학자들로 하여금 검룡이 또 하나의 뇌를 가지고 있다고 믿도록 만든 검룡의 특이한 신체 구조에 대한 글입니다. [It led many scientists ~ to accommodate a second brain.]으로 미루어 볼 때, 과학자들은 검룡이 또 하나의 뇌를 수용할 공간을 갖고 있다고 믿었다는 것을 알 수 있으므로 (c)가 정답입니다.

Reading Comprehension

★★

1   Joan of Arc is one of the most famous martyrs in history. ______________________, she asserted that she had spoken with two saints, an angel, and God himself, beginning from the time when she was a child. When she was just 18 years old, she believed that God told her to lead a rebellion against the British during the Hundred Years' War. She fought many battles, but was later captured and held by the British. Many Frenchmen also saw her as a liability, and charged her with heresy. She was burned at the stake for her crime. However, in 1920, almost 500 years after her death, she was made into a saint.

(a) Claiming that she was a messenger from God
(b) After talking to God in her dreams
(c) To persuade people to fight against the British
(d) Because she wanted to prove her religious belief

★

2   You may know Jay Leno as one of the most popular late night talk show hosts on TV. However, maybe you didn't know that ______________________. Some of his rare, famous vehicles include an ancient 1906 Stanley Steamer, several old Bugattis and Duesenbergs and even a 1941 fire truck. These vehicles don't just sit in his garage, either. He's constantly taking them out for a weekend drive. It's fun when you're driving, and people wave at you, and you wave back, Leno said.

(a) the man has survived a number of serious automobile accidents
(b) he is also one of the world's most important car collectors
(c) Jay owns a new car dealership in his home of Los Angeles
(d) Mr. Leno is known as one of the friendliest men in show business

"

★
3

Dear Mr. Turley,

I'm writing in response to your request for a replacement for the lamp that was shipped from Jake's Antiques to your home. I understand that you discovered a crack at the lamp's base after you unwrapped the shipping carton and would like a replacement sent to you immediately. Unfortunately, that particular piece, which, as you know, is well over seventy years old, came to the shop in that condition. This defect was clearly noted in the description on the website. As for a replacement, I'm sorry to say that the lamp is one of a kind, so nothing is available in this regard. However, I'd be happy to _______________. Please let me know if you have any questions.

Respectfully
James Grayson

(a) note the damage of the lamp
(b) ask for a full refund and an apology
(c) issue store credit to settle the matter
(d) send the product by express mail

★★
4

Family farms were the financial foundation of the US for 300 years. However, in the mid-1800s, Bonanza farms became _______________. These enormous cash-crop enterprises were so large that they were only made possible by certain factors. First, the population grew, increasing demand for wheat. Also, the transcontinental railroad was completed, enabling farmers to transport crops quickly to markets. Finally, inventions in farming equipment made it realistic to farm thousands of acres.

(a) one of the major customers of the railroad
(b) the biggest supplier of wheat to the east coast
(c) a main asset to family farm operations
(d) an important aspect of the American economy

★★
5   Despite its location, the political climate of the region, and repeated threats against it, El Al, Israel's largest air carrier, _________________. Its security procedures are highly controversial, but the results speak for themselves. A three hour security check includes luggage screening, interviews with all passengers and background checks on passport names. All bags are passed through a decompression chamber to trigger any explosives. The planes also have security measures such as double steel doors to the cockpit and an infrared countermeasure system designed to ward off anti-aircraft missiles from the ground.

(a) is known as the most-profitable airline in the industry
(b) is regarded as the safest airline in the world
(c) has had fewer air crashes than any other large carrier
(d) has experienced difficulties due to higher fuel price

★
6   When I was in high school, I had a lot of trouble finding people who had similar interests. As a result, for many years I had very few, if any close friends. My parents saw how unhappy I was, but consoled me with the thought that things would change as I get older. Entering college, I was doubtful that my life would be much different, but year after year, I met many people who shared many of my ideas and beliefs. I guess that being a teenager is difficult for most people, but _________________.

(a) one must always remember that things do improve with time
(b) finding even one good friend is enough for most people
(c) high school can be a place of both fun and learning
(d) your high school friends will always be there to help

★★

7

Most laws that citizens must follow are put in place to protect them and their property from harm. However, there are still some laws on the books in many countries that seem to _______________. Many are rules that have never been erased from the legal code although they have been obsolete for decades or even centuries. For example, in Australia, taxi cabs are required to carry a bale of hay in the trunk. It is also illegal to wear hot pink pants after midday on Sunday. Another strange law comes from Cambodia, where is illegal to use water guns during a New Year's celebration. Although these laws are still technically in effect, many are so obscure that it is doubtful police officers and judges are aware of them, or that citizens will be convicted for violating them.

(a) defy common sense
(b) follow this tradition
(c) do more harm than good
(d) benefit only a few people

★★

8

Right outside of Geneva, Switzerland, scientists have built a machine that _______________. The Large Hadron Accelerator is used to smash protons together at a rate that was last present right after the Big Bang. The result of these collisions is the creation of particles that are not usually seen in the world as we know it presently. These strange particles are what scientists believe are the building blocks of the universe. However, not everyone was excited about the Large Hadron Accelerator when the idea was first conceived years ago. Some believed it would create miniature black holes capable of creating a destructive vacuum. Fortunately, these people simply did not do their homework; the results that they suggested are physically impossible, given the limits of the device.

(a) is causing a great deal of panic in the scientific community
(b) may explain the mystery of the beginning of life on Earth
(c) many still believe might cause massive destruction on Earth
(d) will harness the power of protons to create a new weapon

★★
9 Over the last 50 years, ________________. Although local variations develop in any language, the isolation of the northern part of the peninsula has intensified these localizations. This can be seen distinctly in pronunciation. Spelling has also evolved differently between the two sides, as have grammar structures. Perhaps most telling is the westernization of the South Korean language. The influence of the West has given South Korea different vocabulary words not found in North Korea.

(a) language differences between North and South Korea have grown
(b) the great divide between North and South Korea has started to narrow
(c) only a few South Korean words and phrases have migrated to North Korea
(d) North Korea has seen a number of Western words enter its language

10 Whenever tragedy strikes, from car accidents to natural disasters, victims need blood. Unfortunately, demand often outstrips supply, especially for the O-negative blood type. Though individuals with this blood type donate at a high rate, ________________. Fewer than seven people out of one hundred worldwide have type O-negative blood, but it is their blood that is used the most. They are called universal donors because their blood can be accepted by a person with any blood type. Also, in emergencies, when there is no time to determine their blood type, victims are always given O-negative blood.

(a) there just aren't enough of them to keep the supply up at all times
(b) their blood is often plagued by a number of natural maladies
(c) O-negative blood can cause a deadly reaction in some victims
(d) those with other blood types are reluctant to donate blood

★★
11 The nature vs. nurture debate—whether one's genetic makeup or one's upbringing holds sway over that individual's personality—has been raging for years, with no clear answer in sight. Unsurprisingly, many social scientists stress the role of parenting on the ultimate success of children. ______________________, a number of leading researchers in the field of psychology beg to differ. They point to the fact that many fascinating developments have been made in the study of genetics and DNA is often presented as code that determines one's lot in life. However, the key to understanding human behavior most likely lies somewhere in the middle. In the humble opinion of this writer, it is the combination of nature and nurture that decides who each individual will grow up to be.

(a) Be that as it may
(b) Furthermore
(c) Without question
(d) As a consequence

★★
12 Even if you speak the same native tongue as your significant other, serious communication breakdown can occur. Psychologists suggest that ______________________. A love language is a way of expressing love to your spouse. Some people, for example, feel more loved when people spend time with them, while others feel more loved when people do things for them. When this happens, a gesture that was supposed to convey love and affection can end up causing resentment for both parties. If your spouse shows love by giving you gifts, but you want him or her to spend time with you, then you aren't getting what you need. It's important to know about these love languages so you don't send your partner the wrong message.

(a) your body language is more important in love languages
(b) the best way to master love languages is by learning to listen
(c) one's native language might affect the formation of love languages
(d) the problem may be that you speak different love languages

★★

13 Bisphenol A, or BPA, is used in most types of stiff, clear plastic. It can be found in everything from food containers to baby bottles. In lab animals, BPA was shown to create effects ranging from an increased likelihood of cancer to altered sexual development. Since it can leak from products when heated in microwaves or dishwashers, almost all humans test positive for the chemical. Not all the facts are in, but concerned parents and doctors worldwide are taking no chances. They are _______________________.

(a) suggesting that further animal research is needed
(b) suing the government for its role in BPA production
(c) calling for a ban on BPA in baby bottles and other products
(d) waiting to see if adults as well as children can be affected by BPA

★★

14 Thank you for your interest in becoming a participant in our clinical research trial. A new medication for attention deficit hyperactivity disorder (ADHD) _______________________. This new medication should allow those with ADHD to take their medicine once a week rather than daily. We intend to begin the first round of testing in March. Your participation could lead to a breakthrough for combating this disorder. Potential participants must have ADHD and must be willing to donate a small amount of their time. The trial will last for six months, during which time you will be asked to visit our clinic weekly. No participants will receive a placebo.

(a) is now available through prescription only
(b) has proven to be generally ineffective
(c) will be removed from the shelves of pharmacies
(d) has just been approved for human trial

15 Everyone knows that first impressions are important. But what people may not know is that certain facial characteristics have a profound effect on how a person is perceived by others. ______________________, researchers have found that over 90% of people believe they can judge someone's personality simply by looking at his or her face. For example, a person who has what are considered feminine facial characteristics gives the impression that he or she is agreeable and kind. Those with more masculine features are perceived as being more aggressive, and oddly enough, suspicious.

(a) In fact
(b) Still
(c) Nevertheless
(d) On the other hand

★★★

16-1 After a breathtaking period of growth, the popular chain of coffee shops has decided that cutbacks are necessary. About 100 stores will be closed in the US and the number of store openings slated for the next two years will be significantly reduced. A few years ago, such a move would have seemed unthinkable, as its sales seemed to explode at an unstoppable rate. But times have changed, and recent tough financial realities have made splurging on a four dollar cup of coffee seem extravagant to many of the coffee chain's customers. Many experts also believe that its brand is no longer as unique as it once was. Indeed, it looks as if the food service giant is _________________.

(a) trying to teach an old dog new tricks
(b) striking while the iron is hot
(c) jumping out of the frying pan into the fire
(d) waking up and smelling the coffee

16-2 Both George Orwell and Aldous Huxley wrote dystopian novels. Both authors created works of fiction that _________________. Although both visions are frightening, there is an argument as to which one seems the most likely to become a reality. While Orwell's 1984 contends that human kind will be forced to submit to totalitarian rule under the threat of violence and constant surveillance, Huxley's *Brave New World* suggests that pleasurable distractions will lead to humanity's complacence.

(a) predicted how future societies might look
(b) have recently become popular
(c) discussed the importance of history
(d) responded to classic science fiction books

1. antibiotic n. 항생제
2. bruise n. 타박상
3. antidote n. 해독제
4. arthritis n. 관절염
5. constipation n. 변비
6. contagion n. 전염, 감염
7. contagious a. 전염성의
8. contraceptive n. 피임약
9. split up 관계를 끝내다
10. watch out 주의하다
11. antibody n. 항체
12. put through 연결하다
13. mix up 혼동하다, 섞다
14. stop over 잠깐 머무르다
15. let down 실망시키다
16. breast-cancer n. 유방암
17. complication n. 합병증
18. stick to 고수하다
19. pull over 길거리에 차를 세우다
20. put up with 참다

1. academic advisor n. 지도교수
2. Bachelor n. 학사
3. commencement n. 졸업식
4. suspend v. 정학시키다
5. degree n. 학위
6. application form n. 입학 원서
7. disciple n. 제자
8. cultural subject n. 교양 과목
9. faculty n. 교수, 학부
10. elective course n. 선택 과목
11. repeater n. 유급생
12. thesis n. (학위)논문
13. major subject n. 전공과목
14. curriculum n. 교육과정
15. commute v. 통학하다
16. enrollment n. 등록, 입학
17. doctorate n. 박사학위
18. lifelong education n. 평생 교육
19. transcript n. 성적 기록부
20. drop-out n. 중퇴(자), 낙제

1. global warming n. 지구온난화
2. infrared ray n. 적외선
3. corrode vt., vi. 부식하다, 섞다
4. atmosphere n. 대기
5. undermine vt. 밑을 파다, 손상시키다
6. wilderness n. 황야, 황무지
7. ozone layer n. 오존 층
8. environment n. 환경
9. harness v. 이용하다
10. blanket n. 담요 v. 덮고 있다
11. ecosystem n. 생태계
12. extinction n. 멸종
13. glacier n. 빙하
14. inundation n. 범람
15. evacuate v. 철수하다, 대피하다
16. wildlife n. 야생 동물
17. logging n. 벌목
18. irrigation n. 관개, 물을 끌어들임
19. evaporation n. 증발
20. whaling n. 포경, 고래잡이

1. ultraviolet ray n. 자외선
2. biosphere n. 생태계
3. catastrophe n. 재난
4. hazard n. 위험
5. barren a. 불모의
6. alternative energy n. 대체 에너지
7. species n. 종류
8. efficient a. 효율적인
9. emission n. (배기가스) 배출
10. flood n. 홍수
11. fertile a. 비옥한
12. run out of 다 쓰다, 고갈되다
13. exhaustible a. 고갈되는
14. evolution n. 진화
15. natural resources n. 천연 자원
16. bio diversity n. 생물학적 다양성
17. nitrogen n. 질소
18. cut down 줄이다
19. humid a. 습한
20. erode v. 침식하다

출제 형식

Part II 지문을 읽고 질문에 가장 적절한 내용 고르기 (21 문항)

Part II는 글의 내용 이해를 측정하는 21문항으로 구성되어 있다. 주제나 대의, 혹은 전반적인 논조 파악, 세부내용 파악, 논리적 추론 등의 유형이 있다.

TYPE

Type 1 대의파악

독해 지문에서 가장 중요한 부분인 main idea, topic, purpose를 알아내는 유형이다. 일반적으로 영어에서는 보통 단락의 처음이나 마지막에서 대의를 파악할 수 있다. 특히 글의 목적을 묻는 경우, 대부분 편지나 공지문 같이 난이도가 높지 않은 지문이 나오며, 지문 전체의 내용을 가장 잘 요약한 선택지를 고르는 것이 관건이다.

R/C_글의 요점

The answer to one question might help determine why some people have weight problems and others don't. That question is, "How much pleasure do you get from food?" A study shows that when an obese person drinks a chocolate milkshake, the brain produces less dopamine than the brain of a person with a healthy weight. Dopamine is the chemical in the brain that gives the sensation of pleasure. The study also revealed that obese people have fewer dopamine receptors in their brain. This means pleasurable sensations, like the ones delicious foods might induce, are less intense. Therefore, obese people may need to eat more to compensate for this lack of satisfaction.

Q. What is the passage about?

(a) Why obese people crave foods high in sugar

(b) How dopamine aids in weight loss

(c) How pleasurable sensations are made in the brain

(d) The connection between dopamine and weight

한 질문에 대한 답변은, 왜 어떤 사람들은 비만 문제를 겪고 다른 사람들은 그런 문제가 없는가를 판단하는데 도움이 된다. 그 질문이란 "음식으로부터 얼마나 쾌감을 얻는가?"이다. 한 연구에 의하면 비만인 사람이 초콜릿 밀크세이크를 마실 때 그의 뇌가 정상 체중을 가진 사람의 뇌보다 적은 양의 도파민을 생성한다고 한다. 도파민은 뇌에서 생성되는 쾌감을 주는 화학 물질이다. 그 연구는 또한 비만인 사람의 뇌에는 더 적은 수의 도파민 수용기가 있다는 것을 밝혀냈다. 이것은 맛있는 음식이 유발하는 것과 같은 쾌감들이 덜 강력하다는 것을 의미한다. 그러므로 비만인 사람들은 이 만족감의 부족을 보상하기 위해서 음식을 더 많이 먹을 필요가 있게 된다.

이 글은 무엇에 관한 내용인가?
(a) 왜 비만인 사람들은 당분이 높은 음식을 찾는가
(b) 도파민이 어떻게 체중 감소를 돕는가
(c) 뇌에서 어떻게 쾌감이 형성되는가
(d) 도파민과 체중과의 관계

Solution 비만인 사람과 정상인 사람의 뇌가 음식 섭취에 어떻게 다르게 반응하는가를 설명하고 있다. 쾌감을 주는 물질인 도파민이 적게 생성되는 사람은 같은 수준의 만족감을 얻기 위해 더 많은 음식을 섭취하게 되기 때문에 비만에 이르게 된다.

   obese 비만인   **healthy** 정상적인, 건강한   **sensation** 느낌   **study** 연구   **reveal** 드러내다(＝disclose)   **dopamine** 도파민   **receptor** 수용기(감각기)   **induce** 유도하다   **intense** 강렬한   **compensate** 보상하다

   (d) The connection between dopamine and weight

Joseph's focus

글의 대의를 파악하는 유형의 문제입니다. 비만을 겪고 있는 사람의 뇌와 정상 체중인 사람의 뇌를 비교해 본 연구 결과에 대해 설명하고 있습니다. 같은 양의 음식을 섭취하더라도 비만인 사람은 쾌감 물질인 도파민이 덜 생성되고 뇌에 도파민 생성을 감지하는 기관들이 더 적기 때문에 똑같은 수준의 만족감을 얻기 위해서는 더 많은 음식을 섭취해야 한다는 것이 연구의 결과입니다. 비만인 사람들이 당분이 많은 음식을 찾는다는 내용은 언급되지 않았으므로 (a)는 정답이 될 수 없습니다. 도파민이 쾌감을 주는 물질이고 체중과 관계가 있다는 내용은 있지만 체중 감소에 어떻게 도움이 되는가에 대한 내용은 없으므로 (b)도 오답이 됩니다. 글의 요점은 도파민과 체중의 관계라고 할 수 있으므로 (d)가 정답이 됩니다.

Type 2 세부 내용(진위) 파악

TEPS에서 가장 출제 빈도가 높은 유형에 속한다. 전체적인 대의파악은 물론이고, 세부적인 사항에 대한 진위파악을 해야 하므로 시간도 많이 걸리고 집중력이 많이 요구된다. 특정한 정보를 찾거나 지문 내용과 일치 여부를 묻는 유형이 대부분이다.

R/C_세부 내용 파악

Scientists have discovered a second incidence of a female shark reproducing without a male. DNA testing on a deceased shark pup at a Virginia aquarium revealed that it had no genetic material from a male. This discovery led scientists to believe that what was thought of as an unexplainable fluke the first time it was observed in a different species can no longer be considered an accident. Now, asexual reproduction is being looked at as one of the shark's survival mechanisms during a time when the shark population is in sharp decline.

Q. Why don't scientists believe the pup's birth was an oddity?

(a) Animals in captivity behave strangely.

(b) The shark population is being threatened.

(c) Little is known about the life cycle of sharks.

(d) The shark's asexual reproduction was recorded in the past.

과학자들은 암컷 상어가 수컷 없이 번식한 두 번째 경우를 발견했다. 버지니아 수족관에서 죽은 어린 상어에 행해진 유전자 검사는 그 상어가 수컷으로부터 받은 유전 물질을 가지고 있지 않다는 것을 밝혀 주었다. 이 발견은 과학자들이 다른 종에서 그것이 처음 관찰되었을 때 설명할 수 없는 우연의 일치로 여겨졌던 것이 더 이상 우연한 사고가 아니라고 믿게 만들었다. 현재 무성 생식은 상어의 수가 급격히 감소하는 시기에 상어들이 택하는 생존 방식들 중의 하나로 여겨지고 있다.

과학자들이 상어 새끼의 출생을 기묘한 현상으로 생각하지 않는 이유는?

(a) 감금 상태의 동물들은 이상하게 행동한다.

(b) 상어의 숫자는 위협을 받고 있다.

(c) 상어의 생활 주기에 대해서는 알려진 바가 거의 없다.

(d) 상어의 무성 생식은 과거에 기록된 바가 있다.

Solution　상어의 무성 생식이 기록된 것은 두 번째라고 밝히고 있다.

Voca　**incidence** 발생　**reproduce** 번식하다　**genetic** 유전자의　**fluke** 우연　**asexual** 무성의

Answer　(d) The shark's asexual reproduction was recorded in the past.

Joseph's focus

세부 내용 파악을 묻는 유형으로, 요지를 우선 파악하고 세부 내용 파악으로 접근해야 합니다. 첫 문장[Scientists have ~ without a male.]에서 수컷 상어 없이도 새끼를 낳는 암컷 상어의 경우가 두 번째로 발견되었다고 소개하고 있습니다. 이전에는 설명이 불가능한 어쩌다 발생한 일로 여겨졌던 무성 생식이 더 이상 우연한 일이라고 여겨지지 않는다고 설명하며 현재 과학계에서 이러한 현상은 우연이 아닌 상어의 개체수가 급격히 감소할 때 생존을 위해 발생하는 현상으로 인식된다고 보고 있습니다. 어쩌다 한 번 발생한 것이라면 우연이라고 할 수도 있겠지만, 두 번째로 관찰이 된 후로 과학자들이 무성 생식으로 인한 상어의 출생을 우연의 일치라고 보지 않게 되었다고 할 수 있으므로 (d)가 정답이 됩니다.

Type 3　추론

Type 2의 세부 내용 (진위) 파악처럼 지문에서 명시되지 않는 내용을 유추해서 선택지에서 답을 찾아내는 유형이다. 다양한 글을 읽고 논리적으로 생각하는 자세가 요구되며, 출제자의 의도를 알아내는 게 가장 중요하다.

R/C_추론

Although I am grateful for the renewed interest of lawmakers in protecting animal rights, I don't feel that enough has been done in the area. It seems like every week there is a report of appalling animal cruelty that breaks the hearts of decent people everywhere. It is true that several laws have been passed to expand the language of what constitutes animal cruelty, but when these laws are broken, the punishment is often nothing more than a meaningless slap on the wrist. If we can agree that abusing and neglecting animals is wrong, surely we can agree that the punishment should be serious enough to deter these actions.

Q. What can be inferred from the passage?

(a) The writer works for the local government.

(b) Animal cruelty is not a widespread problem.

(c) The writer wants harsher penalties for animal abusers.

(d) There have not been any new animal cruelty laws passed.

나는 국회의원들의 동물 권리 보호에 대한 새로운 관심을 감사하게 여기기는 하지만, 이 분야에 있어 충분한 노력이 있었다고 생각하지 않는다. 매주 도처에서 선량한 사람들의 마음을 아프게 하는 섬뜩한 동물 학대에 대한 보고가 있는 듯하다. 여러 법률이 통과되어 동물 학대를 구성하는 죄목이 되는 것은 사실이지만, 이러한 법률들이 어겨질 때 그 처벌은 종종 의미 없는 가벼운 처벌에 그친다. 동물을 학대하고 돌보지 않는 것이 옳지 않다는 것에 동의할 수 있다면, 그 처벌이 이러한 행동을 방지할 수 있을 만큼 엄중해야 한다는 사실에도 분명 동의할 수 있을 것이다.

위 글에서 유추할 수 있는 내용은?
(a) 글쓴이는 지역 정부를 위해 일한다.
(b) 동물 학대는 보편적인 문제가 아니다.
(c) 글쓴이는 동물 학대자들에 대한 보다 엄중한 처벌을 원한다.
(d) 새로운 동물 학대 관련법이 통과되지 않았다.

Solution 글쓴이는 동물 학대를 저지른 사람들이 가벼운 처벌을 받는데 그치는 현실에 대해 불만을 표시하고 있다.

Voca **renewed** 새로워진 **appalling** 섬뜩한, 소름끼치는 **animal cruelty** 동물 학대 **decent** 예의바른, 품위있는 **constitute** 구성하다 **punishment** 벌, 처벌 **slap on the wrist** 가벼운 처벌 **abuse** 남용(오용)하다, 학대하다(＝ill-treat) **deter** 못하게 하다

Answer (c) The writer wants harsher penalties for animal abusers.

Joseph's focus

글의 유추는 다른 유형에 비해 난이도가 있는 유형에 속하는 편이므로 좀 더 세심히 살펴봐야 합니다. 글쓴이는 동물 학대에 대한 처벌이 충분하지 않다 [I don't feel that enough has been done in the area... the punishment is often nothing more than a meaningless slap on the wrist... the punishment should be serious enough to deter these actions.]고 생각하고 있다는 개인의 확고한 주장이 글의 곳곳에서 보이고, 이를 통해 그가 동물 학대자들에게는 더 심한 처벌이 내려지기를 원한다는 것을 유추할 수 있으므로 (c)가 정답이 됩니다.

Analysis

Part II

- 지문을 읽을 때, 처음에는 전체적으로 읽고 두 번째 읽을 때는 질문이 무엇인지에 따라 집중해 읽도록 한다.
- 주제를 찾아야 하는 경우, 도입부, 반복되는 어구, 역접어구에 유의한다.
- 글의 목적이나 제목을 찾는 경우, 지문의 종류(편지, 공지사항, 광고, 매뉴얼, 기사 등)를 파악한다.
- 세부내용 및 진위파악을 하는 경우, 극단적인 단어와 표현은 오답일 가능성이 높다.
- 추론 문제에서는 자신의 상식이나 일반 이론에 개의치 말고 반드시 지문에 근거하여 유추하도록 한다.

R/C_요약하기

To some, the Bermuda Triangle is one of the most mysterious areas on the globe. Located around the Northwestern Atlantic Ocean, the Bermuda Triangle is a region where several planes and surface vessels have supposedly disappeared without a trace. Many people believe that these disappearances are beyond explanations such as human error or natural phenomena, and fall into the realm of the paranormal. Some have even suggested that extraterrestrials are involved. However, scientists insist that the area that makes up the Bermuda Triangle is no more dangerous than any other region of the ocean. In addition, the US Coast Guard maintains that the number of disappearances is relatively insignificant if one considers the number of ships and aircraft that pass through unharmed on a regular basis.

Q. Which of the following best summarizes the above passage?

(a) Many travelers refuse to pass through the Bermuda Triangle.

(b) There are many people who still believe in the paranormal.

(c) Not everyone agrees on the nature of the Bermuda Triangle.

(d) The Bermuda Triangle is a dangerous area for ships and planes to pass.

일부 사람들에게 버뮤다 삼각지대는 지구상에서 가장 불가사의한 지역들 중의 하나이다. 북서 대서양 부근에 위치한 버뮤다 삼각지대는 여러 항공기들과 선박들이 흔적도 남기지 않은 채 사라졌다고 추정되는 지역이다. 많은 사람들이 이러한 실종이 인간의 실수나 자연 현상과 같이 설명할 수 있는 것이 아니고 초 과학적인 영역에 속한다고 믿는다. 일부 사람들은 외계인들이 연루되었을 것으로 추정하기도 한다. 그러나 과학자들은 버뮤다 삼각지대를 이루는 지역이 대서양의 다른 지역들보다 더 위험한 것은 아니라고 주장한다. 또한 미 해안 경비대는 실종 사건의 수가 정기적으로 이 지역을 아무런 피해 없이 통과하는 선박과 비행기들의 수를 고려해 볼 때 상대적으로 미미하다고 주장한다.

위 글의 내용을 가장 잘 요약하는 것은?
(a) 많은 여행객들이 버뮤다 삼각지대를 통과하기를 거부한다.
(b) 여전히 초과학적 현상을 믿는 사람들이 많다.
(c) 모든 사람들이 버뮤다 삼각지대의 속성에 동의하지는 않는다.
(d) 버뮤다 삼각지대는 선박이나 비행기가 지나기에 위험한 지역이다.

Solution 버뮤다 삼각지대는 그곳을 통과하던 선박이나 비행기들이 흔적도 없이 사라지는 것으로 알려진 신비스러운 지역이지만, 안전하게 그 지역을 통과하는 선박이나 비행기들의 수를 고려해 볼 때, 특별히 위험한 지역이 아니라는 내용이다.

Voca **vessel** 선박 **supposedly** 추정상, 아마 **trace** 자취, 흔적 **phenomena** 현상들(phenomenon의 복수형) **realm** 영역 **paranormal** 초자연적인 **extraterrestrial** 외계인, 외계 생물체 **insignificant** 대수롭지 않은 **unharmed** 손상되지 않은

Answer (c) Not everyone agrees on the nature of the Bermuda Triangle.

Joseph's focus

많은 사람들이 버뮤다 삼각지대라고 하면 선박이나 비행기들이 흔적도 없이 사라지는 곳이라고 생각합니다. 이 지역에서 해결되지 않은 실종 사건들이 발생하긴 했지만, 그러한 사건의 수가 대서양의 다른 지역에 비해서 반드시 높은 것은 아니라는 설명입니다. 그러므로 모든 사람들이 버뮤다 삼각지대를 위험한 곳이라고 인식하지는 않는다는 (c)가 글을 가장 잘 요약하고 있다고 할 수 있습니다. (d)는 일반 사람들의 버뮤다 삼각지대에 대한 고정 관념을 설명하고 있지만 주어진 글의 요약으로는 올바르지 않습니다. 이글의 도입부와 마지막의 내용을 통해서도 글쓴이가 말하고자 하는 바가 명확히 나타나 있음을 알 수 있습니다.

17 ★★

Don't get stuck with a lemon! Crash Test can provide you with a complete
history on any previously registered vehicle. Get started today on our website
by entering the VIN of the automobile you wish to investigate. For as little as $5
per vehicle, you can obtain information on crash history, odometer problems,
flood damage and previous airbag deployment.

Q. What is being advertised here?
(a) A used car dealership
(b) Potential used car problems
(c) A website for used car investigations
(d) An easier way to register your vehicle

18 ★★

For a split second, someone walking through a particular nature preserve in
Italy might have thought he had encountered a mythological creature. From a
distance, a one-year-old deer living in the area may resemble like a unicorn.
That's because it was born with a genetic flaw that resulted in the animal
having only one horn growing out of the center of its head. One scientist has
suggested that the placement of the horn may even be a result of early trauma.
The occurrence is such a rarity that it is quite possible that similar cases
inspired the story of the one-horned horse with magical healing powers. So
far, the deer has drawn hundreds of visitors who want to take a closer look at
the unusual animal and, if possible, take home photographic evidence of its
existence.

Q. Which of the following is true according to the above passage?
(a) Visitors are only allowed to see the creature from a distance.
(b) The animal is believed to be a descendent of other one-horned deer.
(c) The horn was placed on the deer to make it look like a unicorn.
(d) The single horn is thought to be the result of defective DNA.

19

Women often complain that men don't communicate their feelings. However, men can't do anything about it. At about seven weeks of gestation, a boy's brain is literally washed with a hormone called testosterone. That makes it more difficult for information to pass between the right (where emotions typically originate) and left (where language development is localized) hemispheres of the brain. So the next time you are ready to complain that your boyfriend doesn't tell you what he's feeling, remember, it's not his fault.

Q. What is the passage mainly about?
(a) How to help your boyfriend to express his feelings
(b) The reason men are not good at expressing feelings
(c) Why men and women solve problems differently
(d) Why women complain more often than men

While guns and wars make more sensational headlines, the truth is that traffic is more deadly. We could potentially save 5,000 teenagers a year by denying them the privilege of a driver's license. For every year of age between sixteen and nineteen, the death rate drops significantly, mainly due to both of experience and maturity. In addition, most of the riskiest driving factors such as speeding, the use of cell phones, passengers, listening to music and driving at night are all regularly practiced by teens behind the wheel.

Q. What is the writer trying to say?
(a) Teenagers don't take driving seriously enough.
(b) Cell phone usage should be banned while driving.
(c) The minimum driving age should be raised.
(d) Teenagers should have better driver's education.

★★
21 Listening to experts talk about the environmental problems we're facing on a regular basis, it's easy to feel as though there's very little one person can do to save the planet. Yet this is far from the truth. Besides taking the time to recycle materials such as plastic and paper, you can also carry a reusable cloth grocery bag whenever you go to the grocery store. These sacks are inexpensive and can drastically reduce the amount of waste produced. Make sure you turn off the lights when you leave a room. Many people would be surprised to find how much energy they waste each year. If millions of people adopted a positive attitude towards their role in protecting the Earth's natural resources, the change would certainly be felt.

Q. Which of the following can be inferred from the above passage?
(a) Using cloth grocery bag doesn't save as much energy as many people believe.
(b) Most people underestimate the amount of energy they use and waste on a daily basis.
(c) Some are tired of other people constantly talking about the environmental problems.
(d) Grocery stores give discount for each plastic or paper bag customers bring back.

★★★
22 Though newspapers got off to a slow start in the American colonies, they were a powerful political force by the time of the Revolution. About two dozen colonial newspapers brilliantly influenced public opinion. By the war's end, there were nearly twice as many publications. When the Bill of Rights was added to the new government's Constitution, the freedom of the press was guaranteed, ensuring this popular medium's role in national affairs. The abundance of inexpensive reading material also resulted in almost universal literacy in early America, allowing for an educated public one of the most important factors in a free society.

Q. What is the passage mainly about?
(a) Factors contributing to literacy rates in early America
(b) The political importance of newspapers in early America
(c) The growth of newspapers as a publication medium
(d) The freedom of the press in early America

23

In World War II, Nazi U-boats were devastating the ships of Allied forces. The Allies decided to strike back. Hunter-Killer Task Forces were organized to find and sink submarines one by one. Quickly, leaders realized this strategy was not resolving the problem, so a classified plan emerged within the Task Force administration: they would capture a German submarine to better understand Nazi sub service. In 1944, Lieutenant Albert L. David and his crew, at great peril to themselves, captured the ultimate prize: U505. Its bounty included top-secret information and technology, such as a coveted Enigma encryption machine. This helped the Allies track and avoid all subsequent submarine movement.

Q. Why was the capture of U505 valuable to the Allies?
(a) It led to the capture of high-ranking Nazis.
(b) It was later used as an Allied war vessel.
(c) It resulted in the destruction of other submarines.
(d) It helped them locate the enemy's submarines.

24

A famous statue known as Lady Justice depicts a blindfolded woman holding a scale in one hand and a sword in the other. This implies that there should be no favoritism in a court of law and that a judge has to be entirely impartial. A judge should not therefore be influenced by the rich and powerful; likewise, he or she should not be influenced by pity for the poor and weak. Interestingly, this is by no means a modern concept and seems most likely to have come from the ancient Egyptians. Their courts of law actually met in darkened chambers, thus making it impossible for the judge to recognize the accuser, defendant or witnesses.

Q. What is the passage mainly about?
(a) The origin of the legal system
(b) Old versus new ideas of justice
(c) The source of a legal ideal
(d) The meaning of Lady Justice's scales

★★★
25

If you really want to learn a foreign language, immersion is your best tactic. Lingua Language Tours are the best way to immerse yourself in one of five major world languages. With over 20 European destinations, our learning vacations will help you master your second language in just two weeks. Small classes, taught by native speakers, are just the beginning. Twice a week you'll be out on the town, visiting your favorite vacation spots entirely in your new tongue. Plus, you'll practice your skills every evening at home, as you stay with a friendly host family.

Q. What does the advertisement emphasize?
(a) It is mainly for English native speakers.
(b) It is the fastest way to learn a language.
(c) It is available in 20 different languages.
(d) It offers both classes and vacation packages.

★★
26

Although he had several careers and many names, the world will most likely remember the artist Hokusai for his printmaking. Living from 1760-1849, he began his career as Japan's leading expert on Chinese painting. Yet it was not until he finished a series of woodblock prints depicting thirty-six views of Mt. Fuji in the early 1830s that he gained international renown. In fact, he seemed to be obsessed with Mt. Fuji. One such painting, known as *The Great Wave of Kanagawa*, is particularly well-known. The painting focuses on an enormous wave, but you can still see a small Mt. Fuji in the background.

Q. Which of the following can be inferred about Hokusai?
(a) He taught the Chinese style of painting at Japanese schools.
(b) People outside of Japan didn't know him before 1830.
(c) He was probably born very near to Mt. Fuji.
(d) He refused to create paintings that did not show Mt. Fuji.

★
27

According to the Bureau of Labor Statistics, the fastest growing job sectors are in computer-related fields and health care, many of them requiring little training. Network systems and data communications analysts will find themselves in highest demand, followed closely by home health care aides. Of the top ten occupations, only three are outside of health or computer fields. Even more interesting, just half require formal education beyond an Associate's Degree.

Q. Which of the following is correct according to the passage?
(a) Medical assistants are in low demand.
(b) Most new jobs require a college education.
(c) There are many jobs for computer experts.
(d) The labor market is in a steady decline.

★★
28

Across the board, the incidences of cancer have dropped in the United States, and survival rates are increasing. In the last fifteen years alone, the number of new cancer diagnoses has been down by 6,300 cases. Also, even though one in four deaths is due to cancer, the cancer mortality figures are down by 16% if lung cancer is excluded. Especially encouraging are the cure rates for children. A diagnosis of childhood cancer in the 1960s was almost a sure death sentence. But today, there is a five-year survival rate of 75%.

Q. Which of the following is correct according to the passage?
(a) There are fewer cancer cases, but they are more deadly.
(b) The mortality rate of lung cancer decreased by 16%.
(c) The occurrence of cancer has been dropping steadily.
(d) The survival rate in young cancer patients is still low.

29

The disease known as Type I diabetes mellitus (DM-I) has been on the rise in recent decades. This has prompted researchers to revise their understanding of what causes this disease. Increasing annually by 2.8% worldwide, the incidence is up four percent annually in the UK alone. The nation of Australia reports a jump of three percent more new cases each year. Historically, DM-I was thought to be genetic, but given the sudden rise in the diagnosis, experts say the cause must include environmental factors as well.

Q. What can be inferred from the passage?
(a) The incidence of Type I diabetes is declining in adults.
(b) More needs to be done to lower the mortality rate of DM-I in Britain.
(c) Australians may not be receiving the diabetes care they need.
(d) The cause-effect relationship of DM-I needs to be re-evaluated.

30

It's smaller, faster and better! The new T-phone is designed especially for Internet users on the go. The T-phone features lightening fast connections and a touch screen with dedicated surfing buttons. Good reception is guaranteed, allowing you to access your phone from anywhere in the world. Act now to get your first month's service free.

Q. Which is NOT mentioned as a feature of the phone or its service?
(a) It has high-speed Internet capability.
(b) It uses a better quality of signal.
(c) It has special Internet control buttons.
(d) It has a lower monthly service fee.

★★
31

Put your station's Internet presence to work with a loyalty-points system maintained by Stick-Its. When your audience visits your website and takes measurable actions to support you and your sponsors, they earn points that build to win cash and other prizes. The more times they check out the website, the more points they earn, which increases their chances of winning. Repeat visitors to your website benefit you and your sponsors. This encourages them to reward this traffic with their continued support.

Q. Who is the most likely target of this advertisement?
(a) The manager of a radio station
(b) A small business owner
(c) A corporate executive
(d) An employee of an advertising agency

★★
32

Dear Ms. Kettering

We sincerely appreciate the generous donation you made to our organization last December. Faithful supporters like you help us persist in the fight against drunk driving. Your financial gift helped reduce the number of fatal accidents involving alcohol by 3% last year. Enclosed is our full annual report, with more details about how your donations are utilized, and the results of our campaign last year. We are preparing for another great year, with the goal of saving another 300 lives. Won't you consider another contribution at this time?

Sincerely,
Dan Miller

Q. What is NOT true according to the letter?
(a) The letter includes other information about the organization's activities.
(b) Ms. Kettering is one of the organization's financial supporters.
(c) Mr. Miller reminds Ms. Kettering to make another donation this year.
(d) The organization is in need of volunteers for an upcoming campaign.

★★
33

To: All Price Right employees
From: Management
Subject: Annual Picnic

Next Saturday, June 21, at 12 p.m., will be our annual company picnic at Heights Park. This year, the event will be catered by Delicious Options, so it's important that the organizers get an accurate count of how many of you plan to attend. Please send an email with your name, department, and how many guests will be joining you at the picnic. Also be sure to specify whether you would prefer a vegetarian or vegan meal option. I hope to see all of you there.

Q. Which of the following can be inferred from the notice?
(a) The number of guests that may attend is limited.
(b) Meals without any meat will be available if requested.
(c) The majority of the Price Right employees will attend.
(d) Price Right is one of Delicious Options' suppliers.

★★
34

Although planning a trip around popular tourist destinations seems to be the least complicated option, some travelers find a much more rewarding experience by simply living as the locals do. Often the best restaurants are not those listed in a guidebook. Rather, they are the small diners where residents prefer to buy their meals. By choosing to stay in a less popular part of town, travelers may find that they are more able to meet with local people and have a truly unique getaway. This is also an exciting option for travelers who only have a small budget to work with since the most expensive places to stay, eat, and spend leisure time are specifically geared towards the tourist crowd.

Q. Which of the following can be inferred from the passage?
(a) Most travelers prefer to go to popular tourist destinations.
(b) Travelers can get a lot of useful information from tour books.
(c) It is important to have extra money when traveling abroad.
(d) Many travelers are nervous about meeting new people.

35

The word "chindogu" is Japanese for "un-useless ideas"; that is, ideas that may seem utterly bizarre, but are in their way, quite practical. Many people dream of coming up with the world's next indispensible gadget, but many of the objects registered with patent offices would not be helpful to the average consumer. However, their poor market appeal does not always take away from their genius. Take, for example, glasses for chickens. It may sound strange, but according to the inventor, these spectacles would prevent the fowl from pecking one another's eyes out. Another example is the "alarm fork," which would warn diners when they are consuming too many calories.

Q. Which of the following can be inferred from the above passage?
(a) Some inventors do not have the skills to become successful.
(b) Many great inventions looked useless when they were first created.
(c) Many inventions never appear in retail stores.
(d) All inventions must be registered at a patent office.

36

For many people, thinking positive thoughts isn't just a way to feel better about the day, it's a way to make dreams come true. There are many who believe that by simply visualizing the things they want, they can actually cause certain events to occur. This idea has been rooted in the New Thought Movement of the 19th century, whose adherents believed that all sickness originated in the mind and that thinking good thoughts could have a profound healing effect. Although some people might be skeptical of such an idea, there is some scientific evidence to encourage positive thinking. Brain scans show that just thinking about an event stimulates the same part of the brain that is active during the actual event. Therefore, merely imagining doing well may actually produce better results.

Q. Which of the following can be inferred from the above article?
(a) The New Thought Movement is still in existence today.
(b) How the brain works was poorly understood in the 19th century.
(c) Positive thinking may help people perform certain activities better.
(d) Scientists have offered proof of healing through positive thinking.

★★★

37-1 If you want to look more attractive to the opposite sex, the answer may be as simple as making eye contact and smiling. When college students were asked to rate photographs based on the attractiveness of the subject, smiling eyes, especially for men rating women, seemed to be a major factor. One explanation for this might have something to do with evolution. Some scientists believe the human brain is hardwired to pick up signals that a potential mate is already interested. Surprisingly, when direct gazes paired with mouths that seemed to express disgust were compared with smiling mouths paired with averted gazes, the straightforward look won out overwhelmingly. Scientists are fascinated by studies such as this because they might explain some of the mysteries of human behavior.

Q. Which of the following can be inferred from the above passage?
(a) The students in the study eventually met the people in the photographs.
(b) Men are generally more interested in a woman's looks than her personality.
(c) Women tend to make more direct eye contact while speaking than men do.
(d) Eye contact is more important than smiling in determining attractiveness.

37-2 Organized religion does not seem to be a priority for many Western Europeans, a recent survey shows. There are fewer ordained priests than ever before and the number of young people who decide to dedicate their lives to service within the Christian church is dwindling. Church attendance in Ireland, which is still among the highest in Europe, has fallen from about 85% in 1975 to just 60% in 2009. The drop is even more dramatic in countries such as France, Sweden, and the Netherlands where attendance has plunged to below 10%. Experts believe that Europe's bloody history of religious wars as well as unprecedented wealth and a growing schism between church and state have all contributed to the trend.

Q. Which of the following can be inferred from the newspaper article?
(a) Candidates for the priesthood are becoming older each year.
(b) Other faiths are experiencing a growth in the number of believers.
(c) Christianity was once an important force in European society.
(d) Sweden is one of the wealthiest countries in Western Europe.

1. **active volcano** n. 활화산
2. **apathy** n. 냉담, 무관심
3. **calamity** n. 재난, 불행
4. **cold front** n. 한랭 전선
5. **cut the red tape** 관료적인 절차를 줄이다
6. **disaster area** n. 재난 지역
7. **epicenter** n. 진원지
8. **famine** n. 기근
9. **fire drill** n. 소방 훈련
10. **fraught with** ~로 가득한
11. **landslide** n. 산사태
12. **measure** v. 측정하다
13. **perennially** ad. 계속해서
14. **quake** v. 마구 흔들리다, 진동을 하다
15. **respiratory problem** n. 호흡기 질환
16. **scourge** n. 재앙, 골칫거리
17. **seismology** n. 지진학
18. **strand** v. 오도 가도 못하게 되다
19. **tornado** n. 토네이도
20. **volunteer** v. 자원하다 n. 자원자

1. **casualties** n. 사상자
2. **catastrophe** n. 대 재난, 참사
3. **collapse** v. 붕괴되다
4. **death toll** n. 사망자수
5. **deluge** n. 대홍수
6. **erupt** v. 폭발하다
7. **flood** n. 홍수
8. **gust** n. 돌풍, 강풍
9. **inflict** vt. 가하다
10. **isolated** a. 고립된
11. **lava** n. 용암
12. **marsh** n. 늪, 습지
13. **mobilize** v. 동원하다
14. **property damage** n. 재산 피해
15. **restoration operation** n. 복구작업
16. **spew** vt., vi. 뿜어내다
17. **storm** n. 폭풍우
18. **torrent** n. 급류
19. **tsunami** n. 해일
20. **water shortage** n. 물 부족

1. **aftershock** n. 여진, 여파
2. **avalanche** n. 눈사태
3. **blizzard** n. 눈보라
4. **cataclysm** n. 대홍수, 지각 변동
5. **crater** n. 분화구
6. **designate** v. 지정하다
7. **drought** n. 가뭄
8. **earthquake** n. 지진
9. **endeavor** n. 노력
10. **evacuate** v. 철수하다
11. **fire fighter** n. 소방관
12. **flurry** n. 돌풍
13. **inundation** n. 범람
14. **mudslide** n. 진흙 사태
15. **outbreak** n. 발발, 발생
16. **refugee** n. 피난민
17. **rife with** ~로 가득한
18. **tremor** n. 전율
19. **tide** n. 조수
20. **typhoon** n. 태풍

1. **abuse** n. 학대
2. **Affirmative Action** n. 차별 철폐 조처
3. **apartheid** n. 인종 격리 정책
4. **bias** n. 선입견
5. **bully** n. 약한 자를 괴롭히는 사람
6. **chauvinist** n. 우월주의자
7. **concentration camp** n. 강제 수용소
8. **detention center** n. 소년원, 강제 수용소
9. **diversity** n. 다양성
10. **eugenics** n. 우생학
11. **homosexual** n. 동성애자
12. **genocide** n. 대량학살
13. **impartial** a. 편파적이지 않은
14. **melting pot** n. 용광로
15. **multi-culturalism** n. 다문화주의
16. **pick on** ~를 괴롭히다
17. **racism** n. 인종차별주의
18. **reverse discrimination** n. 역차별
19. **separatist** n. 분리주의자
20. **side with** ~의 편을 들다

출제 형식

Part III는 한 문단의 글에서 내용의 흐름상 어색한 곳을 고르는 문제로 3문항으로 이루어져 있다. 전체 흐름을 파악하여 흐름상 필요 없는 문장을 고르는 문제이다. 이런 유형의 문제는 글의 논리성을 중시하는 영작문 실력을 간접적으로 측정할 수 있는 방법이다.

TYPE

글의 흐름 파악

전체 지문에서 주로 글 전체의 통일성을 해치는 문장을 고르는 유형으로, 이런 유형에서는 주제(topic), 시제, 어조(tone)와 맞지 않는 것을 위주로 고르면 된다.

R/C_글의 흐름 파악

Want to save money this semester and get out of the student dorms? (a) I have a beautiful, clean and sunny townhouse close to campus, and I'd like to find a responsible female roommate to share expenses. (b) I'm currently working towards a Master's degree in biology at the university and hope to graduate next semester. (c) The rent is $400 plus utilities for one large bedroom and a private bathroom with a bath. (d) If you are a responsible, serious student and this sounds like a good situation for you, please call Karen at 555-5555 and leave a message.

이번 학기에 돈을 절약하고 학생 기숙사에서 벗어나고 싶으세요? (a) 저는 캠퍼스 근처에 멋지고 깨끗하고 해가 잘 드는 타운 하우스를 소유하고 있는데, 비용을 나눠 부담할 수 있는 책임감 있는 여성 룸메이트를 찾고 있습니다. (b) 저는 현재 대학에서 생물학 석사 학위를 위해 공부를 하고 있으며 다음 학기에 졸업하기를 희망하고 있습니다. (c) 큰 침실과 시설이 모두 갖춰진 개인 욕실이 있으며, 월세는 400 달러에 각종 공과금은 별도입니다. (d) 여러분이 만일 책임감 있고 진지한 학생이고 이것이 당신에게 알맞은 조건이라고 생각하시면, 555-5555로 카렌에게 전화해서 메시지를 남겨 주세요.

Solution 룸메이트를 구하는 광고이므로 이것에 관한 설명이 아닌 것이 정답이 된다.

Voca dorm 기숙사 sunny 햇볕이 내리쬐는 townhouse 도시주택 expenses 비용, 지출 currently 현재 utilities 공과금

Answer (b) I'm currently working towards a Master's degree in biology at the university and hope to graduate next semester.

Joseph's focus

룸메이트를 구하는 광고문으로 세를 놓고 있는 집에 관한 정보를 제공하지 않는 문장이 정답이 됩니다. (a)에서는 집 주인이 여성 룸메이트를 구하고 있다는 사실은 알 수 있으며 (c)에서는 집의 구조와 집세가 얼마인지를 알 수 있으며 (d)는 연락처를 밝히고 있습니다. 그러므로 광고문에 있어 꼭 필요한 내용들이라고 할 수 있습니다. 하지만 (b)에서는 자신이 현재 생물학 석사 학위를 위해 준비 중이며 내년에 졸업하고 싶다는 개인 신상에 대한 내용을 밝히고 있으므로 글의 흐름에서 벗어나는 내용이라고 할 수 있습니다.

Analysis

Part III

- 전체 지문에서 다른 지문들에 비해 주제나 시제, 어조에 초점을 맞추어 응집성을 해치는 문장은 골라낸다.
- 포괄적인 내용을 이야기하다 갑자기 너무 세부적인 내용을 다루는 문장이 나온 경우 흐름상 어색한 것으로 간주한다.
- 첫 번째 주제 문장과 말하는 바가 다르면 그것이 답이 될 확률이 높으므로 항상 주제 문장을 기준으로 잡고 비교해서 답을 고른다.

R/C_글의 흐름 파악

In many ways, the children of Baby Boomers, or the generation born between 1946-1964, have a much different relationship with their parents than previous generations. (a) A lot of Baby Boomers, who are credited with bringing about many social changes that took place in the mid-20th century, have strived to have a closer, more open relationship with their children than their parents had with them. (b) As a result, the children of Baby Boomers report getting along well with their parents and in many cases consider them as friends. (c) Boomers are also known for their protectiveness, as they tend to be more involved in the lives of their children. (d) The 1960s and 1970s were decades that changed the way the world looked at youth culture.

베이비부머, 즉 1946년에서 1964년 사이에 태어난 세대의 자녀들은 부모와의 관계에 있어서 많은 면에서 이전 세대와는 매우 다르다. (a) 많은 베이비부머들은 20세기 중반에 많은 사회적 변화를 불러일으킨 것으로 평가받고 있는데, 이들은 자신들이 부모들과 가졌던 관계보다 훨씬 가깝고 열린 관계를 자식들과 가지려고 노력한다. (b) 그 결과, 베이비부머의 아이들은 부모들과 사이가 좋고 많은 경우에 있어 부모를 친구로 여긴다고 말한다. (c) 베이비부머들은 또한 자식들의 삶에 더욱 관여하는 경향이 있어서 자식에 대한 보호심이 높은 것으로도 알려져 있다. (d) 1960년대와 1970년대는 전 세계가 청년문화를 보는 시각을 바꾼 시대였다.

Solution 베이비붐 세대들이 자식들과의 관계 면에서 그들의 부모 세대와 어떻게 다른가를 설명하고 있다.

Voca **baby boomer** (제 2차 세계 대전 후의)베이비붐 세대에 속하는 사람 **credit** …에게 ~한 것에 대한 공을 돌리다 **strive** 힘쓰다, 노력하다 **protectiveness** 보호

Answer (d) The 1960s and 1970s were decades that changed the way the world looked at youth culture.

Joseph's focus

2차 세계대전이 끝난 시기인 1946년부터 1964년 사이에 태어난 세대를 '베이비붐 세대'라고 합니다. 이들은 자신들이 이전 세대의 부모와 유지했던 관계와는 매우 다른 형태의 부모-자식 간의 관계를 보이고 있습니다. 베이비붐 세대들은 자식들과 좀 더 가깝고 친구처럼 허물없이 지내는 것으로 알려져 있으며, 자식들의 삶에 깊이 관여하는 경향을 보입니다. 글의 전체 내용은 베이비붐 세대가 부모가 되었을 때 이전 세대와는 어떻게 다른 부모의 모습을 보이고 있는가에 관한 내용이므로 (d)는 흐름에 맞지 않습니다.

38 During cholera outbreaks in the 18th and 19th centuries, the fear of being buried alive was widespread. (a) The frightening prospect of being buried prematurely led to the invention of many safety devices. (b) Most were devices that could be used to communicate with the outside world in case of accidental burial such as bells that could be rung using a string secured underground. (c) Nonetheless, many people chose not to use the devices even when available. (d) Others inventions were meant to bring fresh air through a tube or other means to the unfortunate victims of premature burial.

39 Deep ecology is a new branch of ecological philosophy. (a) It is based on the idea that humans are part of a bigger natural system. (b) Deep ecologists tend to place more value on non-human species and ecosystems than many environmental movements and believe that all living things have an equal right to life. (c) Indeed, throughout history, there have been a number of societies that have espoused a philosophy of conservation and environmental preservation. (d) They also consider themselves interested in essential questions about what it means to be a part of an ecosphere that biology and resource management have failed to address.

★★★
40-1 In August of 1969, one of the most celebrated music festivals in history took place in White Lake City, New York. (a) Half a million Woodstock concertgoers gathered in an empty field to hear thirty-two of the best known musicians of the so-called hippie era. (b) The counterculture movement was an important turning point in American history. (c) The festival became legendary not only for the musical performances, but also for the fact that for three days, thousands of people camped together without any outbreaks of violence. (d) This fact had much to do with the idealistic spirit of the time which many young people were interested in promoting.

40-2 Nobody is more responsible for bringing Bahian culture to the rest of the world than Jorge Amado. (a) Born in 1912, Jorge spent his youth in Ilheus, the scene of many of his later novels. (b) After secondary studies in Salvador, Amado studied law in Rio, but instead of going into practice, he decided to become a writer. (c) He surprised critics and the public by publishing his first novel when he was only 19 years old. (d) Brazil's most famous romanticist author, Amado denounced Brazil government for its lack of support.

인사표현

How are you (doing)? 안녕하세요?

=How are you getting along?

=How's it with you?

=How's it going with you?

=How's everything?

=How's everything going?

일상적인 안부에 대한 응답

Can't complain. 불평할 것이 없습니다.

Couldn't be better! 더 말할 나위 없이 좋습니다!

Quite well, thanks. Yourself? 좋아요, 감사합니다. 당신은요?

Pretty good! 꽤 좋습니다!

Keeping busy! 바빠요!

Busy as ever! 늘 바쁘죠 뭐!

Could be worse! 그런 대로 괜찮아요!

Hang in there! 버티고 있죠!

Not so good. 그렇게 좋진 않아요.

Not so bad. 그렇게 나쁘진 않아요.

무슨 특별한 일이 있는지를 물을 때

What's up? 무슨 일 있어요?

=What's new?

=What's happening?

=What's cooking?

=What's going on there?

=What are you up to?

Anything new? 뭐 새로운 것 있어요?

Anything special? 뭐 특별한 것 있어요?

무슨 특별한 일이 있는지를 물을 때의 응답

Nothing much. 별 일 없어요.

Nothing particular. 특별한 것 없어요.

Nothing new. 새로운 것 없어요.

오랜만에 만났을 때

It's been a long time! 오랜만이야!

=It's been ages!

=Long time no see!

=You are quite a stranger!

=I haven't seen you in years.

=I haven't seen you for a long time.

=How long has it been?

우연히 만났을 때 의 응답

What brought you here? 여긴 웬일이야?

Who do I have here? 이게 누구야?

What a pleasant surprise! 정말 반갑다!

Fancy meeting you here! 널 여기서 만나게 되다니!

How glad to see you here?
널 여기서 만나게 되다니 정말 기쁘다.

This is amazing! 이거 정말 반갑구나!

What made you come here? 여긴 웬일이야?

I am glad I bumped into you.
이렇게 우연히 만나게 되다니 반갑다.

I'm glad to run into you here!
이렇게 우연히 만나게 되다니 반갑다.

I never expected to see you here.
널 여기서 만나게 될 줄이야!

Never have I thought of seeing you again!
널 다시 보게 될 줄이야!

You are the last person I've ever expected to see here! 널 이런 곳에서 만나게 될 줄은 정말 몰랐어!

상대방의 안색이 안 좋아 보일 때

You look out of spirits. 기분이 안 좋아 보여요.

=You look out of sorts.

=You look under the weather.

You look out of yourself today. 오늘은 정신이 없어 보여요.

You don't look well. 안색이 안 좋아 보이네요.

You look pale. 창백해 보이네요.

You look so down. 너무 침울해 보여요.

You look so depressed. 너무 우울해 보여요.

작별표현들

I have to go now. 이제 가야 해요.

=**I have to run.**

=**I have to be leaving.**

=**I must get going.**

=**I must be leaving now.**

=**I've got to go now.**

=**I've gotta hit the road.**

=**I'd better get going.**

=**I'm afraid I have to go.**

=**I'm afraid I'd better be leaving.**

작별인사(Ⅰ)

See you later. 나중에 봐요.

See you around. 또 만나요.

See you next time. 다음에 봐요.

See you tomorrow. 내일 봐요.

I'll be seeing you soon. 곧 뵙겠습니다.

Let's meet some other time. 또 만납시다.

Let's get together one of these days. 조만간 한번 만납
시다.

I hope I will see you again. 다시 뵐 수 있기를 바랍니다.

Could I see you again? 다시 뵐 수 있을까요?

Let's keep in touch. 서로 연락합시다.

작별인사(Ⅱ)

Take care of yourself! 몸조심하세요!

So long! 잘 자라!

Sweet dreams! 좋은 꿈 꿔라!

Have a good time! 즐겁게 보내세요!

Have a nice weekend! 멋진 주말 보내세요!

Enjoy your trip! 즐거운 여행되세요!

Drive carefully! 조심해서 운전하세요!

Take it easy! 살펴가세요./무리하지 마세요!

만남에 대한 즐거움을 표시할 때

It was nice talking to you. 대화 즐거웠어요.

It was an honor to see you. 뵙게 되어 영광이었습니다.

It was a pleasure to meet you. 뵙게 되어 기뻤습니다.

I really enjoyed your company. 함께 보낸 시간 정말 즐거
웠습니다.

It was a pleasure having you here. 와주셔서 기뻤어요.

Thank you for the invitation. 초대해 주셔서 감사합니다.

안부를 부탁할 때

Give my best regards to her. 그녀에게 안부 전해 주세요.

Give my best wishes to him. 그에게 안부 전해 주세요.

Remember me to your mother. 어머님께 안부 전해 주세요.

Unit 3. Compliment (칭찬)

칭찬표현

You are really something. 당신 정말 최고예요.

You are out of this world. 당신 최고예요.

I'm really proud of you. 난 정말 당신이 자랑스러워요.

Well done! 잘 했어!

Good for you! 잘 했어!

You did a good job! 잘 했어!

You got it! 맞아!

You made it! 넌 해냈어!

You deserve it! 넌 자격이 있어!

It serves you right! 넌 자격이 있어!

You've got a point there! 일리가 있는 말이야!

성격이 좋은 사람에 대한 칭찬

How nice of you! 정말 친절하기도 하지!

You are so considerate. 너 정말 남을 배려할 줄 아는구나.

I with I had your will power. 나도 너처럼 의지력이 있었으면.

I really admire your perseverance.
너의 인내심은 정말 경탄할 만해.

I've never met such a nice man as you.
너처럼 멋진 남자를 만나 본 적이 없어.

You are quite well-mannered. 너 정말 예의바르구나.

You speak very frankly. 너 정말 솔직하구나.

You have a good sense of humor. 너 유머감각 좋은데.

You've got what it takes. 너 소질 있구나.

You've got a knack of it. 너 요령 있구나.

You are cut out for teaching. 넌 가르치는 일이 적격이야.

He is a promising figure. 그는 장래가 촉망되는 사람이에요.

He is second to none in mathematics.

그는 수학에서 둘째가라면 서럽죠.

He is a real Jack-of-all-trades. 그는 진짜 팔방미인이에요.

He is a Renaissance man. 그는 팔방미인이에요.

He is versatile. 그는 다재다능해요.

She knows her way around computers.

그녀는 컴퓨터 도사에요.

She is so-called a know-it-all. 그녀는 소위 만물박사에요.

She cuts a fine figure in science.

그녀는 과학에서 두각을 나타내요.

She's good at English. 그녀는 영어를 잘 해요.

Thank you for being so thoughtful.

여러모로 신경 써 주셔서 감사합니다.

=**I'm grateful for your kindness.**

=**I appreciate your consideration.**

=**I won't forget your kindness.**

=**You've been very nice to me.**

It's very nice of you to say so.

그렇게 말씀해 주시니 감사합니다.

I appreciate your saying that.

그렇게 말씀해 주시니 감사합니다.

Thank you for the compliment. 칭찬 감사합니다.

=**Thanks a million.**

=**I really appreciate it.**

=**I'm much obliged.**

=**I feel very grateful about it.**

You've been really helpful. 정말로 도움이 되었습니다.

Thank you for all the help. 여러모로 도와주셔서 감사합니다.

Thank you for your cooperation.

협조 감사합니다.

Thank you for the ride. 차를 태워 주셔서 감사합니다.

I appreciate your advice. 조언해 주셔서 감사합니다.

I appreciate your time and effort.

시간을 내어 도와주셔서 감사합니다.

=**I appreciate your invaluable time.**

I'm indebted a lot to you. 당신께 신세 많이 졌습니다.

=**I owe you a lot.**

=**I'm indebted to you for my success.**

How can I express my gratitude!

어떻게 감사를 드려야 할지 모르겠군요.

=**I can't thank you enough.**

=**I don't know how to thank you enough.**

=**I don't know how to repay you.**

=**I don't know how to return it.**

You are welcome. 천만에요.

=**Don't mention it.**

=**It's my pleasure.**

=**The pleasure is mine.**

I'm glad you like it. 마음에 드신다니 기쁘네요.

I'm glad I could be of help. 제가 도움이 될 수 있어 기뻐요.

TEPS_ MASTER_ 1000제_

Practical Test 2

Part I Questions 1-15

You will now hear fifteen conversation fragments, each made up of a single spoken statement followed by four spoken responses. Choose the most appropriate response to the statement.

---

   * **1** (a) (b) (c) (d)

  ** **2** (a) (b) (c) (d)

*** **3** (a) (b) (c) (d)

  ** **4** (a) (b) (c) (d)

   * **5** (a) (b) (c) (d)

   * **6** (a) (b) (c) (d)

  ** **7** (a) (b) (c) (d)

  ** **8** (a) (b) (c) (d)

  ** **9** (a) (b) (c) (d)

  ****10** (a) (b) (c) (d)

  ***11** (a) (b) (c) (d)

  ***12** (a) (b) (c) (d)

*****13** (a) (b) (c) (d)

*****14** (a) (b) (c) (d)

*****15**-1 (a) (b) (c) (d)

*****15**-2 (a) (b) (c) (d)

Part II Questions 16-30

You will now hear fifteen conversation fragments, each made up of three spoken statements followed by four spoken responses. Choose the most appropriate response to complete the conversation.

*16 (a) (b) (c) (d)

**17 (a) (b) (c) (d)

***18 (a) (b) (c) (d)

*19 (a) (b) (c) (d)

**20 (a) (b) (c) (d)

**21 (a) (b) (c) (d)

***22 (a) (b) (c) (d)

**23 (a) (b) (c) (d)

*24 (a) (b) (c) (d)

*25 (a) (b) (c) (d)

**26 (a) (b) (c) (d)

*27 (a) (b) (c) (d)

**28 (a) (b) (c) (d)

*29 (a) (b) (c) (d)

***30-1 (a) (b) (c) (d)

***30-2 (a) (b) (c) (d)

*31 (a) (b) (c) (d)

**32 (a) (b) (c) (d)

**33 (a) (b) (c) (d)

*34 (a) (b) (c) (d)

**35 (a) (b) (c) (d)

**36 (a) (b) (c) (d)

**37 (a) (b) (c) (d)

*38 (a) (b) (c) (d)

**39 (a) (b) (c) (d)

*40 (a) (b) (c) (d)

***41 (a) (b) (c) (d)

*42 (a) (b) (c) (d)

***43 (a) (b) (c) (d)

*44 (a) (b) (c) (d)

***45-1 (a) (b) (c) (d)

***45-2 (a) (b) (c) (d)

*46   (a)   (b)   (c)   (d)

**47   (a)   (b)   (c)   (d)

*48   (a)   (b)   (c)   (d)

**49   (a)   (b)   (c)   (d)

**50   (a)   (b)   (c)   (d)

*51   (a)   (b)   (c)   (d)

***52   (a)   (b)   (c)   (d)

**53   (a)   (b)   (c)   (d)

***54   (a)   (b)   (c)   (d)

**55   (a)   (b)   (c)   (d)

***56   (a)   (b)   (c)   (d)

*57   (a)   (b)   (c)   (d)

**58   (a)   (b)   (c)   (d)

*59   (a)   (b)   (c)   (d)

***60-1   (a)   (b)   (c)   (d)

***60-2   (a)   (b)   (c)   (d)

Part I Choose the best answer for the blank.(1-20)

★★
1

A: I can't find my CD anywhere!

B: Look, it's right here. You _________________ more thoroughly.

(a) didn't look

(b) couldn't look

(c) should've looked

(d) would've looked

★
2

A: I heard you didn't like the movie last night.

B: No, I didn't. I only watched it for half an hour until I _________________

(a) bore

(b) bored

(c) was bored

(d) had been bored

★★
3

A: Can you believe how _________________ this afternoon?

B: I don't like to shop when there are so many people.

(a) is the store busy

(b) the store is busy

(c) busy the store is

(d) busy is the store

★★
4

A: _________________ would you prefer for breakfast?

B: Anything with eggs.

(a) Whatever

(b) Whichever

(c) What

(d) How

★★
5

A: We're selling cookies _________________ money for the homeless.

B: That's very nice. I'll take two boxes.

(a) raise

(b) raised

(c) raising

(d) to raise

6 ★★

A: What do you think of my new car?

B: I wish you ___________________ for my advice before you bought it.

(a) to ask   (b) asked

(c) have asked   (d) had asked

7 ★

A: Hi! Where were you last night?

B: I went ___________________ .

(a) shop   (b) shopping

(c) on shopping   (d) at shopping

8 ★

A: Let's do something on Saturday. How about catching a movie?

B: I'd rather ___________________ the crowded theaters this weekend, actually.

(a) avoid   (b) avoided

(c) avoiding   (d) to avoid

9 ★★

A: Let's see, there are two stores still open, but ___________________ one is closer?

B: I'll have to check the Yellow Pages.

(a) where   (b) wherever

(c) which   (d) what

10 ★★

A: Why don't we go to the new play this weekend?

B: Sure, I ___________________ the tickets this time.

(a) would buy   (b) could buy

(c) have bought   (d) could have bought

★★

11 A: What is it about the actor you like so much?

B: He's as good-looking ______________________ he is talented.

(a) as (b) so
(c) because (d) of

★★

12 A: John is busy in the office ______________________ this month's sales report.

B: I sure hope he finishes it this afternoon.

(a) to complete (b) completed
(c) completing (d) complete

★

13 A: There certainly are a lot of moths out now.

B: Yes, they really come out ______________________ night, don't they?

(a) at (b) for
(c) in (d) of

★★

14 A: Do you dust your furniture daily?

B: No way! I don't do it that ______________________.

(a) quick (b) many
(c) often (d) soon

★★★

15 A: Have you ever visited Thailand?

B: Yes, I took ______________________ there last year.

(a) two-week vacation (b) two week's vacation
(c) a two-week vacation (d) a two weeks vacation

16 ★★

A: You have to be very brave to go skydiving!
B: Not at all! If I can do it, _________________ can.

(a) anyone
(b) the other
(c) someone
(d) no one

17 ★

A: Couldn't you teach me a simpler card game?
B: Actually, this is one of the _________________ I know.

(a) simple
(b) simply
(c) simpler
(d) simplest

18 ★★

A: Have you ever read *All the King's Men*?
B: No, but I know it was _________________ the Pulitzer Prize.

(a) enough good for receive
(b) good enough for receive
(c) enough good to receive
(d) good enough to receive

19 ★★★

A: I can't believe how well Nancy leads our team these days.
B: She's definitely not _________________ she used to be.

(a) whom
(b) that
(c) which
(d) what

★★★

20-1 A: I heard that the Chinese are building long cloth walls out in the desert.
B: Right. They're trying to reduce the spread of yellow dust which _________________ pollution in northeastern Asia.

(a) it relates
(b) is related to
(c) it is related to
(d) relating to

20-2 A: I wonder why the professor decided to skip the entire chapter on making tools that we were supposed to cover.
B: I think he just wants _________________ last week one more time since no one seemed to understand it.

(a) the stuff to go over we were talking about
(b) to go over the stuff we were talking about
(c) to go over to we were talking about the stuff
(d) the stuff about we were talking to go over

★★

21 Joe became sick after he ___________________ bad seafood from the day before.

(a) will eat

(b) eats

(c) had eaten

(d) has eaten

★★★

22 Not _________________ enough money, I wasn't able to go to the movies with my friends.

(a) have

(b) had

(c) having

(d) have had

★★★

23 My brother finished college in 1996 with the dream of ________________ a career in journalism.

(a) having pursued

(b) to pursue

(c) pursuing

(d) pursuit

★

24 When I _________________, I want to go on to medical school.

(a) will graduate

(b) graduate

(c) graduated

(d) am graduated

★★

25 They looked around the airport during _________________ before their flight took off.

(a) those last two hours

(b) those hours two last

(c) last those two hours

(d) last two those hours

26 My friend sent me a text message while the professor _________________ a lesson to the class.

(a) teaches
(b) had taught
(c) is teaching
(d) was teaching

★
27 The number of car accidents _________________ over the past two years.

(a) increase
(b) will increase
(c) had increased
(d) has increased

★★★
28 The chef's course is designed for those _________________ cooking skills are already quite good.

(a) which
(b) whom
(c) whose
(d) who

★★
29 Look at _________________ on the hill.

(a) two those old large brick houses
(b) large old brick those two houses
(c) those two large old brick houses
(d) old two large brick those houses

★★
30 He promised himself that he will never return to his home town _________________ he was born.

(a) which
(b) where
(c) as
(d) of which

★★
31 Unless parents give advice about _________________ money, many kids will never learn how to develop their own personal savings plan.

    (a) saving   (b) saves
    (c) saved   (d) save

★
32 Isn't that the guy _________________ Jane has been dating for a month or so?

    (a) whom   (b) as
    (c) which   (d) whose

★★
33 Many students experience _________________ is known as "test anxiety."

    (a) who   (b) which
    (c) what   (d) that

★★
34 Five dollars _________________ not a lot of money for such a tasty sandwich.

    (a) is   (b) are
    (c) has   (d) have

★★★
35 _________________ , but it also has a great sound.

    (a) Not only the stereo is small   (b) The stereo is not small only
    (c) Not only the small stereo is   (d) Not only is the stereo small

★★
36 A television's repair costs could be ________ or more than the television itself.

    (a) as much   (b) as much as
    (c) much   (d) much as

★★
37 Would you please ________________ this crossword puzzle alone?

(a) let me try to solve (b) tried me to let solve
(c) let me to try to solve (d) to let me try solving

★★★
38 The misunderstanding of the situation ________________ by a few people concerned in this matter.

(a) only be resolved (b) only can resolve
(c) can only be resolved (d) can resolve only

★★
39 We were saddened to learn that our dog, which had been missing for a week, ________________ .

(a) is stolen (b) is to be stolen
(c) has been stolen (d) had been stolen

고난이도 문항 ....

★★★
40-1 My uncle, together with his wife and children, ________________ the invitation to our family reunion.

(a) has declined (b) have declined
(c) is declined (d) are declined

40-2 The real reason for the team's recent string of losses ________________ a secret, but fans hope it will be revealed soon.

(a) remain (b) remains
(c) is remaining (d) are remaining

41

(a) A: How long does it take you to get to your office?

(b) B: It usually takes lesser than twenty minutes.

(c) A: Don't you need to leave pretty soon?

(d) B: Well, I am going in late today.

42

(a) A: Do you enjoy your job?

(b) B: Yeah, I really liked it.

(c) A: Is it better than your previous work?

(d) B: Yes, it's a lot better actually. My new boss is much nicer than the old one, too.

43

(a) A: Are you heading off school now?

(b) B: Yes. Can you give me a ride so I don't have to take the bus?

(c) A: No, not today. I have to go to a meeting.

(d) B: But I've got a lot of stuff to carry today.

44

(a) A: I have a great idea about Joey's birthday party.

(b) B: Oh? I certainly hope it's better from your last idea!

(c) A: Well, why don't we take him to that new pizza restaurant downtown?

(d) B: That's not a bad idea at all. It could be fun and memorable.

★★★
45-1 (a) A: You're going to the rock concert this Saturday, aren't you?

(b) B: Well, I wish I could have gone.

(c) A: You're not going? I thought you already bought the ticket.

(d) B: Yeah, but my grandmother is coming to town this weekend. I'd better spend some time with her.

45-2 (a) A: I really felt sorry for Harriet the other day. She was so sad.

(b) B: Yeah, she was having a really difficult time of leaving her family.

(c) A: I thought she was excited about going to live in a new place.

(d) B: She is, but she's never been away from home before.

Part IV **Identify the option that contains an awkward expression or an error in grammar. (46-50)**

★★
46 (a) School teachers have some distinctive personality traits. (b) An example is restlessness, a need to be always walking around. (c) There are other strangely things about teachers. (d) One of these things is that they often fidget with something in their hands.

★
47 (a) What is the most common reason why people in love split up? (b) Studies show that avoidance of minor problems lead to greater difficulties later. (c) Experts suggest that problems be solved as soon as possible. (d) In fact, these same studies reveal that couples that stay together typically resolve their minor problems the same day on which they occur.

★★★
48 (a) Depression is a terrible problem affecting 15% of the population in developed countries. (b) It costs employers US$51 billion in lost productivity and absenteeism every year. (c) Well-meaning friends may try to encourage you to snap out of it, but that just isn't possible because depression is an illness, not a weakness. (d) If time comes for you to struggle with depression, I want you to seek professional help.

★★★
49 (a) Confucius is one of the most influential thinkers in the history of the world. (b) Although he grew up poor, Confucius managed to get an education and soon attracted students of his own, taught any willing disciple, regardless of their social status. (c) He stated that the best rulers are able to govern by setting a good moral example. (d) The best people are those who do the right thing, even if it causes hardship.

🖉 고난이도 문항 ···

★★★
50-1 (a) Some researchers have suggested that students work in ten-minute cycles. (b) This means applying yourself without distraction for seven minutes and then taking a three-minute break. (c) Apparently, the brief breaks help students to stay more focused when they return to their studies. (d) Maintain this schedule in your own studies best you can, and you may be surprised at how your grades improve.

50-2 (a) There is a widespread misconception that it is necessary to exercise for long periods of time every day in order to stay fit. (b) Some people would be surprising to find that this is not necessarily the case. (c) Many studies have shown that exercising for just thirty minutes a day, three times a week has significant health benefits. (d) The most important thing is to be faithful to a routine, rather than only hitting the gym sporadically.

Vocabulary

Part I Choose the best answer for the blank. (1-25)

★★

1 A: I'm surprised that you are up so early.

B: Well, I have a ________________ day ahead of me.

(a) crowded   (b) fast

(c) bad   (d) big

★★

2 A: I'm sorry, but this seat is taken.

B: Oh, excuse me. I'll ________________ down one.

(a) sit   (b) turn

(c) move   (d) see

★

3 A: Oh, no. The toilet is backed up again.

B: Let me call a(n) ________________.

(a) draftsman   (b) plumber

(c) inspector   (d) exterminator

★★

4 A: Why did you cancel our lunch yesterday?

B: I'm really sorry about that. I had made another ________________ with a colleague the same time.

(a) appointment   (b) implement

(c) complication   (d) notification

★★★

5 A: Well, did the boss give you a raise?

B: When I ________________ the question, he changed the subject.

(a) looked up   (b) took in

(c) showed off   (d) brought up

★★
6

A: We'll never get there on time if you don't drive faster.

B: I'll drive faster if you pay the ________________ when a police officer stops me.

(a) bill

(b) ticket

(c) bail

(d) trouble

★★
7

A: You know, Sally, you look kind of worried.

B: Oh, I just keep ______________ in my mind the conversation I had with Jim.

(a) pulling out

(b) going over

(c) setting up

(d) thinking on

★★
8

A: Why does your husband keep all of his clothes in the laundry room?

B: Our closet isn't big enough to ________________ both of our wardrobes.

(a) complete

(b) load

(c) hang

(d) furnish

★★
9

A: You look frustrated. What happened?

B: Somehow I just ________________ a file which I had been working on all morning.

(a) eradicated

(b) deleted

(c) zeroed

(d) nullified

★
10

A: Well, hey there stranger! Where have you been ________________?

B: I've been out of town for a month. I just came back yesterday.

(a) hiding

(b) taking

(c) sitting

(d) holding

★
11

A: Oh no! My wallet's been stolen!

B: A ___________________ must have taken it when we were on the subway.

(a) burglar
(b) suspect
(c) stalker
(d) pickpocket

★★
12

A: How come we can't get seats? We made reservations two weeks ago.

B: The flights are often ___________________ because the airlines sell more tickets than they have available.

(a) distributed
(b) assigned
(c) overbooked
(d) double-checked

★★★
13

A: I heard that your research team found a way to cure cancer.

B: Well, we're not there yet, but we have had a real ___________________.

(a) sellout
(b) takeover
(c) input
(d) breakthrough

★★
14

A: The child's cry was so ___________________ that her mom became in constantly worried.

B: Is that why they went to the doctor today?

(a) compelling
(b) feeble
(c) indolent
(d) potent

★★★
15

A: I thought you handed that report in to the boss yesterday.

B: I did. But he gave me lots of negative ___________________, so I'm revising it.

(a) comeback
(b) feedback
(c) backlog
(d) backlash

16

A: We can't seem to find the answer. What did we do wrong?

B: Don't give up yet. I think we're definitely on the right ________________.

(a) field　　　　　　　　　　(b) highway

(c) road　　　　　　　　　　(d) track

17

A: Will your parents be able to rebuild their house destroyed by the fire?

B: Fortunately, yes, they were ________________ for enough to cover their loss.

(a) assured　　　　　　　　　(b) insured

(c) judged　　　　　　　　　(d) protected

18

A: What a beautiful wife you have, Frank.

B: I know. I ________________ myself as being blessed every day.

(a) measure　　　　　　　　　(b) count

(c) deserve　　　　　　　　　(d) reflect

19

A: You ought to come by the next time you're in the ________________

B: I'm not usually in that part of town often, but I'll try.

(a) neighborhood　　　　　　　(b) range

(c) environment　　　　　　　(d) distance

20

A: I've got to leave for work now or I'll be late.

B: Can I ________________? The mall isn't far from there.

(a) take up　　　　　　　　　(b) catch the drive

(c) tag along　　　　　　　　(d) hang a left

★★
21 A: Do you think Kevin felt upset when his proposal was being criticized?

B: Yes, I did think he looked quite ________________.

(a) distressed   (b) intrepid

(c) negated   (d) exuberant

★
22 A: Are you sure this antique is real?

B: Yes, it has a(n)______________ certificate from an expert at the university.

(a) intensification   (b) alteration

(c) authentication   (d) falsification

★★★
23 A: That was awful. What a(n) ________________!

B: It couldn't have gone any worse.

(a) prodigy   (b) fiasco

(c) attainment   (d) ovation

★★★
24 A: Can you help me figure out this game controller?

B: No. I can't get the ________________ of it either.

(a) gist   (b) hang

(c) art   (d) flair

★★★

25-1 A. What kind of _________________ is the manager willing to offer you?

B: Only 20%. Should we take it?

(a) discount   (b) sale

(c) count   (d) clearance

25-2 A: Do you want to see if that old projector still works?

B: Sure. I guess it wouldn't _________________ to give it a try, would it?

(a) break   (b) trouble

(c) hurt   (d) bother

★★★

26   The rain that made the crops grow also _________________ the bridge to wash away.

(a) requested
(b) caused
(c) pressed
(d) reached

★

27   The best paintings will be identified by the judges tonight and _____________ for prizes.

(a) given
(b) selected
(c) ruled
(d) coincided

★★★

28   The military regime has been _________________ war against its opponents for decades.

(a) waging
(b) exchanging
(c) quarreling
(d) committing

★★

29   The two armies have been _________________ in battle for a week now and no end is in sight.

(a) pledged
(b) engaged
(c) evacuated
(d) retired

★

30   If you're going to lie about where you were last night, you should at least come up with a _________________ excuse.

(a) futile
(b) inherent
(c) plausible
(d) elementary

★★
31 My cat goes _________ whenever a thunderstorm hits.

(a) agitation　　　　　　　　(b) extreme
(c) berserk　　　　　　　　　(d) unbalanced

★★
32 The _________________ to having a lasting marriage is communication, love and mutual respect.

(a) key　　　　　　　　　　　(b) point
(c) objective　　　　　　　　(d) journey

★★★
33 Some experts believe that the sawfish are on the _________________ of extinction.

(a) angle　　　　　　　　　　(b) verge
(c) beginning　　　　　　　　(d) corner

★★★
34 Tom's party was in full _________________ by the time I showed up, and everybody was having a good time.

(a) swing　　　　　　　　　　(b) version
(c) tone　　　　　　　　　　　(d) degree

★
35 Because you blew out all of your birthday candles in one breath, your wish _________________ true.

(a) went　　　　　　　　　　(b) held
(c) came　　　　　　　　　　(d) stayed

★
36 The CEO's main point was made in ________________ to the obvious damage that the workers' union had done to company/worker relations.

(a) illusion   (b) citation

(c) allegory   (d) reference

★
37 After having her baby, my friend was worried about getting back into ________________ .

(a) shape   (b) health

(c) muscle   (d) size

★★
38 After some lengthy and difficult negotiations, we finally agree to ________________ the deal.

(a) hit   (b) consult

(c) operate   (d) close

★★
39 Jeff Jefferson's day job is to teach, but his ________________ is to paint.

(a) distraction   (b) trade

(c) avocation   (d) occupation

★★★
40 The patient was very relieved to learn that his tumor was ________________ , not cancerous.

(a) benign   (b) beneficial

(c) malignant   (d) malicious

41 Feel free to ad lib, but don't ________________ too much from the original script.

(a) deviate　　　　　　　　　(b) allocate
(c) fluctuate　　　　　　　　(d) deter

42 Despite all the efforts to encourage more young people to vote, they were surprisingly ________________ to politics.

(a) informed　　　　　　　　(b) indifferent
(c) persistent　　　　　　　(d) enthusiastic

43 My parents only drink wine on special ________________.

(a) excursions　　　　　　　(b) times
(c) occasions　　　　　　　(d) incidents

44 It's become popular for celebrities to ________________ children from foreign countries.

(a) adopt　　　　　　　　　(b) adapt
(c) adept　　　　　　　　　(d) attain

45 It is very hard to keep up with the latest technology because even new technology goes out of ________________ so quickly.

(a) date　　　　　　　　　　(b) expiration
(c) store　　　　　　　　　(d) design

★★
46 The new law made smoking in public places strictly ________________.

(a) stopped
(b) prevented
(c) blocked
(d) forbidden

★
47 Romeo and Juliet had several ________________ meetings because their parents disapproved of their romance.

(a) clandestine
(b) illegal
(c) insoluble
(d) abstruse

★
48 The new policy requires that all maintenance personnel submit detailed equipment status reports within 24 hours after the issues ________________.

(a) fix
(b) occur
(c) state
(d) result

★★★
49 Amax Corporation decided to use another supplier when the company failed to ________________ on several promises it had made during the negotiations session.

(a) distribute
(b) deliver
(c) address
(d) qualify

★★★

50-1 The sharply increased school budget didn't prove to be a(n) ________________
for the serious problems already existing within the district.

    (a) therapy   (b) endowment

    (c) hauteur   (d) panacea

50-2 The falling crime rate ________________ the mayors view that the police
chief's radical crime-fighting methods were sound.

    (a) affected   (b) believed

    (c) confirmed   (d) approved

Reading Comprehension

★★

1 Alexander the Great used heavy cavalry very successfully against his enemies. Even though horses will typically run away when they sense danger, they can be desensitized to the sounds of battle with a lot of patience and careful training. But considering that equines do not fare well under stress, it is difficult to imagine that the Macedonian army could have had very many of these trained horses. It is very likely that horsemen on long campaigns would have _____________________________.

(a) ridden any horse that was available
(b) tried to create a stress-free environment
(c) accepted old horses that survived the war
(d) demanded horses trained to ignore the sounds

★

2 Mail order book clubs, through which readers can purchase books directly without going through a middle man, offer substantial savings when compared to retail bookstores or online sellers. If you buy several books per year, you might be able to save quite a bit by joining. You'll receive a booklet each month highlighting a featured title, as well as all the latest books available. This makes book clubs a convenient way to _________________________.

(a) read your favorite books online
(b) meet others who share your interests
(c) stay up-to-date on the latest releases
(d) earn extra money without leaving the house

BEIJING—The famous restaurant chain Beijing Roasted Duck will have to shake loose of its traditional preparation method and embrace a new, more environmentally sound means of baking their ducks. Historically, the ducks were baked over a fire fed with fruit tree wood, producing an especially polluting smoke. Considering there are more than 1000 Beijing Roasted Duck restaurants in the city, that adds up to the same number of smoke stacks billowing the offensive gas. Regardless, it will be difficult to bid farewell to the age-old method overnight. For this reason, the government will allow a three-year phase-in window during which the restaurants must ________________

________________ .

(a) come up with an entirely new menu featuring roasted ducks
(b) convert their old methods to new, computerized ovens
(c) stop serving the famous roasted duck in the city all together
(d) respond to patrons' complaints with appropriate renovations

Two different career paths in food service afford you the freedom to own your business. Caterers prepare food and beverages for clients as well as offer them service, and generally transport the meal to functions such as weddings, conferences or other events ranging from just a few to hundreds of people. On the other hand, a personal chef will come to the client's house and create a meal onsite, preparing a limited number of meals for families or intimate dinner parties. Imagine having a rewarding career and earning good pay while you ________________________________ as a personal chef or caterer.

(a) teach others to start catering businesses
(b) work in the most prestigious restaurants
(c) learn from esteemed culinary experts
(d) use your creativity and love of cooking

★★
5

In 2004, Kenya named Yegizaw Michael as Best Artist of the year. His pricy murals and mosaics grace the walls of private homes as well as more public venues such as theater sets, banks and hotels. His work has been shown in over 100 solo and group exhibitions on three continents. Michael's paintings are recognized worldwide, and international organizations and well-heeled art lovers are eager to ________________________.

(a) create giant murals
(b) visit such museums
(c) attend art exhibits
(d) collect his paintings

★★
6

The art of ________________________ has been practiced by the Chinese for more than four thousand years. In addition to many beneficial herbal remedies, more mythical cures have also been used. Chinese doctors believed that such ingredients as powdered unicorn horn held powerful medicine. Also used were petrified stag tears which were actually bezoar stones. Other highly prized therapies included the lungs of the fox, spider webs, the skulls of executed prisoners, swallows' nests and worms.

(a) healing others through song
(b) using plants for medicinal purposes
(c) curing people with words and spells
(d) acupuncture, or using needles on the skin

We believe in rewarding our valued customers for their banking relationship. That is why we offer a variety of checking accounts to meet your needs, such as a zero-minimum-balance account. And to thank you for choosing to do business with us, you'll receive a free gift when you open any new checking account. These microwave-and-oven safe bowls are practical for preparing, storing or transporting meals. Refer your friends and receive an additional free gift when they open their own new personal checking account. Just call for details and to request _________________________ .

(a) the necessary referral form
(b) the return of warranted goods
(c) a new account number
(d) the rules of the online sweepstakes

★★

8

To some people, chewing gum is a bad habit. But new research suggests that it may actually _________________________ . A stick of gum after a meal increases the production of saliva in the mouth. This can help fight cavities. This is exciting news since fewer cavities can reduce the chance of heart disease, diabetes, and other ailments. Chewing gum has another interesting advantage. It also increases the flow of blood to the brain, resulting in increased awareness.

(a) get rid of gum disease and bad breath
(b) be an effective way to lose weight
(c) relieve tension and reduce stress
(d) have significant health benefits

9

One problem that some individuals with learning disabilities have is that they are limited in their verbal expression of emotion. So their actions are the only way they can communicate their feelings. Abrupt changes in mood or behavior, or the seeming inability to complete previously mastered tasks can be viewed by others as a phase or even a tantrum. Yet they are, in reality, signs of depression. _______________________________, it is easy to misinterpret these symptoms and not give them the help they need.

(a) Unfortunately
(b) Instead
(c) Hopefully
(d) Nonetheless

10

In Samoa, no ritual was more important than the tattoo. Completed by hand over many weeks, a tattoo covered the area from the waist down to the knees. Although once reserved for young chiefs and aristocracy, tattooing became the defining rite of manhood for all Samoan boys. The permanent marks were a painful test of _______________________________.

(a) the need for independence
(b) courage and endurance
(c) artistic creativity
(d) a leader's tattooing ability

11 Some aspiring writers feel ________________________. They fall into the trap of comparing their abilities to literary geniuses. Measuring up to such lofty standards seems impossible, so many people give up their dreams of publishing something great. I try not to think so negatively. When I read the classics, I always end up feeling inspired. I wonder what I can do to take certain ideas even further with my own unique voice. I firmly believe that there will always be room for another good book and that perhaps one day, I'll write one.

(a) saddened at the state of modern fiction writing
(b) that a systematic process of writing isn't worth the effort
(c) a distinct connection to the great authors of the past
(d) discouraged after they read a great work of fiction

★

12 Recently, Google began to offer web users another tool for gathering information. Google Book Search is a service that allows users to find the full text of thousands of books on the Internet, free of charge. Books that are out of copyright may be downloaded to one's computer using the PDF format. Limited pages from copyrighted books are offered as well. The number of books available through the search engine is growing every year. Google hopes making books available via the Internet will ________________________.

(a) make its site just a bit more user-friendly
(b) help to finally popularize digital books
(c) add more profit to its bottom line
(d) make copyright law understandable to the users

13 The idea central to all sciences is empiricism. All scientists believe that knowledge must come from experimentation and observation, rather than intuition or revelation. Empiricism is the reason why scientists spend a considerable amount of time testing their hypotheses and theories. In order for an idea to be accepted, evidence must be observed in the natural world and experienced with the five senses. This idea seems quite simple and very logical, but can lead to frustration when a theory that works on paper _______________ _______________ .

(a) cannot be practical in real life
(b) is claimed by another scientist
(c) cannot be proven through experimentation
(d) is too complicated for others to understand

14 According to a report, about 60% of people in 26 countries have been affected by _______________________________________ . Unsurprisingly, the hardest hit countries have been the poorest ones, with the Philippines reporting the most serious hardship. Oxfam, a non-profit aid agency, reports that about 900 million people are facing starvation and about 119 million people are cutting back on the amount of food they eat. One of the main culprits is inflation, which has caused the price of basic foodstuffs to go up. However, there may be some temporary relief as gas prices fall, and food distribution prices fall with them.

(a) rising food and energy costs
(b) rapid increases in population
(c) decreases in food production
(d) import restrictions on staple foods

★★
15 One of the most surprising aspects of many democratic countries is that their citizens don't vote. It seems that for a large percentage of people, the idea that by voting, one person can have an impact on the nation doesn't resonate. When asked why they stay away from the voting booth, many people say that they feel it doesn't matter one way or the other, or that one vote can't possibly make a difference in a big election. _________________________________, some of the most cynical opinions about voting come from young people who have become disillusioned by empty political promises.

(a) Still
(b) In addition
(c) As a result
(d) On the contrary

★★★
16-1 The gender gap refers to the discrepancy of earnings between men and women. Some people who are opposed to closing the gap believe that it exists because of differences in occupational choice, level of education and prior work experience. Women tend to seek professions with lower pay, such as teachers, nurses and secretaries, while men tend to hold higher-paying careers such as doctors, engineers and scientists. Since these career paths are chosen voluntarily, not as a result of gender discrimination, some people feel there is no concern over the difference in pay. Additionally, the gender gap does not exist in some industries where _________________________________, such as the fashion and entertainment industries and modeling.

(a) men typically do not work
(b) women spend many years working
(c) women make more money than men
(d) men as well buy and sell products

16-2 Dallas Green is quickly becoming a music sensation across Europe. The lead singer for the band, AlexisonFire, Dallas Green has taken a year off from the band to pursue a solo project. Going by the name 'City&Colour' taken from his first and last name, Dallas Green has been playing acoustic shows to sold-out venues across Europe. While he is ________________________, Dallas has a very humble attitude toward his music. At every show, he is simply grateful that people have come out to listen to him sing.

(a) adored by his fans
(b) struggling with ticket sales
(c) criticized by his supporters
(d) in disagreement with musicians

17 Young men and women considering a career in the military are often enticed by the prospects of job skills, college tuition, excitement and more. But it's important to get all the facts before you sign up. Recruiters may promise job training and experience. Yet sometimes, military experience can work against your chances of getting a certain job later on. There are also other, sometimes better, ways to get money for college. Finally, be sure you know exactly what job you'll actually be assigned once you enlist, because it isn't always what the recruiters tell you it could be. In the end, the service may not provide the kind of benefits you hope for.

Q. What is the main topic of the passage?
(a) How to train for the army
(b) Different recruiting techniques
(c) Where to find college scholarships
(d) What to consider when enlisting

18 Human beings have both an outer (conscious) and inner (subconscious) mind in which we think and behave, and both are equally important. Psychologist Carl Jung asserted this theory as the basis for all of his subsequent ideas. Since we function primarily in our conscious world, it follows that we attempt to use the same behavior patterns when it comes to solving our own personal and societal problems. Yet Jung's assumption was that to resolve conscious problems, people need to focus on the subconscious realm. When we do not acknowledge our inner world, we deny an essential part of both our being and society.

Q. What is the best title for the passage?
(a) The Psychology of Thinking
(b) The Acquisition of Social Behavior
(c) The Importance of the Unconscious Mind
(d) Acknowledging Problems through the Subconsciousness

★★
19 In the years before World War II, fashion designers living in New York traveled to France each year to attend fashion shows. But during the war, Germany occupied Paris, and the United States dotted the Atlantic Ocean with battleships, effectively cutting off New York designers from the haute couture of Paris. Now on their own, American designers focused on sportswear, laying the groundwork for the United States' emergence as the sportswear capital of the world.

Q. What is the best title for the passage?
(a) Sportswear—A Unique French Invention
(b) World War II Changes the World of Fashion
(c) Parisian Influence on American Fashion
(d) The US Takes over the World Fashion World

★★
20 In the late 1940s, radio advertising was a well-established industry when television made its debut. Based upon the successful format of the radio industry, television was deliberately developed as a commercial medium, and has since become the most effective, and therefore most popular, means of selling products. The regular commercial breaks, not your favorite shows that they interrupt, are the main reason any modern-day television networks exist. The programming is merely a method of grabbing the audience's attention and holding it so that viewers will stay in front of the television during commercial breaks. If a viewer changes the channel, he does not watch the advertisements, so the programs need to keep viewers glued to the set in anticipation.

Q. What is the passage about?
(a) The development of television programs
(b) The best commercials shown on TV
(c) Television as a means for advertising
(d) The history of television networks

★★
21
In just about every activity in which a cat engages, her claws play an essential role. Scratched surfaces are messages for other cats. Engraved claw marks visually denote one cat's territory, and her olfactory mark is also left behind by the scent glands in the paw. During predatory play, a cat grips a toy with her claws while punching it with her hind feet. If she wants to climb, her claws assist, and on the ground, they help shift body weight so the cat can maintain balance and secure footing.

Q. How do cats communicate with one another?
(a) They scratch on surfaces.
(b) Their body weight shifts.
(c) They rub against each other.
(d) They punch each other with hind feet.

★
22
The ancient Romans believed that Diana, the twin sister of Apollo, was the moon goddess and protector of the hunt. She watched over the chief hunters while also protecting the wild animals. Diana ruled nature and was the guardian of the springs and streams. Every grove was sacred to Diana, and her sanctuaries were often in them. Like her brother Apollo, she was often depicted as a young hunter, carrying a set of bow and arrows.

Q. Which of the following is correct about Diana?
(a) She had a twin sister.
(b) She was portrayed as a hunter.
(c) She trained the wild animals.
(d) Her sanctuaries were on the moon.

23 Of course you don't want your home office to become the storage locker for household items, but it will invariably become the collection site for all kinds of documents that have no other place to go. In addition to all of the work you are supposed to do at your desk, piles of bills, family health documents, school reports, receipts, warranties and the like all pile up. Whatever happened to our promised paperless society? Grady Filing Cabinets can't get rid of the paper, but they can help you organize it. Create an efficient record-keeping system that flows seamlessly with any office décor. You might just be able to keep your inbox clean, too!

Q. What product is being sold in this advertisement?
(a) Office décor
(b) Filing cabinets
(c) Storage lockers
(d) Paper products

24 For a large number of people, pets are a beloved part of the family. Adopting a dog or a cat has been shown to improve one's quality of life, and statistically it seems that many people are convinced. In fact, according to the Humane Society, almost 40% of people own at least one dog. Cats come in at a close second as animal lovers' favorite pets. About thirty-five percent of people have at least one. The high rate of pet ownership is indicative of the benefits having an animal provides. Besides the obvious emotional benefits, there are also physical ones as well. Studies have shown that petting an animal lowers blood pressure and cholesterol and can help patients heal faster from an illness.

Q. What can be inferred from the report?
(a) There is no animal more popular than a dog as a pet.
(b) Some types of pets provide more emotional benefits than others.
(c) More and more people adopt their pets from animal shelters.
(d) Many people choose to adopt an animal rather than raise a kid.

★★
25

Kathy Carson, senior vice president of sales and marketing for Spartacus of Chicago, notes that the first 10 paces a customer takes into a store are the most important moments. It is when they form a perception about the business, and possibly decide whether or not they will make a purchase there. "The first impression is the most important; what they see when they walk in the door," says Carson. Putting consumers at ease as soon as they enter helps ensure that it is a place they want to stay and shop. Characteristics of the store such as cleanliness, appearance and smell, temperature, color, and floor plan all combine to make a lasting impression.

Q. Which of the following is correct according to the passage?
(a) An appealing store environment can boost sales.
(b) An attractive window display can lure customers into a store.
(c) The appearance of the salesperson makes a lasting impression.
(d) Customers are generally more comfortable shopping in large stores.

★
26

Dear Faculty,

The theme of this year's international Computers and Writing Conference is "Current Issue of Globalization," an important topic given the nature of today's global economies. This annual event, which attracts hundreds of influential and important professionals, is especially important to our graduate student and adjunct faculty presenters. Unfortunately, those who can benefit most are least likely to have access to travel funding. For this reason, we are hosting an online auction to benefit these hopeful participants, and we are asking for your help. Would you consider donating merchandise for this effort? All auction proceeds will be donated directly to travel scholarships for graduate students and adjunct faculty who wish to attend this year's Computers and Writing Conference.

Sincerely,
James Halverson

Q. What does the letter request from faculty?
(a) Make a financial gift
(b) Donate items to raise money
(c) Attend an upcoming conference
(d) Chaperone a graduate student

Sketch artists differ from other fine artists in materials, subject matter, and objectives. Whereas a fine artist will create original compositions using a variety of media, sketch artists create images of wanted suspects based on witnesses' descriptions, typically using only pencil, charcoal, or pastels. Their goal is to assist law enforcement agencies in solving crimes by drawing detailed and accurate pictures of alleged perpetrators. After interviewing eyewitnesses or victims about their memories of an incident, the sketch artist attempts to bring to life facial features according to the details and description given.

Q. Which of the following is correct according to the passage?
(a) A sketch artist works in the courtroom.
(b) A sketch artist's goal is the same as a fine artist's.
(c) A sketch artist does not create original compositions.
(d) The police department provides sketch artists with drawing supplies.

28

Our young patients here at Southwick Children's Hospital deserve more when it comes to comfort, convenience and privacy. It is difficult to fit all of the medical equipment they need into their cubicles. For example, there is not enough room for wheelchairs. Parents of patients usually want to accompany their children in the hospital but do not have beds. Instead, they must sleep in recliners if they wish to room in, and there is no space for their bags. Our staff works very hard to make the ward comfortable and attractive, but upgrades are needed. For all these reasons, we hope you will consider our proposal for redevelopment in order to improve the facilities for our patients, their families, and our staff.

Q. Which of the following is correct according to the report?
(a) The hospital is in need of remodeling.
(b) There are no funds available to improve the facility.
(c) The hospital wards do not accommodate parents.
(d) A new wing will be built especially for children.

29 Though cacti vary greatly in size, color, shape and flower, they are easily distinguished from other members of the plant kingdom. One marker is the enlarged stem that stores water and air, and also makes carbohydrates for the plant through photosynthesis. Instead of leaves, cacti have spines or needles. Well-adapted to dry conditions in a home, cacti can tolerate neglect. Yet if given a little attention, cacti will thrive. From March through September, their typical growing season, expect rapid growth.

Q. Which of the following is correct about cacti?
(a) Cacti need little care.
(b) They do not need water.
(c) Most cacti prefer to be outdoors.
(d) Some cacti grow leaves instead of needles.

★★
30 Dear new small business owner,
Since 1965, Office Mates has brought its reputation for quality and innovative service to every venture, and today, we're excited to announce a new program designed exclusively for up-and-coming businesses like your own. Our new Small Business Division can provide temporary employees in clerical, secretarial and accounting services. Call Office Mates for more and information to learn how we can meet your needs. Better yet, give us a try the next time your business needs a temp. Office Mates appreciates every opportunity to serve small businesses, and we look forward to serving you.

Q. What does the writer of this letter ask the reader to do?
(a) Send him a short-term employee
(b) Come by the office to meet temps
(c) Use his company to hire temps
(d) Hire him as a part-time employee

★★
31
More than a century ago, Levi Strauss opened a dry goods store in San Francisco and within a few years, created his first famous pair of blue jeans, which were extra strong and made from thick denim. Since then, jeans have come a long way. Yet their changes in form and appearance have not diminished their popularity. A perfect, simple blend of function and fashion remain as the hallmarks of blue jeans. So the next time you splurge on a new pair of jeans, keep in mind both the comfort and appearance.

Q. What is most likely to follow this passage?
(a) When it's appropriate to wear a pair of jeans
(b) How to choose the right pair of jeans
(c) Ways to save money when buying jeans
(d) Where to find a good pair of jeans

★★
32
Seattle parents are outraged after an incident involving a substitute bus driver. Though school administrators defend the driver's behavior as appropriate, children claim he slammed on the brakes after they told him he was going the wrong way, and then used profanity to quiet them down. The driver attempted to continue his erroneous route until one mother saw children crying onboard. She claims to have physically blocked the path of the school bus, and notified police.

Q. What can be inferred from the passage?
(a) Many children were injured in a bus accident.
(b) A substitute bus driver did not know the route.
(c) A bus driver ran over the mother of one student.
(d) Students were lying about the incident.

33

Dear Mr. Jones,

I am writing to praise your office assistant, Mrs. Simmons, for her exemplary service yesterday. She doggedly traced a missing shipment after making at least six phone calls, all while remaining friendly and courteous. Such professionalism is uncommon today. Mrs. Simmons is an asset to your company, and is just one of the many reasons why I will bring my business back to your organization in the future.

Sincerely,
Julie Stevens

Q. What can be inferred from the passage?
(a) Ms. Stevens is upset about a missing shipment.
(b) Mrs. Simmons works for the telephone company.
(c) Mr. Jones is looking for a new office assistant.
(d) Mrs. Simmons located the missing merchandise.

34

A new research report indicates that one or both parents in most dual-income families are working long or atypical hours. This may include working hours outside the usual 'nine to five' business hours, and/or exceeding a 40-hour work week. The longest hours, predictably, were reported by fathers in professional or managerial jobs, and they are the least likely to be involved in their children's care, according to the survey. However, families participating in this study revealed that not only were the reasons for working the extended hours different, but their degree of control over the working hours was also quite varied. The two main casualties of such work hours are time lost as a married couple, and reduced involvement in children's activities.

Q. What can be inferred from the passage?
(a) Non-standard work hours disrupt family life.
(b) Some fathers refuse to help care for their children.
(c) Parents who work long hours can afford more luxuries.
(d) Children adapt easily to parents working long hours.

★★

35 Early state Constitutions, Declarations of Rights, and the Bills of Rights in America were all framed and ratified in the time including and immediately after the nation's war for independence. All of these documents antedated the Articles of Confederation as well as the United States Constitution and Bill of Rights, and served as functioning, fundamental laws before these guidelines were even drafted. The state documents served as important precedents for later federal documents, provided examples of form, features, principles and functions of government, and proved exceptionally influential in the drafting of the US Constitution and its Bill of Rights.

Q. Which of the following is correct about the early state constitutions?
(a) They were not as effective as the Articles of Confederation.
(b) They had more of an impact on the independence movement than other laws.
(c) They established a stronger central government than the Bill of Rights.
(d) They served as a model for the federal Constitution and Bill of Rights.

★★

36 Cuneiform is one of the oldest known forms of written expression. Dating back to 3000 BC, cuneiform originated in ancient Sumer as a system of pictographs, many of which closely resemble easily identifiable objects. Eventually these early pictographs became more simplified and abstract until many of the characters resembled wedges. A modern understanding of cuneiform did not occur until the Behistun Inscriptions, composed of an identical text in Old Persian, Babylonian, and Elamite, were used as a tool in reading the Sumerian language.

Q. Which of the following is true according to the above article?
(a) Cuneiform became more and more complex as time passed.
(b) The Sumerians were the first civilization to create a written language.
(c) The Behistun inscription showed the evolution of Old Persian into Elamite.
(d) At first, cuneiform characters were more like pictures than abstract symbols.

★★★
37-1 The island of Sicily was almost certainly attached to Africa at some point in history, based on several obvious facts. Its proximity, just 160 kilometers from the African coast, places the African city of Tunis nearer to Palermo, Catania or Messina than Rome. The fossils of large prehistoric mammals in caverns in Sicily suggest that some sort of land bridge existed between the African continent and the island. Even today, Sicily serves an important military function. It is a strategic US military outpost, where island bases are prepared to respond to any threat in Northern Africa or in Sicily.

Q. Which of the following is correct about Sicily?
(a) There was once a bridge between Sicily and Africa.
(b) Its military base is located in Northern Africa.
(c) At one time, it was not part of Italy.
(d) African influences on the island can still be found.

37-2 According to the ancient Mayans, the end is near. On December 21, 2012, the Mayan calendar, which provided the dates for a 5,126 year era, will see its last day. This date is also associated with an astronomical phenomenon. The last day of the Mayan calendar will be the winter solstice and the sun will be aligned with the center of the Milky Way. For some, the end of the Mayan calendar seems to predict the apocalypse. However, the Mayans themselves predicted not the end of the world, but a resetting at the beginning of a new time.

Q. Which of the following is correct?
(a) The Mayan calendar will reset in 2012.
(b) The Mayans predicted when the world would end.
(c) The Mayans had little astronomical knowledge.
(d) The new Mayan era will last for over 5,000 years.

★★
38   "Microwaveland" is a movie that may not get many laughs, but will put an amused smile on everyone's face. (a) The movie takes place in a future much like the present, where technology has made life move faster and communication easier, but no one seems to be any more connected. (b) This world is a background for three short, interconnected vignettes about romance. (c) Unfortunately, the whole thing plays out like a surreal sitcom, with conventions that everyone in the audience will recognize, for better or worse. (d) The director has been at the helm of several recent horror favorites as well as several popular romantic comedies.

★
39   Customer to customer transfers can easily be made from your checking or savings account online with a few steps. (a) First, it's wise to establish trust with your banker before carrying out any major transactions. (b) On the TRANSFER screen, choose the option "transfer to another customer's account." (c) Select the account you wish to transfer from and enter the account information you wish to transfer to. (d) Finally, type in your password, and then click on the CONFIRM button.

🖊 고난이도 문항 ....

★★★
40-1   Psychologists have identified what is known as the pleasure principle, suggesting that people will work harder at jobs that make them feel good. (a) Although we are capitalists, we prefer to work for our own gratification rather than for money. (b) A doctor is more concerned about helping people than having his name recognized. (c) Research indicates that children will work as hard as possible at tasks that make them happy compared to those that offer tangible rewards. (d) Students will work harder for grades that provide self-satisfaction than those that bring the promise of reward money.

40-2 A breakthrough scientific discovery made in Germany may one day offer hope to millions of people affected by HIV. (a) Doctors say that a man who received a bone marrow transplant from a donor who had a genetic resistance to the virus appears to have been cured. (b) HIV first came to the public's attention in the 1980s after French and American scientists discovered the infection. (c) Although the patient's response to the transplant was highly unusual, doctors believe it may increase interest in gene therapy for the disease. (d) However, experts still maintain that to suggest that this case will lead to a cure would be a dangerous stretch.

I'm terribly sorry. 대단히 죄송합니다.

=**I'm awfully sorry.**

=**I feel sorry for that.**

=**I owe you an apology.**

Excuse me for keeping you waiting.
기다리게 해서 죄송합니다.

Pardon me for cutting in. 끼어들어서 죄송합니다.

Pardon me for breaking my words.
약속을 지키지 못해 죄송합니다.

Forgive me for being late. 늦어서 죄송합니다.

Forgive my rude remarks. 무례한 언사를 용서하십시오.

Sorry to bother you. 방해해서 미안합니다.

Sorry to have troubled you so much.
너무 많은 폐를 끼쳐 죄송합니다.

Sorry to have kept you waiting so long.
너무 오래 기다리게 해서 죄송합니다.

I'm sorry to interrupt you. (불편을 끼쳐.)

=**I'm sorry to cause you so much trouble.**

=**I'm sorry for the inconvenience.**

=**I'm sorry I messed it up.**

=**I'm sorry if I hurt you.**

=**I apologize to you for my rudeness.**

=**I apologize for causing you trouble.**

=**I do apologize for what I have done.**

역대 기출 변명표현들

It was a slip of the tongue. 제가 말을 잘못했어요.

It was a slip of the mind. 제가 깜빡 잊었어요.

It just slipped my mind. 그걸 깜빡 잊었어요.

I couldn't help it. 어쩔 수가 없었어요.

There was nothing I could do. 전 아무것도 할 수 없었어요.

I had no choice. 선택의 여지가 없었어요.

I really didn't mean that. 그럴 의도는 정말 없었어요.

=**I didn't mean to do that.**

=**I didn't intend to do it.**

=**I didn't mean to offend you.**

=**I didn't mean to trouble you.**

=**I didn't do it on purpose.**

=**My intention was not that.**

=**That was not my intention.**

=**It wasn't intentional.**

Never mind. 신경 쓰지 마세요.

Just bad luck. 단지 운이 나빴을 뿐이에요.

It's not your fault. 당신 잘못이 아니에요.

That's all right.

=**That's quite all right.**

=**That's OK.**

=**That's okay.**

=**No problem.**

=**No big deal.**

No hard feelings. 너무 미안해 할 것 없어요.

It's really nothing. 정말 아무것도 아니에요.

It can happen to anybody. 누구에게나 일어날 수 있는 일예요.

You did what you had to. 당신은 해야 할 일을 했을 뿐이에요.

You did your level best. 당신은 나름대로 최선을 다한 거예요.

You're forgiven. 당신을 용서해요.

Unit 5. Favor (부탁)

Would you do me a favor? 부탁 좀 드려요 될까요?

=**Would you help me?**

=**Would you give me a hand?**

=**Would you mind helping me?**

=**May I ask you a favor?**

=**Could I ask a favor of you?**

=**Could you do something for me**?

=**Mind if I ask you a favor?**

=**Mind my asking you a favor?**

=**I wonder if you can help me.**

=**I wonder if you could do me a favor.**

=**I'm wondering if you could help me**.

=**I have a big favor to ask of you.**

Could you save my place? 제 자리 좀 지켜주실 수 있으세요?

Will you cash this check? 이 수표 현금으로 바꿔주세요.

Will you pick up the laundry? 세탁물 좀 찾아다 주세요.

Would you give me a rain check?

다음 기회로 미루어 주십시오.

Would you make a copy of this?

이거 한 장만 복사해 주시겠어요?

Would you give me a ride? 차 좀 태워 주시겠어요.

May I borrow some money? 돈 좀 빌릴 수 있나요?

May I have a loan? 대출 좀 받을 수 있나요?

Let me see your ID. 신분증 좀 보여 주세요.

시간에 대한 부탁

Do you have time? 시간 있으세요?

=**Do you have some time to spare?**

=**Have you got a minute?**

=**Have you got some time for me?**

=**Can I have a minute with you?**

=**Can I interrupt you for a minute?**

=**May I talk to you for a minute?**

=**Could you spare me a minute?**

=**Could you talk to me for a moment?**

=**Would you spare me a few minute?**

■ 명령문에 please를 붙이면 부탁문으로 변합니다.

Please, leave me alone. 혼자 있게 해주세요.

Please, give me a break. 좀 봐주세요.

Don't let me down again, please.

다시는 실망시키지 말아 주세요.

■ 한국인들이 헷갈려하는 Do you mind 표현

Mind if I smoke here? 여기서 담배 피워도 돼요?

Do you mind if I go home early? 집에 일찍 가도 돼요?

Would you mind my opening the door?

문을 열어도 돼요?

Would you mind if I had a day off? 하루 쉬어도 돼요?

■ 허락할 때는 반드시 not이 대답 속에 들어갑니다.

Not at all. 물론이죠.

=**Of course not.**

=**Certainly not.**

=**Surely not.**

■ mind를 쓰지 않고 허락을 구하는 표현과, 이에 대해 승낙ㆍ거절하는 방법

A: **Can I use your cell phone?** 당신 핸드폰 좀 써도 돼요?

B: **Certainly. Be my guest.** 물론이죠. 마음껏 쓰세요.

A: **Could I do it tomorrow?** 그거 내일 해도 돼요?

B: **Of course. Why not?** 물론이죠. 여부가 있나요?

Let me go in, please. 들어가게 해 주세요.

All right. Go ahead. 좋아요. 그렇게 하세요.

I wonder if I could use your car.

당신 자동차를 써도 되나요?

No way! 절대 안 돼!

Unit 6. Suggestion (제안)

역대 기출 제안 표현

Let's call it a day. 이만 마칩시다.

Shall I drive you home? 집까지 태워다 드릴까요?

Shall I fix you some coffee? 커피 좀 타 드릴까요?

Shall we drop in at a coffee shop? 커피숍에 들를까요?

Shall we take a break? 잠시 쉴까요?

Why don't we go for a walk? 산책하러 갈까요.

Why don't we wait here? 여기서 기다릴까요?

Why don't we get together this next week?

다음 주에 모일까요?

How about a beer tonight? 오늘밤 맥주 한 잔 어때요?

I'll tell you what. 내용을 말씀 드리겠습니다.

Let me tell you what. 내용을 말씀 드리겠습니다.

Let me treat you to dinner. 저녁 식사 한턱내겠습니다.

Let's get down to business. 본론으로 들어갑시다.

What do you say to going now? 지금 가는 게 어때요?

What do you think about it? 그것에 대해 어떻게 생각해요?

Would you join me? 저와 함께 가시겠어요?

Would you go to the movie tonight?

오늘 밤 영화 보러 가시겠어요?

Would you care to come with me? 저와 같이 가시겠어요?

May I accompany you? 제가 함께 갈까요?

Do you fancy going to the movies? 영화 보러 가시겠어요?

I will take you home. 집까지 모셔다 드리겠습니다.

I wouldn't hesitate if I were you.

내가 만약 너라면 망설이지 않을 텐데.

Make yourself at home, please.

집에 계시는 것처럼 편안히 계세요.

I would recommend this. 저라면 이걸 권하겠습니다.

I recommend you to take this medicine.

이 약을 드실 것을 권합니다.

I suggest you invest in this stock.

이 주식에 투자할 것을 권합니다.

I advise you to try this brand.

이 제품을 써보실 것을 권합니다.

I'd rather you chose the blue one.

파란 것을 선택하는 것이 나을 텐데.

You won't regret if you buy this.

이걸 사면 후회하지 않을 거예요.

Why don't you take a taxi? 택시 타고 가세요.

Why not try it on? 한 번 입어 보시죠.

Won't you have some more? 조금 더 드시지 않겠어요?

Would you like a refill? 한 잔 더 드릴까요?

Would you care for some coffee? 커피 좀 드시겠어요?

May I offer you something to drink?

뭐 마실 것 좀 드릴까요?

Please, have a seat. 앉으세요.

Please, help yourself to this food. 이 음식 마음껏 드세요.

Please, be my guest. 마음껏 사용하세요.

제안이나 권유를 받아들일 때

Thank you very much. 대단히 감사합니다.

Thanks. I'd love to. 감사합니다. 정말 그러고 싶어요.

That sounds good. 들어보니 좋습니다.

That's a good idea. 좋은 생각입니다.

I'm happy to accept your offer.

제안을 받아들이게 되어 기쁩니다.

사양의 표현

No, thank you. 아니요, 괜찮습니다.

Thanks, but I'd rather not.

감사합니다만, 하지 않는 것이 좋겠어요.

Would you give me a rain check?

다음 기회로 미루어 주시겠습니까?

Let's make it some other time. 다음 기회에 하죠.

I don't feel like it. 그러고 싶지 않아요.

Sorry, I have a previous appointment.

죄송합니다, 선약이 있어서요.

잘못한 점에 대한 충고

You'd better not buy that house.

그 집은 사지 않으시는 것이 좋겠어요.

You would rather give it up. 그건 포기하시는 것이 좋겠어요.

You'd rather not stay up late at night.

늦잠자지 않으시는 게 좋겠어요.

Let me give you a piece of advice.

제가 충고 한 마디 하겠습니다.

Just take my advice. 그냥 저의 충고를 따르세요.

Can I offer you some advice? 제가 충고 좀 해도 될까요?

I strongly advise you to work hard.

정말 열심히 일하셔야 돼요.

I advise you not to drink too much.

술 너무 많이 마시지 마세요.

You had better quit smoking.

담배를 끊으시는 것이 좋겠어요.

You might as well take some rest. 휴식을 좀 취하셔야겠네요.

Why don't you go to the dentist? 치과에 가보세요.

You should listen to me. 제 말씀을 들으셔야 해요.

You ought to be careful. 신중하셔야 해요.

You shouldn't have said like that.

그렇게 말씀하지 말았어야 했어요.

You ought to have called me then.

그때 저를 찾아오셨어야죠.

You had better have tried it. 그거 한번 해보셨으면 좋았을 텐데.

Take your time. 서두르실 필요 없어요.

Take it easy. 부담 갖지 마세요.

TEPS_ MASTER_ 1000제_

Practical Test 3

Practical Test 3

You will now hear fifteen conversation fragments, each made up of a single spoken statement followed by four spoken responses. Choose the most appropriate response to the statement.

** **1** (a) (b) (c) (d)

* **2** (a) (b) (c) (d)

** **3** (a) (b) (c) (d)

*** **4** (a) (b) (c) (d)

*** **5** (a) (b) (c) (d)

** **6** (a) (b) (c) (d)

** **7** (a) (b) (c) (d)

** **8** (a) (b) (c) (d)

** **9** (a) (b) (c) (d)

** **10** (a) (b) (c) (d)

** **11** (a) (b) (c) (d)

** **12** (a) (b) (c) (d)

*** **13** (a) (b) (c) (d)

** **14** (a) (b) (c) (d)

*** **15-1** (a) (b) (c) (d)

*** **15-2** (a) (b) (c) (d)

Part II   Questions 16-30

You will now hear fifteen conversation fragments, each made up of three spoken statements followed by four spoken responses. Choose the most appropriate response to complete the conversation.

*16 (a) (b) (c) (d)

***17 (a) (b) (c) (d)

**18 (a) (b) (c) (d)

**19 (a) (b) (c) (d)

**20 (a) (b) (c) (d)

**21 (a) (b) (c) (d)

***22 (a) (b) (c) (d)

*23 (a) (b) (c) (d)

**24 (a) (b) (c) (d)

*25 (a) (b) (c) (d)

***26 (a) (b) (c) (d)

*27 (a) (b) (c) (d)

**28 (a) (b) (c) (d)

*29 (a) (b) (c) (d)

***30-1 (a) (b) (c) (d)

***30-2 (a) (b) (c) (d)

You will now hear fifteen complete conversations. For each item, you will hear a conversation and its corresponding question, both of which will be read twice. Then you will hear four options which will be read only once. Choose the option that best answers the question.

31 (a) (b) (c) (d)

32 (a) (b) (c) (d)

33 (a) (b) (c) (d)

34 (a) (b) (c) (d)

35 (a) (b) (c) (d)

36 (a) (b) (c) (d)

37 (a) (b) (c) (d)

38 (a) (b) (c) (d)

39 (a) (b) (c) (d)

40 (a) (b) (c) (d)

41 (a) (b) (c) (d)

42 (a) (b) (c) (d)

43 (a) (b) (c) (d)

44 (a) (b) (c) (d)

45-1 (a) (b) (c) (d)

45-2 (a) (b) (c) (d)

Part IV Questions 46-60

You will now hear fifteen spoken monologues. For each item, you will hear a monologue and its corresponding question, both of which will be read twice. Then you will hear four options which will be read only once. Choose the option that best answers the question.

****46** (a) (b) (c) (d)

****47** (a) (b) (c) (d)

***48** (a) (b) (c) (d)

****49** (a) (b) (c) (d)

***50** (a) (b) (c) (d)

****51** (a) (b) (c) (d)

****52** (a) (b) (c) (d)

*****53** (a) (b) (c) (d)

****54** (a) (b) (c) (d)

****55** (a) (b) (c) (d)

***56** (a) (b) (c) (d)

*****57** (a) (b) (c) (d)

****58** (a) (b) (c) (d)

*****59** (a) (b) (c) (d)

*****60-1** (a) (b) (c) (d)

*****60-2** (a) (b) (c) (d)

Grammar

Part I   Choose the best answer for the blank.(1-20)

1

A: Did you see my kitten?

B: _________________ cute thing!

(a) What   (b) How

(c) How a   (d) What a

2

A: I wonder if something isn't missing in this recipe.

B: Actually, it does seem _________________ bland.

(a) a kind of   (b) kinds of

(c) kind of   (d) the kind of

3

A: Did you ever visit Mexico?

B: Yes. I _________________ to Chiapas 3 years ago.

(a) go   (b) went

(c) have been   (d) have gone

4

A: Do you know what happened to Patty?

B: Someone told me that she _________________ in England doing research.

(a) been   (b) will be

(c) was   (d) is

5

A: It's too bad you can't come to the family reunion.

B: I really wanted to go. Do me a favor and _________________ there.

(a) remember everyone to me   (b) remember to everyone me

(c) remember me to everyone   (d) remember to me everyone

6

A: What did you think of the book?

B: Honestly? It was ___________________.

(a) the most story pointless I've ever read
(b) most the pointless story I've ever read
(c) most pointless story I've ever read
(d) the most pointless story I've ever read

7

A: Why hasn't Barbara been over to visit recently?

B: She ___________________ busy ever since school started.

(a) is   (b) was
(c) has been   (d) had been

8

A: Would you like to come with us to the history museum?

B: I don't think so. I ___________________ there twice already.

(a) had been   (b) have been
(c) were going   (d) could have been

9

A: I saw Jim at your house yesterday.

B: He usually ___________________ by on his way home from work.

(a) swings   (b) will swing
(c) will be swinging   (d) has been swinging

10

A: Let's get out of here.

B: Once ___________________ tidying up the kitchen, we can leave.

(a) I'll do   (b) I'm done
(c) I'm doing   (d) I have done

★★
11　A: I'll come by to see you this weekend.

B: That might not work since I typically ________________ class on the weekend.

(a) have had　　　　　　　　(b) had

(c) have　　　　　　　　　　(d) had had

★★★
12　A: What's that you're working on?

B: The CD drive on my computer ________________ open.

(a) won't　　　　　　　　　　(b) isn't

(c) will　　　　　　　　　　　(d) is

★
13　A: Hey, Mark. I borrowed your computer for a moment while you were out.

B: It's no big deal, but you ________________ earlier.

(a) should ask　　　　　　　　(b) should have asked

(c) need not ask　　　　　　　(d) need not have asked

★★
14　A: Have you seen Rick?

B: Here ________________.

(a) comes him　　　　　　　　(b) comes he

(c) he comes　　　　　　　　　(d) does he come

★★
15　A: What ________________ "fastidious" signify?

B: A fastidious person has such high standards that they are difficult to please.

(a) does　　　　　　　　　　　(b) is

(c) go　　　　　　　　　　　　(d) are

　　　　　　　　　　　　　　　　　　　　TEPS MASTER 1000제

16 A: It's been a while since I spoke to Cherise. Why don't we go see her?

B: Let's give her a phone call. She _________________ not be home right now.

(a) must   (b) may

(c) shall   (d) should

17 A: I can't stand our neighbor. He's completely rude.

B: I'll talk to him. I _________________ handling people of his sort.

(a) accustomed to   (b) am accustomed to

(c) accustomed   (d) am ready to

18 A: Did you want something?

B: Can you turn down the music? I _________________ concentrate on my work.

(a) couldn't   (b) mustn't

(c) won't   (d) can't

19 A: I can't believe you haven't seen that movie yet.

B: Yeah. I _________________ it soon.

(a) have seen   (b) have got to see

(c) may have seen   (d) have got to be seeing

★★★

20-1 A: My doctor said that I need to have surgery as soon as possible.

B: Well, ________________ you get a second opinion before deciding what to do?

(a) wouldn't

(b) will

(c) shall

(d) shouldn't

20-2 A: I'm sorry, but I couldn't locate the article you wanted to see.

B: Well, if you ever succeed ________________, could you please let me know right away?

(a) to finding it

(b) of finding it

(c) to find it

(d) in finding it

★★
21 Though there has been conflict between him and other teammates, he is a respected member of the team as far as his ability to play basketball
__________________.

(a) concerns
(b) is concerning
(c) is concerned
(d) concerned

★★
22 The elephants __________________ to their natural habitat after recovering from their time in confinement.

(a) has moved
(b) were moved
(c) were moving
(d) had moved

★
23 Each of the contestants __________________ given questions to answer.

(a) was
(b) were
(c) are
(d) have been

★★
24 The student was ultimately able to solve the problem that he __________________ stuck on for an hour.

(a) had been
(b) will be
(c) will have been
(d) is

★
25 Kathy rarely tells jokes, but when she __________________, she is hilarious.

(a) does
(b) has
(c) was
(d) did

★★★

26 She's been out of the office _________________.

(a) in all morning   (b) all morning

(c) on all morning   (d) at all morning

★★

27 The judge ordered the people involved in the case _________________.

(a) turning over the evidence   (b) to turn over the evidence

(c) turn the evidence   (d) turn over the evidence

★★

28 The moment he _________________ reading, he went to bed.

(a) finish   (b) finished

(c) will have finished   (d) have finished

★★★

29 I _________________ by to say hello, but I was in a rush to get home.

(a) would be stopped   (b) would stop

(c) would have stopped   (d) would not stop

★

30 Labeled as a genius from an early age, Mozart is commonly referred to as one of the greatest composers _________________.

(a) that has lived ever   (b) that have ever lived

(c) that ever has lived   (d) ever that have lived

★★★

31 By the time I graduate from college, I _________ much about my topic of study.

(a) am learning   (b) will learn

(c) will have learned   (d) will be learning

32 __________________ on the top branch of the tree, Bob wondered how he would get back down.

(a) Sat　　　　　　　　　　　　(b) Having sat
(c) Sitting　　　　　　　　　　 (d) Being in

33 The teacher quickly became annoyed by __________________ absent.

(a) having his students　　　　　(b) his students came
(c) his students being　　　　　　(d) his students were

34 Prices for daily necessities rose dramatically due to a global oil shortage and __________________ by fears of terrorist attacks.

(a) worsened　　　　　　　　　　(b) worsening
(c) worsen　　　　　　　　　　　 (d) worse

35 __________________ to answer uncomfortable questions in front of the press, the celebrity quickly changed the subject.

(a) Asking　　　　　　　　　　　(b) Asked to
(c) To ask　　　　　　　　　　　 (d) Asked

36 __________________, Mr. Humphrey's attempts to become friends with his students ended up backfiring.

(a) Although well intending　　　　(b) Despite of a good intending
(c) Although well intentioned　　　 (d) Despite of a good intention

★★
37 _________________ our shoes, we crept cautiously along the passage.

(a) Taken off   (b) Taking off
(c) Being taken off   (d) Take off

★★
38 _________________ his parents, the man decided to return back to college.

(a) Spoken with   (b) Speaking with
(c) Having spoken with   (d) Have spoken with

★
39 My friends prepared a homecoming party for me, _________________ was very exciting.

(a) which   (b) this
(c) that   (d) what

🖋 고난이도 문항 ....

★★★
40-1 Judging from our progress so far, the project _________________ by next week.

(a) will have been completed   (b) will be completed
(c) is completing   (d) is being completed

40-2 After the invention and subsequent popularity of television, radio was no longer as _________________ .

(a) it was important as   (b) important as it was
(c) important as it had been   (d) it was as important

★
41   (a) A: Did you hear the latest on the escaped prisoners?
(b) B: No. What is it?
(c) A: They were spotted yesterday in Waco at a diner.
(d) B: It's about time. I hope that they were caught soon.

★★
42   (a) A: Hi. I'm trying to arrange my account so I can do online banking.
(b) B: Okay. Do you already have account with us?
(c) A: Yes. What do I need to do to bank online?
(d) B: I can sign you up for it right now.

★★
43   (a) A: Whitney, I think that we should see other people.
(b) B: Why? What's wrong with our relationship?
(c) A: I think that we are just heading in different directions.
(d) B: I don't think that are the case at all.

★
44   (a) A: Could you record today's history lecture?
(b) B: Why can't you come?
(c) A: I need go to the hospital.
(d) B: I guess I can do it. But you'd better do me a favor sometime.

★★★

45-1 (a) A: How come you were so late today?

(b) B: A bunch of buses pass by without stopping for me.

(c) A: Why didn't they stop?

(d) B: I guess they were all full.

45-2 (a) A: It looks like I won't be at your house until around 11.

(b) B: Can't you come soon? A lot of people are going to leave before then.

(c) A: I'll see what I can do, but I don't think I'll be able to get out of this.

(d) B: Please try, but if you can't make it until 11, I'll understand.

Part IV Identify the option that contains an awkward expression or an error in grammar.(46-50)

★★

46 (a) Bethany Hamilton was a promising young surfer from Hawaii. (b) One day while surfing with her friends, she lost her arm in a shark attack. (c) She managed to swim back to shore and was immediately hospitalized. (d) Only a month after the incident, the top-rated teenager was back on her board to have continued her dream.

★★

47 (a) Bill Hanna and Joe Barbera created many of the most recognizable cartoon characters in the world, working together for nearly 50 years. (b) They are responsible for such shows as *Tom and Jerry*, *the Flinstones*, and *Scooby-Doo*. (c) When the studio they worked for wanted to shut them down, they started their own company in 1957. (d) Their long career kept them worked as a team for nearly 50 years.

★★★
48 (a) A recent study found a possible link between stuttering and emotional sensitivity. (b) Stuttering often disappears in late childhood, but can also be led to stress and social anxiety as an adult. (c) The degree of stuttering seems to be exacerbated when the child is angry or excited. (d) Some researchers conclude that this would explain the pattern of ebbing and flowing in stuttering episodes.

★★
49 (a) A week long symposium on natural disasters and community preparedness held in Kansas City. (b) The event was funded by the Global Resource for Disaster Preparedness. (c) The foundation was established as a research and educational organization. (d) Those wanting to retrieve information about the meeting may order transcripts and reports from our office.

🖊 고난이도 문항 ···

★★★
50-1 (a) John felt that something was wrong with Janet. (b) She had been acting differently in recent weeks, becoming easily upset and frequently forgetful. (c) He suggested that she see a physician and she reluctantly agreed do so. (d) After a number of tests, it was discovered that she had a form of cancer and would require medical treatment.

50-2 (a) Although many of the artists we now consider masters had formal training, many of them didn't. (b) A lot of talented artists were driven more by the desire to create than the desire to please an instructor. (c) Perhaps this is why so many artists did not achieve fame and fortune in their lifetimes. (d) They chose to follow their own path, despite of the hardships.

Vocabulary

★★
1
A: Ray, thanks for showing up so quickly.
B: It sounded pretty ________________. What's up?

(a) urgent　　　　　　　　　(b) fast
(c) supportive　　　　　　　(d) relevant

★
2
A: What time do we have to leave the hotel tomorrow?
B: The ________________ is at noon.

(a) routine　　　　　　　　(b) dismissal
(c) exit　　　　　　　　　　(d) checkout

★★
3
A: There seems to be a problem with the microphone. Can you hear my voice?
B: No! You are barely ________________.

(a) audible　　　　　　　　(b) legible
(c) visible　　　　　　　　(d) working

★★
4
A: I'll take a smoothie and a pita sandwich.
B: Okay. The total ________________ $5.33.

(a) comes to　　　　　　　(b) turns out
(c) counts on　　　　　　　(d) makes up

★★★
5
A: I like how original and inventive that modern art building looks.
B: For real? To me, it's more of an aesthetic ________________.

(a) device　　　　　　　　(b) prospect
(c) eyesore　　　　　　　(d) gimmick

6

A: I've got problems again with my boyfriend.

B: Already? Is it a good idea to _________________ this relationship?

(a) continue

(b) understand

(c) trust

(d) accept

7

A: Last night's blind date was totally boring. The girl I met only talked about fashion.

B: If you are so _________________ , how are you going to find anyone?

(a) nosy

(b) handy

(c) naughty

(d) picky

8

A: I can't _________________ what I did wrong.

B: Me neither. Maybe he's just in a bad mood.

(a) make out

(b) figure out

(c) sort out

(d) get out

9

A: It's so difficult to escape the reach of modern technology.

B: Yes, sometimes I just want to disappear and not tell anybody my _________________ .

(a) hideouts

(b) pathways

(c) detours

(d) whereabouts

10

A: What do you say to going for a swim?

B: I can't. I've got other _________________ .

(a) plans

(b) stuff

(c) origins

(d) shows

11

A: This is Janet at Gale Hotel. I'm calling for Mr. Steiner.

B: He is out of the office right now. Should I have him _______________ your call?

(a) back
(b) reclaim
(c) return
(d) turn

12

A: How did your doctor's appointment go yesterday?

B: Oh, no! I totally forgot. I guess I have to _______________ it.

(a) reschedule
(b) think
(c) relocate
(d) cancel

13

A: It's been really fun having you here for the past week.

B: Thank you so much for your _______________.

(a) introduction
(b) appreciation
(c) applicability
(d) hospitality

14

A: I heard that Vaughn got arrested while trying to enter the country.

B: Yeah, apparently she _______________ drugs in her luggage.

(a) smuggled
(b) chastised
(c) confiscated
(d) facilitated

15

A: I hope the rain will _______________ by tomorrow.

B: I heard on the news that it will stop.

(a) move out
(b) take out
(c) let up
(d) give up

★★★
16 A: Why don't we talk about the real reason for this meeting?

B: Fair enough, I'll cut to the ________________.

(a) chase
(b) base
(c) dashboard
(d) benchmark

★
17 A: Can you believe that it's already been ten years since we first met?

B: It seems like time has passed in a ________________.

(a) blank
(b) twilight
(c) piece
(d) flash

★★★
18 A: Can we start the meeting?

B: Okay. We have a number of matters up for ________________ today.

(a) board
(b) debate
(c) conference
(d) discussion

★★
19 A: Did anyone leave any messages for me?

B: Yes, but I couldn't hear who they were because the voice was too

________________.

(a) faint
(b) lenient
(c) visible
(d) wispy

★★★
20 A: I think Taylor already knew about her surprise party beforehand.

B: Yes. Some ________________ mouth must have told her.

(a) quick
(b) large
(c) light
(d) big

21

A: Did you know that Jim's dad passed away recently?
B: Yes, I gave my ________________ to him the other day.

(a) divergences
(b) coalitions
(c) condolences
(d) implementations

A: Your book looks different from the one that I have.
B: That's because I bought a special ________________.

(a) revision
(b) edition
(c) sample
(d) duplicate

A: Do you ever have difficulty falling asleep?
B: I used to have a bad case of ________________ when I was a kid, but recently it's gotten better.

(a) indigestion
(b) migraines
(c) diarrhea
(d) insomnia

24

A: I had to mortgage my house while I try to get out of debt.
B: Hopefully, you'll save up some money and ________________ it soon.

(a) revoke
(b) ascertain
(c) deposit
(d) reclaim

★★★

25-1 A: My hands are full. Could you answer the phone?

B: Yeah, I'll _________ it.

(a) get
(b) make
(c) reach
(d) check

25-2 A: You shouldn't have yelled at Dave in the meeting. That wasn't very professional.

B: I know. I just couldn't __________________ myself when he was lying to everyone in there.

(a) dispense
(b) embrace
(c) indulge
(d) contain

★

26 Now that it's the holiday season, it can be challenging to find a(n) ________________ in some popular resorts.

(a) reservation   (b) vacancy
(c) brochure   (d) attendant

★★★

27 The show came to a(n) ________________ end when the actor's wig burst into flames and he ran off stage.

(a) abrupt   (b) actual
(c) gradual   (d) timely

★★

28 My dentist told me that to prevent ________________ I should eat more healthy food.

(a) cavities   (b) dentures
(c) molars   (d) complexities

★

29 Admission to the exhibit is ________________ to the public every Thursday.

(a) free   (b) void
(c) limited   (d) unavailable

★★

30 Potholes in the street pose a serious ________________ to cars.

(a) disposal   (b) waste
(c) victim   (d) hazard

★★★
31 There are two levels of yoga courses offered; one is more advanced and the other is for ________________ .

(a) novices   (b) civilians
(c) experts   (d) amateurs

★★
32 Each chapter contains a basic ________________ of the issues before going into more detailed analysis.

(a) summary   (b) context
(c) notion   (d) discussion

★
33 Halley was eventually adopted by a new family and lived happily with her ________________ .

(a) stepparents   (b) foster parents
(c) siblings   (d) relatives

★
34 Bacteria is not detectable by the ________________ eye.

(a) raw   (b) naked
(c) open   (d) fresh

★★
35 Most US schools begin their summer vacation on May 25th and ________________ classes on July 27th.

(a) fall   (b) resume
(c) celebrate   (d) commence

★★★
36 Newspapers can't always be trusted to provide much depth, as they tend to publish _________________ versions of the actual story.

(a) pellucid

(b) lyrical

(c) garbled

(d) compelling

★★
37 The precise cause of death can not be determined until the _________________ has been performed.

(a) immunization

(b) decomposition

(c) autopsy

(d) trial

★★
38 The judge made a point of taking up the cause of the _________________ who are otherwise disadvantaged within the legal system.

(a) underdogs

(b) bankers

(c) lawyers

(d) prosecutors

★★
39 Broadcasting's strict time constraints lend it more towards succinctness than _________________.

(a) precision

(b) abstraction

(c) efficiency

(d) verbosity

★★★
40 The main purpose of each chapter's overview is to _________________ the main points of the story.

(a) recapitulate

(b) compromise

(c) determine

(d) undertake

★★★
41 Azaleas and forsythia, as ________________, do not require replanting in order to bloom anew each year.

(a) biennials (b) annuals
(c) perennials (d) bulbs

★
42 Having failed to receive the ________________ position, the professor began to consider relocating to another university.

(a) assumed (b) tenure
(c) student (d) poor

★★
43 The discipline of historical research has broadened its scope to ________________ theories that were previously the domain of other social sciences.

(a) undermine (b) extrapolate
(c) embrace (d) prove

★★
44 After decades of constant warfare in the 1600s, few European countries were left ________________.

(a) integral (b) ruled
(c) alive (d) intact

★★★
45 Dorothy appeared ________________ after hearing of the company layoffs.

(a) eagle-eyed (b) crestfallen
(c) low-browed (d) bird-brained

The brilliant story that jumped from the pages of the book had unfortunately been ________________ by its conversion to the big screen.

(a) degraded   (b) disproved
(c) worsened   (d) lost

The ________________ of Korea is mostly made up of densely arranged mountains and hills.

(a) taxonomy   (b) topography
(c) iconography   (d) calligraphy

Reading science fiction novels is among my favorite ________________.

(a) leisures   (b) pastimes
(c) enjoyments   (d) pleasures

Owing largely to its ________________ factor, China, the most populous nation, is expanding at a dramatic rate.

(a) ethnographic   (b) ethnic
(c) demographic   (d) geographic

★★★

50-1 Should you ever notice a mole growing in size, I advise you to get it checked by a _________________ .

(a) exterminator   (b) veterinarian

(c) radiologist   (d) dermatologist

50-2 Employers are always impressed by job seekers who _________________ a calm confidence when they walk into the office.

(a) issue   (b) resolve

(c) exude   (d) proclaim

Reading Comprehension

★★★

1   Choosing the proper diamond requires the consideration of its various qualities within the context of the total package. While diamonds have many shapes, round is the most popular and brilliant. The cut of the diamond determines how it will reflect light. The overall body color can be important to some people, while the clarity, or internal perfection, may be valued higher by others. One obvious category for judging diamonds is their carat, or weight. ___________ ___________, due to their relative scarceness, the larger the diamond, the more expensive they will be.

(a) Actually
(b) For example
(c) In addition
(d) As a rule of thumb

★

2   Randolf, a hermit musician living in Scotland, had his life permanently altered with the arrival of an unknown letter. The writer of the letter, a mystical woman named Talia from a faraway island, warped Randolf's world in unrecognizable ways. In this way, the impressive novel develops the story as an extended exchange of dreamlike letters, all intriguingly illustrated with creative designs, strange creatures, and fantastic backgrounds. Randolf and Talia's letters lie within the book, giving the reader direct access to the mysterious ___________ ___________ that unfolds between these two strangers.

(a) lives
(b) tales
(c) reality
(d) correspondence

"

★

3
Think twice about photographing just anyone. This is advice from personal experience. I was nearly attacked in Iran for taking a woman's picture in a crowded market. I didn't know that such a thing was prohibited in some cultures. I've determined to do some research about ___________ ___________ before heading anywhere else again. Perhaps the best thing would be to learn some basic phrases in the country's language, or to befriend someone who can guide you in your travels.

(a) culture shock
(b) female behavior
(c) the culture of the area
(d) bargaining strategies

★★★

4

I believe it was Thomas Jefferson who stated that the most important thing is the belief in one's principles. Are you confident enough in your own character to stand up for your beliefs, even if they are derided by the majority of those around you? If so, you needn't care about how other people perceive you. If you have faith that you are a ___________ individual, you can face any obstacle life presents you.

(a) ambitious
(b) mighty
(c) kind and sincere
(d) smart and talented

5 In evaluating the Thatcher Revolution, the most dramatic measure is without a doubt its ________________________. At the time of her inauguration, well-organized unions had nearly ground the nation to a halt. Great Britain was tired of feeling second-rank, and sought leadership that would help it fulfill its potential. Thatcherism took this disillusionment and mobilized it. Modern Britain boasts an improved economy, with unemployment rates having dropped significantly since 1982.

(a) foreign policy
(b) the living wage
(c) labor progress
(d) economic growth

★

6 The CIA's overthrow of Latin American democracies and the rise of authoritarian military governments made some people consider a more ________________ ________________ method of creating social change. In the 1960s, left-wing revolutionary guerilla movements sprouted up throughout Latin America. Many Latin Americans gained inspiration from the success of Castro's revolution in Cuba and the improvements made there in healthcare, education, and social reforms. Revolutionaries accepted the delay of democratic reforms such as open elections and freedom of the press until more fundamental social reform priorities were met.

(a) radical
(b) conservative
(c) hands-on
(d) peaceful

★★
7 I instructed my son in the way American society functions. Should you happen to be born underprivileged, it's not the end of your world. You can receive an advantage when applying for a scholarship. If you are ever involved in an accident, you needn't accept this fate. You can bring a lawsuit against the other driver and force him to compensate you. There is no reason to turn the other cheek while someone smacks you in the face. You can fight back or call the cops on them. My point is that here in America, nobody says you must _______ _______________________ the hand that you have been dealt.

(a) alter
(b) pay for
(c) go along with
(d) disagree with

★★
8 Carl Jung developed a theory of the hero's journey, from his analysis of common patterns found among the world's mythology. Despite the great variety of myths throughout the world, Jung discovered that the basic pattern of the quest was remarkably similar. He believed that by reading or hearing stories of the hero's journey, people were able to identify with the hero and reflect upon their own lives as individuals. On the other hand, rather than revealing personal insight, heros could be seen as manifestations of society's _______________ _______________ values.

(a) unique
(b) outer
(c) living
(d) universal

★
9 This country is filled to the brim with fliers, the vast majority of them spread by that group of rebels that call themselves the Levellers. The Levellers desire to destroy all differences, and prevent anyone from owning more possessions than anyone else, being more powerful, or even being smarter. These people have the fantasy of a society where ________________________________.

(a) nobody is forced to participate
(b) man is the equal of no one
(c) those with the most privilege rule the rest
(d) people don't have to worry about inequality

★★★
10 People are, if anything, talented generalizers. Every culture creates their own idioms and expressions that are, in fact, merely catchy generalizations. "When it rains, it pours." "You can't teach an old dog new tricks." "Practice makes perfect. Some proverbs, it would seem, ________________________________;
the examples "Absence makes the heart grow fonder," and "Out of sight, out of mind", being perfect illustrations of this point.

(a) are actually disingenuous
(b) are contradictory to one another
(c) are not to be taken lightly
(d) are quite compatible in pairs

★★

11 Villagers in the Peruvian border town of Caracas are blaming a meteor as the cause of a mysterious illness that has swept through the town. The crater that it created emitted a sweet but noxious odor, and roughly 200 villagers became sick with nausea, vomiting, and digestive problems. Many experts on meteors were skeptical of the villagers claim, and proposed a number of alterative explanations for the mysterious illness. Astronomer Ursula Marvin suggested the health problems were caused by the dust cloud caused when the rock hit the Earth. NASA scientist Don Yeomans noted that meteorites do not give off smells. _______________________________ , it was more likely the result of hydrothermal activity, such as a local gas explosion. A science blogger theorized that the crater could actually be a mud volcano spewing out toxic gases.

(a) Initially
(b) Remarkably
(c) Despite this
(d) Consequently

★★

12 Almost immediately as the technology became affordable, children started watching television at rates that worried parents over possible side-effects of excessive viewing. The broadcast industry lobby responded cleverly, pacifying concerned parents. "Television only enters a preexisting pattern of influence, including home, friends, and school" wrote the authors of an early prominent study of television's impact on children. To put it another way, if the child is being raised properly, _______________________________ .

(a) the watching of television could be greatly beneficial
(b) they will be kept far away from the effects of television
(c) she is vulnerable to the side-effects that accompanies television
(d) there is no reason for parents to be concerned by children watching TV

★★

13 If you are one of the millions of individuals with hypoglycemia, you already know that fluctuations in your blood pressure can have a dramatic impact on your mood as well as your health. Being aware of your blood sugar level can allow you to _________________________ your diet appropriately, and prevent your levels from getting out of control. But how can you know your blood sugar level on a daily basis? Medicomp's latest medical device, Glucometer, is a home glucose monitor kit that can be purchased at your local drugstore. To use the glucose meter: Cleanse your hands thoroughly and dry them, then gently prick your fingertip with the lancet. Position your finger so that the blood drop falls on the test strip, and insert the test strip into the meter. Make sure to jot down your test result for your records.

(a) reduce
(b) know
(c) adjust
(d) purchase

★★★

14 Why is it that people seem to feel that traditional designs are no longer acceptable architectural expressions? Sure, a modern architect can experiment with some unorthodox ideas for a small construction, but those methods are unwise when put in the context of a massive public building. I'm going to use the Guggenheim museum in Bilbao, Spain, to clarify my point. While aesthetically unique, it ignores the most fundamental principles of classical architecture, and is thus structurally unsound. On the other hand, earlier works like the California State Museum in fact function due to the classical features and sophistication of their design. So all this talk of the end of traditional architectural design is pure nonsense. We have a long way to go still in understanding the marvels of past architectural triumphs. Meanwhile, the postmodern joking that is being passed off as architecture will _________________________ to be inspired merely by passing trends of fancy.

(a) start
(b) forget
(c) wait
(d) continue

15 Genes are not your ultimate fate. Regardless of your age or medical background, there are many lifestyle changes you can make now to lower your chances of getting breast cancer. First, eat a healthy diet low in fat. The next time you feel an urge for ice-cream, grab a carrot instead. Research shows that consuming more vegetables may aid in preventing breast cancer. The National Nurses' Health study reveals that women who have two or more helpings of vegetables a day can reduce their risk of breast cancer by 17%. American women eat three times more fat than do Asian women and likewise experience three times the risk of developing breast cancer. When Asian women migrate to the US and change to a high-fat diet, their risk of breast cancer ______________ ______________ .

(a) drops
(b) increases
(c) vanishes
(d) complicates

★★★
16-1 For people living in a different country, even the calling of people's names can be a difficult practice. Citizens of the United States have little experience with verbalizing ranks or hierarchical relationships. Most Americans do not themselves relish receiving special treatment due to age or position, finding it disconcerting. To many, the terms Mr., Mrs. or Miss would be considered unnecessarily awkward. It's not uncommon to hear people well past middle age say, even when addressing very young people, "Please call me Joe." Referring to someone by their first name ____________________________ .

(a) suggests a very close intimacy
(b) indicates equality and friendliness
(c) shows the importance of knowing one's status
(d) is inappropriate in some parts of the country

16-2 Bloodletting was an acceptable medical practice for over 2,000 years. Cutting veins in order to let blood escape was believed to be a cure for many ailments including acne, gout, insanity, plague, and small pox. The rationale behind this treatment was that _______________________________. Bloodletting was meant to restore health by draining illness from the body. By the 19th century, however, this practice began to fall out of favor, as doctors began arguing that blood letting not only had no real benefits, but also could lead to serious complications.

(a) bodily fluids must regularly be cleansed
(b) too much blood was the main cause of illness
(c) high blood pressure could be a serious problem
(d) the color of blood showed what disease a person had

★★
17 College students are particularly prone to Internet addiction, the University Health Center counselor says. The reasons why this may be the case include increased accessability, a schedule unrestricted by parents, and the growing crucialness of the Internet to academic work, says Dr. Anderson. He claims that Internet addiction can manifest in various manners: the neglect of important activities, the diminishment of real social interaction, and the deterioration of health from a sustained sedentary state.

Q. What is one reason why college student may be especially vulnerable to Internet addiction?
(a) They have a heightened curiosity for new information.
(b) They move to a new place without a solid social circle.
(c) They have a new found freedom without accountability.
(d) They have more money to purchase addictive games.

★★
18 More than 50 people were killed in a new wave of violence that began after the nation's contested August 5th presidential election. According to some sources, the death toll has reached 100 in the past four days. The latest attacks have occurred in the midst of an attempt by the former United Nations Secretary General to negotiate a solution. The police are now enforcing a curfew in the capital city, after new violence broke out on Sunday. The killings appear to be ethnically motivated, as one group seeks revenge for attacks perpetrated against them just weeks ago. Harsh economic conditions and widespread drought has increased tensions among ethnic groups over what precious resources remain.

Q. Which of the following is not a background factor for the explosion of violence?
(a) Ethnic conflict
(b) Economic hardship
(c) Electoral dispute
(d) UN intervention

If the prime minister is sincere in his desire for reconciliation, he must immediately amend the legislation in question by taking out the racially discriminatory parts of these acts and take steps to put teeth behind the rhetoric of the Racial Discrimination Act. While the prime minister has claimed he is committed to pragmatic measures to improve the socio-economic conditions of the Indigenous, he has fallen miserably short by any socio-economic measure. The chasm between Aboriginal and non-Aboriginal citizens continues to grow during his term in office. What we need is true engagement to confront not only the symbolic and the practical, but also to resolve lingering ambiguities about our legal and political status as first peoples.

Q. What is the passage about?
(a) An opposition politician's campaign message
(b) Corruption during the prime minister's term
(c) Aboriginal reconciliation with the government
(d) A call for independence for Indigenous peoples

★★
20

1) Do not allow the electronic device to be jostled.
2) Ask that the device be examined by a security personnel and not passed through the X-ray machine.
3) Be careful not to put the device on the ground or in an unstable location.
4) Make sure that the device's power is not on whenever moving it around.
5) Do not lose your baggage ticket so that you can prove that the device is yours.

Q. In which situation would the advice in the passage be important?
(a) When hiking outdoors
(b) When relocating offices
(c) When travelling by air
(d) When inspecting electronics

★★

21 The investigation group, led by a Nobel Peace Prize recipient, strongly urged the government to cease their targeting of civilians. Their findings contended that the government is allowing militias to act with impunity, and that government forces have actively collaborated with the militia. The militias and the armed rebel groups were also criticized for and accused of violating human rights and international law. Despite a monthlong investigation, the group was never allowed inside the region of focus, having been denied visas. Their findings were instead based upon the hundreds of refugees interviewed and review of documents that dealt with the humanitarian crisis. Despite a growing consensus among the international community as to the reality of the situation, the local government denies responsibility and refuses to be held accountable in an international court of law.

Q. What can be inferred from the passage?
(a) The government would like to hide certain facts from international investigators.
(b) The militias are being held accountable for human rights violations.
(c) The international community will intervene to stop the situation from worsening.
(d) The international investigation's findings were deemed to lack sufficient evidence.

★★

22 The floral scenes of American artist Georgia O'Keeffe have become well-known for their vivid colors, immense format, intimate point of view, and passionate style. When first exhibited, these paintings drew much attention for the flood of sensations with which they presented the viewer. For example, in a now famous painting of poppies, the viewer's eye is pulled into the poppy's core, alluding to the attraction of a flower luring an insect inside. Through contrasts between lighter shades in the outer petals and darker hues towards the center, one's eye is drawn straight to the heart of the flower. Like a closeup photograph, the massive size and elaborate interiors of O'Keeffe's flowers overwhelms the viewer with its immediacy.

Q. What pulls viewers' eyes to the poppy's center according to the passage?
(a) The hues
(b) The shape
(c) The design
(d) The perspective

★★
23 The Department of Humanities welcomes applicants for a tenure-track position to begin in spring, 2008. The preferred candidate will conduct work in communication studies and cultural studies. Teaching duties will be in both the undergraduate program in communication and culture studies and the MS and Phd program in technical communication. Both the department's undergraduate programs and the graduate program are interdisciplinary, providing faculty with unique teaching opportunities that benefits from an intellectually rich, multi-disciplinary setting. Candidates should have a Phd in communication or a related area. Hamilton Technological University is an equal opportunity, affirmative action institution. Applications from women and minorities are strongly encouraged.

Q. Which of the following is correct according to the passage?
(a) White men do not meet the criteria for this position.
(b) Masters in communication graduates qualify for this position.
(c) The position encourages interaction within various fields.
(d) The position will teach strictly undergraduate classes.

★★
24 The details of my research at the time are of little importance. Suffice it to say, I was working with staphylococcal colonies. For this specific project, I was required to open the plate and examine it under a dissecting microscope, then allow the growth to progress. Of course, this left my culture plate extremely vulnerable to contamination. Things tended to fall out of nowhere into my sample. Unsurprisingly, the sample became contaminated, but it resulted in penicillin. A mould spore, from an unknown source, landed on the plate. I had seen similar events occur many times, so the contamination itself did not interest me. However, what was new to me was that the staphylococci went through lysis around the infected colony. It was evident that something very peculiar was taking place.

Q. What does the author mostly discuss in this passage?
(a) The circumstances in which he discovered penicillin
(b) The positive aspects of bacterial contamination
(c) The unexpected uses of a laboratory microscope
(d) World markets for penicillin medications

★
25

Many neighborhoods around the world are experiencing a gentrification, where poorer neighborhoods become populated with more affluent communities, forcing out the previous residents and their culture. Bohemian subculture has been an unwitting factor in this process. Artists and subcultural college students often seek out devaluated urban neighborhoods for their low prices and for their sense of minority culture. As the bohemian character of the area grows, it appeals not only to committed participants but also to wealthier consumers. Eventually, the presence of those wealthier consumers drives out the earlier arrivals.

Q. What does the author mainly talk about?
(a) The displacement of poor communities
(b) The exploitation of the poor by Bohemians
(c) Reasons to gentrify a neighborhood
(d) The downside of consumption culture

★★
26

The majority of humans have an irrational fear and hatred for insects. Many believe that insects are dirty, destructive, and dangerous. The truth is, the vast majority of insects are either benign or extremely valuable to humans and other forms of life. Take the honey bee for example. While humans may value bees for the delicious product they provide, they are in fact also responsible for the successful reproduction of our fruits and vegetables. Without this critical service, most of the food chain, plant and meat-eaters alike, would be in grave danger. For this reason, the recent mysterious collapse of bee colonies is being taken very seriously by both environmentalists and farmers.

Q. According to the passage, which of the following statements is correct?
(a) Certain insects are destroying the bee population.
(b) Human life is dependent on the insect population.
(c) Honey is the most useful service rendered by bees.
(d) Most people respect and appreciate insects contribution.

27

Meteorologists have worked hard to devise tsunami warning systems. Nonetheless, there is no guarantee of predicting a tsunami. In 1993, an earthquake resulted in a deadly tsunami off the coast of Japan. This led to the deaths of 202 people with many more missing or injured. This tsunami struck just three to five minutes after the quake, and most victims were caught while fleeing for higher ground after experiencing the earthquake. While there remains the potential for sudden destruction from a tsunami, warning systems are quite useful. If there was to occur a very large earthquake off the west coast of the United States, people in Japan, for example, would have more than 12 hours before any tsunami arrived, giving them some time to evacuate areas likely to be affected.

Q. According to the passage, which of the following statements is correct?
(a) Tsunamis have no relation to the occurrence of earthquakes.
(b) The prediction of tsunamis has been perfected as a science.
(c) An earthquake in the United States could trigger a tsunami in Japan.
(d) The majority of the victims in Japan had not tried to escape the tsunami.

★
28

A recent industry report has described the increasing number of layoffs in the manufacturing sector. Mass layoffs affected 50 thousand United States workers in July of 2007. States having the largest mass layoff activities included California with 25 thousand, New York with 10 thousand, Michigan with 9 thousand, and Ohio with 8 thousand workers losing their employment. The heaviest effect from the layoffs was felt by automobile and motor vehicle metal stamping, followed by plastics and rubber products, and then machinery manufacturing.

Q. Which state had the most workers affected by manufacturing layoffs?
(a) Michigan
(b) Ohio
(c) New York
(d) California

★★
29 Talking dolls that were designed with the intent of sparking controversy, have done so, and profitably. The dolls, each designed to represent a different ethnic group and speaking what are supposed to be humorous catch phrases, are intended for a teenage audience. However, many department stores in the U.S.A. have rejected the dolls for concern that they would offend shoppers. Opponents to the dolls say the caricature of each doll's facial expression, clothing and spoken phrases mock and deride the people of the community it represents. Each doll was purposely designed on the basis of racial and gender stereotypes which are common concepts in America for both humor and hate.

Q. Which of the following is correct according to the passage?
(a) The controversial dolls have been able to generate a lot of money.
(b) The dolls have been enthusiastically promoted by US stores.
(c) The manufacturer had no desire to cause any controversy.
(d) The dolls could be interpreted as derogatory to certain groups of people.

★★
30 A new study from a Swedish university shows that children's views of the Internet in many ways differ from the media-related adult view. They are not anxious about the negative sides of the Internet. They are aware of and can describe many downsides, but these are not present in their everyday use of the Internet. Many children have in fact well-developed counter strategies. Simply put: they are responsible young citizens, who are aware of the threats that exist in their online setting, sometimes from personal experience, and have developed methods to avoid such threats.

Q. Which is NOT correct according to the statement?
(a) Children are not concerned about negative effects of the Internet.
(b) Children are often ignorant of the Internet's potentially harmful side.
(c) Children and adults do not approach the Internet identically.
(d) Many children are capable of dealing with Internet problems.

★★
31 Some of the factors influencing family size are economic in nature. These factors are probably the most easily understood. For instance, a rural agricultural family in a developing country that relies upon a plow pulled by an oxen needs many family members to take care of the planting, harvesting and marketing of crops. A family of three would not provide enough labor to sustain the family business. In contrast, families in developed countries tend to be small for economic reasons. It is expensive to raise children at a high standard of living. Therefore, it is economically prudent in such countries for families to have few children.

Q. According to the passage, which of the following statements is NOT true?
(a) Families in developed countries can afford to have larger families.
(b) Poorer rural families have an economic incentive to have children.
(c) Family size is greatly determined by financial circumstances.
(d) A family farm requires the involvement of many people to be successful.

★★
32 Around 1800, German physician Franz Joseph Gall developed the practice of phrenology, by which the personality traits of a person were determined by reading bumps and fissures in the skull. Despite being denounced as pseudoscience by mainstream academia, the discipline was very popular in the 19th century. Phrenological thinking was influential in 19th century psychiatry and modern neuroscience. It was believed that a person's capacity for a given personality trait could be determined simply by measuring the area of the skull that overlies the corresponding area of the brain.

Q. According to the passage, which of the following is correct about phrenology?
(a) It was developed at the beginning of the 18th century.
(b) It never was able to gain much interest among the public.
(c) It had an effect on the development of legitimate sciences.
(d) It uses techniques to change one's personality traits.

★★
33 New South Wales Premier Morris Iemma announced Sunday that his government would be introducing parenting contracts for parents of children who are at risk of neglect. The contracts are the next element of the government's respect and responsibility reforms announced last month. Premier Iemma believes that the contracts will help to reduce juvenile crime by forcing parents to take responsibility for their children's actions. Parents would be forced to sign the contracts by the children's court. They could require parents to attend parenting classes, undergo counselling, stop drug use or stop consuming excessive amounts of alcohol depending on the situation. Tasmania's Human Services Minister said that he has not been able to look at the proposal in detail, but felt that on the surface, it does not seem appropriate legislation for Tasmania.

Q. Which of the following is correct according to the passage?
(a) There is not universal agreement on the viability of the contracts.
(b) Parenting contracts will be implemented across Australia.
(c) All parents will be required to sign these parenting contracts.
(d) The contracts are meant to protect children from abuse by their parents.

★★
34 The Mexican government has said it will hand over former Argentine naval officer Miguel Ricardo Cavallo to Spain to face charges of genocide, terrorism and torture connected to Argentina's Dirty War. The Mexican government made the decision after Spain's request and last month's recommendation by a Mexican court that Mr. Cavallo be extradited. International human rights group Human Rights Watch backed the decision, emphasizing it as an extraordinary gain in establishing responsibility for human rights abuses. A former lieutenant in the Argentine navy, Miguel Ricardo Cavallo is accused of committing crimes of genocide, terrorism and torture against left-wing opponents of Argentine former military rulers in the 1970s and 1980s.

Q. What can be inferred from the passage?
(a) The extradition was opposed by human rights organizations.
(b) A Mexican court found Mr. Cavallo guilty of human rights abuses.
(c) Cavallo assisted the military dictator in power during the Dirty War.
(d) Many military officers have been convicted for their role in the Dirty War.

★★

35 Implications of identity and identity construction can be seen in occupational settings. This becomes increasingly challenging in stigmatized jobs or dirty work. Some jobs carry different stigmas or acclaims. Identity construction is the process by which people arrive at justifications of and values for various occupational choices. Among these are workplace satisfaction and overall quality of life. People in these types of jobs are forced to find ways in order to create an identity they can live with. Making a positive self-identity at work is more challenging when one's work is considered dirty by societal standards.

Q. Which of the following is correct about dirty work?
(a) It gives people a proud identity.
(b) It is less challenging than other jobs.
(c) It is a socially defined term.
(d) People cannot find satisfaction doing it.

★★

36 High levels of illiteracy in the United Kingdom have undermined progress elsewhere in the education system. A United Nations study has ranked the United Kingdom ahead of many of its European neighbours, in part because of improvements in its education services. But the 22% of the UK population evaluated as illiterate means that any advances in education are overshadowed by this persistent weakness.

Q. According to the passage, what effect does the illiteracy rate have on the UK's education system?
(a) Negligible
(b) Positive
(c) Stimulating
(d) Detrimental

★★★

37-1 A Toy World Inc. executive is flying to China to investigate the conditions and practices of toy factories in the country. Recently, his company was forced to recall various lines of products due to dangerous levels of lead found in the paint. Now his company, along with other companies in China, are creating new safety systems in an attempt to keep their toys safe. One factory that he is visiting is taking the step of putting date codes on finished toys so they can be traced back to production. They will also implement the use of high-tech X-ray guns on the toys, which can detect more than half a dozen heavy metals, including lead.

Q. What can be inferred about the toy company from the passage?
(a) It believes that the previous toy factory safety standards were not sufficient.
(b) The safety of its toys will be guaranteed after these safety systems are in place.
(c) They will look to produce toys in other factories outside of China.
(d) The executive is trained in operating lead-detecting X-ray guns.

37-2 I'd like to take this time to talk about how the recent off-campus lunch policy has worked so far. First, although there was much debate as to whether allowing seniors at the high school to leave campus during their lunch break would cause truancy problems, I'm happy to report that students have responded to the policy with the maturity we'd all hoped for. Although there have been several incidences of students failing to return for afternoon classes, it is not a widespread problem. Also, the question of safety was raised when we discussed the new lunch policy. But again, it seems that students have proven how responsible they can be since there are no car accidents to report.

Q. Which of the following is correct according to the report?
(a) There is a truancy problem on campus.
(b) The off-campus lunch policy is new.
(c) The off-campus lunch policy will be reconsidered.
(d) Solutions are being discussed for preventing accidents.

★★
38 Being exposed to the sun as a child is a major factor in developing cancer as an adult. (a) The best method for dealing with this health risk is prevention. (b) Hats that shield children's head and face should be used in combination with sunblock. (c) Many people spend their summers together relaxing by the swimming pool or at the beach. (d) Taking these steps should ensure a safe and fun time for kids in the sun.

★★
39 At the ripe age of 65, Winston Churchill was elected England's Prime Minister. (a) This election marked the surprising zenith of his unpredictable life in politics. (b) While beginning with a youthful career full of promise, Churchill seemed to many people to have lost any potential for future political power. (c) It was not until the breakout of World War II, however, that Churchill possessing a renewed sense of purpose and direction led the nation to victory and became the hero of his country. (d) Part of the lineage of the illustrious Duke of Marlborough, Churchill never enjoyed having to carry the baggage of his family legacy.

🖋 **고난이도 문항** ··

★★★
40-1 Neuroscientists found that a previously unsuspected set of genes links nature and nurture during a crucial period of brain development. (a) In the brain, some genes are only expressed, or turned on, in response to stimulus from the outside world. (b) Genetic cloning has been a continuous controversy for the Irish government. (c) Researchers hoped to find the link between genes and the external environment. (d) If scientists better understood how genes change, they might be able to prevent genetically linked illnesses.

40-2 Many job seekers walk into an interview with nothing more than a freshly pressed suit and a resumé in hand. (a) However, experts insist that a successful job interview requires preparation by the part of the interviewee. (b) First, it is important that job seekers educate themselves as much as possible about the company they hope to work for, as this makes a good impression on the interviewer. (c) Many job seekers make the mistake of embellishing their accomplishments to seem more qualified. (d) Another good tip is to rehearse answers to common questions before the interview occurs to make sure they are strong.

역대 TEPS 기출 격려표현

Do your best! 최선을 다해!

Hang in there! 참고 버텨!

Don't give up! 포기하지 마!

Don't Give in! 굴복하지 마!

Try it again! 다시 한 번 해봐!

Give it a second try! 다시 한 번 해봐!

Go for it! 해봐!

Just do it! 그냥 해봐!

Give it a try! 시도해 봐!

Take a chance! 모험을 해!

You can do it. 넌 할 수 있어.

I bet you can make it. 틀림없이 넌 할 수 있어.

You're cut out for that. 넌 그 일이 제격이야.

If you can't who else? 네가 못하면 누가 하니?

You can count on me. 나를 믿어.

I'll be with you. 내가 도와줄게.

I'll stick by you. 내가 곁에 있어 줄게.

If there's anything, I'll be there.
무슨 일이 생기면 내가 도와줄게.

You'll never know until you try. 나를 믿어.

All you need is a little courage. 넌 용기만 좀 내면 돼.

Be patient, and you will make it. 참아, 그러면 넌 해낼 거야.

You have nothing to worry about. 넌 걱정할 것 하나도 없어.

It looks harder than it is. 그거 보기보다 쉬워.

You can't lose anything. 넌 손해 볼 것 하나도 없어.

마음에 상처를 받은 사람에게 용기를 주는 격려의 말

Cheer up! 힘내!

Pull yourself together! 힘을 내세요!

Brace up yourself! 힘을 내세요!

Snap out of it! 기운을 내세요!

Keep your courage up! 용기를 내세요!

Don't be sick at heart! 마음 아파하지 마세요.

Don't be discouraged! 낙담하지 마세요!

I'm sorry to hear that. 그 말을 들으니 가슴이 아파요.

I'm always on your side. 당신 곁엔 항상 제가 있잖아요.

Nothing is serious. 별거 아니에요.

What's done is done. 지나간 일을 할 수 없어요.

That's the way it is. 세상이 다 그렇죠 뭐.

Everything will be okay. 모든 일이 다 잘 될 거예요.

격려의 속담들

Let bygones be bygones. 과거의 일은 잊어버리자.

After a storm comes a calm. 폭풍 뒤에 고요가 온다.

Every dong has his day. 쥐구멍에도 볕들 날 있다.

Every cloud has a silver lining. 궂은일에도 좋은 면이 있는 법.

Time is a cure-all. 세월이 약이다.

Life is full of ups and downs. 인생지사 새옹지마.

의식이나 행사, 파티

Would you care to come to the party?
파티에 와주시겠습니까?

I'd like to have you at the class reunion.
반창회에 나와 주길 바라.

We hope you can join our silver wedding.
우리의 은혼식에 와주길 바래요.

How about joining the Halloween party?
할로윈파티에 오는 게 어때?

What do you say to joining the hail party?
환영회에 오는 게 어때?

Come to the farewell party for John, please.
존을 위한 환송회에 와주세요.

Would you join us for dinner?
우리와 함께 저녁식사 하시겠어요?

Why don't you come to dinner with us?
우리와 함께 점심식사 하시겠어요?

How about having dinner with my family?
저희 가족과 저녁식사 하는 게 어때요?

Let me treat you to dinner today.
오늘 저녁은 내가 한턱낼게요.

I'm buying you lunch. 점심은 내가 살게요.

초대에 응할 때

Sounds great! 좋습니다.

That would be very nice. 그러면 좋죠.

How nice to invite me! 초대해 주셔서 정말 감사합니다.

=How kind of your to invite me!

=It's very kind of you to invite me.

=I appreciate you invitation.

Thank you. I'd love to. 감사합니다. 가겠습니다.

초대에 응할 수 없는 때

I'm sorry I can't make it. 죄송합니다만, 갈 수가 없습니다.

I'm afraid I won't be able to come. 갈 수가 없을 것 같습니다.

I'm afraid I am busy then. 그때는 바쁜데요.

I'd love to, but I can't. 그러고 싶지만 갈 수가 없습니다.

If you don't mind, I'd rather not. 괜찮으시다면 안 갔으면 하는데요.

I'm sorry my schedule is full. 미안합니다만, 일정이 꽉 차 있는데요.

I'm sorry I'm not feeling very well. 미안합니다만, 몸이 안 좋아서요.

I'm afraid I have a previous engagement. 선약이 있는 것 같네요.

Sorry, but I have another commitment.

=Sorry, but I have something else urgent.

Maybe some other time. 다음 기회로 미루죠.

=Let's make it some other time.

=May I have a rain check?

Unit 9. Restaurant and Hotel (식당과 호텔)

레스토랑 예약

May I reserve a table for ten at 7 tomorrow night? 내일 밤 7시에 10인용 테이블을 예약할 수 있을까요?

I'd like to book a table for three at 8 tonight. 오늘 밤 8시에 3인용 테이블을 예약하고 싶어요.

I'd prefer a table by the window. 창가 자리가 좋겠어요.

We'd like to sit by the window. 창가 쪽에 앉고 싶어요.

We'd prefer to sit in the non-smoking section. 금연석에 앉고 싶어요.

Do we need a reservation? 예약을 해야 하나요?

I'm expecting company. 더 올 사람이 있어요.

What is today's special? 오늘의 특별요리는 뭐예요?

What's the special of the day? 오늘의 특별요리는 뭐예요?

Do you have a chef's special? 주방장 특별요리가 있어요?

What would you recommend? 뭘 추천하시겠어요?

What's the fastest meal? 가장 빨리 되는 음식이 뭐예요?

What can be served quickly? 빨리 되는 음식이 뭐예요?

I'll have a steak. 스테이크로 주세요.

Let me have roast beef. 쇠고기 구이 주세요.

Let me try some seafood. 해산물 좀 먹어봅시다.

불평 · 항의를 할 때

My order hasn't come yet. 주문한 음식이 아직 안 나왔어요.

This is not what I ordered. 이건 제가 주문한 게 아니에요.

This is not to my taste. 제 입맛에 맞지 않아요.

This is a little undone. 이거 약간 덜 익었어요.

I didn't order this. 전 이거 주문하지 않았어요.

계산을 할 때

I'll pick up the tab. 제가 계산할게요.

=I'll pay the bill today.

=This is on me.

=Please, be my guest.

=Let's go Dutch.

=Let's split the bill.

What does the bill come to? 얼마예요?

Can I have the bill? 계산서 좀 주시겠어요?

=May I have the check?

=I'd like the bill, please.

=Bring me the tab, please.

Let me have the check. 제가 계산할게요.

Let me pay this time. 이번엔 제가 내겠습니다.

Let me treat you this time. 이번엔 제가 한턱내겠습니다.

Separate checks, please. 각자 계산서를 주세요.

Can I have a doggy bag for this? 이것 좀 싸주시겠어요?

Let's go fifty-fifty. 반반씩 냅시다.

Keep the change. 거스름돈은 그만 두세요.

Did you enjoy the meal? 음식 맛있게 드셨습니까?

I hope you enjoyed the meal. 맛있게 드셨기를 바랍니다.

Separate or together? 계산서를 따로 할까요, 함께 할까요?

You have to pay in advance. 선불로 계산하셔야 합니다.

This wine is one the house. 이 포도주는 서비스입니다.

This is free of charge. 이건 무료입니다.

Would you like a refill? 한 잔 더 드릴까요?

Anything else I can get you? 다른 뭐 갖다 드릴 것 있습니까?

Is everything all right? 부족한 것은 없으세요?

패스트푸드점

Is it for here or to go? 여기서 드실 건가요, 가지고 가실 건가요?

What do you want on the sandwich? 샌드위치에 뭘 얹어 드릴까요?

Would you like it with the works? (핫도그에) 내용물을 다 발라 드릴까요?

Anything to drink? 음료수는 뭘 드시겠습니까?

Will that be all? 그게 전부인가요?

방을 구할 때

Are there any vacancies? 빈 방 있어요?

=Do you have any rooms available? 빈 방 있어요?

=I'd like to book a room. 방을 예약하려고 하는데요.

=May I have a reservation for a room?

=I'd like to make a reservation for a room.

Can I have a room this weekend? 이번 주말에 방 있어요?

I'd like a single room for two nights. 이틀간 싱글 룸을 원해요.

I need a double room with a bath. 욕실 딸린 더블 룸요.

I'd prefer a room on the street. 도로 방이 더 좋겠어요.

I want a non-smoking room, please. 금연실로 해 주세요.

Do you have a twin room available tonight? 오늘밤 트윈룸 있어요?

Do you have a single room for three days? 3일간 싱글룸 있어요?

Do you have a double room with an ocean view? 바다가 보이는 더블룸 있어요?

숙박비

What's the rate for a room per night? 하룻밤 숙박비가 얼마죠?

=What's the charge per day?

=How much is it per day?

How much is the room charge? 객실 요금이 얼마예요?

Do you have any cheaper room? 좀 더 싼 방 있어요?

Is breakfast included? 아침 식사가 포함된 겁니까?

=Does this rate include breakfast?

I don't have a reservation. 예약은 하지 않았어요.

I have a room reserved for tonight. 오늘밤 방을 예약해 놓았는데요.

I have a reservation for Jack Brown. 잭 브라운 이름으로 예약했어요.

Here's the confirmation. 예약 확인서 여기 있어요.

May I see the room? 방을 볼 수 있을까요?

May I enter the room now? 지금 방에 들어가도 돼요?

귀중품

Can I use the hotel safe? 호텔 금고를 사용할 수 있나요?

I'd like to check my valuables. 귀중품을 맡기고 싶은데요.

Please, keep this until I check out. 체크아웃할 때까지 이걸 좀 맡아 주세요.

Keep my valuables in the hotel safe, please. 제 귀중품을 호텔금고에 보관해 주세요.

Can I deposit my valuables? 귀중품을 맡길 수 있나요?

모닝콜

I'd like to request a wake-up call. 모닝콜 좀 부탁해요.

Please, wake me up at six. 6시에 좀 깨워주세요.

=Put in a call for me at 6, please.

Will you give me a wake-up call at 6:30? 6시 반에 전화해서 깨워 주시겠어요?

Would you ring me up at five? 5시에 전화해서 깨워 주시겠어요?

I'd like a wake-up call at 7 in the morning. 아침 7시에 전화해서 깨워 주세요.

실수로 열쇠를 방에 두고 나왔을 때

I'm locked out of my room. 방에 열쇠를 두고 나왔어요.

=I locked the key in the room.

Please, unlock the door for me. 문 좀 열어 주세요.

=Would you open the door for me?

Can I have a spare key for my room? 여분의 열쇠 좀 주시겠어요?

TEPS_ MASTER_ 1000제_

Practical Test 4

Practical Test 4

* **1**   (a)   (b)   (c)   (d)

* **2**   (a)   (b)   (c)   (d)

*** **3**   (a)   (b)   (c)   (d)

** **4**   (a)   (b)   (c)   (d)

** **5**   (a)   (b)   (c)   (d)

** **6**   (a)   (b)   (c)   (d)

*** **7**   (a)   (b)   (c)   (d)

* **8**   (a)   (b)   (c)   (d)

** **9**   (a)   (b)   (c)   (d)

* **10**   (a)   (b)   (c)   (d)

** **11**   (a)   (b)   (c)   (d)

** **12**   (a)   (b)   (c)   (d)

** **13**   (a)   (b)   (c)   (d)

* **14**   (a)   (b)   (c)   (d)

*** **15-1**   (a)   (b)   (c)   (d)

*** **15-2**   (a)   (b)   (c)   (d)

Part II　**Questions 16-30**

You will now hear fifteen conversation fragments, each made up of three spoken statements followed by four spoken responses. Choose the most appropriate response to complete the conversation.

***16　(a)　(b)　(c)　(d)

**17　(a)　(b)　(c)　(d)

**18　(a)　(b)　(c)　(d)

**19　(a)　(b)　(c)　(d)

*20　(a)　(b)　(c)　(d)

**21　(a)　(b)　(c)　(d)

***22　(a)　(b)　(c)　(d)

*23　(a)　(b)　(c)　(d)

**24　(a)　(b)　(c)　(d)

**25　(a)　(b)　(c)　(d)

*26　(a)　(b)　(c)　(d)

*27　(a)　(b)　(c)　(d)

**28　(a)　(b)　(c)　(d)

***29　(a)　(b)　(c)　(d)

***30-1　(a)　(b)　(c)　(d)

***30-2　(a)　(b)　(c)　(d)

Part III **Questions 31-45**

You will now hear fifteen complete conversations. For each item, you will hear a conversation and its corresponding question, both of which will be read twice. Then you will hear four options which will be read only once. Choose the option that best answers the question.

****31** (a) (b) (c) (d)

***32** (a) (b) (c) (d)

****33** (a) (b) (c) (d)

****34** (a) (b) (c) (d)

****35** (a) (b) (c) (d)

***36** (a) (b) (c) (d)

****37** (a) (b) (c) (d)

***38** (a) (b) (c) (d)

****39** (a) (b) (c) (d)

***40** (a) (b) (c) (d)

****41** (a) (b) (c) (d)

*****42** (a) (b) (c) (d)

****43** (a) (b) (c) (d)

***44** (a) (b) (c) (d)

*****45**-1 (a) (b) (c) (d)

*****45**-2 (a) (b) (c) (d)

46 (a) (b) (c) (d)

47 (a) (b) (c) (d)

48 (a) (b) (c) (d)

49 (a) (b) (c) (d)

50 (a) (b) (c) (d)

51 (a) (b) (c) (d)

52 (a) (b) (c) (d)

53 (a) (b) (c) (d)

54 (a) (b) (c) (d)

55 (a) (b) (c) (d)

56 (a) (b) (c) (d)

57 (a) (b) (c) (d)

58 (a) (b) (c) (d)

59 (a) (b) (c) (d)

60-1 (a) (b) (c) (d)

60-2 (a) (b) (c) (d)

Grammar

★
1

A: Are you okay? You seem irritated.

B: I'm trying to finish this project but people won't leave me alone. Now there's someone _________________ on the phone.

(a) to call

(b) called

(c) calling

(d) to have called

★★
2

A: I heard that John _________________ his new job at the university.

B: That's right. He's quite satisfied with his position.

(a) enjoy

(b) enjoyed

(c) is enjoying

(d) had enjoyed

★★
3

A: The manager was _________________ to the employee about his inappropriate comments.

B: Good. I hope that he will be more polite from now on.

(a) spoke

(b) speaking

(c) speak

(d) spoken

★★
4

A: I'm making some food right now. You should come over and eat.

B: What kind of meal _________________?

(a) will you cook

(b) do you cook

(c) had you been cooking

(d) are you cooking

★
5

A: Do you have any advice for people with medical conditions like yours?

B: I can tell you that it _________________ easier, had I gone to a doctor much earlier than I did.

(a) will have been   (b) would have been

(c) would be   (d) should be

★★
6

A: My latest novel is a science fiction romance based in the year 3000.

B: How _________________ you come up with the idea for it?

(a) do   (b) did

(c) will   (d) had

★★
7

A: How long since you guys started this trip?

B: As of tomorrow, we _________________ for five months straight.

(a) are travelled   (b) have been travelling

(c) will be travelled   (d) will have been travelling

★★★
8

A: How has married life been so far?

B: Fantastic. We _________________ so many things about each other while living together.

(a) are learned   (b) are learning

(c) had learned   (d) learned

★★★
9

A: Can my dog perform in the contest tonight?

B: I'm afraid that only students _________________ in the talent show.

(a) qualified to enter   (b) qualify to entering

(c) are qualified to enter (d) are qualified to entering

★★

10 A: I wish he would stop showing off his muscles. That _________________ impressing anyone.

B: Some of those people seem to be amused.

(a) aren't   (b) isn't
(c) won't   (d) wasn't

★

11 A: This tournament has seen a lot of improper behavior from players trying to win.

B: I hope that both teams _________________ to appreciate the importance of sportsmanship.

(a) come   (b) comes
(c) has come   (d) had come

★★★

12 A: I sincerely hope _________________ to you for breaking your computer.

B: Thank you for taking responsibility.

(a) to make it up   (b) to make up it
(c) making it up   (d) for making up it

★★

13 A: Can you tell me about Jim's condition?

B: Well, the surgery was successful. As long as he continues taking his medicine, then there's not _________________ of the disease reoccurring.

(a) much chance   (b) much chances
(c) many chances   (d) many chance

★
14 A: What kind of music do you like to listen to?

B: ___________________ . I don't have a particular genre that I prefer over
another.

(a) Interesting something   (b) Anything interesting
(c) Interesting anything   (d) Nothing interesting

★★
15 A: Mom! I fell out of the tree and hurt my arm.

B: Well, that's ___________________ I told you not to climb trees.

(a) which   (b) why
(c) where   (d) what

★★★
16 A: Is Frank still sharing the apartment with you?

B: No. He stays in ___________________ Cook bridge.

(a) an old house across just   (b) an old house just across
(c) just across an old house   (d) across just an old house

★★
17 A: Can you put Mr. Franklin on the phone?

B: I can't at the moment. He's ___________________ a conference right now.

(a) for   (b) with
(c) in   (d) under

★★★
18 A: I'll see you later. I'm going shopping at the grocery store.

B: Could you also pick up some laundry detergent ___________________
shopping there?

(a) whereas   (b) until
(c) while   (d) during

★
19 A: You should have mentioned this before.

   B: I ________________, but I didn't want to upset you.

   (a) would   (b) would have

   (c) could   (d) couldn't

★★★
20-1 A: Do you need ________________ help with your homework?

   B: That's okay. I think I understand now what you explained.

   (a) that much   (b) any

   (c) any more   (d) much

20-2 A: Why did you stay so quiet during the conversation we were having?

   B: I don't think I ________________ to really express myself.

   (a) enough well speak French   (b) French enough well speak

   (c) speak French well enough   (d) well enough speak French

Part II **Choose the best answer for the blank.(21- 40)**

★★
21 Generations after slaves ___________________ , many African Americans still suffer from the legacy of institutionalized racism and discrimination.

(a) was emancipated   (b) emancipated
(c) to be emancipated   (d) had been emancipated

★★★
22 Barely ___________________ taken a step outside when I started to sweat.

(a) had I   (b) I have
(c) have I   (d) I had

★★★
23 Before you go camping, be sure to prepare a tent that ___________________ water in case of rain.

(a) can be resisted   (b) can resist
(c) is resistable to   (d) is resisted

★★
24 Those among us who dedicate their lives towards helping other people and improving the state of the world ___________________ be celebrated as much as movie stars or sports athletes.

(a) deserves to   (b) deserve to
(c) deserve   (d) deserves

★
25 I've been trying to avoid ___________________ about negative things recently.

(a) think   (b) thinking
(c) to think   (d) to thinking

★★

26 I ________________ the fact that you seem to be avoiding me for the past few days.

(a) cannot but to notice
(b) cannot help but noticing
(c) cannot help noticing
(d) can help noticing

★★

27 The university also has a ________________ intensive language program.

(a) twice yearly
(b) two-years
(c) two a year
(d) two-year

★★★

28 I'd like you to meet ________________, who can sometimes be ________________ to be around.

(a) our short tailed dog - annoying
(b) our short tailed - annoyed
(c) our short tail dog - annoyed
(d) our tail short - annoyed

★★

29 I have no interest in seeing that movie, ________________ do I want any of my children going out and watching it.

(a) or
(b) nor
(c) neither
(d) never

★★

30 ________________ made numerous blockbuster movies in the past few years, expectations were high for the new film's performance.

(a) Having
(b) Have
(c) Had
(d) As

★★
31 _________________ came to the book signing got free copies of the author's latest book.

(a) Those who   (b) Who
(c) Of whom   (d) They

★
32 We have plans to spend the summer in Romania, _________________ my family originally comes from.

(a) there   (b) that
(c) where   (d) when

★★★
33 _________________ , I will never sell my prized art collection.

(a) No matter they offer how much money
(b) No matter how much money they offer
(c) They offer how much money
(d) How much money they offer

★
34 _________________ Chinese, I can also speak a little Hindi.

(a) Despite   (b) While
(c) In addition   (d) Besides

★
35 Neil believes that he is old enough to support _________________ .

(a) ourselves   (b) herself
(c) yourself   (d) himself

★★
36 Luckily, _________________ had seen the burglar as he entered the home.

(a) anyone   (b) someone
(c) nobody   (d) none

★★
37 She studies harder than ________________ in my classroom.

(a) no other student   (b) no students
(c) any other student   (d) all the students

★★★
38 The car ________________ fixed by now, had we taken it to the other shop.

(a) can be   (b) could have been
(c) should be   (d) should have been

★★
39 ________________ in academia was related to the wealth of our family was discussed by the group of scholars.

(a) As our ability to succeed   (b) If our ability to succeed
(c) Our ability to succeed   (d) Whether our ability to succeed

🖊 **고난이도 문항** ··

★★★
40-1 I need to find a ________________ wire for my science project.

(a) long thin metal   (b) thin long metal
(c) metal long thin   (d) long metal thin

40-2 ________________ did not prevent him from writing a series of popular best sellers.

(a) That never he went to college   (b) That never to college he went
(c) That he never went to college   (d) He never went to college

★★

41 (a) A: Sarah is believing that she has a future in art.

(b) B: Well, I've encouraged her to pursue her passions since she was a child.

(c) A: That's very good of you, but I worry that painting is too difficult a path.

(d) B: If she really wants to be a painter, I'm not going to stop her.

★

42 (a) A: Well, it sure was a pleasure talking with you tonight.

(b) B: Yes. We have so much in common. I'd love to meet up some other time.

(c) A: Here, let me give to you my phone number.

(d) B: Okay, great. I'll give you a call later.

★★

43 (a) A: What happened to your pet rabbits?

(b) B: The dogs next door were eaten them!

(c) A: That's horrible! I'm sorry to hear that.

(d) B: I feel like it was my fault for not watching them more carefully.

★★

44 (a) A: I hope that we don't bother you with the loud noise last night.

(b) B: Not at all. Was there a special event yesterday?

(c) A: Yeah, we were celebrating Victor's graduation from college.

(d) B: Oh, really? Tell him congratulations for me.

★★★
45-1　(a) A: Where are you right now? I wanted to go to a movie together.

(b) B: Oh, I decide to visit my friend on the coast this weekend.

(c) A: Oh, really? That sounds like fun. Call me when you get back.

(d) B: Okay. I'll bring back some pictures of my trip.

45-2　(a) A: I can't believe you got a dog. I thought you wanted to get a new apartment first.

(b) B: I will wait, but when I saw this puppy, I knew she was perfect.

(c) A: At least your landlord is going to let you keep her.

(d) B: I know. I was pretty worried about that, actually.

Part IV　Identify the option that contains an awkward expression or an error in grammar.
(46-50)

★★
46　(a) Our client is looking for a qualified social worker to be based in Myrtle Beach. (b) Experience in working with young people is essential, and prior management experience is preferred. (c) The position's main duty consisted of managing a caseload of young people. (d) Other responsibilities will include the preparation of reports which must meet national standards.

★
47　(a) Losing weight doesn't has to be a torturous experience. (b) Rather than relying on a product to magically transform you, consider adjusting your lifestyle. (c) A combination of eating sensibly, exercising regularly, and having a positive attitude is all that it takes to show great results. (d) Before signing up for an expensive weight loss program, research thoroughly to make sure that it is safe and advocates pragmatic goals.

★★★
48 (a) A debate over the importance of preschool has been fomenting. (b) Advocates of universal preschool claim will lower the academic gap between poor and middle class children. (c) Critics insist that there is a lack of evidence to support this claim. (d) Both sides agree that the effect that preschool has on social development is just as important as academic development.

★★
49 (a) As the two friends resumed their hike, the cruel sun seemed to follow their every step, scorching their necks red. (b) They have ascended to their current location, which amounted to about a halfway of the planned trek, or just over four hours. (c) With there energy waning fast, the friends came upon a shaded gully, where a stream of the coldest water they'd ever felt quickly revived their spirits. (d) So refreshed, the men took to the climb with vigor anew and a smile on their tanned faces.

🖋 **고난이도 문항** ....

★★★
50-1 (a) Coincidences seem to happen so often some people think there's a grander plan to the world in which we live rather than the reality we take for granted. (b) Just this morning I was on the subway to work and saw a friend I hadn't met for years get off at the same stop as I do every day. (c) I doubt there's much more to it than pure chance though. (d) I mean, when you think about it you bound to run into people you know from time to time.

50-2 (a) Many young people feel they don't have the time or patience to deal with the elderly. (b) What they don't realize is that they're missing out on a lot of knowledge. (c) The stories a person with experience on his or her side can say are often funny, interesting, and most of all enlightening. (d) They're able to teach lessons and provide a glimpse into the life of the storyteller as well.

Vocabulary

★★

1

A: Several _________________ need to be addressed before we completely open the tertiary sector to overseas competition.

B: I agree it's not as simple a subject as it first appears.

(a) core parts   (b) core issues

(c) white elephants   (d) debt arrangements

★★

2

A: I like Professor Simpkins; he's so easy to understand.

B: Yes and his _________________ is usually full as a result.

(a) lecture time   (b) lecture podium

(c) lecture hall   (d) lecture topic

★

3

A: I'm so short of money. I'm not sure I'll be able to continue.

B: You have to. How many people can say they went through _________________ at MIT?

(a) postgraduate school   (b) post degree school

(c) undergraduate class   (d) student unions

★★★

4

A: I'm sure I've seen you around. How long have you been attending this school?

B: I'm _________________.

(a) a first trimester   (b) a second-year student

(c) a new class member   (d) a senior period

★★
5

A: Hurricane Katrina was such a devastation to New Orleans, wasn't it?

B: That's right. It _________________ to most of the city.

(a) drove a path　　　　　　　　(b) took to task

(c) made a hash　　　　　　　　(d) laid waste

★★
6

A: Check outside and see if we'll need our umbrellas, will you?

B: Looks ok. It's just _________________ right now, but it looks like it may rain later.

(a) overcast　　　　　　　　(b) cast over

(c) castoff　　　　　　　　(d) castigated

★★★
7

A: Could you tell me a little more about this bank account please?

B: Well, the _________________ rate is 5% over 3 years.

(a) expense　　　　　　　　(b) interest

(c) mortgage　　　　　　　　(d) loan

★
8

A: Can I tell you our specials today?

B: I'll take a minute if you don't mind. I'm _________________ for my girlfriend.

(a) ordering　　　　　　　　(b) waiting

(c) paying　　　　　　　　(d) mingling

★
9

A: I can't make this out. Can you understand what it says?

B: Sorry, I can't read his _________________ either.

(a) letters　　　　　　　　(b) writing

(c) hand　　　　　　　　(d) penmanship

10 A: We should be at the airport three hours before our _________________.
B: That's too long I think. Two should be plenty of time.

(a) arrival (b) time
(c) schedule (d) departure

11 A: I've seen that guy in tons of movies but I can never remember his name.
B: Wait, I know his name. No, it's gone from my mind, but it's on _________________ !

(a) the end of my nose (b) the nub of my thumb
(c) the tip of my tongue (d) the top of my head

12 A: I was burgled yesterday while I was out at work. Would you believe it?
B: In this neighborhood I would, but you still need to _________________ it.

(a) announce (b) advertise
(c) tell about (d) report

13 A: Did you decide on your specialty yet, or are you still hemming and hawing over it?
B: I'm going to be a(n) _________________ . I just love kids.

(a) pediatrician (b) cardiologist
(c) pharmacologist (d) phrenologist

14 A: How can I help you, sir?
B: I would like a(n) _________________ on a used car.

(a) estimate (b) credit
(c) buy (d) fee

★★★
15 A: Please _______________ me for a moment while I take this call.
B: I'll wait outside.

(a) wait (b) ignore
(c) excuse (d) relax

★★
16 A: Will you keep working after your child is born?
B: Thank goodness, no. I'm taking a _______________ of absence.

(a) come (b) break
(c) vacation (d) leave

★★
17 A: Where would you like me to take you?
B: Can you _______________ near city hall?

(a) set me up (b) drop me off
(c) stop me in (d) show me up

★★★
18 A: I'm stressed out about the big test tomorrow.
B: Don't get all worked up about it. Everything will _______________ okay.

(a) turn back (b) get along
(c) end about (d) turn out

★★
19 A: have you seen my gray sweatshirt?
B: The one with a _______________? I saw it on the sofa just now.

(a) lid (b) hat
(c) hood (d) cover

★
20 A: Wait while I go to the bank to _________________ some cash.

B: You know, it's easier to just use an ATM.

(a) deduce (b) extract
(c) remove (d) withdraw

★★★
21 A: Would you give me a hand completing this customs declaration?

B: Okay. Are you bringing in more than $500 _________________ of goods?

(a) cost (b) charge
(c) worth (d) price

★
22 A: Any idea why Ned wasn't at the show?

B: He mentioned something about another _________________.

(a) appointment (b) agreement
(c) promise (d) treat

★★★
23 A: What's your _________________ for a ticket to the Philippines?

B: They start as low as $300.

(a) amount (b) account
(c) sale (d) rate

★★
24 A: What's the total occupancy for this hotel?

B: We can _________________ no more than 500 guests at any one time.

(a) include (b) station
(c) incorporate (d) accommodate

★★★

25-1 A: Did professor King explain his research on reclamation of toxic land in urban communities?

B: He ________________ it briefly, but there wasn't enough time to hear the details.

(a) touched on
(b) brooded over
(c) kept up with
(d) picked at

25-2 A: I'm really shocked at Emily's attitude. I always thought she was a very calm and polite person.

B: She hasn't been herself lately. I don't know what has ________________ her.

(a) let out
(b) took on
(c) come over
(d) gone through

★
26 The truth of the matter is that we will be forced to _________________ our workforce due to economic woes.

(a) downsize   (b) hire
(c) supersize   (d) increase

★★
27 The compass you gave me last month came in _________________ during my backpacking trip.

(a) useful   (b) helped
(c) handy   (d) safe

★★
28 Kim has been taking classes on giving birth, so that when she goes into _________________ she will be prepared.

(a) agony   (b) weather
(c) grindstone   (d) labor

★★
29 To understand why he might feel that way, try putting yourself in his _________________.

(a) moods   (b) mouth
(c) framework   (d) shoes

★★
30 The teacher will keep a(n) _________________ on the students in case they misbehave.

(a) eye   (b) track
(c) watch   (d) caution

★★
31 This paper is so difficult to read. It's so full of obscure references and complicated graphs, I can't make ________________ of it.

(a) shoulder to shoulder   (b) heads or tails
(c) head to head   (d) an arm and a leg

★
32 Henry has always been employed but never seems able to make ends ________________. He has no sense for managing money.

(a) strong   (b) meet
(c) the same   (d) equal

★★
33 A: What happened last night?
B: My dad ________________ when he saw what I did to the car.

(a) threw up   (b) took away
(c) blew up   (d) let in

★★★
34 A: You better ________________ on your Spanish before going to Central America.
B: You're right. Actually, I'm reading a book in Spanish at the moment.

(a) turn over   (b) give up
(c) brush up   (d) put off

★★
35 A: I'm sick of waiting. When are we going to get home?
B: If we ________________ this pace, we should get there within the hour.

(a) stand out   (b) let on
(c) back up   (d) keep up

36 You should _________________ your valuables if you're letting him come over to your house. I wouldn't be surprised if he's a thief.

(a) wait on
(b) give over
(c) lock up
(d) give away

37 When Benicio got up to speak, he made sure to _________________ tribute to Che Guevara, the man whose life had inspired the movie.

(a) raise
(b) pay
(c) watch
(d) take

38 The case _________________ about 10 inches wide, 6 inches deep, and 12 inches high.

(a) amounts
(b) calculates
(c) features
(d) measures

39 UNAM, the largest university in North America, was _________________ in the 1800s.

(a) invented
(b) founded
(c) operated
(d) produced

40 The survivors' raft had been _________________ for days when they were rescued.

(a) afoot
(b) ashore
(c) adrift
(d) aloft

★★
41 The researchers are investigating cases of infectious diseases which
_______________________ from expected patterns.

(a) divide   (b) deluge
(c) divert   (d) deviate

★★
42 People who believe in improving conditions for women should address male

_______________________ .

(a) mannerism   (b) determinism
(c) chauvinism   (d) alcoholism

★★
43 Some of the biggest record companies _______________________ an official
complaint against the university for allowing music file-sharing.

(a) filed   (b) paid
(c) filled   (d) set

★★
44 If you're not satisfied, you should take a stand for what you think is right. Don't
just suffer in _______________________ .

(a) silence   (b) wind
(c) peak   (d) bottom

★★★
45 A: Is that really Mary? She looks ten years younger.
B: I know. Apparently, she's had a few _______________________ recently.

(a) C-sections   (b) jackpots
(c) face-lifts   (d) pink slips

** A: Have you ever been to the ________________ park in Seoul?

B: Yes, I've been there once. The roller-coasters were fun, but it was a bit too crowded.

(a) industrial   (b) amusement
(c) entertainment   (d) national

★★

47 Despite his ________________ rise to stardom, during his lifetime Vincent Van Gogh did not achieve much commercial success.

(a) steadfast   (b) superficial
(c) lifelong   (d) posthumous

★

48 England and France were ________________ foes throughout the Hundred Years; War. They battled over domination of Europe as well as their American colonies.

(a) mutual   (b) friendly
(c) potential   (d) untimely

★★★

49 Although having garnered a reputation as a miser, Gerald Ducet was in fact a(n) ________________ supporter of our community libraries.

(a) meager   (b) outrageous
(c) stimulating   (d) liberal

★★★

50-1 In most metropolises there are areas downtown ________________ to public gatherings and big events.

(a) cogent　　　　　　　　　　(b) congenial
(c) conscious　　　　　　　　　(d) conducive

50-2 More married couples are finding that ________________ gender roles simply do not address the realities of life in the 21st century.

(a) enthusiastic　　　　　　　　(b) coherent
(c) matrimonial　　　　　　　　(d) conventional

Reading Comprehension

★★

1 Medical professionals are joining a growing chorus of voices concerned at the rise in incidence of child obesity and have spoken out against the sedentary habits of today's youth. Of main concern to the growing lobby are gamers facing not only the hazard posed by their inactivity, but also a severely increased risk of eye disorders, caused by prolonged exposure to ______________________ radiation.

(a) radio
(b) cinema
(c) electromagnetic
(d) Dance Revolution

★

2 In the English language, there are a number of expressions or idioms that are often used in everyday speech. Idioms are sayings or expressions that do not translate literally, making them extremely difficult for non-native speakers to learn and to use in the correct context. One example is an expression that means it is raining heavily, which is "it's raining cats and dogs." Another English idiom that refers to being clumsy or poorly coordinated is "______________________."

(a) I'm all thumbs
(b) History repeats itself
(c) The cat's got my tongue
(d) Little strokes fell great oaks

★★
3
Everyone likes to have a good laugh, but there are many different kinds of humor. Do you find it hard not to chuckle when the star of a comedy falls headfirst down a flight of stairs, gets up, and then slips on a banana peel? If so, you're probably a fan of physical humor, where the punch line is tied closely to movement. One of the most familiar and popular forms of comedy, is observational. Many standup comedians are masters of this genre, as they make the audience laugh simply by relating witty remarks about everyday life. _______________________________ , satire gets laughs by exposing and ridiculing human vice in order to bring about change.

(a) In fact
(b) As a result
(c) That is
(d) On the other hand

★
4
The problem for many people with learning disabilities is that they are not able to express their feelings easily in words. So their actions may have to speak for them. Sudden changes in behavior or mood, or not being able to do things they could previously may all be important signs of depression. These changes in behavior are often mistakenly viewed as just a phase, and so the right help may not be given. _______________________________ , it can be all too easy to forget that people with learning disabilities have feelings, too.

(a) Unfortunately
(b) Otherwise
(c) Hopefully
(d) Nevertheless

5 With respect to learning a foreign language, it would seem that a person's will to learn and their rate of success has a _______________________ relationship. Someone truly excited about their goals will study harder, but the belief that progress is being made helps to maintain confidence.

(a) special
(b) crucial
(c) dynamic
(d) complimentary

6 Have you ever contemplated how many creatures share your bed with you? Scientists have done the wondering for you. Gathering dust samples from nearly one-thousand beds, they found that people's bedding was filled with dust mites, as well as their waste. Levels of microscopic excrement per gram of dust is estimated to be above 2 mg, enough waste to cause many people allergies. In a considerable number of households, the level of excrement is much higher, posing _______________________ those with respiratory conditions.

(a) a heavy task for
(b) a significant danger for
(c) an unrelated case to
(d) a marvelous discovery for

★★

7   An automated nutrition test collects information on a person's ___________ ___________. After calculating the results, suggestions and a thorough description of all areas of your eating habits and nutritional needs are given. Precise caloric requirements for every meal, accompanied by menus and recipes, are all provided by the nutritional data survey.

(a) food intake
(b) food biases
(c) medical needs
(d) digestive problems

★★

8   People have pointed out that industrially manufactured milk is packed with chemicals, contributes to animal abuse, and is harmful to those with poor stomachs. Despite this, for the majority of individuals, ___________ ___________. As a good example, milk is a cheap and easy way to receive calcium. Everyone should have calcium for building healthy bones. In addition, milk is enriched with other nutrients that make it desirable for children. It has been well documented that a balanced diet, including dairy, contributes to reducing the risk of heart disease. Moreover, some scientists suggest that milk could play a factor in preventing certain types of cancer.

(a) vitamins provide their daily calcium requirements
(b) milk is the only beverage option they are aware of
(c) drinking milk is something to be avoided if possible
(d) the advantages are judged to be greater than any disadvantages

★★
9 If you live long enough, you will get wrinkles. This is an unpleasant fact for many people, who invest much time and money into preventing or removing these unwanted lines. Besides the natural effects of aging, smoking has been identified as one of the major contributors in the development of wrinkles. Treatments and products that claim to reduce, remove, or prevent wrinkles make up a profitable business in many wealthy countries. ____________ ____________, most of these products and treatments have shown little long-term success or any dramatic results.

(a) Due to their efficacy
(b) Despite their popularity
(c) In addition to their promises
(d) Rather than being ashamed

★★
10 The secret behind our quickness is ____________________________. With locations across the globe, we can provide a careful analysis of your needs whenever or wherever. Our global network staff is the leading full-service shipping solutions provider. From land to air and water, we guarantee to give you both competitive rates and the personalized service that you deserve. If you want to benefit from our acclaimed service, then contact us right away.

(a) our global network
(b) our comprehensive expertise
(c) our dedicated employees
(d) our corporate principles

★
11 Hurricanes, which are also called cyclones, exert tremendous power. These violent storms are often a hundred miles in diameter and their winds can reach velocities of seventy-five miles per hour or more. ______________ ______________, the strong winds and heavy rainfall that accompany them can completely destroy a small town in a couple of hours. The energy that is released by a hurricane in one day exceeds the total energy consumed by humankind throughout the world in an entire year.

(a) For example
(b) In short
(c) Futhermore
(d) However

★★★
12 ______________________________________ created a false belief that managed to postpone the occupation of a large swath of prairie by US settlers. United States Army Lieutenant Zebulon Pike was dispatched to survey the undocumented stretches of the continent. In the report of his findings, he characterized the wide prairies as desert-like, and compared them to the inhospitable African Sahara. The reality was, this land included some of the world's most fertile soil. His inept assessment of the nature of the region convinced settlers to stay away from the central plains for decades.

(a) One man's unchecked error
(b) The findings of an anonymous writer
(c) A legend propagated by native Americans
(d) An incident denied by the United States military

★★
13 A pattern is being detected in nature of animals responding to the slow but steady rise in global temperature. This proves what many researchers have anticipated would happen, the impact of climate change on biological systems. Animals ________________________ in search of cooler temperatures. In addition to this, a number of seasonal events are now taking place at times significantly sooner than they had just decades before. In a new study reported by environmental scientists, annual events, including the migration of birds and egg laying, have shifted three weeks for the past few decades.

(a) are leaving their original habitats
(b) are entering people's homes
(c) are thought to be mutating
(d) are shedding fur and feathers

★★
14 People are searching for new experiences in their career. Rather than stability and profit, many young workers are looking for stimulating and unique jobs. This leads many to take an interest in international business. Moving abroad, however, is no simple matter. I suggest you view the options available, and make a decision based on your comfort level. US citizens have a good chance to find employment with a multinational corporation or with a nongovernmental organization that operates overseas. Try to determine which companies ________________________. If one doesn't, keep looking until you find the appropriate company. Entering at the bottom in a private company, it could take years to get yourself a position abroad. Nongovernmental organizations, however, tend to have more flexibility in this area.

(a) offer the higher salaries
(b) have retirement plans
(c) have overseas positions
(d) provide assistance to workers

★
15 Lemurs are among the few mammal species where the females assume the dominant social role. Adult male lemurs allow females; priority and express submissiveness when eating, grooming, and going to sleep. In the majority of species with female dominance, the larger size and strength of the female explains their power. _________________________, lemurs are not sexually dimorphic, meaning that there is no significant physical difference between the females and the males.

(a) However
(b) Thus
(c) Rather
(d) Consequently

★★★

16-1 Our youth charities encompass a large number of programs globally. From our art-based projects that help abused children express themselves, to our homeless children projects, to our projects with former child soldiers, our schools and volunteer projects reach children in Africa, South America, and the Middle East. After exploring our many programs, your contribution can be customized towards a specific program, region, or child if desired. Our website provides an interactive guide that can introduce you to our programs, answer any questions you might have, and help you in deciding ___________________ ___________.

(a) how you would like to donate
(b) what causes child poverty
(c) whether or not to volunteer with us
(d) how we can improve our service

16-2 Perhaps one of the most important ideas in anthropology came from the social scientist Franz Boas. Boas popularized the idea that human beliefs and actions should be understood in terms of specific cultures. This idea came to be known as cultural relativism. This way of looking at other cultures was a response to ethnocentrism, which argued that all cultures should be considered according to Western standards. Boas's idea forced social scientists to ___________________ ___________________ and question many of the assumptions about how people should live.

(a) reconsider the importance of anthropology
(b) reject Boas's outdated and offensive ideas
(c) study Western culture in a more focused way
(d) look at non-Western cultures on their own terms

★★
17 Government bonds, like most other types of bonds, are available as either a bearer bond or a registered bond. Bearer bonds do not have the owner's name on them. In that they are similar to treasury bills. But unlike treasury bills, they pay interest on a semiannual basis. Each bearer bond has one or more coupon sheets attached to it. Every six months the owner detaches a coupon and deposits it in the bank in the same way they would a check. Registered bonds are more like savings bonds in having the owner's name on them. Registered bonds carry no coupons; rather, interest is mailed to the owner. Both bearer and registered bonds pay interest semiannually.

Q. Which of the following is true according to the above passage?
(a) Interest paid on registered bonds is mailed to the owner.
(b) Registered bonds do not have the owner's name on them.
(c) Bearer bonds pay higher interest than registered bonds.
(d) A treasury bill is the best investment.

★★
18 Radio Frequency Identification systems promise to revolutionize the retail landscape and the future is closer than you think. This ingenious method of tagging each product with a tiny chip transmitter will allow you to simply fill your basket and walk straight out the supermarket door without ever having to stand waiting in line for a checkout again.

Q. Which of the following is correct regarding Radio Frequency Identification Systems?
(a) Chip transmitters help pay for your groceries in line.
(b) It is a system first developed in the United States.
(c) Checkout staff will benefit from the reduced workload.
(d) Tagging products is a system still in development.

★
19 Ancient Greeks would put ailing patients in the sunlight to cure their sickness—
using their knowledge that light can heal. Nowadays, modern technology has
given us light-activated drugs and laser therapy, greatly broadening the curative
possibilities of light. Therapeutic light enhances the body's natural healing
process, by penetrating deep into the tissues. Researchers suggest that certain
infrared wavelengths stimulate blood vessels, causing dilation, and increasing
circulation to the wounded areas. This stimulation accelerates the restoration of
the damaged tissue, by aiding both the removal of wastes, and improving the
delivery of oxygen and nutrients.

Q. What is the passage mainly about?
(a) Healing process by stimulation
(b) Traditional medical technology
(c) Modern perspective on light
(d) Therapeutic properties of light

★★
20 A corporation has a responsibility to three bodies: stockholders, customers,
and workforce. These are of critical importance to commercial success and
they can only be governed by effective management. None of them claim
an absolute position in terms of its priority; each may, under the right market
conditions, have to endure sacrifice to some degree for the sake of another.
Let's find out what each of the bodies means to a corporation.

Q. Which of the following can be followed after this passage?
(a) Commercial survival
(b) Corporate law
(c) Stockholder power
(d) Economic imperative

★

21 Blue whales are not always blue. Though commonly termed blue, their appearance at maturity is in fact charcoal gray, with some patches of a darker hue around its snout tending toward black. The calves of the species, however, do enjoy a light blue underbelly, which has led to the naming of it as such. In fact, a fully grown gray whale might easily be mistaken for a adolescent blue to the untrained eye.

Q. What is the best title for this passage?
(a) Gray Whales are Blue
(b) Names may Mislead
(c) Names can be Useful
(d) Blue Whales are Blue

★★★

22 ABC Industries, a leader in the home appliance industry, is seeking a highly motivated sales director for our overseas office. The applicant should possess demonstrated skills in administration and management of personal accounts. An ability to work well under pressure while maintaining a professional attitude is necessary. Leadership qualities are essential. A minimum of 6 years of experience in a management position is essential.

Q. Which of the following is true according to the advertisement?
(a) Foreign language proficiency is required of the job applicant.
(b) The sales director is responsible for new product development.
(c) Young applicants are preferred to old ones.
(d) The job applicant has to possess a professional attitude and good leadership skills.

23 States are encouraged to take part in a variety of activities over three days, relating to the yearly National Library Legislative Day in Washington D.C. In order to explain the importance of the day, The American Library Association will sponsor a pre-conference event on Sunday, May 11. It will also advise participants on how to make the most powerful impact if they visit their legislator's offices. A briefing will be held on May 12 at the Hyatt Regency Washington to discuss ongoing legislative issues and offer advice on preparing presentations during visits to congressional offices. On May 13, participants will pay a visit to the offices of their senators and representatives. Finally, a wrap-up session will take place, in which legislators and their staff members are advised to attend.

Q. What is the main purpose of the three-day event described above?
(a) To hold a fundraising event for charity
(b) To urge politicians to contribute more to libraries
(c) To officially complain about a new law that was passed
(d) To visit and persuade lawmakers for necessary legislation

24 How our body develops and functions is of course more or less directed by the genes we inherit from our parents. You will have heard statements such as "All the men in my family live past 90", and "An artistic temperament runs in my family". However, identical twins share the same genes, but are able to develop different personalities and unique skills. Therefore, we know that environmental factors, such as what we do and where we live, play a part in determining our personality. New connections are still being discovered connecting genes and our characteristics, but overall we can safely say that our ultimate fate is not wholly decided by our genes.

Q. What is the main idea of the passage?
(a) Environment doesn't alter the personalities of identical twins.
(b) What human beings depends on how they interact between nature and nurture.
(c) The vital relationship between environment and genes have been examined.
(d) Genetic factors are the most important aspect in forming individual characteristics.

25 Officially, unlike many other countries, the US has no national holidays. A national holiday is a day for the whole country to celebrate, which is established by either law or tradition. As a matter of fact, the president and congress can only declare nationwide holidays for federal employees. Legal holidays within each state and territory are decided by themselves. For example, some Southern states have set aside a Confederate Memorial Day, but the date of its celebration varies from state to state: four states celebrate the holiday in April, three in May, and two in June. The president and congress can only declare legal public holidays for the District of Columbia.

Q. According to the passage, which of the following is correct about national or legal holidays in the US?
(a) Not all holidays are nationally observed.
(b) They have been introduced mostly by law.
(c) Most are observed only by federal employees.
(d) Memorial Day is observed on the same day nationwide.

26 The computer keyboard is a good example of a technological roadblock. While other components have undergone miniaturization to a startling degree, the humble entry point for almost all our written communication has proved a stubborn nut for research and development to crack until now. The projector keyboard now offers users portability consistent with the rest of the hardware available, leading to a new dawn for computer manufacturers and consumers the world over.

Q. What is the best title for this passage?
(a) Miniaturization In Focus
(b) Keyboard Revolution
(c) Computer Keyboard Study
(d) Research and Development in Computers

★★
27 The population of the world has increased more in modern times than in all other ages of history combined. World population totaled about 500 million in 1650. It doubled in the period from 1650 to 1850. Today, the population is more than five billion. Estimates based on research by the United Nations indicate that it will reach well beyond seven billion by the turn of the century.

Q. What is the best title for this passage?
(a) Factors behind the Global Population Growth
(b) A Brief History of the Global Population Growth
(c) Curbing the Global Population Growth
(d) The Global Population Crisis

★
28 Following World War II, America saw a rapid increase in its birthrate, which peaked in 1957. This peak then declined, but not by much in the following ten years, leading to the coining of the term Baby Boomer to describe people born during this period. They are usually split into two groups however: those born from 1946 through to the mid 50s, and those born between the mid 50s and mid 60s. The latter are known not as the Baby Boom Generation, but as Generation Jones.

Q. What is the best title for the passage?
(a) America's Birthrate to Peak Again
(b) Post-War Birthrate Peak
(c) Baby Boom Generation
(d) Generation Jones

The breakneck economic expansion, at over 11%, enjoyed by China in 2007 has been tempered somewhat this year by weaker than expected net export results, trimming forecasts for the year end to 9.6%. Furthermore, conditions are predicted to worsen for 2009, continuing a downward trend to an estimated 9%. Analysts say, however, that the world's most populous nation will continue to run a surplus, this year exceeding 0.7% of gross domestic product.

Q. What does the above passage suggest?
(a) Despite sagging exports, a gross domestic product surplus remains.
(b) Net exports are expected to recover and drive growth in 2009.
(c) Gross domestic product has risen because of economic growth.
(d) Due to the surplus, net exports have weakened during the period 2007-2009.

★
30

Durian, a fruit popular in Southeast Asian cuisine, was first brought to the western world about 600 years ago. It is native to Indonesia, Malaysia, and Brunei and is perhaps most widely known for the highly distinctive odor it emits, even when the husk has not been removed. Described by its fans as wondrous, and by its detractors as disgusting, the smell has led to its consumption being banned on public transport and in hotels. There exist hundreds of cultivars of the fruit although among the thirty recognized species, only nine are edible.

Q. How many cultivars of the fruit exist?
(a) 30
(b) 9
(c) Many
(d) Hundreds

★★

31 I woke up determined to start my day productively. I took my customary shower, shaved the overnight whiskers from my face, and spooned a heap of coffee into the maker. Listening to it spit and growl as it made my favorite drink of the morning gave me the impetus to select a few choice slices of bacon from the fridge, which I then fried whilst savoring the aroma of the brewing coffee and frying meat together. With a pair of easy over eggs as accompaniment I feasted and drank my fill, only then to realize I had become terribly late for work.

Q. What does the writer imply in the paragraph?
(a) Going to work was unimportant.
(b) Making morning coffee made him hungry.
(c) He had prepared the perfect breakfast.
(d) The mixed smell of coffee and bacon made him think of eggs.

★

32 I checked my wallet, but it had nothing but receipts in it. Looking at the calendar I saw that payday was a long fortnight ahead. I phoned the credit card company but found I had already exceeded my limit. How would I ever make ends meet?

Q. What is the tone of this passage?
(a) Pride
(b) Panic
(c) Despondency
(d) Resignation

★★
33 It seems that every day the news is full of stories of racial, ethnic, and religious intolerance. Even leaders who are supposed to guide their people and promote peace are often unable to get past their prejudices. Although the state of the world can seem hopeless sometimes, a trip to a playground might offer some hope. Before children are exposed to the intolerance of embittered adults, they are able to deal with differences in a remarkable and honest manner. Kids, like adults, are aware of differences, but unlike adults, they do not automatically make judgments based on them.

Q. Which of the following can be inferred from the above passage?
(a) Many conflicts in the world arise over religious views.
(b) Bigotry is learned behavior rather than a natural one.
(c) World leaders don't hold to the same standards as children.
(d) Adults do not take enough time to teach children about tolerance.

★
34 There are certain things in life that we overlook and therefore, underrate. These things give life a richer quality, but because they are so small, they are often missed and underappreciated. We just go through our days in an endless cycle of living and learning without taking time to experience the good things in life. Small signs of affection do not cost anything but they can be worth so much. Smiles can brighten up the day for another person, and they are likely to pass the smile on. Kind words and a good conversation can turn almost any bad day into a good one.

Q. What is the main idea of the passage?
(a) A kind gesture is a valuable gift.
(b) Smiling is more important than frowning.
(c) We should always speak kindly of others.
(d) A bad day can make you forget the good things in life.

35

Even if the rest of your body is lean and mean, researchers now say that extra fat around the middle often referred to as "love handles" increases the risk of early death. Just two inches of excess flesh around the waist increased the chance of dying sooner by thirteen to seventeen percent. While the link between fat around the middle and health problems is not a new one, the newest study gives doctors much more evidence that simply using the standard body mass index(BMI) is not necessarily the best way to assess health risks such as cardiovascular disease. In fact, the study showed that adults with a healthy BMI but larger than average waists were still candidates for early deaths

Q. Which of the following can be inferred from the passage?
(a) The group involved in the study was composed of male adults.
(b) Cardiovascular disease does not just affect the overweight.
(c) Doctors still need to study how body mass affects longevity.
(d) Losing excess fat around your waist can add years to your life.

★★

36
Although the technology that now permeates our modern lives can be seen as beneficial, there are some questionable aspects to it as well. For example, will interactive communication technology ultimately manipulate minds, eliminate privacy, or influence people to abandon family duties and human bonds? What long-term consequence will genetically modified foods have on our health? Sophisticated medical treatments can increase the lifespan of individuals, but can they improve the overall well-being and contentment of people? We can only wait and see.

Q. What is the best title of the passage?
(a) Human Health and Technology
(b) Interactive Media and Modern Dilemmas
(c) The Inevitable Power of Technological Progress
(d) The Pros and Cons of Evolving Technology

★★★

37-1 There is no perfect way to know in advance whether a person is likely to commit a crime, despite the tons of studies and theories that have been written about identifying the mind of a criminal. Profiling is a method which law enforcement agencies have begun to use in order to identify terrorists and serial killers. Educators are looking to follow their lead, and by watching early signs in troubled children, intervening before their behavior becomes physically violent.

Q. What is the main idea of this passage?
(a) Children's violence is genetic.
(b) There are ways to identify the criminal mind.
(c) Terrorists and serial killers cannot be profiled.
(d) Criminal behavior is unpredictable.

37-2 While medical professionals no longer consider it a legitimate diagnosis, in 1859, a physician claimed that a quarter of all women suffered from female hysteria. Symptoms for this once-common diagnosis included insomnia, nervousness, faintness, muscle spasm, shortness of breath, irritability, and perhaps most tellingly, "a tendency to cause trouble". Many historians now agree that far from being based on any real scientific evidence, female hysteria had much to do with norms for women's behavior during the Victorian era. It is no surprise then that the cures for this condition, which included bed rest, seclusion, and refraining from mentally taxing tasks such as reading, also seemed to meet this concern.

Q. Which of the following is the best title of the above passage?
(a) Victorian Gender Norms
(b) Common Female Ailments
(c) Important Changes in Medicine
(d) The Myth of Female Hysteria

★★
38 What motorist should check before they hit the road is the exterior lighting of their cars. (a) A good battery can greatly increase the life of your automobile lights. (b) Your headlights define your car's position on the road and its distance from other drivers. (c) Your directional and stop lights are a way to communicate with other drivers. (d) When the lighting is defective, other motorists may not get the message that you intend to stop or turn.

★
39 The Eskimos taught their children with great care. (a) The old stories were told in words which never changed, and the children had to retell them repeatedly until they knew them perfectly. (b) They learned the Eskimo songs and dances which expressed their ideas about nature and the spirit world. (c) Older Eskimos have strong teeth, but sweet food have harmed their children's teeth. (d) And most of all they learned the skills which they needed in order to survive in a harsh land—the skill which utilized every part of the native animals, birds and fish and the few plants and trees of the area.

🖊️ **고난이도 문항**

★★★
40-1 If the thought of standing up in front of crowd and making a speech makes you shudder, you're not alone. (a) All too often, a simple case of stage fright stops individuals from making the impression they need to get ahead. (b) There is no doubt that everyone desires some degree of fulfillment as well. (c) But there's something you can do about it. (d) The Speak Up Association is a group of people from all walks of life who want to build their confidence and learn to express themselves to a group of 2 or 2,000. Our San Francisco chapter meets every Tuesday at 7 p.m. and all are invited to attend. So don't let nerves get in your way anymore. Speak Up with us.

40-2 Many new businesses take out advertisement space in newspapers and magazines to initially promote their products. (a) Both newspapers and magazines are inexpensive ways to advertise to a large audience. (b) Businesses have the option of taking out full-page ads, all the way down to a few lines in the 'classified' selection. (c) Especially for a business that is just starting out, printed ads can be an effective promotional tool. (d) Some new businesses choose to go door-to-door instead.

예약과 진료 접수

I'd like to see a doctor. 의사 선생님을 뵙고 싶어요.

May I have an appointment with the doctor?
진료 예약을 할 수 있을까요?

Can I make an appointment with Dr. Brown?
브라운 박사님 진료 예약할 수 있어요?

What time can I see the doctor?
몇 시에 의사 선생님을 뵐 수 있을까요?

I'd like a general check-up. 종합 검진을 받고 싶어요.

Where's the reception desk? 접수처가 어디예요?

I called earlier for the appointment.
미리 예약 전화를 했는데요.

Where's the exam room? 진찰실이 어디예요?

증상

What are your symptoms? 증상이 어때요?

What symptoms do you have? 어떤 증상들이 있어요?

I there anything unusual? 뭐 이상한 증상이 있어요?

Do you have a fever? 열이 있으세요?

Do you have chills? 오한이 나세요?

Have you been feeling dizzy? 현기증이 있나요?

Have you had any nausea or vomiting?
메스껍다거나 토한 적 있어요?

Do you have an appetite? 식욕은 있어요?

I have high blood pressure. 고혈압이에요.

I have hypotension. 저혈압이에요.

I'm allergic to dust. 먼지 알레르기가 있어요.

I've come down with a flu. 독감에 걸렸어요.

I have a sore throat. 목구멍이 아파요.

I am constipated. 변비가 있어요.

I feel like throwing up. 토할 것 같아요.

I feel like vomiting. 토할 것 같아요.

I have indigestion. 소화불량이에요.

I feel under the weather. 몸이 안 좋아요.

I'm suffering from insomnia. 불면증에 시달리고 있어요.

I have no appetite. 식욕이 전혀 없어요.

I've been sneezing. 재채기를 해요.

I'm bringing up a lot of phlegm. 가래가 심해요.

I'm diabetic. 당뇨가 있어요.

I've got a sprained ankle. 발목을 삐었어요.

I had my leg broken. 다리가 부러졌어요.

I have a cavity. 충치가 있어요.

My tooth is badly decayed. 이가 심하게 썩었어요.

I want my wisdom teeth pulled out. 사랑니를 빼주세요.

Please, pull out the snaggle tooth. 덧니를 빼주세요.

My eyes are sore. 눈이 따끔거려요.

I'm near-sighted. 저는 근시예요.

My ears are ringing. 귀가 윙윙거려요.

I have a bad earache. 귀에 통증이 심해요.

역대 약국관련 기출표현

Will you fill this prescription? 처방대로 조제해 주시겠어요?

Do you have a prescription? 처방전 있으세요?

=I'd like to have this prescription filled.

You'd better go see a doctor. 병원에 가보시는 게 좋겠어요.

Why don't you consult a doctor? 의사 진찰을 받아보시죠.

I'm here to buy some eye drops. 안약 좀 사러 왔는데요.

What do you have for vitamin compound?
종합비타민 뭐 있어요?

Give me some Band-Aid, please. 반창고 좀 주세요.

What's the dosage? 얼마나 먹어야 하나요?

How should I take this medicine? 이 약은 어떻게 먹죠?

Are there any side effects? 부작용이 있나요?

Is there any adverse reaction?

I have a bruise on the leg. 다리에 타박상을 입었어요.

I'm black-and blue all over. 전신에 멍이 들었어요.

Some cold medicine, please. 감기약 좀 주세요.

=I want something for a cold.

Do you carry cough drops?
기침을 멎게 하는 캔디(물약) 있어요?

This ointment will help relieve your pain.
이 연고가 통증을 완화시켜줄 거예요.

May I have a painkiller? 진통제 좀 주세요.

=Give me some pain reliever.

I'd like something for indigestion.
소화불량에 먹는 약 주세요.

Give me some digestive medicine.

Have you got something for athlete's foot?

무좀약 있어요?

Give me first aid. 응급조치를 해주세요.

Let me have this prescription filled.

이 처방대로 조제해 드리겠습니다.

I'll fill the prescription. 처방대로 조제해 드리겠습니다.

탑승 수속할 때

I have a reservation for flight 082 to London.

런던행 082편을 예약했어요.

Does the plane leave on time?

비행기는 정시에 출발하나요?

When is the boarding time? 탑승시간은 언제에요?

Which gate should I go to? 몇 번 출구로 가야 하나요?

How many hours does the flight take?

비행시간이 얼마나 걸리죠?

I'd like an aisle seat, please. 통로 쪽 좌석을 주세요.

Windows seat, please. 창가 쪽으로 주세요.

Can I have a non-smoking seat? 금연석으로 할 수 있나요?

It's a direct flight to New York. 뉴욕 행 직항편입니다.

The flight is due on schedule.

비행기는 예정대로 출발합니다.

Do you have any hand-carrying baggage?

기내에 직접 가지고 갈 짐이 있습니까?

Would you like to check in the luggage?

짐을 부치시겠습니까?

Place your baggage on the scale.

짐을 저울 위에 놓으세요.

도착공항에서

May I see your passport? 여권 좀 보여 주시겠습니까?

What's the purpose of your visit? 방문 목적이 뭡니까?

How long are you going to stay?

얼마동안 체류하실 겁니까?

I'm here for sightseeing. 관광하러 왔어요.

I'm staying for two weeks. 2주간 머무를 예정이에요.

Do you have anything to declare?

신고하실 것이 있습니까?

They are my personal effects.

그것들은 제 개인 소지품이에요.

Did you get a vaccination? 예방접종은 하셨습니까?

Where can I find my baggage? 짐은 어디서 찾아요?

Where's the luggage claim area?

수하물 수취소가 어디에요?

Where's the lost and found? 분실물센터가 어디에요?

환승공항에서

I'm a transfer passenger. 환승객이에요.

I'm just passing through. 통과하는 것뿐이에요.

Which way is the connecting flight?

연결 편을 타려면 어느 쪽으로 가나요?

역대 기출 외모관련 표현

I'm fat/heavy/overweight/plump. 뚱뚱해요/통통해요.

I'm thin/slender/slim/skinny. 날씬해요/말랐어요.

I have straight/curly hair. 곧은/곱슬머리를 가졌어요.

I'm tall and slender. 키가 크고 날씬해요.

I'm average height and weight. 보통의 키와 몸무게예요.

I'm five feet seven inches tall. 키는 5피트 7인치예요.

I weight 107 pounds. 몸무게는 107파운드에요.

I'm tall with a brunet hair. 키가 크고 검은 머리칼을 가졌어요.

She's tall blonde. 그 여자는 키가 크고 금발이에요.

You look a little overweight. 당신 약간 뚱뚱해 보이네요.

He's got a pot belly. 그 남자는 배가 나왔어요.

I have to go on a diet. 다이어트를 해야 되겠어요.

You need to lose some weight.

당신 몸무게 좀 빼야 되겠어요.

you're really in great shape. 당신정말 체격/몸매 좋으세요.

He has a tough constitution.

그 남자는 단단한 체격을 갖고 있어요.

She's gorgeous. 그 여자는 멋져요.

=She's a real catch.

=She's an eye-opener.

=She's certainly a knockout.

=She's such an attractive women.

I used to be slimmer. 전에는 좀 더 날씬 했어요.

My hair used to be black. 전에는 머리카락이 검었어요.

You used to water big glasses.

당신 예전에는 큰 안경을 쓰잖아요.

I've put on five pounds. 몸무게가 5파운드 늘었어요.

I've gained a bit of weight through lack of

exercise. 운동부족으로 살이 좀 쪘어요.

I've slimmed down five pounds. 5파운드를 뺐어요.

I have thick hair. 머리숱이 많아요.

He is bald. 그 남자는 대머리에요.

You look better with long hair.

당신은 긴 머리 좀 빗어야겠군요.

That's just make-up. 그게 다 화장발이에요?

She's wearing a thick make-up. 그녀는 화장을 진하게 해요.

You have a good taste for clothing.

옷에 대한 감각이 좋으세요.

It suits you well. 그 옷 당신에게 잘 어울리네요.

I like the way he looks. 그 남자의 외모가 마음에 들어요.

He neglects his appearance at all.

그 남자는 외모에 전혀 신경 쓰지 않아요.

She really resemble her mother.

그 여자는 정말 자기 어머니를 닮았어요.

He's a carbon copy of his father.

그 남자는 자기 아버지와 판에 박힌 듯이 닮았어요.

=He's a picture of his father.

=I'm thinking about having plastic surgeon.

역대 기출 성격관련 표현

What's her personality like? 그 여자의 성격은 어때요?

Are you an introvert or an extrovert?

당신은 내성적인 사람인가요? 외향적인 사람인가요?

=Which do you think are you, an introvert or an

  extrovert?

I'm an introvert/extrovert. 저는 내성적인/외향적인 사람이에요.

You're introverted/extroverted. 당신은 내성적/외향적이군요.

She's optimistic/pessimistic. 그 여자는 낙관적/비관적이에요.

He's liberal/conservative. 그 남자는 자유분방/보수적이에요.

He's active/passive. 그 남자는 적극적/소극적이에요.

I tend to be withdrawn. 저는 소극적인 경향이 있어요.

You're sociable. 당신은 사교적이군요.

I'm always cheerful. 저는 항상 명랑해요.

I'm very shy by nature. 저는 본래 수줍음을 많이 타요.

You're so serious. 당신은 너무 고지식해요.

You're really snobbish. 당신은 정말 속물이에요.

He's so overbearing. 그 남자는 너무 강압적이에요

He is very naught. 그는 굉장히 장난꾸러기예요.

He's quite cheeky. 그는 상당히 건방져요.

I'm shy with stranger. 낯선 사람을 만나면 수줍음을 타요.

He's void of shame. 그 남자는 수치심이 없어요.

He's prone to a rash act. 그 남자는 성급한 행동을 하기 쉬워요.

You're two-faced. 당신은 이중인격이에요.

He's tight-fisted. 그는 인색해요.

He's short-tempered. 그는 성질이 불같아요.

He's hot-tempered. 그는 성질이 불같아요.

She's hard-nosed. 그녀는 콧대가 세요.

You're such a narrow-minded person.

당신은 정말 속이 좁은 사람이군요.

He's black-hearted man. 그는 음흉한 사람이에요.

She's an eagle-eyed attorney. 그녀는 빈 틈없는 변호사에요.

She's showing off. 그녀는 허세를 부리고 있어요

He's as brave as a lion. 그는 사자처럼 용감해요.

She's as proud as a peacock. 그녀는 공작처럼 거만해요.

You're such a penny pincher. 당신은 정말 구두세에요.

He's a back-seat drive. 그는 참견하길 좋아해요.

She's a tomboy. 그녀는 말괄량이에요.

You're a real stick-in-the-mud.

당신은 정말 답답한 사람이군요.

He's a tough cookie. 그는 깐깐해요.

He's got a lot of guts. 그는 배짱이 좋아요.

He's a man of nerves. 그는 배짱이 있는 사람이에요.

He's a man of great virtue. 그는 대단히 덕이 많은 사람이에요.

She's got a big mouse. 그녀는 수다스러워요.

She is a chatterbox. 그녀는 수다쟁이에요.

She's on high horse. 그녀는 잘난 체 해요.

TEPS_
MASTER_
1000제_

Practical Test 5

Part I **Questions 1-15**

You will now hear fifteen conversation fragments, each made up of a single spoken statement followed by four spoken responses. Choose the most appropriate response to the statement.

** **1**   (a)   (b)   (c)   (d)

** **2**   (a)   (b)   (c)   (d)

** **3**   (a)   (b)   (c)   (d)

* **4**   (a)   (b)   (c)   (d)

** **5**   (a)   (b)   (c)   (d)

* **6**   (a)   (b)   (c)   (d)

* **7**   (a)   (b)   (c)   (d)

*** **8**   (a)   (b)   (c)   (d)

** **9**   (a)   (b)   (c)   (d)

* **10**   (a)   (b)   (c)   (d)

*** **11**   (a)   (b)   (c)   (d)

*** **12**   (a)   (b)   (c)   (d)

* **13**   (a)   (b)   (c)   (d)

* **14**   (a)   (b)   (c)   (d)

*** **15-1**   (a)   (b)   (c)   (d)

*** **15-2**   (a)   (b)   (c)   (d)

You will now hear fifteen spoken monologues. For each item, you will hear a monologue and its corresponding question, both of which will be read twice. Then you will hear four options which will be read only once. Choose the option that best answers the question.

46 (a) (b) (c) (d)

47 (a) (b) (c) (d)

48 (a) (b) (c) (d)

49 (a) (b) (c) (d)

50 (a) (b) (c) (d)

51 (a) (b) (c) (d)

52 (a) (b) (c) (d)

53 (a) (b) (c) (d)

54 (a) (b) (c) (d)

55 (a) (b) (c) (d)

56 (a) (b) (c) (d)

57 (a) (b) (c) (d)

58 (a) (b) (c) (d)

59 (a) (b) (c) (d)

60-1 (a) (b) (c) (d)

60-2 (a) (b) (c) (d)

★
1

A: Do you think you're prepared for the exam on Friday? You've been studying so hard.

B: I think so, but I still ________________ to the library this afternoon.

(a) had to go
(b) must have gone
(c) have to go
(d) must be going

★
2

A: I don't think Dave enjoys working in the garden very much.

B: He'll do it ________________ he likes it or not. That's his job.

(a) whether
(b) when
(c) that
(d) what

★★
3

A: I wonder if anyone still listens to the radio on a regular basis.

B: I doubt it. ________________ people I know get their music and news from the Internet.

(a) Mostly all
(b) Almost
(c) Most all
(d) Most

★★★
4

A: I hate to bother you, but do you know ________________ ?

B: If I'm not mistaken, that's the one in the bookstore on 12th street.

(a) where is located the Butterfly Café
(b) the Butterfly Café is located where
(c) where the Butterfly Café is located
(d) is where the Butterfly Café located

★★
5

A: I can't believe you made such outrageous remarks in front of your parents.
B: It was just a little joke. I didn't realize they would get ______________ upset.

(a) as
(b) such
(c) so
(d) rather

★
6

A: The baby certainly resembles her grandmother, ______________?
B: Well, I think she looks more like her older sister.

(a) wouldn't she
(b) don't she
(c) doesn't she
(d) will she

★★
7

A: So are you going to be busy this afternoon?
B: Yeah, I have an appointment at 1 to have my teeth ______________.

(a) cleaning
(b) cleaned
(c) to clean
(d) clean

★★
8

A: What took you so long? I thought you were going to just drop her off and come straight home.
B: Yes, I was going to, but she insisted that everyone ______________ for dinner.

(a) stays
(b) staying
(c) stay
(d) stayed

★
9

A: How come you went out without me?
B: You were taking a nap. You're always telling me not to wake you up ______________ it's an emergency.

(a) if
(b) whether
(c) as
(d) unless

10 A: You left the window open all night. Make sure it doesn't happen again.

B: That's weird. I definitely remember ________________ all the doors and windows.

(a) lock (b) locked

(c) locking (d) to lock

★★★

11 A: Did you get a new computer? How is it? Is it better than your old one?

B: There's no comparison. It's ________________ my old one.

(a) as ten times as fast as (b) ten times faster than

(c) as much as fast ten times than (d) more faster than ten times as

★★★

12 A: Thanks for coming over to help me with my homework.

B: I ________________ earlier, but I had to wait for my brother to give me a ride.

(a) would have come (b) have come

(c) will have come (d) will come

★★

13 A: Why are you so upset? Is it because of Kim again?

B: I just can't stand her. She speaks as if ________________ everything.

(a) she has known (b) she knows

(c) she will know (d) she knew

★★

14 A: So is Bob coming tomorrow? We can go meet him at the airport if you like.

B: That's a good idea, but I don't know what time his plane arrives. I'll let you know when I ________________ from him.

(a) have heard (b) will hear

(c) hear (d) heard

★★
15 A: How's your history report going? Have you chosen a topic yet?

B: Well, I have something in mind, but I'm afraid there's ________________ on the subject. I might have to choose a new topic.

(a) little information   (b) a little information

(c) few informations   (d) many informations

★★★
16 A: I hope kate isn't angry with the me. You know, I really didn't mean to hurt her feelings at all.

B: I wouldn't worry too much. I think she was ________________.

(a) more embarrassed than angry

(b) no more embarrassed than angry

(c) no less embarrassed than angry

(d) no longer embarrassed than angry

★★
17 A: Why didn't you say hello to Mark? I thought you guys were pretty close in school.

B: Was that Mark? ________________ for such a long time, I just didn't recognize him.

(a) Having not seen him   (b) Not seeing him

(c) Not having seen him   (d) Seeing him

★★★
18 A: I can't believe they didn't let me return this piece of junk.

B: If you ________________ the receipt like I told you to, there wouldn't be a problem.

(a) has kept   (b) had kept

(c) keep   (d) would keep

★★★

19 A: Is it true that they asked Mr. Johnson to leave the company?

B: That's just a rumor. He hasn't been asked to resign, nor ______________.

(a) does he intend to do so　　(b) do he intends to do so
(c) he intends to do so　　　　(d) intend he to do so

★★★

20-1 A: I'm almost done with raking leaves in the yard. What do you want me to do next?

B: Great. The sink and the tub in the bathroom still need ______________.

(a) to be scrub　　　(b) scrubbed
(c) scrubbing　　　　(d) to scrub

20-2 A: Jennifer's behavior after the game this afternoon was really shocking.

B: Well, ______________ it comes to anything competitive, she has always been a sore loser.

(a) when　　　(b) where
(c) how　　　　(d) what

Part II **Choose the best answer for the blank.(21-40)**

★★★

21 Although most children stop believing at around the age of ten, surveys show that about 8 out of ________________ still believes that Santa Claus is real.

(a) all 10 four-year-olds (b) every 10 four-year-olds
(c) each 10 four-year-olds (d) every 10 four-year-old

★★★

22 In the final chapter of the novel, the main character, an old man named Wilson Ford, regrets ________________ lazy and undisciplined during his college years.

(a) being (b) to be
(c) to have been (d) having been

★★

23 Funds ________________, the city will build a new civic center equipped with the most up-to-date facilities.

(a) are permitted (b) permitting
(c) having permitted (d) have permitted

★★

24 The more scientists try to understand the workings of the human mind, ________________ they seem by all of its mysteries.

(a) more puzzled (b) the more puzzled
(c) the more puzzling (d) the most puzzling

★

25 In an hour-long interview, the actor confessed that her biggest regret was that she ________________ the opportunity to reconcile with her father before he died.

(a) couldn't have (b) hadn't had
(c) hadn't have (d) wouldn't have had

26 _________________ the world's leaders make a serious commitment to fight it, there's still a possibility that the effects of global warming may be counterbalanced.

(a) If
(b) It is
(c) That
(d) Where

27 The mayor claimed that she _________________ that taxes should be raised in order to pay for a new performing arts center.

(a) do ever suggest
(b) had ever suggested
(c) had never suggested
(d) has never suggested

28 Not until a child reaches a certain age _________________ the importance of cooperating with others in a peer group.

(a) he or she recognizes
(b) and he or she recognize
(c) does he or she recognize
(d) that he or she recognizes

29 The spokesperson of the company was worried about stockholders _________________ by the news of yet another cover-up at the corporation.

(a) angered
(b) to anger
(c) angering
(d) be angry

30 Dr. Johnson is such an admired intellectual that no other scientist in the world is _________________ he is.

(a) as highly regarded as
(b) more highly regarded
(c) the most highly regarded than
(d) so highly regarded than

★★

31 _______________ made by some critics that her new book seemed even
more appealing to the public.

(a) So absurd were the comments   (b) So were the comments absurd

(c) So absurd comments were   (d) The absurd comments were

★★

32 Nearly _______________ of the population of this coastal town is made up
of people under the age of thirty.

(a) two of fifths   (b) two fifths

(c) two fifth   (d) the two fifths

★★

33 Few council members approved of the changes proposed by Mr. Landers,
_______________ would cost a huge amount of time and money.

(a) whose   (b) what

(c) which   (d) who

★★

34 If they hadn't read it in the newspaper, most people _______________ such
a ridiculous story could be true.

(a) had not believed   (b) would not believe

(c) have not believed   (d) would not have believed

★★★

35 Despite the company's new policies _______________ common sense and
safety, some employees still tend to focus on such petty details.

(a) had based on   (b) based on

(c) basing on   (d) base on

★★
36 The government has tried to hide their poor human rights record by deporting foreign journalists and ________________ protesters.

(a) arrested
(b) to arrest
(c) had arrested
(d) arresting

★
37 Movie Land, the biggest movie rental chain in the country, ________________ that it will forgive any late fees accrued before this month.

(a) has announced
(b) have announced
(c) announce
(d) is announced

★★★
38 To show their support, the neighbors decided that if Mr. Olson didn't agree to sell his property, then ________________.

(a) neither won't they
(b) neither would they
(c) neither they will
(d) they won't neither

★
39 Customers will have the chance to renew their service plans ________________ choose another that better fits their needs.

(a) and
(b) that
(c) or
(d) nor

★★★
40-1 The judge was regarded ________________ the defendant by the majority of the public because he had been arrested several times before.

(a) far being too lenient on as
(b) too far being lenient on
(c) as being far too lenient on
(d) being too lenient as far as

40-2 The ability to make important decisions without being swayed by peer pressure or a fear of failure ________________ most parents strive to instill in their children.

(a) is that

(b) are that

(c) is what

(d) are what

Part III Identify the option that contains an awkward expression or an error in grammar. (41-45)

★★

41 (a) A: You must be excited about your role in the school play.

(b) B: Actually, I'm very nervous.

(c) A: You've been in several productions. How long have you acted?

(d) B: About 3 years, but I've never had so many lines to memorize.

★★

42 (a) A: I can't believe Professor Williams said we had to meet with him in his office personally.

(b) B: I know! I've been so busy. I didn't have the time to go over there yet.

(c) A: Me neither. I was thinking about emailing him to see if I could do it tomorrow.

(d) B: I have a test then. Maybe I can go the next day.

★★★

43 (a) A: Thank you for taking the time to meet with us, Mrs. Wells.

(b) B: You're very welcome. It's a great honor to be interviewed by your newspaper.

(c) A: Let me ask you some questions which our readers might be interested in knowing the answers to. What is the secret to your success in the fashion industry?

(d) B: Well, I don't believe in luck. My success is just a hard work product.

★★
44 (a) A: I hate it when I'm late for work. My boss always gives me a mean look.

(b) B: Well, if I were him, I will do the same. You're often late, and you always have a silly excuse.

(c) A: This was the first time I was late this week. Besides, you know my boss is very hard to please.

(d) B: I think you'd better be careful, though. You don't want to get fired, do you?

✎ 고난이도 문항 ....

★★★
45-1 (a) A: Look at this new computer! Aren't you looking for a new computer?

(b) B: Yes, I'm looking for something small and light, so I can carry it around.

(c) A: This is a very nice size, but I'm sure it'll cost an arm and a leg.

(d) B: You're right. That's way too expensive. I could never be able to afford it.

45-2 (a) A: I was watching footage of that concert on television last night and I couldn't believe my eyes.

(b) B: Wasn't it an amazing sight? Ten of thousands of people showed up in the stadium.

(c) A: I wonder what it feels like to have so many people adore your music.

(d) B: I don't know, but if it were me, I'd definitely get stage fright.

Part IV Identify the option that contains an awkward expression or an error in grammar. (46-50)

★★

46 (a) The materials an artist uses to construct a work of art are often as unique as the artist herself. (b) Besides the obvious oil paints and canvasses, some artists use objects they have found. (c) For example, one famous artist's work is made in broken plates and tiles. (d) Another artist uses materials that most people would consider garbage, such as scraps of shredded newspaper and the metal from soda cans.

★★

47 (a) Everyone who knew Mr. Brobinsky thought that he was one of the stingiest men in town. (b) He ate the same simple meal of bread and cheese every day. (c) He refused to buy anything unless it was an absolute necessity, and he never gave any money away. (d) It was no surprise then that upon his death, it was discovered that Mr. Brobinsky has accumulated thousands of dollars in his savings account.

★★

48 (a) Many scientists use the phenomenon of vestigial structures as evidence of evolution. (b) Vestigial structures are parts of an animal's body where are now functionless, but were once used by its ancestors. (c) For example, the wings of ostriches cannot be used in flight. (d) That's because although the large birds did fly at one time, their wings became too small to do so through the process of natural selection.

★★
49 (a) It took many brave and talented women to make the world willing to accept and judge writers based on their skills rather than their gender. (b) For too long, women expected to write only about subjects that were considered proper by society's standards, and even the best female writers were never considered equal to a male writer. (c) Nowadays, a celebrated female author who writes about any subject she chooses is not at all a rarity. (d) Of course, most female writers, even the successful ones, will tell you that there is much to be done in bringing more equality into their profession.

★★★
50-1 (a) In the early 70s, a scientist named Dorothy Retallack conducted a series of interesting experiments. (b) She hypothesized that different kinds of music would affect plant growth in different ways. (c) Some music, such as loud rock, seemed to make plants grow at a slower rate. (d) Others music, such as classical, actually seemed to make plants grow towards the radio.

50-2 (a) This experience has happened to everyone at least once: you lie your stuff down and then you can't remember where it is. (b) Your first reaction is that someone has taken your belongings and you'll never see them again. (c) Before you jump to conclusions though, take a moment to retrace your steps. (d) You may find that you can remember exactly where you misplaced your items.

TEPS 문법 문제에서 가장 중요한 핵심은 수 일치, 시제 일치, 태 일치이며 가장 많이 출제 된다. 그러므로 이러한 문법 문제에서는 항상 먼저 각 선택지의 주어 및 동사를 파악한 후, 주어와 동사의 수, 시제, 태일치 여부를 확인하도록 한다.

❶ 집합적 물질명사 (furniture, equipment, etc.)는 집합명사 그룹 중 가장 출제 빈도가 높으므로 주의한다.
① 부정관사를 붙일 수 없고 복수형으로 쓸 수 없다.
② '수표시어 (few, a few)'로도 수식할 수 없으며 단수동사로 받는다.

❷ enough의 위치 문제는 TEPS 단골 문법이다.
① 명사 수식의 형용사 용법: 「enough + 명사」→ 전치수식
② 동사, 형용사, 부사 수식의 부사용법: 「형용사/부사 + enough」→ 후치수식

❸ 빈도/정도부사의 위치문제는 출제 빈도가 높다.
빈도부사 : ever, always, seldom, regularly, frequently, scarcely, rarely, often, sometimes
정도부사 : mostly, hardly, deeply, generally, completely, almost, greatly, nearly, wholly
원칙
① be 동사 뒤 ② 일반 동사 have동사 앞 ③ 조동사와 본동사 사이
주의사항
① 이어 동사 [동사 + 목적어(인칭대명사) + 부사] (단, 명사일 경우 앞, 뒤 모두 가능)
② 왕래발착동사 [장소+방법(빈도, 양태)+시간]

❹ 부사 very와 much의 수식관계는 매우 중요하다.
very: 형용사, 부사 / 원급 / 현재분사 / 형용사화한 과거분사
much: 동사 / 비교급 최상급 / 과거분사 / 서술적으로만 쓰이는 형용사

❺ 부사나 부사구 앞에는 전치사가 쓰일 수 없다.
upstairs, downstairs, inside, outside, home, abroad, ahead, backwards, overseas 등은 앞에 전치사 없이 사용

❻ 두 개 이상의 주어가 등위 접속사 and로 연결된 경우는 대부분 '복수취급'하나 불가분관계에 있는 것은 '단수취급' 한다.
· brandy and water (물탄브랜디)　　　· all work and no play (공부만 하고 놀지 않는 것)
· a needle and thread (실 꿴 바늘)　　· watch and chain (줄 달린 시계)

❼ TEPS에 출제되는 생략구문은 관용적으로 생략되는 구문들의 이해가 중요하다.
① 부사절에서 [주어(대명사) + be동사] 생략
② [주격 관계대명사 + be동사] 생략

❽ 접속사 문제 중 가장 중요한 것은 등위접속사, 상관접속사가 된다. 즉 같은 역할을 하는 품사끼리 동일한 문법적 구조로 연결하는 법칙을 염두 해 둔다. [A, B, and C], [A and B], [A or B] 형태의 문장이나 상관접속사가 사용된 문장이 나오면 동일한 품사끼리 연결되어 있는지를 반드시 확인한다.

❾ 도치가 일어나는 경우의 형태를 기억해 둔다.
① So + 동사 + 주어　　　　　　　　② Neither + 동사 + 주어
③ 유도 부사가 문두에 오는 경우　　　④ 양보 절에서의 도치
⑤ 조건 절에서 if를 생략하는 경우　　⑥ 부정어구(부정부사)의 도치 → never, not, only, hardly 등이 문두에 오는 경우

❿ kind of, sort of는 뒤에 단수 가산 명사가 올 경우에도 부정관사를 쓰지 않는 것이 원칙이다.
① 단수 수식어 + kind of 단수명사　　② 복수 수식어 + kinds of 복수명사

Part I **Choose the best answer for the blank.(1-25)**

★★

1 A: I really admire Patricia's positive outlook on life.
B: Me too. She always finds a way to ________________ it through the most difficult situations.

(a) take
(b) learn
(c) make
(d) try

★★

2 A: Sorry, I couldn't hear you. Did you say something?
B: Oh no, sorry. I was just ________________ out loud.
A: That's all right. I do it all the time.

(a) thinking
(b) understanding
(c) believing
(d) considering

★★

3 A: So did you turn in your rental application for that place on 3rd street?
B: Not yet. I still have to talk to my ________________ about breaking my lease.
A: Oh. I hope she doesn't make you pay a penalty.

(a) landlord
(b) dweller
(c) tenant
(d) inhabitant

★★

4 A: I hope I can find out how to treat my cough on this health website.
B: It would be better to ________________ a real medical professional. Self-diagnosis can be dangerous.

(a) advise
(b) disregard
(c) seek
(d) consult

5

A: It looks like Tommy is playing his video games again.

B: I wish he would ________________ himself with something more productive.

(a) hold   (b) occupy
(c) equip   (d) arrange

A: I wonder if Shannon is going to get the job at the advertising company.

B: I hate to say it, but her chances of getting the position are pretty ________________. There are only three positions, but a thousand people applied.

(a) frail   (b) fair
(c) sheer   (d) slim

7

A: I tried to call you several times last night, but I couldn't get through.

B: Yeah, the line was ________________ all night. I couldn't get a dial tone.

(a) dead   (b) loud
(c) broken   (d) poor

A: I need to ship this package to England, please.

B: Sure. I can help you with that. Let me see how much it weighs.

A: It's not too heavy. It's just a sweater I made for a friend. How much will it cost?

B: Well, there's a flat ________________ for packages under 5 pounds.

(a) check   (b) fare
(c) wage   (d) rate

★★
9

A: I just found out that Marcy had to put her cat to sleep. It was really sick.

B: What a ________________. Marcy must've been heartbroken. She really loved her cat.

(a) mercy   (b) shame

(c) desire   (d) sadness

★★
10

A: I think I'm lost. I'm trying to find the periodical section.

B: It's actually on the third ________________. You can take that stairway.

(a) level   (b) layer

(c) flight   (d) story

★
11

A: Didn't I tell you to empty the trash cans?

B: You're not the boss. I'm not going to ________________ orders from you.

(a) take   (b) answer

(c) admit   (d) catch

★★
12

A: I apologize for missing the meeting yesterday. I wasn't feeling well.

B: I'm sorry to hear that. What's was wrong?

A: I think I had a bad ________________ to the medication the doctor gave me.

(a) aftermath   (b) symptom

(c) effect   (d) reaction

★
13

A: I'd like to ________________ $500 from my checking account to my savings account. And could you check the balance of both accounts as well?

B: Sure, no problem. I just need to see your ID.

(a) withdraw   (b) exchange

(c) transfer   (d) convert

★★
14 A: Benjamin had a hard time taking a nap with the other kids today.

B: Sometimes too much sugar makes it hard for him to _________________ down.

(a) let   (b) stay

(c) relax   (d) settle

★★★
15 A: I think I really upset Herbert with my comments the other day. He's been avoiding me ever since then.

B: Well, you were just telling the truth. Don't lose any sleep over it.

A: I hope he didn't take _________________. I was just giving my honest opinion on his essay.

B: Sometimes he's too sensitive for his own good.

(a) offense   (b) concern

(c) error   (d) fault

★★
16 A: Raymond never tells me anything about his life. He's so _________________.

B: I know. It makes me wonder if he's hiding something.

(a) controversial   (b) intimate

(c) secretive   (d) confidential

★★
17 A: Kate, did you hear there's a fire burning on the 2nd street?

B: No, I didn't. My office is on that street. Do you know exactly where the fire is?

A: I heard it started at that new Greek restaurant.

B: Oh, no. That's right next to my office building. I hope the blaze is under _________________ now.

(a) command   (b) direction

(c) fire   (d) control

★
18 A: Is Gregory still here? I was supposed to meet him an hour ago, but I'm so late.

B: Actually, he left about 5 minutes ago. You just _________________ him. You might be able to catch him in the parking lot if you hurry.

(a) ignored

(b) lost

(c) stood

(d) missed

★★
19 A: I was checking my online bank statement when I noticed a check I've never written.

B: Did someone try to _________________ your signature and steal the money?

A: Unbelievable, isn't it? The bank reimbursed the money, but it was kind of scary.

(a) disguise

(b) withdraw

(c) forge

(d) subsidize

★★★
20 A: You give your daughter everything she asks for. You're spoiling her _________________.

B: That's all right. She's my only child, and she deserves to get everything she wants.

(a) nasty

(b) rotten

(c) decayed

(d) spiteful

★
21 A: Billy finally came to talk to me about breaking my window the other day. He said he was sorry.

B: Do you think it was a _________________ apology?

A: I don't know. At least he tried to make things right.

(a) sincere

(b) serious

(c) precise

(d) significant

★
22 A: Thanks for helping me set up for the party. I really appreciate it.

B: No problem. I'm sure you'll ________________ the favor one day.

A: Of course. Just let me know when you need me.

(a) keep   (b) help
(c) return   (d) leave

★★
23 A: You don't actually believe what Tim was saying, right? He's obviously lying
through his ________________.

B: Well, he isn't the most honest guy I know, but maybe he's telling the truth
this time.

(a) teeth   (b) lips
(c) hair   (d) ears

★★★
24 A: I've been telling James to check his spelling before he hands in any reports,
but his work is still full of mistakes.

B: Making him pay attention is very challenging. I gave up on him a long ago. I
realized it was a ________________.

(a) rain check   (b) power trip
(c) lost cause   (d) white noise

★★★

25-1 A: Hannah insists that she didn't know anything about the missing documents.

B: I'm not sure whether I believe her, but I'll give her the _______________ of the doubt.

(a) profit   (b) trust
(c) advantage   (d) benefit

25-2 A: I think the writer of this article is pretty hopeful about the future, don't you think?

B: I don't know. A lot of the words he chose had negative _______________.

(a) allegations   (b) indications
(c) connotations   (d) proposals

Part II   Choose the best answer for the blank. (26-50)

★

26 Many volcanoes on the islands of Hawaii are considered _______________ by scientists since they have erupted in the past.

(a) extinct   (b) vanished
(c) dynamic   (d) active

★★★

27 The recent _______________ in oil prices worldwide has caused many drivers to look for alternative modes of transportation.

(a) disproportion   (b) inequality
(c) fluctuation   (d) discrepancy

★★

28 Many criminals _________________ to see their lawyers before they agree to talk the police about what they know.

    (a) question   (b) claim

    (c) require   (d) demand

★★

29 Even though the doctor encouraged him to remain optimistic, Stan was _________________ about the chance of recovery.

    (a) irresolute   (b) skeptical

    (c) problematic   (d) petrified

★★★

30 The public had endured a year of the mayor's lies, but the water pollution scandal ended up being the _________________.

    (a) ups and downs   (b) last straw

    (c) spilled milk   (d) narrow escape

★★

31 The patient was so determined to climb out of bed that the nurses had to _________________ him during the night.

    (a) bar   (b) restrain

    (c) obstruct   (d) impede

★★

32 It is often difficult for journalists to remain _________________ when covering a particularly moving human interest story.

    (a) indistinct   (b) incumbent

    (c) impartial   (d) introverted

★★★
33 While the scandal did not completely destroy the young actor's career, few would doubt that his reputation was so seriously _________________ that landing key roles became very difficult.

(a) spoiled
(b) damaged
(c) impaired
(d) wounded

★★★
34 The citizens of Smithfield are invited to attend the mayor's annual tribute to the brave men and women of the local police force who have shown exceptional bravery in the _________________ of duty over the past year.

(a) act
(b) time
(c) reason
(d) line

★★★
35 After driving around in circles for more than an hour, my partner and I became _________________ aware that we were quite lost and needed directions.

(a) inadequately
(b) wildly
(c) confusingly
(d) painfully

★
36 Although women's rights have a long way to go before equality between the sexes is achieved, _________________ has definitely been made.

(a) expansion
(b) growth
(c) promotion
(d) progress

★★★
37 Though I searched _________________ for my glasses before leaving the house, I could not find them anywhere.

(a) high and low
(b) safe and sound
(c) neat and tidy
(d) ready and willing

38   As the man explained his version of the story to the policeman, other witnesses
___________________ with more details.

(a) fed up   (b) got away
(c) came down   (d) chimed in

★★

39   Because the professor chooses to have an _________________ phone
number, contacting her outside of her normal office hours can be difficult, if not
impossible.

(a) undefined   (b) unclaimed
(c) unlisted   (d) uncalled

★★

40   After hearing both sides of the story, the judge decided that the woman's
actions were _________________ and that she should not be held liable for
the damages.

(a) related   (b) notorious
(c) warranted   (d) official

★

41   Not all people respond to the _________________ of losing a loved one in the
same way.

(a) relief   (b) principle
(c) remorse   (d) grief

★★★

42   An excellent way to _________________ home one's point during a business
meeting is to use relevant and visually interesting charts and graphs.

(a) show   (b) lead
(c) take   (d) drive

The police arrived at the scene of the crime just moments after they were alerted of the break-in by the jewelry store's alarm system; nevertheless, the thief _________________ nearly a million dollars worth of gems.

(a) took out on   (b) made off with
(c) shied away from   (d) listened up for

★★
44

In ancient times, long before the advent of modern medical science, tribal shaman often _________________ the help of supernatural beings to cure others.

(a) faced   (b) reproved
(c) condemned   (d) invoked

★
45

Though US President Franklin Roosevelt contracted polio and spent his later years in a wheelchair, his _________________ did not prevent him from running the country during the time of crisis.

(a) harm   (b) injury
(c) disability   (d) deformity

★★★
46

After telling a number of _________________ jokes in mixed company during a break, Jim was called into his supervisor's office for a formal reprimand.

(a) off-color   (b) on-target
(c) by-product   (d) unruly

★★
47

The main attraction of country clubs is that their benefits are _________________ to their members.

(a) affirmative   (b) extensive
(c) intensive   (d) exclusive

48 Having met Nancy just once at a party a year or so ago, John would most likely consider her to be little more than a ________________ acquaintance.

(a) familiar   (b) informal
(c) casual   (d) dear

★★★
49 Many celebrities must learn how to cope with constant attention from crowds of ________________ fans, while still maintaining a stable personal life.

(a) staggering   (b) adoring
(c) crushing   (d) sprawling

고난이도 문항

★★★
50-1 The senator's aide was summarily fired for taking a priceless work of art from the senator's office, but was ________________ just two days later when the actual perpetrator was caught by the police.

(a) reinstated   (b) rejuvenated
(c) reinforced   (d) rehabilitated

50-2 Hoping to appeal to a younger audience, many companies ________________ their products at big parties featuring popular musical groups.

(a) construct   (b) launch
(c) depict   (d) generate

Reading Comprehension

★★
1
Authorities searched for survivors and clues after an explosion tore apart a eleven-story department building in Mumbai Tuesday. The cause had not been determined, but a natural gas explosion or the possibility of a terrorist act was being considered. At least 100 people were killed. Rescue workers said that more than 200 people were hospitalized with serious injuries and up to 145 people could be buried under the mounds of smoking debris. America's CNN said the blast was apparently caused by a natural gas explosion. But as the day wore on, other officials said they believed it may have been ______________ ______________ the building on the southeast fringes of the city.

(a) a bomb that ripped apart
(b) a gas explosion that tore apart
(c) a department store that built
(d) rescue workers who searched for

★★
2
Doctors in Hungary recently discovered a fun-loving 5 year-old girl who is believed to be the world's first true, living link between humans and animals. She's become the subject of many scientific studies as excited experts compete to unlock the mysteries she poses for mankind. According to the experts, she is totally comfortable in the human world, but in the same way she is ______________ of the animals. She can comprehend how animals communicate when they yelp, whine, bark or make other sounds. She can answer them in their language, and it is apparent that there is total communication there.

(a) a significant protector
(b) a professional expert
(c) a deadly enemy
(d) a natural companion

3

Vegetarianism is the practice of following a diet based on plant-based foods including fruits, vegetables, cereal grains, nuts, and seeds, with or without dairy products and eggs. A vegetarian does not eat fish, meat or poultry and may or may not consume milk, dairy products and eggs. A vegan diet is a form of vegetarian diet which excludes all animal products, including dairy products, eggs, and honey. People adopt this way of life for various reasons, of which the main ones are usually humanitarian or have something to do with ecology or health. Those who do so on humanitarian grounds have a basic respect for life in all its forms and will avoid not only meat but any product obtained by ______ animals. Some vegans extend this to include all dairy products and egg, however humanely they may be produced and may also avoid honey.

(a) banishing
(b) importing
(c) raising
(d) exploiting

4

Recently, a Canadian musicologist had discovered what appears to be a long lost work by Mozart. Dorothea Link came across the passage, scored for strings and soprano, in the Austrian National Library in Vienna. The 35 bars by the great composer precede the Mozart aria "Vado, madove?" Although the new material is not in Mozart's own handwriting, the signs point almost conclusively to ______ , experts say. "I think the evidence that this was composed by Mozart is very strong," said Stanley Sadie, a British musicologist and Mozart Specialist.

(a) his standard of living
(b) his passion for music
(c) his characteristic
(d) his authorship

5 One important peaceful use of nuclear energy is the production of electric power. Nuclear energy also powers some submarines, surface ships, and spacecraft. Nuclear reactions also produce particles and rays, called nuclear radiation, that have uses in medicine, industry, and science. _______________ _______________, nuclear radiation can be extremely dangerous. Exposure to too much radiation can result in a condition called radiation sickness.

(a) In fact
(b) Therefore
(c) In addition
(d) However

6 At the turn of the century, many European artists were looking toward non-Western traditions for inspiration. As countries such as France, Spain, and England expanded their colonial empires into Africa, art from this continent became more available, and many artists got new ideas. For example, several of the faces in Pablo Picasso's *Les Demoiselles d'Avignon* are based on Fang sculptures from Central Africa. The almond-shaped eyes, small mouths, and long necks of figures in the work of Amedeo Modigliani also seem to display _______________ _______________.

(a) conventions that favored colonialism
(b) many of the themes in Picasso's work
(c) an interest in African tribal masks
(d) mainly European artistic traditions

★★
7

A free market is a market without economic intervention and regulation by government except to regulate against force or fraud. The terminology is used by economists and in popular culture. A free market requires protection of property rights, _______________ no regulation, no subsidization, no single monetary system, and no governmental monopolies. It is the opposite of a controlled market, where the government regulates prices or how property is used.

(a) but
(b) so
(c) because
(d) unless

★★★
8

To Whom It May Concern,

Last December 1, I wrote you and requested that our five months' office rental fee should be returned, because we had already moved downtown on May 1. It is now February and the monthly invoice is still coming, and there has been no communication from you at all. Enclosed hereto are copies of the invoices together with the letter that I sent to you to assist you in identifying the fact. Can something be done about our removal order and our refund? Incidentally, I don't think we should _______________________________. Please reply at your earliest convenience.

Sincerely
Mandy Fredrich

(a) be charged for any months after May
(d) mail copies of invoice
(c) move downtown by May 1
(d) ask for a refund

The term "Millenium Bug"—the problems caused by computers that only read the last two digits of each year and could therefore confuse the year 2000, or "00" for 1900—is an old one now, but was a huge headache for all nations world wide nearly a decade ago. At that time, the United States was considered as leading the world in fixing the problem. However, many developing countries did not have an adequate amount of cash and technology to ensure that their basic computer systems will ________________________________ after the new year. Russia, Ukraine, China and Indonesia were among those facing considerable risk. On the other hand, countries in Western Europe were better prepared, although there was a chance of significant failures in Italy.

(a) be created
(b) continue to function
(c) continue to fail
(d) be absorbed by many people

Many politicians and environmentalists blame water shortages on the drought in the East, but that is giving Mother Nature a bum rap. Undoubtedly the severe drought is the immediate cause, but the real culprits are regulations that don't allow markets and prices to equalize supply and demand. Another surprising aspect that relates to this is the similarity between water and gasoline, which is very instructive. The energy crisis of the 1970s was also blamed on nature's niggardly supply of oil. However, it has been revealed by many that the actions of the Organization of Petroleum Exporting Countries(OPEC), combined with ________________________________ , was the main cause of the shortages.

(a) long period of drought
(b) excessive production
(c) price controls
(d) plentiful gasoline

★★★ 11

Dear Students,

Recently there has been much discussion over the new policy concerning the use of cell phones on school grounds. Many of you have come to me to express your frustration over the new rule that bans their use during school hours. The ban, which is due to come into effect on May 24th, was put in place to maintain a productive and safe environment for both students and teachers. However, I believe that there is a place for student input. That is why I have decided to hold an informal meeting open to the Deacon community to further discuss this matter. In addition to myself, several members of the student council will be present to talk about the ban and decide whether or not it is in fact a practical solution and what, if any, _________________ can be made. I encourage all of you to attend.

Sincerely,

Janice Weiner

Principal

(a) penalties
(b) compromises
(c) promises
(d) comments

★ 12

Personally, I do not comprehend people who complain about doing the dishes. To me, the idea that doing the dishes is unpleasant can only occur when you aren't actually doing it. If you are standing in front of the sink with your sleeves rolled up, it is really quite pleasant. I enjoy taking my time with each dish, being fully aware of the dish and each movement of my hands. I understand that if I hurry in order to eat cheese cake or apple pie for dessert, the time it takes to wash the dishes will be unpleasant and not seem worth living. That would be a pity, for each minute and each second of life _________________ in itself.

(a) is time-consuming
(b) is a miracle
(c) is really worthless
(d) goes to extreme

★
13 CTBT, or The Comprehensive Test Ban Treaty, emphasizes a bold step for man and concerted efforts of the international community to save inhabitants of this planet earth from the grave danger of nuclear annihilation. _______________

_______________, this ray of hope to minimize nuclear terrors appears to be thinning. Developments concerning the signing or ratifying of the CTBT are all but dashing our hopes to bring a comprehensive treaty into effect. Only 51 countries, including South Korea, from among the 154 countries that had signed the treaty, have ratified. India, Pakistan and North Korea still remain in their refusal to sign both the CTBT and the Nonproliferation Treaty, let alone ratify them.

(a) Otherwise
(b) In addition to
(c) However
(d) Therefore

★★
14 In an open society, the logic of the free market must be upheld against any jingoistic outburst. Consumers are the sovereign people in a market society. If the sovereign consumers decide that they want non-Korean pop culture instead of domestic products or vice versa, let them have what they want. After all, that is the decision made by none other than our own nationals. _______________

_______________, every single individual has a national right to lead the life he chooses as long as his choice does not interfere with the equal exercise of others' rights.

(a) Besides
(b) Nonetheless
(c) However
(d) As a matter of fact

15 We now have the technology to take a few cells from a modern day Einstein, or musical genius or child prodigy and create hundreds of cloned babies which have exactly the same genes. Many biological experts now remember President Clinton announced in May 1997 that human clones are illegal and should not be born. His declaration was positively accepted and applauded, yet what he went on to say was that the ban was only for 5 years. _________________ _____________, it is predicted that human cloning will possibly be performed in commercial laboratories in the US or by using US technology.

(a) However
(b) As a result
(c) Furthermore
(d) On the other hand

★★★

16-1 Attention all young smokers: As of July 5th, it is illegal for anyone under 18 to smoke a cigarette in the state of California. If caught smoking, chewing or even possessing tobacco by the police, you as an offender could be fined as much as $200, yanked off the street or out of the department store and taken home in the backseat of a squad car. The law is part of the state's campaign to greatly _________________________ among all Californians by 2010.

(a) reduce tobacco consumption
(b) prohibit the sale of cigarettes
(c) stop police from arresting minors for smoking
(d) allow youngsters to smoke outside the building

16-2 Most people agree that they're troubled by the extent of global poverty, but their actions _________________________. For those living in the developed world, the impulse to reach out and help those in poorer regions is usually a sincere one. Giving to charitable foundations and other similar actions can certainly fight poverty, but it does not address the causes of the problem. People in rich nations fail to realize that their consumption has a profound effect on the way people live in poor ones. Many conveniences such as cheap clothing, energy, and food come at the expense of others, yet few would be willing to give them up.

(a) often fail to be recognized
(b) do not reflect their concern
(c) are needed more domestically
(d) only reach a small number of countries

★★
17

To: All Members of the Neighborhood Watch
From: Neighborhood Watch Program President

As many of you are aware, there has been a growing problem with vandalism in the community. Many of your neighbors have woken up to find graffiti on the fences and sidewalks outside of their homes, and it is especially prevalent near Griegos Park, where many of us take our families to enjoy leisure time. Although reports have been made to the police about the problem, each one of us can take action to keep our community pleasant and safe as well. This Saturday, the Neighborhood Watch Program will be meeting from 10 a.m. to 1 p.m. to paint over some of the vandalized areas near the park. Any painting materials you can provide for the project would be greatly appreciated. In addition, it is also important to remember to report any suspicious activity you notice to the police immediately. Working together, I believe we can put an end to this unsightly problem.

Q. Which of the following is true according to the above notice?
(a) The Neighborhood Watch Program is planning cover over some graffiti.
(b) There will be a meeting to discuss the recent vandalism problems.
(c) Some of the vandals were caught by the police in Griegos Park.
(d) Graffiti was discovered on some houses next to the park.

To: All Professors of Science Faculty
From: Dean of Science Faculty

It has been brought to my attention that many of our students are failing to use the parking lots that were provided by the university. Instead, they have been reported to park around the perimeter of the premises, on access roads and outside the main gates. The practice of random parking is not only a nuisance to the general public, but also impedes deliveries to the plant. Most serious of all, it could hinder or even prevent fire engines and ambulances from reaching the scene of an emergency. Therefore, all professors and lecturers are urgently requested to remind their students to use the official car parks and to inform them that, beginning 1 July 2010, all vehicles parked in mentioned areas will be towed away and the university will not be held liable.

Q. Which of the following is true according to the above notice?
(a) Students whose cars hinder emergency vehicles will be dismissed at once.
(b) The most serious problem of random parking is that it blocks the driveway.
(c) The Dean requests that students park around the perimeter of the premises.
(d) As of 1 July 2010, randomly parked cars will be towed away at the owners' expense.

Babylonia was a civilization in Lower Mesopotamia with Babylon as its capital. Babylonia emerged when Hammurabi (fl. ca. 1696 – 1654 BC, short chronology) created an empire out of the territories of the former kingdoms of Sumer and Akkad. The Amorites being a Semitic people, Babylonia adopted the written Semitic Akkadian language for official use, and retained the Sumerian language for religious use, which by that time was no longer a spoken language. Babylonia was not quite as fertile a land as Egypt, nor was the climate so good. To water the land far from the river they built canals, and were the first people to use irrigation. Again unlike the Egyptians, they did not have great quantities of building stone at hand. Instead, they made bricks out of clay and baked them in the summer sun.

Q. Which of the following is true according to the above article?
(a) There had been brick buildings in Babylonia as there had been in Egypt.
(b) The bricks made by Babylonians were as hard as stone.
(c) The land of Babylonia was not fertile like Egypt but the climate was very good.
(d) Babylonians built canals, and used irrigation for the first time in the world.

★★★
20

In today's business world, many a man has been ruined by the overconfidence that comes with early success. If it happens that money comes in easily at first, you should not spend it all, but instead put some away for slimmer times. You need to make sure that any path can change for the worse as much as for the better, especially since as time goes by, you will likely have more demands on your wallet. Also, no matter how slowly money comes in at first, you should not be discouraged in the least. There is no easy road to success, for every path can have its pitfalls.

Q. Which of the following cannot be inferred from the above passage?
(a) As the years pass on, so too will your money.
(b) It is from being unlucky at first that many businessmen have failed.
(c) If making money is done so in vain, then we are liable to get discouraged.
(d) With our life being filled with various hardships, we ought to be prepared for the worst.

★★

21 Unlike a decade ago, women play a significant part in American life. Take for example, many women in the US are employed in a variety of areas in education. In the elementary schools through eighth grade, over 85 percent of teachers are women, as are almost 80 percent of teachers in the high schools. However, in the universities, male professors far outnumber women, but female professors are more common in American campuses than those of many other countries. Perhaps even more surprising than the number of women employed in American business and industry is the fact that they own 70 to 80 percent of all national wealth such as stocks, bonds, real estate, and savings accounts. These figures are accounted for in part by the fact that women outlive men.

Q. Which of the following is true according to the report?

(a) Most American women are more concerned with managing their homes and families than outside jobs.

(b) Because women's roles in business and community life are important in America, most women don't see themselves primarily as homemakers.

(c) In American universities, there are more female professors than male professors.

(d) Partial reason for women's ownership of most of the national wealth in America is that they live longer than men.

22 Detroit is famous for being the center of the American car manufacturing industry. Known as the world's traditional automotive center, Detroit is a metonym for the American automobile industry and an important source of popular music—legacies celebrated by the city's two familiar nicknames, The Motor City and Motown. There are many freeways in Detroit and it is difficult to go anywhere without using a car. So it is also a place with really bad air pollution, or smog, because of cars and industry. In 2008, Detroit ranked as the United States' eleventh most populous city, with 912,062 residents. At its peak in 1950, the city was the fourth-largest in the U.S.A., but has since seen a major shift in its population to the suburbs.

Q. Which of the following can be inferred from Detroit according to the passage?
(a) Almost all Americans would like to live in Detroit.
(b) A car is indispensable for living in Detroit.
(c) It ranked as the world's eleventh most densely populated city.
(d) It used to be the mecca of the American automobile industry.

★★★
23 Although many countries are facing the possibility of recession after a long period of growth, the once battered and bruised Brazilian economy is emerging as an economic success story. Due to its abundant natural resources and strong manufacturing capabilities, Brazil is quickly becoming one of the most powerful countries in South America and a major international player. After a series of economic disasters in the preceding decades, Brazil has experienced a boom in development and a rise in the average wage. Now the country boasts a growth rate of 3.7% annually and an inflation rate of only 3%.

Q. Which of the following can be inferred from the newspaper article?
(a) Brazil could lose its status as an international player if it doesn't act now.
(b) Brazil's rate of inflation cannot be considered to be too high at this point.
(c) Brazil's workers are mainly responsible for the country's recent prosperity.
(d) Brazil manufactures goods for sale abroad by using imported natural resources.

★
24 Key contributors to global warming and world hunger are the animals from which developed nations produce meat, says The United Nations Food and Agriculture Association (UNFAA). A major problem is that 33% of the planet's arable land is used to produce feed for livestock. This means that there is less fertile land available for growing food for human consumption. The large number of livestock also contributes to the Earth's rising temperature. The greenhouse gasses produced by livestock are even higher than those generated by transportation. In Latin America, 70% of the Amazon rainforest has been destroyed to make room for grazing. To understand just how much of the Earth's natural resources are dedicated to meat production consider this: 1/5 of all the animals on the planet are raised for human consumption.

Q. Which of the following best summarizes the newspaper article?
(a) The UNFAA is encouraging people not to eat so much meat.
(b) Livestock contributes to a large percentage of greenhouse gases.
(c) Producing livestock for consumption contributes to global problems.
(d) The Amazon rainforest is shrinking every year because of farming.

★★
25 For many young adults, living in a college dormitory is their first real experience of independence. Choosing to live away from home is a way for many students to gain the skills they need to become successful adults as they simultaneously engage in intellectual pursuits. Life without parental supervision and guidance can be frightening at first, but college dormitories provide a protected place to ease into the adult world. Students are surrounded by peers who are going through the same thing and counselors are only minutes away in case of any crisis.

Q. Which of the following best summarizes the above passage?
(a) Many young adults get homesick after they leave their hometown for college.
(b) A college dormitory is a safe place for young adults to experience independence.
(c) Support from parents is essential to students going through their first years of college.
(d) College dormitories are well equipped to deal with the problems that new students have.

★
26 The large amounts of high fructose corn syrup found in foods may be a leading factor in the obesity crisis. The substance, which is made by pulling sugar out of cornstarch, is cheaper than cane or beet sugar and is found in everything from soda to ketchup. Nutritionists explain that the problem with high fructose corn syrup is that it is metabolized differently than other sweeteners. It does not cause the body to make insulin or leptin, which are two chemicals that produce feelings of fullness. High fructose corn syrup essentially tricks the body into thinking it's still hungry when in fact, it's not. As a result, people eat more than they need and the extra calories mean more fat is stored on the body.

Q. Which of the following best summarizes the above newspaper article?
(a) Nutritionists believe that high fructose corn syrup contributes to obesity.
(b) A key cause of obesity in modern society is the overconsumption of sugar.
(c) Eating foods with corn syrup leads to the body's production of harmful insulin.
(d) Cane and beet sugar have been proven healthier than high fructose corn syrup.

27

The cost of a funeral is rarely the first thing that the family of the deceased thinks about when laying their loved one to rest. But it is a harsh reality that funerals are getting so expensive that many people find that they can be quite a financial burden. In fact, if floral arrangements and a burial plot are considered, the average funeral may cost up to $10,000. Still, funeral directors have offered some tips about avoiding crushing debt when a family member passes away. Although it may be hard to talk about at first, it's important to discuss funeral wishes with aging parents to ensure that money isn't spent on unnecessary or unwanted embellishments. It is also important to remember that there is nothing wrong with comparing the prices of services.

Q. Which of the following best summarizes the above passage?
(a) There are several ways to make funeral costs affordable.
(b) People feel guilty about comparing prices for a funeral.
(c) The death of a loved one can cause confusion in families.
(d) Not all people want traditional ceremonies for their funerals.

28

The Internet has made many tedious tasks a bit more convenient. One of the best examples of this is online banking. Instead of driving to the bank and waiting in line to be helped by a teller, many transactions can be completed on a secure website easily and within minutes. Bank customers can transfer money into various accounts, check balances, and apply for loans. Rather than cashing a check at a bank during a busy day, automatic deposit makes it possible to have your pay placed in your account with no problems.

Q. Which of the following is the best title for the above passage?
(a) The Rise in Popularity of Internet Banking
(b) Internet Banking: Making Life Easier
(c) Ways to Prevent Bank Fraud Online
(d) Internet Banking Falls under Scrutiny

★★
29 The Ghost Orchid is one of the rarest plants in the world. Lacking leaves altogether, the plant's root system tangles around the trunk and branches of certain trees. In fact, the plant never touches the ground, giving it the mysterious appearance of floating above the earth. Pollination is done by the giant sphinx moth, the insect with a long enough proboscis to reach inside of the orchid's long blossom. Discovered in 1844 by Jean Jules Linden, the plant was once believed to only grow in Cuba until much later when it was seen in the Everglades in Florida. The fact that all attempts to cultivate the endangered Ghost Orchid have been unsuccessful accounts for its rarity and desirability among collectors. It seems that the specific conditions the orchid needs to thrive can only be met in nature.

Q. Which of the following is the best title for the above passage?
(a) Orchid Collecting: An Exotic Hobby
(b) A Mysterious and Threatened Orchid
(c) Protecting an Endangered Plant
(d) Cultivating a Very Rare Orchid

★★
30 In my opinion, the growing movement among many college presidents to lower the legal drinking age is an important first step in urging intelligent debate about the subject. Binge drinking has become a serious and deadly problem among many young people and so far, there has been no successful solution. Many college presidents believe that current laws not only fail to deter this dangerous problem, but they actually make it worse. Instead of encouraging young people to act responsibly, the laws make drinking a forbidden and thus more desirable activity.

Q. Which of the following is the best title for the above passage?
(a) Where Are the Parents
(b) The Threat of Alcohol Misuse
(c) College Drinking on the Rise
(d) Laws Make a Bad Problem Worse

★★★

31 The world's oldest man is celebrating his birthday this week and among his gifts was $1,000 dollars in cash from the mayor of his hometown Miyakonojo, Japan. Tomoji Tanabe is in good health even at 113 years old, which he attributes to good habits including rising early, eating well, and avoiding cigarettes and alcohol. Living in Japan might also have to do with his longevity, as the country has one of the highest life expectancies in the world. Last year, on his birthday Tanabe said that he wanted to "live for infinity". But this year he has said that he only wants to live another five years or so.

Q. Which of the following can be inferred from the newspaper article?
(a) Mr. Tanabe does not suffer from typical age-related illnesses.
(b) Scientists are studying Mr. Tanabe to learn more about longevity.
(c) Japanese citizens consume fewer cigarettes than people in other countries.
(d) It's possible to live to be 120 years old if you maintain a healthy lifestyle.

★★

32 According to data from the Congressional Budget Office, the top 30 percent of American households—approximately 50 million people—reported an income rose nearly 40 percent to an average of $110,000 in the year between 1989-1999. Last year alone, 20 percent of new homes were 300 square meters or larger, which is more than double the number in 1986, according to the National Association of Home Builders. Sales of boats longer than 7 meters increased 40 percent in the last two years to a total of $1.7 billion. In contrast, that, the lowest 30 percent of households saw after-tax income fall 20 percent to $7,800. (The average American household earns about $45,000.) That means that millions of people have millions to spend, and they actually do, particularly on luxuries.

Q. Which of the following best summarizes the newspaper article?
(a) The gap between rich and poor American households has broadened.
(b) The average American household's income has increased.
(c) American people tend to have a preference for large mansions.
(d) The top 20 percent of American households monopolize almost all national wealth.

33 ★★

The benefits that Robots can offer can be numberless. Robots can work in monotonous, dirty or unpleasant Jobs without complaint or absence; not like humans. They will drill holes or make sheet metal parts for weeks and years at a time. Robots also work in jobs which are too dangerous over a long period of time for men, jobs which cause disease, or jobs in which frequent accidents occur with fumes or radiation. Furthermore, robots on the assembly line are more cost-effective than men; they can work round the clock.

Q. Which of the following best summarizes the above passage?
(a) Robots can stop various accidents occurring with fumes or radiation.
(b) Robots will work without any breaks all day long.
(c) Robots are more obedient and cost-effective than men.
(d) Robots can work in jobs too dangerous for people to do over a long period of time.

34 ★

A new study suggests that a diet rich in vitamin E containing foods such as nuts and whole grains can lower the risk of lung cancer among smokers by nearly 20 percent. Researchers in Finland conducted the study with approximately 30,000 male smokers and found that those who had high blood levels of alpha-tocopherol, the main form of vitamin E, reduced their incidence of lung cancer by 19 percent to 23 percent. The benefits were most significant, the study found, among men under age 60 and among light users who had been smoking for less than 40 years; the reduction in the risk of lung cancer in these groups changed from 40 percent to 50 percent.

Q. Which of the following best summarizes the above newspaper article?
(a) Foods rich in vitamin E can provide certain protection from lung cancer.
(b) Researchers concluded that the main form of vitamins is alpha-tocopherol.
(c) Smokers in Finland reduced their incidence of lung cancer through eating nuts.
(d) Smoking is expected to make high blood pressure much more dangerous.

★★
35

Compared to many other countries, a large proportion of the land in Australia is rugged and mountainous, which leaves the country little space on which to grow crops. Some areas are also covered with red, dry desert in which nothing can grow. Even so, Australia produces large quantities of farm products, the soil in the valleys is fairly fertile and the warm climate makes it possible to grow crops all year long. However, rainfall is not plentiful, and much of the land of the southern and western sides of each island receives too little rainfall for most crops to grow well. Therefore, in many of the places where rainfall is heavy, wells and mountain streams supply water for irrigation.

Q. Which of the following is the best title for the above passage?
(a) The Effect Geography Has on Australian Climate
(b) The Effect Climate Has on Australian Tourism
(c) The Effect Climate Has on Australian Recreation
(d) The Effect Geography Has on Australian Agriculture

★
36

To Larry,
I completely understand and am in favor of the US position that the war against Colombian drug cartels must be raised another notch. In my point of view, it is unfortunate Colombian President Andres Pastrana does not understand that he cannot negotiate peace with rebel forces from a position of weakness. I believe drug cartels are ruthless individuals who do not have or take any interest in obeying the rules of law and honor, have no moral principles and are profiting handsomely from drug trafficking, extortion, and kidnapping. The President must maintain a close relationship with the military; it is the only force that can help him show the rebel groups that their conduct is extremely silly and dangerous.

Fuan Lukosa
Bogota, Colombia

Q. Which of the following is the best title for the above letter?
(a) What the Rebel Groups Want
(b) How to Deal with Drug Rebels
(c) The Future prospects of Colombia and the US
(d) The US Position on Drug Trafficking

★★★
37-1 Dear Mr. and Mrs. Davis,

It seems that the semester just started, but we already find ourselves at the end of a very fruitful school year. Thanks to the hard work of the students, we can certainly declare this year an overwhelming success. Indeed, it's now that time of year to celebrate the effort that each and every student put in over the course of the school year. As you know, the district's annual year-end award ceremony will be held in the Hoover High School auditorium on May 12th. I'm happy to announce that your daughter Sarah has been nominated for the prestigious District Student of the Year Award and will therefore need to attend a practice ceremony at Hoover High School on May 11th during school hours. Please sign the consent form that is attached to this email and return it to me via fax or email. This will allow her to leave school grounds during school hours. Thanks so much. You have every reason to be proud!

Best regards,
Mary O'Brian
Principal; Brian Jones High School

Q. What is the purpose of the letter?
(a) To invite Mr. and Mrs. Davis to a ceremony
(b) To thank Mr. and Mrs. Davis for their hard work
(c) To nominate Sarah for an award at school
(d) To request the signing of a permission form from Sarah's parents

★★★
37-2 The recent ban on headscarves in French schools has caused feelings of outrage. Despite mass protests against the ban, which applies not only to the headscarves, but also to large crosses, Jewish skullcaps, and Sikh turbans, the law passed in parliament 494 to 36. The quick vote had much to do with French leaders pleasing their constituencies as a recent survey revealed that the law is popular with 70% of citizens. However, protesters see the ban as an infringement on religious freedom. The deputy of the moderately right-wing UMP party, which introduced the law, says that it is meant to uphold the secular nature of France and is a response to a minority of religious hardliners.

Q. Which of the following is the best title of the above article?
(a) France's UMP Party Wins by a Landslide
(b) Headscarf Ban Raises Controversy in France
(c) French Citizens Support Headscarf Ban
(d) Religious Hardliners Threaten Peace in French Schools

Part III Read the passage. Then identify the option that does NOT belong.(38-40)

★★
38 The Supreme Court of the United States is the highest judicial body in the United States, and leads the federal judiciary. (a) It has nine Judges, called Justices, who are on the court for as long as they wish to serve. (b) In the US, anyone who is able to vote can be called upon to serve on a jury or grand jury. (c) The Supreme Court is primarily an appellate court, but it has original jurisdiction over a small range of cases. (d) Cases which come before the Supreme Court often concern the US Constitution, such as the right to free speech.

★★
39 People have been encouraged to use condoms as a means of practising safe sex and protecting themselves against AIDS and other diseases since the appearance of the disease AIDS. (a) The condom is a barrier device most commonly used during sexual intercourse to reduce the likelihood of pregnancy and spreading sexually transmitted diseases (b) People often joke about men being too embarrassed to ask for condoms in a shop, especially. If the assistant is a woman. (c) There are various generally–known names for condoms which include French letter, Rubber and Durex. (d) AIDS—acquired immune deficiency syndrome—was first reported in the United States in 1981 and has since become a major worldwide epidemic.

★★★
40-1 Sleep is very important for humans; the average person spends 220,000 hours of their lifetime sleeping. It is a naturally recurring state of relatively suspended sensory and motor activity, characterized by total or partial unconsciousness and the inactivity of nearly all voluntary muscles. (a) Humans, like other animals, have a biological clock that tells us when to sleep and eat. (b) Until about thirty years ago, no one knew much about sleep. (c) Then doctors and scientists began doing research in sleep laboratories. (d) They have learned a great deal by studying people as they sleep, but there is still much that they don't understand.

40-2 Chinese citizens can face harassment or prolonged detention in labor camps if they practice religion outside officially sponsored churches, the State Department says in a new report on religious persecution around the world. (a) The report also cites credible reports of incidents of abuses of Buddhist monks and nuns in China, including Tibet. (b) China is one of 194 countries or territories examined in the report—the first of what will be an annual series on religious freedom, (c) The study was made available Wednesday to members of Congress and will be released to news organizations Thursday. (d) A free-market capitalist system cannot operate effectively unless all participants in the economy are given opportunities to achieve their best.

역대 Direction 관련 기출표현

Can you give me direction? 길을 가르쳐 주시겠어요?

Would you show me the way? 길을 가르쳐 주시겠어요?

What's the name of this street? 이 거리 이름이 뭐예요?

Where is the department store? 백화점이 어디 있어요?

Where can I fine the bank? 은행이 어디 있어요?

How can I get to the subway station?
지하철역이 어디 있어요?

Are there any drugstores around here?
이 근처에 약국 있나요?

Is there an amusement park nearby?
근처에 놀이공원이 있나요?

It's two building beyond the bank.
은행 다음다음 건물이에요.

It's across the street. 길 건너편이에요.

It's on the other street of the street. 길 건너편에 있어요.

It's across from here. 바로 길 건너편에 있어요.

It's opposite the hotel. 호텔 맞은편이에요.

It's right at/around the conner. 바로 길모퉁이에 있어요.

It's at the end of this road. 이 길 끝에 있어요.

You can't miss it. 틀림없이 찾을 수 있을 거예요.

It's easy to fine. 찾기 쉬워요.

Would you show me the way to City Hall?
시청 가는 길을 가르쳐 주시겠습니까?

Could you tell me how to get to stadium?
스타디움은 어떻게 가는지 알려주실 수 있나요?

What's the easiest way to get to the airport?
공항 가는 가장 쉬운 길이 어느 길이에요?

Does this road go to the Central Station?
이 길로 가면 센트럴 역이 나오나요?

Please show me the way to the police station.
경찰서 가는 길 좀 가르쳐 주세요.

Go straight on along this street. 이 도로 따라 계속 가세요.

Just follow your nose. 그냥 쭉 앞으로 가세요.

Turn right/left. 오른쪽/왼쪽으로 가세요.

Take the second turning to the right/left.
두 번째 교차로에서 오른쪽/왼쪽으로 가세요.

Go through the underpass. 지하 도로를 통과하세요.

You passed it two blocks ago. 두 블록을 지나오셨어요.

This is the shortcut to the park.
이 길이 공원으로 가는 지름길이에요.

In which direction should we go?
어느 방향으로 가야 돼요?

기타 표현

It's a stone's throw away. 엎어지면 코 닿을 거리예요

It's only a short walk. 조금만 걸으면 돼요.

It's too far to walk. 너무 멀어서 걸어갈 수는 없어요.

It's about half a mile from here.
여기서 대략 반마일 정도예요.

You seem to be lost. 길을 잃으신 것 같네요.

I'm new here. 이 동네는 처음입니다.

You'd better ask someone else. 다른 사람에게 물어보시죠.

Come with me. 함께 가시죠.

I'll take you there. 거기까지 데려다 드릴게요.

I know my way around here. 이곳 지리에 훤해요.

I have a bad sense of direction. 저는 길눈이 어두워요.

I'll show you around the city.
시내를 두루 안내해 드리겠습니다.

You are almost there. 거의 다 오셨군요.

You're going in the wrong direction. 길을 잘못 드셨군요.

It must be around here. 분명히 이 근처인데,

역대 기출 전화관련 표현

Would you please answer the phone?
전화 좀 받아 주시겠어요?

Would someone answer the phone?
누가 전화 좀 받아 주시겠어요?

I'll get/answer it. 제가 받을게요.

Hello, this is Joseph speaking. 여보세요, 죠셉입니다.

Sales department, Miss Franklin speaking.
영업부의 미스 프랭클린입니다.

Who's calling, please? 실례지만 누구세요?

Who am I taking to? 전화하시는 분은 누구세요?

Who do you want to speak to? 누구를 바꾸어 드릴까요?

May I speak to Mr. Jackson? 잭슨씨 좀 바꾸어 주세요.

Is San in? 샘 있습니까?

Is Miss Kim available? 미스 김 있습니까?

Would you get Luke on the line?

루크좀 바꾸어 주시겠습니까?

Would you put Denny on? 데니 좀 바꾸어 주시겠습니까?

Speaking. 전데요.

This is she/he. 전데요.

Please, hold on. 기다려 주십시오.

Don't hang up. 끊지 마세요.

Who's on the line? 누구세요.

He's not in right now. 지금 안 계시는데요.

He just stepped out. 막 나가셨는데요.

She's gone for the day. 퇴근하셨는데요.

She's off duty today. 오늘은 비번인데요.

She's on another line. 지금 다른 전화를 하고 계신데요.

I'm sorry she's not available now.

죄송합니다만 지금은 통화하실 수 없는데요.

When will he be available? 그는 언제 통화할 수 있습니까?

He's suppose to be back by one o'clock.

1시까지 돌아오시기로 되어 있습니다.

Shall I ask him to call you back?

당신께 전화하라고 할까요?

Would you like to leave a message?

메모를 남기시겠습니까?

Just tell him that I called. 그냥 제가 전화했었다고 전해 주세요.

I'm afraid I've got the wrong number.

제가 전화를 잘못 건 것 같군요.

There's no one here by that name.

여기엔 그런 이름을 가지신 분이 없는데요.

Would you switch me over to Tom.

탐에게 전화를 돌려주시겠어요?

Would you transfer this call to Dr. Brown?

브라운 박사님한테 전화를 돌려주시겠어요?

Are there any messages for me?

저한테 남겨진 메시지 있어요?

I'm returning his call.

그 사람이 전화했다고 해서 전화 드리는 건데요.

Is it okay if I call you later? 나중에 전화를 드려도 되겠습니까?

I'm hanging up now. 이만 전화를 끊겠습니다.

We must have a bad connection.

연결 상태가 안 좋은 것 같군요.

Speak up. 큰 소리로 말해봐.

We keep getting cut off. 전화가 계속 끊기는군요.

The lines are messed up. 전화가 혼선이 됐네요.

The line is busy. 통화중이에요(미국식)

The line is occupied. 통화중이에요(영국식)

Who would like to speak with? 누구와 통화하시겠습니까?

**Give me the name and the number of the person
you want to call.** 상대방의 이름과 전화번호를 말씀해 주세요.

IN A NUTSHELL. 용건만 간단히.

I can't get a dial tone. 신호가 안 떨어지는데요.

Dial seven for an outside line. 외부전화는 7번을 누르세요.

Let me page him. 그분을 불러드리겠습니다.

Don't call me at home. 집으로 전화하지 마세요.

Can you recognize my voice. 제 목소리를 아시겠어요?

Unit 15. Academic Life (학교생활)

역대 기출 학교관련 표현들

What year are you in? 몇 학년이에요?

What grade are you in? 몇 학년이에요?

I'm a freshman/sophomore/junior/senior.

1/2/3/4학년이에요.

What school do you go to? 어느 학교에 다녀요?

What university do you attend? 어느 대학에 다녀요?

I'm a freshman at Temple University.

템플대학교 1학년이에요.

What's your major? 전공이 뭐예요?

What are you majoring in? 무엇을 전공하세요?

I'm majoring in business administration.

경영학을 전공해요.

What is favorite class? 당신이 가장 좋아하는 과목이 뭐예요?

I like mathematics best. 수학을 가장 좋아해요.

How many courses are you taking this semester?

이번 학기에 몇 과목을 수강해요?

How many credits did you apply for?

몇 학점을 신청했어요?

I signed up five courses. 5과목을 신청했어요.

I applied for 30 credits. 30학점을 신청했어요.

What courses would you recommended?

어느 과목을 추천하세요?

Whose class is the most popular?

누구의 수업이 가장 인기가 있어요?

Professor Kim is the best grader.

김 교수님이 학점을 제일 잘 줘요.

What's your schedule like? 수업 일정이 어떻게 되요?

Exams are at hand. 시험이 코앞에 왔어요.

I stayed up all night cramming.

새워 벼락치기공부를 했어요.

Have you got any query, just raise your hand.

의문사항이 있으면 그냥 손만 드세요.

No cheating is allowed! 절대 부정행위는 용납되지 않습니다.

Time's up! 시간 다 됐어요.

How did your finals go? 기말고사는 어떻게 봤어요?

I got full marks in mathematics. 수학에서 만점 받았어요.

I blew the test. 시험 망쳤어요.

I flunked mathematics. 수학시험을 망쳤어요.

I received a scholarship. 장학금을 받았어요.

Assignment 관련

When did you say the paper was due?

보고서 제출 마감이 언제라고 하셨습니까?

How long should the paper be?

보고서는 몇 장을 써야 합니까?

Would it be possible to hand in my paper a few

days late? 과제물 제출을 며칠 연장해 주실 수 있습니까?

I have assignments in almost every subject.

거의 전 과목에 걸쳐 숙제가 있어요.

I have to submit an essay by tomorrow.

내일까지 에세이를 제출해야 돼요.

I have all the materials ready. 자료는 다 준비 됐어요.

Have you turned in your paper? 보고서는 제출했어요?

When's the paper due? 보고서 제출 마감이 언제예요?

You've come a long way. 자네 대단한 발전을 했군.

You've come into your own. 자네 진가가 드러나는군.

You have what it takes. 자네 소질 있군.

대학 생활에 관한 기타표현들

I'd like to transfer to economics major.

경제학과로 바꾸고 싶은데요.

I worked my way through college.

고학으로 대학교를 마쳤어요.

I'll withdraw this course. 이 과목은 수강철회할 거예요.

I'll just come in cold. 그냥 준비 없이 들어갈 거예요.

He often skips classes. 그 녀석은 자주 수업을 빼먹어요.

He's always dozing off in class.

그 녀석은 항상 수업시간에 졸아요.

I'm applying for the master's program.

석사과정에 지원하려고 하는데요.

What are the entrance requirements?

입학에 필요한 것이 뭐예요?

What is your tuition for a semester?

한 학기 등록금이 얼마예요?

My university has a dormitory.

저희 대학에는 기숙사가 있어요.

I'm here to see the foreign student advisor.

유학생 지도교수와 상담하려고 왔습니다.

Is there an orientation for foreign student?

외국학생을 위한 오리엔테이션이 있나요?

My visa expires in a month. 저의 비자가 1개월 후에 만료돼요.

I'd like to extend my stay. 체류를 연장하고 싶은데요.

Joseph Kim's TEPS MASTER 1000제

TEPS의 마침표를 찍을 수 있도록 엄선된 실전문제와 함께
친절한 설명을 담고 있는
Joseph Kim's TEPS MASTER 1000제

· 영역별, 파트별로 반드시 알아 두어야 할 유형과 전략을 담고 있는 실전 완성의 최종
· 최고 TEPS 강사가 만든 유형별 분석(Analysis), Solution과 별도로, 문항별 focus를 두어 문제의
  핵심을 알 수 있도록 한 차별화된 해설
· 문항별 난이도를 표시하여 자신의 실력이 어느 정도인지를 가늠해 볼 수 있는 기회 제공
· 단순 Vocabulary 정리가 아닌 어휘의 확장(Extension)을 위한 동의어(Synonym),
  반의어(Antonym), 연어(Collocation) 제공
· TEPS 시험 대비를 위한 분야 · 주제별 주요 청해 표현 제공

978-89-6049-164-9 18740   978-89-6049-135-9(set) 값 26,000원(CD포함)

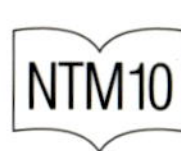

TEPS의 모든 파트별 유형과 전략을 담은 실전 완성서

NTM10

Joseph Kim's

TEPS MASTER 1000제

정답 & 해설

조셉킴

Joseph Kim's

TEPS MASTER

1000제

텝스를 완벽히 분석·반영한 전략, 유형, 난이도 그리고 친절한 해설 등을 담은 실전문제 제시

MP3 파일 다운로드
www.saramin.com

사람in

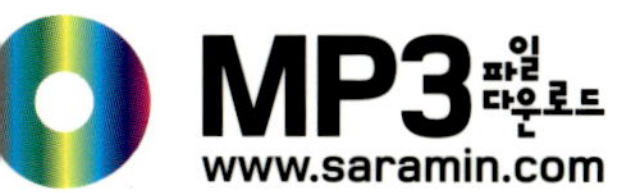

TEPS_
MASTER_
1000제_

정답 및 해설

Practical Test 1

Listening Comprehension

Part I 1~15

1 (a)	2 (c)	3 (d)	4 (b)	5 (b)	6 (a)	7 (c)	8 (d)	9 (a)	10 (d)
11 (d)	12 (d)	13 (c)	14 (b)	15-1 (d)	15-2 (c)				

Part II 16~30

16 (b)	17 (b)	18 (b)	19 (d)	20 (a)	21 (c)	22 (b)	23 (d)	24 (d)	25 (c)
26 (c)	27 (d)	28 (c)	29 (d)	30-1 (d)	30-2 (c)				

Part III 31~45

31 (a)	32 (d)	33 (c)	34 (b)	35 (b)	36 (c)	37 (d)	38 (b)	39 (b)	40 (a)
41 (c)	42 (c)	43 (a)	44 (d)	45-1 (b)	45-2 (c)				

Part IV 46~60

46 (b)	47 (a)	48 (d)	49 (c)	50 (b)	51 (d)	52 (c)	53 (c)	54 (b)	55 (c)
56 (d)	57 (d)	58 (c)	59 (c)	60-1 (d)	60-2 (c)				

Grammar

Part I 1~20

1 (a)	2 (c)	3 (d)	4 (c)	5 (d)	6 (b)	7 (b)	8 (a)	9 (b)	10 (b)
11 (d)	12 (a)	13 (a)	14 (b)	15 (d)	16 (d)	17 (a)	18 (a)	19 (d)	
20-1 (c)	20-2 (c)								

Part II 21~40

21 (d)	22 (b)	23 (b)	24 (a)	25 (d)	26 (a)	27 (b)	28 (d)	29 (c)	30 (a)
31 (a)	32 (b)	33 (a)	34 (a)	35 (b)	36 (c)	37 (a)	38 (d)	39 (c)	
40-1 (b)	40-2 (d)								

Part III 41~45

41 (c)	42 (b)	43 (a)	44 (a)	45-1 (a)	45-2 (b)

Part IV 46~50

46 (c)	47 (c)	48 (b)	49 (c)	50-1 (b) 50-2 (b)

Part I `1~25`

1 (a)　2 (d)　3 (b)　4 (a)　5 (a)　6 (d)　7 (d)　8 (b)　9 (d)　10 (c)
11 (d)　12 (c)　13 (b)　14 (c)　15 (c)　16 (d)　17 (b)　18 (b)　19 (d)　20 (c)
21 (c)　22 (a)　23 (d)　24 (a)　25-1 (c)　25-2 (c)

Part II `26~50`

26 (c)　27 (a)　28 (d)　29 (c)　30 (d)　31 (a)　32 (c)　33 (b)　34 (b)　35 (c)
36 (b)　37 (c)　38 (c)　39 (b)　40 (c)　41 (c)　42 (c)　43 (d)　44 (c)　45 (a)
46 (c)　47 (c)　48 (b)　49 (a)　50-1 (d)　50-2 (a)

Reading Comprehension

Part I `1~16`

1 (a)　2 (b)　3 (c)　4 (d)　5 (b)　6 (a)　7 (a)　8 (b)　9 (a)　10 (a)
11 (a)　12 (d)　13 (c)　14 (d)　15 (a)　16-1 (d)　16-2 (a)

Part II `16~37`

17 (c)　18 (d)　19 (b)　20 (c)　21 (b)　22 (c)　23 (d)　24 (c)　25 (d)
26 (b)　27 (c)　28 (c)　29 (d)　30 (d)　31 (a)　32 (d)　33 (b)　34 (a)
35 (c)　36 (c)　37-1 (d)　37-2 (c)

Part III `38~40`

38 (c)　39 (c)　40-1 (b)　40-2 (d)

Listening Comprehension

Part I (1~15)

1
W Excuse me. Where is the library?
M ________________________________

(a) You just passed it. You should've turned left on First Avenue.
(b) They have an excellent selection of biographies.
(c) You check out your books right there.
(d) He doesn't know his way around this town.

W 실례합니다. 도서관이 어디에 있죠?
M ________________________________

(a) 지나쳤어요. 1번가에서 좌회전했어야 했는데.
(b) 자서전의 종류가 아주 많아요.
(c) 저기에서 책들을 대출하세요.
(d) 그는 이 도시 지리를 잘 몰라요.

유형 → 의문사 있는 의문문

Solution 도서관의 위치를 묻고 있다. 기본적인 길 안내 표현들만 숙지하면 쉽게 정답을 알 수 있다.

Voca biography 자서전 check out (책을)대출하다 (=circulate↔return)

Answer (a) You just passed it. You should've turned left on First Avenue.

Joseph's focus
의문사 Where로 시작되는 의문문을 듣고 적절한 응답을 고르는 문제로, 첫마디 의문사 Where를 정확히 듣는 게 문제 해결을 위한 핵심입니다.

> **More Expressions** ___________
>
> **check out**
> 1. (호텔에서 비용 지불 후) 나가다, 체크 아웃하다
> Before we leave for the train station, we have to **check out** of the hotel.
> 기차역으로 떠나기 전에 우리는 호텔에서 계산을 하고 나와야 한다.
>
> 2. 살펴보다
> The new department store is awesome. You have to **check** it **out**.
> 새 백화점 정말 근사해. 너도 꼭 가봐야 돼.
>
> 3. (책을) 대출하다
> How many books can I **check out** at once?
> 한꺼번에 몇 권의 책을 대출할 수 있나요?

2
M Have you made up with Kelly yet?
W ________________________________

(a) I didn't make up anything.
(b) Oh, it wasn't a big deal in the first place.
(c) Kind of, but she's still mad at me.
(d) I'll never talk to her again.

M 앤드류랑 켈리 화해했니?
W ________________________________

(a) 난 아무 것도 꾸며내지 않았어.
(b) 오, 처음에는 큰일 아니었어.
(c) 그럭저럭. 그런데 걔 아직 나에게 화났어.
(d) 난 그녀랑 다시는 말 안 할 거야.

유형 → 의문사 없는 의문문

Solution make up이 '(싸운 후에) 화해하다'의 의미를 가지고 있다는 것을 알면 쉽게 해결할 수 있는 문제이다.

Voca big deal 큰 일 make up 화해하다 in the first place 우선, 먼저 mad (몹시) 화가 난

Answer (c) Kind of, but she's still mad at me.

Joseph's focus
현재완료는 [Yes, I have.]나 [No, I haven't.]등의 직접적인 응답보다는 간접적인 응답이 되는 경우가 대부분입니다. 표면적인 뜻보다는 이면에 숨어 있는 뜻을 빨리 파악해야 순발력 있게 답을 고를 수 있습니다.

> **More Expressions** ___________
>
> **make up**
> 화해하다
> Let's kiss and **make up**.
> 이제 기분 풀고 화해하자.
>
> (이야기 등을) 꾸며내다
> It turned out that she just **made up** a ghost story to attract tourists.
> 그녀는 관광객을 끌기 위해 귀신 이야기를 꾸며낸 것으로 밝혀졌다.
>
> 구성하다
> Female students **make up** 40% of the class.
> 학급의 40퍼센트가 여학생이다.

3
W Do you have a minute?
M ________________________________

(a) It'll take ten minutes.
(b) She's actually on her way out the door.
(c) He will be here any minute.
(d) Sure. What's up?

W 시간 있니?
M ________________________________

(a) 10분 정도 걸릴 거야.

(b) 그녀는 사실 문 밖으로 나서려던 길이야.
(c) 그가 곧 여기 올 거야.
(d) 물론이지. 무슨 일이야?

유형 → 의문사가 없는 의문문

Solution   여자는 남자에게 할 이야기가 있어서 얘기할 시간이 있냐
고 묻고 있다.

Voca   **any minute** 곧, 지금 당장이라도 (=very soon)
on one's way ~로 가는 길, ~하는 도중에

Answer   (d) Sure. What's up?

Joseph's focus

[Do you have a minute?]은 상대방과의 대화를 청할 때 굉
장히 자주 쓰이는 표현이라는 것만 알고 있으면 쉽게 풀 수 있
는 문제입니다. 간혹 문법시험에서는 [Do you have time?]
과 [Do you have the time?] 을 구분하는 문제가 출제되는데,
전자는 [Do you have a minute?] 와 비슷한 뜻이고, 후자는
시간이 몇 시 인지를 물어보는 표현입니다.

---

4   M   We really need to get going! Hurry up!
W   ______________________________

(a) What took you so long?
(b) What's the rush?
(c) Give him five more minutes.
(d) Can you come home by 9:00?

M   우리 이제 떠나야 돼요! 서두르세요!
W   ______________________________

(a) 왜 이렇게 오래 걸렸어요?
(b) 왜 그리 급한데?
(c) 그에게 5분만 더 줘요.
(d) 9시까지 집에 올 수 있어요?

유형 → 평서문

Solution   늦겠다고 빨리 가자고 재촉하고 있다. 누군가 불렀을 때 '지
금 가요'라고 말하고 싶을 때는 [I'm coming.]이라고 한다.
내가 가는 것이므로 going을 쓰지 않도록 하며 다른 사람
들보다 먼저 장소를 떠날 때는 '이만 가보는 게 좋겠다.'라
는 의미로 [I'd better get going.]을 흔히 사용한다.

Voca   **rush** 급작스럽고 세찬 움직임

Answer   (b) What's the rush?

Joseph's focus

상대방에게 서두르라고 재촉하는 평서문을 듣고, 어떤 반응
을 보일지 가능한 답변을 생각해 보면 가능한 답변은 그리 많
지 않습니다. 아마 '서두를 필요 없다' (What's the rush?)
하거나 '금방 갈 테니 잠깐만 기다려라(Just a minute! I'm
coming.)'는 응답 중에 하나일 확률이 높습니다.

---

5   W   I'm just worried that no one will like me.
M   ______________________________

(a) You're right. It can be very difficult sometimes.
(b) Don't be silly. You always make friends easily.
(c) I don't think that's a very good idea after all.
(d) I understand. Why don't you give it another
shot?

W   아무도 나를 좋아하지 않을까봐 걱정이야.
M   ______________________________

(a) 네 말이 맞아. 때로는 아주 어려울 수도 있지
(b) 바보 같은 소리 하지 마. 넌 항상 친구를 잘 사귀잖아.
(c) 그건 별로 좋은 생각이 아닌 것 같아
(d) 이해해. 다시 한 번 시도해 보지 그래?

유형 → 평서문

Solution   걱정을 하고 있는 남자에게 해 줄 수 있는 말을 찾아야 한다.

Voca   **Don't be silly.** 바보 같은 소리 하지 마.
give it a shot 시도해보다

Answer   (b) Don't be silly. You always make friends
easily.

Joseph's focus

남자는 사람들이 자신을 좋아하지 않을까봐 걱정이 된다고 말
하고 있습니다. 여자의 답변으로는 '모든 것이 잘 될 테니 걱정
하지 마라' 혹은 '별 걱정을 다한다.' 등의 답변을 기대할 수 있
습니다.

> **More Expressions**
>
> **격려의 표현**
>
> Just relax and you'll do fine.
> 긴장을 풀면 잘 할 거야.
>
> Everything is going to be fine.
> 모든 게 괜찮을 거야.
>
> I understand how you feel.
> 네 기분이 어떤지 이해해.
>
> You'll get through this.
> 넌 이거 잘 이겨낼 거야.
>
> Chill out. It's nothing to be worried about.
> 진정해. 걱정할 게 전혀 없어.

---

6   W   How many more times more do I have to get
a ticket for reckless driving?
M   ______________________________

(a) You'd better be more careful.
(b) You should've asked me first.
(c) I'm such a lousy driver.
(d) Please step out of the car.

W 난 정말 난폭 운전으로 딱지를 얼마나 더 떼야 하나?
M _______________________________

(a) 조심 좀 해.
(b) 나한테 먼저 물어 봤어야지.
(c) 난 정말 운전 못해.
(d) 차에서 내려 주세요.

유형 → 의문사 있는 의문문

[Solution] 무모한 운전으로 딱지를 뗐다고 했으므로 조심 좀 하라고
충고하는 말이 적절하다.

[Voca] ticket (벌금을 부과하는) 딱지, 승차권 reckless driving
난폭 운전 lousy 안 좋은, 엉망인

[Answer] (a) You'd better be more careful.

Joseph's focus

딱지를 떼였다는 내용에 대한 적절한 응답을 고르는 문제
로, [I have to get a ticket.]까지만 들었다면 공연 티켓으
로 착각할 수도 있으므로 reckless driving까지 정확히 들어
야 오답을 피할 수 있습니다. 교통위반과 관련된 표현으로 과
속(speeding), 신호위반(running a red light), 불법주차
(illegal parking), 음주운전(driving under the influence),
난폭 운전(joyriding)이 있습니다.

More Expressions

경찰관이 운전자를 잡았을 때

You didn't stop for the stop sign.
정지 신호에서 멈추지 않았어요.

Did I do anything wrong, officer?
경관님, 제가 뭘 잘못했나요?

I'll just give you a warning this time.
이번에는 경고로 끝내겠습니다.

Please roll down the window. 창문 좀 내려 보세요.

7　M I wonder if I can get a good grade on my final
exam.
W _______________________________

(a) Yes, I'll test it myself.
(b) No, but I wish you were.
(c) You'll pass with flying colors.
(d) She won't grade them this week.

M 내가 기말고사에서 좋은 성적을 얻을지 모르겠어.
W _______________________________

(a) 응, 내가 직접 실험해 볼 거야.
(b) 아니, 하지만 그랬으면 좋을 텐데.
(c) 쉽게 합격할 거야.
(d) 그녀는 이번 주에는 채점하지 않을 거야.

유형 → 평서문

[Solution] with flying colors(쉽게, 매우 성공적으로)의 의미를 알고
있으면 쉽게 답할 수 있는 문제이다.

[Voca] I wonder if ~인지 궁금하다 grade n. 성적 v. 채점하다
with flying colors 무난히, 쉽게

[Answer] (c) You'll pass with flying colors.

Joseph's focus

평서문 형태의 문장을 듣고 적절한 응답을 고르는 문제입니다.
긍정적이든 부정적이든 의견을 밝히는 응답을 고르면 됩니다.

More Expressions

시험에 관련 표현들

I pulled an all-nighter studying for the test.
시험 공부하느라 밤새웠어.

I crammed for my history test.
나는 역사 시험을 위해 벼락치기를 했다.

pop quiz
예고 없는 쪽지 시험

8　W Wouldn't it be nice if I were as tall as Jack.
M _______________________________

(a) That's a tall order.
(b) Me, too. And you are so pretty.
(c) Not quite, but almost.
(d) Maybe you will be someday.

W 나도 잭만큼 키가 크면 얼마나 좋을까.
M _______________________________

(a) 그거 너무 어려운 부탁인 걸요.
(b) 나도 그래. 그리고 너는 아주 예쁘잖아.
(c) 완전히는 아니고 거의.
(d) 너도 언젠가 그렇게 될 거야.

유형 → 평서문(소망)

[Solution] 상대방의 소망 표현에 긍정의 응답이 적절하다.

[Voca] tall order 어려운 부탁, 엄청난 대량 주문, 믿기지 않는 얘기
not quite 그다지 하지 않은 someday (미래의) 언젠가

[Answer] (d) Maybe you will be someday.

Joseph's focus

소망을 표현하는 평서문을 듣고 알맞은 응답을 고르는 문제로,
선택지를 끝까지 신중히 듣고 소거법을 적용해 논리적인 대답
을 고르는 전략이 필요합니다. 또한 질문지에 등장한 단어가 선
택지에 재등장하는 것은 전형적인 오답 함정이니 주의해야 합
니다.

More Expressions

외모에 대해 말하기

He's very good-looking. 그는 아주 잘생겼어.

She has freckles/dimples. 그녀는 주근깨/보조개가 있어.

9　M Why don't you leave me a message while I'm
away?
W _______________________________

(a) You bet.

(b) No. I didn't get any message.
(c) Or she can call you when she get a chance.
(d) You got the wrong number.

M 내가 없는 동안에는 전화해 메시지를 남기는 게 어때?
W _______________________________

(a) 그렇게.
(b) 아니. 메시지 못 받았는데.
(c) 아니면 그녀가 시간나면 전화 줄 거야.
(d) 전화 잘못 걸었어요.

유형 → 의문사 있는 의문문 (제안)

Solution [You bet.]은 상황에 따라 매우 다양한 의미로 쓰이는데,
일반적으로 Yes의 의미를 강조할 때 많이 쓴다.

Voca Why don't you~? (제안)~하는 게 어때?, ~하지 그래
get a chance 기회를 얻다 while ~하는 동안(접속사)

Answer (a) You bet.

Joseph's focus

일반적으로 긍정 명령문에 대한 가장 직접적이고 기계적인 응
답은 [Yes/Okay, I will (긍정)], [No, I won't.(부정)] 정도
로 예상할 수 있지만, TEPS 청해에서는 우회적인 거절의 간접
응답 [Sorry, I am afraid,~.]나 [Yes, Okay.]의 대용 표현
인 [You bet!] 혹은 [You can count on me.]가 등장하는
경우가 훨씬 더 많습니다.

More Expressions

연락처 묻고 알려주기

How can I get a hold of you?
어떻게 당신과 연락을 할 수 있나요?

You can reach me at this number.
이 번호로 연락하시면 저와 통화할 수 있어요.

Will you be at this number later on?
나중에도 이 번호에 계실 건가요?

---

10 W Jim got his food all over the floor!
M _______________________________

(a) You did that yesterday, too.
(b) I think the food is wonderful.
(c) You've already had two slices.
(d) That's why he should eat at the table.

W 짐이 바닥에다가 음식을 전부 흘렸어!
M _______________________________

(a) 너 어제도 그랬지?
(b) 음식이 맛있는데.
(c) 넌 벌써 두 조각이나 먹었잖아.
(d) 그러니까 걔는 테이블에서 먹어야 돼.

유형 → 평서문

Solution 짐이 음식을 바닥에 흘렸다고 하고 이에 테이블에서
먹었으면 그런 일이 일어나지 않았겠지라는 말이 이어지는
것이 가장 적절하다.

Voca all over 모든 곳에, 사방에 slice 조각

Answer (d) That's why he should eat at the table.

Joseph's focus

대화의 뉘앙스를 파악해야 하는 다소 고난이도의 문제로, 핵심
은 food보다는 all over the floor 부분을 정확히 들어 대화
의 문맥을 얼마나 순발력 있게 파악하는가가 관건입니다.

---

11 M That was the most stupid movie that I've ever
watched.
W _______________________________

(a) Yeah, we should watch it again.
(b) I might go to the one next week.
(c) I had never been there before tonight.
(d) Was it worse than last week?

M 그건 내가 본 영화중에서 가장 재미없는 영화였어.
W _______________________________

(a) 그래. 한 번 더 보자.
(b) 다음 주에 그곳에 가게 될지도 몰라.
(c) 거기 가본 게 오늘 밤이 처음이었어.
(d) 지난 주 것보다 더 형편없었어?

유형 → 평서문

Solution 영화가 재미없었다고 불평하고 있다. 대답으로 맞장구를
치거나 그에 반대되는 의견, 또는 이번 문제처럼 다른 영화
와의 비교가 제시될 수도 있다.

Voca stupid 둔한, 바보 같은 worse 더 나쁜, 못한

Answer (d) Was it worse than last week?

Joseph's focus

평서문 형태의 문장을 듣고, 상대방 의견에 대한 일반적인 응답
은 적극 동의 또는 부드럽게 반대 의견을 밝히는 것입니다. 특
히 적극 동의하는 표현들로 [You can say that again. (전적
으로 동의한다.)/ That makes two of us. (나도 마찬가지다.)/
You took the words out of my mouth. (내가 하고 싶은
말을 네가 했다.)]는 TEPS 청해파트에서 자주 등장하므로 반
드시 익혀두기 바랍니다.

---

12 W Can you fix my computer and get it back to
me by Friday?
M _______________________________

(a) Please ship it overnight.
(b) Yesterday was awfully busy.
(c) I am looking forward to it also.
(d) Actually you can pick it up at the end of the
day.

W 컴퓨터를 수리해서 금요일까지 돌려 줄 수 있나요?
M _______________________________

(a) 속달로 보내 주세요.
(b) 어제는 몹시 바빴어요.
(c) 나도 그걸 고대하고 있어요.
(d) 실은 오늘 오후에 가져가실 수 있습니다.

Solution 컴퓨터 수리를 맡기고 금요일 전에 준비가 될지 여부를 묻는 상황으로, 답변은 금요일까지 수리가 불가능하다거나 혹은 가능하다고 하는 것이 가장 적절하다.

Voca fix 고치다, 수리하다(=repair, mend, overhaul) get back 돌려주다 ship 선적하다, 배송하다 overnight 빨리 awfully 정말, 몹시 look forward to ~을 고대하다 pick (something) up (~을) 집다, 들어 올리다

Answer (d) Actually you can pick it up at the end of the day.

Joseph's focus

조동사 [Can(Could) you~?] 로 시작되는 의문문은 주로 상대방에게 부탁을 하거나 가능성을 물어보는 표현이므로, '가능하다' 또는 '가능하지 않다'는 답변을 일차적으로 예상해 볼 수 있고, 부탁의 경우는 긍정적인 답변이나 거절의 응답을 예상하면서 들어야 합니다.

More Expressions

가전제품 수리점에서

I can't get any reception. (라디오 등이) 수신이 전혀 안 돼요.

Can you give me an estimate on how much it will be to repair this?
이걸 수리하는 비용이 얼마나 들지 대강 알려 주실 수 있나요?

All you need is a new battery. 배터리만 갈면 돼요.

It won't turn on/off. 켜지지가/꺼지지가 않아요.

---

13 M Sorry, I didn't mean to keep you waiting.
W ___________________

(a) Yes, please wait for me.
(b) Don't worry. He's not mean.
(c) What was the hold up?
(d) I'll wait for him for ten more minutes.

M 미안, 기다리게 할 생각은 없었는데.
W ___________________

(a) 응, 날 기다려줘.
(b) 걱정 마. 그는 나쁜 사람이 아냐.
(c) 왜 늦었는데?
(d) 10분만 더 그를 기다릴 거야.

Solution 약속 시간에 늦어서 사과하고 있다. 답변으로 괜찮다고 하거나 왜 늦었는지 이유를 묻는 것이 나올 수 있다.

Voca mean to ~할 셈이다(=intend to) mean (사람·행동이) 못된, 심술궂은 hold-up 방해, 연기

Answer (c) What was the hold up?

Joseph's focus

사과 표현에 대한 적절한 응답을 고르는 문제로, 짧은 한 문장을 듣고 대화가 일어나는 상황과 목적을 재빨리 파악해야 합니다. 응답으로는 괜찮다(That's all right.), 신경 쓰지 마라 (No problem/Never mind.) 등의 일반적인 응답을 예상해 볼 수

있습니다. 이러한 답변이 선택지에 없다면 늦은 이유를 묻는 것이 나올 수도 있습니다.

More Expressions

약속에 늦어서 전화를 했을 때

Sorry, I'm almost there. See you in five minutes.
미안, 거의 다 왔어. 5분 후에 보자.

It'll be another 10 to 15 minutes. I'm really sorry.
10분이나 15분 더 걸릴 것 같아. 정말 미안해

I'm on my way, but it'll be a little while.
가는 중인데요, 좀 시간이 걸릴 것 같아요.

How much longer do you think it'll be?
얼마나 더 걸릴 것 같아요?

---

14 M Is everybody buckled up?
W ___________________

(a) Probably. I can't see him.
(b) We're ready whenever you are.
(c) It might be too full.
(d) Is this seat taken?

M 모두 안전벨트를 맸니?
W ___________________

(a) 아마도, 그가 안 보이는데.
(b) 너만 준비되면 우린 준비됐어.
(c) 너무 꽉 찰 것 같아.
(d) 이 자리 비었나요?

Solution 운전하는 사람이 차에 함께 탄 사람들에게 출발해도 되는지 여부를 묻고 있다.

Voca buckle up (차에서 안전벨트를) 매다 taken 확보된

Answer (b) We're ready whenever you are.

Joseph's focus

Be동사나 조동사 Have로 시작되는 짧은 의문문은 의문사로 시작하는 의문문보다 더 까다롭기도 합니다. buckled up (안전벨트를 매다)하나만으로 대화가 일어나고 있는 장소와 상황을 바로 파악해야 해결할 수 있는 문제로 답 고르기가 어려웠을 것입니다.

15-1 M I can't eat this. The smell makes my stomach turn.
W ___________________

(a) It's your turn to make dinner.
(b) How long have you been on a diet?
(c) It's too early to have lunch.
(d) I think it must've gone bad.

M 이거 못 먹겠어. 냄새 때문에 비위가 상해.
W ___________________

(a) 네가 저녁 지을 차례야.
(b) 다이어트한지 얼마 됐니?

(c) 점심을 먹기는 너무 일러.
(d) 상한 것 같아.

유형 → 평서문

Solution 음식의 냄새가 비위가 상해 먹을 수가 없다고 했으므로, 음식이 상한 것 같다(go bad)고 하는 것이 가장 적절하다.

Voca turn one's stomach 메스껍게 하다. 속이 뒤틀리게 하다 make[prepare] dinner 저녁을 짓다 turn 차례, 순번 be on a diet 다이어트를 하다 go bad (음식이) 상하다

Answer (d) I think it must've gone bad.

Joseph's focus

음식이 역해서 도저히 못 먹겠다는 불평을 듣고 적절한 응답을 고르는 문제로, make one's stomach turn에 대한 이해가 충분하지 않은 경우 선택지가 헷갈리는 유형의 고난도 문제입니다.

More Expressions

stomach을 이용한 표현들

My **stomach** is growling. 배가 고프다.

He lost his **stomach**. 그는 용기를 잃었다.

He felt sick to his **stomach**. 그는 비위가 상했다.

She has butterflies in her **stomach**. 그녀는 긴장했다.

My younger brother had an upset **stomach**.
남동생이 배탈이 났다.

Your eyes are bigger than your **stomach**.
너는 먹을 수 있는 것 이상의 음식을 그릇에 담았다.

15-2 W It's time for me to try to find a new place. My apartment is getting too small for all of my stuff.

M ___________________________________

(a) Your rent will be due on the first of the month.
(b) I like what you did with your living room.
(c) I bet you want to try to stay in this area though, don't you?
(d) I looked in the newspaper, but I didn't see anything.

W 새 집을 찾아 볼 때가 된 것 같아. 내 물건들 때문에 아파트가 좁아지고 있어.

M ___________________________________

(a) 집세는 매달 첫 날이 마감이다.
(b) 네가 거실 꾸민 게 마음에 들어.
(c) 그래도 여전히 이 동네에 머무를 거지?
(d) 신문에서 찾아 봤는데, 아무 것도 못 봤어.

유형 → 평서문

Solution 여자는 물건들이 많아서 집이 좁아 새로운 집을 찾아 봐야겠다고 말하고 있으므로, 남자의 대답으로는 필요 없는 물건을 없애거나 어디로 이사 갈 계획이냐는 질문 등이 올 것이라 예상할 수 있다.

Voca stuff 물건, 재료 (=material)

Answer (c) I bet you want to try to stay in this area though, don't you?

Joseph's focus

평서문에 대한 대답은 직접적인 질문에 대한 대답과는 달리, 답변이 될 수 있는 상황들이 매우 다양하기 때문에 까다로울 수 있습니다. (a)는 아파트가 언급되었기 때문에, 집세에 관한 내용으로 혼동을 유발하고 있습니다. (b)는 다른 사람의 집에 처음 방문했을 때 집 주인에게 거실을 장식한 방식이 마음에 든다고 말할 때 쓸 수 있는 표현입니다. (c)는 이사를 가더라도 이 동네에서 새 집을 구할 거지? 라고 반문하고 있지만 정답으로는 가장 적절합니다. 주의해야할 것은 Part I 문제에서 답변이 항상 평서문일 거라고 예상하면 안 됩니다.

Part II (16~30)

16 M Welcome, you must be the new receptionist.
W Yes, thank you. My name's June Smith.
M Glad to have you on board. I'm Thomas Green. Everyone calls me Tom.
W ___________________________________

(a) I'll give you a call.
(b) What department are you in?
(c) You did a terrific job.
(d) I'll be on board soon, as well.

M 환영해요, 새로 온 리셉셔니스트이시군요.
W 네, 감사합니다. 준 스미스라고 해요.
M 함께 일하게 돼서 기뻐요. 저는 토마스 그린이에요. 모두들 탐이라고 부르죠.
W ___________________________________

(a) 전화할게요.
(b) 어느 부서에서 일하세요?
(c) 일을 잘해냈어요.
(d) 저도 곧 승선할거예요.

유형 → 평서문

Solution on board는 '(비행기나 배에) 승선한, 탑승한'의 의미도 있지만 여기서는 같은 회사에서 일하게 된 것을 의미한다.

Voca receptionist (호텔·병원 등의) 접수 담당자 on board (배, 비행기 등에) 탄, (팀 등에) 합류한 terrific 훌륭한

Answer (b) What department are you in?

Joseph's focus

평서문을 듣고 적절한 응답을 고르는 문제입니다. 평서문은 의문문과는 달리, 문장 전체의 흐름과 상황을 파악해야 하며, 의문문의 답변에 비해 매우 다양하게 제시될 수 있기 때문에 의문문보다는 까다롭습니다. 따라서 대화의 주제나 목적을 파악하는 게 관건입니다.

17 M What's up, Jenny?
      W I'm after William. Have you seen him around?
      M What did he do this time?
      W __________________________

(a) It's not a big deal. I just need to talk to you.
(b) No, he didn't do anything. I just wanted to say hello.
(c) No, he will take care of it this time.
(d) You know, he's a very serious person.

      M 제니, 무슨 일이니?
      W 윌리엄을 찾고 있어. 그를 봤니?
      M 이번에는 그가 무슨 짓을 했는데?
      W __________________________

(a) 별일 아냐. 너랑 얘기를 좀 해야겠어.
(b) 아니, 아무 짓도 안 했어. 그냥 인사 좀 하려고.
(c) 아니, 이번에는 그가 처리할 거야.
(d) 그는 매우 진지한 사람이야.

유형 → 의문사가 있는 의문문

Solution 간접적으로 윌리엄을 찾고 있는 이유를 묻고 있다. [What did he do this time?]에서 윌리엄이 종종 문제를 일으키는 경향이 있음을 유추해 볼 수 있다.

Voca be after ~을 찾다 take care of ~에 주의하다, 처리하다

Answer (b) No, he didn't do anything. I just wanted to say hello.

Joseph's focus

What으로 시작되는 의문문은 what에 포커스를 맞춰서 선택지를 주의 깊게 들으면 됩니다. 참고로 선택지에 등장한 문장의 시제가 (b)번을 제외하고는 모두 틀렸습니다.

18 M Do you have any plans for tomorrow?
      W Nothing special. Why, what's up?
      M I could use your help with my science project.
      W __________________________

(a) The project is not due tomorrow.
(b) I'd be glad to help out.
(c) Sorry, I've been very busy at work.
(d) I already finished it.

      M 내일 무슨 계획 있니?
      W 특별한 일 없는데. 왜, 무슨 일이야?

      M 과학 숙제를 하는데 네 도움이 필요해서.
      W __________________________

(a) 숙제는 내일 마감이 아닌데.
(b) 기꺼이 도와줄게.
(c) 미안해. 직장에서 아주 바빴어.
(d) 나는 이미 끝냈는데.

유형 → 평서문

Solution 내일 과학 숙제를 도와 줄 수 있는지를 묻고 있다. 이미 특별한 계획이 없다고 했으므로 긍정의 답변이 기대된다.

Voca due 마감인 help out 도와주다 work 일, 직장, 직업

Answer (b) I'd be glad to help out.

Joseph's focus

[I could use ~.] 로 시작하는 평서문에 대한 응답을 고르는 문제지만, 사실은 [Will you / Can you ~?]등으로 시작되는 요청 의문문에 대한 응답과 동일한 응답을 고르면 되는 유형입니다. could use는 '~가 있었으면 좋겠다'라는 뜻으로 자주 쓰이는 표현입니다. (c)는 시제에 혼동을 줘서 오답을 유도하고 있으므로 주의하고 have been busy를 I will be busy로 고친다면 가능한 응답이 될 수 있습니다.

19 W When do you think that proposal will be ready, James?
      M I'm shooting for tomorrow afternoon.
      W But didn't Mr. Anderson mention that he wanted it today?
      M __________________________

(a) You need to tell him it's never too late to try.
(b) I know he's working as fast as he can.
(c) He did like the proposal and already presented it.
(d) I can only do so much.

      W 제안서가 언제 준비될 것 같아요, 제임스?
      M 내일 오후를 목표로 하고 있어요.
      W 하지만 앤더슨 씨가 오늘 필요하다고 하지 않았나요?
      M __________________________

(a) 시도하기에 절대 늦지 않았다고 그에게 말해야 돼요.
(b) 그가 최대한 빨리 일하고 있다는 걸 알아요.
(c) 그는 제안서를 마음에 들어 했고 이미 제출했어요.
(d) 내가 할 수 있는 일은 한계가 있어요.

유형 → 의문사 없는 의문문

Solution 남자가 내일 오후를 목표로 제안서를 끝내려고 하고 있는데 여자가 오늘까지 끝내야 하지 않냐고 묻고 있다.

Voca proposal 제안서 shoot for ~을 달성하려고 애쓰다 present 제출하다 can only do so much 그 정도 밖에 못하다

Answer (d) I can only do so much.

Joseph's focus

[Didn't~?]로 시작되는 부정의문문에 대한 응답을 고르는 문제입니다. 선택지에 등장한 응답이 직접적인 응답이 아니라, 간

접 응답들이기 때문에 대화의 전체 흐름을 파악하지 않고 질문지만 들어서는 답을 고르기가 쉽지 않은 유형입니다. 남자가 [I am shooting for tomorrow afternoon.]이라고 말한 이유를 설명해 줄 수 있어야 하므로 (d)가 적절하다.

20　M　I'd like a scoop of vanilla ice cream. And I want a cone.
　　　W　Sure, here it is. That'll be three dollars.
　　　M　The sign on the window says they're two fifty.
　　　W　__________________________

　　　(a) Only if you buy more than two.
　　　(b) I need fifty cents change.
　　　(c) Vanilla is my favorite flavor.
　　　(d) Can I have ice cream in a cup instead?

　　　M　바닐라 아이스크림 한 숟가락 주세요. 콘에 다요.
　　　W　알겠습니다. 여기 있습니다. 3달러예요.
　　　M　창문 표지판에는 2달러 50불이라고 쓰여 있는데요.
　　　W　__________________________

　　　(a) 두 개 이상을 살 때만 그래요.
　　　(b) 50센트 잔돈이 필요해요.
　　　(c) 바닐라는 내가 제일 좋아하는 맛이에요.
　　　(d) 대신 컵에다 아이스크림을 주실래요?

유형 → 평서문

Solution　창문 표지판에는 2달러 50센트라고 적혀 있는데 왜 3달러를 지불해야 하는지를 묻고 있다.

Voca　scoop (아이스크림이나 밀가루 등을 뜨는) 숟가락
cone (아이스크림용) 콘, 원뿔　sign 표지판, 간판
flavor 맛(=taste)

Answer　(a) Only if you buy more than two.

Joseph's focus

대화 전체의 흐름을 파악하지 못한 채, 남자의 마지막 말만 들어서는 정답지가 빨리 귀에 들어오지 않기 때문에 비교적 난이도가 있는 문제입니다. 대화 전체의 상황을 머릿속에 그려보며 푸는 것도 좋은 방법입니다.

More Expressions　_______________________

아이스크림 가게에서
I'll have a double scoop cone. 더블 콘으로 주세요.

Medium pineapple sundae, please.
중간 사이즈 파인애플 선데이 주세요.

You can choose three toppings.
토핑으로 세 가지를 고르세요.

21　M　You look familiar. Are you from around here?
　　　W　I lived here until I went off to college in California.
　　　M　Which high school did you go to? Madison High, right?
　　　W　__________________________

　　　(a) I majored in English at college.

　　　(b) I'm just visiting my family here.
　　　(c) I think you're mistaking me for my sister.
　　　(d) I wanted to go to an out-of-town college.

　　　M　낯이 익어 보이는데. 여기 출신인가요?
　　　W　캘리포니아에 있는 대학에 갈 때까지 여기 살았어요.
　　　M　어디 고등학교 다녔어요? 매디슨 고등학교 맞죠?
　　　W　__________________________

　　　(a) 대학에서 영어를 전공했어요.
　　　(b) 여기 사는 가족들을 방문하러 왔어요.
　　　(c) 제 여동생과 저를 혼동하신 것 같네요.
　　　(d) 저는 타 도시에 있는 대학에 가고 싶었어요.

유형 → 의문사 있는 의문문/ 평서문

Solution　남자가 여자에게 얼굴이 낯익다며, 고등학교 동창이 아니냐고 확인하고 있으므로, 여기에 대해 긍정의 대답(제대로 봤다)이나, 부정의 대답(아니다, 사람 잘못 봤다)을 고르면 된다.

Voca　familiar 낯익은　go off 떠나다　major in ~을 전공하다　take (somebody/ something) for (somebody/something) 다른 사람(것)으로 잘못 알아보다　out-of-town 타 도시의

Answer　(c) I think you took me for my sister.

Joseph's focus

의문문과 평서문을 한 번에 나열하는 이런 유형의 문제는, 순서에 상관없이 평서문보다는 의문문 쪽에 초점을 맞추어 정답을 골라야 하는 문제들이 대다수이므로 유의해 답을 골라야 합니다.

22　W　Do you have any recommendations for traveling to New York City?
　　　M　If this is your first time, I would join a group tour.
　　　W　Hmm, I usually prefer exploring the city by myself. Why do you think the group tour is better?
　　　M　__________________________

　　　(a) There are many cities to tour.
　　　(b) You won't miss anything that way.
　　　(c) It's also called *The City that Never Sleeps*.
　　　(d) Because you will never be alone.

　　　W　뉴욕 시를 여행하는데 추천해 줄 게 있나요?
　　　M　이번이 처음 여행이라면, 단체 여행으로 가는 게 좋을 거예요.
　　　W　음, 난 보통 혼자 도시를 탐사하는 걸 좋아하는데. 왜 단체여행이 더 낫다고 생각하죠?
　　　M　__________________________

　　　(a) 여행할 도시들이 많이 있어요.
　　　(b) 그러면 아무 것도 놓치지 않고 다 볼 수 있거든요.
　　　(c) 〈절대 잠들지 않는 도시〉 라고도 불리죠.
　　　(d) 당신은 절대 혼자가 아닐 것이기 때문이죠.

유형 → 의문사 있는 의문문

Solution　왜 단체여행을 추천하는지를 묻고 있으므로 그 이유를 말해야 한다.

Voca recommendation 추천 group tour 단체여행
prefer 선호하다, ~을 (더) 좋아하다 by oneself 혼자서

Answer (b) You won't miss anything that way.

Joseph's focus

단순히 Why만 들었다면, 선택지 모두 답으로 들릴 수 있으며,
남자의 첫 번째 말(If this is your first time, I would join a
tour group.)과 가장 논리적으로 연결될 수 있는 대화를 골라
야 합니다. 기계적으로 why에 대한 답이 because로 시작해
야 한다고 단정 짓지 말아야 합니다.

23 M Living in London is awesome.
    W Doesn't it rain all the time?
    M The weather suits me just fine.
    W _______________________

    (a) It wasn't raining in other cities.
    (b) I have a nice black raincoat.
    (c) I don't have any problem at all.
    (d) I wouldn't like all those gray skies.

    M 런던에 사는 건 너무 좋아.
    W 항상 비가 오지 않니?
    M 날씨가 나한테는 딱 알맞아.
    W _______________________

    (a) 다른 도시들에는 비가 오질 않았어.
    (b) 난 멋진 검은색 비옷이 있어.
    (c) 난 문제가 전혀 없어.
    (d) 나는 그런 어두침침한 하늘은 싫을 것 같아.

유형 → 평서문

Solution 남자는 비가 오는 런던 날씨가 자신에게는 잘 맞는다고
말하고 있다.

Voca awesome 멋진, 엄청난(=amazing)
all the time 항상(=always, at all times) suit 잘 맞다

Answer (d) I wouldn't like all those gray skies.

Joseph's focus

평서문은 대답이 매우 다양할 수 있으므로 예측은 금물입니다.
평서문에 대한 응답을 고를 때는 대화의 전체 흐름을 파악해서
선택지 하나하나 정확히 들어 소거법을 적용하는 것이 좋습니다.
남자는 런던 날씨가 자신에게 잘 맞는다고 말하고 있으므로 이
에 대한 여자의 반응은 (d)가 가장 적절합니다.

More Expressions

날씨에 관한 표현들

What's the weather like in Seoul? 서울은 날씨가 어때?

Is it supposed to rain today? 오늘 비 온대?

It's been raining nonstop. 비가 계속해서 내리고 있어.

It's below freezing today. 오늘 영하예요.

---

24 W This was a great restaurant. I enjoyed my
      meal.

M I hope you saved room for dessert. They have
    the best cake in town.
W How did you hear about this place?
M _______________________

(a) I didn't hear anything.
(b) I just looked at the menu.
(c) You can have pie if you prefer.
(d) I read a review in the newspaper.

W 참 좋은 식당이구나. 정말 맛있게 먹었어.
M 디저트를 먹게 너무 배가 부르지 않으면 좋겠네. 이 동네에
    서 가장 맛있는 케이크를 팔거든.
W 이 식당을 어떻게 알았니?
M _______________________

(a) 아무 것도 못 들었는데.
(b) 그냥 메뉴를 봤어.
(c) 원하면 파이를 먹어도 돼.
(d) 신문에서 평을 읽었어.

유형 → 의문사 있는 의문문

Solution 여자가 식당을 알게 된 경위를 묻고 있으므로, 그 경위를
대답하는 선택지를 고르면 된다.

Voca room 공간, 여유 review (식당, 책, 영화 등에 대한) 평

Answer (d) I read a review in the newspaper.

Joseph's focus

의문사 How로 시작되는 의문문에 여자의 마지막 질문만 제대
로 들어도 쉽게 답을 구할 수 있습니다. (a)는 질문지에 등장한
단어 hear를 다시 등장시켜 오답을 유도하고 있고, (b)는 의문
사 How만 들었을 경우에 고를 수도 있게 만드는 오답 함정입
니다.

25 M Did you have fun on Saturday?
    W We had a blast staying at the ski resort.
    M I thought you were going to the lake.
    W _______________________

    (a) I like fishing in the lake better than skiing.
    (b) Have you ever been to that lake?
    (c) We changed our minds at the last minute.
    (d) In fact, we went to the beach.

    M 토요일에 재미있었니?
    W 스키 리조트에서 재미있게 보냈어.
    M 난 너희가 호수에 간 줄 알았는데.
    W _______________________

    (a) 스키 타는 것보다 호수에서 낚시하는 게 더 좋아.
    (b) 그 호수에 가 봤니?
    (c) 마지막 순간에 마음이 변했어.
    (d) 사실, 우리는 해변에 갔었어.

유형 → 평서문

Solution 여자가 스키 리조트에서 재미있게 놀았다고 하자 남자는
호수에 간 줄 알았다고 말하고 있으므로, 여자가 호수에 왜
갔는지의 이유가 나오는 선택지가 답이 된다.

Voca have a blast 재미있게 보내다(=have fun)

change one's mind 마음을 바꾸다
at the last minute 마지막 순간에

Answer (c) We changed our minds at the last minute.

Joseph's focus
평서문의 특성상 응답에는 대부분 간접 응답들이 올 수 있으며, 대화의 전체 흐름을 파악해야 합니다. 여자가 스키 리조트에 놀러갔다는 말에 호수에 간 줄 알았는데, 어떻게 하다가 스키리조트에 갔냐고, 간접적으로 물어보고 있다고 볼 수 있으므로, 그 이유를 설명한 것이 가장 알맞은 응답이 됩니다.

26 W Brad's auto shop. How can I help you today?
M I need to schedule an appointment for my car.
W OK, what do you need done?
M _______________________________

(a) I prefer to drive a truck.
(b) Two o'clock tomorrow sounds good.
(c) It's due for an oil change.
(d) Your car is ready to pick up.

W 브래드 자동차 정비소입니다. 오늘 어떻게 도와 드릴까요?
M 자동차 수리 예약을 해야 하는데요.
W 네, 뭐가 필요하신데요?
M _______________________________

(a) 트럭을 운전하는 게 더 좋아요.
(b) 내일 두 시가 좋은데요.
(c) 오일 교환을 할 때가 됐어요.
(d) 자동차를 가져 가셔도 됩니다.

유형 → 의문사 있는 의문문

Solution 남자는 자동차 정비소에 전화를 해서 예약을 하려고 하고 여자는 무엇 때문에 전화를 했는지 남자에게 묻고 있다.

Voca auto shop 자동차 정비소 schedule 일정[계획]을 잡다 (=plan, set up) appointment 약속 due 마감인 oil change 오일 교환

Answer (c) It's due for an oil change.

Joseph's focus
의문사 What으로 시작하는 의문문에 대한 응답을 고르는 문제로, 대화 당사자들이 어떤 관계인지 재빨리 파악하는 게 핵심입니다. (b)는 마지막 질문을 제대로 못 들었을 경우, 대화에 나온 단어 appointment때문에 연상될 수 있는 오답 선택지이고 (d) 역시 대화에 나온 단어 car가 다시 등장한데다 화자를 바꿔 치기한 오답 함정입니다.

More Expressions

자동차의 부분 명칭들

windscreen 차 앞 유리 rear-view mirror 백미러
horn 자동차의 경적 passenger seat 조수석
glove compartment (조수석 앞의) 도구함

---

27 M Aren't Australians real meat eaters?
W Of course. We eat all kinds of meat dishes.

M Which one do you like the best?
W _______________________________

(a) There are more cattle ranches than you'd expect.
(b) Pork is cheaper than beef.
(c) Potatoes and cabbage.
(d) I like them all!

M 호주인들은 육류를 많이 먹지 않나요?
W 물론이죠. 우리는 온갖 종류의 고기 요리를 먹어요.
M 어떤 고기 요리를 가장 좋아하나요?
W _______________________________

(a) 생각하는 것보다 소목장들이 많아요.
(b) 돼지고기가 쇠고기보다 싸요.
(c) 감자랑 양배추요.
(d) 전 다 좋아해요!

유형 → 의문사 있는 의문문

Solution 많은 호주 고기 요리 중에서 어떤 것을 가장 좋아하냐고 물었으므로 답변은 고기 종류가 될 수도 있으나 모든 종류의 고기를 좋아한다는 응답도 충분히 나올 수 있다.

Voca meat eater 고기 먹는 사람[동물] dish 요리, 접시 cattle ranch 소목장 cabbage 양배추

Answer (d) I like them all!

Joseph's focus
의문사 Which에 대한 응답을 고르는 문제로, 마지막 질문지만 들어서는 정답을 찾기가 어렵습니다. (b)는 대화에 등장한 단어 meat의 연상 어휘인 pork 와 beef를 이용한 오답 함정이 되고 which one에서 one이 '고기'를 가리킨다는 걸 빨리 간파하는 것이 중요합니다.

28 M I was up all night. How about you?
W I didn't sleep either. The neighbors' party was too noisy.
M Should we say something to them before it happens again?
W _______________________________

(a) It was a fun party. You should've come.
(b) I'll probably stay home tonight.
(c) Maybe we should just wait and see.
(d) I often have trouble sleeping.

M 어젯밤을 꼬박 샜어. 너는 어땠어?
W 나도 잘 못 잤어. 이웃의 파티가 너무 시끄러웠어.
M 또 그런 일이 생기기 전에 그들에게 말을 해야겠지?
W _______________________________

(a) 재미있는 파티였어. 너도 왔어야 했는데.
(b) 난 오늘 밤에 아마도 집에 있을 거야.
(c) 좀 두고 보는 게 좋겠어.
(d) 나는 종종 잠을 못 자.

유형 → 의문사 없는 의문문

Solution 남자가 이웃의 파티가 너무 요란해서 잠을 못 잤다고 불평하며 앞으로 그런 일이 생기기 전에 이웃에게 뭐라고 해야

할지를 여자에게 묻고 있다.

 be[stay] up all night 밤을 새우다 wait and see 두고 보다 have trouble -ing ~하는데 어려움을 겪다

Answer (c) Maybe we should just wait and see.

Joseph's focus

[Should we/Should I~.] 형태로 시작되는 의문문은 제안이나 상대방의 의견을 구할 때 주로 사용하기 때문에 의견을 나타내는 응답 위주로 듣도록 합니다. (a)와 (d)는 대화에 등장한 단어 party와 sleeping을 이용한 오답선택지이며, (b)는 질문지를 끝까지 정확하게 듣지 못한 경우에 고를 수 있는 함정이 됩니다.

More Expressions

sleep

not sleep a wink 한숨도 못자다
I couldn't **sleep** a wink last night worrying about today's test.
나는 어젯밤에 오늘 시험 걱정 때문에 한숨도 못 잤다.

sleep like a log/a baby 곤하게 자다
He was so tired that he **slept like a log**.
그는 너무 피곤해서 곤하게 잤다.

Sleep tight! 잘 자
Good night. **Sleep tight!** 안녕. 잘 재

sleep on (something) ~에 대해 신중히 생각해보다
You don't have to decide right now. Why don't you **sleep on** it and let me know later?
지금 당장 결정하지 않아도 돼. 신중히 생각해 보고 나중에 알려줘.

sleep over (남의 집에서) 자고 오다[가다]
Mom, can I **sleep over** at Billy's house?
엄마, 빌리 집에서 자도 가도 돼요?

---

29 W You're late again. What's your excuse this time?
　　M My boss called for a meeting at 5 o'clock. I got out as fast as I could.
　　W Please call me the next time it happens.
　　M ____________________________

(a) I'll have to call you back in a minute.
(b) Excuse me, but I was upset, too.
(c) Sorry, he'll never do that again.
(d) I promise I'll make sure to do it.

W 너 또 늦었어. 이번엔 핑계가 뭐야?
M 상사가 5시에 회의를 소집했어. 최대한 빨리 빠져나온 거야.
W 다음에 그런 일이 있거든 전화 줘.
M ____________________________

(a) 잠시 후에 다시 전화해야 할 것 같아.
(b) 미안하지만, 나도 화가 났다고.
(c) 미안, 그는 다시는 안 그럴 거야.
(d) 다음에는 그렇게 한다고 약속할게.

유형 → 명령문

Solution 다음에 늦게 되는 상황이 있으면 전화를 해 달라고 부탁하고 있다.

---

 get out (~에서) 떠나다 in a minute 잠시 후에

Answer (d) I promise I'll make sure to do it.

Joseph's focus

Please가 들어간 긍정 명령문에 대한 응답을 고르되, 정중하게 당부를 하고 있으므로 상식적으로 No로 시작되는 응답은 어려우며 [Yes, I will.]이나 [Okay, I promise I will.] 정도의 대답을 예상하면 됩니다. (a)는 질문지에 나온 단어 call을 이용한 오답 함정이고 (c)는 주어 he를 I로 잘못 들으면 정답으로 착각하기 쉬운 선택지입니다.

30-1 W Do I always have to pick up after you?
　　M What did I do wrong? My room is clean.
　　W What are your books doing on the kitchen table?
　　M ____________________________

(a) That's where I left them.
(b) I wish you wouldn't put them there.
(c) You can pick me up after school.
(d) Oh, that. I was going to put them away.

W 내가 항상 너를 따라다니면서 뒷정리를 해야겠니?
M 뭘 잘못했는데요? 제 방은 깨끗해요.
W 네 책들이 왜 부엌 식탁 위에 있는데?
M ____________________________

(a) 제가 거기에 뒀어요.
(b) 거기에다 놓지 않았으면 좋겠어.
(c) 학교가 끝난 후에 태우러 오면 돼요.
(d) 아, 그거요. 막 치우려던 참이었어요.

유형 → 의문사 있는 의문문

Solution 여자가 어지르지 말라고 하면서 왜 책들을 부엌 식탁 위에 두었는지 묻고 있다. pick up after (somebody)와 pick (somebody) up을 혼동하지 않도록 주의한다.

 pick up after 뒷정리를 하다 pick (somebody) up ~을 태우러 가다 put away 치우다

Answer (d) Oh, that. I was going to put them away.

Joseph's focus

대화 전체의 상황을 이해하고, 질문의 뉘앙스를 파악해야하는 고난도 문제입니다. 여자의 마지막 말은 뭔가가 궁금해서 물어보는 게 아니라, 남자를 질책하고 있다는 걸 빨리 알아차리는 것이 관건입니다. (b)는 여자가 해야 할 말로서 화자를 바꿔치기한 오답 함정이고 (c)는 대화에 등장한 어휘 pick up을 이용한 오답선택지입니다.

More Expressions

pick

pick and choose 마음에 드는 것을 고르다
These are rules to obey. You cannot **pick and choose** what you like or what you don't like.
이것은 복종해야 할 규칙들이다. 네가 좋든 싫든 맘에 드는 것을 고를 수 없다.

---

pick one's brains 남의 지혜를 빌다
I need to **pick your brains** about my science project.
내 과학 숙제에 네 지혜를 좀 빌려야겠어.

pick up the tab 계산하다
He always **picks up the tab** when he goes out with his friends to dinner.
친구들과 외식을 하러 가면 항상 그가 계산한다.

pick up speed 속도를 내다
Be careful not to **pick up speed** on this corner.
이 모퉁이를 돌 때 속도를 높이지 않도록 주의하라.

30-2 W Your parents are pretty strict, aren't they? It must be hard to deal with sometimes.
M Yeah, but they've always been this way. I guess I'm used to it.
W I bet you can't wait to go away to college. Then you'll have more freedom than ever.
M _______________________________

(a) I'll get a chance to use it soon, I think.
(b) I'll apply after high school like everyone else.
(c) At this point, I'm counting the days.
(d) No, it's not a bad deal at all.

W 너희 부모님들은 꽤 엄하셔. 그렇지? 가끔 힘들 때도 있겠다.
M 응, 하지만 항상 그러셨는걸. 난 익숙해진 것 같아.
W 빨리 대학에 가서 집을 떠나고 싶겠다. 그러면 훨씬 더 자유로워질 거야.
M _______________________________

(a) 그걸 곧 이용할 기회가 생길 거야.
(b) 다른 사람들처럼 고등학교 졸업하고 지원할 거야.
(c) 현재로서는 손꼽아 기다리고 있지.
(d) 아니, 전혀 나쁜 거래가 아니야.

유형 → 평서문

Solution 여자가 남자에게 부모님이 너무 엄격하셔서 빨리 집을 떠나 대학에 가고 싶지 않냐고 묻고 있으므로 독립할 날을 손꼽아 기다린다거나 그렇게 나쁘지 않다거나 등의 답변을 예상할 수 있다.

Voca deal with 상대하다 be used to ~에 익숙하다 can't wait 기다릴 수 없을 만큼 기대가 되다 count the days 손꼽아 기다리다

Answer (c) At this point, I'm counting the days.

Joseph's focus

특정한 질문에 대한 대답을 하는 것이 아니라, 대화의 흐름을 제대로 파악해야 정답을 찾을 수 있는 다소 까다로운 문제입니다. (a)는 be used to와 혼동하도록 한 함정이고 (b)는 내용상의 혼동을 유도한 함정입니다. (d)는 [It must be hard to deal with.]라고 한 부분을 이용하여 deal을 명사로 사용한 경우입니다. count the days는 '손꼽아 기다리다'의 표현으로 can't wait to go away의 의미라고 할 수 있으며 정답으로 가장 적절합니다.

Part III (31-45)

31 W Would you like to meet at my place tomorrow?
M I'd love to. For dinner?
W Yes. And you can bring your roommate John if you like.
M He'd like that. What time?
W How about five thirty?
M Perfect. We'll be there.

Q. Which is correct according to the dialogue?
(a) They are planning a dinner party.
(b) They will have a surprise party for John.
(c) They will get together at John's house.
(d) They can't agree on the guest list.

W 내일 우리 집에서 만날래?
M 그러지. 저녁 먹으러?
W 응. 괜찮으면, 네 룸메이트 존을 데려와도 돼.
M 그가 좋아할 거야. 몇 시에?
W 5시 30분 어때?
M 좋아. 그때 보자.

대화의 내용으로 알맞은 것은?
(a) 그들은 디너파티를 계획하고 있다.
(b) 그들은 존을 위한 깜짝 파티를 열 것이다.
(c) 그들은 존의 집에서 모일 것이다.
(d) 그들은 손님 명단에 동의하지 않는다.

유형 → 진위 파악

Solution 여자가 남자에게 내일 자기 집으로 저녁 초대를 하고 있고 남자의 룸메이트인 존을 데려와도 좋다고 말한다.

Voca surprise party 깜짝 파티 get together 모이다 guest list 손님 명단

Answer (a) They are planning a dinner party.

Joseph's focus

파티 초대와 관련된 대화는 Part III에서 거의 빠지지 않고 출제됩니다. 여자가 남자를 초대하는 것뿐만이 아니라, 존이라는 제 3의 인물도 함께 초대하고 있다는 사실만 제대로 파악하면, 오답 함정을 피할 수 있습니다.

More Expressions

파티 초대에 관한 표현들

Is the party still on for this Saturday?
이번 토요일에 파티 계획 있는 거 맞지?

I wouldn't miss it for the world. 꼭 갈게.

I'm afraid I won't be able to attend. 참석 못 할 것 같아.

It's too bad you can't make it. 네가 못 온다니 유감이야.

Who will be there? Anyone I know?
누가 오는데? 내가 아는 사람이야?

32 W You seem worried. Is something the matter?
M Kind of. I was offered a position at the university.
W But that sounds good. What's wrong?

15

M The job is a good one, but I'm afraid I'm not experienced enough.

W They wouldn't have called if they didn't think you could do it.

M Thanks. I hope you're right.

Q. What can be inferred from the dialogue?
(a) The woman is working at the university.
(b) The man wants to apply for a job.
(c) The man really wants to get this position.
(d) The woman believes the man is qualified.

W 너 걱정이 있어 보인다. 무슨 문제 있니?
M 약간. 대학의 일자리를 제안 받았어.
W 좋은 소식이네. 뭐가 문제인데?
M 일자리는 좋은데, 내가 충분한 경험이 없는 것 같아서.
W 네가 할 수 없다면, 그 사람들이 연락을 안 했을 거야.
M 고마워. 네 말이 맞길 바라.

대화에서 추론할 수 있는 내용은?
(a) 여자는 대학에서 일을 하고 있다.
(b) 남자는 일자리에 지원하고 싶어 한다.
(c) 남자는 진심으로 이 일자리를 얻길 원한다.
(d) 여자는 남자가 자격을 갖추었다고 생각한다.

유형 → 추론

Solution 남자는 대학에서 일자리를 제안 받았지만 자신이 충분한 경험을 갖추었는지를 걱정하고 있고, 여자는 남자가 충분히 자격을 갖추었기 때문에 대학에서 연락한 거라고 말하고 있다.

Voca position 직책, 자리 experienced 경험이 있는 apply for ~에 지원하다 qualified 자격이 있는

Answer (d) The woman believes the man is qualified.

Joseph's focus

이런 유형의 문제는 Part Ⅲ의 전형적인 함정 문제로, 남자와 여자의 입장을 바꿔치기 해서 오답을 유도하는 경우가 많으므로 화자의 입장을 정확하게 구별할 필요가 있습니다. 선택지 (a)는 가능성은 있는 내용이지만 대화의 내용만으로는 판단하기 어렵고, (b)와 (c)는 같은 내용으로 남자가 이미 position을 제안 받은 상황이므로 답이 될 수 없습니다.

> **More Expressions** ___________
>
> **상대가 걱정하는 것처럼 보일 때**
>
> It looks like something is bothering you.
> 뭔가 걱정거리가 있는 것 같이 보이는데.
>
> You really look down. What's the matter?
> 기분이 안 좋아 보이네. 무슨 일이야?
>
> What's on your mind? 뭐 신경 쓰이는 일 있니?
>
> **격려할 때**
>
> Don't get stressed. 스트레스 받지 마.
>
> Don't beat yourself up over it. 그 문제로 너무 힘들어 하지 마.

33 M And what position in this company interests you the most?

W I'd like to work as a salesperson.

M OK. And are you looking for full-time or part-time work?

W Definitely full-time.

M Are you available during nights and weekends?

W I'd prefer that, actually.

M How about days?

W I can do that if necessary.

Q. Which is correct according to the dialogue?
(a) The woman would rather work days.
(b) The woman needs a part-time job.
(c) The woman wants to be in sales.
(d) The woman can't work at night.

M 이 회사의 어떤 자리에 가장 관심이 있나요?
W 영업사원으로 일하고 싶어요.
M 좋습니다. 정규직을 원하시나요. 아니면 시간제를 원하시나요?
W 물론 정규직을 선호합니다.
M 밤과 주말에도 근무하실 수 있나요?
W 사실 밤과 주말 근무를 선호합니다.
M 낮 근무는 어떠세요?
W 필요하면 할 수 있습니다.

대화와 일치하는 내용은?
(a) 여자는 낮에 일하기를 원한다.
(b) 여자는 시간제 일을 원한다.
(c) 여자는 영업부에 근무하기를 원한다.
(d) 여자는 밤에는 일할 수 없다.

유형 → 진위 파악

Solution 구직 인터뷰 내용이다. 여자는 정규직 영업사원직을 원하며 밤과 주말에 근무가 가능하고 낮에도 필요하다면 근무할 수 있다고 말하고 있다.

Voca interest 관심을 끌다 full-time 상근직의, 풀타임의 (↔part time) available 시간이 있는 sales (department) 영업부

Answer (c) The woman wants to be in sales.

Joseph's focus

면접(job interview)중인 남녀의 대화를 듣고 진위 파악을 하는 문제로, 면접관과 구직자 각각이 원하는 조건과 상황을 정확히 들어서 기억하거나 메모하는 것이 바람직합니다.

> **More Expressions** ___________
>
> **면접에 관한 표현들**
>
> I was looking over your resume and had some questions.
> 이력서를 살펴봤는데 몇 가지 질문이 있습니다.
>
> Thank you for your interest in our company.
> 저희 회사에 관심을 가져 주셔서 감사합니다.
>
> Why are you interested in this position?
> 왜 이 직책에 관심이 있으십니까?
>
> Could you give me a quick self-introduction?
> 자기소개를 간단히 해 주실래요?

34 M Good morning, Miss Kendrickson.
W Good morning, Mr. Perkins.
M Where are you off to in such a rush?
W I've got an important meeting.
M Oh, yeah? How have you been, by the way?
W Couldn't be better. How's your new job?
M It's going fine.
W I'd love to chat with you but I need to get going.
M Oh, sure. Well, let's meet up sometime.

Q. What is the main idea of the dialogue?
(a) They are introducing themselves.
(b) The two people are catching up.
(c) They are working at the same company.
(d) The man asks the woman why she's late.

M 안녕하세요. 켄드릭슨 씨.
W 안녕하세요. 퍼킨슨 씨.
M 어디를 그리 급하게 가세요?
W 중요한 회의가 있어서요.
M 그래요? 그건 그렇고 어떻게 지내셨어요?
W 아주 잘 지냈어요. 새 직장은 어때요?
M 아주 좋아요.
W 이야기를 나누고 싶지만 가 봐야 해요.
M 그러세요. 시간 날 때 만납시다.

대화의 요점으로 알맞은 것은?
(a) 그들은 서로 자기를 소개하고 있다.
(b) 두 사람은 서로 안부를 묻고 있다.
(c) 그들은 같은 회사에서 일한다.
(d) 남자는 여자에게 왜 늦었는지 묻고 있다.

유형 → 대의 파악

Solution 두 사람이 서로의 안부를 묻고 있는 상황이며 catch up의 의미를 알고 있어야 풀 수 있는 문제이다.

Voca be off to ~로 가다 in a rush 서둘러서 chat 수다
sometime 언젠가 catch up 밀린 소식을 전하다

Answer (b) The two people are catching up.

JoSeph's focus
대화의 목적을 묻는 문제로, 대화문 자체는 안부를 묻고 답하는 쉬운 대화지만, 선택지에 등장한 catch up의 표현을 모르고 있었다면 답을 고민할 수도 있는 문제입니다. 이런 경우 선택지에서 오답을 제외시키는 방식으로 정답을 찾는 것도 좋습니다.

35 W Excuse me. Sorry to bother you.
M Can I help you?
W I'm new in town. Can you tell me how to get to Central University?
M Central is several blocks up the road. Are you driving?
W No, is it too far to walk?
M No, there's just a lot of one-way streets around here. It's very easy to get lost while driving.
W I'll just walk if it's not too far.
M OK. Go straight for four more blocks and turn right. You'll see the main entrance in front of you.

Q. Which can be inferred from the dialogue?
(a) The woman might take a taxi instead.
(b) Driving in the area can be tricky.
(c) The man is annoying the woman.
(d) There is heavy traffic at this time of the day.

W 실례합니다. 방해해서 죄송해요.
M 도와 드릴까요?
W 이 동네에 처음 왔는데요. 센트럴 대학에 가는 길을 알려 주실 수 있나요?
M 센트럴 대학은 몇 블록 더 올라 가셔야 돼요. 차로 가시나요?
W 아니오. 걷기에 너무 먼가요?
M 아뇨, 이 근처에 일방통행 길들이 많아서요. 운전 중에 길을 잃기가 아주 쉽죠.
W 너무 멀지 않으면 걸어갈 거예요.
M 네. 네 블록을 더 가셔서 우회전하세요. 그러면 정문이 보일 거예요.

대화에서 유추할 수 있는 것은?
(a) 여자는 대신 택시를 탈 것이다.
(b) 이 지역에서 운전하기는 어려울 수 있다.
(c) 남자는 여자를 짜증나게 하고 있다.
(d) 하루 중 이 시간대에는 교통체증이 있다.

유형 → 세부 정보 파악

Solution 여자는 남자에게 센트럴 대학으로 가는 길을 묻고 있고 목적지까지 걸어갈 것이라고 말한다.

Voca one-way 일방통행의 get lost 길을 잃다 main
entrance 정문 instead 대신에 tricky 힘든, 곤란한
heavy traffic 교통체증

Answer (b) Driving in the area can be tricky.

JoSeph's focus
길을 묻고 답하는 대화는 거의 항상 출제된다고 할 수 있을 만큼 단골 문제입니다. 질문지에서 누구의 상황을 묻고 있는지를 정확히 듣는 것이 관건입니다.

36 M My head is killing me. I wonder if I should see a doctor.
W When did it start?
M Last night, but I thought it would go away after a good nights sleep.
W Does your head hurt like this often?
M Sometimes, but not this bad.
W Have you taken any medicine?
M No, I haven't. Do you have something for a headache?
W I think I do. Let me go check some medicine cabinet.

Q. Which can be inferred according to the dialogue?
(a) The man has a headache from a lack of sleep.

(b) The man often has this kind of headache.
(c) The man will take the medicine.
(d) The man's condition is getting worse.

M 머리가 아파 죽겠어. 의사에게 가야 할까?
W 언제 시작됐는데?
M 어젯밤에, 자고 나면 괜찮아질 거라고 생각했어.
W 이런 두통이 자주 있니?
M 가끔, 하지만 이렇게 심하지는 않아.
W 약 먹었니?
M 아니, 안 먹었어. 두통에 먹는 약 있니?
W 있을 거야. 몇 약장을 확인해 볼게.

대화 내용에서 추론할 수 있는 것은?
(a) 남자는 수면 부족으로 두통이 있다.
(b) 남자는 종종 이러한 종류의 두통이 있다.
(c) 남자는 약을 먹을 것이다.
(d) 남자의 상태는 점점 악화되고 있다.

유형 → 추론

Solution 남자는 심한 두통을 호소하고 있다. 자고 나면 나아질 거라고 생각해서 약은 먹지 않았지만, 여자에게 두통에 먹는 약이 있냐고 하고 있고 여자가 약장을 확인해 본다고 하고 있다.

Voca go away 사라지다 take the medicine 약을 복용하다 medicine cabinet 약장 get worse 악화되다, 나빠지다

Answer (c) The man will take the medicine.

JoSeph's focus
추론 문제의 경우, 대화 속에 등장한 세부 정보에 관한 추론 능력을 묻는 유형이나 대화나 지문의 화자를 묻는 유형, 또는 대화가 이루어지는 장소를 추론하는 유형 등으로 나눌 수 있습니다. 대화문에 직접적으로 언급되지 않은 내용을 추론해야 하므로 가장 많은 연습이 필요합니다.

37
W I need to see your identification.
M Yes. Here it is.
W And your ticket?
M It's down in my bag. Here you are.
W Has anyone asked you to carry a bag on board for them today?
M No, these are both mine.
W Very well. Here's your boarding pass. Your flight leaves from gate 12.

Q. What is happening in the dialogue?
(a) The woman is issuing a ticket for speeding.
(b) The man is asking for help locating his bag.
(c) The woman is telling the man to carry her bag for her.
(d) The man is checking in for his flight.

W 신분증을 보여 주세요.
M 네, 여기 있어요.
W 표는요?
M 가방 안에 있어요. 여기 있어요.

W 오늘 누가 가방을 기내로 운반해 달라고 부탁한 적 있나요?
M 아니오, 두 가방 다 제 거예요.
W 좋습니다. 여기 탑승권 있습니다. 비행기는 12번 탑승구에서 떠납니다.

대화에서 무슨 일이 일어나고 있는가?
(a) 여자는 과속 딱지를 발부하고 있다.
(b) 남자는 가방을 찾기 위해 도움을 요청하고 있다.
(c) 여자는 남자에게 자신의 가방을 들어달라고 말하고 있다.
(d) 남자는 비행기 탑승 수속을 하고 있다.

유형 → 추론

Solution 대화의 내용으로 보아 여자는 항공사 직원이고 남자는 탑승 수속을 하고 있는 승객이라는 것을 알 수 있다.

Voca identification 신분증 boarding pass 탑승권 issue 발행하다

Answer (d) The man is checking in for his flight.

JoSeph's focus
주로 좌석 배정, 탑승수속, 입국심사, 수화물, 기내 서비스 등과 관련해서 자주 출제되며, 중요 기본 어휘로 legroom (주로 비행기나 공연장에서 다리를 뻗을 수 있는 공간) / compartment(기내 짐칸)/ carry-on luggage(기내에 들고 탈 수 있는 가방)/ customs declaration form(세관신고서)/ connecting flight(연결편)/ layover(경유지) 등이 있습니다.

More Expressions

공항에서 들을 수 있는 표현들

May I see your tickets and passports, please?
비행기 표와 여권을 보여 주시겠어요?

Are you carrying anything you didn't pack yourself?
본인이 싸지 않은 짐이 있나요?

Please empty your pockets. 주머니를 비워 주세요.

38
M Have we passed the exit for Chicago yet?
W I don't think so. I've been watching, but I haven't seen it.
M What was the last exit number? We need 202A according to this map.
W I can't remember. Do you think we've gone too far?
M Maybe so. We should be heading north by now. Maybe we should turn around.
W There's an off-ramp up ahead. Let's take it.

Q. Which is correct according to the dialogue?
(a) They are leaving Chicago by car.
(b) The man thinks they missed their exit.
(c) The woman saw the exit, but failed to take it.
(d) They are going to stop the car and look at the map.

M 시카고로 가는 출구를 지나친 거야?
W 아닌 것 같은데. 내가 눈 여겨 보고 있었는데, 못 봤어.
M 지난 번 출구 번호가 뭐였니? 지도에 의하면 우리는 202A 출구를 찾아야 돼.

W 기억이 안 나. 우리가 너무 멀리 온 거니?

M 아마도, 지금쯤 북쪽을 향하고 있어야 하는데. 되돌아가는 게 좋겠어.

W 저기 앞에 출구 차선이 있어. 저기로 나가자.

대화의 내용과 일치하는 것은?

(a) 두 사람은 자동차로 시카고를 떠나고 있다.

(b) 남자는 그들이 출구를 지나쳤다고 생각한다.

(c) 여자는 출구를 봤지만 나가지 못했다.

(d) 그들은 차를 세우고 지도를 볼 것이다.

유형 → 진위 파악

Solution 대화 내용으로 보아 두 사람은 차를 타고 시카고에 가고 있다. 남자는 시카고로 향하는 출구 차선을 지나쳤다고 생각하고 되돌아가자고 제안한다.

Voca head 향하다 turn around 돌아서다, ~을 돌려 세우다 off-ramp (고속도로의) 출구 차선

Answer (b) The man thinks they missed their exit.

Joseph's focus

도로관련(exit, ramp) 어휘 지식이 없으면 대화의 전체 흐름을 파악하기 쉽지 않은 고난이도 문제로, 대화가 벌어지는 이유를 빨리 알아차리는 게 관건입니다. 대화는 운전 중인 남녀가 시카고로 가는 출구를 못 찾아 헤매고 있는 상황입니다.

More Expressions

운전 중에 사용 될 수 있는 표현

Look on the map. We just passed our exit.
지도를 봐. 우리 방금 출구를 지나쳤어.

I need to stretch my legs.
다리 좀 펴야겠어.

Don't worry. I know exactly where we are.
걱정 마. 우리가 어디에 있는지 정확히 알고 있으니까.

Keep your eyes peeled for a gas station.
주유소가 있는지 눈 좀 크게 뜨고 찾아 봐.

Get over in the right lane. We have to take the next exit.
오른쪽 차선으로 들어가. 다음 출구에서 나가야 돼.

---

39 M What kind of movies do you like to watch?

W Most of the time I like romantic comedies and dramas because they are relaxing and entertaining.

M I agree. What do you think about action flicks?

W I don't mind them sometimes, but romantic comedies are more fun.

M Do you ever watch suspense thrillers?

W No. I don't like to be tense.

M What's your favorite movie ever?

W Probably *Sleepless in Seattle*.

Q. Which is correct according to the dialogue?

(a) The woman wants to watch *Sleepless in Seattle* with the man.

(b) The woman finds romantic comedies more interesting.

(c) The man doesn't enjoy romantic comedies or dramas.

(d) The man is auditioning for a role in a movie.

M 어느 종류의 영화를 보는 걸 좋아하니?

W 보통 로맨틱 코미디랑 드라마가 편하고 재미있어서 좋아해.

M 나도 동감이야. 액션 영화는 어떻게 생각해?

W 가끔은 괜찮지만, 로맨틱 코미디가 더 재미있어.

M 스릴러 영화는 안 보니?

W 아니, 나는 긴장하는 게 싫어.

M 제일 좋아하는 영화는 뭐야?

W 아마도 〈시애틀의 잠 못 이루는 밤〉일 거야.

대화의 내용과 일치하는 것은?

(a) 여자는 남자와 함께 〈시애틀의 잠 못 이루는 밤〉을 보고 싶어 한다.

(b) 여자는 로맨틱 코미디가 더 흥미롭다고 생각한다.

(c) 남자는 로맨틱 코미디나 드라마를 좋아하지 않는다.

(d) 남자는 그 영화 역에 대해 오디션을 보고 있다.

유형 → 진위 파악

Solution 남자가 여자에게 좋아하는 영화에 대한 질문들을 하고 있고 여자는 로맨틱 코미디를 가장 좋아한다고 말하고 있다.

Voca relaxing 느긋한, 긴장을 풀어주는 entertaining 재미있는 action flick 액션 영화 suspense 긴장감 thrillers 스릴러물 tense 긴장한 audition 오디션을 보다, 오디션에 참가하다

Answer (b) The woman finds romantic comedies more interesting.

Joseph's focus

대체로 38번 이후에 나오는 문제는 진위 파악 문제입니다. 중요한 사항을 꼼꼼히 적지 않으면 다 듣고도 틀릴 수 있습니다, 이 문제에서도 대화 속의 남녀 의견을 오답으로 하지 않도록 잘 구분해 적어 놓아야 합니다.

More Expressions

영화에 관한 표현들

Let's catch a movie tonight. 오늘 밤 영화 보러 가자.

This movie has great reviews. 이 영화는 평이 아주 좋아.

It was a waste of my time and money. 시간과 돈 낭비였어.

a romantic comedy starring Julia Roberts
줄리아 로버츠가 출연하는 로맨틱 코미디

He was really amazing in this movie.
그 배우는 이 영화에서 정말 훌륭했어.

---

40 W Hi. I need to send this to Canada.

M Is your shipping label filled out?

W Yes, here it is.

M OK. Did you want to send this by regular mail or express mail?

W I think ground would be fine. It's not urgent.

M Anything liquid, perishable or fragile?

W No. But it does have some valuables inside.

M Then I suggest you insure it.

Q. Which is correct according to the dialogue?
(a) The man recommends insuring the package.
(b) The woman wants to send it by express mail.
(c) The man advises her to send it by regular mail.
(d) The woman has not filled out the shipping label.

W 안녕하세요. 이걸 캐나다에 보내야 해요.
M 이 운송 라벨을 작성하셨나요?
W 네, 여기 있어요.
M 좋습니다. 보통 우편으로 보내실 건가요, 아니면 속달 우편으로 보내실 건가요?
W 보통 우편도 괜찮아요. 급한 게 아니에요.
M 액체나 상하거나 깨질 수 있는 물건인가요?
W 아니오, 하지만 귀중한 물건들이 들어 있어요.
M 그러면 보험에 가입하라고 권하고 싶네요.

대화의 내용과 일치하는 것은?
(a) 남자는 소포를 보험에 들 것을 권한다.
(b) 여자는 속달 우편으로 보내고 싶어 한다.
(c) 남자는 여자에게 보통 우편을 이용하라고 권한다.
(d) 여자는 운송 라벨을 작성하지 않았다.

유형 → 진위 파악

Solution 우체국에서 벌어지는 대화이다. 여자는 보통 우편으로 소포를 캐나다에 보내려고 한다. 남자는 내용물이 귀중한 물건이면 보험을 드는 게 좋다고 권한다.

Voca shipping label 운송 라벨 fill out 작성하다 regular mail 보통 우편 express mail 속달 우편 perishable 부패하기 쉬운 fragile 깨지기 쉬운 valuables 귀중품 insure 보험에 들다 package 소포(=parcel)

Answer (a) The man recommends insuring the package.

JoSeph's focus

우체국에서 벌어지는 대화를 듣고 진위 파악을 하는 문제로, 전체적인 상황을 머릿속에 그릴 수 있다면 쉽게 정답을 고를 수 있습니다. 우체국 대화 표현은 빈번하게 출제되므로 관련표현들(overnight - 속달/ surface mail - 육상 우편/ priority mail - 빠른우편)을 따로 정리하여 암기해 둡니다.

More Expressions

우체국에서

It needs to get there by the end of the week.
이것은 이번 주말까지 도착해야 합니다.

How long will it take to get there?
거기 도착하려면 얼마나 걸리나요?

Please list the contents here.
내용물을 여기 적어 주세요.

You can track the package on the Internet.
인터넷으로 소포의 위치를 추적할 수 있어요.

41 M Can I exchange a bag of coins here?
W Do you have an account with us?
M Yes, I do.

W You can deposit the coins to your account without a charge, but to exchange them for cash there is a fee of 10%.
M I will just deposit them, then.
W Very well. Do you know how much you have here?
M Yeah. It should be $87.

Q. Which is correct according to the dialogue?
(a) The man wants to close his account.
(b) The man needs to buy foreign currency.
(c) The man needs to get rid of some change.
(d) The man has to pay 10% fee.

M 이 동전 한 자루를 여기서 바꿀 수 있나요?
W 저희 은행에 계좌가 있으신가요?
M 네, 있어요.
W 본인 계좌에 예금을 하시면 수수료가 없지만 현금으로 바꾸시려면 10퍼센트 수수료가 붙어요.
M 그러면 그냥 예금을 하죠.
W 좋습니다. 총금액이 얼마나 되는지 아세요?
M 네, 87달러일 거예요.

대화의 내용과 일치하는 것은?
(a) 남자는 계좌를 없애려고 한다.
(b) 남자는 외화를 구입하고자 한다.
(c) 남자는 잔돈을 없애려고 한다.
(d) 남자는 10퍼센트의 수수료를 내야 한다.

유형 → 진위 파악

Solution 남자는 동전들을 바꾸고 싶어 한다. 은행 고객이 본인 계좌에 입금을 하면 수수료가 없지만, 현금으로 원한다면 10퍼센트의 수수료를 내야 하기 때문에, 남자는 그냥 입금하기로 한다.

Voca fee 수수료 account 계좌 deposit 예금하다 charge 비용, 요금 foreign currency 외화 change 잔돈

Answer (c) The man needs to get rid of some change.

JoSeph's focus

은행 직원인 여자와 고객인 남자의 대화를 듣고 진위 파악을 해야 하는 문제로, 대화의 목적만 잘 파악하면 무난하게 풀 수 있습니다. 은행에서 벌어지는 대화는 주로 통장 개설, 예금계좌, 환전과 관련된 표현이 자주 등장하므로 은행과 같이 특정 장소에서 이뤄지는 상황별, 주제별 어휘 정리는 필수입니다.

More Expressions

은행에서

A: How would you like that? 돈을 어떻게 드릴까요?
B: All in twenties, please. 모두 20달러짜리로 주세요.

예금, 인출

make a deposit 예금하다   make a withdrawal 인출하다
ATM (Automated-Teller Machine) 현금 자동 인출기

미국 동전의 종류

penny = one cent   nickel = five cents
dime = ten cents   quarter = 25 cents

42 W Hello, Coconut restaurant. How can I help you?

M Can you tell me how to get to your restaurant?

W Where are you coming from?

M I'm on the other side of the river.

W OK. Take I-40 and get off at Lincoln Avenue. Then you'll see us on your right.

M I-40 northbound or southbound?

W You need to take I-40 north.

M All right. I think I got it. See you later.

Q. What can be inferred from the dialogue?

(a) Most people have trouble finding the restaurant.

(b) The man will call the woman back later.

(c) The restaurant is located on Lincoln Avenue.

(d) The woman will take the man to the restaurant.

W 안녕하세요, 코코넛 식당입니다. 무엇을 도와 드릴까요?

M 거기 위치가 어떻게 되는지 알려 주시겠어요?

W 어디에서 오시는데요?

M 저는 강 건너편에 있어요.

W 네. 고속도로 I-40을 타고 링컨 가 출구로 나오세요. 그러면 오른쪽에 식당이 있어요.

M I-40에서 북쪽으로 가나요, 아니면 남쪽으로 가나요?

W 북쪽으로 가셔야 돼요.

M 알겠습니다. 어딘지 알 것 같아요. 나중에 봐요.

대화의 내용에서 유추할 수 있는 것은?

(a) 많은 사람들이 식당을 찾는데 어려움을 겪는다.

(b) 남자는 나중에 여자에게 다시 전화를 할 것이다.

(c) 식당은 링컨 가에 위치하고 있다.

(d) 여자는 남자를 식당에 데려갈 것이다.

유형 → 추론

Solution 남자는 전화로 식당의 위치를 묻고 있다.

Voca northbound 북쪽으로 향하는 southbound 남쪽으로 향하는

Answer (c) The restaurant is located on Lincoln Avenue.

Joseph's focus

남녀의 전화 대화를 듣고 추론해야 하므로, 대의 파악과 세부사항까지 완벽하게 듣고 요약해 놓아야 답을 고를 수 있는 고난이도 문제입니다. 선택지 (b)는 남자가 길을 못 찾아서 전화를 다시 걸 수도 있겠지만, 대화문 어디에도 그 근거가 없기 때문에 합리적인 추론이 될 수 없습니다. 여자가 [Take I-40 and get off~your right.]라고 했으므로 식당이 링컨가에 위치하고 있다고 추측할 수 있습니다.

43 W Hey, there, Craig. What are you doing here?

M Oh, hi, Angie. I'm meeting a friend in an hour.

W What did you buy?

M I just bought a scarf for my mother. Her birthday is coming soon. So are you shopping?

W Yeah, I'm looking for a new pair of shoes. Do you know where they sell shoes around here?

M They are downstairs by the gloves and hats. There's a big sale going on.

W I wonder if they have a sale on boots, too.

M I'm not sure. Why don't you ask that clerk over there?

Q. What is the man doing?

(a) He's waiting for a friend.

(b) He's shopping for shoes.

(c) He's talking to the sales clerk.

(d) He's buying a scarf for his mom.

W 안녕, 크레이그, 여기서 뭐하니?

M 안녕, 앤지. 한 시간 후에 친구를 만나기로 했어.

W 뭐 샀니?

M 엄마에게 줄 스카프를 샀어. 엄마 생신이 다가오거든. 쇼핑하는 중이니?

W 응, 새 신발을 사려고. 신발 어디서 파는지 아니?

M 아래층에 장갑이랑 모자 파는 데 옆에서 팔아. 큰 세일을 하던데.

W 부츠도 세일을 하는지 모르겠네.

M 잘 모르겠어. 저기 직원한테 물어 보지 그래?

남자는 무엇을 하고 있는가?

(a) 친구를 기다리고 있다.

(b) 신발을 사고 있다.

(c) 판매 직원과 이야기를 하고 있다.

(d) 엄마를 위해 스카프를 사고 있다.

유형 → 세부 내용 파악

Solution 대화의 첫 부분에 '한 시간 후에 친구를 만나기로 했다'고 했으므로 남자는 친구를 기다리고 있는 중이라는 것을 알 수 있다.

Voca downstairs 아래층에(특히 1층) go on 시작하다

Answer (a) He's waiting for a friend.

Joseph's focus

쇼핑몰에서 벌어지는 남녀의 대화를 듣고 세부정보를 파악해야 하는 문제로, 겉보기엔 대화 내용이나 질문지도 어렵지 않아 보이지만 질문지의 시제(현재 진행형)에 유의하지 않으면 자칫 (d)를 답으로 착각할 수도 있는 함정이 있는 문제입니다. 엄마 생일 선물로 스카프를 산 것은 사실이지만 현재 하고 있는 일을 물었으므로 (d)는 정답이 될 수 없습니다.

More Expressions

의류점에서

I'm looking for men's wear. 남성복 코너를 찾고 있어요

I'll ring you up over here. 여기서 계산해 드릴게요

We're temporarily out of stock on that item. 그 상품은 일시적으로 재고가 다 떨어졌어요

---

44 M Hello. Do you have any copies of Bruce Springstein's *Born in the U.S.A.*?

W Let me see. Do you want that on CD?
M Yes.
W I thought we had a couple left, but we must've sold out.
M Well, thanks for looking.
W My pleasure. I can order this album for you if you like. It'll take about 3 days.
M No, thanks. I think I'll try to find it online.

Q. Which of the following is true according to the dialogue?
(a) The man found the CD at another record store.
(b) The woman will order the CD for the man.
(c) The woman bought the last copy of the album.
(d) The man will order the album on the Internet.

M 안녕하세요. 브루스 스프링스테인의 〈Born in the U.S.A.〉 앨범이 있나요?
W 확인해 볼게요. CD로 원하세요?
M 네.
W 몇 개 남아 있는 줄 알았는데, 다 팔린 것 같아요.
M 찾아봐 주셔서 고마워요.
W 천만에요. 원하시면 주문해 드릴 수 있어요. 3일 정도 걸려요.
M 아니요, 됐어요. 온라인에서 찾아보도록 할게요.

대화의 내용과 일치하는 것은?
(a) 남자는 다른 음반 가게에서 CD를 찾았다.
(b) 여자는 남자를 위해서 CD를 주문할 것이다.
(c) 여자는 마지막 남은 앨범을 구입했다.
(d) 남자는 인터넷으로 앨범을 주문할 것이다.

유형 → 진위 파악

Solution 남자의 마지막 말 [I think I'll try to find it online.]을 통해 인터넷으로 앨범을 주문할 것이라는 것을 알 수 있다.

Voca online 온라인, 온라인의 last 마지막의, 지난

Answer (d) The man will order the album on the Internet.

Joseph's focus

음반가게에서 일어나고 있는 손님과 주인의 대화를 듣고 대화의 상황을 머릿속에 그릴 수 있으면 쉽게 풀 수 있는 문제입니다. 그리고 정답의 핵심이 되는 online이 on the Internet으로 paraphrase되어 정답 선택지로 등장했음을 알아야 합니다.

More Expressions

전화로 주문에 관한 문의를 할 때

I'd like to place an order.
주문을 하고 싶은데요.

I'm calling to check on the status of my order.
주문한 상품의 배송 상태를 확인하려고 전화했는데요.

I got something different from what I ordered.
주문한 물건과 다른 물건이 왔어요.

I was wondering when my order was going to arrive.
주문한 물건이 언제 도착할지 궁금해서요.

45-1 M Would you like to add a box of candy with that purchase for just one dollar more?
W No, thanks. I'll just take the two movies, please.
M All right, then. Your total comes to $21.78.
W You can't be serious. Is it really that expensive to rent just two videos?
M Well, the cost of the two movies is $8.00, but also you have $10 in late fees, plus tax.
W Oh yeah. I forgot about those. Is there any way you could let me off since I come here so often?
M Sometimes the manager erases late fees for regulars, but she's not in right now.
W Well, in that case, I'll just go ahead and get these anyway, I guess.

Q. What does the woman want?
(a) To get a deal on movie snacks
(b) To get her late fees taken off her total
(c) To sign up for a movie rental membership
(d) To buy movies at a lower price

M 일 달러만 더 내시고 사탕 한 박스를 추가하시겠어요?
W 아니오, 됐어요. 그냥 영화 두 편만 빌릴게요.
M 알겠습니다. 전부 21달러 78센트입니다.
W 말도 안돼요. 영화 비디오 두 편 빌리는 게 정말 그렇게 비싸요?
M 영화 두 편 값은 8달러지만, 연체료가 10달러 있으시고요, 거기에 세금까지 합친 금액이지요.
W 아, 그걸 깜박했네요. 여기 자주 오는데 연체료를 감면해 줄 수는 없나요?
M 가끔 매니저가 단골손님들의 연체료를 없애 주는 경우가 있는데, 지금 매니저가 여기 없네요.
W 그렇다면 그냥 이 영화들만 빌려 가야겠네요.

여자가 원하는 것은 무엇인가?
(a) 영화 간식을 싼 가격에 사기
(b) 연체료 감면 받기
(c) 영화 대여 회원에 가입하기
(d) 더 낮은 가격에 영화 구입하기

유형 → 세부 내용 파악

Solution 여자는 비디오 대여점에서 영화를 빌리고 있는데 연체료를 감면해 줄 수 있는지를 묻고 있다.

Voca late fee 연체료 erase 삭제하다 regular 단골손님 sign up 등록하다

Answer (b) To get her late fees taken off her total

Joseph's focus

여자는 비디오 대여점에서 영화를 빌리고 있습니다. 대부분의 영화 대여점에서는 영화관에서 볼 수 있는 사탕류나 팝콘과 같은 간식들도 함께 판매하는 경우가 많습니다. 대화의 첫 부분에 직원이 일 달러에 사탕 한 통을 추가하겠냐고 물었지만 여자는 거절했으므로 (a)는 오답입니다. 여자는 자신이 단골이므로 연체료를 감면해 줄 수 없겠냐고 묻고 있으므로 (b)가 정답으로

가장 적절합니다. 여자는 이 비디오 대여점 단골이라고 했으므로 이미 회원이라는 것을 알 수 있으므로 (c)는 오답이고, 여자는 영화 비디오를 구매하려는 것이 아니라 그저 대여를 하려는 것이므로 (d)역시 정답이 아닙니다.

More Expressions

취미나 여가 활동, 휴가 계획을 물을 때

What do you do on the weekends? 주말에 뭘 하세요?

I'm a homebody. 저는 집에 있는 걸 좋아해요.

I'm a movie buff. 저는 영화광이에요.

I'm into mountain biking these days.
요즘에 산악자전거에 빠져 있어요.

45-2 M Have you seen a little boy wearing red pants and an orange cowboy hat? He's my son.

W When did you see him last?

M I was supposed to keep an eye on him while my wife looked in the jewelry store. Now he's gone!

W Don't panic. I'm sure he hasn't gotten too far from here. What's his name?

M Kevin.

W OK. There's a toy store right over there. Maybe he wandered in.

M I'll head over there and look for him.

W I think you should stay put in case he comes back. I can go to the toy store and ask them.

Q. Which is correct according to the dialogue?

(a) The man is looking for red pants.

(b) The man needs directions to the jewelry store.

(c) The woman doesn't want the man to leave.

(d) The woman saw a boy walking into the toy store.

M 빨간 바지를 입고 오렌지색 카우보이모자를 쓴 애 보셨어요? 제 아들인데요.

W 언제 마지막으로 아이를 보셨나요?

M 아내가 보석 가게에서 구경을 하는 동안 아이를 보고 있어야 했는데 없어졌어요.

W 걱정하지 말아요. 멀리 가진 못했을 거예요. 아들 이름이 뭐지요?

M 케빈이요.

W 알겠어요. 저기 장난감 가게가 있는데, 혹시 저기에 들어갔을지도 몰라요.

M 제가 가서 찾아볼게요.

W 아이가 여기로 돌아올 때를 대비해서 여기에 계세요. 제가 장난감 가게에 가서 물어볼게요.

대화의 내용과 일치하는 것은?

(a) 남자는 빨간 바지를 사려고 한다.

(b) 남자는 보석 가게로 가는 길을 알고자 한다.

(c) 여자는 남자가 가는 것을 원하지 않는다.

(d) 여자는 아이가 장난감 가게로 들어가는 걸 봤다.

Solution 남자는 아들을 찾고 있는데, 여자는 자신이 장난감 가게에 가 볼 테니 여기 있으라고 한다.

Voca keep an eye on ~의 거동을 주시하다 panic 겁에 질리다 wander in ~에 막연히 걸어 들어가다 head over 향하다 stay put 움직이지 않다 in case ~의 경우에 대비하여

Answer (c) The woman doesn't want the man to leave.

Joseph's focus

남자는 아들을 찾는 상황으로 여자에게 아이를 봤냐고 묻고 있습니다. 남자가 아이를 찾으러 가보겠다고 하자, 여자는 아이가 돌아올 때를 대비해서 기다리라고 하고 자신이 가서 확인해 보겠다고 합니다. 여자의 맨 마지막 말 [I think you should stay ~ ask them.]에서 남자에게 이곳에서 기다리라고 하고 있으므로 (c)가 정답이 됩니다.

Part IV (46~60)

46 People who own motorcycles are convinced that their form of transportation is superior to that of others. Not only do motorcycles cost less than cars and trucks, they are cheaper to insure. Also, as a motorcycle owner, you don't have to pay for the things that average vehicle owners need to. In many cities, motorcycles may split lanes; that is, they can go in between cars when traffic is stopped. Not to mention, motorcycles get better gas mileage than your average automobile.

Q. Which of the following best summarizes what the speaker is talking about?

(a) Motorcycle drivers need to think about safety.

(b) Motorcycles have advantages over other automobiles.

(c) The automotive industry needs to lower prices of cars.

(d) Consumers should stop buying big trucks that get poor gas mileage.

오토바이를 소유하고 있는 사람들은 자신들의 교통수단이 다른 사람들의 교통수단보다 더 뛰어나다고 확신한다. 오토바이는 자동차나 트럭보다 가격이 쌀 뿐만 아니라, 보험 드는 비용도 더 저렴하다. 또한 오토바이 주인으로서, 당신은 일반 자동차 소유자들이 구입해야 하는 것들을 구입하느라 돈을 쓸 필요가 없다. 많은 도시에서 오토바이는 차선을 나누어 쓸 수 있는데, 말하자면 오토바이는 교통이 정체되어 있을 때 자동차들 사이로 지나갈 수 있다는 것을 의미한다. 오토바이가 일반적인 자동차보다 연비가 훨씬 좋다는 것은 말할 것도 없다.

화자가 말하고 있는 것을 가장 잘 요약한 것은?

(a) 오토바이 운전자들은 안전에 대해 생각해 볼 필요가 있다.

(b) 오토바이는 다른 자동차들보다 이점이 더 많다.

(c) 자동차 업계는 자동차의 가격을 낮춰야 한다.
(d) 소비자들은 연비가 안 좋은 큰 트럭을 구입하지 말아야 한다.

유형 → 대의 파악

Solution 화자는 오토바이가 왜 일반 차량보다 경제적이고 효율적인
지에 대해 설명하고 있다.

Voca motorcycle 오토바이 convinced 확신에 찬 be
superior to ~보다 월등하다(↔be inferior to) split 나
누다 lane 차선 not to mention ~은 말할 것도 없
고(=not to speak of, let alone, to say nothing of) gas
mileage 연비 lower 내리다, 낮추다

Answer (b) Motorcycles have advantages over other
automobiles.

JoSeph's focus

Part IV에서 볼 수 있는 전형적인 주제 찾기 문제로 서술하고
있는 글의 전체적인 주제의 방향만 잘 잡는다면 답을 고르는
데는 큰 문제가 없으며 Part IV에서 가장 쉬운 유형이라고 볼
수 있습니다.

47 Attention all employees. In order to maximize
the benefits of the vacations on our productivity,
management has decided to establish some
regulations that you need to be aware of. First
of all, please be aware that it is impossible to
accommodate every person's request for days
off. Second, management will guarantee each
employee only two of the holidays: Thanksgiving,
Christmas or New Years. Third, priority will be
given to employees who did not receive their
preference last year.

Q. Which of the following is correct according to
the announcement?
(a) Some employees will get first pick this year.
(b) The company will close on the holidays.
(c) Employees will not get paid for vacation.
(d) All employees will have three holidays off.

모든 직원 여러분 주목해 주세요. 휴가가 생산성에 끼치는 이점
을 최대화하기 위해서 경영진은 다음과 같이 여러분들이 준수해
야 할 몇 가지 규정들을 정했습니다. 첫째, 모든 사람의 휴가 요
청을 수용하는 것은 불가능하다는 것을 알아주세요. 둘째, 경영
진은 각 직원들에게 추수감사절, 크리스마스, 혹은 새해 중에서
두 번의 휴가를 보장할 것입니다. 셋째, 우선권은 작년에 선택
권을 갖지 못한 직원들에게 먼저 주어질 것입니다.

발표의 내용과 일치하는 것은?
(a) 일부 직원들은 올해 우선 선택권을 갖게 될 것이다.
(b) 회사는 공휴일에 휴업할 것이다.
(c) 직원들은 휴가에 대해서는 보수를 받지 못할 것이다.
(d) 모든 직원들은 세 번의 공휴일을 갖게 될 것이다.

유형 → 내용 일치

Solution 추수감사절, 크리스마스 혹은 새해 중에서 두 번을 골라 쉴
수 있지만, 우선권은 작년에 선택권을 받지 못한 사람들에
게 먼저 주어질 것이라고 말하고 있다.

Voca maximize 극대화하다, 최대한 활용하다(↔minimize)
benefit 이점, 이익 productivity 생산성
management 경영진 regulation 규정, 규제
be aware that~ ~을 인식하다 accommodate
수용하다 priority 우선권 preference 선호
announcement 발표, 소식 pick 고르기, 선택

Answer (a) Some employees will get first pick this
year.

JoSeph's focus

한 회사의 새로운 휴가 정책을 알리는 발표를 듣고, 진위를 파
악해야 하는 문제로 빈출되는 토픽 중의 하나입니다. 세 번째
전달사항인 [priority will be given to employees~] 부분
이 get first pick으로 paraphrase되어 정답으로 등장한 것처
럼, 담화문에 등장한 표현은 대체로 paraphrase되어 선택지에
나옵니다.

48 Many people are intimidated by drawing,
especially when the subject is the human face.
But it isn't as difficult as it seems. First, start with
a circle, and then add a curved line across it.
That adds depth, and is where the eyes will go.
Most artists say that the eyes should be halfway
down the face. Draw a vertical line at a right
angle to the eye line for the nose, and keep all
the other features even on both sides of it. From
here, just add a mouth and ears, and have fun!

Q. Which is correct according to the talk?
(a) The eye line must be straight for the face to
look good.
(b) Most people are really good at drawing faces.
(c) The speaker claims that drawing is very
difficult.
(d) Intersecting lines are the key to drawing
faces.

많은 사람들이 그림 그리는 것을 두려워하는데, 특히 대상이 사
람 얼굴일 때 그러하다. 그러나 얼굴 그리기는 보기보다 그리 어
렵지 않다. 먼저 원을 그리고 그것을 가로지르는 곡선을 추가해
라. 그것은 깊이를 더해 주게 되고 여기가 눈을 그릴 곳이다. 대
부분의 예술가들은 눈은 얼굴의 위아래에서 중간쯤에 위치해야
한다고 말한다. 코를 그릴 때는 눈이 위치하는 선으로부터 직각
으로 세로 선을 긋고 다른 이목구비는 그 선 양쪽으로 균등히
배열한다. 여기에서부터 입과 귀를 추가하고 그림 그리기를 즐
겨라.

담화의 내용과 일치하는 것은?
(a) 얼굴을 잘 그리기 위해서는 눈이 위치하는 선이 직선이어야
한다.
(b) 대부분의 사람들은 얼굴을 매우 잘 그린다.
(c) 화자는 그림 그리기가 매우 어렵다고 주장한다.
(d) 얼굴을 그릴 때는 선을 교차하는 것이 요점이다.

유형 → 내용 일치

Solution 처음 두 문장에서 많은 사람들이 얼굴 그리기를 어렵다고

생각하지만, 실제로는 그렇게 어렵지 않다고 말하고 있다. 그리고 원을 그린 후 그것을 가로지르는 곡선과 세로 선을 추가하는 식으로 두 선을 교차시키라고 했다.

intimidate 두려워하게 하다, 겁을 주다(=frighten, threaten)
subject 대상 curved line 곡선 depth 깊이
vertical 세로의(↔horizontal) right angle 직각

(d) Intersecting lines are the key to drawing faces.

Joseph's focus

얼굴을 그리는 방법에 대한 설명문을 듣고 진위를 파악하는 문제입니다. 담화문을 첫 번째 들려주고 나서 질문지가 진위 파악을 묻는 문제임을 파악했다면, 두 번째 들을 때는 간단히 요약을 하는 게 좋습니다. 종종 어떤 부분이 선택지에 paraphrase 되어 등장할지 알 수 없기 때문에 세부사항에도 집중해야 합니다.

49 Forecasters all across the Gulf region are suggesting that residents prepare for an early storm season. All indicators conclude that conditions are perfect for hurricanes. These include low pressure in the atmosphere, combined with the above average temperatures we've been having. As moist tropical air blows in, we could see as many as 15 tropical storms this summer, beginning as soon as next week.

Q. Which is correct according to the broadcast report?
(a) Weather forecasters believe that a snowstorm is coming.
(b) Hurricanes are impossible to predict.
(c) The storm season could start earlier than normal.
(d) There are not likely to be any tropical storms this year.

멕시코 만 연안 전역의 기상 예보관들은 주민들이 이른 태풍 시즌에 대비할 것을 권하고 있다. 모든 지표들을 살펴 볼 때, 기상 조건들이 허리케인이 발생하기에 적절한 것으로 밝혀졌다. 이 지표들에는 대기 중의 저기압을 동반한 평균 이상의 기온이 포함돼 있다. 습기를 포함한 열대 공기가 들어옴에 따라, 이번 여름에는 최대 15개의 열대 폭풍을 예상할 수 있으며 이르면 다음 주부터 시작될 것으로 보인다.

방송 보도 내용과 일치하는 것은?
(a) 일기 예보관들은 눈보라가 올 것이라고 생각한다.
(b) 허리케인은 예상하기가 불가능하다.
(c) 폭풍 시즌이 보통 때보다 일찍 시작될 수 있다.
(d) 올해는 열대성 폭풍이 올 가능성이 없다.

유형 → 내용 일치

올 여름 멕시코 만에서는 열대성 폭풍이 평년보다 일찍 시작될 것으로 예상된다고 말하고 있다.

forecaster 기상예보관 the Gulf 멕시코 만
resident 주민 indicator 지표 atmosphere 대기

combined with ~와 결합한 tropical 열대성의

(c) The storm season could start earlier than normal.

Joseph's focus

일기예보에 관련된 진위 파악 문제는 메모를 하지 않으면 정답을 고르기가 매우 힘든 경우가 많으므로, 반드시 메모하는 습관을 가져야 합니다. 첫 문장의 early storm부분을 흘려버리면, 소거법을 적용해야만 풀 수 있기 때문에 첫 문장을 주의 깊게 들어야 합니다. 저기압과 평년보다 높은 기온은 허리케인을 일으키기에 적합한 날씨 조건들입니다. 허리케인이 발생하기 쉬운 기상 조건들을 소개하고 있으므로 (b)는 정답이 될 수 없습니다.

50 Are you feeling bored? Good! Research indicates that boredom is good for both the brain and the body. Humans are consuming more time with productivity, communication and stimulation. That leaves less time for creativity and problem solving. Being bored is especially important for children. When their lives are over-scheduled, they do not practice thinking on their own. When we, both adults and children, use our imaginations, we give our minds a workout while allowing our bodies to rest.

Q. Which is the main idea of the talk?
(a) A bird in the hand is worth two in the bush.
(b) All work and no play makes Jack a dull boy.
(c) Slow and steady wins the race.
(d) Two heads are better than one.

심심한가? 잘됐군! 연구자들은 지루함이 뇌와 신체에 모두 도움이 된다고 한다. 인간은 더 많은 시간을 생산성, 의사소통, 자극에 소모한다. 그래서 창의성과 문제 해결에 쓰이는 시간이 적어진다. 지루함은 아이들에게 더욱 중요하다. 아이들의 생활이 지나치게 바빠지면 그들은 스스로 생각하는 연습을 하지 않게 된다. 성인과 아이들 모두 상상력을 이용할 때 신체는 휴식을 취하도록 하면서 두뇌 활동을 활발하게 할 수 있다.

담화의 요점으로 알맞은 것은?
(a) 손에 쥔 새 한 마리가 수풀의 두 마리보다 가치 있다.
(b) 일만 하고 놀지 않으면 우둔한 사람이 된다.
(c) 느려도 착실히 하는 쪽이 결국에는 이긴다.
(d) 한 사람이 하는 것보다는 두 사람이 하는 것이 낫다.

유형 → 대의 파악

화자는 지루함이 나쁘지 않다고 주장하고 있다. 특히 아이들에게 심심함을 느낄 만큼 여유를 주는 것이 그들의 상상력과 창의성을 높이는 데 도움이 된다고 말하고 있다.

bored 지루한, 심심한(=tired, wearisome) indicate 시사하다 boredom 지루함 productivity 생산성 stimulation 자극 creativity 창의성 imagination 상상력

(b) All work and no play makes Jack a dull boy.

지루함에 대한 한 연구결과를 소개하는 담화문을 듣고 대의를 파악하는 유형으로, 담화문 자체는 쉽지만 선택지에 주어진 표현들이 속담이기 때문에 속담에 관련된 표현을 알고 있어야 문제를 쉽게 해결할 수 있습니다.

51 Iranian president Mahmoud Ahmadinejad continues to taunt the western world. This week, he blamed the so-called big powers, such as the United States, for all of the world's problems, further isolating his nation and increasing its chances of being attacked. For years President Ahmadinejad has defied the United Nations regarding his country's nuclear program. Even among critics of current world leaders, Ahmadinejad faces opposition for his positions on issues like women's rights.

Q. Which of the following can be inferred from the newspaper article?
(a) The United Nations has control over Iranian nuclear programs.
(b) President Ahmadinejad wants to make peace with the world.
(c) World leaders don't take the Iranian president seriously.
(d) Even some of his supporters criticize his view on civil rights.

이란 대통령 마무드 아마디네자드는 계속해서 서구 국가들을 비웃고 있다. 이번 주에 그는 미국과 같은 소위 강대국들을 세계 문제의 원인이라고 비난하여 이란을 더욱 고립시키고 공격의 대상이 될 가능성을 증가시켰다. 수년 동안 아마디네자드 대통령은 이란의 핵 프로그램에 관련하여 유엔에 대항해 왔다. 아마디네자드 대통령은 현 서방 강대국들의 지도자들을 비난하는 사람들 사이에서조차 여성의 인권과 같은 문제들에 대한 그의 입장으로 반감을 사고 있다.

이 뉴스 기사로부터 추론할 수 있는 내용은?
(a) 유엔은 이란의 핵 프로그램을 제어할 수 있다.
(b) 아마디네자드 대통령은 전 세계와 화해하고 싶어 한다.
(c) 세계 강대국 지도자들은 이란 대통령을 심각하게 받아들이지 않는다.
(d) 일부 그의 지지자들조차 민권에 관한 그의 관점을 비난한다.

유형 → 추론

Solution 맨 마지막 문장 [Even among critics of current world leaders, ~ like women's rights.]으로부터 아마디네자드처럼 세계 지도자들을 비난하는 사람들조차도 여성의 인권을 무시하는 그의 태도에 반감을 갖고 있다는 것을 알 수 있다.

Voca taunt 비웃다, 조롱하다 **attack** 공격하다 **defy** 반항하다, 거역하다(=resist, oppose, confront) **regarding** ~에 관하여(=concerning, about) **nuclear** 핵의 **critic** 비평가 **face** 직면하다 **position** 태도, 입장

Answer (d) Even some of his supporters criticize his

view on civil rights.

뉴스 보도문(News Report)을 듣고 추론을 해야 하는 유형으로, 전체적인 대의 파악과 더불어 세부내용에도 집중해야 하는 고난이도 문제입니다. Part Ⅳ 중에서 비중 있게 출제되는 유형입니다.

52 Washington D.C. hosted one of the world's largest Korean cultural celebrations last week. Over thirty thousand visitors attended the 5th Annual Asian Festival on August 9 and 10. Korea was represented by KORUS, the cultural and public affairs branch of the Korean embassy. On display were many types of literature and videos about the country. Visitors were impressed by seeing their names written phonetically in Korean characters. Another booth allowed visitors to try on traditional Korean Hanboks and then take their pictures in front of a decorated screen. KORUS won the festival's award for innovation as a result of their interactive displays.

Q. What is the main point of the news report?
(a) The Korean embassy improved relations with Washington D.C.
(b) The Korean display was the most popular with the visitors.
(c) Korea had the best booth at a recent Asian festival.
(d) Washington D.C. is the city with the largest Korean population.

지난 주 워싱턴 D.C.는 최대 규모의 한국 문화 행사를 열었다. 3만 명 이상의 방문객들이 8월 9일과 10일 제 5회 연례 아시아 축제에 참가했다. 한국 대사관의 문화 홍보 기관인 KORUS가 한국을 대표했다. 한국에 대한 많은 종류의 문학과 비디오가 전시되었다. 방문객들은 자신들의 이름이 한글로 소리 나는 대로 쓰여진 것을 보고 깊은 인상을 받았다. 또 다른 부스는 방문객들이 전통 한복을 입어보고 장식된 병풍 앞에 서서 사진을 찍을 수 있도록 해 주었다. KORUS는 그들의 대화형 전시물의 결과로 축제 혁신 상을 받았다.

위 뉴스 보도의 요점으로 알맞은 것은?
(a) 한국 대사관은 워싱턴 D.C.와의 관계를 개선했다.
(b) 한국 전시물들은 방문객들에게 가장 인기가 있었다.
(c) 한국은 최근 아시아 축제에서 최고의 전시 부스를 소개했다.
(d) 워싱턴 D.C.는 한국인들이 가장 많이 사는 도시이다.

유형 → 대의 파악

Solution 워싱턴 D.C.에서 있었던 아시아 축제에서 한국은 방문객들이 직접 문화를 체험해 볼 수 있는 기회를 제공함으로써 참신한 아이디어 상을 받았다고 전하고 있다.

Voca represent 대표하다 phonetically 음성학적으로 (cf. phonologically 음운론적으로) character 문자 try on 입어보다 screen 병풍 innovation 개혁

Answer (c) Korea had the best booth at a recent Asian festival.

Joseph's focus

대부분의 뉴스 보도문은 주제가 앞부분에 등장하지만, 이 문제는 미괄식 형태를 취하고 있다는 점을 눈여겨볼 필요가 있습니다. 즉 지문에 나타난 세부적인 내용을 종합해서 결론을 내려야 하는 대의 파악 유형 중 매우 까다로운 유형입니다.

53 Situated at 8,200 feet above sea level, Macchu Picchu in Peru is one of the highest settlements in the world. Today, tourists to the ruins often suffer from altitude sickness, yet the inhabitants of the city flourished in their environment. They had as much as 25 percent more blood in their bodies compared to people at sea level, and a larger amount of red blood cells. Their hearts were larger, as were their lungs. These adaptations helped them to take in more oxygen from the thinner atmosphere.

Q. Which is correct about the residents of Macchu Picchu?
(a) They were larger than other people.
(b) They had more white blood cells in their blood.
(c) They evolved to live in their environment.
(d) They often became ill from altitude sickness.

해발 8,200피트에 위치하고 있는 페루의 마추픽추는 전 세계에서 가장 높은 곳에 위치한 정착지 중의 하나이다. 오늘날 유적지를 방문하는 관광객들은 종종 고산병으로 고생하지만 그 도시에 살던 거주민들은 그러한 환경에서 번영을 누렸다. 그들은 해수면에 사는 사람들에 비해 많게는 25퍼센트까지 혈액의 양이 더 많았고 적혈구도 더 많았다. 그들의 심장과 폐도 크기가 더 컸었다. 이러한 적응은 그들이 산소가 희박한 대기에서 더 많은 산소를 섭취할 수 있도록 해 주었다.

마추픽추 주민들에 대한 내용으로 올바른 것은?
(a) 다른 사람들보다 몸집이 더 컸다.
(b) 혈액에 백혈구가 더 많았다.
(c) 그들의 환경에 맞도록 진화했다.
(d) 고산병 때문에 종종 병이 났다.

유형 → 진위 파악

Solution 마추픽추에 살던 사람들은 혈액속의 적혈구가 보통 사람들보다 많았으며 심장과 폐도 보통 사람들 보다 컸다. 이러한 신체적 변화는 그들이 산소가 희박한 고지대에서도 번성할 수 있었던 이유이다.

Voca above sea level 해발 settlement 정착지 ruins 유적지(=remains) suffer from ~으로 고생하다 altitude sickness 고산병 inhabitant 주민 red blood cell 적혈구 adaptation 적응 evolve 진화하다

Answer (c) They evolved to live in their environment.

Joseph's focus

마추픽추 주민들이 산소가 희박한 고산지대에서 살아갈 수 있었던 이유는, 신체가 환경에 맞도록 적응했기 때문이라는 요지가 선택지에 paraphrase되어 정답으로 등장한 전형적인 진위 파악 유형입니다. 이와 같이 TEPS에서는 주제를 묻는 유형이 아니더라도 대의를 파악하면 쉽게 정답을 고를 수 있는 경우가 있습니다.

54 To take the April exam you must submit your completed registration form by February 28. Enclose a check for the $50 fee. Late registration is available until March 7, with a fee of $65. You will receive a confirmation letter in the mail within one week, or you may print one from the Internet after March 14 using your identification number. You will need to bring this confirmation letter with you on exam day, as well as your photo ID.

Q. Which is correct according to the statement?
(a) You cannot register after February 28.
(b) You cannot take the exam without the confirmation letter.
(c) The exam is scheduled on March 14.
(d) There is no penalty for late registration.

4월 시험에 응시하기 위해서는 2월 28일까지 신청서를 제출해야만 한다. 수수료 50달러가 기재된 수표도 동봉해야 한다. 추가 등록은 수수료 65달러로 3월 7일까지 가능하다. 확인 서신은 일주일 이내에 우편으로 받거나 3월 14일 이후에 아이디 번호를 이용하여 인터넷에서 인쇄할 수 있다. 시험 당일 사진이 포함된 신분증과 함께 이 확인서를 꼭 지참해야 한다.

글의 내용과 일치하는 것은?
(a) 2월 28일 이후에는 등록할 수 없다.
(b) 확인서가 없으면 시험을 볼 수 없다.
(c) 시험은 3월 14일에 있을 예정이다.
(d) 추가 등록시 벌금은 없다.

유형 → 진위 파악

Solution 1차 신청은 2월 28일까지이지만, 3월 7일까지도 수수료만 더 내면 추가 신청이 가능하며 확인서를 신분증과 함께 시험 당일 지참할 것을 알리고 있다.

Voca submit 제출하다 late registration 추가 등록 enclose 동봉하다 confirmation 확인

Answer (b) You cannot take the exam without the confirmation letter.

Joseph's focus

시험 관련 공고문을 듣고 진위 파악을 해야 하는 문제로, 지문에 연이어 숫자가 언급되는 경우 중요 숫자는 간단하게 메모해야 합니다. 이런 특정 세부사항에 초점이 맞춰진 문제는 첫 번째 들려줄 때는 대의 파악을, 두 번째 들려줄 때는 세부 사항을 중점적으로 들어야 합니다.

55 One of the most important medical advances ever was suggested in 1843 by the writer Oliver Wendell Holmes. He recommended that doctors wash their hands to reduce the number of women and babies who were dying in childbirth. Holmes was ridiculed by the doctors of the day, but today, we know he was right. Hand washing is considered the number one way to reduce the spread of all kinds of infections, from the common cold to hepatitis. Yet two out of three people surveyed in eight countries admit they do not clean up at recommended times.

Q. Which of the following is the best title for the above passage?
(a) Medical Advances in the 1800s
(b) Ways to Stop Infectious Diseases
(c) The Importance of Washing Hands
(d) How to Save Babies' Lives

가장 중요한 의학적 진보들 중의 하나는 1843년 작가 올리버 웬델 홈즈에 의해 제안되었다. 그는 출산시 사망하는 산모와 아기들의 수를 줄이기 위해 의사들에게 손을 씻을 것을 권했다. 홈즈는 당시의 의사들에 의해 비웃음을 당했지만, 오늘날 우리는 그가 옳았다는 것을 안다. 손을 씻는 것은 평범한 감기에서부터 간염에 이르기까지 모든 종류의 감염이 퍼지는 것을 줄이는 최고의 방법으로 여겨진다. 그러나 여덟 국가에서 실시된 조사 결과 세 사람 중 두 사람은 손을 씻어야 할 경우에 손을 씻지 않는다고 시인한다.

글의 제목으로 가장 적절한 것은?
(a) 1800년대의 의학적 진보
(b) 전염병을 막는 방법들
(c) 손 씻기의 중요성
(d) 어떻게 아기들의 생명을 구할 것인가

유형 → 제목 찾기

Solution | 1800년대 올리버 웬델 홈즈는 의사들이 손을 씻는다면 출산시 사망하는 산모와 아기의 수를 줄일 수 있다고 주장했지만 당시 의사들은 그의 말을 믿지 않았다. 후에 손을 씻는 것은 질병을 막아 줄 수 있는 최고의 방법으로 여겨진다고 언급되어 있다.

Voca | **childbirth** 출산 **ridicule** 비웃다, 조롱하다(=mock) **spread** 퍼짐 **infection** 감염 **hepatitis** 간염 **admit** 인정하다

Answer | (c) The Importance of Washing Hands

Joseph's focus
지문을 듣고 제목을 고르는 문제입니다. 도입부에 올리버 웬델 홈즈라는 인물과 작은 일화가 등장하나, 이는 큰 주제를 전달하기 위한 예시에 불과합니다. 선택지 (a)와 (b)는 제목으로 잡기에는 너무 포괄적이기 때문에 답이 될 수 없으며 (d)와 같이 지엽적인 부분을 매우 강조하는 선택지 역시 답이 될 가능성이 적습니다. 지문이 전달하고자 하는 핵심을 파악하는 게 관건이 됩니다.

56 Jeju-Island is fast becoming a major tourist destination for people all over Asia and the world. Korean travelers can reach Jeju within one hour, making it a popular place for honeymooners. And its tropical beauty, relatively affordable prices, and many modern hotels are making it more attractive to foreign tourists as well.

Q. Which of the following is NOT mentioned about Jeju-Island?
(a) Why Jeju-Island is popular for honeymooners
(b) What the climate is like in Jeju-Island
(c) What makes Jeju-Island appeal to foreign tourists
(d) Where most Jeju-Island visitors come from

제주도는 아시아 전역과 세계인들에게 있어 빠르게 주요 관광지가 되어가고 있다. 한국 여행자들은 한 시간 이내에 제주도에 도착할 수가 있어서 신혼 여행지로 인기가 높다. 그리고 열대성 기후의 아름다움과 상대적으로 저렴한 물가와 많은 현대적 호텔들은 제주도가 외국 관광객들에게도 인기를 더하도록 해 주고 있다.

제주도에 대해 언급되지 않은 사항은?
(a) 왜 제주도가 신혼 여행부부들에게 인기 있는가
(b) 제주도의 기후는 어떠한가
(c) 제주도가 외국 관광객들에게 인기 있는 이유
(d) 대부분의 제주 방문객들은 어느 국가 출신인가

유형 → 진위 파악

Solution | 제주도는 한 시간이면 갈 수 있는 가까운 거리에 있다는 점이 신혼 여행지로 인기 있는 이유 중 하나이며 기후는 열대성이고 물가가 상대적으로 저렴하고 현대적 숙박시설이 많아서 외국 관광객들에게도 인기가 있다고 말하고 있다.

Voca | **tourist destination** 관광지 **honeymooner** 신혼 여행부부 **relatively** 상대적으로 **affordable** 가격이 적당한 **attractive** 매력 있는(=seductive, charming)

Answer | (d) Where most Jeju-Island visitors come from

Joseph's focus
들려주는 담화문보다는 선택지가 헷갈리는 다소 까다로운 문제입니다. 선택지 (b)는 지문에서 tropical beauty 부분을 놓쳤다면 자칫 답으로 고르기 쉬우므로 두 번째 들려 줄 때, 짧게 메모를 해야 합니다. 대부분의 방문객들이 어느 나라 출신인지는 언급되지 않았습니다.

57 A study in the UK showed that music has a large impact on people, even before they're born. Children will recognize music they had heard while still in the womb and up to three months before birth. And not only will they recognize it, but will prefer that genre of music over others. Babies exposed to faster tempoed music show a stronger preference for it than babies exposed to slower music. However, the genre of music isn't important. Furthermore, the study concluded that background music or a mother's humming helps premature babies. Those exposed to music gained weight faster and were able to leave the hospital sooner than those who weren't.

Q. Which is correct according to the report?

(a) Slow music has a huge influence on a babies' personality.

(b) Children prefer fast music when exposed to it earlier.

(c) Children are smarter if they heard music while in the womb.

(d) Music can help premature babies to gain weight.

영국에서의 한 연구는 음악이 사람들이 태어나기 전에도 큰 영향을 끼친다는 것을 보여 주었다. 어린이들은 자신들이 엄마 뱃속에서 출산 3개월 전까지 들었던 음악들을 기억하게 된다. 그리고 그들은 이러한 음악을 분간할 수 있을 뿐만 아니라, 다른 종류의 음악보다 자신이 들었던 것과 같은 종류의 음악을 더 좋아하게 된다. 빠른 템포의 음악을 들었던 아기들은 느린 음악을 들었던 아이들보다 빠른 음악을 선호한다. 그러나 음악의 종류는 중요하지 않다. 게다가, 연구는 배경 음악과 엄마의 콧노래가 조산아들에게 도움을 준다고 결론었다. 음악에 노출된 아기들은 음악을 듣지 않은 아기들보다 몸무게가 더 빨리 늘었고, 빨리 퇴원을 할 수 있었다.

보고서의 내용과 일치하는 것은?

(a) 느린 음악은 아기의 성격에 큰 영향을 끼친다.

(b) 아이들은 빠른 음악에 일찍 노출될 경우 빠른 음악을 선호한다.

(c) 아이들은 뱃속에서 음악을 들으면 더 똑똑해진다.

(d) 음악은 조산아들의 몸무게가 늘도록 도와준다.

유형 → 내용 일치

| Solution | 음악이 조산아들의 몸무게를 늘게 해서 그것을 듣지 않는 아기들보다 빨리 퇴원할 수 있게 도와준다고 하고 있다. |

| Voca | womb 자궁 expose 드러내다(=uncover, reveal) tempo (음악) 박자, 템포 humming 콧노래 premature 조산의, 조산아의 gain weight 몸무게가 늘다 |

| Answer | (d) Music can help premature babies to gain weight. |

Joseph's focus

아기들이 뱃속에서 출산 직전에 들었던 음악을 기억하고 그와 같은 종류의 음악을 선호한다는 연구 결과를 가지고 선택지들 중에 진위를 파악해야 하는 경우입니다. 다른 진위문제와 마찬가지로, 거의 주제와 관련된 선택지가 정답으로 등장하는 경우가 많습니다. 정답을 제외한 다른 보기들은 지엽적인 사실로 오답을 유도한다고 볼 수 있습니다.

58 The forecast for Paris today is partly cloudy with a chance of rain overnight. Highs should reach the high 70s with the low dipping down to around 53. Tomorrow is the best chance we'll have at some sunshine. Expect rain and lower temperatures in the upper 60s and low 70s all weekend through Monday. Sunny skies will return next Tuesday, and the weather should stay clear throughout the week.

Q. Which of the following is the purpose of the announcement?

(a) To predict rainstorms

(b) To explain how to forecast the weather

(c) To inform people about the weather

(d) To describe the weather patterns

오늘 파리의 일기예보는 밤새 비가 올 가능성과 함께, 다소 흐린 날씨입니다. 최고 기온은 70도를 조금 웃돌고 최저 기온은 53도 가량이 될 것으로 예상됩니다. 내일은 햇빛을 볼 가능성이 가장 높은 날이 될 것입니다. 다음 주 월요일까지 주말 내내 비와 60도 후반이나 70도를 조금 웃도는 낮은 기온이 예상됩니다. 맑은 날씨는 다음 화요일에 되돌아올 것으로 예상이 되고, 그 이후로는 일주일 내내 맑은 날씨를 보이겠습니다.

방송의 목적으로 가장 알맞은 것은?

(a) 호우를 예견하기 위해서

(b) 어떻게 날씨를 예상하는지 설명하기 위해서

(c) 사람들에게 날씨를 알리기 위해서

(d) 날씨 패턴을 묘사하기 위해서

유형 → 대의 파악

| Solution | 일기예보의 일부로 대체로 일기예보의 궁극적인 목적에 부합된다. |

| Voca | forecast 일기예보 overnight 밤새 |

| Answer | (c) To inform people about the weather |

Joseph's focus

일기예보 관련 지문은 두 달에 한 번 꼴로 출제됩니다. 날씨에 관한 기본표현을 미리 알아야 순발력 있고 정확한 청취가 가능하므로 관련 어휘를 평소 숙지해 두어야 합니다.

59 The largest chocolate sculpture in the world is a spectacle in Belgium's largest market square, Grot Market. Guylian, a Belgian chocolate company, says it's proud to take part in celebrating the reopening of the historic market after renovations. The reopening came just in time for Easter celebrations, so the company created a giant chocolate egg. The sculpture is over eight meters high and six meters across. It took eight days to create with over 25 chocolate sculptors working on it. It used a total of 1,950 kilos of Belgian chocolate and 50,000 chocolate bars. Unfortunately, the egg isn't meant to be eaten.

Q. Which is correct according to the news?

(a) The egg sculpture was created to set a new world record.

(b) After the celebration, residents can taste the chocolate sculpture.

(c) The market's renovations were completed around Easter.

(d) The chocolate company funded the market's renovations.

세계에서 가장 큰 초콜릿 조각품은 벨기에의 가장 큰 시장 광장인 그롯마켓의 볼거리이다. 벨기에의 초콜릿 회사인 길리안사는 보수 공사를 마친 후 역사적인 시장이 다시 개장하는 것을 축하하는데 참여하게 된 것을 자랑스럽게 생각한다고 말한다. 재개장은 부활절 축하 행사의 시기에 즈음하였기 때문에, 회사는 거대한 초콜릿 달걀을 만들었다. 조각품은 높이가 8미터가 넘고 너비가 6미터에 이른다. 25명이 넘는 초콜릿 조각가들이 이 달걀을 만드는 데 8일 걸렸다. 조각품은 1,950킬로그램의 벨기에 초콜릿과 5만 개의 초코바가 사용되었다. 안타깝게도, 이 달걀은 먹기 위해 만들어지지는 않았다.

뉴스의 내용과 일치하는 것은?

(a) 달걀 조각품은 새로운 세계 기록을 갱신하기 위해 만들어졌다.

(b) 축하 행사가 끝난 후에 주민들은 초콜릿 조각품을 맛볼 수 있다.

(c) 시장의 보수 공사는 부활절 즈음에 끝이 났다.

(d) 초콜릿 회사는 시장의 보수 공사에 자금을 제공했다.

유형 → 내용 일치

Solution 재개장이 부활절 즈음해서 이루어졌다고 하고 있다.

Voca spectacle 장관, 볼거리 square 광장 reopening 재개장 Easter 부활절 renovation 보수 공사

Answer (c) The market's renovations were completed around Easter.

Joseph's focus

세계에서 가장 큰 초콜릿으로 만들어진 달걀 조각상에 대한 내용을 듣고 일치하는 것을 고르는 문제입니다. 제시된 사실에 입각해 진위를 파악하는 것이 기본입니다. 세계에서 가장 큰 초콜릿 조각품이지만, 기록을 갱신할 목적으로 제작된 것이 아니므로 (a)는 정답이 될 수 없습니다. 시장의 보수 공사가 부활절 즈음에 끝이 났다고 했으므로 (c)가 정답으로 가장 적절합니다.

60-1 Most people think of stress as a kind of pressure you feel because of your circumstances. They would be right if they were talking about distress. However, psychologists define stress as the body's reaction to change. And if this is the case, then the effects of good things in life can also cause stress. For example, getting married ranks higher than getting fired from work on the stress scale. Even going on vacation is a source of stress, causing more change in the body than getting caught breaking minor laws.

Q. Which is correct according to the article?

(a) According to psychologists, stress is always harmful.

(b) Some people are more productive when they are stressed.

(c) Going on vacation causes more stress than losing a job.

(d) You can get stressed by seemingly pleasant events.

대부분의 사람들은 스트레스를 자신이 처한 환경 때문에 느끼게 되는 일종의 압력이라고 생각한다. 그들이 고통에 대해 이야기하고 있다면 옳을 수도 있다. 하지만 심리학자들은 스트레스를 변화에 대한 신체적 반응이라고 정의한다. 따라서 이 말이 사실이라면, 삶에서 발생하는 좋은 일의 영향도 스트레스를 일으킬 수 있다. 예를 들어, 결혼은 스트레스의 잣대로 보면 직장에서 해고당하는. 휴가를 떠나는 것 또한 스트레스의 원인이 될 수 있는데, 이것은 경범죄를 저질러 체포되는 것보다 더 많은 신체상의 변화를 일으킨다.

기사의 내용과 일치하는 것은?

(a) 심리학자들에 의하면 스트레스는 항상 해롭다.

(b) 어떤 사람들은 스트레스를 받으면 생산성이 높아진다.

(c) 휴가를 떠나는 것은 직장을 잃는 것보다 더 많은 스트레스를 일으킨다.

(d) 겉보기에는 유쾌한 사건들에 의해서도 스트레스를 받을 수 있다.

유형 → 내용 일치

Solution 대부분의 사람들이 스트레스가 불쾌한 상황에서만 발생한다고 생각하지만, 결혼과 같이 겉보기에 즐거운 사건에 의해서도 발생할 수 있다.

Voca distress 고통, 고뇌 psychologist 심리학자 define as ~로 정의하다 reaction 반응 rank (등급·등위·순위를) 매기다, 차지하다 minor 대수롭지 않은, 작은 (=slight, ↔major) lose a job 직장을 잃다 seemingly 겉보기에는

Answer (d) You can get stressed by seemingly pleasant events.

Joseph's focus

독해뿐만 아니라, 청해에서도 역접어구 (however, but) 뒷부분에 주제문이 등장한다고 볼 수 있으므로 문제유형에 상관없이 잘 들어야 합니다. 내용 일치 문제이지만 (d)에서 알 수 있듯, 거의 주제와 관련된 선택지가 정답으로 등장하는 경우가 많습니다. 다른 보기들은 지엽적인 사실로 오답을 유도한다고 볼 수 있습니다.

60-2 Many of you have come to depend on public radio to bring quality news and entertainment programs into your homes commercial-free. What you may not know is that because KNVC doesn't take money from big companies, that our entire budget depends on your generous support. Last year the cost of operating the station was over 10 million dollars, but donations covered only about 55% of the budget, with the remainder coming from either loans or government grants. This year, we're asking you

to think about what public radio means to you
and to help us push that figure to at least 75%.

Q. Which of the following is correct according to
the announcement?

(a) The speaker is thanking the listeners for their
help.

(b) KNVC will start playing commercials this year.

(c) Donations make up the majority of KNVC's
budget.

(d) This year's donations are less than last year's.

여러분들 중 다수는 고품질의 뉴스와 연예 프로그램을 광고방송
없이 즐기기 위해 공영 라디오에 의존하게 되었습니다. 여러분
이 알지 못하는 것은 KNVC가 큰 기업들로부터 돈을 받지 않기
때문에 우리의 모든 예산이 여러분의 너그러운 지원에 의존하고
있다는 사실입니다. 작년에 방송국을 운영하는 비용은 1000만
달러 이상이었지만, 기부금은 겨우 예산의 55퍼센트에 달했으며
나머지 비용은 대출이나 정부 보조금으로 충당되었습니다. 올해
저희는 여러분들이 공영 라디오 방송이 어떤 의미가 있는가를
생각해 보시고 기부금의 비율을 최소 75퍼센트로 올릴 수 있도
록 도와주시기를 바랍니다.

연설의 내용과 일치하는 것은?
(a) 화자는 청취자들의 도움에 감사하고 있다.
(b) KNVC는 올해부터 광고 방송을 할 것이다.
(c) 기부금이 KNVC의 예산 대부분을 차지한다.
(d) 올해의 기부금은 작년보다 적다.

유형 → 내용 일치

Solution 공영 라디오 방송국 KNVC에서 올해 더 많은 기부금을 보
내달라고 청취자들에게 요구하고 있다.

Voca commercial 광고 budget 예산 generous 관대한
remainder 나머지 grant 보조금 figure 숫자, 수치

Answer (c) Donations make up the majority of KNVC's
budget.

Joseph's focus

공공 라디오 방송국에서 기부금을 요청하고 있는 내용입니다.
미국에서는 PBS(Public Broadcasting Service)와 같이 시
청자들의 기부금에 의해서만 운영되는 방송국 채널이 있습니다.
여기서 KNVC는 이와 유사한 라디오 방송국으로 지난해 운영
비용의 50퍼센트가 기부금으로 조성이 되었지만, 올해에는 최
소 75퍼센트에 달할 수 있도록 기부금을 보내 줄 것을 요청하
고 있으므로 (c)가 정답이 됩니다.

Grammar

Part I (1~20)

1 A 저 새로운 텔레비전 쇼를 어떻게 생각해? 난 개인적으로 별
로인데.
B 약간 우스꽝스럽기도 하지만, 재미도 있어. 난 맘에 들어.

유형 → 의문문

Solution [What do you think about/of ~?]는 ~에 대해 어떻게
생각하는지를 물을 때 사용하고, 동사가 think가 아니라
feel인 경우에는 [How do you feel about ~?]을 쓸 수
있다.

Voca personally 개인적으로 not at all 전혀 ~ 않는

Answer (a) What do you think about

Joseph's focus

[What do you think about/of~?] 구문을 암기하되, think
는 자동사가 아니라 타동사로 쓰였다는 점을 알아야 합니다.
타동사 think의 목적어가 필요하다는 점이 의문부사(how)보
다는 의문대명사 what이 적절한 이유입니다.

2 A 모든 게 훌륭했고 아주 재미있었어요. 저희를 초대해 주셔서
감사해요.
B 와 주셔서 감사해요. 그리고 다시 만나게 돼서 기뻤어요. 안
녕히 가세요.

유형 → 시제

Solution 만나서 반가웠다고 할 때는 [nice to meet you] 혹은 [nice
meeting you]를 쓴다.

Voca have a great time 즐거운 시간을 보내다

Answer (c) meet

Joseph's focus

to 부정사의 시제를 묻는 문제입니다. 일단, 문법적으로 가능한
선택지는 (a) have met과 (c) meet라고 볼 수 있겠습니다. 그
러나 이 문제에서는 기분이 좋았던 시점(was nice)과 만난시
점(met)이 동일하므로, 완료부정사보다는 단순부정사가 더 알
맞으므로 (c)가 정답이 됩니다.

3 A 취업 면접은 어땠니?
B 너무 걱정을 했었는데, 모든 게 잘 됐어. 사실, 더할 나위 없
이 좋았어.

유형 → 조동사 / 시제

Solution couldn't be better는 '더할 나위 없이 좋다'의 의미이다.
이미 지난 과거의 면접에 대해 이야기하고 있으므로 한 시
제 앞선 couldn't have been better가 돼야 한다.

Voca job interview 취업 면접

Answer (d) couldn't have been

Joseph's focus

구어체에서 '최상이었다'라는 뜻으로 couldn't be better,

couldn't have been better와 '최악이었다'라는 couldn't have been worse가 있습니다. 영어에는 이런 식의 표현이 매우 발달해 있는데, 대표적인 예로 [I couldn't agree with you more.(전적으로 동의해.)]와 [I have been better.(별로 좋지는 않아.)] 가 있습니다.

4 A 오, 빌. 그 불쌍한 여자를 위해서 나서다니 참 용감했어.
　　B 별일 아니었어. 누구든지 할 수 있었던 일인데 뭐.

유형 → 조동사

Solution '누구든지 할 수 있는 일이었다'라는 의미가 되려면 could have done이 되어야 한다.

Voca **stand up for** ~를 변호하다, 옹호하다

Answer (c) could have done

Joseph's focus

[could have p.p.]는 TEPS 청해, 문법시험에서 [should have p.p (~했어야 했는데 안했다)] 다음으로 자주 등장하는 조동사 조합입니다. 참고로 [could have p.p.]는 첫째, 과거에 대한 약한 추측 (He could have done it. 그가 그 짓을 했을지도 몰라.), 둘째, 지나간 과거 사실에 대한 때늦은 가벼운 제안 (You could have asked me. 나에게 부탁했으면 됐잖아), 셋째, 가정법 과거완료의 주절에서 '~했더라면 ~할 수도 있었을 텐데'라는 의미(If I had won the lottery, I could have bought the house. 내가 복권에 당첨됐다면, 그 집을 살 수 있었을 텐데.) 로 쓰입니다.

5 A 이 일기예보 우산 좀 봐. 하나 살까봐.
　　B 말도 안 돼! 네가 이렇게 쓸데없는 물건에 돈을 낭비하게 둘 수는 없어.

유형 → 사역동사

Solution let은 사역동사이므로 waste의 형태는 동사원형이며, such, quite가 부정관사와 함께 쓰일 때 어순은 [such/quite + a(an) + 형용사 + 명사]가 된다.

Voca **No way.** 절대 안 돼　**waste** 낭비하다(=squander)
useless 쓸모없는(=worthless)

Answer (d) you waste your money on such a useless thing

Joseph's focus

사역동사 let이 5형식으로 쓰일 때 목적격보어 자리에 알맞은 단어형태와 관사를 물어보는 문제입니다. make, let, have 등의 사역동사는 목적어와 보어의 관계가 능동일 경우에는 원형부정사를 목적격 보어로 취해야 합니다. 참고로 목적격보어 자리에 현재분사를 취하는 동사, to 부정사를 취하는 동사들을 잘 분류해서 반드시 암기하는 것은 TEPS 문법시험에 대비하는 필수사항입니다.

6 A 나는 외계인이 존재하지 않는다고 확신해.
　　B 잘 모르겠어. 아주 많은 사람들이 외계인의 존재를 믿어.

유형 → 수량 형용사

Solution 빈 칸에 적절한 수량 형용사를 묻는 문제이다. A great many는 '매우 많은'의 의미이다. 그 외 주의할 수량 형용사로는 quite a few를 들 수 있다. quite a few는 '꽤 적은 수의' 의미가 아니라 '많은'의 의미다.

Voca **obvious** 명백한　**alien** 외계인

Answer (b) A great many

Joseph's focus

부정 수량 형용사 (many, much, few, a little) 관련 문제뿐 아니라, 수 일치와 함께 물어보는 유형도 많이 출제되므로 수량 형용사가 수, 양, 혹은 수와 양 모두 표현할 수 있는지를 숙지해야 합니다.

수량 형용사의 종류	형용사의 예
복수가산명사 앞(복수 동사)	a number of (많은), many, a good(great) many(많은), few (거의 없는), a few (=some 약간), only a few (적은), quite a few (많은)
단수 가산명사 수식(단수 동사)	many a
불가산명사	much, a small amount of (적은 양의), little(거의 없는), a little(=some), quite a little (많은), only a little (적은), a good(great) deal of (많은)
가산, 불가산 명사 모두 수식	a lot of, lots of, plenty of (많은)

7 A 나오미? 너 맞지?
　　B 어머, 잭! 오랜만이야! 우리가 마지막으로 본 지 5년이 됐네.

유형 → 시제(현재완료)

Solution 현재완료시제의 올바른 용법을 묻는 문제이다. [It has been (시간) since 주어+과거시제]는 '한 지 ~됐다'라고 할 때 쓴다. 선택지 (c)는 has를 have로, after를 since로 고쳐야 정답이 된다.

Voca **Long time no see.** 오랜만이야.

Answer (b) It's been five years since we last saw each other

Joseph's focus

TEPS시험에서는 현재완료 시제가 가장 많이 출제된다.

More Expressions

빈출 현재완료 시제 (3가지)

1. 과거로부터 발화 시점까지 진행된 상태의 지속 기간을 강조할 때
   She has been asleep for 20 hours.
   그녀는 20시간 동안 잠이 들어있다.

   cf. 동작의 지속 기간을 강조할 때는 현재완료 진행형(have been -ing)을 씀.

2. 과거로부터 발화 시점까지 어떤 동작의 횟수나 양을 표현할 때
   I have watched the movie ten times.
   나는 그 영화를 10번이나 봤다.

3. [This is the first(second) time S+have p.p.] / [This is the best(worst) 명사+S+have p.p.]
   지금까지 주어가 ~한 것이 처음(두 번째)이다 / 여태껏 (주어가) ~한 것 중 최상의 (최악의) 명사이다.

8 A 아주 바빠 보이네. 오늘 저녁 축구 경기에 올 수 있겠어?
   B 물론이지. 네가 날 데리러 올 때쯤이면 모든 것을 끝냈을 거야.

유형 → 시제(미래완료)

Solution 미래완료의 형태를 묻는 문제이다. 미래완료의 [will have p.p.] 형태는 미래의 어떤 때를 나타내는 어구(by this time tomorrow, by that time, by tomorrow) 등과 함께 쓰인다.

Voca **make it to** ~에 가다 **pick somebody up** ~을 데리러 오다/가다

Answer (a) will have finished

JoSeph's focus

by the time이 들어간 시간 부사절에서 현재 동사는 미래를 뜻합니다. 문맥상 미래의 두 동작인 come과 finish 중 finish 동작이 먼저임을 나타내므로 미래완료 시제가 적절합니다.

> **More Expressions**
>
> **미래완료 시제를 써야 하는 경우(4가지)**
> 1. 미래의 두 사건(동작)의 선후를 밝히기 위해 먼저 일어나게 될 행위나 동작
> → I **will leave[have left]** Seoul before Joseph **arrives**. (before는 사건의 선후를 밝히는 접속사)
>
> 2. 미래의 특정 시점 이전에 완료될 동작
> → Joseph **will have gone** to New York **by the end of this month.**
>
> 3. 미래의 특정 시점을 기준으로 그 시점까지 어떤 상태의 지속기간을 강조할 때
> → Joseph **will have lived** in Seoul for 10 years **by this time next year.**
>
> 4. 미래의 특정 시점까지 발생하게 될 동작의 횟수나 양을 표현할 때
> → He **will have written** three grammar books if he **writes** another one.

9 A 걸어서 갈지 택시를 타고 갈지 결정할 수가 없어.
   B 이 근처에 택시가 전혀 안 보이는데.

유형 → 접속사

Solution 간접의문문에서는 whether와 if는 서로 바꾸어 쓸 수 있지만, to 부정사 앞이므로 whether를 써야 한다.

Voca **around** 근처

Answer (b) whether

JoSeph's focus

문장구조상 빈칸 뒤는 타동사 decide의 목적어가 필요하고 빈칸 뒤에 to 부정사가 있으므로, [의문사 or 접속사 + to 부정사] 형태의 명사구를 완성해야 합니다. 의미상 whether나 if가 알맞지만, to 부정사 앞에는 if를 쓸 수 없으므로 whether가 알맞습니다.

> **More Expressions**
>
> **if대신 whether를 써야 하는 경우**
>
> 1. to 부정사 앞에서
> I can't decide whether to go out or stay home.
>
> 2. 전치사 뒤에
> There are rumors about whether he is still alive.

3. or not 바로 앞에서
The question is whether or not he has the right to make such a decision.

10 A 왜 외국어 수업 듣는 걸 그만뒀니? 좋아하는 줄 알았는데.
   B 응, 그런데 나한테 두 가지 언어를 한꺼번에 배우는 건 무리라는 걸 깨달았어.

유형 → 부정사의 의미상의 주어

Solution 부정사의 의미상의 주어를 알면 쉽게 해결할 수 있는 문제이다. [for + 목적격 + to 부정사]에서 to 부정사의 행위자는 [for + 목적격]의 형태로 나타내며, 사람을 칭찬하거나 비난할 때 쓰는 형용사(kind, generous, polite, foolish, rude, cruel) 뒤에는 [of + 목적격]을 쓴다.

Voca **at the same time** 한꺼번에

Answer (b) it was hard for me to study two languages

JoSeph's focus

[It is +형용사+for/of+의미상 주어+to 부정사] 형태의 가주어 구문에 친숙하다면 쉽게 정답을 찾을 수 있습니다. 문제를 풀면서, 특히 (a)가 왜 오답인지 궁금해 할 수 있습니다. 이런 경우 [사람 주어+was hard(easy)+to 부정사] 형태가 가능할 수도 있지만, 그 경우는 to 부정사어구의 의미상의 목적어가 사람주어일 경우(My boss was hard to impress. → impress의 목적어는 my boss / She was hard to talk to. → 전치사 to의 목적어는 She)에만 가능합니다. 반면, [사람 주어 + was kind(사람의 성품을 나타내는 형용사)+to 부정사] 형태는 언제든지 가능합니다.

11 A 남편이 새 차를 사줬다면서요? 무슨 종류의 차를 샀나요?
   B 소형차를 샀는데, 솔직히 말하면, 나는 SUV가 더 좋아요.

유형 → would rather + 원형부정사

Solution [would rather+동사원형]의 형식을 취한다. 참고로 [would rather+주어+과거시제(과정법 과거)]도 기억한다.

Voca **compact** 경차, 소형차
   SUV (Sport Utility Vehicle) 4륜 구동차

Answer (d) would rather have

JoSeph's focus

문맥에 맞는 적절한 형태의 조동사를 고르는 문제로, 원래 [would rather(=sooner) A than B]구조에서 than B가 생략된 형태로 보면 되고, 'B하느니 차라리 A하겠다'로 해석합니다. would rather는 하나의 조동사로 간주되어 뒤에는 원형부정사가 오며 부정형은 would rather not이 됩니다.

12 A 우리가 일을 마쳤다는 걸 믿을 수가 없어. 마침내 끝냈다고!
   B 기분 좋지 않니? 잠깐 앉아서 쉬자.

유형 → 부가의문문

Solution [Let's ~.]로 시작되는 문장의 부가의문문은 [Shall we?]를 사용한다. 부가의문문에서는 본 문장에 쓰인 것과 같은 동사를 사용하며, 평서문인 경우 부정형이 되고 원래

문장이 부정문인 경우 긍정형이 된다. 이때 부가의문문은 [Right?] 혹은 [Isn't that true?]의 의미이다.

Voca **at last** 마침내(=finally) **relax** 휴식을 취하다
for a moment 잠시 동안

Answer (a) shall we

Joseph's focus

부가의문문 문제에서는 명령문의 부가의문문과 청유문의 부가의문문이 가장 자주 나옵니다. 한 가지 주의할 점은 권유의 명령문은 [will you] 대신에 [won't you]를 쓴다는 점입니다.

13 A 너 오늘 아주 피곤해 보인다. 어젯밤에 잘 못 잤니?
  B ________________________. 그리고 머리가 아파.

유형 → 부정의문문에 대한 답변

Solution 부정의문문에 대한 대답은 질문의 긍정/부정 여부에 관계없이 긍정이면 yes, 부정이면 no라고 대답한다. 질문이 [Didn't you~?]로 시작했으므로 같은 조동사를 사용하여 대답해야 하기 때문에 be동사를 사용한 대답은 정답이 될 수 없다.

Voca **exhausted** 매우 피곤한

Answer (a) No, I didn't.

Joseph's focus

부정문에 대한 답변을 고를 때는 절대로 우리말 해석을 기준으로 하면 안 됩니다. 영어에서는 좋아하면 무조건 yes로, 좋아하지 않으면 no로 대답해야 합니다. 즉, yes 다음에 부정의 내용이 올 수 없고, no 다음에 긍정의 내용이 올 수 없다는 뜻입니다.

14 A 형이 가구 옮기는 걸 도와 준 이후로 등이 불편해.
  B 다친 모양이구나. 악화되기 전에 의사한테 가 보는 게 좋겠어.

유형 → 조동사

Solution had better는 '하는 게 좋겠다'라고 제안, 충고할 때 쓴다. (c)가 [You ought to.]라면 정답이 될 수도 있다.

Voca **back** 등 **bother** 신경 쓰이게 하다
hurt oneself 다치다 **get worse** 악화되다

Answer (b) You'd better

Joseph's focus

had better는 '~하는 편이 낫다'로 should나 ought to와 같은 의미로 통하는 경향이 있지만, 사실은 협박이나 경고의 의미가 있으므로 회화에서 상당히 주의를 요하는 조동사입니다. 따라서 should나 ought to보다는 오히려 must나 have to와 가깝다고 할 수 있습니다. had better 역시 조동사로 뒤에 원형부정사가 오며, 부정형은 had better not이 됩니다.

15 A 해리스씨와 정말 이야기를 해야 하는데요. 그 분이 오늘 저를 만날 시간이 있을까요?
  B 죄송합니다만, 안 될 것 같아요. 그 분은 오늘 하루 종일 일정이 꽉 찼거든요.

유형 → 대부사 / 생략

Solution [I hope so. / I hope not. / I'm afraid so. / I'm afraid not.] 쓰임을 알아둔다.

Voca **book up** 호텔(차편)을 예약하다 **all day** 종일(=the whole day, throughout the day, all through the day)

Answer (d) not

Joseph's focus

대부사 not과 so의 정확한 쓰임새를 묻는 빈출 문법 문제로, 주로 say, hear, tell, hope, be afraid, think, suppose, expect 등의 목적어는 앞 문장 전체의 반복을 피하기 위해 긍정의 내용이면 so를, 부정의 내용이면 not으로 대신 받으며 이때 so와 not을 대부사라고 칭합니다.

16 A 일본에서 재미있게 지낸 것처럼 들리는구나. 아무튼 도쿄의 날씨는 어땠니?
  B 서울 날씨랑 다소 비슷했어. 덥고 습기가 많았지.

유형 → 지시대명사 (that)

Solution 날씨가 어땠냐고 물었으므로 서울 '날씨'와 비슷했다고 해야 한다.

Voca **humid** 습기 찬 **similar (to)** ~와 유사한 **somewhat** 다소

Answer (d) somewhat like that of Seoul

Joseph's focus

이 문제를 풀기 위해서는 비교의 대상은 동일해야 한다는 사실을 알고 있어야 합니다. 앞에 나온 명사를 받아 줄 때, 형용사구 수식을 받는 경우는 지시대명사 that이나 those를 써야 하고, 수식을 받지 않는 경우는 it이나 them, they를 쓴다는 점만 기억해 두면, 순발력 있게 문제를 풀 수 있습니다. (b)가 정답이 되지 못하는 이유는, 서로 비교하는 대상이 다르기 때문입니다. (d)의 that은 앞에 나온 명사 the weather를 대신하는 지시대명사입니다. 앞에 쓰인 명사가 복수형일 때는 that 대신 those를 씁니다.

17 A 안녕, 수지. 이번 여름에 뉴욕으로 휴가를 갈까 생각 중이었어.
  B 좋은 생각인데, 뉴욕은 모든 게 다 비싸지 않니? 얼마나 비용이 들 거라고 생각해?

유형 → 간접의문문

Solution [Do you think?]와 [How much would it cost?]를 결합할 때는 의문사를 문장의 앞으로 보낸다.

Voca **take a vacation** 휴가를 가다 **expensive** 비싼
cost (돈이) 들다

Answer (a) How much do you think

Joseph's focus

간접의문문의 어순은 [주절 동사+의문사+주어+동사]이며 주절 동사가 think, believe, suppose, say 일 경우는 의문사를 주절동사 앞, 즉 문두에 써야 합니다. 따라서 보통의 간접의문문 형식인 [Do you think how much it would cost?] 형태로 쓰면 안 되고, 의문사 how much를 문두로 보내 [How much do you think it would cost?]의 어순으로 빈칸을 완성합니다.

18 A 그는 어떻게 여전히 살인 사건에 연루된 것을 부인할 수가 있지?

　　B 글쎄, 모든 증거가 그가 유죄라는 걸 보여 주고 있는데 말이야.

유형 → 동명사를 목적어로 취하는 동사

Solution　deny, enjoy, keep, mind, avoid, finish, consider, quit, discuss 등의 동사는 동명사를 목적어로 취한다.

Voca　be involved in ~에 연루되다　murder 살인　evidence 증거　point 가리키다　guilty 유죄인

Answer　(a) being

Joseph's focus

동명사만을 목적어로 취하는 타동사와 to 부정사만을 목적어로 취하는 타동사는 빈출 문법이며, 특히 to 부정사만을 목적어로 취하는 동사들은 주로 주어의 의지, 미래지향적 의미를 가지고 있습니다.

More Expressions ______________________

to 부정사만을 목적어로 취하는 동사 유형

희망 (hope, expect, wish, want, desire, need)

계획, 의도 (plan, arrange, mean, prepare, propose)

결심 (decide, determine, resolve)

요구 (ask, beg, demand, implore)

약속 (promise, swear, vow)

거절 (decline, refuse)

동의 (agree, consent)

명령 (command, direct, order)

---

19 A 특별히 좋아하는 와인이 있니? 레드와인, 화이트와인, 아니면 로제?

　　B 네가 와인에 대해서는 나보다 훨씬 잘 알잖아. 네가 고르는 것이라면 아무거나 괜찮아.

유형 → 복합관계대명사

Solution　복합관계대명사 whatever는 '~하는 것은 무엇이든지' 혹은 '무엇이 ~하더라도'의 양보의 의미로 쓰이며 whichever도 정답이 될 수 있다.

Voca　prefer 선호하다　rosé 로제 (연분홍빛이 나는 포도주)

Answer　(d) Whatever

Joseph's focus

적절한 복합관계대명사를 고르는 문제로, 빈칸 뒤의 절에서 동사 choose의 목적어가 없으므로 빈칸은 선행사를 포함한 관계대명사(what, whatever, whichever)가 들어가야 합니다.

20-1 A 날씨가 추워. 지난겨울에 산 멋진 코트를 왜 안 입었니?

　　B 입으려고 했는데, 문제는 그걸 세탁소에 보내 놓고 찾아오지 않았다는 거지.

유형 → 명사절을 이끄는 that

Solution　빈칸에는 the problem의 내용을 설명하는 보어가 필요하다. that이 이끄는 명사절을 찾아야 하는데 이때 that은 명사절의 종속접속사이다.

Voca　dry cleaner's 세탁소

Answer　(c) that I've sent it to the cleaner's

Joseph's focus

문장 구조를 물어보는 문제로 모든 명사가 그러하듯 명사절 역시 문장성분인 주어, 목적어, 보어로 사용됩니다.

More Expressions ______________________

명사절을 이끄는 대표적인 접속사들

1. that

→ 뒤에 완전한 절이 옵니다.

I think that she loves him. / The truth is that she loves him. (보어)

2. if, whether

→ '~인지, 아닌지'로 해석됩니다.

Whether she loves him is unknown. (주어)

3. 모든 의문사

→ 주로 간접의문문에 쓰이는 명사절입니다.

I am anxious about when she will arrive. (전치사의 목적어) / Where she lives is not important. (주어)

4. 관계대명사 what, 복합관계대명사 who(m)ever, whatever whichever

→ 선행사를 포함한 관계대명사 출신이라는 공통점이 있고, 접속사 뒤에 불완전한 절이 와야 합니다.

I will give you what (whatever, whichever) you want. (직접목적어)

Whomever she loves is none of my business. (주어)

20-2 A 이 평면 텔레비전 정말 마음에 드는데, 오늘은 못 살 것 같아요.

　　B 이해합니다. 하지만 만일 마음이 바뀌시면, 오늘 저녁 9시까지 여기 있을 거예요.(근무합니다)

유형 → should 용법

Solution　[If you should change your mind]를 도치한 문장을 묻는 문제이다.

Voca　change one's mind 마음을 바꾸다

Answer　(c) should

Joseph's focus

이 문제의 경우 가정법 미래 [If+주어+should+동사원형] 형태에서 If가 탈락될 경우 도치되어 [should+주어+동사]의 형태가 되는 용법을 묻는 문제입니다. should 가정법은 일어날 것 같지 않은, 혹은 그다지 가능성이 없는 일을 말할 때 쓰는데, [If S+should / were to+V, S+would(will)+V] 형태로 등장합니다. 그리고 비현실적인 상상의 미래를 이야기할 때, 또는 아주 공손하게 어떤 요청을 할 때에는 were to/was to를 씁니다.

Part II　(21~40)

21　제시는 그의 작품이 국제 전시회에 포함되어 매우 신이 났다.

유형 → 수동태

[Solution] 수동태를 묻는 문제이다. his artwork는 포함되는 것이므로 include가 수동형으로 쓰인 것을 찾아야 한다.

[Voca] artwork 미술 작품 exhibition 전시회

[Answer] (d) was included

Joseph's focus

빈칸은 문장 구조상 동사 자리므로 including은 답에서 제외하고, 주절의 시제가 과거일 경우 종속절 역시 과거나 과거완료가 와야 합니다. 주어 his artwork는 동사 include의 주체가 아니라 대상이므로 태는 수동이 되어야 하는데, 태(態) 문제를 풀 때는 해석과 의미를 따져 풀어도 되고, 문장 구조와 동사지식을 활용해 풀어도 됩니다.

22 신상품들은 매우 인기가 좋아서 재고가 남아있지 않다. 다시 말하면, 날개 돋친 듯 팔린다.

유형 → 태 / 중간태

[Solution] sell, peel과 같은 동사들은 형태는 능동형이지만, 수동태의 의미를 갖는다.

[Voca] new product 신상품 in stock 재고로 sell[go] like hot cakes 불티나게 팔리다

[Answer] (b) are selling

Joseph's focus

중간태는 능동태 문장의 형태를 취하지만 수동의 의미를 가진 문장을 말합니다. 중간태가 필요한 경우가 종종 있는데, 예를 들어, [The window is broken.]은 '창문이 깨어진다'라는 뜻보다는 오히려 '창문이 깨진 상태다'라는 뜻으로 해석이 됩니다. 여기서 broken은 상태를 설명하는 형용사에 가깝다고 볼 수 있는데 바로 이게 상태수동입니다. 따라서 '창문이 잘 깨어진다'는 우리말을 영어로 옮길 때는 [The window breaks easily. (자동사로 중간태)] 이나 [The window gets broken easily. (동작수동)] 으로 표현해야 합니다.

> **More Expressions**
>
> **상태 수동, 동작 수동, 중간태**
>
> The books sold (out). 그 책은 팔린[매진] 상태이다.
> → 상태수동으로 The books have been sold out.과 같은 뜻. (sold는 책의 상태를 설명하는 형용사로 간주)
>
> The book sold well. 그 책은 잘 팔린다.
> → 자동사로 쓰였고, 수동으로 해석되는 중간태
> → 첫 문장과 같은 뜻입니다만, 첫 문장이 TEPS에 잘 등장.
> The book sells well. 그 책은 잘 팔린다.

23 캐나다의 대 러시아 무역수지 적자는 지난 10년과 비교해 볼 때, 400퍼센트가 증가했다.

유형 → 분사구문의 태 / 시제

[Solution] 분사 구문을 묻는 경우로, 원래 빈칸에는 when it was compared가 들어갈 수 있지만, 분사구문으로 바꾸면 접속사와 주어, be동사가 생략된다.

[Voca] trade deficit 무역수지 적자 previous 이전의 decade 십년

[Answer] (b) compared

Joseph's focus

분사구문의 태와 시제를 묻는 문제입니다. 분사구문의 태를 판단할 때는, 일부 독립 분사구문(Generally speaking, Judging from, Considering, Admitting 등)을 제외하고 무조건 분사구문의 의미상의 주어는 주절의 주어와 일치해야 하기 때문에 반드시 주절의 주어와 주술 관계를 따져야 합니다.

24 보들레어 가의 아이들은 올라프 백작이 그들의 재산을 훔치기 위해 다시 나타내지 않도록 이 마을 저 마을로 달아났다.

유형 → 접속사

[Solution] 올바른 접속사를 고르는 문제이다. lest ~ should는 '~하면 안 되니까' 혹은 '~하지 않도록'의 의미로 매우 formal한 표현이다.

[Voca] flee 달아나다 count 백작 show up 나타나다 steal 훔치다 fortune 재산

[Answer] (a) lest

Joseph's focus

접속사 관련 문제로, 주어 동사가 2개이므로 빈칸은 접속사 자리가 되기 때문에, with는 답에서 제외됩니다.

> **More Expressions**
>
> **부사절 [lest+주어+(should)+동사원형]의 두 가지 해석**
> 1. '~하지 않기 위해서' [so that+주어+will(would) not+동사원형]
> 2. '~하면 안 되니까, ~할까봐'로 해석되며 주절 주어의 행위 설명
>
> I am afraid lest she should refuse my proposal.
> 그녀가 내 청혼을 거절할까봐 두렵다.

25 이란에서 여성이 이혼을 한다는 것은 가능하다 하더라도 매우 힘들다.

유형 → 삽입구 / 강조

[Solution] If any / if ever / if not은 강조할 때 삽입되는 표현들로 서로 쓰임이 약간 다르다.

[Voca] challenging 매우 힘든 divorce 이혼(=separation, break-up)

[Answer] (d) if not

Joseph's focus

문맥에 맞는 if 삽입어구를 고르는 문제로, 정확하게 의미를 파악해야 순발력 있게 풀 수 있는 문제입니다.

26　그녀의 미모에도 매료되었지만, 내가 가장 매력 있다고 생각한 것은 그녀의 지성이다.

유형 → 어순/ 접속사

Solution　[형용사+as+주어+동사]의 형태이다 as는 양보의 의미로 '~하긴 했지만'의 의미가 된다.

Voca　attractive 매력 있는(=charming, tempting)　despite 에도 불구하고(=in spite of, in the face of, regardless of)

Answer　(a) Attracted as I am

Joseph's focus

[명사/형용사/부사]+as+주어+동사]는 자주 출제되었던 유형의 어순 문제로, '비록~가 …이긴 하지만'이라는 뜻으로 해석된다는 걸 반드시 알고 있어야 합니다. 여기서 as는 though와 같이 양보의 의미를 나타내지만, as 자리에 though를 그대로 바꿔 쓸 수 없다는 점도 알아 두어야 합니다. (b)는 Though I am attracted라면 정답이 될 수도 있고, (d)는 Despite my attraction이라면 답이 될 수도 있습니다. Despite(=In spite of)는 전치사로 명사 혹은 동명사가 따라 옵니다.

27　올해 그 나라의 정치적 상황은 악화되었지만, 경제는 많게는 10퍼센트까지 성장할 것으로 기대된다.

유형 → to 부정사

Solution　'~할 것으로 기대되다/예상되다'의 의미가 되려면 be expected to/be predicted to/be supposed to 등이 와야 한다. 그러므로 빈칸에는 to 부정사가 와야 한다.

Voca　economy 경제　be expected to ~할 것으로 예상[기대]된다　as much as 많게는

Answer　(b) to grow

Joseph's focus

5형식의 능동문에서 expect는 목적격 보어로 to 부정사를 취하며 5형식의 능동문을 수동문으로 고칠 경우, 목적격 보어인 to grow가 be expected 뒤에서 당연히 to 부정사 형태로 연결되어야 하는 것입니다. (c) to have grown 역시 정답이 되지 않을까 의아해할 수 있는데, 미래의 특정 시점을 기준으로 완료적 의미를 강조하면 be expected to have p.p. 형태를 선택적으로 사용할 수 있습니다. 하지만 문맥상 완료적 의미를 강조하는 게 아닌데다가, 미래의 특정 시점(by the end of this year등)이 나타나 있지 않고, 단순미래 예측이므로 단순 부정사인 to grow가 더 적절합니다.

28　그들이 위급 상황에 좀 더 대비를 했더라면, 많은 희생자들이 구출될 수 있었을 텐데.

유형 → 가정법/태

Solution　가정법 과거완료의 형태를 묻는 문제이다. if절은 [had + p.p.]을 주절은 [조동사의 과거형 + have p.p.]을 쓴다. 그러므로 빈칸은 [could have p.p.]가 되어야 하고 희생자들이 다른 사람들에 의해 '구출되는' 것이므로 수동의 형태가 되어 (d)가 정답이다.

Voca　be prepared for ~에 대비하다　emergency 비상사태　victim 희생자

Answer　(d) could have been saved

Joseph's focus

가정법과 태를 동시에 묻는 복합 문제입니다. 가정법은 TEPS의 빈출문법이기도 합니다. 가정법 과거나 과거완료 문제를 풀 때, 명심해야 할 점은 주절에는 무조건 조동사의 과거형이(would, could, might) 들어가야 한다는 점입니다.

29　그 수학 문제는 너무 난해해서 우리 선생님조차 설명하는데 어려움을 겪었다.

유형 → 동명사 관용 표현

Solution　have trouble[difficulty/a hard time]은 동명사가 뒤따라 오며 '~하는데 어려움을 겪다'의 의미이다.

Voca　confusing 혼란스러운

Answer　(c) explaining

Joseph's focus

동명사 파트에서 가장 빈출되는 동명사의 관용적 구문을 묻고 있는 문제입니다.

30 마을 주민 중 3분의 2는 데이터 회사 시설에서 일하고 있으며, 그 시설들의 폐쇄는 이 도시의 취업 기회에 막대한 영향을 끼칠 것이다.

유형 → 관계대명사

Solution 관계대명사를 이용하여 두 문장을 올바로 연결한 문장을 고르는 문제이다. 문제의 두 문장에서 반복되는 단어인 facilities를 생략하고 주격 관계대명사 which로 교체한다.

Voca **facility** 시설 **enormous** 막대한, 거대한(=massive, huge, vast) **effect (on)** (~에 미치는) 영향, 결과, 효과 **closedown** 폐쇄

Answer (a) the closedown of which

Joseph's focus

관계대명사의 계속적 용법을 묻고 있는 문제로, 선택지 (b) 때문에 답을 고르기가 까다로운 고난이도의 문제에 해당됩니다. 관계대명사의 계속적 용법이란, 형용사절의 수식을 받는 선행사를 관계사 절이 한정하는 것이 아니라 추가 정보를 주는 경우를 말하고, 선행사 뒤에 반드시 콤마를 찍어야 합니다.

> **More Expressions** ______
>
> **계속적 용법의 주의사항**
> 목적격 관계대명사라도 생략이 불가.
> **that**으로 바꿔 쓸 수 없음.
> 전치사+관계대명사로 관계사절을 시작할 수 없음.

31 회사 인수 제의를 자세히 검토한 후에, 회장은 300만 유로가 수용할 만한 가격이라고 제안한다.

유형 → 수의 일치

Solution 시간, 거리, 금액 등을 나타내는 명사는 복수형이라도 한 단위로 생각하여 단수동사를 쓴다.

Voca **closely** 자세히 **buyout** 매수, 인수 **deal** 거래 **chairman** 회장 **acceptable** 받아들일 수 있는

Answer (a) is

Joseph's focus

형태가 복수형 어미 -s로 끝나지만 단수 취급하여 단수동사를 쓰는 명사는 수 일치 문제에 자주 나옵니다. 영어에서 시간, 거리, 금액, 무게 등의 단위 표현은 단수취급을 합니다.

> **More Expressions** ______
>
> **–s로 끝나지만 단수동사를 쓰는 명사**
> 병명(measles, diabetes, etc.)
> 스포츠 경기명(billiards, bowls, gymnastics, etc.)
> 복수형태의 국가명(The United States, The Netherlands, etc.)
> 학과명(economics, linguistics, ethics, statistics, politics, etc.)

32 많은 사람들이 정부가 너무 강력하다고 생각하지만, 정부는 그럼에도 불구하고 주요 기반시설들을 건설하고 국가적 법률을 제정하고 국방에 필요한 군대를 제공함으로써 귀중한 기능들을 한다.

유형 → 병렬구조

Solution 문장의 일관성과 병렬구조에 관한 문제로 creating, developing, providing 모두 전치사 by에 걸리는 단어들이므로 모두 같은 형태가 되어야 한다.

Voca **consider** 간주하다 **powerful** 강력한 **perform** 이행하다 **infrastructure** 기반시설 **defense** 방어

Answer (b) providing

Joseph's focus

병렬구조를 물어보는 문제입니다. 병렬구조란 등위접속사나 상관접속사 등에 의해 문장을 구성하는 요소가 나열될 때는, 반드시 문법상 동일한 구조이거나 동일한 성분이어야 하는 경우를 말합니다.

> **More Expressions** ______
>
> **[A + 등위접속사 + B] A와 B는 동일한 문장성분과 구조**
> 단어(구, 절)+and(or, but)+단어(구, 절)
> This computer is old but <u>excellence</u>. (x) → excellent
> I like swimming and <u>to play</u> golf. (x) → playing golf

33 미국 정부는 재정의 3분의 2를 미국인들 중 상위 5퍼센트 부유층이 납부한 세금으로부터 얻는다.

유형 → 관계대명사의 생략

Solution 관계대명사의 생략에 대한 문제로, [주격 관계대명사 + be동사 + 분사/형용사] 구문에서 [주격 관계대명사 + be동사]는 생략되는 경우가 많다.

Voca **two thirds** 3분의 2

Answer (a) paid

Joseph's focus

이런 유형의 문제는 빈칸이 동사 자리인지, 분사 자리인지를 물어보는 문제라고 볼 수 있습니다. 문장구조상 이 문장에 접속사가 없으므로 동사의 개수는 하나여야 합니다. 수식받는 명사 taxes와 pay의 관계는 수동관계이므로, 과거분사 paid가 알맞겠습니다. (b) to pay 역시 형용사적 용법으로 뒤에서 명사를 수식할 수는 있지만, 빈칸 뒤의 by 때문에 수동 to 부정사(to be paid)가 되어야 합니다. 하지만, to be paid는 '지불될'로 해석되기 때문에 to be paid 역시 문법적으로 가능하나 의미상 어색합니다.

34 초기 남극지방 탐험가들이 생활하고 여행을 했던 기후 조건은 극단적이고 위험하다는 것으로 가장 잘 묘사될 수 있다.

유형 → 관계대명사 / 전치사

Solution 두 문장을 관계대명사를 이용하여 연결할 때 반복되는 부분인 the climatic conditions는 주격 관계대명사 which로 바꿔 쓴다. 이때 which는 전치사 under의 목적어로 사용되었다.

Voca **climatic condition** 기후 조건 **Antarctic** 남극의 **extreme** 극도의, 극심한

Answer (a) under which

Joseph's focus

문장구조를 살펴볼 때, 전체 문장의 주어는 conditions이고 동사는 can be described임을 알 수 있으므로 빈칸부터 traveled 까지는 형용사절(관계사절)이고, conditions는 이 형용사절의 수식을 받는 선행사라는 것을 알 수 있습니다. 그다음은 전치사를 판단해야 하는데, conditions와 어울리는 전치사는 under가 됩니다.

35 남자의 두 여동생 중 하나는 가정주부이고, 다른 하나는 은행원이다.

유형 → 부정대명사

Solution 올바른 부정 대명사를 고르는 문제로 둘 중에 하나는 one, 나머지 하나는 the other를 쓴다.

Voca homemaker 가정주부 while 반면

Answer (b) other

Joseph's focus

가장 기초적인 부정대명사 문제입니다. 부정대명사란, 문자 그대로 정해지지 않은 대명사를 뜻합니다. 부정대명사 문제를 풀때는 대상이 둘인지, 둘 이상인지를 가장 먼저 파악해야 합니다. 전체 대상이 둘일 경우, 둘 중 막연한 하나는 one, 그 하나를 제외한 나머지 다른 하나는 the other를 씁니다.

36 루마니아에서 희귀한 250만 년 된 고대 코끼리를 발굴한 후, 고고학자들은 현재 그 지역에서 더 많은 화석을 찾고 있다.

유형 → 형용사 역할을 하는 명사

Solution 2.5 million-year-dd가 명사 mastodon을 수식할 때는 모두 단수 형태로 써야 한다.

Voca unearth 발굴하다 rare 희귀한, 드문(=uncommon, unusual) archaeologist 고고학자 fossil 화석

Answer (c) 2.5 million-year-old

Joseph's focus

[수사+단위명사]가 하이픈(-)으로 연결되어 하나의 합성형용사로 뒤의 명사를 수식할 때에는 단위명사(year, week, minute, story, day, dollar, etc.)를 복수 형태로 쓰지 않습니다.

More Expressions ____________

[수사+단위명사]의 예문

a boy (who is) 4 years old (or a 4-year-old boy)
4살짜리 소년
a vacation which is three months long (or a three-month vacation) 3달간의 방학

---

37 유엔은 지난 금요일에 반란군들이 지난 달 서명한 휴전협정을 존중할 것을 촉구했다.

유형 → to 부정사 / 태

Solution '누구에게 ~할 것을 요구하다'는 urge (someone) to do (something)'으로 쓴다.

Voca rebel forces 반란군 cease-fire 휴전, 정전

agreement 협정

Answer (a) to respect

Joseph's focus

동사의 유형과 태를 동시에 묻는 문제입니다. 동사 urge는 5형식 구문에서 to 부정사를 목적격 보어로 취하는 동사이며, 목적어인 rebel forces와 respect의 관계가 능동이므로, (a)가 정답이 됩니다.

More Expressions ____________

목적격 보어로 to 부정사를 취하는 동사들

ask, beg, require, allow, advise, encourage, expect, force, enable, forbid, tell, order, want, would like, warn, etc.

---

38 중세 철학자들의 업적은 그들의 말을 종이에 기록한 이름 모를 기록자들이 없었더라면 영원히 사라졌을 것이다.

유형 → 가정법

Solution [If it had not been for ~]는 '과거에 ~가 없었더라면'이라고 가정할 때 쓰며, but for나 without으로 바꾸어 쓸 수 있다.

Voca medieval 중세의 nameless 이름 없는, 익명의 scribe (인쇄술이 발명되기 전의) 필경사, 기록자

Answer (d) had not been

Joseph's focus

가정법 구문 [If it were not for ~.], [If it had not been for ~.]을 묻는 문제로, 제시된 문제에서는 주절의 동사가 [would have p.p]형태인 것으로 보아 if 종속절은 [If it had not been for.]형태임을 유추할 수 있습니다. 참고로 가정법의 조건 절에서 if가 생략되면, [Had it not been for ~.]형태로 주어와 동사가 도치된다는 점도 알아두어야 합니다.

---

39 작년 북 러시아로 여행하기 전까지 북극광을 본 적이 없었다.

유형 → 도치

Solution 부정어 never, not, little 등을 강조하기 위해 이것을 문장의 앞에 두면, 주어와 동사가 도치된다. 그리고 시제는 러시아에 간 시점 이전까지의 시간을 의미하므로 그보다 한 시제 앞선 과거완료형을 써야 한다.

Voca Northern Lights 북극광

Answer (c) had I

Joseph's focus

시제와 도치를 동시에 묻는 문제입니다. 제시된 문제에서는 과거의 특정한 시점(went)을 기준으로 '그 이전에 한번도 ~해 본적 없었다'는 의미이므로 과거완료가 쓰이고, 부정부사(never, hardly, scarcely, seldom) 등이 문두로 나올 경우는 조동사를 포함한 동사(구)와 주어를 바꿔 주는 도치가 필요합니다.

40-1 대통령의 암살에 관련된 수많은 가능성 없는 이론들이 1979년

그의 죽음 이래로 계속해서 나왔다.

유형 → 분사

Solution pertain to는 '~에 관련되다'의 의미로 주로 명사 뒤에서 현재 분사형으로 쓰여 명사를 수식한다.

Voca pertain to ~에 관계가 있다 assassination 암살
put forth (이론 등을) 제시하다

Answer (b) pertaining to

Joseph's focus

분사, 문장구조, 동사 지식을 동시에 묻는 복합적인 문제로, 우선 빈칸이 동사 자리인지 분사 자리인지 판단해야 하는데, 문장에 접속사가 없고 동사가 have been put forth로 나와 있기 때문에 빈칸은 분사 자리라는 것을 알 수 있습니다. 동사 pertain은 to와 붙어 다니는 자동사로만 쓰이므로 수동형이 없습니다.

40-2 어린 아이들이 놀이 시간 동안 제멋대로 하도록 내버려 두어질 경우 얼마나 창의력 있고 기지가 뛰어난지를 보는 것은 흥미롭다.

유형 → 어순

Solution leave someone to one's own devices는 '제멋대로 하도록 내버려 두다'의 뜻이다.

Voca resourceful 기지가 있는 playtime 놀이 시간

Answer (d) left to their own devices

Joseph's focus

leave someone to one's devices는 '제멋대로 하도록 내버려 두다'의 뜻입니다. 이러한 숙어의 의미를 알지 못하면 당황할 수도 있지만, 어휘 문제가 아니라 문장의 올바른 구조를 묻는 문제이므로 의미를 알지 못해도 해결할 수 있습니다. 여기서는 아이들이 어른들에 의해 그렇게 내버려 두어지는 것이므로 수동의 문장이 필요합니다. 원래 문장은 [It is interesting ~ if (they are) left to their own devices.]인데, 여기서 [주어+ be동사 (they are)]가 생략되었다고 보면 이해가 더 빠를 것입니다.

Part III (41~45)

41 (a) A : 린 에드문즈가 다시 온 거 알았어?
(b) B : 아니, 몰랐어. 여기 온 지 얼마나 됐는데?
(c) A : 이삼일 정도 됐다고 들었어.
(d) B : 전화를 해서 만날 수 있는지 알아보자.

유형 → 시제

Solution '린이 온 지 얼마나 됐느냐'고 물었으므로 현재완료형을 사용해야 한다.

Voca give (someone) a call ~에게 전화하다
get together 모이다

Answer (c) she was → she has been

Joseph's focus

과거로부터 발화시점이 현재까지의 지속기간(for just two or

three days)을 강조할 경우에는 현재완료 시제를 써야 합니다. 물론 과거시제인 was here나 had been here를 써도 문법적으로 틀렸다고 볼 수 없지만, 대화의 문맥상 린이 대화를 주고받는 현재 시점에도 여기에 있다고 봐야 하므로 현재완료 시제가 더 적절합니다.

42 (a) A: 잭, 금요일에 월급 받을 때까지 현금 좀 빌려 줄래?
(b) B: 얼마가 필요한지, 언제 갚을지에 따라 다르지.
(c) A: 50달러면 이번 주말까지는 충분할 것 같아.
(d) B: 10달러 빌려 줄게. 하지만 금요일에 갚아야 돼!

유형 → 가산 / 불가산 명사

Solution cash를 가리키는 것이므로 them이 아니라 it을 써야 한다.

Voca see through ~가 ~를 견디게 해 주다
pay back (빌린 돈을) 갚다, 상환하다

Answer (b) them → it

Joseph's focus

영어에서 명사는 가산명사와 불가산명사로 나뉘는데, TEPS에서는 불가산명사가 주로 출제됩니다. 대표적으로 cash와 같은 집합적 물질명사가 이에 해당됩니다. dollars, cents, quarters 등이 모인 집합을 통칭해서 cash나 money라고 할 수 있고, desks, chairs, closets 등이 모인 집합을 통칭해 furniture라고 부릅니다. 기억해야 할 것은, 물질적 집합명사는 절대 불가산명사이나 집합을 이루는 개별 구성요소들은 셀 수 있다는 점입니다.

> **More Expressions**
>
> **대표적인 물질 집합명사**
> information(정보), money/cash/change(잔돈), baggage(짐, 수화물), clothing(의복), equipment(장비), furniture(가구), garbage(쓰레기), jewelry(보석), junk(쓰레기), machinery(기계류), mail(우편물), traffic(차량들, 교통량), etc.

43 (a) A: 이 예쁜 스카프 좀 봐! 네 새 드레스랑 잘 어울리겠다.
(b) B: 글쎄, 난 그렇게 요란한 색깔은 별로야.
(c) A: 그걸 두르면 확실히 튈 거야!
(d) B: 좋아, 그렇게 맘에 들면, 네가 사지 그래?

유형 → 형용사 / 부사

Solution '~와 잘 어울리다'는 go well with라고 해야 옳다.

Voca bold 대담한 make a statement 성명을 발표하다(진술하다)

Answer (a) go good → go well

Joseph's focus

동사 go는 with와 함께 쓰이면 '~와 조화되다, 어울리다'라는 의미가 됩니다. 만약 go 뒤에 good을 쓰면 good은 형용사로 주어의 상태를 설명해 주는 주격보어가 되어 버립니다. 물론 2형식 동사로 [go+형용사] 형태로도 쓰이긴 하지만, [go+형용사]는 주로 바람직하지 않은 상태로의 변화 (go crazy 미치다

/ go bad 상하다 / go blind 눈이 멀다 / go bald 대머리가
되다)를 나타낼 때 사용되므로 형용사 good과는 어울리지 않
습니다.

44 (a) A: 연설할 준비가 전혀 안 됐어.
　　(b) B: 넌 잘할 거야. 넌 항상 잘하잖아.
　　(c) A: 넌 준비됐니?
　　(d) B: 응. 열심히 준비했거든.

유형 → 부정부사

Solution　hardly는 이미 부정의 의미를 가지고 있으므로 not과 같은
　　　　　부정어와 함께 쓰이지 않는다.

Voca　be prepared for ~할 준비가 되다

Answer　(a) hardly not → hardly (혹은 hardly not → not)

Joseph's focus

부정부사(never, hardly, seldom, rarely, scarcely 등)는
출제 빈도가 높은 편으로 주로 기억할 것은, 부정부사가 문두에
올 경우에 주어와 동사는 도치되며, 단어 자체에 부정의 의미가
들어 있으므로 not과 함께 쓰이지 않는다는 점입니다.

45-1 (a) A: 이거 재미있다. 우리가 시간을 낸 게 다행이야.
　　(b) B: 나도, 자주 교외로 나갈 수 있었으면 좋겠어.
　　(c) A: 난 네가 여행을 좋아한다고 생각하지 않았어.
　　(d) B: 운전을 싫어하지만, 가끔 혼잡한 도시에서 벗어나는 건 좋
　　　　아.

유형 → 부사

Solution　such는 형용사, 명사가 있는 문장에 사용한다. 여기서는
　　　　　형용사 glad가 따라오므로 so가 적절하다.

Voca　take the time 시간을 내다　hustle and bustle 혼잡

Answer　(a) such → so

Joseph's focus

such는 기본적으로 명사를 수식, so는 형용사나 부사를 수식
합니다. 따라서 such를 so나 very로 고쳐야 합니다. 이외에도,
such와 so는 어순 문제나 결과를 나타내는 부사절 [so(such)
~ that] 구문에서 such와 so를 구분하는 문제로 자주 출제됩
니다.

More Expressions _______________

such와 so의 구분 요령

〔so+형용사/부사+that 주어+동사 = such+(a/an)+(형용
사)+명사+that 주어+동사〕

The weather was so beautiful that we all went out.
날씨가 너무 좋아서 모두 외출했다

= It was such beautiful weather that we all went out.

※ 수량형용사(many/little/few/little)일 경우는 명사가 있더라도
　 such가 아니라 so를 쓴다는 점에 각별히 유의

such many students(x)　　so many students (o)

45-2 (a) A: 너희 할아버지가 마라톤을 뛸 수 있을 정도로 건강하시다

는 게 믿어지지 않아.
　　(b) B: 할아버지는 항상 활동적인 분이셨어. 할아버지가 기력이
　　　　쇠약하신 건 상상도 안 돼.
　　(c) A: 내가 할아버지 나이가 됐을 때 그만큼 건강하면 좋겠어.
　　(d) B: 네가 지금부터 몸 관리를 하면, 나중에 아주 건강할 거라
　　　　고 확신해.

유형 → 형용사

Solution　명사 person을 꾸며주는 것은 형용사가 되어야 한다.

Voca　fit 건강한

Answer　(b) actively → active

Joseph's focus

명사를 꾸며주는 것은 형용사이므로, 부사형인 actively를
active로 바꿔야 합니다. 형용사와 부사의 형태가 같은 단어들
로는 hard, late, early, pretty, long 등이 있고 일부 형용사
들은 한정 용법 혹은 서술 용법으로만 사용됩니다.

More Expressions _______________

한정 용법으로만 사용되는 형용사들

live, mere, next, drunken…
The **drunken** man was walking down the street. (o)
The man was **drunken**. (x)

서술 용법으로만 사용되는 형용사들

afraid, alive, alike, asleep…
the sleeping boy (o)　　the **asleep** boy (x)

Part IV (46~50)

46 많은 시대와 장소에 걸쳐 색깔은 같은 것들을 대표하는 데 쓰여
왔다. (a) 검은색을 예로 들어보자. (b) 검은색은 많은 문화의 문
학에 있어 악당의 색깔이다. (c) 반면에 흰색은 순수함이라는 개
념과 연계된다. (d) 감정적으로 가장 강렬한 색상은 빨간색인데
종종 열정, 분노 또는 사랑을 상징한다. 푸른색은 반대의 의미로
진정시키는 색상이다.

유형 → 어순

Solution　be associated with는 '~와 관련되다'의 의미이다

Voca　villain 악당　be associated with ~와 연관되다
　　　purity 순수함, 순수　emotionally 감정적으로
　　　intense 강렬한　stand for ~을 상징하다　anger 화
　　　opposite 반대의　tranquilizing 진정시키는

Answer　(c) is with the idea associated of purity.
　　　　→ is associated with the idea of purity.

Joseph's focus

어순은 텝스 문제에 빈출 문법 요소로, 주로 수식어구와 문장
성분 간의 적절한 어순을 묻기 때문에 기본적인 어순 감각만
있으면 쉽게 풀 수 있습니다.

47 (a) 많은 역사 교과서에 나온 것과는 반대로, 라이트 형제는 처음
으로 비행을 한 사람이 아니었다. (b) 1901년 구스타브 화이트헤
드는 여러 차례 단거리 비행을 했고 오랫동안 날아보겠다고 결
심을 했다. (c) 마침내 그를 응원하는 많은 기자들이 지켜보는 가

운데 그는 공중을 향했고 실제로 상당한 시간 동안 떠 있었다. (d)
그는 7마일을 날았고 되돌아와서 착륙했다.

유형 → 전치사

| Solution | '~을 지지하여'는 in support가 올바르다.

| Voca | **contrary to** ~와는 반대로 **airborne** 비행중인
hop (특히 비행기로 하는) 짧은 여행 **sustain** 지탱하다
(=maintain) **an army of** 많은 수의 **take off** 이륙하
다(=depart) **turn around** 돌아서다 **land** 착륙하다
(=touch down)

| Answer | (c) by support →in support

Joseph's focus

문법에 맞는 적절한 전치사를 구분하는 문제로, '~에 찬성
(동의, 지지)하다'라는 표현으로 [be in support/favor of
something] 구문을 알았다면 쉽게 풀 수 있습니다. 전치사문
제는 함께 쓰이는 어구에 따라 관용적으로 쓰이는 경우도 많으
므로, 전치사의 개념을 정확히 이해하고 용례별로 어울리는 어
구와 함께 암기해 각각의 뉘앙스의 차이를 자연스럽게 익히는
것이 바람직합니다.

48 일요일에만 5,130만 부의 신문이 팔린다. (a) 만일 미국에 사는
모든 사람이 이 신문들 중 10분의 1만 재활용을 한다면, 우리는
매년 2,500만 그루의 나무를 살릴 수 있다! (b) 하지만, 재활용의
노력은 에너지 소비와 관련된 이유로 증가할 것으로 전망된다.
(c) 재활용되는 음료수 캔 하나당 6온스에 해당되는 연료용 기름
이 절약된다. (d) 이것은 연비 효율이 좋은 차량으로 평균 약 6마
일을 갈 수 있는 동력을 제공할 수 있다.

유형 → 수동태

| Solution | '재활용 노력이 증가할 것으로 전망된다.'는 의미이므로 수
동형을 쓴다.

| Voca | **annually** 연간 **consumption** 소비 **equivalent** 동
등한(= equal, same, comparable) **power** 동력을 공급하
다, 작동시키다 **fuel-efficient** 연비 효율이 좋은(=high-
mileage) **vehicle** 차량, 탈것, 운송 수단

| Answer | (b) projected → are projected

Joseph's focus

제시된 문제에서 project는 'expect (예상하다)'의 의미를 가
지고 있고, 주어 efforts는 동사 project의 주체가 아니라 행위
를 받는 대상이므로 수동형으로 고쳐야 합니다.

> **More Expressions**
>
> **태 일치 문제를 푸는 순서**
> 1. (b)의 문장구조를 살펴보고, projected 이하에 동사가 보이지
>   않으므로 projected 부분은 과거분사가 아니라 동사 자리라는
>   것을 파악
> 2. project의 동사 관련 지식(타동사인지, 자동사인지, 자동사 타
>   동사 모두 가능한지)을 적용
> 3. 타동사라면 주어와 술술 관계를 따져서 수동이어야 하는지, 능
>   동이어야 하는지 판단

49 (a) 오늘날 거짓말 탐지기는 사법기관 용의자의 이야기나 알리
바이의 진위를 확인하는데 사용된다. (b) 흥미롭게도 전 세계의
많은 나라들이 수 세기에 걸쳐 나름대로의 거짓말 탐지 방법들
을 고안해 냈다. (c) 예를 들어, 서부 아프리카에서는 범죄에 가
담한 것으로 의심되는 사람들은 부족 재판에서 서로 새의 알을
주고받았다. (d) 알을 깨뜨리는 사람은 유죄로 여겨졌는데, 그 사
람이 아마도 긴장을 해서 알을 쉽게 떨어뜨리거나 알이 깨질 정
도로 꽉 쥐게 되기 때문이다.

유형 → 수 일치

| Solution | (c)에서 문장의 주어는 people이므로 was suspected는
were suspected가 되어야 한다.

| Voca | **polygraph** 거짓말 탐지기(=lie detector) **veracity** 진실
(=truth, truthfulness) **suspect** 용의자, 의심하다 **tribal**
부족의 **court** 법정, 법원, 재판 **guilty** 유죄의 **prone
to** ~하기[당하기] 쉬운 **squeeze** 짜다, 쥐다

| Answer | (c) was → were

Joseph's focus

관계대명사가 이끄는 형용사절의 수일치를 묻는 문제로, 주
격 관계대명사 뒤에 나온 동사는 의미상의 주어인 선행사에
수일치를 시켜야 합니다. 특히 Part Ⅳ의 문제를 풀 경우 아래
check list를 기억하면 도움이 됩니다.

> **More Expressions**
>
> **Part Ⅳ의 Error Analysis문제의 check list**
> 1. 수 일치   2. 시제 일치   3. 태 일치   4. 명사, 관사
> 5. 문장구조   6. 어순

50-1 (a) 초신성, 즉 폭발하는 별들은 황홀한 광경이다. (b) 그것들은
매우 밝아서 하늘에서 전체 은하수보다 밝게 빛나며, 우리 태양
이 수명이 다할 때까지 만들어 내는 것보다 더 많은 양의 에너지
를 만들어 낸다. (c) 그 과정에서, 사라지는 별의 물질들이 폭발
과 함께 우주로 퍼져 때로는 새로운 별들이 생성되도록 도와 주
는 충격파를 만들어 낸다. (d) 우리 은하수 내에서는 50년에 한
번 정도만 발생하기 때문에, 이러한 폭발은 보기에는 매우 멋지
지만, 상대적으로 드문 현상이다.

유형 → 분사구문

| Solution | 분사구문을 묻는 문제이다. 분사구문을 만들 때는 접속사
와 공통된 주어를 빼고 동사를 현재분사 형태로 바꾼다.

| Voca | **supernova** 초신성 **fascinating** 매력적인, 대단히
흥미로운(=captivating, engaging) **generate** 발생시키
다, 만들어 내다 **outshine** 더 밝게 빛나다 **entire** 전체의
blast 폭발하다 **shock wave** 충격파 **explosion** 폭
발 **behold** 보다 **nonetheless** 그렇기는 하지만

| Answer | (b) generate → generating

Joseph's focus

TEPS의 빈출 문제로 문장구조를 물어보는 문제입니다. 영어에
서는 접속사 없이 2개의 동사를 쓸 수 없다는 점만 기억하면 됩
니다. 그래서 두 번째 동사 generate 앞에 접속사 and를 넣어
주거나, 혹은 동사 generate를 동사가 아닌 분사 generating
으로 고쳐 줘야 합니다.

50-2 (a) 사람들이 하는 가장 중요한 일들 중의 하나는 과거를 잊는 것이지만, 조만간 우리는 모두 그것을 해야만 한다. (b) 이것은 당신이 좀 더 잘 알았더라면 무엇인가 했었을 텐데라고 생각하기를 거부하는 것을 의미한다. (c) 이것은 또한 자신이 오래 전에 저지른 잘못을 용서하고 앞으로 나아가는 것을 의미한다. (d) 과거를 잊는 것은 쉽지 않지만, 그것은 당신이 더 나은 삶을 살도록 해 줄 것이다.

유형 → 가정법 시제

Solution 가정법 과거완료의 주절의 시제는 would have p.p가 되어야 한다.

Voca let go 보내주다, 포기하다 refuse 거부하다 move on (과거를 잊고) 앞으로 나아가다

Answer (b) will have done → would have done

Joseph's focus

지난 일을 지난 일로 묻어두는 것은 매우 힘든 일 중의 하나이고, 그때 그걸 알았더라면 '그렇게 했었을 텐데' 혹은 '그렇게 하지 않았을텐데'라고 생각하면서 과거에 집착하기 보다는 실수가 있었다면 그를 인정하고 스스로를 용서함으로써 과거를 잊고 미래로 나아가는 것이 더 나은 삶을 살 수 있는 방법이라고 말하고 있습니다. (b)에서 if절의 시제가 had p.p. (if you had only known better)로 나왔으므로 주절의 시제는 will have done이 아니라 would have done이 되어야 합니다. 의미상으로는 과거의 하지 않은 일에 대한 후회를 나타냅니다.

Vocabulary

Part I (1~25)

1　A 어서 왜 비행기 여행은 어땠니?
　　B 괜찮았는데, 샌프란시스코 공항에서 비행이 지체됐어.

유형 → 문맥에 맞는 어휘

Solution 여행에서 돌아오는 사람과 마중 나온 사람의 대화이다.

Voca flight (비행기) 여행
be in no rush to do something ~을 서두를 필요가 없다 What's the rush? 왜 그렇게 서두르는데? (상대방이 서두를 때 좀 진정하고 천천히 하라는 의미)

Answer (a) delay

Joseph's focus

delay는 deferment, postponement와 함께 고난이도의 문제로 등장할 수도 있습니다. delay는 부정적인 의미의 '지체, 지연, (시간의) 연기, 유예' 정도의 뜻이 있는 반면, deferment는 객관적인 상황을 고려한 '연기'라는 의미, postponement에도 행사나 모임 약속을 뒤로 '연기'하는 의미를 가지고 있으나, 이 두 단어는 모두 꾸물거리거나 지연한다는 의미는 없습니다.

2　A 몇 가지 세부 사항을 확인해야 겠네요. 그리스에서 태어나셨나요?
　　B 아니오. 두 살 때 그리스로 이사했어요. 이탈리아에서 태어났어요.

유형 → 문맥에 맞는 어휘

Solution '확인하다'의 의미를 가진 단어를 찾아야 한다.

Voca detail 세부 사항 debate 토론하다 clarify 명백히 하다

Answer (d) clarify

Joseph's focus

clarify는 '~을 명확하게 하다, 분명히 하다'라는 의미의 동사입니다. (c)debate는 문법적으로는 가능하지만, 뒤에 이어지는 대화의 소재가 토의의 대상이 될 만한 내용이 아니므로, 적절하지 않습니다. 참고로 clarify의 유의어로 빈출되는 어휘나 표현들로는 elucidate, illuminate, make plain, make clear, shed light on 등이 있으니, 영영사전을 찾아 정확한 의미를 정리해 둡니다.

3　A 왜 길 건너에 있는 호텔 대신 이 호텔을 선택했니?
　　B 이 호텔은 무료 아침 식사를 제공하거든.

유형 → 의미를 혼동하기 쉬운 어휘

Solution complimentary는 '공짜의(=free)'의 의미이다. 식당이나 호텔 등에서 공짜로 제공하는 것은 'on the house'라고 한다.

Voca honorary 명예상의 complimentary 무료의 (=free of charge, freebie, gratis) gratuitous 불필요한, 쓸데없는 patronage 단골손님

Answer (b) complimentary

Joseph's focus

형용사 complimentary는 '공짜의, 무료의' 혹은 '칭찬하는'의 의미로 각종 어휘시험에 자주 등장합니다. 또한 형용사 complementary(보충의, 보충하는)와 형태를 혼동하기 쉬우므로 유의해야 합니다.

4　A 아이스크림 더 먹을래?
　　B 아니, 남은 거 네가 다 먹어도 돼.

유형 → 의미를 혼동하기 쉬운 어휘

Solution residue, remnant, surplus 모두 우리말로 '나머지'의 의미가 있지만 용법이 각기 다르다.

Voca rest 나머지 residue 잔여(잔유)물 surplus 잉여, 과잉 (=excess) remnants 찌꺼기, 자투리

Answer (a) rest

Joseph's focus

'나머지'라는 의미로 쓰이는 rest의 유의어인 residue, remnant, surplus, balance, remainder의 차이점을 살펴볼 필요가 있습니다. residue는 주로 화학에서 '침전물, 찌꺼기, 잔여(잔유)물'을 말하며, remnant 역시 '나머지'라는 뜻이 있지만 '큰 부분이 사용되거나 제거되고 남은 부분'을 뜻합니

다. remainder 역시 remnant와 거의 유사한 뜻으로, 주로 소비하거나 팔다가 남은 나머지를 뜻합니다. surplus는 '잉여', balance는 '차액, 잔액, 잔고'라는 의미와 간혹 '나머지'라는 의미로도 쓰입니다.

5
A 저녁하기 정말 싫어.
B 식당에서 사다 먹는 게 좋겠어.

유형 → 기본어휘

Solution carryout 혹은 takeout은 식당에서 음식을 먹지 않고 '포장해 가지고 가서 먹는 음식을 말하며 drive - in은 주로 '차 안에서 음식을 주문해서 먹는 것'을 말한다.

Voca **takeout** 포장(해 주는) 음식(=carryout, takeaway) **outtake** (영화 등에서) 삭제된 부분 **takeover** 인수

Answer (a) takeout

Joseph's focus

carryout보다는 takeout이 보다 친숙한 표현입니다. 영어에는 이와 같이 [동사+전치사(부사)] 형태의 합성명사들이 많이 있는데요. 이런 합성명사들은 기본적으로 구동사의 의미를 가지고 있어 의미를 유추해 볼 수 있습니다. 이외에 layover, stopover(경유지, 기착지), breakthrough(돌파구, 획기적인 발견), buildup(강화, 증강), makeup(구성, 화장품)등의 표현이 TEPS에 자주 등장합니다.

6
A 왜 그 좋은 아줌마를 해고했나요?
B 친절한지는 모르겠지만, 완전히 무능력했어요.

유형 → 문맥에 맞는 어휘

Solution 해고한 이유를 묻고 있으므로 무능력했다는 것이 가장 적절하다.

Voca **fire** 해고하다 **underrated** 과소평가된(=underestimated) **insufficient** 불충분한 **outsmart** ~보다 앞서다 **incompetent** 무능력한(=incapable)

Answer (d) incompetent

Joseph's focus

TEPS에서는 '해고'와 관련된 어휘와 이디엄 표현들이 많이 등장하는데 함께 묶어 암기해 두면 좋습니다. 우선 직장에서 근무 태만과 무능력 등으로 해고되는 경우에는 'get fired' 또는 'get sacked[packed]', 일이 부족해서 일시적으로 해고되는 정리해고는 'get laid off'를 씁니다.

7
A 그러니까 내 커피 값으로 네게 3달러를 줘야 하는구나. 20달러짜리 바꿔 줄 잔돈 있어?
B 아니. 이번에는 내가 낼 테니 나중에 정산하자.

유형 → 구동사

Solution A가 더 적은 단위의 돈이 없다고 하자 B가 나중에 주면 된다고 말하고 있다.

Voca **owe** 빚지다 **change** 잔돈 **level out** 평평하게 하다, 안정시키다 **make up for** ~을 벌충하다 **settle up** 빚을 갚다, 정산하다

Answer (d) settle up

Joseph's focus

동사 settle의 기본적인 의미를 알고 있으면 쉽게 풀 수 있는 유형의 구동사 문제로, settle up은 주로 '(문제를) 매듭 짓다, 결론짓다, 처리하다'는 뜻으로 많이 쓰이고, 금전관계를 나타낼 때는 '정산하다' 또는 '빚을 갚다'라는 의미로 많이 쓰이며, liquidate와 pay off도 '빚을 갚다, 청산하다'라는 뜻을 가집니다.

8
A 어제 직원회의에 빠졌어.
B 걱정 마. 내가 나중에 자세하게 설명해 줄게.

유형 → 구어체

Solution fill (somebody) in on은 '~에게 ~에 대해 설명해 주다'의 의미다. A가 회의에서 어떤 일이 있었는지 모르는 상태이므로 B가 나중에 설명해 줄 테니 걱정 말라는 것이 가장 적절하다. 빈칸이 있는 문장에 만일 in이 없다면 (d) update도 정답이 될 수 있다.

Voca **miss** 놓치다, 빠지다 **update** 최신 정보를 전하다

Answer (b) fill

Joseph's focus

이디엄 빈출 어휘인 fill 동사는 다양한 쓰임새를 가진 단어로 '서류를 작성하다'는 의미의 fill out 또는 fill in으로 많이 쓰이며, 특히 fill a prescription은 어휘뿐만 아니라, 문법시험에서 have the prescription filled 형태로 빈출됩니다.

> **More Expressions**
>
> **fill의 빈출 표현**
>
> **fill in for (somebody)** ~을 대신해서 일하다
>
> Jack, can you **fill in for** Sue? She called in sick today.
> 잭, 수의 일을 대신해 줄래요? 오늘 수가 아파서 결근했어요.
>
> **fill out** 작성하다, 기입하다
>
> Please **fill out** the application form and fax it.
> 신청서를 작성해서 팩스로 보내시오.
>
> **fill someone's shoes / fill the shoes of someone**
> 다른 사람의 일이나 직책을 대신하다, 대리근무하다
>
> **fill a prescription** 처방전대로 약을 조제하다
>
> **fill her/it up** 자동차 기름을 가득 넣다
>
> **fill in time** 시간을 때우다
>
> **fill an order** 주문을 처리하다

9
A 검소한 건 좋지만, 엄마는 좀 심한 것 같아.
B 맞아. 일주일 동안 똑같은 티백을 재활용하는 건 좀 너무해.

유형 → 문맥에 맞는 고급 어휘

Solution B가 한 말에서 엄마가 똑같은 티백을 일주일 동안 사용한다고 했으므로 A가 한 말은 '절약도 좋지만, 엄마는 너무 도가 지나치다'라는 의미가 적절하다.

Voca **be in favor of** ~에 호의적이다, 찬성하다 **go too far** 지나치다 **promptness** 재빠름, 민첩함

specificity 특수성 detainment 구금 frugality 절약, 검소

 (d) frugality

JoSeph's focus

frugality가 무슨 뜻인지 알고 있으면 1초 만에 답을 고를 수 있을 정도로 난이도가 낮으며, 문제에서 찾을 수 있는 단서는 reusing the same tea bag이 됩니다.

10 A 너 새로 나온 핸드폰 샀니?
   B 아니, 아침 일곱 시에 가게에 갔는데도 벌써 사람들이 건물을 둘러쌀 만큼 길게 줄을 서 있었어.

유형 → 구동사

Solution 새로 나온 핸드폰을 사려고 사람들이 건물 주변에 일찍부터 줄을 서 있었다고 하는 것이 적절하다.

Voca stock up (사서) 비축하다 store up 저장하다 line up 줄서다 back up (교통이) 지체되다

Answer (c) lined up

JoSeph's focus

부사 up이 붙어서 함정이 있는 문제처럼 보일 수도 있겠지만, line이라는 기본 어휘의 뜻을 묻는 문제입니다. line은 명사로 '선, 줄' 그리고 동사로 '줄을 세우다, 정렬시키다'라는 의미를 가집니다.

11 A 궁금한 게 있는데요. 이 스키 리프트가 매 시간 몇 번이나 왕복하나요?
   B 무려 일곱 번이나 다녀요.

유형 → 다의어

Solution run은 셔틀버스나 기차 등이 '(정기적으로) 운행'하는 것을 의미한다. 이때 동사는 make를 사용한다.

Voca curious 궁금한(= inquisitive) every hour 매 시간마다 as many as 무려 ~나 되는 run 운행, 운항

Answer (d) runs

JoSeph's focus

TEPS 어휘시험에서는 run과 같은 쉬운 단어들의 다양한 의미를 물어봅니다.

More Expressions

자동사 run의 쓰임

The car **runs** very fast.
차가 아주 잘 나가다.

It **runs** in the family.
그것은 가족에 유전된다.

The Bejing Olympics **ran** over a 15 day period.
북경 올림픽이 15일 동안 개최되었다

12 A 이 팔찌 차는 것 좀 도와줄래?
   B 그래. 그런데 너 잘 차려입었네. 무슨 좋은 일 있어?

유형 → 구동사

Solution 'put on'의 다양한 의미를 알면 쉽게 해결 가능하다.

Voca bracelet 팔찌 worn out 녹초가 된 outfit with ~을 공급하다 dress up (옷을) 잘 차려입다, 정장을 하다

Answer (c) dressed up

JoSeph's focus

dress up은 '정장 차림을 하다'는 뜻에서 '화려하게 차려입다'는 뜻으로 의미가 확장된 경우이고, 복장과 관련해서 bundled up(겹겹이 따뜻하게 차려입은) 역시 dressed up만큼 자주 쓰이는 표현이므로 알아둡니다.

More Expressions

dress와 관련된 어휘

dress code 회사의 복장규정
dress shirt 양복 속에 껴입는 와이셔츠
dress shoes 정장 구두
dressing room (백화점 의복코너의 옷을 갈아입는) 탈의실
dressing 샐러드에 뿌려 먹는 소스
dress wounds 상처에 붕대를 감다

put on의 의미

(의류 등을) 입다, 걸치다
It's cold outside. Why don't you **put on** your sweater?
(장신구, 시계 등을) 차다
I often forget to **put on** my watch.
(화장품 등을) 바르다
She is **putting on** her makeup.
(몸무게가) 늘다
He has **put on** 30 kg in a month.

13 A 그러면 월세로 얼마를 내야 하니?
   B 내가 룸메이트를 구할 것인지 여부에 달려있어.

유형 → 구동사

Solution depend on은 '~에 달려 있다'는 숙어이며, 아울러 [It depends.] 혹은 [That depends.]는 상황에 따라 변화할 수 있기 때문에 확정적인 답을 해 줄 수 없을 때 사용한다.

Voca monthly rent 월세 matter 문제가 되다 depend on(upon) ~에 달려 있다, ~에 의해 결정되다

Answer (b) depends

JoSeph's focus

[자동사+전치사] 형태의 구동사를 묻는 문제로, depends on은 TEPS에서는 '~에 의존하다'는 의미보다는 '~에 달려 있다'는 뜻으로 훨씬 많이 등장합니다. 참고로 전치사구 depending on은 according to (~에 따라)와 같은 의미로 빈출됩니다.

14 A 발목을 삔 것 같아.
   B 어디 좀 보자. 아프니?

유형 → 의미를 혼동하기 쉬운 어휘

Solution 발목을 삔 것 같다고 했으므로 아프냐고 묻는 것이 논리적으로 가장 적절하다.

Voca sprain 삐다 ankle 발목 be in pain 아파하다 (=feel+(a) pain, hurt) harm 피해 injury 상처

wound 상처

Answer (c) pain

Joseph's focus

유의어 구분 문제는 TEPS 어휘문제에서 가장 까다로운 문제에 해당되므로, 영영사전을 이용해서 철저히 학습해야 합니다. harm은 타인에 의해 고의로 가해진 '상해', injury는 주로 교통사고 등으로 당하는 '부상', wound는 피부조직이 손상되는 '상처'를 의미합니다.

15 A 2번 전화에 브라운 씨가 대기하고 있습니다.
     B 지금 받을게요. 그 분은 대기하는 걸 싫어하시거든요.

유형 → 다의어

Solution 전화벨이나 초인종이 울렸을 때, '내가 받을게.' 혹은 '내가 나가볼게.'의 의미로 I'll get it.을 쓴다.

Voca **right away** 즉시, 곧바로 **be on hold** 대기 중인

Answer (c) get

Joseph's focus

기본 동사 get과 같은 다용도 어휘 역시, TEPS 어휘시험에서는 단골 메뉴이므로 사전을 펼쳐 동사 get의 광범위한 쓰임새를 예문을 통해서 정리해야 합니다.

16 A 네 고양이가 내 다리에 볼을 부비고 있어. 왜 그러는데?
     B 너를 좋아한다는 표현이야.

유형 → 의미를 혼동하기 쉬운 어휘

Solution 고양이가 다리에 볼을 부빈다고 했으므로 rub이 가장 적절하다.

Voca **run against** ~에 대고 문지르다, 부비다 **stroke** 어루만지다 **pound** 두드리다 **dab** 가볍게 두드리다

Answer (d) rubbing

Joseph's focus

타동사로 쓰인 rub의 기본적인 뜻은 '(어떤 표면에 힘을 가해) 문지르다' 또는 '두 표면을 맞비비다'와 '(어떤 액체나 연고 화장품 따위를) 바르다(apply, put on)'는 의미로도 쓰입니다. rub과 가장 혼동하기 쉬운 단어로 scrub이 있는데, scrub은 주로 표면의 때나 불순물을 수세미나 행주 따위의 어떤 '천으로 표면을 북북 문지르다'는 뜻을 가집니다.

17 A 타라와 여전히 연락하고 지내니?
     B 물론이지. 그녀는 일주일에 한 번 정도는 우리 집에 와.

유형 → 구동사

Solution come over는 '방문하다, 들르다'의 의미를 가지는 [자동사+동사]의 구동사이다.

Voca **keep in touch with** ~와 연락하고 지내다

Answer (b) comes

Joseph's focus

[자동사+부사]형태의 구동사를 물어보는 문제입니다. '~에 잠

간 들리다' 는 표현으로 come over(=stop by, drop by, come by, swing by)가 있으며, 드물게 pass through, run over, drop in 등도 사용합니다. 반면 물건을 사기 위해 상점에 잠깐 들러보는 경우, look in을 쓰며 come by는 '~을 획득하다'는 의미도 가집니다.

18 A 너희 집이 홍수로 파괴됐다고 들었어.
     B 응, 끔찍했어. 하지만 모두 안전한 것에 감사할 뿐이야.

유형 → 문맥에 맞는 어휘

Solution 홍수로 집을 잃었지만, 가족들이 모두 안전한 것에 감사한다는 의미이므로 thankful이 적절하다.

Voca **horrible** 끔찍한(=dreadful, terrible, awful) **merciful** 자비로운(=humane) **bewildered** 당혹스러운(=perplexed) **infuriated** 분노한

Answer (b) thankful

Joseph's focus

문맥에 알맞은 어휘를 고르는 문제로 대강의 뜻만 알아도 쉽게 풀 수 있는 문제입니다. 문맥상 빈칸에는 thankful 외에, grateful, relieved의 형용사도 충분히 가능합니다.

More Expressions ____________________

'~해서 다행이다, 감사하다' 는 구어체 표현

It could have been worse. 그만한 게 다행이다

Much to my relief 정말 다행스럽게도

What a big relief! 천만다행이야!

Thank God. 하나님께 감사해!

Thank goodness. 다행이야.

---

19 A 우리의 재정 상태를 바꾸기 위해서 뭔가 과감한 조치를 취해야 돼.
     B 네 말이 맞아. 나도 똑같은 생각을 하고 있었어.

유형 → 구어체 idiom

Solution 상대방이 한 말에 동감할 때 쓸 수 있는 표현들은 [Right on! / You got it. / You bet. / Well said.] 등이 있고, 부가의문문으로도 동의를 표시할 수 있다.

Voca **drastic** 과감한(=extreme, strong, radical) **financial** 재정적인

Answer (d) point

Joseph's focus

시험에 자주 등장하는 동의 표현을 알아둡니다.

More Expressions ____________________

TEPS에 자주 등장하는 동의 표현

You said it!

You can say that again!

I couldn't agree with you more.

That makes two of us.

That's what I was thinking!

You took the words right out of my mouth!

---

20 A 너 참 나쁘구나! 어떻게 나한테 그런 말을 할 수 있니?
　　B 아냐, 제발 오해하지 마. 너를 화나게 할 생각은 없었어.

유형 → 구어체 idiom

| Solution | get (somebody) wrong은 '~를 오해하다'의 의미다.

| Voca | jerk 얼간이　mean 의도하다

| Answer | (c) get

Joseph's focus

get은 쓰임이 많은 동사로 쓰임을 정리해 보도록 합니다.

More Expressions

get의 쓰임

1. 얻다
2. 〔get + 형용사〕로 상태의 변화를 나타냄.
3. 〔get to +장소〕 ~에 가다
4. get nowhere 효과 또는 성과가 없다
5. get down to business 본론으로 들어가다
6. 이해하다 (I don't get it. / You got me wrong.)
7. ~를 데려오다, 가져오다
※ 문법문제에서는 〔get +사람+ to 부정사 or 형용사(분사) 형태〕
　가 자주 출제됩니다.

I got the boy to carry my suitcase.

You got me going there!

---

21 A 변호사 시험을 통과하자마자, 여러 법률 회사에 지원할 거야.
　　B 다른 도시로 이사 갈 거니?

유형 → 연어

| Solution | '시험을 통과하다'라고 말할 때는 동사 pass를 쓴다. (시험을) 보다라고 할 때는 take를 쓴다.

| Voca | bar exam 변호사 시험　law firm 법률회사

| Answer | (c) passed

Joseph's focus

기초적인 연어(collocation)를 물어보는 문제입니다. 타동사 pass의 가장 기본적인 의미는 '~을 건네주다'와 '~을 통과하다, 통과시키다'이며 이외의 쓰임은 다음과 같습니다.

More Expressions

pass와 자주 쓰이는 명사 collocation

pass[deliver] a judgment[verdict]
~에 판결을 내리다, ~에 의견을 말하다

pass[give] one's word 약속하다

pass[spend/have] a good time 좋은 시간을 보내다

pass the time of day 인사말을 주고받다

pass the crisis 고비를 넘기다

pass a vote 의결하다

pass the bill 법안을 통과시키다

pass a resolution 결의를 하다

pass sentence 형을 선고하다

pass the buck to ~ 에게 책임을 전가하다

---

22 A 나는 수업 시간에 선생님이 질문을 하면 너무 긴장이 돼.
　　B 나도. 머릿속이 텅 빈 것처럼 아무 것도 기억이 안 나.

유형 → 연어

| Solution | 너무 긴장을 해서 아무 것도 생각나지 않는다고 할 때는 go blank를 사용한다.

| Voca | blank 빈　void 공백, 빈 공간, 텅 빈

| Answer | (a) blank

Joseph's focus

평소에 영문에 많이 노출되어 직관적인 감각을 가지고 있어야 쉽게 풀 수 있는 문제입니다. blank, empty, void 모두 비슷한 의미의 단어들이지만, '머릿속이 하얘지다' 혹은 '아무 것도 생각이 나지 않다'는 의미로는 go blank를 씁니다. 즉, 동사 go와 어울려서 '멍해지다'라는 의미를 가질 수 있는 형용사는 blank밖에 없습니다.

---

23 A 케이트가 원하던 일자리를 못 얻었어. 다시 가르치는 일을 할 것 같아.
　　B 그녀가 의지할 수 있는 교사직이 있어서 다행이야.

유형 → 구동사

| Solution | 원하던 일자리를 얻지 못해 전에 하던 일로 돌아간다는 내용이다. fall back on 은 '의지하다'의 의미로 쓰인다.

| Voca | fall back on ~에 의지하다, 의존하다　position 자리

| Answer | (d) fall

Joseph's focus

'~에 의지하다'라는 뜻의 fall back on을 알고 있으면 좋지만, 모르더라도 문법적으로 접근해 정답을 고를 수 있습니다. 이 문제의 포인트는 전치사 on인데 back 뒤의 전치사가 on이 아니라 to라면 go와 turn 역시 답이 될 수 있습니다.

---

24 A 제니가 댄이랑 다시 사귀는 거 알았어?
　　B 나도 들었어. 왜 그에게 매달리는지 이해할 수가 없어. 그냥 차 버려야 되는데.

유형 → 구동사

| Solution | 두 사람은 제니가 댄과 사귀는 것을 이해할 수 없다고 말하고 있다. B의 마지막 말에서 [She should dump him.]이라고 했으므로 그에게 '집착하다'라는 의미가 가장 적절하다.

| Voca | go out with (somebody) ~와 데이트를 하다, 사귀다　dump (남녀 관계에서) 차버리다　hang on to ~을 꽉 붙잡다, 매달리다　get on with ~와 잘 지내다　fix (somebody) up with (somebody else) 두 사람이 서로 사귀도록 소개시켜 주다　break up with ~와 결별하다

| Answer | (a) hanging on to

Joseph's focus

'서로 사귀다'라는 표현을 알고 있으면 쉽게 풀 수 있었을 것입니다.

25-1 A 오늘 본 아파트는 어땠어? 깨끗했어?
  B 아주 깨끗했어. 이전에 세입자들이 무척 깔끔했었던 것 같아.

유형 → 문맥에 맞는 고급 어휘

Solution 아파트가 깨끗했냐는 질문에 Very라고 대답했으므로 이전
에 살던 사람들이 매우 깔끔했던 것 같다고 말하는 게 가장
적절하다.

Voca previous 이전의 tenant 세입자 rampant 광란의
immaculate 티끌 하나도 없이 깨끗한(=clean, spotless)
meticulous 세심한, 꼼꼼한(=fastidious)

Answer (c) immaculate

Joseph's focus

문맥에 맞는 고급 어휘를 고르는 문제인데, 최소한 이 정도 수
준의 어휘들은 어휘서를 통해서 정통해 있어야 TEPS 어휘시험
에서 고득점이 가능합니다.

25-2 A 짐이 저녁 식사에서 웃기려고 하는 게 싫어. 창피해.
  B 맞아. 그가 좀 섬세한 유머 감각이 있으면 좋겠어.

유형 → 문맥에 맞는 어휘

Solution 짐의 유머감각이 너무 직접적이지 않았으면 좋겠다는 내용
이므로 subtle이 적절하다.

Voca punctual 정확한, 시간을 엄수하는 jovial 유쾌한, 명랑한
subtle 미묘한 futile 무익한, 소용없는

Answer (c) subtle

Joseph's focus

subtle은 분명하지 않고 알아차리기가 힘들거나 간접적인 것
을 의미합니다. 대화에서 짐이 저녁 식사에서 다른 사람들을 웃
기려고 하는 게 너무 역력해서 오히려 보기가 민망했다고 말하
고 있으므로 그가 좀 튀지 않는 유머 감각이 있으면 좋을 텐데
라고 말하는 것이 가장 적당하므로 (c)가 정답이 됩니다.

Part II (26~50)

26 클레어는 무대에서 자리를 잡고 노래를 하기 시작했다.

유형 → 문맥에 맞는 어휘

Solution take one's place는 '있어야 할 자리에 가서 준비를 하다'
라는 의미인 반면에, take someone's place는 '다른 사람
을 대신하다'라는 의미를 가진다.

Voca take one's place 자리를 잡다 stage 무대

Answer (c) took

Joseph's focus

take에는 '~를 취하다'라는 기본 의미가 있습니다. 자신의 자
리를 취하는 것은 '자리를 잡는다'는 의미 뿐 아니라, '그 사
람의 자리를 대신하거나 빼앗는다'는 의미가 됩니다. 공교롭게
도 선택지의 다른 어휘들도 문맥상 어울리지 않을 뿐, 모두 빈
칸에 들어갈 수 있는 표현들입니다.

27 나는 연체료로 5달러를 내야 했다. 책을 마감일에 반납하는 것
을 잊었다.

유형 → 의미를 혼동하기 쉬운 어휘

Solution due의 다양한 쓰임을 알아둔다.

Voca late fee 연체료 due 마감인 tardy 늦은 unsettled
미해결의, (빚을) 갚지 않은

Answer (a) due

Joseph's focus

의미를 혼동하기 쉬운 유의어 구분 문제로 문맥을 잘 살펴보아
야 합니다. 문장의 late fee(연체료)가 힌트가 됩니다. 연체료
를 지불해야 했다는 것은 도서의 반납일이 지났다는 의미이므
로 '(날짜가) 만기가 된'이란 뜻의 due가 적절합니다. tardy에
'늦은'의 뜻이 있으나 이것은 성장이나 진보 따위가 더디다는
의미이기 때문에 문맥상 불가능합니다.

28 네가 아무리 계획을 잘 세운다 할지라도 문제는 항상 발생한다.

유형 → 문맥에 맞는 어휘

Solution problem이 주어가 될 수 있는 동사를 찾아야 하므로 '발생
하다'의 의미가 되는 (d) occur가 가장 적절하다.

Voca no matter how 아무리 ~한다고 해도 encounter 만
나다, 직면하다

Answer (d) occur

Joseph's focus

주어진 문제는 주어가 problems일 때 올 수 있는 적절한 동

사를 찾는 것으로, 문제를 정확하게 봤다면 답을 찾는 일은 어렵지 않겠습니다. pose(제기하다), encounter(직면하다)는 problem을 목적어로 취할 수는 있지만, 주어로는 사용할 수 없어 적절하지 않습니다.

29 그는 음주 운전과 정지된 면허를 가지고 운전하던 중 상해를 입힌 혐의를 받고 있다.

유형 → 구어체 idiom

| Solution | '음주 운전을 하다'는 drive under the influence (DUI)라고 한다. 일부 지역에서는 DWI(driving while intoxicated)라고도 한다. |

| Voca | face a charge of ~의 혐의를 받다 bodily injury 상해 치사 drive under the influence 음주 운전하다 suspend 정지시키다 authority 권위 |

| Answer | (c) influence |

Joseph's focus

일반적으로 신호위반이나, 과속 등의 교통법규 위반으로 딱지를 떼이는데 이때 딱지를 영어로는 ticket이라고 합니다. 딱지를 떼일 상황에서 누구나 경찰관에게 '한번 봐 달라'고 부탁을 하게 되는데, 이럴 때 [Give me a break!]의 표현을 씁니다.

More Expressions

운전과 관련된 표현

jaywalking 무단횡단

running a red light 신호위반

violating[crossing] the centerline 중앙선 침범

DUI(Driving Under the Influence) / DWI(Driving While Intoxicated) / drunk driving 음주운전

drowsy driving / falling asleep[dozing off] at the wheel 졸음운전

30 집수리를 시작하기 전에, 집수리 전문 상점에 가서 페인트와 몇 가지 연장을 사는 게 좋겠어.

유형 → 문맥에 맞는 어휘

| Solution | 페인트와 연장들을 살 수 있는 곳을 고르면 된다. |

| Voca | delicatessen 델리 (소시지나 햄, 치즈, 샌드위치 등을 파는 곳) realtor(=estate agent) 부동산 중개인 home improvement 주택개조 |

| Answer | (d) home improvement store |

Joseph's focus

어휘를 모르더라도 문맥을 통해 답을 충분히 유추할 수 있습니다. '집수리'를 home remodeling 또는 home refurbishing 이라고 하고, 전문 업체를 이용하지 않고 직접 용구를 구입해서 직접 집을 수리하는 것을 'DIY(Do It Yourself.)'라고 합니다.

31 아이들은 모형 인형집의 절묘한 세부 모습에 매료되었다.

유형 → 문맥에 맞는 어휘

| Solution | exquisite는 very beautiful의 의미이다. |

| Voca | captivate 마음을 사로잡다 miniature 모형, 축소 dollhouse 인형의 집, 조그마한 집 exquisite 절묘한, 훌륭한 superfluous 여분의, 남은 atrocious 흉악한, 끔찍한(=terrible) conspicuous 눈에 잘 띄는, 뚜렷한 (=obvious, clear) |

| Answer | (a) exquisite |

Joseph's focus

아이들이 매료된 것이 모형 인형집이라는 점을 염두에 두고, details와 어울릴 만한 긍정적인 의미의 형용사를 찾으면 됩니다.

32 그는 마음만 먹으면 무엇이든 가능하다는 속담의 좋은 본보기다.

유형 → 연어

| Solution | 몸소 무언가를 증명하는, 살아 있는 본보기라고 할 때는 living proof를 쓴다. testimony는 법정 등에서의 '증언'을 의미한다. |

| Voca | be living proof of ~의 좋은 본보기다 put one's mind to ~에 전념하다 testimony 증언 credential 자격 validation 증명, 확인 |

| Answer | (c) proof |

Joseph's focus

[형용사+명사] 형태의 어휘의 어울림을 묻는 연어(collocation) 문제로, 선택지 중 living과 함께 쓸 수 있는 단어는 proof 밖에 없지만, '~의 전형, 완벽한 본보기'를 뜻하는 고급어휘 epitome와 paragon도 함께 알아두면 좋습니다.

33 타자를 칠 때는 속도보다 정확도가 더 중요하다.

유형 → 의미를 혼동하기 쉬운 어휘

| Solution | 문장의 의미상 '정확함'이라는 명사를 찾아야 한다. 품사에 따라 accurate는 '정확한', accuracy는 '정확함' accurately '정확하게'라는 의미를 가진다. |

| Voca | veracity 진실성 accuracy 정확성 compatibility 양립[공존] 가능성 authenticity 신빙성 |

| Answer | (b) accuracy |

Joseph's focus

의미를 혼동하기 쉬운 유의어 구분 문제로, accuracy는 '정확성', authenticity는 '가짜'가 아니라, '진짜'라는 의미입니다. 따라서 speed에 상응할 수 있는 accuracy가 더 알맞습니다.

More Expressions

accuracy와 의미를 혼동하기 쉬운 고급어휘

scrupulousness 주도면밀함, 양심적임

verisimilitude 사실 같음, 사실성

veracity 진실성, 정직

punctiliousness, meticulousness 꼼꼼함

34 그녀는 독실한 기독교 집안에서 태어나고 컸지만, 결혼 직후에 이슬람교로 개종했다.

유형 → 의미를 혼동하기 쉬운 어휘

Solution 결혼 전에는 기독교 집안에 살았지만, 결혼 후에는 이슬람교가 되었다는 것이 힌트다.

Voca raise 키우다 devout 독실한 Christian 기독교의 convey 나르다, 전하다 convert 개종하다 alter 개조하다 transfer 이동하다

Answer (b) converted

Joseph's focus

빈칸 뒤에 목적어 없이 전치사 to가 바로 나왔기 때문에, 빈칸은 자동사 자리라는 것을 알 수 있습니다. 타동사인 convey는 들어갈 수 없으며 alter, transfer 둘 다 자동사, 타동사로 쓰일 수 있으나, 자동사로 쓰일 경우 의미상 적절하지 않으므로 답이 될 수 없습니다.

35 새로운 DNA증거는 12년 전에 벌어진 살인 사건에 대한 그의 혐의를 벗겨 주었고 그의 가족은 여러 해가 지난 후에 그가 돌아오게 된 것에 기뻐하고 있다.

유형 → 의미를 혼동하기 쉬운 어휘

Solution clear의 쓰임을 알아둔다.

Voca clarify 명백히 하다 convict 유죄 판결을 내리다 clear (someone) of (something) ~에게 …의 혐의를 벗기다 condemn 비난하다

Answer (c) cleared

Joseph's focus

얼핏 보면, (a) clarified와 (c) cleared가 답으로 보이지만 clarify는 전치사 of랑 쓰이지 않으며 '~을 이해하기 쉽고 명확하게 하다'라는 뜻으로, 의미적으로 clear와는 미묘한 차이가 있습니다. 일단 전치사 of를 눈여겨보면 쉽게 답을 구할 수 있습니다. 문법적으로 접근했을 때는 convicted와 cleared가 가능해 보입니다만, 뒤에 이어지는 문맥상 cleared가 적절합니다. 참고로 convict him of a murder는 '살인에 대해 유죄를 판결하다'라는 뜻입니다.

More Expressions ______________________________

동사 condemn의 용법

condemn somebody to death
(형량) ~에게 ~사형을 선고하다

condemn somebody for/ of murder
(죄목) ~를 살인 혐의에 대해 유죄로 판결하다

---

36 다음의 도표는 개발도상국의 성인 문맹률, 즉 읽고 쓸 줄 아는 15세 이상 인구의 비율을 보여준다.

유형 → 형태를 혼동하기 쉬운 어휘

Solution 읽고 쓸 수 있는 (read and write) 능력을 뜻하는 단어가 와야 한다.

Voca table 도표 developing country 개발도상국(cf. developed country 선진국) literary 문학의 literacy 읽고 쓸 수 있는 능력 litigious 소송의 illegible 읽기 어려운

Answer (b) literacy

Joseph's focus

형태를 혼동하기 쉬운 어휘 구분 문제로 비교적 어렵지 않은 문제입니다. TEPS 어휘시험에 자주 등장하는, 형태를 혼동하기 쉬운 어휘들은 함께 묶어서 정리해 둘 필요가 있습니다.

37 많은 전문가들은 아이가 음악, 스포츠는 물론 다른 과목도 잘할 수 있도록 균형을 이루는 것이 더 낫다고 제안한다.

유형 → 문맥에 맞는 기본 어휘

Solution 여러 가지 활동과 다른 학습 과목들을 배워서 이것저것 할 수 있는 것이 중요하다는 의미가 되려면 well-rounded가 가장 적절하다.

Voca expert 전문가 participate in 참여[참가]하다(=take part in) in-depth 심층의, 자세한 well-read 박식한, 책을 많이 읽은 well-rounded 균형이 잡힌, 다재다능한, 전인격을 갖춘 right-minded (생각이) 올바른, 정직한

Answer (c) well-rounded

Joseph's focus

[부사 + 분사] 형태의 합성형용사를 물어보는 문제로, 문맥상 어느 한 분야에서 만 뛰어난 것이 아니라, '골고루 잘하다'는 의미가 들어가야 하므로 well-rounded가 적합합니다. 농구나 야구 같은 스포츠에서 '전천후 또는 만능선수'를 all round player라고 하는 걸 연상할 수 있었으면 쉽게 해결할 수 있었을 것입니다.

38 앤드류 카네기는 보잘 것 없는 시작으로부터 당시 가장 부유한 사람들 중의 한 명으로 성공한 아일랜드 이민자였다.

유형 → 연어

Solution [rise from humble beginnings/origins/background to ~ (보잘 것 없는 시작/근원/배경으로부터 시작하여 ~에 이르다)]는 자주 함께 쓰이는 어구이므로 한꺼번에 익혀 두도록 한다.

Voca immigrant 이민자 discriminating 판단력 있는, 안목 있는 menial (일이) 하찮은, 천한 humble 겸손한, 미천한 boastful 허풍의, 뽐내는

Answer (c) humble

Joseph's focus

[형용사+명사] 형태의 연어(collocation)를 묻는 것으로, 빈칸에 menial도 가능해 보입니다만, menial은 단순 노동의 의미를 내포하고 있어 beginning과는 어울리지 않습니다. humble beginnings에서 humble 대신에 small이나 modest를 쓰기도 합니다. 그리고 humble이 들어간 이디엄으로는 eat humble pie라는 표현이 있는데 '굴욕, 비난을 감수하다' 는 뜻으로 eat crow, eat dog과 함께 암기해 둡니다.

39 금요일에 시장은 시가 내년도 최종 예산안을 시 예산위원회에 넘겼다고 발표했다.

유형 → 의미를 혼동하기 쉬운 어휘

Solution 문장에서 draft는 '초안'이라는 의미로 쓰였다. 또한 종종 동사 수동형으로 '징병되다'의 의미도 가진다.

Voca mayor 시장 final draft 최종안 budget 예산 statement 성명서 manuscript 원고 verse (시) 행

Answer (b) draft

Joseph's focus

유의어 구분 문제로, draft는 어떤 원고나 글의 '초고'나 '건물 설계도나 밑그림, (법률안의) 초안'이라는 의미로 가장 많이 등장합니다. 문제의 빈칸에는 문맥상 예산 편성안의 초안이라는 의미로 draft가 적절하며, final statement는 '최종적인 입장, 성명'이라는 의미로 쓰입니다.

> **More Expressions**
>
> **형태를 혼동하기 쉬운 어휘**
>
> banish (추방하다) vanish (사라지다)
>
> complimentary (칭찬의, 무료의) complementary (보충의)
>
> persecute (탄압하다, 박해하다) prosecute (기소하다)
>
> congenial (취향, 취미 등이 같은, 잘 맞는) congenital (타고난, 선천적인)
>
> defer (연기하다) deter (막다, 저지하다)
>
> exalt (찬양하다) exult (기뻐서 어쩔 줄 모르다)

40 유전자 조작된 식품을 반대하는 사람들은 유전자 조작 식품이 위험하다고 주장하지만, 일부 과학자들은 증가하는 세계 인구를 먹여 살릴 효과적인 수단이라고 믿고 있다.

유형 → 문맥에 맞는 어휘

Solution 유전자 조작 식품은 genetically-engineered food, 혹은 genetically-modified food라고 한다.

Voca opponent 반대자 genetically-engineered food 유전 공학으로 만든 식품 effective 효과적인 feed 먹이다 growing population 증가하는 인구 theoretically 이론적으로

Answer (c) genetically

Joseph's focus

선택지에 등장한 개별 어휘의 뜻만 알고 있으면 쉽게 풀 수 있는 문제입니다. 요즘 GMO(Genetically Modified Organism)로 만든 식품 때문에 논란이 많은데, 유전과 관련해서 TEPS에서 자주 등장하는 어휘들을 알아둡니다.

> **More Expressions**
>
> **유전과 관련한 어휘**
>
> genetics 유전학　　　　　　　genetic 유전의
>
> genetic engineering 유전공학　genes 유전자
>
> heredity 유전, 유전형질-추상명사　eugenics 우생학
>
> allele 대립형질 유전자　　　　chromosome 염색체
>
> deoxyribonucleic acid (DNA)

41 미신에 사로잡힌 그 부족은 공포 속에 살면서 고대 예언이 실현

되기를 기다렸다.

유형 → 의미를 혼동하기 쉬운 어휘

Solution 미신을 믿는 부족들이라는 점에 입각해서 '예언'이라는 단어가 들어간다는 것을 추측할 수 있다.

Voca superstitious 미신을 믿는 forecast 예상 sight 시야 prophecy 예언 viewpoint 관점

Answer (c) prophecy

Joseph's focus

prophecy의 뜻을 정확히 알고 있으면, 그리 어렵지 않은 문제입니다. 문맥상 들어갈 만한 단어는 prophecy와 forecast며, 이지만, forecast는 단순한 '예측, 예상'의 의미로 쓰며, 주로 일기예보(weather forecast) 관련 어휘로 많이 쓰인다고 보면 됩니다.

> **More Expressions**
>
> **'예언[예보]하다'의 의미를 가진 단어들**
>
> predict - 구체적인 배경을 토대로 추론하여 예언하다
>
> prophesy - 마법이나 초자연적인 능력으로 예언하다
>
> foresee - 미래에 있을 문제점 등을 미리 예견하여 대비하다
>
> forecast - 일반적으로 '날씨를 예보하다'의 의미로 가장 흔히 쓰인다.

42 그 규칙들은 학기 중에 지켜야 할 규칙들로 여름 방학 동안에는 적용되지 않는다.

유형 → 연어

Solution applicant 지원자 application form 지원 양식 applied 응용의 (cf. applied linguistics 응용 언어학)

Voca school year 학년 prone ~하기 쉬운 liable 책임이 있는 applicable 적용할 수 있는 dependable 의지할 수 있는

Answer (c) applicable

Joseph's focus

형용사 rules와 어울리는 형용사는 applicable밖에 없습니다. 주어가 rules라는 점을 눈여겨봐야 하며, '법이나 규칙 따위를 적용하다'라고 할 때 쓰는 동사는 apply가 됩니다. 형용사 applicable은 사실 '적용할 수 있는'이라는 의미보다는 relevant, appropriate, germane, pertinent, apposite, befitting (적절한, 적합한)의 의미로 많이 사용됨을 기억합니다.

43 지원자의 자격과 이전의 경력에 따라 봉급은 협상 가능하다.

유형 → 문맥에 맞는 어휘

Solution 문장의 의미로 미루어 볼 때, 자격과 경력에 기초해서 봉급은 변동할 수 있다면 결국은 '협상 가능한'의 단어가 적절하다는 걸 알 수 있다.

Voca based on 에 근거하여 candidate 후보자 qualification 자격 prior 이전의 incessant 끊임없는 versatile 만능의, 다재다능한(=all-round) subjective 주관적인(↔objective, factual) negotiable 협상 가능한

Answer (d) negotiable

주술 관계를 따져 봤을 때, 주어 salary를 설명해 줄 수 있는 형용사는 negotiable밖에 없습니다. subjective는 (생각이나 의견)이 '주관적인'이라는 의미를 가지는 형용사이므로 salary와는 주술 관계가 성립되지 않습니다.

44 새 대통령은 경제를 개선할 임무를 띠고 선출되었다.

유형 → 의미를 혼동하기 쉬운 어휘

Solution 어휘의 의미를 정확하게 알고 있어야 풀 수 있는 문제이다.

Voca edict 명령, 칙령 decree 법령, 포고 mandate 위임, 위임통치권 proclamation 선언, 포고

Answer (c) mandate

JoSeph's focus

mandate는 '명령, 위임 권한'이라는 의미이지만, 뜻을 명확하게 정리할 필요가 있습니다. mandate는 바로 '~하라는 명령' 즉, '사명'의 뜻으로 이해해야 하는 반면, edict는 반대로 대통령이나 장관같이 권위 있는 사람이 내리는 '명령, 칙령'을 뜻하고, decree 역시 법률용어로 '(법률과 동일한 효력을 가지는) 명령'이라는 의미이므로 문맥상 어울리지 않습니다.

45 그들은 반군이 기자들을 납치해서 몸값을 받아내기 위해 인질로 붙잡고 있다고 적힌 편지를 받았다.

유형 → 의미를 혼동하기 쉬운 어휘

Solution 어휘의 의미를 정확하게 알고 있어야 풀 수 있는 문제이다.

Voca kidnap 납치하다 rebel forces 반군 ransom 몸값 reward 보상금 contribution 기부금 grant 보조금

Answer (a) ransom

JoSeph's focus

문맥상 kidnapped에 착안해 볼 때, ransom이 가장 알맞습니다. ransom은 인질을 풀어주는 대가로 요구하는 '몸값'의 의미가 있으며 reward는 '사례금, 포상금'이라는 뜻이므로 문맥상 어울리지 않습니다. contribution(기부금)이나 grant(보조금)를 얻어내기 위해 납치한다는 말도 적절하지 않습니다. 참고로 ransom은 동사로 '몸값을 지불하다'라는 의미입니다.

46 많은 사람들이 쾌적하고 온화한 날씨 때문에 샌디에이고에 살고 싶어 한다.

유형 → 문맥에 맞는 어휘

Solution 날씨가 온화하여 너무 춥거나 덥지 않다고 할 때는 temperate, clement와 같은 형용사를 사용한다. 반면에 inclement weather는 '궂은 날씨'를 의미한다.

Voca ostensible 표면상의 desiccated (풍토) 건조한, (식품) 건조시킨 temperate (기후, 지역) 온화한 relentless 수그러들지 않는, 끈질긴

Answer (c) temperate

JoSeph's focus

수식받는 climate와 어울리는 형용사는 temperate와 relentless밖에 없으며, 문맥상 긍정적인 의미의 어휘가 들어가야 하므로 temperate가 가장 알맞습니다. ostensible은 climate와 어울리지 않는 명사입니다. desiccated는 어떤 물건 따위가 '건조한'이라는 의미로 '건조한 기후'로 적절할 것 같지만, 문맥상 긍정적인 의미의 단어가 들어가야 하므로 적절하지 못합니다. climate와 어울려 온난한 기후를 표현할 수 있는 형용사로 mild, moderate 등도 있습니다.

More Expressions

기후 관련 어휘

a tropical climate 열대성 기후

a Mediterranean climate 지중해성 기후

an equatorial climate 적도 기후

a continental climate 대륙성 기후

an arctic[frigid] climate 혹한의 기후

a damp[humid] climate 습한 기후

참고로 climate는 '기후' 외에 '풍토'나 '분위기' 등의 의미로도 사용됩니다.

---

47 사기꾼은 유명한 그림을 복제해서 그것들을 진품으로 팔았다.

유형 → 의미를 혼동하기 쉬운 어휘

Solution 물건들이 모조품이 아닌 '진품'이라고 할 때는 명사 'original'을 사용한다.

Voca con artist 사기꾼 specimen 견본 prototype 원형 original 진품 forgery 위조(=fake)

Answer (c) originals

JoSeph's focus

specimen과 prototype은 각각 '전형'과 '원형'이라는 뜻으로 둘 다 '모범' 혹은 '모델'의 의미를 내포하고 있습니다. 어구 copied the famous paintings에 착안해 볼 때, 문맥상 빈칸에는 '진품'이라는 뜻을 지닌 표현이 필요하므로 originals가 가장 적절하다고 볼 수 있겠습니다. 한편 명사 앞에 real이나 genuine와 함께 쓰여 original(진품)을 표현하기도 합니다.

48 내 일의 대부분은 재미있지만, 가끔 일의 재미없는 부분을 해내는 것은 힘들다.

유형 → 문맥에 알맞은 어휘

Solution but이 두 문장을 연결하고 있으므로 뒷부분은 첫 문장과 대조되는 내용이 와야 한다. 일이 보통은 exciting하지만 지겨운 부분도 있다고 하는 것이 가장 논리적이다.

Voca incredulous 의심 많은 mundane 일상적인, 재미없는(=routine) remedial 치료의, 개선하기 위한 unprincipled 부정직한

Answer (b) mundane

JoSeph's focus

문장 끝의 it이 job을 가리키므로 job을 꾸며줄 수 있는 동시에, 문맥상 exciting과 대조적인 의미를 갖는 형용사를 찾으면 됩니다. incredulous(의심이 많은), unprincipled(도덕심이 없

는)는 모두 사람에게만 쓸 수 있는 형용사로 답이 될 수 없습니다.

49 그 남자 분은 의식을 통해서 나이 드신 분들과 조상들에게 경의를 표했다.

유형 → 구어체 idiom

Solution pay tribute to somebody는 '~에게 경의를 표하다' 뜻이다.

Voca elder 연장자 penalty 벌금 bribe 뇌물 premium 보험료, 할증료

Answer (a) tribute

Joseph's focus
선택지의 어휘들은 모두 '금전'과 관련이 있습니다. tribute가 '(감사 · 존경 · 칭찬 따위의 표시로서의) 선물, 공물, 경의'를 뜻하는 반면, bribe는 부정적인 의미를 갖는 '뇌물'을 뜻합니다. premium(보험료, 할증료)을 지불한다는 것은 문맥상 어색하며 pay a penalty는 어떤 잘못에 대해 '대가를 치르다'는 뜻입니다.

50-1 전 정부 기관 직원은 언론에 기밀 정보를 흘린 것을 시인했다.

유형 → 문맥에 맞는 어휘

Solution 문장 해석을 통해 가장 적절한 어휘를 넣으면 된다. 의미상 문장에 '기밀의' 라는 형용사를 찾아야 한다.

Voca former 이전의 admit 인정하다 leak (비밀 등을) 누출하다 secretive 숨기는 legitimate 합법적인 irrefutable 반박할 수 없는 classified 기밀의

Answer (d) classified

Joseph's focus
군대나 회사 등에서 기밀문서나 정보를 classified information, 3급으로 분류된 정보를 confidential, 1급 기밀을 top secret 라고 합니다.

More Expressions

classified를 이용한 표현

classified ads (신문 등의) 줄 광고

classified information/classified documents
기밀 정보/기밀 서류

If you're looking for a job, search the Internet or look at the classified section of the local newspaper.
일자리를 찾으려거든 인터넷을 뒤지거나 지역 신문의 광고란을 봐라.

50-2 전 세계의 주목을 끌었을 뿐만 아니라, 강력한 체제를 무너뜨릴 만큼 충분한 동력을 얻게 된 비폭력 혁명의 역사를 공부하는 것은 흥미롭다.

유형 → 의미를 혼동하기 쉬운 어휘

Solution topple은 '넘어뜨리다'와 '(정부 등을) 전복시키다(overthrow)' 의 의미를 가진다.

Voca nonviolent 비폭력의 momentum 추진력, 탄력

regime 체제 topple 쓰러지다, 전복시키다 stumble 비틀거리며 걷다 overwhelm 압도하다 reconcile 화해시키다, 조정하다

Answer (a) topple

Joseph's focus
주어진 문장의 의미상 적절한 동사구를 넣어야 합니다. topple은 '넘어지다, 무너뜨리다'의 뜻으로 정부나 권력을 가진 사람을 '물러나게 하다'라는 뜻으로 쓰입니다. regime은 '제도, 체제'를 뜻합니다.

Reading Comprehension

Part I (1~16)

1 잔 다르크는 역사상 가장 유명한 순교자 중의 한 명이다. 자신이 신의 전령이라고 주장하며, 그녀는 자신이 어렸을 때부터 두 명의 성인과 천사, 신과 대화를 나누어 왔다고 주장했다. 그녀가 겨우 18살이었을 때, 그녀는 신이 그녀에게 저항군을 이끌고 영국에 대항하여 백년 전쟁에서 싸울 것을 명령했다고 믿었다. 그녀는 많은 전투에 참전했지만, 나중에 영국인들에게 체포되어 옥에 갇히게 된다. 많은 프랑스인들 또한 그녀를 짐으로 생각했고 이단의 죄를 물었다. 그녀는 그 죄목으로 화형에 처해졌다. 그러나 1920년 그녀가 죽은 지 거의 500년이 지난 후, 그녀는 성인으로 명명되었다.

(a) 자신이 신의 전령이라고 주장하며
(b) 꿈에서 신과 대화를 나눈 후에
(c) 사람들이 영국에 대항하도록 설득하기 위해서
(d) 자신의 종교적인 신념을 증명하고자 했기 때문에

유형 → 글의 흐름 완성

Solution 글의 초반부는 잔 다르크가 자신과 신의 관계를 어떻게 생각하고 있었는가와 신이 전쟁에 참여를 명했음을 믿었다고 설명하고 있다. 그러므로 스스로를 신의 전령이라고 주장했다는 것이 가장 적절하다.

Voca martyr 순교자 assert 단언하다, 확언하다 saint 성인 rebellion 저항군 capture 생포하다 liability 불리한 것, 부채 charge 혐의를 씌우다 heresy 이단 burn (somebody) at the stake ~를 화형에 처하다

Answer (a) Claiming that she was a messenger from God

Joseph's focus
빈칸 완성 문제는 글의 전체 흐름이나 문장과 문장 사이의 논리적 관련성을 얼마나 정확히 판단할 수 있는가를 평가하는 문제 유형입니다. 그래서 빈칸의 앞뒤에 오는 내용이 문제를 해결할 수 있는 가장 큰 힌트이며, 실마리임을 명심해야 합니다. 빈칸 뒤의 내용에서 그녀 자신을 초월적 존재로서 인식했음을 표현하는 문구를 주시하고, 두 번째 문장 [When she was ~ the Hundred Years' War.]과 가장 논리적으로 상응할 수 있는 선택지를 고르면 됩니다.

2 당신은 아마도 제이 리노를 가장 유명한 심야 텔레비전 토크쇼 진행자 중의 한 명으로 알고 있을 것이다. 그러나 아마도 <u>그가 또한 세계에서 가장 중요한 자동차 수집가 중의 하나라는 것은 알지 못했을 것이다.</u> 그가 소유하고 있는 희귀하고 유명한 자동차들 중에는 1906년형 스탠리 스티머와 여러 대의 오래된 부가티와 듀센버그와 심지어 1941년형 소방차까지 포함돼 있다. 이 자동차들은 그저 그의 차고에 보관되어 있지 않다. 그는 그 자동차들을 타고 지속적으로 주말 드라이브를 즐긴다. 운전할 때 사람들이 손을 흔들면 답으로 손을 흔드는 게 재미있다고 리노는 말한다.

(a) 그 사람은 많은 심각한 자동차 사고들을 견뎌 냈다
(b) 그가 또한 세계에서 가장 중요한 자동차 수집가 중의 하나다
(c) 제이는 로스앤젤레스에 있는 자신의 집에 새로운 자동차 대리점을 갖고 있다
(d) 리노는 연예계에서 가장 친절한 사람들 중의 하나로 알려져 있다

유형 → 주제문 완성

> **Solution** 빈칸 뒤의 내용을 요약하는 문장을 골라야 한다. 그가 유명한 토크쇼 진행자 중의 한 명으로 잘 알려져 있지만, 실은 희귀하고 유명한 자동차를 소유하고 있다는 뒷부분의 내용을 통해 빈칸에는 '그는 유명한 자동차 수집가들 중의 한 명이기도 하다'라는 내용이 가장 적절하다.

> **Voca** vehicle 차량, 탈것 garage 차고 wave (손을) 흔들다 dealership (승용차) 대리점, 영업점 show business 연예업(계)

> **Answer** (b) he is also one of the world's most important car collectors

Joseph's focus
유명한 TV 토크쇼 사회자 제이 리노에 관한 글을 읽고 빈칸을 완성하는 문제로, 빈칸이 이 글의 주제문이 됩니다. 글 구조상 빈칸 뒤의 내용은 주제문인 빈칸의 내용을 supporting하는 내용일 수밖에 없으므로, 빈칸 뒤에 이어지는 내용을 가장 잘 요약한 (b)가 정답이 됩니다.

3 털리 씨께,
저는 제이크 골동품 점에서 귀하의 댁으로 배달된 램프의 교환 요청에 대한 답장으로 이 편지를 씁니다. 귀하가 배송품 상자를 연 후, 램프 밑 부분에 금이 가 있는 것을 발견했고, 즉시 교체품이 귀하에게 보내지기를 바라시는 것으로 알고 있습니다. 안타깝게도, 그 제품은 귀하도 아시다시피, 70년이 넘은 골동품이고 상점에 왔을 때에도 금이 가 있던 상태였습니다. 이러한 하자는 웹사이트에도 분명히 명시되어 있습니다. 교체 품에 대해서 말씀드리자면, 램프가 워낙 독특한 것이기 때문에 이 점에 있어서는 교체할 만한 제품이 없습니다. 그러나 문제를 해결하기 위해 <u>상품권을 발행하게 되면</u> 기쁘겠습니다. 궁금한 사항이 있으면 알려 주시기 바랍니다.

정중하게,
제임스 그레이슨

(a) 램프의 손상을 언급하면
(b) 전액 환불과 사과를 요구하면
(c) 문제를 해결하기 위해 상품권을 발행하게 되면

(d) 제품을 속달 우편으로 보내주면

유형 → 결론 찾기

> **Solution** 글의 전체 흐름을 파악하고 결과로 적절한 것을 고르는 문제이다.

> **Voca** replacement 대체품 crack 금, 균열 defect 결함, 하자 note 언급하다 damage 손상 full refund 전액 환불 issue 발행하다 store credit 상품권 express mail 속달 (cf. priority mail 빠른우편)

> **Answer** (c) issue store credit to settle the matter

Joseph's focus
편지의 내용을 읽고 글의 흐름에 맞도록 빈칸에 적절한 것을 찾는 문제입니다. 편지를 쓴 사람은 대체품을 요구하는 고객에게 대체품을 발송할 수 없는 이유를 설명하고 있습니다. 물건의 하자 (램프에 금이 가 있다는 점)는 이미 웹사이트에 게시되었고 램프가 골동품이라는 특성상 대체품을 구할 수가 없다는 내용입니다. 하지만 편지를 보낸 사람은 상점에서 사용할 수 있는 상품권을 발행해 문제를 해결할 수 있다면 기쁘겠다고 말하는 게 적절해 보이므로 (c)가 정답이 됩니다. (d)는 이미 앞에서 어렵다고 나왔으므로 적절하지 않습니다.

4 가족 농장은 300년 동안 미국의 재정적인 기반이었다. 하지만 1800년대 중반에는 보냔자 농장들이 <u>미국 경제의 중요한 측면</u>이 되었다. 이 거대한 상업 작물 기업들의 규모는 매우 커서 그들은 몇몇 요인들에 의해서만 가능할 수 있었다. 먼저 인구가 증가하여 밀에 대한 수요가 증가했다는 사실이다. 또한 대륙횡단 철도가 완성되어 농부들은 작물을 시장으로 재빨리 운송할 수 있게 되었다. 마지막으로 농기구의 발명은 수천 에이커에 농사를 짓는 것을 현실화시켰다.

(a) 철도의 주요 이용자들 중 하나
(b) 동부에서 가장 큰 밀 공급업자
(c) 가족 농장 경영의 주요 자산
(d) 미국 경제의 중요한 측면

유형 → 글의 흐름 완성

> **Solution** 1800년대 중반 이전에는 가족이 경영하는 소규모의 농장이 미국 농업의 주를 이뤘지만, 1800년대 중반 기업형 농장이 등장하여 미국 농업의 형태를 크게 변형시켰다고 설명하고 있다.

> **Voca** foundation 기반 cash-crop 환금 작물(e.g. hot pepper, tobacco) enterprise 기업 factor 요인 demand 수요 wheat 밀 transcontinental 대륙횡단의 transport 수송하다 farming equipment 농기구 supplier 공급자(↔demander 수요자) asset 자산

> **Answer** (d) an important aspect of the American economy

Joseph's focus
미국 농업의 변천 과정에 관한 글을 읽고, 흐름을 완성하는 문제입니다. 빈칸이 위치한 문장은 However 앞 문장과 직접적인 대조를 이뤄야 한다는 점을 간파하는 게 문제 해결을 위한 핵심입니다. 글의 흐름상, 1800년대 중반 이전에는 가족형 농장이 경제적인 토대였다는 앞문장과 대조를 이루기 위해서는

1800년대 중반에는 기업형 농장이 미국의 경제적인 토대가 되었다라는 내용이어야 하겠습니다.

5

이스라엘의 가장 큰 항공사인 엘 알 항공은 이 지역에서의 이스라엘의 위치와 정치적 분위기, 지속적인 위협에도 불구하고, 세계에서 가장 안전한 항공사로 여겨진다. 이 항공사의 보안 검색에는 절차는 매우 논란의 여지가 많지만, 그 결과는 그 효과를 증명하고 있다. 세 시간이 소요되는 보안 검색은 수화물 검색, 모든 승객에 대한 인터뷰와 여권 상 이름에 대한 신원 조회가 포함돼 있다. 모든 짐은 감압실을 통과시켜 폭탄이 있으면 터뜨린다. 비행기 기체 또한 조종실의 이중 강철문과 대공 미사일을 피할 수 있도록 고안된 적외선 대항 체계와 같은 안전장치들을 갖추고 있다.

(a) 업계에서 가장 많은 이윤을 내는 항공사로 알려져 있다
(b) 세계에서 가장 안전한 항공으로 여겨진다
(c) 다른 대형 항공사에 비해 적은 추락 사고를 기록해왔다
(d) 유가 상승으로 인해 어려움을 겪고 있다

유형 → 주제문 완성

Solution 빈칸 이후의 내용을 요약하는 문장을 찾는 문제이다. 글의 내용은 이스라엘 엘 알 항공의 철저한 보안 절차에 대해 설명하고 있다. (a), (c), (d)의 내용은 전혀 언급되지 않고 있으므로 정답이 될 수 없다.

Voca climate 환경, 분위기 threat 위협 security procedures 보안 절차 controversial 논란의 소지가 많은 speak for ~를 대변하다 decompression chamber 감압실 trigger 유발하다 explosive 폭발물, 폭약 cockpit 조종실 infrared 적외선의 countermeasure 대책 ward off 막다 anti-aircraft missiles 대공 미사일 carrier 항공사

Answer (b) is regarded as the safest airline in the world

Joseph's focus

이스라엘의 엘 알 항공사의 보안절차에 관한 글을 읽고 주제문을 완성하는 문제입니다. 전치사 despite 역시 대조나 역접의 의미를 가진 전치사이므로 despite 뒤에 나오는 명사어구 (its location, the political climate of the region, and repeated threats.)와 상반된 내용이 와야 합니다. 따라서 일단 선택지 (d)는 빈칸 뒤의 내용을 읽어보지 않아도 답에서 제외되며 나머지는 빈칸 뒤에 이어지는 내용들에 근거해 답을 고르면 됩니다.

6

내가 고등학생이었을 때, 나는 비슷한 관심거리를 가진 사람들을 찾는데 많은 어려움을 겪었다. 그 결과, 여러 해 동안 나는 친한 친구가 거의 없었다. 부모님은 내가 얼마나 불행한가를 알고 나이가 들면 상황이 나아질 것이라고 나를 위로했다. 대학에 들어갈 때에도 내 인생이 크게 달라질 것 같지는 않았지만, 해가 가면서 나는 나와 같은 생각과 신념을 가진 사람들을 만났다. 십대 생활이 대부분의 사람들에게는 힘들지만, <u>모든 것은 시간이 지남에 따라 정말 나아진다는 것을 항상 기억해야만 한다.</u>

(a) 모든 것은 시간이 지남에 따라 나아진다는 것을 항상 기억해야 한다

(b) 대부분의 사람들에게는 단 한 명이라도 좋은 친구를 찾는 것으로 충분하다
(c) 고등학교는 재미와 배움을 동시에 얻을 수 있는 장소가 될 수 있다
(d) 당신의 고등학교 친구가 언제나 당신이 필요로 할 때 곁에서 도와 줄 것이다

유형 → 결론 찾기

Solution 글의 전체 내용을 파악하여 결론으로 가장 적절한 것을 찾는 문제이다.

Voca interest 관심, 흥미, 호기심 console 위로하다 doubtful (that, if, whether) 의심스러운, ~일 것 같지 않은

Answer (a) one must always remember that things do improve with time

Joseph's focus

글의 흐름을 제대로 파악하면 쉽게 결론을 찾을 수 있는 문제입니다. 글쓴이는 고등학교 시절 친구가 별로 없어서 외로움을 느꼈지만, 부모님은 나이가 들면 나아질 거라고 위로를 합니다. 글의 전반적인 내용은 글쓴이가 사귄 친구에 대한 내용이라기보다는 나이가 듦에 따라 어떻게 모든 것이 변화하는가에 대한 내용입니다.

7

시민들이 지켜야 하는 대부분의 법들은 그들과 그들의 재산을 피해로부터 막기 위해 제정되었다. 그러나 아직도 많은 나라의 법전의 일부 법률들은 상식에 어긋나는 것처럼 보인다. 수십 년 혹은 수세기 동안 쓸모가 없이 왔지만, 법전에서 삭제되지 않은 법률들이 많다. 예를 들어, 호주에서 택시는 건초 한 가마니를 트렁크에 싣고 다녀야 한다. 또한 일요일 오후에 진한 분홍색 바지를 입는 것도 불법이다. 또 하나의 이상한 법률은 캄보디아에서 찾아볼 수 있는데, 캄보디아에서 새해 축하 행사 중 물총을 사용하는 것은 불법이다. 이러한 법률들은 엄밀하게 따지면 아직도 효력이 있지만, 대부분이 매우 애매해서 경찰관들과 판사들이 그것들을 알고 있는지 혹은 시민들이 그것을 위반하면 유죄 판결을 받게 될지도 의심스럽다.

(a) 상식에 어긋나다
(b) 이러한 전통을 따르다
(c) 도움보다는 해를 주다
(d) 몇 사람에게만 혜택을 주다

유형 → 주제문 완성

Solution 글에 제시된 예들을 요약할 수 있는 주제문을 찾는다.

Voca property 재산 erase 지우다 obsolete 더 이상 쓸모가 없는, 구식의(=outdated, old) bale of hay 건초더미 midday 정오, 한낮 water gun 물총 obscure 애매한 be aware of ~을 알다 convict 유죄 판결을 내리다 defy 위반하다 benefit 이익을 주다

Answer (a) defy common sense

Joseph's focus

글의 주제문을 고르는 문제입니다. 대부분의 법률들이 개인과 그의 재산을 보호하기 위해 제정되었지만, 일부 국가들의 법률들은 상식으로는 이해가 되지 않는다고 말하고 있습니다. 글의

후반부에서 이런 상식에 어긋나는 예들을 호주, 캄보디아의 희한한 법률들을 통해 보여 주고 있습니다.

8 스위스의 제네바 외곽에 과학자들은 지구상에서의 생명 탄생의 신비를 설명해 줄 수도 있는 기계를 건설했다. 거대 하드론 입자 가속기는 빅뱅 직후에 존재했던 비율로 양자들을 부수는데 사용된다. 이러한 충돌의 결과는 우리가 현재 알고 있는 세상에서는 볼 수 없는 입자들을 만들어 낼 것이다. 이러한 낯선 입자들이 과학자들이 우주를 구성하는 기초 단위라고 믿는 것들이다. 그러나 수년 전 이 아이디어가 처음 구상되었을 때, 모든 사람들이 거대 하드론 입자 가속기에 대해 열광하지는 않았다. 일부 사람들은 이것이 파괴적인 힘을 가진 진공상태를 만들어 낼 수 있는 소규모의 블랙홀을 생기게 할 수도 있다고 믿었다. 다행히도 이 사람들은 사전 조사를 제대로 하지 못한 것일 뿐인데, 그들이 추정한 결과는 기계의 한계를 고려해 볼 때 물리적으로 불가능하다.

(a) 과학계에서 상당한 공포를 조성하고 있는
(b) 지구상에서의 생명 탄생의 신비를 설명해 줄 수도 있는
(c) 많은 사람들이 지금도 지구의 대파괴를 일으킬 것이라고 믿는
(d) 양자력을 이용해 새로운 무기를 만들어낼

유형 → 세부사항

Solution 글에서 설명하고 있는 기계가 어떤 목적으로 건설된 것인가를 묻는 문제이다.

Voca accelerator 입자가속기
be used to+원형동사 ~하는 데 사용되다
smash 부수다 proton 양성자, 양자 collision 충돌
particle (아주 작은) 입자 destructive 파괴적인
vacuum 진공 physically 물리적으로 massive 대량의 harness 이용하다, 활용하다

Answer (b) may explain the mystery of the beginning of life on Earth

Joseph's focus
스위스에서 과학자들이 건설한 기계에 대한 글이다. 빈칸에는 기계가 무슨 용도로 지어졌는가에 대한 내용이 올 것으로 기대된다. 기계가 구체적으로 하는 일은 빈칸 바로 뒤에 나오는 문장 [The Large Hadron Accelerator~after the Big Bang.]에서 설명되고 있으며, 그것의 결과를 통해 (b)가 정답임을 알 수 있습니다.

9 지난 50년에 걸쳐, 북한과 남한의 언어 차이는 심화되었다. 어느 언어에서든 지역마다 차이가 생기긴 하지만, 한반도의 북부 지역의 고립은 이러한 지역화를 심화시켜 왔다. 이것은 발음에 있어 분명하게 드러난다. 철자도 남과 북에서 각각 다르게 진화해 왔으며 문법 체계 또한 그러하다. 아마도 가장 현저한 점은 남한 언어의 서구화일 것이다. 남한에의 서구의 영향은 북한에서는 찾아볼 수 없는 단어들을 만들어냈다.

(a) 북한과 남한의 언어 차이는 심화되었다
(b) 남과 북의 큰 차이가 마침내 좁아지기 시작했다
(c) 단지 소수의 남한 단어들과 표현들이 북한으로 전해졌다
(d) 북한에 많은 서구 단어들이 소개되었다

유형 → 주제문 완성

Solution 글의 첫 문장은 글 전체 내용을 요약하는 주제 문장이다. 글의 내용은 지난 50년 동안 남북 간의 언어가 얼마나 다르게 변화했는가를 설명하고 있다.

Voca isolation 고립 peninsular 반도 intensify 강화시키다 localization 지역화 distinctly 분명히
pronunciation 발음 evolve 진화하다 telling 현저한, 강력한 westernization 서구화

Answer (a) language differences between North and South Korea have grown

Joseph's focus
남북한의 언어 차이에 관한 글을 읽고 주제문을 완성해야 하는 문제입니다. 빈칸은 주제 문장이므로 빈칸 뒤의 내용이 주로 무엇에 관한 내용인지만 재빨리 파악하면 됩니다. 빈칸 뒤에서 남한과 북한의 언어 차이가 발음, 철자, 문법, 어휘 등에서 심화되었다고 실례를 들어 설명하고 있으므로, 이 내용을 가장 잘 요약한 선택지를 고르면 됩니다. (b)와 (c)의 내용은 전혀 언급되지 않았고, 서구화의 영향으로 새로운 단어들이 등장한 것은 북한이 아니라, 남한에서 일어난 주요 변화 중의 하나로 예시되었으므로 (d)는 정답이 될 수 없습니다.

10 자동차 사고에서 자연 재해에 이르기까지 재난이 닥칠 때면 희생자들은 혈액을 필요로 한다. 안타깝게도 흔히 수요는 공급을 앞지르고 있는데, O 마이너스 형의 경우 특히 더하다. 이 혈액형을 가진 사람들이 헌혈을 많이 하고 있지만 항상 수요를 충족시킬 만큼 그 혈액형을 가진 사람들이 많지 않다. 전 세계적으로 백 명 중에 많아야 일곱 명 정도가 O 마이너스 형이지만, 이 혈액형은 가장 많이 사용되는 혈액형이다. 이 혈액형을 가진 사람들은 만능 공혈자라고 불리는데, 그것은 그들의 혈액이 다른 혈액형을 가진 사람들에게도 사용될 수 있기 때문이다. 또한 비상시에 희생자의 혈액형을 검사할 시간이 없을 때, 항상 O 마이너스 혈액이 수혈된다.

(a) 항상 수요를 충족시킬 만큼 그 혈액형을 가진 사람들이 많지 않다
(b) 그들의 혈액은 종종 많은 자연 질환에 감염되어 있다
(c) O 마이너스 혈액은 일부 희생자들에게 치명적인 반응을 일으킬 수 있다
(d) 그 외의 다른 혈액형을 가진 사람들은 헌혈하기를 꺼린다

유형 → 글의 흐름 완성

Solution O 마이너스 형을 가진 사람들이 수혈은 많이 하나 워낙 수요가 많아 항상 부족하다고 말하고 있다. 이 혈액이 부족한 이유는 모든 혈액형의 사람들에게 수혈될 수 있지만, 전 세계적으로 이 혈액형을 가진 사람이 매우 드물기 때문이다.

Voca strike 치다, 부딪치다 natural disaster 자연 재해
outstrip 앞지르다, 능가하다

Answer (a) there just aren't enough of them to keep the supply up at all times

Joseph's focus
글의 대의와 구조를 파악해서 문장과 문장의 논리적 연결을 완성해야 하는 문제입니다. 이 글은 혈액 공급이 항상 수요를 못 미친다는 요지의 글로, O 마이너스 형 혈액을 실례로 들어 그

이유를 설명해 주는 형식의 구조를 취하고 있습니다. 빈칸은 O 마이너스 형 혈액의 공급이 항상 부족할 수밖에 없는 이유에 해당되는 내용이 들어가야 함을 알 수 있습니다.

11 개인의 성격을 결정하는 것이 유전적인 조합인가 양육 방식인가에 관한 천성 대 교육의 논란은 오랫동안 활발히 이루어져왔지만, 여전히 분명한 답이 보이지 않는다. 놀랄 일도 아니지만, 많은 사회학자들은 아이의 궁극적인 성공에 끼치는 부모의 역할을 강조한다. 그것이 어떻든 간에, 심리학 분야의 많은 일류 연구자들은 조심스럽게 다른 의견을 내놓고 있다. 그들은 유전학 분야에서 놀라운 발전이 이뤄졌으며, DNA는 종종 개인의 운명을 결정하는 암호로 소개되어 제시되고 있는 점을 지적한다. 그러나 인간 행동을 이해하는 열쇠는 그 중간 어디 쯤에 놓여 있는 듯하다. 글쓴이의 소견으로는, 각 개인이 커서 무엇이 될지를 결정하는 것은 유전과 훈육의 혼합이라고 생각한다.

(a) 그것이 어떻든 간에
(b) 게다가
(c) 의심할 여지없이
(d) 결과적으로

유형 → 연결어 찾기

Solution 사회학자들은 부모의 역할이 끼치는 영향을 강조하고 있지만, 많은 심리학자들은 다른 의견을 갖고 있다고 했으므로 대조를 나타내는 어구가 필요하다.

Voca genetic 유전적인 upbringing 양육, 육성
hold sway over ~을 지배하다, 마음대로 하다
genetics 유전학 in my humble opinion 소견으로는
nurture 양육(=upbringing, training, education)

Answer (a) Be that as it may

Joseph's focus
개인의 성격을 형성하는데 선천적인 요인과 후천적인 요인 중 어느 것이 더 크게 좌우하는가에 대한 내용입니다. 글에서는 선천적인 요인이 더 크다고 주장하는 심리학자들과 후천적인 요인이 더 크다고 주장하는 사회학자들을 소개하고 있습니다. 빈칸 앞에서는 사회학자들의 주장이, 빈칸의 의견 뒤에는 심리학자들의 주장이 나왔으므로 대조를 나타내는 어구가 빈칸에 필요합니다.

12 당신이 사랑하는 사람과 같은 모국어를 말한다 하더라도 심각한 대화 단절의 문제가 발생할 수 있다. 심리학자들은 문제는 당신이 다른 사랑의 언어를 사용하기 때문이라고 추측한다. 사랑의 언어는 당신의 배우자에게 애정을 표현하는 하나의 방법이다. 예를 들어, 어떤 사람들은 사람들이 그들과 시간을 함께 보낼 때 사랑 받는다고 느끼는 반면, 어떤 사람들은 다른 사람들이 자신을 위해 무언가를 해 줄 때 사랑 받는다고 느낀다. 이러한 상황이 발생할 때, 사랑과 애정을 전달하기로 되어있는 몸짓이 양쪽 모두 화가 나는 결과로 이어질 수 있다. 만일 당신의 배우자가 당신에게 선물을 함으로써 사랑을 표현하는데 당신은 그가 더 많은 시간을 당신과 보내기를 원한다면, 당신은 원하는 것을 얻지 못한다. 당신의 짝에게 잘못된 메시지를 보내지 않기 위해서는 이러한 사랑의 언어에 대해 배우는 것이 중요하다.

(a) 사랑의 언어에서는 신체언어가 더 중요하다
(b) 사랑의 언어를 통달하는 최고 방법은 듣는 법을 배우는 것이다
(c) 당신의 모국어가 사랑의 언어의 형성에 영향을 끼칠 수 있다
(d) 문제는 당신이 다른 사랑 언어를 사용하기 때문이다

유형 → 주제문 완성

Solution 같은 모국어를 사용하는 배우자나 연인들 사이에서 오해가 발생하는 원인은 그들이 서로의 말을 이해하지 못해서가 아니라 애정을 표현하는 방식인 '사랑의 언어'가 다르기 때문이다.

Voca native tongue 모국어 breakdown 고장, 장애
spouse 배우자 affection 애정 end up 결국에 ~하다 resentment 분노

Answer (d) the problem may be that you speak different love languages

Joseph's focus
같은 모국어를 구사하는 연인 사이라도, 의사소통에 문제가 생길 수 있다는 요지의 글입니다. 그러한 문제의 근본 원인이 무엇인지를 뒤에 이어지는 내용에서 찾아 주제문을 완성해 주면 됩니다. 상대방이 원하는 사랑의 표현방법을 제대로 파악하지 못할 경우에 의사소통의 문제가 발생한다는 내용이 이어지고 있고, 결론 부분에서 이런 문제를 극복하기 위해서는 상대방이 원하는 사랑의 언어를 배워야 한다는 주장으로 마무리하고 있다는 점을 눈여겨 보면 쉽게 답을 고를 수 있습니다.

13 Bisphenol A, 즉 BPA는 대부분의 딱딱하고 투명한 플라스틱을 만드는데 사용된다. 그것은 음식을 담는 용기에서부터 아기 젖병에 이르기까지 모든 것에서 찾아 볼 수 있다. 동물 실험에서, BPA는 암의 가능성을 증가시키고 성적 발달의 변형에 이르는 결과를 초래할 수 있다는 것이 드러났다. 전자레인지나 식기세척기 속에서 가열되면 플라스틱 용기들에서 그것이 그것이 새어나올 수 있기 때문에, 거의 모든 사람들이 이 화학물질에 양성 반응을 보인다. 아직 모든 사실들이 밝혀지지는 않았지만, 전 세계의 염려하는 부모들과 의사들은 위험을 감수하지 않기로 했다. 그들은 아기 젖병과 기타 제품에서 BPA 사용 금지를 요구하고 있다.

(a) 추가 동물 실험이 필요하다고 주장하고 있다
(b) BPA 생산에 관련된 것에 대해 정부를 고소하고 있다
(c) 아기 젖병과 기타 제품에서 BPA 사용 금지를 요구하고 있다
(d) 성인은 물론 아이들도 BPA에 영향을 받을 수 있는지 결과를 기다리고 있다

유형 → 글의 흐름 완성

Solution 아직 모든 내용이 확실하지는 않지만, 부모들과 의사들은 take no chances라고 했으므로 만약의 경우에 대비하여 철저한 방지책을 마련하고자 BPA 사용의 전면 금지를 요구한다는 것이 가장 적절하다.

Voca stiff 딱딱한 likelihood 가능성 alter 변형시키다
leak 새다 test positive 양성 반응을 보이다(↔negative)
take no chances 위험을 감수하지 않다, 신중하게 하다
sue 고소하다 call for 요구하다 ban 금지

Answer (c) calling for a ban on BPA in baby bottles and other products

글의 논리적 흐름을 완성하는 문제입니다. 바로 앞 문장 중 [concerned parents and doctors are taking no chances.] 부분이 문제를 해결하는 단서라고 볼 수 있습니다. 위험에 경각심을 느낀 사람들이 어떤 반응을 보일지 생각해 보시고, 가장 논리적인 흐름을 완성할 수 있는 선택지를 고르면 되겠습니다.

14 저희 임상실험에 참가하는데 관심을 보여 주셔서 감사합니다. 과민성 주의력 결핍증 (ADHD)치료제에 대한 새로 나온 **임상 실험이 막 승인되었습니다.** 이 새 약품은 ADHD를 가진 사람들이 매일이 아닌 일주일에 한 번 약을 먹어도 되게끔 해 줍니다. 우리는 3월에 첫 실험을 시작하고자 합니다. 여러분의 참여는 이 병을 퇴치하는데 획기적인 돌파구가 될 수 있습니다. 지원자 후보는 ADHD를 겪고 있으며, 자신의 시간을 투자할 수 있어야 합니다. 이 실험은 6개월 동안 계속될 것이며 이 기간 동안 매주 병원을 방문해야 합니다. 플라시보는 주어지지 않을 것입니다.

(a) 처방전을 가지고만 구할 수 있다
(b) 일반적으로 효과가 없는 것으로 밝혀졌다
(c) 약국에서 판매되지 않을 것이다
(d) 임상실험이 막 승인되었다

유형 → 글의 흐름 완성

Solution 새로운 ADHD약품에 대한 임상실험에 참가하고자 하는 사람들을 대상으로 하는 내용이다. 그러므로 임상실험이 막 승인되었다는 내용이 가장 적절하다.

Voca **participant** 참가자 **clinical research trial** 임상실험 **medication** 약 **ADHD** (Attention Deficit Hyperactivity Disorder) 과민성 주의력 결핍증 **breakthrough** 획기적인 돌파구 **disorder** (신체 기능의) 장애, 이상 **potential** 잠재력 있는, 유력한 **placebo** 속임약, 플라시보 **approve** 승인하다

Answer (d) has just been approved for human trial

임상실험에 참가할 ADHD 환자를 모집하는 광고문이라는 걸 재빨리 간파하는 게 문제 해결을 위한 핵심입니다. 빈칸은 ADHD 환자를 모집하는 이유와 배경이 들어갈 자리이므로, ADHD 치료를 위한 신약의 임상실험이 막 승인되었다는 내용이 가장 알맞다고 볼 수 있으므로 (d)가 정답이 됩니다.

15 모든 사람들이 첫 인상이 중요하다는 것을 알고 있다. 하지만 일정한 얼굴의 특징이 다른 사람들이 한 사람에 대해 어떤 인상을 받는가에 깊은 영향을 끼친다는 사실을 아는 사람들은 많지 않다. 실제로 연구자들은 90퍼센트 이상의 사람들이 어떤 사람의 성격을 얼굴을 쳐다보기만 함으로써 판단할 수 있다고 믿는다는 것을 발견했다. 예를 들어, 여성적이라고 여겨지는 얼굴의 특징들을 가진 사람은 마음에 들고 친절하다는 첫 인상을 준다. 좀 더 남성적인 특징들을 가진 사람들은 좀 더 공격적이고, 이상하게도 의심스럽게까지 인식된다.

(a) 실제로
(b) 여전히

(c) 그럼에도 불구하고
(d) 반면에

유형 → 연결어

Solution 얼굴찾기의 일정한 특징이 첫 인상에 영향을 끼친다는 내용에 이어, 90퍼센트의 사람들이 얼굴을 보기만 함으로써 사람의 성격을 파악할 수 있다고 생각한다는 연구 내용이 나왔으므로 (a) In fact가 가장 적절하다.

Voca **profound** 깊은, 심오한 **perceive** 인식하다 **oddly enough** 이상하게도

Answer (a) In fact

빈칸에 알맞은 연결어를 찾는 문제입니다. 연결사 문제는 빈칸 전후의 문장만 정독해도 정답을 고를 수 있는 경우가 대부분입니다. 이 글의 구성을 살펴보면, 일정한 얼굴의 특징이 첫 인상에 영향을 준다는 주장 (certain facial characteristics have ~ perceived by others.)을 제시하고 있습니다. 실제로 90퍼센트 이상의 사람들이 어떤 사람의 얼굴을 쳐다보기만 함으로써 성격을 파악할 수 있다고 믿는 구체적인 통계를 제시한다는 점을 주시하면 됩니다.

16-1 놀라운 성장기를 거친 후에, 이 커피 전문 인기체인점은 감축이 필요하다고 결정했다. 미국에서 약 100개의 체인이 문을 닫을 것이고 앞으로 2년 간 예정된 개점의 숫자도 상당히 감소할 것이다. 몇 년 전만 해도 판매 실적이 멈출 수 없는 속도로 증가하는 것 같았기 때문에, 이러한 움직임은 생각할 수도 없는 것으로 보였을 것이다. 하지만 시대가 변화했고 최근의 힘든 경제적 현실로 인해 커피 한 잔에 헤세 부리듯 4달러나 쓴다는 게 많은 커피 체인점의 고객들에게 사치 행위로 보이게 되었다. 많은 전문가들이 또한 이 커피 상표가 이전처럼 더 이상 독특하지 않다고 생각한다. 실제로 이 식품 업체가 마치 정신을 차리고 상황을 직시한 것처럼 보인다.

(a) 늙은 개에게 새로운 재주를 가르치다 (옛 방식에 너무 익숙해져 변화가 힘들다)
(b) 기회가 있을 때 최대한 활용하다
(c) 오히려 더 나쁜 상황에 빠지다
(d) 정신을 차리고 상황을 직시하다

유형 → 결론 유추

Solution 대규모 감축을 결정한 회사의 상황에 가장 알맞은 표현을 찾는 문제이다.

Voca **breathtaking** 놀랄만한(=amazing) **cutback** 삭감, 감소 **slated for** ~할 예정인 **splurge** 돈을 물 쓰듯 하다 **trick** 요령, 방식 **extravagant** 사치스러운(=wasteful, lavish)

Answer (d) waking up and smelling the coffee

글의 전체적인 내용뿐만 아니라, 보기로 주어진 표현들의 의미도 잘 알아야 정답을 찾을 수 있으므로 난이도가 높은 문제입니다. 글에서는 몇 년 전까지만 해도 빠른 속도로 성장하여 전 세계적으로 체인점의 수를 늘려가던 한 커피 전문 회사가 감축을 결정할 수밖에 없는 것에 대한 내용입니다. 악화된 경제 상

황에 소비자들이 커피 한 잔에 4달러씩을 소비하는 것을 부담
스러워하게 되었고, 브랜드의 이미지도 더 이상 독특하지 못하
기 때문에, 기존의 체인점의 수를 줄이고 있다는 내용을 통해
빈칸에 들어갈 말을 유추하면 (d)가 정답이 됩니다.

16-2 조지 오웰과 올더스 헉슬리 모두 반 유토피아 소설을 썼다. 두
작가는 미래 사회가 어떤 모습일까를 예견하는 소설을 창작했다.
두 사람의 미래상이 모두 무시무시하지만, 어떤 형태가 실현될
가능성이 있는지에 대한 논의가 있다. 조지 오웰의 〈1984년〉은
인류가 전체주의 통치에 굴복하여 폭력의 위협과 지속적인 감
시 하에 놓이게 될 것이라고 주장한 반면에, 헉슬리의 〈멋진 신
세계〉는 쾌락의 유희가 인간에게 만족을 줄 것이라고 주장한다.

(a) 미래 사회가 어떤 모습일까를 예견했다
(b) 최근에 인기를 얻었다
(c) 역사의 중요성을 논의했다
(d) 고전적인 과학 소설에 반응했다

유형 → 주제문 완성

| Solution | 두 소설의 공통점은 미래의 사회가 어떤 모습일까를 예견
하고 있다는 점이다.

| Voca | dystopian 반(反) 이상향의   contend 주장하다
totalitarian (국가 · 정부 시스템이) 전체주의의
surveillance 감시   distraction 충족감

| Answer | (a) predicted how future societies might look

Joseph's focus

조지 오웰과 올더스 헉슬리는 미래의 어둡고 비관적인 세계를
그린 소설들을 쓴 작가들입니다. 이 글의 전반부에서는 두 작가
의 소설 〈1984년〉과 〈멋진 신세계〉가 반 유토피아적인 내용으
로 미래 사회가 어떤 모습일까를 그리고 있다는 점을 설명하고
있으며, 글의 후반부에서는 이 두 소설이 어떻게 다른가에 대해
간략히 설명하고 있습니다. 그러므로 빈 칸에는 (a)가 가장 적
절합니다.

Part II (17~37)

17 불량품에 쩔쩔매지 마세요! Crash Test는 기존 등록 차량에 대
해 완전한 기록을 제공합니다. 오늘 저희 웹사이트에서 조사하
고 싶은 자동차 등록번호를 입력하는 것으로 시작해 보십시오.
최저 5달러의 가격으로 사고 기록, 주행기록계의 문제점들, 홍수
피해와 이전의 에어백 전개에 대한 정보를 얻을 수 있습니다.

무엇을 광고하고 있는가?
(a) 중고차 대리점
(b) 중고차에 발생할 수 있는 문제들
(c) 중고차 조사를 위한 웹사이트
(d) 자동차를 쉽게 등록할 수 있는 방법

유형 → 대의 파악

| Solution | 중고차의 이전 기록들을 조회해 볼 수 있는 웹사이트를 광
고하고 있다.

| Voca | get stuck with ~에 쩔쩔매다   lemon 쓸모없는 것,
불량품   VIN (Vehicle Identification Number) 자동

차 등록번호   investigate 조사하다   obtain 얻다(=get,
gain)   odometer 주행기록계   deployment 전개, 배치
potential 잠재적인(=possible, likely)

| Answer | (c) A website for used car investigations

Joseph's focus

광고 글은 대부분 광고의 목적, 즉 무엇을 판매하고 있는지를
파악하라는 유형이 대부분입니다. 이 글의 단서는 세 번째 문
장에 등장한 단어 website와 마지막 문장 [you can obtain
information on crash history ~.]입니다. 정확한 주행거리,
사고 이력을 온라인상으로 검사해 주는 곳이 어디인지 생각해
본다면, 아주 쉽게 답을 찾을 수 있습니다.

18 이탈리아의 한 자연 보존 지역을 걸어가던 사람이 순간적으로
자신이 신화 속에 등장하는 동물과 마주쳤다고 생각할 수도 있
다. 멀리서 보니, 이 지역에 사는 한 살짜리 사슴은 아마 유니콘
같았다. 이것은 이 사슴이 머리 가운데에서 오직 하나의 뿔이 나
도록 만드는 유전적인 결함을 가지고 태어났기 때문이었다. 한
과학자는 이 뿔이 어린 시절의 외상으로 인한 것일 수도 있다고
주장했다. 이러한 결함의 발생은 매우 드물어서 비슷한 경우들
이 마법의 치유력을 지닌 하나의 뿔이 달린 말의 이야기에 영감
을 주었을 가능성이 높다. 지금까지, 이 사슴은 이 특이한 동물
을 가까이서 보고 싶어 하고, 가능하면, 그것이 존재한다는 사진
증거를 집으로 가져가고 싶어 하는 수백 명의 관광객들을 끌어
들였다.

위 글의 내용과 일치하는 것은?
(a) 방문객들은 이 동물을 멀리서만 볼 수 있다.
(b) 이 동물은 하나의 뿔이 달린 사슴의 후손이라고 믿어진다.
(c) 뿔은 그 동물을 유니콘처럼 보이도록 만들기 위해 붙여졌다.
(d) 하나의 뿔은 결함이 있는 DNA의 결과로 여겨진다.

유형 → 내용 일치

| Solution | 글에서 언급되고 있는 사슴은 유전적 결함에 뿔이 머리 가
운데 하나 밖에 나지 않아 마치 유니콘처럼 보일 수 있다는
내용이다.

| Voca | for a split second 아주 짧은 순간에, 순간적으로
encounter 우연히 만나다   mythological 신화의
placement 배치, 설치   flaw 결함(=weakness, failing)
rarity 드문 일   inspire 영감을 주다
healing power 치유력
draw (사람의 마음을) 끌다(=attract)

| Answer | (d) The single horn is thought to be the result
of defective DNA.

Joseph's focus

이탈리아에서 발견된 뿔이 하나 달린 사슴에 관한 내용입니다.
언뜻 멀리서 보기에 사슴의 머리 가운데에 난 뿔 때문에 유니
콘을 목격했다고 착각할 수도 있지만, 사실은 유전적인 결함으
로 인해 머리 가운데에 뿔이 난 것이라고 설명하고 있습니다.
본문에서는 genetic flaw라고 하고 있지만, 보기 (d)에서는
result of defective DNA라고 바꾸어 말하고 있습니다. 본문
과 일치하는 내용을 고르는 문제에서는 본문에서 쓰인 단어를
그대로 쓰기보다는 다른 말로 바꾸어 쓰는 경우가 많다는 것을
기억해 둡니다.

19 여성들은 종종 남성들이 자신들의 감정을 표현하지 않는다고 불평한다. 그러나 남자들은 그것에 대해 달리 할 수 있는 일이 없다. 임신 7주쯤 된 시점에, 남아의 뇌는 테스토스테론이라고 불리는 호르몬으로 말 그대로 세척이 된다. 이것은 감정이 발달하는 우뇌와 언어 발달이 이루어지는 좌뇌간에 정보가 이동하는 것을 더욱 힘들게 만든다. 그러므로 다음에 당신의 남자친구가 자기 감정을 얘기 하지 않아 불만이 생기면 그것이 그의 잘못이 아니라는 사실을 기억해라.

무엇에 관한 글인가?
(a) 남자친구가 감정을 표현하도록 돕는 방법
(b) 남성들이 감정 표현에 서툰 이유
(c) 왜 남성과 여성은 다른 방식으로 문제를 해결하는가
(d) 왜 여성들이 남성들보다 더 자주 불평하는가

유형 → 대의 파악

Solution 남성들이 감정 표현에 서툰 이유가 뇌 구조상의 차이에 기원한 것이라고 설명하고 있다.

Voca **gestation** 임신 기간 **originate** 기원하다, ~에서 발생하다 **localize** 국한시키다 **hemisphere** 반구

Answer (b) The reason men are not good at expressing feelings

Joseph's focus
남성의 감정 표현과 관련된 비전문적인 학술문을 읽고 대의 파악을 해야 하는 문제입니다. 남성이 감정 표현에 서툰 건 어쩔 수 없다는 요지의 글로, 문단의 전체적인 내용은 주제문의 이유를 과학적으로 설명하고 있다고 볼 수 있습니다. 독해 파트Ⅱ에서 [What is the passage mainly about?]으로 시작되는 문제 역시, 글의 요지를 파악하는 것이 관건이라고 볼 수 있습니다.

20 총과 전쟁이 좀 더 이목을 끄는 일면 기사거리가 되고 있지만, 사실 교통이 더욱 치명적일 수 있다. 우리는 십대들에게 운전면허증의 특권을 부여하지 않음으로써 잠재적으로 매년 오천 명의 십대 청소년들의 생명을 구할 수도 있다. 16세에서 19세 이하 모든 연령대의 청소년들의 사망률이 상당히 감소하는데, 이는 경험과 성숙도라는 요인들 때문이다. 또한 과속, 휴대폰, 승객, 음악과 야간 운전 등과 같은 가장 위험한 운전 습관들이 통상적으로 십대 운전자들에 의해 행해진다.

글쓴이가 말하려고 하는 것은?
(a) 십대들은 운전을 심각하게 받아들이지 않는다.
(b) 운전 중 핸드폰의 사용은 금지되어야 한다.
(c) 운전을 할 수 있는 최저 나이가 높아져야 한다.
(d) 십대들은 더 나은 운전 교육을 받아야 한다.

유형 → 대의 파악

Solution 십대들은 위험한 운전습관을 가지고 있는 경우가 많으며, 16세기에서 19세 이하 모든 연령대의 청소년 사망률이 상당히 감소한다는 점을 예로 들며, 간접적으로 운전 면허취득 나이가 더 높아져야 한다고 주장하고 있다.

Voca **sensational** 세상을 깜짝 놀라게 하는 **deadly** (=lethal, fatal) 치명적인 **privilege** 특권 **maturity** 성숙함 **behind the wheel** 운전을 하는

Answer (c) The minimum driving age should be raised.

Joseph's focus
십대 운전의 문제점에 관한 글로, 주제문이 명확하게 드러나지 않은 이런 형식의 글은 지문에 언급된 정보를 읽고, 글쓴이의 주장을 추론해야 합니다. 두 번째 문장 [We could potentially save ~ of a driver's license.]에서 글쓴이의 주장이 간접적으로 드러나 있고, 그 뒤에 이어지는 문장들에서 이러한 주장의 이유와 근거를 제시하고 있으므로, 이 내용과 가장 관련이 있는 선택지를 고르면 됩니다.

21 우리가 정기적으로 직면하고 있는 환경 문제들에 대해 이야기하는 전문가들의 이야기를 들으면, 한 사람이 지구를 구하기 위해 할 수 있는 일이 거의 없는 것처럼 느끼기 쉽다. 그러나 그것은 사실과는 거리가 멀다. 시간을 내서 플라스틱이나 종이와 같은 물질들을 재활용하는 것 이외에도, 장을 보러 갈 때마다 재사용이 가능한 천 쇼핑백을 가지고 갈 수 있다. 이런 보자기들은 비싸지도 않고 발생되는 쓰레기의 양을 크게 줄일 수 있다. 방에서 나올 때는 항상 불을 끄도록 해라. 많은 사람들이 매 년 자신들이 얼마나 많은 에너지를 낭비하는가를 알게 된다면 놀랄 것이다. 만일 수백 만 명의 사람들이 지구의 자연 자원을 보호하는데 있어 자신들의 역할에 대해 적극적인 태도를 취한다면, 그 변화가 분명히 느껴질 것이다.

위 글의 내용으로 유추할 수 있는 것은?
(a) 천 장바구니를 사용하는 것이 많은 사람들이 생각하는 것처럼 많은 에너지를 절약하지 않는다.
(b) 대부분의 사람들은 자신들이 매일 사용하고 낭비하는 에너지의 양을 과소평가한다.
(c) 일부 사람들은 다른 사람들이 끊임없이 환경 문제에 대해 이야기하는 것을 지겨워한다.
(d) 식료품점들은 고객들이 다시 가지고 온 비닐봉투나 종이봉투에 대해 할인을 제공한다.

유형 → 추론

Solution 사람들이 자신들이 매년 낭비하는 에너지의 양을 알게 된다면 놀랄 것이라고 했으므로 많은 사람들이 실제로 그것이 얼마나 많은 양인지를 인식하지 못하고 있다고 할 수 있다.

Voca **face** 직면하다 **on a regular basis** 정기적으로 **reusable** 재사용할 수 있는 **drastically** 크게, 심하게 **amount** 양 **underestimate** 과소평가하다(↔ overestimate) **on a daily basis** 하루 단위로 **plastic bag** 비닐 봉투 **bring back** 다시 가져다주다

Answer (b) Most people underestimate the amount of energy they use and waste on a daily basis.

Joseph's focus
지구 환경을 보존하기 위해서 개인이 할 수 있는 일이 거의 없는 것처럼 보이기도 하지만, 실제로 환경 보호를 위해 할 수 있는 일들이 많다는 것을 설명하고 있습니다. 예를 들어, [Many people would be surprised ~ waste each year.]부분에서 많은 사람들이 자신이 낭비하는 에너지의 양을 알게 된다면 놀랄 것이라는 점입니다. 이것으로 미루어 보아, 대부분의 사람들이 자신이 매일 사용하고 낭비하는 에너지의 양을 과소평가

하고 있다고 유추할 수 있습니다.

22　신문은 미국 식민지 시대에 천천히 시작되었지만, 미국 독립 전쟁이 발생할 때쯤에는 강력한 정치적 힘을 발휘했다. 20여 개의 식민 시대 신문사들이 아주 현명한 방법으로 여론에 영향을 미쳤다. 전쟁이 끝났을 때 쯤 출판물의 수는 거의 두 배로 증가했다. 권리 장전이 새로운 정부의 헌법에 추가됨으로써 언론의 자유가 보장되었고 이 인기 있는 여론매체가 국사에서 차지하는 역할이 확고해졌다. 값 싼 읽을거리가 풍부해짐에 따라, 초기 미국에서 거의 모든 사람들이 글을 읽고 쓸 수 있게 되는 결과를 나왔고 이것은 자유 사회의 가장 중요한 요소 중 하나인 교육받은 대중을 탄생시켰다.

위 글은 무엇에 관한 글인가?
(a) 초기 미국 식자율에 기여한 요인들
(b) 초기 미국에서 신문의 정치적 중요성
(c) 출판 매체로서의 신문의 성장
(d) 초기 미국에서의 언론의 자유

유형 → 대의 파악

Solution　미국에서 신문이 어떻게 변화했는가를 설명하고 있는 글이다. 처음에는 정치적인 여론을 형성하는데 사용되었지만, 나중에는 값싼 읽을거리를 제공함으로써 문맹을 퇴치하고 대중을 교육하는 출판물이 되었다.

Voca　force 영향력, 집단　medium 매체, 수단
public opinion 여론　publication 출판물
abundance 충분함　literacy 읽고 쓸 수 있는 능력

Answer　(c) The growth of newspapers as a publication medium

Joseph's focus
이 문제는 오답을 유도하는 선택지가 대거 출현한 고난이도 문제입니다. 이런 유형의 문제는 글 전체의 내용을 포괄하는 내용의 선택지를 골라내는 것이 관건입니다. 주장이 드러난 글이 아닌데다, 주제가 명확하지 않은 다소 복잡한 글이니만큼 지문의 지엽적이고 세부적인 내용으로 오답을 유도하는 선택지를 고르지 않도록 각별히 유의합니다. 선택지 (a), (b), (d) 모두 지문에 언급되어 있긴 하지만, 지엽적인 내용이므로 오답이 됩니다.

23　세계 2차 대전에서 나치의 유보트 잠수함들은 연합군의 전함들을 황폐화시켰다. 연합군은 반격하기로 결심했다. 이 잠수함들을 찾아 하나씩 파괴하기 위해 헌터킬러 특수 부대가 조직되었다. 곧 지휘관들은 이러한 파괴 전략이 문제를 해결하지 못한다는 것을 깨닫게 되고 특수부대 본부에서 비밀 계획이 등장했다. 그들은 독일 잠수함의 성능을 좀 더 잘 이해하기 위해서 잠수함을 나포하기로 한다. 1944년 알버트 엘 데이빗 대위와 그의 대원들은 위험을 무릅쓰고 최종 목표인 U505를 나포한다. 이것으로 그들이 원하던 암호 해독기와 같은 최고 기밀 정보와 기술을 얻게 된다. 이로 인해 연합군은 그 후 모든 잠수함의 움직임을 살피고 피할 수 있게 된다.

U505의 나포가 연합군에게 중요했던 이유는 무엇인가?
(a) 나치 고위 관리들을 체포할 수 있었다.
(b) 나중에 연합군의 전함으로 사용되었다.
(c) 다른 잠수함들을 파괴할 수 있도록 해주었다.
(d) 적의 잠수함의 위치를 파악하도록 도와줬다.

유형 → 세부 내용 파악

Solution　나치의 잠수함을 파괴하는 대신 나포함으로써 정보와 기술을 얻게 되었고, 이를 이용하여 나치 잠수함의 위치를 미리 파악하여 피할 수 있었다고 언급되었다.

Voca　devastate 황폐화시키다　strike back 반격하다
submarine 잠수함　emerge 출현하다　peril 위험
ultimate prize 최종 목표　bounty 상금　covet
탐내다, 갈망하다(=long for, desire)　enigma 수수께끼
encryption 해독　subsequent 그 이후의
vessel 선박

Answer　(d) It helped them locate the enemy's submarines.

Joseph's focus
이런 유형의 문제는 주로 의문사를 이용해서 특정 정보를 묻고 있기 때문에, 지문을 다 읽어보지 않아도 답을 찾을 수 있는 경우가 대부분입니다. 그러므로 반드시 질문지와 선택지를 먼저 읽고 지문에서 문제가 요구하는 세부 정보가 언급된 부분만을 골라 정독하여 시간을 절약하는 전략을 세우는 게 좋습니다. 이 문제에서는 지문의 마지막 문장이 paraphrase되어 선택지에 제시되었습니다.

24　'정의의 여신상'으로 알려진 유명한 조각상은, 눈을 가린 여자가 한 손에는 저울을, 다른 한 손에는 칼을 들고 있는 모습을 표현한다. 이것은 법정에서는 한쪽의 편을 들지 말아야 하고 판사는 완전히 공평해야 한다는 것을 암시한다. 그러므로 판사는 부유한 사람이나 권력이 있는 사람에 의해 영향을 받지 말아야 하며, 또한 가난하고 힘없는 사람에 대한 동정에 의해서도 영향을 받지 말아야 한다. 흥미롭게도, 이것은 절대 현대적인 관념이 아니고 고대 이집트인들에게서 유래한 것으로 보인다. 이집트인들의 재판은 실제로 어두운 방에서 이루어졌는데, 이것은 판사가 고소인, 피고인 혹은 증인들을 알아보는 것을 불가능하게 했다.

무엇에 관한 글인가?
(a) 법체계의 유래
(b) 정의에 대한 옛 관념 대 새로운 관념
(c) 법률적 이상의 근원
(d) 정의의 여신상의 저울의 의미

유형 → 대의 파악

Solution　정의의 여신상이 눈가리개를 하게 된 유래를 설명하고 있다. 이는 눈에 보이는 것에 얽매이지 말고 정의를 행하라는 의미로 실제 이집트에서 판사가 공평한 판결을 내리기 위해 재판 관련자들을 볼 수 없는 컴컴한 방에서 재판을 행하던 것에서 유래했다.

Voca　blindfolded 눈가리개를 한　scale 저울　favoritism
편을 듦　impartial 공정한　pity 동정　accuser 고소인
defendant 피고인

Answer　(c) The source of a legal ideal

Joseph's focus
정의의 여신상이 눈가리개를 하고 한손에는 저울을 다른 한손

에는 칼을 들고 있고, 고대 이집트에서 컴컴한 방에서 재판을 한 이유는, 법 적용의 공평성이라는 법적 이상을 지향하기 위함이었다는 논점의 글이란 점을 재빨리 간파하는 것이 문제 해결의 관건입니다. (a)는 법 제도라는 말이 틀렸고 (b)는 versus라는 단어가 부적절하며, 글의 내용상 정의에 대한 개념은 옛날이나 지금이나 동일하다고 언급되어 있으므로 답이 될 수 없습니다. (d)는 저울에만 국한시킨 것도 답이 될 수 없는 이유지만, 정의의 여신상이 법적 이상을 설명하기 위해 든 한 예에 불과한 지엽적인 내용이므로 답이 될 수 없습니다.

25 당신이 진정으로 외국어를 배우고 싶다면, 몰입식 학습법이 최고의 전략입니다. 링구아 언어 투어는 당신이 5개의 세계 주요 언어 중 하나에 몰입할 수 있도록 해 주는 최고의 방법입니다. 유럽 전역 20여 개 지역에 걸쳐 실시하는 저희의 학습 휴가는 당신이 단 2주 만에 제2 외국어를 완전 정복하도록 도와줄 것입니다. 원어민에 의한 작은 규모의 수업은 단지 시작일 뿐입니다. 일주일에 두 번씩 당신은 시내에 나가 새로운 언어로 당신이 좋아하는 휴가지를 방문할 것입니다. 게다가 친절한 민박 가정에 머물면서 매일 저녁 집에서 언어를 연습할 수 있게 될 것입니다.

광고가 강조하고 있는 내용은?
(a) 영어가 모국어인 사람들을 위한 것이다.
(b) 언어를 배울 수 있는 가장 빠른 방법이다.
(c) 20개의 다른 언어로 제공된다.
(d) 수업과 휴가 모두를 제공한다.

유형 → 세부 내용 파악

Solution 원어민에 의한 소규모 수업을 제공하는 것은 물론, 유럽의 유명 휴가지를 방문할 수 있도록 해준다고 광고하고 있다.

Voca immersion 몰입 destination 목적지

Answer (d) It offers both classes and vacation packages.

Joseph's focus
광고문은 상품을 소비자에게 판매하려는 것이 주목적이기 때문에, 가장 강조되는 것은 단연코 광고하는 제품의 장점입니다. 지문 중간 중간에 등장한 키워드(Language Tours, learning vacations, favorite vacation spots.)에서 알 수 있듯이, 효과적인 몰입식 외국어 학습과 더불어 여행도 함께 즐길 수 있다는 점을 광고 상품의 장점으로 내세우고 있습니다. 이런 점에 주목해본다면, 쉽게 정답을 고를 수 있겠습니다. 선택지 (b)가 정답으로 헷갈릴 수 있지만, 지문에는 best way라고 언급되어 있지 fastest라고 언급된 것은 아니므로 오답입니다.

26 그는 여러 직업과 이름을 갖고 있었지만, 전 세계는 예술가 호쿠사이를 판화제작가로 가장 잘 기억할 것이다. 1760년부터 1849년까지 살면서, 그는 일본에서 중국 회화의 뛰어난 전문가로서 경력을 시작했다. 그러나 그는 1830년대 초에 후지산의 36가지 경치를 묘사한 목판화 시리즈를 완성한 후에야 세계적인 명성을 얻었다. 실제로 그는 후지산에 사로잡혀 있었던 것처럼 보인다. 〈카나가와의 거대한 파도〉로 알려진 그림이 특히 유명하다. 이 그림은 거대한 파도에 초점을 맞추고 있지만 여전히 뒷배경

에 작은 후지산이 보인다.

호쿠사이에 대해 추론할 수 있는 내용은?
(a) 그는 일본 학교에서 중국 스타일의 그림을 가르쳤다.
(b) 일본 밖의 사람들은 1830년 이전에는 그를 알지 못했다.
(c) 그는 아마도 후지산 근처에서 태어났을 것이다.
(d) 그는 후지산이 보이지 않는 그림을 만들어 내는 것을 거부했다.

유형 → 추론

Solution 1830년대 초반에 후지산의 모습을 담은 목판화를 완성한 후에야 세계적인 명성을 얻었다고 했으므로, 그 이전에는 일본 밖에서 그를 아는 사람들이 별로 없었다고 유추할 수 있다. 후지산의 모습을 자주 작품에 담긴 했지만 (d)는 사실이 아니다.

Voca printmaking 판화제작 depict 묘사하다
woodblock print 목판화 renown 명성
be obsessed 사로잡히다, ~생각만 하게 하다

Answer (b) People outside of Japan didn't know him before 1830.

Joseph's focus
인물에 대한 글은 유명인의 생애나 업적을 서술하는 것이 대부분입니다. 문제에서는 호쿠사이의 판화 작품의 특징을 중점적으로 언급하고 있지만, 이와는 관련이 없는 세부사항이 paraphrase되어 정답 선택지로 등장한 유형입니다. 자칫 선택지 (d)를 정답으로 고르기 쉬운데, 그가 비록 후지산에 집착한 건 사실이지만, 도입부에서 후지산의 36가지 경치를 묘사한 목판화를 그리기 전인 초기 시절에는 중국화를 그렸다고 언급되어 있으므로, 합리적인 추론이 될 수 없습니다.

27 노동부 통계에 따르면, 가장 빨리 성장하고 있는 직업 부문은 컴퓨터 관련 분야와 의료서비스 분야이며, 이들 중 다수는 직업 훈련을 거의 필요로 하지 않는다. 네트워크 시스템과 데이터 커뮤니케이션 분석가들은 곧 최고의 수요를 누릴 것이며, 가정 방문 의료 서비스 보조원들이 그 뒤를 바짝 따를 것이다. 상위 10개 직업들 중에서, 단지 세 가지 직종만이 건강이나 컴퓨터 관련 외의 분야이다. 더욱 흥미로운 것은 이 중 절반만이 준 학사 학위 이상의 정식 교육을 요구한다는 점이다.

위 글의 내용과 일치하는 것은?
(a) 의료 보조 직원에 대한 수요는 낮다.
(b) 대부분의 새로운 직업들이 대학 교육을 요구한다.
(c) 컴퓨터 전문가들을 위한 많은 직종이 있다.
(d) 노동 시장이 꾸준하게 감소하고 있다.

유형 → 진위 파악

Solution 컴퓨터와 의료 계통이 높은 수요를 보이고 있다고 했으므로 컴퓨터 기술을 가진 사람들이 선택할 수 있는 직업들이 많다는 것을 알 수 있다.

Voca Bureau of Labor 노동부 health care 의료서비스, 보건 aide 조력자, 보조원(=assistant, supporter)
occupation 직업 associate's degree 준 학사 학위

Answer (c) There are many jobs for computer experts.

통계자료의 글을 읽고 진위 파악을 하는 문제입니다. 이런 유형은 네 개의 선택지를 하나하나 지문과 대조해야 하므로, 시간이 많이 걸립니다. 지문을 재빨리 훑어보고 무엇에 관한 글인지 대충 파악하고 선택지에 제시된 정보를 지문과 대조하는 방식으로 푸는 게 가장 좋습니다. 진위 파악 문제 역시, 주제와 관련 있는 내용이 정답 선택지로 등장하는 경우가 많기 때문에 시간이 부족하면 주제와 상응하는 선택지를 고르는 것이 정답률을 높일 수 있는 방법입니다.

28 전반적으로 미국에서 암의 발병률은 감소했으며 생존율은 증가하고 있다. 지난 15년만 보더라도 새로 암 진단을 받은 사람들의 수는 6300건이나 줄어들었다. 또한 네 명 중 한 명의 사망원인이 암이기는 하지만, 암으로 인한 사망자 수는 폐암을 제외하고 16퍼센트 감소했다. 특히 희망적인 것은 어린 환자들의 회복율이다. 1960년대에는 소아암의 진단은 사망 선고와 같았다. 하지만 오늘날 5년 생존율이 75퍼센트에 이른다.

글의 내용과 일치하는 것은?
(a) 암의 발생 건수는 줄었지만 더욱 치명적이다.
(b) 폐암으로 인한 사망률은 16퍼센트 감소했다.
(c) 암의 발병 건수는 점차적으로 감소해 왔다.
(d) 어린이 암환자의 생존율은 여전히 낮다.

유형 → 내용 일치

Solution 암의 발생률은 낮아지고 생존율은 높아졌다고 언급되었다.

Voca across the board 전반적으로 survival rate 생존율 diagnosis 진단(복수형은 diagnoses) due to ~때문에(=owing to, attributable to) mortality rate 사망률 exclude 제외하다, 배제하다(↔include) encouraging 격려하는, 고무적인(↔discouraging)

Answer (c) The occurrence rate of cancer has been dropping steadily.

통계 수치에 바탕을 둔 보도문 형식의 글이라 쉬운 편입니다. 진위 파악 문제이긴 하지만, 주제와 관련된 내용이 정답 선택지로 등장한데다, 선택지 역시 그리 까다롭지 않기 때문입니다. 이 문제처럼 진위 파악 문제도 주제와 관련 있는 내용이 선택지에 정답으로 등장하는 경우가 많기 때문에, 문제를 풀 때 일단은 주제부터 찾고, 주제와 관련된 선택지가 있는지 먼저 확인해 본다면 시간을 많이 절약할 수 있습니다.

29 제 1형 당뇨병으로 알려진 DM-I는 최근 수십 년 동안 계속 증가하고 있다. 이것은 무엇이 이 질병을 일으키는가에 관한 연구자들의 이해를 바꾸도록 만들었다. 전 세계적으로 매년 2.8퍼센트 증가하고 있는 이 질병의 발병률은 영국에서만 연간 4퍼센트의 증가를 보였다. 호주는 매년 3퍼센트의 증가를 보고하고 있다. 역사적으로 DM-I는 유전적인 것으로 믿어졌지만, 발병이 갑자기 증가한 것으로 보아, 전문가들은 환경적인 요인들도 포함돼 있는 것이 틀림없다고 말한다.

위 글에서 추론할 수 있는 내용은?
(a) 제 1형 당뇨병의 발병률은 성인에서는 감소하고 있다.

(b) 영국에서 DM-I의 사망률을 낮추기 위해 좀 더 많은 노력이 필요하다.
(c) 호주인들은 그들이 필요로 하는 당뇨치료를 받지 못하고 있다.
(d) 제 1형 당뇨병의 인과 관계는 재평가 되어야 한다.

유형 → 추론

Solution 제 1형 당뇨병은 오랫동안 유전적인 원인에 의한 것이라고 여겨졌지만, 최근 전 세계적으로 급증하고 있는 것으로 보아 전문가들은 환경적인 영향도 있을 것이라고 믿고 있다.

Voca incidence (질병의) 발생 genetic 유전적인 diagnosis 진단

Answer (d) The cause-effect relationship of DM-I needs to be re-evaluated.

최근 제 1형 당뇨병(DM-I) 발병의 증가추세를 설명한 글을 읽고 추론을 하는 문제입니다. 추론 문제 역시, 세부 사항과 관련된 내용을 추론해야 하는 문제도 출제되지만 글의 대의를 파악하고 그 대의를 바탕으로 결론을 추론해야 하는 유형이 훨씬 더 많이 출제됩니다. 그러므로 주제를 먼저 파악하고 문제풀이에 접근하는 게 유리합니다. 선택지가 헷갈리는 경우는 좀 더 주제와 관련 있는 선택지를 고르는 게 정답률을 높이는 방법이 됩니다.

30 더 작고 더 빠르고 더 나아졌습니다! 새로운 타-폰은 항상 바쁜 인터넷 사용자들을 위해 특별히 고안되었습니다. 타-폰의 번개처럼 빠른 인터넷 접속과 서핑 전용 (버튼이 장착된) 터치스크린을 특징으로 합니다. 뛰어난 통화 품질을 보장하여 당신이 세계 어느 곳에서든 전화를 사용할 수 있도록 해 줍니다. 지금 가입하시면 첫 달 이용료가 무료입니다.

전화기의 기능이나 서비스에 대한 내용으로 언급되지 않은 것은?
(a) 고속 인터넷 능력을 갖추고 있다.
(b) 통화 품질이 더 좋다.
(c) 특수 인터넷 컨트롤 버튼이 있다.
(d) 월 이용 요금이 더 낮다.

유형 → 세부 내용 파악

Solution 월 이용 요금에 관한 내용은 언급되지 않았다.

Voca on the go 정신없이 바쁜 lightning-fast 번개처럼 빠른 dedicated 특정한 작업용으로 만들어진 ~ 전용의 reception 수신 상태 capability 능력

Answer (d) It has a lower monthly service fee.

광고 글은 주로 두 가지 유형으로 출제된다고 볼 수 있는데, 첫 번째 유형은 광고의 목적을 묻는 것이고, 두 번째 유형은 광고되는 제품이나 서비스의 장점이나 특정 기능과 관련된 세부사항을 파악하거나 진위를 파악해야 하는 문제입니다. 어느 경우이든 광고 글은 지문 자체의 난이도가 낮으므로 시간을 최대한 절약해야 합니다.

31 여러분 방송국의 인터넷을 스틱-잇츠로 유지되는 포인트 시스템을 이용하도록 하세요. 여러분의 청취자가 여러분의 웹사이트를 방문하여 여러분의 방송과 광고주들을 지지하기 위한 어느 정도의 행동을 취할 때 그들은 현금과 다른 상품들을 얻을 수 있는 포인트를 얻게 됩니다. 청취자들은 웹사이트를 더욱 많이 방문할수록 더 많은 포인트를 얻게 되며, 이것은 그들이 상금을 탈 확률을 높여주게 됩니다. 여러분의 웹사이트를 자주 되풀이해서 방문하는 청취자들은 여러분의 방송사와 광고주들에게 이익을 줍니다. 그러면 광고주들은 지속적인 후원으로 이 고객들에게 보답할 의욕이 생길 것입니다.

이 광고의 대상으로 가장 알맞은 것은?
(a) 라디오 방송국 매니저
(b) 중소기업 소유주
(c) 기업 간부
(d) 광고 회사 직원

유형 → 추론

Solution 인터넷 방송국의 방문자들에게 포인트를 제공하여 상품을 얻을 수 있는 기회를 제공함으로써 청취자의 폭을 넓히고 그로 인해 광고주들의 지속적인 관심을 얻게 될 것이라고 광고하고 있다. 그러므로 라디오 방송국 관련자를 대상으로 한 광고라는 것을 알 수 있다.

Voca station 방송국 measurable 측정 가능한 sponsor 광고주 reward 보상하다 traffic 통화량, 손님 수 encourage 격려하다 corporate 기업의, 회사의 executive 간부

Answer (a) The manager of a radio station

Joseph's focus

광고 글이 제시되는 문제는, 광고되고 있는 제품이나 서비스가 무엇인지를 파악하는 게 관건입니다. 이 문제의 경우 첫 번째 문장 [Put your station's Internet presence ~ by Stick-Its.]에 문제 해결을 위한 모든 핵심정보가 나와 있습니다. 이 광고 글의 주체는 웹사이트 방문자들의 방문 횟수를 포인트로 적립시켜 주는 소프트웨어 프로그램 Stick-Its를 판매하는 회사로 추론할 수 있겠고, your station's Internet presence 부분에 광고 대상을 추론할 수 있는 결정적인 단서가 나와 있습니다.

32 케터링 씨께,

지난 12월에 저희 단체에 후한 기부금을 내주신 데 비해 진심으로 감사드립니다. 귀하 같은 충실한 후원자들은 저희가 음주 운전 퇴치를 위해 계속해서 일할 수 있도록 해줍니다. 귀하의 금전적인 선물은 작년 한 해 음주 관련 사망 사고를 3퍼센트 줄이는 데 기여했습니다. 저희의 연간 보고서와 귀하의 기부금이 어떻게 사용되는지에 대한 자세한 내역, 작년도 저희 캠페인의 결과 등을 동봉합니다. 저희는 새로운 한 해를 기대하고 있으며 300명의 생명을 구할 목표를 세웠습니다. 이번에도 기부를 하실 의향이 있으신지요?

진심어린 마음으로,
댄 밀러

편지의 내용과 일치하지 않는 것은?

(a) 편지는 단체의 활동에 대한 다른 정보들을 포함하고 있다.
(b) 케터링 씨는 이 단체의 재정적 지원자들 중 한 명이다.
(c) 밀러 씨는 케터링 씨께 올해도 기부할 것을 상기시킨다.
(d) 이 단체는 다가오는 캠페인을 위해 자원 봉사자들이 필요하다.

유형 → 내용 일치

Solution 편지의 내용으로 볼 때 케터링 씨는 기부자의 한 사람이고 밀러 씨는 단체의 책임자이다. [Enclosed is our full annual report, ~ our campaign last year.]로 볼 때, 편지와 함께 다른 정보들이 동봉되어 있다는 것을 알 수 있다.

Voca generous 후한, 넉넉한 faithful 충실한, 신실한 persist 집요하게 계속하다(=continue) annual report 연간 보고서 fatal 치명적인 enclose 동봉하다 upcoming 다가오는

Answer (d) The organization is in need of volunteers for an upcoming campaign.

Joseph's focus

편지글은 대부분 편지를 쓴 목적을 물어보는 유형이 가장 많이 출제됩니다. 편지글의 특성상, 대의 정도는 반드시 파악하고 나서, 선택지와 지문을 대조하는 게 좋습니다. 이 편지글은 기부를 요청하기 위해 쓴 편지이지 자원봉사자를 모집하기 위해 쓴 편지가 아닙니다. 설사 자원 봉사자가 필요할 수도 있겠지만, 지문에 언급이 안됐으므로 (d)는 지문의 내용과 일치하지 않습니다.

33 수신: 모든 프라이스 라이트의 직원들
발신: 경영진
주제: 연례 피크닉

다음 토요일 6월 21일 12시에 하이츠 공원에서 회사의 연례 피크닉이 있을 예정입니다. 올해 행사는 딜리셔스 옵션스에 의해 음식이 제공될 예정이므로, 행사를 준비하는 사람들이 여러분들 중 몇 명이 참가할 지 정확한 숫자를 아는 것이 중요합니다. 본인의 이름과 부서, 몇 명의 손님을 피크닉에 데리고 올 예정인지를 포함한 이메일을 보내 주십시오. 또한 만일 채식주의자 음식이나 철저한 채식주의자 식단을 선호하는지 여부를 명확히 밝혀 주세요. 여러분들을 모두 거기에서 만나 뵙기를 바랍니다.

공고문에서 유추할 수 있는 것은?
(a) 참가할 수 있는 손님의 숫자는 제한되어 있다.
(b) 고기가 들어 있지 않은 식사를 요구하면 이용할 수 있다.
(c) 대부분의 프라이스 라이트 직원들이 참가할 것이다.
(d) 프라이스 라이트는 딜리셔스 옵션스의 공급자중 하나다.

유형 → 추론

Solution 연례 피크닉에 참가할 사람의 수를 파악하기 위한 공고문이다.

Voca cater (파티 등에) 음식을 제공하다 department 부서 specify 명시하다 vegetarian 채식주의자의 vegan 엄격한 채식주의자의 majority (of) 대다수

Answer (b) Meals without any meat will be available if requested.

Joseph's focus

공고문의 일종으로, 참가자의 수를 정확하게 아는 것이 음식 준비에 중요하다고 했지만 데리고 올 수 있는 사람의 수가 제한되어 있다는 (a)의 내용은 없습니다. [~specify whether you would prefer a vegetarian or vegan meal option.] 부분에서 채식주의자용 식단을 원하면 밝혀 달라고 하고 있으므로, 요구하면 고기 없는 식단을 제공받을 수도 있다는 것을 암시합니다. 딜리셔스 옵션스가 프라이스 라이트의 음식을 준비하여 제공하는 것이므로 딜리셔스 옵션스가 프라이스 라이트의 공급자인 셈입니다. 그러므로 (d)는 정답이 될 수 없습니다.

34 유명 관광지 주변을 돌아보는 것으로 여행을 계획하는 것이 가장 쉬운 선택인 것처럼 보이기는 하지만, 일부 여행자들은 그 지역 사람들처럼 생활함으로써 훨씬 더 보람 있는 경험을 하게 된다. 종종 최고의 식당은 여행안내 책자에는 나오지 않은 곳들이다. 오히려 그 지역 사람들이 식사하기를 즐기는 작은 식당인 경우가 많다. 덜 인기 있는 지역에 머물기로 함으로써 여행자들은 지역 사람들과 만날 수 있는 더 많은 기회를 갖게 되고 진정으로 독특한 휴가를 보내게 된다. 이것은 또한 예산이 그다지 충분하지 않은 여행자들에게 있어 신나는 선택이기도 한데, 그것은 자고, 먹고, 즐기기에 비싼 곳들이 대체로 이런 관광객들을 대상으로 장사하는 경우가 많기 때문이다.

위 글에서 유추할 수 있는 것은?
(a) 대부분의 여행자들이 인기 있는 관광지에 가길 선호한다.
(b) 여행자들은 관광 책자에서 유용한 정보를 많이 얻을 수 있다.
(c) 해외여행을 할 때는 여분의 돈을 가지고 있는 것이 중요하다.
(d) 많은 여행자들이 새로운 사람들을 만나는 것을 두려워한다.

유형 → 추론

Solution	많은 사람들이 유명한 관광지를 방문하는 것을 선호한다고 하고 있다.
Voca	resident 거주자, 주민 rewarding 보람 있는 getaway (단기) 휴가 be geared towards~ 을 대상으로 하다 specifically 특별히, 분명히
Answer	(a) Most travelers prefer to go to popular tourist destinations.

Joseph's focus
글의 맨 처음 부분 [Although planning a trip ~ complicated option,]에서 유명한 관광지를 여행하는 것이 가장 손쉬운 선택인 것처럼 보인다고 했으므로, 대부분의 여행자들이 유명 관광지를 선호한다는 것을 짐작할 수 있습니다.

35 "진도구"란 단어는 일본어로 "쓸데없지 않은 생각"이라는 말, 즉 완전히 이상하게 보이지만, 나름대로 상당히 실용적인 생각을 의미한다. 많은 사람들이 전 세계적으로 없어서는 안 될 발명품을 만들어 내는 것을 꿈꾸지만 특허 등록이 되어 있는 많은 물건들은 보통 소비자들에게는 별로 도움이 되지 않을 것이다. 그러나 그 물건들이 시장성이 없다고 해서 그 천재성이 사라지는 것은 아니다. 닭 안경을 예로 들어 보자. 이상하게 들릴지는 모르지만, 그것을 발명한 사람에 의하면 이 안경들은 닭이 서로의 눈을 쪼아대는 것을 막아 준다고 한다. 또 다른 예는 "알람 포크"인데, 이것은 식사를 하는 사람이 너무 많은 칼로리를 섭취할 경우

경고를 해 준다.

위 글에서 유추할 수 있는 내용은?
(a) 일부 발명가들은 성공하기 위한 능력을 갖추고 있지 않다.
(b) 많은 위대한 발명품들이 처음 탄생했을 때 쓸데없는 것처럼 보였다.
(c) 상점에 결코 등장하지 못하는 발명품들이 많다
(d) 모든 발명품들은 특허 사무소에 등록되어야 한다.

유형 → 추론

Solution	기발한 아이디어로 발명이 되긴 했지만, 시장성이 전혀 없는 발명품에 대한 글이다.
Voca	utterly 완전히, 철저히, 아주(=completely) bizarre 기이한, 특이한(=strange, unusual, extraordinary) indispensible 필수의(=necessary) patent 특허 spectacles 안경 genius 천재성 peck out 쪼아 내버리다 retail store 소매점
Answer	(c) Many inventions never appear in retail stores.

Joseph's focus
글을 읽고 추론하는 문제로, 많은 발명가들이 중요한 발명품을 만들어 모든 사람이 자신의 발명품을 이용하기를 꿈꾸지만, 실제로 특허가 등록된 발명품들 중에는 상품성이 떨어져 상품화되지 않는 것들이 수두룩하다는 내용이므로 (c)가 정답이 됩니다.

36 많은 사람들에게 있어, 긍정적인 사고를 하는 것은 그저 하루를 기분 좋게 보내는 방법이 아니라, 꿈을 실현시키는 방법이다. 단지 자신들이 원하는 것을 마음속으로 떠올림으로써 실제로 어떤 일이 일어나게 할 수 있다고 믿는 사람들이 많이 있다. 이러한 생각은 19세기의 신사고 운동에서 기원한 것인데, 이것의 추종자들은 모든 병이 마음에서 나오고 좋은 생각을 하는 것이 심오한 치료 효과가 있다고 믿었다. 일부 사람들이 이러한 생각에 대해 회의적이기는 하지만, 긍정적인 사고를 장려하는 데는 일부 과학적인 증거가 있는 듯하다. 뇌 스캔은 어떤 사건에 대해 생각을 하는 것만으로도 실제 사건이 발생할 때 활성화되는 뇌 부위와 똑같은 부위를 자극한다는 것을 보여준다. 그러므로 단지 어떤 일을 잘하는 것을 상상하는 것만으로도 더 나은 결과를 만들어낼 수 있다.

위 글에서 유추할 수 있는 내용은?
(a) 신사고 운동은 오늘날에도 여전히 존재한다.
(b) 19세기에는 뇌의 작용에 대한 이해가 제대로 이루어지지 않았다.
(c) 긍정적인 사고는 어떤 행위들을 더 잘해 낼 수 있도록 도와준다.
(d) 과학자들은 긍정적인 사고를 통한 치료의 증거를 제시했다.

유형 → 추론

Solution	마음가짐에 따라 실제 일의 성공 여부가 달라질 수 있다는 내용이다.
Voca	visualize 상상하다 rooted (in) ~에 근원을 둔 adherent 추종자 effect 영향, 효과 skeptical 회의적인 stimulate 자극하다
Answer	(c) Positive thinking may help people perform certain activities better.

Joseph's focus

뇌 스캔에 의하면, 어떤 사건이 일어나는 것을 머릿속으로 상상하면 실제로 사건을 경험할 때와 똑같은 뇌의 부위를 자극한다고 합니다. 그러므로 진정으로 이루고자 하는 일이 실제로 이루어지는 것을 상상하는 긍정적인 사고가 긍정적인 결과를 가져올 수 있다고 유추할 수 있습니다. (d)를 정답으로 착각할 수도 있지만, 긍정적인 사고를 통해 구체적으로 치료를 한 증거를 제시한 것이 아니며, 긍정적 사고의 치료 효과를 믿은 것은 19세기 신사고 운동 추종자들이었으므로 오답입니다.

37-1 만일 이성에게 매력적으로 보이고 싶다면, 정답은 눈 맞추기와 미소 짓기처럼 단순할 수도 있다. 대학생들이 실험 대상의 매력도에 근거하여 사진의 점수를 매기도록 요청 받았을 때, 특히 여성의 점수를 매긴 남성들에게 있어 눈웃음은 주요한 요소의 하나인 것처럼 보였다. 이것은 진화와 관계가 있을지도 모른다. 일부 과학자들은 인간의 뇌가 잠재적인 짝이 이미 관심 있다는 신호를 감지하도록 만들어져 있다고 믿는다. 놀랍게도, 혐오감을 표시하는 것 같은 입 모양과 직접적인 응시의 결합이 시선을 피하는 눈빛과 웃는 입 모양의 결합과 비교됐을 때 똑바로 쳐다보는 경우가 압도적으로 수행되었다. 과학자들은 이와 같은 연구에 매료되었는데, 그것들이 인간 행동의 신비를 일부 설명해 주기 때문이다.

위 글에서 유추할 수 있는 것은?
(a) 연구에 참여한 학생들은 사진 속의 사람들과 결국 직접 만났다.
(b) 남자들은 일반적으로 여성의 성격보다는 외모에 더 관심이 있다.
(c) 여성들은 대화를 할 때 남성보다 상대방과 직접적으로 시선을 맞추는 경향이 있다.
(d) 시선을 맞추는 것이 매력도를 결정하는데 있어 미소보다 더 중요하다.

유형 → 추론

Solution 시선을 맞추고 있는 사진과 피하고 있는 사진의 매력도를 평가하는 실험에서 시선을 맞추고 있는 사진이 좀 더 매력적으로 평가되었다는 내용이다.

Voca attractive 매력적인 rate 평가해(되)다 disgust 혐오감 avert 시선을 돌리다 straightforward 직접적인 win out 수행해 내다, 성취하다 overwhelmingly 압도적으로

Answer (d) Eye contact is more important than smiling in determining attractiveness.

Joseph's focus

사진을 보고 매력도를 평가하는 실험에서 비록 입으로는 혐오감을 표현하고 있더라도 시선을 맞추고 있다면, 시선을 피하고 있지만 웃고 있는 사람보다 더 매력적으로 평가되었다는 실험 결과를 설명하고 있습니다. 그러므로 매력도를 평가하는데 있어서는 시선을 맞추는 것이 미소보다 더 중요하다는 사실을 유추할 수 있습니다. 실험에 참가한 대학생들이 사진 속의 사람들을 직접 만났다는 내용은 전혀 언급되지 않았으므로 (a)는 정답이 아닙니다. 남성들이 직접적인 시선을 선호한다는 내용은 있지만 여성의 성격보다 외모에 관심이 있다는 내용은 없습니다.

37-2 최근 조사에 의하면 조직화된 종교는 많은 서부 유럽인들에게 있어 우선순위가 아닌 것으로 보인다. 서임된 성직자들의 수가 전에 없이 줄어들었고 자신의 일생을 기독교 교회에 바치기로 결심하는 젊은이들의 수도 줄어들고 있다. 아일랜드에서의 교회 참석률은 아직 유럽에서는 제일 높은 편이지만 1975년의 85퍼센트에서 2009년에 60퍼센트로 떨어졌다. 이 감소는 프랑스, 스웨덴, 네덜란드와 같은 곳에서는 더욱 심한데 이 국가들에서의 교회 참석률은 10퍼센트 아래로 떨어졌다. 전문가들은 유럽의 잔인한 종교 전쟁의 역사는 물론 전례 없는 부, 교회와 국가의 분리 증가가 이 경향에 기여해왔다고 믿는다.

위 신문 기사로부터 유추할 수 있는 내용은?
(a) 성직자가 되고자 하는 후보자들의 나이가 매년 높아지고 있다.
(b) 다른 종교들은 신도들의 수가 증가하고 있다.
(c) 기독교는 한때 유럽 사회에서 중요한 세력이었다.
(d) 스웨덴은 서부 유럽에서 가장 부유한 국가들 중 하나다.

유형 → 추론

Solution 유럽 국가들에서 교회에 다니는 사람들의 수가 크게 감소한 원인에 대한 글이다.

Voca priority 우선 사항 ordain (목사, 사제 등으로) 임명하다 dedicate 헌신하다 dwindle 감소하다 dramatic 극적인 plunge 급격히 감소하다 unprecedented 전례 없는 schism 분리

Answer (c) Christianity was once an important force in European society.

Joseph's focus

서부 유럽은 교회에 다니는 사람들의 수가 크게 감소했다는 기사입니다. 사제가 되고자 하는 젊은이들의 수도 크게 줄어 들었으며 유럽에서 가장 신앙심이 깊은 것으로 알려졌던 아일랜드에서조차 교회에 가는 사람들의 수가 1975년 국민의 85퍼센트에서 2009년에는 60퍼센트로 줄어들었습니다. 이러한 감소는 일부 국가들에서는 더욱 현저한데 프랑스, 스웨덴, 네덜란드의 경우는 10퍼센트 미만까지 떨어졌습니다. 전문가들은 유럽 역사상 종교로 인한 잔인한 전쟁들이 많았다는 점과 사람들이 전반적으로 부유해졌다는 점, 또한 국가 차원에서 종교를 장려하던 과거와는 달리 종교와 국가가 분리된 사실이 그 원인이라고 믿고 있습니다.

Part III (38~40)

38 콜레라가 창궐했던 18세기와 19세기에 산 채로 매장되는 것에 대한 공포가 널리 퍼져 있었다. (a) 너무 일찍 땅에 묻히게 될 가능성에 대한 공포는 많은 안전장치들의 발명을 가져왔다. (b) 대부분의 장치들은 실수로 매장될 경우 외부 세계와 연락하는데 사용될 수 있는 것들로, 땅 속에 장치된 줄을 이용하여 울릴 수 있는 종과 같은 것이었다. (c) 그럼에도 불구하고, 많은 사람들이 이 장치들이 사용 가능할 때조차 사용하지 않는 쪽을 택했다. (d) 다른 발명품들은 튜브나 다른 수단들을 이용하여 운 나쁘게 일찍 묻힌 희생자들에게 신선한 공기를 제공하기 위해 만들어진 것들이었다.

유형 → 글의 흐름 파악

Solution 구체적으로 어떤 장치들이 발명되었는가를 설명하고 있으

므로 많은 사람들이 이러한 장치들을 사용하지 않는 쪽을 택했다는 (c)는 전체적인 글의 흐름에 어긋난다.

 outbreak 발발, 발생 prospect 가능성 premature 시기상조의 burial 매장

 (c) Nonetheless, many people chose not to use the devices even when available.

Joseph's focus

콜레라가 발생하여 많은 사람이 사망했던 18세기와 19세기 동안 사람들은 자신이 콜레라에 걸릴 경우 아직 죽지 않았는데, 산 채로 매장되지나 않을까 염려했다고 합니다. 그래서 만약의 사태에 대비한 발명품들이 많이 등장했다고 소개하고 있습니다. 위 글에서는 크게 두 가지의 발명품을 소개하고 있는데, 이런 장치들을 사용하지 않기로 했다는 (c)는 글의 흐름에 어긋납니다.

39 심층 생태학은 생태적 철학의 새로운 분야이다. (a) 이것은 인간이 더 큰 자연 체계의 일부라는 개념을 기본으로 한다. (b) 심층 생태학자들은 환경 운동보다는 비인간 종들과 생태계를 더 중시하고, 모든 생물들이 동등한 권리를 갖는다고 믿는 경향이 있다. (c) 실제로 역사를 통틀어, 보존과 환경 보호의 철학을 채택했던 수많은 사회들이 존재해 왔다. (d) 그들은 또한 생물학과 자원관리가 다루지 못하는 생물 생존권의 일부라는 것이 무엇을 의미하는가에 대한 본질적인 문제들에 관심을 가졌다.

유형 → 글의 흐름 파악

 전체적으로 심층 생태학이 무엇인가에 대한 설명인데 글의 흐름에 어긋나는 문장을 찾으면 된다.

 ecological 생태학의 species 종 ecosystem 생태계 throughout ~동안에, 내내 espouse 지지하다, 신봉하다

 (c) Indeed, throughout history, there have been a number of societies that have espoused a philosophy of conservation and environmental preservation.

Joseph's focus

심층 생태학이란 인간과 자연이 하나라는 생태 중심주의로 인간 이외의 다른 종들과 생태계 자체를 더 중시한다고 합니다. 또한 인간들처럼 모든 살아있는 생물들도 똑같이 번성할 권리를 갖는다고 생각합니다. (c)는 심층 생태학에 대한 내용이 아니라, 역사상 이러한 움직임과 유사하게 보존의 철학과 환경보호의 개념을 지지한 사회들이 존재했었다는 사실을 언급하고 있으므로 (c)가 내용의 흐름에 어긋난다고 할 수 있습니다.

40-1 1969년 8월, 역사상 가장 유명한 음악 페스티벌 중의 하나가 뉴욕 주 화이트 레이크 시티에서 개최되었다. (a) 50만 명이 넘는 우드스톡 콘서트 관람자들이 소위 히피시대에 가장 유명한 32명의 음악가들의 음악을 듣기 위해 빈 들판에 모였다. (b) 이 반체제 운동은 미국 역사에 있어 중요한 전환점이었다. (c) 페스티벌은 음악 공연뿐만 아니라, 3일 동안 수천 명의 사람들이 어떤 폭력 사태도 없이 함께 야영을 했다는 사실로 전설이 되었다. (d) 이 사실은 많은 젊은이들이 조성하고자 했던 이상적인 시대정신과 크게 관계가 있었다.

유형 → 글의 흐름 파악

 우드스톡 콘서트에 대한 설명이므로 콘서트 자체에 대한 내용이 아닌 것을 고르면 된다.

 take place 일어나다, 발생하다 concertgoer 콘서트 애호가 era (특정한 성격 · 사건으로 구별 되는) 시대 counterculture 반(反)체제 문화 legendary 전설적인 camp 야영하다

 (b) The counterculture movement was an important turning point in American history.

Joseph's focus

1969년 뉴욕 주 우드스톡에서 있었던 음악 축제에 대한 내용입니다. 반체제 문화는 기존 문화에 대항하던 당시의 흐름이었고 미국 역사에 있어 전환점이 된 것은 사실이지만, 이 글은 전체적으로 우드스톡 콘서트 자체에 대한 내용으로 왜 이 콘서트가 전설적인 사건으로 역사에 남게 되었는가에 관한 설명입니다. 그러므로 (b)는 글의 흐름과 일치하지 않는다고 할 수 있습니다.

40-2 바이안 문화를 세계에 알리는 데에 조지 아마도보다 더 기여한 사람은 없다. (a) 1912년 출생한 조지는 어린 시절을 자신의 후기 소설의 배경으로 여러 번 나왔던 일에우스에서 보냈다. (b) 살바도르에서 중등교육을 마친 그는 리오에서 법학을 공부했지만 변호사가 되지 않고 작가가 되기로 결심했다. (c) 그는 겨우 19살 때 나이에 첫 소설을 출간함으로써 비평가와 대중을 놀라게 했다. (d) 브라질에서 가장 유명한 낭만소설 작가였던 아마도는 브라질 정부가 지원해 주지 않는다고 정부를 비난했다.

유형 → 글의 흐름 파악

 조지 아마도가 출생한 후부터 어떤 성장기를 거쳐서 작가가 되었는지를 밝혀주는 전기적인 내용인데 반해 선택지 (d)만 아마도가 브라질 정부를 비난했다는 것이므로 글의 흐름상 어색하다.

 scene 장면, 배경 go into practice (의사 · 변호사 등이)개업을 하다 denounce 비난하다

 (d) Brazil's most famous romanticist author, Amado denounced Brazil government for its lack of support

Joseph's focus

바이안 문화를 외부에 알리는 데 공헌한 조지 아마도에 관한 글을 읽고 흐름상 어색한 것을 고르는 문제입니다. (a), (b), (c) 모두 조지 아마도가 출생한 후부터 어떤 성장을 거쳐서 작가가 되었는지를 밝혀주는 전기적인 내용입니다. 하지만 (d)만 아마도가 브라질 정부를 비난했다는 것이므로 글의 흐름상 어색합니다.

Practical Test 2

Listening Comprehension

Part I 1~15

1 (d) 2 (d) 3 (c) 4 (a) 5 (c) 6 (b) 7 (b) 8 (a) 9 (a) 10 (b)
11 (d) 12 (c) 13 (d) 14 (b) 15-1 (c) 15-2 (c)

Part II 16~30

16 (b) 17 (d) 18 (c) 19 (b) 20 (b) 21 (a) 22 (a) 23 (a) 24 (d) 25 (b)
26 (c) 27 (d) 28 (d) 29 (c) 30-1 (a) 30-2 (a)

Part III 31~45

31 (b) 32 (b) 33 (a) 34 (c) 35 (c) 36 (b) 37 (a) 38 (c) 39 (c) 40 (a)
41 (b) 42 (c) 43 (b) 44 (b) 45-1 (c) 45-2 (d)

Part IV 46~60

46 (d) 47 (c) 48 (d) 49 (d) 50 (a) 51 (d) 52 (b) 53 (a) 54 (c) 55 (d)
56 (b) 57 (b) 58 (d) 59 (d) 60-1 (c) 60-2 (d)

Grammar

Part I 1~20

1 (c) 2 (c) 3 (c) 4 (c) 5 (d) 6 (d) 7 (b) 8 (a) 9 (c) 10 (b)
11 (a) 12 (c) 13 (a) 14 (c) 15 (c) 16 (a) 17 (d) 18 (d) 19 (d)
20-1 (b) 20-2 (b)

Part II 21~40

21 (c) 22 (c) 23 (c) 24 (b) 25 (a) 26 (d) 27 (d) 28 (c) 29 (c) 30 (b)
31 (a) 32 (a) 33 (c) 34 (a) 35 (d) 36 (b) 37 (a) 38 (c) 39 (d)
40-1 (b) 40-2 (b)

Part III 41~45

41 (b) 42 (b) 43 (a) 44 (b) 45-1 (b) 45-2 (b)

Part IV 46~50

46 (c) 47 (b) 48 (d) 49 (b) 50-1 (d) 50-2 (b)

Part I 1~25

1 (d) 2 (c) 3 (b) 4 (a) 5 (d) 6 (b) 7 (b) 8 (c) 9 (b) 10 (a)
11 (d) 12 (c) 13 (d) 14 (b) 15 (b) 16 (d) 17 (b) 18 (b) 19 (a) 20 (c)
21 (a) 22 (c) 23 (b) 24 (b) 25-1 (a) 25-2 (c)

Part II 26~50

26 (b) 27 (b) 28 (a) 29 (b) 30 (c) 31 (c) 32 (a) 33 (b) 34 (a) 35 (c)
36 (d) 37 (a) 38 (d) 39 (c) 40 (a) 41 (a) 42 (b) 43 (c) 44 (a) 45 (a)
46 (d) 47 (a) 48 (b) 49 (b) 50-1 (d) 50-2 (c)

Part I 1~16

1 (a) 2 (c) 3 (b) 4 (d) 5 (d) 6 (b) 7 (a) 8 (d) 9 (a) 10 (b)
11 (d) 12 (b) 13 (c) 14 (a) 15 (b) 16-1 (c) 16-2 (a)

Part II 17~37

17 (d) 18 (c) 19 (b) 20 (c) 21 (a) 22 (b) 23 (b) 24 (a) 25 (a)
26 (b) 27 (c) 28 (a) 29 (a) 30 (c) 31 (b) 32 (b) 33 (d) 34 (a)
35 (d) 36 (d) 37-1 (c) 37-2 (a)

Part III 38~40

38 (d) 39 (a) 40-1 (b) 40-2 (b)

🎧 Listening Comprehension

Part I (1~15)

1 W It was so kind of you to drop by and help out.

M ________________

(a) I'd like it.
(b) I don't think so.
(c) It doesn't matter.
(d) Glad to be of service.

W 와서 도와 줘 정말 고마워.

M ________________

(a) 그게 좋겠어.
(b) 아닌 것 같은데.
(c) 상관없어.
(d) 도울 수 있어서 기뻐.

유형 → 평서문

Solution 친구에게 도와준 것에 대한 감사를 표현하는 응답이 적절하다.

Voca drop by 들르다 help out 도와주다

Answer (d) Glad to be of service.

Joseph's focus

[It was so kind of you ~.], [How kind/nice of you~.]로 시작되는 감사의 표현이란 걸 알고 있으면, 쉽게 풀 수 있는 문제입니다. 감사의 표현에 Sure로 대답할 수도 있으며, [You're (very) welcome./ Don't mention it./ My pleasure./ It wasn't much.] 등으로 대답할 수도 있습니다. 영미인 들은 외모나 능력의 칭찬에 대한 대답으로 겸양의 표현보다는 감사의 표현을 쓴다는 점에 유의합니다.

More Expressions

감사의 표현

How nice!
That was very nice.
This means a lot to me.
I'm very grateful for (your help).
I greatly appreciate (your help).
I can't thank you enough for (your help).

2 M Should you call your parents before we leave the theater?

W ________________

(a) Whomever you prefer. It's up to you.
(b) No, I left it at the theater.
(c) It's probably over by now.
(d) Well, it won't be necessary.

M 극장으로 떠나기 전에 너희 부모님께 전화를 해야 하니?

W ________________

(a) 네가 좋다면 누구든 좋아. 너에게 달려 있어.
(b) 아니, 극장에 두고 왔어.
(c) 지금쯤은 아마 끝났을 거야.
(d) 꼭 그럴 필요는 없어.

유형 → 의문사 없는 의문문

Solution '부모님께 전화를 해야 하지 않을까?'라는 제안에 대한 적절한 답을 찾아야 한다.

Voca whomever 누구든지
be up to ~에게 달려 있다(= depend on)

Answer (d) Well, it won't be necessary.

Joseph's focus

[Should you + 동사원형]으로 시작되는 의문문은 제안하는 표현으로, 의문사(Why don't you~?/ How about ~?/ What do you say to -ing?)가 있는 제안의 표현들과는 달리, Yes, No로 응답할 수 있다는 차이점이 있습니다.

3 W Have you had the pleasure of meeting Tom?

M ________________

(a) No one told me about a meeting.
(b) I'm pleased to hear that.
(c) Can't say that I have.
(d) No, I've never had one.

W 톰을 만난 적이 있으신가요?

M ________________

(a) 아무도 회의 얘기를 안 해 줬는데요.
(b) 그 소식을 듣게 돼서 기뻐요.
(c) 만난 적이 없어요.
(d) 아니오, 한 번도 가져 본 적이 없어요.

유형 → 의문사 없는 의문문

Solution [Have you met Tom?]의 완곡한 표현의 질문에 대한 가장 적절한 응답을 찾으면 된다. 사람은 가지는 물건이 아니므로 (d)는 부적절하다.

Voca have the pleasure of -ing ~하는 기쁨을 누리다

Answer (c) Can't say that I have.

Joseph's focus

[Have you p.p.~?] 형태의 의문문에 대한 응답을 물어보는 고난이도 문제로, 듣기문제를 가장한 문법문제입니다. 특히 (d)로 답을 고를 수 있겠지만, 문장 끝의 부정대명사 one은 it 또

는 that이 되어야 합니다. 참고로 앞에 나온 바로 그 명사는 it, them, that 등으로 받아야 하며, one은 동일한 종류의 명사를 받을 때 사용된다는 점을 순발력 있게 확인해야 합니다.

> ### More Expressions
>
> #### 헤어질 때의 인사
>
> May I have the pleasure of seeing you again?
> 다시 뵐 수 있을까요?
>
> = May I see you again?
>
> #### 다른 사람을 소개시켜 줄 때
>
> There's someone I'd like you to meet.
> 네가 만나 봤으면 하는 사람이 있어.
>
> Let me introduce you to a friend of mine.
> 내 친구를 소개시켜 줄게.
>
> #### 만난 적이 있는 경우의 응답
>
> In fact, we were just introduced.
> 우린 사실 방금 인사를 나눴어요.
>
> Actually, we've known each other for a while.
> 사실 서로 알고 지낸 지 꽤 됐어요.
>
> #### 만난 적이 없는 경우의 응답
>
> His name doesn't sound familiar.
> 이름이 낯설게 들리는데요.
>
> No, we've never been introduced.
> 아니오, 소개받은 적이 없어요.

4 M Why don't you bring your boyfriend along?
　　 W ______________________________________

(a) He would be thrilled at the idea.
(b) Because he didn't want to come.
(c) Oh, I didn't know.
(d) I thought it was fun.

　　 M 남자 친구를 데려오는 게 어때?
　　 W ______________________________________

(a) 그가 굉장히 좋아할 거야.
(b) 남자 친구가 오고 싶어 하지 않았어.
(c) 이런, 몰랐어.
(d) 재미있었다고 생각했는데.

유형 → 의문사 있는 의문문(제안)

Solution	[Why don't you ~?]는 제안을 나타내는 표현으로, 그가 광장히 좋아할 것이라고 맞장구를 치는 (a)가 가장 적절한 응답이 된다.
Voca	bring along ~를 데리고 오다 be thrilled at ~에 전율을 느끼다, ~을 무척 반기다
Answer	(a) He would be thrilled at the idea.

[Why don't you+동사원형] 형태는 제안의 표현으로, Yes, No의 응답을 고르지 않도록 해야 합니다. 이와 관련하여 이 문제는 시제를 주의할 필요가 있는데, Why 다음에 didn't 가 아니라 don't라는 걸 정확하게 들어야 합니다. 왜냐하면, don't 가 아니라 didn't로 들렸다면, (b), (c), (d) 모두 답이 될 수 있고, 실제로 이 중에서 하나를 고르기 쉽기 때문입니다.

5 W What brings you to New York?
　　 M ______________________________________

(a) We have great discounts on airline tickets.
(b) I only brought a small suitcase.
(c) We have a family reunion.
(d) Well, how can I help?

　　 W 뉴욕에는 무슨 일로 왔어요?
　　 M ______________________________________

(a) 비행기 표를 할인 판매하고 있어요.
(b) 작은 여행가방 하나만 가져왔어요.
(c) 가족 모임이 있어요.
(d) 어떻게 도와 드릴까요?

유형 → 의문사 있는 의문문

Solution	[What brings you ~?]는 말 그대로 '무엇이 당신을 ~로 데리고 왔나요? 라는 의미로 '무슨 일로 오셨어요?'라는 뜻이다. (b)는 무엇을 가지고 왔는가라는 질문에 대한 답이다.
Voca	suitcase 트렁크 family reunion 가족 모임
Answer	(c) We have a family reunion.

[What brings / has brought / brought+사람+to 장소?]는 어떤 장소의 방문 목적을 물어볼 때 가장 많이 쓰이는 표현입니다. 의문사 What으로 시작되지만 이유를 묻고 있으므로, Yes/No 응답은 어려우며 because가 없더라도 직·간접적으로든 방문 목적을 답한 선택지를 고르면 됩니다.

6 M Your daughter is the prettiest girl in the room.
　　 W ______________________________________

(a) It is difficult to raise children.
(b) Thank you so much for your kind words.
(c) She is almost four years old.
(d) I'm sorry but I can't.

　　 M 댁의 따님이 여기서 제일 예쁘네요
　　 W ______________________________________

(a) 애들 키우기가 힘들어요.
(b) 좋은 말씀해 주셔서 감사합니다.

(c) 거의 네 살이에요.
(d) 그럴 수 없어 유감입니다.

유형 → 평서문

Solution 아이를 칭찬해 주었으므로 그에 대한 감사의 답변이 기대
된다.

Voca raise (아이를) 기르다. (식물을) 재배하다
kind words 칭찬(=compliment, praise)

Answer (b) Thank you so much for your kind words.

Joseph's focus

영어에서는 외모나 능력을 칭찬할 경우엔 겸양의 표현을 쓰기
보다는 거의 대부분 감사의 표현을 쓴다는 점에 유의하고, 감사
의 응답이 선택지에서 들리지 않을 경우는 감사의 표현을 생략
한 간접적인 코멘트 등이 답이 됩니다. 예를 들면, "너 날씬해졌
구나"에 대한 응답으로, "다이어트 했어" 또는 "요즘 운동 좀 했
어" 등이 적절한 응답이 될 수 있습니다.

More Expressions

다른 사람의 아이를 칭찬할 때

Your son is very well-behaved. 아드님이 참 얌전해네요.

What a cute baby! 아기가 너무 예뻐요.

She looks just like her grandmother.
할머니를 많이 닮았어요.

And you have a very handsome son.
댁의 아드님도 잘 생겼어요.

She's certainly growing up fast. 얼마나 빨리 자라는지 몰라요.

---

7 W Have you seen Mom, Bob?
M _______________

(a) Where does she live?
(b) She's just stepped out.
(c) Yes, she saw you.
(d) Yes, my mother is coming.

W 엄마 어디 계시니, 밥?
M _______________

(a) 어디 사시는데?
(b) 잠깐 나가셨어요.
(c) 응, 엄마가 널 보셨어.
(d) 응, 우리 엄마가 오셔.

유형 → 의문사 없는 의문문

Solution 엄마를 본 적이 있는지 경험을 묻는 것이 아니라, 엄마
가 어디 계신지를 묻는 표현이다. [Do you know where
Mom is, Bob?]과 같은 의미이다.

Voca step out 나가다

Answer (b) She's just stepped out.

Joseph's focus

[Have you+p.p~?] 형태의 의문사가 없는 의문문이라고 단
순한 Yes/No의 기계적인 응답을 기대하면 오답 함정에 빠지
기 쉽습니다. seen의 목적어가 Mom이라는 데 주의해야 하고

질문자는 단순 엄마를 봤냐, 못 봤냐를 넘어 엄마가 현재 어디
에 있는지 추가적 답변을 요하는 상황임을 간파해야 합니다.

8 M I'm sorry I haven't called for ages.
W _______________

(a) Better late than never.
(b) You cannot call from that phone.
(c) It was wonderful to see that.
(d) All right. I never knew her name.

M 오랫동안 전화 못 해서 미안해.
W _______________

(a) 이제라도 전화했으니 됐어.
(b) 그 전화로는 통화가 안 돼.
(c) 그걸 보게 돼서 기뻐.
(d) 괜찮아. 그녀 이름을 몰랐어.

유형 → 평서문

Solution 그동안 전화 못 한 것에 대해 사과를 하고 있으므로 사과에
대한 적절한 답변을 찾아야 한다.

Voca for ages 오랫동안   be wonderful to see ~를 보게
돼서 기쁘다

Answer (a) Better late than never.

Joseph's focus

사과에 대한 적절한 응답을 고르는 문제로, 가장 보편적인 응
답들을 숙지하고 있으면 쉽게 풀 수 있는 유형의 문제입니다만,
[Why? / For what? / You don't have to. / You don't say. /
Things like that will happen.] 등의 예측하기 어려운 표현들
도 나올 수 있다는 것을 염두에 두어야 합니다. [I owe you an
apology ~ / Please forgive me for~. / Please accept my
apology.] 등의 사과표현도 기억하도록 합니다.

More Expressions

사과에 대한 적절한 답변

Don't worry about it.　　Forget about it.
No harm done.　　　　 No big deal.
That's fine.　　　　　 Don't let it bother you.

---

9 W Is the manager still on hold?
M _______________

(a) Yes, he says it's urgent he speak to you now.
(b) No, you can't do that.
(c) I can't hold it much longer.
(d) If you say so.

W 매니저가 아직 대기 중인가요?
M _______________

(a) 네, 급한 용건으로 통화를 꼭 해야 한다고 했어요.
(b) 아니오, 그러시면 안 돼요.
(c) 더 이상 대기할 수가 없어요.
(d) 정 그러시다면요.

유형 → 의문사 없는 의문문

Solution 내선전화를 이용해 사내 통화하는 상황이다. 매니저가 전화를 했지만, 잠깐 바빠서 기다리라고 했고 이제 통화가 가능하므로 그가 아직도 전화를 기다리는지를 묻는 상황이다.

Voca be on hold 전화를 끊지 않고 기다리다

Answer (a) Yes, he says it's urgent he speak to you now.

Joseph's focus

의문사 없는 의문문이고 Yes, No로 시작되는 답변을 기대할 수 있습니다만, 전화영어에서 사용되는 어휘 be on hold를 숙지하고 있어야 쉽게 풀 수 있는 문제입니다. 평소 주제별, 상황별로 자주 쓰이는 어휘를 암기하는 것이 청해에 도움이 될 수 있습니다.

> **More Expressions**
>
> **전화연결과 관련된 표현**
>
> Hold on, I'll put you through.
> 잠깐만요. 연결시켜 드릴게요.
>
> I couldn't get through. 전화연결이 안 되더군요.
>
> You've reached Tom's house. 톰의 집입니다.
>
> You caught me at a bad time.
> 지금 전화 받기 좀 곤란해요.
>
> The line is busy. 통화 중이다.
>
> He's on another line. 그는 다른 전화를 받고 있는 중이다.
>
> Hold on, please. 끊지 말고 기다리세요.
>
> There is no one here by that name.
> 여기 그런 사람 없는데요.
>
> I'll switch you over to him. 지금 바꿔드리겠습니다
> = I'll get him on the line for you.
>
> His phone is off the hook. 그는 수화기를 내려놨습니다.
> = He left his phone off the hook.

10 W I totally blew it! I should have prepared more for the exam.

M ＿＿＿＿＿＿＿＿＿＿＿＿

(a) Did you put off the exam?
(b) Don't beat yourself up about it.
(c) I don't have enough time for that.
(d) Be prepared to work hard.

W 완전히 망쳤어! 시험 준비를 좀 더 했어야 했는데.

M ＿＿＿＿＿＿＿＿＿＿＿＿

(a) 너 시험 연기했니?
(b) 너무 자책하지 마.
(c) 그럴 시간이 충분히 없었어.
(d) 열심히 공부할 준비를 해.

유형 → 평서문

Solution 여자가 시험을 망친 것에 대해 스스로를 자책하고 있으므로 위로의 말이 가장 적절하다.

Voca totally 완전히 blow it (기회 등을) 놓치다, 망치다 put off 연기하다(=postpone) beat up ～를 두들겨 패다 be prepared to ～할 준비를 하다

Answer (b) Don't beat yourself up about it.

Joseph's focus

[should have p.p]는 TEPS 청해, 문법시험에서 빈출되는 표현입니다. 주어가 I일 경우는 과거 사실에 대한 후회나 아쉬움을 토로하는 표현이고, 주어가 I가 아닐 경우는 때늦은 강한 충고의 표현으로 자주 쓰입니다. [should have p.p]보다 강도는 낮지만, [could have p.p]도 지나간 과거 사실에 대한 가벼운 제안으로 자주 쓰입니다.

> **More Expressions**
>
> **시험에 관한 표현들**
>
> A: What's in the test?
> 시험에 뭐가 나오나요?
> B: Everything we covered this semester.
> 이번 학기에 배운 거 전부 다.
>
> How did you do on the test? 시험 잘 봤니?
>
> You'll get another chance. 또 기회가 있을 거야.
>
> Well, you have another exam tomorrow.
> 내일 또 시험이 있잖아.
>
> I'm sure you did your best. 네가 최선을 다했으리라고 믿어.

11 M Please feel free to stop by any time.

W ＿＿＿＿＿＿＿＿＿＿＿＿

(a) You could've asked.
(b) He's gone for now.
(c) I've never stopped.
(d) As soon as I get a chance I will.

M 언제든지 주저하지 말고 들르세요.

W ＿＿＿＿＿＿＿＿＿＿＿＿

(a) 물어 봤어야지요.
(b) 그는 지금 가고 없는데요.
(c) 나는 멈춘 적이 없어요.
(d) 기회가 생기면 꼭 그럴게요.

유형 → 평서문

Solution 초대에 대한 응답으로 가장 적절한 것을 찾아야 한다.

Voca feel free to 마음 놓고 ～하다 stop by 들르다(=swing by) any time 언제든지

Answer (d) As soon as I get a chance I will.

Joseph's focus

초대에 대한 응답의 표현들을 알아 두도록 합니다.

12 W When does the concert in the park begin?

M ＿＿＿＿＿＿＿＿＿＿＿＿

(a) Yes, I went to the park last night.

(b) No, this isn't a good place to park.
(c) Any time now.
(d) There will be a concert in the park.

W 공원에서 콘서트가 언제 시작하니?
M _______________________

(a) 응, 어젯밤에 공원에 갔었어.
(b) 아니, 주차하기에 좋은 자리가 아냐.
(c) 곧 시작해.
(d) 공원에서 콘서트가 있을 거야.

유형 → 의문사 있는 의문문

Solution 콘서트 시작 시간을 묻고 있으므로 시간으로 답변을 하거나 잘 모를 경우에는 [I'm not sure.] 혹은 [I have no idea.] 등으로 대답할 수 있으며, 이 문제처럼 금방 시작할 거라는 식으로 답변할 수도 있다.

Voca park (n) 공원 (v) 주차하다

Answer (c) Any time now.

Joseph's focus

의문사 When으로 시작된 의문문이지만, 정답이 시간을 나타내는 부사(구)가 아닌 간접 응답으로 등장한 문제입니다. 특히 When 의문문의 경우, 현재, 과거, 미래 등 시제에 유의해야 하므로 동사를 주의해서 들어야 합니다. 최근에는 시제에 혼동을 주어 오답을 유도하는 선택지가 많이 등장하므로, 문제를 풀면서 오답 유형을 반드시 분석하도록 해야 합니다.

> **More Expressions**
> **시간 관련 표현**
> After the sun goes down. 해가 진후에.
> At 7:30 sharp. 7시 30분 정각에.

13 M Have you picked a restaurant for dinner tonight?
W _______________________

(a) I eat dinner around 6:00.
(b) No, that one is closed.
(c) It's nice to go out to eat.
(d) I'm still working on it.

M 오늘 저녁에 갈 식당을 골랐니?
W _______________________

(a) 나는 저녁을 6시쯤에 먹어.
(b) 아니, 거기는 문을 닫았어.
(c) 외식하는 건 참 좋아.
(d) 아직도 생각 중이야.

유형 → 의문사 없는 의문문

Solution 저녁 식사를 할 식당을 정했는지를 묻고 있다. 아직도 결정을 못했다는 (d)가 가장 적절하며 (a)는 언제 저녁을 먹는가에 대한 답변으로 적절하다.

Voca pick 고르다

Answer (d) I'm still working on it.

Joseph's focus

조동사 have로 시작되는 현재완료 형태의 의문문 문제들은 첫 부분의 조동사, 시제, 인칭, 본동사를 정확히 들어 주고, 재빨리 상황을 머릿속에 그림으로 떠올려야 할 정도로 순발력을 요합니다. 최근 시험에서는 Yes나 No의 응답보다는 상황에 어울리는 간접 응답이 많이 등장하고 있기 때문에, 가장 정확히 들어야 하는 유형의 문제에 포함됩니다.

14 W This is my bottom price. Take it or leave it.
M _______________________

(a) Actually, I don't want to leave without you.
(b) Let me sleep on it.
(c) I can't believe that he's being so generous.
(d) I don't know how to thank you.

W 이게 최저 가격이에요. 싫으면 관두세요.
M _______________________

(a) 사실 당신 없이 떠나긴 싫어요.
(b) 생각해 볼게요.
(c) 그가 그렇게 관대하다니 믿을 수가 없네요.
(d) 뭐라고 감사의 말씀을 드려야 할지.

유형 → 평서문

Solution 제안에 대한 답변이므로 제안을 수락하거나 거절하거나 생각해 보겠다는 의미의 답변이 적절하다.

Voca bottom price 최저 가격 Take it or leave it. 수락하든지 거절하든지 양자택일하세요. sleep on 하룻밤 자며 신중히 생각하다

Answer (b) Let me sleep on it.

Joseph's focus

평서문은 의문문과는 달리, 정확히 듣는 것 이상으로 대화의 빠른 상황 파악이 매우 중요합니다. bottom price와 take it or leave it이라는 표현을 모르거나, 알더라도 놓치게 되면, 대화의 상황이 제대로 파악되지 않기 때문에 정답률이 현저하게 떨어질 수밖에 없는 유형의 문제라고 볼 수 있습니다.

> **More Expressions**
> **가격 흥정할 때**
> Can you come down a little on this?
> 이거 좀 가격을 깎아 주실 수는 없나요?
> That's a steal. 공짜나 마찬가지네.

15-1 M I think it's perfectly fair that Jenny got promoted instead of Jack.
W _______________________

(a) It's unfair that she has to work harder.
(b) Congratulations! You deserved it!
(c) You've got the point. I couldn't agree with you more.
(d) You're right. She should not be promoted.

M 제니가 잭 대신에 승진한 것이 매우 공평하다고 생각해.

W ___________________________

(a) 그녀가 더 열심히 일해야 한다는 건 불공평해.
(b) 축하해! 넌 자격이 있어!
(c) 바로 그거야! 네 말에 전적으로 동의한다.
(d) 맞아. 그녀는 승진되지 말아야 해.

유형 → 평서문

Solution 남자가 제니의 승진에 대한 자신의 의견을 표현하고 있으므로, 그의 의견에 동의하거나 반대하는 답변이 적절하다. (b)는 승진한 당사자에게 할 수 있는 축하의 말이다.

Voca get promoted 승진하다 deserve ~할 자격이 있다
You have a point. 네 말이 맞아. I can't agree with you more. 전적으로 동의해.

Answer (c) You've got the point. I couldn't agree with you more.

Joseph's focus

[I think ~.]로 시작되는 평서문은 주로 어떤 사안에 대해 자신의 의견이나 견해를 밝히는 대화문으로, 찬성, 반대 표현이 대체로 정답으로 등장합니다. fair만 들었을 경우는 (a)로 오답을 고를 수 있으며 인칭을 주의해서 듣지 않으면 (b)를 고를 수도 있겠고, 부정부사 not을 놓치게 되면, (d)를 고를 가능성도 다분합니다. 정확히 듣지 못한 경우는 질문지에 나온 단어가 그대로 반복되거나, 연상어휘가 등장하는 선택지는 일단 오답 함정일 가능성이 크므로, 가급적 답에서 제외하는 것이 정답률을 높이는 방법이 되겠습니다.

More Expressions ___________

동의할 때
I'm 100% with you. 100퍼센트 네 의견에 동감이야.

You got that right. 네 말이 맞아.

반대할 때
I completely disagree. 나는 완전히 반대야.

We don't see eye to eye on that.
우리는 그 문제에 대해 의견이 다르군요.

15-2 W Hey, Joseph. I searched all over, but I can't find my cell phone. Have you seen it?

M ___________________________

(a) Why didn't you just call them and ask?
(b) Sorry, but I don't have your phone number.
(c) Don't tell me you lost another one.
(d) No, nobody called while you were out.

W 이봐, 죠셉. 여기저기 다 찾아 봤는데, 내 핸드폰을 찾을 수가 없어. 내 핸드폰 봤니?

M ___________________________

(a) 그들한테 전화를 해서 물어 보지 그랬어?
(b) 미안한데, 네 전화번호를 몰라.
(c) 설마 또 잃어버린 거 아니겠지.
(d) 아니, 너 없는 동안 아무도 전화 안 했어.

유형 → 의문사 없는 의문문

Solution 휴대폰을 찾을 수가 없다고 하면서 혹시 봤냐고 묻고 있다.

Voca all over 도처에

Answer (c) Don't tell me you lost another one.

Joseph's focus

여기서 [Have you seen it?]은 '그것을 본 적이 있느냐'고 경험을 묻는 것이 아니라, '어디 있는지 아냐'고 묻는 것입니다. 어디에서 봤다고 말하거나 모르겠다고 하는 답변을 기대할 수 있습니다. (a)를 정답으로 착각할 수 있지만, 여기서는 '왜 그들에게 전화해서 물어 보지 않았어?'라는 뜻의 함정입니다. (c)의 [Don't tell me ~.]는 '설마 ~인 건 아니지?'의 의미로 직접적인 답변은 아니지만, 여자가 물건을 잘 잃어버리는 사람이고 전에도 핸드폰을 잃어버린 적이 있는 사람이라면 정답으로 얼마든지 가능한 답변이 됩니다. (d)는 자신이 없는 사이, 전화한 사람이 있었냐는 질문에 대해 적절합니다. 물건을 잃어버려 찾을 수 없을 때 misplace란 동사를 많이 사용한다는 것도 알아 두도록 합시다.

Part II (16~30)

16 M Mary, can you play the piano?
W Not very well, but I'm working hard at improving.
M Do you think you could teach me to play?
W ___________________________

(a) I don't sound too bad, do I?
(b) I will certainly try.
(c) Thank you for saying so.
(d) What a great concert!

M 메리, 너 피아노 칠 줄 아니?
W 잘은 못 치지만, 열심히 연습하고 있어.
M 나한테 피아노 치는 거 가르쳐 줄 수 있니?
W ___________________________

(a) 그렇게 못 치지는 않지?
(b) 한 번 해 볼게.
(c) 그렇게 말해 줘서 고마워.
(d) 멋진 콘서트였어!

유형 → 의문사 없는 의문문

Solution 피아노를 가르쳐 줄 수 있는지를 묻고 있다. 답변으로는 거절 혹은 수락의 표현이 적절하다.

Voca improve 개선하다, 향상시키다

Answer (b) I will certainly try.

Joseph's focus

세 번째 대화문만 정확히 들었다면 앞부분을 대충 들어도 정답을 쉽게 찾을 수 있는 문제입니다. 남자가 정중하게 요청을 하고 있으므로, 직접적인 수락의 응답이나 직·간접적인 거절의 응답이 정답이 될 확률이 높습니다. 참고로 [Would you mind ~?]로 시작되는 요청문에서는 허락을 하는 경우 not이 들어간 부정적인 답변이 수락의 답변이 됩니다.

17 M Look! I found a kitten in my backyard.
W Poor thing. She must be lost.
M She seems hungry, I think.
W _______________________________

(a) Help yourself to the food.
(b) I'm not hungry yet.
(c) Let's go find her in the backyard.
(d) Why don't we give her some milk?

M 이거 봐! 뒤뜰에서 새끼 고양이를 찾았어.
W 가엾어라. 길을 잃었나 봐.
M 배고파하는 것 같아.
W _______________________________

(a) 마음껏 음식을 먹어.
(b) 난 아직 배 안 고픈데.
(c) 뒷마당에서 그 새끼 고양이를 찾자.
(d) 우유를 좀 주는 게 어떨까?

유형 → 평서문

Solution 길 잃은 고양이가 배고파 보인다고 염려를 하고 있으므로 '먹을 것을 주자' 혹은 '주인을 찾아 주자' 등의 답변이 가장 적절하다.

Voca kitten 새끼 고양이 poor thing 가엾어라
help oneself to (음식물 따위) 마음대로 먹다

Answer (d) Why don't we give her some milk?

Joseph's focus

권유 · 제안을 나타내는 평서문에서 이에 대한 응답은 Yes, No로 대답하거나 또 다른 의견을 제안할 수 있습니다. 의견제안으로는 [How about~? / why don't ~? / Let's ~.]와 같은 표현을 사용할 수 있습니다.

18 M I apologize for the delay.
W Were you stuck in traffic?
M Actually, I left the office late.
W _______________________________

(a) There was a car accident on the way.
(b) I'm sorry, but the traffic was bad.
(c) I hope you're done for the evening.
(d) Let's meet after work.

M 늦어서 미안해요.
W 차가 많이 막혔나요?
M 사실은 사무실에서 늦게 출발했어요.
W _______________________________

(a) 오는 길에 사고가 났어요.
(b) 미안하지만 교통체증이 심했어요.
(c) 오늘 일은 다 끝냈기를 바라요.
(d) 퇴근 후에 만납시다.

유형 → 평서문

Solution 지각의 변명에 대한 답변으로, 괜찮다고 답을 하거나 다음부터는 늦지 말라고 경고를 하는 표현이 적절한데, 이 문제처럼 '오늘 일을 다 마쳤길 바란다'는 소망의 표현도 종종 나올 수 있다.

Voca be stuck in traffic 교통 체증에 걸리다 on the way 가는 도중에

Answer (c) I hope you're done for the evening.

Joseph's focus

세 번째 대화문에서 남자가 진짜로 늦은 이유를 밝히고 있습니다. 평서문이기 때문에 응답 또한 셀 수 없을 정도로 많겠지만, 대화 당사자 간의 관계와 상황을 재빨리 파악했다면, 예상할 수 있는 답변은 한정되어 있습니다. 간혹 Part Ⅱ에서는 대화 당사자들의 답변 순서를 교란시켜 오답을 유도하는 문제들이 많다는 점도 알아두면 좋겠습니다.

19 M Tammy, can you make it for our housewarming party tomorrow?
W I'm not sure. I can't find a nanny.
M Why don't you bring the baby with you?
W _______________________________

(a) That was very rude.
(b) I might be able to manage that.
(c) Because it would be too late.
(d) I don't like to make lunch.

M 태미, 내일 우리 집들이에 올 수 있겠어?
W 모르겠어. 아기 봐줄 사람을 못 찾았어.
M 아기를 데리고 오지 그래?
W _______________________________

(a) 그건 너무 무례했어.
(b) 그건 할 수 있을 것 같은데.
(c) 그건 너무 늦을 거라서.
(d) 난 점심 차리는 게 싫어.

유형 → 의문사 있는 의문문(제안)

Solution 아기를 약속장소에 함께 데리고 오는 게 어떤지 제안하고 있으므로 '그거 좋은 생각이야' 혹은 '별로 좋은 생각이 아

'니네'라는 표현이 적절하다.

Answer   (b) I might be able to manage that.

Joseph's focus

선택지 (a)는 아기를 데리고 오는 것을 무례하다고 생각할 수
도 있기 때문에, 동사의 시제가 was rude가 아니라 is rude라
면 적절한 응답이 될 수도 있습니다. (c)는 의문사 Why로 시작
되므로 이유를 묻는 의문문이라고 착각할 경우 고를 수 있는
오답이 되겠습니다.

More Expressions

의견의 표현

I hadn't thought of that. 그 생각은 못했네.

You wouldn't mind? 그래도 괜찮겠어?

I don't think that's a good idea.
별로 좋은 생각이 아닌 것 같아.

---

20   M   Can you hear that beeping?
   W   It's the low battery alarm on my laptop.
   M   It's an annoying sound. Can you turn it off?
   W   ______________________________

(a) Please don't forget to set the alarm clock.
(b) I just need to plug in the power cord.
(c) I prefer desktop computers.
(d) No, but thank you for asking.

   M   삑삑거리는 소리 들리니?
   W   노트북의 배터리가 떨어졌다는 신호야.
   M   짜증나는 소리네. 끌 수는 없니?
   W   ______________________________

(a) 자명종 시계 맞추는 거 잊지 마.
(b) 전기 코드를 꼽기만 하면 돼.
(c) 난 데스크톱 컴퓨터가 더 좋아.
(d) 아니, 하지만 물어 봐 줘서 고마워.

유형 → 의문사 없는 의문문

Solution   노트북이 소리를 내서 끌 수는 없냐고 묻고 있다. 끄겠다고
대답하거나 어떻게 끄는지를 모른다는 답변을 기대할 수
있다.

Voca   beep 신호음, [삐 소리]를 내다   battery 배터리, 건전지
laptop 노트북   annoying 짜증나는   plug in 플러그에 꽂
다

Answer   (b) I just need to plug in the power cord.

Joseph's focus

세 번째 대화문 못지않게 여자의 두 번째 대화문도 잘 들어 줘
야 하는 유형의 문제입니다. 특히 low battery alarm이라는
어휘를 정확히 듣지 못한 경우라면, 직접적인 응답이 정답으로
등장한 게 아니라, 우회적인 답변이 등장했기 때문에 답을 찾기
가 헷갈릴 수도 있습니다. 이런 경우는 역으로 확실한 오답인 (a),
(c)부터 제거해 나가는 소거법으로 정답률을 높일 수 있습니다.

---

21   W   Get in. I'll give you a ride to the bus stop.
   M   No need to. It's only five minutes away.
   W   Come on. It looks like it's going to rain soon.
         Hop in!
   M   ______________________________

(a) OK, if you insist.
(b) OK, we're running out of gas.
(c) Thanks for the lift. See you!
(d) If you don't want to walk, let's take a taxi.

   W   차에 타. 버스 정류장까지 태워다 줄게.
   M   그럴 필요 없어. 겨우 5분 거리인 걸.
   W   그러지 말고 타. 곧 비 올 것 같은데. 어서 태!
   M   ______________________________

(a) 알았어. 네가 정 그렇다면.
(b) 알았어. 기름이 다 떨어져 가고 있어.
(c) 태워 줘서 고마워. 나중에 보자!
(d) 걷기 싫으면 택시 타고 가자.

유형 → 평서문

Solution   여자가 태워다 주겠다고 제안하자, 남자가 처음에는 거절
하지만 여자가 계속해서 조르자 차에 타기로 한다.

Voca   get in (차에) 타다   hop in (차 등에) 올라타다   insist 조
르다, 주장하다   if you insist 정 그렇다면 (못 이기는 척 받
아들일 때 쓰는 표현)

Answer   (a) OK, if you insist.

Joseph's focus

시제 혼동과 대화 순서상의 혼란을 주어 오답을 유도하고 있습
니다. 우선 [if you insist]라는 표현을 모르면 대화의 상황을
제대로 파악했더라도 (c)를 정답으로 골랐을 수도 있는데, 이는
시제가 틀렸습니다. 차를 아직 태워준 건 아니죠. 차를 얻어 타
고 헤어질 때나 가능한 답변이니까요. (d)는 앞부분을 정확히
못 듣고 재촉하는 상황만 머릿속에 그린다면, 고를 수도 있는
오답입니다. 하지만 애초에 제안을 한 건 여자이기 때문에 남자
가 할 말이 아니라, 여자가 해야 할 말이겠죠.

---

22   M   Could you press eleven, please?
   W   Sure. Say, you're not going to the proposal
         meeting on the eleventh floor, are you?
   M   As a matter of fact, yes. And you?
   W   ______________________________

(a) No, I'm working in another office on the same
      floor.
(b) Yes, the meeting has just finished.
(c) I wouldn't propose that.
(d) No, he won't be coming.

   M   11층 좀 눌러 주시겠어요?
   W   물론이죠. 혹시 11층에서 열리는 제안 회의에 가시나요?
   M   맞아요. 당신은요?
   W   ______________________________

(a) 아니오, 저는 같은 층에 있는 다른 사무실에서 일해요.

(b) 네, 회의가 막 끝났어요.
(c) 그런 제안은 하지 않을 거예요.
(d) 아니오, 그 사람은 안 올 거예요.

유형 → 의문사 없는 의문문

Solution 엘리베이터 안에서 일어나는 상황이다. 여자가 남자에게 11층에서 열리는 회의에 가는지를 묻고 있다. 남자가 여자도 회의에 가는지 묻고 있으므로 그에 대한 적절한 답변을 찾아야 한다.

Voca press 누르다 proposal 제안

Answer (a) No, I'm working in another office on the same floor.

Joseph's focus

두 번째 대화문인 여자의 말을 제대로 듣지 못할 경우엔 마지막 남자의 대사를 잘 들었다고 해도 정답을 고르기가 아주 곤란한 유형의 문제입니다. [And you?]로 짧게 대화를 받아치기 때문에 바로 앞 대사인 여자의 말과 연결시켜야 합니다.

23 M Jenny, we need to get going, or we'll be late for the party.
W All right, honey.
M Do you think we can leave the party before 9:00 tonight?
W ____________________

(a) I don't see why not.
(b) Sure, we came back at 8:30.
(c) Where are you going?
(d) Yes, it is hard to say goodbye.

M 제니, 출발해야 되겠어, 안 그러면 파티에 늦을 거야.
W 알았어요, 여보.
M 오늘 밤 9시 전에 파티 장에서 나올 수 있을까?
W ____________________

(a) 그러지 못할 이유가 없지요.
(b) 물론이죠, 8시 30분에 돌아왔어요.
(c) 어디 가요?
(d) 맞아요, 작별 인사하기가 어려워요.

유형 → 의문사 없는 의문문

Solution [Do you think ~?]에 대한 답변은 'I think so.' 혹은 'I don't think so.'외에도 'I don't see why not.' 혹은 'I'm sure we can.' 등으로 답할 수 있다.

Voca get going 가다

Answer (a) I don't see why not.

Joseph's focus

남자가 아내인 여자에게 미래의 가능성에 대한 의견을 구하는 질문으로, 선택지 (b)는 동사 came의 시제가 과거이므로 오답이고, (c)는 파티 끝나고 "어디에 갈 거냐?" 정도의 뜻이 되므로 선택지 (a)가 없다면 적절한 응답이 될 수도 있을 것 같지만 너무 앞서간 응답입니다. 남자가 궁금한 건 파티 장에서 9시 이전에 나올 수 있냐, 없냐이기 때문에, (a)가 더 확실한 답이 되겠습니다.

24 M Pardon me. Do you have these shoes in size 11?
W I'm not sure. Let me check in the back.
M And can you also check if they come in brown?
W ____________________

(a) I'm afraid these are too tight for me.
(b) That's too bad. I really like them.
(c) These are beautiful shoes.
(d) I know they only come in black.

M 실례합니다. 이 신발 사이즈 11이 있나요?
W 잘 모르겠네요. 뒤에 가서 한번 확인해 볼게요.
M 그리고 갈색으로도 나오는지 확인해 주실래요?
W ____________________

(a) 이 신발은 너무 작은 것 같아요.
(b) 안됐네요. 정말 마음에 드는데.
(c) 정말 멋진 신발이네요.
(d) 검은 색으로만 나오는 걸로 알고 있어요.

유형 → 의문사 없는 의문문

Solution 구두점에서 이루어지는 대화로 [come in (색상)]은 쇼핑을 하는 상황에서 '이 물건이 ~ 색상으로도 있나요?'를 물을 때 쓰는 표현이다.

Voca tight 작은, 꽉 조이는

Answer (d) I know they only come in black.

Joseph's focus

신발가게에서 손님과 점원 사이의 대화로, 남자는 원하는 색상의 신발이 있는지 확인해 달라고 요청하고 있습니다. (a)와 (b)는 손님인 남자가 해야 할 말로, 여자와 남자의 말을 바꾸어 오답을 유도하고 있습니다.

> **More Expressions**
>
> **신발가게에서**
>
> My feet are swimming around inside these shoes.
> (신발이 너무 커서) 신발 안에서 발이 막 움직여요.

25 W Brad, you never finished cleaning your room.
M I know, Mom. I'll finish it this afternoon.
W You need to get it done now, or you'll be grounded.
M ____________________

(a) You'd better start cleaning now.
(b) I'll get right on it.
(c) My parents won't let me go out.
(d) No, there's nothing on the ground.

W 브레드, 네 방 청소를 안 끝냈구나.
M 알아요, 엄마. 오늘 오후에 끝내도록 할게요.
W 지금하지 않으면 외출 금지야.
M ____________________

(a) 청소를 지금 시작하는 게 좋을 거예요.

(b) 당장 시작할게요.
(c) 부모님이 나가지 못하게 하실 거야.
(d) 아니요, 땅에 아무것도 없어요.

유형 → 평서문(명령)

| Solution | 엄마가 당장 청소를 하지 않으면 벌을 받을 거라고 경고를 하고 있으므로 지금 당장 시작하겠다고 하는 답변을 찾아야 한다. |

| Voca | **ground** (아이들에게 벌로 외출금지나 TV 등을 못 보게 하는 등으로) 처벌하다 **get on** (일을) 진행시키다 |

| Answer | (b) I'll get right on it. |

Joseph's focus

엄마가 아들에게 경고하는 말에 적절한 아들의 반응을 골라야 하는 문제입니다. (a)는 엄마가 해야 하는 말로, 대화 당사자들의 말을 바꾼데다, 동일한 단어 cleaning으로 함정을 판 오답 선택지입니다. (c)는 주어가 my parents로 상황에 어울리지 않으며, grounded의 연상어휘인 go out으로 오답함정을 파고 있고 (d) 역시, 질문지에 나온 grounded와 발음 혼동을 이용한 오답입니다.

26 M You look great for someone who just had a baby!
W Thanks. I'm trying. I go to the gym every day.
M You must get exhausted.
W ___________________

(a) Do you work out regularly?
(b) Let me show you how.
(c) Sometimes, but I can handle it.
(d) No, I am completely worn out.

M 얼마 전에 아기를 낳은 사람치고는 아주 좋아 보인다.
W 고마워. 노력을 하고 있지. 매일 운동하러 다니거든.
M 힘들겠다.
W ___________________

(a) 너도 규칙적으로 운동을 하니?
(b) 어떻게 하는지 보여 줄게.
(c) 가끔은 피곤하지만 할 만해.
(d) 아니, 완전히 녹초가 됐어.

유형 → 평서문

| Solution | 아기를 돌보면서 매일 운동을 하는 게 힘들지 않냐고 묻고 있으므로, 그에 대한 적절한 답변을 찾아야 한다. 가끔은 피곤하지만 견딜 만하다는 (c)가 가장 적절하며 handle을 manage로 바꿀 수도 있다. |

| Voca | **exhausted** 지친 **worn out** 지친, 낡은 |

| Answer | (c) Sometimes, but I can handle it. |

Joseph's focus

운동 때문에 상당히 피곤하겠다는 남자의 의견에 대한 답변을 찾는 문제입니다. 선택지 (a)와 (d)는 대화에 등장한 단어인, gym과 exhausted의 연상 어휘인 work out과 worn out을 이용해 오답 보기를 출제한 경우이므로, 정확하게 청취하지 못한 경우 답에서 제외해야, 정답률이 높아질 수 있겠습니다.

27 W I am so impressed with your garden! You sure have a green thumb.
M Oh, thank you! I just love flowers.
W Do you work in it every day?
M ___________________

(a) No, I don't have to work on Mondays.
(b) You see, flowers make me sneeze.
(c) No, it isn't too much work.
(d) Whenever I get the chance.

W 네 정원 너무 멋지다! 화초 재배에 아주 소질이 있구나.
M 고마워! 꽃을 좋아하거든.
W 정원 돌보는 일을 매일 하니?
M ___________________

(a) 아니, 나는 월요일에는 일을 안 해도 돼.
(b) 꽃 주변에 가면 재채기가 나와.
(c) 아니, 별로 힘든 일이 아니야.
(d) 기회가 있을 때마다.

유형 → 의문사 없는 의문문

| Solution | 정원에서 매일 일을 하냐고 묻고 있으므로, 빈도를 나타내는 답변이 기대된다. (c)는 정원 돌보는 일이 너무 힘들지 않느냐는 질문의 답변으로 적절하다. |

| Voca | **be impressed with** ~에 감동하다, 대단하다고 생각하다 **have a green thumb** 원예에 재능이 있다 **sneeze** 재채기를 하다 |

| Answer | (d) Whenever I get the chance. |

Joseph's focus

구어체 중에는 신체 중 엄지손가락 (thumb)과 관련된 재미있는 표현이 있는데, 자주 쓰이는 표현을 기억해 둡니다.

More Expressions

엄지손가락(thumb)과 관련된 표현

by a rule of thumb 눈대중으로

as easy as kissing my thumb 아주 간단한

bite one's thumb at ~를 심하게 경멸하다

thumb one's nose at ~ 남을 비웃다

turn thumbs up 찬성하다

turn thumbs down 반대하다

under one's thumb 남이 시키는 대로 하는

---

28 W I'll have a diet cola, please.
M Coming right up. Will that be all?
W Well, I guess I'll have a sandwich, too. Do you accept checks?
M ___________________

(a) Yes, of course. I'll check for you.
(b) No, I'm sorry, we're all out.
(c) I only have one.
(d) If it's from a local bank.

W 다이어트 콜라 주세요.

M 금방 드릴게요. 더 필요한 거 없으세요?

W 샌드위치도 주세요. 수표 받으세요?

M ___________________________

(a) 네, 물론이죠. 확인해 드릴게요.
(b) 아니오, 죄송한데, 다 떨어졌어요.
(c) 하나밖에 없는데요.
(d) 동네 은행 수표만 받아요.

유형 → 의문사 없는 의문문

Solution [Will that be all?]은 패스트푸드점에서 주문할 때 자주 듣게 되는 표현으로 'Is that all?' 혹은 'Anything else?'라고도 한다. 더 이상 주문할 것이 없다면, 'That's it.' 혹은 'That'll do.' 등으로 대답한다. 동네 은행 수표만 받는다고 조건부식의 응답을 한 (d)가 가장 적절하다.

Voca check n. 수표 v. 확인하다

Answer (d) If it's from a local bank.

Joseph's focus

대화에서 쓰인 check은 '수표'를 의미하는데, TEPS 청해에서 자주 등장하는 check 관련 표현들을 기억해 둡니다.

> **More Expressions**
>
> **check 관련 표현**
>
> **check in** 투숙하다, 탑승 수속을 하다, 출근하다
> **check on** 확인하다
> **check out** 확인하다, (수표로) 인출하다, (호텔) 퇴실하다, 퇴근하다
> **check with** ~에 조회[문의]하다
> **keep a check on** ~을 감독하다
> **check the plumbing** 화장실에 가다
> **give a person a blank check** ~에게 재량권을 부여하다

29
W How can I help you today?

M I need a new suit.

W All right. Do you prefer gray or black?

M ___________________________

(a) Suit yourself.
(b) I'm not sure I need help.
(c) Either one would be fine.
(d) It's a good thing you're still open.

W 어떻게 도와 드릴까요?

M 새 양복을 사려고요.

W 알겠습니다. 회색 양복이 좋습니까, 아니면 검정색 양복이 좋습니까?

M ___________________________

(a) 마음대로 하세요.
(b) 도움이 필요하지 않아요.
(c) 둘 다 괜찮아요.
(d) 아직 영업 중이라 다행이에요.

유형 → 의문사 없는 의문문

Solution 새 양복을 구입하려고 하는데 회색과 검정색 중에서 어느

것을 선호하는지를 묻고 있다. 적절한 답변으로 둘 중의 한 색상을 고르거나 둘 다 좋다거나 다른 색을 마음에 두고 있으면 그 색상을 말할 것이라고 기대할 수 있다.

Voca Suit yourself. 원하는 대로 하세요.

Answer (c) Either one would be fine.

Joseph's focus

선택의문문은 특성상, 질문지에 등장한 단어나 어휘가 그대로 선택지에 등장해도 오답이 아닌 경우가 많습니다. A와 B 중 하나로 응답하는 경우와 이 문제의 경우처럼 A와 B 둘 다로 응답하는 경우와, 제 3의 선택을 응답으로 제시하는 경우가 있다는 점을 염두하고, 또한 Yes, No 응답은 무조건 답에서 제외된다고 볼 수 있습니다.

30-1
M Have you seen the weather out there?

W No, I've been inside all day.

M You're not missing anything. It's gray and rainy.

W ___________________________

(a) Actually we could use a good shower.
(b) It's too hot in July.
(c) Aren't there any windows?
(d) I've never been there before.

M 밖의 날씨 봤니?

W 아니, 하루 종일 실내에 있었어.

M 아쉬워할 거 하나도 없어. 우중충하고 비가 와.

W ___________________________

(a) 사실 시원한 소나기가 오면 좋지.
(b) 7월은 너무 더워.
(c) 창문 없니?
(d) 거기에 가 본 적이 없어.

유형 → 평서문

Solution 밖의 날씨가 안 좋아 집에 있는 게 더 낫다는 상대방에게 자신은 시원한 소나기를 원한다고 우회적으로 말하는 (a)가 가장 적절하다. [You're not missing anything.]은 밖의 날씨가 안 좋기 때문에, 하루 종일 실내에 있었어도 아쉬울 게 없다는 의미이다.

Voca gray and rainy 우중충하고 비 오는

Answer (a) Actually we could use a good shower.

Joseph's focus

남자의 마지막 말(You are not missing anything.)의 문맥과 뉘앙스를 정확하게 파악해야 합니다. 남자의 이 표현으로 미루어 볼 때, 남자는 여자가 흐리고 비 오는 날씨를 별로 좋아하지 않을 거라고 지레짐작하고 있다고 볼 수 있습니다. 따라서 남자의 그런 생각이 잘못된 것이라고 문장부사 Actually를 써서 정정해 주는 응답인 (a)가 가장 적절한 응답이 됩니다.

30-2
W I haven't seen you in a while. How are things at the office?

M Not so good. We lost several of our most important clients to another company.

W I'm sorry to hear that. It happens all the time, though.

M _______________

(a) Try telling that to my boss. He's furious.
(b) We'd better get back to work, don't you think?
(c) Whatever happens, stay calm.
(d) I really enjoy your company, too.

W 얼굴 본 지가 한참 됐네. 사무실 일은 어때?
M 별로 안 좋아. 가장 중요한 고객들을 다른 회사에 빼앗겼어.
W 안됐네. 하지만 항상 일어나는 일이잖아.
M _______________

(a) 내 상사한테 그 말 좀 해봐. 굉장히 화가 났어.
(b) 사무실로 돌아가는 게 좋지 않을까?
(c) 무슨 일이 생기더라도 침착해.
(d) 나도 네가 함께 있어 줘서 정말 좋아.

유형 → 평서문

Solution 남자가 중요한 고객을 다른 회사에 빼앗겼다고 말하자, 여자가 항상 일어나는 일이라고 위로를 하고 있다.

Voca furious 매우 화가 난 all the time 항상

Answer (a) Try telling that to my boss. He's furious.

Joseph's focus

오랜만에 만난 두 사람의 대화를 듣고 흐름을 파악하는 문제입니다. 여자가 회사 일이 어떠냐고 묻자 남자는 중요한 고객을 잃어서 별로 좋지 않다고 대답합니다. 이에 대해 여자가 항상 있는 일이라고 위로를 합니다. 그러므로 이에 대한 남자의 대답으로는 항상 일어나는 일이라는 건 알지만 '책임감이 느껴진다' 혹은 '다시는 그런 일이 없으면 좋겠다, 괜찮아질 것이다' 등을 기대할 수 있습니다. 여기에서 (a)는 그런 일이 항상 일어나는 법이라는 말을 좀 화가 난 우리 상사에게 해달라고 함으로써, 자신의 상사가 화를 내지 않았으면 하는 남자의 속마음이 담겨 있다고 할 수 있습니다.

Part III (31~45)

31 W Please, sit down, Mr. Davis. Am I correct that you are one of our salesmen?

M Yes, that's right. However, I'd really enjoy working in accounting.

W Why is that?

M I'd prefer to stay in the office all day, but in sales, I'm always out in the field.

W That's true. So what training do you have in accounting?

M I have taken several online courses in finance.

Q. What is the conversation about?

(a) Asking for a salary increase
(b) Transferring to another department
(c) Starting work at a new company
(d) Getting a promotion to sales manager

W 앉으세요, 데이비스 씨. 우리 영업부의 일원이 맞으시죠?
M 네, 맞습니다. 하지만 회계 부서에서 일하고 싶습니다.
W 이유가 뭔가요?
M 종일 사무실에서 일하는 편이 더 좋은데 영업부에 있으면 항상 현장에서 일을 하거든요.
W 그건 맞는 말이죠. 회계에 관련된 어떤 교육을 받으셨나요?
M 재무에 관한 온라인 강좌를 몇 개 들었습니다.

무엇에 관한 대화인가?
(a) 임금 인상 요구
(b) 다른 부서로의 이전
(c) 새로운 회사에서 일하기
(d) 영업 책임자로의 승진

유형 → 대의 파악

Solution 대화의 주제를 묻는 경우는 일반적으로 대화의 앞부분에 힌트가 나타나는 경우가 많다. 데이비스는 현재 영업부 직원이지만 회계부에서 일하기를 희망하고 있다.

Voca accounting 회계부 sales 영업부 field 현장 salary increase 봉급 인상 transfer 이전하다 promotion 승진

Answer (b) Transferring to another department

Joseph's focus

주제나 대의 파악 문제는 세부 내용은 놓치더라도 전반적인 대화의 상황과 흐름만 파악한다면, 답 고르기가 어렵지 않습니다. 결정적인 힌트는 남자의 첫 번째, 두 번째 대화문에 잘 나타나 있습니다.

32 M Pardon me, can you tell me the time?

W Sure, it's about half past four.

M If you don't mind me asking, did you just start here?

W Yes, it's my first day.

M Well, I hope you like it. My name's Joe, by the way.

W Pleased to meet you, Joe. I'm Kelly.

Q. What are the speakers doing in the conversation?

(a) Setting the clock
(b) Getting acquainted with each other
(c) Training a new employee
(d) Discussing the new boss

M 실례합니다만, 몇 시인지 아세요?
W 네, 4시 30분 정도 됐어요.
M 묻는 게 실례가 되지 않는다면, 근무하신지 얼마 안 됐나요?
W 네, 오늘이 첫날이에요.
M 일이 마음에 들면 좋겠어요. 저는 조예요.
W 만나서 반가워요, 조. 저는 켈리예요.

무엇에 대해 대화하고 있는가?
(a) 시계 맞추기

(b) 서로 소개하며 알아 나가기
(c) 신입 사원 교육하기
(d) 새로운 상사

유형 → 대의 파악

Solution 시간을 묻는 대화로 시작해서 서로 자신을 소개하고 있다. 여자가 [It's my first day.]라고 말하고 있으므로 오늘이 출근 첫 날이라는 것을 알 수 있다. 서로를 소개하는 대화가 적절하다.

Voca getting acquainted 통성명하다, 알아 나가다

Answer (b) Getting acquainted with each other

Joseph's focus

대의를 파악해야 하는 유형으로 두 사람 사이의 관계를 파악해야 쉽게 답을 구할 수 있습니다. 시간을 묻는 가벼운 small talk 로 시작하지만, 앞부분 두 문장만으로는 대의를 파악할 수 없고, 세 번째 대화문인 남자의 말 [Did you just start here?]와 네 번째 대화문인 여자의 말 [It's my first day.]를 들어줘야 대의 파악이 가능합니다. (a)는 앞부분만 들었을 경우 나올 수 있는 오답이고, (c)는 training 부분이 없다면 답이 될 수도 있겠지만 전혀 언급이 없습니다. (d)는 여자가 새로 온 직원이라는 건 맞지만, 남자의 상사인지 부하직원인지는 대화문으로는 전혀 파악이 안 됩니다.

---

33 W Hi, this is Terry.
M Good morning, Terry. What's up?
W Bill, I won't be able to make it into the office today.
M What's going on? Is everything ok?
W Not really. I've got a terrible headache.
M That's too bad. Well, come back to work when you feel better.

Q. What is the woman doing?
(a) Calling in sick
(b) Signing up for insurance
(c) Confirming an appointment
(d) Having a prescription filled

W 안녕, 저 테리예요.
M 안녕, 테리. 무슨 일이에요?
W 빌, 나 오늘 출근 못할 것 같아요.
M 무슨 일이에요? 괜찮아요?
W 아뇨. 두통이 너무 심해요.
M 안됐네요. 나아지거든 출근하도록 해요.

여자는 무엇을 하고 있는가?
(a) 결근 통보
(b) 보험 가입
(c) 약속 확인
(d) 약을 처방

유형 → 세부 내용 파악

Solution 테리가 빌에게 전화를 해서 심한 두통 때문에 오늘 출근을 하지 못할 것이라고 말하고 있다.

Voca make it ~에 도착하다 call in sick 전화로 결근할 것을

알리다 prescription 처방전

Answer (a) Calling in sick

Joseph's focus

세부 정보를 파악해야 하는 유형의 문제로, 대화의 전체 내용이 잘 들려도, 선택지의 calling in sick이라는 표현이 생소할 경우 당황할 수도 있습니다. 이럴 때에는, 나머지 선택지를 제외해 나가는 소거법을 적용하시는 게 정답률을 높일 수 있습니다. (c) 와 (d) 는 앞부분을 놓치고, 뒷부분만 부분 청취했을 경우 고를 수 있는 오답 보기들입니다.

---

34 W I didn't go to the soccer game last night. Did you?
M I couldn't get there, but I saw it on channel 7. Anyway, we lost.
W How could we lose? We're way better than they are!
M We might be a stronger team, but the referee booted out Simmons and Smith.
W Our two best players! Why?
M They got into a fight on the field.
W Wow, that's awful.

Q. What is the conversation about?
(a) An upcoming soccer game
(b) A referee's mistake
(c) The results of a sporting event
(d) Two new players on the team

W 어젯밤에 축구 경기에 안 갔어. 너는 갔었니?
M 갈 수 없었지만, 7번 채널에서 봤어. 어쨌든 우리가 졌어.
W 어떻게 질 수가 있어? 우리가 훨씬 더 잘하는데!
M 우리가 더 잘하긴 하지만, 심판이 시몬스와 스미스를 퇴장시켰어.
W 우리 팀에서 가장 뛰어난 두 선수들을! 왜?
M 경기장에서 싸움을 했거든.
W 와, 그건 심했다.

무엇에 관한 대화인가?
(a) 다가오는 축구 경기
(b) 심판의 실수
(c) 운동 경기의 결과
(d) 팀의 두 새로운 선수들

유형 → 대의 파악

Solution 여자가 어제 경기를 못 봐서 남자에게 경기 결과를 묻고 있고, 남자 역시 경기에 가지는 못했지만, TV에서 봤다고 말한다.

Voca referee 심판 boot out 쫓아내다 get into a fight 싸움을 하다 awful 끔찍한 upcoming 다가오는 sporting event 운동 경기

Answer (c) The results of a sporting event

Joseph's focus

대화의 내용은 쉽지만, 선택지를 유심히 들어 줘야 오답 함정을

피할 수 있는 문제로 보입니다. (a)는 upcoming이 없다면 답이 될 수도 있기 때문에, 이 단어를 잘 모르면 답으로 고를 수도 있습니다. (b)는 심판이 퇴장시킨 건 분명 싸움을 했기 때문일 것이므로 심판의 실수라고 볼 수 없겠죠. (d)는 new가 아니라 best로 언급이 되었으므로, 정보 자체가 틀렸습니다. soccer game이라는 단어를 sporting event로 paraphrase한 (c)가 정답이 됩니다.

35 W You look dead beat. Did everything go OK at work today?
   M Not at all.
   W Oh, no! What went wrong?
   M My supervisor was really upset because I didn't clean out the machines last night.
   W Are you supposed to do it every night?
   M I guess so, but I didn't know that.
   W So did you get it done this morning?
   M Yes, I had to before we could even get started for today.
   Q. What are the speakers mainly talking about?
   (a) Why the man came home late
   (b) Why the man was fired
   (c) Why the man had a bad day at work
   (d) Why the man had to start working earlier today

   W 너 너무 피곤해 보인다. 오늘 직장일이 다 잘 됐어?
   M 전혀.
   W 이런! 뭐가 잘못됐는데?
   M 내가 어젯밤에 기계들을 청소하지 않아서 상관이 아주 화가 났었어.
   W 매일 저녁 청소를 해야 하는 거야?
   M 그런가봐. 근데 난 몰랐어.
   W 그래서 오늘 아침에 했어?
   M 응, 오늘 작업을 시작하기도 전에 해야 했어.
   화자는 주로 무엇에 관해 이야기하고 있는가?
   (a) 남자가 집에 늦게 온 이유
   (b) 남자가 해고당한 이유
   (c) 남자가 직장에서 좋은 않았던 이유
   (d) 남자가 오늘 일찍 근무를 시작해야만 했던 이유

유형 → 대의 파악

`Solution` 여자가 남자에게 직장에서의 하루가 어땠는지 묻고 있다. 남자는 어젯밤에 기계를 청소하지 않아서 상관이 화를 냈다고 말한다.

`Voca` **dead beat** 매우 피곤한(=very tired) **supervisor** 감독관, 관리자 **be supposed to** ~하기로 되어 있다

`Answer` (c) Why the man had a bad day at work

Joseph's focus

대의를 파악하는 유형으로, 세부적인 내용보다는 전체적인 대화의 장면과 상황을 머릿속에 그리며 전체적인 흐름을 파악해야하는 문제입니다. 즉 대화의 목적이나 이유를 재빨리 파악하

고 항상 대화의 목적과 이유와 관련이 있는 선택지가 답이 된다는 점을 명심해야 합니다.

36 M Good morning, Miss. What can I do for you?
   W Hello. I'm gathering information on the sights to see here.
   M OK. Is this your first time in San Francisco?
   W Yes, it is. And I'd love to see all the famous landmarks in the city.
   M Then I must suggest you start with the Golden Gate Bridge. It's extraordinary.
   Q. What is the woman trying to do in this conversation?
   (a) Figure out how to get across the bridge
   (b) Decide what to see during her trip
   (c) Get directions to the Golden Gate Bridge
   (d) Make reservations for a flight to San Francisco

   M 안녕하세요, 무엇을 도와 드릴까요?
   W 안녕하세요. 여기에서 볼 만한 관광지들에 대한 정보를 모으고 있어요.
   M 알겠습니다. 샌프란시스코에는 이번이 처음이신가요?
   W 네. 도시에 있는 유명한 장소들은 모두 보고 싶어요.
   M 그러면 먼저 금문교부터 방문해 보시라고 권하고 싶어요. 아주 볼 만하답니다.
   대화에서 여자가 하려고 하는 것은 무엇인가?
   (a) 다리 건너는 방법 알아보기
   (b) 여행 중 방문할 곳 결정하기
   (c) 금문교로 가는 방향 물어보기
   (d) 샌프란시스코 행 비행기 예약하기

유형 → 세부 내용 파악

`Solution` 여자는 샌프란시스코를 처음 방문한 관광객으로 도시의 유명한 장소들을 방문하고 싶어 하고 남자는 금문교부터 방문할 것을 추천하고 있다.

`Voca` **sights** (도시에 있는) 명소, 관광지 **landmark** (쉽게 알아볼 수 있는) 주요 지형지물 **extraordinary** 놀라운, 대단한 (=remarkable, outstanding, amazing)

`Answer` (b) Decide what to see during her trip

Joseph's focus

여자가 무엇을 원하는지를 파악해야 하는 세부내용 파악 유형의 문제로, 첫 번째 들을 때는 대략적인 대화의 상황을 머릿속에 그리고, 두 번째 청취 시에는 질문이 요구하는 세부정보가 나온 부분에 집중해 듣습니다. 답은 여자의 첫 번째 말인 [I'm gathering on the sights to see here.] 부분에 제시되어 있습니다.

37 W It seems like the busses are early when you are late, and late when you are on time.
   M You're telling me. I'm always waiting.
   W It might help if there were more taxis around.

M I think you're right. Maybe we should let the City Council know we need better service.

W Say, that's not a bad idea. Hey, I think I see a bus!

M Yeah, but it's an express. It doesn't stop here.

Q. What are the speakers mainly complaining about?

(a) The limitations of mass transit
(b) The busses not running on time
(c) Why they can't get a taxi
(d) The need for more express routes

W 늦었을 때는 버스가 빨리 오는 것 같고 제시간에 오면 버스가 늦는 것 같아.

M 네 말이 맞아. 난 항상 기다리게 돼.

W 택시들이 좀 더 많았으면 좋겠어.

M 맞아. 시 의회에 좀 더 나은 서비스가 필요하다는 걸 알려야 할 것 같아.

W 그거 좋은 생각인걸. 어, 버스가 온다!

M 저건 급행버스야. 여기 서지 않아.

화자들은 주로 무엇에 대해 불평하고 있는가?
(a) 대중교통 수단의 부족
(b) 제시간에 오지 않는 버스
(c) 택시를 잡을 수 없는 이유
(d) 급행 노선의 증가 필요성

유형 → 세부 내용 파악

Solution 두 사람이 버스를 기다리며 대화를 하고 있다. 버스가 자주 오지 않고 택시가 많지 않은 것에 대해 불평하고 있다.

Voca on time 제시간에, 정각에 You're telling me. 네 말이 맞아. express 급행, 직행 limitation 제한, 규제 mass transit 대량 수송 기관 route 노선

Answer (a) The limitations of mass transit

JoSeph's focus
세부 정보를 파악해야 하는 유형의 문제로, 대화 전체의 흐름을 파악해야 오답을 피할 수 있는 굉장히 까다로운 문제입니다. 제시간에 운행되지 않는 버스뿐만 아니라, 전반적인 서비스의 개선이 필요하다고 했으므로 (b)보다는 paraphrase된 (a)가 보다 포괄적인 답이 됩니다.

More Expressions
외워두면 유용한 동의 표현들

That makes two of us.   Exactly.
You can say that again.   You said it.
I'll second that.   I see eye to eye with you.
I'm with you.   I can't agree with you more.
You're telling me.
You took the words out of my mouth.
That's exactly what I was thinking.

---

38 W Oh, my goodness! I didn't see you there! Are you OK?

M Oh, no! You spilled the coffee on my shirt!

W I'm sorry. I was in a hurry. Are you hurt?

M No, I'm not hurt. You really shouldn't run in the hallway with a cup of coffee in your hand. You could hurt somebody.

W I'm really sorry. Let me pay for your shirt.

M No, you don't have to. Just watch where you're going.

W I'll be careful next time.

Q. What do you think just happened?

(a) The man spilled the coffee on the woman.
(b) The man hurt himself in the hallway.
(c) The woman bumped into the man.
(d) The woman tripped and fell.

W 어머나 세상에! 당신이 거기 있는 걸 못 봤어요! 괜찮으세요?

M 이런! 내 셔츠에 커피를 엎질렀잖아요!

W 죄송해요. 제가 급하게 서둘렀어요. 다친 데 없어요?

M 아니요, 안 다쳤어요. 복도에서 커피를 들고 뛰어다니시면 안 되죠. 누가 다치기라도 하면 어떡합니까?

W 정말로 죄송해요. 셔츠 값을 물어 드릴게요.

M 아니에요, 그럴 필요 없어요. 똑바로 보고 다니세요.

W 다음에는 조심할게요.

무슨 일이 일어난 것 같은가?
(a) 남자가 여자에게 커피를 엎질렀다.
(b) 남자가 복도에서 다쳤다.
(c) 여자가 남자에게 부딪혔다.
(d) 여자가 발이 걸려 넘어졌다.

유형 → 추론

Solution 여자가 서두르다가 남자와 부딪혔다. 남자의 말을 통해 여자가 커피를 들고 뛰어가고 있었던 중이라는 것을 알 수 있다. 여자가 사과를 하고 망친 셔츠 값을 물어 주겠다고 하지만 기분이 상한 남자는 거절하고 조심하라고 주의를 준다.

Voca spill 엎지르다 hallway 복도 bump into (~에) 부딪치다 trip and fall 걸려서 넘어지다

Answer (c) The woman bumped into the man.

JoSeph's focus
비교적 쉬운 내용의 대화를 듣고 추론하는 유형의 문제입니다. (a)는 남녀의 대화를 헷갈리게 한 오답 함정으로 들을 때 남녀를 잘 구분해야 합니다. (b)는 대화에 언급된 내용과 일치하지 않으며, 대화문에 반복적으로 언급된 hurt를 이용한 오답 함정이므로, 선택지를 정확히 들어야 합니다. 선택지 (d)는 여자가 남자와 부딪혀서 발이 걸려 넘어졌을 수도 있겠지만, 대화문 내에서는 전혀 언급이 없는 너무 앞서간 추론입니다.

39 W Look how cute you were when you were little! Is that your sister with you?

M Yes. We always went to our grandparents' house for vacation.

W That sounds like fun. Where was this taken?

M Near their house at Nelson Beach.

W Wait, didn't you say your grandparents live on the other side of town?

M Yes, but they only moved inland a few months ago.

Q. Which is correct according to the conversation?
(a) The man has not seen his grandparents for years.
(b) The man will visit his grandparents soon.
(c) The man's grandparents moved recently.
(d) The man's grandparents live by the ocean.

W 너 어렸을 때 너무 귀여웠다! 너와 같이 있는 사람은 네 여동생이니?
M 응, 우리는 방학 때면 항상 조부모 댁에 갔어.
W 재미있었겠다. 어디에서 찍은 거야?
M 넬슨 비치 근처에 있는 조부모 댁 근처에서.
W 잠깐, 너희 조부모님이 이 도시 반대편 쪽에 사신다고 하지 않았니?
M 맞아, 하지만 내륙으로 이사 오신 지 몇 달밖에 안 됐어.

대화의 내용과 일치하는 것은?
(a) 남자는 수년 동안 조부모님을 뵙지 못했다.
(b) 남자는 곧 조부모님을 방문할 것이다.
(c) 남자의 조부모님은 최근 이사를 하셨다.
(d) 남자의 조부모님은 바닷가에 사신다.

유형 → 진위 파악

Solution 남자와 여자는 남자의 어렸을 적의 사진을 보며 이야기하고 있다. 남자는 어렸을 때 방학 때면 바닷가에 사시던 조부모님 댁에 가곤 했었다. 조부모님은 몇 달 전에 같은 동네로 이사를 오셨다. [Where is this taken?]에서 그들이 사진에 대해 이야기하고 있다는 것을 알 수 있다.

Voca inland 내륙으로

Answer (c) The man's grandparents moved recently.

Joseph's focus

진위 파악 유형의 문제로, 대화 전체의 흐름만 파악하면 답을 쉽게 구할 수 있는 비교적 난이도가 낮은 유형의 문제입니다. 선택지 (a)와 (b)는 그럴 수도 있다고 추론은 가능하지만, 결정적으로 이 문제는 추론 문제가 아니라, 진위 파악 문제입니다. 지문에 직접적인 언급이 없으면 무조건 답에서 제외해야 합니다. (d)는 남자의 마지막 말과 정반대의 내용이므로 확실한 오답이 됩니다.

40
M I'm afraid my manager will be upset.
W Why do you say that?
M I will be the only one in the meeting with jeans on.
W Well, you know the dress code…
M Yeah, I know. I hope the boss doesn't mind too much.
W You know, he probably won't even notice. And besides, your shirt looks good.

Q. Why is the man worried?
(a) He isn't properly dressed.
(b) His boss is angry with him.
(c) He has to leave the meeting early.
(d) His boss criticized his work.

M 과장님이 화를 낼 것 같아.
W 왜 그렇게 생각하는데?
M 회의에서 청바지를 입은 사람은 나 혼자일 거야.
W 이런, 복장 규정을 잊잖아.
M 알아. 과장님이 너무 심각하게 받아들이지 않으면 좋겠어.
W 어쩌면 눈치를 못 챌지도 몰라. 게다가 셔츠는 멋지거든.

남자는 왜 걱정하고 있는가?
(a) 적절한 복장을 하지 못했다.
(b) 상관이 그에게 화가 나 있다.
(c) 회의에서 일찍 나와야 한다.
(d) 상관이 그의 업무를 비난했다.

유형 → 세부 내용 파악

Solution 남자는 회의에 청바지 차림으로 가면 상사가 화를 낼까봐 걱정하고 있다. 여자는 상사가 눈치 채지 못할 수도 있으니 미리 걱정하지 말라고 하고 있다.

Voca dress code 복장 규정 criticize 비난하다

Answer (a) He isn't properly dressed.

Joseph's focus

세부 내용 파악 유형의 문제로, 남자가 걱정하고 있는 이유만 잘 들으면 쉽게 답을 찾을 수 있는 문제입니다. 선택지 (c)와 (d)는 대화문에 전혀 언급이 없으므로 오답임을 쉽게 구분할 수 있겠고, (b)는 시제 혼동을 주는 오답 함정입니다. 상사가 화가 난 상태가 아니라, 남자가 청바지를 입고 온 것을 보면 화낼까 걱정이라고 언급되어 있으므로 선택지를 들을 때는 시제에 항상 주의하도록 합니다.

41
M Did I just hear the doorbell ring?
W Yes, Dad. It was the paperboy.
M Oh. Is he here to collect?
W Well, no, not exactly. He came to ask me out.
M No way! I didn't see that coming.
W Really? Anyway, we're going to the movies this weekend.

Q. Why is the man surprised?
(a) His subscription ran out.
(b) His daughter got a date.
(c) The paper is too expensive.
(d) The movie starts this weekend.

M 금방 초인종 소리가 났던 것 같은데.
W 맞아요, 아빠. 신문 배달원이었어요.
M 신문 값 받으러 왔니?
W 아니오, 그런 건 아니고요. 저한테 데이트 신청하러 왔어요.
M 세상에! 그건 전혀 예상 밖의 일인 걸.
W 정말요? 어쨌든 이번 주말에 영화 보러 갈 거예요.

남자가 놀란 이유는 무엇인가?
(a) 신문 구독이 만기가 되어
(b) 딸이 데이트를 하게 되어
(c) 신문 값이 너무 비싸서

(d) 영화가 이번 주말에 시작해서

유형 → 세부 내용 파악

[Solution] 남자가 놀란 이유는 신문 배달부가 자신의 딸에게 데이트를 신청할 것이라고는 예상하지 못했기 때문이다.

[Voca] **paperboy** 신문 배달부 **collect** 모금하다, 수령하다 **ask** (사람) **out** ~에게 데이트를 신청하다 **subscription** 구독

[Answer] (b) His daughter got a date.

Joseph's focus

세부 내용 파악 유형의 문제로, 놀람을 표현하는 [No way! / I didn't see that coming.]과 '데이트 신청하다'라는 뜻인 [ask me out] 표현이 생소하면 대화문을 완벽하게 들었다고 해도 답을 찾기 어려운 유형의 문제입니다. ask me out 부분이 paraphrase된 선택지 (b)가 정답이 됩니다.

---

42 M I'd like to find a pet for my children.
    W We have several kittens.
    M Maybe not. Do you have any puppies?
    W Not at this time. You know, cats make great pets for young children.
    M I know, but my kids are allergic to cats.

    Q. Which is correct according to the conversation?
    (a) The man's children lost their puppy.
    (b) The man would rather have a cat than a dog.
    (c) The store does not currently have a puppy.
    (d) The man is allergic to cats.

    M 우리 아이들을 위한 애완동물을 찾고 있는데요.
    W 여러 마리의 새끼 고양이들이 있어요.
    M 고양이는 안 될 것 같아요. 강아지도 있나요?
    W 지금은 없어요. 하지만 고양이가 아이들에게는 아주 좋은 애완동물이에요.
    M 저도 알아요. 하지만 우리 애들은 고양이 알레르기가 있어요.

    대화의 내용과 일치하는 것은?
    (a) 남자의 아이들은 강아지를 잃었다.
    (b) 남자는 개보다는 고양이를 원한다.
    (c) 상점에는 현재 강아지가 없다.
    (d) 남자는 고양이 알레르기가 있다.

유형 → 진위 파악

[Solution] 남자는 아이들을 위한 애완동물을 찾고 있지만 아이들이 고양이 알레르기가 있기 때문에 강아지를 찾고 있는 상황이다.

[Voca] **kitten** 새끼 고양이 **allergic to** ~에 알레르기가 있는

[Answer] (c) The store does not currently have a puppy.

Joseph's focus

진위 파악 문제는 대화의 전체 흐름만 파악해도 쉽게 답을 구할 수 있겠습니다. (a)는 남자의 첫 번째 말중 find라는 단어로 오답을 유도하고 있으며, 직접적인 언급이 없으므로 확실한 오답이며, (b)는 정반대의 내용이며 (d)는 지문에 나온 동일 단어 allergic으로 오답을 유도하고 있습니다. 고양이 알레르기를 가진 사람은 남자의 아이들이므로 역시 오답입니다.

---

43 W Excuse me. Can you direct me to the nearest post office?
    M You can buy stamps at the corner store if that's all you need.
    W No, I need to send a surprise package to my sister in Japan.
    M Oh. You'll have to go to the downtown post office to do that.
    W Could you tell me how to get there?
    M Certainly. Keep going down this street for two blocks. Look for North Street.
    W I'll hit North Street two blocks up. Which way do I turn?
    M Turn left on North Street. You can't miss it.

    Q. What can be inferred from the conversation?
    (a) The man doesn't know where the post office is.
    (b) The woman's sister doesn't know about the package.
    (c) Both the man and the woman are from out of town.
    (d) The woman will probably go to the corner store.

    W 실례합니다만, 가장 가까운 우체국이 어딘지 알려 주시겠어요?
    M 혹시 우표가 필요하신 거면 모퉁이 가게에서 살 수 있어요.
    W 아니오, 일본에 있는 동생을 놀라게 해 줄 소포를 보내야 해요.
    M 그러면 시내에 있는 우체국에 가셔야 해요.
    W 어떻게 가는지 알려 주시겠어요?
    M 물론이죠. 이 길로 두 블록 곧장 가셔서 노스 가를 찾으세요.
    W 두 블록을 가면 노스 가란 말이죠. 그 다음에는 어느 쪽으로 가야 하나요?
    M 노스 가에서 좌회전하세요. 쉽게 찾으실 거예요.

    대화에서 유추할 수 있는 내용은?
    (a) 남자는 우체국이 어디에 있는지 모른다.
    (b) 여자의 동생은 소포에 대해 모르고 있다.
    (c) 남자와 여자 모두 이 도시 출신이 아니다.
    (d) 여자는 아마도 모퉁이 상점에 갈 것이다.

유형 → 추론

[Solution] 여자는 일본에 사는 동생에게 소포를 보내기 위해 우체국을 찾고 있고 남자는 안내를 하고 있으므로 아마도 이 지역 출신으로 동네 지리를 잘 알고 있을 것이다. 여자가 일본에 있는 동생에게 깜짝 선물로 소포를 보내야 한다고 했으므로 (b)가 정답이다.

[Voca] **direct to** (~으로 가는 길을) 안내하다, 알려 주다 **package** 소포

[Answer] (b) The woman's sister doesn't know about the package.

두 남녀의 대화를 듣고 추론을 해야 하는 문제로 가장 까다로운 유형이며, 대화 전체 내용을 거의 완벽하게 듣도록 노력해야 합니다. 선택지는 주로 세부 내용 파악 문제와 비슷하게, The man, The woman으로 시작하는 경우가 대부분입니다. 추론 문제는 절대로 대화내용에 근거해야 하며, 대체로 대화 일부내용이 paraphrase된 선택지가 정답이 되는 건 다른 문제와 동일합니다. 가장 흔한 오답 함정은 남녀의 대사를 뒤섞어서 혼란을 주는 경우입니다. 따라서 남녀를 확실히 구분해서 청취해야겠습니다.

44 M This is a pretty nice car, don't you think?
W It's beautiful. I love the color.
M And it doesn't have too many miles on it. I'm sure it'll last another five years.
W Plus, it will use less gas than the car we're now driving.
M Hmm…why do you suppose it's so inexpensive? They're hiding something.
W You're probably right. Let's find out more about the car before we decide.

Q. What can be inferred from the conversation?
(a) The woman doesn't really like the car.
(b) The couple suspects that there's a problem with the car.
(c) The car costs a lot more than they expected.
(d) The car they now drive gets good gas mileage.

M 멋진 차야, 그렇게 생각하지 않니?
W 멋져, 난 색깔이 맘에 들어.
M 그리고 주행 거리도 그다지 많지 않아. 앞으로 5년은 더 탈 수 있을 거야.
W 게다가 우리가 지금 타는 차보다 기름도 적게 들 거야.
M 음… 그런데 왜 이런 게 값이 싼 걸까? 뭔가 숨기는 게 있는 걸까?
W 네 말이 맞아. 결정하기 전에 이 차에 대해 좀 더 알아보자.

대화에서 유추할 수 있는 내용은?
(a) 여자는 차를 별로 맘에 들어 하지 않는다.
(b) 두 사람은 차에 문제가 있다고 의심한다.
(c) 자동차가 예상했던 것보다 훨씬 비싸다.
(d) 지금 운전하는 차는 연비가 좋다.

유형 → 추론

Solution 남자와 여자는 차를 보고 있다. 마음에 드는 차를 발견했지만 값이 너무 저렴해서 뭔가 이상이 있는 게 아닐까 의심한다. [It doesn't have too many miles on it.]이라고 했으므로 이미 다른 사람이 타던 중고차라는 것을 알 수 있다.

Voca **suspect** 의심하다, 수상히 여기다

Answer (b) The couple suspects that there's a problem with the car.

중고차를 구매중인 부부 사이의 대화를 듣고 추론하는 문제로,

대화의 후반부 내용에 근거한 선택지가 정답으로 제시되어 있습니다. 즉, 남자의 마지막 말인 [Why do you suppose it's so inexpensive? / They are hiding something.] 부분을 잘 들었다면, 쉽게 답을 구할 수 있겠습니다. 혹시 못 들었더라도 나머지 선택지 (a), (c), (d)는 대화문에 언급된 내용과 정반대되는 내용이므로 답에서 제외하기 쉽기 때문에, 소거법을 이용해도 좋습니다.

45-1 W May I see your ID, sir?
M Yes. Here it is.
W Thank you. Do you have any special needs today?
M No, but I would prefer to be in the first row by the window if possible.
W Seat 1D is available, but I'm afraid it's an aisle seat.
M Actually, that'll be just fine. I'll take it.
W OK, sir. Here's your boarding pass. The plane leaves from gate 14, and begins boarding in 20 minutes.

Q. Which is correct according to the conversation?
(a) The man has special needs.
(b) The man will sit by the window.
(c) The man prefers to sit up front.
(d) The man has a first class ticket.

W 신분증 좀 보여 주시겠어요?
M 네, 여기 있습니다.
W 고맙습니다. 오늘 특별히 원하시는 게 있는지요?
M 아니요, 하지만 가능하면 첫 줄 창가에 앉고 싶어요.
W 1D 좌석이 비어 있습니다만, 복도 쪽 좌석인데요.
M 괜찮아요, 그 자리 주세요.
W 알겠습니다. 여기 탑승권 있습니다. 비행기는 14번 게이트에서 떠나고 20분 후에 탑승 시작합니다.

대화의 내용과 일치하는 것은?
(a) 남자는 특별 요구 사항이 있다.
(b) 남자는 창가에 앉을 것이다.
(c) 남자는 앞 쪽에 앉기를 원한다.
(d) 남자는 일등석 표를 가지고 있다.

유형 → 진위 파악

Solution 공항에서 체크인을 할 때 발생하는 대화이다. 남자는 원래 앞쪽 창가 자리를 원했지만 결국에는 복도 쪽 자리에 앉기로 한다.

Voca **row** 줄, 열 **boarding pass** 탑승권

Answer (c) The man prefers to sit up front.

[Which is correct according to~?], [Which of the following is true?] 등으로 시작되는 진위 파악 문제는 주로 난이도가 높은 유형에 해당됩니다. 전체적인 대화 상황 파악과 더불어 세부적인 내용들을 기억해야 하기 때문에, 짧게 메모를 하는 게 좋습니다. 가장 주의해야 할 점은, 대화 중 언급이 안 된 선택지는 무조건 오답임을 명심해야 한다는 것입니다.

45-2 W I'm so glad that flight is over. I was uncomfortable the entire time.

M Why? Did your legs get cramped? That always happens to me, too.

W No, I was sitting next to an extremely overweight woman. I felt like my seat was half the size.

M I can't believe you said that. It's not her fault the seats are too small.

W What do you mean? I think this problem could be solved if overweight people were asked to pay for two seats.

M That's ridiculous. Maybe planes should just make the seats a bit more spacious. Then everyone would be more comfortable.

W Well, I'd have been comfortable if I wasn't being crushed against the window for six hours.

Q. What does the man think?
(a) Airlines should ask people where they want to sit.
(b) Overweight people should try to get healthy.
(c) Overweight people should pay for two plane seats.
(d) The seats in airplanes should be larger.

W 비행이 끝나서 다행이야. 내내 너무 불편했어.

M 왜? 다리가 저렸니? 나도 항상 그래.

W 아니, 아주 덩치가 큰 여자 옆에 앉았거든. 내 좌석이 반쪽밖에 안 되는 느낌이었어.

M 그런 말을 하다니 믿을 수가 없어. 좌석이 작은 건 그 여자 잘못이 아니잖아.

W 무슨 말이야? 덩치가 큰 사람들이 두 좌석을 사도록 만들면 이런 문제는 해결이 될 거라고 생각해.

M 말도 안 돼. 비행기 좌석을 좀 더 크게 만들면 되지. 그러면 모든 사람들이 편안할 거야.

W 내가 여섯 시간 동안 창문에 기댄 채 뭉개지지 않았더라면 편안했겠지.

남자의 의견으로 알맞은 것은?
(a) 항공사들은 사람들에게 그들이 앉고 싶어 하는 곳을 물어봐야 한다.
(b) 비만인 사람들은 건강해지도록 노력해야 한다.
(c) 비만인 사람들은 두 좌석을 사야 한다.
(d) 비행기 좌석의 크기가 더 커야 한다.

유형 → 대의 파악

Solution 여자는 비만인 사람들은 두 좌석을 구입하게 해야 한다고 주장하는데 반해서 남자는 항공사가 비행기 좌석을 더 크게 만들어야 한다고 생각한다.

Voca get cramped 쥐가 나다 overweight 과체중의 ridiculous 어이없는, 말도 안 되는 spacious 넓은 crush 으스러뜨리다, 구기다

Answer (d) The seats in airplanes should be larger.

Joseph's focus

두 사람이 비행기에서 막 내려서 나누는 대화입니다. 여자는 옆

좌석에 너무 비만인 사람이 앉아서 불편했다고 불평하면서 덩치가 큰 사람들은 두 좌석을 사도록 해야 한다고 합니다. 반대로 남자는 항공사가 비행기 좌석을 처음부터 크게 만들면 된다고 합니다. 그러므로 여자의 의견을 가장 잘 나타낸 것은 (c)이고, 남자의 의견을 가장 잘 나타낸 것은 (d)가 됩니다.

Part IV (46~60)

46 The best chefs know that cooking is an art, not a science. It's OK to read a recipe, and then make changes according to what you have on hand, or based on your personal taste. Some new cooks are scared to make substitutions, afraid that something will go horrible if they deviate from a recipe. But that's how new dishes are created. Just be sure to write down the changes you make, so if you like the results, you can make it again!

Q. What is the speaker's advice?
(a) Go out to eat often so you can try new things.
(b) Buy cookbooks if you want to learn how to cook.
(c) Ask someone with experience for help before you cook something new.
(d) Don't be intimidated to change recipes.

최고의 요리사들은 요리가 과학이 아니라, 예술이라는 것을 알고 있다. 조리법을 읽고 나서 당신이 갖고 있는 재료나 개인적인 취향에 따라 변화를 주는 것은 괜찮다. 일부 초보 요리사들은 요리법으로부터 벗어나면 뭔가 끔찍한 일이라도 생길 듯이 대체 재료를 사용하기를 두려워한다. 하지만 새로운 요리들은 이런 식으로 창조된다. 어떻게 변화를 주었는지를 꼭 적어 놓는다면, 결과물이 마음에 들 경우, 그것을 다시 만들 수 있다!

화자의 충고로 알맞은 것은?
(a) 새로운 것들을 접할 수 있도록 외식을 자주 하라.
(b) 요리하는 법을 배우고 싶으면 요리책을 사라.
(c) 새로운 것을 요리하기 전에 경험 있는 사람에게 도움을 청해라.
(d) 조리 방법을 바꾸는 것을 두려워하지 마라.

유형 → 대의 파악

Solution 요리를 할 때 조리법을 개인적 취향에 따라 변화를 주는 것을 두려워하지 말라는 것이 글의 요지이다. 화자는 요리가 정확함을 요구하는 과학이기보다는 창조성을 발휘할 수 있는 예술이라고 말하고 있다.

Voca make changes 변화를 주다 on hand 수중에 가지고 있는 based on ~에 근거하여 substitution 대체, 대신 deviate from ~로부터 벗어나다

Answer (d) Don't be intimidated to change recipes.

Joseph's focus

이 글은 요리 전문가의 강의에서 나올 만한 짧은 요리 관련 tip이라고 볼 수 있겠습니다. 세부정보를 물어 본다기보다는 화자가 하고자 하는 말, 즉 주제를 파악하라는 문제입니다. 화자가

전반부에서 자신의 입장과 반대쪽의 일부 의견을 언급하고 나서, But 이하에서 간접적으로 이러한 일부 의견을 반박하면서, 자기주장이 드러나 있는 구조입니다.

47 Today, I want to talk to you about communication. Your body language is as important as the words you use. Let me give you an example. If I say, "That's very interesting," but I am looking away, you might assume I was not even listening to you. Many hurt feelings and misunderstandings arise because people did not communicate with action what they said in words.

Q. What is the main idea of the talk?
(a) Men and women communicate differently.
(b) You need to look at people when you talk to them.
(c) Nonverbal communication is as important as what you say.
(d) You need to work hard at being interesting when you give a speech.

오늘은 의사소통에 대해 이야기를 하고자 합니다. 여러분의 신체 언어는 여러분이 하는 말만큼이나 중요한 의미를 갖습니다. 예를 하나 들어 보도록 하지요. 만일 제가 "그것 참 흥미롭네요."라고 말하지만 눈길을 돌린다면, 여러분은 아마 내가 여러분이 하는 말을 듣지도 않고 있다고 생각할 겁니다. 사람들이 자신들이 하는 말을 행동으로 표현하지 않기 때문에 감정이 상하고 오해가 발생하게 됩니다.

이야기의 요점으로 알맞은 것은?
(a) 남성과 여성은 다른 방식으로 의사소통을 한다.
(b) 사람들과 이야기를 할 때는 그 사람을 쳐다봐야 한다.
(c) 비언어적 표현 수단은 말만큼이나 중요하다.
(d) 연설을 할 때는 흥미롭게 하도록 노력해야 한다.

유형 → 대의 파악

Solution 화자는 의사소통에 있어서 얼굴 표정이나 눈빛, 몸짓 등의 비언어적 표현들이 말 자체만큼이나 중요한 의미를 가지고 있다고 말하고 있다. 앞부분에서 신체언어가 말만큼이나 중요하다고 주장한 후 예를 제시하고 있다.

Voca look away 눈길을 돌리다 arise 발생하다 nonverbal 비언어적인, 말을 사용하지 않는(↔verbal)

Answer (c) Nonverbal communication is as important as what you say.

Joseph's focus

강의를 듣고 주제문을 찾아야 하는 유형의 문제로, 주로 강의는 대부분 주제문이 앞부분에 위치하기 때문에 [Today, I want to talk about~. / Now, I'd like to discuss~.] 등의 도입부분을 잘 들으면 쉽게 답을 찾을 수 있습니다. 두 번째 문장 [Your body language is as important as the words you use.]이 주제문이며 (c)로 paraphrase되어 있습니다. 지문에 언급되어 있어 (b)를 정답으로 고를 수도 있겠지만, 주제라고 보기에는 지엽적인 내용입니다.

48 If you were to choose what you hate the most about your dishwasher, what would it be? Most women say their dishwashers are too noisy, and that they don't clean well enough. Problem solved with the all-new Hurricane, an ultra quiet dishwasher that actually cleans all of your plates, cups, pots and pans. You'll never have to scrub or rinse again!

Q. What is the main feature of the Hurricane?
(a) It fits nicely under the counter.
(b) It is less expensive than other dishwashers.
(c) It comes in many colors.
(d) It is very quiet but powerful.

여러분의 식기세척기에 대해 가장 마음에 안 드는 점을 골라야 한다면, 무엇을 고르시겠습니까? 대부분의 여성들은 식기세척기가 너무 시끄럽고 깨끗하게 설거지가 되지 않는다고 말합니다. 접시, 컵, 냄비, 팬 등을 모두 닦을 수 있는 새로 나온 극 저소음 식기 세척기 허리케인이 있으면 이러한 문제들은 해결됩니다. 여러분은 다시는 더러운 그릇들을 문지르거나 헹구지 않아도 됩니다!

허리케인의 주요 특징으로 알맞은 것은?
(a) 싱크대 아래에 딱 맞는 크기이다.
(b) 다른 식기세척기보다 저렴하다.
(c) 다양한 색상으로 나온다.
(d) 매우 조용하고 강력하다.

유형 → 세부 내용 파악

Solution 조용하면서도 그릇이 잘 닦여지는 새로운 식기세척기를 광고하고 있다.

Voca dishwasher 식기세척기

Answer (d) It is very quiet but powerful.

Joseph's focus

광고문을 듣고 세부 내용을 파악해야 하는 유형으로, 선택지 (a), (b), (c)가 광고문에 언급조차 돼 있지 않기 때문에, 소거법을 이용해서도 쉽게 답을 구할 수 있겠습니다. 앞부분에서 대부분의 식기세척기가 너무 시끄럽고 잘 세척이 안 된다는 대다수 주부들의 의견을 언급하고 나서, 이런 문제들이 광고하고 있는 식기세척기 Hurricane으로 다 해결된다고 했기 때문에, 광고제품의 장점이 직접적이기보다는 간접적으로 언급된 형태의 광고문입니다.

49 Welcome aboard the innovative and imaginative Oasis of the Seas. This 220,000 ton colossus is 16 decks high, boasts 2,700 staterooms and features 7 distinct neighborhoods to explore. Please enjoy a sumptuous meal at the Opus dining room, and afterwards, you may stroll the outdoor Central Park or stop by the Boardwalk to check out the carousel. With all the new amenities and old favorites found on board-the Oasis of the Seas will surely bring your vacation fantasies to life. As you come on board today, please find your cabin and deposit your luggage. Before we leave port, be sure to note all of the safety precautions for your deck and cabin, including escape routes and safety exits. Especially important is that you know the location of your life jacket. Then make your way to the upper deck to watch a demonstration at the lifeboats.

Q. Which of the following is NOT mentioned as safety precautions?
(a) Note the escape routes.
(b) Locate your life jacket.
(c) Observe the lifeboat demonstration.
(d) Stay away from the upper deck.

혁신적이고 참신한 오아시스 오브 더 시즈 유람선에 승선하신 걸 환영합니다. 이 22만 톤의 거대 유람선은 갑판이 16층으로 되어 있으며, 2,700개의 개인 전용실을 자랑하며, 7개의 독특한 구역으로 나누어져 있습니다. 오퍼스 식당에서 호화로운 식사를 하시고 나서, 야외 센트럴 공원을 산책하시거나 보드워크에 들르셔서 회전목마를 체험해 보세요. 모든 새로운 편의시설과 옛날에 즐기셨던 것들을 배위에서 발견하실 수 있으므로, 오아시스 오브더 시즈 유람선은 여름의 휴가 여행 판타지를 현실로 만들어드릴 것입니다. 오늘 승선을 하시면 선실을 찾으신 후, 짐을 푸시기 바랍니다. 항구를 떠나기 전에 탈출 통로와 안전 출구를 포함한 갑판과 선실에서의 모든 안전 예방책들을 유념하시기 바랍니다. 특히 구명조끼의 위치를 파악하는 것이 중요합니다. 그리고 나서는 위쪽의 갑판으로 올라가셔서 구명정에 타는 시범을 관람하십시오.

안전 예방책으로 언급되지 않은 것은?
(a) 탈출로를 알아둬라.
(b) 구명조끼의 위치를 파악하라.
(c) 구명정 시범을 지켜봐라.
(d) 위쪽 갑판에 떨어져 있어라.

유형 → 세부 내용 파악

Solution 배 위에서의 안전 예방책에 주의를 기울일 것을 부탁하고 있다. [be sure to note all of the safety precautions] 에서 정답을 확인할 수 있다. 탈출 경로와 구명조끼의 위치를 파악할 것, 위쪽 갑판에 올라가서 구명정에 타는 시범을 관람할 것 등이 언급되었다.

Voca colossus 거대한 것 boast 뽐내다(=brag) stateroom 개인 전용실 sumptuous 호화로운 stroll 거닐다 carousel 수하물 컨베이어 벨트 amenity 생활 편의 시설 deposit 보관하다, 맡기다 safety precaution 안전 예방책 deck 갑판 life jacket 구명조끼 lifeboat 구명정 stay away 떨어져 있다

Answer (d) Stay away from the upper deck.

Joseph's focus

승선해서 들을 수 있는, 안전 관련 안내 방송을 듣고, 세부 내용을 파악하는 유형으로 전체적인 흐름파악이 중요합니다. 하지만 이러한 유형의 안내 방송은 정보전달이 주목적으로 대부분 세부 정보를 파악하라는 유형으로 출제되기 때문에, 세부사항을 처음 들려 줄 때부터 미리 메모를 하는 방법이 정답률을 높이는 방법입니다.

50 Ladies and Gentlemen, this evening I'd like to discuss with you an episode from American history. That is, the American Revolution. Although the war with England officially began in 1775, the seeds of conflict were planted years earlier. Some of the most infamous incidents may be the Boston Massacre, which took place in 1770, and the Boston Tea Party, which occurred in 1773. And the renowned Declaration of Independence was not written until a year later, in 1776.

Q. What is this talk about?
(a) Events leading to America's Independence
(b) Causes of the English Revolution
(c) A comparison of two country's revolutions
(d) The effects of England's loss to America

신사 숙녀 여러분, 오늘은 미국 역사상의 한 사건에 대해 논의를 하도록 하겠습니다. 그것은 바로 미국 독립전쟁입니다. 영국과의 전쟁은 공식적으로 1775년에 시작되었지만 갈등의 씨앗은 여러 해 전에 심어졌습니다. 가장 악명 높은 사건들로는 1770년에 발생한 보스턴 학살 사건, 1773년에 발생한 보스턴 차사건 등이 있습니다. 그리고 유명한 독립선언서는 그로부터 일 년 후인 1776년에야 써졌습니다.

무엇에 관한 내용인가?
(a) 미국 독립에 이르기까지의 사건들
(b) 영국 명예혁명의 원인들
(c) 두 국가의 혁명 비교
(d) 미국에 대한 영국의 패배가 끼친 영향

유형 → 대의 파악

Solution 미국 역사에 대한 강의를 듣고 강의의 주제를 파악하는 유형으로, 이 문제 역시 강의의 특성상 주제문 (this evening I'd like to discuss ~ the American Revolution.)이 앞부분에 위치해 있다.

Voca episode 사건 infamous 악명 높은 incident 사건 massacre 학살 renowned 유명한 Declaration of Independence 독립선언서 lead to ~에 이르다

Answer (a) Events leading to America's Independence

Joseph's focus

(b)는 영국과의 전쟁에 대한 언급은 있지만, 영국의 명예혁명에 대한 언급은 없으며 revolution이라는 단어로 오답을 유도하는 선택지입니다. 정답은 American Revolution이 America's Independence로 paraphrase된 (a)가 됩니다.

51 The leatherback sea turtle is nearing extinction. The coastlines of Mexico, Costa Rica and Malaysia, where the 150 million-year-old species lays its eggs, have been used for commercial fishing, and the property has been developed.

Scientists at a recent conference estimated that leatherback numbers have fallen in the past 13 years from hundreds of thousands to just 40,000 worldwide.

Q. What issue is addressed here?
(a) Dwindling seafood availability
(b) The relationship between humans and turtles
(c) Why some turtles are moving closer to the coast
(d) The possible disappearance of a species

장수거북은 거의 멸종 위기에 처해 있다. 1억 5000만 년 된 이 거북들이 알을 낳는 멕시코, 코스타리카, 말레이시아의 해안가는 상업적 어업에 이용되어 왔으며, 그리고 부동산 개발이 되어 왔다. 최근 회의에서 과학자들은 장수거북의 수가 지난 13년 동안 전 세계적으로 수십 만 마리에서 4만 마리로 줄어들었다고 추정한다.

어떤 문제가 제기되고 있는가?
(a) 감소하는 해산물
(b) 인간과 거북들과의 관계
(c) 일부 거북들이 해안가로 이동하는 이유
(d) 어떤 종의 소멸 가능성

유형 → 대의 파악

Solution 장수거북이 주로 알을 낳는 멕시코, 코스타리카, 말레이시아 해안가의 상업적 어업 활동과 부동산 개발로 인해 이 종이 멸종 위기에 놓여 있다는 내용이다.

Voca leatherback sea turtle 장수거북 near 다가가다, 가까워지다 coastline 해안 property 부동산(↔movables) hundreds of thousands 수십 만 dwindle 감소되다 availability 이용도 disappearance 소멸, 소실

Answer (d) The possible disappearance of a species

Joseph's focus

이 설명문은 화자의 주장보다는 멸종 위기에 처한 장수거북과 원인에 관한 단순한 fact를 나열하고 있습니다. 따라서 설명문이 주로 무엇에 관한 내용인지, 대의만 파악하면 되는 유형의 문제인지 알아야 합니다. (b)처럼 주제문으로 잡기에 너무 광범위한 것은 오답이 됩니다. 또한 전반적인 turtles에 대한 내용이 아니라, leatherback turtles의 수가 감소한 원인에 대한 설명문이란 점에 주의해야 합니다.

52 In 2007, surfer Todd Endris miraculously survived a vicious shark attack. A 16-foot great white shark bit into his back, exposing his spine and organs. Then the creature bit into Todd's thigh but did not sever the leg. The man lost over half of his blood, requiring six hours of surgery, and over 500 stitches and 200 staples to close his wounds.

Q. Which is correct about Todd Endris?
(a) He studied sharks.
(b) He survived the attack.
(c) His leg was bitten off.
(d) He cannot surf again.

2007년 파도타기를 하던 토드 엔드리스는 잔인한 상어의 공격에서 기적적으로 살아남았다. 16피트 크기의 백상어가 그의 등을 물어서 그의 척추와 내장 기관들이 노출되었다. 그러고 나서 상어는 토드의 허벅지를 물었지만 그의 다리는 절단되지 않았다. 그는 전체 혈액의 절반 이상을 잃었고 6시간의 수술을 거쳐야했고 그의 상처를 봉합하기 위해 최소 500바늘을 꿰매야 했으며 200개 이상의 철침이 사용되었다.

토드 엔드리스에 대한 내용으로 알맞은 것은?
(a) 그는 상어를 연구했다.
(b) 그는 공격에서 살아남았다.
(c) 상어가 그의 다리를 잘라냈다.
(d) 다시는 서핑을 할 수 없다.

유형 → 진위 파악

Solution 서핑을 하던 사람이 상어의 공격을 받았지만 살아남았다. 허벅지를 물리기는 했지만 다리가 절단되지는 않았다고 말하고 있으므로 (c)는 정답이 될 수 없다. 토드 엔드리스는 서퍼였다고 말하고 있으므로 (a)는 정답이 아니다. (d)는 주어진 글의 내용으로는 알 수 없는 내용이다.

Voca miraculously 기적적으로 vicious 잔인한 expose 노출시키다 spine 척추 organs 내장 기관 thigh 허벅지 sever 절단하다 surgery 수술 stitch 바늘 wound 상처

Answer (b) He survived the attack.

Joseph's focus

짧은 설명문 형식의 담화문을 듣고 진위 파악을 요구하는 유형의 문제로, 들으면서 육하원칙에 따른 간단한 메모가 필요합니다. 추론 유형과는 달리 메모된 내용과 다를 경우는 무조건 오답으로 간주하는 게 좋습니다. 메모의 예를 들어보자면, [shark bit back / spine organs exposed / not sever leg / half blood lost / six hour surgery / 500바늘 / 200철침]정도로 메모하되, 한글로 해도 상관없습니다.

53 It has come to my attention that some of our board members are not satisfied with our current hiring practices. Let me assure you that we have considered your concerns but still believe that our methods are not only sound, but superior. Our human resources department searches the world to find the most qualified employees in the field, and offers generous salaries to hire and retain them. By staffing our company with experts, we produce the best product in the world, and our customers know it.

Q. What can be inferred from the talk?
(a) The speaker feels that his hiring method should be continued.
(b) The board members are not concerned about the problem.
(c) The speaker has offered an alternative solution to the issue.

(d) The board members believe they need to look for more employees.

저는 일부 이사회 임원들이 우리의 현재 고용 관례에 불만을 갖고 있다는 점에 주목하게 되었습니다. 저희는 여러분의 우려를 검토해 보았지만 우리의 고용 방식은 믿을 만할 뿐만 아니라, 우수하다고 믿고 있다는 사실을 주지시키고자 합니다. 우리 회사의 인사부서는 전 세계를 뒤져 그 분야에서 가장 적절한 직원을 찾고 있으며, 그들을 고용하고 계속 보유하기 위해서 후한 봉급을 제공합니다. 전문가들을 우리 회사에 고용함으로써 우리는 세계에서 가장 뛰어난 제품을 생산하고 있으며, 이 점은 우리의 소비자들도 잘 알고 있습니다.

위 담화에서 유추할 수 있는 것은?
(a) 화자는 그의 채용 방식이 지속되어야 한다고 믿는다.
(b) 이사회 임원들은 그 문제에 대해 염려하지 않는다.
(c) 화자는 문제에 대한 대안 책을 제시했다.
(d) 이사회 임원들은 좀 더 많은 직원을 고용해야 한다고 생각한다.

유형 → 추론

Solution 화자는 자신의 고용 방식을 통해 우수한 직원들을 선발함으로써 제품의 품질이 높아졌고 소비자들도 그것을 잘 알고 있다고 주장한다. 불만을 인식하고는 있지만 현재의 방식을 바꾸기 보다는 이사회 임원들을 설득하려고 하고 있다.

Voca it has come to one's attention ~을 알게 되다, ~의 주의를 끌다 hiring practice 채용 관례 concern 염려 sound 믿을만한 superior 더 뛰어난(↔inferior) qualified 자질 있는 retain 보유하다, 유지하다

Answer (a) The speaker feels that his hiring method should be continued.

Joseph's focus

선택지를 보기 전까지는 무엇을 추론하는 문제가 나올지 알 수 없기 때문에, 전체적인 내용뿐만 아니라 세부사항도 집중해서 들어야 하지만, 결과적으로, 주제문에 해당되는 두 번째 문장이 문제를 해결하는 key point라고 볼 수 있습니다. 우선 이사회 임원들이 현재 고용방식에 대해 갖고 있는 불만이 화자가 자신의 주장을 펼치게 된 동기가 되었으므로 (b)는 재고의 여지가 없습니다. 화자의 두 번째 문장(but still believe~but also superior.)에서 알 수 있듯이, 화자는 현재의 고용 방식에 만족하고 있으므로 (c)의 alternative solution이나 (d)의 more employees와 같은 것들은 화자의 생각과는 상충되는 의미들이므로 오답입니다.

54 In Greece, around 450 BC, the Acropolis dominated Athens. A fortified hill, the Acropolis was home to some of the world's most famous buildings. The Parthenon was a massive temple noted for its simple and classic design. It was built for the goddess Athena, and many of its columns still stand today. The Erechtheum is another impressive building on the Acropolis. It is most famous for its Porch of Maidens, where six female statues support the floor above. These structures were constructed during the Golden Age of Athens under the ruler Pericles.

Q Which is correct about the Acropolis according to the lecture?
(a) It was the oldest building in all of Greece.
(b) Athena is said to have lived there.
(c) Some of its famous structures are still intact.
(d) Greek temples were made using simple tools.

기원전 450년경 고대 그리스에서 아크로폴리스는 아테네에 우뚝 솟아 있었다. 성으로 둘러싸인 언덕에 위치한 아크로폴리스는 세계에서 가장 유명한 건축물들이 있는 곳이기도 하다. 파르테논 신전은 그 간결하고 고전적인 디자인으로 유명한 거대한 신전이다. 이것은 아테나 여신을 위해 지어졌으며 많은 기둥들이 오늘날까지 남아 있다. 에레크테움은 아크로폴리스에 있는 또 하나의 인상적인 건축물의 하나이다. 이것은 여섯 개의 여성 조각상들이 위층을 받치고 있는 형상의 "소녀들의 현관"으로 가장 잘 알려져 있다. 이 구조물들은 페리클레스의 지배 하의 아테네의 황금기에 건축되었다

강의에 따르면, 아크로폴리스에 관한 내용으로 올바른 것은?
(a) 그리스 전체에서 가장 오래된 건축물이다.
(b) 아테나가 그곳에 살았다고 전해진다.
(c) 일부 유명한 구조물들은 여전히 남아 있다.
(d) 그리스 신전들은 단순한 도구들을 이용해 지어졌다.

유형 → 진위 파악

Solution 아테네의 상징물인 아크로폴리스에는 전 세계적으로 유명한 고대 건축물들이 있다. 파르테논 신전은 여신 아테나를 위해 지어진 것으로 일부 기둥들이 현재까지 그대로 남아 있다. 또 하나의 건축물인 에레크테움은 여섯 개의 소녀상들로 잘 알려져 있다. 아크로폴리스의 건축물들은 페리클레스가 다스리던 아테네의 전성기에 건축되었다.

Voca dominate (어떤 장소에서) 가장 크다, 높다 fortify 요새를 쌓다 noted for ~으로 유명한 column 기둥 statue 조각상 intact 손상되지 않은, 그대로 남아 있는

Answer (c) Some of its famous structures are still intact.

Joseph's focus

고대 그리스시대의 몇몇 건축물에 대한 짧은 강의를 듣고 진위 파악을 하는 문제로, 고유명사가 많이 등장해 까다로운 유형입니다. 배경 지식이 좀 있다면 비교적 쉬웠겠지만, 그렇지 못하다면 각 고유명사의 사실 관계를 재빨리 파악해야 문제를 쉽게 풀 수 있겠습니다. (a)는 가장 오래된 건물이라고 언급되어 있지도 않으며, 아크로폴리스는 건물이 아니라 장소이므로 오답입니다. (b)는 여신 Athena를 위해서 지어졌다고 나와 있지, 여신이 거기에 살았었다고 언급되어 있진 않으므로 역시 오답이 됩니다. (d) 역시 강의 내용에 언급되어 있지 않으므로 [... many of its columns still stand today.]가 paraphrase된 (c)가 정답이 됩니다.

55 Oil tycoon Jed Wilkerson announced today that he is selling his share of the fledgling alternative energy firm Solartech. During the past five years, Solartech has lost all of its venture capital outlay, and was denied a patent on its hardware. Although the firm's president insists that Solartech will be profitable within another five years, Wilkerson isn't willing to stay.

Q. Which is correct about Solartech?
(a) It has a new president.
(b) It has been purchased by an oil company.
(c) It is a profitable company.
(d) It lost a major investor.

석유업계의 거물인 제드 윌커슨은 오늘 신생 대체 에너지 회사 솔라텍에 대한 그의 지분을 처분한다고 발표했다. 지난 5년간 솔라텍은 투자 자본 전부를 잃었으며 장비의 특허를 거부당했다. 회사의 사장은 솔라텍이 앞으로 5년 안에 이윤이 남는 회사가 될 것이라고 주장하고 있지만 윌커슨은 회사와 함께 남지 않기로 했다.

솔라텍에 대한 내용으로 올바른 것은?
(a) 사장이 바뀌었다.
(b) 석유 회사에 팔렸다.
(c) 이윤을 내는 회사다.
(d) 주요 투자자를 잃었다.

유형 → 진위 파악

Solution (a)는 사장이 바뀐 게 아니라, 대주주 월커슨이 지분을 팔았다는 내용이므로 일치하지 않는다. (b)는 보도문에 언급이 없으므로 오답이고 (c)는 시제가 틀린데다가, 내용 자체도 단정적이므로 보도문의 내용과 일치하지 않는다. 보도문엔 향후 5년간 이윤을 낼 수도 있다고 솔라텍 사장이 예측한 것으로 나와 있는 것이지 현재 수익을 내는 회사라는 내용은 언급되어 있지 않기 때문에 오답이다.

Voca tycoon 거물 share 지분, 주식 fledgling 새로운 venture capital 투자 자본 outlay 경비 patent 특허 profitable 이윤이 남는

Answer (d) It lost a major investor.

Joseph's focus

재벌에 관한 뉴스 보도문을 들려주고 진위 파악을 요구하는 유형의 문제로, 경제 관련 어휘들(tycoon, share, patent, outlay)에 친숙하지 않은 분들은 중간 중간에 생소한 어휘가 나와 전반적인 청해 능력을 방해하기 때문에 전체 보도문의 내용과 흐름을 파악하기가 다소 어려울 수도 있겠습니다. 평소 경제 관련 기사나 뉴스를 꾸준히 읽고, 듣도록 노력해야 합니다.

56 And that marks the end of this year's World Series. Boston pulled out all the stops to win this last game 1-0 and what a night it was. Joe Smith's homerun in the very last inning of the game will go down in history as one of the most dramatic tiebreakers this game has seen. The Red Socks did it, folks, and you heard it right here on this station.

Q. What can be inferred about the game?

(a) More games in the series will follow.
(b) The score was tied for much of the game.
(c) Joe Smith never hit a homerun before.
(d) The Boston Red Socks almost never win.

그리고 그것으로 올해의 월드 시리즈가 막을 내렸습니다. 보스턴은 이 마지막 경기를 1대 0으로 이기기 위해 최선의 노력을 기울였으며 그것은 대단한 경기였습니다. 마지막 회에 조 스미스가 친 홈런은 야구 역사상 무승부로 끝내는 가장 극적인 결승점 중 하나로 역사에 남게 될 것이다. 여러분, 보스턴 레드삭스 팀이 드디어 해 냈으며, 여러분은 이 소식을 저희 방송과 함께 나누고 계십니다.

경기에 대해 유추할 수 있는 것은?
(a) 시리즈에서 더 많은 경기가 벌어질 것이다.
(b) 경기의 대부분은 무승부로 진행됐다.
(c) 조 스미스는 전에 홈런을 친 적이 없다.
(d) 보스턴 레드삭스는 우승한 적이 거의 없다.

유형 → 추론

Solution 야구 중계의 일부이다. 보스턴 레드삭스 팀이 연장전까지 가서 결국에는 1대 0으로 월드 시리즈에서 우승했다. 조 스미스가 마지막 회에서 홈런을 친 것이 우승을 결정한 것으로 볼 때 마지막 회까지 동점이 계속된 상황이라는 것을 짐작할 수 있다.

Voca mark 표시하다 pull out all the stops 최선의 노력을 기울이다 inning (야구의) 회 go down in history 역사에 남다 dramatic 극적인 tiebreaker 연장전, 동점 결승전

Answer (b) The score was tied for much of the game.

Joseph's focus

야구 중계방송의 마무리 부분을 듣고 추론해야 하는 유형으로, 역시 스포츠 관련 배경지식과 어휘 실력이 문제해결의 결정적인 요소가 되므로 어휘를 잘 모를 경우 까다로운 문제입니다. (a)는 더 많은 경기가 벌어질 수도 있겠지만, 지문에 근거하지 않은 추론이며 (c)와 (d) 역시 지문에 언급되지 않았으며, 이 방송 내용만 듣고는 추론이 불가능합니다. [...one of the most dramatic tiebreakers...] 부분에 나와 있듯이, 경기 내내 무승부가 지속되다, 마지막 이닝에서 조 스미스의 홈런이 승부를 결정짓는 쐐기포가 되었음을 유추할 수 있습니다.

57 I feel that my rights as a reader are violated when books are censored. By exposing myself to new and controversial texts, I have the opportunity to study not just literary styles, but also the important issues of different places and times. But censorship denies scholars the chance to read and make judgments for themselves.

Q What is the speaker's attitude toward censorship of books?

(a) Supportive
(b) Completely opposed
(c) Neither for nor against
(d) Highly in favor

책이 검열을 받을 때 독자로서 나의 권리가 침해당한 느낌이 든다. 새롭고 논쟁의 여지가 있는 글들을 읽음으로써 나는 문학적 표현 양식뿐만 아니라 다른 장소와 시대의 중요한 문제들을 배울 수 있는 기회를 얻는다. 하지만 검열은 학자들이 <u>스스로 읽고 판단할</u> 기회를 거부한다.

책 검열에 대한 화자의 태도로 알맞은 것은?
(a) 지지하는
(b) 완전히 반대하는
(c) 찬성도 반대도 하지 않는
(d) 매우 찬성하는

유형 → 대의 파악

Solution 맨 처음 문장(I feel that my rights ∼ censored.)에서 화자는 책이 검열되는 것에 대해 강한 반대를 보이고 있다는 것을 알 수 있다. 화자는 논쟁의 여지가 있는 글이라도 독자들이 직접 읽고 판단할 기회가 주어져야 한다고 주장한다. 이러한 글들을 읽음으로써 장소와 시대에 따라 어떤 문제들이 중요하게 여겨졌는지를 배울 수 있다.

Voca censor 검열관, 검열하다 controversial 논쟁의 여지가 있는 censorship 검열 make judgments 판단하다 supportive 지지하는(↔opposed) in favor 찬성하는

Answer (b) Completely opposed

Joseph's focus

회의나 토론의 발표자의 발표문을 듣고 화자의 태도를 파악하는 유형으로, 이런 문제는 주제문을 파악하는 것과 비슷하게 접근하면 됩니다. 세부사항보다는 전체적인 흐름을 파악하고, 추가로 반복되는 어휘나 어구에 집중하는 게 좋습니다. 이 문제에서는 violated와 denied 등의 부정적인 단어에 주목했다면, 화자가 검열에 부정적인 생각을 가지고 있다고 쉽게 판단할 수 있겠습니다.

58 Throughout history, there have always been times when the people took the law into their own hands. This is especially true in American history. When the colonists felt that England was not protecting them from attacks by natives, they formed their own unauthorized army to defend themselves. Later, settlers who moved west often felt isolated and took it upon themselves to settle disputes. The Civil War could also be considered an extreme example of this tendency.

Q. What can be inferred from the speech?
(a) The origin of the Civil War dates to colonial times.
(b) Some laws passed by the colonists have been unjust.
(c) The west was once considered to be a dangerous place.
(d) Early Americans have at times defied existing laws.

역사상 사람들이 법에 의존하지 않고 문제들을 스스로 해결했던 때가 항상 있었다. 이것은 특히 미국 역사에서 많이 찾아 볼 수

있다. 식민지 개척자들은 영국이 원주민들의 공격으로부터 그들을 보호해주지 않는다고 생각해서 자신들끼리 허가받지 않은 군대를 조직하여 스스로를 방어했다. 훗날 서부로 이주한 정착민들은 종종 자신들이 고립되었다고 생각했기 때문에 분쟁을 스스로 해결해야 했다. 남북전쟁은 또한 이러한 경향의 극단적인 예로 여겨질 수 있다.

연설에서 유추할 수 있는 내용은?
(a) 남북전쟁의 기원은 식민지 시대로 거슬러 올라간다.
(b) 식민 개척자들에 의해 정해진 일부 법률은 공평하지 못했다.
(c) 서부는 한때 위험한 곳으로 여겨졌다.
(d) 초기 미국인들은 기존의 법률을 때때로 무시했다.

유형 → 추론

Solution 역사상 사람들이 법보다는 스스로에 의존해야 했던 때가 있었다고 소개한 후 그 예들을 제시하고 있다. 처음 식민 개척자들은 미 원주민들로부터 스스로를 보호하기 위해 군대를 조직했으며 서부 이주자들은 지리적인 고립성 때문에 스스로 문제들을 해결해야만 했다. 화자는 미국 남북 전쟁도 이러한 경향의 예라고 주장한다.

Voca take the law into one's own hands 사적 제재를 가하다 form 조직하다 unauthorized 인가받지 않은 defend 지키다 isolated 고립된 take upon oneself ∼의 책임을 지다, 맡다 dispute 분쟁 extreme 극단적인 tendency 경향

Answer (d) Early Americans have at times defied existing laws.

Joseph's focus

짧은 연설문을 듣고 추론하는 문제로, 철저하게 지문에 근거한 내용이 답이라는 사실을 명심하고, 전체적인 흐름 파악과 세부 내용에도 주의를 기울여야 합니다. (a)는 남북전쟁에 대한 언급은 있지만, 기원은 언급되어 있지 않으므로 틀렸고, (b)는 법이 불공평했다고 추론은 가능하지만, 법에 의지하지 않은 이유가 법이 불공평해서인지, 관련법이 없어서인지, 지문만을 통해서는 추론을 할 수 없는 내용이므로 역시 오답입니다. (c) 역시 지나친 추론이 되겠습니다. 서부가 위험한 장소라는 언급은 본문에 안 나와 있을 뿐만 아니라, 본문에서는 고립된 장소라고 언급되어 있으므로 역시 오답이 됩니다. isolated 되었다고 반드시 위험한 것은 아니기 때문입니다.

59 When most people think of birds, they think of the small birds that chirp in their backyard. However, Diatryma was a little different. Living 55 million years ago, this unusual bird was a terror to its preys and the top predator of its time. Though it couldn't fly, it stood over seven feet tall and had a sharp, strong beak and clawed feet. Scientists believe that Diatryma was so fast and powerful that it hunted the ancestors of today's horses.

Q. Which of the following is true of the lecture?
(a) Diatryma was prey to many species.
(b) Horses' ancestors hunted the Diatryma.
(c) Scientists tried to reveal why Diatryma is

extinct.
(d) Diatryma was a flightless and carnivorous bird.

대부분의 사람들이 새에 대해 생각을 할 때, 그들은 뒷마당에서 짹짹거리는 작은 새들을 생각한다. 하지만 디아트리마는 약간 달랐다. 5500만 년 전에 살았던 이 특이한 새는 그것의 먹이가 되는 동물들에게는 공포의 대상이었고 당시 최고의 사냥꾼이었다. 비록 날 수는 없었지만, 그것의 키는 7피트에 달했고 날카롭고 강력한 부리와 발톱을 가진 발을 갖고 있었다. 과학자들은 디아트리마는 매우 빠르고 강력해서 오늘날 말의 조상들을 사냥했다고 믿고 있다.

강의 내용과 일치하는 것은?
(a) 디아트리마는 많은 생물 종들의 먹이였다.
(b) 말의 조상들은 디아트리마를 사냥했다.
(c) 과학자들은 왜 디아트리마가 멸종했는지를 밝히고자 했다.
(d) 디아트리마는 날지 못하는 육식의 새였다.

유형 → 진위 파악

Solution　디아트리마는 날 수는 없었지만, 매우 빠르고 강력한 사냥꾼이었다고 말하고 있다.

Voca　predator 천적　carnivorous 육식의

Answer　(d) Diatryma was a flightless and carnivorous bird.

Joseph's focus

담화를 듣고 일치하는 내용을 고르는 문제로, [...this unusual bird ~ its time.]이라고 한 부분에서 이 새가 다른 동물들의 먹이(prey)가 되었다기보다는 천적이었다는 내용을 알 수 있으므로 (a)는 지문의 내용과 반대되는 오답입니다. 디아트리마가 얼마나 빠르고 강력한 새였는가의 예를 보여주기 위해 현대 말의 조상인 동물들을 사냥했었다는 예를 들고 있습니다. 과학자들이 언급되긴 했지만, 구체적으로 그들이 디아트리마의 멸종의 이유를 밝히고자 한다는 내용은 없습니다. 먹이가 되는 동물들에게 공포의 대상이었고, 당시 최고의 사냥꾼이었다는 점과 날지 못했다는 사실이 언급된 것으로 보아 이 새는 flightless하고 carnivorous였다고 할 수 있습니다.

오늘은 차의 중요성에 대해 한 번 생각해 봤으면 합니다. 아주 오래 전부터 중국 의사들은 이 놀라운 식물의 약효를 인정해 왔습니다. 차는 시력을 향상시킬 뿐만 아니라, 또한 우울증을 치료한다고 여겨졌지요. 피로 회복제로서의 효능 덕분에 차는 오랜 시간 동안 명상을 할 때 사용되게 되었습니다. 차는 음료로 복용되어 왔을 뿐만 아니라, 근육의 통증을 완화시키기 위해 몸에 문질러 사용되기도 했습니다.

차에 대한 내용으로 올바르지 않은 것은?
(a) 졸음을 막아준다.
(b) 눈이 더 잘 보이도록 돕는다.
(c) 나쁜 입 냄새를 없애 준다.
(d) 근육통을 풀어 준다.

유형 → 세부 내용 파악

Solution　차의 효능에 대해 설명하고 있다. 차는 시력을 개선시키고 우울증을 치료하는데 효능이 있는 것으로 알려져 있다. 피곤을 풀어주는 효능 때문에 명상을 할 때 이용되기도 하고 음료로뿐만 아니라 근육의 통증 완화를 위해 피부에 문질러 사용되기도 한다. 나쁜 입 냄새를 없애 준다는 것은 언급되지 않았다.

Voca　medicinal 의약의, 약효가 있는
marvelous 놀라운, 훌륭한　eyesight 시력
cure 치료법, 치료제　meditation 명상
externally 외부적으로　drowsiness 졸음

Answer　(c) It cures bad breath.

Joseph's focus

차의 역사적 유용성에 관한 짧은 강의를 듣고, 진위를 파악하는 문제입니다. 질문이 [Which is not correct ~ ?]이기 때문에 지문에 언급되지 않았거나, 강의의 내용과 틀린 내용을 골라야 하므로, 좀 더 까다로운 유형의 문제라고 볼 수 있습니다. 이 문제 역시 반드시 간단한 메모를 하는 게 좋습니다. drowsiness를 잘 모르면 선택지 (a)가 다소 헷갈리겠지만, 아예 강의에 언급 자체가 없는 선택지 (c)를 골라야 하겠습니다. 혹 두 선택지가 헷갈릴 경우는, 보다 확실한 것을 답으로 선택하는 게 유리합니다.

60-1 Tonight I would like us to consider the value of tea. Since the earliest times, Chinese doctors have recognized the medicinal properties of this marvelous plant. Not only was tea believed to improve your eyesight, it was also thought to battle depression. Its value as a cure for fatigue led to its use during long hours of meditation. Tea has not only been taken as a drink, but rubbed on externally to relieve muscle pain.

Q. Which is NOT correct about tea?
(a) It reduces drowsiness.
(b) It helps you see better.
(c) It cures bad breath.
(d) It relaxes sore muscles.

60-2 Many people assume that a vegetarian or vegan diet is healthier than one which includes beef, pork, and chicken. But doctors still insist that not eating meat can actually be harmful to some people's health if they don't make an effort to eat properly. The problem with the diets of many vegetarians is that they simply cut out meat, without replacing the nutrients they're losing. No wonder some people admit to fatigue or more serious medical problems after they make the decision to give up meat.

Q. What is the main point of the speaker?
(a) Many doctors don't recommend a vegetarian diet.
(b) Meat contains nutrients that are not found in other foods.

(c) Eating too much meat can cause certain health problems.
(d) Giving up meat isn't necessarily healthy.

많은 사람들이 채식주의 혹은 절대 채식주의가 쇠고기, 돼지고기, 닭고기가 포함된 식생활보다 더 건강에 좋을 거라고 생각한다. 하지만 의사들은 이들이 적절한 식생활을 하기 위해 노력하지 않는다면 육류를 먹지 않는 것이 실제로 일부 사람들의 건강에 해로울 수가 있다고 주장한다. 많은 채식 주의자들의 문제점은 자신들이 잃게 되는 영양소를 대체하지 않은 채, 무조건 고기를 끊는다는 점이다. 일부 사람들이 고기를 포기하기로 결정을 내린 후 피곤이나 좀 더 심각한 건강상의 문제를 호소하는 것은 놀랄 일이 아니다.

화자가 말하고자 하는 바는?
(a) 많은 의사들이 채식주의 식단을 권하지 않는다.
(b) 육류는 다른 음식에서 찾아 볼 수 없는 영양분을 가지고 있다.
(c) 지나치게 많은 육류를 섭취하는 것은 특정 건강문제를 일으킬 수 있다.
(d) 육류를 포기하는 것이 꼭 건강에 좋은 것은 아니다.

유형 → 화자의 의도 파악

Solution 보통 육류로부터 얻을 수 있는 영양소를 공급할 다른 음식을 대신 섭취하지 않으면 건강을 해칠 수 있다.

Voca assume 추정하다, 당연시 여기다 vegetarian 채식주의의 vegan 절대 채식주의 nutrient 영양소 fatigue 피로

Answer (d) Giving up meat isn't necessarily healthy.

Joseph's focus
일반적으로 많은 사람들이 채식주의(vegetarian)나 절대 채식주의(vegan)가 육류를 먹는 사람의 식생활보다 더 건강에 좋을 것이라고 가정합니다. 하지만 육류에서 일반적으로 얻게 되는 영양소들, 단백질이나 지방을 섭취할 수 있는 다른 식품들, 예를 들어, 콩 종류 등으로 대체하지 않은 채 육류 섭취를 그만두게 될 경우 건강상의 문제가 있을 수 있다는 내용이므로 (d)가 정답이 됩니다.

Grammar

Part I (1~20)

1 A 내 CD를 어디에서도 찾을 수가 없어!
   B 바로 여기 있잖아. 좀 더 철저히 찾아 봤어야지.

유형 → 조동사

Solution [should have p.p.]는 '~했어야 했는데 하지 않았다'는 의미로 과거에 하지 않은 일에 대한 후회나 유감을 나타낸다.

Voca thoroughly 완전히, 철저히

Answer (c) should've looked

Joseph's focus

TEPS 문법에서는 조동사 should와 관련해 [should have p.p.]가 가장 빈출되고 있으므로, 정확히 알아두어야 합니다. [should have p.p.]가 선택지에 보이면 그냥 찍어도 70퍼센트 정답률이 나오지 않을까 싶을 정도로 답의 확률이 매우 높은 편입니다.

> **More Expressions**
>
> **should have p.p.의 표현**
> 과거 사실에 대한 때늦은 충고나 아쉬움을 표현할 때
> **You should have looked** more thoroughly.
> (그러게) 좀 더 철저히 찾아 봤어야지.
>
> 예상했던 일이 발생하지 않았을 때
> **The bus should have arrived** here 2 hours ago.
> 버스가 2시간 전에 도착했어야 하는데. (도착하지 않았다)

2 A 어젯밤에 본 영화가 별로였다고 들었어.
   B 정말 별로였어. 지루해서 30분 보다 말았어.

유형 → 시제/태

Solution 시제와 태에 관한 문제로, bored와 boring은 의미에 큰 차이가 있다. 감정을 나타내는 단어들은 수동의 형태로 쓰이지만 능동의 의미를 나타내는 경우가 많다. 여기서는 30분 동안 영화를 보다가 지루해져서 영화 보기를 과거 어느 시점에 그만둔 것이므로 단순 과거시제의 수동태 형태가 적절하다.

Voca bored 지루한, 따분한

Answer (c) was bored

Joseph's focus

우선 문장 구조상 빈칸은 동사가 필요한 자리이며, 선택지에 was boring이 없기 때문에, 사실 시제만 보면 되는 문제입니다. (a)의 bore는 동사 bear의 과거형이지만, bore의 목적어가 없으므로 문장이 성립될 수 없습니다 (b)는 동사가 아니라 형용사(과거분사)이므로 들어갈 수 없습니다. 시제에 있어, 상식적으로 지루해진 시점이 영화를 본 것보다 먼저일 수는 없으니까, (d) had been bored도 적합하지 않으므로 (c)가 정답이 됩니다.

3 A 오늘 오후에 상점이 얼마나 붐비는지 믿을 수가 있겠니?
   B 그렇게 사람이 많을 때는 쇼핑하기 싫어.

유형 → 어순

Solution 어순을 묻는 문제이다. How가 이끄는 절이 believe의 목적어로 쓰였다. how절의 어순은 [how + 형용사 + 주어 + 동사]가 되어야 한다.

Voca shop 사다, 쇼핑하다

Answer (c) busy the store is

Joseph's focus

의문사 how는 단독으로 쓰이면, 방법부사로 '어떻게'와 정도부사로 '얼마만큼'으로 해석되고, 뒤에 나오는 형용사나 부사를 수식하는 경우는 정도부사로 '얼마나'로 해석됩니다.

4 A 아침 식사로 뭘 먹고 싶어?
    B 계란 요리라면 무엇이든 좋아.

유형 → 의문대명사

Solution 빈칸에 들어갈 적절한 의문사를 묻는 문제이다. '무엇'을 먹고 싶냐고 묻고 있으므로 What이 정답이다. 단, 요리 방법을 물을 때는 How를 사용한다.

Answer (c) What

Joseph's focus

문맥을 살피고, 품사 구분능력만 있으면 쉽게 풀 수 있는 문제입니다. 문장 구조상 빈칸은 의문사가 들어가야 할 자리입니다. 해석도 어색하지만, 해석을 떠나 문법적으로 봐도 (a) Whatever와 (b)Whichever는 복합관계사(접속사)로만 쓰이고, 의문사로 쓰일 수 없기 때문에 답에서 제외됩니다. (d) how는 주로 의문부사로 쓰이기 때문에, 뒤에 완전한 문장이 이어져야 합니다. 하지만 목적어가 필요한 타동사인prefer의 목적어가 없기 때문에 해석을 떠나 문법적으로도 빈칸에 들어갈 수 없습니다. 반면, 의문사 What은 단독으로 쓰이면 의문대명사의 기능도 있기 때문에, 동사 prefer의 목적어가 될 수 있으므로 (c)가 정답이 됩니다.

5 A 저희는 노숙자들을 위한 돈을 모금하기 위해 과자를 팔고 있어요.
    B 참 좋은 일을 하시네요. 두 상자 살게요.

유형 → to 부정사

Solution to 부정사의 부사적 용법에 관한 문제이다. 여기에서의 to 부정사는 '돈을 모으기 위해'라는 목적을 나타내고 있다.

Voca raise money 모금하다 the homeless 노숙자들

Answer (d) to raise

Joseph's focus

선택지에는 접속사가 없으므로, 빈칸 이하는 절이 아니라 구가 들어가야 합니다. 하나의 문장 안에 접속사 없이 동사를 2개 쓸 수 없기 때문에 (a) raise는 일단 답에서 제외시킵니다. (b)의 raised는 동사 과거형 혹은 과거분사로도 볼 수 있지만, 동사 과거형으로 본다면 (a)와 같은 이유로 답이 될 수 없으며, 분사로 보더라도, 태가 틀렸습니다. 문법적으로 가능한 선택지는 (c)와 (d)가 되겠지만, 대화의 문맥상 동시 상황의 분사구문으로 보기보다는 목적을 나타내는 to 부정사 부사구로 보는 것이 더 자연스럽기 때문에 (d)가 정답이 됩니다.

6 A 내 새 차 어때?
    B 차를 사기 전에 내 조언을 구했더라면 좋았을 텐데.

유형 → I wish 가정법

Solution [I wish 가정법]에 관한 문제이다. 현재 사실에 반대되는 것이나 실현 불가능한 소망에는 가정법 과거를 사용하고, 과거의 일에 대한 유감과 아쉬움을 나타내기 위해서는 가정법 과거완료를 사용한다. 차를 구입한 것은 과거의 일이고 그에 앞서 조언을 구하지 않은 것을 아쉬워하고 있으므로 가정법 과거완료가 적절하다.

Voca What do you think of ~? ~에 대해 어떻게 생각해? ask for advice 조언을 구하다

Answer (d) had asked

Joseph's focus

주절의 동사 wish가 목적어로 that절을 취할 경우, that절은 무조건 가정법 동사(과거형 또는 과거완료) 형태를 써야 합니다. 구어체에서 I wish 뒤에 이어지는 that절에 [had+p.p.]대신에 [could+have+p.p.]를 사용하기도 합니다. 한 가지 주의할 점은, wish가 동사가 아닌 명사로 쓰여 뒤에 동격의 that절이 이어질 경우 원형부정사를 쓰는 경우도 있다는 것입니다.

7 A 안녕! 어젯밤에 어디 갔었니?
    B 쇼핑 갔었어.

유형 → 동명사

Solution 주로 레저 활동을 하러 갈 경우에는 [go –ing] 형태로 표현하지만, [go on + 명사] 형태나 [go for+명사] 형태를 쓰는 경우도 있으므로 외워 두면 좋다.

Voca shop v. 쇼핑하다 n. 상점 go shopping 쇼핑하러 가다 (e.g. go fishing 낚시하러 가다 /go swimming 수영하러 가다)

Answer (b) shopping

Joseph's focus

동명사의 관용표현을 묻는 문제로, 평소 빈출 동명사 관용표현을 알아둡니다.

More Expressions

go로 시작하는 기출 표현

go on a trip(tour/picnic/excursion/cruise)
주로 짧게 여행을 다녀오는 경우

go on a date (diet/rampage/strike/vacation)
데이트/다이어트/야단법석/파업/휴가 가다

go for a swim [walk/jog/run/drive/ride]
수영/산책/달리기/드라이브하러 가다

go for lunch 점심 먹으러 가다

go to the movies 영화 보러 가다

---

8 A 토요일에 뭔가 재미있는 거 하자. 영화 보는 거 어때?
    B 실은 이번 주말에는 사람 많은 극장은 피하고 싶어.

유형 → would rather + 원형부정사

Solution would rather 뒤에 어떤 형태의 동사가 쓰이는가에 관한 문제이다.

Voca would rather + 원형부정사 ~하는 편이 낫다 catch a movie 영화를 보다

Answer (a) avoid

Joseph's focus

문맥에 맞는 적절한 [조동사+동사] 형태를 고르는 문제로, 원래 [would rather(=sooner) A than B] 구조에서 than B가 생략된 형태이며, 'B하느니 차라리 A하겠다'로 해석합니다. would rather는 두 단어로 되어 있지만, 하나의 조동사로 간주합니다. 따라서 would rather 뒤에는 원형부정사가 와야 하며 부정형은 would rather not이란 걸 기억합니다.

> **More Expressions**
>
> **원형부정사(동사원형)가 쓰이는 관용적 표현들**
>
> had better + 동사원형 ~하는 것이 낫다, ~해야 한다
>
> do nothing but + 동사원형 ~하기만 한다
>
> cannot but + 동사원형 ~하지 않을 수 없다
> *cf.* cannot help + -ing ~하지 않을 수 없다

9 A 어디 보자, 두 상점이 아직 영업 중인데 어디가 더 가깝지?
   B 전화번호부를 확인해 봐야겠어.

유형 → 의문형용사

Solution 기본적인 품사 구분 능력과, 의문형용사 what과 which의 차이점을 알고 있는지 물어보는 문제이다. 둘 중 하나를 물어 볼 때에는 항상 which만 사용한다.

Voca yellow pages 업종별 전화번호부 which 어느 쪽의, 어느

Answer (c) which

JoSeph's focus

빈칸 뒤에 부정대명사 one이 있으므로 빈칸은 형용사 자리로 볼 수 있기 때문에, 부사로만 쓰이는 where와 whenever는 답에서 제외됩니다. 선택의 범위가 주어졌을 경우엔 what 보다는 which를 써야 합니다. 게다가 비교급 closer는 비교 대상이 둘임을 암시하고 있고 앞부분에 two stores라고 선택의 범위가 제시되어 있기 때문에 what은 불가능하므로 (c)가 정답이 됩니다.

10 A 이번 주말에 새로 나온 연극 보러 가는 게 어때?
   B 좋지, 이번에는 내가 표를 살게.

유형 → 조동사

Solution 조동사 could는 can의 과거형이지만 현재나 미래에 대한 가능성을 나타낼 때도 쓸 수 있다.

Voca why don't we ~하는 게 어떨까? (제안)

Answer (b) could buy

JoSeph's focus

조동사 could의 쓰임새를 묻고 있는 문제로, 여기서 could는 가벼운 제안의 의미로 쓰였다고 볼 수 있습니다. [could have + p.p.] 역시 과거 사실에 대한 때늦은 제안이나 가벼운 충고를 표현하지만, 문제에서는 시제가 과거가 아니기 때문에 could가 적절하므로 (b)가 정답이 됩니다.

> **More Expressions**
>
> **조동사 could 의 쓰임새**
>
> 능력을 나타내는 can의 과거형
> I could run faster than him. 그보다 빨리 달릴 수 있었다.
>
> 정중한 요청
> Could you give me a ride home? 집까지 태워 주시겠어요?
>
> 현재나 미래에 대한 약한 추측
> It could rain tomorrow. 내일 비가 내릴 수도 있어.
> She could be a Canadian. 그녀는 캐나다인일지도 몰라.
>
> 가벼운 제안
> You could go with me. 나랑 함께 가면 돼.

11 A 왜 그 배우가 그렇게 많이 좋은데?
   B 잘생긴 만큼 재능도 있으니까.

유형 → 원급 표현

Solution [as 형용사 as] '~한 만큼 ~하다' 혹은 '같은 정도로, 마찬가지로~하다'를 나타내는 원급 비교 표현이다.

Voca good-looking 잘생긴

Answer (a) as

JoSeph's focus

원급을 이용한 표현들을 암기해 둡니다.

> **More Expressions**
>
> **원급을 이용한 비교표현**
>
> not so much A as B A라기보다는 B
> She is **not so much** an actor **as** a director.
> 그녀는 배우라기보다는 감독이다.
>
> as ~ as+주어+can = as ~ as possible 가능한 한 ~한, 되도록 ~한
> Koreans try to grow their personal wealth **as** fast **as they can.** 한국인들은 가능한 한 빨리 부를 축척하려 한다.
>
> as good as A 거의 A인, A나 다름없는
> Your guess is **as good as** mine.
> 당신과 마찬가지로 저도 모르겠어요.
>
> cannot so much as + 동사원형 ~조차도 못하다
> He **cannot so much as write** his own name.
> 그는 자신의 이름조차 쓰지 못한다.

12 A 존은 사무실에서 이번 달 판매 보고서를 끝내느라 바빠.
   B 그가 오늘 오후에 그걸 끝내면 좋을 텐데.

유형 → 동명사

Solution 동명사 구문에 관한 문제로 be busy -ing을 알고 있어야 한다.

Voca complete 완성하다, 끝내다

Answer (c) completing

JoSeph's focus

동명사 문제에서는 관용표현이 출제될 확률이 가장 높기 때문에, 예문들을 찾아서 모두 외워 두어야 합니다. 주어진 문장 안에 있는 동명사 관용표현인 [be busy -ing]은 '~하느라 바쁘다'의 의미를 가집니다.

More Expressions

동명사 관용표현

feel like -ing ~하고 싶은 기분이다
be worth -ing ~할 만한 가치가 있다
cannot help -ing ~하지 않을 수 없다
There is no -ing ~하는 것은 불가능하다
It is no use -ing ~하는 것은 소용없다
insist on -ing ~할 것을 주장하다
It goes without saying that ~은 말할 필요 없다
be on the point of -ing 막 ~하려던 참이다
make a point of -ing ~하는 것을 규칙으로 삼다
for the purpose of (with a view to) -ing ~할 목적으로
be far from -ing 결코 ~않다

13 A 나방이 정말 많이 날아다니네.
　　 B 이것들은 진짜 밤에 나오는것 같지?

유형 → 전치사

Solution　night는 시각 및 시점을 나타내므로 at이 적절하다.

Voca　come out 나오다

Answer　(a) at

JoSeph's focus

시간을 나타내는 전치사로 at을 쓰는 경우가 있는데 어느 경우에 쓰이는지 알아둡니다.

More Expressions

전치사 at

시간상의 지점, 시점을 나타내는 시각/때
at 3 o'clock[midnight, noon, night]
짧은 명절기간
at Christmas[Halloween]
식사시간
at breakfast[lunch]
짧은 순간
at the moment
처음에(↔최후에)
at the beginning[the end] of~

14 A 가구의 먼지를 매일 닦나요?
　　 B 아니요 그렇게 자주 하지 않아요.

유형 → 빈도부사

Solution　얼마나 자주 가구 청소를 하는지 빈도를 묻고 있다.

Voca　dust v. 먼지를 닦다 n. 먼지　No way! (강조) 천만에요! 말도 안 돼!

Answer　(c) often

JoSeph's focus

빈도부사(always, usually, sometimes, often, etc)는 위치가 중요한 부사로서, TEPS에서 빈출되는 문제 유형 중 하나입니다. 빈도부사는 부정어 not이 들어갈 자리, 즉 조동사, be동사 뒤, 일반 동사 앞에 위치하며, not이 포함된 부정문에서는 not 뒤에 위치합니다.

15 A 태국에 가본 적이 있니?
　　 B 응, 작년에 거기서 2주간 휴가를 보냈어.

유형 → 복합명사

Solution　[Have you ever p.p?]는 경험을 묻는 현재완료의 용법이다. 단위를 나타내는 명사 week가 수사 two 다음에 와서 vacation을 수식하는 형용사로 쓰일 때는 단수형으로 쓴다.

Voca　take a vacation 휴가를 가다

Answer　(c) a two-week vacation

JoSeph's focus

[명사+명사]형태의 복합명사에서 첫 번째 명사는 형용사적 기능을 하기 때문에 예외가 있긴 하지만, 명사를 항상 단수형으로 써줘야 합니다. 마찬가지로, a two-week vacation에서 two-week은 vacation을 수식하는 형용사적 기능을 하기 때문에 복수형을 쓰지 않습니다. 예를 들면, '신발 가게'를 영어로 표현할 때 신발은 가산명사이고 주로 복수형으로 표현하지만, 'a shoes store'가 아닌 'a shoe store'라고 표현합니다. 그러나 savings account(예금계좌), customs declaration(세관신고)은 예외가 됩니다.

16 A 스카이다이빙을 하려면 아주 용감해야겠다!
　　 B 천만에! 내가 할 수 있으면 누구든지 할 수 있어.

유형 → 부정대명사

Solution　anyone은 특정한 사람이 아니라 '누구든지'의 의미로 모든 사람(everyone)을 지칭한다.

Voca　not at all 천만에

Answer　(a) anyone

JoSeph's focus

기본적으로 some은 주로 긍정문에서, any는 의문문, 부정문, 조건문에서 사용됩니다. 그러나 권유나 긍정의 대답을 기대하면서 요청할 경우, 그리고 허락을 구하는 의문문의 경우에는 any보다 some을 씁니다. any 역시 이 문제에서처럼 긍정문에서도 사용되긴 하지만, 뒤에 오는 명사에 따라 '어느 누구나, 어느 것이나, 아무 때나' 등의 뜻도 나타냄을 기억합니다. 부정대명사인 anyone이 의문문에 쓰이는 경우에는 '누군가', 부정문에 쓰일 경우 '아무도'의 의미를 가집니다.

17 A 좀 더 쉬운 카드 게임을 가르쳐 줄 수 없어?
　　 B 사실 이게 내가 아는 가장 쉬운 것 중의 하나야.

유형 → 최상급

Solution 최상급은 보통 앞에 the가 오고 뒤에는 of나 in, [주어 + have ever p.p.]을 사용한 한정어가 따라온다.

Voca one of the 최상급 가장 ~한 것 중의 하나

Answer (d) simplest

Joseph's focus

문법뿐만 아니라, 대화의 문맥 파악 능력을 동시에 측정하고 있습니다. 빈칸에는 simple(단순), simpler(비교), simplest(최상급) 모두 문법적으로 가능합니다. 그러나 의미론적으로 접근해 보면, 왜 simplest가 답인지 쉽게 알 수 있습니다. 즉 '내가 알고 있는 가장 단순한 게임들 중 하나야 (=이거 보다 더 단순한 게임은 없어.)'만이 A의 질문에 의미 있는 응답이 될 수 있음을 알 수 있습니다.

18 A 〈올 더 킹스 맨〉 읽어 봤니?
  B 아니, 하지만 퓰리처상을 받을 만큼 좋은 책이었다는 건 알아.

Solution '~하기에 충분히 ~한'의 의미가 되어야 하므로 [형용사 + enough + to 부정사]의 순서가 적절하다.

Answer (d) good enough to receive

Joseph's focus

영어에서 정도를 나타내는 부사들에는 very, so, much, too, quite, well, almost, somewhat, enough 등이 있는데, enough만이 유일하게 후치 수식을 하기 때문에, 각종 시험에 많이 나올 수밖에 없습니다. 단, [enough+명사+to do something]과 혼동하지 않도록 주의합니다.

More Expressions

명사로 쓰이는 enough

You've said more than **enough**. (=Enough said.)
이제 그만하세요.

I've had **enough**. 잘 먹었습니다. 이제 됐습니다.

I have **enough** to do. 할일이 많아요.

---

19 A 요즘 낸시가 얼마나 팀을 잘 이끄는지 믿을 수 없을 정도야.
  B 확실히 예전의 낸시가 아니야.

유형 → 관계대명사 what

Solution 관계대명사 what의 용법을 묻는 문제이다. what은 관계대명사와 선행사가 합쳐진 것으로 '~하는 것' 혹은 '~하는 모든 것'의 의미이다.

Voca what she used to be 예전의 그녀

Answer (d) what

Joseph's focus

문장 구조상 빈칸은 접속사 자리이기 때문에 빈칸 뒤를 살피되, 빈칸 뒤의 문장이 불완전하면 관계대명사, 완전하면 관계부사, 명사절 that, if, whether, 부사절 접속사 등이 들어갈 자리 입니다. 주어진 문장에서는 빈칸 뒤의 문장에 목적어가 빠져 있어 불완전한 문장이므로, what이나 that이 필요한데 선행사가 없

으므로 선행사를 포함하는 관계대명사인 (d)가 정답이 됩니다.

20-1 A 중국 사람들이 사막에 천으로 긴 벽을 짓고 있다고 들었어.
  B 맞아. 황사가 퍼지는 것을 감소시키려고 노력하고 있는데, 그 건 동북아시아의 공해와 관계가 있어.

유형 → 관계대명사/동사

Solution 태를 묻는 문제이다. '~와 관련이 있다'의 의미가 되려면 relate는 be related to의 형태로 쓰여야 한다.

Voca spread 확장, 퍼짐 yellow dust 황사 be related to ~와 관련이 있다

Answer (b) is related to

Joseph's focus

이 문제는 관계대명사와 relate라는 동사 지식을 동시에 물어보고 있습니다. 자동사일 경우는 [A relates to B (A)는 B와 관련 있다)], 타동사로 쓰일 경우는 [주어+ relate A to B (주어가 A와 B를 관련짓다)]의 구조를 취합니다. 그리고 빈칸은 대명사 뒤이므로 문장이 불완전해야 하며, 빈칸은 동사가 필요한 자리란 걸 알고 있어야 합니다. 이 정도 지식을 가지고 선택지를 하나씩 대입해 봅니다. which는 주격 관계대명사이므로 which이하 절의 it을 삭제하면 (b)가 정답이 됨을 알 수 있습니다.

20-2 A 왜 교수님이 우리가 다루기로 돼 있는 도구 만들기에 대한 장(章) 전체를 뛰어 넘기로 결정하셨을까?
  B 내 생각에 아무도 이해를 못하는 것처럼 보여서 지난주에 말한 것들을 다시 복습하고자 하시는 것 같아.

유형 → 어순

Solution 어순을 묻는 문제이다. 빈칸에는 to go over the stuff we were talking about이 가장 적절하다.

Voca skip 뛰어 넘다 entire 전체의

Answer (b) to go over the stuff we were talking about

Joseph's focus

어순을 묻는 문제는 차근차근 해석을 해보면 쉽게 해결할 수 있습니다. 이 문제에서는 go over와 관계대명사가 생략된 형용사절이 수식해 주는 명사 the stuff가 있어서 길고 복잡해 보이지만, [He just wants to / go over / the stuff / we were talking about]라고 끊어 읽으면 이해가 빠를 것입니다.

Part II (21~40)

21 조는 전날부터 상한 해산물을 먹은 후에 병이 났다.

유형 → 시제

Solution 병이 난 것은 과거, 조가 상한 해산물을 먹은 것은 그 보다 더 이전의 일이므로 대과거를 사용한다.

Voca get sick 병이 나다 seafood 해물

Answer (c) had eaten

Joseph's focus

시제 문제로 주절의 동사가 과거(became sick)이기 때문에 after 이하의 종속절은 과거나 과거완료만이 들어갈 수 있습니다. (a), (b), (d)는 재고의 여지없이 답에서 제외시킵니다. 한 가지 주의할 점은, 접속사 after와 before는 접속사의 의미상 사건의 전후를 알 수 있기 때문에, 반드시 과거완료를 쓸 필요가 없다는 점입니다. 따라서 이 문제에서 선택지에 정답으로 had eaten 대신에 ate가 등장할 수도 있습니다.

22 돈이 충분히 없었기 때문에, 나는 친구들과 영화를 보러 갈 수가 없었다.

유형 → 분사구문

Solution 분사구문의 용법 중에 원인, 이유를 나타내는 문장이다.

Answer (c) having

Joseph's focus

분사구문 문제가 나오면 항상 태를 생각해야 합니다. 일부 독립 분사구문 Judging from (~로 판단해 보건데), Admitting / Granting/Granted (~은 인정하지만), considering (~를 고려해 보면, ~에 비해서)을 제외하고, 분사구문의 의미상의 주어는 반드시 주절의 주어와 일치해야 합니다. 문제를 풀기 전에 빈칸이 무슨 자리인지 먼저 판단해야 합니다. 문장 구조상 주절 앞부분에 접속사가 없으므로, 빈칸은 절대로 동사가 들어갈 수 없고, 분사가 들어갈 자리임을 알 수 있습니다. 의미상의 주어 I는 have의 주체이기 때문에 능동 분사구문인 (c)가 정답이 됩니다.

23 남동생은 언론계에서 일할 꿈을 안고 1996년 대학을 졸업했다.

유형 → 시제 / (동)명사

Solution 전치사의 목적어로 쓰인 명사를 묻는 문제이다. 전치사 뒤에는 명사가 쓰여야 하는데 동사가 올 경우에는 동명사로 바꾸어 주면 된다.

Voca pursue 추구하다 career 직업, 경력

Answer (c) pursuing

Joseph's focus

동명사의 시제와 동명사와 명사의 차이점을 묻고 있는 문제입니다. 전치사 뒤에는 (동)명사만이 올 수 있으므로 (b)는 답이 될 수 없고 (d)의 pursuit는 전치사 뒤에 올 수 있긴 하지만, 명사는 동명사와 달리, 목적어 a career를 바로 취할 수 없습니다. 따라서 pursuit 뒤에 전치사 of가 더 필요하므로 알맞지 않습니다. 문제는 (a) having pursued 인데, 모든 완료시제가 그렇듯이, 완료 동명사 역시, 주절의 동사 시제보다 하나 앞선 시제를 나타내므로 (c)가 정답이 됩니다.

24 나는 졸업하면 의과 대학에 가고 싶다.

유형 → 부사절에서의 시제

Solution 때를 나타내는 부사절에서의 시제를 묻고 있다. 부사절에

서는 현재시제의 형태로 미래의 의미를 나타낸다. 졸업은 미래의 일이지만 때를 나타내는 when절에 쓰였으므로 현재시제를 써야 한다.

Voca medical school 의과 대학

Answer (b) graduate

Joseph's focus

TEPS 문법 파트에서는 현재시제가 미래를 대신 하는 경우를 묻는 문제가 빈출되는데, 시간 · 조건의 부사절이 그렇습니다. 단, 시간 · 조건 부사절이 아니더라도 사회적 약속, 시간표, 일정 등은 단순 현재시제로 미래를 표현할 수 있습니다.

25 그들은 비행기가 떠나기 전의 그 마지막 두 시간 동안 공항을 둘러 보았다.

유형 → 형용사의 어순

Solution 형용사의 위치와 어순을 묻는 문제이다. 지시형용사와 수량형용사가 함께 쓰였을 때는 [지시형용사(those) + 서수 수량형용사(last) + 기수 수량형용사 + 명사]의 순으로 쓴다.

Voca take off (비행기가) 이륙하다

Answer (a) those last two hours

Joseph's focus

형용사 어순 문제는 이 문제처럼 여러 형용사의 순서를 물어 보는 경우와 후치 형용사 문제가 자주 출제되므로 순서를 기억해 둡니다.

26 교수님이 강의하고 있는 도중에, 친구가 내게 문자 메시지를 보냈다.

유형 → 시제

Solution 시제 문제이다. 과거의 특정 시점(친구가 메시지를 보낸 시점)을 전후에서 진행 중이던 일(교수님이 강의를 하는 것)을 나타내므로 과거 진행형이 적절하다.

Voca text message 문자 메시지 while ~하는 동안에

Answer (d) was teaching

Joseph's focus

주절 동사가 과거형(sent)이기 때문에 (a), (b)는 답이 될 수 없고, (c)는 주절동사 sent보다 이전의 사건임을 뜻하게 되므로 어색하며, 무엇보다 접속사 while과 어울리지 않습니다. 과거 진행형은 과거의 특정한 시점에 진행 중이었던 동작이나 사건을 묘사할 때 가장 많이 쓰이고, 두 동작 중 한 동작이 나머지 다른 한 동작의 배경을 설명해 줄 때에도 자주 쓰입니다. 그래서 (d)가 접속사 while과 잘 어울리는 시제라고 볼 수 있습니다.

27 자동차 사고 건 수가 지난 2년 동안 증가해 왔다.

유형 → 수 일치 / 시제

Solution 수의 일치와 시제를 묻는 문제이다. 문장의 주어는 the number이므로 동사는 3인칭 단수형이 되어야 한다. 시제는 과거부터 현재까지 일정 기간 동안 계속되는 일을 나타내므로 현재완료형을 써야 한다.

Answer (d) has increased

Joseph's focus

현재완료 시제의 특성상 잘 어울리는 시간 부사구들을 가장 먼저 확인하고, 이런 시간 어구가 안 보이면, 그 다음으로 문맥을 따져보고 문법 지식을 적용시켜야 합니다. 현재완료 시제와 어울리는 시간어구 [since+과거시점/ for+기간/ 횟수정보]는 의미상 무조건 현재완료 시제와 쓰이므로 꼭 기억해 둡니다.

28 그 요리사의 강좌는 이미 꽤 훌륭한 요리 실력을 갖춘 사람들을 위해 마련되었다.

유형 → 소유격 관계대명사

Solution 선행사는 형용사절 내에서 주어(who), 목적어(whom), 소유격(whose) 역할을 한다. those와 cooking skills의 관계가 소유격이므로 whose가 정답이 된다.

Voca be designed for ~을 위해 고안되다, 설계되다
cooking skills 요리 실력

Answer (c) whose

Joseph's focus

관계대명사 문제는 우선 문법구조를 살펴본 구조가 잘 파악이 안 되면 해석을 합니다. 문장 구조상 빈칸을 기준으로 앞부분에 주어와 동사가 있고, 뒷부분에도 주어 동사가 있기 때문에 빈칸은 접속사 자리입니다. 이 문제는 얼핏 2형식의 완전한 문장 같지만, 의미론적으로 cooking skills 앞에 한정사가 없기 때문에 의미 없는 불완전한 문장입니다. 따라서 누구의 요리 기술인지 밝혀 주기 위해 한정사와 접속사의 역할을 동시에 하는 소유격 관계대명사가 필요합니다.

29 언덕에 있는 저 두 개의 크고 오래된 벽돌집들 좀 봐.

유형 → 형용사의 어순

Solution 형용사의 위치와 어순을 묻는 문제이다. [지시 형용사, 관사 + 수량 형용사 (서수 + 기수) + 성질 형용사 (대소 + 신구 + 재료) + 명사]의 순서로 쓴다.

Answer (c) those two large old brick houses

Joseph's focus

여러 형용사를 나란히 쓸 경우, 어순은 일정한 규칙을 따릅니다.

More Expressions

형용사의 어순

전치한정사 (all, both, half, double, what, such, quite, 배수, 분수) + 중위한정사(관사, 소유격, 지시형용사 : this, that, these, those) + 후치한정사 (서수 the first/second+기수 two, three 순) + 일반 형용사

일반 형용사의 어순
성질 (주관적 판단의 형용사 beautiful, ugly, handsome) + 대소(small, big, tall, short) + 신구(old, new, young) + 모양(square, round) + 색상(red, blue) + 소속, 재료 (wool, metal)

cf. Both those first two large old round red brick houses are his.

---

30 그는 자기가 태어난 고향에 절대 돌아가지 않겠다고 다짐했다.

유형 → 관계부사

Solution 관계부사는 형용사절을 이끌고 선행사를 수식하며 절 안에서 부사의 역할을 한다. 문제에서 선행사 his home town이 절에서는 부사 역할을 하므로 관계부사 where가 적절하다.

Answer (b) where

Joseph's focus

관계사 구분 능력을 묻는 문제입니다. 예외는 있지만, 한 문장 안에서 접속사의 개수는 주어, 동사의 개수에서 1을 뺀 숫자가 됩니다. 이 문제에서는 [주어+ 동사]가 총 3개가 보이므로 접속사는 2개가 필요하다고 볼 수 있습니다. 일단 앞부분에 명사절 that이 하나 있기 때문에 빈칸은 접속사 자리로 판단할 수 있습니다. 그 다음으로 빈칸 뒤가 완전한지 불완전한지를 살펴본 후, 문법과 의미에 맞는 접속사를 골라 넣습니다. 완전한 문장(he was born)이 이어지므로, 관계대명사인 which와 of which는 답에서 제외하고 문제를 풉니다.

31 부모들이 저축에 대해 조언을 하지 않으면, 많은 아이들은 스스로 저축 계획을 세우는 법을 배우지 못할 것이다.

유형 → 동명사

Solution 전치사 뒤에는 명사가 쓰여야 하는데, 동사가 올 경우에는 동명사의 형태로 바꾸어 주어야 한다.

Voca unless ~하지 않으면, ~이 아닌 한(접속사) savings 저축

Answer (a) saving

Joseph's focus

기본적으로 동명사는 동사적 성격을 갖고 있으므로, 목적어나 보어를 취할 수 있고 명사적 성격도 가지고 있으므로 주어, 목적어, 전치사의 목적어, 보어자리에 쓰입니다. 이 문제 같은 경우는 about이 전치사이므로 (a)가 정답이 됩니다.

32 저 사람이 제인이 한 달 정도 데이트했던 남자 아니니?

유형 → 관계대명사

Solution 관계대명사를 묻는 문제로 선행사 the guy가 date의 목적어이므로 빈칸에는 목적격 관계대명사인 whom을 써야 한다.

Voca date 데이트를 하다 or so …정도, …쯤

Answer (a) whom

Joseph's focus

적절한 관계대명사를 고르는 문제는 일단 선행사를 살펴봐야 합니다. 그러고 나서, 빈칸 뒤의 문장을 살펴서 빠진 요소에 따라 주격, 목적격, 소유격 관계대명사를 고릅니다. 이 문제에서는 선행사가 사람이고, 빈칸 뒤에 dating의 목적어가 빠져 있으므로 whom이 알맞습니다. 참고로 선행사가 사람일 때 목적격 관계대명사는 whom을 쓰는 게 원칙이지만, that을 쓸 수도 있습니다.

33 많은 학생들이 '시험 불안'이라고 알려진 것을 경험한다.

유형 → 관계대명사 what

Solution 관계대명사 what에 관한 문제이다.

Voca be known as ~라고 알려지다 anxiety 불안감

Answer (c) what

Joseph's focus

이 문제를 풀기 위해서는 일단 experience가 전체 문장의 동사라는 점을 알고 있어야 합니다. 한 문장 안에 동사가 experience와 is, 두 개이므로 빈칸은 접속사가 들어가야 하고, 문장에 주어가 없으므로 주격 관계대명사가 들어가야 합니다. 현재 선행사가 없는데, 선행사가 없을 경우 선행사를 포함한 관계대명사를 고르면 (c)가 정답이 됩니다.

34 이렇게 맛있는 샌드위치 가격으로 5달러는 많은 돈이 아니다.

유형 → 수 일치

Solution 주어와 동사의 일치를 묻는 문제이다. 금액이나 시간을 나타내는 복수형 주어는 단수 취급한다.

Voca tasty 맛있는

Answer (a) is

Joseph's focus

형태는 복수형이지만, 단수 취급하는 명사들이 TEPS 문법 영역에서 자주 출제되므로 꼭 머릿속에 정리해 두어야 합니다. 주로 -s로 끝나지만 단수 동사를 쓰는 명사들(학과명, 스포츠 경기명, 병명, 복수 형태의 국가명 등)이 있습니다. 이 외에도 복수 형태의 고유명사들이 책 이름, 도시 이름, 강 이름 등 무수하게 많지만 고유명사는 수가 1개 밖에 없으므로, 항상 단수로 이해하면 됩니다. 단, statistics는 '통계학'이라는 학문으로 쓰일 경우, 단수 취급하지만 '통계수치'라는 뜻으로 사용되면 복수 취급합니다.

35 그 스테레오는 작을 뿐만 아니라 소리도 좋다.

유형 → 도치

Solution 부사구의 도치에 관한 문제이다. 강조하기 위해 부사어구가 문장 앞에 올 때 주어와 동사의 위치가 바뀐다.

Answer (d) Not only is the stereo small

Joseph's focus

상관접속사 [not only A but also B]와 [neither A nor B]가 문두에 쓰여서 절과 절을 연결할 경우, not only 뒤와 neither와 nor 뒤가 도치됩니다. 문제에서 동사가 be동사일 경우는 혼동의 여지가 없습니다만, 일반 동사일 경우 단순히 동사와 주어의 위치가 바뀌는 게 아니라, 의문문 형식의 조동사 도치가 일어난다는 점에 주의해야 합니다. 또한 not only와 neither가 문두에 나온다고 무조건 도치가 되는 것은 아닙니다. [Not only she but also he attended the meeting]에서 밑줄 친 명사를 연결하는 경우가 그 예가 됩니다.

36 텔레비전 수리비용이 텔레비전 자체의 가격과 비슷하거나 더 높을 수도 있다.

유형 → 수량형용사/생략

Solution 수량형용사 및 생략에 대한 용법을 기억한다.

Voca repair costs 수리비용 as much 그만큼

Answer (b) as much as

Joseph's focus

(a)와 (b) 둘 다 많이 사용되지만, school grammar의 엄격한 기준으로 볼 때, (a)는 문법에 맞지 않습니다. 일단 문제에 제시된 문장을 두 문장으로 분리해 보면 다음과 같습니다. [A television's repair costs could be as much as the television itself.] 혹은 [A television's repair costs could be more than the television itself.]에서 생략 용법에 따라 반복되는 부분을 하나씩 지워주면, 결국 as much as와 more than이 남게 됩니다. 따라서 (b)가 정답이 됩니다.

37 내가 이 낱말 맞추기를 혼자 해 볼 수 있게 해줄래?

유형 → 사역동사 / 어순

Solution 사역동사 let의 목적격 보어의 형태와 어순을 묻는 문제이다. let은 목적어 다음에 오는 목적격 보어로 원형 부정사를 쓴다. [let + 목적어 + 원형 부정사]는 '…가 ~하는 것을 허락하다'의 의미이다.

Answer (a) let me try to solve

Joseph's focus

빈칸은 조동사 would 뒤에 연결되는 자리로 원형부정사가 위치해야 하므로 (b)와 (d)는 답이 될 수 없습니다. 그 다음에 사역동사 let이 5형식 문형을 취할 때, 목적보어 자리의 단어형태를 알아야 하는데, 목적어와 보어의 관계가 능동일 경우 동사원형이 와야 하므로 (a)가 정답이 됩니다. 만약에 선택지 (d)에서 to let이 아니라 let이라면 try 다음에 동명사인지 to 부정사인지 따져봐야 합니다. 참고로 [try + -ing]은 '한번 해보다'는 뜻이고, [try + to 부정사]는 '~하려고 애쓰다'라는 뜻입니다.

38 상황의 오해는 이 문제에 관련된 몇몇 사람들에 의해서만 해결될 수 있다.

유형 → 부사

Solution 오해는 관련된 사람들에 의해 해결되는 것이므로 수동태가 쓰여야 한다. 조동사가 있는 수동태의 어순은 [조동사+ be + V-ed]이다.

Voca misunderstanding 오해 concerned (명사 뒤에 쓰여서) ~에 관련이 있는

Answer (c) can only be resolved

Joseph's focus

초점부사 only의 위치를 묻는 문제입니다. 초점부사에는 only, even, alone 등이 있습니다. 위치는 주어에 초점을 맞추어 강

조하는 경우 주어 앞에 위치하지만, 주어 이후에 나오는 어구에 초점을 둘 경우, 빈도부사의 위치(조동사, be동사 뒤/일반동사앞)와 동일합니다. 반면, alone은 항상 초점을 맞추는 단어 뒤에 위치합니다. (e.g. Tom <u>alone</u> can speak Japanese. / Tom can speak Japanese <u>alone</u>.)

39 우리는 일주일 동안 행방불명이었던 우리 개를 누군가가 훔쳐갔다는 사실을 알고 슬퍼했다.

유형 → 시제/수 일치

| Solution | 관계사의 계속적 용법에서 which 절은 our dog에 대한 추가적 정보이다. 그러므로 빈칸의 동사는 our dog에 수를 일치시킨다. |

| Voca | **sadden** 슬프게 하다(=upset, depress) **missing** 행방불명인 |

| **Answer** | (d) had been stolen |

Joseph's focus

시제 일치의 원칙만 알면 쉽게 풀 수 있는 문제에 해당됩니다. 주절 동사가 과거(were)이므로 종속절인 that절에는 무조건 과거시제 또는 과거완료시제가 와야 합니다. 누군가 개를 훔쳐간 시점은 우리가 그 사실을 알고 슬퍼한 시점 이전의 일이므로 were saddened보다 한 시제 앞선 had been stolen이 적절하므로 (d)가 정답이 됩니다. 참고로 상태 수동으로 본다면, 빈칸에는 was stolen도 가능합니다.

40.₁ 나의 삼촌은 그의 아내와 아들과 더불어 우리 가족 모임의 초대를 거절했다.

유형 → 수 일치/태

| Solution | 문장의 주어가 [My uncle, together with his wife and children]으로 적어도 네 사람을 가리키므로 동사는 복수형이 되어야 한다. decline이 수동의 형태로 쓰일 이유가 없으므로 (b) have declined가 적절하다. |

| Voca | **reunion** 모임 |

| **Answer** | (b) have declined |

Joseph's focus

수 일치와 태를 동시에 묻는 문제로, TEPS에서 가장 비중 있는 문제 형태 중 하나입니다. 주어를 수식하는 각종 수식 어구(동격, 형용사구, 콤마가 들어가는 삽입어구, 관계사절 등의 삽입절)로 주어와 동사와 분리되는 경우, 그 수식어구에 현혹되어 동사를 잘못 일치시키지 않도록 주의해야 합니다. 특히 많은 수험생들이 등위접속사 and의 개념에 혼동되어, 무조건 복수 동사를 고르도록 착각하게 만드는 수식어구들이 있는데 주의해야 합니다.

> **More Expressions**
>
> **동사의 결정**
>
> A(주어)+[along with, together with, in addition to, besides, coupled with, combined with, plus, as well as] + B (동사의 수는 A에 일치)

40.₂ 팀의 최근 연패의 진정한 이유는 비밀로 남아 있지만, 팬들은 그것이 곧 밝혀지기를 바란다.

유형 → 상태 동사

| Solution | remain은 상태 동사로 진행형을 쓸 수 없다. |

| Voca | **a string of** 일련의 **reveal** 밝히다 |

| **Answer** | (b) remains |

Joseph's focus

빈칸에 알맞은 동사의 형태를 찾는 문제는 우선 시제와 수의 일치를 살펴야 합니다. 빈칸의 동사가 일치되어야 하는 주어를 먼저 찾아야 하는데 주어는 항상 동사 바로 앞에 있다고 생각하면 안 됩니다. 여기서처럼 빈칸 바로 앞의 단어는 losses이지만 실제 동사의 주체가 되는 주어는 the reason입니다. 그러므로 복수형 동사인 (a)와 (d)는 정답에서 제외됩니다. 동사 remain은 상태 동사인데, 상태 동사는 진행형을 쓸 수 없으므로 (b)가 정답이 됩니다.

> **More Expressions**
>
> **상태 동사(진행형 불가이나, 동작을 나타내는 경우 진행형 가능)**
>
> 감정 - love, like
> 인지 - know, believe
> 지각 - see, hear
> 소유 - have, own
> 상태 - resemble, appear, remain

Part III (41~45)

41 (a) A 사무실까지 가는 데 얼마나 걸려?
　　 (b) B 보통 20분이 안 걸려.
　　 (c) A 곧 가야 하지 않니?
　　 (d) B 오늘은 좀 늦게 갈 거야.

| Solution | less는 little의 비교급이다 |

| **Answer** | (b) lesser → less |

Joseph's focus

형용사와 부사의 비교급 형태에 관한 문제로, less의 경우 그 자체가 little의 비교급 형태이므로 뒤에 -er을 덧붙일 필요가 없습니다. 많이 사용되는 형용사와 부사의 비교급, 최상급을 기억해 둡니다.

> **More Expressions**
>
> **원급 – 비교급 – 최상급**
>
> little – less – least
> good/well – better – best
> bad/ill – worse – worst
> many/much – more – most
> late – later – latest (시간) / latter – last (순서)
> far – farther – farthest (거리) / further – furthest (정도)

42 (a) A 너 직장 일 재미있니?

(b) B 응, 정말 맘에 들어.
(c) A 이전 직장보다 더 낫니?
(d) B 응, 실은 훨씬 더 나아. 새 상사도 이전 상사보다 훨씬 좋아.

유형 → 시제

Solution 현재 다니고 있는 직장에 대해 이야기하고 있으므로 현재 시제를 사용해야 한다.

Voca **previous** 이전의 **boss** 상사, 상관

Answer (b) liked → like

JoSeph's focus

Part Ⅲ, Ⅳ 문제를 풀 때 꼭 명심해야 할 점이 하나 있는데 불필요하게 너무 깊게 생각하지 말아야 한다는 점입니다. 대부분의 Part Ⅲ, Ⅳ의 Error Analysis문제는 정답을 확인하고 나면 중3 정도의 문법 지식만 있어도 고개가 끄덕여질 정도로 기본 문법에서 출제됩니다. 수, 태, 시제 일치, 기본적인 문장구조의 오류를 가장 많이 물어본다는 점을 기억하고 문제에 접근해야 합니다.

43 (a) A 지금 학교 가니?
(b) B 응. 버스 안타도 되게 나 좀 태워다 줄래?
(c) A 오늘은 안 돼. 회의에 가야 돼.
(d) B 오늘 들고 가야 할 것들이 많은데.

유형 → 전치사

Solution '~에 가다'의 의미가 되기 위해서 전치사 to가 필요하다.

Voca **head off to** ~로 향하다 **stuff** 물건

Answer (a) off school → off to school

JoSeph's focus

(a)의 heading 다음에 오는 off는 heading을 수식하는 부사이므로, 명사인 school과 연결될 수 없습니다. 도착 지점을 나타내는 전치사 to가 필요합니다. 동사 head를 사용해서 '~를 향하다'라는 표현을 할 때는 [head for, be headed for, head off to + 목적지] 형태로 써야 합니다.

44 (a) A 조이의 생일 파티에 대한 아주 좋은 아이디어가 있어.
(b) B 그래? 지난 번 네 아이디어보다는 나은 것이길 바래.
(c) A 시내에 새로 생긴 피자집에 데려 가는 게 어떨까?
(d) B 나쁘지 않은 생각인 걸. 재미있고 기억에 남을 것 같아.

유형 → 비교급

Solution 비교급은 than과 함께 써야 하므로 better from 대신 better than이 되어야 한다.

Voca **downtown** 시내 **memorable** 기억할 만한, 인상적인

Answer (b) better from → better than

JoSeph's focus

비교급과 관련된 문제는 대체로 어려운 문법보다는 기본적인 문제들이 출제된다는 점을 명심해야 합니다. '~보다'라는 의미로 비교급 다음에 오는 표현은 than입니다. 참고로 superior/inferior(더 우수한/못한), senior/junior(손위인/손아래인), major/minor(더 많은, 큰/적은, 작은) 등과 같은 라틴계 비교급 다음에는 than 대신에 to를 씁니다.

45-1 (a) A 이번 토요일에 록 콘서트에 갈 거지?
(b) B 갈 수 있으면 좋겠어.
(c) A 안 갈 거야? 벌써 표를 산 줄 알았는데.
(d) B 샀지. 그런데 이번 주말에 할머니가 동네에 오실 거야. 할머니와 시간을 보내야 해.

유형 → 가정법

Solution 가정법 시제 문제로, 현재 이루기 힘든 소망을 나타내므로 가정법 과거를 써야 한다.

Answer (b) could have gone → could go

JoSeph's focus

문맥에 맞는 적절한 가정법 형태를 묻고 있습니다. I wish 뒤에는 직설법을 쓸 수 없고 가정법 형태만이 올 수 있습니다. 그래서 현재 사실의 반대를 소망할 경우 [I wish+주어+과거 동사], 과거 사실과 반대를 소망할 경우 [I wish+주어+과거완료] 형태를 써야 합니다. (b) [I wish I could have gone.(구어) = I wish I had gone.(문어)]는 '갔었으면 좋았을 텐데. (실제로는 과거에 못 간 상황)'의 의미가 되므로 문맥과 어울리지 않습니다.

45-2 (a) A 지난번에 해리엇이 정말 불쌍했어. 그녀가 너무 슬퍼했거든.
(b) B 맞아, 가족 떠나기를 무척 힘들어 했어.
(c) A 난 그녀가 새로운 곳에 가서 살게 돼 신난 줄 알았는데.
(d) B 그렇기는 한데, 그녀는 집을 떠나 있어 본 적이 없거든.

유형 → 동명사 관용 표현

Solution have a difficult time (doing something)의 형태가 되려면 (b)에서 전치사 of가 빠져야 한다.

Voca **be away from home** 집을 떠나다

Answer (b) time of leaving → time leaving

JoSeph's focus

Have a difficult time이 '~하는데 어려움을 겪다'의 의미의 동명사 구문이 되려면, 동명사가 바로 뒤따라 와야 하므로 (b)의 time of leaving에서 of가 빠져야 합니다.

More Expressions

자주 쓰이는 동명사 구문

What do you say to -ing? ~하는 게 어때?
look forward to -ing ~을 고대하다
come near[close to] -ing ~할 뻔하다
spend/waste+시간, 돈+ -ing ~하는데 시간, 돈을 쓰다/낭비하다
cannot help -ing ~하지 않을 수 없다
be busy -ing ~하느라 바쁘다
There is no -ing ~하는 것은 불가능하다
be on the point of -ing 막 ~하려던 참이다
be far from -ing 결코 ~않다
in the face of -ing ~에도 불구하고
for the asking[seeking] 원하기[찾기]만 하면
be accustomed to -ing 에 익숙하다
feel like -ing ~하고 싶다
be worth -ing ~할 가치가 있다 (= It is worthwhile to 부정사)
It is no use -ing ~해도 소용없다 (= It is useless to 부정사)

46 (a) 교사들에게는 몇몇 특이한 개성들이 있다. (b) 한 예로 잠시도 가만히 있지 못하고 항상 이리저리 움직여야 한다는 점이다. (c) 그밖에도 교사들에게는 다른 이상한 점들이 있다. (d) 그 중의 하나는 종종 손에 무언가를 쥐고 꼼지락거린다는 점이다.

유형 → 형용사

Solution 형용사를 쓸 것인가 부사를 쓸 것인가에 관한 문제이다. (c)에서는 things를 수식해 주는 형용사가 필요하므로 부사형인 strangely 대신에 형용사인 strange를 써야 한다.

Voca **distinctive** 독특한, 유별난(=characteristic, special) **personality trait** 개성 **restlessness** 차분하지 못함, 들썩거림 **fidget** 꼼지락거리다

Answer (c) strangely → strange

Joseph's focus

품사 구분 문제로, 해석상 명사 things를 수식하는 자리이므로 형용사 strange가 와야 합니다. 품사 구분 문제에 접근할 때는 항상 명사를 수식하는 품사는 형용사, 명사이며 그리고 동사, 부사, 형용사, 동명사, 분사, 문장 전체를 수식하는 품사는 부사라는 사실을 기억해야 합니다.

47 (a) 연인들이 헤어지는 가장 흔한 이유가 뭘까? (b) 연구에 의하면, 사소한 문제들을 회피하는 것이 나중에 더 심각한 문제가 될 수 있다고 한다. (c) 전문가들은 문제가 있으면 최대한 빨리 해결해야 한다고 제안한다. (d) 실제로 같은 연구 결과에 의하면 오래된 커플들은 보통 사소한 문제가 발생하면 당일에 해결한다고 한다.

Solution 주어 동사의 일치 문제이다. 주어 동사 일치 문제는 올바른 주어를 찾는 것이 해결의 열쇠이다.

Voca **split up** 헤어지다 **avoidance** 회피 **minor** 사소한 (↔ major) **lead to** ~에 이르다 **reveal** 밝히다(=make known, disclose)

Answer (b) lead → leads

Joseph's focus

주어 동사 일치 문제의 전형적인 유형으로, 주어를 수식 또는 설명해 주는 후치 수식어구, 삽입구(절) 등으로 주어와 동사가 떨어져 있는 경우에는 문맥을 통해 정확한 주어를 찾는 것이 관건입니다. (b)의 that이하 절에서 of minor problems는 avoidance를 뒤에서 수식해 주는 형용사구에 불과합니다. 따라서 lead의 주어는 problems가 아니라 avoidance이므로 leads가 되어야 합니다.

48 (a) 우울증은 선진국 인구의 15퍼센트에게 영향을 끼치고 있는 심각한 문제이다. (b) 우울증은 생산성 저하와 높은 결근율로 고용주들에게 매년 510억 달러의 손해를 입힌다. (c) 선의를 가진 친구들은 당신이 우울증에서 벗어날 수 있도록 도움을 주고자 하지만 우울증은 약점이 아니라 질병이기 때문에 그것은 불가능하다. (d) 만일 당신이 우울증으로 고생을 하게 되면 전문적인 도움을 찾기를 바란다.

유형 → 관사

Solution 우울증으로 고생하는 특정한 때를 의미하므로 정관사 the를 쓴다.

Voca **depression** 우울증 **affect** 영향을 미치다(=influence) **productivity** 생산성 **absenteeism** 결근 **well-meaning** 선의의 **snap out of** ~에서 벗어나다, 회복하다 **struggle** 고생하다

Answer (d) time → the time

Joseph's focus

명사와 정관사의 용법에 대한 문제입니다. 명사 time은 추상적이고 넓은 의미의 '시간'을 의미할 때는 불가산명사로 쓰이지만, 특별한 한 때, 시기의 뜻으로 형용사의 수식을 받는 경우 가산명사화 되어 부정관사나 정관사를 붙일 수 있습니다. 이 문제의 (d) 문장에서 사용된 time은 넓고 추상적인 의미의 시간이 아니라, 우울증을 겪는 특정한 때를 의미하기 때문에 time 앞에 정관사가 필요하다고 볼 수 있습니다. 참고로 time이 복수형으로 쓰이는 경우엔 modern times처럼 '시대'를 의미하거나, three times에서처럼 '횟수'를 나타내는 등 전혀 다른 의미를 갖습니다.

49 (a) 공자는 세계사에서 가장 영향력 있는 사상가 중의 한 명이다. (b) 비록 가난하게 자랐지만, 공자는 교육을 받았고 곧 제자들을 거느리며 그들의 사회적 지위에 관계없이 배우고자 하는 사람이라면 누구든지 가르쳤다. (c) 그는 훌륭한 통치자는 도덕적인 모범을 보임으로써 백성들을 다스릴 수 있다고 말했다. (d) 훌륭한 사람이란 어려움이 있더라도 올바른 일을 하는 사람이다.

유형 → 분사구문

Solution 분사구문의 동시 동작을 나타내는 용법이다. teach의 주어가 공자이므로 현재분사 형을 써야 한다.

Voca **Confucius** 공자 **influential** 영향력 있는 **thinker** 사상가 **manage to** ~을 해내다 **willing** 자발적인 **disciple** 제자 **regardless of** ~에 상관없이 **social status** 사회적 지위 **govern** 다스리다 **set a good example** 모범을 보이다 **hardship** 고난, 어려움

Answer (b) taught → teaching

Joseph's focus

영어에서는 접속사 없이 두 개의 문장을 절대로 연결할 수 없으며, 또한 접속사 없이 두 개의 본동사를 나란히 쓸 수 없다는 사실을 알고 있으면, 쉽게 답을 구할 수 있는 문제입니다. 예문 (b)에서 등위접속사 and 이하의 독립 절이 주어 하나에 두개의 동사(attracted, taught)가 접속사 없이 나란히 연결되어 있습니다. 따라서 두 개의 동사 중 하나는 분사로 만들어야 하므로 문맥상 taught를 teaching으로 고치면 됩니다.

50-1 (a) 일부 연구자들은 학생들이 10분 단위로 공부를 해야 한다고 제안했다. (b) 이것은 7분 동안 집중하여 열심히 공부를 하고 나서 3분간의 휴식을 취하는 것을 의미한다. (c) 분명 짧은 휴식은 학생들이 다시 공부를 시작할 때 좀 더 집중할 수 있도록 도와준다. (d) 당신의 학습 방법에 이러한 스케줄을 최대한 유지한다면, 성적이 얼마나 향상되는지에 놀라게 될 것이다.

유형 → 접속사

Solution   '할 수 있는 한'의 의미가 되기 위해서는 as best (as) one can이 되어야 한다. 종종 뒤에 나오는 as는 생략된다.

Voca   apply oneself 전념하다, 몰두하다   distraction 집중을 방해하는 것   break 휴식   apparently 명백히, 분명히   stay focused 집중하다

Answer   (d) best you can → as best (as) you can

Joseph's focus

기본 문장구조를 묻는 문제로, 하나의 독립 절내에 접속사 없이 [주어+동사]를 두 개 이상 쓸 수 없다는 기본적인 지식만 있으면 쉽게 정답을 고를 수 있었을 것입니다. 첫 번째 절 [Maintain this schedule in your own studies]와 두 번째 절 [best you can] 사이에 접속사가 필요하므로 (d)가 정답이 됩니다.

50-2 건강을 유지하기 위해서 매일 오랜 시간 동안 운동을 하는 것이 필요하다는 보편적인 오해가 있다. (b) 어떤 사람들은 이것이 사실이 아니라는 것을 알고 놀랄 것이다. (c) 많은 연구들에 의하면 하루에 30분 동안, 일주일에 세 번 운동을 하는 것이 상당한 건강상의 혜택이 있다는 것을 보여준다. (d) 가장 중요한 것은 어쩌다 한 번씩 체육관에 가는 것 보다는 꾸준한 일상을 유지하는 것이다.

유형 → 현재분사, 과거분사

Solution   현재분사를 쓸 것인가 과거분사를 쓸 것인가를 고르는 문제이다.

Voca   misconception 오해   significant 상당한   faithful 충실한   routine 일상   sporadically 불규칙적으로, 어쩌다 한 번

Answer   (b) surprising → surprised

Joseph's focus

일반적으로 감정을 나타내는 동사를 분사로 나타낼 때 사람이 주어이면 과거분사를 쓰고 사물이 주어이면 현재분사 형을 쓴다고 단순히 분리하는 방법은 항상 정답이 아닐 수도 있습니다. 좀 더 정확하게 분류하는 방법은 주어가 그 감정을 일으키는 것인지 아니면 그 감정을 직접 느끼는 주체인지에 따라 결정된다고 보는 것입니다. 여기서 놀라움을 느끼는 주체는 사람들이므로 surprising 대신에 surprised가 사용되어야 합니다.

Vocabulary

Part I   (1~25)

1   A 네가 일찍 일어나서 놀랐어.
B 음, 오늘 바쁜 하루가 기다리고 있거든.

유형 → 구어체 idiom

Solution   day를 이용한 다양한 표현들을 알아둔다.

Voca   ahead of ~앞에   a big day 중요한 날(= an important day)

Answer   (d) big

Joseph's focus

[형용사 + 명사]의 collocation 문제로, big의 '중요한' 이라는 뜻을 알고 있는지 묻고 있습니다. 승진, 결혼 등의 큰일을 치러야 하는 '바쁘고 중요한 날'이라는 의미로, day 앞에 big 을 주로 많이 씁니다. 참고로 a big day 하면 일반적으로 '결혼식 날'로 많이 통용되나 여기서는 '중요한 날' 이라는 뜻으로 사용되었습니다. (c) bad는 day랑은 어울리지만, '일진이 안 좋은 날'의 의미로 문맥에 맞지 않습니다.

More Expressions

big과 관련된 표현

big help 큰 도움   big decision 중대한 결정
big hit(=big time) 대성공   big secret 큰 비밀
big issue 중대한 문제   big fan 열렬한 팬
big announcement 중대 발표

2   A 죄송합니다만, 이 자리는 임자가 있는데요.
B 오, 실례했어요. 한 칸 옮길게요.

유형 → 문맥에 맞는 어휘

Solution   자리가 비어 있는지 물을 때의 표현을 알아둔다.

Answer   (c) move

Joseph's focus

문맥에 맞는 어휘를 묻고 있는 문제로, 단어의 뜻을 알면 쉽게 정답을 찾을 수 있습니다. (a) sit은 동사의 쓰임새를 보지 않고, 의미만 생각하고 답을 찾을 경우에 고를 수 있는 오답입니다. down은 전치사가 아니라 부사이기 때문에 sit이 타동사로 쓰이는 꼴이 됩니다. sit은 타동사로 쓰일 수 없으므로 문법적으로도 알맞지 않은 문장입니다. (b) turn down은 '거절하다, 소리를 줄이다'라는 의미로 전혀 문맥에 맞지 않으므로 (c)가 정답입니다.

3   A 이런. 변기가 또 막혔어.
B 배관공을 부를게.

유형 → 구어체 idiom

Solution   변기나 싱크, 하수구 등이 back up되었다고 하면 '물이 막혀서 내려가지 않는 것'을 말한다.

Voca   back up 막히다, 역류하다   draftsman 제도공   plumber 배관공   inspector 검사관   exterminator 구제약, 해충 구제업자

Answer   (b) plumber

Joseph's focus

상황에 맞는 어휘를 고르는 문제로, 해석을 하지 않으면 정답을 고르기가 쉽지 않습니다. 변기가 막히면, 상식적으로 plumber(배관공)에게 전화하겠죠? 물론, inspector를 부를

수도 있겠지만 당장 변기를 고쳐야 하는데, 변기에 무슨 이상이 있는지 점검하기 위해 조사관을 부르고 다시 배관공을 부르는 것은 상식적으로 맞지 않습니다. 참고로 traffic이 back up되었다고 하면 '차량이 정체되어 있는 상태'를 말합니다.

4　A　어제 점심 약속 왜 취소했니?
　　　B　정말 미안해. 같은 시간에 친구와 다른 약속이 잡혀 있었거든.

유형 → 문맥에 맞는 어휘

Solution　어제 약속을 취소한 이유는 같은 시간에 또 다른 약속을 잡았기 때문이다.

Voca　implement v. 약속 따위를 이행하다 n. 도구, 장비
　　　complication 복잡한 문제　notification 통지, 공고

Answer　(a) appointment

Joseph's focus

문맥에 알맞은 어휘를 넣는 문제입니다. TEPS 어휘시험에서 appointment가 정답지로 주어지는 경우는 promise라는 단어도 함께 제시될 확률이 높습니다. appointment (의사나 변호사 등과의 시간 약속)와 engagement는 '시간 약속' 또는 '만남 약속'을 의미하고, promise와 commitment는 '(어떤 일을 하겠다는 맹세나 다짐 등의) 약속'을 의미하므로 뜻 구분에 주의해야 합니다.

> **More Expressions**
>
> **약속과 관련된 표현**
>
> keep one's words/promise 약속을 지키다
>
> keep/break one's appointment ～와 시간 약속을 지키다/깨다
>
> You can have my words on it! 내 말 믿어도 돼!
>
> go back on one's word / eat one's words
> ～와 약속을 어기다
>
> set a date 약속날짜를 정하다
>
> give a rain check 나중에 다시 초대한다는 약속을 하다
>
> set a date 약속날짜를 정하다
>
> cancel on somebody ～와 시간 약속을 취소하다
>
> Take it from me! 내 말 믿어!
>
> make it 약속 시간 안에 도착하다, 약속을 정하다
>
> stand somebody up 바람맞히다, ～와의 약속 장소에 가지 않다

5　A　사장이 봉급을 올려 줬니?
　　　B　내가 그 말을 꺼내니까 대화의 화제를 바꾸었어.

유형 → 구동사

Solution　문맥에 맞는 알맞은 숙어를 넣도록 한다.

Voca　raise 봉급 인상　bring up ～(화제를) 꺼내다　take in
　　　흡수하다　show off 뽐내다

Answer　(d) brought up

Joseph's focus

phrasal verb (구동사) 지식을 묻는 문제입니다. 동사 bring

이 들어간 표현들이 텝스 어휘시험에 구동사 연어문제로 자주 출제되고 있습니다.

> **More Expressions**
>
> **bring과 관련된 구동사 표현**
>
> bring on (about) 초래하다
> What **brought** it **on**? 무엇 때문이야?
>
> bring a charge[case] against 고소하다
> She finally **brought a sexual harrassment charge against** him. 그녀는 결국 그를 성희롱으로 고소했다.
>
> bring something under control 통제하다, 진압하다
> The firefighters managed to **bring the fire under control**. 소방관들이 화재를 어렵게 진압했다.
>
> bring something to an end 끝내다
> The project should be **brought to an end** by July.
> 7월까지 그 일을 끝내야 한다.
>
> bring something to life　생기를 불어넣다
> Winning the lottery **brought** him **to life**.
> 복권 당첨으로 그는 다시 기가 살아났다.
>
> bring something home to someone
> ～을 …에게 절실히 느끼게 하다
> His financial crisis **brought the impotance of money home to him.** 그는 재정적 위기로 돈의 소중함을 뼈저리게 느꼈다.

6　A　좀 더 빨리 운전하지 않으면, 제시간에 도착하지 못할 거야.
　　　B　경찰에 걸렸을 때 딱지 벌금을 대신 내 주면 빨리 운전할게.

유형 → 문맥에 맞는 어휘

Solution　운전에 관련된 표현들을 알고 있어야 한다.

Voca　ticket 교통 위반 딱지　speeding ticket 속도위반 딱지
　　　get a ticket 교통 위반 딱지를 떼다　bill 고지서, 청구서
　　　bail 보석금

Answer　(b) ticket

Joseph's focus

신호위반이나, 과속 등의 교통법규 위반으로 떼이는 딱지를 영어에서는 ticket으로 표현합니다.

> **More Expressions**
>
> Slow down. 천천히 가.
>
> You're going to get a speeding ticket.
> 과속으로 딱지 떼일 거야.
>
> Fasten your seat belt. / Buckle up. 안전벨트를 매.
>
> backseat driver 운전하는 사람에게 잔소리가 심한 사람

7　A　샐리, 너 뭔가 걱정이 있는 것처럼 보인다.
　　　B　어, 그냥 짐이랑 한 얘기를 속으로 생각하고 있었어.

유형 → 문맥에 맞는 어휘

Solution　문맥상 '되뇌어 생각하다'라는 의미의 표현이 적절하다.

Voca　go over (지난 일이나 한 말 등을) 생각하다

Answer　(b) going over

Joseph's focus

문맥상 '되뇌어 생각하다'라는 의미의 표현이 적절한데, go over의 뜻을 모르면 (d)를 정답으로 고를 확률이 높은 문제입니다. 하지만, '곰곰이 생각하다'는 의미로는 think on을 쓰지 않고 think over를 써야 하며 그 외에, sleep on과 chew on 역시, 구어체에서 자주 쓰이므로 외워 두어야 합니다. 그 밖에 비슷한 의미로 [dwell on / meditate on / brood /linger over / reflect on] 등이 있습니다. 참고로 [give a second thought (재고하다)]와 혼동하지 말아야 합니다.

More Expressions

go over의 다양한 의미

주의 깊게 확인하다
Could you **go over** my essay for mistakes?
내 작문을 자세히 살펴보고 잘못된 걸 찾아 줄래?

복습하다
Why don't you **go over** your notes one more time before the exam?
시험 보기 전에 노트 정리한 것을 다시 복습하지 그러니?

되뇌다
He kept **going over** what she had said the other day.
그는 지난번에 그녀가 한 말을 계속 되뇌어 보았다.

---

8 A 왜 너희 남편은 옷을 모두 세탁실에 걸어 두니?
　　 B 우리 옷장이 우리 두 사람의 옷을 모두 걸기에 충분히 크지가 않거든.

유형 → 다의어

Solution '(옷을) 걸다'의 의미가 되어야 하므로 hang이 적절하다.

Voca closet 옷장　wardrobe (한 사람이 가지고 있는) 옷 모두　furnish 가구를 비치하다

Answer (c) hang

Joseph's focus

hang은 뜻에 따라 동사의 3단 변화가 있는 단어이므로, 주의해야 합니다. '(옷 등을) 걸다, (그림) 따위를 매달다, ~을 배회하다' 등의 뜻이면 hang-hung-hung으로 3단 변화하지만, '교수형에 처하다'라는 의미로는 hang-hanged-hung 형태로 과거형이 틀립니다. 그리고 연어 문제로, '좌회전, 우회전, U-turn 등을 하다'라는 의미로, take와 더불어 hang을 씁니다. 그밖에 [hang up(전화를 끊다) / hang out with(~와 어울려 다니다) / hang out in (~에 치다, 자주 가다)] 등도 TEPS 어휘 파트 I 의 빈출 구어체 표현이므로 암기해 두어야 합니다.

---

9 A 짜증나 보인다. 무슨 일이야?
　　 B 어찌된 일인지 아침 내내 일한 파일을 방금 지워버렸어.

유형 → 의미를 혼동하기 쉬운 어휘

Solution 컴퓨터 파일을 '삭제하다'는 delete를 사용한다.

Voca eradicate 박멸하다, 근절하다　zero 영에 맞추다　nullify 무효화하다

Joseph's focus

의미를 혼동하기 쉬운 유의어 구분 문제이면서, 상황에 맞는 생활 어휘를 고르는 문제입니다. A가 기분이 안 좋아 보인다고 했으므로 무언가 유쾌하지 않은 상황이라는 것을 짐작할 수 있습니다. eradicate는 일반적으로 '(나쁜 것들을) 뿌리째 뽑다'는 의미로 쓰입니다. 컴퓨터 파일이 사라진 것에 대해 이야기하려면 delete이나 erase가 적당합니다.

More Expressions

'삭제'의 의미를 가지는 숙어

take out (사람)을 죽이다

cut out, edit out 오려내다

cross out [score out] (글자에 줄을 그어) 지우다

expunge (기록 따위를) 말소하다

excise (장기나 기관 따위를) 잘라내다, (문장이나 표현을) 잘라내다

ink out (글자를) 잉크로 지우다

rub out 문질러서 지우다

white out 수정액으로 지우다

blot out 희미하게 해서 지우다

---

10 A 야, 너 얼굴 잊어버리겠다! 어디에 숨어 있었니?
　　　 B 한 달 동안 집에 없었어. 어제 막 돌아왔어.

유형 → 구어체 idiom

Solution 너무 오랜만이라 누군지 잊어버리겠다는 의미로 stranger라 부르고, 그동안 어디에 숨어 있었냐는 의미가 되어야 하므로 hiding이 적절하다.

Answer (a) hiding

Joseph's focus

구어체 생활표현 어휘를 묻는 문제입니다. 4지 선다형이므로, 선택지에 주어진 동사의 뜻만 알면 누구나 쉽게 맞힐 수 있는 문제입니다. 한동안 못 본 사람을 오랜만에 만났을 경우 [Where have you been hiding?]이라고 말합니다. '그동안 어디에 있었니?, 그동안 어떻게 지냈니?'라는 표현에 '잠수 타다, 숨다, 틀어박혀 있다'는 hiding (yourself)을 추가한 표현입니다. hiding yourself와 바꿔 쓸 수 있는 표현으로 keeping yourself 정도가 있습니다. 좀 더 점잖은 표현으로 [What have you been doing? / How have you been?] 도 같은 뜻으로 자주 쓰입니다.

---

11 A 이런! 지갑을 도둑맞았어!
　　　 B 지하철에서 소매치기가 훔쳐간 게 틀림없어.

유형 → 의미를 혼동하기 쉬운 어휘

Solution 지하철과 같이 붐비는 장소에서 지갑을 훔쳐가는 사람은 '소매치기'이다. burglar는 몰래 건물에 들어가 물건을 훔치는 사람, suspect는 범죄를 저지른 것으로 의심을 받고

있는 사람이다.

Voca   burglar 도둑 suspect 용의자 stalker 스토커
       pickpocket 소매치기

Answer   (d) pickpocket

Joseph's focus

어휘의 정확한 뜻을 물어보는 문제입니다. 지하철에서 도난당한 것이므로 pickpocket이나 purse-snatcher(핸드백 날치기)가 알맞습니다.

> **More Expressions**
>
> **thief(도둑)와 관련된 어휘**
>
> shoplifter 가게에서 물건을 몰래 들고 나오는 도둑
>
> cat burglar 지붕이나 2층 창문으로 침입하는 도둑
>
> robber 강제로 물건을 빼앗는 도둑
>
> filcher [pilferer] 남의 물건을 슬쩍 하는 좀도둑
>
> picklock 자물쇠를 따고 침입하는 도둑

12 A 왜 좌석이 없는데요? 우리는 2주일 전에 예약을 했잖아요.
    B 항공사들이 좌석수보다 더 많은 수의 표를 팔기 때문에 흔히 예약이 중복됩니다.

유형 → 문맥에 맞는 어휘

Solution A는 이 주일 전에 비행기 예약을 했는데 왜 좌석이 없는지 이해하지 못하겠다고 한다. B의 [the airlines sell more tickets than they have available.]이 빈칸에 들어갈 단어의 의미를 설명하고 있다.

Voca   distribute 분배하다 assign 할당하다 overbook 예약을 너무 많이 받다 double-check 재확인하다

Answer   (c) overbooked

Joseph's focus

문맥에 맞는 적절한 어휘를 고르는 문제로, because 이하가 어휘의 뜻을 그대로 설명하고 있습니다. 쉽게 접두어 over(과한, 지나친)와 동사 book(예약하다)의 뜻만 알고 있어도 쉽게 overbooked를 고를 수 있는 문제입니다.

> **More Expressions**
>
> **접두어 over가 들어간 어휘**
>
> overestimated 과대평가된   overeating 과식
>
> overweight 과체중인   overcharged 요금이 과다 청구된
>
> overdue 기한이 지난, 연체된   overpriced 지나치게 비싼
>
> overworked 과로한   overtime 초과 근무
>
> overpopulated[overcrowded] 인구 과다의

13 A 당신의 연구팀이 암 치료법을 발견했다고 들었어요.
    B 아직 그 단계는 아니지만 획기적인 발견을 했어요.

유형 → 구동사

Solution 암 치료법을 발견하지는 못했지만 획기적인 발견을 했다고

말하고 있다.

Voca   breakthrough 획기적인 발견 sellout 매진
       takeover 인수 input 입력, 투입

Answer   (d) breakthrough

Joseph's focus

breakthrough는 [동사+전치사] 구동사인 break through에서 파생된 명사로, 문자 그대로 '(무언가를 부수고) 통과하다'라는 뜻에서 '돌파구'라는 뜻이 파생되었습니다. 영어에는 이처럼 구동사에서 파생된 명사들이 많이 있습니다.

> **More Expressions**
>
> **구동사에서 파생된 명사**
>
> allout 부산물   breakout 탈옥
>
> buildup 강화, 증강   makeup 구성, 화장품
>
> blowup 분노나 화재 따위의 폭발

14 A 아기 울음소리가 너무 힘이 없어 아기 엄마가 즉시 걱정을 했어.
    B 그래서 오늘 병원에 간 거였어?

유형 → 형용사

Solution 아기의 울음소리가 너무 약해서 아기 엄마는 아기가 아픈 게 아닐까 염려를 했다는 것이 논리적으로 올바르다.

Voca   instantly 즉시, 즉각 compelling 강력한 feeble (신체적으로) 약한(=frail) indolent 게으른 potent 힘이 센

Answer   (b) feeble

Joseph's focus

형용사 feeble은 '허약한, 병약한'의 의미로, 각종 어휘문제에 빈출되는 어휘입니다.

> **More Expressions**
>
> **'약한'의 의미를 가진 어휘**
>
> frail (도자기 등이) 깨지기 쉬운, 사람이 허약한
>
> flimsy (물건이) 부서지기 쉬운, 허약한
>
> cranky 신경질적인
>
> fragile (물건이) 깨지기 쉬운, (사람이) 허약한
>
> effete 지친, 쇠퇴한
>
> decrepit 늙어빠진, 노쇠한
>
> infirm 몸이 허약한, 나이가 들어 노쇠한
>
> impotent / incapacitated 무능력한, 힘없는
>
> tottery 비틀거리는, 불안정한
>
> enervated 무기력한, 나약한
>
> debilitated 허약한, 쇠약한

15 A 어제 그 보고서 사장에게 제출한 줄 알았는데.
    B 맞아. 그런데 사장이 하도 부정적인 반응을 보여서 지금 그거 수정하는 중이야.

유형 → 문맥에 맞는 어휘

Solution 이미 제출한 보고서를 다시 수정하고 있다는 것은 반응이 별로 좋지 않았다는 뜻이다.

Voca **feedback** 반응, 의견 **backlog** 밀린 일 **backlash** 반발, 반격

Answer (b) feedback

Joseph's focus

feedback은 주로 새로운 상품이나 서비스를 고객들에게 선보이고 난 뒤, 고객들로부터 받은 '평가'나 '의견'의 뜻으로 TEPS에서 자주 등장하는 어휘입니다.

> **More Expressions**
>
> **back이 들어간 중요 기본 어휘들**
>
> **payback** 원금 회수, 환불금, 환급금 **comeback** 복귀, 귀환
>
> **cutback** 삭감 **playback** 녹음 재생
>
> **backout** 탈퇴, 취소 **backup** 비상시의 대체물
>
> **back-to-back homer** 연속해서, 야구의 량데뷰 홈런
>
> **background** 이유, 배경
>
> **backseat driver** 뒷좌석에서 운전을 참견하는 사람
>
> **callback** 해고한 노동자의 재고용, 답 전화
>
> **paperback** 종이표지로 만든 값싼 책
>
> **backfire** 반격하다, 맞불을 놓다

16 A 답을 찾을 수가 없잖아. 뭘 잘못한 거지?
　　B 아직 포기하지 마. 우리는 확실히 올바른 방향으로 가고 있어.

유형 → 구어체 idiom

Solution A가 답을 찾을 수가 없다고 불평하자, B가 정답을 찾기 위한 그들의 방법이 옳다는 것을 확신하므로 아직 포기하지 말라고 격려한다.

Voca **on the right track** 올바른 방향으로 향하고 있는

Answer (d) track

Joseph's focus

구어체 이디엄을 묻는 문제로, 일이 올바른 방향으로 흘러가고 있거나 순조롭게 흘러가고 있다는 뜻으로 [go without a hitch(순조롭게 진행되다)]라는 이디엄과 함께, [be on the right track]이 자주 쓰입니다. 명사 track 관련 이디엄으로는 [keep track of something(~을 놓치지 않고 추적하다, 시사문제나 관심사에 대해 꾸준히 정보를 얻다)] 이 가장 자주 출제되는 표현입니다.

> **More Expressions**
>
> **track과 관련된 숙어**
>
> **be on the inside track** 유리한 입장[위치]에 있다
>
> **hide[cover up] one's tracks** 행방을 숨기다
>
> **jump the track** 본론에서 벗어나다, 궤도를 벗어나다
>
> **lose track of** ~을 놓치다. ~와 접촉이 끊어지다
>
> **off the track** (탈선하여) 정상궤도에서 벗어나서
>
> **on the wrong[right] side of the tracks**
> 가난한 사람[부자]들이 살고 있는 지역에

17 A 네 부모님께서 화재로 파괴된 집을 다시 지으실 수 있을까?
　　B 다행히 그럴 수 있어. 손해를 충당하기에 충분한 보험에 들어 있거든.

유형 → 문맥에 맞는 어휘

Solution 화재 보험에 가입되어 있기 때문에 화재로 파괴된 집을 다시 지을 수 있다고 말하고 있다.

Voca **rebuild** 다시 짓다 **insure** 보험에 들다 **cover** (손해 등을) 메우다 **assure** 보장하다

Answer (b) insured

Joseph's focus

cover the loss (손해를 충당하다)라는 보험 관련 어구를 감안할 때, '보험에 들어있다'는 의미인 insured가 가장 적절합니다.

> **More Expressions**
>
> **보험 관련 영어표현**
>
> **coverage** 보상 범위 **policy** 보험 증서
>
> **surrender** (중간에) 해약하다 **fire insurance** 화재 보험
>
> **marine insurance** 해상 보험 **accident insurance** 상해 보험
>
> **insurance period** 보험기간 **uninsured** 무보험의
>
> **insurance applicant** 피보험인 **beneficiary** 수혜자
>
> **unemployment insurance** 실업 보험
>
> **insurance agent** 보험 설계사
>
> **limit of indemnity** 보상 최고 한도액
>
> **buy[take out] insurance** 보험에 들다

18 A 부인이 아주 아름다우시네요, 프랭크.
　　B 알아요. 매일 복 받았다고 생각하고 살지요.

유형 → 의미를 혼동하기 쉬운 어휘

Solution 문맥상 count가 들어간다.

Voca **count** ~라고 여기다(= consider) **blessed** 복 받은

Answer (b) count

Joseph's focus

의미를 혼동하기 쉬운 어휘문제로 정확한 어휘의 쓰임새를 묻고 있습니다. (a) measure는 '측정하다, 비교 평가하다'라는 의미로 빈칸에 들어가기에 어색하며, 결정적으로 5형식으로 쓸 수 없습니다. (c) deserve 역시, 목적격 보어를 취할 수 없으며 '(~할, 받을) 자격이 있다'는 뜻으로 사용되므로 적절하지 않습니다. (d) reflect는 '생각하다'는 뜻이 있지만, 주로 that절을 목적어로 취하며 역시 5형식으로 쓰이지 않습니다. 위 문장에서 count 대신에 쓸 수 있는 동사로 think, consider, deem, hold, judge 등이 가능합니다.

19 A 다음에 이 근처에 올 때는 꼭 들러야 돼.
　　B 그 쪽 동네에는 자주 가지 않지만, 그러도록 할게.

유형 → 문맥에 맞는 어휘

Solution 근처에 올 일이 있으면 꼭 들르라고 당부하고 있다. '동네, 부근'의 의미로는 neighborhood가 적절하다.

Voca ought to ~해야 한다 come by 들르다
neighborhood 근처, 주위 환경

Answer (a) neighborhood

Joseph's focus

문맥상 근처에 오면 들르라는 뜻이므로, neighborhood 가 가장 적절합니다. (b) range(범위)가 들어가면, '~의 범 위에, ~의 사정권 안에'라는 뜻으로 역시 알맞지 않습니다. (c) environment 역시, 얼핏 보면 가능할 것 같지만 '(동네) 의 환경, 자연경관' 등의 의미가 되어 문맥에 적절하지 않고 (d) distance를 넣으면 뜻이 '먼 곳에 있으면'이 되어 이 또한 전혀 문맥에 맞지 않게 됩니다.

---

20 A 지금 출근하지 않으면 늦을 거야.
　　 B 같이 가도 돼? 쇼핑몰이 거기에서 별로 멀지 않은데.

유형 → 구어체

Solution A는 지금 집을 나서려는 중이고, B는 쇼핑몰이 A의 직장 과 가까우므로 같이 따라가도 되냐고 묻고 있다.

Voca leave for work 출근하다 tag along 따라가다
be far from ~에서 멀다 hang a left 좌회전하다

Answer (c) tag along

Joseph's focus

구어체 표현을 묻고 있는 문제입니다. TEPS에서 tag는 명사로 쓰이면 price tag(가격표)에서처럼 '꼬리표, 물표' 등의 의미를 나타내고, 동사로 쓰여 tag along이라고 하면 '~의 뒤를 따라 가다'라는 뜻으로 come along만큼이나 자주 등장합니다. 그 외에, label과 혼동어 구분 문제로 가끔 등장합니다. label도 '꼬 리표, 상표'의 뜻을 갖지만, tag와는 근본적으로 뜻이 다릅니다. label은 주로 음료수나 약병 따위의 표면에 부착된 걸 뜻하기 때문에 tag와 구별해야 합니다.

---

21 A 케빈이 자기 제안서가 비난을 받았을 때 맘이 상한 것 같니?
　　 B 응, 아주 침울해 보였어.

유형 → 문맥에 맞는 고급 어휘

Solution 대화 내용에 의하면, Kevin은 자신의 제안서가 비난을 받 아서 기분이 상한 것처럼 보였다고 한다.

Voca distressed 고뇌하는, 슬퍼하는
intrepid 대담한(=fearless) negate 부정하다, 무효가 되 게 하다 exuberant 활기 넘치는

Answer (a) distressed

Joseph's focus

고급 어휘의 뜻을 묻는 문제입니다. 텝스 고급어휘를 공부하는 방법은 비슷한 어휘를 묶어서 학습하는 게 가장 효과적입니다.

> **More Expressions**
>
> **distress와 비슷한 뜻을 나타내는 어휘**
> 감정
> discouraged/frustrated/disheartened/dejected 낙담한
> melancholy 우울한 disconsolate 우울한, 비탄에 잠긴
> moody 우울한, 변덕스런

> 장소, 상황
> **dismal** (장소가) 음산한, 우울한
> **bleak** (장소 따위가) 황량한, 적막한, 우울한
> **dreary** (장소가) 쓸쓸한, 음울한, 황량한
> **grim** (상황 따위가) 음울한, 음산한, (경제가) 우울한, (얘기가) 무서운
>
> 숙어
> **Why the long face?** 표정이 왜 우울하니?
> **pull [make/draw/have] a long face** 우울한 얼굴을 하다

---

22 A 이 골동품이 진품인 게 확실해?
　　 B 응, 대학의 전문가로부터 받은 진품 증명서가 있어.

유형 → 문맥에 맞는 고급 어휘

Solution 골동품이 진품이 확실하다고 믿고 있는 이유는 전문가로부 터 받은 감정서가 있기 때문이다.

Voca antique 골동품 certificate 증명서 intensification 강화, 증대 alteration 변경, 개조 authentication 증명, 감정 falsification 위조

Answer (c) authentication

Joseph's focus

고급 어휘를 묻는 문제로, authenticate는 '입증하다, 증명하다' 의 뜻을 가지고 있습니다.

> **More Expressions**
>
> **authenticate의 유의어**
> verify (~이 진실임을) 확인하다
> validate (타당성을) 입증하다, (각종 계약서가) 진짜임을 확인하다
> certify ~을 증명하다, 보증해 주다
> corroborate/support(=confirm) 확증하다
> bear out 입증하다, 증명하다

---

23 A 끔찍했어. 이건 대실패야!
　　 B 그보다 더 나쁠 순 없을 거야.

유형 → 문맥에 맞는 고급 어휘

Solution B가 한 말 [It couldn't have gone any worse.]에서 아주 심각한 실패였다는 것을 알 수 있다.

Voca prodigy 경이 fiasco 대실패(= failure) attainment 성취 ovation 대인기, 박수갈채

Answer (b) fiasco

Joseph's focus

고난이도 어휘의 뜻을 물어보는 문제로 fiasco는 어떤 일이 '대 실패작'이라는 의미로 쓰이며, 개인적인 실패나 실수에는 쓰지 않습니다.

> **More Expressions**
>
> **실수나 실패를 의미하는 idioms와 어휘들**
> downfall 몰락, 실패　　　　setback 좌절, 실패
> botch ~을 실패하다　　　　fall flat 완전히 실패하다

---

disaster 큰 실패 flop (완전한) 실패작 실패하다
blunder (사람이 한) 큰 실수 a slip of tongue 말실수
flunk 낙제, 실패하다
collapse (계획 따위가) 실패하다, 붕괴하다
mess up / screw up 망치다, 실패하다
strike out 삼진 아웃되다, 실패하다
blow it 실패하다, (기회 등을) 날리다
draw a blank 실패하다, 별 소득이 없다
lost cause, bummer, bomb 실패작

24 A 이 게임기 어떻게 사용하는지 도와 줄 수 있니?
   B 아니. 나도 어떻게 하는지 요령을 모르겠어.

유형 → 구어체 idiom

Solution A가 게임기 사용법을 묻자 B는 자신도 제대로 파악하지
     못하고 있어서 도와줄 수 없다고 한다.

Voca figure out ~을 이해하다[알아내다] get the hang of
   ~의 요령을 알다 gist 요점 flair 솜씨

Answer (b) hang

Joseph's focus

구어체 이디엄을 묻는 문제입니다. '~의 요령을 알다'는 표현으
로 get the hang of를 사용하므로 (b)가 정답이 됩니다.

More Expressions

'~의 요령을 알다'는 표현

learn one's way around ~의 요령을 배우다
know one's way around 요령을 알다, 지리에 밝다
get the knack of ~ / know the ropes [secret] of ~
~의 요령을 알다

25-1 A 매니저가 얼마나 할인해 준대?
    B 겨우 20퍼센트 받아 들여야 하나?

유형 → 구어체 idiom

Solution '할인'의 의미를 가진 단어를 찾아야 한다.

Voca clearance 재고 정리

Answer (a) discount

Joseph's focus

TEPS에서는 청해나 독해에서 광고문이 많이 등장하고, 할인과
관련된 표현도 자주 등장하니 이와 관련된 표현을 기억해 둡니다.

More Expressions

자주 쓰이는 '할인' 관련 표현

bargain sale 할인판매, 염가판매
at 50% off 50퍼센트 할인된 가격에
at half the price 절반 가격에
voucher/savings coupon 할인 쿠폰
happy hour 식당이나 슈퍼마켓의 특별할인 시간
super-saver 대폭 할인 상품의 outlet 대형 할인매장
at bargain price 할인된 가격에 special rate 특별 할인 요금
at reduced price 할인된 가격에 on sale 할인 판매중인
mark down / knock off / come down 할인하다, 깎다

25-2 A 그 오래된 영사기가 지금도 작동하는지 볼까?
    B 그래. 한 번 해보는 것도 나쁘진 않겠지, 그렇지?

유형 → 구어체 idiom

Solution [It won't/wouldn't hurt to do something.]은 '~해도 문제
     가 될 것이 없으니 해보는 것이 좋다'는 의미다.

Voca give it a try 한 번 해보다

Answer (c) hurt

Joseph's focus

[It wouldn't hurt to do something.]은 '~해보는 것도 문
제될 것이 없으니 해보는 것이 좋다'라는 의미입니다. 말 그대
로 해석하면, '~해도 해가 될 일이 없다'입니다. 이 표현을 모르
면 정답을 찾기가 까다로울 수도 있습니다. 또한 [something
will not/does not/cannot hurt]의 형태로 쓰여 유사한 의
미를 나타내기도 합니다. 예를 들어, [One more beer won't
hurt]라고 하면 '맥주 한 잔 더 마신다고 어떻게 되진 않겠지'의
의미가 됩니다.

Part II (26~50)

26 작물들이 자랄 수 있게 해준 비가 다른 한편으로는 다리가 떠내
   려 가게 했다.

유형 → 문맥에 맞는 어휘

Solution 비가 다리를 떠내려가도록 초래한 것이므로 cause가 적절
     하다.

Voca wash away 떠내려가다

Answer (b) caused

Joseph's focus

문맥에 맞는 적절한 어휘를 묻고 있습니다. 그러므로 (b)가 정
답이 됩니다. (a) requested와 (c) pressed는 문법적으로는
가능하나, 둘 다 사람을 목적어로 하여 목적어로 하여금 '~하도
록 요구하다, 간청하다, ~하도록 강요하다'의 의미를 갖게 되므
로 뜻이 어색해져 적합하지 않습니다.

27 오늘밤 최고의 그림들이 심사위원들에 의해 가려지고 수상을 위
   해 선별될 것이다.

유형 → 문맥에 맞는 어휘

Solution 상을 받을 그림이 선택될 것이라는 의미이므로 selected
     가 정답이다.

Voca identify 확인하다 judge 심사위원 coincide (생각 ·
   의견 등이) 일치하다

Answer (b) selected

Joseph's focus

어휘력이 그리 좋지 않아도, 지문의 앞부분만 정확하게 해석
한다면 쉽게 해결할 수 있는 문제입니다. 일단 (a) given과 (c)
ruled는 문맥상 어색하며 (d) coincided는 자동사로만 사용
되기 때문에 내용뿐만 아니라, 문법적으로도 불가능합니다.
(b) selected가 정답이 되며, 이 단어를 대신할 수 있는 표현으

로는 chosen, picked out, adopted 등이 있습니다.

28 군사 정부는 수십 년 동안 반대자들과 싸워오고 있다.

유형 → 연어

Solution 명사 war와 연결되어 '전쟁을 하다'의 의미를 만들 수 있는 동사를 찾아야 한다.

Voca **regime** 정부, 체제 **wage war against** …에 대항하여 싸우다 **opponent** 반대자 **decade** 십 년 **commit** 저지르다

Answer (a) waging

JoSeph's focus

wage가 명사로 사용될 때에는 주로 복수 형태로 '임금, 급여, 보수'의 의미를 갖고 있지만, 동사로 쓰이면 '(전쟁, 투쟁 등을) 수행하다'라는 의미입니다. (d)의 commit에 '(죄, 과실을) 범하다'라는 의미가 있어서 혼동하기 쉬우니 주의해야 합니다. Wage war against를 대신할 수 있는 표현으로는 carry on war against가 있으며, 참고로 wage the peace (평화를 유지하다)라는 표현도 함께 익혀두도록 합니다.

29 두 군대는 현재 일주일 째 교전 중이며 끝날 기미가 보이지 않는다.

유형 → 다의어

Solution 군대가 일주일 째 싸우고 있는 중이고 끝날 기미가 보이지 않는다고 하고 있다.

Voca **engage in battle** 교전하다 **in sight** ~이 보이는 **pledge** 서약하다, 맹세하다 **evacuate** 철수하다, 피난하다

Answer (b) engaged

JoSeph's focus

engage는 다양한 의미를 가진 동사로, 이 문장에서의 engage는 '교전을 시작하다'는 의미를 갖고 있습니다.

More Expressions

engage의 다양한 용법

He is **engaged** in foreign trade.
그는 해외 무역에 종사하고 있다.

He was **engaged** to my cousin.
= He **engaged** himself to my cousin.
= He and my cousin were **engaged**.
그와 내 사촌은 약혼했다.

She tried to **engage** his attention all the time.
그녀는 내내 그의 관심을 끌려고 노력했다.

The line is **engaged**. (영국식) = The line is busy. (미국식)
통화 중이다.

I am **engaged** for the next two days.
앞으로 이틀간은 바쁠 거야.

This seat is **engaged**. 이 좌석은 예약되어 있습니다.

We **engaged** Jason as a new secretary.
새 비서로 제이슨을 고용했다.

30 네가 지난밤에 어디 있었는지에 대해 거짓말을 하려거든, 최소한 그럴 듯한 핑계를 대라.

유형 → 문맥에 맞는 어휘

Solution 선택지 중에서 excuse(핑계, 변명)를 수식하여 자연스런 표현이 되면서 문맥과 어울리는 것을 고르면 된다.

Voca **come up with** ~를 생각해내다 **futile** 쓸데없는, 무익한 **inherent** 선천적인 **plausible** 그럴듯한

Answer (c) plausible

JoSeph's focus

문맥상 적절한 어휘를 고르는 문제로, 선택지에 나오는 각 어휘의 의미를 알고 있다면 아주 쉽게 해결할 수 있습니다. TEPS에서는 plausible excuse(변명)/explanation(설명, 해설)/ lie(거짓말) 등의 표현에서처럼 명사를 수식하는 형태와 sound plausible(그럴듯하게 들리다)와 같이 보어로 사용되는 형태 정도로 plausible의 용례를 정리해 두면 별 어려움 없이 이 문제를 해결할 수 있습니다.

31 내 고양이는 천둥 번개가 치는 폭풍이 올 때마다 난리를 친다.

유형 → 상태 동사

Solution go berserk은 '광분하다', '미친 듯이 날뛰다' 등의 의미이며, go wild, go bananas 등도 유사한 표현이다.

Voca **thunderstorm** 천둥 번개를 동반한 폭풍우 **agitation** 흥분 **berserk** (흥분하여) 펄쩍펄쩍 뛰는

Answer (c) berserk

JoSeph's focus

주어진 문장에는 상태 변화를 나타내는 표현이 적절합니다. 상태 변화를 나타내는 동사들 중에서 'go'는 주로 바람직하지 못한 방향으로의 변화를 나타냅니다.

More Expressions

go의 부정적 의미로서의 표현들

The egg **went bad**. 달걀이 상했다.

I thought I would **go mad**. 나는 미칠 것만 같았다.

She **went red** with anger. 그녀는 화가 나서 빨개졌다.

The corporation would **go bankrupt** sooner or later.
그 회사는 조만간 파산할 것이다.

It's difficult to pinpoint precisely what **went wrong**.
뭐가 잘못되었는지 정확히 꼬집어내기가 어렵다.

32 지속적인 결혼 생활을 유지하는 비결은 대화, 사랑, 상호 존중이다.

유형 → 문맥에 맞는 어휘

Solution 지속적인 결혼 생활을 유지하는 비결은 대화, 사랑, 상호 존중이라는 의미이므로 key가 적절하다.

Voca **lasting** 오래 지속되는 **mutual** 상호간의, 서로의 **respect** 존중 **objective** 목적, 목표 **journey** 여정

Answer (a) key

Joseph's focus

[the[a] key to/for/of ~]는 '~의 수단, 단서, 비결, 열쇠, 관문, 요지' 등의 의미를 지닙니다. 주의할 점은, 우리가 흔히 사용하는 'the key to success (성공의 비결)'이라는 표현이나 문제의 지문에서처럼 to 다음에 반드시 명사 형태를 써야 한다는 것입니다. '비결' 또는 '요령'이라는 뜻을 가진 어휘로는 tip, secret, know-how, rope, road, knack 등이 있으며, '(어떤 비결이나 요령을) 터득하다'라는 뜻의 구어체 표현으로 [get the knack of ~, know the ropes of ~] 등이 있습니다.

33 일부 전문가들은 톱 가오리가 멸종 위기에 직면하고 있다고 믿는다.

유형 → 문맥에 맞는 어휘

Solution '멸종 위기에 놓였다'는 의미가 되기 위해서는 빈칸에 verge, edge, brink 등이 필요하다.

Voca sawfish 톱 가오리 extinction 멸종 verge 가장자리, 경계 on the verge of ~ 직전에

Answer (b) verge

Joseph's focus

일단 (a) angle(각도, 관점)은 사용된 동사가 전치사 on을 동반하는 depend, concentrate, study 등인 경우를 제외하고는 on the angle of라는 형태로는 쓰이지 않습니다. 그리고 '~의 처음에'라는 의미로 beginning이란 단어를 사용할 경우에도 전치사는 at이나 in이 되어야 하며, 약간씩의 차이가 있긴 하나 [on/in/at the corner of]는 모두 '~의 모퉁이에'라는 뜻이 되므로 빈칸에 들어갈 수 있는 표현은 verge밖에 없습니다.

34 내가 나타났을 때쯤 탐의 파티는 한창이었고 모든 사람들이 즐거운 시간을 보내고 있었다.

유형 → 구어체 idiom

Solution 파티 등의 흥이 '최고조에 달했다'는 표현으로 in full swing을 쓴다.

Voca show up 나타나다 in full swing 한창인, 최고조인 in full degree 충분하게

Answer (a) swing

Joseph's focus

구어체 이디엄 [be in full swing(~가 한창이다)]을 물어보는 문제로, [get into full swing (절정에 달하다)]와 함께 기억합니다. 이밖에 스포츠, 정치, 경제, 음악 등의 각 분야별로 swing의 의미를 정리해 둘 필요가 있습니다. 야구나 골프에서의 스윙(휘두르기), 음악 장르로서의 스윙 음악, (여론이나 물가 등의) 변동의 의미와 더불어, 생활 영어 표현으로 [swing by(잠깐 들르다), [get into the swing of(~에 익숙해지다)]가 있습니다.

35 네가 생일 케이크의 초를 단숨에 불어서 껐기 때문에 너의 소원이 이루어졌다.

유형 → 구어체 idiom

Solution 꿈, 소망 등이 '실현되다'라는 의미가 되려면 come true가 쓰여야 하며 시제는 과거이다.

Voca blow out (~을) 불어서 끄다 in one breath 단숨에

Answer (c) came

Joseph's focus

함정이 있지 않나 하고 오히려 고민하게 만드는 아주 쉬운 문제입니다. [Your wish came true.] 대신 쓸 수 있는 표현으로는 [Your wish was realized. = You fulfilled/realized/got your wish.] 정도가 있으며, 물론 wish 대신 dream을 써도 무방합니다. 참고로, come true처럼 동사와 true가 결합된 형태로 hold true(유효하다, 딱 들어맞다), prove true(사실로 판명되다, 일치하다) 등의 표현이 있습니다.

More Expressions

blow 관련 표현들

blow up ~를 폭파시키다
blow (somebody) away 놀라게 하다
blow out (양초 등을) 불어서 끄다, (타이어 등이) 펑크가 나다

---

36 최고 경영자의 요점은 노조가 노사관계에 끼친 명백한 피해에 대한 것이었다.

유형 → 전치사구

Solution 문맥에 맞는 표현을 찾도록 한다.

Voca CEO (Chief Executive Officer) 최고 경영책임자 in reference to ~에 관한 workers' union 노동조합 illusion 환상, 착각 citation 인용 allegory 비유, 풍유

Answer (d) reference

Joseph's focus

선택지에 나온 개별 단어들의 의미를 깊이 이해하고 있으면 쉽게 풀 수 있는 문제입니다. 전치사구 [in reference to]는 '~에 관하여, ~대한'의 뜻을 가진 표현입니다.

More Expressions

'~에 관한[대한]' 전치사(구) 표현

전치사

about / on / regarding / concerning / respecting / touching

전치사구

as to / [in/with] reference to / [in/with] regard to / in respect [of/to] / with respect to / in relation to / in connection with / as regards / referring to / relative to
'~에 비해서, 상대적으로' 라는 뜻도 있음

문두에 쓰이는 경우 (화두를 던질 때만 사용)

as for / as far as+주어+be concerned / when it comes to

---

37 아기를 낳은 후, 내 친구는 다시 예전의 몸매를 찾는 것에 대해 걱정했다.

Solution 문맥에 맞는 표현을 찾아 넣는다.

Voca **get into shape** 건강을 좋게 하다, 몸매를 맵시 있게 가꾸다

Answer (a) shape

Joseph's focus

의미가 비슷한 어휘들을 구분문제로, 언뜻 우리말로만 보자면 선택지 모두가 답이 될 수 있습니다. 하지만 출산을 했다고 해서 건강이 악화된다거나, 근육이 퇴보한다거나 하지는 않겠죠? 그리고 '예전의 크기 혹은 몸집(size)을 되찾다'라는 표현을 쓰고 싶다면, [get back into(to) my old size]라고 해야 문맥상 자연스럽습니다. 참고로 원어민들은 헬스클럽을 fitness club (center)이라고 표현하는데, health와 fitness는 의미를 구분해야 하는 유의어로, health는 질병이 없는 상태의 '건강'을 의미하며, fitness는 질병과는 무관하게 신체가 최상의 기능을 유지할 수 있도록 단련된 상태를 의미합니다.

38 오랜 시간에 걸친 힘든 협상 끝에 우리는 마침내 거래를 매듭짓기로 동의했다.

유형 → 문맥에 맞는 어휘

Solution 문맥에 맞는 표현으로 close the deal(거래를 매듭짓다)이 적절하다.

Voca **lengthy** 긴 **negotiation** 협상 **close the deal** 거래를 매듭짓다 **operate** 작동하다

Answer (d) close

Joseph's focus

문맥에 어울리는 동사를 찾는 문제입니다. '장시간의 힘든 협상 끝에 마침내 ~'라고 했기 때문에 거래가 성사되었으리라는 것은 쉽게 유추할 수 있습니다. '(거래나 계약, 협상 따위를) 매듭짓다, 타결하다'라는 표현으로 strike [wrap up, achieve] a breakthrough 등이 있습니다.

More Expressions

명사 deal이 들어가는 생활영어 표현

It's a deal. 그렇게 하죠. ↔ **It's no deal.** 없었던 걸로 해요.

It's a big deal. 중요한 일이다. ↔ **It's no big deal.** 대단한 일 아니다.

a great/ good deal (of) 다량(의)

a done deal 이미 성사된 거래

a shady deal 부정한 거래, 암거래

---

39 제프 제퍼슨의 본업은 교사이지만, 그의 부업은 그림을 그리는 일이다.

유형 → 문맥에 맞는 어휘

Solution 문맥에 맞는 어휘를 골라 찾아 쓴다.

Voca **day job** 본업 **distraction** 주의 산만 **avocation** 부업, 취미 **occupation** 직업

Answer (c) avocation

Joseph's focus

day job(낮에 하는 일)은 night job(밤에 하는 일)의 상대적인 표현입니다. 요즘에는 밤에 작업을 하는 직업들이 많이 있기 때문에 소위 night job이 본업인 경우가 많지만, 예전에는 대부분 day job이 본업이었기에 오늘날 day job이란 표현이 occupation(직업)과 같은 의미로 쓰인다고 할 수 있겠습니다. 반대로 'moonlight job'이나 'sideline'은 부업에 해당하는 표현들입니다. 직업(일)과 관련해서 실생활에서 자주 쓰는 [full-time job(정규직), part-time job (시간제 일, 부업)], [run(work) two jobs (두 가지 일을 뛰다)] 등의 표현도 함께 익혀 둡니다.

40 환자는 자신의 종양이 암이 아니라 양성이라는 것을 알고 안심했다.

유형 → 형태를 혼동하기 쉬운 어휘

Solution 환자가 안심하고 있다고 했으므로 종양이 해가 없는 것이라는 의미가 되어야 한다.

Voca **relieved** 안도한 **tumor** 종양 **cancerous** 악성의 **benign** 해가 없는 **beneficial** 이로운 **malignant** 악성의 **malicious** 악의에 찬

Answer (a) benign

Joseph's focus

우선 선택지의 (c) malignant(악성의)와 (d) malicious(악의에 찬)는 형태를 혼동하기 쉬운 어휘로 주의해야 됩니다. 종양이 이롭다든지 악의에 차 있다고 한다면 상당히 어색한 말이 됩니다. 문맥상 cancerous(악성의)와 대조적인 의미를 찾아야 하므로 (a) benign이 정답이 됩니다. 그래서 양성 종양은 'a benign tumor', '악성 종양'은 'a malignant tumor'라고 합니다. 참고로 '종양을 잘라내다'라는 표현은 excise[remove, take out] a tumor입니다.

41 마음대로 애드 립을 해도 좋은데, 원래 대본에서 너무 벗어나지는 마세요.

유형 → 문맥에 맞는 고급 어휘

Solution 대사를 즉흥적으로 하는 건 좋지만, 너무 많이 벗어나지는 말라는 의미가 되도록 하려면 deviate를 써야 한다.

Voca **ad lip** 즉흥 대사를 하다 **deviate** 벗어나다 **allocate** 할당하다 **fluctuate** 변동하다, 오르락내리락 하다 **deter** 못하게 하다

Answer (a) deviate

Joseph's focus

문맥에 알맞은 고급 어휘를 고르는 문제로, 어휘시험에서 deviate는 자동사로 쓰여 '(주제에서) 벗어나다'라는 뜻을 가진 고난도 어휘와 구동사적 표현이 자주 출제됩니다. 그러므로 (a)가 정답이 되며, fluctuate는 '(가격, 기온 등이) 오르락 내리락 변동하다'는 의미입니다.

More Expressions

'벗어나다'의 의미를 나타내는 어휘들

lapse (길에서) 벗어나다, 타락하다

diverge (기준 따위에서) 벗어나다

deviate(=veer/stray/digress/swerve/sidetrack from)
(주제에서) 벗어나다

derail, divert, deflect 기분을 전환시키다, 주의를 딴 데로 돌리다

숙어

get off track 트랙에서 벗어나다, 주제에서 벗어나다

get off [beside] the point, turn away, get sidetracked,
branch off 생각이 산만해지다

---

42 좀 더 많은 젊은이들이 투표를 하도록 장려하는 그 모든 노력에도 불구하고 젊은이들은 놀라울 정도로 정치에 무관심하다.

유형 → 문맥에 맞는 어휘

| Solution | 문맥에 맞는 어휘를 찾아 골라 쓴다. |

| Voca | despite ~에도 불구하고 encourage 장려하다 surprisingly 놀라울 정도로 persistent 완고한, 고집 센 enthusiastic 열광적인 |

| Answer | (b) indifferent |

Joseph's focus

문맥에 맞는 어휘를 고르는 문제로, 어휘의 뜻만 알면 쉽게 풀 수 있습니다. indifferent는 '무관심한'이라는 뜻을 가집니다. 접두어 때문에 의미를 혼동하기 쉬운 형용사 uninterested (무관심한)와 disinterested(사심 없는, 공정한) 역시 함께 묶어서 암기해 둡니다.

43 부모님은 특별한 행사 때만 와인을 마신다.

유형 → 의미를 혼동하기 쉬운 어휘

| Solution | '특별한 행사나 일'의 의미를 갖는 어휘가 적절하다. |

| Voca | excursion 소풍, 야유회 incident 일, 사건, 경우 |

| Answer | (c) occasions |

Joseph's focus

의미를 혼동하기 쉬운 유의어 구분 문제입니다. 우리말의 '경우'라는 단어는 굉장히 모호하고 광범위하게 사용되지만, 영어는 세분화되어 있습니다. 우선, 경우나 때를 나타내는 영단어에는 case, occasion, incident, times가 대표적입니다. occasion은 '특별한 행사나 일이 있는 날 또는 때'라는 의미가 강하고, case 역시 '경우'로 많이 해석이 되는데, '어떤 사례나 예'라는 의미이며, incident는 '발생하는 사건 그 자체'를 가리키는데, 그 사건이 occasion과는 달리 특이하고 좋지 않은 부정적 의미를 갖습니다. times는 '막연한 때, 시기'를 의미하며, 그나마 위 문맥에 들어 갈 수 있지만, times 앞에는 전치사 on을 쓸 수 없고 at을 써야 합니다. 따라서 빈칸에는 occasion이 가장 알맞습니다.

44 유명인들이 외국에서 아이들을 입양하는 것이 인기다.

유형 → 형태를 혼동하기 쉬운 어휘

| Solution | 형태가 유사하여 혼동하기 쉬운 단어들에 주의한다. |

| Voca | celebrity 유명인 adopt 입양하다, 채택하다 adapt 적응시키다, 각색하다 adept 숙련된, 능숙한 |

| Answer | (a) adopt |

Joseph's focus

형태가 비슷해 혼동하기 쉬운 어휘를 구분하는 문제입니다. 철자가 비슷하여 원어민들도 혼동하는 어휘들이 있는데, 이런 유형의 문제는 어휘 관련 서적에 잘 정리되어 있으므로, 한번만 깔끔하게 머릿속에 정리해 두면 문제풀이가 한결 수월합니다.

More Expressions

형태가 혼동되는 중요한 어휘

lie 눕다, 거짓말하다 – lay 두다, 눕히다

credible 믿을 만한 – credulous 잘 속는

sensitive 민감한 – sensible 현명한

rise 올라가다 – raise 올리다 – arise 생기다, 발생하다

attitude 태도 – aptitude 적성 – altitude 고도

complementary 보충의 – complimentary 칭찬의, 무료의

considerate 사려 깊은 – considerable 상당한

historic 역사적인, 중요한 – historical 역사상의

economical 경제적인, 저렴한 – economic 경제의

sensual 관능적인, 색을 밝히는 (부정적) – sensuous 감각적인, 미적인, 매력적인, 섹시한 (긍정적)

installment 할부 – installation 설치 – implement 이행하다, 시행하다

---

45 최신의 기술을 따라잡는 것은 매우 힘들다. 새로 나온 기술조차 너무나 빨리 구식이 되어 버리기 때문이다.

유형 → 구어체 idiom

| Solution | out of는 명사와 함께 쓰여 새로운 의미를 가지게 된다. |

| Voca | keep up with (유행, 뉴스 등을) 따라잡다 latest 최근의   go out of date 구식이 되다, 시대에 뒤떨어지다 expiration 만기, 만료 (cf. expiration date 유효기간) |

| Answer | (a) date |

Joseph's focus

자주 쓰이는 이디엄을 묻는 문제입니다. 영어에도 '한물간, 구식인, 유행이 지난'의 뜻을 가진 어휘들과, 그 반대인 '(최) 신식의, 첨단의'이라는 뜻을 가진 어휘들이 많이 있는데 여기에서는 문맥상 '구식인'의 의미를 가진 out of date가 적절합니다.

More Expressions

'구식'을 나타내는 어휘

old fashioned, out of date [fashion/mode], outdated, dated, behind the times, vintage, archaic

'최신식의, 최신유행의, 최첨단'을 나타내는 어휘

up to date, state of the art, brand new, top of the line, cutting edge, high tech(첨단기술의), trendy, in fashion[vogue], in the latest fashion, faddish(일시적으로 유행하는), prevalent

'유행하다'를 나타내는 구동사

go around, catch on

46 새로운 법률은 공공장소에서의 흡연을 엄격하게 금지시켰다.

유형 → 부사 연어

`Solution` forbidden은 strictly(엄격히)나 expressly(명백히)와 같은 부사와 종종 함께 쓰인다.

`Voca` public place 공공장소 forbidden 금지된

`Answer` (d) forbidden

Joseph's focus

부사의 연어를 묻는 문제로, 동사 stop은 부사 strictly와 쓰이지 않으며, 동사의 의미상 주로 abruptly, suddenly, immediately 같은 부사와 어울립니다. 반면 동사 block은 completely, effectively와 어울리며, prevent 역시, '예방하다'는 의미를 가지므로 strictly와는 어울리지 않고, 동사의 의미상 effectively나 successfully 같은 부사와 잘 어울립니다. forbid는 주로 strictly, strongly, totally 등의 부사와 잘 어울린다고 볼 수 있습니다.

47 로미오와 줄리엣은 부모들이 그들의 사랑을 인정하지 않았기 때문에 여러 차례의 비밀스런 만남을 가졌다.

유형 → 문맥에 맞는 고급 어휘

`Solution` 문맥상 '비밀스런 만남'이라는 의미가 알맞다.

`Voca` clandestine 비밀의 illegal 불법의 insoluble 해결할 수 없는, 녹지 않는 abstruse 난해한

`Answer` (a) clandestine

Joseph's focus

문맥에 맞는 고급 어휘를 묻고 있습니다만, 단어의 뜻만 알면 쉽게 풀 수 있는 유형의 문제입니다. (b) illegal은 문법적으로 맞겠지만, 로미오와 줄리엣의 만남이 불법적이라고 볼 수는 없으므로 적절하지 않습니다. (d) abstruse에도 '비밀스런'의 뜻이 있지만, 현대 영어에서는 그런 뜻으로 거의 쓰이지 않는다고 보면 됩니다. (c) insoluble은 전혀 문맥에 맞지도 않으며, insoluble meeting이라는 말 자체가 성립이 안 됩니다. 빈칸에는 '비밀스런'의 의미를 가진 clandestine, confidential, secret 등의 어휘들이 적당하므로 (a)가 정답이 됩니다.

48 새로운 방침은 모든 관리 직원들이 문제 발생 후 24시간 이내에 자세한 장비 상태 보고서를 제출할 것을 요구한다.

유형 → 문맥에 맞는 어휘

`Solution` '문제점들이 발생한 지 24시간 내에'의 의미가 되어야 하므로 occur가 적절하다.

`Voca` maintenance 관리, 유지 personnel 직원 detailed 자세한

`Answer` (b) occur

Joseph's focus

'(문제나 사건 따위가) 발생하다, 생기다'는 의미로는 occur, arise, come about, turn out, appear, emerge, happen, take place 등의 표현을 씁니다. 이런 동사들은 문법시험에도 자주 등장하는 어휘로 자동사로만 쓰이고, 절대로 수동으로 쓸 수 없다는 점을 기억해야 합니다. 선택지 (d) result는 자동사로 '~의 결과로 발생하다'라는 의미인데, 문법적으로는 가능해 보입니다만, 뜻을 깊이 새겨보면 먼저 발생한 어떤 사건이 원인이 되어 문제가 발생하다는 의미이기 때문에, 위 문맥에는 적당하지 않습니다.

49 아맥스 사는 공급 회사가 협상 때 했던 몇 가지 약속들을 이행하지 못하자 다른 공급업체를 이용하기로 결정했다.

유형 → 다의어

`Solution` deliver는 '배달하다'의 의미 이외에도, 약속한 것을 '이행하다'의 의미가 있다.

`Voca` supplier 공급자 fail to ~하는 데 실패하다, ~하지 못하다 distribute 분배하다 qualify 자격을 얻다

`Answer` (b) deliver

Joseph's focus

동사 deliver의 '(약속을) 이행하다, 지키다'라는 뜻을 묻는 다의어 문제입니다. '(약속이나 공약 따위를) 이행하다, 지키다'를 나타내는 표현들에는 [keep one's words(promise), deliver on (carry out / carry through / fulfill / implement / live up to)]등이 가능하며, 반대로 '약속이나 공약을 어기다/이행하지 않다'라는 표현으로, [go back on one's word / eat one's words]라는 표현을 자주 씁니다. 참고로 '(채무 따위를) 불이행하다'는 의미로는 default 또는 be delinquent를 가장 많이 쓰며, 법률이나 계약상의 약속을 위반할 경우엔 breach를 씁니다.

50-1 급격히 증가한 학교 예산은 이미 지역에 존재하고 있는 심각한 문제들에 대해 만능 책이 아닌 것으로 판명됐다.

유형 → 문맥에 맞는 고급 어휘

`Solution` 문맥상 '만능 해결책'이라는 의미를 가진 panacea가 가장 알맞다.

`Voca` sharply 급격히 existing 기존의 therapy 치료법 endowment 기부 hauteur 오만, 건방진 태도 panacea 만병 통치약, 모든 문제에 대한 해결책

`Answer` (d) panacea

Joseph's focus

문맥에 맞는 고난이도 어휘를 고르는 문제입니다. 얼핏 보면,

(a) therapy 역시 답이 될 수 있어 보이지만, therapy는 주로 정신적, 육체적 질병이나 질환에 대한 '치료법'을 의미하기 때문에, 제시된 예문에는 '해결책'이라는 의미도 가지고 있는 panacea가 문맥상 더 적절한 답이 되겠습니다. '만병 통치약'을 의미하는 어휘에는 panacea 외에, cure-all, elixir 등이 있으며, 은유적 표현으로 [one-size-fits-all]이라는 표현이 있습니다.

50-2 범죄율의 하락은 경찰 국장의 과감한 범죄 소탕 방법이 효과가 있다는 시장의 생각을 재확인시켜 주었다.

유형 → 연어

Solution [confirm somebody in one's view]라고 하면 '~가 믿고 있던 것이 사실이라는 것을 입증하다'의 의미다.

Voca **radical** 극단적인, 과감한   **sound** 효과가 있는

Answer (c) confirmed

Joseph's focus

[confirm somebody in one's belief/view/determination]는 어떤 사람의 신념, 생각, 결심 등이 사실이라는 것을 뒷받침해주다는 의미입니다. 범죄율이 떨어졌기 때문에 시장은 경찰 국장의 과감한 소탕 대책이 효과가 있다는 확신을 주었다는 뜻이므로 표현을 알지 못한다고 하더라도 문장의 의미를 제대로 해석하면 정답의 범위를 좁힐 수 있을 것입니다.

Reading Comprehension

Part I   (1~16)

1   알렉산더 대왕은 군을 상대로 중기 병대를 매우 성공적으로 이용했다. 말들은 일반적으로 위험을 감지하면 달아나려고 하지만, 인내심과 주의 깊은 훈련을 통하여 전투의 소음에 둔감하게 만들 수 있다. 하지만 말들이 스트레스를 받으면 잘 지내지 못한다는 것을 고려해 볼 때, 마케도니아 군대가 이러한 훈련을 받은 말들이 많았을 것이라고 상상하기는 힘들다. 긴 전쟁에 참여한 기병들은 이용 가능한 말이라면 어떤 말이나 탔을 것이다.

(a) 이용 가능한 말이라면 어떤 말이라도 탔을
(b) 스트레스 없는 환경을 만들려고 노력했을
(c) 전쟁에서 살아남은 늙은 말들을 받아들였을
(d) 소리를 무시하도록 훈련받은 말들을 요구했을

유형 → 결론 찾기

Solution 글의 앞부분에서는 전투용 말들을 소음에 무감각해지도록 훈련시키는 것이 가능하다고 했지만, 실제로는 당시 그런 훈련을 받은 말을 구하기가 힘들었다. 그러므로 전쟁 중에는 아무 말이나 구할 수 있는 대로 이용했을 것이라는 것이 올바르다.

Voca **heavy cavalry** 중기 병대   **sense** 감지하다

---

desensitize 둔감하게 하다   **equine** 말, 말과 같은   **fare** 지내다

Answer (a) ridden any horse that was available

Joseph's focus

알렉산더 대왕에 대한 역사 관련 지문으로 알렉산더 대왕이 기병대를 효과적으로 운영했지만, 모든 말을 전투용 말로 훈련시키는 것은 불가능했기 때문에, 기병대에 사용된 대부분의 말은 제대로 훈련을 받지 못한 말일 가능성이 있다는 요지의 글입니다. 주제문이 명확하지 않은 형태의 지문이며, 빈칸의 위치가 문단 끝에 위치했으므로, 앞의 내용을 요약, 정리해서 문장흐름의 논리를 완성해야 합니다.

2   독자들이 중간 상인을 거치지 않고 직접 책을 구입할 수 있는 우편 주문도서 클럽은 소매 서점이나 온라인 판매자들과 비교해 볼 때 상당한 금액을 절약하게 해 줍니다. 여러분이 만일 일 년에 여러 권의 책을 구입한다면 클럽에 가입함으로써 많은 돈을 절약할 수 있을 것입니다. 여러분은 매달 그 달의 책은 물론, 최근 출간된 도서들을 소개하는 책자를 받게 될 것입니다. 이 때문에 도서 클럽은 최근 발행된 도서들에 대한 최신 정보를 얻을 수 있는 편리한 방법입니다.

(a) 온라인으로 맘에 드는 책을 읽는
(b) 동일한 관심을 지닌 다른 사람들을 만날 수 있는
(c) 최근 발행된 도서들에 대한 최신 정보를 얻을 수 있는
(d) 집을 나가지 않고 가외의 돈을 벌 수 있는

유형 → 결론 찾기

Solution 우편 주문도서 클럽은 책을 독자에게 직접 판매하기 때문에 여러 권의 책을 구입하는 사람에게는 돈을 절약할 수 있는 기회가 된다고 광고하고 있다. 회원들에게 매달 보내어지는 책자를 통해 새로 출간된 도서들에 대한 정보를 얻을 수 있으므로 우편 주문도서 클럽은 신간에 대한 정보를 얻을 수 있는 편리한 방법이다.

Voca **mail order** 우편 주문   **go through** ~을 통하다   **middle man** 중간 상인   **substantial** 상당한   **retail** 소매의   **booklet** 안내 책자   **highlight** 강조하다   **release** (음반·서적) 발매, 출시(품)

Answer (c) stay up-to-date on the latest releases

Joseph's focus

Mail order book clubs의 가입을 권유하는 광고문으로, 가입 시의 혜택을 설명하고 있습니다. 빈칸의 위치가 문단 끝에 위치한 유형으로 광고 글에서 설명한 혜택 부분의 논리적 흐름을 완성해야 하는 문제입니다. 빈칸이 위치한 문장 바로 앞부분에서 클럽 가입 시 신간 서적에 관한 최신 정보를 얻을 수 있는 소책자를 보내 준다고 밝혔고, 이 부분을 지시대명사 This가 가리키므로, this를 놓치지 않는 게 이 문제를 해결하는 열쇠라고 볼 수 있습니다.

3   베이징—유명한 식당 체인인 베이징 오리 구이 점(Beijing Roasted Duck)은 전통적인 조리법에서 벗어나 새롭고 좀 더 환경 친화적인 오리 구이 법을 받아들여야 할 것이다. 전통적으

로 오리 구이는 과일 나무 장작으로 땐 불에 구워졌지만, 이 방법은 공해를 일으키는 연기를 발생시킨다. 베이징에 1,000개 이상의 베이징 오리 구이 점이 있다는 것을 감안해 볼 때, 결국 똑같은 숫자의 굴뚝이 해로운 가스를 내뿜고 있는 셈이다. 어쨌든 하루아침에 전통 요리법에 안녕을 고하기는 어려울 것이다. 이 때문에 정부 당국은 앞으로 3년간의 유예기간을 허용하여 이 기간 내에 식당들이 단계적으로 옛 구이 방법을 새롭고 컴퓨터화된 오븐으로 전환하도록 할 예정이다.

(a) 구운 오리를 특징으로 하는 완전히 새로운 메뉴를 마련하도록
(b) 옛 구이 방법을 새롭고 컴퓨터화 된 오븐으로 전환하도록
(c) 도시에서 모두 함께 유명한 구운 오리를 제공받는 것을 멈추도록
(d) 고객들의 불평을 적절한 혁신으로 대응하도록

유형 → 결론 찾기

Solution 전통적인 오리 요리법 때문에 공해가 발생하고 있으므로 중국 정부는 3년에 걸쳐 단계적으로 새롭고 컴퓨터화된 오븐을 사용하도록 권장할 것이라는 내용이다. 빈칸에는 공해를 줄이기 위한 대책으로 가장 알맞은 내용이 들어가야 한다.

Voca shake loose 벗어나다　embrace 받아들이다　sound 건전한　means 수단　billow (연기 등이) 날리다　offensive 불쾌한, 모욕적인　regardless 어찌튼　bid farewell 작별을 고하다　come up with 마련하다　convert 전환하다　patron 고객

Answer (b) convert their old methods to new, computerized ovens

Joseph's focus

중국의 오리 구이 점들이 환경 친화적인 조리법을 도입해야 한다는 법률이 제정되었다는 요리 관련 기사문입니다. 대부분의 기사문은 기사문이 항상 문단 첫머리에 위치하며, 빈칸에는 주로 주제문과 관련 있는 내용이 들어갑니다. 답의 단서가 되는 부분은 역시 바로 앞 문장입니다. 여기서 3년간의 유예기간이 무엇을 위한 것인지를 생각해 보면 답을 쉽게 찾을 수 있습니다.

4 음식 서비스 업계의 두 개의 상이한 진로는 여러분이 자기 사업을 시작할 수 있는 자유를 제공한다. 출장 요리업자는 고객들을 위해 음식과 음료를 준비할 뿐만 아니라, 서비스를 제공하며 일반적으로 결혼식, 회의 혹은 기타 행사들에서 몇몇 사람들로부터 수백 명에 사람들에게 식사를 제공한다. 반면에, 개인 요리사는 고객의 집에 와서 그 자리에서 식사를 준비하는데 가족이나 친한 친구들이 모인 저녁 식사에서 한정된 수의 식사를 준비한다. 개인 요리사나 음식 공급자로서 자신의 창의력과 요리에 대한 애정을 이용하면서 보람이 있는 일도 하고 돈도 벌 수 있다고 상상해 보라.

(a) 다른 사람들에게 음식공급 사업을 시작하도록 가르치면서
(b) 가장 명성 있는 식당에서 일하면서
(c) 존경받는 요리 전문가로부터 배우면서
(d) 자신의 창의력과 요리에 대한 애정을 이용하면서

유형 → 결론 찾기

Solution 음식 공급자와 개인 요리사가 제공하는 서비스에는 약간의 차이가 있지만 창의력을 발휘하고 요리에 대한 애정을 활용하면서도 돈을 벌 수 있다는 점은 동일하다.

Voca career path 진로　afford 제공하다　caterer 출장 요리업자, 공급자　function 행사　range from to (범위가)~에서 …에 이르다　intimate 사적인, 친밀한　rewarding 보람이 있는

Answer (d) use your creativity and love of cooking

Joseph's focus

음식업계의 두 가지 직종을 소개하고, 선택을 권유하는 글입니다. 이 문제에서 오답을 피하기 위해서는 권유하는 두 직종이 모두 요리사라는 점에 유의해야 합니다. 선택지 (a) [teach others to start catering businesses]는 글쓴이에게나 해당될 내용이고, (b)는 식당의 주방장이라면 모르지만, 개인요리사에게는 해당되지 않는 내용입니다. (c) 요리사로서 '유명한 요리 전문가로부터 요리를 배운다는 내용'은 전체 지문의 흐름을 방해하는 새로운 idea가 등장하게 되는 셈이므로, 일관성이 떨어져 적절하지 않습니다.

5 2004년 케냐는 예기죠 마이클을 그 해 최고의 예술가로 선정했다. 그의 값비싼 벽화와 모자이크는 개인 주택의 벽들뿐만 아니라, 극장의 세트, 은행, 호텔 등과 같은 공공장소 등을 장식하고 있다. 그의 작품은 3개 대륙에서 100회 이상의 개인 및 단체 전시회를 통해 선보여 왔다. 마이클의 그림들은 세계적으로 인정을 받고 있으며 국제적인 기관들과 부유한 예술 애호가들은 그의 그림을 수집하려고 애쓰고 있다.

(a) 거대한 벽화를 만들어 내려고
(b) 그런 박물관을 방문하려고
(c) 예술 박람회에 참석하려고
(d) 그의 그림을 수집하려고

유형 → 결론 찾기

Solution 화가의 작품이 세계적으로 인정을 받고 있으며 높은 가격에 거래되고 있으므로 부유한 애호가들이 그의 작품을 수집하려고 애쓰고 있다는 것이 가장 적절하다.

Voca name 지명하다　pricy 값비싼　mural 벽화　grace 아름답게 꾸미다　venue (행사 등이 열리는) 장소　well-heeled 부유한　be eager[anxious] to ~을 몹시 하고 싶어 하다

Answer (d) collect his paintings

Joseph's focus

케냐의 미술가 예기조 마이클의 미술작품의 가치와 인기를 설명한 글로, 빈칸이 하단에 위치한 글의 논리적 흐름을 완성하는 문제입니다. 빈칸 앞부분에 기술된 내용들을 근거로 논리적인 추론을 통해서 빈칸을 완성하면 됩니다. 선택지 (c)도 답이 될 수 있어 보이지만, 문장의 주어가 [well-heeled art lover]라는 점을 감안해 볼 때, 부유한 미술품 애호가들이 부유하지 않는 사람들도 참여할 수 있는 전시회에 참여하고 싶어 안달이 난다는 말은 상식적으로 납득하기 어렵습니다. 이런 유형의 문제는 앞부분에 반복적으로 등장하는 어구나 키워드를 유심히 살펴보는 방법도 좋습니다.

6 식물을 의약적 목적에 사용하는 기술은 4천 년 넘게 중국인들에 의해 행해져 왔다. 많은 유익한 한약 외에도 많은 신화적인 치료법(민간요법들)이 사용되어 왔다. 중국 의사들은 유니콘 뿔가루와 같은 성분들이 강력한 약효가 있다고 믿었다. 석화된 숫사슴의 눈물도 사용되었는데, 이는 실제로 우황을 가리킨다. 중요하게 여겨진 또 다른 치료법으로는 여우의 폐, 거미줄, 처형된 죄수의 두개골, 제비집과 벌레 등이 있다.

(a) 노래를 통해 다른 사람들을 치유하는
(b) 식물을 의약적 목적에 사용하는
(c) 말과 주술로 사람들을 치료하는
(d) 침술이나 피부 위에 바늘을 사용하는

유형 → 주제문 찾기

Solution 중국인들이 수천 년 동안 약초를 치료용으로 사용해 왔다는 사실은 잘 알려져 있다. 그들은 또한 신화를 바탕으로 한 특이한 약재들이 강력한 효과가 있다고도 믿었다.

Voca beneficial 유익한 herbal 약초의 mythical 신화적인 ingredient 성분 petrify 석화시키다, 굳어지게 하다 stag 수사슴 bezoar stone 우황 execute 처형하다 spell 주문, 마법 acupuncture 침술

Answer (b) using plants for medicinal purposes

중국인들의 미신에 근거한 민간요법에 대한 설명글로, 빈칸이 위치한 문장의 다음 문장이 주제문이 됩니다. 이런 유형의 문제는 빈칸 주변의 접속 어구를 잘 살펴봐야 답을 찾을 수 있습니다. 빈칸 뒤의 주제문이 많은 한약 외에 더 많은 민간요법이 사용되었다는 내용인데, 여기서 In addition to many herbal remedies와 부사 also를 눈여겨보면, 빈칸이 위치한 문장의 내용은 식물이 의학적 용도로 사용되어 왔다는 내용이 와야 함을 유추할 수 있겠습니다.

7 저희 은행을 이용해 주시는 소중한 고객 여러분들께 보답을 해야 한다고 믿고 있습니다. 그래서 저희 은행은 여러분의 요구를 충족시키기 위해 잔액 한도가 없는 계좌와 같은 다양한 당좌 예금을 제공하고 있습니다. 저희 은행을 선택해 주신 것에 감사드리기 위해서 새로운 당좌예금 계좌를 개설하시면 기념품을 드립니다. 전자레인지와 오븐에 사용할 수 있는 이 그릇들은 음식을 준비하고 보관하고 가지고 다니는데 매우 실용적입니다. 친구들에게 저희 은행을 추천해 주시면 친구 분들이 새로운 개인 당좌예금 계좌를 열 때 추가의 선물을 드립니다. 자세한 내용을 알고 싶으시거나 필요한 추천서 양식을 요청하시려면 전화주세요.

(a) 필요한 추천서 양식
(b) 보장된 상품의 교환
(c) 새로운 계좌번호
(d) 온라인 복권의 규칙

유형 → 결론 찾기

Solution 빈칸 바로 앞에 다른 사람에게 은행을 추천하면 추가 선물을 받을 수 있다고 했으므로 추천시 필요한 양식이 필요하면 전화 문의를 하는 내용이 적절하다.

Voca valued 소중한 practical 실용적인 refer 추천하다 sweepstakes 복권, 경쟁

Answer (a) the necessary referral form

은행이 기존 고객들에게 신규 당좌예금 계좌를 개설시 고객들에게 제공하는 새로운 혜택을 알리고 홍보하는 광고 글입니다. 대부분의 광고문의 구조는 상품의 장점과 혜택을 알리고, 마지막 부분에 상품구매방법이나 구매 관련 문의방법을 제시하고 마무리하는 게 일반적입니다. 이 문제에서는 바로 이 마무리 부분에 빈칸이 위치하기 때문에, 앞의 내용에 근거해 가장 자연스러운 마무리 문장이 되도록 선택지를 고르면 됩니다.

8 어떤 사람들에게 껌을 씹는 것은 나쁜 습관이다. 하지만 새로운 연구에 의하면, 이것은 실제로 건강에 크게 이로울 수도 있다. 식사 후의 껌 하나는 입 안에서 침의 생성을 증가시킨다. 이것은 충치를 방지하는 것을 도와준다. 충치가 적으면 심장 질환, 당뇨병과 기타 질병들의 발생 가능성이 감소될 수 있기 때문에 이것은 신나는 소식이다. 껌을 씹는 것에는 또 다른 흥미로운 이점이 있다. 껌 씹기는 두뇌로 흐르는 혈액의 양을 증가시켜 결과적으로 주의력을 증가시킨다.

(a) 잇몸 질병과 나쁜 입 냄새를 없애 준다
(b) 체중을 감소할 수 있는 효과적인 방법이다
(c) 긴장을 완화시키고 스트레스를 줄여 준다
(d) 건강에 크게 이로울 수도 있다

유형 → 주제문 찾기

Solution 접속사 but의 일반적 기능, 즉 앞의 내용과 다른 내용이 이어져 나옴을 알 수 있다.

Voca a stick of 한 대[자루]의 saliva 침, 타액 cavity 충치 diabetes 당뇨병 ailment 질환, 병

Answer (d) have significant health benefits

일부 사람들에게 껌을 씹는 것은 나쁜 습관이라고 말하고 나서 다음 문장은 but으로 시작되므로, 껌 씹는 것의 좋은 점에 대한 이야기가 나올 것이라는 것을 기대할 수 있습니다. 하지만 보기들이 모두 껌을 씹는 것의 좋은 점에 대한 내용이므로, 지문이 구체적으로 어떤 장점에 대해 말하고 있는가를 판단해야 합니다. 껌을 씹으면 침이 활발히 생성되고 이것은 충치를 줄여 주며, 충치가 줄면 심장병과 당뇨병과 기타 질병들이 감소될 수 있다고 말하고 있습니다. 마지막 두 문장[chewing gum ~ awarness.]에서는 껌 씹기의 또 다른 장점 즉, 두뇌로 유입되는 혈액의 양을 증가시켜 주의력을 증가시켜 준다고 덧붙이고 있지만, 지문의 전반적인 요점은 결국 껌 씹기가 건강에 크게 이롭다는 것입니다.

9 학습 장애가 있는 사람들이 가지고 있는 하나의 문제는 그들이 말로 감정을 표현하는 데에 제약을 받는다는 점이다. 그래서 그들의 행동이 감정을 표현할 수 있는 유일한 방법이다. 갑작스런 기분과 행동의 변화, 혹은 이전에 아주 잘하던 일을 할 수 없는 것처럼 보이는 것은 다른 사람들에게는 어떤 변화의 단계 혹은 분노의 표시로 보일 수도 있다. 하지만 실제로 이것들은 우울증

의 신호들이다. 불행히도 이러한 증세들을 잘못 해석하여 그들이 필요로 하는 도움을 주지 못하기가 쉽다.

(a) 불행히도
(b) 대신에
(c) 바라건대
(d) 그렇기는 하지만

유형 → 연결어

Solution 학습 장애가 있는 사람들은 감정을 언어로 표현하는 데에 어려움을 겪는다. 이러한 사실을 알지 못하는 사람들은 그들의 이해할 수 없는 행동이 성격적인 문제라고 간과해 버릴 수 있기 때문에 적절한 치료시기를 놓치기 쉽다는 요지의 글이다.

Voca learning disability 학습 장애 verbal 말의 abrupt 갑작스러운 seeming 표면상의 master 숙달하다 phase 단계 tantrum 짜증, 울화 misinterpret 잘못 해석하다

Answer (a) Unfortunately

Joseph's focus

학습 장애가 있는 사람들은 말로 감정을 잘 표현할 수 없기 때문에, 그들의 행동을 대수롭지 않게 넘겨서는 안 된다는 요지의 글입니다. 연결사를 넣는 문제는 빈칸 전후의 문장을 정독해야 합니다. 빈칸 앞부분에서 학습 장애자들의 갑작스런 기분이나 행동의 변화는 사실 우울증의 증상이라고 언급하고, 빈칸 뒷부분은 그런 증상을 갑작스런 토라짐(tantrum) 정도로 잘못 해석하기가 쉽다는 부정적인 내용이 연결되고 있다는 점을 눈여겨 보면 답을 쉽게 찾을 수 있습니다.

10 사모아에서 문신보다 더 중요한 의식은 없다. 여러 주에 걸쳐 손으로 완성되는 문신은 허리 아래에서 무릎까지를 뒤덮는다. 한때는 젊은 추장들과 귀족들만을 위한 것이었지만, 문신은 모든 사모아 소년들에게 있어 성인이 되는 결정적인 의식이 되었다. 영구적으로 남는 이 흔적들은 용기와 인내심의 고통스러운 시험이었다.

(a) 독립에 대한 욕구
(b) 용기와 인내심
(c) 예술적 창의력
(d) 지도자의 문신 능력

유형 → 결론 찾기

Solution permanent marks는 '문신'을 의미한다. 소년들이 성인이 되는 의식으로 행해지므로 문신은 어른으로 인정받기 위한 용기와 인내심을 시험하는 의미를 갖는다.

Voca tattoo 문신 reserved for ~을 위해 마련된 aristocracy 귀족 defining 결정적인 manhood 성년 permanent 영구적인(↔ temporary) mark 흔적, 자국

Answer (b) courage and endurance

Joseph's focus

빈칸의 위치가 하단이지만, 주제문이 들어갈 자리가 들어갈 자리가 아니며 빈칸을 완성할 만한 확실한 근거가 앞부분에 제시되어 있지 않기 때문에, 이런 유형의 문제는 선택지를 하나씩 대입하여 답을 제외해 나가는 소거법을 활용하는 것이 좋습니다.

선택지 (a)를 대입하면 문신을 하는 이유가 독립이 필요한지 알아보기 위해서였다는 뜻이 되므로 어색합니다. (c)의 예술적 창의력이 있는지 알아보기 위해 문신을 팠다는 말은 자신의 몸에 직접 자신이 문신을 파는 게 아니므로 상식적으로 맞지 않습니다. (d)가 들어가면 지도자의 문신 파는 능력을 측정하기 위해서 문신을 팠다는 뜻이 되는데, 앞문장의 the defining rite of manhood와 전혀 논리적으로 연결이 되지 않습니다. 성인이 되기 위해서는 용기와 인내가 필요하다고 볼 수 있으므로 가장 자연스럽게 연결될 수 있는 선택지는 (b)라고 추론할 수 있겠습니다.

11 어떤 작가 지망자들은 위대한 소설을 읽고 난 후 의기소침해진다. 그들은 자신의 능력을 문학적 천재들과 비교하는 함정에 빠진다. 이렇게 높은 기준에 도달하는 것이 불가능해 보이기 때문에 많은 사람들이 무언가 위대한 것을 출판하겠다는 그들의 꿈을 포기한다. 나는 그렇게 부정적으로 생각하지 않으려고 노력한다. 내가 고전작품을 읽을 때면 나는 항상 영감을 얻게 된다. 나는 어떤 아이디어를 어떻게 나만의 고유한 목소리로 더 많이 끌어낼 수 있을까 궁금해 한다. 나는 또 다른 훌륭한 책이 나올 여지는 항상 있으며 아마도 언젠가는 내가 그 책을 쓰게 될 것이라고 크게 믿는다.

(a) 현대 소설 쓰기의 현실에 슬픔을 느낀다
(b) 체계적인 글쓰기 과정은 노력해볼 만한 가치가 없다
(c) 과거의 위대한 작가와 분명한 교감을 느낀다
(d) 위대한 소설을 읽고 난 후 의기소침해진다

유형 → 주제문 찾기

Solution 글의 주제를 파악하는 문제로, 일부 작가 지망생들이 위대한 글을 읽은 후 보이는 반응을 가장 잘 표현한 것을 찾으면 된다.

Voca aspiring 포부를 가진 measure up to (희망, 기준 등에) 부합하다, 도달하다

Answer (d) discouraged after they read a great work of fiction

Joseph's focus

글의 주제문을 파악하는 문제입니다. 글쓴이는 작가가 되고자 하는 사람들이 흔히 범하는 실수를 소개하며 이러한 실수를 피하기 위해 어떤 마음을 가지고 있는가를 진술하고 있습니다. 작가가 되고자 하는 사람들이 위대한 작품을 읽고 영감을 얻기보다는 그것에 미치지 못할까봐 염려하여 작가가 되는 것을 포기하는 경우들이 있다고 소개하고 있습니다. 빈칸 바로 뒤의 내용[They fall into ~ something great.]과 가장 잘 부합되는 것은 (d)입니다. (c)는 글 후반부에 언급된, 글쓴이가 위대한 작품을 읽은 후 느끼는 감정에 더욱 가깝다고 할 수 있습니다.

12 최근 구글은 웹 사용자들에게 정보를 수집하는 또 하나의 도구를 제공하기 시작했다. '구글 북 서치'는 사용자들이 인터넷을 통해 수천 권의 책의 전문을 무료로 찾아 볼 수 있는 서비스이다. 저작권의 영향을 받지 않는 책들은 PDF파일을 이용하여 컴퓨터에 다운로드될 수 있다. 저작권이 있는 책들의 일부 또한 제공된

다. 이 검색엔진을 통해 볼 수 있는 책들의 수는 매년 증가하고 있다. 구글은 인터넷을 통해 책을 볼 수 있게 하는 것이 궁극적으로 전자 도서의 인기를 높이는데 도움이 되기를 바라고 있다.

(a) 사이트를 좀 더 사용하기 쉽도록 만들다
(b) 전자 도서의 인기를 높이는데 도움이 되다
(c) 결산시 이익을 더 많게 하다
(d) 사용자들에게 저작권에 대한 이해를 높이다

유형 → 결론 찾기

Solution 인터넷을 이용하여 무료로 책을 읽을 수 있는 서비스를 제공하고 있으므로 전자 도서의 인기를 높이는데 도움이 되기를 바란다는 내용이 가장 적절하다.

Voca free of charge 무료로 copyright 저작권 user-friendly 사용하기 쉬운 bottom line 결산, 재무 상태

Answer (b) help to finally popularize digital books

Joseph's focus

정답을 찾기 위해서는 제공되는 서비스의 내용이 무엇인지를 먼저 파악해야 합니다. 서비스의 핵심 내용은 글 중간 부분 [Google Book Search is ~ using the PDF format.] 에 설명되고 있습니다. 해마다 이 서비스를 통해 볼 수 있는 책들이 증가하고 있다는 점과 이 서비스가 무료로 제공된다는 점으로 미루어 보아, 좀 더 많은 사람들이 이 서비스를 이용하도록 함으로써 전자 도서의 인기를 높이는데 기여하기를 바란다는 것이 정답으로 가장 적절합니다.

13 모든 과학에 있어 중심이 되는 사상은 경험주의다. 모든 과학자들은 지식이 직감이나 계시에 의해서가 아니라, 실험과 관찰에서부터 나와야 한다고 믿는다. 경험주의는 과학자들이 상당한 시간을 그들의 가설과 이론을 실험하는데 보내는 이유이다. 어떤 아이디어가 받아들여지기 위해서는 증거가 자연 상태에서 관찰되어야 하고 오감으로 경험될 수 있어야만 한다. 이러한 사고는 매우 단순하고 매우 논리적인 것으로 보이지만, 이론적으로는 잘 돌아가는 학설이 실험을 통해 증명될 수 없을 때 심한 좌절감을 초래할 수도 있다.

(a) 실생활에서 실용적이지 않을 때
(b) 다른 과학자가 자기 것이라고 주장할 때
(c) 실험을 통해 증명될 수 없을 때
(d) 다른 사람들이 이해하기에 너무 복잡할 때

유형 → 결론 찾기

Solution 과학에서 실험과 증명의 중요성에 대해 설명하고 있다. 가설이 실험을 통해 증명될 수 없으면 과학이 될 수 없다.

Voca empiricism 경험주의 intuition 영감, 직감 revelation (신의) 계시 hypothesis 가설

Answer (c) cannot be proven through experimentation

Joseph's focus

모든 과학에 있어서의 중심 사상은 경험주의로, 실험이나 관찰을 통해서 반복적으로 증명되지 못하는 가설은 이론으로 인정받을 수 없다고 보고 있습니다. [In order for an idea ~ with the five senses.]의 부분을 통해 하나의 가설이 인정받으려면, 자연 상태에서 관찰이 가능해야 하고 오감으로 경험될 수 있는

것이어야 한다는 것이 이 글의 중심 내용이라고 할 수 있습니다. 보기로 주어진 (a), (b), (d)의 경우도 과학자들에게는 좌절감을 안겨 주는 상황일 수 있지만, 이 글은 전체적으로 과학에서의 실험과 관찰의 중요성에 관한 내용이므로 실험에 의해 증명될 수 없을 때 좌절할 수 있다는 (c)가 가장 적절합니다.

14 한 보고서에 의하면, 26개국의 약 60퍼센트의 사람들이 식량과 에너지 비용의 증가에 의해 피해를 받고 있다. 가장 큰 타격을 입은 국가들이 가장 가난한 국가이기도 하다는 사실은 놀라울 것이 없는데 필리핀의 경우 가장 심각한 어려움을 보고하고 있다. 비영리 구호 기관인 옥스팜에 의하면 약 9억 명의 사람들이 기아에 직면하고 있으며 약 1억 1,900만 명의 사람들이 먹는 음식의 양을 줄이고 있다고 한다. 이 문제점의 주요 원인 중의 하나는 인플레이션인데 이로 인해 기본적 식량의 가격이 인상됐다. 그러나 유가가 떨어지고 그로 인해 식량 운송비가 감소함에 따라 일시적인 완화가 있을 것으로 기대된다.

(a) 식량과 에너지 비용의 증가
(b) 인구의 빠른 증가
(c) 식량 생산의 감소
(d) 기본 식량의 수입 제한

유형 → 주제문 찾기

Solution 전 세계 많은 사람들에게 영향을 끼치고 있는 문제가 무엇인가를 찾는 문제이다. 인플레이션으로 식량 가격이 인상됐다는 점과 유가 하락으로 운송비가 줄어들 것이라고 예상하고 있으므로 식량 가격과 에너지 비용 증가로 인한 문제점에 대한 글이다.

Voca starvation 기근, 기아 cut back on ~을 줄이다 culprit 범인 distribution 분배, 보급

Answer (a) rising food and energy costs

Joseph's focus

첫 문장[According to ~]을 통해 전 세계 26개국에서 60퍼센트의 사람들이 식량과 에너지 비용 증가 때문에 피해를 입고 있다는 것을 알 수 있습니다. 보기 중에서 (b)를 제외한 (a), (c), (d)가 모두 식량과 관계가 있습니다. 글의 후반부에서 주로 인플레이션 때문에 기본적인 식량의 가격이 오르게 되었다는 사실과 유가가 떨어지면 일시적으로 식량 운송비가 줄게 될 것이라고 언급한 것으로 보아, 증가하는 식량과 에너지 비용의 증가로 인해 이러한 문제들이 발생하고 있다는 것을 알 수 있습니다. 식량 생산이 감소되었다거나 기본 식품에 대한 수입 제한이 있었다는 내용은 전혀 언급되지 않았으므로 (c)와 (d)는 정답이 아닙니다.

15 많은 민주국가들에서 볼 수 있는 가장 놀라운 면 중의 하나는 국민들이 투표를 하지 않는다는 점이다. 많은 사람들에게 있어 개인이 투표를 함으로써 국가에 영향을 끼칠 수 있다는 생각은 반향을 일으키지 못하고 있는 듯하다. 왜 투표를 하지 않는지 물었을 때, 많은 사람들이 누가 당선되든지 상관이 없다고 하거나 한 표가 큰 선거에서 차이를 일으킬 리가 없다고 생각한다고 대답한다. 또한 투표에 대한 가장 냉소적인 여론의 일부는 말뿐인 공약에 환멸을 느낀 젊은이들로부터 나온다.

(a) 그러나
(b) 또한
(c) 결과적으로
(d) 그와 반대로

유형 → 연결어

Solution 사람들이 투표를 하지 않는 이유와 더불어 이러한 사고를 가진 젊은이들이 정치인들의 허황된 공약에 환멸을 느끼고 있다는 내용이다.

Voca impact 영향 resonate 반향을 불러일으키다 booth 작은 공간, 부스 matter 중요하다, 문제가 되다 cynical 냉소적인 disillusioned 환멸을 느낀

Answer (b) In addition

Joseph's focus

민주 국가에서 시민들이 투표에 참여하지 않는 이유에 대해 물었을 때, 많은 이들이 자신의 한 표가 크게 세상을 바꾸지 못할 것이기 때문에 투표를 하지 않는다고 대답했습니다. 빈칸 이전 부분에서는 사람들이 투표에 참여하지 않는 이유들을 나열하고 있으며, 빈칸의 뒷부분에서는 이러한 부정적인 반응을 가진 사람들의 대다수가 허황된 정치적 공약에 대해 환멸을 느껴 정치에 관심을 잃은 젊은이들이라는 사실을 덧붙이고 있습니다. 빈칸 앞뒤의 내용이 서로 대조되거나 인과 관계가 아니고, 빈칸 뒤가 추가의 내용이므로 (b)가 정답이 됩니다.

16-1 성별 격차란 남성과 여성들 간의 소득 차이를 가리킨다. 이 차이를 줄이는 것에 반대하는 일부 사람들은 이러한 차이가 생기는 것은 직업 선택과 교육 수준, 이전의 경력차이 때문이라고 믿는다. 여성들은 교사, 간호사, 비서 등과 같은 임금이 낮은 직업을 찾는 경향이 있는 반면에 남성들은 의사, 엔지니어, 과학자들과 같은 고소득 직종에 종사하는 경향이 있다. 이러한 진로는 성차별의 결과라기보다는 오히려 자발적으로 선택된 것이기 때문에 일부 사람들은 임금의 차이에 대해 염려할 필요는 없다고 생각한다. 또한 성별 격차는 여성들이 남성보다 더 많은 보수를 받는 분야인 패션, 연예계, 모델 업종에서는 존재하지 않는다.

(a) 남성들은 전형적으로 일하지 않는다
(b) 여성들은 오랜 세월 일하는데 보낸다
(c) 여성들이 남성들보다 더 많은 보수를 받는다
(d) 남성들 또한 물건을 사고판다

유형 → 글의 흐름 파악

Solution 남녀 간 소득 차이에 대해 일부 사람들은 소득의 차이가 성차별에 의한 것이 아니라 직업 선택의 차이에 의한 것이라고 주장한다. 또한 여성이 더 많은 보수를 받는 산업 분야에서는 남녀 간 소득 차이가 없는 것을 그 증거로 들고 있다.

Voca gender gap 성별 격차 earning 소득 discrepancy 차이(= difference) be opposed to ~에 반대하다 close the gap 차이를 줄이다 occupational 직업의 voluntarily 자발적으로 discrimination 차별 concern 염려

Answer (c) women make more money than men

Joseph's focus

성별 격차(남녀의 소득 격차)에 관한 글로, 글쓴이의 주장이 명확하게 드러나지 않은 유형의 글입니다. 남녀의 소득이 차이가 나는 것은 성차별 때문이 아니라, 학벌, 경력, 직업 선호도의 차이 때문이라는 일부 사람들의 의견을 단순하게 소개하고 있는 형식입니다. 중간에 however나 but 등의 역접을 나타내는 접속어구가 없기 때문에, 빈칸은 남녀 간의 소득격차는 당연하다는 주장을 뒷받침하는 문장이 이어져야 한다는 점을 감안하며 선택지를 고르면 됩니다.

16-2 달라스 그린은 유럽 전 지역에서 음악적인 센세이션을 급속도로 불러일으키고 있다. 알렉시스파이어 밴드의 리드 싱어인 달라스 그린은 단독 프로젝트를 추진하기 위해 밴드에서 나와 1년간 솔로로 활동하였다. 그의 성과 이름을 따서 '시티 앤 컬러'라는 이름으로, 달라스 그린은 전 유럽의 공연장에서 매진을 기록하며 어쿠스틱 연주를 보여주었다. 그의 팬들로부터 열광적으로 사랑받으면서도, 달라스 그린은 그의 음악에 대해 아주 겸손한 태도를 보여 주었다. 모든 쇼에서 그는 사람들이 그의 노래를 들으러 와주었다는 것에 대해서 아주 고마워했다.

(a) 그의 팬들로부터 열광적으로 사랑받은
(b) 표를 팔기 위해 발버둥 치며
(c) 그의 후원자들로부터 비난받는
(d) 음악가들 사이에서의 불화에 놓인

유형 → 결론 찾기(유추)

Solution 접속사 while에 빈칸의 내용과 바로 뒷문장의 내용은 서로 일치하지 않아야 하므로, 팬들로부터 사랑받고 있지만 겸손하다는 문맥이 적합하다. 또한 본문의 앞부분에 달라스 그린이라는 가수가 유럽을 강타하고 있다는 내용만 보아도 사람들의 사랑을 받고 있다는 것을 쉽게 가늠할 수 있다. 따라서 정답은 (a)가 된다.

Voca pursue 추구하다 humble 겸손한, 소박한 struggle 발버둥 치다, 몸부림치다 adore 숭배하다, 받들다

Answer (a) adored by his fans

Joseph's focus

본문의 내용을 파악하여 결론부분의 빈칸을 유추하는 내용입니다. 달라스 그린이라는 사람이 음악적인 센세이션을 일으키고 유럽의 공연장에서 매진을 기록할 정도라는 점을 통해 빈칸에 들어갈 말은 팬들로부터 많은 사랑을 받았다는 점을 유추할 수 있습니다. 이렇게 빈칸 앞에 있는 내용을 통해서도 답을 유추해 낼 수 있겠지만, while이 있는 빈칸 뒤의 내용을 통해서도 충분히 빈칸에 들어갈 내용을 알 수가 있습니다.

Part II (17~37)

17 직업 군인이 되고자 하는 젊은이들은 종종 유망한 직업 기술, 대학 등록금, 군대 생활에 대한 흥미 등에 이끌린다. 하지만 군대에 지원하기 전에 자세한 내용들을 알아보는 것이 중요하다. 신병 모집 담당자들은 직업 교육과 경력을 약속할 지도 모른다. 하지만 때때로 군대에서의 경험이 나중에 어떤 직업을 얻을 때 불리하게 작용할 수도 있다. 또한 대학 등록금을 마련할 다른, 더 나은 방법들이 있을 수도 있다. 마지막으로 일단 입대를 하게 되면 정확히 어떤 일을 배정받게 될 것인가를 반드시 알아 봐야 하는데, 신병 모집 담당자가 말한 것과는 다를 수 있기 때문이다. 요컨대, 군대 생활은 당신이 원했던 종류의 혜택을 제공하지 않을지도 모른다.

위 글의 주제로 알맞은 것은?
(a) 군대에 가기 위한 훈련 방법
(b) 신병 모집의 여러 가지 방법
(c) 대학 장학금을 어디서 구할 것인가
(d) 입대시 고려해야 할 사항들

유형 → 주제문 찾기

Solution 군대에 입대하기 전에 신병 모집 담당자의 말만 믿지 말고 자신이 군대 생활로써 얻을 수 있을 것이라고 생각하는 경험과 혜택들이 현실적으로 가능한 것인가를 정확히 알아봐야 한다는 내용이다.

Voca entice 유혹하다(= lure, attract) prospect 기대, 전망 tuition 학비 sign up 등록하다 recruiter 신병 모집인 assign 배정하다 enlist 입대하다

Answer (d) What to consider when enlisting

Joseph's focus

군 입대가 미래의 커리어에 이로울 거라는 젊은이들의 무조건적인 믿음은 위험하다고 경고하면서 입대하기 전에 자세한 조건들을 미리 조사해 봐야 한다는 요지의 글입니다. Yet으로 시작되는 네 번째 문장이 주제문이며, 그 뒤의 문장들은 이 주제문을 뒷받침하는 형태의 구조를 취하고 있습니다.

18 인간은 의식과 잠재의식에 따라 생각하고 행동하며 이 두 가지는 똑같이 중요하다. 심리학자 칼 융은 자신이 그 후에 내놓은 모든 개념의 기본으로서 이 이론을 역설했다. 우리는 주로 의식 세계에서 활동하기 때문에 개인적 문제와 사회적 문제를 해결할 때 똑같은 행동 패턴을 사용하려고 하는 것이 당연하다. 그러나 융은 의식적인 문제를 해결하기 위해서는 잠재의식의 영역에 초점을 맞추어야 한다고 전제한다. 우리가 잠재의식의 세계를 인정하지 않으면, 우리의 존재 자체와 사회의 중요한 부분을 부인하는 것이다.

이 글의 제목으로 알맞은 것은?
(a) 사고의 심리학
(b) 사회적 행동의 습득
(c) 무의식의 중요성
(d) 잠재의식을 통한 문제점의 인정

유형 → 제목 찾기

Solution 인간의 의식 세계를 이해하는 데 있어서 잠재의식을 무시해선 안 된다는 것이 글의 요점이다.

Voca conscious 의식하고 있는 (↔ unconscious) subconscious 잠재의식의 psychologist 심리학자 subsequent 그 이후의 function 기능을 하다 primarily 주로(= chiefly, largely) societal 사회의 assumption 추정, 전제 realm 영역 acknowledge 인정하다 being 존재 acquisition 습득

Answer (c) The Importance of the Unconscious Mind

Joseph's focus

융의 심리학 이론에 관한 짧은 글을 읽고 제목을 찾는 문제입니다. 의식 세계만큼 무의식의 세계도 중요하다는 주장이 담긴 첫 번째 문장이 주제문이고, 그 이후 문장들은 그 이유를 뒷받침하는 문장들이라고 볼 수 있는 두괄식의 구조를 취하고 있습니다.

니다. 제목 찾기 문제 역시 문제에 접근하는 방법은 주제를 찾는 방법과 크게 다르지 않습니다. 즉 main topic, main idea, best title, mainly about, tone, attitude, purpose 등을 묻는 문제는 결국 주제 파악을 요구하는 문제로 봐도 무방합니다. 다만 제목 찾기를 할 때, 지문에 언급은 되었지만 제목으로 잡기에 너무 광범위한 것이나, 지문의 일부 내용에만 해당되는 선택지는 오답 선택지가 됩니다.

19 2차 세계대전 이전에 뉴욕에 사는 패션 디자이너들은 매년 패션쇼에 참가하기 위해 프랑스에 갔었다. 하지만 전쟁 동안 독일이 파리를 점령하고 미국 전함들이 대서양에 산재하여 있었기 때문에 뉴욕 디자이너들과 파리의 고급 의상점과의 교류는 사실상 두절되었다. 그래서 미국 디자이너들은 자신들 나름대로 스포츠 의류에 초점을 맞추게 되었고 세계 스포츠 의류 중심지로 미국의 등장의 토대를 마련하게 된다.

이 글의 제목으로 알맞은 것은?
(a) 스포츠 의류 – 독특한 프랑스의 발명품
(b) 2차 세계대전이 변화시킨 세계 패션계
(c) 미국 패션에 끼친 파리 패션의 영향
(d) 세계 패션계를 점령한 미국

유형 → 제목 찾기

Solution 2차 세계대전으로 인해 뉴욕 디자이너들이 파리 디자이너들과 교류를 할 수 없게 된 사실이 미국이 스포츠 의류의 선두자로 나서게 된 결과를 초래했다. 즉, 2차 세계대전이 패션계에 끼친 영향에 대한 내용이다.

Voca dot 산재시키다, 흩트리다 Atlantic ocean 대서양 battleship 전함 cut off (통화, 연락 등을) 막다 haute couture 오트쿠튀르(파리의 고급 의상점) groundwork 토대, 바탕 emergence 출현 capital 중심지

Answer (b) World War II Changes the World of Fashion

Joseph's focus

이 글은 미국의 스포츠 의류 산업이 발전하게 된 역사적 배경을 설명한 글로, 주제문이 명확하게 드러나진 않았지만 문단 끝에 위치한 미괄식 구조의 글이라 볼 수 있습니다. 결국 2차 세계대전의 영향으로 미국의 스포츠 의류 산업이 발달하게 되었다는 요지의 글이므로, 이 내용을 적절히 잘 요약해서 paraphrase한 선택지를 고르면 됩니다.

20 1940년대 말 텔레비전이 막 등장했을 때 라디오 광고는 이미 안정된 산업이었다. 라디오 산업의 성공적인 형태를 기본으로 하여 텔레비전은 계획적으로 광고 매체로 개발되었으며, 그 이후 가장 효율적이고 가장 인기 있는 상품 판매 수단이 되었다. 현대 텔레비전 방송국이 존재하는 주된 이유는, 광고로 중단되는 당신이 가장 좋아하는 쇼가 아니라 정기 광고 시간이다. 프로그램은 단순히 시청자들의 주의를 끌어서 광고가 나가는 동안 그들을 텔레비전 앞에 앉아 있도록 하기 위한 수단에 불과하다. 만일 시청자가 채널을 바꾸면 광고를 보지 않게 되므로, 프로그램은 시청자들이 기대를 갖고 텔레비전 앞에 고정되어 있도록 만들 필요가 있다.

위 글은 무엇에 관한 내용인가?

(a) 텔레비전 프로그램의 발전
(b) TV에서 방송된 최고의 광고들
(c) 광고 수단으로서의 TV
(d) 텔레비전 방송국의 역사

유형 → 대의 파악

Solution 텔레비전이 원래 광고 수단으로 개발된 것이라고 설명하고 있다. 프로그램이 존재하는 이유는 시청자들이 그 중간 중간에 방송되는 광고를 보도록 하기 위한 것이다.

Voca well-established 안정된, 정착된 debut 등장 deliberately 고의적으로(= intentionally, on purpose) merely 단지 commercial break 광고 방송에 의한 프로그램 중단 시간 glue 풀로 붙이다 anticipation 기대, 예상

Answer (c) Television as a means for advertising

JoSeph's focus

텔레비전 광고에 관한 글을 읽고 대의를 파악하는 문제로, 주제문이 지문 중간에 위치한 경우로 [The regular commercial breaks ~ television networks exist.] 부분이 주제 문장입니다. 비교적 글이 짜임새 있게 전개되기 때문에 대의 파악이 쉬운 문제에 해당됩니다. 글의 요지는 텔레비전의 존재 이유는 프로그램이 아니라 광고하기 위한 것이라는 내용입니다.

21 고양이가 하는 모든 활동에서 발톱은 중요한 역할을 한다. 긁힌 표면들은 다른 고양이들에 대한 메시지이다. 물체에 파인 발톱 자국은 한 고양이의 영역을 시각적으로 표시하고 발에 있는 냄새 분비선을 이용하여 후각적 표시를 남긴다. 사냥 놀이를 하는 동안 고양이는 발톱으로 장난감을 잡고 뒷발로 그것을 찬다. 발톱은 고양이가 높은 곳에 오를 때 도움을 주고, 땅에 있을 때는 몸무게를 이동시켜 균형과 안정된 걸음걸이를 유지하게 해 준다.

고양이들은 어떤 방식으로 서로 의사소통을 하는가?
(a) 표면을 긁는다.
(b) 몸무게를 이동시키다.
(c) 서로 몸을 비빈다.
(d) 뒷발로 서로 찬다.

유형 → 세부 내용 파악

Solution 고양이의 발톱이 하는 기능을 나열하고 있다. 고양이들은 표면을 긁거나 냄새를 남김으로써 다른 고양이들에게 자신의 영역을 표시한다. 이것은 즉 고양이들의 의사소통 수단이다.

Voca engage 참여하다 claw 발톱 essential 중요한 scratch 할퀴다 engrave 새기다 denote 의미하다, 나타내다(= indicate, represent) territory 영역 olfactory 후각의 leave behind 남기다 scent gland 냄새 분비선 predatory 약탈하는 grip 쥐다 hind 뒤쪽의 shift 이동시키다 secure 안정된

Answer (a) They scratch on surfaces.

JoSeph's focus

고양이에 관한 글을 읽고, 세부 정보를 찾아야 하는 문제입니다. 세부 정보를 찾는 문제는 지문을 다 읽지 않아도 답이 쉽게 나오는 경우가 많습니다. 두 번째 문장 [Scratched surfaces are messages for other cats.]이 정답 선택지로 paraphrase되

어 있음을 쉽게 알 수 있습니다. 이런 문제는 문제를 먼저 읽고 지문을 스캔하는 게 시간 관리에 유리합니다.

22 고대 로마인들은 아폴로의 쌍둥이인 다이애나가 달의 여신이자 사냥의 수호신이라고 믿었다. 그녀는 야생 동물을 보호하는 동시에 사냥꾼들을 지켜 주었다. 다이애나는 자연을 다스렸고 샘과 냇물의 수호자였다. 모든 숲들은 다이애나에게 신성한 것이었고 그녀의 영역은 주로 숲 안에 있었다. 쌍둥이 형제인 아폴로처럼 그녀는 종종 한 벌의 활과 화살을 가지고 다니는 젊은 사냥꾼으로 묘사되었다.

다이애나에 대한 내용으로 올바른 것은?
(a) 쌍둥이 여동생이 있었다.
(b) 사냥꾼의 모습으로 표현되었다.
(c) 야생 동물들을 훈련시켰다.
(d) 그녀의 성역은 달에 있었다.

유형 → 진위 파악

Solution 마지막 문장 [she was often depicted as a young hunter ~.]에 사냥꾼으로 묘사되어 있다고 명시되어 있다.

Voca goddess 여신 watch over 지켜보다 guardian 수호자 spring 샘 grove 숲 sacred 신성한 sanctuary 성역 depict 묘사하다 bow 활

Answer (b) She was portrayed as a hunter.

JoSeph's focus

그리스 로마 신화에 등장하는 여신 Diana에 관한 짧은 글을 일고 진위 파악을 하는 문제입니다. 지문을 다 읽지 않고 선택지 (b)만 지문과 대조해도 바로 정답임을 확인할 수 있겠습니다. (a)는 sister가 아니라 brother가 되어야겠죠? 선택지 (c)는 지문에 언급되지 않았으며, (d)는 Diana의 성역은 달이 아니라, 숲에 있었기 때문에 지문의 내용과 다르므로 오답입니다.

23 물론 당신은 재택 사무실이 가재도구 보관함이 되기를 원하지는 않지만 오갈 때 없는 온갖 서류들의 집합소가 될 뻔합니다. 당신이 책상에서 하기로 되어 있던 일 이외에도 각종 청구서, 가족 건강 관련 서류, 학교 성적표, 영수증, 품질 보증서 등과 같은 것이 쌓이게 됩니다. 우리에게 약속되었던 종이 없는 사회는 도대체 어떻게 된 걸까요? 그레이디 파일 캐비닛은 종이를 없앨 수는 없지만, 정리하는 것을 도와 드릴 수는 있습니다. 어느 사무실 장식과도 매끈하게 어울리는 효율적인 기록 보관 체계를 만들어 보세요. 당신의 미결 서류함을 깨끗하게 정리할 수 있을 것입니다!

위 광고에서 판매하고 있는 제품은 무엇인가?
(a) 사무실 장식
(b) 파일 캐비닛
(c) 보관함
(d) 종이 제품

유형 → 세부 내용 파악

Solution 잡동사니로 어질러진 집의 사무실을 정리할 수 있는 파일 캐비닛을 광고하고 있다.

Voca household 가정용의 invariably 반드시 warranty 품질 보증서 pile up 쌓이다 organize 정리정돈하다

efficient 효율적인 record-keeping 기록 보존
seamlessly 매끔하게 décor 장식 inbox 미결서류함

 (b) Filing cabinets

Joseph's focus

광고문을 읽고 광고의 목적, 즉 광고되고 있는 상품이 무엇인지 파악하라는 문제입니다. 광고 글은 주로 도입부에 고객들의 가려운 부분이나, 고민, 문제 등을 언급해서 고객들의 관심을 끈 다음 팔려고 하는 상품의 장점을 설명하는 식으로 전개되는 게 일반적이기 때문에 시간이 부족하면 도입부는 skimming하는 방법도 괜찮습니다.

24 많은 사람들에게 애완동물은 사랑하는 가족의 일부이다. 개나 고양이를 입양하는 것은 개인의 삶의 질을 개선시켜 주는 것으로 알려져 왔으며, 통계적으로 보아도 많은 사람들이 그것을 믿고 있는 것처럼 보인다. 실제로 동물 보호협회에 의하면, 거의 40퍼센트의 사람들이 적어도 한 마리의 개를 기르고 있는 것으로 보인다. 고양이는 동물 애호가들이 좋아하는 애완동물 중 두 번째를 차지하고 있다. 거의 35퍼센트의 사람들이 적어도 한 마리의 고양이를 기르고 있다. 애완동물을 기르는 사람들의 높은 비율은 애완동물이 제공하는 혜택을 보여주는 지표이다. 확실한 감정적 혜택 이외에도, 신체적인 혜택들이 있다. 연구에 의하면, 애완동물을 쓰다듬는 것이 혈압과 콜레스테롤을 낮춰 주고 환자들이 질병으로부터 더욱 빨리 회복하게 해 준다.

윗글에서 유추할 수 있는 것은?
(a) 개보다 더 인기 있는 애완동물은 없다.
(b) 일부 애완동물의 종류가 다른 종류들보다 더 많은 감정적 혜택을 제공한다.
(c) 점점 더 많은 사람들이 동물 보호소에서 동물들을 입양한다.
(d) 많은 사람들이 아이를 기르기보다는 동물을 입양하는 것을 선택한다.

유형 → 추론

 40퍼센트의 사람들이 적어도 한 마리의 개를 기르고 있으며 그에 이어 고양이가 두 번째로 인기 있는 애완동물이라고 했으므로 개가 가장 인기 있는 애완동물이라는 것을 알 수 있다.

 convinced 확신하는 indicative (of) 가리키는, 지시하는 pet n. 애완동물 v. 쓰다듬다

 (a) There is no animal more popular than a dog as a pet.

Joseph's focus

애완동물을 기르는 것이 삶을 더욱 풍요롭게 해 준다는 것에 많은 사람들이 동의하고 있다는 내용과 함께, 실제 애완동물을 기르는 사람들의 실태를 보고하고 있습니다. 거의 40퍼센트의 사람들이 한 마리 이상의 개를 기르고 있다고 했으므로, 이 중 일부는 두 마리 혹은 세 마리 이상의 개를 기르고 있다고도 해석할 수 있습니다. 고양이가 35퍼센트로 두 번째라고 했으므로 개가 가장 인기 있는 애완동물이라고 할 수 있습니다. 또한 애완동물이 주는 감정적 혜택들뿐만 아니라, 육체적인 혜택들의 예를 들고 있습니다. 애완동물을 쓰다듬는 것이 혈압과 콜레스테롤을 낮춰준다는 연구 결과를 제시하고 있지만, 어떤 종류

의 동물이 더 많은 감정적 혜택을 준다는 내용은 언급되지 않았습니다.

25 시카고의 스파르타쿠스 사의 영업 마케팅 상무 캐시 카슨은 고객들이 가게에 들어섰을 때의 첫 열 발자국이 가장 중요한 순간이라는 것에 주목한다. 고객들이 상점에 대한 의식을 형성하고 그곳에서 물건을 살 것인가의 여부를 결정하는 것이 바로 이 순간이다. "고객들이 가게 문에 들어서자마자 보게 되는 것, 즉 첫인상이 가장 중요합니다."라고 카슨은 말한다. 소비자들이 상점에 들어서자마자 그들을 편안하게 해 주는 것이 그들이 좀 더 머물러 있으면서 구매를 하게끔 도와준다. 청결함, 겉모습과 냄새, 온도, 색상, 상점의 구조 등과 같은 상점의 특징들이 모두 혼합되어 지속적인 인상을 남기게 된다.

위 글의 내용과 일치하는 것은?
(a) 매력적인 상점 환경이 판매를 증가시킬 수 있다.
(b) 매력적인 상품 진열이 소비자들을 상점으로 끌어들일 수 있다.
(c) 판매 사원의 외모가 지속적인 인상을 남긴다.
(d) 소비자들은 일반적으로 큰 상점에서 쇼핑하는 것을 편안하게 여긴다.

유형 → 내용 일치/대의 파악

 고객들에게 좋은 첫인상을 남기는 것이 판매에 직접적인 영향을 끼친다고 말한다. 고객들이 상점에 들어서서 처음 열 걸음을 걷는 동안 구매할지의 여부까지 결정할 만큼 상점의 첫인상은 중요하다. 청결함이나 상점의 구조와 같은 한 눈에 파악되는 요소들은 고객들의 구매 욕구와 밀접하게 관련되어 있다.

 senior vice president 상무 note 알아채다
pace 걸음 perception 인식, 자각
first impression 첫인상 at ease 편안한 ensure 보증하다 characteristic 특징 cleanliness 청결함
window display 창가의 상품 진열 boost 장려하다

 (a) An appealing store environment can boost sales.

Joseph's focus

마케팅 이론에 대한 글로, 고객의 구매 결정을 이끌어내는 가장 중요한 요소는 매장에 대한 첫인상이며, 이 첫인상 형성에 가장 중요한 요소는 매장 환경이라는 요지의 글입니다. 진위 파악 유형의 문제로 주제와 관련 있는 선택지가 정답이 되는 비교적 난이도가 낮은 문제입니다. 이런 유형은 진위형 문제지만, 지문에 직접적인 언급이 없는 경우가 많으므로 글의 대의를 파악해야 하는 유형이라고 볼 수 있습니다.

26 교직원 여러분께,
올해의 국제 컴퓨터 및 글쓰기 회의의 주제는 "세계화의 시사 쟁점"으로 오늘날의 세계 경제의 특징을 고려해 볼 때 중요한 주제입니다. 수백 명의 영향력 있고 중요한 전문가들이 모이는 이 연례행사는 특히 우리 대학원 학생들과 조교수급 발표자들에게 있어 중요합니다. 안타깝게도 이에 참가함으로써 가장 혜택을 많이 받을 수 있는 사람들이 여행 자금을 마련하는데 가장 어려움을 겪고 있습니다. 이 때문에 저희는 전도유망한 참가자들에게 도움을 주고자 온라인 경매를 실시하고 있으며, 여러분의 도움

을 요청하고 있습니다. 경매를 위한 물품을 기부해 주실 의향이 있는지요? 모든 경매 수익은 올해 컴퓨터 및 글쓰기 국제회의에 참가하고자 하는 대학원생과 조교수급 교육원들의 여행 경비로 직접 기부될 것입니다.

그럼 이만,
제임스 핼버슨

편지는 교직원들에게 무엇을 요구하고 있는가?
(a) 현금 기부
(b) 모금 행사에 쓸 물품을 기부
(c) 다가오는 회의에 참석
(d) 대학원생의 보호자로 동반

유형 → 세부 내용 파악

Solution 학생들과 조교수급 교직원들이 국제회의의 참가할 수 있는 비용을 마련하기 위해 온라인 경매를 실시하는데, 경매에서 판매할 물건을 기부해 줄 것을 요청하고 있다.

Voca faculty 교직원 influential 영향력 있는 graduate student 대학원생 adjunct 보조의 benefit 혜택을 얻다 host 주최하다 auction 경매 merchandise 상품, 물품 proceeds 수익금 chaperone 보호자로서 동반하다

Answer (b) Donate items to raise money

Joseph's focus

편지글을 읽고 세부 정보를 파악하는 문제입니다. 편지글은 글의 목적을 물어보는 문제가 가장 많은 편입니다. 편지글은 특성상 문단 첫머리에 글의 목적이 나오는 경우가 대부분이지만, 이 지문처럼 후반부에 나오는 경우도 꽤 있습니다. 또한 편지글 문제에서는 편지를 쓰는 사람과 받는 사람의 관계를 빨리 파악하는 것이 중요합니다. 이 글에서는 국제회의에 참가하는 대학원생들과 조교수들의 여행 경비를 조달하기 위한 온라인 경매 행사에 대해 교직원들에게 알리고 경매를 위한 물품 기부를 요청하는 공문 형식의 편지이므로 정답은 (b)가 적절합니다.

27 스케치 화가들은 재료, 대상, 목적에 있어 순수 예술가들(화가들)과는 다르다. 순수 화가는 다양한 매개체를 통하여 독창적인 작품을 창조하는데 반해서 스케치 화가들은 수배된 용의자의 모습을 목격자들의 묘사에 근거하여 그리며, 주로 연필, 목탄, 파스텔만을 이용한다. 그들의 목적은 자세하고 정확한 범죄자의 얼굴을 그림으로써 사법 기관이 범죄를 해결하도록 돕는 것이다. 목격자나 피해자들이 사건에 대해 기억하는 내용을 인터뷰한 후에 스케치 화가들은 주어진 세부 사항과 설명에 따라 이목구비를 사실대로 그려내고자 한다.

위 글의 내용과 일치하는 것은?
(a) 스케치 화가는 법정에서 일한다.
(b) 스케치 화가의 목적은 순수 예술가와 같다.
(c) 스케치 화가들은 독창적인 작품을 만들지 않는다.
(d) 경찰이 스케치 화가에게 그림 재료를 보급한다.

유형 → 내용 일치

Solution 스케치 화가가 하는 일과 그것이 순수 화가와 어떻게 다른지를 설명하고 있다. 스케치 화가가 그리는 그림의 목적은 자신의 창조성을 발휘하는 것이 아니라, 증인의 설명을 근

거로 용의자의 모습을 최대한 실제와 같도록 그림으로써 범죄 해결에 도움을 주는 것이다.

Voca sketch 스케치하다 composition 작품 wanted 지명 수배중인 charcoal 숯, 목탄 law enforcement 법 집행 detailed 자세한 alleged 혐의를 받은 perpetrator 죄를 저지른 사람 eyewitness 목격자, 현장 증인 bring to life 생기가 돌게 하다 facial features 이목구비

Answer (c) A sketch artist does not create original compositions.

Joseph's focus

예술 화가들과 스케치 화가들의 차이점을 설명한 글을 읽고 진위를 파악해야 하는 문제로 오답 선택지가 명료합니다. 정답 선택지 (c)의 내용이 지문에 직접적인 언급이 없어서, 글의 요지를 파악해서 어느 정도 추론을 해야 하므로 다소 까다롭게 느껴질 수도 있겠지만, 나머지 선택지를 쉽게 답에서 제외할 수 있기 때문에 빠른 시간 내에 쉽게 정답을 찾을 수 있는 유형의 문제입니다.

28 사우스윙 어린이 병원의 어린 환자들은 더 많은 편안함과 편리함, 사생활을 보호 받을 자격이 있습니다. 그들의 개인 병실에 필요한 치료 기구들을 모두 들여놓기는 어렵습니다. 예를 들어 휠체어를 놓을 만한 충분한 공간도 없습니다. 환자의 부모들은 아이들과 함께 병원에 있고 싶어 하지만, 병실에는 침대가 없습니다. 대신 그들은 병실에 머무르고 싶으면 의자에서 잠을 자야하고 가방을 놓을 만한 공간도 없습니다. 우리 병원 직원들은 병실이 편안하고 보기 좋도록 꾸미기 위해 열심히 노력하지만 개선이 절실히 필요합니다. 이러한 이유들을 참고하셔서 여러분들이 환자들과 가족들, 우리 직원들을 위한 시설들의 개선을 위한 저희의 재개발 제안을 고려해 주시길 바랍니다.

위 보고서의 내용과 일치하는 것은?
(a) 병원은 개조가 필요하다.
(b) 시설을 개선시키기 위한 이용 가능한 자금이 없다.
(c) 병실은 부모들을 수용하지 못한다.
(d) 특히 어린이들을 위해 새로운 부속 건물이 지어질 것이다.

유형 → 내용 일치

Solution 병원의 시설 개선을 위한 개발 제안서를 고려해 줄 것을 부탁하고 있다.

Voca cubicle 칸막이가 된 작은 공간 accompany 동반하다, 함께하다 recliner 뒤로 젖혀지는 의자 room ~와 한 방을 쓰다 ward 병실, 병동 redevelopment 재개발 accommodate 수용하다 wing 부속 건물

Answer (a) The hospital is in need of remodeling.

Joseph's focus

위 지문은 공간 부족으로 환자와 그들의 부모들이 불편함을 겪고 있는 아동병원의 직원들이 병원의 재개발을 요청하는 제안서입니다. 지문의 진위 여부를 물어보는 이런 유형의 문제는 철저하게 지문 자체의 내용에만 의존해야 하며, 지문을 통한 추측이나 견해 등은 답이 될 수 없습니다. 따라서 지문에 구체적인 언급이 없는 (b)나 (d)는 먼저 답에서 제외되어야 하고, (c)의

경우 '환자의 부모가 원하는 경우 recliner에서 잠을 자야 한다'
는 지문의 내용과 일치하지 않습니다.

29 선인장이 크기, 색상, 모양, 꽃이 다양하긴 하지만 식물계의 다
른 일원들과는 쉽게 구분된다. 뚜렷한 한 가지 특징은 물과 공기
를 저장하고 광합성을 통해 식물을 위한 탄수화물을 만드는 커
다란 줄기다. 선인장은 잎 대신에 가시가 있다. 가정의 건조한
조건에 잘 적응하는 선인장은 잘 보살피지 않아도 살아남는다.
하지만 조금 주의를 기울인다면 선인장은 번성하게 될 것이다.
선인장의 전형적인 성장기인 3월부터 9월까지는 빠른 성장을
기대할 수 있다.

선인장에 대한 내용으로 알맞은 것은?
(a) 선인장은 관리가 별로 필요 없다.
(b) 물이 필요 없다.
(c) 대부분의 선인장은 실외를 선호한다.
(d) 일부 선인장은 가시 대신 잎이 난다.

유형 → 진위 파악

Solution 선인장은 건조한 기후에도 잘 견디고 다른 식물들과는 달
리 특별히 관리를 하지 않아도 잘 자라지만 조금만 주의를
기울이면 더 잘 자란다.

Voca **cacti** 선인장(단수형 cactus) **distinguish** 구별하다
plant kingdom 식물계 **marker** 표시 **enlarge** 확대
하다 **carbohydrate** 탄수화물 **photosynthesis** 광
합성 **spine** 가시 모양의 돌기 **adapted** 적합한

Answer (a) Cacti need little care.

Joseph's focus

선인장의 다른 식물과의 해부학적 차이점과 그로 인한 재배시
용이성을 설명한 글입니다. 이 문제에서 보듯이, 진위형 문제도
주로 글의 주제와 관련 있는 선택지가 정답으로 출제되는 경우
가 많습니다. 따라서 문제 유형에 상관없이 어떤 글이든 항상
주제를 파악하는 연습을 하는 게 독해 점수 향상에 중요한 열
쇠가 될 수 있겠습니다.

30 새로 창업하신 중소기업 소유주께,
1965년 이래로, 오피스 메이츠는 모든 회사에 품질 높고 혁신적
인 서비스를 제공하는 것으로 명성을 얻어 왔으며, 오늘 저희 귀
사와 같은 유망한 기업들을 위해 특별히 마련한 새로운 프로그
램을 발표하게 된 것을 기쁘게 생각합니다. 새로 출범한 저희의
중소기업 부서는 사무직, 비서직, 회계직 임시 직원들을 제공해
드립니다. 좀 더 자세한 정보를 원하시거나 어떻게 저희가 여러
분의 요구를 충족시킬 수 있는지를 알아보시려거든 오피스 메이
츠에 연락을 해 주세요. 또한 귀사가 다음 번 임시 직원을 필요
로 하실 때 저희 회사를 이용해 보십시오. 오피스 메이츠는 중소
기업들과 함께 일할 수 있는 모든 기회를 소중히 여기며 귀사와
함께 일할 수 있는 기회가 생기기를 고대합니다.

이 편지를 쓴 사람은 편지를 받는 사람에게 무엇을 요구하고 있
는가?
(a) 단기직 직원을 보낼 것
(b) 임시 직원을 만나기 위해 사무실에 들를 것
(c) 임시 직원을 고용할 때 그의 회사를 이용할 것

(d) 그를 파트타임 직원으로 고용할 것

유형 → 대의 파악

Solution 위 글의 내용으로 보아 오피스 메이츠는 중소기업에 임시
직원을 소개하는 회사라는 것을 알 수 있다. 다음 번 임시
직원을 이용할 때는 자신들을 이용해 달라고 부탁하고 있다.

Voca **venture** 사업 **exclusively** 독점적으로, 오로지 **up-
and-coming** 유망한 **clerical** 사무직의 **secretarial**
비서직의 **temp** 임시 직원 **come by** (잠깐) 들르다

Answer (c) Use his company to hire temps

Joseph's focus

세부적인 내용을 묻고 있지만, 결국 편지글의 목적을 묻는 문
제입니다. 이런 유형의 문제를 풀 때는 지문의 대의 정도만 재
빨리 파악하고 나서 선택지와 지문의 내용을 대조하면서 일치
하는 부분을 찾는 것이 좋습니다. 위 지문은 Office Mates라는
회사의 인력소개 프로그램을 홍보하는 편지글로 끝에서 두 번
째 문장[give us a try ~ needs a temp]에 글의 목적을 밝히
고 있으므로 (c)가 정답이 됩니다.

31 100년 이상된 과거에 리바이 스트라우스는 샌프란시스코에 섬
유 제품 상점을 열었고 몇 년 안에 두꺼운 데님으로 만든 튼튼한
바지인 그 유명한 청바지를 만들었다. 그 이래로 청바지는 크게
발전을 해왔다. 그러나 형태와 외형의 변화가 청바지의 인기를
감소시키지 않았다. 기능과 패션의 완벽하고 단순한 혼합은 청
바지의 특징으로 남아 있다. 그러므로 다음 번 새로운 청바지에
돈을 쓸 때는 편안함과 외형을 모두 고려해라.

다음에 이어질 내용으로 알맞은 것은?
(a) 언제 청바지를 입는 것이 적절한가
(b) 좋은 청바지를 고르는 법
(c) 청바지를 살 때 돈을 절약하는 법
(d) 좋은 청바지를 어디서 살 것인가

유형 → 추론

Solution 청바지는 100년도 더 된 발명품이지만 그 기능성과 인기는
변함이 없다. 다음 번 청바지를 살 때는 기능과 외형을 모
두 고려하라고 말하고 있는 것으로 보아 어떻게 좋은 청바
지를 고를 것인가에 대한 내용이 따라 올 것으로 예상된다.

Voca **dry goods** 섬유 제품, 직물류 **come a long way**
(크게) 발전하다 **diminish** 감소시키다 **hallmark** 특징
splurge 돈을 쓰다

Answer (b) How to choose the right pair of jeans

Joseph's focus

지문 뒤에 이어질 내용을 고르는 문제에서는 글의 주제와 더불
어 마지막 내용이 무엇이었는지를 파악하는 것이 중요합니다.
지문의 마지막 문장에서 청바지를 살 때는 편안함과 외형을 모
두 고려하라는 내용이 나왔으므로, 그 뒤에는 기능성과 패션을
모두 고려한 적절한 청바지를 고르는 방법이 이어질 것으로 예
상할 수 있습니다.

32 임시 버스 운전사를 둘러싼 사건 이후로 시애틀 부모들은 분노
하고 있다. 학교 당국은 운전사의 행동이 적절한 것이었다고 옹

호하고 있지만 아이들에 의하면 운전사가 잘못된 길로 가고 있다고 아이들이 말하자, 급브레이크를 밟았고 아이들을 조용히 시키기 위해 심한 욕설을 했다고 한다. 운전사는 한 엄마가 버스에서 울고 있는 아이들을 봤을 때까지 잘못된 길을 계속해서 가려고 했다. 그녀는 스쿨버스가 가는 길을 몸으로 막고 경찰에 신고했다고 주장한다.

위 글에서 유추할 수 있는 내용으로 알맞은 것은?
(a) 많은 어린이들이 버스 사고에서 부상을 당했다.
(b) 임시 버스 운전사는 길을 몰랐다.
(c) 버스 운전사는 한 학생의 엄마를 치었다.
(d) 학생들은 사건에 대해 거짓말을 하고 있다.

유형 → 추론

Solution 스쿨버스 운전사가 잘못된 길로 가다가 아이들이 이를 지적하자 아이들에게 욕설을 한 사건에 대해 말하고 있다. 결국 한 학부모가 버스를 멈추고 경찰을 부를 때까지 운전사는 계속 잘못된 길로 가고 있었다. 그러므로 운전사가 버스의 노선을 알지 못했다는 것을 유추할 수 있다.

Voca outraged 격분한 substitute 대리의 appropriate 적절한 slam on the brakes 브레이크를 급히 밟다 profanity 심한 욕설 quiet 조용하게 만들다 erroneous 잘못된 notify 알리다

Answer (b) A substitute bus driver did not know the route.

Joseph's focus
글을 읽고 내용을 유추하는 문제로, 버스 운전사가 대리 운전사였다는 사실에 주목할 필요가 있습니다. 늘 운행하던 노선을 착각할 리는 없으므로 잘못된 노선을 계속해서 시도했다는 것은 그가 대리 운전사였기 때문에 스쿨버스의 노선에 익숙하지 않아서였다고 추론할 수 있겠습니다.

33 존스 씨께,
저는 어제 있었던 귀하 사무실의 비서인 시몬스 씨의 본보기가 될 만한 업무를 칭찬하기 위해 이 편지를 씁니다. 시몬스 씨는 친절하고 예의 바른 행동을 유지하면서 최소 6번의 전화 통화를 한 후 사라진 배송 품을 끈질기게 추적해 냈습니다. 이러한 직업 정신은 요즘 보기 힘듭니다. 시몬스 씨는 귀사의 중요한 자산이며 제가 앞으로 귀사와 계속 거래를 하게 될 많은 이유 중의 하나입니다.

그럼 이만
줄리 스티븐스

위 글에서 유추할 수 있는 것은?
(a) 스티븐스 씨는 사라진 배송 품에 대해 화가 났다.
(b) 시몬스 씨는 전화 회사에서 일한다.
(c) 존스 씨는 새로운 사무실 비서를 찾고 있다.
(d) 시몬스 씨는 사라진 상품을 찾아냈다.

유형 → 추론

Solution 스티븐스 씨는 존스 씨의 사무실에서 일하는 시몬스 씨가 친절하고 예의 바르게 사라진 배송 품을 찾아 준 것에 대해 칭찬을 하고 있다.

Voca exemplary 모범이 되는 doggedly 끈질기게 trace 추적하다 courteous 예의 바른 professionalism 직업 정신 uncommon 보기 드문(= rare) asset 자산

Answer (d) Mrs. Simmons located the missing merchandise.

Joseph's focus
편지글을 읽고 추론하는 문제로, 이 글은 비즈니스 서신이긴 하나 업무적 내용이라기보다 사적인 내용에 가깝습니다. 글쓴이는 거래처의 비서가 사라진 물품을 찾아 주는 과정에서 보여준 직업정신을 극찬하고 있습니다. 사실 주제문이 되는 첫 문장의 [praise A for B(B에 대하여 A를 칭찬하다] 구문에서 praise의 의미만 알고 있어도 쉽게 정답을 찾을 수 있는 문제입니다.

34 새로운 연구 결과에 의하면, 대부분의 맞벌이 가정의 부모 중 한 명 혹은 둘 다, 긴 시간 혹은 이례적인 시간에 근무를 하는 것으로 나타났다. 이것은 일반적인 9시부터 5시까지의 근무 시간이 외에 일을 하는 것과 일주일에 40시간 이상을 일하는 것을 포함한다. 가장 긴 시간 동안 일하는 사람은 예상대로 전문직 혹은 경영직에 종사하는 아버지들이었고 조사에 의하면 그들은 아이들을 돌보는 일에 별로 관여하지 않는다. 그러나 이 연구에 참여한 가족들은 긴 시간 일을 하는 데는 각기 다른 이유들이 있으며 근무 시간 결정권의 정도도 다양하다는 것을 보여 주었다. 이러한 근무 시간의 두 가지 주요한 피해는 부부가 함께 보내는 시간이 없다는 것과 아이들의 활동에 참여가 줄어든다는 것이다.

위 글에서 유추할 수 있는 것은?
(a) 비정상적인 근무 시간이 가정생활을 방해한다.
(b) 일부 아버지들은 아이들을 돌보기를 거부한다.
(c) 오랜 시간 일을 하는 부모가 더 많은 사치를 누릴 수 있다.
(d) 아이들은 부모의 긴 근무 시간에 쉽게 적응한다.

유형 → 추론

Solution 글의 맨 마지막 부분에서 이러한 변칙적인 근무 시간으로 인해 부부가 시간을 함께 보내지 못하고 아이들의 활동에 관여하지 못하게 된다고 하고 있다. 그러므로 이러한 근무 시간이 가정생활을 파괴한다는 것이 올바른 유추이다.

Voca indicate 가리키다 dual-income 맞벌이 수입의 atypical 이례적인 predictably 예상대로 managerial 경영의 reveal 밝히다 extended 연장된 varied 다양한 involvement 참여

Answer (a) Non-standard work hours disrupt family life.

Joseph's focus
글의 요지를 파악해서 유추하는 문제로, 일반적 근무시간(오전 9시~오후 5시)을 벗어난 초과 근무와 변칙적인 시간대의 근무를 하는 맞벌이 부부와 이들의 가정생활 참여 실태를 조사한 연구 결과입니다. 연구의 결과에서 지극히 상식적으로 (a) 비정상적인 근무 시간이 가정생활을 방해한다는 추론을 할 수 있습니다. (c)와 (d)는 내용 자체는 옳을지 모르나 지문으로부터 추론할 수 있는 것은 아니고, (b)가 어느 정도 혼란의 여지가 있을 수 있으나 글의 내용을 살펴보면 일부 아버지들이 의도적으로 육아를 회피하는 것이 아니라 시간상 관여할 가능성이 거의 없는 [...are the least likely to be involved in ~] 상황이므로 혼동하지 않도록 합니다.

35 미국에서 초기의 주 헌법, 권리 선언, 권리 장전은 미국의 독립 전쟁 기간과 직후에 형태가 갖추어지고 비준되었다. 이 문서들은 모두 연방 규약은 물론 미국 헌법, 권리 장전 이전에 나온 것들로 이러한 지침들이 구상되기도 전에 실제로 사용되었던 기본적인 법률이었다. 주 헌법은 훗날 연방 헌법의 중요한 선례가 되었으며 정부의 형태, 구조, 원칙과 기능에 대한 예를 제시했으며 미국 헌법과 권리 장전을 작성하는데 큰 영향을 끼쳤다.

초기의 주 헌법에 대한 내용으로 알맞은 것은?
(a) 연방 규약만큼 효과적이지 못했다.
(b) 다른 법률보다 독립 운동에 더 큰 영향을 끼쳤다.
(c) 권리 장전보다 더 강력한 중앙 정부를 설립했다.
(d) 연방 헌법과 권리 장전의 모델이 되었다.

유형 → 세부 내용 파악

Solution 초기의 주 헌법이 미국 헌법과 권리 장전 제정에 어떠한 영향을 끼쳤는가를 설명하고 있다. 초기의 주 헌법은 미국 헌법과 권리 장전이 제정되기 이전에 이미 효력을 갖고 있던 법률로 훗날 연방 헌법의 선례가 되었으며 정부의 형태, 구조에 대한 예를 제시했고 미국 헌법과 권리 장전 작성에 영향을 끼쳤다.

Voca constitution 헌법 Declarations of Rights 권리 선언 Bills of Rights 권리 장전 frame 뼈대를 갖추다 ratify 비준하다, 승인하다 antedate 앞서다 Articles of Confederation 연방 규약 fundamental 기본적인 draft 초고를 쓰다 precedent 선례

Answer (d) They served as a model for the federal Constitution and Bill of Rights.

Joseph's focus
헌법과 권리 장전이라는 표현이 반복적으로 나와서 글의 내용을 정확하게 파악하는데 어려움이 있을 수 있는 문제입니다. 소문자 복수 형태로 표기된 constitutions, bills of rights와 공유명사 형태로 표기된 US Constitution, Bill of Rights를 잘 구별할 수 있어야 쉽게 문맥을 파악할 수 있습니다. 전자는 미국이 연방국가가 되기 이전인 주(州) 정부 시대의 헌법과 권리 장전을 의미하며, 후자는 연방 체제인 지금의 미국 헌법과 권리 장전을 의미합니다. 따라서 these guidelines가 가리키는 것은 [the Articles of Confederation, the United States Constitution, Bill of Rights]가 되겠습니다.

36 설형문자는 문자로 표시된, 가장 오래된 형태의 기록 방법 중 하나이다. 기원전 3천년까지 거슬러 올라가는 설형문자는 고대 수메르에서 상형문자의 한 체계로서 기원했으며, 이 중의 대다수는 쉽게 알아볼 수 있는 물체들과 매우 유사한 형태이다. 궁극적으로 이러한 초기 상형문자들은 좀 더 단순화되고 추상적으로 변화하여 많은 문자들이 쐐기 모양을 닮게 되었다. 고대 페르시아어, 바빌로니아어, 엘람어로 쓰인 같은 내용의 베이스툰 비문이 수메르어를 읽는 도구로 사용되고 나서야 설형문자에 대한 현대적 이해가 이루어지게 되었다.

위 글의 내용과 일치하는 것은?
(a) 설형문자는 시간이 지남에 따라 점점 복잡해졌다.
(b) 수메르 문명은 문자를 만들어 낸 최초의 문명이었다.
(c) 베이스툰 비문은 고대 페르시아가 엘람어로 진화한 것을 보여준다.
(d) 처음에 설형문자들은 추상적인 상징보다는 그림과 같았다.

유형 → 내용 일치

Solution 고대 상형문자의 일종인 설형문자에 대한 내용이다.

Voca cuneiform 설형문자 pictograph 상형문자 identifiable 알아볼 수 있는 inscription 적힌 글(비문) wedge 쐐기형, V자 형

Answer (d) At first, cuneiform characters were more like pictures than abstract symbols.

Joseph's focus
설형문자에 관한 내용을 읽고 일치하는 것을 고르는 문제입니다. 설형문자는 점점 단순화되었으므로 점점 복잡해졌다는 (a)는 사실에 반대되는 내용입니다. 설형문자는 가장 오래된 문자 형태 중의 하나이긴 하지만, 수메르가 문자를 만든 최초의 문명이라는 내용은 없습니다. 베이스툰 비문은 고대 페르시아어, 바빌로니아어, 엘람어로 쓰였으며 수메르어를 해독하는데 단서가 되었지만, 고대 페르시아어가 엘람어로 진화했다는 내용은 언급되지 않았습니다.

37-1 몇몇 분명한 사실들에 근거해 볼 때 시실리 섬이 역사상 어느 시점에서 아프리카에 연결되어 있었다는 것은 거의 확실하다. 시실리는 아프리카 연안에서 겨우 160킬로미터 떨어져 있을 정도로 근접하여 팔레르모, 카타니아, 메시나는 로마보다 아프리카 도시 튀니스와 더 가깝다. 시실리 섬의 동굴에서 발견된 거대한 선사 시대 포유류들의 화석들은 아프리카 대륙과 시실리 섬 사이에 일종의 육로가 존재했었다는 사실을 보여 준다. 오늘날에도 시실리 섬은 중요한 군사적 기능을 한다. 시실리 섬은 미군의 전략적 요충지로 섬에 주둔하고 있는 부대들은 북부 아프리카나 시실리에 위협이 있을 경우 반격할 수 있도록 준비하고 있다.

시실리 섬에 관한 내용으로 알맞은 것은?
(a) 시실리와 아프리카 사이에는 한때 다리가 있었다.
(b) 시실리의 군부대들은 북부 아프리카에 위치한다.
(c) 한때 시실리 섬은 이탈리아의 일부가 아니었다.
(d) 섬에는 아프리카의 영향이 여전히 남아 있다.

유형 → 진위 파악

Solution 오래 전에 시실리 섬이 아프리카에 연결되어 있었다는 증거가 있다고 말하고 있다. 즉, 한때는 시실리 섬이 이탈리아의 일부가 아닌 아프리카 대륙의 일부였다는 것이 정답이다.

Voca attach to ~에 붙이다 obvious 확실한, 명백한 proximity 근접성 prehistoric 선사시대의 cavern 동굴 land bridge 육로 strategic 전략적인 outpost 전초 기지 respond to ~에 반응하다, 대항하다 threat 위협

Answer (c) At one time, it was not part of Italy.

Joseph's focus
시실리 섬에 관한 글을 읽고 진위를 파악하는 문제로, 군데군데 오답함정이 도사리고 있습니다. 선택지 (a)는 bridge와 land bridge의 혼동을 노린 전형적이 오답함정입니다. 군사기지는 북아프리카 대륙에 위치한 게 아니라, 시실리 섬이라고 지문

에 언급되어 있으므로 선택지 (b) 역시 틀렸습니다. (d)의 내용
은 지문에 직접적인 언급이 없습니다. 따라서 두 번째 문장 (Its
proximity, ~ Catania or Messina than Rome.) 의 내용과
일치하는 (c)가 정답이 됩니다.

37-2 고대 마야인들에 의하면 종말이 가깝다. 5,126년 주기로 날짜를
제공한 마야인들의 달력이 2012년 12월 21일에 최후의 날을 맞게
될 것이다. 이 날짜는 또한 천문학적인 현상과 관계가 있다. 마
야 달력의 마지막 날은 동지로 태양이 은하수의 중심과 일직선
상에 놓이게 될 것이다. 어떤 사람들에게 마야 달력의 끝은 세상
의 종말을 예견하는 것처럼 보인다. 하지만 마야인 자신들은 세
상의 종말을 예언한 것이 아니고 새로운 시간의 시작에서 재설
정을 예견한 것이다.

위 글의 내용과 일치하는 것은?
(a) 마야인들의 달력은 2012년에 재설정될 것이다.
(b) 마야인들은 언제 세상의 종말이 올지를 예견했다.
(c) 마야인들은 천문학적 지식이 거의 없었다.
(d) 새로운 마야 시대는 5천년 이상 지속될 것이다.

유형 → 내용 일치

Solution 마야 달력은 5126년 주기였는데 그것이 2012년에 끝이 난
다. 일부 사람들은 이것이 지구의 종말을 예언하는 것이라
고 믿지만 실제로는 새로운 주기의 시작일 뿐이다.

Voca **astronomical** 천문학적인   **winter solstice** 동지
reset 재설정하다[되다]

Answer (a) The Mayan calendar will reset in 2012.

JOSeph's focus

마야 달력은 행성과 별들의 움직임을 근본으로 하여, 5126년
주기로 하는 달력을 만들었습니다. 이 달력은 기원전 3113년
에 시작되어 2012년에 끝이 납니다. 일부 사람들은 이것이 지
구의 멸망을 예언하는 것이라고 믿지만, 실제로는 밀레니엄을
맞이했을 때의 경우와 같이 새로운 주기가 시작되는 것을 의미
할 뿐이라고 설명하고 있습니다. 즉, 2012년 12월 21일 이후
에는 새로운 주기가 시작되는 것뿐입니다. 그러므로 마야인들
이 세상의 종말이 올 것이라고 예견한 것은 아니므로 (b)는 정
답이 될 수 없으며, 마야인들은 은하수와 태양의 움직임에 따라
달력을 만들었으므로 (c)도 정답이라고 할 수 없습니다. 새로운
마야 주기가 5000년 이상 지속될 것이라는 (d)의 내용도 없습
니다.

Part III (38~40)

38 "마이크로웨이브 랜드"는 많은 웃음을 불러일으키는 영화는 아
니지만, 모든 사람의 얼굴에 재미있어 하는 미소를 짓게 할 만한
영화이다. (a) 영화는 현재와 유사한 미래가 그 배경인데, 그곳에
서는 기술이 삶을 좀 더 빠르게 움직이게 하고 통신을 좀 더 손
쉽게 만들었지만 어느 누구도 더 이상 연결이 되어 있지 않는 것
처럼 보인다. (b) 이 세상은 세 편의 짧고 서로 연결된 로맨스 삽
화들의 배경이다. (c) 불행히도 좋은 것인지 나쁜 것인지 모르겠
지만 모든 것이 관객들 모두가 알아 볼 수 있는 일반적인 상황들
로 초현실적인 시트콤처럼 펼쳐진다. (d) 감독은 최근의 몇몇 인
기 공포 영화들 뿐만 아니라, 많은 로맨틱 코미디들의 제작을 지
휘했다.

유형 → 글의 흐름 파악

Solution 영화의 전반적인 내용에 대한 글이다. (d)는 영화 자체가 아
닌 감독에 대한 내용이므로 글의 흐름에 맞지 않는다.

Voca **amuse** 즐겁게 하다   **interconnect** 서로 관련시키다
vignette 짧은 이야기   **surreal** 초현실적인
convention 관례   **helm** 주도권, 실권

Answer (d) The director has been at the helm of
several recent horror favorites as well as
several popular romantic comedies.

JOSeph's focus

이것은 영화의 전반적인 배경과 내용에 관한 글입니다. (a)는
영화가 벌어지는 배경, (b)는 영화가 남녀 간의 사랑에 대한 세
편의 짧지만, 서로 얽혀 있는 스토리로 구성되어 있다는 것을
설명해 주고 (c)는 영화에 대한 전반적 감상을 나타내고 있습
니다. (d)는 영화를 만든 감독에 관한 내용으로 다른 내용들과
는 관련이 없으므로 정답으로 적절합니다. 참고로 영화를 묘사
할 때 vignettes(비넷)라고 하면 여러 편의 짧은 영화들 속의
등장하는 인물들이 일정한 방식으로 연결되어 있지만, 다른 시
선으로 각각 다른 이야기를 소개하는 형식을 의미합니다.

39 귀하의 당좌 예금이나 저축 계좌로부터의 고객 간의 송금은 온
라인 상에서 몇 가지 단계만 거치면 쉽게 이루어질 수 있습니다.
(a) 먼저 주요 거래를 하기 이전에 은행 직원과 신뢰를 쌓는 것
이 현명합니다. (b) 송금 화면에서 "다른 고객 계좌로 송금"을 고
르세요. (c) 자금이 인출될 계좌를 선택하고 송금할 계좌의 정보
를 입력하세요. (d) 마지막으로 비밀 번호를 입력하고 "확인" 버
튼을 누르세요.

유형 → 글의 흐름 파악

Solution 첫 문장에 온라인 송금하는 데는 몇 가지 단계가 있다고 소
개했으므로 그 이후에는 구체적인 방법들이 나와야 한다.

Voca **checking account** 당좌예금 계좌   **transfer** 송금, 이전
confirm 확인하다

Answer (a) First, it's wise to establish trust with your
banker before carrying out any major
transactions.

JOSeph's focus

당좌예금 계좌나 보통예금 계좌의 온라인 송금 절차를 설명하
는 글입니다. 이런 글들은 대부분 첫 문장이 주제문이 되고, 내

용이 순차적으로 전개되기 때문에 순서상의 오류나 내용상 동떨어진 문장을 고르면 됩니다. (a)는 온라인 송금 방법과 관계가 없으므로 글의 흐름에 맞지 않습니다. 은행 직원과 신뢰를 쌓을 필요가 있는 경우는 주로 사업을 하거나 대출을 받고자 하는 경우일 텐데 이런 이들은 모두 오프라인 상에서 발생할 수 있는 일들입니다

40-1 심리학자들은 쾌감 원칙이라는 것을 발견했는데, 그것은 사람들이 스스로를 기분 좋게 하는 일을 더 열심히 한다는 것이다. (a) 우리는 자본주의 사회의 일원이지만 돈보다는 스스로의 만족을 위해 일하기를 선호한다. (b) 의사는 자신의 이름이 알려지는 것보다 사람들을 돕는 것에 더욱 신경을 쓴다. (c) 연구는 아이들이 실질적인 보상이 주어지는 일보다 자신들을 행복하게 만드는 일을 더 열심히 한다는 것을 보여 준다. (d) 학생들은 보상금을 받게 되는 성적 보다는 자기만족을 주는 성적을 위해 더 열심히 공부하게 된다.

유형 → 글의 흐름 파악

[Solution] 사람들이 물질적인 보상보다 만족감을 느끼는 일을 더 열심히 한다는 쾌감 원칙을 설명하고 있다. (b)는 쾌감 원칙의 예가 될 수 있을지는 모르겠지만 글의 흐름상 올바르지 않다.

[Voca] pleasure principle 쾌감 원칙 capitalist 자본주의자 gratification 기쁨 tangible 유형의, 손으로 만질 수 있는 self-satisfaction 자기만족 reward 보상

[Answer] (b) A doctor is more concerned about helping people than having his name recognized.

Joseph's focus

논리력이 요구되는 비교적 까다로운 문제입니다. 지문은 쾌감 원칙이라는 심리학적 용어에 대해 설명을 해주는 글로서, 쾌감 원칙을 따르는 구체적인 사례가 아닌 그 원칙의 원리적인 면을 언급하고 있습니다. 만약 (b)에 '자신의 이름이 알려지는 데서 오는 이득보다 사람들을 돕는데서 오는 즐거움이 더 크기 때문에' 라는 식의 단서가 붙는다면, 글의 흐름에 어느 정도 부합하겠지만 지문의 (b)는 단순한 결과적 사례일 뿐 글의 흐름과는 어울리지 않습니다.

40-2 독일에서 이루어진 획기적인 과학적 발견은 나중에 HIV에 감염된 수백 만 명의 사람들에게 희망을 제공해 줄지도 모른다. (a) 의사들은 이 바이러스에 유전적인 항체를 지니고 있는 기부자로부터 골수 이식을 받은 한 남자가 완치된 것으로 보인다고 말한다. (b) HIV는 1980년대 프랑스와 미국 과학자들이 감염 사례를 발견한 후 대중의 이목을 받게 되었다. (c) 이식에 대한 환자의 반응이 매우 특이하긴 했지만, 의사들은 이것이 에이즈에 대한 유전자 치료법에 대한 관심을 증가시킬 것이라고 믿는다. (d) 그러나 전문가들은 여전히 이 경우가 치료법에 이르게 될 것이라고 가정하는 것은 한 비약이라는 입장을 고수한다.

유형 → 글의 흐름 파악

[Solution] 독일에서 HIV에 선천적인 항체를 가지고 있는 사람으로부터 골수이식 수술을 받은 사람에게서 증세가 사라진 경우

가 발생했는데, 이것이 에이즈에 대한 유전자 치료법으로 관심을 불러 모으고 있다.

[Voca] breakthrough 획기적인 transplant 이식 genetic 유전의 resistance 저항, 저항력 infection 감염 stretch 지나친 것, 과장

[Answer] (b) HIV first came to the public's attention in the 1980s after French and American scientists discovered the infection.

Joseph's focus

독일에서 HIV에 감염된 백혈병 환자가 HIV에 대해 유전적인 항체를 가진 골수 기증자로부터 골수 이식을 받고 난 후 완치된 것에 대한 소식입니다. 이것으로 인해 에이즈를 치료하는데에 유전자 치료법을 사용하는 것에 대한 관심이 높아지고 있습니다. 하지만 아직도 전문가들은 한 번의 성공을 가지고 이것이 획기적인 치료법이 될 것이라고 기대하기에는 이르다고 주장합니다. 글의 전체적인 흐름은 독일 환자의 경우와 그것이 에이즈 치료에 미칠 영향에 대한 내용입니다. 하지만 (b)는 HIV가 언제 어떻게 발견되었는가에 관한 내용이므로 흐름에 맞지 않습니다.

Listening Comprehension

Part I 1~15

1 (c) 2 (d) 3 (d) 4 (d) 5 (c) 6 (a) 7 (d) 8 (b) 9 (d) 10 (d)
11 (c) 12 (c) 13 (c) 14 (c) 15-1 (a) 15-2 (b)

Part II 16~30

16 (d) 17 (c) 18 (b) 19 (b) 20 (b) 21 (b) 22 (b) 23 (d) 24 (a) 25 (c)
26 (b) 27 (c) 28 (d) 29 (c) 30-1 (b) 30-2 (c)

Part III 31~45

31 (b) 32 (b) 33 (c) 34 (b) 35 (d) 36 (d) 37 (d) 38 (b) 39 (b) 40 (d)
41 (b) 42 (c) 43 (d) 44 (a) 45-1 (c) 45-2 (a)

Part IV 46~60

46 (b) 47 (d) 48 (c) 49 (b) 50 (d) 51 (a) 52 (d) 53 (a) 54 (a) 55 (c)
56 (c) 57 (b) 58 (d) 59 (c) 60-1 (c) 60-2 (c)

Grammar

Part I 1~20

1 (d) 2 (c) 3 (b) 4 (d) 5 (c) 6 (d) 7 (c) 8 (b) 9 (a) 10 (b)
11 (c) 12 (a) 13 (b) 14 (c) 15 (a) 16 (b) 17 (b) 18 (d) 19 (b)
20-1 (d) 20-2 (d)

Part II 21~40

21 (c) 22 (b) 23 (a) 24 (a) 25 (a) 26 (b) 27 (b) 28 (b) 29 (c) 30 (b)
31 (c) 32 (c) 33 (c) 34 (a) 35 (d) 36 (c) 37 (b) 38 (c) 39 (a)
40-1 (b) 40-2 (c)

Part III 41~45

41 (d) 42 (b) 43 (d) 44 (c) 45-1 (b) 45-2 (b)

Part IV 46~50

46 (d) 47 (d) 48 (b) 49 (a) 50-1 (c) 50-2 (d)

Part I 1~25

1 (a)	2 (d)	3 (a)	4 (a)	5 (c)	6 (a)	7 (d)	8 (b)	9 (d)	10 (a)
11 (c)	12 (a)	13 (d)	14 (a)	15 (c)	16 (a)	17 (d)	18 (d)	19 (a)	20 (d)
21 (c)	22 (b)	23 (d)	24 (d)	25-1 (a)	25-2 (d)

Part II 26~50

26 (b)	27 (a)	28 (a)	29 (a)	30 (d)	31 (a)	32 (a)	33 (b)	34 (b)	35 (d)
36 (c)	37 (c)	38 (a)	39 (d)	40 (a)	41 (c)	42 (b)	43 (c)	44 (d)	45 (b)
46 (d)	47 (b)	48 (b)	49 (c)	50-1 (d)	50-2 (c)

Part I 1~16

| 1 (d) | 2 (d) | 3 (c) | 4 (c) | 5 (d) | 6 (a) | 7 (c) | 8 (d) | 9 (d) | 10 (b) |
| 11 (d) | 12 (d) | 13 (c) | 14 (d) | 15 (b) | 16-1 (b) | 16-2 (b) |

Part II 17~37

17 (c)	18 (d)	19 (c)	20 (c)	21 (a)	22 (a)	23 (c)	24 (a)	25 (a)
26 (b)	27 (c)	28 (d)	29 (d)	30 (b)	31 (a)	32 (c)	33 (a)	34 (b)
35 (c)	36 (d)	37-1 (a)	37-2 (b)

Part III 38~40

| 38 (c) | 39 (d) | 40-1 (b) | 40-2 (c) |

Listening Comprehension

Part I (1~15)

1 M I can't make it to the meeting tonight.
W ___________________

(a) What time is good for you?
(b) We are all very busy.
(c) Is there a particular reason?
(d) I missed the last meeting.

M 나 오늘 저녁 회의에 못 갈 거 같아.
W ___________________

(a) 너는 몇 시가 편하니?
(b) 우리 모두 엄청 바빠.
(c) 특별한 이유라도 있어?
(d) 지난 회의에 못 들어갔어.

유형 → 평서문

Solution 남자의 말에 대해 회의에 못 가는 이유가 뭔지 묻는 질문이 오는 것이 자연스럽다.

Voca make it (정해진 시간에) 대다

Answer (c) Is there a particular reason?

Joseph's focus

make it은 '제시간에 도착하다, (장소에) 이르다, 나타나다'라는 의미가 있습니다. (a), (b)는 동문서답으로 부적절하며, (d)는 meeting이라는 단어를 반복함으로써 오답을 유도하고 있습니다.

2 M What would you like to start off with?
W ___________________

(a) 2 dollars and 99 cents.
(b) I haven't done anything.
(c) I don't have any utensils.
(d) I'll have the nacho platter.

M 뭐부터 드실래요?
W ___________________

(a) 2달러 99센트입니다.
(b) 아무것도 안 했어요.
(c) 조리기구가 하나도 없어요.
(d) 나초 정식을 먹겠어요.

유형 → 의문사 있는 의문문

Solution 남자의 질문에 미루어 대화의 장소는 식당으로 판단된다.

Voca start off with ~로부터 시작하다   platter 음식

utensil (부엌 등에서 사용하는) 도구

Answer (d) I'll have the nacho platter.

Joseph's focus

식당에서 음식을 주문할 때 사용되는 기본적인 질문사항들을 숙지할 필요가 있습니다.

More Expressions

식당에서 사용될 수 있는 표현

I'd like to make a reservation. 예약하고 싶은데요

Would you like to order now? 지금 주문하시겠어요?

What's today's special? 오늘의 특별 메뉴는 뭔가요?

What's good here? 여기에 맛있는 게 무엇이죠?

---

3 M Would you mind keeping an eye on Betty for about an hour?
W ___________________

(a) Can we change our plans?
(b) It would be nice. However, I can only bring one friend.
(c) Let's keep this just between us.
(d) No can do, Sam. Tonight is a girls' night out for me.

M 베티를 1시간 정도 봐 주지 않으련?
W ___________________

(a) 우리 일정을 바꿔도 될까?
(b) 좋을 거 같아. 하지만 난 친구 한 명만 데려올 수 있어.
(c) 우리 둘만 알고 있는 것으로 하자.
(d) 안 돼, 샘. 오늘밤 여자애들하고 밤새 놀아야 하거든.

유형 → 의문사 없는 의문문

Solution 아이를 봐 달라는 부탁에 대한 응답 중, 거절하는 내용인 (d)가 가장 적절하며 (c)는 keep을 이용한 오답 함정입니다.

Voca keep an eye on ~을 계속 지켜보다

Answer (d) No can do, Sam. Tonight is a girls' night out for me.

Joseph's focus

[Would you mind -ing?]는 정중하게 부탁을 하는 표현으로, mind 다음에는 동명사가 온다는 것에 주의해야 합니다. [keep an eye on~]은 '~을 감시하다, ~에 유의하다'는 중요한 숙어이니 기억합니다.

4 M I need some Scotch tape, please.
W ___________________

(a) Oops. That video is out of stock.
(b) An ID is required for alcohol purchases.
(c) Would you like ice with that?
(d) Which size roll would you like?

M 스카치테이프 좀 주세요.

W ___________________________

(a) 어머나. 그 비디오는 품절이네요.
(b) 주류를 구입하려면 신분증이 필요합니다.
(c) 얼음을 넣어 드릴까요?
(d) 어떤 크기의 롤을 찾으시나요?

유형 → 평서문

Solution 스카치테이프의 구매를 원하는 손님에게 어떤 크기를 찾는지 물어보는 질문이 가장 자연스럽다.

Voca out of stock 품절된

Answer (d) Which size roll would you like?

스카치테이프는 특정 회사상표명이 보통명사화한 경우입니다. 원래 이름은 sticky tape, Sellotape, cellophane tape입니다. (c)는 식당에서 주로 쓰는 표현입니다.

5 W Your many job qualifications are quite impressive.

M ___________________________

(a) I appreciate the offer, but I'm not looking for a new job.
(b) I'm expecting to find an entry-level position somewhere.
(c) My career path has given me a breadth of experience.
(d) I'm a bit anxious since I've never been interviewed before.

W 많은 자격증이 꽤 인상적이군요.

M ___________________________

(a) 제안에 감사드립니다만, 새 직장을 구하고 있지는 않아요.
(b) 저는 수습 수준의 자리를 찾고 있습니다.
(c) 제가 여러 경력을 거치면서 경험의 폭이 넓어졌어요.
(d) 전에 면접을 본 경험이 없어서 조금 불안합니다.

유형 → 평서문

Solution 면접 상황으로 판단되는 대화로, 자격증이 많다는 것이 인상적이라는 면접관의 말에 대해 이어질 수 있는 가장 자연스러운 대답을 찾는다.

Voca qualification 자격(증)   impressive 인상적인
entry-level 초보자용의, 말단인   breadth 폭, 너비

Answer (c) My career path has given me a breadth of experience.

면접 상황을 보여 주는 대화입니다. 여자의 대사가 일자리를 제안하는 내용은 아니므로 (a)는 답이 될 수 없고 (b)는 [What kind of work do you find in the company?]정도의 질문에 적합해 보입니다. (d)는 면접 제의를 받고 친구나 지인들과의 대화에서나 나올 법한 대사입니다.

More Expressions

영어 면접과 관련한 질문들

지원동기
What made you decide to apply for this company?
우리 회사에 왜 지원하셨나요?

학력사항
What school did you graduate from?
어디 학교를 졸업하셨습니까?

Do you have any licenses or certificates?
면허증이나 자격증을 가지고 있습니까?

전공 및 논문
Would you please tell me something about the courses you took in College(University)?
What was your graduation thesis on?
졸업 논문의 주제는 무엇입니까?

기타 면접 시 질문
What are your strengths? Weaknesses?
What interests you about our company?
What do you see yourself doing in five years?
How do you plan to achieve your career goals?
Tell me about your background, accomplishments.
What motivates you to put forth your greatest effort?
How do you think a friend or teacher would describe you?
How would you describe your most recent job performance?
What outside activities are most significant to your personal development?
In what ways do you think you can make a contribution to our company?

6 M Would it be too much trouble if we move our meeting to another day?

W ___________________________

(a) Certainly not. I'm free whenever.
(b) Yes. May I suggest Monday?
(c) No, I'll be out of town then.
(d) Yes, as you like.

M 회의를 다른 날로 옮기면 너무 성가실까요?

W ______________________________

(a) 절대 그렇지 않죠. 저야 언제든 시간이 괜찮아요.
(b) 네. 월요일이 어떨까요?
(c) 아니요, 그날은 출장이에요.
(d) 네, 원하는 대로 하세요.

유형 → 의문사 없는 의문문

Solution (b)와 (d)는 모두 yes를 no로 바꾸어야 말이 되며, (c)는 엉뚱한 답변으로 안 되기 때문에 (a)가 정답이 된다.

Voca out of town (출장 등으로) 도시를 떠난

Answer (a) Certainly not. I'm free whenever.

Joseph's focus

질문이 부정적인 뉘앙스를 풍기므로, 회의시간 조정이 어렵다고 생각하면 yes로, 조정이 가능하면 no로 대답을 해야 합니다. 다시 말해서, yes라고 하면 [it would be trouble.]이라는 의미이고, no라고 하면 [it wouldn't be trouble.]이라는 의미입니다.

7 M Feel like ordering a pizza?
W ______________________________

(a) Tastes great. Are you going to eat that?
(b) No. I'm getting pretty hungry.
(c) Where would you like this delivered?
(d) I can't. I'm trying to cut back on fatty foods.

M 피자 시켜 먹을까?
W ______________________________

(a) 정말 맛있다. 너 그거 먹을 거니?
(b) 아니. 난 무척 배가 고파지고 있어.
(c) 어디로 배달해 드릴까요?
(d) 안 돼. 나 지방이 들어간 음식을 줄이려고 노력하는 중이거든.

유형 → 의문사 없는 의문문

Solution 기름진 피자를 주문하자는 말에 대한 응답으로 내용상 가장 적절한 것을 선택한다.

Voca cut back (on something) ~을 줄이다 fatty 지방이 많은

Answer (d) I can't. I'm trying to cut back on fatty foods.

Joseph's focus

남자가 피자를 먹고 싶다고 하는데, (a)는 맛있다고 하는 것이니 상황에 어울리지 않고, (b)는 No를 Yes로 바꾸면 적절해 보입니다. (c)의 경우, 배달 주문을 받는 종업원이 할 수 있는 말입니다. [cut back on ~]은 '~을 줄이다' 정도의 의미입니다.

8 W Compliments to your dad on the great barbecue.
M ______________________________

(a) He just stepped out of the house.
(b) I'll tell him. See you later!
(c) Fine. Calm down.
(d) I appreciate the criticism.

W 훌륭한 바비큐에 대해 너희 아빠한테 찬사를 드리고 싶어.
M ______________________________

(a) 아빠는 방금 집을 나섰어.
(b) 아빠한테 전할게. 나중에 봐!
(c) 좋아. 진정하렴.
(d) 비평 고마워.

유형 → 평서문

Solution 아빠를 칭찬하는 친구의 말에 대한 응답으로 가장 적절한 것을 선택한다.

Voca step out 나가다

Answer (b) I'll tell him. See you later!

Joseph's focus

여자가 남자 아빠의 바비큐를 칭찬하고 있습니다. (a)는 상황에 전혀 어울리지 않는군요. 아빠가 지금 뭘 하고 계신지 물었을 때의 대답으로 쓰일 만한 표현입니다. (c)는 칭찬하는 사람에게 진정하라고 하는 것은 전혀 맞지 않는 표현이고, (d) compliment는 '칭찬'이란 뜻인데, criticism으로 받았으므로 잘못된 답변입니다.

More Expressions

칭찬과 관련된 표현

He's such a bright boy. 그는 머리가 참 좋은 아이예요.

She is quick-witted. 그녀는 재치가 있어요.

You've got what it takes. 그녀는 소질이 있어요.

You must be a walking encyclopedia.
당신은 모르는 게 없군요.

You get a gold star for that. 정말 잘했어요.

Is there anything you can't do? 못하는 게 없으시군요.

He has a good head on his shoulders.
그는 현명한 사람이에요.

She has a memory like an elephant.
그녀는 기억력이 굉장히 좋아요.

You always know the right thing to say.
당신은 참 인사성이 밝으시군요.

9 M Should I go to your office or do you mind swinging by here?
W ______________________________

(a) No. I've never been here before.
(b) Go wherever you want, and I'll do the same.
(c) It's not worth it. We won't get anywhere.
(d) Your office is on my way home.

M 내가 너의 사무실로 갈까, 아니면 네가 여기 들를래?
W ______________________________

(a) 아니. 전에 여기 와 본 적이 없어.
(b) 어디든 원하는 곳으로 가렴, 그러면 나도 따를 테니.

(c) 그럴 가치가 없어. 어디에도 가지 못할 거야.
(d) 너의 사무실이 우리 집 가는 길에 있어.

유형 → 의문사 없는 의문문

Solution 둘이 만나기 위해서 어떻게 할지를 묻는 질문에 대해 간접적으로 여자가 남자의 사무실에 들르겠다는 의미를 내포한 응답이 정답이 된다.

Voca swing by (~에) 잠깐 들르다

Answer (d) Your office is on my way home.

Joseph's focus

이런 질문은 조심스럽게 답을 찾아야 합니다. 우선 선택의문문이기 때문에, 두 가지 답을 염두에 두어야 합니다. 남자가 갈 것인가, 여자가 잠깐 남자의 사무실에 들를 것인가가 문제입니다. (a)의 경우 No를 Sorry 정도로 바꾸고 here를 there로 바꾸면 그럴듯한 대답이 되겠습니다. (b)와 (c)는 동문서답이기 때문에 답이 될 수 없습니다. swing by는 '잠깐 들르다'의 의미로 자주 쓰이는 표현입니다.

10 M Do you think the way people see you has altered since the operation?

W ______________________________

(a) Things aren't any different after I heard the news.
(b) Yes. I feel a lot more satisfied with myself.
(c) Really? It's news to me.
(d) Very much so. I get treated very differently.

M 수술 받은 이후에 사람들이 너를 보는 태도가 바뀐 거 같아?

W ______________________________

(a) 내가 소식을 들은 이후에 달라진 것이 하나도 없어.
(b) 맞아. 난 내 자신에 대해 더 많이 만족해.
(c) 정말? 새로운 사실인 걸.
(d) 아주 많이 그래. 아주 다르게 나를 대하더라고.

유형 → 의문사 없는 의문문

Solution 사람들의 태도 변화에 대한 질문에 대해, [I get treated ~ (~의 대우를 받다)]라고 대답하는 것이 가장 관련성이 높다.

Voca treat 대하다, 다루다

Answer (d) Very much so. I get treated very differently.

Joseph's focus

남자 질문의 핵심은 대우가 달라졌느냐 아니냐 입니다. (a)의 경우 not과 함께 뒤의 after I heard the news를 삭제하면 그럴듯한 답변이 되겠습니다. (b)의 자신에게 만족한다는 내용은 질문에 적합하지 않습니다. (c)는 질문에 대한 답변보다는 상대방이 새로운 정보를 알려 주었을 때의 반응으로 보입니다.

11 W The United Nations has warned that thousands of people face displacement from the upcoming monsoon rains.

M ______________________________

(a) The rainy season provides relief to thousands of desperate farmers.
(b) Thousands of people take vacations to tropical island resorts.
(c) It's important that we act quickly to prevent this potential disaster.
(d) Why didn't they act sooner to provide assistance to those people?

W UN은 다가오는 장마로 인해 수천 명의 사람들이 이주해야 할 것이라고 경고했어.

M ______________________________

(a) 우기는 비를 기다리는 수천 명의 농부들을 구원해 줘.
(b) 수천 명의 사람들이 열대 섬 리조트에서 휴가를 보내.
(c) 이러한 잠재적인 재앙을 막기 위해 빠르게 조치를 취하는 것이 중요해.
(d) 왜 그러한 사람들에게 도움을 주기 위해 더 빨리 조치를 취하지 않았지?

유형 → 평서문

Solution 장마에 대한 경고에 대해 빨리 대처해야 함을 이야기하는 (c)가 문맥상 가장 적절하다.

Voca face 직면하다 displacement 이동
upcoming 다가오는

Answer (c) It's important that we act quickly to prevent this potential disaster.

Joseph's focus

(a)는 경고의 내용과 정반대의 상황을 말하고 있습니다. (b)는 휴가철에 관한 대화에서 나올 만한 대사로 보입니다. (d)의 경우 경고에 대한 답변보다는 재난이 발생했을 때의 답변으로 적절해 보입니다.

12 M Do you think it's time to make our announcement?

W ______________________________

(a) No, I'm worried that we've wasted our time.
(b) I will make a point of it to be there.
(c) No, I think that it's not appropriate.
(d) You have no right to ask that.

M 이제 발표를 해도 되지 않을까?

W ______________________________

(a) 아니, 우리가 시간 낭비를 한 건 아닌지 걱정이 돼.
(b) 내가 반드시 거기에 갈게.
(c) 안 돼. 내 생각에 아직 적절한 때가 아닌 거 같아.
(d) 넌 그런 걸 물어볼 권리가 없어.

유형 → 의문사 없는 의문문

Solution 발표를 할 때가 된 것이 아닐까 하는 남자의 질문에 대해 가장 적절한 답변을 고른다.

Voca make a point of 반드시 ~하다

Answer (c) No, I think that it's not appropriate.

Joseph's focus

발표할 시기에 대한 여자의 생각을 물어보는 대화입니다. (a)는 No를 Yes로 바꿔 주면 발표하는 것을 간접적으로 찬성하는 답변이 될 수 있습니다. (b)는 make를 이용해서 오답을 유도하고 있고 (d)처럼 대답하면 아주 무례한 답변이 됩니다.

13 M Do you think that Eric really fabricated his work experience?

W ________________________________

(a) He has already responded to the accusation.
(b) He has received the maximum punishment.
(c) He has too much dignity to do such a thing.
(d) He doesn't believe these kinds of stories.

M 에릭이 정말로 경력을 위조했다고 생각하니?

W ________________________________

(a) 걔는 벌써 비난에 대해 반박했는걸.
(b) 걔는 최고 형벌을 받았어.
(c) 걔는 너무 자존심이 세서 그런 짓을 하지 못했을 거야.
(d) 걔는 그러한 이야기를 믿지 않아.

유형 → 의문사 없는 의문문

Solution 남자는 여자의 의견을 묻고 있다. 질문에 맞는 가장 적절한 답을 고른다.

Voca fabricate 날조하다 accusation 비난, 고발 dignity 존엄, 위엄

Answer (c) He has too much dignity to do such a thing.

Joseph's focus

(c)의 dignity는 '존엄, 위엄, 품위'의 의미입니다. 이 단어를 모르고서는 정답을 고르기 힘든 까다로운 문제입니다. (a), (b)는 질문과 관련 없는 사실에 대해 기술하고 있으므로 정답이 되기 어렵고, (d)는 질문과는 상관없는 반응이므로 (c)가 정답이 됩니다. (d)의 경우 [He doesn't~.]를 [I don't~.]로 바꾸면 답이 될 수도 있습니다.

14 W Whoops! That road back there was our exit.

M ________________________________

(a) When did you wake up?
(b) I can't see. Do you know where to go?
(c) I was laughing so much I didn't notice.
(d) I'll drop you off wherever you want.

W 어머나! 저기 우리가 지나친 길이 출구였어.

M ________________________________

(a) 언제 일어났니?
(b) 안 보여. 어디로 가야 하는지 알고 있니?
(c) 너무 많이 웃느라 못 봤네.
(d) 네가 원하는 곳에 내려줄게.

유형 → 평서문

Solution 출구를 지나쳤다는 여자의 말에 대한 반응으로는 남자 자신도 못보고 지나쳤다는 말이 가장 적절하다.

Voca drop off (somebody) (누군가를) 내려주다

Answer (c) I was laughing so much I didn't notice.

Joseph's focus

자동차로 이동하는 상황으로 보이는 대화입니다. 출구를 놓쳤을 경우를 생각하면서 답변을 찾아야겠습니다. (b)의 경우 [Sorry, I couldn't see either.] 정도로 수정하면 좋은 답이 될 것입니다. (d)는 누군가를 차로 데려다 줄 때 쓸 수 있는 표현입니다.

15-1 W Word is your daughter is at the top of her class.

M ________________________________

(a) She gets her smarts from her mom.
(b) I'm not a very good student.
(c) Yes. I have a wide vocabulary.
(d) You sure raised a bright girl.

W 누가 그러던데, 당신 딸이 반에서 일등이라면서요?

M ________________________________

(a) 아마도 엄마를 닮아서 똑똑한가 봐요.
(b) 저는 매우 좋은 학생은 아녜요.
(c) 네, 제가 어휘력이 좀 뛰어나요.
(d) 분명 똑똑한 딸을 키우셨군요.

유형 → 평서문

Solution 엄마를 닮아서 똑똑한 것 같다며 겸손한 척하면서 은근히 딸이 똑똑하다는 것을 인정하는 (a)가 가장 적절하다.

Voca raise 키우다, 기르다 bright 똑똑한

Answer (a) She gets her smarts from her mom.

Joseph's focus

칭찬에 대한 답변을 찾는 문제입니다. 직접적으로 감정을 표현하는 것이 아니라서 약간은 까다로운 문제입니다. (b)와 (c)는 딸이 아니라, 자신에 대해서 말하고 있으므로 답이 될 수 없습니다. (d)는 자신의 딸을 상대방이 키운 거라고 말하는 격으로 완전히 잘못된 답변입니다.

15-2 W I'm glad you went to the doctor. I was really worried about you.

M ________________________________

(a) Don't worry. I have an appointment for next Thursday.
(b) The doctor actually asked me why I didn't come in sooner.
(c) You look a lot better now than last week. How do you feel?
(d) Why don't you take an aspirin and stay in bed today?

W 네가 의사에게 진찰을 받았다니 다행이야. 네 걱정 많이 했어.

M ________________________________

(a) 걱정하지 마. 다음 목요일에 진료 예약이 돼있어.
(b) 사실 의사가 왜 좀 더 일찍 오지 않았냐고 했어.
(c) 너 지난주보다는 훨씬 나아 보인다. 몸은 어때?
(d) 아스피린을 먹고 오늘 누워 있지 그러니?

유형 → 평서문

| Solution | 몸이 아픈 남자가 병원에 다녀오길 잘했다고 말하고 있다. (c)와 (d)는 여자가 할 말로 적절하다.

| Voca | appointment 진료 예약

| Answer | (b) The doctor actually asked me why I didn't come in sooner.

Joseph's focus

직접적인 질문을 하고 있지 않기 때문에, 정답을 찾기 위해서는 상황과 어감을 제대로 파악해야하는 까다로운 문제입니다. 적절한 대답으로는 '걱정해 줘서 고맙다' 혹은 '훨씬 나아졌다'는 등의 답변이 기대됩니다. (a)는 여자가 말한 [I'm glad you went to the doctor.]와 일치하지 않습니다. 의사가 왜 진작에 오지 않았냐고 했다는 것은 남자의 증세가 매우 심했다는 것을 간접적으로 말하고 있는 것입니다. (c)와 (d)는 남자가 아니라, 여자가 할 말로 적절합니다. Part I에서는 대화자를 종종 바꿔서 오답을 유도하는 함정을 만들기도 한다는 걸 기억해야 합니다.

Part II (16~30)

16 M I'll see you at Tina's wedding, right?
W I plan on going. I just haven't found a ride yet.
M No problem. We can go there together.
W ___________________

(a) Is it necessarily a problem?
(b) Don't mention it.
(c) How can I get there?
(d) You're very nice to offer that.

M 티나 결혼식에서 보자. 알았지?
W 나도 가려고 해. 아직 나를 데려다 줄 사람을 못 구했어.
M 걱정 마. 우리 같이 가면 되잖아.
W ___________________

(a) 그게 정말 문제가 되나?
(b) 천만에.
(c) 어떻게 거기에 가지?
(d) 그래 준다면 너무 좋지.

유형 → 평서문

| Solution | 차로 데려다 줄 사람이 없어서 결혼식에 갈까 말까 고민 중이던 여자에게 자기 차로 데려다 주겠다고 남자가 제안한 상황이다. 이러한 남자에게 할 수 있는 말은 고맙다는 뉘앙스를 가지고 있는 (d)밖에 없다.

| Voca | ride 타고 달리기[가기]

| Answer | (d) You're very nice to offer that.

Joseph's focus

(a)는 어떤 심각한 상황에 대한 반응으로 적절해 보입니다. (b)

는 [Thank you.]에 대한 답변으로 쓰이는 관용표현입니다. (c)는 어느 장소에 가는 방법을 묻는 표현이니 부적절합니다.

17 M Did you see any celebrities while working here?
W No, never. What about you?
M One time. Cameron Diaz came in here. She looked amazing.
W ___________________

(a) What does she do?
(b) I've met her here as well.
(c) Is she the same as she is on screen?
(d) What did you think of the film?

M 여기서 일하면서 유명 인사를 보았니?
W 아니, 전혀. 너는?
M 한 번. 카메론 디아즈가 여기에 왔어. 그녀는 감탄스러울 정도로 예뻤어.
W ___________________

(a) 무슨 일을 하니?
(b) 나도 여기서 그녀를 만나봤어.
(c) 영화에서 본 모습하고 똑같아?
(d) 그 영화에 대해 어떻게 생각해?

유형 → 평서문

| Solution | 카메론 디아즈를 한 번 만난 적이 있다는 남자의 말에 대해, (c) 영화 속 모습과 똑같은지 묻는 질문이 자연스러울 것이다. (b)는 여자의 첫 번째 대답에서 유명 인사를 본 적이 없다고 했으므로 답이 될 수 없다.

| Voca | amazing 놀라운

| Answer | (c) Is she the same as she is on screen?

Joseph's focus

(a)는 직업을 묻는 표현이고, (b)는 상대방이 만난 사람을 자신도 만났다는 내용이기 때문에, 상황에 어울리지 않습니다. (d)는 카메론 디아즈가 아니라 영화에 대한 질문으로, 대화의 주제가 잘못되었기 때문에 답이 될 수 없습니다.

18 M I should have caught the weather report.
W It's supposed to be overcast today.
M It's best to wear a raincoat, then?
W ___________________

(a) Read a newspaper once in a while.
(b) It's unlikely to rain. So don't bother.
(c) I have no sense of fashion.
(d) Don't you believe what people say?

M 일기예보를 들을걸 그랬어.
W 오늘 구름이 많이 낀대.
M 그럼 레인코트를 입어야 하나?
W ___________________

(a) 이따금 신문 좀 읽어라.
(b) 비는 안 올 거 같대. 그러니까 귀찮게 그럴 필요는 없을 거야.

(c) 난 패션 감각이 없어.
(d) 넌 사람들이 하는 소리를 믿지 않니?

유형 → 의문사 없는 의문문

Solution 구름이 많이 낄 거라는 여자의 말에 남자가 오버해서 비옷을 입어야겠다고 하고 있다. 이에 대한 답변으로 비는 안 올 거 같으니까, 그러지 말라고 하는 것이 가장 적절하겠다.

Voca overcast 구름이 뒤덮인, 흐린

Answer (b) It's unlikely to rain. So don't bother.

Joseph's focus

[should have p.p.]는 과거의 일에 대한 후회를 나타내는 표현입니다. 일기예보를 확인하지 않은 것에 대한 후회를 표현하고 있습니다. (a)는 상황에 전혀 어울리지 않고, 신문에 관한 내용에 적합한 답변입니다. once in a while은 '이따금, 가끔, 때때로'를 의미하는 부사구입니다. (c)는 날씨하고는 전혀 상관이 없는데, 대화에 나온 raincoat만 듣고 답을 고르는 실수를 해서는 안 됩니다.

More Expressions

날씨와 관련된 표현

What's the weather forecast for today?
오늘 일기 예보는 어떻습니까?

What's the temperature today?
오늘 온도가 어떻게 됩니까?

Do you know the weather report for tomorrow?
내일 기상 예보를 아세요?

How will be the weather tomorrow?
내일 날씨가 어떨까요?

How long do you think this weather will last?
이런 날씨가 얼마나 계속되리라고 생각하십니까?

Do you think it will be clear? 맑을 거라고 생각하세요?

Do you think tomorrow will be warm?
내일 따뜻할 거라고 생각하세요?

일기예보 (Weather forecast)
일기예보관 (Weatherman or Weather forecaster)

---

19 M Jenny and I had another fight.
W What happened this time?
M I saw her walking in the park with someone else.
W ___________________

(a) I hope you learned your lesson.
(b) You are too jealous.
(c) I'm not bothered by it.
(d) I'm sure she didn't mean it.

M 제니와 나는 또 싸웠어.
W 이번에는 무슨 일이었어?
M 걔가 공원에서 다른 사람하고 걸어가는 걸 봤거든.
W ___________________

(a) 네가 교훈을 얻었기를 바라.
(b) 넌 너무 질투가 심해.

(c) 난 그거 신경 안 써.
(d) 걔가 그러려고 한 건 아닐 거라 믿어.

유형 → 평서문

Solution 다른 사람하고 같이 다닌 것만으로 싸움을 걸었으니, (b)와 같이 질투심이 많다는 응답이 가장 적합하다.

Voca bother 신경 쓰게 하다

Answer (b) You are too jealous.

Joseph's focus

(a)는 아직 남자가 상황에 대한 반성을 할 때 적절한 답변으로 보입니다. (c)는 성가신 일에 대한 질문을 받았을 때 나올 것 같은 답변이고, (d)는 다른 사람을 옹호할 때 쓸 수 있는 표현으로 보입니다.

20 M These shoes are cool. Don't you think?
W They're okay, but a bit too tall for my taste.
M See how they feel on you. Trust me.
W ___________________

(a) The sleeves have a nice design.
(b) I'm serious. I can't walk in high heels.
(c) I didn't bring my credit card.
(d) They look great on you.

M 이 구두들 너무 멋지다. 그렇지 않니?
W 괜찮긴 한데, 내 취향에 비춰볼 때 약간 굽이 너무 높아.
M 그것들이 너한테 얼마나 잘 어울리는지 봐봐. 날 믿어.
W ___________________

(a) 소매 디자인이 멋져.
(b) 정말이야(심각해). 나 하이힐 신고 걸을 수 없거든.
(c) 나 신용카드 안 가져왔어.
(d) 너한테 참 잘 어울려.

유형 → 명령문

Solution 높은 신발이 자기 취향에 안 맞는다고 정중히 거절하는데도 남자가 자꾸 권유하고 있다. 이럴 때, 진심을 털어놓는 대답이 적합하다.

Voca taste 취향 serious 진지한, 심각한

Answer (b) I'm serious. I can't walk in high heels.

Joseph's focus

(a)의 sleeve(소매)는 구두하고 관계없습니다. (b)에서 tall이 굽이 높은 경우에 이런 식으로도 사용이 되기도 한다는 것을 알아둡니다. (c)는 결제에 관한 말이라서 부적절하고 (d)는 남자가 할 수 있는 말입니다. 하지만, [look great/good/nice on 사람]의 표현은 꼭 알아둡니다.

21 M I can't wait to repaint this house.
W The last time this place was painted was probably before I was born.
M Seriously. It was like the previous resident's sense of fashion came straight out of the 1950s.

W ___________________________________

(a) What year were you born?
(b) It's time to bring this house into the 21st century.
(c) The vintage design is making me nostalgic.
(d) At least I don't have to change anything.

M 얼른 이 집 페인트칠을 다시 하고 싶어.
W 이곳을 마지막으로 칠 했던 때가 내가 태어나기도 전이었을 거야.
M 진짜. 이전에 살던 사람의 패션 감각이 바로 1950년대에서 나온 듯해.
W ___________________________________

(a) 몇 년도에 태어났니?
(b) 이제 이 집을 21세기로 만들 때가 온 거야.
(c) 빈티지 디자인이 옛날을 생각나게 만들어.
(d) 적어도 아무것도 바꿀 필요가 없게 되었어.

유형 → 평서문

Solution 두 사람 모두 집을 새로 도색해야 할 필요성을 느끼고 있다. 따라서 여자가 남자의 말에 동의하는 (b)가 가장 잘 어울린다.

Voca repaint 다시 칠하다 resident 주민 vintage 빈티지, 고전적인

Answer (b) It's time to bring this house into the 21st century.

Joseph's focus

대화에 나오는 [I can't wait to 부정사]는 '뭔가를 당장 하고 싶다'는 의미로, 아주 자주 쓰이는 표현이니 꼭 알아둡니다. 남자가 [sense of fashion came straight out of the 1950s]라고 말하는 것으로 보아서 구식 패션/유행 감각을 비꼬고 있습니다. 1950년대와 대구를 이루어 21세기를 언급한 여자의 답변이 가장 자연스럽군요. (c)의 nostalgic은 nostalgia (그리워함, 향수)의 형용사형입니다.

22
W Financially, this has been one of our worst quarters ever.
M I'm confident that you'll help turn our luck around.
W The way I see it, our problems have presented us with new opportunities.
M ___________________________________

(a) Sure. We might all lose our jobs.
(b) I'm ready to meet the challenge.
(c) Let's enjoy the success we've made.
(d) The important thing is to have fun.

W 재정적으로 이번이 사상 최악의 분기였어요.
M 난 당신이 회사의 재정을 크게 개선하는데 도움을 줄 거라 확신해요.
W 제가 보기에는, 우리가 가지고 있는 문제점들이 (오히려) 새로운 기회를 제공했다고 생각해요.
M ___________________________________

(a) 물론이죠. 우리는 모두 일터를 잃게 될지도 몰라요.
(b) 저는 난국에 대처할 준비가 되어있어요.
(c) 우리가 이룩한 성공을 자축합시다.
(d) 중요한 것은 재미를 보는 것이죠.

유형 → 평서문

Solution 재정 악화를 극복할 대책에 대해 논의하고 있고, 여자는 위기를 기회로 삼아야 한다는 반응을 보이고 있다. 이에 대해 남자도 위기에 대처할 준비가 되어 있다고 말해야 자연스러울 것이다.

Voca quarter 4분의 1, 분기

Answer (b) I'm ready to meet the challenge.

Joseph's focus

남자의 대사에서 turn one's luck around는 '(회사의 재정, 이익 등이) 크게 개선되다'정도의 의미로, 경제 관련 글에서 자주 나오는 표현입니다. 여자가 새로운 기회라고 했다는 것도 답을 찾는데, 중요한 단서가 되는데, (a)는 여자가 말한 기회와는 어울리지 않는 반응입니다. (c)와 (d)는 정반대 상황에서 나올 말입니다. (b)의 challenge가 opportunities에 가장 잘 어울리는 반응입니다.

23
W We missed you the other day.
M I skipped school because I was feeling under the weather.
W Really? What was wrong?
M ___________________________________

(a) I switched classes.
(b) I went on vacation.
(c) The test was too hard.
(d) Some sort of stomach flu.

W 며칠 전에 너를 보지 못했어.
M 나 학교 결석했어. 몸 상태가 안 좋았거든.
W 정말? 무슨 일 있었어?
M ___________________________________

(a) 반을 바꿨어.
(b) 휴가를 떠났어.
(c) 시험이 너무 어려웠어.
(d) 일종의 위 감기였어.

유형 → 의문사 있는 의문문

Solution 몸이 안 좋아서 결석했다는 남자의 말에 여자가 구체적으로 무슨 일이었는지 물어보고 있다. 이에 대한 답변으로는 몸 상태가 구체적으로 어떻게 안 좋았는지를 설명하는 말이 제일 적합하다.

Voca the other day 일전에, 며칠 전에 miss (못 보고) 놓치다 skip 빼먹다 under the weather 몸이 안 좋은 switch 바꾸다 stomach flu 위 감기

Answer (d) Some sort of stomach flu.

Joseph's focus

여자의 대사에 나오는 the other day는 '일전에, 며칠 전에'라는 의미의 시간 부사구입니다. under the weather는 '몸이 편

치 않아'라는 뜻입니다. 따라서 마지막 남자의 대사에서는 왜 몸이 안 좋았는지를 간단히 말할 필요가 있으므로 (d)가 정답이 됩니다.

24 W Mr. Baker. You will be boarding the boat at what time?
M Five thirty. Are there any more appointments today?
W Ms. Schulz will be here at three for a briefing.
M ________________

(a) That's right. That totally slipped my mind!
(b) There's no way she can catch the boat.
(c) No problem. The boat will not be late.
(d) A pleasure to see you, Ms. Schulz.

W 베이커 씨, 몇 시에 배에 타실 거예요?
M 다섯 시 반이요. 오늘 더 이상 약속이 있나요?
W 슐츠 씨가 브리핑을 위해서 세시에 올 거예요.
M ________________

(a) 맞다. 까맣게 잊고 있었어요.
(b) 그녀가 배를 잡을 방법이 없어요.
(c) 문제없어요. 배는 늦게 도착하지 않을 거예요.
(d) 슐츠 씨, 만나서 반갑습니다.

유형 → 평서문

Solution 남자의 첫 번째 말에서 남자는 그날의 약속이 더 이상 없을 거라고 생각하고 있음을 짐작할 수 있다.

Voca slip one's mind 잊어버리다

Answer (a) That's right. That totally slipped my mind!

Joseph's focus

여자의 대사에 나온 board는 '(배·기차·버스·비행기 등에) 타다'라는 표현으로 회화에서 자주 나오는 표현입니다. 또한 at what time이 문두가 아닌 문미에 나왔는데, 이것은 문법적으로는 바람직하지 않지만, 친한 사람과의 대화에서는 많이 사용되는 방법입니다. (b)에 나온 [There's no way ~.]는 '~할 방법이 없다'라는 의미입니다. (b)와 (c)는 대화에서 시간상의 문제를 언급하는 것은 아니므로 답이 될 수 없습니다. 따라서 (a)가 가장 적절하며, slip one's mind는 '까맣게 잊어버리다'는 뜻입니다.

25 M Something seems to be stressing you out today, Margaret.
W I've got to turn in a paper today, but my printer isn't working.
M Most professors now accept papers in electronic form. You can just e-mail it to him.
W ________________

(a) I'll show you how if you want.
(b) Have you worked here long?
(c) That's good to know.
(d) The sooner I can finish, the better.

M 마가렛. 오늘 뭔가 스트레스 받는 일이 있는 것처럼 보이네.
W 오늘 보고서를 제출해야 하는데, 내 프린터가 말을 안 듣네.
M 교수님들 대부분이 전자문서 양식으로 보고서를 받으셔. 그냥 교수님한테 이메일로 보내 봐.
W ________________

(a) 원한다면 어떻게 하는지 알려줄게.
(b) 여기서 오래 일했니?
(c) 그거 좋은 정보인걸.
(d) 빨리 끝낼수록 좋아.

유형 → 평서문

Solution 프린터 고장으로 고생하고 있는 여자는 남자의 말을 듣고 고민을 해결한 상태이다. 이때 할 수 있는 말은 (c)가 될 것이다.

Voca electronic form 전자 형태

Answer (c) That's good to know.

Joseph's focus

stress out은 '지치게 하다, 스트레스를 받게 하다' 정도의 의미입니다. turn in은 hand in, submit(제출하다)과 같은 의미입니다. 남자가 보고서를 이메일로 보내도 된다고 했습니다. 여자는 몰랐던 사실을 알게 되었으므로, (c)가 가장 적합한 대답입니다. 비록 답은 아니지만, (d)는 알아 두면 좋은 표현입니다. [the 비교급 (주어 동사), the 비교급 (주어 동사)]의 구문인데, '~하면 할수록 더 ~하다'라는 의미입니다. 여기서는 '빨리 끝낼수록 더 좋다'는 의미입니다.

26 M Do you know her name?
W Oh. That's Kira Jacobs. You like her?
M Totally. I suppose she's already taken.
W ________________

(a) No, why don't you bring her something?
(b) You guessed it. There's her boyfriend.
(c) Her friends are cute, also.
(d) Well, people like to talk a lot.

M 그 여자 이름 알아?
W 어머. 키라 제이콥스야. 그 여자 맘에 들어?
M 완전 맘에 들어. 근데 이미 남자친구가 있는 거 같아.
W ________________

(a) 아니. 걔한테 뭐 좀 가져다주지 그래?
(b) 예상대로야. 저기 남자친구가 있잖아.
(c) 걔 친구들도 귀여워.
(d) 글쎄, 사람들은 많이 이야기하는 걸 좋아해.

유형 → 평서문

Solution 남자의 예상에 대해 동의하는 응답으로 (b)가 가장 적절한 답변이 된다.

Voca You guessed it. 네 예상대로야.

Answer (b) You guessed it. There's her boyfriend.

Joseph's focus

totally, definitely, absolutely는 상대방의 말에 전적으로 동의할 때 쓰는 추임새와 같은 표현입니다. 남자의 대사에서 [she's already taken.]은 문맥상 '그녀는 임자가 있다'라는 정도로 이해할 수 있겠습니다. 이 표현을 모르면 답을 찾기가 힘들겠네요. 상황이 Kira가 남자친구가 있는가에 초점이 맞추어져 있으므로 (b)가 가장 적합한 답이 됩니다.

27 W I'm in the mood for Indian food.
　　M Sounds great, but I'm all out of cash.
　　W Don't sweat it. I'll treat you.
　　M ＿＿＿＿＿＿＿＿＿＿＿＿＿＿＿＿＿

(a) Great. Can I have five dollars?
(b) I'll treat you this time.
(c) Wow, I appreciate it.
(d) I don't like sweet stuff.

　　W 인도 요리를 먹고 싶어.
　　M 좋은 생각인데, 현금이 딱 떨어졌어.
　　W 걱정 마. 내가 쏠게.
　　M ＿＿＿＿＿＿＿＿＿＿＿＿＿＿＿＿＿

(a) 잘됐다. 5달러만 줄래?
(b) 이번에는 내가 쏠게.
(c) 우와, 고마워.
(d) 난 단 거 안 좋아해.

유형 → 평서문

Solution　현금이 없는 남자에게 여자가 한턱낸다고 말하고 있다. 이 때 남자의 응답으로는 (c)가 가장 적절하다.

Voca　be in the mood for ～할 기분이 나다
be out of cash 현금이 다 떨어지다 stuff 물질

Answer　(c) Wow, I appreciate it.

Joseph's focus

[be in the mood for ～]는 '～할 기분이 나다, 하고 싶다'라는 의미입니다. be out of cash.]는 '현금이 없다'라는 의미이고, [Don't sweat it.]는 [Don't worry about it.]과 같은 의미입니다. treat는 '대접하다'라는 의미가 있습니다. [I'll treat you.]는 '내가 살게'라는 의미로 [It's on me.]와도 비슷한 표현입니다. 음식을 사준다니까 당연히 고맙다고 해야겠죠? 그러므로 (c)가 답이 됩니다. [I appreciate it.]은 [Thank you.]보다 더 격식이 있는 표현입니다.

28 W Look at that outfit. Isn't it hilarious?
　　M Why's that? It's not so bad.
　　W You must be joking! It is so old-fashioned.
　　M ＿＿＿＿＿＿＿＿＿＿＿＿＿＿＿＿＿

(a) I don't need any new clothes.
(b) She has an old-fashioned personality.
(c) Matching jewelry and purse are important accessories.
(d) Why worry about being so trendy?

　　W 저 옷차림 좀 봐. 웃기지 않니?
　　M 왜? 그다지 나쁘지는 않은걸.
　　W 농담하지 매 너무 구식이잖아.

　　M ＿＿＿＿＿＿＿＿＿＿＿＿＿＿＿＿＿

(a) 새 옷은 전혀 필요 없어.
(b) 그 여자는 고리타분한 성격이야.
(c) 어울리는 보석과 지갑이 중요한 액세서리지.
(d) 왜 그렇게 유행에 신경 쓰고 그러니?

유형 → 평서문

Solution　여자는 남의 옷차림에 대해 비웃고 있음에 반해, 남자는 별로 나쁘다고 생각하지 않고 있다. 정색을 하는 여자에게 할 수 있는 말은 (d)가 적절하다.

Voca　outfit 옷, 복장 hilarious 아주 우스운 (재미있는)
personality 성격 trendy 최신 유행의

Answer　(d) Why worry about being so trendy?

Joseph's focus

남자와 여자가 서로 다른 의견을 갖고 있는 대화입니다. 마지막 남자의 대사도 여자의 말에 반박하는 말이 나오는 게 가장 자연스러워 보입니다. (a)는 자신들의 옷에 대해 얘기하는 것이 아니니 답이 될 수 없고 (b)는 성격에 대해 말하고 있고 old-fashioned를 이용한 함정입니다. (c)는 액세서리에 관한 것이고 대화에서 she가 액세서리를 했는지 안했는지는 모르니 답이 되기 힘듭니다.

29 M Susan. I didn't think I'd run into you here.
　　W Hi, Mark. Long time no see.
　　M Nobody told me you were back in town. Have you been here long?
　　W ＿＿＿＿＿＿＿＿＿＿＿＿＿＿＿＿＿

(a) I've been longing to see you.
(b) I've decided to move away.
(c) I got here last week.
(d) It's been years since I left.

　　M 수잔. 널 여기서 만날 줄은 생각도 못 했어.
　　W 안녕, 마크. 오랜만이야.
　　M 네가 돌아왔다는 말 아무도 안 하던데. 여기 온 지 오래 되었어?
　　W ＿＿＿＿＿＿＿＿＿＿＿＿＿＿＿＿＿

(a) 너 만나기를 고대하고 있었어.
(b) 떠나 버리기로 결심했어.
(c) 지난주에 왔어.
(d) 내가 떠난 지 몇 년이나 지났어.

유형 → 의문사 없는 의문문

Solution　남자의 맨 마지막 말인 여기 온 지 오래 되었냐는 질문에는 (c)밖에 적절한 답변이 없다.

Voca　run into ～와 (우연히) 만나다 long to do ～하기를 간절히 바라다

Answer　(c) I got here last week.

Joseph's focus

[run into 사람]은 '(누군가와 우연히) 마주치다'라는 의미입니다. 남자가 돌아온 지 얼마나 되었느냐고 묻고 있으니. '지난주

에 왔다'라고 하는 (c)가 정답입니다. (a)에 나오는 'long'은 '애타게 바라다, 열망하다'라는 의미로 주로 전치사 for와 자주 나옵니다. 여기서는 남자가 말한 [Have you been here long?]에서 long을 이용한 함정입니다. (d)는 오랜만에 만난 사람한테 떠난 지 몇 년 되었다고 했으니 적절하지 못합니다.

30-1 W Hey, I got your message. What time do the festivities start?
M Right after the show. You had better be there. And bring Cindy.
W I'll do my best. I'll call you as soon as I confirm my availability.
M ____

(a) I wish you had time to come.
(b) Just leave a message if I'm out.
(c) Oh, bring some drinks with you.
(d) Alright. I'll see you there.

W 야, 네가 보낸 메시지 받았어. 행사가 몇 시에 시작하는데?
M 쇼가 끝난 바로 다음에 너도 오면 좋을 거야. 그리고 신디도 데려와.
W 가급적 노력해 볼게. 시간이 되는지 확인하는 대로 전화할게.
M ____

(a) 시간이 돼서 네가 올 수 있으면 좋을 텐데.
(b) 내가 외출 중이면 메시지를 남겨 둬.
(c) 참, 마실 것 좀 가져와.
(d) 알겠어. 거기서 보자.

유형 → 평서문

Solution 얼핏 보면 (a)도 답이 될 수 있을 것 같지만, 문맥상 여자는 가급적 오는 방향으로 하겠다고 말한 상태에서 남자가 이렇게 말하면 너무 다그치는 느낌이 있어서 좋지 못하다. 여자의 마지막 말에서 전화를 하겠다고 했으니, 이에 이어지는 남자의 자연스러운 답변을 선택한다.

Voca festivity 축제 행사 availability 가능성

Answer (b) Just leave a message if I'm out.

Joseph's focus

(c)와 (d)는 여자가 확실히 그 행사에 오는 경우에 할 수 있는 말입니다. 전화와 관련된 답변이 대화의 흐름상 가장 어울려 보입니다. (a)에는 [I wish 가정법 과거] 문형이 나왔는데, 가정법 과거는 현재 불가능한 것을 표현할 때 많이 쓰입니다. 여자는 아직 거절을 한 상태가 아닙니다. 따라서 (a)처럼 말하면, 여자가 이미 거절한 상황이 되는 겁니다. 즉 '네가 오지 못한다니 아쉽구나, (네가 왔으면 좋겠는데)' 정도의 의미입니다.

30-2 W I can't put my finger on exactly what it is, but something is different about you.
M Oh, it's nothing major. I just cut my hair a little differently.
W Well, it really suits you. You look all grown up.
M ____

(a) Actually, I'm going to be 18 in two weeks.
(b) I can't believe you didn't even lift a finger.
(c) I'm surprised you even noticed.
(d) Do you think so? They all look the same to me.

W 뭔지는 정확하게 모르겠는데 너 뭔가 달라 보인다.
M 어, 별거 아냐. 머리를 조금 다르게 잘랐어.
W 너한테 정말 잘 어울려. 어른스러워 보여.
M ____

(a) 실은 2주 후면 18세가 돼.
(b) 네가 손가락 하나도 까딱 안 하다니 믿을 수가 없어.
(c) 네가 알아본 것에 놀랐어.
(d) 그렇게 생각해? 내 눈엔 다 똑같아 보이는데.

유형 → 평서문

Solution 뭔지 모르지만 달라 보인다고 하자 머리 모양을 약간 바꿨을뿐이라고 말하고 있으므로, 이에 대한 남자의 반응으로 가장 적절한 것을 선택한다.

Voca put one's finger on 지적하다 suit 어울리다 not lift a finger 손가락 하나도 까딱하지 않다

Answer (c) I'm surprised you even noticed.

Joseph's focus

여자는 남자가 뭔가 달라 보인다고 말합니다. 여자가 [I can't put my finger on exactly what it is.]라고 한 것은 딱 꼬집어서 말을 못하겠지만 무언가 달라 보인다는 뜻입니다. 남자는 머리 모양을 약간 바꾼 것뿐이라고 하면서 여자가 변화를 알아챈 것에 오히려 놀랍니다. (a)는 여자가 머리가 잘 어울리고 성숙해 보인다고 말을 한 것을 이용하여 2주 후에 18세가 된다고 오답을 유도한 함정입니다. (b)의 not lift a finger는 말 그대로 '손가락 하나도 까딱하지 않는다'는 뜻입니다. (d)는 [something is different.]라는 부분을 이용하여 만든 오답입니다. 이 대화는 직접적인 질문을 하고 그에 답변을 하는 형태가 아니기 때문에, 대화에서 어떤 일이 벌어지는지 대화자가 말을 한 의도를 재빨리 파악할 수 있어야 합니다.

Part III (31~45)

31 M Hey there, Veronica. Why the down face?
W I was humiliated in front of everyone in gym class.
M Really? How come?
W I tried to do pull-ups but I couldn't finish even one.
M That's no big deal. Only really strong people can do those exercises.
W Oh yeah? Then how come everyone else was able to do it except me?

Q. What are the two speakers talking about?
(a) Tips on doing proper pull-ups
(b) The girl's embarrassment of her weakness
(c) The other students' impressive athletic ability
(d) The girl's mean physical education teacher

M 안녕, 베로니카. 왜 기운이 없어 보이니?

W 체육시간에 애들 앞에서 창피를 당했어.

M 정말? 왜?

W 턱걸이를 하려고 했는데 하나도 못 했거든.

M 별 문제도 아니네. 그런 운동은 정말 튼튼한 사람들만 할 수 있는 거야.

W 진짜? 그런데 어떻게 나만 빼고 다른 애들은 다 할 수 있었던 거지?

두 사람은 무엇에 대해 이야기하고 있는가?
(a) 바르게 턱걸이를 하는 비결
(b) 여자의 허약함으로 인해 당한 창피
(c) 다른 학생들의 인상적인 운동 능력
(d) 여자에게 짓궂게 대하는 체육 교사

유형 → 대의 파악

Solution 위 대화는 여자가 턱걸이를 못해서 당한 창피에 대해 이야기하고 있으므로 (b)가 답으로 적절하다.

Voca down 의기소침한 humiliate 굴욕감을 주다 pull-up 턱걸이

Answer (b) The girl's embarrassment of her weakness

Joseph's focus

down은 형용사로 쓰이면 '기운 없는, 의기소침한, 풀이 죽은'의 의미가 있으며, a down expression (의기소침한 표정)도 함께 알아둡니다. 여자의 [I was humiliated.], [I couldn't finish even one.]정도의 표현으로 봐서, 여자가 창피함을 느꼈다는 것을 알 수 있습니다. (a)는 남자가 아무런 조언도 주지 않으니 전혀 답이 될 수 없습니다. (c)는 대화가 더 진행되면 나올 수 있겠지만 주어진 상황에서는 답이 될 수 없고, (d)는 체육 선생님에 대한 내용은 전혀 언급되지 않았으니까 답이 될 수 없습니다.

32 M Would you be willing to help me with something?

W That depends on what it is.

M I did some a translation that I'd like you to proofread.

W Sure. I'm a little busy, but I could have it done by Wednesday.

M Fantastic. I really appreciate it.

W That's what friends are for.

Q. What will the woman do for the man?
(a) She will translate his paper.
(b) She will look over his translation.
(c) She will become his friend.
(d) She will help him with time management.

M 저 뭐 좀 하는 거 도와 주실 수 있나요?

W 일단 무슨 일인지 봐서요.

M 번역을 좀 했는데 교정 좀 봐 주셨으면 좋겠어요.

W 좋아요, 좀 바쁘지만, 수요일까지는 할 수 있을 거 같아요.

M 딱 잘 됐네요. 정말 고마워요.

W 친구 좋다는 게 이럴 때 쓰는 말이죠.

여자는 남자를 위해서 무엇을 할 것인가?
(a) 그의 논문을 번역할 것이다.
(b) 그의 번역을 살펴볼 것이다.
(c) 그의 친구가 되어줄 것이다.
(d) 그가 시간 관리하는 것을 도와줄 것이다.

유형 → 세부 내용 파악

Solution 남자는 여자에게 자기가 해석한 것을 교정봐 달라고 부탁했는데, 이것을 여자가 수락했으므로, 여자는 번역물을 look over할 것이다.

Voca look over 훑어보다. 조사하다 proofread 교정을 보다

Answer (b) She will look over his translation.

Joseph's focus

최근에는 대화에 나온 표현이 오답을 유도한다는 것을 역이용한 문제가 자주 나옵니다. 그러므로 대화를 잘 듣는 훈련을 해야 합니다. 남자, 여자의 두 번째 대사를 통해 바로 답을 알 수 있습니다. [That's what friends are for.]는 우리 식으로 말하면 '친구 좋다는 게 뭐야' 정도의 의미입니다.

33 M Professor, I was hoping that you would write a letter of reference for me.

W Is this for obtaining a job?

M No. I'm trying to get a grant to fund my research project in Africa, and the review board asked for academic references.

W Okay. When do you need it by?

M I'll send it off within the month.

W All right. Come back next week to pick it up.

Q. Which is NOT correct according to the conversation?
(a) The professor will write the letter within seven days.
(b) The student is trying to get funding for a project.
(c) The professor will be conducting research abroad.
(d) The professor agreed to write the reference.

M 교수님, 제 추천서를 하나 써 주셨으면 좋겠습니다.

W 이거 직장을 구할 때 쓰려고?

M 아니오. 아프리카에서의 연구를 위한 연구비를 받으려고 하는데, 위원회에서 추천서를 요구하네요.

W 좋아. 언제까지 필요한가?

M 이달 안에 보낼 거예요.

W 알겠네. 다음 주에 받으러 다시 오게.

위 대화와 관련 없는 것은 무엇인가?
(a) 교수는 7일 이내에 추천서를 쓸 것이다.
(b) 학생은 프로젝트를 위한 연구비를 받으려 하고 있다.
(c) 교수는 해외에서 연구를 수행할 것이다.
(d) 교수는 추천서를 써 주기로 했다.

유형 → 진위 파악

Solution 위 대화에서 (c)는 전혀 언급된 바가 없다.

Voca reference 추천(서)

Answer (c) The professor will be conducting research abroad.

Joseph's focus

남자가 교수에게 추천서를 부탁하는 내용입니다. 교수가 [Come back next week to pick it up.]이라고 말했으므로 (a)와 (d)는 대화 내용과 일치합니다. 남자가 [I'm trying to get a grant to fund my research project in Africa.]라고 말했으므로 (b)도 내용과 일치합니다. grant는 '보조금, 지원금'이라는 뜻이므로 fund와 잘 맞는 단어입니다. (c)는 연구를 할 사람은 교수가 아니고 학생이므로 내용과 일치하지 않습니다.

34 M I'm excited about the long weekend coming up.
W What are you going to do?
M I'll be fishing off the east coast.
W That will be fun. Won't you be a little lonely?
M No way. Some friends have a house on the beach. I'll be staying with them.
W That's a good setup you got. Bring me back some sea food.
Q. What is the man going to do for his long weekend?
(a) He is going to an island resort.
(b) He will be fishing with some friends.
(c) He is still making up his mind.
(d) He will be alone on the coast.

M 긴 주말이 다가오고 있어서 정말 신이 나.
W 뭐 할 건데?
M 동해안에서 낚시를 하려고.
W 재미있겠다. 좀 적적하지 않을까?
M 전혀. 친구 몇 녀석이 해변에 집을 가지고 있어. 걔네들하고 지낼 거야.
W 준비 잘해 두었네. 돌아올 때 해산물 좀 가져와.

긴 주말 동안 남자는 무엇을 할 것인가?
(a) 섬에 있는 휴양지에 갈 것이다.
(b) 친구들하고 낚시를 할 것이다.
(c) 아직 고민 중이다.
(d) 해변에 혼자 있을 것이다.

유형 → 세부 내용 파악

Solution 위 대화에서는 남자가 친구들 집에 머물면서 낚시를 할 것이라고 말하고 있다

Voca setup 구성, 설정 make up one's mind 결정하다

Answer (b) He will be fishing with some friends.

Joseph's focus

남자가 할 일이 무엇인지를 찾는 문제입니다. 이런 경우 대부분은 남자의 대사에서 정답의 근거가 나오는 경우가 많습니다. 이 문제도 남자가 두 번째 대사에서 [I'll be fishing off the east coast.]라고 말했으므로 (b)가 정답이 됩니다. (a)는 east coast라고 했지 섬이라고 하지 않았으므로 답이 될 수 없고, (c)는 남자가 이미 결정을 했으니 역시 답이 아닙니다. (d)는 남자가 [I'll be staying with them.]이라고 했으므로 내용과 달라 답이 아닙니다.

35 W How did you make money while at school?
M I delivered letters and packages by bicycle all over the city.
W How much would you ride in a day?
M I probably did an average of 50 miles a day.
W You must have been in great shape!
M You could say that.
Q. What was the man's job?
(a) He was a professional cyclist.
(b) He ran a shipping business.
(c) He was an exercise instructor.
(d) He was a bike messenger.

W 학교 다니면서 어떻게 돈을 벌었니?
M 자전거로 도시 전역을 돌아다니면서 우편물을 배달했어.
W 하루에 얼마나 자전거를 탔어?
M 아마 하루에 평균 50마일(80km) 정도.
W 몸 엄청 좋아졌겠다!
M 그랬지.

남자의 직업은 무엇이었는가?
(a) 프로 자전거 선수였다.
(b) 배송업체를 운영하였다.
(c) 운동 강사였다.
(d) 자전거 배달부였다.

유형 → 세부 내용 파악

Solution 대화 중 남자의 첫 번째 말에서 자전거로 우편물을 배달하였다고 했으니 자전거 배달부가 남자의 직업이었다고 할 수 있다.

Voca be in great shape 최상의 상태이다 messenger 배달원

Answer (d) He was a bike messenger.

Joseph's focus

역시 남자가 여자의 질문에 답하면서 자신이 한 일을 설명하고 있습니다. 남자가 첫 번째 대사에서 [I delivered letters and packages by bicycle.]이라고 했으므로, (d)가 가장 적절한 답입니다. 남자는 자전거를 배달을 위해 이용했지만, 전문적인 사이클 선수는 아니었으므로 (a)는 오답입니다. 남자가 자신의 사업을 한 것도 아니므로 (b)도 적합하지 않습니다. [You must have been in great shape.]만 듣고 운동 강사로 오해하면 안 됩니다. 그러므로 (c)도 오답이 됩니다. 참고로 남자의 마지막 대사인 [You could say that.]은 상대방의 말에 동감할 때 자주 쓰는 표현입니다.

36 M What can I do to help you, ma'am?
W I'd like to return this jacket that my husband

bought for me here.

M Would you like to exchange it for another item?

W Yes, please. The one that he bought is a little big on me.

M I'm afraid that there are no smaller sizes for that particular jacket.

W Well, can I see what jacket styles are available?

Q. Why does the woman want to exchange her jacket?

(a) It reminds her of her husband.

(b) It doesn't match her wardrobe.

(c) She wanted a different design.

(d) It wasn't a good fit on her.

M 무엇을 도와 드릴까요, 부인?

W 남편이 여기서 사다 준 재킷을 반품하고 싶어요.

M 다른 제품으로 바꿔 드릴까요?

W 네, 부탁드립니다. 남편이 사다준 것은 저한테 좀 커요.

M 죄송하지만, 그 재킷은 더 작은 사이즈가 안 나와요.

W 그렇다면, 어떤 스타일의 재킷이 있는지 볼 수 있을까요?

여자는 왜 재킷을 바꾸려고 하는가?

(a) 남편을 생각나게 만들어서.

(b) 의상에 어울리지 않아서.

(c) 다른 디자인을 원해서.

(d) 몸에 잘 맞지 않아서.

유형 → 세부 내용 파악

Solution 여자의 말 중에서 [The one ~ is a little big on me. (그건 저한테 좀 커요.)]라고 했으므로, (d)가 정답이 된다.

Voca return 반품하다 wardrobe 옷장, 의상

Answer (d) It wasn't a good fit on her.

JoSeph's focus

옷가게에서 여자가 옷을 교환하는 상황인데, 여자가 그 이유를 말하는 게 자연스럽습니다. 여자는 두 번째 대사[The one that he bought is a little big on me]를 통해 옷 사이즈가 문제가 되었다는 것을 알 수 있으므로 (d)가 정답이 됩니다. (a)는 husband를 이용해서 오답을 유도하고 있습니다. (b)에서 wardrobe는 '양복장, 옷장, 의상'의 의미인데, 대화에서 전혀 언급되지 않은 말입니다. (c)는 design이 아니라 size가 문제가 되므로 답이 될 수 없습니다.

37 M Has a brown glasses case been spotted here by chance?

W I haven't seen anything like that, sorry.

M I took them off after getting my eyes examined, and I can't remember where I last had them.

W Have you bought anything here at this clothing store?

M I tried some clothes on but I didn't purchase

them.

W Try to retrace your steps. I'll keep an eye out for them.

Q. What can be inferred from the conversation?

(a) The man is unsatisfied with his purchase.

(b) The pants were forgotten in the glasses shop.

(c) The man needs to change his lens prescription.

(d) The glasses case may be in the changing room.

M 갈색 안경 케이스가 혹시 여기에 놓여 있었나요?

W 죄송하지만, 그런 건 본 적이 없어요.

M 시력 검사를 받은 다음에 벗어 두었는데, 마지막으로 어디다가 두었는지 기억이 안 나네요.

W 이 옷가게에서 산 물건이 있나요?

M 옷 몇 벌을 입어보긴 했는데 사지는 않았어요.

W 다녀온 곳들을 추적해 보세요. 저도 계속 찾아볼게요.

대화로 미루어 알 수 있는 것은 무엇인가?

(a) 남자는 구매 물품에 대해 불만스럽다.

(b) 안경점에서 바지를 잃어버렸다.

(c) 남자는 그의 안경 처방전을 바꿀 필요가 있다.

(d) 안경 케이스는 탈의실에 있을지도 모른다.

유형 → 추론

Solution (a)는 대화에서 언급된 바가 없고, 남자는 안경 케이스를 잃어 버렸으므로 (b)는 잘못되었다. (c)는 위 대화로 추론하기 어렵다. 남자가 여러 벌의 옷을 입어 보았다는 점을 미루어, (d) 정도는 짐작할 수 있다.

Voca retrace 되짚어 가다

Answer (d) The glasses case may be in the changing room.

JoSeph's focus

남자가 안경 케이스를 분실한 상황인데, 대화 전체를 잘 이해해야 풀 수 있는 까다로운 문제입니다. (a)의 경우 남자는 옷가게에서 아무것도 구매하지 않았으므로 오답입니다. 안경 케이스를 잃어버린 상황이므로 (b)도 오답이고, 렌즈는 대화에서 언급되지 않았으므로 (c)도 오답이 됩니다. 남자가 옷을 입어봤다라고 했으므로 (d)는 추론 가능한 내용이므로 정답이 됩니다.

38 M Apparently, increasing numbers of people are working out at night.

W Right. My sister was telling me that she's been going to the gym right before bedtime.

M Why would people want to do that?

W It is supposed to help people relax so that they can rest better.

M If that is true, I need to join one of those 24 hour fitness centers.

W Before you put down a lot of money, try some simple calisthenics. That may be enough to help you sleep.

Q. What does the woman recommend that the

man do?
(a) Take a stress management course
(b) Do some simple calisthenics
(c) Pay attention to the news
(d) Join a fitness club

M 분명 밤에 운동을 하는 사람들의 숫자가 늘고 있어.
W 맞아. 내 동생이 그러는데 걔는 잠자기 직전에 헬스장에 간대.
M 사람들은 왜 그렇게 하는 걸까?
W 그게 사람들이 긴장을 푸는 데 도움을 줘서 더 잘 쉴 수 있도록 해 주기 때문이래.
M 만약 그게 사실이라면, 나도 24시간 헬스장을 다닐 필요가 있겠어.
W 많은 돈을 들이기 전에, 우선 간단한 미용 체조부터 해 봐. 그게 수면을 돕는데 충분할 거야.

여자는 남자가 어떻게 하기를 추천하는가?
(a) 스트레스 관리 과정을 수강하기
(b) 간단한 미용 체조를 하기
(c) 뉴스에 관심을 두기
(d) 헬스장에 가입하기

유형 → 진위 파악

Solution 대화의 맨 마지막에서 여자는 남자에게 미용 체조를 해 보라고 권유하고 있으므로 (b)가 답으로 적절하다.

Voca apparently 분명히 work out 운동하다
calisthenics 미용 체조법

Answer (b) Do some simple calisthenics

Joseph's focus

운동에 관한 대화인데, 역시 화자인 여자의 대사에서 답을 찾는 게 요령입니다. 이 문제는 마지막 부분에서 답에 관련된 얘기가 나옵니다. 또한 calisthenics라는 아주 어려운 단어를 사용해서 수험생들을 혼란스럽게 했습니다. (a)와 (c)는 대화에서 언급되지 않았기 때문에, 답이 될 수 없고 (d)는 이미 남자가 fitness center에 가고 싶다고 한 상황이니, 여자가 권유한 내용이 아닙니다.

39 M What are you doing out here?
W I'm looking for UFOs.
M UFOs don't exist, so you might as well stop wasting your time.
W Wait. Look at that light! It's moving!
M I hate to burst your bubble, but that's most likely an airplane, not an alien spacecraft.
W You're just trying to ruin all my fun.

Q. What can we determine from the conversation?
(a) The woman dislikes airplanes.
(b) The woman prefers to believe in UFOs.
(c) The two people are paranormal scientists.
(d) The man is a UFO hunter.

M 여기서 뭐 하고 있니?
W UFO를 찾고 있어.
M UFO는 없으니까, 시간 낭비 그만 해.
W 잠깐. 저 불빛을 봐! 움직이고 있어!
M 너의 희망을 꺾고 싶지는 않지만, 저거 분명 비행기이지 외계 우주선은 아닐걸.
W 넌 나의 즐거움에 찬물을 끼얹으려고만 하는구나.

대화로부터 우리가 알 수 있는 것은 무엇인가?
(a) 여자는 비행기를 싫어한다.
(b) 여자는 UFO의 존재를 믿으려 한다.
(c) 두 사람은 과학적으로 설명할 수 없는 것을 연구하는 과학자들이다.
(d) 남자는 UFO 사냥꾼이다.

유형 → 세부 내용 파악

Solution 위 대화에서 여자는 끝까지 UFO의 존재를 굳게 믿는 것으로 보인다. (a), (c), (d)는 대화에서 언급된 바가 없다.

Voca burst 파열시키다 bubble 버블(오래 가지 않을 호황)
spacecraft 우주선 paranormal 과학으로 설명할 수 없는

Answer (b) The woman prefers to believe in UFOs.

Joseph's focus

UFO에 관한 대화인데, 대화 전체를 제대로 이해해야 정답을 찾을 수 있는 어려운 문제입니다. (a)는 여자가 비행기를 싫어한다고 한 내용은 없으므로 오답이며, (c)는 두 사람이 과학자라고 하는 것은 내용상 지나친 비약입니다. 남자는 UFO의 존재를 믿지 않으므로 (d)도 오답입니다.

40 M What time did you leave to get here?
W At 2:30. I spent four hours on the road.
M Yikes. That's twice what it normally takes.
W The roads were completely congested the whole way.
M I guess that's typical for this season.
W I wish I lived closer to my relatives.

Q. How long does it normally take the woman to arrive?
(a) 1 hour
(b) 4 hours
(c) 3 hours
(d) 2 hours

M 여기에 오려고 몇 시에 떠났니?
W 2시 30분에. 길에서 4시간을 썼어.
M 이런. 평소 때보다 2배나 걸렸네.
W 오는 내내 길이 꽉 막혀 있었어.
M 요맘때는 원래 그래.
W 친척들과 더 가까이 살았으면 좋았을 텐데.

여자가 도착하는 데 평상시에는 얼마나 걸리는가?
(a) 1시간
(b) 4시간
(c) 3시간
(d) 2시간

유형 → 추론

 이번에 여자가 오는 데 걸린 시간이 4시간이었는데, 이것이 평소의 2배라고 말하고 있다.

 congest 혼잡하게 하다

 (d) 2 hours

Joseph's focus

대화에 시간과 같은 구체적 숫자가 나오는 경우입니다. 남자가 [That's twice what it normally takes.]라고 말한 것을 놓치면 답을 찾기가 곤란합니다. twice는 '2배'라는 뜻이니 (d)가 정답이 됩니다.

41 M I just watched a very interesting film at Mike's house.
W Oh yeah?
M It's called *Bitter Moon*.
W I saw that. Hugh Grant is in it, right?
M Yes, Hugh Grant played Nigel.
W He did a good job in that role.
M I agree. But I was most impressed with the woman who played Mimi.
W Yes. She was amazing. I can't remember the actress's name.

Q. Which is correct according to the conversation?
(a) The character named Mimi was portrayed by Hugh Grant.
(b) The woman was unable to recall the actress's name.
(c) The man downloaded the movie *Bitter Moon*.
(d) The two were critical of the acting in the film.

M 마이크네 집에서 아주 재미있는 영화를 방금 봤어.
W 그래?
M 〈비터 문〉이라는 영화야.
W 나 그거 봤어. 휴 그랜트가 나오는 거지?
M 응, 휴 그랜트가 니겔 역을 맡았어.
W 그 역할 참 잘했어.
M 내 생각도 그래. 하지만 미미 역할을 했던 여배우가 가장 인상적이었어.
W 맞아. 그 여배우 대단했어. 여배우 이름은 기억이 안 나지만 말이야.

대화의 내용과 일치하는 것은 어느 것인가?
(a) 미미 역할은 휴 그랜트가 맡았다.
(b) 여자는 여배우의 이름을 기억할 수 없었다.
(c) 남자는 〈비터 문〉이라는 영화를 다운 받았다.
(d) 두 사람은 영화에서의 연기에 대해 비판적이었다.

유형 → 세부 내용 파악

 휴 그랜트는 '니겔'역을 맡았으므로 (a)는 잘못 되었다. 대화의 맨 마지막에서 여자는 여배우의 이름을 기억할 수 없다고 했으므로 (b)가 일치한다.

 do a good job (~을) 잘하다   recall 기억하다

 (b) The woman was unable to recall the

actress's name.

Joseph's focus

휴 그랜트가 출연한 영화에 대해 이야기하는 중입니다. 대화 전체를 이해해야 정답을 찾을 수 있습니다. (a)에서 Mimi는 여자 배우의 역할이므로 오답입니다. 마이크의 집에서 영화를 봤기 때문에 누가 영화를 다운 받았는지는 알 수 없으므로 (c)도 잘 못되었습니다. 두 사람 모두 영화에 만족하고 있고, 대화 어디에도 연기를 비판하는 내용은 없으므로 (d)도 오답입니다.

42 M Hey, let's go see a movie tonight.
W That's impossible. I've got tons of work to take care of.
M What? You told me that you would be free.
W I know, but something came up with work.
M What are you talking about?
W My boss is making me finish this project as soon as possible.
M Well, if you happen to finish early, let me know.
W Sure thing. But I doubt it'll happen.

Q. Why can't the woman go to a movie?
(a) Because she is busy reading books.
(b) Because her boss won't allow her.
(c) Because she has business to take care of.
(d) Because she is a procrastinator.

M 야, 오늘 저녁에 영화 보러 가자.
W 불가능해. 할 일이 태산이야.
M 뭐? 계획 없다고 그랬잖아.
W 나도 그럴 줄 알았는데, 일이 생겼어.
M 그게 무슨 소리냐?
W 직장 상사가 이 프로젝트를 가급적 빨리 끝내라고 하시네.
M 그럼, 일찍 끝나면 알려 줘.
W 물론이야. 그럴 리는 없겠지만.

여자가 영화를 보러 갈 수 없는 이유는 무엇인가?
(a) 독서하느라 바빠서.
(b) 직장 상사가 허락하지 않을 거라서.
(c) 할 일이 있어서.
(d) 게으름뱅이라서.

유형 → 세부 내용 파악

 대화 내용 첫 머리에서 여자는 할 일이 너무 많아서 영화를 보러 갈 수가 없다고 언급하고 있다.

 come up 다가오다   procrastinator 지연시키는 사람

 (c) Because she has business to take care of.

Joseph's focus

여자의 말에 답이 나오는 유형의 문제입니다. 독서에 관한 내용은 없으므로 (a)는 오답입니다. procrastinate는 '늑장부리다'라는 동사이고, procrastinator는 '늑장을 부리는 사람'이라는 의미입니다. 대화의 수준에 맞지 않는 아주 어려운 단어를 이용해서 오답을 유도하고 있습니다. 대화에서 여자가 얼마나 게으

른지는 나와 있지 않으니 (d) 역시 오답입니다.

43 W Is Wilber changing houses?

M He left the other day. He relocated to another part of town.

W I guess his expenses have increased a lot.

M He didn't tell me. Regardless, he's happy to be out of his old place.

W I can understand why. His last place was a dump!

M There is no doubt about that.

Q. Which of the following is correct according to the conversation?

(a) The woman is relieved that Wilber left.

(b) Wilber will find a new place to live soon.

(c) Wilber's new house is more expensive than his previous one.

(d) Wilber's current apartment is nicer than his old one.

W 윌버가 집을 바꿀 거라면서?

M 며칠 전에 떠났어. 이 동네 다른 구역으로 옮겼어.

W 지출이 엄청 늘었을 텐데.

M 나한테 말 안 했는데. 어쨌든, 옛날 집을 벗어나서 행복한가봐.

W 왜 그런지 알겠어. 옛날 집은 후졌었거든!

M 그러게 말이야.

다음 중 어느 것이 대화와 일치하는가?

(a) 여자는 윌버가 떠나서 후련하다.

(b) 윌버는 새 집을 곧 구할 것이다.

(c) 윌버의 새 집은 예전 집보다 더 비싸다.

(d) 윌버의 현재 아파트는 예전 것보다 더 좋다.

유형 → 진위 파악

Solution 대화에서는 남녀 모두 윌버의 옛날 집이 좋지 않았다는 것에 대해 동감하고 있다. (a)는 윗글에서 언급되지 않았고, 윌버는 이미 집을 옮겼으므로 (b)는 잘못되었다. 그리고 윌버가 이사 간 새 집의 가격에 대해 나와 있지 않으므로 (c)도 틀렸다.

Voca relocate 이전하다 dump 쓰레기장 같은 곳

Answer (d) Wilber's current apartment is nicer than his old one.

Joseph's focus

Wilber가 이사 간 사실에 대해 이야기하고 있습니다. 대화 전체가 Wilber라는 사람에게 초점을 맞추고 있으므로 그에 대한 정보를 잘 찾아서 듣도록 해야 합니다. 또한 진위 파악문제에서는 시제에도 각별히 신경을 써야 합니다.

44 M Where do you want to eat tonight?

W I'd like to make something here at home.

M I didn't know you could cook.

W Well, I haven't had much disposable cash recently.

M Yeah. I guess eating out all the time will put a dent in your wallet.

W It's time to cut back on some of the luxuries in my life.

Q. Why does the woman want to make her own dinner according to the conversation?

(a) Because she needs to save money.

(b) Because she's trying to eat healthier.

(c) Because she is interested in cooking.

(d) Because she's sick of eating out.

M 오늘 밤 어디서 식사를 하면 좋을까?

W 난 집에서 만들어 먹었으면 좋겠어.

M 네가 요리를 하는 줄은 몰랐네.

W 음, 요새 내가 현찰이 별로 없거든.

M 그래. 매번 외식하면 지갑이 얇아질 거야.

W 나도 이제 사치를 줄일 때가 된 거지.

대화에 따르면 여자는 왜 저녁을 손수 준비하겠다고 하는가?

(a) 돈을 절약할 필요가 있어서.

(b) 건강식을 먹기 위해서.

(c) 요리에 관심이 있어서.

(d) 외식하는 것에 질려서.

유형 → 세부 내용 파악

Solution 외식하자는 남자의 제안을 여자가 거절한 이유는 결국 사치를 줄이고 돈을 아끼기 위함임을 알 수 있다.

Voca disposable (금융) 이용 가능한 be sick of ~에 넌더리 나다 eat out 외식하다

Answer (a) Because she needs to save money

Joseph's focus

[I haven't had much disposable cash, ~ the luxuries.]의 내용으로 미루어 볼 때, (a)가 정답이며 [put a dent in your wallet]에서 put 대신에 make를 쓸 수 있습니다. 건강에 관한 내용은 없으므로 (b)는 오답이고, 여자가 요리에 관심이 있는지 아닌지는 알 수 없으므로 (c)도 오답입니다. 외식을 못 하는 게 경제적 사정 때문이지 외식에 질려서 그런 게 아니므로 (d) 역시 오답입니다.

45-1 W How come you never replied to my e-mail?

M What e-mail? I didn't receive any message from you.

W That's strange. I sent it last week.

M I think there's something up with my e-mail provider. I haven't received messages from anyone all week.

W Perhaps we shouldn't be so dependent on technology to keep in touch.

M Yeah. Face-to-face communication is the most reliable.

Q. What can be inferred from the conversation?

(a) The woman is upset with the man.

(b) The woman was e-mailing all week.

(c) The e-mail company had technical difficulties.
(d) The man doesn't understand the Internet.

W 어째서 내 이메일에 전혀 답장을 보내지 않는 거니?
M 무슨 이메일? 네 메시지 받은 적 없는데.
W 그거 이상하네. 지난주에 보냈거든.
M 내 이메일 서버에 이상이 있었나 봐. 일주일 내내 메시지가 하나도 안 왔어.
W 연락하고 지내려고 너무 과학기술에 의존하지는 말아야겠어.
M 그래. 직접 만나서 이야기하는 것이 가장 좋지.

대화를 통해 유추할 수 있는 것은 무엇인가?
(a) 여자는 남자한테 화가 나 있다.
(b) 여자는 일주일 내내 이메일을 보냈다.
(c) 이메일 회사는 기술적인 문제가 있었다.
(d) 남자는 인터넷을 이해하지 못한다.

유형 → 추론

Solution 이메일에 답장을 안 보내는 남자에 대해 여자는 화가 나 있었지만, 남자의 해명을 듣고 화를 풀었음을 알 수 있으므로 (a)는 잘못되었다. 그리고 대화에서는 여자가 이메일을 하나만 보냈으므로 (b)도 아니다. (d)는 본문에서 언급되지 않았으며, 남자는 일주일 내내 이메일을 하나도 못 받았다고 말하고 있다.

Voca provider 공급자 face-to-face 대면하는

Answer (c) The e-mail company had technical difficulties.

Joseph's focus

추론 문제는 대화 전체를 이해해야 하기 때문에, 꽤 까다로운 유형 중 하나입니다. 여자가 남자에 대해서 화가 났다고 판단할 수도 있지만, 이를 판단할 수 있는 좀 더 확실한 맥락적 정보가 필요하므로 (a)는 정답으로 부족합니다. 여자가 [I sent it last week.]라고 말하고 있으므로 일주일 내내 보냈다고 할 수는 없으므로 (b)도 오답입니다. 남자가 인터넷에 대해서 잘 모른다고 하는 것은 지나친 비약입니다.

45-2 M I really appreciate your doing this for me. Ever since Cheryl moved out, it's been really difficult to make ends meet.
W Oh, it's no problem. I'm sure you'd do the same thing for me if I needed it.
M I just hate asking, since I know times have been difficult for you after the layoff.
W Well, luckily I saved some money and I've had a couple of job offers, too, so I'm OK.
M I'm glad to hear that. I wish I had put some money away, but I never imagined I'd be going through a divorce.
W These things happen. I know you'll be fine once you get on your feet again. Anyway, here's the check.
M Thanks so much, Cindy. I'll give this back to you as soon as I can.

Q. Which of the following can be inferred from the dialogue?
(a) The woman is lending the man some money.
(b) The man is going to have to find a new job.
(c) The man has saved enough money.
(d) The woman was a friend of Cheryl's.

M 나를 위해 이걸 해 줘서 너무 고마워. 셰릴이 떠난 후 수지 타산을 맞추기가 매우 어려웠어.
W 천만에. 내가 도움이 필요했다면 너도 나를 도와줬을 거라는 거 잘 알아.
M 네가 해고를 당한 후에 사정이 어렵다는 걸 알기 때문에 너한테 부탁하기가 싫었어.
W 다행히도 저축해 둔 돈이 조금 있는데다가. 직장 제안도 몇 개 받아서 난 괜찮아.
M 다행이다. 나도 돈을 좀 저축해 뒀더라면 좋았을 텐데, 이혼을 하게 될 거라고는 상상도 못 했지.
W 다 그렇지 뭐. 네가 일단 회복하게 되면, 괜찮아질 거라는 거 알아. 어쨌든 여기 수표 있어.
M 정말 고마워, 신디. 최대한 빨리 갚을게.

위 대화에서 유추할 수 있는 것은?
(a) 여자는 남자에게 돈을 빌려 주고 있다.
(b) 남자는 새 직장을 찾아야 할 것이다.
(c) 남자는 충분한 돈을 저축했다.
(d) 여자는 셰릴의 친구다.

유형 → 추론

Solution 여자가 [here's the check.]이라고 말하고 남자가 고맙다는 말을 하면서 [I'll give this back to you as soon as I can.]이라고 하고 있으므로, 여자가 돈을 빌려 주고 있다는 것을 알 수 있다.

Voca appreciate 고맙게 여기다 make ends meet 간신히 연명하다 layoff 해고 put (money) away 저축하다 get on one's feet 기반을 잡다

Answer (a) The woman is lending the man some money.

Joseph's focus

처음 대화가 시작할 때는 남자가 무엇에 대해 여자에게 감사하는지를 알기가 힘들고, 셰릴이라는 사람이 누군지도 확실하지 않습니다. 대화가 진행됨에 따라 셰릴은 남자의 아내였지만, 두 사람은 얼마 전에 이혼을 했다는 내용이 언급됩니다. 대화의 뒷부분에서 여자가 수표를 건네주고 남자가 최대한 빨리 갚겠다고 한 것으로 미루어 보아 여자가 남자에게 돈을 빌려 주고 있다는 것을 알 수 있습니다. 직장을 구해야 하는 사람과 충분한 돈을 저축해 둔 사람은 남자가 아닌 여자이므로 (b), (c)는 정답에서 제외되고, (d)는 대화의 내용으로는 파악할 수 없습니다.

Part IV (46~60)

46 To hold one's dreams due to the harsh scrutiny of reality will fill many people with self-doubt, and cause many to abandon their ambitions for a safer and pragmatic course. How many brilliant scientists, artists, and activists were never fully realized, having decided that their dreams were too improbable to pursue. Confronting failure, rather than fearing it, will liberate you from the constraints of social conventions. Unbridled by caution and conformity, indifference to success strips away the inessential, and allows one to face the future boldly. If you act upon your fear, and do not risk failure by pursuing your dreams, then you have failed by default.

Q. What is the topic of the speaker's address?
(a) How most ambitions are doomed to fail
(b) How accepting failure can help one succeed
(c) The wisdom of being practical
(d) Scrutinizing a harsh reality full of risk

현실의 가혹한 감시로 인해 자신의 꿈을 억누르는 것은 많은 사람들에게 자신감을 상실하도록 만들고 더 안전하고 실용적인 진로를 위해 자신의 야망을 포기하도록 만든다. 얼마나 많은 뛰어난 과학자, 예술가, 행동주의자들이 완전히 깨닫지 못하여, 그들의 꿈이 너무나 실현 가능성이 없어서 추구하지 못할 것이라고 결정해 버렸는가. 실패를 두려워하기지 않고 그것에 맞설 수 있으면 사회 풍습의 억압으로부터 자유로워질 수 있다. 경계심과 현실 순응의 굴레에서 벗어나 성공에 대한 무관심은 불필요한 것들을 떨쳐버리고, 사람들이 대담하게 미래에 직면하도록 만들어 준다. 만약 두려움에 떨면서 행동하거나 이상을 추구하면서 실패를 무릅쓰지 않는다면 당신은 부전패를 당한 것과 같다.

화자의 연설 주제는 무엇인가?
(a) 대부분의 야망이 어떻게 실패로 끝나게 되는가
(b) 실패를 인정하는 것이 어떻게 성공을 돕는가
(c) 실용적으로 사는 지혜
(d) 위험으로 가득 찬 가혹한 현실을 감시하기

유형 → 주제 찾기

Solution 화자는 실패를 두려워하지 말고 대담하게 맞서야 성공할 수 있다는 이야기를 하고 있으므로 정답은 (b)이다.

Voca scrutiny 정밀 조사 pragmatic 실용적인 improbable 사실 같지 않은 confront 직면하다 constraint 강제, 압박, 속박 unbridled 굴레를 벗긴 win/lose by default 부전승/부전패하다

Answer (b) How accepting failure can help one succeed

Joseph's focus

연설의 주제를 찾는 유형의 문제는, 전체적으로 흐름을 잘 따라서 들어야 하고 key word나 주제 문장을 놓치지 말아야 합니다. 이 글은 현실적 어려움을 극복해야 한다는 내용이고 [Confronting failure, ~ social conventions.]와 [If you act upon your fear, ~ by default.]가 답을 찾는 결정적 단서를 제공하는 주제 문장이 됩니다.

47 The decision that you make must affirm that, even during times of war, the laws and Constitution must remain valid. We needn't, as some would have us believe, choose between liberty and security. The prime responsibility of the judicial branch of the government is to counterbalance and delineate the executive branch's powers to imprison people during times of war. Among the freedoms most important in our nation is the freedom from arbitrary and unlawful restraint. Therefore, after years of imprisonment, and in the context of a conflict with no end in sight, I trust that you will conclude that the detainees deserve a prompt habeas corpus hearing.

Q. What group of people is this speech being directed to?
(a) Human rights organizers
(b) Journalists and media staff
(c) Prisoners of war
(d) Supreme court judges

여러분이 내리는 결정은 전쟁 기간에라도 법과 헌법이 유효해야 함을 확인해야 한다. 우리는 일부 사람들이 생각하는 것처럼 자유와 안보 중에서 선택할 필요는 없다. 사법부의 가장 큰 임무는 전쟁 기간 중에 사람들을 투옥하는 행정부를 견제하고 윤곽을 그리는 일이다. 자유 중에서 우리나라에서 가장 중요한 것은 자의적이고 불법적 억압으로부터의 자유이다. 따라서 감옥에서 몇 년을 지낸 후, 그리고 끝이 보이지 않는 대립의 상황에서, 나는 억류자들이 즉각적으로 인신 보호 심의를 받을 자격이 있다고 여러분들이 판결하리라 믿는다.

이것은 어떤 그룹의 사람들을 대상으로 하는 연설인가?
(a) 인권 단체 위원들
(b) 기자들과 방송 직원들
(c) 전쟁 포로들
(d) 대법원 판사들

유형 → 추론

Solution 화자는 억류자를 변호하는 변호사임을 짐작할 수 있고, 따라서 이것은 판사들을 대상으로 하는 연설이므로 (d)라고 볼 수 있다.

Voca judicial branch 사법부 counterbalance 균형을 잡아 주다 delineate 기술하다 executive branch 행정부 imprison 투옥하다, 감금하다 arbitrary 임의적인, 제멋대로인 unlawful 불법의 restraint 규제, 통제 detainee 억류자 habeas corpus 인신보호 영장

Answer (d) Supreme court judges

Joseph's focus

글의 분위기상 법정에서 이루어지고 있는 연설임을 알 수 있습니다. key word인 [the laws and Constitution, the judicial branch of the government, unlawful restraint, imprisonment]를 놓치지 않으면 쉽게 (d)가 정답임을 알 수 있습니다.

48 What qualities are necessary to achieve success? Passion is the first prerequisite. It is

our passion that inspires us to dream, and gives us the motivation needed to develop that dream into a reality. The second quality is courage. Without courage, most people would not take the risks or be able to face the many challenges that one encounters on the road to success. Finally, having the persistence to master your craft and continue with your vision even during rough times will ensure that you will come out on top in the end. These three characteristics are common among truly successful individuals.

Q. What are the qualities that successful people have in common according to the talk?
(a) Passion, craftiness, and persistence
(b) Courage, riskiness, and passion
(c) Courage, persistence, and passion
(d) Dreams, challenges, and reality

성공하려면 어떤 자격조건들이 필요한가? 열정이 우선 필요하다. 우리가 꿈을 꾸도록 영감을 불어넣고, 그 꿈을 현실로 발전시킬 수 있는 동기를 부여해 주는 것이 바로 열정이다. 두 번째 조건은 용기이다. 용기 없이는 대부분의 사람들은 위험을 감수하지 않으려 하거나 성공으로 가는 길에서 마주하게 되는 많은 도전에 직면할 수 없다. 마지막으로 어려운 시기를 맞이했을 때라도 자신의 능력을 계발하고 지속적으로 비전을 잃지 않는 인내를 갖는 게 최후에 자신을 최고의 위치에 오르게 만들어 줄 것임을 보장할 것이다. 이 세 가지 조건은 진정 성공을 이룬 사람들에게 공통된 특징이다.

담화에 따르면 성공한 사람들의 공통적인 특징은 무엇인가?
(a) 열정, 재능, 끈기
(b) 용기, 위험성, 열정
(c) 용기, 끈기, 열정
(d) 꿈, 도전, 현실

유형 → 대의 파악

<table><tr><td>Solution</td><td>위에서는 열정, 용기, 끈기의 순서로 성공의 조건들을 나열하고 있으므로 (c)가 답으로 적절하다.</td></tr><tr><td>Voca</td><td>prerequisite 전제 조건 encounter 맞닥뜨리다
persistence 인내, 끈기 craft 기술 craftiness 재능</td></tr><tr><td>Answer</td><td>(c) Courage, persistence, and passion</td></tr></table>

Joseph's focus

성공에 필요한 자질들을 찾기 위해서 초점적 듣기 요령이 필요한 문제입니다. 지문을 들으면서 필요한 qualities를 메모하는 것이 바람직합니다. 지문 자체가 first, second, finally로 삼분되어 있어서 쉽게 passion, courage, persistence를 찾을 수 있습니다.

49 Wheatgrass is a highly nutritional grass that is great for the body, but a little rough on the taste buds. Today I'm going to show you how to make a wonderful tasting smoothie using wheatgrass that you'll want to drink every day. First, slice a banana, some strawberries, and a peach, and put them in a blender. Add 1 teaspoon of vanilla along with 3-4 small ice cubes. After pouring in 4-6 ounces of milk, blend thoroughly. Wheatgrass should be extracted separately, with a juicer, so that the enzymes are not destroyed by the high speed blender. Use a juicer to press 2 ounces of wheatgrass juice and combine with the smoothie. Surprise your friends with this nutritious and delicious snack.

Q. What kind of smoothie can you make with the recipe?
(a) Banana grass smoothie
(b) Wheatgrass fruit smoothie
(c) Vanilla strawberry smoothie
(d) Peach, banana, strawberry smoothie

개밀(wheatgrass)은 몸에 좋은 영양가가 높은 잡초이지만, 식감이 약간 껄끄럽습니다. 오늘 여러분에게 개밀을 이용하여 여러분이 매일 마시고 싶어 할 만큼 훌륭한 맛이 나는 스무디를 만드는 방법을 보여 주겠습니다. 우선, 바나나, 딸기와 복숭아를 썰어서 믹서에 넣습니다. 바닐라 1티스푼과 얼음 3∼4개를 넣습니다. 4∼6온스의 우유를 부은 다음 고르게 믹서에 갈아 줍니다. 개밀은 과즙기에 넣어 별도로 추출되어야 합니다. 그래야 고속의 믹서에 의해 효소가 파괴되는 것을 방지할 수 있습니다. 과즙기를 사용하여 2온스의 개밀 즙을 만들어 스무디와 섞어 줍니다. 영양가 높고 맛있는 간식으로 여러분의 친구들에게 놀라움을 선사하십시오.

이 조리법으로 어떠한 종류의 스무디를 만들 수 있는가?
(a) 바나나 풀 스무디
(b) 개밀 과일 스무디
(c) 바닐라 딸기 스무디
(d) 복숭아, 바나나, 딸기 스무디

유형 → 세부 내용 파악

<table><tr><td>Solution</td><td>위의 조리법은 여러 가지 과일과 개밀즙을 섞어서 스무디를 만드는 방법에 대해 알려 주고 있다.</td></tr><tr><td>Voca</td><td>enzyme 효소</td></tr><tr><td>Answer</td><td>(b) Wheatgrass fruit smoothie</td></tr></table>

Joseph's focus

처음 두 문장만 제대로 이해하면, (b)가 정답임을 쉽게 알 수 있습니다. 첫 문장에서 개밀(wheatgrass)에 대해서 간단히 소개를 하고 있습니다. 다음에 바로 구체적인 조리법이 나오는데, 바로 조리법에서 나오는 과일 이름들을 이용하여 오답들을 제시하고 있습니다.

50 Ever since I was a little girl, I've always dreamt of being a supermodel and actress. I finally signed up with an agency, and was able to enter a nationwide talent search. I got horrible reviews by the judges of the competition and was heading home, despondent, when a talent agent stopped me and asked me if I'd like to star in an upcoming film. My heart skipped a beat and

I agreed to the job without hesitation. Great! He said, "you've got the perfect look for our *Zombie Horror Halloween Special*."

Q. How do you think the girl felt after the offer?
(a) Nervous
(b) Thrilled
(c) Flattered
(d) Offended

소녀였을 때부터, 나는 항상 슈퍼모델이나 영화배우가 되는 꿈을 가지고 있었다. 나는 마침내 소속사와 계약을 하였고 전국 인재 발굴 대회에 참가할 수 있었다. 나는 심사위원들에게 가혹한 평가를 받아서 집으로 발길을 돌려야 했고, 실의에 빠져 있었는데, 한 탤런트 소속사에서 나를 불러서 다음 영화에 출연하지 않겠냐는 제의를 했다. 심장이 약간 두근거렸고, 나는 망설임 없이 그 일을 하겠다고 했다. "좋아요!"라며 그가 말하기를, 〈좀비 호러 할로윈 스페셜〉이라는 영화에 당신이 적격이에요"라고 했다.

소녀가 출연 제의를 받고 나서 어떻게 느꼈을 것이라 생각하는가?
(a) 긴장되는
(b) 전율을 느끼는
(c) 아부를 받은
(d) 불쾌한

유형 → 주제 찾기

Solution 영화 관계자가 화자를 좀비 호러영화에 적격이라고 하였으니, 화자는 기분이 불쾌했을 것이다.

Voca **agent** 대리인, 에이전트 **beat** 고동침, 울림 **flatter** 아첨하다 **offend** 기분 상하게 하다, 불쾌하게 하다

Answer (d) Offended

Joseph's focus

화자의 경험에 대한 내용입니다. 이런 내용은 이 문제와 같이 주로 화자의 감정 상태에 대한 문제가 많습니다. 전체적인 분위기를 이해하는 게 중요합니다. 마지막에 나온 [You've got ~ Special.] 부분이 이 문제에서 반전을 제공하고 있습니다. 이 부분이 없었다면 (b)가 적절하겠지만, 좀비영화에 적합하다고 하는 것은 그렇게 유쾌한 일은 아니므로 (d)가 가장 적절합니다.

51 Should young people be prohibited from saying certain words considered unacceptable? Is there a reason to tolerate adolescent cursing? Certain individuals maintain that the freedom of speech applies to all words and to all people, regardless of their age. Others believe that words can be powerful weapons that can hurt and offend, as well as disrupt a healthy study environment. What is certain is that any attempts to define inappropriate speech will be challenged by individuals who enjoy pushing the margins of social norms.

Q. What is the attitude of some towards the restriction of young people's speech?

(a) It violates their freedom of expression.
(b) It is a powerful weapon against oppression.
(c) It is offensive to rebellious young people.
(d) It doesn't define clearly what words are appropriate.

용인할 수 없는 특정 단어를 젊은이들이 사용하지 못하도록 막아야 하는가? 청소년들이 욕하는 것을 참을 이유가 있는가? 어떤 사람들은 나이와 상관없이 언론의 자유가 모든 단어와 모든 사람들에게 적용된다는 입장을 고수한다. 다른 사람들은 말이라는 것이 사람에게 상처를 주거나 위협을 주는 강력한 무기가 될 뿐만 아니라 건전한 학습 환경을 망친다고 믿는다. 분명한 것은 부적절한 언어를 제한하려는 어떠한 시도도 사회 규범의 공백을 확장하기를 좋아하는 사람들에 의해 도전을 받는다는 것이다.

젊은이들의 언어 규제에 대한 일부 사람들의 태도는 무엇인가?
(a) 그것은 그들의 표현의 자유를 침해한다.
(b) 그것은 억압에 대응하는 강력한 무기이다.
(c) 그것은 반항심이 큰 젊은이들에게 공격적이다.
(d) 무슨 단어가 적절한 것인지 분명하게 정의하지 못한다.

유형 → 주제 찾기

Solution 위에서 이미 언급되었듯이 화자는 부적절한 언어 규제를 찬성하는 입장이지만, 일부 사람들은 언행의 자유를 주장하며 젊은이들의 무분별한 언어사용을 용인하는 입장을 취하고 있다. 따라서 이와 관련된 (a)가 정답이다.

Voca **tolerate** 참다, 견디다 **adolescent** 청소년 **disrupt** 방해하다 **define** 정의하다 **margins** 주변부 **social norms** 사회규범 **offensive** 공격적인 **rebellious** 반항적인, 반역하는

Answer (a) It violates their freedom of expression.

Joseph's focus

첫 문장(Should young people ~ unacceptable?)에서 화자는 주제를 제시하고 있는데, 주제문 이후에 화자의 어조를 느끼면서 key word를 찾는 것이 중요합니다. [the freedom of speech]가 가장 중요한 key word라는 것을 알 수 있습니다. 그리고 마지막 부분에 […attempts to define inappropriate speech.]라고 나옵니다. 이런 부분들과 화자의 어조로 미루어 보았을 때 (a)가 정답으로 가장 적합함을 알 수 있습니다.

52 Good afternoon, class. I have some exciting news to announce. While it is well known that Beethoven suffered from a chronic illness for the majority of his adult life, what disease it was that killed him has long remained a mystery. Last week, through the analysis of Beethoven's bone and hair fragments with an advanced photon x-ray machine, scientists discovered a very high level of lead concentration. It is theorized that Beethoven was exposed to lead in the environment, and that his body lacked the ability to rid itself of the toxin, thus his long, slow poisoning.

Q. According to the lecture, what was the cause of Beethoven's death?

(a) Assassination
(b) Mysterious illness
(c) Missing bone fragments
(d) Lead poisoning

안녕하세요, 여러분. 신나는 소식을 알려 드리겠습니다. 베토벤이 대부분의 성인기에 만성 질병으로 고통을 받았다는 것은 잘 알려져 있지만, 그 질병이 무엇인지는 오랫동안 수수께끼로 남아 있었습니다. 지난주에 과학자들은 베토벤의 뼈와 머리카락 단편을 고성능 포톤 엑스레이 기계로 분석한 결과 아주 높은 농도의 납이 축적되어 있었음을 발견하였습니다. 이로써 베토벤이 납 환경에 노출되어 있었고, 그의 몸이 독을 제거할 능력이 없었기 때문에 오랫동안 서서히 중독되었다는 이론이 성립됩니다.

위 강의에 따르면, 베토벤이 죽은 원인은 무엇이었는가?
(a) 암살
(b) 알 수 없는 질병
(c) 뼈 조각의 유실
(d) 납 중독

유형 → 세부 내용 파악

Solution 베토벤의 뼈와 머리카락을 분석한 결과, 고농도의 납이 검출되었음을 발견했다고 하고 있다.

Voca chronic illness 만성질병 fragment 조각, 단편
lead 납 be exposed to ~에 노출되다 toxin 독소
assassination 암살

Answer (d) Lead poisoning

Joseph's focus

특정 정보를 찾아서 들어야 하기 때문에 높은 집중력이 필요한 문제입니다. [...scientists discovered a very high level of lead concentration.] 부분을 놓치면 답을 찾기가 어려울 것입니다. (b)경우, 강의의 전반부만 들었으면 오답으로 고르기 쉽습니다. 뒷부분에서 과학자들이 죽음의 원인과 질병의 원인을 찾았으므로 (b)는 오답입니다.

53 As technology makes the world a more accessible and productive place, nations must find a way to balance economic growth and development with environmental protection and social welfare. The current trend of globalization, where corporations shape the planet as they see fit, is creating a world where people are merely inputs in a global factory. The blind emphasis on the profit margin would mean that workers' needs were not taken into consideration, and natural treasures were only valued for their marketability. We must think more critically of ways to involve the majority of world citizens into a collaborative process of globalization that will be sustainable for future generations.

Q. Which best summarizes the content of the passage?
(a) Corporate-lead globalization will cause social and environmental problems.

(b) The purpose of globalization is to design the world like a factory.
(c) There are many routes towards globalization, not just one.
(d) Technology is the main culprit behind environmental destruction.

과학기술이 세상을 더욱 편리하고 생산적인 장소로 만들어 주면서 각국은 경제 성장 및 발전과 환경 보호 및 사회복지 사이의 균형을 이룰 방안을 모색해야만 한다. 기업들이 자기네 입맛대로 지구를 변형시키는 현재의 세계화 추세는 사람들이 단순히 지구 공장 안에 있는 투입물 정도로 취급되는 세상을 만들고 있다. 이익률을 무분별하게 강조하면서 근로자의 요구를 반영하지 않고, 천연자원은 오로지 시장성에 따라 평가될 뿐이다. 우리는 미래 세대에게 물려줄 수 있도록 다수의 세계 시민들을 세계화의 협력 과정에 참여시키는 방법들에 대해 보다 비판적으로 생각해야만 한다.

메시지의 내용을 가장 잘 요약한 것은 어느 것인가?
(a) 기업이 주도하는 세계화는 사회 및 환경 문제를 야기할 것이다.
(b) 세계화의 목적은 세상을 공장처럼 만드는 것이다.
(c) 세계화를 향한 길은 하나가 아니라 여러 갈래이다.
(d) 과학기술은 환경 파괴의 주범이다.

유형 → 주제 찾기

Solution 위 메시지에서는 글로벌 회사들의 성장으로 인해, 근로자의 요구가 무시되는 사회적 문제와, 천연자원의 무분별한 이용으로 인한 환경문제에 대해 언급하고 있으므로 정답은 (a)이다.

Voca accessible 접근 가능한 profit margin 이윤 폭
sustainable 지속 가능한 marketability 시장성
corporate-lead 기업 중심의 culprit 범인, 장본인

Answer (a) Corporate-lead globalization will cause social and environmental problems.

Joseph's focus

들은 내용을 한 문장으로 요약해야 하는 문제로, 주제 파악 유형의 변형된 형태라고 할 수 있습니다. 글 전체적으로 보아서 화자는 기업이 주도하는 세계화에 대해서 구체적인 부작용들을 사례로 들면서 반대하는 어조를 보이고 있습니다. 그러면서 마지막 부분에 [...a collaborative process of globalization...]에 대해 주장하고 있으므로 (a)가 정답으로 가장 적합합니다.

54 George Orwell was born in 1903 in British-controlled India. He worked in Burma as part of the Imperial Police, an experience which made him a staunch opponent of imperialism. He later fought alongside anarchists in the Spanish Civil War, and was shot in the neck. Seeing how the communists operated in Spain, Orwell became openly critical of totalitarianism. After the outbreak of World War II, he worked for the BBC in India. He grew disgusted by his role as a government propagandist.

Q. What can we know about Orwell from the statement?
(a) His life experiences influenced his political beliefs.
(b) He was injured while fighting in Burma.
(c) He wrote novels with dystopian views of the future.
(d) He was a lifelong staunch anarchist.

조지 오웰은 1903년 영국령 인도에서 태어났다. 그는 황실경찰의 일원으로서 미얀마에서 일했고, 이 경험으로 인해 그는 제국주의를 굳게 반대하게 되었다. 그는 이후 스페인 내전에서 무정부주의자들과 함께 싸웠고, 목에 총상을 입었다. 스페인에서 공산주의자들이 어떻게 활동하는지를 지켜본 오웰은 전체주의를 공개적으로 비판하게 되었다. 제2차 세계대전이 발발한 이후 그는 인도에서 BBC방송국을 위해 일했다. 그는 정부 선전자로서 자신의 역할에 대해 점점 환멸을 느꼈다.

위의 진술로부터 오웰에 대해 무엇을 알 수 있는가?
(a) 그의 인생 경험들이 그의 정치적 신념에 영향을 주었다.
(b) 그는 미얀마에서 싸우는 동안 부상을 당했다.
(c) 그는 미래에 대한 암울한 시각으로 소설을 썼다.
(d) 그는 오랫동안 굳건한 무정부주의자였다.

유형 → 주제 찾기

Solution 위의 진술에서는 오웰이 여러 가지 경험을 통해 그의 정치적 태도가 바뀌었음을 말하고 있다.

Voca staunch 확고한, 충실한 imperialism 제국주의 alongside ~와 함께 anarchist 무정부주의자 communist 공산주의자 totalitarianism 전체주의 disgust 혐오감을 유발하다 propagandist 선전원 dystopian 반이상향의

Answer (a) His life experiences influenced his political beliefs.

Joseph's focus

오웰의 정치적 활동을 간략하게 소개하는 내용입니다. 오웰은 제국주의에 반대했고 스페인 내전에서의 경험을 통해 전체주의를 공개적으로 비판하게 되었다는 내용을 통해 (a)가 정답임을 알 수 있습니다. 그가 부상을 당한 것은 스페인이었으므로 (b)는 사실과 다르고, 그가 소설을 썼다는 말은 언급되지 않았으므로 (c) 역시 답과 거리가 멉니다. (d)의 경우 그가 한평생 무정부주의자였다고 볼 만한 근거가 담화 내용에는 없습니다.

55 Young people can be more drawn to smoking if they see celebrities engaged in the act, says one study on the effects of the media on smoking. Teenagers are reported as being more susceptible than adults to copying the on-screen habits of actors and musicians. While some groups have been advocating for an all-out smoking ban on television and film, some directors and producers are taking the initiative and have offered to voluntarily depict smoking as something other than cool or sexy. Whether this will translate into a decrease in teenage smoking rates has yet to be seen.

Q. What are directors suggesting that they could do?
(a) Ban the showing of cigarettes in television and film
(b) Advocate more strongly about the detriments of smoking
(c) Stop the glamorizing of smoking prevalent in the media
(d) Make cigarettes illegal for celebrities to smoke

매체가 흡연에 미치는 영향에 관한 연구에서는 젊은이들이 흡연하는 연기를 하는 유명 인사들을 보면 쉽게 담배를 피우기 시작할 수 있다고 한다. 화면상의 배우와 음악인들의 습관을 십대들이 성인보다 더 쉽게 모방하게 된다고 보고되었다. 일부 단체들은 TV와 영화에서 철저한 흡연 금지를 주장하는 한편, 일부 감독과 프로듀서들은 앞장서서 자발적으로 흡연이 멋지고 섹시한 것과는 다름을 묘사하고 있다. 이것이 십대 흡연율의 감소라는 결과로 이어질지는 두고 봐야 한다.

감독들은 그들이 할 수 있는 무엇을 제안하고 있는가?
(a) TV와 영화에서 담배를 보이는 것을 금지하는 것
(b) 흡연의 유해성에 대해 보다 강력하게 주장하는 것
(c) 매체에 만연된 흡연의 미화를 중지하는 것
(d) 유명 인사들이 담배를 피우는 것을 불법화하는 것

유형 → 대의 파악

Solution 감독과 프로듀서들이 자발적으로 흡연이 멋지거나 섹시한 것은 아니라고 묘사하고 있다.

Voca susceptible 민감한, 예민한 initiative (the와 함께) 주도권 detriment 손상 glamorize 미화하다, 매력적으로 만들다 prevalent 일반적인, 널리 퍼져 있는

Answer (c) Stop the glamorizing of smoking prevalent in the media

Joseph's focus

미디어가 청소년 흡연에 미치는 악영향에 대해서 논하는 내용입니다. 특히 감독들이 어떤 조치를 취했는지를 찾아서 들어야 하는 초점적 듣기 능력이 필요합니다. 특히, 뒷부분 (some directors and producers ~ other than cool or sexy.)에서 감독들은 흡연이 멋지고 섹시한 것과는 다르게 묘사했다는 내용을 통해 (c)가 정답임을 알 수 있습니다.

56 At the Houston Ballet Theatre, there are countless reasons to sign up for this season's subscription package. Subscribers to all of our packages receive advance priority seating for popular shows, as well as advance single ticket sales notice. Purchases of additional single tickets will be discounted by 20%. Guaranteed parking at our Theatre Garage is among the many benefits, not to mention special discounts to restaurants and other culture events. This

is, without a doubt, the best deal for any ballet lover. For more information, please visit our website.

Q. What is this statement about?
(a) The benefits of discounted tickets
(b) Reasons to watch ballet
(c) Ballet subscription benefits
(d) The importance of supporting the arts

휴스턴 발레 극장에서 계절 특판 패키지를 신청할 수많은 이유가 있습니다. 저희 모든 패키지를 구입하시는 분들은 인기 쇼에 대해 우선 좌석 지정권을 받게 될 뿐만 아니라 1인 좌석권 판매에 대해 우선 공지를 받게 됩니다. 추가 좌석권 구매 시 20% 할인 혜택이 주어집니다. 식당과 다른 문화 행사에 대한 특별 할인은 물론, 극장 주차장에 주차 보장 혜택을 드립니다. 의심할 여지없이 이것은 발레 애호가들에게는 최상의 조건입니다. 자세한 정보는 저희 웹사이트를 방문하여 얻으실 수 있습니다.

이것은 무엇에 대한 진술인가?
(a) 할인 티켓의 이점
(b) 발레 관람의 이유
(c) 발레 회원권의 이점
(d) 예술사업 지원의 중요성

유형 → 대의 파악

| Solution | 이것은 발레 패키지 회원권 구입 시 누릴 수 있는 혜택에 대한 안내에 해당된다. |

| Voca | advance priority seating 우선 지정 좌석
not to mention ~은 말할 것도 없고 |

| Answer | (c) Ballet subscription benefits |

Joseph's focus

난이도가 그다지 높지 않은 문항입니다. 도입부에서 가입의 이유를 말하겠다고 하고 그 다음부터 혜택들을 나열하고 있으므로, (c)가 정답으로 가장 적절합니다.

57 While it is difficult to define what makes poetry powerful or appealing, one common factor of good poetry is its ability to make the reader see the world through a different perspective. By use of metaphor, word choice, and perspective, the poet can allude to events and ideas in a way more profound than any literal representation. Take, for example, Langston Hughes' poem *Dreams Deferred*. This poem manages to capture the feelings of oppression and the desire for social change among early 20th century African Americans: 'What happens to a dream deferred? Does it dry up like a raisin in the sun? Maybe it just sags like a heavy load. Or does it explode?' In my opinion, no social commentary, no factual documentation could so succinctly express the simmering rage that underlay African Americans dream of equality as does this short poem.

Q. What can be inferred about poetry from the talk?
(a) It is a key medium for the documenting of historical events and issues.
(b) It can communicate certain ideas more effectively than factual description.
(c) There are precise criteria for measuring a poem's power or appeal.
(d) There are difficulties in assessing the true intentions of the poet.

시를 강력하고 호소력 있게 만들어 주는 요소가 무엇인지를 정의하는 것이 어려운 반면, 좋은 시의 일반적인 요소는 독자로 하여금 세상을 다양한 시각에서 바라볼 수 있도록 만들어 주는 힘이다. 은유, 단어 선택, 그리고 시점 등을 사용하여, 시인은 사건과 생각들을 다른 문학적 표현보다 더욱 깊이 있는 방식으로 암시할 수 있다. 예를 들어, 랭스턴 휴즈의 시 *Dreams Deferred*를 보자. 이 시는 20세기 초 아프리카계 미국인들 사이에서의 사회적 변화에 대한 갈망을 어렵게 포착해 내고 있다: '꿈이 연기되면 무슨 일이 일어나는가? 그것은 태양 아래의 건포도처럼 바짝 말라 버릴 것인가? 아마도 그것은 단지 무거운 짐과 같은 주머니일 것이다. 아니면 그것은 폭발하는가?' 내 생각에는, 어떠한 사회적 논평, 어떠한 사실적 증거 자료도 아프리카계 미국인들의 평등에 대한 꿈에 깔려 있는 폭발 직전의 분노를 이 짧은 시에서처럼 이렇게 간결하게 표현할 수는 없었을 것이다.

이 이야기로부터 시에 대해 추측할 수 있는 것은 무엇인가?
(a) 그것은 역사적인 사건과 이슈를 상세히 기록하는 주요 매체이다.
(b) 그것은 어떤 사상을 사실적 묘사보다 더욱 효과적으로 전달할 수 있다.
(c) 시의 힘 또는 호소력을 측정하는 정확한 기준이 있다.
(d) 시의 진정한 의도를 평가하는 데 어려움이 있다.

유형 → 추론

| Solution | 위 이야기의 맨 마지막 부분에서 다른 어떠한 논평이나 사실적 증거자료도 이 시만큼 간결하게 표현할 수 없었다는 언급이 있었다. 따라서 이와 유사한 (b)가 정답이다. 나머지 보기들은 위 이야기만으로는 추론하기가 어렵다. |

| Voca | perspective 관점, 시각(= outlook) metaphor 은유, 비유 allude 암시하다 representation 묘사, 표현 defer 미루다, 연기하다 load 짐, 짐의 양 succinctly 간단히 simmering 당장에라도 폭발할 것 같은 underlay 기저를 이루다 assess 가늠하다, 재다 |

| Answer | (b) It can communicate certain ideas more effectively than factual description. |

Joseph's focus

청해영역의 추론 문제는 아주 어려운 유형입니다. 사실정보는 물론, 화자의 의도까지 파악해야 하기 때문입니다. 강의문을 분석해 보면, 주제는 [ability of poetry to make the reader see the world through a different perspective.]가 될 수 있습니다. 이 글에서 구체적 사례로 제시된 것은 Langston Hughes' poem이며 예를 바탕으로 한 결론은 마지막 문장 [no factual documentation ~ this short poem.]이 되고, 이런 것들을 통해 (b)가 정답이 됨을 추측할 수 있습니다.

58 Did you know that students, seniors, and frequent travellers of any nationality are eligible for discount travel cards with the German national railway company? These travel cards give discounts of up to 50% of the rail ticket price, and can be used repeatedly without restriction. Particularly useful for tourists who wish to travel to many spots around Germany or for business travellers who make frequent trips to the country, the discount travel card can also be used for certain bus and airline tickets. Go to the national railway company's website for details.

Q. Which is correct according to the travel offer?

(a) Discount travel cards are restricted to German travellers.

(b) Senior citizens are eligible for the highest discounts.

(c) The travel card discounts apply throughout Europe.

(d) The ticket fare discounts are not limited to rail travel.

국적과 무관하게 학생, 노인, 그리고 자주 여행을 다니는 분들은 독일국영철도를 이용할 때, 할인 여행카드를 이용할 수 있다는 사실을 알고 계셨습니까? 이 여행카드는 열차표 가격에서 최대 50%까지 할인을 제공하며 무제한으로 반복 사용이 가능합니다. 특히 독일의 여러 곳을 여행하고자 하는 여행객이나 독일을 자주 방문하는 비즈니스 여행객에게 유용하며, 할인 여행카드는 지정 버스나 항공권 구매시에도 사용할 수 있습니다. 자세한 정보를 얻으려면 국영철도회사 웹사이트를 방문하여 주십시오.

여행 특가 제공 정보에 따르면 어느 것이 옳은가?
(a) 할인 여행카드는 독일 여행객에 한정된다.
(b) 노인들은 가장 많은 할인을 받을 수 있다.
(c) 여행카드 할인은 유럽 전역에 적용된다.
(d) 티켓 요금 할인은 철도 여행에만 제한되어 있지는 않다.

유형 → 진위 파악

Solution 할인 여행카드는 국적과 무관하게 적용된다고 하였으므로 (a)는 잘못되었다. (b)는 언급된 적이 없고, 여행카드는 독일에 한정된 것이므로 (c)도 틀린 내용이다. 할인 혜택은 버스나 항공권 구매에도 적용되므로 (d)가 옳다.

Voca be eligible for ~할 자격이 있다

Answer (d) The ticket fare discounts are not limited to rail travel.

Joseph's focus

할인 여행카드를 소개하는 내용으로, 세부적인 내용을 모두 이해해야만 정답을 찾을 수 있습니다. 이 문제에서는 듣는 내용을 간단히 메모해 선택지를 지워 나가는 방법도 적절해 보입니다.

59 The repercussions of the developing digital television technology will be profound and far-reaching. Many business and cultural sectors, such as advertising, broadcasting, music, art, even telecommunications, are likely to undergo dramatic changes in the relatively near future. We can see throughout history the pattern of massive economic upheaval and social reorganization that accompanies a revolutionary technological innovation. Most significantly, the new digital television paradigm will shift control and creation from the now centralized media oligarchy and democratize it, so to speak, using structures akin to the Internet. People will eventually shop, talk, conduct research, and promote their work and ideas to the world in vivid color through digital television.

Q. Which is correct according to the lecture?

(a) Digital TV will give the broadcast industry greater control of content.

(b) Digital TV will broadcast history programs about the technological revolution.

(c) Digital TV will allow interactive use, not just passive spectating.

(d) The broadcasting industry is against the development of Digital TV.

발전하는 디지털 텔레비전 기술의 영향력은 깊고도 넓은 영역에 미칠 것이다. 광고, 방송, 음악, 미술, 심지어 텔레콤 산업과 같은 많은 비즈니스와 문화 부문에서 근래에 극적인 변화를 겪게 될 것으로 보인다. 우리는 역사를 통틀어 혁명적인 기술혁신을 동반하는 거대한 경제 변동의 양상과 사회적 개편을 볼 수 있다. 가장 중요한 것은 새로운 디지털 텔레비전 패러다임이 현재 중앙 집중화돼 있는 매체 독점으로부터 통제권과 창조 능력을 이동시켜 이른바 인터넷에 가까운 구조를 사용하여 그것을 민주화시킬 것이다. 사람들은 결국 디지털 텔레비전을 통해 쇼핑을 하고 이야기를 하며, 조사를 수행하고 그들의 일과 아이디어를 생생한 색상으로 세상에 알릴 것이다.

강연에 의하면 어느 것이 옳은가?
(a) 디지털 TV는 방송 업계에 더 큰 콘텐츠 통제권을 부여할 것이다.
(b) 디지털 TV는 과학기술 혁명에 대한 역사 프로그램을 방영할 것이다.
(c) 디지털 TV는 단순히 수동적인 구경이 아니라, 쌍방향의 사용을 가능하게 할 것이다.
(d) 방송 업계는 디지털 TV 개발에 반대한다.

유형 → 진위 파악

Solution 강연에서는 기존의 중앙 집중적인 통제권이 이동하여 인터넷처럼 된다고 하였으니, 이것은 통제권이 방송사가 아닌 사용자에게 이동하였음을 암시하고 있다. 그러므로 (a)는 강연과 반대된다. (b), (d)는 본문에서 언급된 바가 없으며, (c)에서 요약한 것처럼 디지털 텔레비전을 이용하여 시청자가 인터넷을 사용하듯이 쌍방향의 정보 교환이 이루어질 것이라고 예측하고 있다. 따라서 정답은 (c)이다.

Voca far-reaching 지대한 영향을 미치는 sector 부문. 분야 undergo 겪다 paradigm 지배적인 사고의 틀 oligarchy 과두정부. 과두제 democratize 민주화

하다 akin ~와 유사한 conduct (특정 활동을) 하다
spectate 지켜보다, 구경하다

Answer (c) Digital TV will allow interactive use, not just passive spectating.

디지털 TV의 영향에 관한 강의입니다. 중요 내용들을 놓치지 않고 들어야만 정답을 찾을 수 있는 까다로운 문제입니다. 방송에 대한 통제가 민주화될 것이라고 했으므로 (a)는 오답입니다. (b)는 디지털 TV가 기술혁명의 역사를 방송할 것이라는 말은 강의 내용에 없으므로 오답입니다. [using structures akin to the Internet]으로 보아서 디지털 TV는 상호작용적일 것이라고 유추 가능하므로 정답은 (c)가 되며 (d)는 전혀 언급이 없으므로 오답이 됩니다.

60-1 Do you dread going to work? Do you fantasize about a fun and fulfilling career? What are you waiting for? Rather than letting your work make life stressful and boring, try something different. My previous job as a lawyer was well-paid and respected, but the high-profile cases and long hours led me to get stomach ulcers and kept me away from my family. I felt trapped in a career that didn't allow me to be creative and passionate. That is when I decided to quit and start my own business. While being my own boss can be challenging, I can work how and when it suits me best. Instead of drudging through a job you hate, take my advice and focus on doing what you enjoy in your job and in your life.

Q. What is the speaker's main point?
(a) Success is not just measurable by income.
(b) High-paying jobs are often too stressful for most people.
(c) People should find careers that are fulfilling to them.
(d) It is better to run your own business than work for others.

출근하기가 두려우십니까? 재미나고 성취감 있는 일자리에 대해 환상을 가지고 계십니까? 무엇을 기다리고 있습니까? 여러분의 직업이 삶을 지치고 따분하게 만들도록 내버려 두느니 차라리 다른 무언가를 해 보십시오. 제 예전 직업이었던 변호사는 벌이도 좋고 존경받는 직업이었지만, 사람들의 이목을 받는 여러 사건들과 장시간 근무로 인해 위궤양을 얻었고, 가족과 떨어지게 만들었습니다. 저는 제가 창조적이고 열정적인 삶을 허락치 않은 직업에 갇혀 있는 것 같은 기분을 느꼈습니다. 그 때 저는 일을 그만두고 제 사업을 시작했습니다. 스스로가 사장이 되는 것이 도전적인 일이었지만, 저는 저한테 가장 맞는 시기와 방법으로 일을 할 수 있습니다. 여러분이 싫어하는 일을 묵묵히 해 나가는 대신, 제 조언을 들으시고 여러분의 직업과 삶에서 즐거움을 얻는 것에 대해 초점을 맞추십시오.

화자가 말하는 요점은 무엇인가?
(a) 성공은 단지 수입에 의해서만 평가할 수 없다.
(b) 고소득 직업은 종종 대부분의 사람들에게 많은 스트레스를 준다.
(c) 사람들은 성취감을 주는 직업을 찾아야 한다.
(d) 다른 사람 밑에서 일하는 것보다 자기 사업을 하는 것이 더 낫다.

유형 → 대의 파악

Solution 화자는 돈이나 명예보다는 자신의 취향에 맞는 직업을 선택해야 한다는 주장을 펼치고 있다. .

Voca ulcers 궤양 trap 덫으로 잡다 drudge (고된 일을) 꾸준히 하다 measurable 측정할 수 있는

Answer (c) People should find careers that are fulfilling to them.

화자가 말하고자 하는 요지를 정확하게 파악하는 것이 중요한데, 직접적으로 요지가 나타나지 않기 때문에 상당히 어려운 문제입니다. 화자는 [I felt ~ passionate.]를 통해 열정적으로 일할 수 있어야 한다고 말하고 있습니다. 바로 이어서 직접 사업을 시작했다는 내용이 나오는데, 만약 예전의 직업이 열정적이고 창의적이었으면 굳이 사업을 하지 않았을 것이라는 것을 유추할 수 있으므로 (c)가 정답으로 가장 적절합니다.

60-2 Here's how things are looking weather-wise for this weekend. Unfortunately, for those of you hoping for warmer weather for weekend outings, Saturday will be much like today: windy and chilly, with a high of 52 degrees and a low of 27 degrees as the temperature drops during the evening and winds get even stronger. Sunday won't be much better, with a high of 50 degrees and a 70% chance of rain with some icy snow flakes mixed in at times. The low will be 25 degrees.

Q. Which of the following is correct about the weather forecast?
(a) Today's high temperature will not exceed 30 degrees.
(b) It is very likely to rain on Saturday evening.
(c) It will be colder on Sunday than on Saturday.
(d) On Sunday, the weather will start to warm up.

이번 주말의 날씨가 어떨지를 알려 드리겠습니다. 주말 나들이를 위해서 따뜻한 날씨를 기대하셨던 분들께는 안타깝게도 토요일은바람이 불고 쌀쌀한데다 최고 기온이 52도에 그치고 저녁에는 기온이 떨어지고 바람이 강해짐에 따라 최저 기온이 27도까지 떨어지는 등 오늘과 아주 비슷하겠습니다. 일요일도 별로 나아질 것은 없어서 최고 기온 50도에 비가 올 확률이 70%에 달하고 때때로 눈 섞인 비가 내리기도 하겠습니다. 최저 기온은 25도로 될 예상됩니다.

일기 예보에 관해 일치하는 내용은?

(a) 오늘의 최고 기온은 30도를 넘지 않을 것이다.
(b) 토요일 저녁에는 비가 올 확률이 높다.
(c) 토요일보다 일요일이 추울 것이다.
(d) 일요일에 날씨가 따뜻해지기 시작할 것이다.

유형 → 진위 파악

| Solution | 토요일의 최고 기온이 52도, 최저는 27도, 일요일에는 최고가 50도, 최저가 25도라고 했으므로 일요일이 더 추울 것이라는 것이 정답이다. |

| Voca | weather-wise 날씨에 관해서 outing 외출 |

| Answer | (c) It will be colder on Sunday than on Saturday. |

Joseph's focus

일기 예보를 듣고 일치하는 내용을 고르는 문제입니다. 일기예보 문제에서는 항상 유사한 단어들과 문장 구조가 사용되지만, 요일과 기온 등이 언급되기 때문에 혼동이 되기 쉽습니다. 문제의 일기예보는 주말 날씨이므로 (a)는 정답이 될 수 없습니다. 토요일이 오후에는 비가 아니라 바람이 강해짐으로써 기온이 떨어질 것이라고 했으며, 비가 올 확률이 70%인 것은 일요일입니다. 일요일 기온이 토요일보다 더 낮을 것으로 예상되므로 (c)가 정답이 되고, 일요일에 날씨가 풀린다는 내용은 언급되지 않았습니다.

Grammar

Part I (1~20)

1　A　내 새끼 고양이 봤어?
　　B　엄청 귀엽네!

유형 → 어순

| Solution | 감탄문의 어순을 묻는 문제이다. 이 문제는 thing이라는 명사를 수반했기 때문에 빈칸은 What으로 시작되는 감탄문이 적절하고, thing이 가산명사이기 때문에 부정관사 a가 필요하다. |

| Voca | kitten 새끼 고양이 |

| Answer | (d) What a |

Joseph's focus

What으로 시작되는 감탄문의 어순은 [What+a/an+(형용사)+명사+(주어+동사)!]이고 How로 시작되는 감탄문은 [How+형용사/부사+(주어+동사)!]의 어순입니다. How로 시작하는 감탄문에서 부정관사 a/an이 how 바로 뒤에 나타날 수 없습니다. 이에 더해, [how/however/too/so/as + 형용사/부사 + 관사+명사]의 어순과 [what/whatever/quite/such+관사+형용사+명사]의 어순도 자주 출제되니 함께 알아둡니다.

2　A　이 조리법에서 뭔가 빠진 게 아닌가 생각돼.

　　B　사실, 맛이 좀 밍밍한 거 같아.

유형 → 부사

| Solution | 빈칸 뒤가 형용사라는 점을 눈여겨보아야 한다. a kind of 나 kinds of 뒤에는 명사가 와야 한다. |

| Voca | recipe 조리법 bland 특별한 맛이 안 나는 |

| Answer | (c) kind of |

Joseph's focus

kind of는 구어에서 자주 나오는 표현으로, 단어와 단어, 구와 구, 혹은 문장과 문장 사이에서 추임새 구실을 합니다. 특별하게 대단한 의미가 있는 것은 아닙니다. kind of는 '종류'라는 뜻으로 해석되지 않고, '약간, 좀'의 뜻입니다. 청해영역에서는 kinda처럼 들리기도 합니다.

3　A　멕시코를 가 본 적 있니?
　　B　응. 3년 전에 치아파스에 갔다 온 적 있어.

유형 → 시제

| Solution | 시제를 묻는 문제이다. 3 years ago는 명백한 과거를 나타내는 시간부사로, 현재완료와 절대로 쓸 수 없고 반드시 단수 과거형과 함께 사용해야 한다. |

| Answer | (b) went |

Joseph's focus

현재완료를 쓸 것인가 과거형을 쓸 것인가를 결정해야 합니다. last ~, yesterday, ago, just now와 같이 명백한 과거를 나타내는 시간의 부사나 부사구는 현재완료 시제와 함께 나타날 수 없습니다. 또한 when으로 시작하는 의문문에서도 현재완료형은 나올 수 없습니다.

4　A　패티에게 무슨 일이 생겼는지 아니?
　　B　영국에서 연구 활동 중이라고 누가 그러던데.

유형 → 시제

| Solution | 적절한 시제를 묻는 문제이다. 주절의 전달동사가 과거라고 해서, 시제일치 원칙에 따라 (c) was를 답으로 고르지 않도록 한다. that절의 상황이 발화시점에도 여전히 존재하고 유효한 경우는 현재시제를 쓴다. |

| Answer | (d) is |

Joseph's focus

시제일치를 단순하게 적용하는 우를 범해서는 안 됩니다. 주절의 동사가 현재이면 종속절에서는 상황에 따라서 모든 시제가 가능합니다. 주절의 동사가 과거인 경우에도 종속절에서 전달하는 내용이 현재 상황과 어떤 관련이 있는지 살펴야 합니다. 일반적인 사실, 진리, 습관 등을 나타낼 때, 시제일치의 예외로 주절의 동사시제와 상관없이 현재시제로 표현하는 것도 같은 이치입니다.

5　A　가족 모임에 네가 올 수 없다니 너무 안됐어.
　　B　정말 가고 싶었어. 부탁할게. 거기에 온 모든 사람들에게 안

부 좀 전해 주렴.

유형 → 어순

Solution '안부를 전하다'라는 표현의 어순을 묻는 문제이다. 'B라는 사람에게 A의 안부를 전해 달라'고 부탁할 때, [remember A to B]의 어순으로 표현한다. remember 다음에는 안부를 전해달라고 부탁하는 사람이 와야 하고, 전치사 to 뒤에는 안부를 전해 듣는 사람이 와야 한다.

Voca reunion 모임

Answer (c) remember me to everyone

Joseph's focus

[remember A to B] 외에도 안부를 전해 달라고 부탁하는 표현에는 [Give my best regard to everyone.]이나 [Say hello to everyone.] 등도 있으니 꼭 함께 알아두도록 합니다.

6　A 그 책 어땠니?
　　B 솔직하게 말해도 돼? 내가 여태껏 읽은 것 중에서 가장 밋밋한 이야기였어.

유형 → 어순/정관사

Solution 최상급의 기본 형태는 [the + 형용사의 최상급 + 명사]의 어순이다. 명사를 수식하는 형용사의 최상급에는 the가 있어야 하고, 정관사 the는 가장 먼저 써야 하므로, (b)와 (c)는 답이 될 수 없다.

Voca pointless 무의미한, 가치가 없는

Answer (d) the most pointless story I've ever read

Joseph's focus

최상급 구문의 어순을 물어 보는 문제입니다. [the+형용사의 최상급+명사]가 최상급의 기본 형식이며, 접미사 –less로 끝나는 형용사의 최상급은 형용사의 원급 앞에, the most를 붙여야 하므로 정답은 (d)가 됩니다.

More Expressions

최상급 문형

the+최상급+of+복수명사구

John's the oldest of my three brothers.

the+최상급+in+장소나 상황

It was the tallest tree in the forest.

7　A 최근에 왜 바바라가 뜸한 거지?
　　B 개학을 한 이후로 줄곧 바쁘잖아.

유형 → 시제 (현재완료)

Solution 시간 접속사로 쓰인 since는 '~한 이래로 (지금까지)'라는 의미를 가지고 있으므로 현재완료와 가장 잘 어울린다. 이처럼 현재완료는 과거의 특정한 시점부터 현재까지 지속되어온 상태를 표현하는 시제이다.

Answer (c) has been

Joseph's focus

일단 질문 자체가 현재완료형입니다. 현재완료형으로 질문하

고 있기 때문에 문맥상 과거완료가 답이 되기는 어렵겠습니다. 과거시제는 현재의 상황을 표현하지 못하므로 (b)도 답이 되지 못합니다. (a)는 뒤에 나오는 since절과 상응하지 못하므로 답이 될 수 없습니다.

8　A 역사박물관에 우리와 함께 갈래?
　　B 아니. 난 이미 두 번이나 거기에 가 봤거든.

유형 → 시제

Solution 역사박물관에 함께 가자는 A의 제안에 B가 거절을 하고 있는 상황이고, 그 거절의 사유가 이미 두 번이나 가 봤기 때문이라고 밝히고 있다. 과거로부터 현재(발화시점)까지의 경험의 총량을 말할 때 현재완료를 쓴다.

Answer (b) have been

Joseph's focus

대화를 나누는 시점이 가장 중요합니다. [Would you like to~?]의 구문은 과거형이 아니라, 현재시점에서 제안을 하는 표현이라는 것도 정답을 찾는데 도움이 됩니다. (d)는 과거 사건에 대한 가정적 표현으로 '거기에 갈 수도 있었는데 못 갔다'의 의미가 되므로 거절의 이유로서 적합하지 않습니다.

9　A 어제 네 집에 짐이 있는 걸 봤어.
　　B 주로 퇴근하는 길에 들르곤 해.

유형 → 시제 (현재)

Solution 문맥에 맞는 적절한 시제를 고르는 문제로, 특히 시제 문제는 부사를 눈여겨볼 필요가 있다. 문장 중간에 쓰이는 빈도부사인 usually, often, sometimes, always 등은 주로 단순 현재형과 어울리는 부사들이다. 이런 부사가 없는 경우는 문맥을 살펴서 판단하면 된다.

Voca swing by (~에) 잠깐 들르다

Answer (a) swings

Joseph's focus

진리, 일반적 사실, 습관처럼 과거, 현재, 미래에도 '늘 그러한 것'에는 현재형을 쓴다는 점을 명심해야 합니다. B의 대답에서 usually는 Jim의 현재 습관을 나타내 줍니다.

10　A 여기서 나가자.
　　B 부엌 정리가 끝나면, 떠나자.

유형 → 시제 (조건부사절)

Solution 부엌 청소를 끝내는 것은 미래이지만, '일단 ~하면'의 뜻을 가진 접속사 once는 조건부사절을 이끌므로, 현재형으로 써야 하며, '~를 하는 것을 끝내다'는 표현은 관용적으로 [be done + –ing] 형태로 쓴다.

Voca once 일단 ~하면

Answer (b) I'm done

Joseph's focus

시간이나 조건을 나타내는 접속사(when, until, before, after, if, once 등)가 이끄는 부사절에서는 의미상 미래의 일이나 상

황이라 할지라도 현재형으로 표현합니다. 그러나 when이나 if가 이끄는 절이 명사절로 쓰이는 경우에는 시제에 맞게 동사형을 바꿔 줘야 합니다.

11　A　이번 주말에 널 만나러 갈게.
　　　B　주말에 보통 수업이 있기 때문에, 소용이 없을 거야.

유형 → 빈도부사/시제

Solution　이 문장에서 부사 typically는 usually와 거의 비슷한 의미를 지닌 빈도부사로 볼 수 있다. 일반적인 습관이나 현재의 사실은 현재형으로 표현한다.

Answer　(c) have

JoSeph's focus

typically의 의미를 알면 좀 더 쉽게 정답을 찾을 수 있겠지만, 문맥을 잘 파악해도 현재형을 써서 현재의 사실이나 습관을 표현해야 한다는 것을 알 수 있습니다. B의 대사에서 since는 때가 아닌 이유를 나타내는 부사절입니다.

12　A　뭐하고 있니?
　　　B　컴퓨터의 CD 드라이브가 열리질 않아.

유형 → 조동사

Solution　주어의 고집을 표현할 때는 조동사 will의 부정형인 won't 또는 wouldn't를 사용한다. 문맥상 'CD 드라이브가 열리려 하지 않는다'는 의미이므로 (a) won't가 가장 적절하다.

Answer　(a) won't

JoSeph's focus

이 문제에서 조심할 것은 주어의 의지가 들어가는 조동사를 써야 한다는 것입니다. 왜냐하면, 단순 현재시제를 쓰면, 현재의 사실, 현상, 습관을 나타내므로, 이 문장은 'CD드라이브가 평소에도 잘 열리지 않는다'는 의미를 내포하게 되기 때문입니다. [My car won't start.와 My car doesn't start.]의 경우처럼 의미상 매우 큰 차이가 있다는 것을 알아둡니다.

13　A　이봐, 마크, 네가 없는 동안, 네 컴퓨터 좀 썼어.
　　　B　괜찮아. 하지만, 일찍 부탁을 했어야지.

유형 → 조동사 (should have p.p.)

Solution　부사 earlier가 힌트이다. 문맥상 earlier는 과거를 의미하므로, '~했어야 했는데, 하지 않아 유감이다'는 뜻으로 과거 사실에 대한 유감을 표현할 때는 [should have p.p.]를 사용한다.

Voca　be no big deal 별일 아니다

Answer　(b) should have asked

JoSeph's focus

문맥에 맞는 답을 찾아야 하는데요, 일단, [It's no big deal.]은 '별거 아니다, 큰 문제가 아니다'라는 뜻입니다. 항상 but, however와 같은 표현 다음이 중요합니다. earlier를 힌트삼아 빈칸에는 [should have p.p.]의 표현이 적절합니다. 참고로

[need not have p.p.]는 '할 필요가 없었는데 했다'라는 표현입니다. 여기서 need는 조동사처럼 쓰인다는 것도 알아두세요. [could have p.p.]는 '~할 수 있었을 텐데(그런데 못했다)', [must have p.p.]는 '~였던 게 틀림없어'라는 것도 함께 알아둡니다. 앞의 표현들은 모두 가정법 과거완료 용법에서 파생된 표현들입니다.

14　A　릭 봤니?
　　　B　여기에 오는데.

유형 → 도치

Solution　장소 유도부사 Here가 문두에 나왔기 때문에, [동사+주어]의 형태인 (b)가 정답으로 생각될 수도 있지만, 주어가 대명사인 경우에는 도치를 하지 않는다는 점에 주의해야 한다.

Answer　(c) he comes

JoSeph's focus

이 문제는 도치 어순을 물어 보는 문제인데, 일반적으로 장소나 방향을 나타내는 부사(구)가 문두에 오는 경우에, [주어+동사]의 어순은 [동사+주어]의 어순으로 도치가 됩니다. (e.g. On the hill stands a house. Here comes the boy.)

15　A　fastidious가 무슨 뜻이니?
　　　B　fastidious한 사람은 눈이 너무 높아서 만족시키기가 어려운 사람이야.

유형 → 수 일치

Solution　fastidious는 형용사로서 원래는 주어 자리에 올 수 없지만, 여기서 fastidious는 사전적 의미의 그 단어 자체를 가리킨다. 단어 자체를 가리키는 경우, 따옴표 안에 들어간 단어의 품사, 단수/복수 형태에 상관없이 무조건 단수 취급한다.

Voca　fastidious 세심한, 까다로운

Answer　(a) does

JoSeph's focus

단어를 주어로 내세워서 만든 수 일치 문제입니다. 이런 경우 인용부호로 해당 단어를 묶어준 경우 문조건 단수 취급합니다.

16　A　체리세와 얘기 나눈 지 꽤 오래됐어. 오늘 그녀를 만나러 가는 게 어때?
　　　B　전화해 보자. 지금 집에 없을지도 모르잖아.

유형 → 조동사

Solution　조동사의 의미를 물어보는 문제이다. B는 A의 제안에 먼저 전화를 해보자고 응답하고 있는데, 그 이유가 집에 없을 수도 있기 때문이다. 어떤 객관적인 증거나 정황이 있는 경우, must not 이나 can not등을 쓰지만, 이 문제의 경우는 판단이나 추측의 근거가 되는 정황이나 증거가 없으므로 약한 추측을 나타내는 조동사가 적절하다.

Answer　(b) may

JoSeph's focus

조동사의 용법을 묻는 문제입니다. 문맥상 막연한 추측이기 때

문에 may나 might를 쓸 수 있습니다. 기본적으로 must는 의무, 강한 추측을 나타내고, will은 주어의 의지나 미래를 나타냅니다. shall은 will과 유사하게 사용되지만, 제안을 할 때 자주 쓰이며, should는 '당연, 충고'를 표현할 때 자주 등장합니다. 참고로 A의 말에서 go see라고 나오는데, go/come 뒤에는 to없이 바로 동사를 쓸 수 있다는 것도 알아둡니다.

17 A 우리 이웃집 사람 더 못 봐 주겠어. 무례하기가 짝이 없어.
B 내가 얘기해 볼게. 난 그런 종류의 사람들을 다루는데 익숙해.

유형 → 동사구

Solution '~하는데 익숙하다'는 표현은 [be used/accustomed to + -ing]형태로 쓴다.

Voca handle 다루다 be accustomed to + -ing ~하는데 익숙하다

Answer (b) am accustomed to

Joseph's focus

문맥에 적합한 동사구를 찾는 문제입니다. to가 전치사이기 때문에 명사/동명사가 뒤에 따라 나오는 구문입니다. object to, look forward to, as to, with regard to 표현들도 같이 알아둡니다.

18 A 뭐 필요한 거 있으세요?
B 음악소리 좀 줄여 주실래요? 일에 집중을 못하겠어요.

유형 → 조동사

Solution 문맥에 알맞은 조동사를 고르는 문제이다. B가 음악소리를 줄여 달라고 한 걸로 봐서, 대화 시점에서 음악이 흘러나오고 있다고 볼 수 있고, 이 음악 소리가 커서 B는 일에 집중을 할 수 없다는 뜻이므로 능력을 나타내는 조동사가 빈칸에 알맞다. (a) couldn't는 과거의 능력을 나타내므로 시제가 맞지 않다. (b) musn't와 (c) won't는 문법적으로는 충분히 가능하지만, 문맥에 맞지 않기 때문에 답이 될 수 없다.

Voca turn down 낮추다

Answer (d) can't

Joseph's focus

문법 문제도 문맥을 따져야 하는 경우가 많습니다. 이 문제도 4개의 선택지 모두 문법적으로 가능하지만, 문맥에 가장 적합한 것을 찾으면 능력을 나타내는 조동사 (d)가 됩니다. 참고표현으로, [Did you want something?]은 [Do you want something?]과 같은 의미인데, 현재형 [Do you want something?]보다는 좀 더 부드럽고 정중한 구어체 표현으로 쓰입니다.

19 A 그 영화를 아직도 못 봤다니 놀라워.
B 응, 조만간 봐야겠어.

유형 → 조동사구

Solution B는 A가 언급한 영화를 보지 못했으므로, 가까운 시일 내에 볼 거라고 응답하는 것이 자연스럽다. 그러므로 (b)가 빈

칸에 적절한 답으로 볼 수 있습니다.

Answer (b) have got to see

Joseph's focus

문맥에 알맞으면서 부사 soon과 잘 호응하는 (조)동사구를 고르는 문제입니다. soon은 B가 아직 영화를 보지 못했다는 것을 나타내고 있습니다. (a) have seen은 이미 봤다는 뜻이므로 부사 soon과 충돌될 뿐만 아니라, 대화의 문맥에도 전혀 맞지 않습니다. (c) may have seen 역시, '~했을지도 모른다'는 뜻으로 과거에 대한 추측의 의미를 가지므로 부사 soon과 어울리지 않습니다[have got to]는 [have to]와 유사한 표현입니다.

20-1 A 의사가 나보고 가능한 한 빨리 수술을 받아야 한다고 했어.
B 음, 어떻게 할지 결정하기 전에 다른 의사의 소견도 들어봐야 하지 않을까?

유형 → 조동사(should)

Solution 문맥상 B는 A에게 다른 의사의 소견을 받아보라고 충고나 제안을 하고 있다고 볼 수 있다. (b) will은 요청의 의미가 되므로 어색하고, (c) shall은 주로 I와 we와 함께 써야 하므로, 답이 될 수 없다. (a) wouldn't는 가정법의 의미가 들어 있다. 즉, "(너가 나라면) 다른 의사의 소견을 받아보지 않겠니?"라는 뜻이 되어, 어색해지므로 답이 될 수 없다.

Voca surgery 수술 second opinion 다른 의견

Answer (d) shouldn't

Joseph's focus

조동사의 쓰임을 묻는 문제입니다. 가볍게 충고를 하고 있거나, 제안을 하고 있는 상황이므로, 충고/제안의 의미로 쓰이는 조동사 should/shouldn't가 빈칸에 가장 적합합니다.

20-2 A 죄송한데요, 당신이 보고 싶어 한 기사를 찾을 수가 없네요.
B 그럼 혹시 찾는데 성공하시거든 즉시 알려 주시겠어요?

유형 → 연어

Solution '~하는데 성공하다'라는 의미에 이어 동사 succeed in과 그에 뒤따라오는 동사의 형태를 묻는 문제이다.

Voca locate ~의 정확한 위치를 찾아내다 article 기사

Answer (d) in finding it

Joseph's focus

이어 동사 succeed in에 동사가 따라올 때 알맞은 형태를 고르는 문제입니다. succeed에는 '성공하다'의 의미가 있지만 '~하는 데 성공하다'라고 할 때는 succeed in을 사용합니다. 이 뒤에는 명사나 동명사가 따라오게 됩니다. 그러므로 (d)가 정답으로 가장 적절합니다.

Part II (21~40)

21 그와 다른 팀원들 사이에 갈등이 있었지만, 그는 농구 실력에 관한 한 존경받는 팀원이야.

유형 → 태

Solution '~에 관한 한'의 뜻을 지닌 [as far as + 주어 + be concerned] 구문을 물어보는 문제이다. '~와 관련되다'는 뜻의 동사 concern은 타동사로만 쓰이는 동사이다. 빈칸 뒤에 목적어가 없으므로, 능동 형태는 구조적으로도 불가능하며, 의미적으로 보아도 ability는 concern의 대상이지 주체가 아니므로 수동 형태가 알맞다.

Voca teammate 팀 동료

Answer (c) is concerned

Joseph's focus

concerned는 '걱정스러운, 염려하는, 근심하는, 관계하는, 관계가 있는'의 의미의 형용사이고 about과 with와 함께 사용되는 경우가 많습니다. 원래는 concern의 과거분사였으나 형용사로 굳어진 경우입니다. worried, excited, interested, tired 같은 경우라고 볼 수 있습니다. [as far as ~ concerned]는 이미 관용구처럼 굳어진 표현이니 꼭 숙지해 두도록 합니다. concerning은 '~에 관하여(=about)'라는 의미를 가진 전치사입니다.

22 코끼리들은 구금상태에서 시간을 보내서 회복된 후에 자연 서식지로 옮겨졌다.

유형 → 시제 / 태 / 수 일치

Solution 문맥상 [recovering from their time in confinement.]라는 어구로 보아, 코끼리들이 한때 질병이 걸렸다거나, 부상을 당했음을 알 수 있으므로 과거 시제가 적절하며, 코끼리 스스로 이주했다기보다는 사람들이 서식지로 옮겼다고 보는게 상식적이고 자연스럽기 때문에 수동이 되어야 한다.

Voca habitat 서식지 confinement 구금, 갇힘

Answer (b) were moved

Joseph's focus

답은 아주 간단하지만, 시제, 수 일치, 태를 혼합시킨 문제입니다. 주어가 복수형이기 때문에 (a)는 답이 될 수 없고, 문맥상 수동의 의미이기 때문에 (c)와 (d)도 답에서 제외됩니다. 이처럼 문장구조를 제대로 파악하고, 문제의 출제의도를 알면 쉽게 문제를 해결할 수 있는 경우가 많습니다.

23 대회 참가자들 각각 질문을 받았다.

유형 → 수 일치

Solution 기본적인 수 일치 문제이다. each 뒤의 동사는 무조건 단수동사를 쓰므로 (a) was가 정답이다. each는 형용사, 대명사로 주로 쓰이는데, 형용사로 쓰일 때는 [each+ 단수명사] 형태이고, 대명사로 쓰일 경우에는 [each of the+ 복수명사] 형태를 취한다.

Voca contestant (대회의) 출전자, 경쟁자

Answer (a) was

Joseph's focus

아주 간단한 수 일치 문제이지만, 의외로 많이 틀리는 문제이

기도 합니다. 특히 of가 있는 한정 어구는 조심해야 합니다. every, each와 함께 오면 of 뒤에 오는 명사의 수에 관계없이 동사는 무조건 단수 취급하며, the number of도 역시 단수 취급합니다. 그러나 a lot of나 a number of는 항상 복수로 취급하며 복수동사가 옵니다.

24 학생은 한 시간 동안 쩔쩔 맺던 그 문제를 결국 풀 수 있었다.

유형 → 시제

Solution 주절의 동사가 was able to solve로 과거형이므로, 종속절의 시제 역시 과거나 과거완료가 되어야 한다. 선택지에서 가능한 답은 (a) had been밖에 없다.

Voca stuck on ~에 빠져(반해)

Answer (a) had been

Joseph's focus

주절의 시제에 따라 종속절의 시제를 찾아내는 문제입니다. 이 문제의 경우 선택지에 과거형 was가 있었다면 까다로운 문제가 될 수도 있습니다. 시간 부사구인 for an hour가 특정한 과거 시점을 기준으로 그 이전에 시작된 상태의 지속기간을 나타내므로, 과거완료 had been이 단순과거보다 더 적합합니다. for an hour가 없을 경우 was도 충분히 답으로서 가능합니다.

25 캐시는 좀처럼 농담을 하지 않는다. 하지만, 하기만 하면, 아주 웃긴다.

유형 → 시제

Solution 현재의 일반적인 사실이나 습관을 말할 때는 현재형을 쓴다. 그리고 주절의 동사 시제가 is로 현재이므로, 종속절 또한 현재형이어야 한다. 따라서 빈칸에는 현재형 일반 동사 tells를 대신 받는 (a)가 가장 알맞다.

Voca hilarious 아주 우스운

Answer (a) does

Joseph's focus

시제 일치를 묻는 문제입니다. 문장 전체가 현재시제이기 때문에 답을 쉽게 찾을 수 있습니다. 다만, [Kathy rarely tells jokes]는 Kathy의 일반적인 성향을 나타내므로 항상 현재형으로 합니다. 또한 정답인 does는 tells jokes를 받아주는데 do동사의 조동사적 용법입니다.

26 그녀는 아침 내내 사무실에 없었다.

유형 → 부사 대격

Solution 부사 대격을 물어보는 문제이다. [all+시간 표시 명사(→ all morning, all night, all day, all his life)] 형태로 씁니다.

Voca all morning 아침 내내

Answer (b) all morning

Joseph's focus

이런 부사 대격 표현들은 거의 관용 어구처럼 쓰이기 때문에,

꼭 외워두도록 합니다. 부사 대격이란, 전치사 없이 시간 표시 명사만을 써서 부사 역할을 하는 경우를 말합니다. 보통 [~동안 내내]의 전치사로 for가 붙는 것이 보통이나, 형용사 all이 시간 표시 명사 앞에 붙는 경우에는 전치사 for를 쓰지 않고,[all+시간 표시 명사(→ all morning, all night, all day, all his life)] 형태로 씁니다. [the entire, the whole, this, every, last, next] 등의 수식어구가 앞에 붙는 경우에는 전치사를 쓰지 않습니다.

27 판사는 그 사건과 관련 있는 사람들에게 증거를 제출하라고 명령했다.

유형 → to 부정사

Solution 동사 order는 목적어와 목적격 보어의 주술관계가 능동인 경우, 목적격 보어로 to 부정사를 취하므로 (b)가 적절하다.

Voca turn over (정보 따위)를 (경찰에) 넘기다

Answer (b) to turn over the evidence

Joseph's focus

동사에 따른 문장구조를 물어보는 문제입니다. order/tell/ask/command/get/allow/persuade/want 등의 동사들은 [동사+목적어+to 부정사]의 구조를 가질 수 있습니다. 참고로 지각동사(see, watch, feel, hear), 사역동사 (make, let, have)는 동사원형을 목적격 보어로 취하여 [동사+목적어+원형 부정사]의 구조를 가집니다.

28 그는 독서를 끝내자마자, 잠자리에 들었다.

유형 → 시제

Solution 주절의 동사 went가 과거형이므로 종속절에도 과거형이나, 과거완료형이 와야 한다.

Voca the moment ~하자마자

Answer (b) finished

Joseph's focus

기본적인 시제 일치를 물어보는 문제입니다. The moment는 '~하자마자'라는 의미의 접속사구 as soon as와 유사합니다. [as soon as]나 [the moment+주어+동사]처럼 사건 전후가 분명한 경우에는 대개 과거완료형을 쓰지 않으므로 (d)를 선택하지 않도록 주의합니다. 참고로 [no sooner ~ than], [scarcely/hardly ~ when ~] 구문에서는 반드시 과거완료형을 써야 합니다.

29 인사를 하러 잠시 들를 수도 있었지만, 급하게 집에 가는 중이었어요.

유형 → 가정법 과거완료

Solution 문맥상 급하게 집으로 가는 길이라서, 인사를 하러 들르지 못했다는 뜻을 직설법으로 표현하지 않고, 가정법으로 표현하고 있으므로, 과거 사실의 반대를 가정하는 가정법 과거완료의 결과절 형태인 [조동사 과거+have+p.p.]가 알맞

다.

Voca in a rush 아주 급하게

Answer (c) would have stopped

Joseph's focus

가정법 과거완료 형태를 응용한 문제로 꽤 까다로운 문제입니다. if가 이끄는 조건 절이 없더라도 조동사의 과거형이 들어 있는 문장의 경우, 반드시 가정법의 변형인지 꼭 살펴봐야 합니다. 이 문제의 경우, 일반적인 if 가정법으로 표현하면 [If I had not been in a rush to get home, I would have stopped to say hello.]로 표현할 수 있습니다.

30 어려서부터 천재라고 불린, 모차르트는 역대 가장 뛰어난 작곡가들 중 한 사람이라고 자주 일컬어진다.

유형 → 수 일치 / 부사 ever

Solution 문맥상 빈칸은 '역대, 여태껏, 지금까지 살았던'의 의미를 가지는 관계사 절이 들어갈 자리이다. 이 경우 관계사절의 시제는 항상 현재완료형이 되어야 하고, 부사 ever는 빈도 부사와 같이 조동사/ be동사 뒤, 일반 동사 앞에 위치해야 하며, 관계사절의 동사는 선행사 composers에 일치시켜야 한다.

Voca refer to ~에 대해 언급하다

Answer (b) that have ever lived

Joseph's focus

관계사절의 수 일치와 부사 ever의 위치를 묻는 문제입니다. ever는 일반적으로 조동사와 be동사 뒤, 일반 동사 앞에 위치하는데, 현재완료/과거완료형이 나타날 때에는 have/had 뒤에 위치합니다.

31 내가 대학을 졸업할 때쯤이면, 나는 전공에 대해서 많은 것을 배우게 될 것이다.

유형 → 미래완료

Solution 미래의 두 동작 중 먼저 일어나는 동작에는 미래완료 시제를 쓴다. 접속사 by the time이 이끄는 부사절에서는 현재형으로 미래를 나타내므로, 졸업하는 시점은 미래시점이고 배우는 것은 졸업하는 것보다 이전 상황을 나타내므로, 미래완료 형태를 써야 한다.

Voca by the time ~할 때까지

Answer (c) will have learned

Joseph's focus

미래완료 시제와 관련된 까다로운 문제입니다. 우선 [by the time+주어+동사] 구문의 특징을 이해해야 합니다. 앞으로 '~할 때쯤이면, ~ 때까지는' 정도의 의미를 나타내므로 주절에서는 현재보다 미래 시제가 더 적합합니다. 이 문제에서는 미래의 특정 시점을 정한 게 아니라 '졸업할 때쯤'이라고 하고 있기 때문에 미래완료 시제가 더 적합해 보입니다.

32 꼭대기 나뭇가지에 앉아서, 밥은 어떻게 다시 아래로 내려가야 할지 생각했다.

유형 → 부대상황 분사구문

Solution 나뭇가지에 앉아 있는 것과 어떻게 내려갈지 생각하는 것은 동시 상황이다. '앉다'의 뜻을 가진 동사 sit은 자동사이므로 수동이 없고 수동이 없으므로 p.p.로 시작되는 분사구문이 성립될 수가 없으며, 의미적으로도 Bob이 '앉다'라는 행위의 주체이므로 능동 분사구문이 알맞다.

Answer (c) Sitting

Joseph's focus

부대상황 분사구문을 물어보는 문제입니다. 연속 동작과 마찬가지로 동시 상황은 완료 분사구문이 아니라, 단순 분사구문 형태로 써야 합니다. 부사절로 복귀하면, [While he sat (or was sitting) on the top branch of the tree, Bob wondered how he would get back down.]이라고 할 수 있습니다.

33 선생님은 학생들이 결석을 해서 바로 짜증을 냈다.

유형 → 동명사구

Solution 선생님이 짜증난 이유는 학생들이 결석을 했기 때문이다. 빈칸은 전치사 by의 목적어 자리이므로, 명사 상당 어구가 아닌 동사가 사용된 (b)와 (d)는 답이 될 수 없다. (a)는 having을 사역동사의 have의 동명사 형태로 봐주고, absent를 목적격보어로 생각할 수도 있으나, have는 목적격보어로 형용사를 취하지 않는다.

Voca annoyed 짜증난

Answer (c) his students being

Joseph's focus

동명사구에서 주술 관계를 표현하는 방법에 관한 문제입니다. 문제를 보는 순간 by가 전치사이므로 뒤에 동명사를 포함한 명사 상당어구가 필요하다는 것을 알아차려야 합니다. 그럼 간단히 (b)와 (d)는 정답에서 제외됩니다. 동명사의 의미상의 주어는 반드시 동명사 앞에 써야 하고, 동명사의 의미상의 주어가 대명사일 경우는 소유격이 원칙이나, 목적격도 가능합니다.

34 생필품 가격이 석유 부족 사태 때문에 크게 올랐고 테러 공격의 공포로 악화되었다.

유형 → 문장구조/분사구문

Solution 일단 due to는 접속사가 아니라 전치사이므로, 빈칸에는 절대로 동사가 들어갈 수 없다. 따라서 동사 형태인 (c) worsen은 답에서 제외된다. 동사 worsen의 알맞은 분사 형태를 골라 넣어야 하는데, 문맥상 테러 공격에 대한 우려 때문에 석유부족 사태가 악화되는 것이므로 수동의 의미를 나타내는 과거분사 형태가 필요하다.

Voca daily necessities 일용 필수품 worsen 악화되다

Answer (a) worsened

Joseph's focus

문장구조와 현재분사와 과거분사의 구분을 묻는 문제입니다.

문맥상 과거분사를 쓰는 것이 분명하지만, 뒤에 [by fears of terrorist attacks]라고 하는 상황을 악화시키는 원인이 나오고 있습니다. 무조건 적용할 수는 없지만, 뒤에 by가 있다는 것은 정답이 과거분사형일 수도 있음을 추측할 수 있게 합니다.

35 기자들 앞에서 민감한 질문들에 답변해 달라는 요청을 받자, 그 유명인사는 급히 화제를 돌렸다.

유형 → 분사구문

Solution 독립분사구문을 제외한 분사구문의 의미상의 주어는 주절의 주어와 일치해야 한다.

Voca press 언론 celebrity 유명 인사

Answer (d) Asked

Joseph's focus

이 문제는 분사구문과 동사에 따른 문형 문제가 혼합된 형태입니다. 우선 to 부정사가 동사를 따르고 있다는 점과, 'the celebrity changed the subject'라고 하는 주절이 이어진다는 점을 주목합니다. 주절의 주어 celebrity는 동사 ask의 주체가 아니라 대상입니다. 즉, 요청을 한 것이 아니라 요청을 받은 것이므로 수동 분사구문이 되어야 하므로 (d)가 정답이 됩니다.

36 비록 선의였지만, 험프리 씨의 학생들과 친구가 되려는 시도들은 결국 역효과를 가져왔다.

유형 → 접속사/전치사/분사구문

Solution 우선 despite 다음에는 of가 필요 없다. 분사구문을 만들면서 'being'은 생략 가능하다는 점과 접속사가 때에 따라서 분사구문에서도 사용이 가능하다는 것을 명심해야 한다.

Voca well intentioned 선의에서 한 backfire 역효과를 낳다

Answer (c) Although well intentioned

Joseph's focus

접속사와 전치사 구분, 그리고 분사구문을 물어보는 문제입니다. 일단 (b)와 (d)는 despite 뒤에 of가 붙어서 틀렸습니다. '~임에도 불구하고'의 뜻을 가진 전치사는 despite와 in spite of이며 접속사로는 although, though, even though가 있습니다. although 양보부사절이 분사구문으로 축약된 형태인 (a)와 (c)를 보면 분사구문의 생략된 의미상의 주어는 주절의 주어와 동일하므로, although 뒤에 생략된 주어는 Mr. Humphrey's attempts입니다. 그 다음 attempts와 intend의 관계를 따져야 하는데, attempts와 intend의 주술관계는 수동관계이므로, well intended가 되어야 하므로 (a)는 답이 될 수 없습니다. 결국 (c)가 정답이 되는데, well intentioned는 하나의 형용사로 '선의의, 좋은 의도를 가진'의 뜻으로 well intended와 바꾸어 쓸 수 있는 표현입니다.

37 신발을 벗고 나서, 우리는 통로를 따라 조심스럽게 기어갔다.

유형 → 부대상황 분사구문

 신발을 벗은 것이 통로를 기어간 동작보다 먼저 일어난 동작이지만, 연속 동작에 해당하므로, 굳이 완료 분사구문을 쓸 필요는 없고, 단순 분사구문을 쓰면 된다. 그리고 분사구문의 의미상의 주어인 we는 take off 행위의 주체이므로, 능동 분사구문을 쓰면 된다.

Voca creep 살금살금 가다 passage 통로

Answer (b) Taking off

Joseph's focus

부대상황(연속 동작) 분사구문을 물어보는 문제입니다. 이 경우 완료 분사구문이 문법적으로 틀리다는 것이 아니라, 완료분사구문을 쓰기보다는 단순 분사구문을 쓰는 편이 낫다는 것입니다. 부사절의 주어의 능동/수동 관계를 잘 따져서 정답을 찾도록 합니다.

38 부모님과 얘기를 하고 나서, 그 남자는 대학에 복학하기로 결심했다.

유형 → 분사구문/시제

Solution 분사구문의 시제를 묻는 문제이다. 부모님과 얘기를 나눈 것이 그 남자가 대학에 복학하기로 한 것보다 먼저이므로, 완료 분사구문이 적절하다. 얘기를 나눈 것과 결심을 연속 동작으로 볼 수 없기 때문에 (b) Speaking with를 답으로 고르지 않도록 주의해야 한다.

Answer (c) Having spoken with

Joseph's focus

분사구문의 시제를 묻는 문제입니다. 이게 부대상황이 아닌가하고 착각하기 쉬운데, 부대상황은 두 가지 동작이 동시에, 혹은 거의 연속으로 이루어지는 경우입니다. 37번 문장과 Smiling brightly, she was waving hands to her husband와 같은 문장이 좋은 예입니다. 하지만, 이 문제는 그런 경우가 아니라, '부모님과 (어느 정도 시간을 갖고) 얘기한 후'라는 맥락입니다.

39 내 친구들이 나에게 홈커밍 파티를 열어 줬는데, 이 사실이 매우 흥미로웠다.

유형 → 관계대명사(계속적 용법)

Solution 관계대명사 중에서 앞 문장 전체를 받아 주는 계속적 용법의 관계대명사는 which이다. 나를 행복하게 해준 것은 앞의 문장 전체이므로 which를 써야한다.

Voca homecoming party 고향, 모교 방문을 환영하는 파티

Answer (a) which

Joseph's focus

이 문제는 계속적 용법으로 사용된 관계대명사를 찾아야 하는 문제입니다. 관계대명사 that과 what은 계속적 용법에서 사용할 수 없다는 것을 명심해야 합니다. 또한 관계대명사는 두 문장을 한 문장으로 연결하는 접속사적인 성질도 가집니다. this는 지시대명사로서 접속사 없이 앞문장과 뒷문장을 연결할 수 없습니다.

40-1 지금까지의 진척 상황으로 볼 때, 프로젝트는 다음 주까지 완료될 것이다.

유형 → 미래시제

Solution by next week은 미래시점이므로, 프로젝트가 다음 주까지 완료될 것이라는 의미의 미래시제를 쓰면 된다. (a)를 정답으로 생각할 수도 있으나, 문맥상 미래의 특정시점 보다 프로젝트가 완료되는 동작이 먼저 있을 것이라는 걸 강조하는 게 아니라, 현재의 작업 진척 사항으로 볼 때, 프로젝트가 완성될 시점이 다음 주라고 단순하게 예상하는 것이므로, will be completed가 더 적절하다.

Voca judging from ~으로 판단하건대

Answer (b) will be completed

Joseph's focus

역시 미래 시제와 관련된 어려운 문제입니다. 31번 문제와 다른 점은 '다음 주'라고 하는 미래의 확정된 시점을 제시하고 있다는 것입니다. [by+미래시점]이 나왔다고 무조건 미래완료라는 생각을 버리고, 문맥의 전후 상황을 잘 따져 정답을 찾아야 합니다. 이 문제는 행위나 상태의 지속적인 면보다는 '다음 주 언젠가는 프로젝트가 완료될 것'이라는 미래에 있을 단순 사실을 서술하고 있습니다.

40-2 텔레비전의 발명과 그에 뒤따른 인기 이후에 라디오는 더 이상 예전처럼 중요하지 않았다.

유형 → 어순/시제/비교

Solution 주절의 시제가 was이고 '이전에 그랬던 것처럼'의 의미가 되어야 하므로 as 다음에는 had been이 쓰여야 한다.

Voca subsequent 뒤따른

Answer (c) important as it had been

Joseph's focus

어순과 시제, 비교급의 형태를 함께 묻고 있는 문제입니다. 우선 의미상 어떤 내용이 되어야 할지를 짐작해 보도록 합니다. '~만큼 ~하지 않다'라고 할 때는 [as + 형용사/부사의 원급 +as]를 사용합니다. 앞의 as는 이미 빈칸 앞에 놓여 있는 상태이므로, 형용사로 시작되는 (b)나 (c)중에 정답이 있게 됩니다. 시제를 살펴보면 radio가 주어인 문장의 동사가 was이므로 그 보다 이전에 중요했던 것 만큼이라는 의미가 되려면 그보다 한 시제 앞선 형태가 되어야 합니다.

Part III (41~45)

41 (a) A 탈옥한 죄수들에 대해 새로운 소식 들은 거 있니?
    (b) B 아니, 무슨 얘기야?
    (c) A 그들이 어제 와코의 한 식당에서 발견됐대.
    (d) B 잡힐 때가 됐지. 곧 체포되길 바라.

유형 → 시제

Solution 시제 오류를 고르는 문제이다. 아직 탈옥한 죄수들이 잡힌 것이 아니므로, '잡히기를 바란다'는 의미가 되어야 하므로 (d)의 were를 are로 고쳐야 한다.

Voca   spot 발견하다, 찾다   diner 작은 식당

Answer   (d) were → are

Joseph's focus

hope 다음에는 to 부정사나 that절이 올 수 있으며, 문맥상 과거는 적절하지 않습니다. 문장 구조가 wish와 비슷해서 혼동하는 경우가 있는데, I[We] wish 다음에는 가정법이 나올 수 있지만, hope 뒤에는 항상 직설법이라는 것을 명심해야 합니다.

42 (a) A 안녕하세요. 온라인 뱅킹을 할 수 있게 계좌를 마련하려고 합니다.
　　(b) B 좋아요. 저희 은행에 계좌가 있으신가요?
　　(c) A 예, 온라인 뱅킹을 하려면 어떻게 해야 하죠?
　　(d) B 당장 등록해 드릴게요.

유형 → 명사(가산, 추상)

Solution   account는 추상명사로 불가산명사 취급하지만, 문제에서처럼 '은행 계좌'의 뜻으로 쓰인 경우에는 가산명사이다. 따라서 (b)의 account 앞에 부정관사 an을 붙여서, an account로 표현해 줘야 올바른 표현이다.

Voca   arrange 마련하다   sign up 등록하다

Answer   (b) account → an account

Joseph's focus

명사 account는 기본적으로 '해설, 이야기'의 의미입니다. 그런데 은행에서 쓰이면 '계좌, 예금(액)' 등의 의미를 나타냅니다. 그래서 '계산, 회계, 계산서, 청구서'로 의미가 확장됩니다. 컴퓨터나 인터넷에 관련해서는 '계정'이라는 의미도 있습니다. (c)에 나오는 bank는 동사로 '예금하다, 은행과 거래하다'라는 뜻이고, bank online은 관용적 표현으로 자주 쓰입니다.

43 (a) A 위트니, 우리 서로 다른 사람 만나는 게 좋을 거 같아.
　　(b) B 왜? 우리 사이에 뭔 문제 있어?
　　(c) A 우린 서로 잘 맞지 않은 거 같아.
　　(d) B 난 그건 전혀 사실이 아니라고 생각해.

유형 → 수 일치

Solution   (d) that은 지시대명사이며 단수 취급하므로 단수동사가 이어져야 한다. 따라서 (d)의 are를 is로 고쳐야한다.

Voca   head 가다, 향하다

Answer   (d) are → is

Joseph's focus

that절 안에서의 수 일치를 물어보는 문제입니다. (d)에서 that은 지시대명사이고 항상 단수 취급을 해야 합니다. 참고로 바로 앞에 명사절을 이끄는 종속접속사 that이 생략되어 있습니다.

44 (a) A 오늘 역사 수업 좀 녹음해 줄 수 있겠니?
　　(b) B 수업에 못 오는 이유가 뭐니?
　　(c) A 병원에 가야 하거든.
　　(d) B 해 줄 수 있을 거 같아. 대신 나중에 내 부탁 들어 줘야 해.

유형 → 조동사(need)

Solution   조동사 need의 용법을 묻는 문제이다. 조동사 need는 부정문과 의문문에만 사용해야 하며, 긍정문에서는 [need + 동사원형]으로 절대로 사용할 수 없다. 따라서 (c)의 need를 본동사로 바꿔 줘야 하는데 이를 위해 to 부정사를 목적어로 취한다.

Voca   do me a favor 부탁하다

Answer   (c) need → need to

Joseph's focus

need에는 본동사 · 조동사의 용법이 있는데, 조동사는 주로 부정문과 의문문 또는 의문이나 부정의 내용을 나타낼 때 쓰입니다. 긍정문에서는 본동사로 쓰는 것이 보통이고, 구어에서는 needn't를 제외하고는 거의 쓰이지 않습니다. 조동사 need에는 과거형, 부정사, 분사형이 없으므로 본동사를 쓰거나 [have to/didn't have to/will not have to]를 대신 씁니다.

45-1 (a) A 오늘 왜 이렇게 늦었어요?
　　(b) B 버스들이 서지 않고 그냥 지나가 버렸어요.
　　(c) A 왜 서지 않은 거죠?
　　(d) B 만원이었던 거 같아요.

유형 → 시제

Solution   A가 B에게 늦은 이유를 묻고, B가 그 이유를 밝히고 있는데, 버스가 그냥 지나친 것은 과거의 일이므로, pass를 passed로 고쳐야 대화가 자연스러워진다.

Voca   a bunch of 한 무리의   incident 사고

Answer   (b) pass → passed

Joseph's focus

시제가 전체적인 맥락에 적합한지 찾아야 하는 문제입니다. 과거의 사건에 대해 이야기하고 있다는 것을 주의해야 합니다. [How come ~?]은 이유를 묻는 의문사 구입니다. 그 모양이 특이하고, come때문에 현재시제로 오해하지 않도록 주의해야 합니다.

45-2 (a) A 11시 전에는 너희 집에 못 갈 것 같아.
　　(b) B 좀 더 빨리 올 수는 없겠니? 그 이전에 많은 사람들이 갈 거야.
　　(c) A 내가 알아보겠지만, 여기서 빠져 나가지 못할 것 같아.
　　(d) B 노력해 봐, 하지만 네가 11시까지 못 와도 이해할게.

유형 → 비교급

Solution   그것보다 더 빨리 올 수는 없냐는 의미이므로 soon은 sooner가 되어야 한다.

Voca   make it 오다, 도착하다

Answer   (b) soon → sooner

Joseph's focus

형태로만 봤을 때는 비교급을 나타내는 than이 없기 때문에 틀린 곳을 찾기가 쉽지 않을 수도 있습니다. 비교급이 쓰여야 한다는 것을 알기 위해서는 대화의 내용을 제대로 파악해야만 합니다. 11시 전에 못 갈지도 모른다고 하자 그것보다 더 빨리 올

수 없겠냐고 묻고 있으므로 의미상으로는 [Can't you come sooner than that?]가 원래의 문장이 됩니다. 그러므로 soon 은 sooner가 되어야 옳습니다.

Part IV (46~50)

46 (a) 베타니 해밀턴은 하와이 출신의 젊고 유망한 파도타기 선수였다. (b) 어느 날 그녀는 친구들과 젊고 유망한 파도타기를 하던 중, 상어의 공격에 팔을 잃어버렸다. (c) 그녀는 가까스로 해변으로 헤엄쳐 되돌아와서, 즉시 병원으로 옮겨졌다. (d) 그 사고가 난 지 겨우 한 달이 지나서, 그 최고 수준의 십대 선수는 다시 서핑보드에 올라서 자기 꿈을 계속 이어나갔다.

유형 → 시제

Solution 그녀가 자신의 꿈을 계속 이어나간 것이 다시 서핑보드를 타기 시작한 것보다 이전 상황이라고 볼 수 없으므로, (d)의 완료부정사 to have continued를 단순부정사 to continue로 고쳐야 한다.

Voca promising 유망한 hospitalize 입원시키다 top-rated 최고 수준의

Answer (d) to have continued → continuing

Joseph's focus

to 부정사의 시제를 물어보는 문제입니다. 완료부정사는 to 부정사의 시제가 주절의 동사 시제보다 한 시제 앞섰음을 나타냅니다. 이는 완료형 동명사도 마찬가지입니다. (c)에서 manage 다음에 to 부정사가 이어지는 것도 알아둡니다.

47 (a) 빌 한나와 조 바베라는 거의 50년 동안 함께 일하면서 세상에서 가장 유명한 만화 캐릭터들을 많이 만들어 냈다. (b) 그들이 〈톰과 제리〉, 〈플리스톤〉, 〈스쿠비 두〉와 같은 만화영화를 만든 장본인이었다. (c) 그들이 일했던 영화사가 그들의 해고를 원했을 때, 그들은 1957년에 자신들의 회사를 설립했다. (d) 그들의 긴 생애가 거의 50년 동안 한 팀으로 계속 일을 하게 하였다.

유형 → 동사(keep)

Solution 동사의 유형을 묻는 문제이다. keep은 5형식 문장에서 목적격보어로 형용사, 현재분사, 과거분사를 취할 수 있다. 목적어와 목적격보어의 주술 관계가 능동이면, 현재분사를 취하고, 수동 관계이면 과거분사를 취한다. (d)의 them은 빌 한나와 조 바베라를 가리키므로 work와의 주술 관계는 능동관계이다.

Voca recognizable 알 수 있는

Answer (d) worked → working

Joseph's focus

동사 keep이 들어가는 문장의 구조를 좀 더 자세히 이해할 필요가 있습니다. keep은 우선 기본적으로 '상태를 지속하다'는 의미가 있습니다. 타동사로 목적어를 취해서 [keep+목적어+형용사/현재분사/과거분사] 형태의 문장 구조가 가능하고, 자동사로 쓰이면 [keep+형용사/현재분사/과거분사]의 문장 구조도 가능합니다. 그리고 전치사 from과 함께 쓰이면 '그만두다, 삼가다'의 의미도 있습니다.

48 (a) 최근의 연구조사 결과, 말을 더듬는 것과 정서적 과민이 서로 관련이 있을 수 있음이 밝혀졌다. (b) 말을 더듬는 것은 종종 유년기 말에 사라지지만, 성인이 되었을 때 스트레스와 사회공포증을 유발할 수도 있다. (d) 말을 더듬는 정도는 아이가 화가 나거나 흥분했을 때 심해지는 것처럼 보인다. (d) 일부 연구자들은 이것이 말 더듬는 증상이 생겼다가 사라졌다를 반복하는 현상을 설명해 줄 수도 있다는 결론을 내렸다.

유형 → 태

Solution 문맥상 말을 더듬는 증상이 스트레스와 사회공포증을 유발할 수도 있다는 뜻이 되므로, 수동형인 be led를 능동형인 lead로 고쳐야 한다. [A leads to B]는 'A가 B를 유발하다, A가 B의 원인이다'로 해석된다.

Voca stutter 말을 더듬다 social anxiety 사회공포증 exacerbate 악화시키다 ebb and flow 밀려왔다 밀려갔다 하다

Answer (b) be led → lead

Joseph's focus

문장 내에서 동사의 활용에 관한 문제입니다. (b)에서 but 이하 문장의 주어가 생략되었는데, 이는 주어가 반복되기 때문입니다. 즉, 주어인 stuttering이 생략된 것으로 보면 됩니다. stuttering은 행위의 주체가 될 수 없으므로 동사를 수동형으로 해야 할 것 같지만, lead는 자동사로서 전치사 to와 함께 '(일이) (어떤 결과로) 되다, (…의) 원인이 되다'의 의미로 쓰입니다. 또한 타동사로 쓰이면, [lead A to B]나 [lead A to do]의 형태로 쓰입니다.

49 (a) 자연재해와 지역사회의 준비 태세에 대한 1주간의 심포지엄이 캔자스에서 개최되었습니다. (b) 그 행사는 '재해 대책을 위한 세계 지원'이라는 기구의 자금 지원에 의해 열렸습니다. (c) 그 재단은 연구 및 교육 기관으로 설립되었습니다. (d) 회의에 대한 정보를 얻고자 하시는 분들은 회의록과 보고서를 저희 사무실에 주문하시면 됩니다.

유형 → 태

Solution 문장구조상 (a)의 held 자리는 전체 문장의 동사 자리이다. 동사 hold가 '회의를 개최하다'는 의미로 쓰일 경우는 타동사이다. 즉 능동으로 쓰일 경우는 뒤에 반드시 목적어를 취해야 한다는 뜻이다. 내용 전체의 시제가 과거이고 수동으로 표시해야 하므로 (a)의 held를 was held로 고쳐야 옳다.

Voca preparedness 준비, 각오

Answer (a) held → was held

Joseph's focus

기본적인 태 일치를 물어보는 문제입니다. 문장 내에서 수동형으로 쓸지 능동형으로 쓸지를 결정하는 문제는 텝스 문법 영역에서 자주 나옵니다. 이런 문제를 해결할 때에는 동사의 성격을 먼저 파악하는 것이 중요하고, 주어나 목적어와의 관계를 살피고 나서, 시제를 살피고 마지막으로 주변에 by, at, with, in 등과 같은 전치사구들이 존재하는지 살피도록 합니다.

50-1 존은 자넷에게 뭔가 문제가 생겼다고 생각했다. (b) 자넷은 최근

몇 주 동안 이상하게 행동하였으며, 쉽게 화를 내고, 건망증이
잦아졌다. (c) 존이 그녀에게 의사의 진찰을 받아보라고 권유하자,
그녀는 마지못해 그렇게 하기로 동의했다. (d) 많은 검사를 해본
결과, 그녀는 암에 걸려 있었고 치료를 받아야 하는 것으로 밝혀
졌다.

유형 → to 부정사를 취하는 동사

Solution agree는 타동사로 쓰일 경우 to 부정사를 목적어로 취하
므로, (c)의 do를 to do로 고쳐야 한다.

Voca reluctantly 마지못해

Answer (c) do → to do

Joseph's focus

agree는 자동사로 쓰일 때에는 전치사 on, to, with, about
등과 함께 쓰이고, 타동사일 때에는 to 부정사나 that절과 함
께 쓰입니다. 이와 더불어, (c)에 나오는 suggest를 포함해서
insist, order, advise같은 명령이나 제안의 동사들은 that절에
서 [(should)+동사원형]의 문장 구조를 취합니다.

50-2 (a) 우리가 현재 거장으로 여기는 많은 예술가들이 정식 교육을
받았지만, 또한 다수는 전혀 그렇지 않았다. (b) 많은 재능 있는
예술가들이 강사를 만족시키고자 하는 바람보다는 창조를 하고
자 하는 욕망에 의해 힘을 얻었다. (c) 아마도 이것이 그렇게 많
은 예술가들이 살아 있는 동안에 명성과 부를 누리지 못한 이유
일지도 모른다. (d) 그들은 역경에도 불구하고 자신의 길을 가기
로 선택했다.

유형 → 전치사

Solution despite는 전치사이고 in spite of와 혼동하여 of와 함께
쓰지 않도록 한다.

Voca master 거장, 대가 formal 정식의, 정규의 training
훈련, 교육 talented 재능 있는 instructor 강사, 교사
fame 명성 fortune 부, 재산

Answer (d) despite of → despite

Joseph's focus

despite는 시험에 종종 출제되는 전치사입니다. 가장 흔한 실
수는 despite를 접속사 although와 같은 의미라고 착각하여
뒤에 주어, 동사를 갖춘 완전한 문장을 쓰는 경우와 in spite of
와 유사한 의미이기 때문에 despite of를 쓰는 것이 가장 흔한
실수입니다.

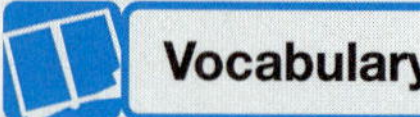

Vocabulary

Part I (1~25)

1 A 레이, 빨리 와줘서 고마워.
　　B 꽤 급해 보이던데. 무슨 일이야?

유형 → 문맥에 맞는 어휘

Solution 우리말 해석을 대입했을 때, '긴급한'에 해당하는 urgent가
가장 적합하다.

Voca show up 나타나다 urgent 긴급한 supportive
보완적인 relevant 관련된

Answer (a) urgent

상황에 맞는 형용사를 찾아내는 문제입니다. 레이가 A의 말을
어떻게 이해했느냐가 문제의 핵심입니다. A의 대사에 나오는
quickly라는 부사가 가장 큰 힌트가 되며, fast는 A가 한 말을
해설하기에는 너무 어색합니다. 굳이 fast를 쓴다면, A가 말하
는 속도가 빨랐다는 의미가 될 수 있습니다. 빨리 나타나야만
했던 상황이라면 urgent가 정답입니다.

2 A 내일 우리 몇 시에 호텔에서 나가야 하지?
　　B 체크아웃은 낮 12시야.

유형 → 문맥에 맞는 어휘

Solution 호텔 등의 숙박업소를 떠나는 것과 관련된 어휘는
checkout이다.

Voca routine 일과 dismissal 해산 checkout 체크아웃

Answer (d) checkout

Joseph's focus

checkout은 '호텔의 계산 (시간), 방을 비울 시각' 등을 의미하
는데, '(기계 · 비행기 등의) 점검, 검사, (슈퍼마켓 등에서의) 물
건값 계산, 계산대' 등의 의미도 있습니다. 반대 'checkin'도 알
아두기 바랍니다.

3 A 마이크에 문제가 있는 거 같아. 내 목소리 들려?
　　B 아니! 거의 안 들려.

유형 → 문맥에 맞는 어휘

Solution 듣기(hearing)와 관련된 어휘는 audible뿐이다.

Voca audible 들리는 legible 읽기 쉬운 visible 보이는
working 작동하는

Answer (a) audible

Joseph's focus

소리와 legible은 '(필적 · 인쇄가) 읽기 쉬운'이란 뜻입니다.
관련된 단어는 audible뿐이며, B의 대사에 나오는 'barely'
는 꽤 까다로운 단어로 '간신히, 겨우, 가까스로'라는 뜻입니다.
hardly와 유사하게 쓰이는데 직역하면 '겨우 들린다'는 의미입
니다. 그러므로 '거의 안 들린다'로 해석할 수 있겠습니다.

4 A 스무디하고 피타 샌드위치로 할게요.
　　B 네. 다 합쳐서 5달러 33센트입니다.

유형 → 구동사

Solution 대금의 합계가 총 얼마가 된다고 표현할 때는 come to를
사용한다.

Voca come to (합계가) ~이 되다 turn out ~임이 밝혀지다
count on ~에 의지하다 make up ~을 구성하다

Joseph's focus

[come to +액수]의 문형을 묻는 문제입니다. 유사한 표현으로, [amount to +금액], [add up to+금액] 도 함께 알아둡니다.

5 A 난 저 현대 예술 건축물의 독특하고 독창적인 모습이 좋아.
   B 진심이야? 내가 보기에는 미적으로 흉물에 불과한데.

유형 → 문맥에 맞는 어휘

Solution B의 말은 A의 반응에 대해 반대하는 뉘앙스를 풍긴다. '눈에 거슬리는 흉물'이라는 뜻의 eyesore가 가장 적당하다.

Voca aesthetic 미적인 device 장치 prospect 전망 eyesore 흉물스러운 것 gimmick 속임수

Answer (c) eyesore

Joseph's focus

A는 건축물을 칭찬하고 있지만, B가 [For real?(정말로, 실제로)?]이라고 반응한 것으로 볼 때, B는 A의 의견에 동의하지 않는 듯합니다. aesthetic은 '심미적인'이라는 의미이며 'more of'는 '그저 ~ 정도'로 해석 가능합니다. 건축물 자체가 속임수라고 하기에는 지나친 비약이라서 (d)는 답이 될 수 없고, 선택지 중에서 eyesore가 건축물을 가리키기에 가장 적합합니다.

6 A 나 남자친구와 다시 문제가 생겼어.
   B 벌써? 이 관계를 지속하는 것이 좋은 생각일까?

유형 → 문맥에 맞는 어휘

Solution 남자친구와 자주 반복적인 문제가 생김을 알 수 있다. 이럴 때 나오는 반응은 더 이상 이 관계를 지속해야 하는지 반문하는 말이 적합하다.

Voca continue 지속하다 trust 신뢰하다 accept 받아들이다

Answer (a) continue

Joseph's focus

B의 대사는 문장 구조상 [It is+명사구+to 부정사] 구문으로 B가 A에게 조언을 하려는 것 같습니다. 'already'라고 반응한 걸로 봐서 B는 A와 A의 남자친구의 관계에 문제가 있음을 간접적으로 표시하고 있습니다. 남자친구와의 관계를 어떻게 해야 할지를 생각해 보면 정답을 쉽게 찾을 수 있습니다.

7 A 어젯밤 미팅은 완전 따분했어. 내가 만났던 여자애는 패션에 대해서만 이야기했어.
   B 너 그렇게 까다로우면, 어떻게 사람을 찾겠니?

유형 → 문맥에 맞는 어휘

Solution 미팅에서 만난 여자에 대해 불평하고 있는 A에게 할 수 있는 말은, 까다롭게 굴지 말라는 것이 적당할 것이다.

Voca nosy 집요한, 참견하기 좋아하는 handy 간편한 naughty 못된 picky 까다로운

Answer (d) picky

Joseph's focus

B가 [...how are you going to find anyone?]이라고 말한 부분이 정답을 찾을 수 있는 힌트입니다. 어떻게 (마음에 꼭 드는) 사람을 찾을 수 있겠느냐는 뉘앙스를 느낄 수 있으므로 (d)가 정답이 됩니다.

8 A 내가 뭘 잘못했는지 이해할 수가 없어.
   B 나도 모르겠어. 아마도 그는 기분이 안 좋았나봐.

유형 → 구동사

Solution 문맥상 '이해하다'라는 뜻의 표현이 적절한데, 보기 중에서는 figure out이 이에 해당된다.

Voca make out 알아보다 figure out 이해하다 sort out 분류하다 get out 나가다

Answer (b) figure out

Joseph's focus

figure out은 'understand'의 의미입니다. B의 [Me neither.]라는 표현은 구어에서 많이 쓰는 표현으로 부정적인 의미입니다. [Me too.]의 부정적 표현이면서, 사실은 [Neither can I.]를 아주 간단하게 표현한 것입니다.

9 A 현대 과학기술의 영향권을 벗어나기가 너무나 힘들어.
   B 맞아. 난 가끔 아무한테도 행방을 말하지 않고 사라지고 싶을 때가 있어.

유형 → 문맥에 맞는 고급 어휘

Solution '행방'에 해당하는 어휘는 whereabouts이다. 항상 형태는 복수로 써야 하며 단수 또는 복수로 취급하므로 주의한다.

Voca hideout 은신처 pathway 경로 detour 우회로 whereabouts 행방

Answer (d) whereabouts

Joseph's focus

대화에 나온 동사 표현들이 답의 근거를 제공합니다. escape, disappear 모두, 어딘가에서 벗어나고 싶은 마음을 표현하고 있습니다. 어디에 있는지 말하지 않고 사라지고 싶은 경우이므로 (d)가 정답이 됩니다.

10 A 수영하러 갈까?
   B 안 돼. 다른 계획이 있어.

유형 → 문맥에 맞는 어휘

Solution A의 질문에서 계획/일정에 대한 것을 물어보았으므로, '계획'에 해당하는 plans가 들어가야 한다.

Voca stuff 물건 origin 기원 show 전시

Answer (a) plans

Joseph's focus

[What do you say to-ing?]는 '~하는 게 어떻습니까?'라고 제안하는 아주 중요한 회화표현입니다. B가 갈 수 없다고 대답했고 이에 대한 적절한 이유를 말할 필요가 있는데, 다른 계획이 있다는 게 가장 알맞은 이유로 보입니다.

11 A 게일 호텔의 자넷입니다. 스타이너 씨 계십니까?
　　B 지금 사무실에 안 계십니다. 그 분한테 답신 전화 드리라고 할까요?

유형 → 구어체 idiom

Solution '회신하다'에 해당하는 return이 정답이다.

Voca reclaim 반환하다 return 회신하다

Answer (c) return

Joseph's focus

자넷이 스타이너와의 통화에 실패했습니다. B가 자넷에게 물을 수 있는 표현으로는, 메시지를 남기고 싶냐고 물을 때 [Can I take a message?] 혹은 [Would you like to leave a message?]을 들을 수 있습니다. 여기서는 답신 전화를 해야 하는 상황으로 보이므로 'return a call'이 가장 알맞은 표현입니다.

12 A 어제 의사 선생님과의 진찰료 약속은 어떻게 됐니?
　　B 오, 이런 까맣게 잊었네. 다시 약속을 잡아야 할 것 같아.

유형 → 문맥에 맞는 어휘

Solution 진찰을 다시 받아야 하니 '약속을 다시 잡다'에 해당하는 reschedule이 적절하다.

Voca reschedule 다시 약속을 잡다 relocate 재배치하다

Answer (a) reschedule

Joseph's focus

A의 말을 듣고 B는 자신이 병원 예약을 잊어버렸다는 것을 알게 되었습니다. 당연히 약속을 다시 잡아야겠다는 표현이 나와야 하므로 (a)가 정답입니다.

13 A 지난 일주일 동안 이곳에 모시게 되어 너무 즐거웠습니다.
　　B 환대에 매우 감사드립니다.

유형 → 문맥에 맞는 어휘

Solution 초대를 받았던 사람이 초청자에게 할 수 있는 말은 '후한 대접에 감사하다'는 말일 것이다.

Voca appreciation 감상 applicability 응용력 hospitality 환대

Answer (d) hospitality

Joseph's focus

A와 B는 지난주에 함께 시간을 보냈는데, B가 고맙다고 하는 것으로 볼 때, A가 B를 초대한 상황으로 보입니다. 초대에 대해 감사해 하는 이유로 hospitality가 가장 잘 어울립니다.

14 A 본이 입국을 시도하다가 체포되었다고 들었어.
　　B 맞아. 가방에 마약을 넣어 밀반입했던 모양이야.

유형 → 문맥에 맞는 어휘

Solution 입국 중 체포될 이유 중에 마약과 관련이 있다면 십중팔구 밀수/밀반입에 해당할 것이다.

Voca smuggle 밀반입하다 chastise 혼내 주다

confiscate 압수하다 facilitate 조장하다

Answer (a) smuggled

Joseph's focus

A의 문장 구조는 [hear+that절]입니다. 공항에서 입국이 거절된 상황이고, 빈칸 뒤에 나오는 drug과도 잘 어울리는 동사는 선택지에서 smuggle뿐 입니다.

15 A 내일까지는 비가 그쳤으면 좋겠어.
　　B 뉴스에서 그러는데 그칠 거래.

유형 → 구동사

Solution let up은 비나 눈 등이 '멎다, 그치다'라는 뜻을 가지고 있다.

Voca move out 이사 가다 take out 가져가다
　　　let up 그치다 give up 포기하다

Answer (c) let up

Joseph's focus

비가 많이 오는 상황으로 보입니다. B의 반응으로 보아 A는 비가 빨리 그쳤으면 하는 것 같습니다. '비가 멈추다'는 구어 표현으로 let up이 자주 쓰입니다. let up은 '그만두다, (폭풍우 등이) 가라앉다'라는 의미가 있습니다.

16 A 이 회의를 여는 진짜 이유가 뭐죠?
　　B 알았어요. 요점만 말할게요.

유형 → 구어체 idiom

Solution '요점을 말하다'라는 표현은 영어로 'cut to the chase'라고 한다.

Voca chase 요점 base 기초 dashboard 계기판
　　　benchmark 기준

Answer (a) chase

Joseph's focus

A가 회의를 하는 이유를 당장 알고 싶어 하는 것 같습니다. 따라서 B는 '요점만 간단히 말하겠다'는 취지로 대답하는 게 가장 바람직해 보입니다.

More Expressions

'요점만 말하다'의 유사 표현

Cut it short.

To the point, please.

Don't beat around the bush.

Get (=Stick, Come, Keep) to the point.

---

17 A 우리가 처음 만난 지 벌써 10년이 되었다는 거 믿을 수 있니?
　　B 마치 시간이 순식간에 지나가 버린 거 같아.

유형 → 구어체 idiom

Solution '눈 깜짝할 사이에 시간이 지나갔다'는 표현은 time passed in a flash라고 한다. 카메라의 플래시가 터지듯 '번

짝하는 사이에 시간이 지나갔다'는 의미이다.

Voca | blank 공란 twilight 여명 piece 조각 flash 섬광

Answer | (d) flash

Joseph's focus

A는 B에게 서로 알게 된 지가 10년이 흘렀다고 말하고 있습니다. 맥락상 세월이 아주 빠르게 흘렀다는 의미가 담긴 표현이 필요합니다. in a flash는 '순식간에, 눈 깜짝할 사이에'라는 의미입니다. 이외에 [Time flies. = Time flies like an arrow. = How time flies!(세월이 빠르다)]의 관용표현도 알아 둡니다.

18 A 회의 시작할까요?
　　　B 네. 오늘 의논할 일들이 아주 많아요.

유형 → 의미를 혼동하기 쉬운 어휘

Solution | meeting에서는 보통 discussion을 하게 된다. debate는 토론회에 어울리므로 적절하지 않다.

Voca | board 위원회 debate 논쟁 conference 협의회 discussion 의논

Answer | (d) discussion

Joseph's focus

회의는 주제에 대해 서로의 의견을 주고받는 장소입니다. debate는 discuss와 유사한 면도 있지만, 찬성과 반대로 나누어지는 경우가 많으므로 회의에 관련해서는 일반적으로 discuss가 더 어울리므로 명사형인 (d)가 정답이 됩니다. 물론 주어진 상황에 따라 판단을 해야 한다는 걸 명심해야 합니다.

19 A 저한테 연락 온 것 없었어요?
　　　B 있어요. 그런데 소리가 너무 작아서 누구라고 했는지 들을 수 없었어요.

유형 → 문맥에 맞는 고급 어휘

Solution | 목소리가 가냘프다고 할 때는 faint를 사용한다. wispy는 머리숱이 적다고 할 때 주로 사용된다.

Voca | faint 희미한 lenient 다정한 visible 보이는 wispy 머리숱이 적은

Answer | (a) faint

Joseph's focus

전화해서 말을 잘 알아듣지 못한 이유가 필요한 상황입니다. B는 전화한 사람의 목소리에 대해서 말하고 있으므로 이와 관련된 (a)가 정답이 됩니다.

20 A 테일러가 깜짝 생일파티가 열리기 전에 이미 그걸 알고 있었던 거 같아.
　　　B 맞아. 누군지 입이 가벼운 애가 말한 게 틀림없어.

유형 → 구어체 idiom

Solution | '입이 가벼운' 혹은 '입이 싼 사람'을 'big mouth'라고 한다. '가볍다'라고 해서 (c) light를 선택하면 안 된다.

Voca | quick 빠른 large 큰 light 가벼운 big 큰

Answer | (d) big

Joseph's focus

big mouth라는 관용 표현을 알아야만 해결할 수 있는 문제입니다. big mouth가 들어간 [have a big mouth(입이 싸다, 가볍다)와 [open your (big) mouth(하지 말아야 할 때 괜히 말을 많이 한다]도 함께 알아둡니다.

21 A 짐의 아버지가 최근에 돌아가셨다는 거 알고 있었나요?
　　　B 네, 일전에 조의를 표했습니다.

유형 → 문맥에 맞는 고급 어휘

Solution | 문맥상 '조의'에 해당하는 (c)가 적절하다.

Voca | on the day 일전에 divergence 차이 coalition 제휴 condolence 애도의 말(조의) implementation 시행

Answer | (c) condolences

Joseph's focus

친구의 아버지가 돌아가신 상황입니다. '위로를 했다'는 응답이 적합하므로 (c)가 정답이 됩니다.

> ### More Expressions
>
> #### '조의를 표하다'의 표현들
> offer(=express, present) one's condolences (to), express one's deep sorrow (to), express sympathy (for)
>
> #### '죽다'의 표현들
> die, pass away, bite the dust, drop dead, depart this life, breathe one's last breath, perish

22 A 네 책은 내가 가지고 있는 것과 다른 거 같아.
　　　B 그건 특별 판을 샀으니까 그래.

유형 → 의미를 혼동하기 쉬운 어휘

Solution | '특별 판'이라고 할 때는 special edition이라고 표기한다.

Voca | revision 개정판 edition 판 sample 견본 duplicate 복사본

Answer | (b) edition

Joseph's focus

만약에 special이라는 단어가 없었다면, revision도 충분히 좋은 답입니다. 그러나 일반적으로 special revision이라는 표현보다는 special edition이 훨씬 자주 쓰이고 자연스러운 표현입니다.

23 A 잠이 안 와서 곤란할 때가 있니?
　　　B 어렸을 때 심한 불면증에 시달리곤 했는데, 최근에 나아졌어.

유형 → 문맥에 맞는 어휘

Solution | 잠이 안 오는 것과 관련된 어휘는 insomnia(불면증)이다.

Voca | indigestion 소화불량 migraine 편두통 diarrhea 설사 insomnia 불면증

Answer (d) insomnia

Joseph's focus

대화에서 보면 B는 어릴 때 잠드는 게 어려웠다고 말하는 상황입니다. A가 말한 [have difficulty falling asleep]과 호응하는 표현을 찾아야 하므로, (d)가 정답이 됩니다. 선택지에 나온 단어 모두 유용한 의학용어이니 숙지합니다.

24　A　빚을 갚으려고 하는 동안 집을 저당 잡혀야 했어.
　　　B　돈을 저축해서 곧 집을 되찾기를 바랄게.

유형 → 문맥에 맞는 어휘

Solution　빈칸 뒤의 it은 house를 가리키므로 reclaim이 적절하다.

Voca　mortgage 저당 잡히다　revoke 취소하다　ascertain 확인하다　deposit 저축하다　reclaim 되찾다

Answer (d) reclaim

Joseph's focus

reclaim이라는 단어에 관한 아주 좋은 문제입니다. reclaim이라는 단어는 기본적으로 '(잃어버렸거나 빼앗긴 것을) 되찾아 온다'는 의미입니다. 따라서 빈칸의 뒤에 나오는 it은 담보로 잡힌 A의 집을 가리킵니다.

25-1　A　내가 지금 몹시 바쁘니까 전화 좀 받아줄래?
　　　B　알았어, 내가 받을게.

유형 → 구어체 idiom

Solution　'(전화 등을) 받다'의 의미를 나타낼 때는 'get it'이라는 표현을 사용한다.

Voca　get 얻다　take 집다　reach 도달하다

Answer (a) get

Joseph's focus

get it과 make의 차이를 묻는 까다로운 문제입니다. 우선 get it은 '꾸중 듣다, 벌 받다, 이해하다. (걸려온 전화를) 받다'는 의미로 자주 쓰입니다. make it은 '성공하다, 만나다, (약속시간에) 제 시간에 가다'의 의미로 쓰입니다. '전화를 받다'는 의미로 쓰이는 것은 get it입니다.

25-2　A　회의 중에 데이브에게 소리를 지르지 말았어야 했는데. 그다지 프로답지 못한 행동이었어.
　　　B　나도 알아. 그가 거기 있는 모든 사람들에게 거짓말을 할 때 자제력을 잃었어.

유형 → 구어체 idiom

Solution　contain oneself는 '자제하다'의 의미이다.

Voca　embrace 포옹하다　indulge 즐기다

Answer (d) contain

Joseph's focus

contain은 '~이 들어 있다'의 의미는 물론 '(감정들을) 억누르다, 억제하다' 혹은 '(재해나 질병 등을) 억제하다'라는 의미로

도 쓰입니다. 대화의 내용으로 볼 때, B가 회의 중에 데이브에게 화를 낸 것을 알 수 있습니다. 적절하지 못한 행동이었다는 것은 알지만 거짓말을 하는 것을 보고 참을 수가 없었다고 말하고 있으므로 contain이 가장 적절합니다.

Part II　(26~50)

26　휴가철이라서 몇몇의 인기 리조트에서 빈 방을 구하기가 어려울 수 있다.

유형 → 문맥에 맞는 어휘

Solution　리조트에서 '빈 방'을 구하는 것이므로 vacancy가 된다. 만약 find 대신 make가 사용되었다면, '(to make a) reservation (예약하다)'도 가능하다.

Voca　reservation 예약　vacancy 빈방　brochure 소책자　attendant 점원

Answer (b) vacancy

Joseph's focus

문장 안에 등장하는 holiday season, resorts의 표현으로 미루어 예약을 하거나 빈 방을 찾는 경우입니다. 빈칸 앞에 find가 있으므로 vacancy가 reservation보다 더 알맞은 답입니다. 참고로 문장 구조상 [now that절]은 '~이라서' 정도의 이유를 나타내는 관용 절이니 꼭 알아둡니다.

27　배우의 가발에 불이 붙어 배우가 무대 밖으로 뛰쳐나가자 공연은 급작스럽게 끝났다.

유형 → 문맥에 맞는 어휘

Solution　'갑자기, 뜻밖의'라는 뜻의 abrupt가 문맥상 적절하다. [come to an end]는 '끝나다'라는 숙어이다.

Voca　abrupt 갑작스러운　actual 실제의　gradual 점진적인　timely 시기적절한

Answer (a) abrupt

Joseph's focus

배우의 가발에 불이 붙은 급박한 상황입니다. end와 짝을 지어서 의미를 완성할 단어를 찾아야 합니다. 의미상 (a)가 정답이 되며 [come to a close]도 같은 의미를 가진 표현입니다.

28　치과 의사선생님이 그러시는데, 충치를 예방하려면 좀 더 건강한 음식을 먹어야 한다.

유형 → 문맥에 맞는 고급 어휘

Solution　위에 나열된 (a), (b), (c)는 모두 치과와 관련된 어휘들이다. 이 중에서 prevent(예방하다)해야 할 것은 cavity뿐이다.

Voca　cavity 충치　denture 틀니　molar 어금니　complexity 복잡성

Answer (a) cavities

Joseph's focus

주어진 선택지 중에서 치과에서 예방할 것은 cavities뿐입니다. 참고로 이 문장의 구조는 [tell+목적어+that절]로 이루어져 있

고 that절 안에서 to prevent는 to 부정사의 목적격 용법으로 '~하기 위해서' 정도로 해석됩니다. 의미를 더 분명히 하기 위해 in order to prevent로 표현할 수 있습니다.

29 전시장 입장은 일반인에게 매주 목요일마다 무료이다.

유형 → 문맥에 맞는 어휘

Solution 문맥상 '무료'에 해당하는 어휘가 적절하다.

Voca free 무료인 void 무효인 limited 제한된
unavailable 이용 불가능한

Answer (a) free

Joseph's focus

문맥에 가장 적합한 의미의 형용사를 찾아서 문장을 완성해야 합니다. free를 답으로 찾는 것은 어렵지 않아 보입니다. 참고로 admission, access, approach 등의 명사들은 전치사 to와 자주 짝을 이룬다는 것도 명심합니다.

30 길에 패인 구멍들은 차량에 심각한 위험을 야기한다.

유형 → 문맥에 맞는 고급 어휘

Solution hazard는 위험 요소, 위험물 등으로 풀이되는 어휘이므로 정답은 (d)가 된다.

Voca pothole 움푹 패인 곳 disposal 처분 waste 쓰레기
victim 희생자 hazard 위험 요소

Answer (d) hazard

Joseph's focus

역시 문맥에 적합한 명사를 찾는 문제입니다. 길에 무언가 있으면 자동차 운행에 어떤 영향을 주는지를 생각하면 답은 (d)입니다. 참고로 동사 pose는 [pose A to B]의 구조로 자주 등장하며, 'A를 B에 노출하다' 정도로 이해하면 됩니다. 전치사 to를 비워 놓고 묻는 문제가 나오기도 하니 주의 합니다.

31 우리는 두 단계의 요가 과정을 제공하는데, 하나는 고급반이고 다른 하나는 입문자를 위한 반이다.

유형 → 문맥에 맞는 고급 어휘

Solution 얼핏 생각하면, amateur라고 생각할 수 있으나, amateur는 professional의 반의어로서 직업이 아닌 취미로 배우는 사람들을 지칭하는 말이다. 실력이 뛰어난 아마추어 오케스트라 등을 예로 생각해 보면 알 수 있듯이, 아마추어라는 단어를 '초보'라는 개념과 동일시하면 안 된다. 즉, 아마추어는 직업이냐 아니냐를 기준으로 나누는 개념이다. 문제에서는 요가의 실력으로 구분하는 개념이므로 novices가 적절하다.

Voca novice 입문자 civilian 민간인 expert 전문가
amateur 아마추어

Answer (a) novices

Joseph's focus

우선 [one ~, the other ~] 문형을 알아두기 바랍니다. '두 개

중에서 하나는 ~이고, 나머지 하나는 ~이다'라고 할 때 쓰이는 문형입니다. two levels of yoga라고 했으므로, 강좌의 수준을 가리키는 말을 찾아야 합니다. 보통 강좌의 수준은 beginners, intermediates, advanced 이런 식으로 나누게 되는데, (a)의 novices가 beginners와 같은 의미가 됩니다.

32 각 단원에는 더욱 자세한 분석으로 들어가기 전에 기초 주제 요약 부분이 들어 있다.

유형 → 문맥에 맞는 어휘

Solution 상세 분석의 전 단계에서 이루어질 수 있는 것은 "요약"이 될 것이므로 이에 해당하는 (a) summary가 적절하다.

Voca summary 요약 context 문맥 notion 관념
discussion 의논

Answer (a) summary

Joseph's focus

detailed analysis의 상대어로 (a) summary가 가장 적절합니다. 참고로 each는 항상 단수 취급한다는 것과 before 뒤에서는 동사가 -ing형태로 따른다는 것도 알아둡니다.

33 핼리는 마침내 새로운 가정에 입양되었고 양부모와 행복하게 살았다.

유형 → 문맥에 맞는 어휘

Solution 입양으로 부모를 얻게 되는 경우 foster parent(양부모)라는 표현을 사용한다. stepparent의 경우, 양친 중 한 분이 돌아가시거나 이혼하여 재혼을 했을 경우 새어머니/새아버지 등을 지칭하는 표현이다.

Voca stepparent 의붓부모 foster parent 양부모
sibling 형제자매 relative 친척

Answer (b) foster parents

Joseph's focus

adopt는 동사로 '입양하다'라는 의미로 사용되며 입양한 부모를 지칭하는 표현은 foster parent가 됩니다. 주어진 문장은 현재 수동태로 표현되었는데, 능동태로 전환하면 [A new family eventually adopted Hally.]입니다.

34 세균은 육안으로 판별하지 못한다.

유형 → 연어

Solution '맨눈, 육안'이라는 표현은 naked eye(발음에 주의 [neikid])라고 한다.

Voca raw 날것의 naked 노출된

Answer (b) naked

Joseph's focus

'나안, 맨눈, 육안'이라는 표현은 naked eye입니다. 관용적으로 쓰이는 표현이니 숙지해 둡니다. 현미경 등을 통해 관찰할 경우는 under microscope라는 표현 등을 사용합니다. detectable [detectable=detect+able]로 만들어진 단어인데, 일반적으로 동사에 -able이 붙으면 가능이나 능력의 의

미를 지닌 파생 형용사가 됩니다. advisable, comparable, computable 정도가 좋은 예입니다.

35 대부분의 미국 학교들은 5월 25일에 여름방학을 시작하고 7월 27일에 개학한다.

유형 → 문맥에 맞는 어휘

[Solution] 방학을 끝내고 수업을 다시 시작하는 것이므로 resume 이 적절하다. commence의 경우 '새롭게 시작하다'는 경우이므로 적절하지 않다. commence는 '(학위를) 받다'라는 의미로 종종 사용되어, 대학 졸업식(학위 수여식)을 commencement라고 보통 표현한다.

[Voca] resume 다시 시작하다 commence 개시하다

[Answer] (d) commence

Joseph's focus

문장의 앞부분에 나온 begin과 짝을 이룰 수 있는 동사를 찾는 문제입니다. 문맥상 수업이 방학하면서 멈췄다가 방학 후에 다시 시작한다는 의미가 어울리므로 (d)가 정답이 됩니다. resume은 잠시 멈춘 후 다시 시작하는 경우에 자주 쓰이는 동사입니다. 이와 같이 어휘 문제 중 문장 안에 나온 단어와 상대적으로 대구를 이루는 문제가 자주 등장한다는 것도 참고로 알아둡니다.

36 신문은 실제 사실의 왜곡된 버전을 내는 경향이 있기 때문에, 언제나 깊이 있는 내용을 제공한다고 믿기는 어렵다.

유형 → 문맥에 맞는 어휘

[Solution] '왜곡된'에 해당하는 어휘는 garbled이다.

[Voca] pellucid 투명한(=transparent) lyrical 감상적인
garbled 왜곡된 compelling 억지의

[Answer] (c) garbled

Joseph's focus

부분 부정을 나타내는 'not always'에 유의하면 정답을 찾는 데 도움이 됩니다. [tend to 부사]는 '~하는 경향이 있다'라는 의미로 [have a tendency to 부정사]로 표현 할 수 있습니다. 주어진 문장은 신문이 항상 신뢰할 수 있는 것은 아니라는 취지입니다.

37 죽음의 정확한 원인은 부검이 끝날 때까지 알 수 없다.

유형 → 문맥에 맞는 어휘

[Solution] 죽음의 원인 규명을 위해 '부검'을 하는데, 이에 해당하는 표현은 autopsy이다. 1음절에 강세가 있으므로 발음에 주의한다.

[Voca] immunization 면역 decomposition 부패
autopsy 부검 trial 재판

[Answer] (c) autopsy

Joseph's focus

어휘문제도 단순히 빈칸에 들어갈 단어만 찾는 게 아니라, 문맥을 잘 살펴줘야 합니다. 죽음의 원인을 찾기 위해서 할 수 있는 의료적 행위가 뭔지 알아야 합니다. 유사한 표현으로 post-mortem(검시)도 알아둡니다.

38 판사는 사법제도 내에서 불리한 처지에 놓인 희생자들의 원인을 강조하여 다루었다.

유형 → 구어체 idiom

[Solution] 사법제도 내에서 불리한 처지에 놓인 사람들은 선택지 중에서 underdogs뿐이다.

[Voca] underdog 희생자 banker 은행가 lawyer 변호사
prosecutors 검사

[Answer] (a) underdogs

Joseph's focus

[make a point of~]는 '~을 강조하다'는 표현이고, 뒤에 나오는 disadvantaged가 답을 찾는 중요한 힌트를 제공합니다. underdog는 '희생자, 패배자'의 뜻입니다. 반대말인 'top dog(승자, 우세한 편)'라는 표현도 함께 알아둡니다.

39 방송의 엄격한 시간적 제약은 장황함보다는 간결성을 지향하도록 만들었다.

유형 → 문맥에 맞는 고급 어휘

[Solution] succinctness(간결성)와 반대되는 어휘를 고르는 문제이므로 (d) verbosity(장황함)가 정답이 된다.

[Voca] precision 정밀 abstraction 추상 efficiency 능률
verbosity 장황함

[Answer] (d) verbosity

Joseph's focus

앞부분에 나온 succinctness와 대조를 이루는 어휘를 찾는 문제입니다. 문맥상 간결하지 못하고 장황하다는 의미가 필요하므로 (d)가 정답이 됩니다. 참고로 verb가 포함된 단어들은 대개 '말, 언어'와 관련된 경우가 많습니다.

40 각 단원에 있는 개요의 주목적은 이야기의 요점을 요약하는 것이다.

유형 → 문맥에 맞는 어휘

[Solution] overview와 일맥상통하는 어휘는 recapitulate가 된다.

[Voca] recapitulate 요약하다 compromise 절충하다
determine 결정하다 undertake 착수하다

[Answer] (a) recapitulate

Joseph's focus

문맥상 빈칸에는 무엇인가를 개괄적으로 '요약한다'는 의미의 동사가 필요합니다. 이 문장에서 주어는 overviews가 아니라 purpose이므로 동사가 are가 아니라, 단수인 is가 왔다는 것도 참고로 알아둡니다.

41 진달래와 개나리는 다년생 식물로서, 매년 새로 꽃을 피우기 위

해 다시 심을 필요가 없다.

유형 → 문맥에 맞는 어휘

Solution 진달래와 개나리는 한번 심으면 겨울을 나고 이듬해 봄 다시 꽃이 피는 다년생 식물이다. 어휘뿐만 아니라 식물에 대한 지식을 요하는 문제이며 정답은 (c)가 된다.

Voca azalea 진달래 forsythia 개나리 replant ~을 다시 심다 anew 새로 biennial 2년생 식물 annual 일년생 식물 perennial 다년생 식물 bulb 구근식물

Answer (c) perennials

Joseph's focus

(a)와 (c) 중에서 정답을 찾아야 하는 문제입니다. 문장 내에서 가장 유력한 힌트는 맨 뒤에 붙은 each year입니다. '매년'이라는 뜻인데, 식물을 매년 심을 필요가 없다는 의미입니다. 따라서 둘 중에서 (c)가 더 적합한 표현입니다.

42 그 교수는 종신 재직권을 받지 못하자 다른 대학으로의 이직을 고려하기 시작했다.

유형 → 연어

Solution 대학 교수라면 보통 정년이 보장되는 종신 재직권을 받고자 할 것이다. 여기서는 종신 재직권에 해당하는 tenure가 적절하다.

Voca assumed 가정한 tenure 종신 재직권 student 학생 poor 가난한

Answer (b) tenure

Joseph's focus

특정 직업과 관련된 어휘를 찾아야 하는 문제로, 빈칸 뒤에 나오는 position과도 잘 어울리는 어휘여야 합니다. 교수와 가장 잘 어울리는 단어는 (b)가 됩니다. [during one's tenure of office (재직 기간 중에)]라는 표현과 함께, tenure(종신 재직권을 주다)가 동사로 활용 된다는 것도 알아둡니다.

43 역사 연구 분야는 이전에 다른 사회과학의 영역이었던 이론을 포함하면서 그 범위를 확장시켜왔다.

유형 → 문맥에 맞는 어휘

Solution 학문 분야의 범위를 넓히기 위해 다른 영역을 수용했다는 내용이므로, 가장 근접한 embrace가 정답이 된다.

Voca discipline 학과, 학문의 분야 undermine 침식하다 extrapolate 추정하다 embrace 수락하다, 포용하다

Answer (c) embrace

Joseph's focus

이 문장에서 답을 찾는 단서는 바로 [has broadened it scope]라는 표현으로 '범위를 확장시켰다'는 의미입니다. 학문의 범위가 확장되면, 관련된 여러 자료들이 포함될 것이라는 것도 추측 가능합니다. 따라서 (c)가 정답이 됩니다. discipline은 '학과, 학문의 분야'라는 의미이고, domain은 '(학문·사상·활동 등의) 범위'라는 의미를 지닙니다.

44 1600년대에 수십 년 동안 이어진 전쟁을 치른 후, 손상되지 않고 남아있는 유럽 국가들이 거의 없었다.

유형 → 문맥에 맞는 어휘

Solution 긴 전쟁으로 유럽 대부분의 나라들이 피해를 입었음을 말하는 문장이다. 따라서 '손상되지 않은'에 해당하는 intact가 가장 적절하다.

Voca integral 통합된 ruled 통치된 alive 살아있는 intact 손상되지 않은

Answer (d) intact

Joseph's focus

뒷부분 few앞에 'a'가 없다는 것에 주의해야 합니다. 전쟁이라는 상황과 유럽 국가들이 손상되지 않은 채 남아 있기 힘들었다는 정도의 의미가 되어야 한다면, (d)가 정답입니다. 문제의 문장에서 [were left intact] 부분을 [remained intact]로 표현해도 비슷한 의미입니다.

45 도로시는 회사에서 시행하는 정리 해고 소식을 듣고 나서 풀이 죽어 보였다.

유형 → 문맥에 맞는 어휘

Solution '기운이 없는, 풀이 죽은'에 해당하는 어휘는 crestfallen이 되겠다.

Voca eagle-eyed 시력이 뛰어난 crestfallen 풀이 죽은 low-browed 이마가 좁은, 교양이 낮은 bird-brained 멍청한

Answer (b) crestfallen

Joseph's focus

사람들이 직장에서 해고되는 상황에서 Dorothy의 심정을 가장 잘 표현하는 형용사를 찾아야 하는 문제입니다. crestfallen은 'sad and disappointed'의 의미입니다. 참고로 [appear / seem / look / sound / smell / feel+형용사]의 구문도 함께 알아둡니다. layoff는 '해고'를 뜻하는 단어입니다. 독해지문에도 자주 등장하는 단어이니 꼭 알아둡니다.

46 그 책에서 튀어 나온 훌륭한 이야기는 유감스럽게도 대형 스크린으로 옮겨지면서 사라졌다.

유형 → 문맥에 맞는 어휘

Solution 보통 소설 등이 영화로 만들어지면서 원작의 내용이 많이 사라지곤 한다. 여기서는 그러한 것을 지적하고 있으며, 문맥상 lost가 가장 적절하다.

Voca degraded 품질이 저하된 disproved 반증된 worsened 악화된 lost 사라진

Answer (d) lost

Joseph's focus

문맥을 잘 이해해야만 정답을 고를 수 있는 문제입니다. 가장 중요한 힌트는 unfortunately입니다. 아주 멋진 이야기가 '불행히 ~했다'는 의미이니, 부정적인 내용임에 틀림없습니다. (a) degraded(타락한, 품질이 저하된)보다는 영화로 만들어지면

서 '사라졌다'가 더 자연스러워 보입니다.

47　한국의 지형은 대체로 조밀하게 배열된 산과 언덕으로 구성되어 있다.

유형 → 문맥에 맞는 어휘

Solution　지형에 해당하는 어휘는 topography이다.

Voca　taxonomy 분류　topography 지형　iconography 초상화　calligraphy 서예

Answer　(b) topography

Joseph's focus

뒷부분에 나오는 mountains와 hills와 잘 어울리는 어휘를 찾아야 하며, 참고로 geography(지리학, 지형)도 함께 알아둡니다. geography는 학문 혹은 연구의 성격을 가지고 있으므로 답이 될 수 없습니다.

48　공상과학 소설을 읽는 것은 내가 가장 즐기던 취미 중 하나다.

유형 → 문맥에 맞는 어휘

Solution　취미생활에 해당하는 어휘는 pastimes이다.

Voca　leisure 여가　pastime 취미　enjoyment 기쁨 pleasure 즐거움

Answer　(b) pastimes

Joseph's focus

favorite와 가장 자연스럽게 이어지면서 공상과학 소설과 잘 어울리는 단어는 pastime이며, hobbies(hobby), leisure activity(leisure activities)도 적절한 표현들입니다.

49　가장 인구가 많은 나라인 중국은 주로 중국의 인구학적 요소로 인해 극적인 속도로 팽창하고 있다.

유형 → 문맥에 맞는 고급 어휘

Solution　인구에 대한 이야기인데, 이와 가장 관련된 어휘는 (c) demographic가 된다.

Voca　ethnographic 민족적　ethnic 인종적 demographic 인구학적　geographic 지리적

Answer　(c) demographic

Joseph's focus

(a) ethnographic (민족지학상의)은 ethnography(민족지학)의 형용사입니다. ethnograpahy는 민족학 연구와 관련된 자료를 수집·기록하는 학문입니다. 주로 소수 민족의 문화와 생활상을 조사하여 인류 문화를 구명하는 자료로 이용하는 학문입니다. 따라서 (a)는 중국의 인구와 거리가 멀고 (b)는 이 문장이 어느 특정 인종을 지칭하기 보다는 중국이라는 나라와 관련되어 있으므로 부적절해 보입니다. 결국, 중국의 인구와 관련해서 가장 적합한 답은 (c)입니다.

50-1　사마귀 크기가 커지는 것을 발견했다면, 피부과 의사에게 진료

받기를 권장한다.

유형 → 문맥에 맞는 어휘

Solution　사마귀 진료는 피부과 의사에게 받아야 한다. 따라서 dermatologist가 적절하다.

Voca　exterminator 구충제　veterinarian 수의사 radiologist 방사선학자　dermatologist 피부과 의사

Answer　(d) dermatologist

Joseph's focus

mole(사마귀)은 피부와 관련이 있으므로, '피부과 의사'를 의미하는 (d)가 정답입니다. 참고로 이 문제의 문장 구조는 [If you should notice a mole growing in size ~.]에서 if가 생략되면서 should가 문두로 도치된 형태입니다.

More Expressions

진료과목에 다양한 의사들

dentist 치과 의사　　　　　surgeon 외과 의사
orthopedist 정형외과 의사　neurosurgeon 신경외과 의사
psychiatrist 정신과 의사　　veterinarian 수의사
obgyn 산부인과(obstetrics and gynecology)

50-2　고용 담당자들은 항상 사무실에 걸어 들어 올 때 차분한 자신감에 넘치는 구직자에게 강한 인상을 받는다.

유형 → 의미를 혼동하기 쉬운 어휘

Solution　exude는 '(태도나 어떤 성격을) 나타내다'는 의미다.

Voca　job seeker 구직자　issue 발행하다　exude 물씬 풍기다　proclaim 선언하다, 선포하다

Answer　(c) exude

Joseph's focus

exude가 성격이나 태도를 나타내는 단어와 함께 쓰이면 그러한 점이 '풍부하게 넘쳐난다'는 것을 의미입니다. 또한 냄새나 액체 등이 exude한다고 하면 '풍기다, 스며 나오다'의 뜻이 됩니다. 그러므로 여기서 차분한 자신감이 넘쳐나는 구직자들에게 깊은 인상을 받는다고 하는 의미가 되려면 exude가 빈칸에 가장 적절합니다. issue에도 '나오다, 발행하다'의 의미가 있지만, 주어진 문장에서처럼 태도나 성격을 나타내는 단어와 함께 쓰이지는 않습니다.

Reading Comprehension

Part I　(1~16)

1　제대로 된 다이아몬드를 고르기 위해서는 전체적인 맥락 안에서 다양한 질적인 측면들을 고려해야 한다. 다이아몬드는 많은 모양이 있지만, 둥근 모양이 가장 인기 있고 빛이 난다. 다이아몬드를 어떤 모양으로 자르느냐에 따라, 다이아몬드의 빛을 반

사하는 정도가 결정된다. 어떤 사람들은 전체적인 채색을 중시
하는 반면, 다른 사람들은 투명도, 즉 내적인 순도를 더 높게 볼
수도 있다. 다이아몬드를 감정하는 확실한 한 가지 기준은 캐럿,
다시 말해 중량이다. 대략, 다이아몬드는 상대적 희소성 때문에,
크면 클수록 더 비싸다.

(a) 사실
(b) 예를 들어
(c) 게다가
(d) 대략

유형 → 결론 찾기

Solution 빈칸 앞부분은 다이아몬드의 가치를 평가하는데 있어
서 무게가 가장 중요하다는 내용이고, 빈칸 뒷부분은 다
이아몬드는 크면 클수록 비싸다는 내용으로 빈칸 앞부
분의 내용을 부연 설명해 주고 있다. Actually는 '실제로,
사실'의 뜻을 가진 문장 부사로, 잘못된 정보를 수정하거나
일반적인 예상과는 다른 정보를 제시할 때 쓰며, 역접의 의
미를 내포하고 있으므로 답이 될 수 없다. 빈칸에는 '대략적
으로, 일반적으로, 눈대중으로'의 의미를 지닌 As a rule of
thumb이 가장 자연스럽다.

Voca clarity 투명도 scarceness 부족

Answer (d) As a rule of thumb

Joseph's focus

문장과 문장을 이어주는 자연스런 연결어를 고르는 문제입
니다. 첫 번째 문장이 주제문인데, 그 안에서도 key word는
바로 various qualities입니다. 단순화시키면 qualities →
shapes/cut/body color/clarity/internal perfection →
carat(weight)로 연결이 됩니다. 마지막에 무게를 제시했고,
빈칸 다음에 크기와 관련되어서 재진술을 하고 있습니다.

2 스코틀랜드에 사는 은둔 음악가 랜돌프는 낯선 사람으로부터 편
지 한 통을 받고 인생을 영원히 바꾸었다. 그 편지를 쓴 사람은
외딴 섬에 살고 있는 탈리아라는 한 신비로운 여성이었는데, 랜
돌프의 세계를 바꿔 버리고 만다. 이와 같이 이 인상적인 소설은
장기간에 걸쳐 주고받은 꿈같은 편지들로 이야기를 전개시켜 나
가는데, 그 편지들 모두 흥미롭게도 독창적인 디자인과 이상한
생명체들, 환상적인 배경들의 삽화가 그려져 있었다. 랜돌프와
탈리아의 편지들이 그 책 속에 들어 있어서, 독자들은 이 두 명
의 낯선 사람들 사이에서 펼쳐지는 신비로운 <u>서신</u>들을 직접 살
펴볼 수 있다.

(a) 삶
(b) 이야기
(c) 현실
(d) 서신

유형 → 결론 찾기

Solution 두 명의 낯선 사람인 랜돌프와 탈리아가 주고받은 편지를
소재로 한 소설을 소개하고 있다. 두 사람이 주고받은 편지
들이 소설책 안에 그대로 들어 있다고 했으므로, 빈칸에는
letters의 유의어인 (d) correspondence가 가장 적절하다.

Voca hermit 은둔자 faraway 멀리 떨어진 warp 휘게 만들
다 unrecognizable 알아볼 수 없는 dreamlike 꿈
같은 intriguingly 흥미롭게도 unfold 펼치다, 밝히다

correspondence 서신

Answer (d) correspondence

Joseph's focus

소설을 소개하는 글입니다. 지문을 전체적으로 이해하면 쉽게
답을 찾을 수 있는 비교적 쉬운 문제입니다. 지문에 unknown
letter, dreamlike letters, unfolds between these two
strangers와 같은 어구들이 정답을 찾는 데 도움을 주고 있습
니다.

3 그냥 아무 사람이나 사진을 찍겠다는 생각을 재고하시기 바랍니
다. 이 말은 개인적인 경험에서 드리는 충고입니다. 저는 이란의
한 붐비는 시장에서 한 여성의 사진을 찍은 것 때문에, 공격당할
뻔 한 적도 있었습니다. 그러한 행위가 일부 문화권에서는 금지
되어 있다는 걸 몰랐던 것이지요. 저는 다시 어느 곳에 가든 가
기 전에 그 지역의 문화에 대해 좀 알아보기로 결심을 하게 되었
죠. 아마도 그 나라말의 몇 가지 기본적인 표현이라도 배운다거
나, 여러분의 여행을 가이드 해 줄 누군가를 친구로 사귀는 것이
가장 좋은 방법일지도 모릅니다.

(a) 문화 충격
(b) 여성 행동
(c) 그 지역의 문화
(d) 흥정하는 방법

유형 → 대의 파악

Solution 글쓴이는 여성의 사진을 찍다가 봉변당할 뻔 한 경험을 얘
기하면서, 자신이 그런 경험을 한 이유가 그 나라에서는
그런 행위가 허락되지 않는다는 것 때문(I didn't know~
in some cultures.)이라고 밝히고 있는 점으로 미뤄 보아,
다시 어디론가 여행을 갈 때는 미리 그 나라의 문화에 대해
좀 알아보고 가기로 결심했다는 내용이 이어지는 것이 자
연스럽다.

Voca befriend 친구가 되어 주다

Answer (c) the culture of the area

Joseph's focus

자신의 여행 경험담을 이야기하는 수필입니다. 이 문제는 빈
칸을 채우는 유형이지만, 개인적인 경험에 관한 지문들은 심
리 상태를 물어보는 문제로 자주 출제되는 경향이 있습니다.
이 글의 key word는 advice from personal experience,
prohibited in some cultures, the country's language등
이며 이것을 토대로 (c)를 정답으로 찾는 것은 어렵지 않았을
것입니다.

4 가장 중요한 것은 자신의 원칙에 대한 신념이라고 말한 사람은
토마스 제퍼슨이라고 나는 믿고 있습니다. 여러분은 여러분의
신념이 주위의 대다수의 사람들에 의해 조롱을 당할지라도, 그
것을 고수할 만큼 여러분 자신의 인격에 대해 충분히 자신 있으
십니까? 만약 그렇다면, 여러분은 다른 사람들이 여러분을 어떻
게 생각하는지에 대해 신경 쓰실 필요가 없습니다. 여러분이 스
스로를 착하고 진지한 사람이라는 믿음이 있다면, 삶이 여러분
에게 주는 어떤 어려움에도 맞설 수 있습니다.

(a) 야망을 가진
(b) 강한
(c) 착하고 진지한
(d) 영리하고 재능이 있는

유형 → 추론

Solution 인생에 있어서 가장 중요한 것은 자신의 가치관에 대한 확고한 믿음(신념)이라는 요지의 글이다. 자신의 신조에 대한 믿음을 가지고 있을 만한 사람은 착하고, 진지한 사람일 것이므로 빈칸에는 (c)가 가장 알맞다

Voca deride 조롱하다 perceive 인지하다 face 직면하다

Answer (c) kind and sincere

Joseph's focus

빈칸 뒤에 individual이라는 명사가 나왔으므로, 빈칸에는 형용사가 적합해 보입니다. 형용사를 찾아야 하는 경우에는 글쓴이의 어조를 잘 파악하면서 지문을 읽어야 합니다. 보기 중에서 위인의 성품으로 쓰일 만한 형용사를 찾으면, (c)가 가장 적합하며 (a)의 ambitious는 지문에서 강조된 성품이 아니라는 걸 쉽게 알 수 있습니다.

---

5 대처 혁명을 평가함에 있어, 가장 확실한 기준은 의심의 여지없이 경제 성장이다. 대처가 취임할 당시, 잘 조직된 노동조합들이 나라를 거의 마비시켜 버린 상태였다. 대영제국은 2류라는 생각에 지쳐 있었고, 대영제국이 잠재력을 완전히 발휘할 수 있도록 도와 줄 지도자를 찾고 있었다. 대처주의는 이러한 각성을 이용하고 결집시켰다. 오늘날 영국은 실업률이 1982년 이래 현저히 게 감소하였으며, 발전된 경제를 자랑하고 있다.

(a) 외교 정책
(b) 최저 생활 임금
(c) 노동 발전
(d) 경제 성장

유형 → 대의 파악

Solution 대처가 취임할 당시의 사회 분위기, 여건과 대처가 영국에 미친 영향에 대한 짤막한 해설이다. 마지막 문장에서 대처가 영국에 미친 가장 큰 영향은 경제를 향상시킨 것이라고 나와 있으므로, 역사적으로 대처 혁명을 평가함에 있어서 가장 큰 척도는 경제 성장이라고 보는 것이 가장 타당할 것이다.

Voca inauguration 취임, 개시 halt 정지 mobilize 동원되다, 동원하다 boast 자랑하다 living wage 최저 생활 임금

Answer (d) economic growth

Joseph's focus

빈칸 다음의 내용에서 주제어를 유추하도록 응용한 문제입니다. 일반적으로 영어 글은 [주제문-(하위 주제문)-구체적 예시-재진술된 주제문]의 구조로 된 경우가 많습니다. 이 지문도 주제문 뒤에 구체적인 예나 사례들이 등장합니다. [well-organized unions, leadership, potential, improved economy, unemployment rates]등은 모두 경제와 관련된 어구들입니다. 그러므로 (d)가 가장 적절한 답이 됩니다.

---

6 미 중앙정보국(CIA)이 라틴 아메리카의 민주 정부들을 붕괴시키고, 독재적인 군사정부가 탄생함에 따라, 일부 사람들은 보다 급진적인 사회개혁 방법을 고려하게 되었다. 1960년대에는 좌익 혁명 게릴라 운동이 라틴 아메리카 전역에 걸쳐 일어났다. 많은 라틴 아메리카 사람들은 쿠바의 카스트로 혁명의 성공과 의료보험, 교육 분야에서 이뤄진 발전과 사회 개혁에 의해 고무되었다. 혁명가들은 보다 근본적인 사회개혁이 이루어질 때까지 공정선거와 언론의 자유 같은 민주적 개혁을 지연시키자는 것에 동조하였다.

(a) 급진적인
(b) 보수적인
(c) 직접 체험하는
(d) 평화적인

유형 → 대의 파악

Solution 라틴 아메리카의 군사정부들에 의해 사용된 사회개혁 방법들을 해설한 글이다. 첫 번째 문장에서 군사정부의 성격을 가리키는 '독재 주의적'이라는 단어와 마지막 문장의 '혁명가'라는 단어와 가장 성격이 맞는 형용사는 (a)가 적절하다.

Voca overthrow 타도, 전복 left-wing 좌익의 sprout 생기다, 나타나다 conservative 보수적인 hands-on 실천하는

Answer (a) radical

Joseph's focus

빈칸 뒤에 method라는 명사가 나왔으므로, 빈칸에는 형용사가 적합해 보입니다. 형용사를 찾아야 하는 경우에는 역시 글쓴이의 어조를 잘 파악하면서 지문을 읽어야 합니다. 그리고 주제문에 빈칸이 있으므로, 지문에 나온 예들을 바탕으로 적절한 형용사를 찾아야겠습니다. [overthrow, authoritarian military governments, social change, left-wing revolutionary guerilla movements, democratic reforms] 같은 표현들은 글 전체의 분위기나 글쓴이의 어조를 느끼기에 충분합니다.

---

7 나는 내 아들에게 미국 사회가 어떤 방식으로 움직이는지 가르쳐 주었다. 가난하게 태어나더라도, 네 인생이 끝난 것은 아니다. 장학금을 신청할 때, 유리할 수 있다. 사고에 연루된 경우, 운이 나빴을 뿐이라며 체념할 필요도 없다. 다른 운전자들을 상대로 소송을 걸어서, 보상을 받을 수 있다. 누군가가 뺨을 때릴 때, 다른 한쪽 뺨을 내줄 이유가 없다. 맞서 싸우거나 경찰을 부르면 된다. 내가 강조하고 싶은 점은, 여기 미국에서는 아무도 너에게 네게 주어진 운명을 따라야 한다고 말하지 않는다는 것이다.

(a) 바꾸다
(b) 지불하다
(c) 따르다
(d) 반대하다

유형 → 대의 파악

Solution 미국에서는 주어진 상황이 좋지 않더라도, 절대로 실망할 필요가 없으며, 자신이 처한 여건이나 상황을 변화시킬 수 있다는 내용의 글이다. 빈칸이 위치한 마지막 문장은 앞부분의 내용을 요약해주는 주제문으로 볼 수 있으며, 자신에게 주어진 운명 hand that you have been dealt를 그대로 '따라야 한다'고 말하는 사람이 아무도 없다는 내용이

가장 논리적으로 연결될 수 있으므로 정답은 (c) go along with이다.

 underprivileged 혜택을 못 받는 **lawsuit** 소송, 고소 **smack** 때리다 **cop** 경찰관

 (c) go along with

Joseph's focus

첫 문장[I instructed~functions.]이 글의 대주제이고, 이에 대한 구체적 예시를 나열하다가 요점을 정리하고 있다. 마지막 문장[My point ~ deal.]의 빈칸에는 앞의 대주제와 예를 잘 이해했다면 (c)가 적절하다는 것을 쉽게 찾을 수 있었을 것입니다.

---

8 칼 융은 세계의 신화 속에 발견되는 공통적인 패턴을 분석해서, 영웅의 여행이라는 이론을 만들어 냈다. 전 세계에 걸쳐 매우 다양한 종류의 신화들이 있음에도 불구하고, 융은 탐구 여행의 기본적인 패턴은 눈에 띨 만큼 비슷하다는 걸 발견했다. 그는 사람들은 영웅의 여정에 대한 이야기를 읽고 들음으로써 자신들을 영웅과 동일시하고, 자신들의 개인적인 삶을 되돌아 볼 수 있었다고 믿었다. 반대로, 영웅들은 개인적인 의견을 밝히기보다는 사회의 보편적인 가치들을 구현하는 징후들로 여겨질 수 있다.

(a) 독특한
(b) 외부의
(c) 살아있는
(d) 보편적인

유형 → 대의 파악

 칼 융의 '영웅의 여행' 이론에 대한 글이다. key word는 common patterns와 similar이다. 세계의 신화들이 공통점을 갖기 위해서는 사회의 독특한 가치를 표현하기보다는 보편적인 가치를 표현했기 때문일 것이다. 따라서 빈칸에는 common, similar와 상응할 수 있는 단어가 가장 알맞으므로 빈칸에 (d) universal이 적절하다.

 remarkably 두드러지게 **manifestation** 징후, 나타남 **outer** 외부의

 (d) universal

Joseph's focus

칼 융의 'Universal Archetypes(보편적 원형론)'에 관한 간단한 소개문입니다. on the other hand 뒤에는 앞의 내용과 대조를 이루는 내용이 나타나야 합니다. on the other hand 앞부분에 [people identify with the hero~reflect upon their own lives as individuals]이 나오고 이 부분을 revealing personal insight로 요약하고 있습니다. individuals는 society와 대구를 이루고 있으므로 personal의 상대적 어휘를 찾으면 됩니다.

---

9 이 나라는 전단지로 넘쳐 나는데, 그 대부분은 자칭 '평등파'라는 단체에 의해 배포되고 있다. 평등파는 모든 불평등을 타파하길 바라고, 어느 누구도 다른 누군가보다 더 많은 재산을 소유하고, 더 많은 권력을 가지고, 또는 더 똑똑해지는 걸 막고 싶어 한다. 이들은 <u>사람들이 불평등에 대해 걱정할 필요가 없는</u> 사회를 꿈꾼다.

(a) 아무도 참여하도록 강요받지 않는
(b) 인간이 어느 누구와도 평등하지 않은
(c) 가장 많은 특권을 가진 사람들이 나머지 사람들을 지배하는
(d) 사람들이 불평등에 대해 걱정할 필요가 없는

유형 → 유추

 영국의 평등파(Levellers)에 대한 글을 읽고, 논리적인 흐름을 완성하는 문제이다. 지문 중반부에 이들은 모든 불평등을 타파하고 싶어 했다고 나와 있으므로, 이들이 꿈꾸는 사회가 어떤 사회인지를 쉽게 유추할 수 있다.

 brim (컵 등의)가장자리 **flier** 전단, 광고

 (d) people don't have to worry about inequality

Joseph's focus

미괄식 구조의 글로, destroy all differences만 읽어도 이 단체가 무엇을 원하는지 알 수 있습니다. 마지막 문장이 주제문인데, 여기에 fantasy라고 나왔으니 Levellers라는 단체에 대해 글쓴이는 unrealistic하다고 생각하는 걸 추론할 수 있습니다.

---

10 사람들은 오히려 일반화하는 데에 재능이 있다. 모든 문화가 그들만의 독특한 관용어구와 속담 표현들을 만들어내는데, 그것들은 사실 사람들의 이목을 끌기 위한 일반화된 표현에 불과하다. "비가 내렸다 하면, 억수같이 내린다." "늙은 개에게 새로운 기술을 가르칠 수 없다." "연습하면 완벽해진다." 일부 속담들은 서로 <u>모순되는</u> 것처럼 보일 수도 있는데, "떨어져 있으면, 더 그리워지는 법이다."는 속담과 "눈에 안보이면 마음에서 멀어진다"는 속담이 이런 점을 보여 주는 완벽한 예이다.

(a) 사실은 부정직하다
(b) 서로 모순된다
(c) 경시되어서는 안 된다
(d) 서로 양립할 수 있다

유형 → 대의 파악

 빈칸 뒤에 나온 예를 가장 잘 요약할 수 있는 어구를 고르면 답이다. 빈칸 뒤에서 두 개의 속담을 비교하고 있는데, 두 개의 속담이 정반대의 입장을 표현하고 있으므로 어떤 속담들은 서로 모순된다는 내용이 빈칸에 가장 자연스럽다.

 if anything 오히려, 어느 편인가 하면 **generalizer** 일반론자 **catchy** 기억하기 쉬운 **disingenuous** 솔직하지 못한 **contradictory** 모순되는 **compatible** 양립될 수 있는, 호환이 되는

 (b) are contradictory to one another

Joseph's focus

두 속담이 perfect illustrations라고 했으므로 빈칸 다음에 나오는 예시 속담들을 잘 분석해서 답을 찾도록 합니다.

---

11 카란카스라는 페루 국경 지방의 마을 사람들은 마을 전체를 휩쓴 불가사의한 질병이 운석 때문이라고 주장하고 있다. 운석이 만들어 낸 분화구가 달콤하지만 독성이 있는 냄새를 내뿜어서, 약 200명 정도의 마을 주민들이 메스꺼움과 구토, 소화

불량을 앓게 되었다는 것이다. 많은 운석 전문가들은 마을 주민들의 주장에 대해 회의적인 반응을 보였으며, 그 미지의 질병의 발발에 대해 가능성 있는 다른 원인들을 많이 제시했다. 천문학자인 우르술라 마빈은 운석이 지구와 충돌했을 때 생긴 먼지 구름이 그 질병을 유발했을 것이라고 추정했다. 미항공우주국 소속의 과학자 돈 요만스는 운석들은 냄새를 발산하지 않는다고 지적했다. 결과적으로, 국지적인 가스 폭발과 같은 열수작용 결과였다고 보는 것이 더 가능성 있어 보였다. 한 과학 블로그는 분화구가 실제로 독가스를 분출하는 이화산일 수도 있다는 이론을 펼쳤다.

(a) 처음에는
(b) 주목할 만하게
(c) 이런 사실에도 불구하고
(d) 결과적으로

유형 → 연결어

| Solution | 운석이 지구와 충돌하면서 생긴 분화구에서 유독가스가 나와 질병이 발발했다는 마을 사람들의 주장에 반박하는 과학자들의 의견을 소개하고 있다. 그리고 앞의 내용을 종합해서 나름대로 결론을 내리고 있으므로, 순접의 의미를 갖는 접속부사 consequently가 가장 자연스럽다. ~

| Voca | blame ~을 탓하다 meteor 유성 crater 분화구 noxious 유독한, 유해한 nausea 메스꺼움 vomit 구토하다 skeptical 회의적인 give off 발산하다 hydrothermal 열수의 mud volcano 이화산 spew 분출되다

| Answer | (d) Consequently

Joseph's focus

이 지문의 주제는 the cause of a mysterious illness (불가사의한 질병의 원인)입니다. 지문의 구조를 단순화해 보면, 우선 초반부에 현상/증상이 나오고 중반부에 원인 해설의 구조를 보이고 있습니다. 원인 해설 부분에서 dust cloud는 NASA 연구원에 의해 부정되고 지문은 gas에 관한 내용으로 마무리되고 있습니다. 따라서 완전하지는 않지만, 마지막 부분이 이 짧은 지문의 결론 정도로 이해하면 무난해 보이므로 결과의 의미를 나타내는 접속부사가 적절합니다.

12 텔레비전이 구입 가능한 물품들로 보급되자마자, 과도한 시청으로 인해 생길 수도 있는 부작용들에 대해 부모들이 걱정할 정도로 아이들은 텔레비전을 보기 시작했다. 방송 업계의 로비 단체들은 걱정하는 부모들을 안심시키며, 영리하게 대응했다. 일찍이 텔레비전이 아이들에게 미치는 영향에 대해 뛰어난 연구 업적을 남겼던 저자들은 "텔레비전은 가정, 친구 그리고 학교를 포함한 이미 존재하고 있는 영향력의 한 유형에 속할 뿐이다"라고 말했다. 달리 말하자면, 아이들이 올바르게 자라면, 부모들은 아이들의 TV시청에 걱정할 이유가 없다는 것이다.

(a) 텔레비전을 시청하는 것은 굉장히 이로울 수도 있다
(b) 그들은 텔레비전의 영향을 받지 않게 격리될 것이다
(c) 아이는 텔레비전 시청에 수반되는 부작용에 취약하다
(d) 부모들은 아이들의 TV시청에 걱정할 이유가 없다

유형 → 주제문 완성

| Solution | 빈칸 위치가 하단으로 글을 읽고 주제문을 완성하는 유형

의 문제이다. 빈칸이 위치한 문장은 텔레비전 시청이 큰문제가 되지 않으므로 걱정할 필요가 없다는 내용이 이어지는 것이 가장 자연스럽다.

| Voca | affordable 구입 가능한 pacify 진정시키다, 달래다 preexisting 기존의 prominent 중요한, 유명한

| Answer | (d) there is no reason for parents to be concerned by children TV watching

Joseph's focus

TV가 아이들에게 미치는 영향에 대해서 글쓴이의 의견을 제시하기 보다는 다른 사람들의 주장을 제시하고 있는 글입니다. 따라서 이 글은 글쓴이가 자기주장을 제시하기 전에 독자들의 주의를 환기시키면서 화두를 던지는 도입부입니다. 그런 관점에서 지문을 보면, 이 글은 TV가 아이들에게 미치는 영향력이 부모들이 걱정할 정도로 대단하지 않다는 내용을 다른 사람들의 의견을 빌어서 독자들에게 이야기하고 있습니다.

13 만약 여러분이 저혈당증을 지닌 수백만 명 중 한 사람이라면, 혈압의 변동이 여러분의 건강뿐만 아니라, 기분에도 큰 영향을 미칠 수 있다는 것을 이미 알고 계실 겁니다. 여러분께서 자신의 혈당치를 알고 계시면 여러분이 드시는 식사를 적절하게 조절할 수 있으며, 혈당치가 조절 불가능한 상태가 되는 것을 예방할 수 있습니다. 그러나 매일 자기의 혈당치를 어떻게 알 수 있을까요? 메디콤프의 최신 의료장치인 "글루코미터"는 동네 약국에서 구입할 수 있는 가정용 혈당 측정 기구입니다. 혈당 측정기를 사용하려면, 손을 아주 깨끗하게 씻은 다음 건조시키고, 부드럽게 손가락 끝을 랜싯 침으로 찌릅니다. 손가락의 위치를 잘 잡아서 핏방울이 검사용 리트머스지에 떨어지도록 합니다. 검사용 리트머스 용지를 측정기에 삽입합니다. 반드시 검사결과를 적어 두어 기록으로 남깁니다.

(a) 줄이다
(b) 알다
(c) 조절하다
(d) 구입하다

유형 → 추론

| Solution | 저혈당증 환자들을 위한 혈당 측정 기구를 광고하는 글을 읽고, 논리적인 글의 흐름을 완성하는 문제이다. 빈칸 앞뒤의 어구를 살펴보면, 어렵지 않게 답을 구할 있다. 저혈당증 환자가 어떤 방법으로 혈당치를 조절하는지가 빈칸에 들어갈 내용이다. 상식적으로 생각해 봐도, 혈당을 조절하려면 식사를 잘 조절해야 할 것이므로, (c) adjust가 정답이다.

| Voca | hypoglycemia 저혈당(증) fluctuation (끊임없는) 변동 diet 식단, 식이요법 lancet 랜싯(외과 수술용 작은 칼) position ~을 적당한 장소에 놓다

| Answer | (c) adjust

Joseph's focus

글의 내용을 바탕으로 논리적인 추론을 해야 하는 유형의 문제입니다. key word는 blood pressure, blood sugar level이고 식습관과 간접적으로 연관이 되는 표현들이라는 점에 근거해서 답을 찾으면 되겠습니다. 뒷부분은 Glucometer를 사용하는 방법이니 정답과는 별 상관이 없습니다.

14 사람들이 전통적인 디자인은 이제 더 이상 받아들일 수 없는 건축양식이라고 생각하는 것처럼 보이는 것은 왜일까? 분명히, 현대의 건축가는 소규모의 건축에는 전통을 벗어난 생각들을 실험해 볼 수 있지만, 그러한 이단적인 양식들이 대규모의 공공건물을 건축하는 데 적용된다면, 현명하지 못한 것이다. 나는 이해를 돕기 위해, 스페인 빌바오에 있는 구겐하임 박물관을 예로 들어 보겠다. 심미적으론 독특하지만, 이 건물은 고전건축의 가장 기본적인 원리들을 무시하여서 구조적으로 결함이 많다. 반대로, 캘리포니아 주립 박물관과 같은 더 이전의 작품들은 사실상 고전적인 특징들과 세련된 디자인으로 제 구실을 하고 있다. 따라서, 전통적인 건축 양식이 이제 쓸모없다는 이런 모든 담론은 전혀 말이 되지 않는다. 우리가 과거의 성공적인 건축물들의 경이로움을 이해하려면 아직도 가야 할 길이 멀었다. 그러는 와중에, 마치 건축인 양 통용되고 있는 포스트모던 건축은 계속해서 잠깐 유행하고 사라지는 이단 건축양식의 영향을 받을 것이다.

(a) 시작하다
(b) 잊다
(c) 기다리다
(d) 계속하다

유형 → 대의 파악

<u>Solution</u> 전통적인 건축양식이 이제는 쓸모가 없어졌다는 현 세태를 비판하는 글로서, 글쓴이는 건축 같지도 않은 포스트모던 건축양식이 계속해서 일시적인 유행을 쫓아서 지어질 거라는 예상을 하며, 세태를 한탄하고 있으므로 빈칸은 continue가 가장 자연스럽다.

<u>Voca</u> **unorthodox** 정통적이 아닌, 특이한 **aesthetically** 미학적으로 **nonsense** 터무니없는 **pass off** 행세를 하다, 이뤄지다

<u>Answer</u> (d) continue

Joseph's focus

지문 자체는 글쓴이 개인의 감정에 치우친 글입니다. 따라서 논리적인 글 구조라기보다는 일기처럼 자연스럽게 쓴 수필입니다. 자신의 주장을 정당화하기 위해서 예시들을 제시하고 마지막에 요약하는 형식을 보이고 있습니다. 우선 빈칸이 있는 마지막 문장을 보면, 주어는 that is being passed off as architecture의 수식을 받는 the postmodern joking이고 본동사구은 will ____ to be inspired 부분입니다. 선택지에는 동사들만 나와 있는데, 문법적으로 to 부정사를 취하면서 의미상 가장 자연스러운 동사를 찾으면 (d)가 정답이 될 것입니다. 이 지문은 글쓴이의 태도나 글의 분위기를 묻는 유형으로 응용이 가능합니다.

15 유전자가 여러분들의 최종 운명을 결정하는 것은 아닙니다. 나이나 병력에 관계없이, 이제 여러분들은 여러 생활방식들을 바꿔서 유방암에 걸릴 가능성을 낮출 수 있습니다. 첫째, 지방 함량이 적은 건강식을 드십시오. 아이스크림을 먹고 싶은 욕구를 느끼면, 대신 당근을 들도록 하세요. 연구 조사에 따르면, 야채를 많이 섭취하면 유방암 예방에 도움이 될 수도 있다고 합니다. 전국 간호사협회의 건강 연구조사에 따르면, 하루에 야채를 두 그릇 이상 먹는 여성들은 유방암에 걸릴 위험을 17퍼센트 줄일 수 있다고 밝혀졌습니다. 미국 여성들은 아시아 여성들보다 3배

더 많은 지방을 섭취하고, 마찬가지로 유방암에 걸릴 위험도 3배 더 높습니다. 아시아 여성들이 미국으로 이민을 가서 고지방 식단으로 바꾸면, 유방암에 걸릴 위험이 <u>증가합니다</u>.

(a) 떨어진다
(b) 증가한다
(c) 사라진다
(d) 복잡하게 된다

유형 → 추론

<u>Solution</u> 미국 여성들이 동양 여성보다 유방암에 걸릴 위험이 3배 높고 따라서 아시아 여성이 미국에 가서 고지방 식단으로 식단을 바꾸게 되면, 유방암에 걸릴 위험은 증가한다고 볼 수 있다.

<u>Voca</u> **migrate** 이주하다, 이동하다

<u>Answer</u> (b) increases

Joseph's focus

이 글은 주제문을 제시하고 뒤에 구체적인 예시를 보여주는 아주 일관성 있게 주제를 전달하고 있습니다. 지방이 많은 음식은 유방암의 위험도 증가시킨다는 게 요지임을 파악했다면 쉽게 정답을 유추할 수 있습니다.

16-1 타국에 살고 있는 사람들에게는 사람들을 부르는 호칭조차 어려운 관행일 수 있다. 미국인들은 계급이나 수직적 상하 관계를 말로 표현해 본 경험이 거의 없다. 대부분의 미국인들은 나이나 지위를 이유로 특별한 대우를 받는 것을 좋아하지 않고, 오히려 당황스러워 한다. 많은 사람들에게, Mr, Mrs나 Miss같은 호칭은 불필요할 정도로 어색한 것으로 여겨질 것이다. 중년의 나이를 훌쩍 넘어선 사람들이 아주 젊은 사람들에게 말할 때조차도, "조라고 불러주세요."라고 말하는 것을 어렵지 않게 들을 수 있다. 남을 이름으로 부른다는 것은 평등과 우정을 나타낸다.

(a) 아주 가까운 친밀함을 암시한다
(b) 평등과 우정을 나타낸다
(c) 누군가의 지위를 아는 것의 중요성을 보여준다
(d) 미국의 일부 지역에서는 적절하지 못하다

유형 → 요지 파악

<u>Solution</u> 미국인들의 호칭에 관한 글이다. 세 번째 문장 [Most Americans ~ due to age or position.]에서 미국인들은 수직적 관계보다 수평적, 평등적 관계를 추구한다는 것을 알 수 있다.

<u>Voca</u> **verbalize** 말로 표현하다 **hierarchical** 수직적인 **disconcert** 당황하게 하다 **refer** 언급하다

<u>Answer</u> (b) indicates equality and friendliness

Joseph's focus

첫 문장이 주제문으로 등장하고 calling people's names가 주제가 됩니다. 그리고 나서 구체적인 예시가 나오고 그 예를 바탕으로 재 진술 혹은 요약 진술하는 전형적인 구조입니다. [verbalizing ranks or hierarchical relationships, receiving special treatment]와 같은 key phrase가 (b)가 (a)보다 정답으로서 더 적합하다는 것을 보여줍니다.

16₋₂ 사혈 법은 이천 년이 넘도록 받아들여져 왔던 의료 행위였다. 피가 빠져 나가도록 혈관을 자르는 것은 여드름, 통풍, 정신 이상, 전염병, 천연두에 이르기까지 많은 질병들의 치료법으로 여겨졌다. 이 치료법의 이론적인 근거는 너무 피가 많은 것이 질병의 주요 원인이라는 것이었다. 사혈 법은 신체로부터 질병이 흘러나가도록 함으로써 건강을 회복하도록 의도된 것이었다. 하지만 19세기경에 이르러 의사들이 사혈 법이 진정한 효과가 없을 뿐만 아니라, 심각한 합병증을 일으킬 수도 있다고 주장하기 시작함에 따라 이 치료법은 인기를 잃기 시작했다.

(a) 몸 안의 액체는 정기적으로 정화되어야만 한다
(b) 너무 피가 많은 것이 질병의 주요 원인이다
(c) 고혈압은 심각한 문제가 될 수도 있다
(d) 피의 색깔이 어떤 질병을 갖고 있는지 보여준다

유형 → 내용 일치

Solution 옛 사람들이 피를 빼내면 병이 치료된다고 믿었던 이유로 가장 적절한 것을 고르면 된다.

Voca bloodletting 피뽑기 ailment 질병 acne 여드름 gout 통풍 insanity 정신 이상 plague 전염병 small pox 천연두 drain (물 등을) 빼내다 complication 합병증 fluid 액체

Answer (b) too much blood was the main cause of illness

Joseph's focus

몸에서 일부러 피를 빼냄으로써 온갖 질병을 치료한다는 믿음의 배경이 된 생각을 고르는 문제입니다. 빈칸 뒤에 나오는 문장이 사람들이 사혈 법이 효과가 있었다고 믿었던 이유라고 할 수 있습니다. [Bloodletting was~ from the body.]에서 볼 수 있듯이, 몸에서 피를 흘려보냄으로써 건강을 회복할 수 있다고 믿었으므로 몸에 피가 너무 많으면 병이 난다고 믿었다고 추측할 수 있습니다.

Part II (17~37)

17 "대학생들은 특히 인터넷 중독에 걸리기 쉽다."라고 대학 보건 센터 상담자가 말한다. 앤더슨 박사는 "더 용이해진 접속, 부모에 의해 통제받지 않는 스케줄, 그리고 학업에 있어서 인터넷의 중요성이 점점 커지고 있는 것 등이 그러한 이유들이 될 수 있다."라고 말한다. 그의 주장에 따르면, 인터넷 중독 증상은 중요한 활동들에 대한 경시, 오프라인 사교활동의 감소, 지속적으로 앉아 있는 상태에서 오는 건강 악화 등 다양한 방식으로 나타난다고 한다.

대학생들이 인터넷 중독에 특히 취약한 이유는 무엇인가?
(a) 새로운 정보에 대해 강한 호기심을 가지고 있다.
(b) 확실한 친목 단체 없이 새로운 장소로 이동한다.
(c) 책임이 따르지 않는 새로운 자유를 가진다.
(d) 그들은 중독성이 강한 게임을 구매할 많은 돈을 가진다.

유형 → 세부 내용 파악

Solution 대학생들이 특히 인터넷에 잘 중독되는 이유와 중독의 결과를 해설한 글이다. 지문에서 중독의 두 번째 이유로 언급된 [schedule unrestricted by parents] 부분이 선택지 (c)의 [freedom without accountability]로 paraphrase되어 정답으로 등장했다고 볼 수 있다.

Voca accessability 접근 (가능성) manifest 나타내다 deterioration 악화, 하락 sustained 지속된 sedentary 주로 앉아서 하는

Answer (c) They have a new found freedom without accountability.

Joseph's focus

이 지문은 [주제문-이유-결과]의 구조로 되어 있고, 주제문 [College students are particularly prone to Internet addiction.]이 됩니다. 인터넷 중독의 이유로 [Increased accessability, a schedule unrestricted by parents, growing crucialness of the Internet to academic work]가 제시되어 있습니다. 이런 이유로 학생들은 대학생이 되어서 부모님에게 통제를 받지 않고 책임이나 구속이 없는 자유를 누리는 결과를 가져왔다고 볼 수 있습니다.

18 무료 소송이 제기된 8월 5일 대통령선거 이후에 시작된 잇따른 새로운 폭력 사태에서 50명 이상의 사람들이 사망했다. 몇몇 소식통에 따르면, 지난 4일 동안의 사망자 수가 100여 명에 이른다고 한다. 가장 최근의 공격은 전 유엔 사무총장이 분쟁 해결을 위해 한창 협상을 하던 도중에 발생했다. 경찰은 새로운 폭력사건이 일요일에 발생한 후에 수도에서 야간 통금을 실시하고 있다. 한 단체가 일주일 전에 그들에게 가해진 공격에 대해 복수를 하려는 걸로 보아 인종 갈등이 원인인 것으로 보인다. 혹독한 경제 상황과 널리 확산된 가뭄으로 인해 귀중한 기존의 자원들을 놓고 인종집단 사이에 긴장이 고조되었다.

다음 중 폭력행위의 발발에 대한 배경적 요인이 아닌 것은?
(a) 인종 갈등
(b) 경제적 고통
(c) 선거와 관련된 논쟁
(d) 유엔의 중재

유형 → 진위 파악

Solution 뉴스 보도문을 읽고 세부 내용의 진위를 파악하는 문제이다. 폭력사태의 발발 원인으로 contested presidential election (무료소송이 제기된 대통령선거), ethnically motivated(인종 갈등), harsh economic conditions(어려운 경제 상황), widespread drought(널리 퍼진 가뭄)가 언급되어 있다.

Voca in the midst of ~ 중에 (가운데) enforce 집행하다, 강요하다 curfew 통행금지령 perpetrate 저지르다, 자행하다 drought 가뭄

Answer (d) UN intervention

Joseph's focus

사실 관계를 객관적으로 제시하는 뉴스 지문으로 세부 내용을 바탕으로 진위 파악하는 문제입니다. 지문을 세분화해 보면, [새로운 사건: More than 50 people were killed]-[언제: August 5th presidential election]-[추가정보1: the death toll has reached 100 in the past four days]-[추가정보2: the latest attacks in the midst of negotiation]-[원인/배경: ethnically motivated, harsh economic conditions, widespread drought]. 이와 같은 분석에 기초해서 (c)는 사

건이 대통령선거 이후에 발생했다는 점에서 사건의 시간적 배경이 되지만, (d)는 주요사건에 대한 추가적 정보에 해당하기 때문에 사건과의 직접적인 관련성이 상대적으로 적어보입니다.

19 수상이 화해를 진정으로 원한다면, 이 법안의 인종차별적 부분을 제거함으로써 논란이 되는 입법을 즉시 수정해야 하고 인종차별금지법의 효력을 강화하는 조치들을 취해야 한다. 수상은 자신이 호주 원주민들의 사회경제적 상황을 개선하기 위한 실용적인 조치를 취하는 것에 헌신하고 있다고 주장했지만, 그의 어떤 사회경제적 조치도 한참 역부족이었다. 호주 원주민들과 이주민들 사이의 격차가 그의 임기 동안 계속 커지고 있다. 우리가 원하는 것은, 상징적이고 실제적인 문제들에 정면으로 맞설 뿐만 아니라 오랫동안 해결되지 않고 있는 호주 원주민으로서의 우리의 법적 정치적 지위상의 애매모호함을 척결해주겠다는 진실한 약속이다.

지문은 무엇에 대한 내용인가?
(a) 야당 정치인들의 선거운동 메시지
(b) 수상 임기 중의 부패
(c) 정부와 원주민의 화해
(d) 원주민들을 위한 독립요구

유형 → 대의 파악

Solution 호주 수상에게 현재 논란이 되고 있으며, 인종차별적 요소가 있는 법안의 수정을 요구하는 글을 읽고 대의를 파악하는 문제이다. 답의 단서는 첫 번째 문장에 나와 있다.

Voca amend 개정[수정]하다 take out 제거하다 commit 전념하다 socio-economic 사회경제적인 indigenous 토착의, 원산의 chasm 큰 차이(=gulf) Aboriginal 호주 원주민의 engagement 약속 lingering 오래 끄는 indigenous 토착의

Answer (c) Aboriginal reconciliation with the government

Joseph's focus

첫 문장에 주제문이 이미 제시된 상태입니다. 주제문을 제시하고 주제문에 대한 배경 정보와 제시된 주장의 이유와 목적 [true engagement~to resolve lingering ambiguities about our legal and political status as first peoples.]이 나와 있습니다. 수상이 진정으로 원주민들과의 화해를 원한다면, 들어줘야 할 요구 조건들을 밝히고 있으므로 (c)가 정답이 됩니다.

20 1) 전자기기가 흔들려서 충격을 받지 않도록 해 주십시오.
2) 보안 요원에게 기기를 검사하도록 하고, 엑스레이 기계를 통과하게 않도록 하십시오.
3) 기기를 땅 위나 불안정한 곳에 놓지 않도록 주의하십시오.
4) 기기를 휴대할 때에는 전원이 켜져 있지 않도록 하세요.
5) 그 기기가 본인의 것이라는 걸 증명할 수 있도록 수화물 티켓을 분실하지 않도록 하십시오.

이 충고는 어느 상황에서 중요할 것 같은가?
(a) 야외로 소풍갈 때
(b) 사무실을 이전할 때
(c) 항공 여행을 할 때
(d) 전자제품을 검사할 때

유형 → 추론

Solution 결정적인 힌트는 두 번째와 마지막 주의사항에 나와 있다. 어떤 유형의 전자기기인지는 알 수 없으나, 보안 X선 검색대, 보안요원, 수화물 티켓 등의 표현이 등장한 것으로 봐서, 항공 여행할 때의 주의사항으로 추측할 수 있다.

Voca jostle 거칠게 떠밀다 security personnel 보안 요원

Answer (c) When travelling by air

Joseph's focus

key word를 이용해서 상황을 유추해야 하는 문제로 까다로운 유형의 문제는 아닙니다. electronic device, a security personnel, X-ray machine, baggage ticket 등의 표현으로 보아 공항에서 볼 수 있는 경고문이라고 추측할 수 있겠습니다.

21 한 노벨평화상 수상자가 이끄는 조사단이 정부에게 시민들을 표적으로 삼는 행위를 중단할 것을 강력하게 촉구했다. 그들의 조사결과에 따르면, 정부가 민병대들이 아무런 처벌 없이 활동할 수 있도록 허용하고 있으며, 정부군이 민병대와 적극적으로 협력해 온 걸로 드러났다. 민병대들과 무장 반란군들은 또한 인권과 국제법을 위반한 혐의로 비난 받거나 기소 당했다. 한 달간의 조사에도 불구하고, 조사단은 비자 발급이 거부되었기 때문에 핵심 지역에는 들어가지도 못했다. 대신에, 그들의 조사 결과는 수백 명의 난민들과의 인터뷰와 인권문제를 다룬 문서들에 근거한 것이었다. 현 사태에 대한 국제사회의 여론이 점점 고조되어 가고 있음에도 불구하고, 현지 정부는 책임을 부정하고, 국제법정에 서서 책임지기를 거부하고 있다.

이 글에서 추론할 수 있는 내용은?
(a) 정부는 국제조사단에게 특정 사실을 숨기고 싶어 한다.
(b) 민병대들은 인권 유린에 대한 책임을 지고 있다.
(c) 국제사회는 상황이 악화되는 것을 막기 위해 개입할 것이다.
(d) 국제조사단이 알아낸 것들은 충분한 증거가 부족한 것으로 여겨졌다.

유형 → 추론

Solution 정부가 비자 발급을 거부한 것으로 보아서 조사 자체를 원하지 않거나 진실을 은폐하려는 의도가 있는 것으로 추론할 수 있다.

Voca recipient 수령[수취]인 contend 주장하다, 다투다 militias 의용군, 민병대 impunity 처벌받지 않음 monthlong 한 달간 계속되는 intervene 개입하다 deem 여기다, 생각하다

Answer (a) The government would like to hide certain facts from international investigators.

Joseph's focus

추론형 문항입니다. 민병대와 정부군은 적극적으로 협력해 오고 있는 것으로 드러났고, 정부가 책임을 지지 않으려 하는 것으로 보아 민병대도 책임을 지고 있지 않다고 볼 수 있으므로 (b)도 답이 될 수 없습니다. 국제사회가 사태를 인지는 하고 있지만, 개입을 하려 한다는 내용은 찾을 수 없으며, (c) 역시 지문에 언급되지 않았습니다. 조사단은 수많은 난민들을 인터뷰했

기 때문에 증거가 불충분하다고 보기 어려우므로, (d)는 올바른 추론이 될 수 없으므로, 선택지 중 가장 적절한 추론은 (a)가 됩니다.

22 미국화가 조지아 오키페의 꽃 풍경화들은 생동감 있는 색깔과 거대한 크기, 친밀한 관점과 열정적인 스타일로 유명해졌다. 처음 전시되었을 때, 이 그림들은 관람객을 감각적으로 휩싸이게 함으로써 많은 주목을 받았다. 예를 들면, 지금은 유명한 양귀비 그림에서, 관람객의 눈은 양귀비의 씨가 있는 중심부로 이끌리게 되는데, 이는 꽃이 곤충을 안으로 유혹하는 것에 비유될 수 있다. 바깥 쪽 꽃잎들의 좀 더 밝은 색조와 중심부 쪽의 어두운 색조가 대조를 이루기 때문에, 관람객의 시선은 바로 꽃의 중심부로 이끌리게 된다. 근접 촬영된 사진처럼, 오키페의 꽃들의 거대한 크기와 정교한 내부 묘사는 직접적으로 관람객을 압도해 버린다.

글에 따르면, 무엇이 관람객의 시선을 양귀비의 중심부로 잡아당기는가?
(a) 빛깔
(b) 모양
(c) 형태
(d) 관점

유형 → 세부 내용 파악

Solution 미국화가 오키페의 그림에 대한 글을 읽고 세부 정보를 파악하는 문제이다. 꽃의 중심부의 어두운 색조와 가장자리 부분의 밝은 색조를 대조시켜, 관람객의 눈을 중심부로 이끈다고 언급되어 있으므로 (a)가 적절한 답이 된다.

Voca poppy 양귀비 allude 암시하다, 시사하다 lure 유혹하다 petal 꽃잎 closeup 근접 촬영의 immediacy 직접성, 신속성

Answer (a) The hues

Joseph's *focus*

지문을 읽고 그림에 대한 정보를 찾아내는 유형의 문제입니다. 본문의 [~contrasts between lighter shades], [darker hues towards the center], [one's eye is drawn straight to the heart of the flower]에 답의 근거가 잘 제시되어 있습니다.

23 인문학과는 2008년 봄부터 근무할 정교수직 지원자를 모집합니다. 발탁되는 지원자는 정보통신학 분야와 문화학 분야에서 연구 활동을 하게 될 것입니다. 정보통신학과 문화학 학부 프로그램과 기술정보 분야의 석사, 박사 프로그램 양쪽 모두에서 교수 업무를 하게 될 것입니다. 학과의 학부 프로그램과 대학원 프로그램 둘 모두 학제간 교류가 가능하며, 이는 교수진에게 지적으로 풍요롭고, 종합적인 환경으로부터 혜택을 받을 수 있는 유일무이한 교수 기회를 제공할 것입니다. 지원자는 정보통신분야나 관련된 분야에서 박사학위를 소지하고 계신 분이어야 합니다. 해밀턴 기술공과 대학교는 평등 고용 기회를 보장하고, 차별 철폐 정책을 펼치는 기관입니다. 여성들과 소수 인종 지원자들의 지원도 적극 환영합니다.

이 글에 따르면 다음 중 올바른 것은?

(a) 백인 남성은 이 직책의 기준을 만족시키지 못한다.
(b) 정보통신 분야의 석사 학위 소지자들은 이 직책에 지원할 자격이 된다.
(c) 이 직책은 다양한 분야 안에서 상호 교류를 장려한다.
(d) 이 직책은 엄격하게 학부 프로그램의 학생들만 가르칠 것이다.

유형 → 진위 파악

Solution 교수 모집 광고를 읽고 진위를 파악하는 문제이다. 이 대학은 평등한 고용 기회를 부여하는 교육기관이라고 나와 있다. 고로 백인 남성도 지원할 수 있으므로 (a)는 일치하지 않는다. 정보통신 분야나 관련 분야에서 박사 학위 소지자이어야 한다고 나와 있으므로 (b)도 일치하지 않으며, 학부 프로그램뿐만 아니라, 석ㆍ박사 프로그램에서도 교수 업무를 해야 한다고 나와 있으므로 (d) 역시 답이 될 수 없다. 따라서 지문의 내용과 일치하는 선택지는 (c)가 된다.

Voca tenure-track 종신직 지위 신분의 interdisciplinary 학제간의 multi-disciplinary 종합적인 affirmative action 차별 철폐 조처 minority 소수 민족

Answer (c) The position encourages interaction within various fields.

Joseph's *focus*

교수 모집 광고를 읽고, 세부적인 정보를 확인하여 진위를 파악하는 유형의 문제입니다. 이러한 문항은 해당 지문을 보며 소거하는 방법으로 해결하는 것이 가장 빨리 정확하게 답에 접근할 수 있는 길입니다.

24 그 당시 내가 하던 연구의 세부적인 내용들은 중요하지 않다. 포도상 구균 군락들을 가지고 연구를 하고 있었다고만 해두자. 이 특정 연구에서, 배양접시를 열고 해부용 현미경으로 검사하고 나서 성장이 진행되도록 하는 것이 내가 해야 할 일이었다. 물론, 이로 인해 내 배양접시는 오염되기가 매우 쉬운 상태였다. 어디론가부터 갑자기 이물질들이 내 시료 위에 떨어지기 마련이었다. 놀랄 일도 아니지만 시료는 오염됐다. 하지만 이로 인해 페니실린이 발견되었다. 출처를 알 수 없는 곳으로부터 곰팡이 포자가 접시에 떨어졌던 것이다. 나는 전에 이와 비슷한 경우들이 여러 번 일어나는 것을 봐 왔기 때문에, 오염 자체는 나에게 흥미로운 일이 아니었다. 그러나 포도상 구균이 오염된 군락 주변에서 세포 분해가 일어났다는 것은 나에게 새로운 장면이었다. 아주 특이한 어떤 일이 벌어지고 있었다는 것이 분명했다.

글쓴이는 이 글에서 주로 무엇에 대해 논의하고 있는가?
(a) 페니실린을 발견하게 된 상황
(b) 박테리아 오염의 긍정적인 면들
(c) 실험실 현미경의 예상치 못한 사용
(d) 페니실린 약품을 위한 세계 시장

유형 → 주제문 찾기

Solution 글쓴이는 의도하지 않았던 일련의 사건들로 인해, 우연히 페니실린을 발견하게 된 실험실 연구원이다. 배양접시에서 페니실린을 발견하게 된 과정을 간략하게 설명하면서 페니실린이 예상하지 못했던 우연한 발견이었음을 강조하고 있다.

Voca staphylococcal 포도상 구균 dissect 해부하다 culture plate 배양접시 vulnerable 취약한, 연약한 lysis 세포의 용해 colony 군집 peculiar 이상한

 (a) The circumstances in which he
discovered penicillin

Joseph's focus

지문의 주제를 파악하는 유형입니다. 페니실린을 발견할 때까지 무슨 일이 있었는지 사건 과정을 정리하면 결국 (a)가 정답임을 알 수 있습니다.

25 전 세계적으로 많은 지역들이 고급 주택화 과정을 겪고 있는데, 고급 주택화 과정이란 상대적으로 더 빈곤했던 지역에 좀 더 부유한 사람들이 유입하여 기존 주민들과 문화를 강제로 내쫓아 버리는 것을 말한다. 자유분방한 하위문화가 이 과정에 영향을 미친 생각지도 못했던 요인이었다. 예술가들과 하위문화 성향의 대학생들은 종종 낮은 물가와 소수 문화를 향유하기 위해 평가 절하된 도시 지역을 찾곤 한다. 그런 지역에 보헤미안적인 특징이 나타남에 따라, 그 지역은 살고 있는 주민들뿐만 아니라 부유한 소비자들에게도 매력적으로 보이게 된다. 결국, 그런 부유한 소비자들이 찾아오게 되면서, 먼저 도착한 사람들을 내쫓아버린다.

글쓴이는 주로 무엇에 대해 말하고 있는가?
(a) 가난한 사람들의 추방(이동)
(b) 보헤미아인들에 의한 빈민 착취
(c) 지역을 고급 주택화하는 이유들
(d) 소비문화의 부정적인 면

유형 → 대의 파악

 도시의 가난한 지역들이 고급 주택화하면서, 부유한 사람들이 그 지역으로 모여 살게 된다. 그러면서 그 지역에 살던 가난한 사람들과 그들의 문화를 그 지역에서 내몰아 버리는 과정을 해설하고 있다.

 gentrification 고급 주택화 **affluent** 부유한 **unwitting** 자신도 모르는 **subcultural** 하위문화의 **devaluate** 평가 절하하다 **displacement** (쫓겨난) 이동 **downside** 부정적인 면

 (a) The displacement of poor communities

Joseph's focus

빈민지역의 고급화 과정을 설명한 글을 읽고, 대의를 파악하는 문제입니다. 부유한 사람들이 기존에 살고 있는 주민과 문화를 강제로 내쫓아 버린다는 내용으로 글의 앞부분에 이미 주제를 잘 나타내고 있습니다.

26 대부분의 인간들은 곤충을 비이성적으로 두려워하고 혐오한다. 많은 사람들이 곤충은 더럽고 파괴적이고 위험하다고 믿고 있다. 그러나 사실은, 대다수의 곤충들이 이로우며, 인간과 다른 생명체들에게 굉장히 소중하다는 것이다. 꿀벌을 예로 들어보자. 인간은 벌이 맛있는 생산품을 제공하기 때문에, 높이 평가하겠지만 사실 꿀벌들은 우리가 먹는 과일과 야채들이 성공적으로 번식할 수 있도록 해 주는 장본인이다. 이런 중요한 봉사 활동이 없다면, 식물과 육식동물 둘 다 대부분의 먹이사슬이 심각한 위험에 빠질 것이다. 이런 이유로, 환경 보호주의자들과 농부들 모두 최근의 꿀벌 군락들의 원인 모를 붕괴를 매우 심각하게 여기고 있다.

이 글에 따르면, 올바른 것은?
(a) 어떤 곤충들은 꿀벌을 죽이고 있다.
(b) 인간 생명은 곤충 개체 수에 영향을 받는다.
(c) 꿀은 벌에 의해 제공되는 가장 유용한 서비스이다.
(d) 대부분의 사람들은 곤충들의 공헌을 높이 평가하고 이해한다.

유형 → 진위 파악

 벌들의 군집을 해치는 곤충들이 있다는 내용은 언급되어 있지 않았으므로 (a)는 답이 될 수 없다. 두 번째 문장 [the vast majority ~ other forms of life]에서 곤충이 인간과 다른 생명체들에게 매우 소중하다고 나와 있으므로 (b)는 지문의 내용과 일치한다. 꿀을 생산하는 것보다 더 중요한 임무가 과일과 채소를 성공적으로 번식할 수 있게 해주는 것이라고 언급되었으므로 (c)는 지문의 내용과 일치하지 않는다. 대부분의 사람들은 곤충에 대한 비이성적인 두려움과 증오를 갖고 있다고 했으므로, (d)는 지문의 내용과 정반대의 내용이다.

 irrational 비이성적인 **hatred** 증오, 혐오 **alike** 둘 다, 똑같이 **grave** 심각한 **render** 제공하다 **appreciate** 진가를 알아보다

 (b) Human life is dependent on the insect population.

Joseph's focus

인간과 곤충과의 관계에 대한 글을 읽고 진위 파악하는 문제로, 인간들이 갖고 있는 곤충에 대한 오해를 구체적인 예를 들어서 반박하는 글입니다. 주제와 함께 지문에 제시된 예를 살펴보면서 선택지를 하나씩 지워 나가면 (b)가 정답이 됨을 알 수 있습니다.

27 기상학자들은 쓰나미 경보 시스템을 고안하기 위해 열심히 노력해 왔다. 그럼에도 불구하고, 쓰나미를 예측하는 확실한 방법은 없다. 1993년도에 지진이 일본 해안가에 치명적인 쓰나미를 일으켰다. 이로 인해 202명이 사망했고, 이보다 훨씬 더 많은 사람들이 실종되거나 부상당했다. 이 쓰나미는 지진 발생 후 불과 3분에서 5분 만에 들이닥쳤기 때문에, 대부분의 희생자들은 지진이 발생한 걸 알고 높은 지대로 피난하던 도중에 급습을 당했다. 쓰나미의 갑작스런 공격을 받을 가능성은 여전히 존재하지만, 경보 시스템은 아주 유용하다. 예를 들어, 미국 서부 해안가에 대규모의 지진이 발생한다면, 일본에 있는 사람들에겐 쓰나미가 도착하기 전까지 12시간 이상의 여유 시간이 있을 것이고, 이것은 그들에게 어느 정도 쓰나미에 영향을 받을 가능성이 있는 지역을 벗어날 충분한 시간을 제공한다.

지문에 따르면, 다음 중 올바른 것은?
(a) 쓰나미는 지진 발생과 관련이 없다.
(b) 쓰나미를 예측하는 것은 일종의 과학으로서 완성되었다.
(c) 미국에서 발생한 지진이 일본에 쓰나미를 일으킬 수도 있다.
(d) 일본의 대부분의 희생자들은 쓰나미를 피하려고 하지 않았다.

유형 → 진위 파악

 (a)는 지문에서 쓰나미는 지진과 직접적 관련이 있다고 언급하고 있으므로 일치하지 않으며, 과학자들이 경보 시스템을 고안하려 했지만, 아직 완벽한 것은 아니라고 언급되었으므로, (b)도 지문의 내용과 일치하지 않는다. 지진 발생 후, 쓰나미를 피하기 위해 높은 지대로 피난을 가다가 급

습되었다는 내용이 나오므로 (d)는 지문의 내용과 정반대
되는 내용이다. 지문의 마지막 부분 [If there was ~ any
tsunami arrived.]에서 미국에서 발생한 지진이 일본에 쓰
나미를 일으킬 수도 있다는 내용이 언급되었으므로, (c)가
올바른 내용이다.

Voca　meteorologist 기상학자　tsunami 쓰나미　victim
희생자　evacuate 떠나다, 대피시키다

Answer　(c) An earthquake in the United States could
trigger a tsunami in Japan.

Joseph's focus

쓰나미에 대한 글을 읽고 세부적인 정보를 찾아서 진위를 파악
하는 문제입니다. 이러한 문제들은 선택지를 하나씩 내용과 연
결시켜 지워 나가는 방법을 쓰면 쉽게 답을 찾을 수 있습니다.

28 최근 산업동향 보고서에 따르면, 제조업 분야에서 정리해고 건
수가 점점 증가하고 있는 걸로 기록되어 있다. 2007년 7월에 있
었던 대규모의 정리해고 사태에서 5만 명의 미국 노동자들이 해
고되었다. 가장 큰 규모의 정리해고를 한 주들에는 2만 5천 명을
해고한 캘리포니아 주, 1만 명을 한 뉴욕 주, 9천 명을 해고한 미
시간 주와 8천 명을 해고한 오하이오 주가 포함되어 있었다. 자
동차와 자동차 금속 금형 부문이 정리해고로 인해 가장 큰 영향
을 받았고, 플라스틱과 고무제품 생산 부문과 기계 제조업 부문
이 각각 그 뒤를 이었다.

제조업 정리해고로 가장 많은 노동자들이 영향을 받은 주는?
(a) 미시간
(b) 오하이오
(c) 뉴욕
(d) 캘리포니아

유형 → 세부 내용 파악

Solution　세 번째 문장 [States having ~ their employment.]에서
가장 많은 노동자가 정리 해고된 주는 캘리포니아 주라고
언급되어 있다.

Voca　layoff 해고, 강제 휴업　stamp (기계로 금속에 모양을) 찍
다

Answer　(d) California

Joseph's focus .

보고서를 읽고 세부 정보를 찾는 문제입니다. 이런 유형의 문
제는 문제를 먼저 살핀 후, 필요한 정보만 골라 읽는 selective
reading으로 문제를 빨리 해결하는 게 좋습니다. 제조업 분야
에서 해고된 인원이 가장 많은 주를 찾으면 쉽게 (d)가 정답임
을 알 수 있습니다.

29 논란을 불러일으키려는 의도로 고안된 말하는 인형들이 실제로
논란을 불러 일으켰다. 게다가 돈까지 벌면서 말이다. 각각의 인
형이 다른 인종들을 나타내도록 고안되었고, 웃기는 간단한 유
행어들을 말하는 그 인형들은 10대 소비자들을 대상으로 기획된
상품이다. 그러나 미국의 많은 백화점들은 고객들에게 불쾌감을
줄 수도 있다는 우려 때문에 그 인형들을 거부했다. 그 인형들에
반대하는 사람들은 각 인형의 희화된 얼굴 표정, 의상, 말하는
어구들이 각각의 인형이 대표하는 사회의 사람들을 비웃고 조롱

하고 있다고 말한다. 각각의 인형은 고의적으로 인종적 그리고
성적 고정관념들에 기초해서 만들어졌으며, 이 고정관념들은 미
국에서 유머와 증오를 나타내고자 할 때 자주 쓰는 개념들이다.

지문에 따르면, 다음 중 올바른 진술은 어느 것인가?
(a) 논란을 불러일으킨 인형들은 많은 돈을 벌 수 있었다.
(b) 인형들은 미국 상점들에 의해 활발하게 판촉이 이뤄졌다.
(c) 제조업자는 어떤 논란도 불러일으키고 싶어 하지 않았다.
(d) 인형들은 특정 집단의 사람들을 비하하는 것으로 해석될 수
도 있었다.

유형 → 진위 파악

Solution　말하는 인형에 대한 글을 읽고 진위를 파악하는 문제이
다. 지문 중반부의 내용 [Opponents to the dolls~it
represents.]을 통해 특정 집단의 사람들을 비하하는 것으
로 해석될 소지가 있다는 (d)가 지문의 내용과 일치한다는
걸 알 수 있다.

Voca　spark 촉발하다　mock 조롱하다(=deride)
stereotype 고정관념　promote 홍보하다
derogatory 경멸하는, 비판적인

Answer　(d) The dolls could be interpreted as
derogatory to certain groups of people.

Joseph's focus

글을 읽고 진위를 파악하는 문제입니다. 인형들을 미국의 많은
백화점에서 거부했다고 언급되었기 때문에, 많은 돈을 벌었다
고는 볼 수 없으므로 (a)는 오답입니다. 미국 상점들에 의해 활
발한 판촉이 이뤄졌다는 내용은 지문에 전혀 언급이 없으므로
(b)도 일치하지 않고, 첫 번째 문장에서 논란을 불러일으킬 의
도로 고안되었다고 언급되어 있으므로 (c) 역시 답이 될 수 없
습니다. 특정집단의 사람들을 비하하는 것으로 해석될 소지가
있다는 (d)가 지문의 내용과 일치하므로 정답이 됩니다.

30 한 스웨덴 대학의 새로운 연구조사에 따르면, 인터넷을 바라보
는 아이들의 시각이 이 매체에 대한 성인들의 시각과 많은 면에
서 다른 것으로 밝혀졌다. 아이들은 인터넷의 부정적인 면에 대
해서 걱정하지 않는다. 그들은 많은 단점들을 알고 있고 말로 해
설할 수도 있지만, 그들이 일상적으로 인터넷을 사용할 때는 이
러한 단점들은 존재하지 않는다. 사실, 많은 아이들은 잘 짜여진
대응 전략들을 가지고 있다. 간단히 말해서, 아이들은 그들의 온
라인 환경에 존재하는 위협을 인지하고 있고, 때로는 개인적인
경험에서, 그런 위협을 피하는 방법도 개발해 낸 사리 분별력이
있는 어린 시민이다.

지문에 따르면 다음 중 옳지 않은 진술은?
(a) 아이들은 인터넷의 부정적인 영향에 대해 걱정하지 않는다.
(b) 아이들은 종종 인터넷의 잠재적으로 해로운 면에 대해 무지
하다.
(c) 아이들과 어른들은 인터넷을 똑같은 방식으로 바라보지 않
는다.
(d) 많은 아이들이 인터넷에서 생기는 문제들을 해결할 능력이
있다.

유형 → 진위 파악

Solution　아이들의 인터넷 사용에 관한 연구를 간략하게 해설하
는 글이다. 세 번째 문장 [They are aware of ~ in their

online setting.]에서 아이들은 인터넷의 해로운 측면을 알고 있다고 나와 있으므로, 선택지 (b)가 지문의 내용과 일치하지 않는다.

threat 위협

(b) Children are often ignorant of the Internet's potentially harmful side.

Joseph's focus

아이들의 인터넷 사용에 대해 걱정할 필요가 없다는 요지의 글을 읽고 진위를 파악하는 문제입니다. 아이들이 생각하는 인터넷이 어른들이 생각하는 것과는 다르다는 것이 이 연구의 요지이며 지문이 주장하는 바를 하나씩 분석해 봄으로 옳지 않은 진술을 쉽게 찾을 수 있을 것입니다.

31 가족의 크기에 영향을 미치는 요인들 중 몇몇은 사실상 경제적인 것들이다. 이런 요인들은 아마도 가장 이해하기 쉬운 것들이다. 예를 들어, 황소가 끄는 쟁기에 의존하는 개발도상국의 시골의 농사를 짓는 가족은 곡물을 파종하고, 추수하고, 판매하기 위해서 많은 가족 구성원이 필요하다. 3인 가족은 가업을 유지할 충분한 노동력을 제공하지 못할 것이다. 대조적으로, 선진국의 가족들은 경제적인 이유로 작은 경향이 있다. 높은 생활 수준으로 아이들을 양육하는 것은 비용이 많이 든다. 그러므로 그러한 나라에서는 가족들이 가급적 아이들을 낳지 않는 것이 경제적으로 현명한 것이다.

지문에 따르면, 사실이 아닌 진술은?
(a) 선진국의 가족들은 대가족을 꾸릴 여유가 있다.
(b) 가난한 농촌 가족들은 아이를 낳아야 할 경제적인 동기가 있다.
(c) 가정의 크기는 재정적인 상황에 의해 크게 좌우된다.
(d) 가족 농장이 성공하려면 많은 사람들이 관여되어야 한다.

유형 → 진위 파악

선진국에서는 높은 생활 수준으로 인해 아이들을 양육하는 데에 돈이 많이 들며, 그래서 아이들을 가급적 낳지 않는 것이 경제적으로 현명하다고 지문에 언급되어 있으므로 (a)는 지문의 내용과 일치하지 않는다.

in nature 사실상 rural 시골의 plow 쟁기
oxen 황소 plant 심다 prudent 신중한(=cautious)
incentive 장려책

(a) Families in developed countries can afford to have larger families.

Joseph's focus

개도국과 선진국의 가족의 크기에 대한 글을 읽고 진위를 파악하는 문제입니다. 마지막 부분[In contrast, families in developed countries ~ for families to have few children.]에서 선진국 가정들은 아이들을 낳지 않는 것이 경제적으로 현명하다고 하였으므로 (a)는 사실이 아님을 알 수 있습니다.

32 1800년경, 독일 의사인 프란츠 조셉 갈은 두개골의 융기와 틈새들을 읽어서 사람의 성격적 특징들을 알아내는 골상학을 개발

했다. 주류 학계에 의해 사이비 과학이라고 비난을 받았지만, 그 학문은 19세기에 매우 인기가 있었다. 골상학적인 사고는 19세기 정신의학과 현대 신경과학에 큰 영향을 끼쳤다. 어떤 사람의 주어진 성격적 특징에 대한 수용 량은 두뇌의 해당 영역 위에 놓인 두개골 부위의 크기를 계측함으로써 알 수 있다고 믿어졌다.

지문에 의하면 골상학에 대해 다음 중 옳은 것은?
(a) 이것은 18세기 초에 개발되었다.
(b) 이것은 결코 대중의 큰 관심을 얻을 수 없었다.
(c) 이것은 정통 과학들의 발달에 영향을 끼쳤다.
(d) 이것은 사람의 성격적 특성을 변화시키는 기술을 사용한다.

유형 → 진위 파악

지문 중반에 골상학적 사고가 정신의학과 신경과학에 영향을 주었다고 언급되어 있으므로, (c)가 내용과 일치한다.

phrenology 골상학 pissure 갈라진 틈 denounce 맹렬히 비난하다 pseudoscience 사이비 과학

(c) It had an effect on the development of legitimate sciences.

Joseph's focus

골상학의 유래에 대한 글을 읽고 진위를 파악하는 문제로, 세부적인 정보를 파악하는 것이 중요합니다. 지문에 언급된 1800년도는 19세기이므로 (a)는 지문과 일치하지 않으며, 골상학은 19세기에 아주 인기가 있었다고 했으므로 (b) 대중의 큰 관심을 얻을 수 없었다는 것은 지문의 내용과 일치하지 않습니다. 골상학은 사람의 성격적 특징들을 두개골을 측정해서 알아내는 학문이지 성격적 특징들을 바꾸는 것은 아니므로 (d) 역시 지문과 일치하지 않습니다.

33 뉴사우스웨일즈 주의 주지사인 모리스 예마는 주 정부는 방치의 위기에 처한 아이들의 부모들을 대상으로 부모들을 위한 부모계약 제도를 도입할 것이라고 일요일 발표했다. 이 계약제도는 그의 정부가 지난달에 발표한 존중과 책임 개혁안의 다음 구성안이다. 예마 주지사는 이 계약이 부모들에게 자신의 아이들의 행동에 대해 책임을 지도록 함으로써 청소년 범죄를 줄이는 데 도움이 될 거라고 믿고 있다. 부모들은 아동법원의 명령에 따라 계약서에 서명해야 할 것이다. 상황에 따라 부모들에게 육아수업에 참석하고 상담을 받으며, 약물사용이나 과도한 양의 음주를 중단하도록 명할 수 있다. 타스마니아 주 복지부 장관은 자기가 그 법안을 자세히 보진 못했지만, 겉보기에 타스마니아 주를 위해 적절한 입법은 아닌 것 같다고 말했다.

이 글에 따르면 다음 중 올바른 것은?
(a) 그 계약 제도의 실행 가능성에 대해 보편적 합의가 이루어지지 않았다.
(b) 부모 계약제도는 호주 전역에 걸쳐 실시될 것이다.
(c) 모든 부모들이 부모계약서에 서명하도록 요구받을 것이다.
(d) 그 계약제도는 아이들을 부모들의 학대로부터 보호하기 위한 것이다.

유형 → 진위 파악

지문의 마지막 문장에 타스마니아 주 복지부 장관은 적절한 입법이 아니라고 생각한다고 언급된 것으로 보아 보편적인 합의가 이루어진 것은 아니라고 할 수 있다.

Answer   (a) There is not universal agreement on the
viability of the contracts.

JoSeph's focus

New South Wales 주 정부의 새로운 정책에 관한 보도문을
읽고 진위를 파악하는 문제입니다. 호주 전역에 걸쳐 실시되는
것이 아니라, 뉴사우스웨일즈 주에서 실시될 예정이므로 (b)는
답이 될 수 없습니다. 모든 부모가 아니라, 아이들을 방치하고
있는 부모들을 대상으로 한 법이라고 언급되어 있으므로 (c)는
오답이 됩니다. 그 계약제도는 부모의 학대로부터 아이들을 보
호하기 위해서가 아니라 청소년 범죄를 방지하기 위한 것이라
고 언급되어 있으므로 (d) 역시 지문의 내용과 일치하지 않습
니다. 참고로 진위 파악 문제에서 all only, the most, always
등의 극단적인 단어가 들어간 선택지는 대체로 오답 함정이므
로 답에서 일단 제외시키는 것이 바람직합니다.

34 멕시코 정부는 전 아르헨티나 해군장교인 미구엘 리카르도 카발
로를 스페인에 인도해서 아르헨티나의 '더러운 전쟁'과 관련된
대량 학살, 테러, 고문죄로 기소되도록 하겠다고 발표했다. 멕시
코 정부는 스페인의 요청과 카발로를 추방하라는 지난달의 멕시
코 법원의 권고가 있은 후, 그런 결정을 내렸다. 국제인권 단체
인 Human Rights Watch는 인권 유린 행위에 대해 책임을 확
립하는 데에 있어서 특별한 성과라고 강조하면서, 이 결정을 지
지했다. 전 아르헨티나 해군 대위인 미구엘 리카르도 카발로는
1970년대와 80년대에 아르헨티나 전 군부 통치자들에 반대하는
좌익 인사들에게 대량학살, 테러와 고문행위를 저지른 죄로 기
소된 상태이다.

지문으로부터 추론할 수 있는 내용은?
(a) 카발로의 본국 송환은 인권단체들에 의해서 반대되었다.
(b) 멕시코의 한 법원은 카발로가 인권 유린의 죄가 있다고 생각
했다.
(c) 카발로는 '더러운 전쟁' 기간 중에 권력을 가진 군부 통치 독
재자를 도왔다.
(d) 많은 장교들이 '더러운 전쟁'에서 그들이 맡은 역할로 유죄
판결을 받았다.

유형 → 추론

Solution   도입부에서 한 멕시코 법원이 카발로를 추방하라는 권고를
내렸다는 내용이 언급된 걸로 볼 때, 멕시코 법원은 카발로
가 인권을 유린한 죄가 있다고 판단했다고 추론할 수 있다.

Answer   (b) A Mexican court found Mr. Cavallo guilty
of human rights abuses.

JoSeph's focus

뉴스 보도문을 읽고 추론을 하는 문제입니다. 이런 경우 5W
1H의 원칙에 따라 분석하면 답에 쉽게 접근할 수도 있습니다.
Who →Mexican government

When →last month's recommendation by a Mexican
court
Where →Mexico
What →hand over former Argentine naval officer
Miguel Ricardo Cavallo to Spain
Why →charges of genocide, terrorism and torture
connected to Argentina's Dirty War
How →by a Mexican court that Mr. Cavallo be
extradited

35 정체성과 정체성 형성의 의미는 직업 환경에서 찾아 볼 수 있다.
이것은 평판이 좋지 않은 직업들이나 더러운 직업에서는 점점
더 어려운 일이 된다. 어떤 직업들은 여러 가지 불명예 또는 명
예를 나타낸다. 정체성 형성은 사람들이 다양한 직업적 선택을
정당화하고 평가하는 과정이다. 직업 만족도와 전반적인 삶의
질이 이들 중에 있다. 이런 유형의 직업군에 속해 있는 사람들은
그들이 가지고 살 수 있는 정체성을 만들어 낼 방법들을 찾아야
만 한다. 어떤 사람의 직업이 사회적 기준에 의해 더럽다고 여겨
지면, 직장에서 긍정적인 자아 정체성을 만드는 것은 더욱 힘들
어진다.

더러운 직업에 대해 올바른 것은 어느 것인가?
(a) 사람들에게 자랑스러운 정체성을 부여한다.
(b) 다른 직업들보다 덜 힘들다.
(c) 사회적으로 정의되는 용어이다.
(d) 사람들은 그 일을 하는 데에 만족을 찾지 못한다.

유형 → 진위 파악

Solution   [Making a positive ~ by societal standards.]를 통해
(c)가 답이 됨을 알 수 있다.

Answer   (c) It is a socially defined term.

JoSeph's focus

정체성 형성에 대한 글을 읽고 진위를 파악하는 문제입니다. 주
제에 대해서 논리적인 전개를 하고 있습니다. 정체성 형성과 관
련해서 설명하고 있지만, 더러운 직업이 다른 직업들보다 힘든
지 아닌지는 언급되어 있지 않으므로 (b)는 오답입니다. 이런
직업에 종사하는 사람들이 긍정적인 자아 정체성을 형성하는
데 어려움이 있다는 얘기는 언급되었지만, 이런 직업에 종사하
면서 만족감을 느끼지 못한다는 내용은 전혀 언급되지 않았으
므로, (d) 역시 오답이 됩니다. 마지막 문장에서 dirty라는 말이
사회적 기준과 관련되어 있음을 나타내고 있으므로 (c)가 정답
이 됩니다.

36 영국의 높은 수준의 문맹률은 여타 교육 시스템의 발전을 저해
했다. 유엔의 한 연구조사에서 교육 서비스가 향상되었다는 부
분적인 이유 때문에, 영국은 대다수의 이웃 유럽 국가들보다 상
위에 랭크되었다. 그러나 영국 인구의 22퍼센트가 문맹으로 평
가된 것은 교육에 있어서 그 어떤 발전도 이 고질적인 약점 때문
에 무색해져 버림을 의미한다.

지문에 따르면, 문맹률이 영국 교육 시스템에 어떤 영향을 미치
는가?
(a) 하찮은
(b) 긍정적인
(c) 활기를 띠게 하는
(d) 해로운

유형 → 세부 내용 파악

Solution 마지막 문장에 답이 제시되어 있다. 마지막 문장의 [...any advances in education are overshadowed by this persistent weakness.] 부분을 보면 문맹률이 영국 교육 시스템에 해로운 영향을 미치고 있음을 알 수 있다.

Voca illiteracy 문맹 overshadow 무색하게 만들다 persistent 끈질긴, 지속적인 negligible 하찮은 detrimental 해로운

Answer (d) Detrimental

영국의 문맹률에 대한 글을 읽고 세부 정보를 파악하는 문제입니다. [have undermined progress elsewhere in the education system], [any advances in education are overshadowed by this persistent weakness] 부분이 답의 근거가 됩니다. 특히, 지문에서 persistent weakness는 high levels of illiteracy를 가리킵니다.

37-1 주식회사 토이월드의 한 임원이 장난감 공장들의 실태를 조사하러 중국으로 갈 예정이다. 최근에 그의 회사는 페인트에서 위험수준의 납이 검출되었기 때문에, 여러 종류의 제품들을 리콜해야 했다. 현재 중국에 있는 다른 기업들과 함께, 이 회사는 안전한 장난감을 만들기 위한 노력의 일환으로 새로운 안전 시스템을 만들고 있다. 그가 방문하게 될 한 공장은 생산 이력을 추적할 수 있도록 완제품 장난감에 날짜 코드를 삽입하는 조치를 취하고 있다. 또한, 모든 장난감에 최첨단 엑스레이 건을 이용한 검사를 실시할 예정인데, 이렇게 하면 납을 포함하여 6종류 이상의 중금속을 탐지할 수 있다.

지문으로부터 이 장난감 회사에 대해 추론할 수 있는 것은?
(a) 장난감 공장의 과거 안전기준이 미흡했다고 생각하고 있다.
(b) 이러한 안전 시스템이 준비가 되면 이 회사 장난감의 안전성이 보장될 것이다.
(c) 중국 바깥의 다른 공장에서 장난감을 생산할 방법을 알아볼 것이다.
(d) 이 임원은 납 탐지 엑스레이 건을 조작하는 훈련을 받았다.

유형 → 추론

Solution 지문 중반부의 [~ creating new safety systems in an attempt to keep their toys safe.]에서 알 수 있듯이, 새로운 시스템을 만들고 있다는 것은 과거의 안전기준이 미흡했다고 생각하기 때문임을 유추할 수 있다.

Voca implement 시행하다 in place ~을 위한 준비가 되어 있는 lead-detecting 납을 감지하는

Answer (a) It believes that the previous toy factory safety standards were not sufficient.

지문에 제시된 정보를 기초로 정답을 추론하는 문제 유형은, 정보를 정확하게 파악하는 것뿐만 아니라, 파악한 정보를 맥락에 맞게 재해석하는 능력이 필요합니다. 본문이 [creating new safety systems in an attempt to keep their toys safe] 부분은 [due to dangerous levels of lead found in the paint] 부분과 연결하여 해석을 하면 (a)가 정답임을 추론할 수 있습니다. 그리고 한 가지 더 [implement the use of high-tech X-ray guns]와 같은 구체적인 조치도 과거 안전 시스템에 문제가 있었다는 것을 암시합니다.

37-2 나는 이 기회를 빌려서 최근 시행된 점심시간 교외 출입 허용 정책이 지금까지 어떻게 진행되었는가에 대해 이야기하고자 합니다. 먼저 고등학교 3학년생들이 점심시간 동안에 교외로 나갈 수 있도록 허용하는 것이 무단결석 문제를 일으킬 것인가의 여부에 대해 많은 논란이 있어 왔지만 학생들이 우리가 모두 바라던 대로, 성숙하게 정책에 반응을 보여 주었다는 것을 알리게 되어 기쁩니다. 학생들이 오후 수업시간에 돌아오지 않은 몇몇 경우들이 발생하기는 했지만 보편적인 문제는 아닙니다. 또한 우리가 새로운 점심시간 규율을 논의할 때 안전 문제가 제기되었습니다. 하지만 어떠한 자동차 사고도 보고되지 않은 것으로 이것 또한 학생들 자신들이 얼마나 책임감 있는가를 증명한 것으로 보입니다.

보고서의 내용과 일치하는 것은?
(a) 교내에 무단결석 문제가 있다.
(b) 점심시간 교내 출입 정책은 새로운 것이다.
(c) 점심시간 교내 출입 정책은 재고될 것이다.
(d) 사고를 방지하기 위한 대책들이 논의되고 있다.

유형 → 내용 일치

Solution recent off-campus lunch policy 라고 했으므로 규율이 실행된 것이 최근의 일이라는 것을 알 수 있다.

Voca truancy 무단결석 senior 고등학교 졸업반 maturity 성숙함 incident 사건

Answer (b) The off-campus lunch policy is new.

맨 첫 번째 문장에서 글의 내용이 무엇에 관한 것인지를 제시하고 있습니다. 최근에 시행된 off-campus lunch policy는 고등학교 졸업생들이 점심시간 동안에 교외로 나갈 수 있도록 허용하는 것이라는 것을 알 수 있습니다. 이 글은 그 동안 이러한 규율이 어떻게 실행되어 왔는가에 대한 경과보고라고 할 수 있고, 이 새로운 규칙이 실행되기 전에 무단결석의 문제와 안전 문제가 잠재적인 문제점들로 제기되었다고 말하고 있습니다. 몇몇 학생들이 오후 수업에 돌아오지 않는 경우가 발생하긴 했지만 소수의 경우일 뿐이었고 아무런 사고도 보고되지 않은 것으로 보아, 학생들이 책임감 있게 행동했다고 보고하고 있습니다. (a)는 사실이 아니고 전반적으로 이 규율은 잘 진행되고 있으므로 재고될 것이라고 한 (c)는 글의 내용과 일치하지 않습니다. 아무런 사고도 발생하지 않았으므로 (d)는 정답이 될 수 없습니다.

38 어릴 때 햇빛에 노출되는 것은 성인이 돼서 암에 걸리는 데 주요한 요인으로 작용한다. (a) 이런 건강상의 위험에 대처하는 가장 좋은 방법은 예방이다. (b) 자외선 방지 크림과 함께 아이의 머리와 얼굴을 보호하는 모자를 사용해야 한다. (c) 많은 사람들이 수영장이나 해변에서 편히 쉬면서 여름을 함께 보낸다. (d) 이런 조치들을 취하면, 아이들은 햇빛 속에서 안전하고 즐거운 시간을 보장받을 것이다.

유형 → 글의 흐름 파악

Solution 햇빛으로부터 아이들의 피부를 보호해 줘야 한다는 요지의 글이다. 글 전체의 내용이 어렸을 때 아이들의 피부를 모자와 자외선 차단 크림으로 보호해 줘야 한다는 내용인 점을 고려해 볼 때, (c)의 내용은 토픽을 벗어나 흐름상 어울리지 않는다.

Voca expose 노출하다 sunblock 자외선 방지 크림 (=sunscreen)

Answer (c) Many people spend their summers together relaxing by the swimming pool or at the beach.

Joseph's focus

흐름에서 벗어나는 문장을 찾기 위해서는 우선 주제문을 찾아내야 합니다. 주제문과 연결되는 문장들 사이에 등장하는 연결 어구들과 예들을 잘 살펴봐야 합니다. 주로 엉뚱한 예가 등장하면 그것이 정답이 되는 경우가 많습니다. (c)는 불필요하거나 논리적으로 적합하지 않은 요소이므로 제거해야 합니다.

39 65세라는 고령에 윈스턴 처칠은 영국의 수상으로 선출되었다. (a) 이번 선거는 굴곡 많은 그의 정치 인생에서 갑작스런 절정에 해당되는 것이었다. (b) 젊은 시절 정치 유망주로서 정치 인생을 시작했지만, 처칠은 많은 사람들에게 미래에 정권을 잡을 모든 가능성을 상실한 것처럼 비쳐졌다. (c) 그러나, 2차 세계대전이 발발하고 나서야 처칠은 새로운 목표의식과 방향감각을 가지고, 영국을 승리로 이끌고 조국의 영웅이 되었다. (d) 저명한 말보로 공작의 혈통인, 처칠은 가문의 유산이라는 점을 떠맡기는 걸 결코 좋아하지 않았다.

유형 → 글의 흐름 파악

Solution (d)는 뼈대 있는 가문의 혈통으로, 가문의 전통을 지켜야 함을 싫어했다는 내용으로 전체 글의 흐름과 무관하다.

Voca breakout 발발(=occurrence) renewed 재개된, 새로워진 lineage 혈통 illustrious 저명한 legacy 유산

Answer (d) Part of the lineage of the illustrious Duke of Marlborough, Churchill never enjoyed having to carry the baggage of his family legacy.

Joseph's focus

글 전체가 2차 세계대전 이후, 영국의 수상이 되기까지의 처칠의 정치 인생을 소개하는 글입니다. 즉 처칠이 수상이 되기전까지 불확실했던 그의 정치적 입지를 간략하게 해설하고 있습니다. 하지만, (d)는 가문의 전통에 관한 내용이므로 전혀 어울리지 않습니다.

40-1 신경과학자들은 예전에는 생각지도 않았던 유전자들 집합이 두뇌 발달의 중요한 시기에 선천성과 후천성에 관련된다는 사실을 발견했다. (a) 두뇌에서, 어떤 유전자들은 외부 세계로부터의 자극에 반응할 때에만 발현, 또는 작동된다. (b) 유전자 복제는 아일랜드 정부에게 지속적인 논란이 되어왔다. (c) 과학자들은 유전자와 외부 환경 사이의 연결고리를 찾아내기를 희망했다. (d) 과학자들이 유전자들이 어떻게 변하는지를 더 잘 이해한다면, 유전자 관련 질병들을 예방할 수 있을지도 모른다.

유형 → 글의 흐름 파악

Solution 글 전체가 유전자 복제가 논란이 되고 있다는 내용이 아니라, 유전자와 환경의 관계를 밝혀 내려하는 과학자들의 노력과 희망에 관한 내용이다. 따라서 흐름에 맞지 않는 선택지는 (b)이다.

Voca neuroscientist 신경 과학자 genetic cloning 유전자 복제

Answer (b) Genetic cloning has been a continuous controversy for the Irish government.

Joseph's focus

글의 흐름상 적절하지 않은 부분을 찾기 위해 주제를 찾는 것은 기본입니다. 지문에서 주제문장을 찾아보면, 첫 번째 문장에 제시된 [a previously unsuspected set of genes links nature and nurture during a crucial period of brain development.]로 볼 수 있으며, 구체적 예시로 [In the brain, some genes only expressed in response to stimulus from the outside world.]을 들고 있습니다. 이 두 가지 사항만을 보더라도 유전자 복제가 아일랜드 정부에게 논란이 되어 왔다는 (b)는 주제에서 벗어나 지문의 논리적 구조상 적합하지 않다는 것을 알 수 있습니다.

40-2 많은 구직자들은 깨끗하게 다려진 양복과 이력서만을 손에 든 채 면접장에 들어간다. (a) 하지만 전문가들은 성공적인 면접을 위해서는 면접을 받는 사람의 입장에서 준비가 필요하다고 주장한다. (b) 먼저 구직자들은 자신이 일하고자 하는 회사에 대해 최대한 많은 정보를 익히는 것이 중요한데, 이것이 면접관에게 좋은 인상을 남기기 때문이다. (c) 많은 구직자들이 자신이 일에 적격인 것처럼 보이기 위해 자신의 업적을 과장하는 실수를 저지른다. (d) 또 하나의 도움이 될 만한 조언은 면접 전에 흔한 질문에 대한 답변을 연습하여 반드시 강인한 인상을 남겨야 한다는 것이다.

유형 → 글의 흐름 파악

Solution 면접을 보는 사람들이 준비해야 하는 것들에 관한 내용이다.

Voca press 다림질하다 impression 인상 accomplishment 성취, 업적 embellish 꾸미다 qualified 자격을 갖춘 rehearse 예행연습하다

Answer (c) Many job seekers make the mistake of embellishing their accomplishments to seem more qualified.

Joseph's focus

전체적으로 면접에 임하는 사람이 해야 할 일에 대한 글입니다.

깨끗한 복장과 이력서만 들고 면접에 임하는 경우가 많지만, 미리 준비해야 할 두 가지 사항을 이 글에서는 소개하고 있습니다. 첫 번째는 자신이 지원하는 회사에 대해 최대한 많은 정보를 얻는 것인데, 이것은 면접관에게 좋은 인상을 줄 수 있기 때문입니다. 또한 흔히 하는 질문에 대해서는 예행연습을 해보는 것이 좋다고 말하고 있습니다. (c)는 면접 시 해야 할 일이 아니라, 하지 말아야 할 일이므로 글의 흐름에 벗어난다고 할 수 있습니다.

Practical Test 4

Part I 1~15

1 (c) 2 (a) 3 (d) 4 (a) 5 (b) 6 (b) 7 (b) 8 (d) 9 (a) 10 (c)
11 (b) 12 (a) 13 (a) 14 (c) 15-1 (a) 15-2 (b)

Part II 16~30

16 (c) 17 (b) 18 (c) 19 (c) 20 (a) 21 (b) 22 (b) 23 (d) 24 (b) 25 (c)
26 (b) 27 (a) 28 (b) 29 (d) 30-1 (c) 30-2 (b)

Part III 31~45

31 (d) 32 (c) 33 (c) 34 (a) 35 (b) 36 (b) 37 (b) 38 (b) 39 (a) 40 (d)
41 (c) 42 (c) 43 (a) 44 (a) 45-1 (b) 45-2 (d)

Part IV 46~60

46 (b) 47 (d) 48 (d) 49 (d) 50 (b) 51 (a) 52 (a) 53 (d) 54 (b) 55 (c)
56 (a) 57 (a) 58 (d) 59 (b) 60-1 (a) 60-2 (a)

Grammar

Part I 1~20

1 (c) 2 (c) 3 (b) 4 (d) 5 (b) 6 (b) 7 (d) 8 (b) 9 (c) 10 (b)
11 (a) 12 (a) 13 (a) 14 (b) 15 (b) 16 (b) 17 (c) 18 (c) 19 (b)
20-1 (c) 20-2 (c)

Part II 21~40

21 (d) 22 (a) 23 (b) 24 (b) 25 (b) 26 (c) 27 (d) 28 (a) 29 (b) 30 (a)
31 (a) 32 (c) 33 (b) 34 (d) 35 (d) 36 (b) 37 (c) 38 (b) 39 (d)
40-1 (a) 40-2 (c)

Part III 41~45

41 (a) 42 (c) 43 (b) 44 (a) 45-1 (b) 45-2 (b)

Part IV 46~50

46 (c) 47 (a) 48 (b) 49 (b) 50-1 (d) 50-2 (c)

Part I 1~25

1 (b)	2 (c)	3 (a)	4 (b)	5 (d)	6 (a)	7 (b)	8 (b)	9 (b)	10 (d)
11 (c)	12 (d)	13 (a)	14 (a)	15 (c)	16 (d)	17 (b)	18 (d)	19 (c)	20 (d)
21 (c)	22 (a)	23 (d)	24 (d)	25-1 (a)	25-2 (c)				

Part II 26~50

26 (a)	27 (c)	28 (d)	29 (d)	30 (a)	31 (b)	32 (b)	33 (c)	34 (c)	35 (d)
36 (c)	37 (b)	38 (d)	39 (b)	40 (c)	41 (d)	42 (c)	43 (a)	44 (a)	45 (c)
46 (b)	47 (d)	48 (a)	49 (d)	50-1 (b)	50-2 (d)				

Part I 1~16

| 1 (c) | 2 (a) | 3 (d) | 4 (a) | 5 (c) | 6 (b) | 7 (a) | 8 (d) | 9 (b) | 10 (a) |
| 11 (c) | 12 (a) | 13 (a) | 14 (c) | 15 (a) | 16-1 (a) | 16-2 (d) | | | |

Part II 17~37

17 (a)	18 (d)	19 (d)	20 (c)	21 (b)	22 (d)	23 (d)	24 (b)	25 (a)	
26 (b)	27 (b)	28 (b)	29 (a)	30 (d)	31 (c)	32 (b)	33 (b)	34 (a)	35 (d)
36 (d)	37-1 (b)	37-2 (d)							

Part III 38~40

| 38 (a) | 39 (c) | 40-1 (b) | 40-2 (d) |

 ## Listening Comprehension

Part I (1~15)

1 M Who are you buying this book for?
W ______________________

(a) I read it before.
(b) That's a good book.
(c) It's a present for a friend.
(d) I'd like to buy it.

M 너는 이것을 누구 주려고 샀니?
W ______________________

(a) 나는 그것을 전에 읽었어.
(b) 그것은 좋은 책이야.
(c) 그것은 내 친구를 위한 선물이지.
(d) 이 책을 사고 싶어.

유형 → 의문사 있는 의문문

Solution 문미의 for를 주목해야 한다. [Who~for?]로 물었으므로 '누구를 위해' 책을 샀는지 묻고 있다. 사람을 들어 답한 (c)가 적절하다.

Voca present 선물

Answer (c) It's a present for a friend.

Joseph's focus

청해문제를 풀 때 꼭 명심할 것은, 의문사가 있는지, 동사를 들었는지, 마지막 단어는 무엇인지입니다. 문제에서 남자의 말에는 who, buy, for가 순서대로 들어 있고, 이 세 단어만 제대로 들었다면 답은 어렵지 않게 찾을 수 있습니다.

2 W Why was the president's visit postponed?
M ______________________

(a) He's got an important meeting.
(b) It hasn't been canceled.
(c) They promised to call him back.
(d) He had to visit the post office.

W 왜 대통령의 방문이 연기됐니?
M ______________________

(a) 그가 중요한 회의가 있었대.
(b) 그것은 취소된 적이 없어.
(c) 그들은 그에게 다시 전화하기로 약속했어.
(d) 그는 우체국을 방문해야 했어.

유형 → 의문사 있는 의문문

Solution 대통령의 방문이 연기된 과거의 사실에 대한 이유를 묻는 질문이다. (b)는 확실히 연기된 방문이 취소된 적이 없다는 것은 동문서답. (c)는 연기된 이유를 묻는 답에 대한 대답이 되기에는 부족하고 (d) 역시 관계없는 답변으로 동문서답이 된다.

Voca visit 방문   postpone 미루다, 연기하다(=put off, delay)   call back 다시 전화 걸다

Answer (a) He's got an important meeting.

Joseph's focus

청해영역에서 key word를 놓치면 그 문제는 일단 넘어가는 것이 최선입니다. 여자의 질문에서 key word는 바로 why와 postponed입니다. 특히, why로 시작하는 질문에 조심해야 하는데, 보기를 짧은 순간에 제대로 이해해야 하기 때문입니다.

3 M What's happening?
W ______________________

(a) Couldn't be better.
(b) Fine, thanks.
(c) That will do.
(d) Not much.

M 별일 없지?
W ______________________

(a) 모든 것이 좋아.
(b) 좋아요, 고마워요.
(c) 그만해 .
(d) 별거 없어.

유형 → 의문사 있는 의문문

Solution [What's happening?]은 '별일 없지?'의 뜻으로 안부를 묻는 의문문이다. [Not much.]는 대부분 '천만에'의 뜻으로 쓰이나 여기서는 '별거 없어.'의 뜻으로 사용되었다.

Voca not much (강한 부정) 말도 안 돼, 별 볼일 없는

Answer (d) Not much.

Joseph's focus

안부에 대한 또 다른 관용 표현들을 숙지합니다. 특히, [(I) Couldn't be better.] or [(It) Couldn't be better.]는 'I'm fine.' 혹은 'Everything is fine.'의 의미입니다.

More Expressions ————————————

안부와 관련된 표현

John: How are you?

Jane: Couldn't be better.

Bill: I hope you're completely well now.

Mary: I couldn't be better.

＊[That will do.]는 'That is enough.', 'That will suffice.' 정도의 의미입니다.

---

4 W How do you plan to pay for that new house?

M _______________________________

(a) I took out a mortgage.
(b) I can loan it to you.
(c) It has 3 bedrooms.
(d) It was very expensive.

W 그 새 집 대금을 어떻게 지불할 계획이니?

M _______________________________

(a) 주택 담보대출을 받았어요.
(b) 제가 당신에게 융자를 해줄게요.
(c) 방이 3개 있습니다.
(d) 매우 비쌌어요.

유형 → 의문사 있는 의문문

Solution 첫마디 의문사가 How이므로 방법을 묻고 있다. 여자가 남자에게 새집 마련 비용을 어떻게 지불할 계획이냐고 묻고 있으므로, 자금 조달과 관련이 있는 (a)가 가장 자연스럽다.

Voca **mortgage** (양도) 저당, (가옥·토지 구입을 위한) 융자 **loan** (특히 돈을) 빌려주다, 대출하다

Answer (a) I took out a mortgage.

Joseph's focus

의문문에 의문사가 있는지, Do나 Be동사로 시작하는지, 부가 의문문인지를 항상 잘 들어야 합니다. 여자의 말에서 key word는 how, pay, house이고, 잘 들어 보면 알겠지만 문장 강세가 이 3단어에 나타납니다. 지불 방법을 물어보고 있으므로 절대로 Yes, No로 시작할 수 없고, 보기 중에서 집과 돈, 은행에 관련된 단어가 들어있는 문장을 찾아야 합니다. (b)를 고르지 않도록 조심하고 mortgage라는 key word를 놓치면 안되겠습니다.

5 M You can use my car for three more days if you are in such hurry.

W _______________________________

(a) You shouldn't rush things like that.
(b) You're a life-saver.
(c) Thanks for reminding me of the due date.
(d) Sounds good. I'll give you a ride.

M 그렇게 급하시면, 3일 더 제 차를 사용하셔도 좋아요.

W _______________________________

(a) 그렇게 서둘러서는 안 돼요.
(b) 정말 고마워요!
(c) 마감일을 상기시켜 주셔서 고맙습니다.
(d) 좋아요. 제가 당신을 태워 드릴게요.

유형 → 평서문

Solution 남자의 대화에서 can은 허가의 조동사이고 남자가 여자에

게 차를 3일 동안 더 써도 좋다는 호의를 베풀고 있으므로, 감사의 응답이 가장 적절하다.

Voca **rush** 서두르다, 돌진하다 **life-saver** 궁지를 벗어나게 해 주는 것 **remind** 상기시키다 **due** 만기인(=scheduled) **give a person a ride** 남을 (탈것에) 태워 주다

Answer (b) You're a life-saver.

Joseph's focus

전체 문장을 잘 듣고, 화자의 point와 대화의 topic을 빨리 집어 내야 합니다. 남자의 말에서 key phrase는 use my car와 in such hurry입니다.

6 W Shifting my major was a good move. What do you say?

M _______________________________

(a) It was just one move after another.
(b) You definitely made the right decision.
(c) I know, it's never easy to move from one place to another.
(d) I know, you will regret it.

W 전공을 바꾼 것은 아주 좋은 결정이었어. 네 생각은 어때?

M _______________________________

(a) 이건 연속적인 움직임이었어.
(b) 넌 정말 제대로 된 결정을 했어.
(c) 알아, 한 곳에서 다른 곳으로 이사하는 것은 결코 쉬운 일은 아니지.
(d) 알아, 너는 이 일을 후회할 거야.

유형 → 의문사 있는 의문문

Solution [What do you say ~?]는 상대방의 생각을 물어보는 관용적 표현이다. 여자의 말에 동의하거나 반대하는 식의 반응이 나와야 한다. 따라서 정말 좋은 결정이었다고 하는 (b)가 적절한 응답이 된다.

Voca **shift** 바꾸다 **What do you say ~?** 네 생각은 어때? (=What is your opinion?)

Answer (b) You definitely made the right decision.

Joseph's focus

의문사 What이 나온다고 해서, 답지에서 what에 해당하는 것을 찾으면 안 됩니다. [What do you say?]는 '네 생각은 어때?' 라는 견해를 묻는 것입니다.

More Expressions

What do you say ~? 구문

What do you say to playing football? 축구하는 게 어때?

What do you say to the charges? 요금이 어떻게 되죠?

7　M　I was reading in the paper that the major phone companies might be planning a merger.

W ________________________________

(a) I don't agree that we should merge.
(b) I wonder how that will affect services.
(c) No, I haven't called the phone company.
(d) Well, my phone plan is for 2 years.

M　신문에서 주요 전화 회사들이 합병을 계획하고 있다고 읽었습니다.

W ________________________________

(a) 전 우리가 합병해야 하는 것에 동의하지 않아요.
(b) 전 그것이 어떻게 서비스에 영향을 미칠지 궁금합니다.
(c) 아니요, 저는 전화 회사에 전화를 하지 않았어요.
(d) 글쎄요, 제가 쓰는 전화 요금제는 2년짜리입니다.

유형 → 평서문

Solution　남자가 전화 회사들의 합병소식과 관련하여 화두를 던지고 있으므로, 전화 회사들의 합병과 관련 있는 응답이 와야 한다. '그것(합병)이 서비스에 어떤 영향을 줄 것인지 궁금하다.'라는 (b)가 정답이 되며 (a)는 합병 당사간의 대화에 어울리는 말이므로 오답이다.

Voca　merger (회사 등의) 합병, 합동　affect ~에게 영향을 주다

Answer　(b) I wonder how that will affect services.

Joseph's focus

남자가 주제를 던져 주고 여자가 적절한 반응을 하는 유형입니다. phone companies와 merger는 key word이면서 이 대화의 topic입니다. 이런 유형에서 주의할 점은, 질문에 나온 단어가 답지에 나오는 경우가 많다는 것입니다. 흥미롭게도 정답인 (b)를 제외하고, 대화에 나오는 key word가 (a), (c), (d)에 모두 등장합니다. 최근에는 모든 답지에 대화에 나온 key word가 등장하기도 한답니다.

8　M　Doctor Miles, when will my test results be available?

W ________________________________

(a) Yes, anytime you need my help.
(b) You scored very high on the test.
(c) My wife is coming next week.
(d) I'll get back to you on that tomorrow.

M　마일즈 의사 선생님, 언제 제 검사 결과를 알 수 있나요?

W ________________________________

(a) 예, 제 도움이 필요할 때는 언제든지요.
(b) 시험에서 아주 높은 점수를 받으셨군요.
(c) 다음 주에 제 아내가 옵니다.
(d) 그것에 대해서는 내가 내일 알려 줄게요.

유형 → 의문사 있는 의문문

Solution　진찰 결과가 언제 나오는지에 대한 질문에 지금은 모르고 내일쯤 알려 주겠다고 응답하는 (d)가 가장 적절하다. when으로 물어보았다고 해서 무조건 시간이나 날짜가 정답으로

등장하지는 않는다.

Voca　available 시간이 있는, 이용할 수 있는　I'll get back to you. 나중에 연락할게.

Answer　(d) I'll get back to you on that tomorrow.

Joseph's focus

When으로 시작하는 의문문이네요. (a), (c), (d)는 시간의 표현으로 수험자를 혼란스럽게 하고 (b)는 질문에 나온 단어를 등장시킴으로써 실수를 유도하고 있습니다. 중요한 것은 정답인 (d)에 등장하는 지시대명사 that입니다. (b)에서는 직접적으로 scored와 test라고 언급했지만, (d)에는 that으로 간단히 표현하고 있습니다.

9　M　You used to work with Jane. What is her salary?

W ________________________________

(a) I can't divulge that.
(b) I'm sure she earned every penny.
(c) We could all use a raise.
(d) Really? I didn't know she was sick.

M　너 한때 제인과 일한 적 있더구나. 그녀 봉급이 얼마니?

W ________________________________

(a) 밝히기 곤란해.
(b) 한 푼도 예외 없이 노력해서 벌었다고 생각해.
(c) 우리 모두 봉급을 올려 받으면 좋을 텐데.
(d) 정말? 그녀가 아픈 줄 몰랐어.

유형 → 의문사 있는 의문문

Solution　타인의 봉급을 묻고 있으므로, 정확한 금액을 답하거나 밝힐 수 없다고 응답하는 것이 일반적이다.

Voca　salary 봉급, 급료　divulge (비밀을) 누설하다, 밝히다 (=reveal)　raise 가격 인상, 임금 인상

Answer　(a) I can't divulge that.

Joseph's focus

key word는 salary입니다. 금액과 관련되는 응답이 예상되지만, 여기에서는 답지에 금액이 등장하지 않으므로 내용상 가장 적절한 것을 찾아야 합니다. 가장 올바른 답은 그 금액을 밝힐 수 없다는 (a)가 됩니다.

10　M　What does your father do for a living?

W ________________________________

(a) He always has a positive view.
(b) He jogs two miles every morning.
(c) He runs a small restaurant.
(d) He has been in hospital for the past two months.

M　네 아버지 무슨 일 하시니?

W ________________________________

(a) 항상 긍정적인 생각을 갖고 계셔.
(b) 매일 아침 2마일 조깅을 하셔.

(c) 조그만 식당을 경영하셔.
(d) 과거 두 달동안 병원에 입원해 계셨어.

유형 → 의문사 있는 의문문

Solution 의문사 What으로 여자의 아버지의 직업을 묻고 있으므로, 직업과 관련된 대답이 가장 적절하다.

Voca **do for a living** 직업으로 일삼다, 생계를 위해 일하다 **run** (회사·가게 등을) 경영하다, 관리하다 **be in the hospital** 입원하다

Answer (c) He runs a small restaurant.

JoSeph's focus

key phrase는 do for a living이므로 생계와 관련된 표현이 나오는 답지를 찾아야 합니다. (d)는 병원에서 일을 하는 게 아니라 입원해 있다는 의미입니다. 그러므로 작은 식당을 경영하고 계시다는 (c)가 정답이 되고, (d)를 [He has been in hospital as a surgeon for the past two months]라고 바꾸면, 좋은 답이 될 수 있습니다.

11 W You must work out a lot to keep that kind of shape.

M ___________________________

(a) I like my body just the way it is, thanks.
(b) Sometimes it's a drag.
(c) I'll keep my fingers crossed for you.
(d) Yes, it's a beautiful square outside.

W 그 몸매를 유지하려면 운동을 많이 해야겠는걸.

M ___________________________

(a) 고맙지만, 난 있는 그대로의 내 몸매에 만족해.
(b) 가끔은 귀찮아.
(c) 행운을 빌어줄게.
(d) 응. 바깥은 아름다운 광장이야.

유형 → 평서문

Solution 일단은 상대방 몸매에 대해 칭찬을 하고 운동을 많이 하라고 권고하고 있는 상황에서 가끔은 운동을 하는 것이 귀찮다고 하는 (b)가 정답으로 가장 적절하다.

Voca **work out** 운동을 하다(=exercise) **shape** 체형, 몸매 **drag** 지겨운 사람, 일(=nuisance) **cross one's fingers** 행운을 빌다 **square** 광장

Answer (b) Sometimes it's a drag.

JoSeph's focus

shape는 '형상, 생김새'라는 의미 외에, '체형, 몸매'라는 의미로도 쓰입니다. 이런 유형의 문제는 가장 자연스럽게 연결되는 답을 찾아야 합니다. [So I go to the gym every day.]같은 문장도 답이 될 수 있습니다.

12 M Did you know Earl's divorcing his gambling wife?

W ___________________________

(a) Well, I think she had it coming.

(b) I bet she'll make a good wife.
(c) I'm not sure when they got married.
(d) Thank you very much for your effort.

M 얼이 도박에 빠진 아내와 이혼할 거라는 얘기 들었어?

W ___________________________

(a) 음, 그녀가 자초한 거라 생각해.
(b) 분명 좋은 아내가 될 거야.
(c) 그들이 언제 결혼했는지 모르겠어.
(d) 애써 줘서 정말 고마워.

유형 → 의문사 없는 의문문

Solution [주어+had it coming (주어가 그 상황을 자초했다)] 표현은 역대 TEPS 시험에서 자주 언급된 구어표현이며, 미국 현지에서 시트콤 등에 빈출되는 표현이다. 얼이라는 사람이 아내와 이혼하는 이유는 그 아내가 도박에 빠져 남편과의 이혼을 자초한 것이므로 (a)가 정답이 된다.

Voca **divorce** 이혼하다 **gamble (on)** 돈을 걸다, 도박을 하다 **had it coming** ∼을 자초하다, 충분히 예상되다

Answer (a) Well, I think she had it coming.

JoSeph's focus

TEPS 시험에 자주 등장하는 표현들은 확실하게 숙지해야 합니다. '자초하다, 예상되다'를 의미하는 [had it coming]이나 '잘 모르겠어'라는 의미의 [beats me]와 같은 구어표현을 알면, 유용하게 사용할 수 있습니다. 이에 더해서 대화에서 divorce나 gambling 같은 부정적인 것을 암시하는 단어들도 새겨듣도록 합니다.

13 M How long was the christmas party?

W ___________________________

(a) It finished around 9:00 o'clock.
(b) We spent a whole day there.
(c) It'll take at least five hours.
(d) It was absolutely thrilling. You should've come.

M 크리스마스 파티가 얼마나 오랫동안 진행되었니?

W ___________________________

(a) 9시쯤 끝났는데.
(b) 거기에서 온종일 시간 보냈어.
(c) 최소한 5시간은 걸릴 거야.
(d) 정말로 짜릿했어. 너도 왔어야 하는 건데.

유형 → 의문사 있는 의문문

Solution 시제와 시간에 조심해야 한다. 구체적으로 9시에 파티가 끝났다고 말하는 (a)가 정답이다. 과거에 있었던 일에 대해 묻고 있으므로 (c)는 답이 될 수 없다.

Voca **How long~?** 시간이 얼마나 걸리나? **thrilling** 황홀한, 아주 신나는(=exciting) **should have p.p** (과거에 대한 후회) ∼했어야 했는데

Answer (a) It finished around 9:00 o'clock.

JoSeph's focus

시제와 how long에 조심해야 합니다. (c)와 같이 직접적으로

시간이 얼마나 걸린다고 하는 것이 가장 기본적인 답이지만, 여기서는 시제가 다르기 때문에 (c)는 답이 될 수 없습니다. 간접적으로 파티가 걸린 시간을 말해주는 (a)와 같은 답을 고를 수 있어야 합니다.

14

M Your phone has been engaged all day.
W ___________________________________

(a) Right, I'm engaged to an actress.
(b) Why did you tell me that?
(c) Oh, I might have left it off the hook.
(d) I must have misplaced your number.

M 하루 종일 통화 중이던데.
W ___________________________________

(a) 맞아, 여배우와 약혼했어.
(b) 왜 그것을 나한테 얘기하는 거야?
(c) 어, 수화기를 잘못 놓았던 것 같은데.
(d) 네 번호를 잘못 둔 게 분명해.

유형 → 평서문

Solution engaged라는 단어의 다양한 의미를 알아야 하는 문제이다. '약혼한'의 의미로 자주 쓰이지만, 전화가 engaged됐다고 하면 영국식 회화 표현으로 '전화사용이 안 된다'는 의미이다. 즉, '통화 중이다'는 의미로 자주 쓰인다.

Voca engaged 전화가 사용 중인(=busy) off the hook 전화기가 잘못 놓인 misplace 잘못 두다, 둔 곳을 잊다

Answer (c) Oh, I might have left it off the hook.

Joseph's focus

단어의 의미가 회화 표현에서 다른 식으로 쓰일 수 있다는 것을 명심하고 상황에 따른 다양한 표현들을 숙지하도록 합니다. 전화가 연결이 안 되는 상황을 잘 나타낸 (c)가 정답이 됩니다. 텝스에서는 영국식 회화 표현도 가끔 등장하므로 주의하도록 합니다. [The phone (line) is engaged (busy).]같은 표현들도 기본적으로 알아두도록 합니다.

15-1

W How did the T-bone steak turn out?
M ___________________________________

(a) It was very succulent.
(b) For 45 minutes.
(c) Three hundred and fifty degrees.
(d) In the oven.

W T-bone 스테이크 어떠셨어요?
M ___________________________________

(a) 육즙이 풍부하더군요.
(b) 45분 동안이요.
(c) 350도예요.
(d) 오븐 안에 있어요.

유형 → 의문사 있는 의문문

Solution 의문사 How로 음식이 마음에 들었는지 묻고 있으므로, '좋았다'나 '나빴다' 하는 응답이 가장 적절하다. turn out의 의미를 알고 있어야 정확한 답을 고를 수 있다.

Voca turn out 결국 ~임이 판명되다(=prove) succulent 즙(수분)이 많은

Answer (a) It was very succulent.

Joseph's focus

How로 시작하는 경우 조심해야 합니다. how는 아주 다양한 방법으로 쓰이기 때문입니다. 여기서는 상태를 물어보고 있으므로, steak가 어땠다고 하는 상태를 표현하는 답을 찾는 게 핵심입니다. 참고로 How나 What으로 시작하는 감탄문일 경우도 염두해 둡니다.

15-2

W You seem very anxious about the first day at work. Don't worry. You'll do fine.
M ___________________________________

(a) I have a question about job requirements.
(b) I'm just trying to put my best foot forward.
(c) Yes, I have been working here for a year.
(d) I know. I'm working against the clock.

W 출근 첫 날이라 긴장한 것처럼 보이네요. 걱정 마세요. 모든 게 잘될 거예요.
M ___________________________________

(a) 작업 조건에 대해 질문이 있어요.
(b) 최대한 잘하려고 노력하는 것뿐이에요.
(c) 알아요, 여기서 일한 지 일 년 됐어요.
(d) 나도 알아요, 서둘러 일하고 있는 중이에요.

유형 → 평서문

Solution put one's best foot forward는 '최선을 다해 행동하다'라는 의미로, 처음 일을 시작할 때 '시작을 제대로 하다, 좋은 인상을 주다' 등의 뜻으로 쓰인다.

Voca anxious 염려하는 job requirement 작업 조건, 직업의 자격 요건

Answer (b) I'm just trying to put my best foot forward.

Joseph's focus

숙어의 의미를 알지 못하면 정답을 찾기가 어려울 수 있는 문제입니다. 출근 첫 날에 긴장하고 있는 사람에게 너무 걱정하지 말라고 격려를 하고 있습니다. put one's best foot forward는 일을 시작할 때 '최선을 다해서 제대로 시작하다'의 의미입니다. 또한 '좋은 인상을 주다'의 의미를 포함하기도 합니다. 그러므로 (b)가 정답으로 가장 적절합니다. (d) work against the clock은 '마감 시간 등을 맞추기 위해 서둘러서 일을 하다'의 의미입니다.

Part II (16~30)

16

M I loved your music at the party Saturday, Sal. Did someone bring it along?
W No, I got it online from a site which allows you

to download.
M Great. Where could I copy it?
W ___________________________

(a) Sorry, I don't like online shopping.
(b) I heard that before.
(c) You're out of luck. It's copyright-protected.
(d) Maybe. When can you let me have it?

M 토요일 파티에서 당신 음악 좋았어, 샐. 누가 가져왔어?
W 아니, 온라인 다운로드 스토어에서 받았어.
M 좋은걸. 어디서 복사할 수 있어?
W ___________________________

(a) 미안, 난 온라인 쇼핑을 싫어해.
(b) 나도 전에 들었어.
(c) 운이 없구나. 그건 저작권이 보호되고 있거든.
(d) 아마도, 언제 내가 가질 수 있을까?

유형 → 의문사 있는 의문문

Solution 남자는 여자에게 토요일에 들은 음악을 어디서 복사할 수 있는지를 묻고 있다. 어떤 사이트에서 복사할 수 있는지 묻은 남자의 질문에 저작권이 보호되어 복사해줄 수 없다는 의미의 (c)가 답이다. (a)와 (b)는 확연히 동떨어진 대답이고 (d) 또한 답으로 보기엔 무리가 있다.

Voca **bring along** ~을 갖고 가다, 데려오다 **out of luck** 운이 없는(=unfortunate) **copyright-protected** 저작권이 보호되는

Answer (c) You're out of luck. It's copyright-protected.

Joseph's focus

이런 유형의 문제는 정답 바로 앞 대사가 제일 중요합니다. 도입부는 배경 정보를 제공하고, 직접적인 질문은 빈칸 바로 앞에 나옵니다. 이 대화에서 key word는 [music, download, online, copy]입니다. 남자는 그 음악을 복사하고 싶어 하는데, 그에 적절한 반응을 찾아야겠습니다.

17 M What's on the other stations?
   W There aren't that many. I just get the public channels.
   M So when are you going to get cable like everyone else?
   W ___________________________

(a) It's too heavy for me to carry.
(b) I'm not. I can't afford it.
(c) Can I watch it too?
(d) That show's not for me.

M 다른 방송에서는 뭐 하니?
W 별거 없어. 공중 채널뿐야.
M 그럼 언제 너도 다른 사람들처럼 케이블 달거니?
W ___________________________

(a) 그건 나르기에 너무 힘들어.
(b) 못 달거야. 여유가 없거든.
(c) 나도 봐도 돼?
(d) 그 쇼는 날 위한 게 아냐.

유형 → 의문사 있는 의문문

Solution 대화의 내용으로 미뤄 남자와 여자는 차에 타고 있고 예상보다 차가 막히는 것 같다. 이때 여자가 혹시나 싶어서 공중방송을 봐야겠다고 하자, 남자는 다른 사람들처럼 언제 케이블 방송을 달겠냐고 묻고 있다. 이에 대한 대답으로 (b)가 적절하다.

Voca **afford** ~할 수 있다, 할 여유가 있다 **public channel** 공익성 채널

Answer (b) I'm not. I can't afford it.

Joseph's focus

남자가 여자와 방송을 보면서 여자에게 케이블 방송을 달겠냐는 의사를 묻고 있습니다. 못 달면 그 이유가 있는지를 찾아야 합니다. (a) 나르기 힘들다, (c) 방송을 같이 보자는 질문에 적합하지 못한 대답이고, (d)는 어떤 쇼나 프로그램에 대한 언급이 없었으므로 답이 될 수 없으므로 (b)가 정답이 됩니다. public channels는 함정이니 조심해야 합니다.

18 M Sorry to bother you, but is there a pharmacy somewhere nearby?
   W Yes, around there on the corner of Seventh and Main.
   M Would you happen to know the closing time?
   W ___________________________

(a) They closed down in August, I think.
(b) If you go to Sixth, there's another.
(c) I'm pretty sure it's an all-nighter.
(d) I think you can decide that.

M 귀찮게 해서 죄송합니다만, 근처에 약국이 있나요?
W 네, 7번가와 Main가와 만나는 모퉁이에 있습니다.
M 혹시 몇 시에 닫는지 아세요?
W ___________________________

(a) 8월에 폐업했을 거예요.
(b) 6번가에 가면, 다른 약국이 있어요.
(c) 틀림없이 밤새 영업할 겁니다.
(d) 당신은 결정할 수 있을 거예요.

유형 → 의문사 없는 의문문

Solution close와 관련된 표현을 잘 알면 쉽게 해결할 수 있다. 남자의 마지막 질문은 약국이 언제 닫는지 영업시간에 대한 질문이다. (a)는 약국이 8월에 폐업했다는 뜻으로 close는 '폐업하다'는 의미이고, (b)의 Sixth는 6시가 아닌 '6번가'이다. 틀림없이 밤새 영업할 거라는 (c)가 정답이 되고, (d)는 엉뚱한 답변이다.

Voca **close down** 폐쇄하다, 종료하다 **all-nighter** 밤샘 작업

Answer (c) I'm pretty sure it's an all-nighter.

Joseph's focus

역시 가장 마지막 대사가 중요합니다. 대화 첫 부분에 나오는 내용은 약국의 위치에 대한 것이지만, 결국은 약국의 영업시간을 묻고 있습니다. (b)는 Sixth를 이용해서 수험자를 혼동스럽게 하는 함정이니 조심해야 합니다.

19 M How about an appetizer before the main course?

W Sure, the shrimp salad looks nice.

M Should we order some wine to go with it?

W ___________________________________

(a) You must be crazy about wine.

(b) I drink wine with soda.

(c) Good idea. I'd like a little.

(d) That should've been a good idea.

M 주 요리 전에 애피타이저는 어때?

W 좋아! 새우 샐러드가 맛있어 보인다.

M 곁들일 와인도 주문할까?

W ___________________________________

(a) 너 와인에 미쳤구나.

(b) 난 와인을 탄산음료와 같이 마셔.

(c) 좋은 생각이네. 나도 좀 먹고 싶어.

(d) 좋은 생각이었어.

유형 → 의문사 없는 의문문

 남자의 마지막 말의 to go with it는 '(주 요리나 새우 샐러드와) 같이 할'로 해석한다. 요리와 곁들일 와인을 마시자는 제안에 와인을 마실지 여부나 어떤 종류의 와인을 마실지에 대한 답이 이어지는 것이 자연스럽다.

 go with ~와 어울리다, 조화하다

 (c) Good idea. I'd like a little.

Joseph's focus

[Shall we ~?], [Should we ~?]는 [Why don't we ~?]와 비슷한 의미로, 상대방에게 제안하는 세련된 회화표현입니다. 결국 이 문제는 상대방의 제안에 대해 어떻게 반응을 하는지를 묻고 있습니다.

20 M How's that PMC account coming along, Miss. Tompson?

W Fairly good, sir. We've got the audience pretty well lined up.

M When do you think we'll have some sample spots for them to look at?

W ___________________________________

(a) By July 31st, at the very latest.

(b) I'm interviewing some copywriters this week.

(c) We need to have a look at them.

(d) The audience need not see any sample spots.

M 톰슨 씨, PMC 계약 건은 어떻게 진행되고 있죠?

W 아주 잘되고 있습니다. 시청자들은 이미 잘 줄 서 있습니다.

M 언제쯤이면 시청자들이 샘플 공연을 볼 수 있을까요?

W ___________________________________

(a) 늦어도 7월 31일까지는 샘플 공연을 볼 수 있을 겁니다.

(b) 이번 주에 광고 문안 작성자 몇 명을 인터뷰할 예정입니다.

(c) 우리는 샘플 공연들을 봐야만 할 필요가 있습니다.

(d) 관객들은 샘플 공연들을 볼 필요가 없습니다.

유형 → 의문사 있는 의문문

 공연 계약 건에 대한 중간보고를 하는 것으로 보인다. 샘플 공연이 언제쯤 준비가 되는지를 묻고 있다. 따라서 구체적인 날짜를 언급하고 있는 (a)가 적절하다.

 account 거래, 고객 line up 줄을 서다 at the (very) latest (아무리) 늦어도

 (a) By July 31st, at the very latest.

Joseph's focus

[by+시간표현]은 '~때까지'로 쓰이지만, [until+시간]과는 의미가 약간 다릅니다. by는 '완료'의 의미가, until은 '계속'의 의미가 있습니다. by를 쓰면 그 시간 전에 언제라도 완료가 가능하다는 의미라서, 여기서는 아무리 늦어도 7월 31일까지라는 의미가 생기는 것입니다.

21 W Remember to take care. The roads can be treacherous in the snow.

M Thanks, I won't be going too fast.

W And don't forget to belt up.

M ___________________________________

(a) I think the belt is too big.

(b) That would be the last thing I'd forget.

(c) I never drive these days anyway.

(d) These pants have always been too big.

W 조심하는 거 잊지 마라. 눈 때문에 길이 좋지 않을 수 있다.

M 고마워요. 빨리 가지 않을게요.

W 벨트 매는 거 잊지 마라.

M ___________________________________

(a) 제 생각에 벨트가 너무 커요.

(b) 그건 절대 안 잊을게요.

(c) 여하튼 요즘에는 절대 운전 안 해요.

(d) 이 바지 항상 너무 커요.

유형 → 명령문

 눈 때문에 길이 좋지 않은데 남자가 운전해 가려는 상황이다. 여자는 운전을 조심하라며 당부하고 대화의 마지막에서 벨트 매는 것 잊지 말라고 덧붙이므로 '그건 절대로 잊지 않을 게요'라고 답하는 (b)가 적절하다.

 treacherous 위험한 belt up 안전벨트를 매다

 (b) That would be the last thing I'd forget.

Joseph's focus

[the last thing~.]는 '절대로 ~하지 못할 것'이라는 관용표현입니다. 이런 관용적 표현은 상황에 맞게 이해하도록 노력해야 합니다.

22 W I heard on the grapevine Joan's leaving.

M I didn't hear about that. I can't believe it.

W It's true. Keep it to yourself because she was actually fired.

M ___________________________________

(a) You're quite the gossip, aren't you?

(b) I guess she must be cut up about it.

(c) Sounds dangerous. Will she be ok?
(d) I suppose she hated it here.

W 조안이 떠난다는 소문 들었어.
M 난 못 들었는데, 믿을 수가 없어.
W 확실해. 그녀는 사실 해고됐으니 혼자만 알고 있어.
M _______________

(a) 넌 수다쟁이구나, 안 그래?
(b) 추측컨대, 그녀는 무척 괴로울 거야.
(c) 위험하게 들린다. 그녀는 괜찮을까?
(d) 내 생각에 그녀는 여길 싫어했어.

유형 → 명령문

Solution 조안이 해고돼서 떠나는 사실에 대해 동료끼리 이야기를 나누고 있다. 아무에게도 말하지 말라는 마지막 말에 알맞은 대답을 찾는 문제이다.

Voca grapevine n. 정보가 퍼지는 경로, 비밀 정보망, 소문 a. 소문의 keep it to yourself 혼자만 알고 있다 cut up 상심에 빠진

Answer (b) I guess she must be cut up about it.

Joseph's focus

대화 전체가 평서문으로 서로의 의견을 교환하는 형태이기 때문에, 대화의 맥락을 잘 살펴야 하는 까다로운 문제입니다. 동료가 해고당한 상황에 맞는 답을 찾아야 하는데, (b)에 나오는 cut up의 의미를 모르면 (c)를 고르기 쉽습니다. cut up은 수동형으로 '감정(마음)이 매우 상한'의 의미가 있습니다. (c)는 [Sounds dangerous.] 때문에 답으로 어색합니다.

23 M Hello, Tammy. I'm happy you answered the phone.
W What's going on?
M Well, I was worried when I didn't see you in class this morning.
W _______________

(a) Thanks for lending me your notes.
(b) Sure, you can call me anytime.
(c) Everyone was wondering where you were.
(d) I just woke up too late.

M 여보세요, 태미? 직접 전화를 받다니 다행이야.
W 무슨 일인데?
M 오늘 아침 수업에 네가 안 보여서 걱정했어.
W _______________

(a) 노트 빌려줘서 고마워.
(b) 물론, 아무 때나 전화해.
(c) 네가 어디 있는지 모두가 궁금해했어.
(d) 늦잠을 잔 거뿐이야.

유형 → 평서문

Solution 오늘 아침에 수업에 나오지 않은 것에 대해 이유를 간접적으로 묻고 있는 남자에게 늦잠을 잤다고 해명하는 (d)가 가장 적절한 답이 된다. (c)의 경우 남자가 해야 할 말이므로 적절치 않다.

Voca What's going on? 무슨 일인데?

Answer (d) I just woke up too late.

Joseph's focus

전화 통화와 관련된 문제는 자주 등장하죠. 근래에는 일상적인 전화 대화 내용이 아닌, 그 이외의 지문이 답인 경우가 많습니다. 왜 수업에 못 갔는지에 대한 적절한 답안을 찾아야 합니다. 전화 대화에 관한 관용표현도 알아 두어야 하지만, 기계적으로 답을 찾는 실수를 범하면 안 됩니다.

24 M Tammy, I wonder if you'd like to go to a movie this Thursday. I have some free tickets.
W I'm sorry, I can't. I'm tied up with my schedule, so I have to work.
M What a shame!
W _______________

(a) What makes you think it's a shame?
(b) Could you give me a rain check on that?
(c) Why do you have free tickets?
(d) No, I don't think so.

M 태미, 목요일에 영화 볼래? 나 공짜표 있어.
W 미안, 못 가. 스케줄이 너무 빡빡해서 일해야 해.
M 안됐구나.
W _______________

(a) 왜 부끄럽게 생각해?
(b) 다음에 같이 가자.
(c) 왜 공짜표를 가지고 있니?
(d) 아냐, 그렇게 생각 안 해!

유형 → 감탄문

Solution 영화 보러 가자는 남자의 제안에 여자는 일 때문에 갈 수 없다고 거절한다. [What a shame!]은 '안됐다'는 뜻으로 해석할 수 있다. '영화를 같이 보러 가자'는 남자의 제안을 거절한 뒤의 대답이므로 '다음에 같이 가자'는 (b)가 가장 적절하다.

Voca What a shame! 정말 유감이다, 안타깝다 rain check 우천 교환권 tied up with ~로 바쁜

Answer (b) Could you give me a rain check on that?

Joseph's focus

역시 맥락을 이해해야 하는 문제입니다. 여자의 상황을 잘 살펴야 하는데, 영화관에 못 가는 이유는 일 때문입니다. 즉, 여자는 영화는 보고 싶은데 시간이 안 된다는 것입니다. 시간이 있으면 볼 수 있다는 것을 맥락에서 알아내야 합니다.

25 W Will my car be ready by seven o'clock?
M Sure it will.
W Can I depend on that?
M _______________

(a) Don't count on me.
(b) You should be more careful.
(c) Absolutely! I won't let you down.
(d) No, I'm not overcharging you.

W 7시까지 내 차 좀 준비시켜 줄래?
M 그럴게.
W 믿어도 돼?
M ________________

(a) 나 믿지 마라.
(b) 좀 더 조심해야 해.
(c) 물론! 실망시키지 않을게.
(d) 아니, 난 바가지 씌우지 않았어.

유형 → 의문사 없는 의문문

Solution depend on은 '의지하다'의 뜻으로, 이 글에선 '믿다'란 의미로 사용되고 있다. 여자가 7시까지 차 좀 준비시켜달라고 하고 있고 남자의 답변을 들은 뒤, 재차 확인하는 의미로 '믿어도 되냐'고 물었으므로 (c)가 적절한 응답이 된다.

Voca count on ~을 확신하다, ~를 믿다(=rely on)
let someone down (사람을) 낙심시키다, 실망시키다

Answer (c) Absolutely! I won't let you down.

Joseph's focus

여자는 시간에 맞춰서 일이 마무리되기를 바라고 있으므로, 여자를 안심시키는 표현이 필요합니다.

26 M It seems unusually cool for July weather these days.
W You can say that again. I think it was much hotter last year.
M Do you think this weather will continue throughout summer?
W ________________

(a) I heard that air-conditioner sales have dropped.
(b) I wouldn't know, but I certainly hope that it will.
(c) I don't even have a fan.
(d) Farmers are hoping for more rain.

M 요즘 7월 날씨치고는 이례적으로 시원한 것 같아.
W 그래, 작년 이맘쯤엔 훨씬 더웠어.
M 이러한 날씨가 여름 내내 계속되리라 생각하니?
W ________________

(a) 에어컨 세일이 끝났다고 들었어.
(b) 잘 모르겠는데, 그렇게 됐으면 좋겠어.
(c) 난 선풍기조차 없어.
(d) 농부들은 비가 더 오길 바란다.

유형 → 의문사 없는 의문문

Solution [Do you think ~ throughout summer?]는 '이렇게 시원한 날씨가 여름 내내 계속되리라고 생각하니?'로 해석할 수 있다. 앞으로의 날씨에 대해 여자의 의견을 묻고 있으므로 (a) 에어컨 세일이 끝났다는 말은 전혀 답이 될 수 없고, (b)가 적절한 응답이 된다.

Voca You can say that again. 너와 동감이다(=I agree with you. / You said it. / You're telling me. / You don't say. / That makes two of us.)

Answer (b) I wouldn't know, but I certainly hope that it will.

Joseph's focus

맥락 문제에서 명심할 것은, 대화에 나오지 않은 내용은 답이 될 수 없다는 것입니다. 너무나 당연하지만, 가끔 스스로 답을 유추하는 수험자들이 있습니다. (d)를 답으로 고르는 실수를 해서는 안 된다는 겁니다.

27 M Thanks for calling Korean Airlines.
W Hello. Extension 1500, please.
M I'm sorry. Nobody is answering the phone.
W ________________

(a) I'll call again later, thanks.
(b) The line is engaged.
(c) There's an answering machine.
(d) A window seat is OK.

M Korean airlines에 전화해 주셔서 감사합니다.
W 여보세요. 1500번 부탁합니다.
M 죄송합니다. 아무도 응답하지 않습니다.
W ________________

(a) 다시 전화할게요. 감사합니다.
(b) 통화 중입니다.
(c) 자동 응답기가 있습니다.
(d) 창가석이면 좋겠습니다.

유형 → 평서문

Solution 여자가 내선 1500번의 누군가와 통화하려 했는데 응답이 없는 상황이므로, 다시 전화하겠다는 (a)가 답이 된다. (b), (c)는 동문서답이고, (d) airlines란 단어 하나만 듣고 공항에서 일어날 수 있는 대화로 간주하고 답을 고르는 실수를 조심해야 한다.

Voca extension (전화) 내선, 구내전화

Answer (a) I'll call again later, thanks.

Joseph's focus

상황에 따른 전화 관련 표현들을 숙지해야 하는 문제입니다. 통화하고자 하는 상대가 없을 경우를 생각해 보면, 정답 보기 문제 외에, [Can I leave him a message?]와 같은 표현도 사용됩니다.

28 M People say you're moving soon.
W Yeah. I've been busy packing all my stuff.
M You definitely need my help, don't you?
W ________________

(a) No, you weren't there for me.
(b) Thank you but I can manage.
(c) Sorry, I've already found it.
(d) I want to go backpacking soon.

M 곧 이사 가신다고 들었습니다.
W 네. 이삿짐 싸느라 매우 바쁘네요.

M 제 도움이 틀림없이 필요하실 것 같은데요.
W ________________________________

(a) 아니요, 당신은 저를 위해 그곳에 있지 않으셨습니다.
(b) 감사합니다만, 제가 할 수 있을 것 같습니다.
(c) 죄송합니다만, 이미 찾았습니다.
(d) 조만간 배낭여행을 가고 싶습니다.

유형 → 부가의문문

 이삿짐을 싸고 있는 상황에서 도움이 필요하냐는 물음에 대한 답을 구하는 문제인데, 이에 가장 적합한 답변은 (b) 이다.

 pack (짐 등을) 싸다, 포장하다 **definitely** 명확히, 확실히 **backpacking** 배낭여행

 (b) Thank you but I can manage.

Joseph's focus

부가의문문에 항상 Yes/No로 대답해야 하는 것은 아닙니다. 특히 No로 답하는 경우는 상황에 맞게 표현을 해야 한다는 것을 명심해야 합니다. 여기에서는 [Thank you, but ~.]으로 표현했습니다. manage는 can, could, be able to와 함께 '처리하다'라는 의미로 종종 사용된다는 것도 알아둡니다.

29 M Brad doesn't look good. Do you know why?
W He failed his driving test again.
M Again? It looks like he will never get it.
W ________________________________

(a) He should stop driving without a license.
(b) I promised to get one for him.
(c) No wonder it was his first time to drive.
(d) He is just not cut out for it.

M 브래드의 표정이 안 좋아 보이는데, 왜 그런지 아니?
W 운전면허 주행시험에 또 낙방했대.
M 또? 브래드는 주행시험에 결코 합격하지 못할 것 같아.
W ________________________________

(a) 그는 운전면허 없이 운전하는 것을 그만 둬야 해.
(b) 내가 그를 위해 그 일을 해주기로 약속했어.
(c) 그때 그가 처음 운전했다는 사실은 놀랄 일이 아니야.
(d) 그는 정말 운전면허 주행시험에 적성이 맞지 않아.

유형 → 평서문

 브래드가 주행시험에 합격하지 못할 것이라는 부정적인 언급에 대해 그는 정말 운전면허 시험 적성에 잘 맞지 않는 것 같다는 (d)가 가장 적합하다.

 license 면허, 인가 **be cut out for ~** ~에 적합하다, 적성이 맞다

 (d) He is just not cut out for it.

Joseph's focus

be cut out for는 흔히 부정문에 '~에 적합하다, 적임이다, 어울리다'라는 의미로 자주 등장합니다. 반대로 [a square peg in a round hole]이라고 하면 '부적임자'의 의미로 쓰여 대조적입니다. 역대 TEPS 시험에서 빈출된 표현이므로 꼭 외워두도록 합니다.

30-1 W I'm so excited. Over 100 people came to the fundraising event last night.
M They are the most generous fundraisers for the children's hospital.
W Is that so? It was such a success.
M ________________________________

(a) Don't worry. It's difficult to get people to an event like that.
(b) I'm so happy to hear that the surgery went well.
(c) I couldn't agree with you more.
(d) Well, you should congratulate yourself on a job well done.

W 전 매우 흥분되었어요. 어젯밤에 100명 이상의 사람들이 모금행사에 왔어요.
M 그들은 아동 병원을 위한 자금 모금의 가장 인정 많은 기부자들입니다.
W 그래요? 행사가 무척 성공적이었군요.
M ________________________________

(a) 걱정하지 마세요. 그와 같은 행사에 사람들을 불러 모으는 것은 어렵습니다.
(b) 수술이 성공적으로 됐다고 들어서 매우 기쁩니다.
(c) 당신 말에 전적으로 동감해요.
(d) 성공적으로 일을 끝내셨다니 축하드립니다.

유형 → 평서문

 어젯밤 100명이 넘는 사람들이 모금행사에 왔고 그들은 모두 아동병원을 위한 기부자들이다. 그런데 문맥상 두 사람 모두 그 모금행사에 대해 긍정적 반응을 보이고 있고 여자가 상당히 성공적인 모금행사였다고 하고 있으므로, 남자가 그 말에 동감한다고 말하는 것이 가장 자연스러운 흐름이다.

 fundraise (자금을) 모금하다 **fundraiser** 기금 조성 모임, 자선 파티, 모금 행사 **surgery** 수술, 진료

 (c) I couldn't agree with you more.

Joseph's focus

상황에 맞게 답을 유추해야 하는 까다로운 문제 유형입니다. 자선 행사에 많은 사람들이 참석했다는 사실에 기뻐하고 있는 상황이기 때문에, 행사가 성공적이었다는 사실에 동감하는 답변이 가장 이상적일 것입니다. 만약에 (d)를 [Shall we congratulate ourselves on this success?]로 수정하면 그럴듯한 답이 될 수도 있겠습니다.

30-2 W I really wish Bradley would mind his own business more often.
M I guess you ran into him again today, didn't you?
W Yeah. He's always telling other people how to live their lives.
M ________________________________

(a) Everyone admires him for his clear thinking.

(b) He gets on my nerves sometimes, too.
(c) No, but I hope you'll introduce us sometime.
(d) I see him at the grocery store all the time.

W 브래들리가 자기 일에나 더 많이 신경 썼으면 정말 좋겠어.
M 오늘 또 그와 마주친 모양이구나. 그렇지?
W 맞아. 걔는 항상 다른 사람들에게 어떻게 살아야 한다고 잔소리를 해.
M ___________________________________

(a) 모두들 그의 명석한 사고를 존경하지.
(b) 걔는 종종 내 신경도 건드려.
(c) 아니, 하지만 네가 우리를 언젠가 소개시켜 주면 좋겠어.
(d) 나는 그를 식료품점에서 항상 보는 걸.

유형 → 평서문

Solution 여자의 말로 미루어 볼 때, 브래들리가 다른 사람들을 짜증나게 하는 성격이라는 것을 알 수 있다.

Voca mind one's own business (남의 일에 참견하지 말고) 자신의 일에 신경을 쓰다 run into ~와 우연히 만나다 get on one's nerves ~의 신경을 건드리다

Answer (b) He gets on my nerves sometimes, too.

Joseph's focus

두 사람은 브래들리라는 사람에 대해 이야기하고 있습니다. get on one's nerves는 '~를 신경질 나게 하다'의 의미이므로 정답으로 가장 적절합니다. 남자도 브래들리가 사람들을 짜증나게 하는 성격이라는 것을 알고 있으므로, 그를 소개시켜 달라는 말은 상황에 맞지 않습니다. (d)는 대화의 ran into를 이용해 만든 오답 함정입니다. I wish는 실제로는 일어날 가능성이 없는 일에, I hope는 일어날 가능성이 있는 미래의 일에 사용하는 차이가 있습니다.

Part III (31~45)

31 W Jim, I hear that you're getting married to Jane in May. Is it true?
M Yes, it is.
W Are you really going to marry Jane?
M Sure I am. I mean, who else can I marry?
W I've always thought that you would marry someone else in the end.
M Really? I've never thought of marrying anyone other than Jane.

Q. What can be inferred from this conversation?
(a) Jim thought about marrying another woman.
(b) Jim is not getting married to Jane.
(c) Jim once loved another woman.
(d) Jim always wanted to marry Jane.

W 짐, 나는 네가 제인과 5월에 결혼할 거라고 들었는데, 사실이니?
M 그래.
W 너 정말 제인이랑 결혼할 거야?
M 그래 그밖에 누구랑 결혼하겠어?

W 나는 항상 네가 결국에는 다른 사람과 결혼할 거라고 생각했었어.
M 정말? 나는 절대 제인 말고 다른 사람과 결혼할 생각은 안 해 봤어.

이 대화에서 추론할 수 있는 것은?
(a) 짐은 다른 여자와 결혼할 생각이었다.
(b) 짐은 제인과 결혼하지 않는다.
(c) 짐은 한때 다른 여자를 사랑했다.
(d) 짐은 항상 제인과 결혼하길 원했다.

유형 → 추론

Solution 여자가 짐이 제인과 결혼한다는 소식을 듣고 자신은 짐이 다른 여자와 결혼할 것이라고 생각했었다고 말하자, 짐이 자신은 한 번도 제인이 아닌 다른 사람과 결혼할 생각을 한 적이 없다고 말 하는 것으로 미뤄 볼 때, 짐은 항상 제인과 결혼하길 원했음을 알 수 있다.

Voca in the end 마침내, 결국에

Answer (d) Jim always wanted to marry Jane.

Joseph's focus

추론 유형의 문제는 대화의 마지막까지 주의해야 합니다. 그리고 대화에 나온 대사를 paraphrase하거나 재 진술하는 경우가 종종 있으므로 주의해야 합니다. (d)는 Jim의 마지막 대사를 다시 말하고 있는 것이므로 정답이 됩니다.

32 M Oh, look, over there? Ronald is driving his restored car.
W Wow, it's all shiny. He must really be proud of his car.
M It's clearly his pride and joy.
W It's funny. I like Ronald now, but in the beginning I didn't.
M I don't understand.
W When he first transferred to our school, I thought he had a big head. You know, he wouldn't talk to others.

Q. Why didn't the woman like Ronald in the past?
(a) Because he was moody.
(b) Because she thought he was ugly.
(c) Because she thought he was arrogant.
(d) Because he drove an expensive car.

M 야, 저기 좀 봐. 로널드가 새로 복구된 차를 운전하고 있어.
W 우왜 멋지다. 분명 자기 차가 자랑스러울 거야.
M 저 차는 확실히 로널드의 자랑이자 기쁨이지.
W 재밌네. 지금은 내가 로널드를 좋아하고 있지만, 처음엔 좋아하지 않았거든.
M 무슨 말인지 모르겠어.
W 처음 우리 학교로 전학 왔을 때, 난 걔가 건방지다고 생각했어. 알다시피, 아무하고 얘기하려 하지 않았잖아.

여자는 왜 전에 로널드를 좋아하지 않았나?
(a) 변덕스러웠기 때문에
(b) 못생겼다고 생각해서

(c) 거만하다고 생각해서
(d) 비싼 차를 운전해서

유형 → 세부 내용 파악

Solution 남자가 여자보고 처음에는 왜 로널드를 좋아하지 않았는지 물어보자, 여자가 'he had a big head'라고 밝히고 있다. have a big head는 문자 그대로 '머리가 크다'는 뜻도 있지만, 은유적으로 '거만하다'는 뜻도 있으므로 (c)가 적절하다.

Voca **have a big head** 거만하다(= have a swelled head) **moody** 기분 변화가 심한 **arrogant** 거만한(=conceited, proud)

Answer (c) Because she thought he was arrogant.

JoSeph's focus

이 문제 역시 idiom을 이용한 paraphrase문제라고 볼 수 있습니다. have a big head가 무슨 의미인지를 알아야 합니다. 이런 idiom의 의미를 모를 경우, 문맥을 통해서 유추하는 연습도 필요합니다. 이 대화에서 여자는 로널드를 좋아하지 않았다고 했으므로 그 이유를 유추해야 합니다.

33 W What would you like for dessert?
M What do you recommend?
W We have some home-made cookies today.
M That's really tempting, but I have to watch my weight.
W Are you trying to lose weight?
M Yeah. I put on several extra pounds during the vacation.
W Well, then, why don't you have some fruit sherbet?
Q. Why doesn't the man want to have the cookies?
(a) The portion is too big for him.
(b) He prefers fruit sherbet.
(c) He has to slim down.
(d) He has something to look over.

W 후식은 뭐로 하시겠습니까?
M 뭐 추천하실 만한 거 있나요?
W 오늘은 집에서 직접 만든 쿠키가 좀 있습니다.
M 정말 유혹이 되지만, 체중 조절을 해야 하거든요.
W 살을 빼는 중이신가요?
M 네, 휴가 동안 몇 파운드 쪘거든요.
W 그러시다면, 과일 빙수를 드셔 보는 게 어떠세요?
남자는 왜 쿠키를 원하지 않는가?
(a) 양이 너무 많아서
(b) 과일 빙수를 선호해서
(c) 살을 빼야 해서
(d) 살펴볼 게 있어서

유형 → 세부 내용 파악

Solution 여자가 남자에게 후식을 권하자 남자가 [I have to watch my weight.]로 응답했으므로, 남자는 살을 빼는 중임을 알 수 있다.

Voca **tempting** 매력적인, 군침이 도는 **watch one's weight** 체중을 조절하다, 체중에 신경 쓰다 **put on weight** (양, 체중 등이) 늘다 **fruit sherbet** 과일 빙수 **portion** 부분, 몫 **look over** ~을 살펴보다

Answer (c) He has to slim down.

JoSeph's focus

대화 중간에 이미 답이 나온 경우입니다. 물론 직접적으로 살을 빼야겠다고 말하지는 않습니다. key phrase인 [watch my weight]와 [put on several pounds]를 이해하면 쉽게 답을 고를 수 있는 문제입니다.

34 W Would you mind turning it down, please?
M Come on. You've been working too hard.
W That's because I have a really important test tomorrow.
M I know, but you need to get some rest.
W OK. I'll take five and get some coffee.
M Great. While you are at it, could you get me a soda?
W Sure. But please turn it down when I get back.
M I will.
Q. What will the woman do after this dialogue?
(a) She will bring a cup of coffee and soda to the room.
(b) She will turn the volume down immediately.
(c) She will take five cups of coffee for studying.
(d) She will make a phone call.

W 소리 좀 줄여 주면 안 되겠니?
M 이봐, 너무 열심히 하는군.
W 내일 정말로 중요한 시험이 있기 때문이야.
M 알아, 하지만 너 좀 쉬어야 해.
W 알았어. 5분 동안 쉬면서 커피 좀 마셔야겠어.
M 좋았어. 이왕 그러는 김에 음료수 좀 갖다 줄래?
W 그래. 하지만 내가 갔다 오면 그땐 소리 좀 줄여 줘.
M 그럴게.
대화 후에 여자는 무엇을 할까?
(a) 커피 한 잔과 음료수를 방으로 가져올 것이다.
(b) 즉각 볼륨을 줄일 것이다.
(c) 공부를 위해 커피를 5잔 마실 것이다.
(d) 전화를 할 것이다.

유형 → 추론

Solution 남자는 여자에게 좀 쉬면서 공부를 하라고 제안하고 여자는 5분 동안 쉬면서 커피를 한 잔 하겠다고 말하고 있다. 남자가 음료수 한 잔을 부탁했으므로, 이 대화가 끝나고 여자는 방으로 커피와 음료수를 가지고 올 가능성이 가장 높다.

Voca **turn down** 낮추다 **get back** 돌아오다

Answer (a) She will bring a cup of coffee and soda to the room.

JoSeph's focus

대화가 끝난 후 여자가 무엇을 할 것인지를 물어보는 문제로

이런 유형은 대화의 초반보다는 후반부를 집중해서 들어 줘야 답을 찾을 수 있습니다. 대화의 흐름을 놓치지 않도록 주의해야 합니다.

35 M Mitchell Beauty Salon.
W Do you have any openings on Friday for a wash, trim and perm?
M Hold on a minute, please. Oh, yes, we have one at a quarter to two with Mitchell and another one at ten-thirty with Debbie.
W How much is it for a wash, trim and perm?
M It's $75, not including tax.
W OK, I'll take the afternoon appointment with Mitchell. My name is Pamela Jones.
M OK. Your appointment is with Mitchell on Friday, May 29. I'll put your name down.

Q. When is Pamela's appointment hour?
(a) 10:30
(b) 1:45
(c) 2:00
(d) 2:15

M 미첼 미용실입니다.
W 금요일에 머리를 감고, 자르고, 파마를 하려고 하는데 가능한가요?
M 잠시만 기다리세요. 예, 1시 45분에 미첼이 비어 있고요, 또 10시 30분에 데비가 비어 있습니다.
W 감고, 자르고, 파마하는 데 얼마죠?
M 세금 미포함 75달러입니다.
W 알겠어요. 미첼과 오후 약속을 잡을게요. 제 이름은 파멜라 존스입니다.
M 좋아요. 손님은 5월 29일 금요일 미첼과 예약이 되셨습니다. 이름을 적어 드릴게요.

파멜라의 약속 시간은 언제인가?
(a) 10시 30분
(b) 1시 45분
(c) 2시 00분
(d) 2시 15분

유형 → 세부 내용 파악

Solution 미용실 직원과 손님과의 전화 대화를 듣고, 세부 내용을 파악하는 문제이다. 손님인 파멜라 존스는 미첼과 오후 시간에 약속을 했고, 미첼은 2시 15분 전에 시간이 비어 있으므로 파멜라의 약속 시간은 1시 45분이다.

Voca **beauty salon** 미용실 **trim** 다듬기, 약간 자르기 **perm** 파마 **put down** 적다(=write down)

Answer **(b) 1시 45분**

Joseph's focus

시간을 표현하는 방법을 숙지해야 합니다. 가장 주의할 것은 to와 past인데, 이 두 단어를 놓치면 정답을 고르기 힘듭니다. 예를 들면, 1시 10분의 경우 one-ten보다는 ten past one으로 시험에 자주 등장합니다.

36 M So, how did my check-up go?
W Well, Sam, according to the chart, you have high blood pressure.
M Ah, that figures. I've been having headaches lately and I often lose my breath. I've been feeling very tired.
W In my opinion, your high blood pressure is directly attributable to your weight.
M So what should I do?
W Well, there's no better prescription than good old regular exercise and diet.

Q. Which of the following is the woman advising the man to do?
(a) To get enough sleep
(b) To lose weight
(c) To take medicine
(d) To get physical therapy

M 저기, 제 검진 결과 어떻게 나왔나요?
W 음, 샘, 차트에 따르면, 고혈압이군요.
M 아, 어쩐지. 최근에 머리가 아프고, 종종 숨이 차더라고요. 엄청 피곤함도 느꼈고요.
W 제 생각에, 고혈압은 체중이 직접적인 원인인 것 같아요.
M 그럼 어떻게 해야 하죠?
W 음, 규칙적인 운동과 식사보다 더 좋은 처방은 없어요.

여자는 남자에게 뭘 하라고 충고하고 있나?
(a) 충분한 수면을 취하라고
(b) 살을 빼라고
(c) 약을 복용하라고
(d) 물리 치료를 받으라고

유형 → 세부 내용 파악

Solution 의사와 환자의 대화를 듣고 세부 내용을 파악하는 문제이다. 남자는 고혈압이고 그 원인은 과체중이다. 의사인 여자의 마지막 말에 답이 제시되어 있다. 규칙적인 운동과 식사는 곧 체중관리를 뜻하는 것이므로, (b)가 답으로 적절하다.

Voca **check-up** 건강 진단 **lose one's breath** 숨이 차다 **attributable** (원인 등이) ~에 돌릴 수 있는, ~의 탓인(to) **prescription** 처방(전)

Answer **(b) To lose weight**

Joseph's focus

역시 마지막 부분에 답의 근거가 등장합니다. 이런 유형의 문제는 결국 직접적으로 어떻게 하라고 대화에 나오지 않습니다. 은근히 답에 대한 암시를 제공하므로 가장 정답에 근접한 것을 고르도록 합니다. 대화에서 key phrase는 바로 [no better prescription, regular exercise, diet] 입니다. 그러므로 (c)와 (d)는 결코 답이 될 수 없습니다. 수면에 관한 내용은 나오지 않았고, 고혈압과 운동, 식단을 연결해서 답을 추론해야 합니다.

37 W Did you know Sam didn't come to work?
M No, not again! What was it this time?
W He says he had a car accident on his way

home yesterday.

M I doubt it. I ran into him at the supermarket last night.

W Really? He just calls in sick whenever he wants.

M It's not really professional, is it?

Q. What are the man and the woman talking about?

(a) Their colleague who got injured in an accident

(b) Their co-worker who often misses work

(c) The items the man bought at the supermarket

(d) Their company's policies on repeated absence from work

W 샘이 출근 안 한 걸 아니?

M 아니, 또 안 왔구나. 이번엔 왜 안 왔대?

W 그가 말하길, 어제 퇴근하던 길에 교통사고를 당했대.

M 의심스러운데. 나는 어젯밤 슈퍼마켓에서 그와 우연히 만났는데.

W 정말? 그는 마음 내킬 때마다 병가 전화를 하는구나.

M 그건 정말 프로답지 못해, 안 그러니?

여자와 남자는 무엇에 대해서 이야기하고 있는가?

(a) 차사고로 부상당한 그들의 동료

(b) 결근을 자주하는 그들의 동료

(c) 남자가 슈퍼마켓에서 장본 물품

(d) 상습적인 결근에 대한 회사의 방침

유형 → 주제 파악

Solution 샘이라는 동료가 직장에 결근한 이유를 서로 얘기하는 중이다. 대화 내용으로 보아서 샘은 거짓말로 아프다고 하고, 결근을 했음을 알 수 있다. 따라서 남자와 여자는 샘이라는 동료와 그가 어떤 식으로 거짓말을 하는지에 대해 이야기하고 있으므로 (b)가 답으로 적절하다.

Voca Not again! 또야! call in sick 전화로 병결을 알리다 miss work 결근하다 miss 거르다 item 물품, 항목

Answer (b) Their co-worker who often misses work

Joseph's focus

이런 문제는 정답 선택에 유의해야 합니다. 이 문제에서 초점은 샘이라는 사람과 그의 거짓말입니다. 대화를 따라가면서 대화에 언급된 그의 행동들을 기억하여 최종 정답을 추론하는 것이 바람직합니다.

38 M What can I do for you today?

W Can you give me a few ideas for what to do?

M Sure, tell me why you want to visit Egypt in the first place.

W Well, I'd just like to see the Pyramids and the Sphinx, of course.

M Ok, but you have to check out the Nile cruises, they're a must-see.

Q. What is the woman trying to do in this conversation?

(a) Make a reservation for a hotel in Egypt

(b) Make an inquiry about sightseeing

(c) Take a package tour to the Pyramids

(d) Get directions to the tourist attractions in Egypt

M 오늘 무엇을 도와 드릴까요?

W 제가 어디를 관광하면 좋을지 알려 주실 수 있는지요?

M 물론입니다. 처음에 왜 이집트를 방문하고 싶어 했는지 말씀해 주세요.

W 물론 피라미드와 스핑크스를 보고 싶습니다.

M 네, 잘 알겠습니다. 하지만 나일강 크루즈도 반드시 하셔야 할 것입니다. 꼭 보셔야 할 것들 중의 하나이니까요.

여자가 대화에서 하려고 하는 것은 무엇인가?

(a) 이집트에 있는 호텔을 예약하려고 함

(b) 관광에 관해 질문하려고 함

(c) 피라미드로 패키지 관광을 하려고 함

(d) 이집트 관광지들의 위치를 알려고 함

유형 → 대의 파악

Solution 대화에서 여자가 하려는 것은 피라미드와 스핑크스 등 이집트의 관광지에 관한 정보를 얻으려는 것이므로 정답으로는 (b)가 가장 적합하다.

Voca Sphinx 스핑크스 check out 확인하다 must-see 꼭 보아야 할 것, 볼만한 것 package tour 패키지 관광 attraction 명소, 명물

Answer (b) Make an inquiry about sightseeing

Joseph's focus

가장 기본적인 유형의 정보 캐기 유형의 대화라고 볼 수 있습니다. 남자는 여자가 물어보는 것에 대답해 주고 제안을 하고 있습니다. 세부적인 내용을 꼼꼼히 다 듣기위해 노력하는 것도 좋지만, 이런 유형의 문제는 대화 전체의 흐름을 놓치지 않는 것이 더 중요합니다.

39 M OK, that's it. I've had it with him.

W Relax and tell me what's going on.

M My roommate Rio took off with all my money.

W You're saying that he stole your money and disappeared?

M Yeah. I thought I knew better but I didn't.

Q. What's the conversation mainly about?

(a) The man's misplaced trust in a person

(b) The unpredicted situation the woman is in

(c) The problem that Rio was going through

(d) The man's knowledge about finance

M 그래, 됐어. 그러면 지긋지긋해.

W 진정하고 어떻게 된건지 말해줘.

M 내 룸메이트 리오가 내 돈을 모두 가지고 가버렸어.

W 네 말은 그가 네 돈을 훔쳐서 사라졌다는 거니?

M 응. 나는 잘 안다고 생각했는데 아니었어.

이 대화에서 주로 다루고 있는 내용은?

(a) 사람에 대한 남자의 잘못된 믿음

(b) 여자가 처한 예상 못한 상황

(c) 리오가 겪은 문제
(d) 재정에 관한 남자의 지식

유형 → 대의 파악

Solution 룸메이트 리오가 남자의 돈을 몽땅 훔쳐서 달아난 사건에 대해서 말하고 있다.

Voca **That's it.** 바로 이거야. 이게 다야. **had it with** 사람 ~ 에 신물이 나다. 지긋지긋하다 **go through** 겪다

Answer (a) The man's misplaced trust in a person

Joseph's focus

이 문제는 대화의 맥락과 분위기를 잘 파악해야 합니다. 남자의 첫 번째 (I've had it with him.)와 마지막 대사(I thought I knew better but I didn't.)에서 답을 유추할 수 있습니다. 그에 대해 지긋지긋하다고 말하며 그에 대해 잘못 알고 있었다고 말하고 있으므로, 남자는 배신감을 느끼는 것으로 봐야 합니다.

40 W What a lovely garden! All trees are tidily trimmed. You rearranged all the pots and cleaned the benches.
M The day after tomorrow, I am having a party here.
W Did you get it done by a gardener?
M No, I did it myself.
W I'm sorry I couldn't help you. Why didn't you call me? I could have helped you today.
M It's okay. I enjoy gardening. I always take care of my flower bed every weekend.
W Wow, I'm impressed.
M Thank you. The strenuous yard work has made me tired. I could do with a short nap now.
Q. What is the man most likely to do after this dialogue?
(a) Work on his garden
(b) Wash his big hands
(c) Look for helpers
(d) Take a nap

W 정원이 정말 아름다워! 모든 나무들이 깔끔하게 다듬어져 있네. 화분도 다시 배열하고, 의자도 청소했구나.
M 모레, 여기서 파티를 개최하기로 했거든.
W 정원사를 시켜서 했니?
M 아니, 내가 직접 했어.
W 도와주지 못해서 미안해. 왜 전화하지 않았니? 오늘은 널 도울 수도 있었는데.
M 괜찮아. 정원 가꾸는 일을 좋아해. 난 주말마다 항상 화단을 돌봐.
W 야, 놀라운 걸!
M 고마워. 힘든 정원 일을 했더니 피곤하다. 이제 잠깐 낮잠을 자야겠어.
대화를 끝내고 남자가 할 가능성이 가장 높은 일은?
(a) 정원에서 일하기
(b) 자신의 큰 손 씻기

(c) 도와 줄 사람들 찾기
(d) 낮잠 자기

유형 → 세부 내용 파악

Solution 세부 내용 파악 문제 중, 다음에 일어날 일을 물어보는 문제는 대화의 마지막 부분을 잘 들으면, 쉽게 답을 찾을 수 있다. 남자는 며칠 뒤에 파티를 정원에서 개최하기로 했기 때문에, 한동안 힘든 정원 일을 해서 매우 피곤한 상태라고 말하고 나서, 마지막에, [I could do with a short nap now.]라고 말하며 대화를 마무리하고 있으므로 남자는 낮잠을 잘 확률이 가장 높다고 추론해 볼 수 있다.

Voca **strenuous** 힘든, 고된(=arduous)

Answer (d) Take a nap

Joseph's focus

대화가 끝나고 나서 할 일을 찾는 문제는 대부분 대화의 마지막 부분에 답의 근거가 제시되며, 또한 대부분 그 행위의 당사자가 암시를 하는 경우가 많습니다. 앞부분에서 언급되는 여러 방해 정보에 헷갈리지 않도록 해야 합니다.

41 W Have you been able to travel out of Seoul?
M Yes. In fact, I visited Seoraksan National Park last month.
W How was it? I heard that it's really nice at this time of the year.
M Yes, that's true. All the leaves started changing colors. And I really enjoyed the hot springs.
W Have you ever been to Jeju-Island?
M Yes. It was so beautiful. I'd love to go back again when I get a chance. How about you? Have you been to any place exciting?
W I couldn't take too many days off from work, but I managed to visit the Korean Folk Village during the summer.
M That's one of my favorite places. It's close to Seoul, and those old houses are fascinating.
Q. What are they talking about?
(a) Where to go on vacation
(b) How long the man will stay
(c) Tourist spots in Korea
(d) Their favorite pastime

W 서울 외곽으로 여행을 해 봤어?
M 응. 사실, 저번 달에 설악산 국립공원을 방문했었어.
W 어땠어? 이맘때 아주 좋다고 들었는데.
M 응. 맞아. 단풍이 들기 시작했어. 그리고 온천도 아주 마음에 들었어.
W 제주도는 가 봤니?
M 응, 아주 아름다웠어. 기회가 있으면 다시 가 보고 싶어. 너는 어때? 어디 재미있는데 가 봤니?
W 여러 날 휴가를 얻을 수는 없었지만 여름 동안에 민속촌에 갔었어.
M 그곳은 내가 제일 좋아하는 장소 중의 한 곳이야. 서울에서

가깝고 오래된 집들도 매력적이야.

무엇에 대한 대화인가?
(a) 휴가 동안 어디에 갈지
(b) 남자가 얼마 동안 머물 것인지
(c) 한국의 관광지들
(d) 가장 좋아하는 여가활동

유형 → 세부 내용 파악

Solution 남녀 사이의 대화를 듣고, 대화의 주제를 파악하는 문제이
다. 남녀가 서울을 벗어나 여행해 본 한국의 관광지에 대해
서 서로 묻고 답하고 있다.

Voca Korean Folk Village 한국 민속촌 get a chance
기회를 얻다

Answer (c) Tourist spots in Korea

Joseph's focus

여자의 첫 번째 대사가 바로 이 대화의 주제입니다. 그 후엔 남
자와 여자가 가본 적이 있는 장소가 이어집니다. 이 문제 역시
대화 자체보다는 주어진 선택지에 함정이 있습니다. 주의할 것
은 대화에서 어느 특정 장소에 대해 집중적으로 이야기하기
보다는 여러 장소를 서로 나열하고 있다는 점입니다. (a)나 (d)
를 정답으로 고르지 않도록 주의하고, [I couldn't take too
many days off from work]만 듣고 (b)를 골라서도 안 됩니다.

42 W This is Redwood Airlines. We have some
news for you.
M Great!
W We found your suitcase. But it isn't in Boston.
M Where is it, then?
W Well, it went from Seattle and on through a
flight to Dallas. Then, they put it onto a flight
to New York then, but it didn't get there. They
eventually took it off a plane in LA.
M That's OK. Can you send it to my home
address?
W Uh, no. They then sent it to Bologna in Italy!

Q. What is the conversation about?
(a) Baggage claim
(b) Package delivery
(c) Lost baggage
(d) Missed plane

W 레드우드 항공입니다. 알려 드릴 게 있어 전화 드렸습니다.
M 잘됐군요.
W 손님의 여행 가방을 찾았습니다만, 보스턴에 있지는 않습니다.
M 그럼 어디 있나요?
W 시애틀에서 댈러스로 가는 비행기 편에 실려 갔다가 그 다음
엔 뉴욕 행으로 옮겨졌어요. 하지만, 뉴욕까지 가지는 않았
어요. LA공항에서 결국 가방을 내렸거든요.
M 괜찮아요. 저희 집 주소로 보내 주실 수 있나요?
W 어, 아니오. 그 다음엔 이태리의 볼로냐로 보내졌어요!

무엇에 대한 대화인가?
(a) 수하물 찾는 곳
(b) 소포 배달
(c) 잃어버린 수하물
(d) 놓친 비행기

유형 → 주제 찾기

Solution 남녀의 대화를 듣고 무엇에 관한 대화인지를 파악하는 문
제이다. 특정 세부 정보에 집중하기보다는 전체적인 대화
의 흐름과 상황을 머릿속에 그려야 한다. 항공사 직원인 여
자가 여행 중 서류가방을 잃어버린 남자 손님에게 전화를
걸어서, 그 가방을 찾았다고 알리는 대화이다.

Voca baggage claim 수하물 찾는 곳

Answer (c) Lost baggage

Joseph's focus

청해문제에서 꼭 놓치지 말아야 할 부분은 바로 처음과 마지
막 부분입니다. 처음은 주제가 많이 제시되고 마지막에는 정답
에 대한 암시나 반전이 자주 나옵니다. 이 문제에서 여자가 [We
found your suitcase. But it isn't in Boston.]이라고 말한 부
분이 바로 정답을 고르는 근거가 됩니다. 그 외의 나머지 것들
은 청자들을 혼란에 빠지게 하는 방해 정보들입니다. 당연히 이
문제도 남자가 원하는 것은 무엇인가와 같이 좀 더 복잡한 문
제로 응용이 가능합니다.

43 M Hey Cindy, I heard your mom had her hip
replaced. How's everything with her?
W Oh, hi Jack. Well, she got both done so she's
not the best right now.
M Not bearing up then? Sorry to hear it.
W Not yet, the anesthesia was very hard on her
and she's not getting any younger.
M Try not to worry. I guess they'll be pulling out
all the steps for her.
W I hope so. Fingers crossed she'll come right
sooner rather than later.

Q. What are the speakers talking about?
(a) The health of the woman's mom after a
surgical procedure
(b) A long course of medication for the woman's
mom
(c) The long term effects of the procedure on the
woman
(d) The difficulty of the procedure given the
patient's existing condition

M 안녕, 신디. 네 어머니께서 골반교체 수술을 받으셨다고 들
었는데 좀 어떠시니?
W 아, 안녕, 잭. 어머니께서 양쪽 골반교체 수술을 받으셨고 상
태가 별로 좋지 않으셔.
M 아직 회복되시지 않으셨어? 내가 다 걱정이다.
W 아직, 마취를 어머니가 힘들어하시는 것 같아. 그리고 어머
니가 젊지는 않으시잖아.
M 너무 걱정하지 마. 그들이 어머니를 위해 할 수 있는 모든 조
치를 취할 거야.
W 나도 그렇게 생각해. 어머니가 빨리 완쾌하시길 기원하고 있어.

화자들이 이야기하고 있는 것은 무엇인가?
(a) 여자의 어머니의 수술 후 건강상태
(b) 여자의 어머니를 위한 장시간 약물치료
(c) 여자에 대한 수술의 장기적 효과
(d) 환자의 현재 상태 하에서의 수술의 어려움

유형 → 주제 파악

Solution 화자들은 여자 화자의 어머니의 수술 후 건강상태에 관해서 이야기하고 있다.

Voca bear up 회복하다, 이겨내다 anesthesia 마취(약) sooner rather than later 최대한 빨리 step 조치 (keep one's) fingers crossed 기도하다 medication 약물치료, 투약

Answer (a) The health of the woman's mom after a surgical procedure.

Joseph's focus

역시 대화의 앞부분에서 대화의 주제가 나오고 있습니다. [Hey Cindy, I heard your mom had her hip replaced. How's everything with her?] 부분을 통해 여자의 어머니의 상태가 이 대화의 topic임을 알아채야 합니다.

44 M I'd like to drive to California, but my car is too old to go even 60 miles.
W How about Amtrak? It has a special rate right now.
M Trains are too slow. They're always stopping.
W A lot of people take the bus.
M I could take a bus, but none of my friends go by bus.
W Well, you don't have enough money to fly.

Q. Why is the man unwilling to take Amtrak?
(a) Because it makes frequent stops.
(b) Because his friends don't to take the train.
(c) Because it is expensive.
(d) Because it is too old.

M 캘리포니아까지 운전해서 가고 싶지만, 내 차가 너무 낡아서 시속 60마일도 못 달려.
W 암트랙 기차를 이용하는 건 어때? 지금 요금이 특별 할인되고 있거든.
M 기차는 너무 느려. 자꾸 서잖아.
W 많은 사람들이 버스를 타고 가기도 해.
M 버스를 탈 수도 있겠지만, 내 친구들 중에 아무도 버스를 타는 사람이 없어.
W 그런데, 넌 비행기를 탈 만큼 충분한 돈이 없잖아.

남자는 왜 기차 타기를 꺼리는가?
(a) 자주 멈추기 때문에
(b) 그의 친구들이 열차 타고 가는 걸 원하지 않기 때문에
(c) 비싸기 때문에
(d) 너무 낡았기 때문에

유형 → 세부 내용 파악

Solution 여자가 남자에게 Amtrack을 이용해 보라고 제안하자, 남자가 [Trains are too slow. They're always stopping.]이

라고 말한 점을 미루어 볼 때, Amtrack은 기차임을 알 수 있다. 따라서 이 부분이 paraphrase된 (a)가 적절한 답이다.

Voca unwilling 꺼리는

Answer (a) Because it makes frequent stops.

Joseph's focus

대화를 듣고 세부 정보를 파악하는 문제입니다. 회사 이름과 같은 고유명사를 사용해서 수험자를 혼란스럽게 하고 있군요. 대화내용으로 보아 Amtrack은 기차서비스 회사라는 것을 짐작할 수 있습니다. 이처럼 영어에서는 고유명사로, 일반명사를 대신하는 경우가 자주 있는데, 복사기를 Xerox라고 하는 경우가 그 대표적인 경우입니다.

45-1 M Hi, there, Miss Taylor.
W Good morning, Mr. Ku.
M Where are you off to in such a rush?
W I've got a class this morning.
M How have you been?
W Really well. How's your new job?
M It's going fine.
W I'd love to chat more, but I need to get going.
M Of course. Well, call me sometime.

Q. What is the main idea of the dialogue?
(a) They are introducing themselves.
(b) The two people are catching up.
(c) They are working at the same company.
(d) The man asks the woman why she's late.

M 안녕하세요, 테일러 양.
W 안녕하세요, 구 선생님.
M 어디를 그리 급하게 가세요?
W 오늘 아침에 수업이 있어요.
M 어떻게 지내셨어요?
W 정말 잘 지냈어요. 새 직장은 어때요?
M 좋아요.
W 더 이야기를 나누고 싶지만 가 봐야겠어요.
M 그러세요. 시간 날 때 전화하세요.

대화의 주제로 알맞은 것은?
(a) 그들은 서로를 소개하고 있다.
(b) 두 사람은 서로 안부를 묻고 있다.
(c) 그들은 같은 회사에서 일한다.
(d) 남자는 여자에게 왜 늦었는지 묻고 있다.

유형 → 주제 파악

Solution 두 사람이 서로의 안부를 묻고 있다. 내용으로 보아 Miss Taylor는 학교에 다니고 Mr. Ku는 최근에 직장을 옮겼다는 것을 알 수 있다.

Voca catch up (오랜만에 만난 사람과 소식·안부 등을) 이야기하다

Answer (b) The two people are catching up.

Joseph's focus

오랜만에 만난 사람들 사이에서 나오는 아주 전형적인 대화입니다. 이런 유형의 문제는 대화보다는 선택지가 더 까다로운 경

우가 종종 있습니다. (b)에 나오는 catch up이라는 관용적 표현을 모르면 정답을 고르기 힘들었을 것입니다. 주어진 대화를 응용해서 다양한 문제가 가능한데, 예를 들면, 여자가 서두르는 이유나 두 사람의 관계를 묻는 문제 등이 나올 수도 있습니다.

45.2 M I don't know how to put this, Sherri, but…
    W What's wrong, Tom? You seem kind of nervous.
    M Well, yeah, I guess so. This isn't easy.
    W I don't like the sound of this at all. Come on… what's on your mind?
    M Now, you know that we've been going out for how long? About six months now?
    W Yes, Tom. You know it's been six months. Now out with it! What's up?
    M OK, OK. I think that we should start seeing other people.
    W What a relief! Oh, that's great, Tom. You know, I was actually going to tell you the same thing tonight!
    Q. Which of the following is true, according to the dialogue?
    (a) The man is proposing to the woman.
    (b) The man is going to move in six months.
    (c) The woman finds the man humorous.
    (d) The woman wants to stop dating the man.

    M 어떻게 말을 해야 할지 모르겠는데요, 셰리, 저기…
    W 무슨 일이에요, 탐? 당신 오늘 이상하네요.
    M 내가 좀 이상하죠. 이것 참 쉽지 않네요.
    W 별로 안 좋은 일인 것같이 들리네요. 어서요… 무슨 일이에요?
    M 우리가 사귄 지가 얼마 됐죠? 6개월인가요?
    W 맞아요, 탐. 6개월 됐지요. 어서 말해 봐요! 무슨 일이에요?
    M 알았어요. 우리 서로 다른 사람들을 만나보는 게 좋을 것 같아요.
    W 정말 다행이네요! 잘 됐어요, 탐. 사실은 오늘 밤에 나도 그 얘기를 하려고 했어요.
    대화의 내용과 일치하는 것은?
    (a) 남자는 여자에게 청혼하고 있다.
    (b) 남자는 6개월 후에 이사를 간다.
    (c) 여자는 남자가 재미있다고 생각한다.
    (d) 여자는 남자를 그만 만나고 싶어 한다.

유형 → 내용 일치

`Solution` 서로 다른 사람을 만나보는 게 좋겠다는 남자의 말에 [What a relief!]라고 했으므로 여자도 바라던 바였다는 것을 알 수 있다.

`Voca` go out 데이트하다 relief 안도

`Answer` (d) The woman wants to stop dating the man.

`Joseph's focus`
남자는 여자에게 무언가 하기 힘든 이야기를 차마 꺼내지 못해 망설이고 있습니다. [I don't know how to put this.]는 꺼

내기 어려운 말을 하기 전에 하는 '뭐라고 말을 해야 할지 모르겠는데'의 뜻입니다. 여기서 [You seem kind of nervous.]라고 말한 것은 남자가 재미있다고 한 뜻으로 한 게 아니라 '이상하다'는 의미입니다. 대화의 중반부까지도 남자가 여자에게 청혼을 하려고 하는 것처럼 들릴 수도 있지만 남자는 [I think that we should start seeing other people.]이라고 함으로써 서로 다른 사람들을 만나 보자고 합니다. 이에 대해 여자는 오히려 자기도 똑같은 말을 하려고 했었다며 [What a relief!]라고 안도하고 있으므로 (d)가 정답이 됩니다.

Part IV (46~60)

46 The following movie deals with mature subject matter, and may not be suitable for children under the age of 14. The views do not reflect the beliefs or opinions of Touchstone Enterprises. The movie that you are about to watch is for your viewing pleasure only. Any attempt to copy its content is a crime, and could result in legal action. Please enjoy the movie, and don't forget to rewind the tape.

    Q. Which statement is true based on the announcement?
    (a) The movie is not intended for children over the age of 14.
    (b) It is illegal to copy the contents of the tape.
    (c) The tape must not be rewound after being viewed.
    (d) The views in the movie reflect those of Touchstone Enterprises.

다음 영화는 성인 주제를 문제로 다루고 있으며, 14세 미만의 아이들에게는 적절하지 않을지도 모릅니다. 그 관점들은 Touchstone Enterprises의 신념과 견해를 반영하지 않습니다. 당신이 이제 곧 보실 영화는 단지 당신이 보는 즐거움을 위한 것입니다. 이 내용을 복사하는 어떠한 시도도 범죄이며, 법정소송을 야기시킬 수 있습니다. 영화를 테이프를 즐기시고 되감아 주시는 것을 잊지 말아주세요.

공고문에 근거하여 다음 진술 중 맞는 것은?
(a) 이 영화는 14세 이상의 어린이들을 위한 것이 아니다.
(b) 테이프의 내용을 복사하는 것은 불법이다.
(c) 영화를 보고 난 후 그 테이프는 되감아서는 안 된다.
(d) 영화에서의 관점들은 Touchstone Enterprises의 견해를 반영한다.

유형 → 진위 파악

`Solution` 영화의 시작 부분에 나오는 경고문이다. 기본 상식만으로도 풀 수 있는 문제로 당연히 테이프의 내용을 복사하는 것은 불법이라는 (b)가 답이 된다.

`Voca` suitable 적당한, 알맞은 reflect 반영하다 viewing pleasure 감상의 즐거움 intended 의도된 rewind 되감다

`Answer` (b) It is illegal to copy the contents of the tape.

공고문은 정보 자체가 아주 명확하므로, 들을 때에 부정어나 접속사에 유의해야 합니다. 이 문제에서도 [may not be suitable / do not reflect / don't forget to rewind]와 같이 부정구문이 나오는데, 이 부분만 들어도 (a), (c), (d)는 정답에서 제외됨을 알 수 있습니다.

47 Fear of the unknown is a common theme in stories from the people I see every day. They may display symptoms such as trembling or excess sweat production when they see a spider for example or are closed inside a confined space. But have they ever held a spider in their hand or had a guide show them into a beautiful cave? Probably not, and therein lies the root of the problem. A phobia someone suffers may be needless and that is where I hope I can help.

Q. What is most likely to follow this passage?
(a) Tips on how to avoid spiders
(b) A list of common phobias people suffer
(c) Illustrations of people suffering claustrophobia
(d) Advice on how to overcome your fears

미지에 대한 공포는 내가 매일 만나는 사람들로부터 듣는 이야기의 공통된 주제이다. 그들은 예를 들어, 거미를 보거나 좁은 공간에 갇히게 되면, 떨거나 지나치게 땀을 흘리는 것과 같은 증상을 보일지도 모른다. 하지만 그들은 손으로 거미를 집거나, 가이드의 안내를 받아 아름다운 동굴에 들어가 본 적이 있을까? 아마도 없을 것이고, 문제의 근원은 거기에 있다. 어떤 사람이 겪게 되는 공포는 불필요한 것일지도 모른다. 내가 돕고자 하는 바가 바로 그 점이다.

뒤에 이어질 내용으로 가장 알맞은 것은?
(a) 거미를 피하는 방법에 대한 조언
(b) 사람들이 겪는 흔한 공포증의 나열
(c) 폐소공포증을 가진 사람들의 예들
(d) 공포를 극복하는 방법에 대한 충고

유형 → 추론

Solution 마지막 문장 [A phobia someone ~ I can help.]이 단서이다. 공포는 불필요한 것이라 주장하고, 이런 점을 상기시켜, 공포증 가진 사람들을 돕고자 한다고 언급했으므로, (d)가 정답으로 적절하다.

Voca phobia 공포증 therein 그 가운데에, 거기에 claustrophobia 폐소공포증

Answer (d) Advice on how to overcome your fears

정보를 전달하고자 하는 설명문의 도입부입니다. 글의 논리적 구성상, 이 부분은 주로 배경 정보를 제시하고, 뒷부분에 다음 내용을 암시하는 내용이 제시되는 경향이 있습니다. 이 문제에서도 [~that is where I hope I can help.]라고 함으로써 다음 내용이 공포증에 대한 조언이 나올 것을 암시합니다.

48 Many people think that eating nutritious, fresh organic fruits and vegetables is a luxury that they can't afford. But this is not the case at all. While it is true that organic produce often costs an arm and a leg in many upscale grocery stores, farmers' markets offer a great alternative. These markets are springing up in communities and offer locally grown produce at competitive prices. Since they usually take place in parks and other public places, they can also be a great place to connect with your neighbors.

Q. Which of the following best summarizes what the speaker is talking about?
(a) Locally grown food is cheaper than imported food.
(b) Public gathering spaces are slowly disappearing.
(c) Neighborhoods aren't as friendly as they used to be.
(d) Farmers' markets offer organic produce at cheaper prices.

많은 사람들이 영양가 있고 신선한 유기농 과일과 야채를 먹는 것을 자신들은 누릴 수 없는 사치라고 생각한다. 하지만 이것은 전혀 사실이 아니다. 유기농 농산물이 종종 많은 고급 식료품점에서 엄청나게 비싸게 팔리고 있는 것은 사실이지만 농산물 직거래 시장 또한 좋은 음식을 사기에 좋은 식품이다. 이러한 시장들은 전국적으로 여기저기에서 생겨나고 있는데 거기서 판매되고 있는 농산물들은 그 지역에서 재배된 것이고 가격 경쟁력도 있다. 이러한 시장들은 주로 공원이나 기타 공공장소에서 열리기 때문에 이웃들과 어울릴 수 있는 좋은 장소가 될 수도 있다.

화자가 말하고 있는 바를 가장 잘 요약하고 있는 것은?
(a) 지역에서 재배된 식품이 수입 식품보다 더 저렴하다.
(b) 모임을 위한 공공장소들이 서서히 사라지고 있다.
(c) 동네 사람들이 예전처럼 친절하지 않다.
(d) 농산물 직거래 시장은 유기농 농산물을 좀 더 저렴한 가격에 제공한다.

유형 → 요약

Solution 화자는 유기농 농산물이 꼭 비싼 것은 아니라고 하면서 농산물 직판장의 예를 들고 있다.

Voca nutritious 영양가 많은 luxury 사치 afford ~할 형편이 되다 cost an arm and a leg 값이 비싸다 upscale 고급의 spring up 줄지어 생겨나다 nationwide 전국적으로 locally grown 지역에서 재배된 import 수입하다

Answer (d) Farmers' markets offer organic produce at cheaper prices.

글의 내용을 듣고 전체적인 의미를 파악하는 것과 더불어 글의 요점을 요약하고 있는 문장을 찾을 수 있어야 합니다. 일반적으로 유기농 농산물이 비싸다고 생각하지만, 농산물 직거래 시장은 재배자들이 직접 기른 농산물을 판매하기 때문에 믿을 수 있고 가격도 저렴하다는 것이 글의 요점이라고 할 수 있습

니다. 이러한 직거래 시장의 농산물들이 고급 유기농 식료품점에서 사는 것보다 저렴하다고는 했지만 수입 식품에 비해 가격이 싸다고는 하지 않았으므로 (a)는 정답이 될 수 없습니다. 농산물 직거래 시장이 주로 공공장소에서 벌어지기 때문에 이웃들과 어울릴 수 있는 좋은 장소가 된다고 했으므로, 모임을 위한 공공장소가 점점 사라진다거나 이웃들이 예전과 같지 않다는 (b)와 (c)의 내용은 사실이 아닙니다. 그러므로 농산물 직거래 시장이 유기농 농산물을 좀 더 저렴한 가격에 제공한다는 (d)가 정답으로 가장 적절합니다.

49 It is important to remain calm when speaking to your employer. If you have a conflict, do not let your emotions overcome you. Try to be reasonable, and stay focused on the main issues. Oftentimes, people take work-related criticism too personally, and react on an emotional level to a business conflict. It is best to remain at a distance. If you find yourself becoming emotional in a discussion with your boss, try to step back from the conflict and address it at a later time.

Q. What is the talk about?
(a) How to ask for a raise at work from your boss
(b) How an employer should address conflicts
(c) How to manage your emotions in an office
(d) How to approach a dispute with your boss

당신의 사장과 대화할 때, 침착성을 유지하는 게 중요하다. 의견 충돌이 있을 경우, 감정을 못 이기면 안 된다. 합리적이도록 노력하고 주된 이슈에 집중해라. 사람들이 흔히 업무와 관련된 비판을 너무 개인적으로 받아들이고 업무상의 갈등에 감정적인 차원에서 반응한다. 당신이 사장과 대화할 때 감정적으로 된 자신을 발견한다면, 대립상황에서 한 발짝 물러난 뒤 다음에 건의하도록해라.

무엇에 대한 담화인가?
(a) 직장에서 사장에게 승진을 요구하는 방법
(b) 고용주가 직장 내 갈등에 대처하는 방식
(c) 회사에서 자기감정을 조절하는 방법
(d) 사장과의 논쟁을 처리하는 방법

유형 → 주제 찾기

Solution　사장과 의견 대립이 있을 때 감정에 못 이기면 안 되고 합리적이 되도록 노력해야 한다고 문장의 앞부분에서 말하고 있다.

Voca　oftentimes 종종(=often)　dispute 논쟁

Answer　(d) How to approach a dispute with your boss

Joseph's focus

지문을 전체적으로 이해하면서 듣도록 노력합니다. 물론 도입부가 가장 중요합니다. 이 문제에서도 첫 두 문장에서 답은 결정되는데, 다음과 같은 key phrase [remain calm / do not let your emotions overcome you / be reasonable / focused on the main issues / to remain at a distance/ step back from the conflict / address it at a later time.]를 놓쳐서는 안 됩니다. 모두 사장과의 논쟁을 해결할 때 명심할 것들입니다.

50 What you eat may play a big role in your risk of developing skin cancer, the most common malignancy in the United States. Ultraviolet light has long been considered the major cause of most skin cancers, so prevention has mainly been focused on staying out of the sun and wearing protective clothing and sunscreen. But studies in recent years have indicated that several nutritional factors, such as dietary fat, antioxidant vitamins and minerals, may also play a role.

Q. What is the main idea of this paragraph?
(a) The effect of sunlight on skin cancer
(b) Nutrition's role in the risk of skin cancer
(c) Protective measures against skin cancer
(d) Wearing dark clothes

여러분이 먹는 음식은 여러분이 피부암에 걸리는데 있어서 결정적인 역할을 할지도 모릅니다. 피부암은 미국에서 가장 흔한 악성종양입니다. 자외선이 대부분의 피부암의 주요 원인으로 오랫동안 여겨져 왔습니다. 그래서 예방법은 주로 햇빛을 멀리하고, 자외선을 차단하는 옷을 입거나 선크림을 바르는 것에 초점이 맞춰져 왔습니다. 하지만 최근 연구조사에 따르면, 식이 지방이나 노화 방지용 비타민들이나 미네랄과 같은 여러 영양소들도 어느 정도 역할을 하는 걸로 밝혀졌습니다.

글의 주제는 무엇인가?
(a) 햇빛이 피부암에 미치는 영향
(b) 피부암 발병에 있어서 영양소의 역할
(c) 피부암 예방조치
(d) 검은 옷 입기

유형 → 주제 찾기

Solution　전반적으로 피부암을 일으키는 주요 원인들에 대한 내용이다. 자외선이 피부암 발병에 결정적인 역할을 했다고 여겨져 왔지만, 일부 영양소들도 피부암 발병에 영향을 미칠 수 있다는 요지의 내용이므로, 정답은 (b)이다.

Voca　antioxidant 산화를 억제하는　nutrition 영양물　measures 조치

Answer　(b) Nutrition's role in the risk of skin cancer

Joseph's focus

역시 첫 머리[What you eat may play a big role in your risk of developing skin cancer.]에 주제가 제시되어 있습니다. 주제 찾기에서는 첫 부분을 절대로 놓치면 안 된다는 것을 꼭 명심해야 합니다.

51 Available for rent: 20 apartment units located in Seocho-dong, near the Kangnam district. Type A apt. is a two bedroom suite with two bathrooms and Type B is a two bedroom suite with one bathroom. Both have a Western style layout with a spacious living room, elegant interior design, reserved parking and a built-in kitchen, fully loaded with appliances including dishwasher and compact disposal. Central air-conditioning and heating are included in the rent. Building residents can also use, for free, the fitness center located on the first floor. There is also a coin-operated laundry room in the basement. Rent is ₩3,200,000 per month for the Model A apts. and ₩2,200,000 per month for Model B. For further information, please contact Mr. Kim.

Q. For whom, would these apartments be best suited?
(a) For single people
(b) For a large family
(c) Someone who has lots of pets
(d) For seniors

세놓음: 강남구 근처 서초동에 위치한 아파트 20 단지. A형은 욕실이 두 개 딸린 투 베드룸 스위트이며, B형은 욕실이 하나인 투 베드룸 스위트입니다. 둘 다 서양식으로 설계되어서 넓은 거실, 우아한 인테리어, 전용 주차장, 그리고, 식기세척기와 소형 음식물 쓰레기통 등 가정용 기기들이 완벽하게 구비된 붙박이 주방이 딸려 있습니다. 중앙 냉난방 요금은 집세에 포함되어 있습니다. 게다가 입주자들은 1층에 위치한 헬스클럽도 무료로 이용할 수 있습니다. 또한 동전으로 작동되는 빨래방이 지하실에 있습니다. 집세는 A형은 월 320만 원이고 B형은 월 220만 원입니다. 보다 자세한 정보를 원하시면, 김 씨에게 연락하십시오.

이러한 아파트는 누구에게 가장 적당한가?
(a) 독신자들
(b) 대가족
(c) 많은 애완동물을 키우는 사람
(d) 노인들

유형 → 세부 내용 파악

Solution 침실이 두 개이므로, 확실히 대가족이 살기는 어렵고 2인 이하의 가족이 살기에 적당하므로, 신혼부부나 독신자들에게 가장 적당한 아파트라고 할 수 있다. 특히 전용 주차장, 식기세척기와 음식물 쓰레기 처리장치가 구비된 붙박이 주방과 같이 이 아파트에 갖춰진 시설들이 독신자에게는 안성맞춤이라고 할 수 있다.

Voca suite (침실·욕실·거실 등) 몇 개의 방으로 이루어진 공간 layout 설계 spacious 넓은 elegant 우아한 reserved 지정된 loaded 가득한 appliances 가정용기기 compact disposal 소형 음식물 쓰레기통

Answer (a) For single people

Joseph's focus

광고문인 경우, 낱개의 정보들을 잘 듣고 조합하는 연습을 해야 합니다. 들으면서 A와 B형을 구분하여 간단한 리스트를 작성하는 연습을 하는 것도 좋습니다.

52 We often take for granted the variety of spices that we have at hand today. We think nothing of walking into the grocery store and purchasing any one of hundreds of spices. In the early days of exploring, the quest for spices was one of the main draws of traveling to new lands. The spice trade was a critical aspect of early exploration. Quite a few of the spices which are common in nearly every kitchen were originally brought over from East India.

Q. What is the main topic of the lecture?
(a) A background on the spice trade
(b) The history of American exploration
(c) Ways to use spices in the kitchen
(d) Common stock in grocery stores

우리는 오늘날 우리가 가지고 있는 다양한 양념을 종종 당연시하고 있습니다. 우리는 식품점에 가서 수백 가지의 양념 중에 한 가지를 구입하는 걸 대수롭지 않게 생각합니다. 탐험시대 초기만해도 양념에 관한 탐색은 새로운 땅을 여행하는 주요 동기 중의 하나였습니다. 양념 무역은 초기 탐험의 중요한 측면이었지요. 거의 모든 부엌에서 공통적으로 쓰이고 있는 많은 양념들은 원래 동인도에서 들어온 것입니다.

강의의 주된 주제는 무엇인가?
(a) 양념 무역에 관한 배경
(b) 미국 탐험의 역사
(c) 부엌에서 양념들을 사용하는 방법
(d) 식품점에 있는 일반적인 물건

유형 → 주제 찾기

Solution 오늘날 우리가 당연하게 받아들이는 향신료는 과거에 귀했다는 내용을 담고 있다. 그 당시 무역과 탐험의 목적 중 하나가 향신료를 구하기 위한 것이었다는 내용이므로 (a)가 답으로 적절하다.

Voca take for granted ~을 당연시하다 spice 양념, 향신료 at hand 바로 가까이에, 곧 grocery store 식품점, 식료잡화 판매점 draw 동기, 사람을 끄는 것, 인기 있는 것 think nothing of ~을 가볍게 여기다

Answer (a) A background on the spice trade

Joseph's focus

긴 강의의 일부로서 주제를 던져 주는 도입부입니다. 첫 문장에서 오늘날의 양념으로 topic을 제시하면서 강의를 시작하고 있습니다. 이런 유형에서 주의할 사항은 지문에 나온 몇몇 단어들을 이용해서 오답지가 구성된다는 점입니다. exploration, kitchen, grocery 같은 단어들이 어김없이 오답지에 등장하는 경우도 있으니 주의합니다.

53 When asked about their favorite animals, bats don't usually make many people's top ten list. The winged mammals are often thought of as being weird, dangerous, and to some, a little spooky. Something about their appearance and their mysterious habits makes people prone to give bats a bad rap. However, scientists say that learning the facts about these fascinating creatures might change people's minds. For example, bats are hardly the scary bloodsuckers many people think they are. The vast majority of bats prefer to eat the pesky insects that humans are constantly battling. In addition, the idea that all bats are rabid is false. There are only a handful of reported incidents in which bats have attacked and infected humans.

Q. What is the main topic of the talk?
(a) Cases of bats attacking humans
(b) Why some people are scared of bats
(c) The top ten most liked animals
(d) Common misunderstandings about bats

가장 좋아하는 동물이 무엇이냐고 물었을 때 박쥐는 보통 많은 사람들이 좋아하는 열 가지 동물 순위에 들지 않는다. 이 날개가 달린 포유류는 종종 이상하고 위험하게 생각되고 일부 사람들에게는 약간 무섭게 생각된다. 그들의 외모와 신비로운 습성에 관한 무엇인가가 사람들이 박쥐에게 나쁜 평가를 내리게 만드는 경향이 있다. 하지만 과학자들은 사람들이 이 매력적인 동물에 대한 진실을 알면 마음이 바뀔 수도 있다고 말한다. 예를 들어, 박쥐들은 많은 사람들이 생각하는 무시무시한 흡혈 동물들이 전혀 아니다. 대다수의 박쥐들은 사람들이 지속적으로 싸우고 있는 귀찮은 곤충들을 더 즐겨 먹는다. 또한 모든 박쥐들이 공수병에 걸렸다는 생각도 틀리다. 박쥐들이 사람을 공격해 병을 전염시킨 사례는 극소수만 보고돼 있을 뿐이다.

이 담화는 무엇에 관한 내용인가?
(a) 박쥐가 인간을 공격한 사례들
(b) 왜 일부 사람들이 박쥐를 두려워하는가
(c) 가장 인기 있는 열 가지 동물들
(d) 박쥐에 대한 흔한 오해

유형 → 주제 찾기

Solution 사람들이 박쥐를 좋아하지 않는 이유는 그들에 대해 잘못 알고 있기 때문이라는 담화이다.

Voca weird 이상한 spooky 무서운 appearance 외모 rap 평가, 비난 bloodsucker 흡혈귀 pesky 귀찮은 rabid 공수병을 옮기는 a handful of 극소수의 infect 전염시키다

Answer (d) Common misunderstanding about bats

Joseph's focus

박쥐를 좋아한다고 꼽는 사람이 별로 없는 이유는 그들의 이상한 외모와 습성 때문입니다. 하지만 전문가들은 많은 사람들이 박쥐에 대해 잘못 알고 있어서 이 박쥐를 두려워한다고 화자는 주장합니다. 그 예로 일부 사람들은 박쥐가 피를 빨아 먹는다고 생각하지만 대부분의 박쥐들은 모기와 같이 사람들에게 귀찮은 곤충들을 잡아먹고 삽니다. 또한 박쥐에게 물리면 공수병에 걸린다고 믿고 있는 사람들이 있지만 그것은 사실이 아니고 박쥐들이 사람을 공격하는 경우는 거의 없다고 설명하고 있습니다. 그러므로 글의 주요 내용은 박쥐에 대한 흔한 오해라는 (d)가 정답이 됩니다.

54 Traditionally, dialectology has been the study of regional dialects, and for many people that is still its main focus. But in recent years, dialectologists have been putting more efforts on the factors such as one's age, sex, etc. in explaining the extent of language variation.

Q. According to the passage, which of the following factors is emphasized in the recent study of dialects?
(a) Regional history
(b) Age, sex and social class
(c) Regional topography
(d) The neighboring countries of the studied region

전통적으로 방언학은 지역 방언들에 대한 연구였으며, 아직까지도 많은 사람들은 그것이 방언학의 주된 목표라고 생각한다. 그러나 최근 들어 방언 학자들은 언어 변이의 정도를 설명함에 있어서 나이, 성별 등과 같은 요인들을 더 중점적으로 연구하고 있다.

지문에 따르면, 최근 방언 연구에서 강조되고 있는 요인들은?
(a) 지역의 역사
(b) 나이, 성, 사회 계층
(c) 지역 지형학
(d) 연구된 지역의 인접 국가들

유형 → 세부 내용 파악

Solution 전통적으로는 방언학의 주된 연구대상은 지역 방언들이었지만, 최근 들어 방언연구에서는 방언보다는 연령이나, 성과 같은 주변적인 요인들에 보다 중점을 두고 있는 경향이 있다고 설명하고 있으므로, 선택지에 이런 것들을 포함하는 (b)가 답으로 적절하다.

Voca dialectology (언어) 방언학 dialect 방언, 사투리(↔ standard language 표준어) topography 지형, 지형학 language variation 언어 변이

Answer (b) Age, sex and social class

Joseph's focus

도입부에서 주제를 제시한다는 기본적인 원리를 이용한 함정이 있는 문제입니다. 전통적인 연구방법을 제시하지만, 결국은 최근의 연구에 대해서 논하려는 것이 이 문제의 함정입니다. 이런 유형의 문제는 역접이나 대조를 나타내는 접속사/접속부사(but, however, although, though, regardless of, despite, in spite of, by contrast, on the other hand, conversely)에 유의해야 합니다. 여기에서도 [But in recent years~.]로 시작하는 부분에 답의 단서가 제시되어 있습니다.

55 Meetings can be leisurely or fast-paced, long or short, well-organized or not. It is very helpful when the chairperson puts out an agenda ahead of time so that participants can think about the topics. At the beginning of the meeting, the chair should announce the goals of the meeting,

give any necessary background information, preview how the meeting will go and mention time limitations. Because it is very easy to get off track, the chair should frequently paraphrase others' comments and direct the discussion back to its focus when necessary. At the end of the meeting, it is helpful if the chair summarizes what was said and announces follow-up procedures.

Q. Which of the following does this article mainly focus on?
(a) The organization of the meeting
(b) The goal of the meeting
(c) The role of the chair
(d) The agenda and the chair

회의는 느긋하거나 빠르거나, 길거나 짧거나, 잘 구성되거나 그렇지 않을 수 있다. 회의 참석자들이 의제를 생각할 수 있도록 의장이 의제를 사전을 발표해 주면 매우 도움이 된다. 회의 시작 시, 의장은 회의의 목표에 대해 알리고, 그와 관련해 필요한 배경 정보를 알려주고, 어떻게 회의가 진행될 것인지를 개괄적으로 설명해 주고 제한시간에 대해 미리 알려 주어야 한다. 회의는 궤도에서 벗어나기가 매우 쉽기 때문에, 의장은 수시로 사람들의 발언 내용을 적절한 표현으로 바꾸어 정리하고 필요하다면, 논의의 흐름을 본래의 초점으로 되돌려야 한다. 회의가 끝날 때 의장이 회의에서 논의된 내용을 요약하고 후속 절차를 공표해 주면 도움이 된다.

이 글은 주로 무엇에 관한 내용인가?
(a) 회의의 구성
(b) 회의의 목적
(c) 의장의 역할
(d) 의제와 의장

유형 → 주제 찾기

Solution 회의에서 의장이 해야 할 일에 대해서 설명하고 있는 글이다. 회의에 앞서 의장이 회의 목표와 배경정보를 제공한다면 매우 도움이 될 것이며, 회의에서 주제에서 벗어난 이야기를 할 경우 다시 주제를 환기시켜 회의가 원만하게 진행되게 도와야 하며 회의가 끝날 때는 회의 내용을 요약하고 다음 절차를 알려 주면 도움이 될 거라고 말하고 있다.

Voca leisurely 느긋하게 agenda 의제(안건) follow-up 후속의

Answer (c) The role of the chair

Joseph's focus

담화 속의 구체적인 정보를 일반화시켜야 하는 문제입니다. 이런 문제는 종종 글의 제목 찾기로 변형되는 경우도 있으니, 담화를 들으면서 듣기 연습을 평소에 해 두는 것이 좋습니다.

56 A reexamination of his music in fact reveals a marvelously passionate lyricism and an uncannily intuitive mastery of large-scale structure. His output is vast and is essential to gaining a grasp of America's contribution to music. It encompasses more than 200 works: 13 symphonies, 10 concertos, including 1 for accordion, 3 string quartets, 2 cantatas and other choral and vocal music.

Q. What is the speaker's attitude toward the composer mentioned above?
(a) Favorable
(b) Hostile
(c) Relentless
(d) Satirical

그의 음악을 꼼꼼히 살펴보면, 놀랄 정도로 열정적인 서정성과 대규모 구성을 다루는 묘하게 직관적인 감각이 드러난다. 그가 만든 작품은 방대하며, 음악에 대해 미국이 어떤 공헌을 했는지 이해하는 데 필수적이다. 그가 만든 곡은 200곡이 넘는다. 교향곡 13곡, 아코디언을 위한 1개의 협주곡을 포함한 협주곡 10곡, 현악 4중주곡 3곡, 칸타타 2곡 그리고 기타 합창곡과 성악곡 등이 있다.

위에 언급된 작곡가에 대한 화자의 태도는?
(a) 우호적
(b) 적대적
(c) 혹독한
(d) 풍자적

유형 → 대의 파악 / 화자 태도

Solution 놀랄 정도로 열정적인, 초인적으로 직관적인(uncannily intuitive), 방대한(vast), 필수적인(essential) 등의 형용사가 쓰인 걸로 봐서 작곡가에 대해 광장히 우호적인 태도를 보이고 있음을 알 수 있다.

Voca reexamination 재검토 lyricism 서정성 uncannily 묘하게 grasp 이해 encompass 망라하다, 아우르다 relentless 혹독한 satirical 풍자적인

Answer (a) Favorable

Joseph's focus

담화의 태도를 묻는 문제는 형용사와 같은 수식어들이 정답을 고르는 결정적인 단서를 제공합니다. 평소에 긍정적인 뉘앙스의 형용사나 수식어들과 부정적인 분위기의 단어들을 따로 분류해서 정리해 학습하는 것이 좋습니다.

57 Members of the Group of Seven, which is comprised of leading industrialized nations, moved Thursday to reassure the Brazilian government of their international support for its economic reform package in the wake of Wednesday's financial turmoil. Finance ministers of the G-7 have been in close contact since the Brazil crisis erupted Wednesday. And although they have not gone so far as to issue any joint statements on the Brazilian situation, comments from individual members suggest that they were in agreement with what attitude they should take.

Q. What is likely to be the best title for the news?

(a) Brazil assured of G-7 support
(b) Brazil's financial turmoil
(c) Brazil's economic reform package
(d) The relationship between Brazil and G-7

주요 선진 산업국가들로 구성된 G-7 회원국들이 목요일 브라질 정부에게 수요일의 경제 혼란의 결과로 수립된 브라질의 경제 개혁 종합 계획에 국제적인 지원을 재확인하였다. G-7 회원국들의 재무 장관들은 수요일에 브라질의 위기가 발생한 이래로 긴밀하게 연락을 해 왔다. 브라질 사태에 대한 공동 성명을 발표하는 단계까지 발전하지는 않았지만, 개별회원국들의 논평들을 보면, 그들이 어떤 입장을 취할 것인지에 대해선 합의한 것으로 보인다.

이 기사에 대한 가장 좋은 제목은 무엇이겠는가?
(a) G-7의 지원을 약속받은 브라질
(b) 브라질의 재정 위기
(c) 브라질의 경제 개혁안
(d) 브라질과 G-7 사이의 관계

유형 → 제목 찾기

Solution 기사문을 듣고, 제목을 찾는 문제이다. 너무 지엽적인 선택지는 배제하고, 전체를 포괄할 수 있는 적절한 범위의 제목을 골라야 한다. 첫 문장 [~ to reassure the Brazilian government ~ reform package.]에서 알 수 있듯이, 브라질이 G-7 국가의 국제적인 지원을 약속받았다는 내용이 가장 적절한 제목이다. 선택지 (b), (c)는 지문에 언급은 되었으나 지엽적 내용이므로, 제목이 될 수 없다.

Voca leading 선두의 in the wake of ~에 뒤이어 turmoil 혼란, 소란(=confusion) erupt 분출하다 joint statement 공동 성명

Answer (a) Brazil assured of G-7 support

Joseph's focus

이 지문은 신문이나 방송의 기사문으로 보입니다. 일반적인 기사문은 두괄식의 논리적 구성으로 작성된다는 것을 이해하면 조금 더 쉽게 접근할 수 있습니다. 제목은 글 전체를 모두 포괄할 수 있어야 하기 때문에, 일반화 문제유형과도 연결됩니다. 듣기 지문의 첫 부분에서 기사의 전체적인 내용을 제시하고 있습니다.

58 Postdoctoral researchers are invited to apply to AUSM (American University School of Medicine) studies of the linguistic development of children with profound hearing impairment who use cochlea implants. Candidates should hold a Phd in either linguistics, speech, hearing sciences, or experimental psychology. They should also possess a strong background in clinical linguistics, syntactic/morphological acquisition and development, or psycholinguistics. Candidates are expected to exhibit a strong research record in the application of linguistic theory toward clinical or developmental concerns, as well as practical experience in clinical or developmental data acquisition. Salary is $25,000 per year and the position is limited to two years.

Q. Which is correct according to the speaker?
(a) Educational qualification includes a doctorate degree in medicine.
(b) This position is suitable for people seeking a permanent job.
(c) The successful applicant will be responsible for the cochlea implanting of patients.
(d) Candidates should show a range of publication records related to clinical linguistics.

박사과정 이수 후의 연구원들을 미국 의과 대학원의 인공 달팽이관을 이식받은 심각한 청각장애를 가진 아동들의 언어발달에 대한 연구 프로그램에 초대합니다. 지원자는 언어학, 언어, 청각학 박사학위나 실험심리학 박사학위의 소지자여야 합니다. 또한 임상언어학이나 통사론/형태론상의 습득과 발달, 또는 심리언어학 분야에 막강한 배경 지식을 가지고 있어야 합니다. 지원자들은 언어학적 이론을 임상적 혹은 발달상의 문제점들에 적용한 탄탄한 연구 실적을 제시하시는 것은 물론, 임상적 또는 발달상의 자료습득 분야에서의 실무 경력을 증명해야 합니다. 급여는 연봉 2만 5,000천 달러이며, 2년 계약직입니다.

화자에 따르면 일치하는 것은?
(a) 학력 자격 요건에는 의학 박사학위가 포함된다.
(b) 이 자리는 정규직을 찾는 사람들에게 적당하다.
(c) 합격자는 환자들의 인공 달팽이관 이식을 담당하게 될 것이다.
(d) 지원자들은 임상 언어학 관련 다양한 논문 실적을 증명해야 한다.

유형 → 내용 일치

Solution 지원자는 의학박사 학위를 가지고 있어야 한다는 내용은 언급 되어 있지 않으므로, (a)는 답이 될 수 없다. 지원자들은 인공 달팽이관 이식을 받은 청각 장애 아동들의 언어발달 과정을 연구하지만, 직접 이식하는 것은 아니므로 (c)도 오답이다. [Candidates are expected to ~ developmental concerns.]가 선택지 (d)로 paraphrase 되어 있다.

Voca postdoctoral 박사 (학위 취득) 후의 profound 극심한, 완전한(=sincere, acute) impairment (신체적 · 정신적) 장애 cochlea 달팽이관 syntactic 통사론의 morphological 형태학의 acquisition 습득 psycholinguistics 심리언어학

Answer (d) Candidates should show a range of publication records related to clinical linguistics.

Joseph's focus

구인 광고 중 job description과 자격요건을 설명하는 부분입니다. 세부적인 정보들로 채워져 있기 때문에 꼼꼼하게 들으면서 정보를 수집해야 합니다. 답은 지문에 나오는 key sentence를 paraphrase하는 경우가 종종 있는데, 이 문제의 정답 역시, 결국에는 듣기지문의 일부를 paraphrase했습니다.

59 Infertility rates in industrialized countries have

been rising for the past three decades, mostly as a result of women delaying childbirth. From 1988 to 1995 alone, the number of American women at childbearing age who suffered from fertility problems jumped from 4.9 million to 6.1 million, a 25% increase. Anything that helps this trend would be big news indeed.

Q. What's the main cause of the infertility increase?

(a) Developed medicine
(b) Delayed childbirth
(c) Increase in disease among women
(d) Deficit of fertility drugs

선진국의 불임률은 지난 30년간 계속 높아지고 있는데, 대체로 여성들이 출산을 미룬 결과입니다. 1988년부터 1995년까지의 기간에만, 불임 문제로 고생하고 있는 가임 연령대의 미국 여성들의 수가 490만 명에서 610만 명으로, 25퍼센트가 증가했습니다. 이러한 경향을 부추기는 것은 그 어떤 것이든 정말로 큰 뉴스가 될 것이다.

불임 증가의 주요 원인은 무엇인가?
(a) 발달한 의학
(b) 지연된 출산
(c) 여성들의 질병 증가
(d) 임신 촉진제의 부족

유형 → 세부 내용 파악

Solution 가임 연령대의 미국 여성들의 불임률에 관한 보도문을 듣고, 세부 정보를 파악하는 문제이다. 담화문에서 불임률 증가의 주요 원인이 [mostly as a result of women delaying childbirth.] 부분에 직접적으로 언급이 되어 있으므로 '늦춰진 출산'의 뜻인 (b)가 정답이다.

Voca fertility 수정 능력, 번식력 infertility 불임 deficit 부족

Answer (b) Delayed childbirth

Joseph's focus

이 문제는 key word가 그대로 정답인 경우입니다. 그만큼 청해 영역에서 key word는 정답과 직결된다는 것을 명심하고 평소부터 이것들을 찾아내는 연습을 해야 합니다.

60-1 A survey of women attending a meeting to protest deceptive packaging of commercial products revealed that 20 percent of them tinted their hair; 38 percent wore wigs; 50 percent wore rouge; 98 percent wore lipstick; 60 percent wore eye shadow; 22 percent wore false eyelashes; 93 percent used nail polish; 45 percent wore girdles. And 100 percent of them voted in favor of a resolution condemning any kind of false packaging.

Q. What is the speaker's attitude toward the women who participated in the mentioned meeting?

(a) Sarcastic
(b) Humorous
(c) Enthusiastic
(d) Naive

상품의 기만적(과대) 포장을 규탄하는 한 집회에 모인 여성들을 상대로 한 조사에 따르면, 그들의 20퍼센트가 머리를 염색했고, 38퍼센트가 가발을 썼으며, 50퍼센트가 볼 화장을 했고, 98퍼센트가 입술에 립스틱을 발랐으며, 60퍼센트가 눈 화장을 했고, 22퍼센트가 가짜 속눈썹을 붙였으며, 93퍼센트가 매니큐어를 칠했고, 45퍼센트가 거들을 착용한 것으로 나타났습니다. 그리고 그들 중 100퍼센트의 여성들이 그 어떤 종류의 과대 포장이든 이를 규탄하는 결의에 찬성투표를 했습니다.

언급된 모임에 참가한 여성들에 대한 화자의 태도는?
(a) 빈정대는
(b) 유머러스한
(c) 열정적인
(d) 순진한

유형 → 분위기 파악

Solution 과대 포장을 규탄하는 여성들 자신들이 대체로 자신들을 지나치게 치장하고 포장하고 있었다는 사실들을 객관적인 자료를 나열하면서, 빈정대거나 비꼬고 있다.

Voca deceptive 기만적인, 현혹하는(=misleading) tint 염색하다 rouge 볼연지 eyelash 속눈썹 condemn 규탄하다 enthusiastic 열정적인 naive 순진한

Answer (a) Sarcastic

Joseph's focus

deceptive packaging의 대상인 commercial products와 여성을 교묘히 교차시키고 있어서 꽤 까다로운 문제 유형입니다. 과대 포장 규탄 모임에 참가한 여성들을 조사한 결과가 여성들도 자신들을 과대 포장하고 있음을 교묘히 암시하고 있습니다. 화자는 이런 여성들의 이중적인 모습을 비꼬고 있다고 볼 수 있으므로 (a)가 정답이 됩니다.

60-2 Rug Fancy is moving to a bigger location downtown and that means big savings for you! For over 50 years Rug Fancy has offered the finest selection of hand-woven rugs from all over the world at the most affordable prices in town. We've been so successful that we need more space to better serve you. Before we go, we'd like to give you a chance to save by offering beautiful rugs of all sizes at up to 75% off this Saturday. Mention this ad and receive an additional 5% off. The sale lasts for only one day. Be sure to stop by between the hours of 10 a.m. and 5 p.m. and see the treasures we have to offer.

Q. Which is correct according to the advertisement?

(a) This shop will only give discounts on Saturday.
(b) The shop offers discounted moving services.

(c) Everything in the store will be 75% off.
(d) The shop is going out of business.

러그 팬시가 시내의 더 큰 장소로 이전하게 되었는데, 이것은 여러분에게는 더 큰 절약의 기회를 의미합니다! 지난 50년 이상 러그 팬시는 전 세계의 뛰어난 수제품 양탄자들을 이 도시에서 가장 저렴한 가격에 제공해 왔습니다. 저희의 사업은 매우 성공적이어서 여러분들을 더 잘 모시기 위해 저희는 더 많은 공간을 필요로 하게 되었습니다. 저희가 이전하기 전 이번 토요일에 모든 사이즈의 아름다운 양탄자들을 최고 75퍼센트까지 할인된 가격에 제공하여 여러분께 절약의 기회를 드리고자 합니다. 이 광고를 언급하고 5퍼센트 추가 할인을 받으세요. 세일은 하루만 진행됩니다. 오전 10시에서 오후 5시 사이에 꼭 들러 저희가 제공하는 귀중한 물품들을 구경하세요.

광고의 내용과 일치하는 것은?
(a) 이 상점은 토요일에만 할인을 제공할 것이다.
(b) 상점은 할인 이사 서비스를 제공한다.
(c) 모든 물품이 75퍼센트 할인된 가격에 판매될 것이다.
(d) 상점은 폐업할 것이다.

유형 → 내용 일치

Solution 광고하고 있는 상점은 더 큰 곳으로 이전을 하게 되었으며 그 이전에 하루 동안 세일이 있을 거라는 것을 알리고 있습니다.

Voca hand-woven 손으로 짠   affordable 가격이 알맞은   mention 언급하다   out of business 폐업한

Answer (a) This shop will only give discounts on Saturday.

Joseph's focus

러그 팬시는 양탄자 전문점으로 확장 이전을 하게 되었으며 그 전에 토요일 하루 최대 75퍼센트까지 할인을 제공한다고 합니다. [The sale lasts for only one day.]라고 했으므로 (a)가 가장 적절합니다. (c)를 정답으로 착각하기 쉽지만 up to 75퍼센트라고 했으므로 최대 할인율이 75퍼센트 일 수 있다는 것이지, 모든 품목이 75퍼센트 세일을 의미하는 것은 아닙니다. 상점은 폐업하는 것 이 아니라, 오히려 사업이 번창하여 더 큰 상점이 필요하게 되어 이전을 하는 것이므로 (d)는 정답이 될 수 없습니다.

Grammar

Part I   (1~20)

1   A 괜찮니? 초조해 보여.
  B 나는 이 프로젝트를 끝내려고 노력하는데, 사람들이 날 혼자 내버려 두지 않아. 지금도 누가 전화로 나를 찾고 있어.

유형 → 현재분사

Solution 지금 누군가가 B를 전화로 찾고 있는 상황이므로 능동의 의미를 갖는 현재분사 calling이 가장 적절하다.

Voca irritated 짜증이 난, 화난

Answer (c) calling

Joseph's focus

분사 문제에 있어서 중요한 것은 시제, 주체, 능동ㆍ수동 관계입니다. 일단 여기서 someone이 전화를 거는 행위의 주체의 파악이므로 능동이 자연스럽고, Now로 시작하고 있는 것으로 보아 지금 일어나고 있는 일이 분명합니다. 그러므로 현재분사가 필요합니다.

2   A 존이 대학에서 즐겁게 일하고 있다고 들었어.
  B 그래 맞아. 그는 형편을 꽤 만족스럽게 생각하고 있어.

유형 → 시제

Solution enjoy는 타동사로 위 문장에서는 현재형 또는 현재진행형 둘 다 가능하다. (a)는 3인칭 단수 현재형을 쓸 때 enjoys로 써야 하므로 잘못되었다. 따라서 정답은 is enjoying이다.

Voca satisfied 만족한

Answer (c) is enjoying

Joseph's focus

문장 구조를 전체적으로 봐 두는 것이 우선입니다. 다음 시제를 살펴봐야 하고, 단순히 enjoy에만 초점을 맞추기보다는 that절 안에 있는 주어의 동사형을 정하는 문제라는 것을 먼저 파악했어야 합니다. (d)는 논리적으로 시제가 전체 맥락과 어긋나기 때문에 답으로 볼 수 없습니다.

3   A 매니저가 그 직원에게 그의 부적절한 발언에 대해 이야기 하고 있었어.
  B 잘 됐다. 나는 그 사람이 지금부터라도 좀 더 정중해지길 바래.

유형 → 시제

Solution speak to는 구어에서 '~에게 주의를 주다'라는 뜻이다. 과거 진행형의 문장이므로 was speaking to가 적절하다.

Voca speak to (잘못을 바로잡거나 무엇을 못하게 하기 위해) ~를 꾸짖다

Answer (b) speaking

Joseph's focus

역시 문장 구조를 전체적으로 보고, 다음으로 be동사를 봅니다. be동사는 시험에 자주 등장합니다. be동사 다음에 올 수 있는 것들이 뭔지 알아봅시다. 바로 현재분사, 과거분사, 형용사, 명사, 전치사구입니다. 이 원칙에 따라 답은 (b)나 (d) 중 하나이나, 문장 전체를 봤을 때 이 문장은 능동형이어야 하므로 정답은 (b) speaking이 됩니다.

4   A 나는 지금 음식을 좀 만들고 있어. 와서 좀 먹어 봐.
  B 어떤 종류의 음식을 만드는 중이니?

유형 → 시제

Solution right now, at the moment는 현재 진행을 암시하는 부사구이며 A에서 진행형의 문장을 사용하였고, 흐름상 B에서

도 진행형으로 질문을 해야 자연스럽다. 따라서 are you cooking이 적절하다.

Voca meal 음식, 식사

Answer (d) are you cooking

Joseph's focus

문장의 시제를 결정하는 것은 동사입니다. 이에 더해 때를 나타내는 부사[구]는 시제를 좀 더 세부적으로 표시하는 근거가 된다는 점을 명심해야 합니다.

5   A   당신과 같은 병에 걸린 사람들에게 충고해 줄 말이 있습니까?
        B   만약 훨씬 일찍 의사에게 찾아갔더라면 상황은 훨씬 쉬웠을 것이라고 말할 수 있습니다.

유형 → 과거완료

Solution 종속절에서 과거완료를 사용하여 과거의 후회를 암시하고 있으므로, 주절에서는 과거의 후회를 나타내는 would have p.p.형태인 would have been이 가장 적절하다.

Voca condition 몸의 이상, 질병

Answer (b) would have been

Joseph's focus

텝스의 단골문제인 가정법 과거완료 문제입니다. that절 안에 숨어 있기 때문에 함정에 빠지기 쉽습니다. 게다가 조건 절에서 if를 제거하고 도치를 시켜, had+주어+p.p.가 됩니다. if가 없더라도 가정법이라는 것을 바로 꿰뚫어야 합니다.

6   A   내 최근 소설은 3000년을 배경으로 한 공상과학 로맨스야.
        B   어떻게 그러한 아이디어를 생각해냈니?

유형 → 시제

Solution 소설이 쓰인 시점은 A가 말하는 현재 시제 이전이므로 과거시제인 did가 적절하다.

Voca come up with (해답·아이디어 등을) 찾아내다[내놓다]

Answer (b) did

Joseph's focus

시제 문제로 the year 3000에 현혹되어 (c)를 고르는 실수를 범하지 말아야 합니다. 소설에 대한 아이디어를 생각해낸 것은 과거라는 점이 포인트가 됩니다.

7   A   너희가 이 여행을 시작한 지 얼마나 됐지?
        B   내일로 우리는 연속 5개월째 여행 중이야.

유형 → 시제

Solution 과거에서 미래까지 지속되는 것은 미래완료 진행형으로 표현한다. 따라서 정답은 will have been travelling이다.

Voca as of ~부로, ~날짜로

Answer (d) will have been travelling

Joseph's focus

복합적인 시제 문제입니다. A에 나온 since you guys started this trip은 과거, B의 as of tomorrow는 미래입니다. 그럼 여

행은 과거에 시작했고 지금도 진행 중이고, 내일도 계속된다는 의미이므로 미래 시제를 써야 하지만, 단순 미래는 과거, 현재와 연결하지 못하기 때문에 미래완료형을 써야 합니다.

8   A   지금까지 결혼생활은 어떠니?
        B   환상적이야. 우리는 같이 사는 동안 서로에 대해 많은 것들을 배우고 있어.

유형 → 시제

Solution 사람이 주어이므로 문장은 능동태이고, 현재 어떤 상태냐고 묻는 질문이므로 현재 또는 현재진행형인 learn, are learning 등이 가능하다.

Voca so far 지금까지

Answer (b) are learning

Joseph's focus

문법적으로 가장 이상적인 답은 현재완료 진행형이지만, 보기에는 없으므로 현재나 혹은 현재진행형을 고릅니다. 회화에서는 현재진행이 이런 상황에 자주 쓰인다는 것을 알아둡니다.

9   A   오늘밤 경연대회에 제 개가 출전할 수 있나요?
        B   죄송하지만, 학생들만 장기자랑에 참가할 자격이 있습니다.

유형 → 태/to 부정사

Solution 학생들이 자격을 부여받는 것이므로 의미상 수동이 되어야 한다.

Voca qualified 자격을 갖춘

Answer (c) are qualified to enter

Joseph's focus

대화의 맥락에 맞는 답을 찾아야 합니다. qualified의 용법도 잘 숙지해야 하고, to는 전치사가 아니라 to 부정사란 점도 유의해야 합니다.

10 A   나는 그가 근육 자랑 좀 그만 했으면 좋겠어. 그것은 아무한테도 좋은 인상을 주지 않거든.
        B   어떤 사람들은 재밌어 하는 거 같던데.

유형 → [I wish 가정법 과거]

Solution 가정법 과거는 현재에 반대되는 사실을 나타내므로, 뒤 문장은 현재시제를 쓰게 된다.

Voca impress 깊은 인상을 주다   amuse 즐겁게 하다

Answer (b) isn't

Joseph's focus

[I wish 가정법 과거(I wish + 주어 과거동사 or would 동사)], [I wish 가정법 과거완료(I wish + 주어 had p.p. or would have p.p.)]의 형태를 꼭 알아두기 바랍니다.

11 A   이 대회에서 선수들이 이기기 위해 부정행위를 많이 저질렀던 것이 드러났다.
        B   나는 양쪽 팀이 스포츠맨십의 중요성을 존중하길 바란다.

유형 → 시제/수 일치

Solution that절의 주어인 both teams가 복수이고 현재 시제이므로 come을 써야 한다.

Voca improper 부적절한

Answer (a) come

Joseph's focus

'~하게 되다'라는 의미의 [come to동사]의 구문을 알아두어야 하며, I hope와 I wish를 혼동해서도 안 됩니다. [I hope] 다음에는 평서문이 와야 하며, 현재의 상태나 습관, 규칙 등과 같이 언제나 지속되는 것들은 현재 시제를 써야 한다는 점을 반드시 기억해야 합니다.

12 A 저는 당신의 컴퓨터를 고장 낸 것에 대해서 진심으로 보상해 드리고 싶어요.
B 책임을 지시겠다고 하니 고맙습니다.

유형 → hope 동사의 목적어 구조/구동사

Solution hope는 to 부정사를 목적어로 취한다. 구동사의 경우 어순은 [동사+대명사+부사]의 형태이므로 to make it up이 적절하다.

Voca make it up 화해하다, 변상하다, 답례하다

Answer (a) to make it up

Joseph's focus

이 문제를 해결하기 위해서는 두 가지를 명심해야 합니다. 바로 hope동사의 목적어 구조(to 부정사나 that절)와 구동사인 [make up ~]의 용법입니다. 관용적으로 [make it up to 사람 for (보상의 대상)]의 형태로 자주 쓰입니다.

13 A 짐은 어떤 상태인지 말해줄래?
B 일단 수술은 성공적이었어. 약을 계속 복용하면 병이 재발할 가능성은 별로 없어.

유형 → 불가산명사

Solution there's는 풀어 쓰면 there is, 즉 단수로 사용되었으므로, 빈칸에는 단수 형태가 오는 것을 알 수 있다. 이 문장에서 chance는 불가산명사로 앞에 much를 써야 한다.

Voca surgery 수술 be not much chance of -ing ~할 가능성이 별로 없다 reoccur 재발하다

Answer (a) much chance

Joseph's focus

chance는 상황에 따라 가산, 불가산 모두 가능하지만, '운'이나 '우연' 등의 의미로 쓰일 때는 불가산입니다. 그리고 [not much chance of~]의 관용구문을 알아둡니다. 관용구를 몰라도 동사가 is이므로 (b), (c)는 답이 될 수 없고, (d)의 many chance는 적절하지 못한 조합입니다.

14 A 어떤 종류의 음악을 즐겨 듣니?
B 흥미로운 것 아무거나. 나는 다른 것보다 특별히 더 좋아하는 어떤 장르가 없어.

유형 → 부정대명사

Solution [-thing / -body / -one]인 명사는 보통 형용사가 후치 수식한다. 따라서 anything interesting이 정답이 된다.

Voca particular genre 특별한 장르

Answer (b) Anything interesting

Joseph's focus

부정대명사의 수식에 관한 문제입니다. 부정대명사는 뒤에서 수식하며, 형용사, to 부정사, 분사, 관계대명사 등이 수식해 줄 수 있습니다.

15 A 엄마 제가 나무에서 떨어져서 팔을 다쳤어요.
B 그래, 그래서 내가 나무 위에 올라가지 말라고 했잖아.

유형 → 관계부사

Solution '그것이 ~한 이유이다'라는 표현을 쓰고자 할 때는 의문부사 혹은 관계부사 why를 사용하여, [that is why + 주어 + 동사]로 나타내면 된다. 이때, that is와 why 사이에는 선행사 the reason이 생략된 것으로 간주할 수 있으며, 이 선행사 the reason을 생략하지 않고 사용해도 무방하여 [that is the reason why ~.]라고 써도 된다.

Voca hurt 다치게 하다

Answer (b) why

Joseph's focus

관계사의 용법을 상황에 따라 활용하는 유형의 문제입니다. why 외에도 when, where, how를 활용한 용례도 알아둡니다. 용법은 Solution에 설명한 why의 용법과 거의 같으나, how는 그 앞에 the way가 나올 수 없다는 사실을 기억해 둡니다.

16 A 프랭크는 아직도 너랑 한 아파트에서 살고 있니?
B 아니. 그는 쿡 다리 바로 건너편에 있는 오래된 집에서 살고 있어.

유형 → [전치사+명사구]

Solution [stay in] 뒤에는 목적어인 명사가 와야 하므로 an old house가 이어져야 한다. Cook bridge 바로 건너편 [just across Cook bridge]이 되어야 하므로 빈칸에는 [an old house just across]가 적합하다.

Voca share 나누어 쓰다, 공유하다

Answer (b) an old house just across

Joseph's focus

[전치사+명사구]의 확장형입니다. 전치사(in) 뒤에 명사가 오는 것이 기본형입니다. 'a house'가 기본형이지만, house를 형용사 old가 앞에서 수식하고, 집의 위치를 나타내는 across Cook bridge가 뒤에서 수식해 줍니다. just는 across 앞에서 across를 초점을 주면서 꾸며주고 있습니다. 이런 확장형 전명구 유형은 텝스에 아주 자주 나오는 유형입니다.

17 A 프랭클린 씨와 연결해 주시겠습니까?
B 지금은 연결해 드릴 수 없습니다. 지금 회의 중이십니다.

유형 → 전치사

Solution be in a conference는 '회의 중이다(=be in a meeting)' 라는 뜻의 숙어적 표현이다.

Voca **be in a conference** 회의 중이다

Answer (c) in

Joseph's focus

전치사와 관련된 연어형 문제입니다. 거의 숙어처럼 굳어진 경우가 많지만, [entry to, at night, access to, approach to] 같은 표현들도 꼭 알아둡니다.

18 A 다음에 보자. 나는 식료품점에 쇼핑하러 가는 중이거든.
　　B 거기서 쇼핑할 때 세제 좀 사다줄 수 있니?

유형 → while절의 주어 · 동사 생략

Solution 빈칸은 원래 [while you are shopping there]의 형태이었으나 [you are]가 생략된 분사구문의 형태로 쓰인 것이다.

Voca **detergent** 세제

Answer (c) while

Joseph's focus

접속사 while이 이끄는 종속절에서 주절의 주어와 일치할 경우 주어와 be동사는 생략할 수 있음을 묻는 문제입니다.

19 A 너는 전에 이것을 언급했어야 했어.
　　B 그러려고 했는데, 너를 화나게 만들고 싶지 않았어.

유형 → 가정법

Solution 본래 빈칸이 있던 문장은 [I would have mentioned it, but I didn't want to upset you.]의 형태이다.

Voca **mention** 언급하다

Answer (b) would have

Joseph's focus

변형된 가정법 문제라고 볼 수 있습니다. [should have p.p.]가 과거 행위에 대한 후회라는 점을 명심하고 과거에 그렇게 하려했다는 의미로 [would have p.p.]가 쓰였다는 것을 주의해야 합니다. 이 모두가 가정법 과거완료에서 파생된 용법들입니다.

20-1 A 숙제하는데 더 도와줄 것 없니?
　　B 괜찮아. 내 생각에 네가 설명했던 것을 이제는 이해했어.

유형 → any

Solution 의문문이므로 any를 사용하는데, B의 대답 내용으로 미루어 A는 이미 B에게 숙제에 대해 도움을 주었다는 것을 알 수 있다. 그러므로 빈칸에는 any more가 들어가야 한다.

Answer (c) any more

Joseph's focus

의문문이니까 기계적으로 (b)를 고르는 실수를 해서는 안 됩니다. 반드시 맥락을 잘 따져서 정답을 찾아야 합니다. (a)와 (d)

는 모두 앞에 있던 것에 더해서라는 의미를 갖지는 못하므로 적절하지 않습니다.

20-2 A 왜 우리가 대화를 하는 중에 그렇게 조용히 있었니?
　　B 난 내 의사를 잘 표현할 만큼 불어를 잘한다고 생각하지 않아.

유형 → enough

Solution enough는 형용사로 쓰일 수도 있고 부사로 쓰일 수도 있다. enough가 부사로 쓰일 때는 형용사나 부사를 뒤에서 수식한다.

Voca **express oneself** 자신을 표현하다

Answer (c) speak French well enough

Joseph's focus

enough가 사용된 문장에서 enough가 형용사, 부사로 쓰였는지를 구분하려면 enough 앞뒤에 오는 단어들을 살펴보면 됩니다. enough 뒤에 명사가 온다면 이때 enough는 형용사로 쓰인 것입니다. enough가 to 부정사를 수반할 때는 명사 앞에 혹은 뒤에 쓰일 수 있습니다.

> **More Expressions** ─────
>
> **enough의 쓰임**
>
> [enough + 명사] 충분한
> He doesn't have **enough money**.
>
> [enough + 명사 + to (do something)] ~하기에 충분한
> There isn't **enough food to feed** 10 people.
>
> [형용사/부사 + enough to (do something)] …할 정도로 충분히 ~한
> The water isn't **clean enough to drink**.

Part II (21~40)

21 노예해방 이후의 세대인 많은 아프리카계 미국인들은 제도화된 인종주의와 차별의 유산으로 인해 여전히 고통 받고 있다.

유형 → 시제

Solution 해방이 된 것이므로 수동태로 써야 하는데 (a)의 경우 수의 일치를 위해 was를 were로 고쳐야 한다. 노예해방은 과거에 일어난 일이기 때문에 과거완료도 가능하다.

Voca **slave** 노예　**institutionalize** 제도화하다
emancipate 해방시키다

Answer (d) had been emancipated

Joseph's focus

원칙적으로는 시제의 전후를 따져서 과거완료를 써야 하는 경우라도 before나 after가 이끄는 절에서는 사건이나 행위의 시간적 전후가 명확하므로, 굳이 과거완료형을 쓰지 않아도 무방합니다. 여기서 (a)도 were emancipated으로 수정하면 문법적으로 옳은 문장이 됩니다.

22 밖으로 나가자마자, 나는 땀이 나기 시작했다.

유형 → 도치

Solution barely와 같은 부사가 문두로 나오면 주어와 동사가 도치된다. [barely A when B]는 'A하자마자 B하다'라는 숙어이다. 위 문장의 시제는 과거이므로 'had I'가 빈칸에 들어가야 한다.

Voca barely ~ when ~하자 곧

Answer (a) had I

Joseph's focus

barely뿐만 아니라, hardly, scarcely와 같은 부사들도 부사가 문두에 위치하면 주어와 동사의 도치가 일어납니다.

23 캠핑을 가기 전에, 비가 올 경우에 대비해서 꼭 방수가 되는 텐트를 준비해라.

유형 → 태

Solution resist는 수동태가 불가능한 동사이다. (c)의 경우에는 is resistant to라고 고쳐야 한다.

Voca resist 견디다

Answer (b) can resist

Joseph's focus

resist 다음에는 동명사가 오고, '견뎌 내다, 영향을 받지 않다'의 의미로 사용되었음을 기억해 둡니다.

24 우리들 가운데 누군가가 생애를 타인을 돕고 더 나은 세상을 위해 공헌한다면 마땅히 영화배우나 운동선수처럼 알려질 만하다.

유형 → 수 일치

Solution 주어 those는 복수이므로 동사는 복수동사가 빈칸에 들어가야 한다. deserve 뒤에 동사가 오려면 to 부정사의 형태가 되어야 한다.

Voca deserve ~을 받을 만하다

Answer (b) deserve to

Joseph's focus

동사의 수 일치 문제입니다. 동사 앞의 주절이 긴 경우, 본동사를 찾는 것이 쉽지 않습니다. those who, people who로 시작하면 관계대명사 who절의 동사를 찾고 어디서 관계대명사절이 마무리되는지 찾아야 합니다. 이런 경우, 관계대명사절 안의 동사의 수와 시제도 살피고, 본동사의 수와 시제도 살펴 봐야 실수를 하지 않습니다. 이 문제에서도 who 다음에 dedicate가 those와 수 일치를 하고 있고, dedicate를 찾았다면 정답을 찾는 것은 매우 쉽습니다.

25 나는 최근 부정적인 것에 대해 생각하지 않으려고 노력하는 중이다.

유형 → 동명사를 목적어로 취하는 동사

Solution avoid는 동명사를 목적어로 취하는 동사이다.

Voca negative 부정적인

Answer (b) thinking

Joseph's focus

목적어로 동명사 혹은 to 부정사를 취하는 동사들을 알아둘 필요가 있습니다.

More Expressions

동명사를 목적어로 취하는 동사

finish, mind, escape, quit, postpone, delay, resist, enjoy, stop

to 부정사를 목적어로 쓰는 동사

plan, mean, decide, determine, choose, wish, hope, want, expect, long, care, refuse, fail, afford

---

26 난 지난 며칠간 네가 나를 피하는 것처럼 보였다는 사실을 알아차리지 못할 수가 없었어.

유형 → cannot help -ing

Solution [cannot help -ing]는 '~하지 않을 수 없다'라는 관용표현이다.

Voca avoid 피하다

Answer (c) cannot help noticing

Joseph's focus

[cannot but + 동사원형] = [cannot help but + 동사원형]도 같은 의미의 관용적 표현인데, 이 특수 구문의 help는 can과 함께 부정문에서만 쓰입니다.

27 그 대학은 2년 코스의 집중 어학 프로그램도 갖추고 있다.

유형 → 숫자+명사구

Solution two-year는 형용사이므로 복수 및 관사 사용이 불가능하다.

Voca intensive 집중적인, 철저한

Answer (d) two-year

Joseph's focus

[숫자+명사구]가 형용사처럼 쓰이는 예입니다. 이때 숫자와 명사 사이에 hyphen(-)이 들어가는 게 정상이고, 명사는 항상 단수형입니다.

28 꼬리 짧은 우리 집 강아지를 네가 봤으면 하는데, 그 강아지는 종종 옆에서 귀찮게 굴어.

유형 → 분사용법

Solution '꼬리가 짧은'이라고 표현할 때는 'short tailed'라는 형용사구를 사용한다. 그리고 관계대명사 who가 이끄는 절의 주어는 강아지, 즉 동물이므로 be동사의 보어는 현재분사인 annoying을 써야 한다.

Voca annoy 짜증나게 하다

Answer (a) our short tailed dog - annoying

Joseph's focus

역시 [those who~]의 문장입니다. 주어가 될 만한 것을 찾아야 하고, 이런 문장을 평소에 접하면 꼭 관계대명사절의 동사와 주절의 동사를 짚어보는 것을 명심해야 합니다. 본동사구인 [got free ~]가 없다면, (b)는 who가 주어인 의문문을 만들 수 있고, (d)의 They는 빈칸에 자연스럽게 들어갈 수도 있습니다. 그만큼 본동사를 찾는 게 중요합니다.

Joseph's focus

분사의 용법은 텝스 문법에서 빈출되는 문제입니다. 단순히 [사람주어+과거분사], [사물주어+현재분사]로 기계적으로 문제를 풀면 함정에 빠지기 쉽습니다. 예를 들면, [He's boring.] 이 문법적으로 틀린 문장이 아니라는 것입니다. 반드시 문장의 맥락을 먼저 살피고 정답을 찾도록 합니다.

29 나는 그 영화를 보고 싶지도 않고, 우리 아이들이 밖에서 그것을 보는 것도 바라지 않는다.

유형 → 상관접속사

Solution   문장 앞에 no라는 부정어구가 나왔으며, 빈칸의 뒤에는 조동사와 주어가 도치되어 있다. 따라서 부정의 강조 접속사인 nor가 빈칸에 들어감을 알 수 있다.

Voca   go out 나가다, 외출하다

Answer   (b) nor

Joseph's focus

상관접속사 문제라는 것을 먼저 파악하고 문장 구조를 살펴봐야 합니다. 빈칸 앞쪽은 정상적인 문장 구조이고, 뒤쪽은 도치가 되어 있습니다. 도치가 되는 경우는 부정어구가 앞으로 나오는 경우가 있으므로 (a)는 답에서 제외됩니다. never는 접속사적 기능이 없고 neither는 상관접속사로 쓰일 때에는 [neither A nor B]의 형태로 나옵니다. nor는 not, no, never, neither와 함께 상관접속사로 문장에 자주 등장합니다.

30 지난 몇 년 동안 수많은 블록버스터 영화를 만들어왔기 때문에, 새 영화 공연에 대한 기대치가 높았다.

유형 → 분사구문

Solution   새 영화에 대한 기대가 높았던 시점을 기준으로 그 이전에 많은 블록버스터 영화들을 만든 것이므로, 완료분사 구문이 적절하다.

Voca   numerous 많은(=countless)

Answer   (a) Having

Joseph's focus

분사구문의 의미상의 주어와, 주절의 주어가 일치하지 않음에도 분사구문의 주어가 생략되어 있으므로, 이런 문제는 일단 문장 전체 구조를 살펴줘야 합니다. 그렇지 않으면 분사구문이라는 것 자체를 모를 수도 있기 때문입니다. 주절의 문장은 완벽한데 불완전한 문장이 앞이나 뒤에 붙어 있으면, 분사구문일 확률이 높다는 것도 시험에서 알아둘 요령입니다.

31 책 사인회에 참석한 사람들은 그 작가의 신간을 증정 받았다.

유형 → 주격 관계대명사

Solution   빈칸이 동사 앞에 있는 것으로 보아, 주격 관계대명사가 필요함을 알 수 있으며, 문장의 해석상 사람 주어가 필요하다. 불특정한 복수의 사람을 나타낼 때는 those who를 쓴다.

Voca   free copies 증정본들

32 우리는 루마니아에서 여름을 보내기로 계획하고 있는데, 그곳은 우리 가족이 원래 살던 곳이다.

유형 → 관계부사

Solution   장소를 나타내는 관계부사 where의 계속적인 용법이다.

Voca   originally 원래

Answer   (c) where

Joseph's focus

관계대명사 that은 계속적 용법으로 사용할 수 없다는 것은 관계사에서 중요한 부분입니다. where 외에도, when, why, how도 비슷하게 활용이 된다는 것도 명심해야 합니다.

33 그들이 아무리 많은 돈을 제시한다 해도, 나는 절대로 나의 소중한 미술 소장품을 팔지 않을 것이다.

유형 → 양보접속사

Solution   [no matter how(=however) + 형 + 주 + 동] / [no matter what(=whatever) + 형 + 명 + 주 + 동]의 순서로 써야 한다.

Voca   collection 수집품, 소장품

Answer   (b) No matter how much money they offer

Joseph's focus

how, so, too는 Solution에 써있는 however와 같은 어순으로 쓰이고, what, such, quite는 whatever와 같은 식으로 쓰입니다. 이와 더불어 빈칸이 종속 부사절의 자리라는 것을 먼저 알아내야 (c)와 (d)가 답이 될 수 없다는 것을 이해할 수 있습니다.

34 중국어 이외에, 나는 힌디어를 조금 할 수 있다.

유형 → 전치사 besides

Solution   '~뿐만 아니라, ~이외에도'라는 뜻의 전치사는 besides이다.

Voca   in addition 게다가

Answer   (d) Besides

Joseph's focus

(a) despite는 문맥상 어울리지 않습니다. (b) while은 분사구문이나 절의 형태로 활용됩니다. (c)는 in addition to가 되면 정답이 될 수 있으므로 (d)가 정답이 됩니다.

35 네일은 자기가 충분히 독립할 나이가 됐다고 생각한다.

유형 → 재귀대명사

Solution [by oneself]는 '혼자, 다른 사람 없이'의 관용표현으로, 여기서 by는 생략가능하며 [on one's own]의 형태로 사용가능하다.

Answer (d) himself

Joseph's focus

재귀대명사를 이용한 관용표현으로 by oneself외에, [for oneself, of itself, teach oneself, speak to oneself, arrogate power to oneself, be left to oneself, laugh silently to oneself, talk to oneself] 등과 같은 표현들도 사전을 찾아 의미를 알아둡니다.

36 운 좋게 강도가 집에 들어갔을 때 누군가가 그를 보았다.

유형 → some, any

Solution 문맥상 강도가 들어가는 것을 누군가가 목격했다는 것이 '다행스러운' 일이므로, 여기서는 빈칸에 긍정의 대명사인 someone이 적절하다.

Voca burglar 도둑

Answer (b) someone

Joseph's focus

일단 [any-]는 부정문, 조건문, 의문문에서, [some-]은 긍정문, 청유문에서 쓰인다는 것을 기본적 문법 사항으로 기억해 두고, 그 후에는 문맥과 상황에 맞게 적용해야 합니다.

37 그녀는 우리 반에서 누구보다도 더 열심히 공부한다.

유형 → 최상급 표현

Solution [비교급 than any other 단수명사 = 비교급 than all the other 복수명사 (비교급의 최상급 표현)]의 형태이다.

Answer (c) any other student

Joseph's focus

최상급을 나타내는 구문으로, [the + 최상급 + of + 복수 명사구 (John's the oldest of my three brothers.)]와 [the + 최상급 + in + 장소나 상황 (It was the tallest tree in the forest.)]을 기억해 둡니다.

38 우리가 다른 정비소에 차를 맡겼더라면, 지금쯤 벌써 수리가 끝났을 수도 있을 것이다.

유형 → 특수 가정법

Solution 가정법 과거완료이며, 가능성을 포함하므로 조동사 could를 사용하여 could have been이 적절하다.

Voca fix 수리하다, 고치다(=repair)

Answer (b) could have been

Joseph's focus

if가 없는 가정법을 조심해야 합니다. 위 문제가 가정법 문제라는 것을 알아내지 못하면 정답을 고르기 힘듭니다. 가정절(과거완료)에서 if가 생략되면 [had + 주어 + p.p.]의 형태가 된다는 것을 명심하도록 합니다.

39 학계에서 우리가 성공할 수 있었던 것이 우리 가족의 부와 관련된 것인지 아닌지가 학자들 그룹에 의해 논의되었다.

유형 → 부사절 접속사

Solution 선택지의 (a)의 as와 (b)의 if는 부사절을 이끄는 부사절 접속사이다. (c)는 접속사가 없고 (d)의 whether는 명사절을 이끄는 접속사이다.

Voca academia 학계   scholar 학자

Answer (d) Whether our ability to succeed

Joseph's focus

동사를 찾는 것이 우선입니다. 위 문장에서 동사는 2개가 존재하는데, 두 번째 동사(was discussed) 앞까지가 주절이 됩니다. 그렇다면, 명사, 명사구, 명사절과 같이 주어가 될 수 있는 것이 정답이 됩니다. 뒤에 나오는 was discussed를 받을 수 있는 것은 명사절뿐입니다.

40-1 나는 과학 프로젝트를 수행하기 위해 길고 가는 금속 와이어를 찾을 필요가 있다.

유형 → 형용사의 순서

Solution 형용사는 [지시형용사 + 수사 + 대소 + 성상(성질 · 상태) + 신구 + 색깔 + 재료]의 순서로 사용되는데, 길이가 두께에 앞서 표현하는 것이 자연스럽다.

Voca wire 철사, 전선

Answer (a) long thin metal

Joseph's focus

형용사의 순서에 관한 문제는 참 까다로운 문제 중 하나입니다. 기계적으로 외우기보다는 이해하는 것이 중요한데, 수식을 받는 명사에 가까이 갈수록 그 명사에 대한 좀 더 객관적이고 사실적인 정보를 제공하고, 멀리 떨어질수록 관찰자의 주관에 따라 달라질 수도 있는 형용사들이라고 보면 기억하기가 조금 더 쉽습니다.

40-2 그가 대학을 다닌 적이 없다는 사실은 그가 인기 있는 베스트셀러를 쓰는 데 장애가 되지 않았다.

유형 → 접속사 / 어순

Solution 명사절을 유도하는 접속사 that과 어순을 묻는 문제다.

Voca prevent 막다

Answer (c) That he never went to college

Joseph's focus

접속사 that의 용법과 어순을 함께 묻는 문제입니다. that은 명사절을 이끄는 종속접속사로 주어, 목적어, 보어로 쓰일 수 있습니다. 여기서는 that이 주어로 쓰인 경우입니다. 의미상으로 이 문장은 [The fact that he never went to college did not prevent him from writing popular best sellers.]가 됩니다. that절이 목적어로 쓰인 경우는 [Do you know that he is Jane's little brother?]와 같은 경우이고, 보어로 쓰인 that절은 [The problem is that we don't have enough money.] 따위인데 여기서 the problem과 that절은 동격입니다.

Part III (41~45)

41　(a) A 사라는 미술에 자기의 미래가 있다고 믿고 있어.
　　　(b) B 글쎄, 나는 그녀가 어릴 때부터 그녀의 열정을 따르도록 용기를 주었어.
　　　(c) A 그건 참 잘한 일이야. 하지만 나는 미술이 너무 어려운 길이라 걱정이야.
　　　(d) B 그녀가 정말로 화가가 되고 싶다면, 나는 그녀를 말리지 않을 거야.

유형 → 상태 동사

Solution　상태적 의미를 지니는 동사들은 현재진행형으로 쓰지 않는 것이 문법적인 원칙이다. 우리말로 '믿고 있다'라고 표현을 하더라도 영어에서 believe를 진행형으로 쓰면 안 된다.

Voca　encourage 격려하다, 고무하다　passion 열정　path 길, 진로

Answer　(a) is believing → believes

Joseph's focus

기본적으로 believe와 같은 상태동사들은 현재진행형으로 쓸 수 없습니다. (b)는 현재 완료형과 since에 관한 문장으로 since절에는 주로 과거시제가 나오지만 문맥에 따라 현재완료형이 나오기도 하므로 주의해야 합니다. (c)의 경우, kind, nice, foolish, wise, clever, stupid, good, bad, rude 등과 같이 사람의 성질을 나타내는 형용사의 경우 전치사 of가 쓰입니다. 또한 [so/how/too+형+관+명 such/what/quite+관+형+명사] 의 어순도 TEPS 단골 유형입니다.

> **More Expressions**
>
> **상태 동사**
>
> 인지 동사: think, realize, understand, mind, forget, doubt, believe
> 지각 동사: see, hear, feel, notice, smell
> 소유, 존재 동사: be, belong, exist, own, have, consist, keep
> 정서, 기호 동사: want, desire, wish, love, hate, like, forgive, hope

42　(a) A 글쎄요, 오늘밤 당신과 이야기를 나누게 된 것은 정말로 즐거운 일이었습니다.
　　　(b) B 그래요. 우리는 참 많은 공통점을 가졌네요. 저는 다음에도 만나고 싶습니다.
　　　(c) A 여기 제 전화번호를 드릴게요.
　　　(d) B 네, 좋아요. 제가 나중에 전화 드릴게요.

유형 → 문장형식(4형식)

Solution　give는 4형식 동사로 간접목적어인 you 다음에 직접목적어인 my phone number를 바로 쓰면 된다. give 뒤의 to는 불필요하다.

Voca　in common 공동[공통]으로

Answer　(c) to you → you

Joseph's focus

(a)에서 sure는 구어에서 부사로 certainly의 의미로 사용되기도 합니다. (b)에서 [have in common] 구문을 알아 둬야 합니다. (c)는 4형식에서 3형식으로 넘어가는 과정에서 to를 없애든가 to you를 number 뒤에 위치시켜야 합니다.

> **More Expressions**
>
> **수여동사에 따른 전치사(4형식 → 3형식)**
>
> to → give, tell, teach, write, show, lend, hand, offer, read, send, mail, pass
> for → make, buy, get, cook, find, choose
> of → ask, require

43　(a) A 너의 애완용 토끼들에게 무슨 일 생겼니?
　　　(b) B 옆집 개가 토끼들을 먹어버렸어!
　　　(c) A 끔찍하다! 안됐다.
　　　(d) B 좀 더 주의를 기울여 살피지 못한 내 잘못이라고 생각해.

유형 → 능동태

Solution　개가 토끼를 잡아먹은 것이므로 능동태로 써야 한다. 수동태 were eaten을 과거형의 ate로 바꾸어야 한다.

Voca　watch 감시하다, 지키다

Answer　(b) were eaten → ate

Joseph's focus

(a)의 happen to에서 to는 전치사입니다. 가끔 to 부정사인 것처럼 함정 문제로 나오는 경우가 있으니 조심해야 합니다. (c)에서는 [be sorry to 부정사] 구문을 숙지합니다. (d)에서 like 접속사처럼 쓰여서 주어 동사가 이어집니다. [He looks like his father.]처럼 like가 전치사로 쓰이는 경우는 뒤에 명사(구)가 나와야 합니다.

44　(a) A 우리가 어젯밤 큰 소리를 내어 당신에게 폐를 끼치지 않았기를 바랍니다.
　　　(b) B 전혀요. 어제 무슨 특별한 행사라도 있었나요?
　　　(c) A 네, 우리는 빅터의 대학 졸업을 축하해 주고 있었거든요.
　　　(d) B 오, 정말요? 그에게 축하한다고 전해주세요.

유형 → 시제 일치

Solution　첫 문장에서 last night를 보아 시제가 과거이므로 (a) 문장에서의 don't를 과거시제인 didn't로 바꾸어야 한다.

Voca　bother 성가시게 하다

Answer　(a) don't → didn't

Joseph's focus

간단한 시제일치 문제입니다. 한국어로 해석해서 문제를 풀면 안됩니다. last night라는 분명한 과거를 나타내는 부사구가 있

으므로 그 절은 과거동사를 써야 합니다. 본동사가가 현재인 경우, that절의 동사는 과거, 현재, 미래형 모두가 가능합니다. 다만, that절의 동사의 시제는 시간 부사구에 의해 결정됩니다.

45₋₁ (a) A 너 지금 어디니? 나는 같이 영화 보러 가려고 했지.
(b) B 오, 나는 이번 주말에 해변에 사는 친구네 가려고 했어.
(c) A 오, 그래? 그것 재미있겠다. 돌아오거든 전화할래?
(d) B 알았어. 여행사진을 가지고 돌아갈게.

유형 → 시제
Solution 예전부터 해변에 가기로 지금까지 계속 약속이 되어있는 상황이므로 완료 시제가 적합하다.
Voca get back 돌아오다
Answer (b) decide → have decided

Joseph's focus
현재완료와 과거 시제의 공통점과 차이점을 알아두면 도움이 될 것입니다. 공통점은 사건이 과거에 발생했다는 점이고 차이점은 현재완료는 과거의 사건이나 행위가 현재까지 영향력을 행사하고, 과거시제는 현재에 영향을 주지 않는다는 것입니다. 그래서 예로 [I have been to Paris.]와 [I went to Paris.]의 의미가 달라지는 것입니다. 전자는 '파리에 갔다 온 적이 있다'는 것이고, 후자는 '파리에 갔다'는 사실을 단순 진술한 것입니다.

45₋₂ (a) A 네가 개를 샀다니 믿을 수가 없어. 난 네가 새 아파트부터 먼저 구하고 싶어 한 줄 알았는데.
(b) B 기다렸을 텐데, 이 강아지를 본 순간 완벽하다는 걸 알았어.
(c) A 적어도 네 집주인이 개를 기르도록 허락해 줄 거야.
(d) B 맞아. 나도 사실 그게 걱정이었어.

유형 → 시제
Solution 과거 사실의 반대이므로 would have waited가 적절하다.
Voca landlord 집주인
Answer (b) will wait → would have waited

Joseph's focus
개를 산 것은 이미 과거의 일입니다. 기다리려고 했었는데 결국에는 샀다는 의미이므로 과거 사실의 반대를 나타냅니다. (b) 문장에는 if절이 없지만 if절이 없이 주절만으로도 가정법 문장을 쓸 수 있습니다. could have p.p.라고 하면 '…할 수도 있었는데 하지 않았다'는 뜻이고 would have p.p.라고 하면 '…했을텐데 그러지 않았다'는 뜻이 됩니다. 여기서는 그 강아지를 보지 않았더라면 새 아파트를 구할 때까지 기다렸을 텐데 강아지를 보는 순간 기다릴 수가 없어서 결국에는 기다리지 않고 사버렸다는 뜻입니다.

Part IV (46~50)

46 (a) 우리의 고객은 Myrtle Beach에 기반을 둔 자격 있는 사회사업가를 찾고 있다. (b) 젊은 사람과 일을 한 경험이 가장 중요하다.

그리고 관리자 경험이 있으면 더 좋다. (c) 주요 업무는 젊은 사람의 담당 건수 관리이다. (d) 다른 업무에는 국가 기준을 충족시켜야만 하는 보고서들의 준비가 포함될 것이다.

유형 → 시제 일치
Solution 위 글은 현재시제로 일관하고 있다. 따라서 consisted of 를 consists of로 바꾸어야 한다.
Voca caseload 담당 건수(업무량)
Answer (c) consisted of → consists of

Joseph's focus
시제 일치 문제이지만, 지문의 성격과 맥락을 이해해야 실수를 하지 않습니다. 지문은 job notice의 일부이고 자격 조건을 설명하는 글입니다. 이런 글은 대체로 언제나 하는 일을 설명하기 때문에 현재형으로 진술합니다. 현재의 상태, 동작, 습관을 현재시제로 표현하는 것과 같은 이치입니다.

47 (a) 체중감량은 고통스러운 경험이 아니다. (b) 마법처럼 너를 변화시킬 제품에 의지하는 것보다는, 너의 라이프스타일을 조절하는 것을 고려해라. (c) 분별 있게 먹고, 규칙적으로 운동하고, 긍정적인 자세를 갖는 것의 조화는 좋은 결과를 가져올 것이다. (d) 값비싼 체중감량 프로그램을 신청하기 전에, 그것이 안전하고, 실용적인 목표를 추구하는지를 확인하기 위해 철저히 조사해라.

유형 → 조동사
Solution 조동사 does 뒤에는 동사원형을 써야 하므로 has를 have 로 바꾸어야 한다.
Voca torturous 몹시 괴로운 transform 완전히 바꿔놓다 adjust 조절하다 pragmatic 실용적인
Answer (a) has → have

Joseph's focus
(b)의 consider 다음에는 동명사가 나온다는 점을 주의하고, (c)는 [A combination of ~]이 주어입니다. 따라서 단수 취급을 해야 하므로 동사는 are가 아니라 is가 맞습니다. and로 여러 개가 나열된다고 무조건 복수 취급을 해서는 안 됩니다. 경우는 다르지만, a number of와 a lot of는 복수 취급함에 주의해야 합니다. (d)에서 sign up for는 '~에 등록하다'라는 의미의 관용어구입니다.

48 (a) 유치원의 중요성에 대한 논쟁이 촉발되어 왔다. (b) 보편화된 유치원을 지지하는 사람들은 그것이 가난한 사람과 중산층 아이들의 학업 격차를 줄여 줄 것이라고 주장한다. (c) 비판자들은 이러한 주장을 뒷받침할 증거가 부족하다고 주장한다. (d) 양쪽 모두 유치원이 사회적 발전에 학업의 발전만큼 중요한 영향을 끼친다는 점에는 동의한다.

유형 → that절에서의 주어
Solution (b)의 문장에서 목적절 (that)의 주어가 없으므로 주어인 it을 사용해야 한다.
Voca preschool 유치원 gap 격차
Answer (b) will → it will

(b)에서 본동사를 찾는 것이 일차적으로 할 일입니다. claim 이 동사인데, 바로 will이 따라오는 형태입니다. that절에서 that이 생략되고 that절의 주어가 빠진 경우입니다. 그래서 preschool을 가리키는 it이 필요합니다. (c)에서는 insist의 용법에 주의해야 합니다. 보통 suggest, insist, demand, order 같은 동사가 이끄는 that절에서는 '(should) 동사원형'을 쓰는 경우가 종종 있습니다. 위의 경우는, Critics가 생각하는 바를 단순 주장하는 것이기 때문에 is를 쓰는 것이 옳습니다. (d)에서 both는 복수 취급해야 합니다. 첫 번째 that은 명사절을 이끄는 종속접속사이고, 두 번째 that은 관계대명사입니다.

49 (a) 두 친구가 하이킹을 다시 시작했을 때, 잔인한 태양이 그들의 발걸음마다 따라오는 듯 그들의 목을 붉게 태웠다. (b) 그들이 지금의 위치에 올랐을 때 대략 계획한 트레킹의 반에 달했고, 4시간이 넘었다. (c) 힘이 급격히 떨어진 그 친구들은 그늘진 협곡에 도착했고, 그들이 평생 경험한 것 중 가장 차가운 그곳의 물은 그들의 기운을 빨리 회복시켜 주었다. (d) 그렇게 원기를 회복한 남자들은 탄 얼굴에 미소를 띠며 다시 힘을 내어 나머지 등반 길에 올랐다.

유형 → 시제

Solution 처음부터 과거의 사건에 대한 회상의 글이다. 과거의 어느 시점에 일어난 일이 과거의 또 한 시점에서 끝난 일이므로 동사는 현재완료가 아니라 과거완료가 돼야 한다.

Voca resume 재개하다 scorch 그슬리다 ascend 오르다 balance 나머지 amount to ~에 이르다. 달하다 trek 트레킹. 오지 여행 vigor 원기 tanned 햇볕에 그을린

Answer (b) have → had

Joseph's focus

글의 종류에 따라서 글의 시점이나 시제가 정해집니다. 설명문, 광고, 공고문은 주로 현재를 쓰고, 지문과 같이 서사적인 글은 맥락 안에서 기준이 되는 시점이 있을 겁니다. 이 지문의 기준 시점은 과거이므로 현재나 현재완료가 올 수 없습니다. (b)에서 과거완료를 쓰는 것은 문장 뒷부분에 나오는 over four hours 가 그들이 4 시간에 걸쳐서 그 위치까지 올라갔다는 것을 나타냅니다. 따라서 과거완료형을 써야 더 자연스럽습니다.

50-1 (a) 우연의 일치는 너무 자주 일어나 어떤 사람들은 우리가 살고 있는 세상에는 우리가 당연시 하는 현실보다 훨씬 원대한 계획이 있다고 생각한다. (b) 오늘 아침 나는 지하철을 타고 출근하다가 오랫동안 보지 못했던 친구가 내가 매일 내리는 역에서 내리는 걸 봤다. (c) 하지만 이런 일에 순전한 우연 이상의 대단한 게 있으리라곤 생각하진 않는다. (d) 내 말은, 당신이 어떤 사람을 생각하면 당신이 이따금 아는 사람들과 만나게 돼 있다는 뜻이다.

유형 → so+형/부+that절

Solution 당신이 어떤 계획에 의해 구속된 상태이므로 bound를 are bound로 고쳐야 한다.

Voca coincidence 우연의 일치 take ~ for granted ~을 당연시하다 from time to time 가끔. 이따금

Answer (d) bound → are bound

Joseph's focus

(a)는 [so+형용사/부사+that절]의 구문으로 that은 종종 생략되기도 합니다. (b)에서는 [지각동사 (see)+목적어+동사원형] 구문을 조심해야 합니다. 목적어가 긴 경우 뒤에 나오는 동사원형을 놓치거나, 시제를 혼동하는 경우가 있습니다. a friend I hadn't met for years가 see의 목적어이므로 뒤의 get은 동사원형을 씁니다. (d)의 [be bound to 부정사] 구문은 '어쩔 수 없이 ~일이 생기다, ~하는 일이 생기기 쉽다'는 정도의 의미로 이해해 두면 됩니다.

50-2 (a) 많은 젊은이들은 노인들을 상대할 시간이나 인내심이 없다고 생각한다. (b) 그들이 깨닫지 못하는 것은 그들이 많은 지식을 얻을 기회를 놓치고 있다는 것이다. (c) 경험을 가진 사람이 그들의 입장에서 해 줄 수 있는 이야기들은 종종 재미있고 흥미롭고 무엇보다도 교육적이다. (d) 그들은 교훈을 주고 이야기를 하는 사람의 삶을 들여다볼 수 있게 해준다.

유형 → 의미 구분

Solution say와 tell의 용법을 구분하는 문제이다.

Voca enlightening 교육적인 lesson 교훈 glimpse 힐끗 보기 storyteller 이야기를 하는 사람

Answer (c) say → tell

Joseph's focus

say와 tell은 둘 다 우리말로는 '말하다'의 의미를 갖지만, tell 은 어떤 내용을 알려주거나 가르칠 때 사용하는데 반해, say 는 그런 의미로 쓸 수 없습니다. 또한 tell은 말을 듣는 대상으로 목적어를 취할 수 있지만 say는 전치사 to를 붙여야 합니다. [tell a lie/a story/a joke/the truth] 등은 항상 tell과 함께 쓰고 say는 쓸 수 없습니다. (c)에는 목적어가 the stories임으로 say 대신에 tell을 써야 합니다.

Vocabulary

Part I (1~25)

1 A 우리가 3차 산업 부문을 해외 경쟁업체에 완전히 개방하기 전에 처리해야 할 핵심적인 문제가 몇 개 있어.

B 그게 처음에 생각했던 것처럼 간단한 문제가 아니라는 점은 나도 동의해.

유형 → 의미를 혼동하기 쉬운 어휘

Solution [it's not as simple a subject.]와 대응할 수 있는 단어가 빈칸에 들어가야 한다.

Voca tertiary sector 3차 부문 core issue 핵심 문제 white elephant 처치곤란의 물건 debt arrangement 빚 청산

Answer (b) core issues

어휘문제 중에서 가장 기본적인 것이 유사한 의미의 단어 중에서 올바른 것을 찾아내는 문제입니다. 우선 빈칸에 들어갈 표현을 맥락 안에서 추론하는 것이 필요하고 subject와 issue가 맥락 안에서 서로 통하는 의미라는 것을 알아야 합니다. 참고로, [so/as+형용사+a/an+명사]의 구조도 알아둡니다.

2 A 난 심프킨스 교수가 좋다. 왜냐하면 그는 이해하기 쉽거든.
   B 그래 그리고 그 결과로 그의 강의실은 언제나 만원이야.

유형 → 문맥에 맞는 어휘

Solution 심프킨스 교수가 강의를 잘해서 그의 강의실이 항상 붐빈다는 의미의 단어를 찾으려 한다. 강의 시간이 붐빈다는 표현은 한국어로는 맞지만, 영어에서는 매우 어색한 표현이다. 시간이 붐비는 주체가 될 수는 없기 때문이다. 강의가 인기 있다는 것은 강의실이 수강생들로 붐비는 것이다.

Voca lecture podium 강의 연단

Answer (c) lecture hall

Joseph's focus

대부분의 어휘 문제들은 문제 안에 답의 힌트가 있습니다. key는 'easy to understand'와 B의 'full'입니다. 교수의 강의가 이해하기 쉽고 재미있을 때, (상식적으로) 가득 찰 수 있는 것이 무엇인지 찾으면 답이 나옵니다.

3 A 난 돈이 부족해. 내가 계속할 수 있을지 확신할 수 없어.
   B 넌 계속해야만 해. 얼마나 많은 사람들이 MIT 대학원을 끝까지 다녔다 말할 수 있겠니?

유형 → 문맥에 맞는 어휘

Solution 학위 과정과 관련된 다양한 단어들 중 '대학원 과정'을 뜻하는 단어를 찾는 문제. 대학원 과정은 'postgraduate school'이다.

Voca be short of ~이 부족하다, 모자라다   postgraduate school 대학원   undergraduate school 대학 과정   student union 학생회

Answer (a) postgraduate school

Joseph's focus

어휘 문제는 문법도 중요하지만, 그에 앞서 맥락에 맞는 어휘를 골라야 합니다. 학교의 과정을 끝까지 마친다는 의미가 되어야 하는데, (a), (b), (c) 모두 답이 될 수 있다고 생각할 수도 있지만, MIT라는 학교 이름이 등장하고, A의 대사로 보아 돈이 많이 필요하다는 것을 알 수 있습니다. 그러므로 가장 정답에 가까운 것은 (a)입니다.

4 A 난 너를 이 주변에서 분명히 봤어. 여기 학교에 얼마나 오래 다녔니?
   B 저는 2학년입니다.

유형 → 문맥에 맞는 어휘

Solution 학교에 얼마나 오래 다녔냐는 말은 몇 학년인가를 묻는 질문이다. 따라서 몇 학년인지를 정확하게 표현한 (b)가 답이다.

Voca trimester 3개월   senior period 상급생 기간

Answer (b) a second-year student

Joseph's focus

학년을 묻는 문제로, (d)는 in the senior period가 되면 정답으로도 가능합니다.

5 A 허리케인 카트리나는 뉴올리언즈에 엄청난 타격을 주었어, 그렇지 않니?
   B 맞아. 그 도시의 대부분을 황폐화시켰지.

유형 → 문맥에 맞는 어휘

Solution 허리케인이 도시를 파괴한 상황을 말하고 있다. 도시를 뒤죽박죽으로 만들었다는 말보다는 황폐화시켰다는 말이 더 자연스럽다.

Voca devastation 황폐   path 오솔길   take to task 힘든 일을 하다   make a hash 뒤죽박죽으로 만들다

Answer (d) laid waste

Joseph's focus

맥락에 맞는 표현을 찾아야 합니다. [such+a/an+형용사+명사 (아주 ~한)] 구문도 기억해 두도록 합니다.

6 A 밖을 보고 우산이 필요한지 확인해 줄래?
   B 괜찮아 보이는데, 지금은 구름만 꼈을 뿐이야. 하지만 좀 있다 비 올 것 같아.

유형 → 문맥에 맞는 어휘

Solution cast가 포함된 다양한 단어의 의미를 묻는 문제이다. 빈칸에 알맞은 말은 '구름 낀'의 의미인 (a)이다.

Voca overcast 구름 덮인   cast over ~을 덮다   castoff 버린   castigate 징계하다. 벌주다

Answer (a) overcast

Joseph's focus

어휘를 학습할 때 그 어휘로부터 파생되는 의미들의 학습도 중요합니다. 참고로 [Let's ~.]의 부가의문문은 [~, shall we?]입니다.

7 A 이 은행 계좌에 대해서 조금 더 자세히 말해 줄 수 있나요?
   B 글쎄요, 이율은 3년간 5퍼센트입니다.

유형 → 문맥에 맞는 어휘

Solution 빈칸 뒤의 5%가 힌트가 되고, 퍼센트와 관련된 단어는 (b) 이율뿐이다.

Voca interest 이율   mortgage 대출. 융자

Answer (b) interest

Joseph's focus

key word는 [bank account, rate, 5%, over 3 years] 입니다.

A 문장으로 보아 돈을 빌리는 게 아니라, 맡기려 한다는 것을 알 수 있으므로 예금금리의 의미를 가지는 표현을 고르면 됩니다.

8 A 오늘의 특별요리를 말씀 드릴까요?
B 괜찮으시다면 좀 있다 시키겠습니다. 저는 제 여자 친구를 기다리고 있습니다.

유형 → 문맥에 맞는 어휘 / 연어

Solution 조금 있다가 시키겠다고 했으므로 B가 다른 용무, 즉 친구를 기다린다는 표현이 가장 적합하다.

Voca mingle 섞다

Answer (b) waiting

Joseph's focus

맥락과 연어(collocation)를 혼합한 문제 유형입니다. 동사와 함께 오는 전치사나 부사는 꼭 숙지해야 합니다. 그것만으로도 정답을 찾을 수 있는 경우가 종종 있습니다. 보기 중에서 전치사 for와 주로 함께 다니는 동사는 pay와 wait이지만 문맥상 wait가 더 잘 어울립니다.

9 A 이것을 이해할 수 없어. 무슨 말인지 이해할 수 있겠니?
B 미안, 나 또한 그의 글씨를 읽을 수 없어.

유형 → 구어체 idiom

Solution 글씨를 잘 쓰지 못해서 읽지 못하는 상황이다. 서예는 정성 들여 쓴 글이므로 같은 글쓰기 필체라도 차이가 있다.

Voca make out 이해하다 penmanship 서예

Answer (b) writing

Joseph's focus

make out은 맥락에 따라서 다양한 의미를 지닙니다. 이 문제에서는 '알아보다' 혹은 '분간하다' 정도의 의미로 쓰였습니다. B가 [I can't read.]라고 말하는 것으로 보아서, 읽기 힘든 글과 관련된 단어로 writing이 들어가야 합니다.

10 A 우리는 출발 3시간 전까지 공항에 도착해야 해요.
B 그건 너무 긴 시간이에요. 2시간이면 충분할 것 같은데요.

유형 → 문맥에 맞는 어휘

Solution 비행기 출발 시간 전에 공항에 도착해 있어야 할 상황이다. 시간과 스케줄은 도착이나 출발 등을 포함하므로 답이 될 수 없다.

Voca departure 출발

Answer (d) departure

Joseph's focus

어휘 문제에서 맥락이 얼마나 중요한지를 보여주는 전형적인 문제입니다. 의미가 약간 어색하더라도 주어진 4개의 보기가 모두 문법적으로 문제없이 빈칸에 들어갈 수 있습니다. 장소가 airport라는 점과, 미리 공항에 도착해야 한다는 것을 고려하면 departure가 정답이 됩니다.

11 A 나는 그 남자를 엄청나게 많은 영화에서 봤는데, 그의 이름은 전혀 생각이 안나.
B 잠깐, 나 그 사람 이름 알아. 이런, 기억나지 않네. 하지만 입에서 맴돌아!

유형 → 구어체 idiom

Solution 남자 영화배우의 이름을 알고 있으나 생각이 나지 않는 상황이다. 이런 경우 어떤 단어나 낱말이 '입안에서 맴돈다'라는 표현을 사용한다.

Voca the nub of my thumb 엄지손가락 중심 be on the tip of my tongue 입안에서 맴돌다

Answer (c) the tip of my tongue

Joseph's focus

관용어구 문제이지만, 맥락을 잘 이해하면 [on the tip of my tongue]이라는 관용구를 몰라도 정답을 고를 수 있습니다. with all my heart(진심으로), over the head(이해되지 않는)도 참고로 알아두도록 합니다.

12 A 나 어제 외근 나갔다가 강도당했어. 믿어지니?
B 이런 동네에 있으면 그렇겠지, 하지만 그래도 신고해야 돼.

유형 → 문맥에 맞는 어휘

Solution 강도당한 사실을 신고해야 한다는 뜻이므로 report가 가장 적합하다.

Voca burgle 도둑질을 하다 announce 알리다, 방송하다 tell about ~에 대해 말하다 report 신고하다

Answer (d) report

Joseph's focus

비슷한 의미를 지닌 단어들을 상황과 맥락에 따라 적합하게 사용할 수 있는지를 알아보는 문제입니다. [discuss, talk, tell, chat, say], [kill, murder, die, assassin, suicide, slaughter], [hit, beat, strike, punch] 등도 좋은 예입니다.

13 A 전공을 정했니, 아니면 여전히 오래 망설이고 있니?
B 저는 소아과의사가 될 거예요. 저는 아이들을 사랑하거든요.

유형 → 구어체 idiom

Solution 전공의의 다양한 표현을 묻는 문제이다. B는 아이를 좋아하므로 소아과의사가 되는 것이 자연스럽다.

Voca bem and haw 오래 망설이다 pediatrician 소아과의사 cardiologist 심장병의사 pharmacologist 약학자 phrenologist 골상학자

Answer (a) pediatrician

Joseph's focus

hem and haw는 '주저하다, 말을 우물거리다, 얼버무리다, 망설이다'의 의미입니다. 전공에 따라 의사를 지칭하는 단어 [dentist, obgyn(obstetrics and gynecology: obstetrician, gynecologist), surgeon, orthopedist, neurosurgeon, psychiatrist, veterinarian] 등도 참고로 기억해 두도록 합니다.

14 A 무엇을 도와 드릴까요?
　　B 중고차 견적서를 받고 싶습니다.

유형 → 문맥에 맞는 어휘

Solution　중고차와 관련된 물건을 찾는 문제로 빈칸에 선택지를 차
　　　　례로 적용해 보면 (a) 중고차 견적서 (b) 중고차 보증 (c) 중
　　　　고차 사기 (d) 중고차 요금이 되고 이중 가장 자연스러운
　　　　것은 (a)가 된다.

Voca　estimate 견적(서)

Answer　(a) estimate

JOseph's focus

문맥에 가장 자연스러운 단어를 고르는 문제입니다. 중고차 딜
러와의 대화를 생각하면서 정답을 골라야 합니다. fee는 요금
의 의미이므로 문맥에 부자연스럽고, credit은 나중에 결제를
할 때 나올 수 있는 단어입니다. buy는 명사로 '구매'의 의미가
있으나, 여기서는 어색하며 [I'd like to buy a used car]라고
한다면 정답이 될 수도 있습니다.

15 A 이 전화를 받는 동안 잠시 실례하겠습니다.
　　B 밖에서 기다리죠.

유형 → 문맥에 맞는 어휘

Solution　상대방과 같이 있는데 전화를 받는 것은 상대방에게 실례
　　　　가 될 수 있는 행동이므로 빈칸에는 excuse(실례하다)가
　　　　들어가야 한다.

Voca　excuse (너그러이) 봐주다

Answer　(c) excuse

JOseph's focus

문맥상 가장 적절한 의미의 어휘를 찾되, 문법적으로도 맞는,
단어를 선택해야 합니다. (a)wait는 전치사 for가 필요하며 (b),
(d)는 문맥에 걸맞지 않습니다.

16 A 아이가 태어난 후에도 계속 일할거니?
　　B 정말 다행이긴 한데, 아니요. 휴가 받아요.

유형 → 구어체 idiom

Solution　아이가 태어난 후에 당분간은 일을 하지 않게 될 것이므로
　　　　'휴가를 받다 [take a leave of absence]'는 표현이 들어
　　　　가야 한다.

Voca　take a leave of absence 휴가(결근 허가)를 받다

Answer　(d) leave

JOseph's focus

관용어구 문제인데, 굳이 [take a leave of absence]를 모르
더라도, leave가 명사로서 '휴가'를 뜻하기도 한다는 것을 알면
푸는데 어렵지 않았을 것입니다.

17 A 어디로 데려다 줬으면 좋겠니?
　　B 시청 근처에 내려 줄 수 있겠어?

유형 → 구동사

Solution　A가 B에게 어디에 데려다 주면 좋겠냐고 묻자 B는 시청
　　　　근처에 자신을 내려 줄 수 있냐고 되물어보는 것이 자연스
　　　　러울 것이다. '(사람 또는 짐 등을 차에서) 내려놓다'는 뜻을
　　　　가진 구동사 표현은 drop off이다.

Voca　set up 세우다, 제공하다, 시작하다　stop in ~에 들리다,
　　　방문하다　show up 정체를 밝히다, 폭로하다, 나타나다

Answer　(b) drop me off

JOseph's focus

문법 문제에 나올 수 있는 구동사의 특징도 중요합니다. 보기에
서 보듯이, 동사와 소사(흔히 부사라고도 하는데, 문법적인 용
어에 관해서는 신경 쓰지 않기를 바람)사이에 대명사가 위치합
니다. 전치사 동사구는 [listen to me]에서처럼 대명사가 동사
와 전치사 사이에 올 수 없습니다. 문법적으로 소사 사이에 부
사가 올 수 없어서, [take off the shoes carefully]는 좀 어색
한 표현입니다. 하지만, [listen to me carefully]는 아무런 문
제가 되지 않습니다.

18 A 내일 중요한 시험이 있어서 엄청 초조해.
　　B 너무 흥분하지 마. 다 잘 될 거야.

유형 → 문맥에 맞는 어휘

Solution　A가 중요한 시험에 대해 걱정하자, B가 안심시키고 있으므
　　　　로 B의 마지막 문장은 '모든 것이 괜찮아질 거다'는 내용이
　　　　자연스럽다.

Voca　worked up (몹시)흥분한, 화가 난　turn back 시계바늘
　　　을 거꾸로 돌리다, 옛날로 돌아가다　turn out ~로 밝혀지
　　　다[판명되다]

Answer　(d) turn out

JOseph's focus

[turn out (to be) 형용사]는 '~인 것으로 밝혀지다/ 판명되다'
라는 뜻으로 많이 쓰이는 구문입니다. [don't get all worked
up]은 '너무 흥분하지 말라'는 관용적 표현이고, 문장 안에 있
는 [worked up]이 바로 'agitated, excited' 정도의 의미입니
다. [get along]은 전치사 with와 함께 '~와 잘 지내다'라는 의
미로 자주 쓰입니다.

19 A 내 회색 스웨터 봤니?
　　B 모자 달린 거? 방금 전에 소파 위에 있는 걸 봤어.

Solution 선택지에서 모자와 관련된 단어들이 있는 것으로 보아 빈칸에 들어갈 말은 '모자 달린'이 되도록 문장을 완성해야 한다는 것을 알 수 있다. 문맥상 모자가 옷에 달려 있는 경우는 'hood'가 가장 적합한 단어이다.

Voca hood 두건

Answer (c) hood

Joseph's focus

lid는 '뚜껑, 덮개'에서 출발하여 '모자'를 가볍게 지칭하는 말입니다. 'hat'은 테가 있는 모자이고, '두건, 두건 모양의 쓰개'로 옷에 달린 모자를 표현할 때는 hood를 씁니다. 참고로 cap은 야구모자처럼 '앞에 차양이 달린' 모자를 가리킵니다.

20 A 내가 은행에 가서 현금을 좀 찾아올 동안 기다려.
B 알겠지만, 그냥 현금인출기를 사용하는 것이 더 편해.

유형 → 문맥에 맞는 어휘

Solution 은행에서 '돈을 인출하다'는 동사는 withdraw이다. extract 역시 '추출하다'는 뜻이 있지만, '돈을 인출하다'는 뜻이라기보다는 '돈을 갈취하다'는 뜻이다. deduce는 '(어떤 이론이나 결론을) 끄집어내다, 추론하다'는 의미이고 money랑은 함께 쓰지 않는다.

Voca ATM (Automated-teller machine) 현금 자동 입출금기 deduce 연역하다, 추론하다 extract 빼내다, 끌어내다, 추론하다

Answer (d) withdraw

Joseph's focus

상황과 맥락에 맞는 동사를 찾는 문제입니다. 주어진 상황은 은행에서 돈을 인출하는 것입니다.

More Expressions

은행에서 자주 쓰는 표현들

deposit 예금	put in 저축하다	interest rate 이율
teller 텔러	balance 잔액	credit 신용
debit 직불	debt 채무	insurance 보험
bank account 은행 계좌	bank statement 입출금 내역서	

---

21 A 세관 신고서 작성 좀 도와주시겠어요?
B 좋아요. 500달러 이상의 반입 물품이 있나요?

유형 → 상황에 맞는 어휘

Solution 문맥상 500달러의 가치가 있는 물건을 의미하므로 (c) worth가 답으로 적절하다. 금액 ($500) 다음에는 cost, charge, price 등의 명사는 쓰지 않는다.

Voca customs declaration 세관 신고서 charge (서비스에 대해 지불하는) 요금, 대금, 비용 worth (금전상의) 가치, ~에 상당하는 양

Answer (c) worth

Joseph's focus

cost는 상품이나 서비스를 사거나, 만들거나, 사용하기 위해 소

요된 '제반 비용'이나 '경비'를 뜻하고, charge는 서비스 이용에 대한 대가로 지불하는 '요금'의 의미이므로 빈칸에 알맞지 않습니다.

22 A 네드가 왜 쇼에 안 왔는지 혹시 알아?
B 다른 약속에 대해 뭔가 말하긴 했는데.

유형 → 의미를 혼동하기 쉬운 어휘

Solution appointment와 promise를 구분하는 문제이다. appointment는 의사나 변호사 등과의 '시간 약속, 만남 약속'을 의미하고, promise는 어떤 일을 하겠다는 (맹세나 다짐 등의) 약속'을 의미한다. 문맥상 빈칸에 들어갈 약속의 의미는 다른 만남의 약속이므로, (a)가 적절하다.

Voca appointment 약속 agreement 약속, 협정, 계약 treat 대접, 접대

Answer (a) appointment

Joseph's focus

혼동하기 쉬운 유사 의미를 지닌 어휘들을 구분하는 문제입니다. 영어 어휘는 상황에 따라서 미묘한 의미 차이를 나타내는 경우가 많습니다. 고급 단계로 갈수록 이런 문제가 까다롭습니다. 예를 들어 '죽다'의 의미로 [die, pass away, bite the dust, drop dead, depart this life, breathe one's last breath, perish] 등이 상황과 맥락에 따라서 다양하게 쓰입니다. [appointment, promise, agreement]도 '두 사람 혹은 그 이상의 사람들이 무엇인가에 대해 합의하는 행위'에 관한 의미를 공유하지만 상황에 따라서 쓰이는 바가 다르다는 것을 명심해야 합니다.

23 A 필리핀까지의 항공권 요금이 얼마입니까?
B 최저 300달러부터 있습니다.

유형 → 상황에 맞는 어휘

Solution 문맥상 빈칸은 가격이나 요금의 뜻을 가진 명사가 알맞다. 선택지 중 '요금'의 의미로 쓰일 수 있는 단어는 rate밖에 없다.

Voca amount 총액 account 설명, 거래, 예금(액), 계좌 rate 비율, 요금, 운임

Answer (d) rate

Joseph's focus

rate는 주로 단위당 매겨지는 요금을 칭하며, 우편, 화물, 전화, 수도요금 등과 같은 공공요금처럼 표준 요율에 따라 고정되어 부과되는 요금 등을 의미합니다. 요금을 뜻하는 charge, fee, fare 등의 정확한 의미와 적합한 상황을 알아두도록 합니다.

24 A 이 호텔의 수용 규모가 어떻게 되나요?
B 한번에 500분 정도만 수용할 수 있습니다.

유형 → 문맥에 맞는 어휘

Solution A의 occupancy는 '(호텔, 비행기 등의) 수용 능력'을 뜻하므로, B의 빈칸에는 '수용하다, 숙박시키다'는 의미를 가진 accommodate가 가장 알맞다.

Voca occupancy 점유율, 수용 능력, 보유(기간) **station** 배치하다, 주재시키다 **incorporate** 통합하다, 결합하다 **accommodate** 수용하다, 편의를 도모[제공]하다

Answer (d) accommodate

Joseph's focus

accommodate와 유사한 의미를 지닌 동사로는 [house, board, lodge, provide shelter for] 등이 있습니다.

25-1 A 킹 교수가 도시 지역에 있는 폐기물 처리장의 매립에 관한 자신의 연구에 대해 설명을 했습니까?
　　 B 간단히 언급하긴 했는데, 자세한 내용을 들을 만한 시간은 없었어요.

유형 → 구동사

Solution '~관해서 간단히 언급하다'는 뜻을 가진 구동사 [touch on]을 물어보는 문제이다. 문자 그대로 어떤 주제를 살짝 건드린다는 데에서, '간단히 언급하다'는 뜻이 파생된 것으로 이해해도 좋다.

Voca reclamation 개간, 매립 **brood over** 곰곰이 생각하다 **keep up with** ~를 따라잡다 **pick at** 잔소리하다, 흠을 잡다

Answer (a) touched on

Joseph's focus

숙어처럼 쓰이는 구동사들은 외워 놓지 않으면 정답을 찾기가 까다로운 경우가 많습니다. 이 문제에서는 B가 자세한 내용을 들을 시간이 충분하지 않았다고 했으므로, A가 말한 주제에 대해서 King 교수가 간단히 언급했음을 짐작할 수 있습니다.

25-2 A 난 에밀리의 행동에 충격을 받았어. 난 항상 걔가 아주 침착하고 예의 바른 사람이라고 생각했거든.
　　 B 그녀는 요즘 그녀답지 않아. 무슨 일이 엄습했는지 모르겠어.

유형 → 구동사

Solution 평소와 아주 다른 에밀리를 보고 나올 수 있는 말을 유추해 본다.

Voca attitude 태도 **let out** 끝나다 **come over** 엄습하다

Answer (c) come over

Joseph's focus

문제에서는 평소에 조용하고 예의 바른 에밀리가 그녀답지 않은 행동을 보인 것에 대해 이야기하고 있습니다. B가 [She hasn't been herself.]라고 말한 것은 그녀가 몸이나 기분이 좋지 않아 평소와 다르다는 의미를 내포하고 있습니다. 그러므로 그녀가 좋지 않은 기분이 든 이유를 모른다는 의미가 적절하므로 come over가 정답이 됩니다.

Part II (26~50)

26 문제의 진실은 경제난 때문에 인력을 감축하지 않을 수 없을 거라는 점이다.

유형 → 문맥에 맞는 어휘

Solution 문장 끝의 economic woe는 '경제난'이라는 의미이고, 경제난으로 회사에서 일하는 인력은 감축될 수밖에 없는 게 사실이다.

Voca woe 재난 **downsize** (인력, 규모 따위를) 축소하다, 감축하다.

Answer (a) downsize

Joseph's focus

문맥을 파악할 수 있는 key phrase는 difficult truth, be forced to, economic woes입니다. 문장 전체가 부정적인 암시를 하고 있는데, 주어진 선택지 중에서 불안정한 경제상황과 관련되면서 부정적인 뉘앙스를 띠는 단어를 찾아야 합니다.

27 네가 지난달 나에게 준 나침반은 나의 배낭여행 기간에 쓸모가 있었다.

유형 → 구어체 idiom

Solution '쓸모가 있다'는 뜻의 관용표현을 찾는 문제로 come in handy가 적절하다.

Voca come in handy (여러 가지로) 편리하다, 쓸모가 있다

Answer (c) handy

Joseph's focus

논란의 여지가 있는 문제입니다. come in useful과 come in handy는 같은 의미의 관용어구인데, 다만 'come in handy'의 사용 빈도가 'come in useful'보다 더 많습니다. 따라서 둘 중에 하나를 골라야 한다면 'handy'를 선택하는 것이 바람직합니다.

28 킴은 출산에 관한 수업을 수강해 왔다. 그래서 진통이 오더라도 잘 대처할 것이다.

유형 → 구어체 idiom

Solution 진통이 오더라도 잘 대처할 것이라는 문맥으로, 빈칸에는 (go into) labor가 적절하다.

Voca giving birth 출산 **go into labor** 진통을 일으키다

Answer (d) labor

Joseph's focus

[go into labor]의 뜻을 모르면 agony를 고르기 쉬운 문제입니다. 하지만, 문맥이 출산과 관련되므로 [go into labor]라는 표현이 적절함을 알 수 있습니다. [deliver, give birth to a child, bring forth a baby, have a baby, colic, have morning sickness] 등과 같이 출산과 관련된 표현도 함께 알아둡니다.

29 그가 왜 그렇게 느꼈을지 이해하기 위해서, 네가 그의 입장이 되어보라.

유형 → 구어체 idiom

Solution 그가 왜 그렇게 느꼈을지 이해하기 위해서는 '서로 입

장을 바꿔' 생각해 보는 게 필요하므로 [put oneself in someone's shoes (~의 입장이 되어보다)]는 관용표현이 적절하다.

Voca put oneself in someone's shoes ~의 입장이 되어 보다

Answer (d) shoes

Joseph's focus

shoes 대신에 place나 position을 써도 같은 의미입니다.

More Expressions

shoes가 들어가는 관용어구

tie one's shoes 행동을 바로 하다. 정신을 차리게 해 주다

fill someone's shoes ~의 후임이 되다, ~를 대신하다

shake in one's shoes 두려워서 와들와들 떨다

over shoes over boots 기왕에 내친 일이면 끝까지

break in new shoes 새 구두를 길들이다

30 선생님은 학생들이 나쁜 짓을 할 경우에 대비하여 학생들에게 눈을 떼지 않을 것이다.

유형 → 구어체 idiom

Solution 학생들이 나쁜 행동을 할 경우에 대비하여 선생님들은 학생에게서 '눈을 떼지 않을 것이다'. [keep an eye on]은 '~에게서 눈을 떼지 않는다'는 관용표현으로 '주의를 기울이다'로 해석할 수도 있다.

Voca keep an eye on ~에게서 눈을 떼지 않다

Answer (a) eye

Joseph's focus

eye는 단수로 쓰인다는 것을 주의합니다.

More Expressions

eye가 들어가는 관용구

in the[a] twinkling of an eye 눈 깜짝할 사이에

lose one's eyes 시력을 잃다

roll one's eyes 눈을 굴리다

have sharp[weak] eyes 시력이 예민하다[약하다]

lose (the sight of) one/an eye 한쪽 눈이 멀다

have the eye of a painter 화가의 안목을 가지다

His eyes are bigger than his belly.
다 먹지도 못하면서 식탐을 내다.

31 이 논문은 읽기에 너무 어렵다. 그것은 애매한 인용문과 복잡한 그래프들로 너무 가득 차 있어 나는 이해할 수 없다.

유형 → 구어체 idiom

Solution [make heads or tails (이해하다)]라는 관용표현을 묻는 문제임을 알 수 있다.

Voca obscure 모호한 make heads or tails 이해하다

Answer (b) heads or tails

Joseph's focus

평소 신체와 관련 관용 어구들의 의미도 알아두도록 합니다.

More Expressions

신체와 관련된 관용어구

shoulder to shoulder 어깨를 나란히 하고, 협력하여
work **shoulder to shoulder** 서로 협력하여 일하다

head to head 접전의, 대접전의, 직접 대결의
head-to-head competition 직접적인 맞대결

cost an arm and a leg 엄청난 금액이 들게 하다

32 헨리는 늘 직장 생활을 하지만 빚 안지고 살 수 없는 것 같다. 그는 돈 관리 하는 센스가 없다.

유형 → 구어체 idiom

Solution '수입과 지출의 균형이 맞다'는 표현은 [make ends meet]가 적절하다.

Voca make (both) ends meet 수입과 지출의 균형을 맞추다, 빚 안지고 살다 manage 이용하다, 처리하다

Answer (b) meet

Joseph's focus

make ends meet은 '근근이 벌어먹고 살다'라는 의미도 갖고 있으므로 뜻에 주의합니다.

More Expressions

sense가 들어가는 관용어구

display sense 판단력을 보이다

have common sense 상식이 있다

have more sense than to do
~할 만큼 분별없는 사람은 아니다

have the sense to do ~할 만한 정도의 지각이 있다

have got enough sense to come in from the rain
비를 피할 만한 분별은 있다 (즉, 보통 사람과 같은 지혜는 있다)

33 A 어젯밤에 무슨 일 있었니?
B 아버지께서 내가 차를 망가뜨린 걸 보시고는 엄청 화를 내셨어.

유형 → 구어체 idiom

Solution B가 차를 망가뜨린 걸 보고 나서 B의 아버지가 보였을 반응은 화를 내는 것일 것이다. 선택지 중 '엄청 화를 내다'의 뜻을 가진 표현은 blow up이다.

Voca blow up 화내다, 폭발하다 throw up 토하다 (=vomit), 배출하다 take away ~을 제거하다 give in 굴복하다

Answer (c) blew up

Joseph's focus

문맥에 맞는 어구를 선택지에서 찾아보는 것은 물론 선택지의 표현들도 숙지해 둡니다.

34 A 중앙아메리카에 가기 전에 스페인어 공부를 다시 하는 게 좋을 거야.
B 맞아. 실은 지금 스페인어로 된 책을 읽고 있어.

유형 → 구동사

Solution '~ 공부를 다시 하다'거나 '갈고 닦아 연마하다'는 뜻의 구

동사 표현 brush up을 물어 보는 문제이다.

 at the moment 지금   **turn over** 뒤집다   **give up**
포기하다   **brush up** 공부를 다시하다, (실력 따위를) 갈고
닦다   **put off** 연기하다

 (c) brush up

Joseph's focus

brush가 들어가는 다음과 같은 표현들도 중요하니 기억하도
록 합니다. 참고로 문장의 'You better.'는 'You had better.'
를 줄여 쓴 말이라는 것도 숙지해야 합니다.

More Expressions

brush가 들어가는 숙어

give one's hair a brush 머리를 솔질하다

have a brush with the law 법률에 저촉되다

give a person the brush ~를 퇴짜 놓다

the brush of Turner 터너의 화풍

---

35 A 기다리다 지쳤어. 언제쯤 집에 도착할까?
　　 B 이 속도대로만 가면 한 시간 안에 도착할 거야.

유형 → 구동사

 문맥상 '(속도를) 유지하다'는 의미가 빈칸에 알맞다. pace
를 목적어로 취할 수 있는 구동사가 적절하다.

 stand out 튀어나오다, 눈에 띄다, 두드러지다   **let on** (비
밀 따위를) 누설하다   **back up** 지지하다

 (d) keep up

Joseph's focus

부사 up은 다양한 동사들과 짝지어져 다양한 의미를 표현할
수 있습니다. 텝스에 자주 나오는 편이므로 따로 알아 두도록
합니다.

More Expressions

부사 up

be (well) up ~에 정통하다 (in, on)
My brother **is (well) up in** English literature.

catch up 따라잡다

follow up a person ~의 뒤를 쫓다

blaze up, fire up 발끈 화를 내다

turn up 나타나다

lie up (앓아) 누워 있다

come up with ~을 생산하다 (=produce), 제안하다

draw up, pull up (차가) 서다, (차 등을) 세우다

---

36 그를 집에 오게 하려거든 귀중품들을 잘 간수하는 게 좋을 거야.
　　 아무래도 도둑인 것 같아.

유형 → 품사에 따른 의미 변화

 두 번째 문장에서 그를 도둑으로 의심하고 있으므로, 귀중
품을 잘 간수하라는 충고를 하는 것이 가장 자연스럽다.

 valuables 귀중품   **come over** 누구의 집에 들르다

---

wait on ~를 시중들다, 돌보다   give over 양도하다, 넘
겨주다   lock up 문단속을 하다   give away 증여하다,
물려주다, (기회를)놓치다, (비밀을) 누설하다

 (c) lock up

Joseph's focus

선택지의 동사구들도 중요하므로 의미를 알아두도록 하고 아울
러 valuable은 형용사이지만 valuables는 명사로 '귀중품'이
라는 뜻을 가지고 있다는 것도 숙지해야 합니다.

---

37 베니치오는 연설을 하기 위해 일어나서, 체 게바라에게 잊지 않
　　 고 경의를 표했는데, 그의 삶이 그의 영화에 영감을 주었기 때문
　　 이다.

유형 → 문맥에 맞는 어휘

 의미적으로 명사 tribute와 어울리는 동사는 pay밖에 없
다. '~에게 경의를 표하다'는 숙어 표현 pay tribute to가
적절하다.

 inspire 영감을 주다

 (b) pay

Joseph's focus

문맥에 맞게 의미적으로 따져 문장에 들어갈 적절한 단어를 찾
도록 합니다.

More Expressions

pay가 사용되는 관용어구

pay a visit to ~ ~을 방문하다, ~에 가보다

pay a person respect ~에게 경의를 표하다

pay the penalty for a crime 죄를 지어 벌 받다

Honesty pays 정직해서 손해 볼 건 없다

pay attention to ~ ~에 주의를 기울이다

---

38 그 상자는 대략 가로 10인치, 세로 6인치, 높이 12인치입니다.

유형 → 혼동하기 쉬운 어휘

 measure가 타동사일 경우는 '~을 재다, 측정하다'는 뜻을
갖지만, 수치를 나타내는 보어를 수반하는 경우에는 '(길이,
크기, 부피, 넓이 등이) ~이다'로 해석된다.

 calculate 셈하다; 계산하다   **feature** ~의 특징이 되다,
~을 주요 특징으로 하다, (배우를) 주연시키다

 (d) measures

Joseph's focus

많은 동사들이 상황에 따라서 자동사 또는 타동사로 문장에 나
타납니다. 다만, amount는 타동사로 쓰이는 경우는 없고 전치
사 to와 함께 써야 하며, '(수, 액수, 양이) ~에 달하다'는 뜻이므
로 적절하지 않습니다. measure와 유사한 방식으로 활용되는
동사로는 weigh가 있는데, 아래 예문을 잘 봐두도록 합니다. (1)
의 weigh는 타동사로 '무게를 단다'는 의미이고, (2)의 weigh
는 자동사로 얼마만큼의 '무게가 나가다'는 뜻입니다.

(1) He weighs potatoes. 그는 감자의 무게를 단다. (타동사)

(2) He weighs 60kg. 그는 60킬로그램의 무게가 나간다.
(자동사)

39 북미에서 가장 큰 대학인 UNAM(멕시코 국립 자율대학)은 1800년대에 설립되었다.

유형 → 문맥에 맞는 어휘

Solution 대학은 설립되는 것이므로, founded가 알맞다.

Voca **found** 설립하다 **operate** 운영[운전, 조작]하다

Answer (b) founded

Joseph's focus

found는 동사의 형태 때문에 텝스에 종종 등장합니다. find-found-found(알아내다)로 활용되는 경우와 found-founded-founded(세우다, 설립하다)로 활용되는 동사는 전혀 다른 동사라는 것을 잊어서는 안 됩니다.

40 생존자들의 뗏목은 그들이 구조되었을 때 며칠간 표류했다.

유형 → 서술형용사

Solution 생존자들이 발견되었을 때 그들은 며칠째 뗏목을 타고 '표류했다'고 하는 것이 어울리므로 빈칸에 들어갈 단어는 'adrift'가 된다.

Voca **raft** 뗏목 **ashore** 해안으로 **adrift** 표류하는, 방황하는 **aloft** 위로 높이, 하늘 높이

Answer (c) adrift

Joseph's focus

afoot, adrift, aloft, ashore는 서술형용사로 쓰입니다. 서술형용사는 한정형용사와 달리 명사를 수식할 수 없습니다. 서술형용사라고 알려진 형용사에 대해서도 꼭 알아둡니다. 서술형용사로 awake, alive, alike, alone, aware, asleep, afraid, ashamed 등이 대표적입니다.

41 연구자들은 예상되는 패턴에서 벗어나는 전염병의 사례들을 조사하고 있다.

유형 → 문맥에 맞는 어휘

Solution 연구자들이 예상되는 패턴에서 '벗어나는' 사례들을 조사하지, 예상되는 패턴에서 분리되거나 전환되는 사례를 조사한다면 문장이 자연스럽지 못하다.

Voca **infectious** 전염되는(=contagious) **deluge** 대홍수 **divert** 전환하다 **deviate** (방향·원칙 등에서) 벗나가다, 일달하다

Answer (d) deviate

Joseph's focus

각종 시험에서 자주 출제되는 전형적인 어휘 문제입니다. 모양이 유사한 단어들의 의미를 구분해 내는 문제인데, 일단 문장을 읽으면서 뉘앙스를 느끼도록 노력해야 합니다. 이 문장에서는 expected patterns와 잘 어울리는 동사를 찾는 것이 핵심입니다.

42 여성들을 위한 조건의 개선을 지지하고 믿는 사람들은 남성 우월주의를 해결해야 한다.

유형 → 문맥에 맞는 어휘

Solution '남성 우월주의'라는 단어를 찾는 문제이다.

Voca **male chauvinism** 남성우월주의 **address** (어려운 문제 등을) 다루다, 처리하다

Answer (c) chauvinism

Joseph's focus

문맥을 이해하지 못하면 정답을 고르기 힘들 수 있는 문제입니다. key phrase는 improving conditions of women입니다. 여성들을 위한 조건들을 개선하는 데에 걸림돌이 되는 것을 생각해 보면 답을 짐작할 수 있습니다. determinism(결정론), alcoholism(알코올 중독) 등도 함께 알아 두도록 합니다.

43 몇몇 대형 레코드 회사들은 그 대학이 음악 파일 공유를 허가한 데 대하여 공식적으로 항의를 제기했다.

유형 → 구어체 idiom

Solution 빈칸 뒤의 a complaint와 어울리는 단어를 찾는 문제로 '항의를 제기하다'는 표현을 고르면 된다.

Voca **official** 공식적인 **file a complaint** 항의를 제기하다

Answer (a) filed

Joseph's focus

'항의를 제기하다'와 유사한 의미로 bring a complaint, make a complaint against(~을 고소하다), present a petition to(~에게 탄원하다) 등도 함께 알아둡니다. 아울러 file이 사용된 표현으로, file a suit/charge (고소하다), file a protest against (~에 이의를 제기하다) 등이 있습니다.

44 불만이 있으면 자신이 옳다고 생각하는 입장을 취하라. 침묵 속에서 괴로워하지 마라.

유형 → 문맥에 맞는 어휘

Solution 마음에 들지 않는 것을 가지고 '냉가슴 앓지 말라'는 의미로 적절한 표현을 찾는다.

Voca **in silence** 말없이, 조용히 **suffer in silence** 냉가슴 앓다

Answer (a) silence

Joseph's focus

문맥에 맞으면서 전치사 in과 짝을 이루는 단어를 찾는 것이 중요합니다. pass into silence(잊혀 버리다), in peak season (최고로 바쁜 때에), at peak performance (최상의 성능으로)도 함께 알아둡니다.

45 A 저 사람이 정말 메리니? 10년은 젊어 보인다.
B 나도 알아. 사실, 그녀는 최근에 주름 제거 수술을 받았어.

유형 → 문맥에 맞는 어휘

Solution 여자가 10년은 젊어 보이므로 최근에 주름 제거 수술을 받

은 것으로 추측할 수 있다. face-lift는 '안면 성형'이라고 해석되지만 성형외과에서 face-lift는 얼굴을 들어 올리는 즉, '얼굴의 주름들을 잡아당겨 주름을 제거하는 수술'을 가리키는 용어로 사용한다.

 apparently 분명히 **C-section** 제왕절개(=Caesarean) **jackpot** 거액의 상금, 대박 **face-lift** 안면 성형. 얼굴의 주름을 없애는 성형 시술법 **pink slip** 해고 통지서

Answer (c) face-lifts

Joseph's focus

성형수술은 독해에도 자주 나오는 주제입니다. 주요 관련 표현들을 평소 알아두도록 합니다.

More Expressions

미용 수술과 관련된 표현

have a face lift 얼굴의 주름을 없애다, 미용 수술을 받다

plastic surgery, cosmetic surgery, plastic operation 성형수술

have plastic[cosmetic] surgery, get one's face done, get work done 성형수술을 받다

46 A 너는 서울에 있는 놀이공원에 가본 적 있니?
B 그래, 한 번 가봤어. 롤러코스터는 재미있었지만 좀 너무 붐볐어.

유형 → 문맥에 맞는 어휘

Solution B의 대답에서 roller-coster라는 말이 나오는 것으로 보아 빈칸에 들어갈 말이 '놀이 공원'이라는 것을 알 수 있다.

Voca **amusement park** 놀이공원

Answer (b) amusement

Joseph's focus

park가 들어가는 theme park (테마공원), industrial park (공업단지), national park (국립공원), baseball park (야구장), oyster park (굴 양식장) 등도 꼭 알아둡니다.

47 빈센트 반 고흐는 살아있는 동안, 큰 상업적 성공을 거두지 못했다. 그럼에도 불구하고 그의 사후에 스타덤에 올랐다.

유형 → 문맥에 맞는 어휘

Solution 도치 문장으로, 빈센트 반 고흐에 대한 글이다. 빈센트 반 고흐가 살아있을 때는 상업적 성공을 거두지는 못했지만 그럼에도 불구하고 '사후에는' 널리 알려진 상황을 설명하고 있다. '살아있는 동안'과 대치되는 단어를 찾는다.

Voca **commercial** 상업적인 **steadfast** 확고부동한 **superficial** 표면상의 **lifelong** 평생의 **posthumous** 사후의

Answer (d) posthumous

Joseph's focus

despite, in spite of, regardless of, irrespective of 등과 같은 어구들은 텝스 시험의 모든 영역에서 항상 정답에 대한 근거를 제시한다는 것을 명심합니다. 특히 전치사 despite는 전

치사 of를 동반하지 않는다는 것도 중요합니다.

48 영국과 프랑스는 백년 전쟁 내내 서로 적이었다. 두 나라는 유럽의 지배뿐만 아니라, 아메리카의 식민지를 둘러싸고도 싸웠다.

유형 → 문맥에 맞는 어휘

Solution 영국과 프랑스의 관계가 서로 좋지 않은 이유를 백년 전쟁과, 유럽 지배 및 아메리카의 식민지를 둘러싼 전쟁으로 설명하는 글이다.

Voca **foe** 적 **mutual** 서로의, 상호의

Answer (a) mutual

Joseph's focus

문맥상 역사적으로 두 나라가 많은 전쟁을 치렀다는 것을 쉽게 알 수 있습니다. 이런 맥락에서 foe와 자연스럽게 어울리는 형용사를 찾는 문제입니다. untimely(때 아닌, 철이 아닌, 불시의), potential(잠재하는, 잠재 세력의)은 문맥에 전혀 어울리지 않습니다. mutual이 들어간 표현(mutual respect 상호 존경, mutual distrust 상호 불신, mutual friend 공통의 친구들)도 함께 알아둡니다.

49 제럴드 두셋은 구두쇠로 평판이 자자했지만, 사실 우리 마을 도서관의 아낌없는 후원자이다.

유형 → 문맥에 맞는 어휘

Solution 구두쇠로 평판이 나 있지만, 사실 제럴드 두셋이 마을 도서관을 '아주 많이(아낌없는)' 지원하고 있는 상황을 묘사하는 단어를 찾는다.

Voca **garner** 축적하다 **reputation** 평판 **miser** 구두쇠 **meager** 빈약한, 결핍된 **outrageous** 난폭한 **stimulating** 자극적인 **liberal** 아낌없는

Answer (d) liberal

Joseph's focus

문장에서 단어 하나가 답을 결정하는 경우입니다. miser라는 단어의 뜻을 알면 쉽게 정답을 찾을 수 있습니다. although, though, however, even if, even though, in fact, actually와 같은 부사절(구)들은 언제나 중요한 정보를 담고 있다는 것도 명심해야 합니다.

50-1 대부분의 대도시에는 도심에 대중 집회와 대규모 행사에 알맞은 공간이 있다.

유형 → 철자가 유사한 단어

Solution 빈칸의 앞뒤 단어만으로도 쉽게 풀 수 있는 문제이다. 도심에 대중이 모이는데 '～한' 공간이므로 빈칸에 들어갈 말로는 '알맞은, 적당한'임을 알 수 있다.

Voca **metropolis** 주요 도시 **cogent** 설득력 있는 **congenial** (작업 · 환경 등이) 알맞은 **conscious** 의식하는 **conducive** (～에게) 도움이 되는

Answer (b) congenial

Joseph's focus

역시 철자가 유사한 단어들의 의미를 구분해 내는 문제입니다. 문장 구조상 명사인 areas를 뒤에서 수식해 주는 형용사(구)가 필요합니다. 빈칸 뒤에 이어지는 전치사 to와 public gatherings, big events로 미루어 보았을 때, conscious는 의미상 어울리지 않고 주로 전치사 of와 함께 씁니다. 의미상 congenial이 conducive보다 문장에 더 적합합니다.

50-2 점점 많은 결혼한 부부들이 전통적인 성 역할이 21세기 생활의 현실을 다루지 못한다는 것을 발견하고 있다.

유형 → 문맥에 맞은 어휘

| Solution | conventional은 '전통적인, 틀에 박힌'의 의미다. |

| Voca | **address** 대처하다(=deal with) |

| Answer | (d) conventional |

Joseph's focus

여기서 말하는 conventional은 '사회적 통념으로 받아 들여지는, 관습적으로 행해지는'의 뜻입니다. 또한 냉동식품의 포장에 설명된 조리법을 보면 전자레인지를 이용할 때와 오븐을 사용할 때의 각각 다른 조리법이 표시된 경우를 볼 수 있는데, 이때 '일반 오븐'이라는 의미로 conventional oven이라고 쓰인 것을 볼 수 있습니다. 이외에도, 어떤 사람이 conventional하다고 하면 관습에 의문을 제기하지 않고 따르는 '전통적인 경향을 지녔다'는 의미입니다. conventional weapons라고 하면 '(핵무기를 포함하지 않는 총, 폭탄 등의) 재래식 무기'를 가리킵니다.

Reading Comprehension

Part I (1~16)

1 의학 전문가들은 소아비만 발생률의 증가에 대해 점점 큰 목소리로 우려를 표명하고 있고, 오늘날 청소년들의 늘 앉아만 있는 습관을 비판했다. 그 로비 단체의 중요 관심사 중에는 활동 부족에서 오는 위험뿐만 아니라 전자기파에 장시간 노출됨으로써 야기되는 안과 질환에 걸릴 위험이 심각하게 높은 상황에 직면해 있는 게이머들이 있다.

(a) 라디오
(b) 영화
(c) 전자기의
(d) 댄스머신(DDR)

유형 → 대의 파악

| Solution | 장시간 모니터 앞에 앉아서 게임을 하면 전자기파에 장시간 노출이 되어 눈 질환에 걸리는 것으로 유추가 가능하다. |

| Voca | **incidence** (사건 · 영향의) 발생, 발생률, 빈도, 발병률 **obesity** 비만 **sedentary** 앉아 있는, 앉아 일하는 **lobby** (정치적) 압력 단체 **disorder** 장애, (가벼운) 병 (=disease) **prolong** 연장시키다 **radiation** 방사, 복사 |

| Answer | (c) electromagnetic |

Joseph's focus

컴퓨터에 앉아서 장시간 일하는 사람들이 눈 질환에 걸릴 위험이 상당히 높은 이유를 생각해 보면 쉽게 답을 찾을 수 있습니다. 또한 빈칸 다음에 이어지는 radiation과도 자연스럽게 어울리는 단어를 찾아야 합니다.

2 영어에는 매일 사용되는 표현이나 관용어구들이 많다. 관용 어구는 문자 그대로 풀이할 수 없는 속담이나 표현이라서, 비원어민들이 배워서 문맥에 맞게 사용하기가 매우 어렵다. 비가 아주 많이 온다는 의미의 표현인, "비가 고양이와 개처럼 온다"가 그 한 예이다. 일이 서툴거나 아주 어설프다는 뜻의 "나는 모두 엄지손가락이다."라는 표현도 있다.

(a) 나는 모두 엄지손가락이다
(b) 역사는 반복 된다
(c) 고양이가 내 혀를 물었다
(d) 큰 오크나무도 제대로 몇 번만 찍으면 넘어 간다

유형 → 글의 흐름 완성

| Solution | 어휘 자체의 뜻만으로 이해할 수 없는 이디엄에 관한 내용이다. 빈칸에 들어갈 이디엄에 해당하는 '능숙하지 못하고 어설픈'이란 의미를 가진 것은 (a)의 all thumbs이다. 이디엄은 글자 그대로의 의미를 전달하지 않으므로 속에 담긴 뜻을 이해하는 정도로 학습한다. (b)는 '역사는 반복 된다', (c)는 '할 말이 없다', (d)는 '열 번 찍어 안 넘어가는 나무 없다'의 뜻이다. |

| Voca | **translate** 번역하다 **context** 문맥 **clumsy** 어색한, 서투른 **poorly** 서툴게 **coordinate** 동등한, 동격의 |

| Answer | (a) I'm all thumbs |

Joseph's focus

대부분 빈칸 채우기 유형의 문제는 빈칸 앞뒤에서 정답의 근거를 제시해 주므로 앞뒤 내용만 잘 이해하고 있으면 쉽게 풀 수 있습니다. 그러나 일상생활에서 사용되는 관용 어구에 관한 글인 경우는 이런 방법이 통하지 않습니다. 오히려 평소 속담을 많이 알고 있다면 쉽게 맞출 수 있는 문제가 됩니다. 평소에 중요 빈출 이디엄들을 정리해 두어야 시험에서 당황하지 않고 대처할 수 있습니다.

3 모든 사람들이 웃기를 좋아하지만 유머에는 많은 종류들이 있다. 코미디의 주인공이 계단에서 곤두박질을 치고 일어나 바나나 껍질에 미끄러질 때 킥킥거리지 않는 것이 어렵다는 걸 아는가? 그렇다면 당신은 아마도 신체적 유머를 좋아하는 사람일 것인데 신체적 유머란 유머의 절정이 움직임과 긴밀한 관련이 있다. 가장 흔하고 인기 있는 형태의 코미디 중 하나는 관찰을 통한 것이다. 많은 스탠드업 코미디언들은 이러한 장르의 대가들로 그들은 단지 일상생활에 관한 재치 있는 말을 던짐으로써 관객들을 웃게 만든다. 반면에 풍자 유머는 변화를 일으키기 위해서 인간의 약한 면을 노출시키고 조롱함으로써 웃음을 자아내게 한다.

(a) 사실
(b) 결과적으로
(c) 즉
(d) 반면에

Solution 유머의 종류에 대해 설명하고 있다. 일상생활에서의 관찰에 근거한 재치 있는 말로 웃음을 자아내는 유머와 풍자를 대조시키고 있다.

Voca chuckle 킥킥거리고 웃다 slip 미끄러지다 peel 껍질 punch line 농담에서 웃음을 유도하는 결정적인 부분 observational 관찰에 의한 master 정통한 사람 witty 재치 있는 expose 노출시키다 ridicule 조롱하다; 조롱 bring about 초래하다

Answer (d) On the other hand

Joseph's focus

유머에는 여러 가지 종류들이 있습니다. 위 글에서 예를 든 것처럼 바나나 껍질에 미끄러지는 것과 같은 physical humor는 slapstick이라고 합니다. slapstick은 과장된 몸짓과 상황으로 웃음을 자아내는 코미디의 한 형태입니다. 또한 가장 흔하고 인기 있는 형태의 humor인 observational humor란 일상생활에서 누구나 한 번쯤 경험해 봄직한 상황을 재치 있는 말로 표현함으로써 웃음을 자아내는 코미디의 형태입니다. 이 형태의 유머가 가장 인기 있는 이유는 모든 사람이 공감할 수 있고 인위적이지 않다는 점입니다. 반면에 satire는 대상의 약점을 간접적으로 폭로하고 빈정거리는 형태의 유머입니다. 여러 가지 유머의 종류를 소개하고 있는데 빈칸 앞부분에서는 일상생활의 관찰에 근거한 유머를 소개하고 있으며 뒷부분에서는 풍자 유머를 소개하고 있으므로 대상의 전환을 나타내는 연결어 (d)가 가장 적절합니다.

4 학습장애를 겪고 있는 많은 사람들의 문제는 자신들의 감정을 쉽게 말로 표현할 능력이 없다는 것이다. 그래서 그들은 행동으로 자신들을 표현해야 할지도 모른다. 행동이나 기분상의 갑작스런 변화나 그들이 이전에는 할 수 있었던 일들을 하지 못하는 것은 그들이 우울증을 나타내는 중요한 신호일 수도 있다. 이러한 행동상의 변화들은 종종 단지 일시적인 현상으로 잘못 여겨지고, 따라서 적절한 도움이 주어지지 않을 수도 있다. 불행하게도, 학습 장애를 가진 사람들도 감정을 가지고 있다는 사실은 너무 쉽게 잊힌다.

(a) 불행하게도
(b) 그렇지 않으면
(c) 바라건대
(d) 그럼에도 불구하고

Solution 학습장애가 있는 사람들은 말로 감정을 표현할 수 없기 때문에, 그들의 행동을 대수롭지 않게 넘겨서는 안 된다는 요지의 글이다. 빈칸 앞부분에서는 학습장애가 있는 사람들에 대한 잘못된 인식을 설명하고 있고, 빈칸은 그 이유를 설명하는 부분인데, 빈칸 뒤에 학습장애를 가진 사람들도 감정을 가지고 있다는 사실을 망각하기가 쉽다는 내용이 이어지고 있으므로 안타까움을 표현하는 (a) Unfortunately가 빈칸에 가장 적절하다

Voca learning disability 학습장애 depression 우울증 mistakenly 실수로, 잘못하여 view A as B A를 B로 여기다 phase 양상, 현상

Answer (a) Unfortunately

Joseph's focus

적절한 문장부사를 찾는 문제입니다. 문장부사는 앞 문장과 뒷 문장을 자연스럽게 연결할 수 있어야 하고, 때로는 화제를 전환할 때 사용이 되기도 합니다. 따라서 이런 문제를 풀 때에는 문장 부사의 전후에 어떤 내용이 언급되고, 어떤 흐름이 이어지는지를 잘 살펴야 정답을 찾을 수 있습니다. 마지막 문장이 too로 끝나고 있는 것으로 보아, 앞의 문장과 내용이 비슷한 것을 덧붙이는 게 좋겠습니다. 그런 면에서 보면, Unfortunately가 논리적 흐름상 가장 자연스럽습니다.

5 외국어를 배우는 데 있어, 학습자의 학습 의지와 성공률은 역동적인 관계가 있는 것처럼 보인다. 목표 달성을 진정으로 원하는 사람은 더 열심히 공부하게 된다. 하지만 실력이 향상되고 있다는 믿음은 자신감을 유지하는데 도움이 된다.

(a) 특별한
(b) 결정적인
(c) 역동적인
(d) 칭찬하는

Solution 빈칸 바로 다음 문장에서 성취욕이 강한 사람은 더욱 열심히 배우게 되며, 실력이 나아지고 있다는 생각은 자신감을 유지하는 데 도움을 준다고 나와 있으므로 학습의지와 성공률은 서로 영향을 미치는 역동적(dynamic)인 관계에 있다고 볼 수 있다.

Voca confidence 자신감

Answer (c) dynamic

Joseph's focus

외국어를 배우는데 있어 학습의지와 성공률의 관계가 어떤 관계인지를 빈칸 뒤의 내용을 근거로 넣어 줘야 하는 문제로, 주제문을 완성하는 유형의 문제입니다. 지문의 전체적인 분위기를 살펴보도록 합니다. [truly excited, the belief ~]와 같은 표현들은 필자의 주관적인 의견이 들어가 있는 것처럼 보이게 합니다. 지문 안에서 학습자의 의지와 외국어 학습의 성공률에 대한 어떠한 객관적인 증거나 연구 사례를 제시하지 않고 있다는 점에서도 dynamic이 crucial보다 좀 더 정답에 가깝다고 할 수 있습니다.

6 얼마나 많은 생명체들이 당신의 침대를 당신과 함께 쓰고 있는지 궁금해 한 적이 있으십니까? 과학자들이 여러분들을 대신해서 궁금해 한 적이 있습니다. 그들은 거의 1,000개의 침대에서 먼지샘플을 모아서 연구한 결과, 사람들의 이부자리가 먼지 진드기는 물론 그 배설물로 가득 차 있다는 걸 발견했습니다. 먼지 1그램당 미세 배설물의 함량 수치가 2밀리그램 이상 되는 것으로 추정되는데, 이는 많은 사람들에게 알레르기를 유발하기에 충분한 양의 배설물입니다. 많은 가정에서 배설물의 수치가 그보다도 훨씬 높았는데, 이는 호흡기 질환을 앓는 사람들에게 심각한 위험이 될 정도입니다.

(a) 과중한 임무
(b) 심각한 위험
(c) 관련 없는 사례
(d) 놀라운 발견

유형 → 대의 파악

> **Solution** 우리가 살고 있는 침대에는 진드기와 진드기의 배설물로 득실거리는데, 진드기 배설물의 먼지 1그램당 수치가 상당히 높아 알레르기를 유발할 수도 있다는 내용이 빈칸 앞부분의 내용이므로, 호흡기 질환을 가진 사람들에게는 당연히 심각한 위험이 된다는 내용이 연결된다.

> **Voca** contemplate 고려하다, 생각하다 dust mite 먼지 진드기 microscopic 극히 작은, 초소형의 excrement 배설물 household 가정 pose 제기하다 respiratory 호흡 (작용)의, 호흡을 하기 위한

> **Answer** (b) a significant danger for

Joseph's focus

전체적인 글의 대의를 파악해서 논리적인 흐름을 완성하는 유형의 문제입니다. [dust samples, dust mites, waste, microscopic excrement, cause many people allergies, respiratory conditions] 같은 표현들은 이 글이 침대에 기생하는 먼지 진드기의 위험성에 대해서 의학적인 경고를 하고 있음을 알 수 있게 합니다.

7 자동화된 영양 평가는 개인의 음식 섭취에 정보를 수집한다. 결과의 분석이 끝나면, 여러분은 여러분의 식습관과 여러분에게 영양적으로 필요한 것에 관한 상세한 설명과 처방을 받게 된다. 식단과 조리법과 함께 매끼니 마다 섭취해야 할 정확한 칼로리 양이 모두 이 영양 평가를 통해서 제공된다.

(a) 음식섭취
(b) 편식
(c) 의학적 필요성
(d) 소화 장애

유형 → 대의 파악

> **Solution** 전산 영양 평가 시스템에 대해 설명한 글이다. 개인의 식습관과 영양 상태를 분석해서 식단과 조리법, 끼니마다 필요한 열량을 제안하기 위해서는 각 개인의 음식 섭취에 대한 정보를 우선 수집해야 할 것이므로, food intake가 가장 알맞다.

> **Voca** thorough 철저한, 완전한 intake 섭취, 흡입

> **Answer** (a) food intake

Joseph's focus

automated nutrition test에 대한 정보를 제공하는 설명문입니다. 지문이 제공하는 정보를 바탕으로 정답을 찾아야 합니다. [calculating the results, eating habits, nutritional needs, caloric requirements, nutritional data survey] 같은 어구들이 모두 food intake와 가장 잘 어울립니다. 지문 어디에서도 food biases, medical needs, digestive problems에 관련된 내용을 찾을 수 없습니다. food biases의 경우 조사결과를 바탕으로 나중에 판단을 내릴 수는 있겠지만, 이 글은 automated nutrition test를 소개하는 설명문이므로 답이 될 수 없습니다.

8 사람들은 산업적으로 생산된 우유는 화학물질로 가득 차 있고, 동물 학대의 원인이 되고, 위장이 안 좋은 사람들에게 해롭다고 지적해왔다. 이런 사실에도 불구하고, 대부분의 사람들은 단점들보다 장점들이 더 크다고 판단한다. 일례로, 우유는 저렴하고 쉽게 칼슘을 섭취할 수 있는 방법이다. 누구나 건강한 뼈를 형성하기 위해 칼슘을 섭취해야 한다. 게다가, 우유에는 우유를 아이들을 위한 바람직한 식품이 될 수 있게 만드는 다른 영양소들이 풍부하다. 유제품이 포함된 균형 잡힌 식단은 심장병의 위험을 줄이는데 도움이 된다는 사실이 충분히 증명되었다. 뿐만 아니라, 몇몇 과학자들에 따르면, 우유가 특정한 유형의 암을 예방하는 요소가 될 수도 있다고 한다.

(a) 비타민은 그들의 하루 칼슘 요구량을 제공한다
(b) 우유는 그들이 알고 있는 유일한 음료 선택권이다
(c) 우유를 마시는 것은 가능하면 피해야 한다
(d) 단점들보다 장점들이 더 크다고 판단한다

유형 → 대의 파악

> **Solution** 우유는 화학첨가물이 많고 동물 학대를 조장하며 소화 장애를 일으키는 문제 등으로 비난을 받음에도 불구하고 칼슘 등이 함유된 영양학적으로 뛰어난 식품이라는 내용이다. 따라서 우유가 가진 건강상의 이점에 관한 내용이 들어가는 것이 적절하다.

> **Voca** animal abuse 동물 학대

> **Answer** (d) the advantages are judged to be greater than any disadvantages

Joseph's focus

[Despite, in spite of, irrespective of, regardless of, by contrast, in contrast to/with, on the contrary, to the contrary, however] 등의 어구들 다음에는 앞에 나온 내용과 상반되는 내용이 나오는 것이 일반적입니다. 지문의 첫 문장에서 manufactured milk에 대한 안 좋은 점들을 밝혔기 때문에, despite 다음에는 좋은 점들이 나오는 것이 가장 자연스럽습니다. 지문에 나오는 [as a good example, in addition, moreover] 등과 같은 연결어구들도 TEPS에 자주 나오므로 글 안에서 어떤 구실을 하는지 잘 익혀두도록 합니다.

9 당신이 충분히 오래 산다면, 주름이 생길 것이다. 이는 많은 시간과 돈을 이런 원치 않았던 주름들을 예방하거나 제거하는 데에 투자한 사람들에게는 기분 나쁜 사실이다. 자연스런 노화과정의 결과뿐만 아니라, 흡연도 주름이 생기게 하는 주요 요인들 중 하나로 밝혀졌다. 주름을 줄여 주거나, 제거 혹은 예방해 준다고 주장하는 치료법들과 제품들이 많은 부유한 국가에서 돈 되는 사업이 된다. 대부분의 이러한 제품들과 치료법들은, 그것들의 인기에도 불구하고, 장기적인 성공, 또는 두드러진 결과를 거의 보여주지는 못했다.

(a) 그것들의 효과 때문에
(b) 그것들의 인기에도 불구하고
(c) 그것들의 약속들에 더하여
(d) 부끄러운 것보다

유형 → 논리적 흐름 파악

> **Solution** 주름 예방이나 치료법들의 효능이 없음을 설명하는 글이다. 빈칸 앞에서 주름 예방과 치료에 효과적이라는 제품들이,

빈칸 뒤의 장기적 성공이나 두드러진 결과를 보여주지 못했다는 상반되는 내용과 연관되므로 빈칸에 들어갈 말은 역접의 의미를 지닌 연결어구가 적절하다.

Voca   wrinkle 주름   make up 이루다   efficacy 효험

Answer   (b) Despite their popularity

Joseph's focus

8번 문제와 비슷한 유형의 문제입니다. 다만 여기에서는 despite를 정답으로 찾을 수 있어야 합니다. 빈칸 앞까지는 주름 예방, 치료법들에 대해서 설명하는데, 빈칸 뒤에서는 [have shown little long-term success or dramatic results]라고 하는 것으로 보아서 그런 방법들이 효과가 별로 없음을 나타내고 있습니다. little앞에 'a'가 없다는 것에 주의합니다.

10   저희의 신속한 일처리의 비결은 저희의 세계적인 네트워크입니다. 전 세계에 지사를 두고 있기 때문에, 저희는 언제 어디에서나 당신의 요구를 꼼꼼하게 분석해 드릴 수 있습니다. 저희의 세계적인 망으로 연결된 직원들은 앞서가는 완벽한 서비스의 운송 솔루션을 제공해 줍니다. 육상에서 하늘, 바다에 이르기까지, 저희는 저렴한 요금과 여러분들이 당연히 받아야 할 개인화된 서비스의 제공을 보장합니다. 저희의 훌륭한 서비스로 이득을 얻고 싶다면, 당장 저희에게 연락을 주시기 바랍니다.

(a) 저희의 세계적 네트워크
(b) 저희의 광범위한 전문기술
(c) 저희의 헌신적인 직원들
(d) 저희의 기업 원칙들

유형 → 대의 파악

Solution   한 우편 발송회사의 서비스에 대한 광고이다. 본문에서 계속 강조하는 것은 전 세계에 지점들이 퍼져 있다는 것이고 또 마지막 문장에서도 전 세계적인 서비스를 언급하고 있다. 따라서 이 회사의 빠른 일처리의 비결은 전 세계적인 연결망에 있음을 알 수 있다

Voca   dedicated 헌신적인

Answer   (a) our global network

Joseph's focus

대부분의 광고문에서는 독자들의 시선을 잡기 위해서 주제가 앞쪽에 나오기 마련입니다. [With locations across the globe, whenever or wherever, Our global network staff] 같은 어구들은 이 회사의 영업망이 전 세계에 걸쳐 분포하고 있음을 나타내고 있습니다. 회사의 기술력, 직원들의 헌신적 서비스, 기업의 경영원칙 같은 것들은 전혀 언급되지 않고 있습니다.

11   사이클론이라고도 불리는 허리케인은 엄청난 힘을 발휘한다. 이 격렬한 폭풍은 직경이 100마일이나 되기도 하고, 그 바람은 시속 75마일이나 그 이상에 이를 수도 있다. 게다가 강한 바람과 그 바람에 동반되는 폭우는 단 몇 시간 만에 작은 도시를 완전히 망가뜨릴 수도 있다. 허리케인이 하루에 방출하는 에너지는 전 세계 인간이 1년 전체동안 소비하는 총 에너지보다도 많다.

(a) 예를 들어

(b) 간단히 말해서
(c) 게다가
(d) 그러나

유형 → 연결어

Solution   빈칸 앞쪽은 허리케인의 위력을 설명하고 있으므로 빈칸에는 추가, 심화의 의미를 갖는 연결사가 필요하다. 따라서 (c) Furthermore가 정답이 된다.

Voca   hurricane (서인도 제도에 부는) 폭풍, 폭풍우   cyclone (인도양 등의) 열대성 저기압   tremendous 어마한, 굉장한   violent 격렬한, 폭력적인   diameter 직경   velocity 속력   accompany 동반하다, 동행하다   a couple of 둘의, 한 쌍의   release 내놓다, 방출하다   exceed 초과하다, 초월하다   throughout the world 전 세계적으로

Answer   (c) Futhermore

Joseph's focus

적절한 연결어를 찾는 문제입니다. 빈칸의 앞과 뒤의 내용이 상반되지 않습니다. 뒤의 내용이 앞의 내용을 더 구체화시켜서 발전시키고 있습니다. for example은 주제를 구체적인 예를 이용해서 발전시킬 때 쓰는데, 빈칸 앞에서 이미 구체적인 내용이 시작되었습니다. 따라서 for example은 정답이 될 수 없고, in short는 요약할 때 쓰는 표현인데, 빈칸의 위치는 요약을 하기에는 적절하지 못합니다. 또한 상반되는 내용이 아니므로, however도 적절하지 못합니다.

12   한 사람의 미확인 실수가 미국의 정착민들이 넓은 평원을 차지하는 것을 힘들게 늦추는 그릇된 신념을 만들어 냈다. 미 육군의 제뷸론 파이크 대위는 대륙에서 기록에 없는 구역을 조사하도록 파견되었다. 결과 보고서에서 그는 넓은 평원을 사막과 같다고 설명하였으며, 그것을 황폐한 아프리카의 사하라 사막에 비유하였다. 실상은 이 땅이 세계에서 가장 비옥한 토지 중 일부를 포함하고 있었다는 것이다. 그 지역의 성질에 대한 그의 부적절한 평가는 정착민이 수십 년 동안 평원의 중앙부에서 떨어져 살게 만들었다.

(a) 한 사람의 미확인 실수
(b) 익명 작가의 발견
(c) 미국 원주민에 의해 전파된 전설
(d) 미군에 의해 부인된 사건

유형 → 대의 파악

Solution   이 문제는 본문 전체를 파악해야 풀 수 있다. 실제로 비옥한 토양이었던 것을 일개 대위가 황폐한 사막이라고 보고하였다는 내용과 일치하는 문구가 빈칸에 들어가야 한다. 선택지의 (b), (c), (d)는 본문에서 언급된 적도 없고 관련성도 없다. 따라서 (a) One man's unchecked error가 빈칸에 들어가야 적당하다.

Voca   swath 베어 나간 넓이, 베어낸 한 구획   prairie 대초원   dispatch (군대·특사 등을) 급파하다   stretch (길게) 뻗은 지역, 구간   inept 솜씨 없는, 서투른   plain 평원   anonymous 익명의

Answer   (a) One man's unchecked error

Joseph's focus

영어 지문들은 앞부분에 일반적인 주제, 구체적인 예를 이용하여 주제를 좀 더 구체적으로 재 진술하는 경우가 많습니다. 이 문제는 결국 [postpone the occupation of a large swath of prairie by US settlers]의 원인을 찾는 게 핵심이 됩니다. 마지막 문장에 나오는 'His inept assessment'는 정답을 골라내는 결정적인 단서가 되는데, inept assessment로 인한 결과가 바로 [convinced settlers to stay away from the central plains for decades] 부분입니다. 이 부분은 첫 문장의 [postpone the occupation of a large swath of prairie by US settlers]와도 상통합니다.

13 지구 온도의 더딘, 그러나 꾸준한 상승에 반응하여 동물의 습성에서 하나의 패턴이 감지되고 있다. 이것은 많은 연구자들이 발생을 예측했던 기후변화가 생태계에 미친 영향을 증명해 준다. 동물들은 더 서늘한 온도를 찾아 그들의 본래 서식지를 떠나고 있다. 이것뿐만 아니라, 수많은 주기적인 사건들이 불과 몇 십 년 전보다 때때로 매우 빨리 발생하고 있다. 환경 학자에 의해 보고된 새로운 연구 결과에 따르면 매년 일어나는 새들의 이주, 산란 등의 시기가 과거 몇 십 년 동안 3주 정도 바뀌었다고 한다.

(a) 그들의 본래 서식지를 떠나고 있다
(b) 사람들의 집에 들어오고 있다
(c) 돌연변이를 일으키고 있는 것으로 보인다
(d) 털과 깃털이 떨어져 나가고 있다

유형 → 대의 파악

Solution 지문 맨 마지막 문장의 '새들의 이주, 산란의 시기가 바뀌었다'라는 문구에서 힌트를 얻을 수 있다. 여기서는 시간적 변화에 대해 언급했지만, 선택지 중 가장 유사한 것은 공간적 이동에 해당하는 (a)가 될 수 있다. (b)도 공간적 이동에 해당되지만 너무 구체적으로 진술하여 비약이 심하므로 답이 되기에는 부적절하다. (c), (d)는 본문의 내용만으로는 유추하기에 어려우므로 (a)가 정답이 된다.

Voca detect 감지하다 respond to ~에 부응[반응]하다 migration 이동[이주]

Answer (a) are leaving their original habitats

Joseph's focus

지구환경에 관한 지문은 매번 나온다고 해도 과언이 아닙니다. 이 문제는 impact of climate change라고 하는 주제를 보충해주는 구체적인 예를 찾는 것이 핵심입니다. 이 지문에서 key phrase는 [nature of animals responding ~, the impact of climate change on biological systems]입니다. 답의 근거가 되는 부분은 [in search of cooler temperatures]이고, 결국엔 기온변화에 대한 동물들의 반응이 정답이 될 것입니다.

14 사람들은 직업에 있어서 새로운 경험을 모색하고 있다. 많은 젊은이들은 안정성이나 이윤 추구보다는 자극적이고 독특한 직업을 찾고 있다. 이것은 많은 이들이 국제 비즈니스에 관심을 갖도록 이끌어 주었다. 그러나 해외로 이주하는 것은 단순한 문제가 아니다. 가능한 선택사항들을 살펴보고 안심할 수 있는 수준에서 결정을 내리기를 권장한다. 미국인들은 다국적 기업이나 해외에서 활동하는 비정부 기구에 취업할 수 있는 좋은 기회를 갖고 있

다. 어느 회사가 해외 근무처를 가지고 있는지를 판단하라. 만약 어떤 회사가 그렇지 않다면, 적당한 회사를 찾을 때까지 계속 찾아보라. 개인 회사의 밑바닥부터 시작해서는 해외 근무처에 파견될 때까지 수년이 걸릴 수도 있다. 그러나 비정부 기구(NGO)는 이 점에서는 보다 융통성이 있는 경향이 있다.

(a) 더 많은 급여를 제공하는지
(b) 퇴직 연금 제도를 가지고 있는지
(c) 해외 근무처를 가지고 있는지
(d) 근로자들을 지원하는지

유형 → 대의 파악

Solution 위 글은 최근 젊은이들의 해외 취업에 대한 관심도가 높아진 것에 대한 기사이다. 빈칸 뒤의 두 번째 문장을 보면 a position abroad이라는 말이 나오는데 이것이 (c)의 overseas positions와 맥락을 같이하는 키워드이다.

Voca stability 안정, 안정성 make a decision 결정하다

Answer (c) have overseas positions

Joseph's focus

이 지문의 특징은 대주제에서 시작해서 조금씩 작은 주제로 옮겨가는 전개방식입니다. 즉, [searching for new experiences in their career (대주제)] → [stimulating and unique jobs → international business → Moving abroad → multinational corporation/a nongovernmental organization → Nongovernmental organizations with more flexibility in this area (소주제)]의 형식으로 글이 이어지고 있습니다. 참고로 suggest, insist, advise, command, order와 같은 동사들은 that절에서 (should) 동사원형의 형태의 구문을 취할 수 있다는 것도 알아둡니다.

15 여우원숭이는 암컷이 지배적인 사회적 역할을 담당하는 몇 안 되는 포유류 동물들 중 하나이다. 먹고, 털을 고르고, 자러 갈 때, 다 자란 수컷 여우원숭이들은 암컷들에게 주도권을 내주고, 복종을 표현한다. 암컷이 우위를 점하는 대다수의 종들에서 보면, 암컷의 권력은 암컷의 더 큰 몸 크기와 힘에서 비롯된다. 그러나 여우원숭이는 외관상 성별이 구별되지 않는다, 즉, 이것은 암컷과 수컷 사이에 두드러지는 신체적인 차이가 없다는 것을 의미한다.

(a) 그러나
(b) 그러므로
(c) 그렇기는커녕
(d) 결과적으로

유형 → 연결어

Solution 여우원숭이의 모계사회특징을 묘사하는 글이다. 빈칸의 앞 문장에서 대부분의 모계사회의 특징이 암컷의 더 큰 몸 크기에서 비롯된다고 했고 빈칸 뒤에서는 여우원숭이는 외관상 성별이 구별되지 않다고 했으므로 빈칸을 두고 두 문장이 서로 반대되는 내용임을 알 수 있다.

Voca priority 우선사항, 우선권 submissiveness 순종 groom 손질하다 dimorphic 동종이형의

Answer (a) However

Joseph's focus

적절한 연결 부사를 찾는 문제입니다. 가장 중요한 부분은 빈칸 바로 앞과 뒤 문장입니다. dimorphic이라는 단어의 뜻을 잘 모르면 답을 찾는 게 쉽지 않을 수도 있겠지만, 다행히 바로 뒤에 [significant physical difference between the females and the males]라고 나와 있습니다. 이 부분은 앞서 나온 [the larger size and strength of the female]과 상반되는 내용입니다.

16-1 본 청소년 자선단체는 전 세계적으로 많은 프로그램을 운영하고 있다. 학대 아동들이 스스로를 표현하도록 도와주는 예술 기반 프로젝트를 비롯하여 집 없는 아이들을 위한 프로젝트, 소년병 출신 아이들을 위한 프로젝트에 이르기까지 우리 학교와 자원봉사 프로젝트는 아프리카, 남미, 그리고 중동에 살고 있는 어린이들에게 손길을 뻗치고 있다. 여러 프로젝트를 검토한 후, 원한다면 여러분의 기부금은 특정 프로그램, 지역, 또는 아동에 한하여 사용되도록 설정할 수 있다. 본 단체의 웹사이트는 여러분에게 우리 프로그램을 소개하고, 여러분의 모든 의문사항에 답하며, 여러분이 어떤 형태로 기부하고자 하는지를 결정할 때 도움을 주는 쌍방향적 가이드를 제공한다.

(a) 여러분이 어떤 행태로 기부하고자 하는지
(b) 무엇이 아동 빈곤을 초래하는지
(c) 본 단체에서 봉사활동을 할지 말지
(d) 본 단체의 서비스를 어떻게 개선할 수 있을지

유형 → 대의 파악

Solution 문맥의 흐름상 적절한 어구를 빈칸에 채워 넣는 문제이다. 바로 앞의 문장을 살펴보면 기부금을 기탁자가 원하는 대로 정할 수 있다는 말이 있으므로, 빈칸에는 기부하는 방법에 관해 상담을 해 주겠다는 문구가 이어져야 자연스러울 것이다.

Voca charity 자선단체 encompass 포함하다, 아우르다 abused 학대를 당하는(=mistreated) customize 주인이 원하는 대로 만들다, 주문 제작하다

Answer (a) how you would like to donate

Joseph's focus

자선단체가 기부금을 모금하려는 글입니다. 자선단체에 대한 글은 텝스에서 꾸준히 등장하고 있는 지문이니 주의 깊게 봐두도록 합니다. 이 글에서 key phrase는 [exploring our many programs, contribution can be customized, an interactive guide] 등입니다. 즉 어떻게 하면 기부를 원하는 방식으로 할 수 있는지를 설명하고 있습니다. 이 글에는 이 자선 단체의 서비스를 개선하고자 한다는 취지의 내용이 전혀 없다는 점을 주의합니다.

16-2 아마도 인류학에 있어 가장 중요한 사상은 사회 과학자 프란츠 보아즈로부터 유래했을 것이다. 보아즈는 인간의 믿음과 행동이 특정 문화의 관점에서 이해되어야 한다는 사고를 대중화시켰다. 이러한 사고는 문화적 상대주의로 알려지게 되었다. 다른 문화를 보는 이러한 방식은 자민족 중심주의에 반대되는 것인데, 자민족 중심주의는 모든 문화가 서구의 기준으로 고려되어야 한다고 주장한다. 보아즈의 사상은 사회 과학자들이 비서구

권의 문화들을 그들의 관점에서 보고 사람들이 어떻게 살아야 하는가에 대한 많은 전제들에 의문을 제기하도록 만들었다.

(a) 인류학의 중요성을 재고하고
(b) 보아즈의 구식이고 불쾌한 사고를 거부하고
(c) 서구 문화를 좀 더 집중적으로 연구하고
(d) 비서구권의 문화들을 그들의 관점에서 보고

유형 → 인과 관계

Solution 프란츠 보아즈의 문화적 상대주의가 사회과학 연구 자세에 어떠한 변화를 가져 왔는가에 대한 지문이다.

Voca anthropology 인류학 popularize 대중화시키다 relativism 상대주의 ethnocentrism 자기 민족 중심주의

Answer (d) look at non-Western cultures on their own terms

Joseph's focus

프란츠 보아즈의 문화적 상대주의가 나오기 전에 사회 과학자들은 다른 문화를 서구 중심의 관점으로 파악하려고 했습니다. 그래서 서구의 기준으로 이해가 되지 않는 문화는 미개한 것으로 여겨졌으며 다른 문화의 사람들도 서구 문화의 사고방식을 따라야 한다는 사고가 지배적이었습니다. 하지만 보아즈의 새로운 사상은 다른 사회 과학자들이 비서구권 문화를 그 문화 나름대로의 기준으로 파악해야 하며 어떤 한 문화의 방식이 옳은 방식이라고 생각해 온 그들의 사고방식에 의문을 갖게 만들었습니다. 프란츠 보아즈가 인류학의 중요성을 재고하도록 했다거나 다른 사회 과학자들이 그의 사상을 구식이고 불쾌한 것으로 받아들였다거나 하는 내용은 언급되지 않았으며, 서구 문화를 좀 더 집중적으로 연구하도록 했다는 (c)와는 정반대로 비서구 문화에 눈을 돌리도록 했으므로 (a), (b), (c)는 정답이 될 수 없습니다.

Part II (17~37)

17 정부 발행 채권은 여타 다른 채권과 마찬가지로 무기명 채권이나 기명 채권으로 이용할 수 있다. 무기명 채권에는 소유자의 이름이 쓰여 있지 않다. 그 점에서 무기명 채권은 재무부 채권과 비슷하다. 그러나 재무부 채권과 달리 이자는 반년에 한 번 비율로 지급된다. 무기명 채권에는 몇 개의 쿠폰이 붙어 있고 수표를 끊을 때와 마찬가지로 6개월마다 소유자가 쿠폰을 떼어내고 은행에 맡긴다. 기명 채권은 소유자의 이름이 적혀 있다는 점에서 저축 채권과 비슷하다. 기명 채권에는 쿠폰이 붙어 있지 않다. 반대로 이자는 소유자에게 우송된다. 무기명 채권이나 기명 채권은 둘 다 반년에 한 번씩 이자를 지급한다.

윗글에 따르면 다음 중 어떤 것이 사실인가?
(a) 기명 채권에 대한 이자는 소유자에게 우편으로 배달된다.
(b) 기명 채권에는 소유자의 이름이 기재되어 있지 않다.
(c) 무기명 채권은 기명 채권보다 이자율이 높다.
(d) 재무부 채권은 가장 좋은 투자이다.

유형 → 진위 파악

Solution 채권의 종류와 그 특징에 관한 글이다. 기명 채권의 이자는 소유자에게 우편으로 배달된다는 (a)가 정답이다. 끝에서

두 번째 문장에서 정답을 구할 수 있다.

Voca bond 채권 bearer bond 무기명 채권 registered bond 기명 채권 be similar to ~와 비슷하다 treasury bill 재무부 증권 semiannual 반년마다의, 반년의 detach 떼다, 떼어내다 saving bond 저축 채권

Answer (a) Interest paid on registered bonds is mailed to the owner.

Joseph's focus

지문에 제시되어 있는 정보를 찾는 문제이므로 지문을 보고 오답 보기를 하나씩 소거해 나가는 방법으로 풀면 됩니다.

18 무선 주파수 인식 시스템(RFID)은 소매 풍경에 혁명을 일으킬 것으로 보인다. 그리고 그러한 미래는 당신이 생각하는 것보다 가까이 있다. 각 상품에 소형 칩 송신기를 붙이는 이 기발한 방법은 당신으로 하여금 계산을 하기 위해 줄을 서서 기다릴 필요 없이 그냥 장바구니에 물건을 담고 곧장 슈퍼마켓 문을 걸어 나갈 수 있게 만들어 줄 것이다.

무선 주파수 인식 시스템에 관한 내용으로 바른 것은?
(a) 칩 송신기는 당신의 줄 서 있는 물건 값을 계산하는 것을 도와준다.
(b) 미국에서 처음으로 개발된 시스템이다.
(c) 계산원은 줄어든 업무량으로 혜택을 볼 것이다.
(d) 상품에 전자태그를 붙이는 것은 개발단계에 있는 시스템이다.

Solution 무선 주파수 인식 시스템(RFID)에 대한 글을 읽고 진위를 파악하는 문제이다. 이 시스템은 아직 개발이 완료되지는 않았고, 가까운 미래에 상용화가 가능하다고 언급되었으므로 아직은 개발 단계에 있다는 내용의 (d)가 지문의 내용과 일치한다. 줄을 설 필요가 없으므로, (a)는 일치하지 않으며, (b)는 지문에 언급이 없으며, 계산원이 아예 필요가 없으므로, (c) 역시 답이 될 수 없다.

Voca ingenious 기발한, 독창적인 tag 꼬리표를 붙이다 tiny 아주 작은 transmitter 송신기

Answer (d) Tagging products is a system still in development.

Joseph's focus

[promise to revolutionize the retail landscape]와 [the future is closer] 부분만 제대로 이해했다면 (d)를 정답으로 고를 수 있습니다. promise는 '약속하다'는 의미로 아직 완성이 되지 않았다는 것을 암시하고, future라는 단어 자체가 아직은 현실이 아니라는 의미입니다.

19 고대 그리스인들은 태양빛이 병을 치료할 수 있다는 자신들의 지식을 이용하여 아픈 환자들에게 태양빛을 받게 하려고 하였다. 오늘날 현대 기술은 우리에게 빛에 의해서 활성화되는 약품과 레이저 치료를 가능하게 하였는데, 이들은 빛의 치료적 가능성을 방대하게 열어주었다. 치료광선은 조직 깊숙이 침투하여 인체의 자가 치료 과정을 증대시킨다. 연구원들에 따르면 특정의 적외선 파장은 혈관을 자극하고 팽창시켜 상처 부위의 혈액순환을 증가시킨다고 한다. 이러한 자극은 노폐물을 제거하고 산소와 영양분 공급을 증가시킴으로써 손상된 조직들의 회복을 촉진한다.

위 지문은 무엇에 관한 것인가?
(a) 자극에 의한 치료 과정
(b) 전통적인 의학 기술
(c) 빛에 관한 근대적 관점
(d) 빛의 치료적 속성

유형 → 주제 찾기

Solution 지문은 빛의 치료적 속성에 대해서 설명하고 있다.

Voca ailling 병을 앓고 있는 curative 치료의, 치료 효험이 있는 infrared 적외선 wavelength 파장 stimulation 자극 therapeutic 치료의, 치료법의

Answer (d) Therapeutic properties of light

Joseph's focus

글 전체를 아우를 수 있는 주제를 찾는 문제입니다. 빛의 치료적 속성에 대해 설명하고 있기 때문에, 어렵지 않게 주제를 파악할 수 있습니다. [put ailing patients in the sunlight ~ natural healing process]가 빛의 치료적 특징을 설명해 주는 문장입니다.

20 주식회사는 세 집단, 즉 주주, 고객, 그리고 노동자들 대해 책임을 지고 있다. 이들은 상업적 성공에 절대적으로 중요하며 오직 효율적인 경영을 통해서만 관리될 수 있다. 그들 중 어느 집단도 우선순위 면에서 절대적인 위치를 주장할 수 없으며 각 집단은 올바른 시장의 상황 아래라면, 다른 집단을 위해 어느 정도의 희생을 감수해야 한다. 각 집단이 기업에게 있어서 어떤 의미인지를 알아보도록 하자.

이 지문 뒤에 어떤 내용이 이어질 수 있는가?
(a) 상업적 생존
(b) 기업법
(c) 주주의 힘
(d) 경제상의 의무

유형 → 추론

Solution 각 집단이 기업에게 어떤 의미인지 살펴보겠다고 했으므로, 뒤에 이어지는 내용은 이 세 집단 중의 하나를 설명하는 글이 이어질 것이라고 추론할 수 있다.

Voca stockholder 주주 workforce 노동자 imperative 의무

Answer (c) Stockholder power

Joseph's focus

다음에 어떤 내용이 이어질 것인가를 묻는 문제입니다. 이런 유형의 문제는 주로 지문 마지막 부분에 답에 대한 단서가 나와 있습니다. 첫 문장 [A corporation has a responsibility ~ workforce.]에서 기업과 관련된 세 집단을 언급하고 있습니다. 마지막 문장에서 각각의 집단이 기업에 의미하는 바를 살펴보겠다고 했으므로 그 다음에는 세 집단 중 하나를 다루어야 자연스럽습니다.

21 흰긴수염고래(Blue whale)가 항상 푸른색은 아니다. 일반적으

로 푸른색이라는 용어를 사용하지만, 다 자란 흰긴수염고래는 사실상 짙은 회색이며 주둥이 둘레에는 검은색에 가까운 더 짙은 색의 반점들을 갖고 있다. 하지만 새끼들은 실제로 하복부에 옅은 파란색을 띠고 있기 때문에 그러한 이름을 갖게 된 것이다. 사실 일반인들의 눈에는 완전히 성숙한 귀신고래가 청년기의 흰긴수염고래로 착각될 수 있다.

이 글에 가장 어울리는 제목은?
(a) 귀신고래는 파란색이다
(b) 이름은 현혹적일 수도 있다
(c) 이름은 유용할 수 있다
(d) 흰긴수염고래는 파란색이다

유형 → 제목 찾기

Solution 흰긴수염고래가 blue whale이라는 이름을 가지고 있지만, 사실은 색이 푸른색이 아니라 짙은 회색이라고 언급된 것으로 보아 (b)가 제목으로 가장 알맞다. 귀신고래나 흰긴수염고래나 똑같이 회색이므로, (a)와 (d)는 지문의 내용과 일치하지 않으며, (c)는 지문에 언급되어 있지 않다.

Voca charcoal 숯, 목탄 patch 반점 snout (돼지 등의) 코, 주둥이 calves 새끼들 underbelly (동물의) 하복부 adolescent 사춘기의, 청춘의 mislead 현혹시키다

Answer (b) Names may Mislead

Joseph's focus

제목을 찾는 문제는 지문 안의 정보를 자세히 읽기보다는 글 전체의 내용을 파악하는 것이 더 중요합니다. 첫 문장 [Blue whales are not always blue]와 마지막 문장 [a fully grown gray whale ~ the untrained eye]만으로도 (b)가 정답이 됨을 알 수 있습니다.

22 가정용품 업계의 선두주자인 저희 ABC사에서는, 해외 지사에서 일할 매우 의욕적인 판매 관리자를 찾습니다. 지원자는 행정 업무와 개인 고객들을 관리하는데 능숙한 증명된 기술을 갖고 있어야 합니다. 스트레스가 심한 상황에서도 전문가적인 태도를 유지하면서 원활하게 업무를 수행할 수 있는 능력이 필수입니다. 지도력이 필요합니다. 최소한 6년간의 관리직 경험이 필수적입니다.

광고에 관해 다음 중 어떤 것이 사실인가?
(a) 지원자는 능숙한 외국어 실력을 갖고 있어야 한다.
(b) 판매 관리자는 신상품 개발을 책임진다.
(c) 젊은 지원자가 나이 든 지원자보다 선호된다.
(d) 지원자는 전문가적인 태도와 통솔력을 갖고 있어야 한다.

유형 → 진위 파악

Solution 직원을 구하는 광고문을 읽고 내용과 일치되는 것을 고르는 문제이다. 이 자리의 지원자는 전문가적인 태도와 좋은 지도력을 갖고 있어야 한다는 (d)가 글의 내용과 일치된다.

Voca appliance 가구, 장치, 설비, 전기제품 seek 구하다, 찾다 motivated (행동, 학습 등에) 의욕적인 overseas office 해외 지사 account 고객, 단골

Answer (d) The job applicant has to possess a professional attitude and good leadership skills.

Joseph's focus

지문에 나온 정보들을 정확하게 캐내야 하는 문제입니다. 추론문제가 아니므로 철저하게 지문에 근거해야만 합니다. (a)는 sales director for our overseas office를 구하고 있으나 외국어 능력은 언급되지 않았으므로 오답입니다. (b)의 신상품 개발도 언급되지 않았습니다. (c)는 최소 6년간의 관리직 경력을 요구한다고 했을 뿐, 나이에 대한 언급이 없으니 역시 오답입니다. (d)는 [maintaining a professional attitude is necessary, Leadership qualities are essential.]을 통해 사실임을 알 수 있습니다.

23 주(州)들은 워싱턴 D.C.에서 열리는 연례 전국 미국 도서관 입법의 날과 관련하여 3일간에 걸친 다양한 활동에 참여하기 바랍니다. 그 날의 중요성을 설명하기 위해 전미 도서관 연합회는 5월 11일 일요일에 식전 행사를 후원할 예정입니다. 이는 또한 참가자들에게 그들이 의원 사무실을 방문하는 경우 어떻게 하면 가장 큰 효과를 줄 수 있는지에 관해서도 조언을 해줄 것입니다. 브리핑은 입법 관련 현안 문제들을 토의하고 의원 방문기간에 할 프리젠테이션 준비에 대한 조언을 주기 위해 하얏트 레전시 워싱턴 호텔에서 5월 12일 열릴 것입니다. 5월 13일에 참가자들은 자신들의 상원의원과 하원의원 사무실을 방문하게 될 것입니다. 마지막으로 최종 회의가 있을 예정인데, 각 의원들 및 스텝들은 참여해 주시기 바랍니다.

위에서 설명된 3일간의 행사의 주목적은 무엇인가?
(a) 자선기금 모금 행사를 열기 위해
(b) 정치인들로 하여금 도서관에 더 많이 기부하도록 하기 위해
(c) 통과된 새로운 법에 대해서 공식적으로 불만을 토로하기 위해
(d) 필요한 법률을 위해 의원들을 방문해서 설득하기 위해

유형 → 대의 파악

Solution 지문에 (a), (b), (c)에 관한 내용은 전혀 언급되지 않았고 3일간의 행사는 주로 주 참가자들이 자신들 주의 상원의원 및 하원의원들의 사무실을 방문하여 입법 현안 문제에 관하여 프리젠테이션을 하는 등의 내용을 담고 있으므로 (d)가 주 목적이 된다.

Voca legislative 입법(상)의 impact 영향, 충돌 congressional 국회의, 입법부의

Answer (d) To visit and persuade lawmakers for necessary legislation

Joseph's focus

행사의 목적을 묻는 문제입니다. 당연히 지문에 목적이 직접적으로 언급되지 않는다는 점에서 추론 문제로 볼 수 있습니다. 이 지문에서 중요한 건 며칠에 걸쳐서 pre-conference가 준비되어 있고, 이 행사가 본행사와 어떤 관계가 있는지를 알아내면 정답을 찾을 수 있습니다.

24 어떻게 우리의 몸이 발달하고 기능하는가 하는 문제는 당연히, 어느 정도 우리 부모님들로부터 물려받은 유전자에 의해 결정된다. 여러분들은 "우리 가족 중 모든 남성들은 90세 이상 장수해."와 "우리 집안에는 예술적 기질이 흐르고 있어."와 같은 말들

을 듣게 될 것입니다. 그러나 일란성 쌍둥이들은 같은 유전자를 갖고 있음에도 불구하고 다른 성격과 독특한 기술을 발전시킬 수 있다. 따라서 우리는 우리가 하는 것과 우리가 사는 곳과 같은 환경적 요소가 우리의 성격을 결정하는데 어떤 역할을 한다는 사실을 알고 있습니다. 유전자와 성격을 연결하는 새로운 연관 관계들이 아직도 발견되고 있지만 전체적으로 우리의 궁극적인 운명은 전적으로 유전자에 의해 결정되지는 않는다고 말해도 무방할 것입니다.

윗글의 주제는 무엇인가?
(a) 환경은 일란성 쌍둥이의 성격을 바꾸지 못한다.
(b) 인간의 운명은 본인이 본성과 양육 사이에서 어떻게 상호 작용하는 가에 달려 있다.
(c) 환경과 유전자간의 핵심적인 관계가 조사되어 왔다.
(d) 유전적인 요소는 개인의 성격을 형성함에 있어서 가장 중요한 측면이다.

유형 → 주제 찾기

Solution 지문은 인간의 성격은 유전적인 요인도 있지만 환경적 요인에 의해서 바뀌는 면도 있다고 하면서 그 예로 일란성 쌍둥이를 들고 있다.

Voca **more or less** 어느 정도 **temperament** 기질, 성질, 성미, 체질 **fate** 운명, 숙명, 운 **safely** 틀림없이

Answer (b) What human beings depends on how they interact between nature and nurture.

Joseph's focus

최근에 첫 문장에 함정을 넣어 놓은 문제가 종종 나옵니다. 이 문제도 첫 문장만 읽고 (d)를 정답으로 고르기 쉽지만, 가장 중요한 논지는, However 뒤에서 새롭게 논지를 전개하는 문장들에 나와 있습니다. 이 지문의 전개 구조를 간단히 나타내면, 화제를 제시하고(A), 반대의 예를 제시한 후(B), 앞의 내용을 종합(C)하는 정반합의 구조입니다.

25 공식적으로, 다른 많은 국가들과는 달리 미국에는 국경일이 없습니다. 국경일은 법이나 전통에 의해서 성립된 것으로서 국가 전체가 경축하는 날입니다. 실제로 대통령과 의회는 연방 정부의 직원들을 위해서만 전국적인 국경일을 선포할 수 있습니다. 각 주와 그 영토 내의 법정 공휴일은 스스로 정합니다. 예를 들어, 남부의 일부 주들은 남군 전몰자 추도일을 따로 정해 놓고 있지만 경축하는 날은 주마다 다릅니다. 4개 주는 4월에, 3개 주는 5월, 그리고 2개 주는 6월에 휴일로서 경축합니다. 대통령과 워싱턴 D.C.에 적용되는 법정 공휴일만 선포할 수 있습니다.

윗글에 따르면 국가적 혹은 법률적 휴일에 관하여 다음 중 맞는 내용은?
(a) 모든 휴일이 전국적으로 지켜지지는 않는다.
(b) 대부분 법에 의해 도입되었다.
(c) 오직 연방 정부의 직원들만이 대부분의 휴일을 지킨다.
(d) 전몰용사추도일(현충일)은 전국적으로 같은 날에 지켜진다.

유형 → 진위 파악

Solution 미국에서의 공휴일은 각 주마다 달리 인정되고 있고 연방 정부는 오로지 연방 정부의 직원들에게만 적용되는 국경일과 법정 공휴일을 선포할 수 있는 권한을 갖고 있다.

Voca **observe** 지키다, 준수하다, 쇠다 **memorial day** 미국

의 전몰장병 기념일

Answer (a) Not all holidays are nationally observed.

Joseph's focus

첫 문장에서 정답의 근거를 이미 제시하고 있습니다. [the US has no national holidays]에서 추론할 수 있는 것은 공식적으로는 미국에서 전국적으로 시행되는 공휴일이 없다는 사실입니다.

26 컴퓨터의 키보드는 과학기술상의 장애물의 좋은 예이다. 컴퓨터의 다른 부품들은 놀라울 정도로 소형화되었지만, 거의 모든 문자 의사소통에 쓰이는 이 초라한 입력 장치는 지금까지도 연구와 발전의 해결 노력을 완강히 거부하고 있다. 이제 프로젝터 키보드는 사용자들에게 이용 가능한 나머지 하드웨어와 호환이 되는 휴대기능을 제공함으로써 전 세계의 컴퓨터 제조사들과 소비자들에게 새로운 여명을 열어준다.

이 글에 가장 잘 어울리는 제목은?
(a) 소형화 집중 조명
(b) 키보드 혁명
(c) 컴퓨터 키보드 연구
(d) 컴퓨터 연구와 발전

유형 → 제목 찾기

Solution 소형화가 어려워서 키보드는 그간 기술발전의 걸림돌이었으나, 이제 프로젝터 키보드의 개발로, 컴퓨터 제조업자나 소비자들에게 있어서 새로운 지평이 열렸다는 내용이므로, Keyboard Revolution이 제목으로 가장 적절하다.

Voca **roadblock** 노상 장애물, 장애(물) **nut** 어려운 문제, 어려운 사업 **crack** (어려운 문제를) 풀다, 해결하다

Answer (b) Keyboard Revolution

Joseph's focus

이 지문은 내용상 정확하게 양분됩니다. [The computer keyboard ~ to crack until now]까지는 keyboard가 기술 발전의 걸림돌이었다는 것에 초점을 맞추고 있고, The projector keyboard부터는 새로운 keyboard가 이 문제를 해결할 것이라는 취지의 논지를 전개하고 있습니다. 이 글에서 핵심은 앞부분이 아니라, 뒷부분이라는 것을 명심해야 합니다. 글쓴이는 새로운 키보드의 출현에 초점을 맞추고 있습니다.

27 세계의 인구는 역사의 모든 시대를 합친 기간 동안보다 근대에 더 많이 증가했다. 1650년에 전 세계 인구는 약 5억 명에 달했는데, 이것이 1650년에서 1850년 사이에 두 배가 되었다. 오늘날 세계 인구는 50억 이상이다. 유엔의 연구에 근거한 추산에 따르면, 세계 인구는 세기 말이면 70억을 족히 넘을 것이라고 한다.

이 글에 가장 잘 어울리는 제목은?
(a) 세계 인구 증가의 배경 요인들
(b) 세계 인구 증가의 역사 요약
(c) 세계 인구 증가의 억제
(d) 세계 인구의 위기

유형 → 제목 찾기

Solution 세계 인구 증가에 대한 글을 읽고 제목을 고르는 문제이다. 역사상 인구 증가의 추이를 간략하게 설명하는 글로서, 세계의 인구 증가가 특히 근대에 두드러졌으며, 역사상의 다른 시대를 모두 합친 것보다 더 많이 증가했다는 점을 강조하고 있다. 따라서 정답은 (b)가 된다.

Voca total 합계 ∼이 되다

Answer (b) A Brief History of the Global Population Growth

Joseph's focus

글쓴이의 논조를 잘 파악해야 하는 문제입니다. 주제가 심각하다고 (d)를 정답으로 고르면 안 되죠. 글 자체가 경고보다 정보 전달에 목적이 있습니다. 인구 팽창에 대한 문제점, 해결책, 숨은 요인, 어느 것도 제시되지 않았습니다.

28 세계 2차 대전 이후, 미국의 출산율은 급격한 상승을 보였고, 이는 1957년에 정점에 달했다. 이 정점은 그 후 하향을 하였으나 이어지는 10년 동안에는 그다지 큰 폭이 아니었기 때문에, 이 기간 동안 태어난 사람들을 묘사하기 위해 베이비부머라는 용어가 만들어졌다. 그러나 이들은 보통 두 그룹, 즉 1946년에서 50년대 중반 사이에 태어난 사람들과 50년대 중반에서 60년대 중반 사이에 태어난 사람들로 나누어진다. 후자는 베이비 붐 세대가 아닌 존스 세대로 알려져 있다.

윗글에 가장 알맞은 제목은?
(a) 다시 정점에 이른 미국의 출산율
(b) 전후 출산율의 정점
(c) 베이비 붐 세대
(d) 존스 세대

유형 → 제목 찾기

Solution '베이비부머'라는 용어가 만들어진 배경과, 베이버부머는 베이비 붐 세대와 존스 세대 두 그룹으로 나누어진다고 설명하는 글이다. 따라서 (c)와 (d)는 언급이 되긴 했으나 지엽적이기 때문에 답이 될 수 없으며, 2차 세계대전 이후 급격하게 출산율이 증가했다는 내용인 (b) Post-War Birthrate Peak가 제목으로 보다 적절하다.

Voca peak 절정에 달하다

Answer (b) Post-War Birthrate Peak

Joseph's focus

4개의 선택지 모두 지문에 직·간접적으로 언급이 되어 있어서 조금 까다로운 문제 유형입니다. 일단, key word는 Baby Boomer입니다. 그렇다고 답이 (c) Baby Boom Generation은 아닙니다. 왜냐하면, 이 지문은 Baby Boom Generation에 초점을 맞추고 있는 것이 아니라, 2차 세계대전 이후에 미국의 출산율이 증가했다는 것에 초점을 맞추고 있기 때문입니다. 참고로 마지막 문장에 나온 [not A but B (A가 아니라 B이다)] 구문도 알아두도록 합니다.

29 2007년 11퍼센트를 웃돌았던 중국의 급격한 경제 성장이 올해 들어 기대보다 약한 순 수출 실적에 의해 다소 완화가 되면서 연말 예상을 9.6퍼센트로 조정하였다. 더욱이 2009년에는 상황이 더욱 악화될 것으로 예측됨에 따라, 대략 9퍼센트까지 하향하는 추세가 계속될 전망이다. 그러나 분석가들은 세계에서 인구가 가장 많은 이 나라는 올 국내 총생산(GDP)의 0.7퍼센트를 상회하는 흑자를 이어갈 것이라고 말한다.

위 지문이 암시하는 것은?
(a) 수출 하락에도 불구하고, 국내 총생산의 흑자는 여전하다.
(b) 2009년 순수출이 회복되어 성장을 이끌 것으로 예상된다.
(c) 경제성장 때문에 국내 총생산은 증가했다.
(d) 흑자 때문에 2007~2009년 동안의 순 수출이 약화되었다.

유형 → 추론

Solution 마지막 문장에서 2009년도 중국 경제의 상황이 좋지 않을 거라는 예측에도 불구하고, 국내 총생산의 흑자는 계속될 거라는 예상을 하고 있으므로, 정답은 (a)이다.

Voca breakneck 위험할 정도로 빠른 temper 완화시키다 downward 하강의 gross (명사 앞에만 씀) 총 GDP 국민 총생산 surplus 흑자 sag 늘어지다, 처지다 net export 순수출

Answer (a) Despite sagging exports, a gross domestic product surplus remains.

Joseph's focus

구체적 수치가 등장하는 경제 관련 지문입니다. 숫자에 현혹되지 말고 지문의 핵심을 파악하도록 노력해야 합니다.

30 동남아시아 요리에서 인기 있는 과일인 두리안은 약 600년 전에 서방 세계에 처음 유입되었다. 그것은 인도네시아, 말레이시아, 브루나이가 원산지로, 껍질을 벗기지 않아도 발산되는 매우 독특한 향취로 가장 널리 알려져 있을 것이다. 애호가들에게는 매우 놀라운 것으로, 싫어하는 사람들에게는 역겨운 것으로 묘사되는 그 냄새 때문에 대중교통과 호텔에서 먹는 것이 금지되어 있다. 알려진 30가지의 종류 중에서 겨우 9가지만이 식용가능하지만, 그 과일의 변종은 수백 가지가 존재한다.

이 과일에는 변종이 몇 개가 존재하는가?
(a) 30개
(b) 9개
(c) 많음
(d) 수백 개

유형 → 세부 내용 파악

Solution 지문의 마지막 문장에 답이 나와 있다. 현재 알려진 것은 30종, 식용은 9종류이지만, 변종은 수백 가지가 존재한다고 언급되어 있으므로, 정답은 (d)이다.

Voca emit 방출하다 husk 겉껍질 wondrous 경이로운 detractor 가치를 깎아 내리는 사람 disgusting 역겨운 cultivar 재배종, (재배) 품종

Answer (d) Hundreds

Joseph's focus

지문을 끝까지 읽으면서 세부 정보를 파악하는 문제입니다. species와 edible(먹을 수 있는) 사이에서 혼란에 빠지지 않아야 합니다.

31 나는 생산적으로 하루를 시작하겠다는 결심으로 잠자리에서 일어났다. 통상적인 샤워를 하고 밤새 자란 수염을 면도하고, 커피를 한 스푼 가득 커피메이커에 넣었다. 커피메이커가 내가 가장 좋아하는 아침 음료를 만들면서 부글부글 내는 소리에 탄력을 받아 냉장고에서 최상급 베이컨을 몇 장 골라서 튀겼다. 그리고 커피 끓이는 냄새와 고기 튀기는 냄새를 함께 음미하였다. 뒤집어서 양쪽 다 익힌 달걀 두 개를 곁들여 즐겁게 식사를 하고 양껏 마시고 나서야 내가 직장에 매우 늦게 되었음을 깨달았다.

지문에서 글쓴이가 암시하는 바는?
(a) 출근하는 것은 중요하지 않았다.
(b) 그는 모닝커피를 만드느라 배고파졌다.
(c) 그는 완벽한 아침식사를 준비했다.
(d) 커피와 베이컨의 섞인 냄새 때문에 그는 달걀이 생각났다.

유형 → 추론

Solution 지문의 마지막 문장 [With a pair of easy over eggs as accompaniment I feasted and drank my fill,~]으로 보아 글쓴이는 정성스레 아침식사를 준비했음을 알 수 있다.

Voca spit (기름기 · 불꽃이) 지글거리다 growl 으르렁거리다 savor 음미하다 brew 끓이다 feast 맘껏 먹다, 포식하다

Answer (c) He had prepared the perfect breakfast.

Joseph's focus
글쓴이는 아침에 자신이 한 일을 자세히 묘사하고 있습니다. 이런 지문은 아주 중요한 정보를 가지고 있다기보다 심리묘사와 행동묘사에 초점을 둡니다. [I woke up determined to start my day productively.]로 지문이 시작하고, 이후에 여러 행위들을 묘사하고 나서 [~ realize I had become terribly late for work.]로 마무리 짓고 있습니다. 중간에 있는 내용들은 출근 준비와 아침 준비에 관한 내용들입니다. 정답은 이 두 가지 묘사에 의해서 (c)가 됩니다. (a), (b), (d)는 지문과 관련성이 없는 내용들이고, 이 지문은 글쓴이의 감정 상태에 관한 문제로도 변형이 가능합니다.

32 지갑을 열어 보았으나 영수증 외에는 아무것도 없었다. 달력을 보니 급여일이 2주 후였다. 신용카드사에 전화를 걸어보았지만 이미 한도를 초과했다는 것을 알았다. 어떻게 살림을 꾸려가야 할까?

이 글의 어조는?
(a) 뿌듯함
(b) 당황
(c) 낙담
(d) 체념

유형 → 어조 파악

Solution 지갑에는 돈 한 푼 없고, 급여일은 2주 뒤고, 카드는 이미 한도를 초과했으므로, 경제적으로 매우 어려운 상황이므로 이때의 어조가 어떨지 추측해 보면 알 수 있다.

Voca fortnight 2주, 14일간 make ends meet 빚 안지고 살아가다

Answer (b) Panic

Joseph's focus

글쓴이가 나열한 일련의 사건들을 생각하면 글의 어조를 쉽게 파악할 수 있습니다.

33 우리가 매일 접하는 뉴스는 인종, 민족, 종교상의 편협함에 관한 이야기들로 가득 차 있는 것처럼 보인다. 국민들을 이끌고 평화를 장려해야 하는 지도자들조차도 흔히 자신들의 선입견에서 벗어나지 못한다. 때때로 세상이 희망이 없는 것처럼 보일 수도 있지만 놀이터에 가 보면 희망이 생길지도 모른다. 아직 적의를 품은 어른들의 편협함에 노출되기 이전인 아이들은 놀랍고도 정직한 방식으로 차이점을 극복할 줄 안다. 아이들은 어른들처럼 차이를 인식하기 하지만 어른들과는 달리 그 차이점에 근거하여 자동적으로 판단을 하진 않는다.

위 글에서 유추할 수 있는 것은?
(a) 세계의 많은 갈등들이 종교적인 견해로 인해 발생한다.
(b) 편협함은 타고난 것이 아니라 학습된 행동이다.
(c) 세계 지도자들은 아이들과 같은 기준을 가지고 있지 않다.
(d) 어른들은 아이들에게 관용을 가르치기 위해 충분한 시간을 투자하지 않는다.

유형 → 추론

Solution 아이들은 자신과 다른 사람을 볼 때 외견상의 차이점을 인식하긴 하지만 어른들의 편견에 의해 영향을 받기 전이므로 어린 나이에는 선입견을 보이지 않는다는 점을 설명하고 있다. 그러므로 편견이나 자신과 다른 사람에 대한 편협함은 타고난 것이 아니라 학습된 행동이라는 것을 추론할 수 있다.

Voca ethnic 민족의 intolerance 편협함 guide 이끌다 promote 장려하다, 선전하다 prejudice 편견, 선입견 expose 노출시키다 embittered 적의를 품은, 분개한 remarkable 놀라운 manner 방식, 말투 bigotry 편협함

Answer (b) Bigotry is learned behavior rather than a natural one.

Joseph's focus

매일 발생하는 많은 사건, 사고들이 자신과 다른 인종 및 민족과 다른 종교를 가진 사람들에 대한 선입견으로 인한 것들이라는 점을 생각하면 세상은 희망이 없는 곳처럼 보일 수도 있지만 아직 때 묻지 않은 아이들의 모습을 보면 인류에 대한 희망이 생깁니다. 아이들은 다른 인종의 사람을 볼 때 그들의 외모가 자신과는 다르다는 것을 인식하지만 어른들과는 달리 그것을 근거로 하여 상대방을 판단하지는 않는다고 합니다. 그러므로 많은 어른들에게서 발견되는 선입견과 편견들은 인간의 본성이라기보다는 성장 과정에서 학습되는 것이라고 유추할 수 있습니다.

34 삶에는 우리가 보지 못하고 그런 이유로 저평가하는 어떤 것들이 있다. 이러한 것들은 삶에 풍요로움을 더해 주지만, 너무 사소하기 때문에 종종 간과되거나 저평가된다. 우리는 인생의 좋은 것들을 경험하는 데에 시간을 내지 않으면서 삶과 배움의 끊임없는 순환 속에서 그저 우리의 나날을 보낸다. 작은 애정의 표시들은 비용이 전혀 들지 않지만 상당한 가치를 지닐 수도 있다. 그 사람은 또 그 미소는 하루 동안 다른 사람의 기분을 밝게 해줄 수 있으며, 미소를 다른 이에게 전달할 가능성이

높다. 친절한 말과 좋은 대화는 그 어떤 나쁜 날도 좋은 날로
바꿀 수 있다.

이 글의 주제는 무엇인가?
(a) 친절한 행동은 귀중한 선물이다.
(b) 미소는 찡그림보다 더욱 중요하다.
(c) 우리는 언제나 다른 사람들에 대해 좋게 말해야 한다.
(d) 나쁜 하루로 인해 당신은 인생의 좋은 것들을 잊어버릴 수도
있다.

유형 → 주제 파악

Solution 작은 애정 표시의 중요성에 관한 글이다. 삶에서 친절한 행
위나 미소는 돈 안 들이고 다른 사람들을 기쁘게 해줄 수
있는 가치를 지니고 있다는 글이다.

Voca underappreciate 저평가하다 bright 밝은, 희망적인

Answer (a) A kind gesture is a valuable gift.

Joseph's focus

첫 문장 [There are certain things ~ underrate.]가 전체의
주제문입니다. 그 다음부터는 이 주제문을 구체화하는 과정입
니다. 그러면서 [Small signs of affection]이라는 세부 주제
가 나왔습니다. [smiles, kind words, good conversation]
는 모두 이것의 예이며, gesture와 관련이 있습니다.

35 현재 연구자들은 당신 몸의 다른 부분이 마르고 빈약하더라도
흔히 "러브 핸들"이라고 불리는 허리부분의 군살이 조기 사망의
위험을 증가시킨다고 주장한다. 허리둘레가 평균보다 2인치 초
과하는 것만으로도 일찍 사망할 가능성이 13–17퍼센트까지 증가
했다. 허리부근의 지방과 건강 문제간의 관련성이 새로운 것은
아니지만 가장 최근의 연구는 의사들에게 단순히 일반적인 체질
량 지수를 사용하는 것이 심장혈관질환과 같은 건강상의 위험을
평가하는데 있어 꼭 최고의 방법은 아니라는 많은 증거를 제공
한다. 실제로 이 연구는 건강한 체질량 지수를 가졌지만 평균 이
상의 허리둘레를 가진 성인들이 여전히 조기 사망을 할 수 있는
후보자들이라는 것을 보여줬다.

위 글의 내용에서 유추할 수 있는 것은?
(a) 연구에 참가한 집단은 남자 성인들로 구성되어 있었다.
(b) 심장 혈관 질환은 반드시 과체중인 사람에게만 발생하지 않
는다.
(c) 의사들은 어떻게 체질량이 수명에 영향을 끼치는지를 아직
도 연구할 필요가 있다.
(d) 허리둘레의 과도한 지방을 없애면 수명을 연장시킬 수 있다.

유형 → 추론

Solution BMI가 정상치라고 하더라도 허리둘레에 지나치게 지방이
많은 사람은 여전히 조기 사망할 가능성이 높다는 연구결
과를 소개하고 있다.

Voca lean 여윈, 마른 refer to 지칭하다, 언급하다 excess
초과의, 과도한 flesh 살 index 지수 assess 평가하
다 cardiovascular 심장 혈관의 longevity 수명

Answer (d) Losing excess fat around your waist can
add years to your life.

Joseph's focus

몸이 전체적으로 마르고 신장과 체중의 비율인 BMI가 정상이

라고 하더라도 허리둘레의 군살이 수명을 단축될 수 있다는 내
용입니다. 그러므로 의사들이 단순히 BMI를 이용하여 심장질
환 발생의 가능성을 평가하는 것은 올바르지 않습니다. 연구에
참가한 사람들이 성인 남성들로만 구성되어 있었다는 내용은
언급되지 않았으므로 (a)는 정답이 아닙니다. 심장 혈관 질환이
꼭 과체중인 사람들에게만 영향을 끼치는 것이 아니라는 것은
상식적으로 사실이긴 하지만 추론 문제에서는 주어진 글의 내
용으로 알 수 있는 내용만이 정답이 될 수 있습니다. 그러므로
허리둘레의 과 지방을 없애는 것이 수명을 단축시킬 수 있다는
(d)가 정답으로 가장 적절합니다.

36 오늘날의 우리의 현대적 삶에 침투하는 기술이 이로운 것으로
여겨질 수 있겠지만, 그 기술에는 의심스러운 측면들 또한 있다.
예를 들어, 쌍방향 통신 기술이 궁극적으로 사람들의 마음을 조
정하고, 사생활을 침해하고, 사람들로 하여금 가정의 의무와 인
간 관계를 저버리게끔 영향을 미칠 것인가? 유전자 조작된 식품
들이 우리의 건강에 장기적으로 어떤 영향을 끼칠 것인가? 첨단
의학을 이용한 질병 치료가 사람들의 수명을 늘릴 수 있지만 그
것이 사람들을 전반적으로 더 행복하고 만족하게 만들 수 있을
까? 단지 두고 봐야할 일이다.

이 글에 가장 알맞은 제목은?
(a) 인간의 건강과 기술
(b) 쌍방향 미디어와 현대의 딜레마
(c) 기술발전의 필연적인 힘
(d) 기술발전의 장점과 단점(혹은 찬반)

유형 → 제목 찾기

Solution 기술 발전의 긍정적인 측면이 있음을 인정하면서도, 그러
한 기술 발전의 부정적인 측면들을 넌지시 비치며 회의적
인 반응을 보이고 있다. 따라서 기술발전의 장점과 단점, 또
는 찬반 (Pros and Cons)을 가장 적절한 제목으로 볼 수
있다.

Voca permeate 스며들다, 침투하다 contentment 만족
pros and cons 찬반

Answer (d) The Pros and Cons of Evolving
Technology

Joseph's focus

첫 문장만으로 정답을 알 수 있습니다. 왜냐하면 첫 문장 다음
부터는 예시들이기 때문입니다. 첫 문장에 나온 beneficial과
questionable aspects가 key word입니다. beneficial은 장
점을, questionable aspects는 단점을 암시하고 있습니다.

37-1 범죄자 심리를 파악하는 방법에 대하여 엄청난 연구와 이론이
나왔음에도 불구하고 어떤 사람이 범죄를 저지를 것인지의 여
부를 미리 아는 확실한 방법은 없다. 프로파일링(Profiling)은 사
법기관들이 테러리스트들과 연쇄 살인범을 알아내기 위해 사용
하기 시작한 방법이다. 교육자들도 그들의 예를 따라, 문제 있는
아이들의 초기 징후를 관찰하여 그들의 행동이 육체적으로 폭력
화하기 전에 개입하는 방법을 모색하고 있다.

위 내용은 무엇에 관한 것인가?
(a) 아이들의 폭력성은 유전적이다.

(b) 범죄 기질을 포착하는 방법이 있다.
(c) 테러리스트들과 연쇄 살인범은 프로파일할 수 없다.
(d) 범죄 행위는 예측 불가능하다.

유형 → 대의 파악

Solution 범죄자를 미리 알아내는 완벽한 방법은 없지만 profiling 등의 방법은 존재하므로 정답은 (b)라고 할 수 있다.

Voca **profiling** 인물의 심리를 파악하기 **law enforcement agency** 사법기관, 경찰 **serial killer** 연쇄 살인범 **lead** 선례, 모범 **intervene** 개입하다, 방해하다

Answer (b) There are ways to identify the criminal mind

JoSeph's focus

짧은 지문이지만, 주제와 세부 사항을 전부 파악해야 답을 고를 수 있는 고난이도 문제입니다. 첫 문장이 함정과 같은 역할을 하고 있어 틀리기 쉽습니다. (a)는 아이들의 폭력이 유전적인지 아닌지 지문을 통해서는 알 수가 없고, (b)는 profiling이 대안적 방법으로 나와 있고 첫 문장에서 'no perfect way'라고 했으므로, 완벽하지는 않지만 방법은 있다는 것을 암시하고 있습니다. (c)는 profiling을 실제로 하고 있으므로 오답입니다. (d)는 지나치게 일반화시키고 있습니다. 완벽하지는 않지만, 예측하는 방식은 존재한다고 볼 수 있습니다.

37-2 의료 전문가들은 여성 히스테리를 더 이상 정당한 진단이 아니라고 여기지만 1859년 한 내과의사는 모든 여성의 4분의 1이 여성 히스테리를 앓고 있다고 주장했다. 한 때 흔하게 진단되었던 이 여성 히스테리의 증상들에는 불면증, 불안감, 어지럼증, 근육 경련, 숨가쁨, 신경질, 그리고 가장 확실한 표현인 소위 '문제를 일으키는 경향' 등이 포함돼 있었다. 많은 역사가들은 현재 여성 히스테리가 전혀 과학적인 증거에 바탕을 둔 것이 아니라, 빅토리아 시대의 여성들의 행동에 대한 규범과 관계가 많다는 것에 동의한다. 이러한 증세에 대한 당시의 치료법들은 침대 요양, 격리, 독서와 같이 정신적으로 힘든 일을 삼가는 것을 포함하고 있었는데 이러한 치료법들이 이러한 염려를 뒷받침하는 것처럼 보이는 것은 놀랄 일이 아니다.

위 글의 제목으로 가장 적절한 것은?
(a) 빅토리아 시대의 성 규범
(b) 흔한 여성 질병들
(c) 의학의 중요한 변화
(d) 여성 히스테리에 대한 잘못된 생각

유형 → 제목 찾기

Solution 글의 제목으로 가장 적절한 것을 고르는 문제입니다. 빅토리아 시대에 만연했던 여성 히스테리가 실제로는 과학적 근거가 전혀 없고 당시 여성 지위의 향상에 대한 기존 사회의 반응이었을 뿐이라는 것이 글의 주요 내용입니다.

Voca **legitimate** 정당한 **diagnosis** 진단 **hysteria** 히스테리, 광란, 흥분 **insomnia** 불면증 **spasm** 경련 **irritability** 화를 잘 냄 **norm** 규범 **seclusion** 격리 **refrain** 삼가다 **taxing** 힘든

Answer (d) The Myth of Female Hysteria

JoSeph's focus

빅토리아 여왕이 다스리던 시기였던 빅토리아 시대에 아주 흔한 것으로 여겨진 여성 질병 중의 하나는 여성 히스테리였습니다. 현재는 이 질병이 과학적 근거가 전혀 없는 것으로 여겨지지만 당시에 많은 사람들은 이러한 질병이 '불면증', '신경질' 혹은 '문제를 일으키는 경향'을 일으킨다고 여겨졌습니다. 현재 역사가들은 이 질병이 빅토리아 시대의 여성 지위 향상과 관련이 있다고 믿고 있습니다. 이전 시기에는 현모양처가 이상적인 여성상이었지만 빅토리아 시대에 여성들의 지위가 향상된 것을 못마땅해 하던 사람들에 의해 만들어진 병명이라는 것입니다. 그래서 그 질병에 대한 치료법도 여성의 활동을 제한하는 침대 요양, 격리였고 독서를 정신적으로 부담이 되는 활동이라는 이유로 삼가도록 했던 것이 놀랄 일이 아니라고 설명하고 있습니다. 그러므로 글의 제목으로 가장 적절한 것은 '여성 히스테리라는 질병에 관한 잘못된 생각'이라는 (d)입니다. 질병의 증세 등이 설명된다고 해서 (b)를 고르지 않도록 주의해야 합니다.

Part III (38~40)

38 운전자들이 거리에 나가기 전에 점검해야 하는 것은 차의 외부 조명이다. (a) 좋은 배터리는 여러분의 자동차 라이트 수명을 크게 늘려 줄 수 있다. (b) 전조등은 도로상에서의 여러분의 차 위치와 다른 운전들과의 거리를 확실하게 알 수 있게 해준다. (c) 방향 지시등과 정지등은 다른 운전자들과 의사소통을 하는 하나의 방법이다. (d) 그런 조명에 결함이 있게 되면, 다른 운전자들은 당신이 차를 멈추려 한다든지 또는 방향을 바꾸려 한다는 메시지를 전달 받을 수 없다.

유형 → 글의 흐름 파악

Solution 글 전체 흐름에서 벗어나는 문장을 고르는 문제로 자동차 등의 역할과 중요성에 대해 설명하고 있다. (b), (c) (d)는 모두 자동차 등에 관한 내용인데 (a)는 배터리에 대한 내용이다. 배터리 품질이 자동차 등의 수명을 크게 늘려준다는 내용은 각 등의 역할과 중요성을 설명하는 글 전체의 내용과 흐름상 어울리지 않는다.

Answer (a) A good battery can greatly increase the life of your automobile lights.

JoSeph's focus

흐름에서 벗어나는 문장을 찾으려면 우선 주제문을 찾아내야 합니다. 문장 사이 사이에 등장하는 연결어구들과 예들을 잘 살펴봐야 합니다. 주로 엉뚱한 예가 등장하면 정답이 되는 경우가 많습니다. 이 문제에서는 첫 문장이 주제문인데, 엉뚱하게도 배터리가 등의 수명을 연장시킨다는 내용이 바로 이어졌으므로 이 부분이 빠져야 합니다.

39 에스키모 인들은 매우 주의 깊게 자식들을 가르쳤다. (a) 그들은 결코 변함없이 이어온 말로 옛날 얘기를 해 주었으며, 아이들은 그것들을 완전히 알 때까지 되풀이해서 다시 얘기해야 했다. (b) 그들 자연과 영혼 세계에 대한 그들의 사상을 표현한 옛 에스키모 노래와 춤을 배웠다. (c) 나이 많은 에스키모 인들은 튼튼한 하얀 이를 갖고 있지만, 단 음식이 자식들의 이를 상하게 했

다. (d) 그리고 무엇보다 그들은 거친 땅에서 살아남는데 필요했던 기술, 즉 그 지역의 동물, 새, 물고기, 그리고 얼마 안 되는 식물과 나무의 모든 부분을 이용할 수 있는 기술을 배웠다.

유형 → 글의 흐름 파악

Solution 주제문인 첫 번째 문장에서 이 글이 에스키모 인들의 자녀 교육에 관한 것임을 알 수 있다. 따라서 뒤에 이어지는 문장들 역시 에스키모 인들의 자녀 교육에 관한 것으로, (a), (b), (d)는 모두 주제문을 뒷받침하는 내용이다. 이에 비해 (c)는 주제문과는 상관없이 에스키모 인들의 치아에 관련된 내용이다.

Voca with care 주의 깊게 retell 다시 말하다, 형태를 고쳐 말하다 repeatedly 반복해서, 반복적으로 utilize 이용하다(＝make use of)

Answer (c) Older Eskimos have strong teeth, but sweet food have harmed their children's teeth.

JOseph's focus

주제는 첫 번째 문장(The Eskimos taught their children with great care.)임을 알 수 있고 주제를 바탕으로 소거법을 적용해 보면 (c)는 에스키모 아이들이 배워야 할 것들과는 전혀 관련이 없음을 알 수 있습니다.

40-1 군중 앞에 서서 연설을 하는 것을 생각하는 것만으로도 몸이 떨린다면 당신은 혼자가 아닙니다. (a) 단순한 무대 공포증이 사람들이 성공에 꼭 필요한 좋은 인상을 못 만들게 하는 경우가 너무나 많습니다. (b) 모든 사람들이 어느 정도의 성취감 또한 원한다는 데는 의심의 여지가 없습니다. (c) 하지만 그것에 대해 당신이 할 수 있는 일이 있습니다. (d) 스피크 업 협회는 자신감을 쌓고 2명 혹은 2천 명의 사람들에게 자신의 의견을 표현하는 방법을 배우고자 하는 각계각층의 사람들이 모인 그룹입니다. 우리의 샌프란시스코 지부는 매주 화요일 오후 7시에 모이고 누구든 참가를 환영합니다. 더 이상 긴장감이 당신을 방해하도록 내버려두지 마십시오, 저희와 함께 큰 소리로 말을 합시다.

유형 → 글의 흐름 파악

Solution 직업상 다른 사람들 앞에서 자주 연설을 해야 하지만 사람들 앞에 서는 것에 두려움을 느끼는 사람들을 위한 모임 소개하는 내용이다. (a), (c), (d)가 무대 공포증과 이 모임을 소개하는 반면, 갑자기 (b)는 모든 사람들의 성취감에 대해서 이야기 하고 있으므로 글의 흐름상 적절하지 않다.

Voca shudder 떨다 impression 인상 association 협회 chapter 지부 nerve 신경, 긴장

Answer (b) There is no doubt that everyone desires some degree of fulfillment as well.

JOseph's focus

글의 흐름에서 벗어난 문장을 찾아내기 위해서는 우선 글의 주제를 파악하고 글의 통일성을 해치는 문장을 찾아내는 것이 관건입니다. 지문 전체는 주로 군중 앞에서 연설을 할 때 무대공포증이 있는데 자신의 의견을 표현하는 방법을 배우고자 하는 사람들의 모임을 소개하는 글이므로 이와 관련성이 없는 것을 찾아내면 됩니다. 이런 내용과 달리 (b)는 갑자기 모든 사람들이 성취감을 원한다는 내용이므로 적절하지 않습니다.

40-2 많은 새로운 기업들이 그들의 상품을 제일 처음 홍보하기 위해 신문과 잡지에 광고를 낸다. (a) 신문이나 잡지는 많은 대중에게 광고할 저렴한 방법이다. (b) 기업들은 전면 광고부터 광고 섹션에 몇 줄 광고를 내는 것 까지 선택이 자유롭다. (c) 특히 막 개업한 회사는 인쇄 광고가 효과적인 홍보 수단일 수 있다. (d) 몇몇 새 기업들은 대신 집집마다 방문을 한다.

유형 → 글의 흐름 파악

Solution 새로 생긴 업체들의 홍보 수단으로 신문이나 잡지가 효과적인 광고수단이라는 내용인데, 또 다른 광고 방법을 쓴다는 (d)는 맞지 않다.

Voca promote 홍보하다 take out 광고를 내다 full page 전면 광고 door-to-door 집집마다

Answer (d) Some new businesses choose to go door-to-door instead.

JOseph's focus

글의 흐름 파악인 경우, 첫 문장이 대체로 주제문인 경우가 많으므로 주제문을 중심으로 해서 그 다음에 이어지는 선택지 중 주제문과 거리가 먼 것을 고르면 됩니다. 위 지문은 신문, 잡지 광고에 대한 내용으로 새로 생긴 업체들이 홍보수단으로 신문 혹은 잡지 등을 이용한다는 내용이 와야 합니다. 그러나 이와는 동떨어지게 (d)는 신문, 잡지 등의 홍보가 아닌 기업들이 직접 집들을 방문한다는 내용이 왔으므로 적절하지 않습니다.

Practical Test 5

Listening Comprehension

Part I 1~15

1 (c) 2 (b) 3 (a) 4 (a) 5 (b) 6 (c) 7 (b) 8 (c) 9 (d) 10 (a)
11 (a) 12 (d) 13 (c) 14 (c) 15-1 (d) 15-2 (b)

Part II 16~30

16 (a) 17 (d) 18 (b) 19 (c) 20 (a) 21 (d) 22 (d) 23 (c) 24 (b) 25 (a)
26 (a) 27 (b) 28 (c) 29 (a) 30-1 (d) 30-2 (b)

Part III 31~45

31 (a) 32 (d) 33 (c) 34 (c) 35 (c) 36 (b) 37 (b) 38 (c) 39 (c) 40 (b)
41 (d) 42 (a) 43 (b) 44 (a) 45-1 (b) 45-2 (b)

Part IV 46~60

46 (c) 47 (d) 48 (a) 49 (c) 50 (c) 51 (d) 52 (d) 53 (b) 54 (b) 55 (c)
56 (b) 57 (d) 58 (a) 59 (a) 60-1 (c) 60-2 (b)

Grammar

Part I 1~20

1 (c) 2 (a) 3 (d) 4 (c) 5 (c) 6 (c) 7 (b) 8 (c) 9 (d) 10 (c)
11 (b) 12 (a) 13 (d) 14 (c) 15 (a) 16 (a) 17 (c) 18 (b) 19 (a)
20-1 (c) 20-2 (a)

Part II 21~40

21 (b) 22 (d) 23 (b) 24 (b) 25 (b) 26 (a) 27 (c) 28 (c) 29 (a) 30 (a)
31 (a) 32 (b) 33 (c) 34 (d) 35 (b) 36 (d) 37 (a) 38 (b) 39 (c)
40-1 (c) 40-2 (c)

Part III 41~45

41 (c) 42 (b) 43 (d) 44 (b) 45-1 (d) 45-2 (b)

Part IV 46~50

46 (c) 47 (d) 48 (b) 49 (b) 50-1 (d) 50-2 (a)

Part I 1~25

1 (c)	2 (a)	3 (a)	4 (d)	5 (b)	6 (d)	7 (a)	8 (d)	9 (b)	10 (a)
11 (a)	12 (d)	13 (c)	14 (d)	15 (a)	16 (c)	17 (d)	18 (d)	19 (c)	20 (b)
21 (a)	22 (c)	23 (a)	24 (c)	25-1 (d)	25-2 (c)				

Part II 26~50

26 (d)	27 (c)	28 (d)	29 (b)	30 (b)	31 (b)	32 (c)	33 (b)	34 (d)	35 (d)
36 (d)	37 (a)	38 (d)	39 (c)	40 (c)	41 (d)	42 (d)	43 (b)	44 (d)	45 (c)
46 (a)	47 (d)	48 (c)	49 (b)	50-1 (a)	50-2 (b)				

Part I 1~16

| 1 (a) | 2 (d) | 3 (d) | 4 (d) | 5 (d) | 6 (c) | 7 (a) | 8 (a) | 9 (b) | 10 (c) |
| 11 (b) | 12 (b) | 13 (c) | 14 (a) | 15 (b) | 16-1 (a) | 16-2 (b) | | | |

Part II 17~37

17 (a)	18 (d)	19 (d)	20 (b)	21 (d)	22 (b)	23 (b)	24 (c)	25 (b)
26 (a)	27 (a)	28 (b)	29 (b)	30 (d)	31 (a)	32 (a)	33 (c)	34 (a)
35 (d)	36 (b)	37-1 (d)	37-2 (b)					

Part III 38~40

| 38 (b) | 39 (d) | 40-1 (a) | 40-2 (d) |

 **Listening Comprehension**

Part I (1~15)

1 M Are there any good places around here to eat?

W _______________________________

(a) No thanks, I'm not really hungry.
(b) No, I'm in the mood for something spicy.
(c) I know a perfect spot where we can visit.
(d) We can share an entrée if you'd like.

M 이 근처에 뭘 먹을 만한 좋은 장소가 있니?

W _______________________________

(a) 아니 됐어. 난 별로 배가 안 고파.
(b) 아니, 매운 음식이 먹고 싶은데.
(c) 갈 만한 완벽한 장소를 알지.
(d) 네가 원하면, 앙트레(주요리) 하나를 나눠 먹어도 돼.

유형 → 의문사 없는 의문문

Solution (a)는 음식을 권할 때의 대답으로 적절하다.

Voca around here 이 주위에 be in mood for ~하고 싶은 기분이다 entrée 앙트레, 주 요리

Answer (c) I know a perfect spot where we can visit.

Joseph's focus

[Are there any good places to eat around here?]는 근처에 갈 만한 좋은 곳을 알고 있는지를 묻는 비교적 난이도가 낮은 질문입니다. 배가 고프다고 할 때는 [I'm starving. / I'm famished. / I'm so hungry I could eat a horse.]라고 합니다.

More Expressions

음식이나 외식과 관련하여 자주 쓰이는 표현

What are you in the mood for? 뭐 먹고 싶니?

I have a craving for (음식).
(어떠한 음식)이 먹고 싶다

How about (음식 종류/식당 이름) for a change?
기분전환으로 (음식 or 식당) 어때?

There's a great place just around the corner.
모퉁이에 아주 좋은 데가 있어.

I'm not sure. Let's ask someone for a suggestion.
잘 모르겠어. 누구한테 물어 보자.

There's a Chinese restaurant that has really good food.
음식이 아주 맛있는 중국 식당이 있어.

2 M What would you like to do for your birthday next week?

W _______________________________

(a) I'd prefer to get a chocolate cake.
(b) I was thinking about inviting some friends over.
(c) That's right, it's on July 13th.
(d) Sorry, I don't think I can make it to the party.

M 다음 주 네 생일에 뭐하고 싶니?

W _______________________________

(a) 난 초콜릿 케이크를 사고 싶은데.
(b) 친구들 몇 명을 초대하려고 생각하고 있었어.
(c) 맞아. 7월 13일이야.
(d) 미안해. 파티에 못 갈 것 같아.

유형 → 의문사 있는 의문문

Solution (d)는 파티에 초대 받았는데 갈 수 없는 상황에 적절한 답변이다.

Voca invite somebody over (집으로) 초대하다

Answer (b) I was thinking about inviting some friends over.

Joseph's focus

[What would like to ~?]는 '무엇을 하고 싶냐'고 묻는 것으로 (b)가 정답으로 가장 적절합니다.

More Expressions

초대 파티와 관련한 다양한 질문

Why don't you come over and have dinner with us?
우리 집에 와서 우리랑 같이 저녁이나 하지?

I'd like to have you over to celebrate our wedding anniversary.
우리 결혼기념일을 축하하러 네가 와 줬으면 좋겠어.

Who's the guest of honor? 파티의 주인공이 누군데?

What's the occasion? 무슨 파티인데?

Who else will be there? 누가 또 오는데?

Going out to a nice restaurant could be fun.
좋은 식당에 가는 게 재미있을 거야.

I'd really like to have a party. 나는 정말 파티를 열고 싶어.

I'm not sure, but I'd like to do something special.
잘 모르겠지만, 뭔가 특별한 걸 하고 싶어.

3 M Why didn't you call me back last night like you said you would?

W _______________________________

(a) Oh, it completely slipped my mind.

(b) I had a lot of fun talking to you last night.
(c) OK. I'll call you tomorrow then.
(d) Because you came back home so late.

M 어젯밤에 전화한다고 해 놓고 왜 안 했니?
W ___________________________________

(a) 완전히 잊어버렸어.
(b) 어젯밤에 너랑 얘기하면서 굉장히 재미있었어.
(c) 좋아. 그러면 내일 전화할게.
(d) 네가 집에 너무 늦게 왔기 때문이야.

유형 → 의문사 있는 의문문

Solution [slip one's mind]가 '깜박 잊다'의 의미로 쓰인다는 걸 알면 쉽게 해결할 수 있는 문제이다. Why로 시작하는 의문문이라고 항상 because로 대답하지는 않는다는 것을 기억해야 한다.

Voca slip one's mind 깜박 잊다

Answer (a) Oh, it completely slipped my mind.

Joseph's focus

왜 전화를 안 했는지를 묻고 있으므로 그에 대한 이유를 말하는 것이 정답으로 가장 적절합니다. 약속한 걸 잊었다거나 무언가 다른 일을 하느라 너무 바빴다거나 전화를 했지만 통화를 할 수 없었다는 등의 이유들이 정답이 될 수 있습니다. 집안에 일이 있었는데 개인적인 문제이므로 구체적으로 밝히고 싶지 않을 때 그저 family emergency가 있었다고만 말하기도 합니다.

> **More Expressions**
>
> **mind를 이용한 다양한 표현들**
>
> Great **minds** think alike.
> 다른 사람이 자신과 똑같은 생각을 하고 있을 때 유머스럽게 '역시 똑똑한 사람들은 생각이 같아.'라는 의미로 사용한다.
>
> He can't get her out of his **mind** even after they broke up. 그들이 헤어진 후에도 그는 그녀를 잊을 수가 없었다.
>
> Making dinner is the last thing on my **mind** right now. (다른 더 중요한 일들이 많아서) 지금은 저녁밥 걱정을 할 때가 아니다.

4 W I've been waiting to go to this concert all year! I'm so excited.
M ___________________________________

(a) I'm so jealous! I wish I could go too.
(b) That's OK. There'll be another one next year.
(c) I have been waiting for you for an hour.
(d) The concert ended ten minutes ago.

W 이 콘서트에 가기를 일 년 내내 기다려 왔어! 너무 신난다.
M ___________________________________

(a) 샘난다! 나도 갈 수 있으면 좋을 텐데.
(b) 괜찮아. 내년에 또 콘서트가 있을 거야.
(c) 너를 한 시간 동안 기다렸어.
(d) 콘서트는 10분 전에 끝났어.

유형 → 평서문

Solution 콘서트에 가게 되기를 손꼽아 기다려 왔다고 했으므로 '나도 갈 수 있으면 좋을 텐데'라고 한 (a)가 가장 적절하다. waiting이란 단어만 듣고 (c)를 정답으로 고르지 않도록 주의한다.

Voca jealous 질투를 하는

Answer (a) I'm so jealous! I wish I could go too.

Joseph's focus

의문문이 아닌 평서문에 대한 대답은 매우 다양할 수 있습니다. 그러므로 말하는 사람의 의도, 심정을 파악하는 것이 가장 중요합니다. 콘서트에 가게 되기를 일 년 내내 기다려 왔다고 아주 흥분된 심정을 나타내고 있으므로 '재미있겠다, 내가 제일 좋아하는 밴드가 공연을 해서 나도 기대가 된다, 나도 가고 싶었는데 표를 못 구했다.' 등의 다양한 답이 나올 수 있습니다. 참고로 [I wish~.]와 [I hope~.]는 둘 다 우리말로 '~했으면 좋겠다'라고 해석되지만 I wish는 일어날 가능성이 없는 사실, I hope는 일어날 가능성이 있는 사실을 바랄 때 사용합니다.

> **More Expressions**
>
> **'기분이 매우 좋다'는 의미의 표현들**
>
> I'm on cloud nine.   I'm on top of the world.
> I'm happy as a clam.   I'm pleased as punch.

5 W Are we all going to be able to fit into one car?
M ___________________________________

(a) No, I don't mind giving you a ride at all.
(b) I think we can squeeze everyone in.
(c) I tried very hard to fit in, but they just didn't like me.
(d) You're right. There're only three people.

W 우리가 다 한 차에 탈 수 있을까?
M ___________________________________

(a) 아니, 얼마든지 태워다 줄게.
(b) 끼어 앉으면 다 탈 수 있을 거야.
(c) 어울리려고 애썼지만, 그들은 날 싫어했어.
(d) 네 말이 맞아. 세 명밖에 없어.

유형 → 의문사 없는 의문문

Solution '한 대의 차에 모두 다 탈 수 있을까?'라고 물었으므로 그에 가장 적절한 대답을 찾아야 한다. (c)의 fit in은 '다른 사람들과 잘 어울리다'라는 의미로 사용되었다.

Voca squeeze (좁은 곳에) 밀어[집어]넣다 fit in (자연스럽게 ~
와) 어울리다

Answer (b) I think we can squeeze everyone in.

Joseph's focus

(a)는 차로 태워다 줄 수 있는지를 물었을 때의 답변으로 적절
합니다. squeeze는 '(좁은 곳에) 밀어[집어]넣다'의 의미로 사
용 되었습니다. 차 한 대에 모든 사람이 다 탈 수 있을까라고 물
었으므로 '차가 한 대 더 있어야 할 것 같아.' 혹은 '내가 다른 차
를 타고 갈게.'등이 답변으로 적절합니다. (c)의 fit in은 '(다른
사람들과) 어울리다'의 의미입니다. 질문의 fit into와 혼동하여
(c)를 답으로 고르지 않도록 주의합니다. 세 명밖에 없다면 모
두 차에 타는 것이 문제가 되지 않으므로 (d)는 논리적으로 맞
지 않습니다.

6 M Do you know who's coming over for dinner
tonight?

W ____

(a) I'm bringing salad and bread over for dinner.
(b) I'd love to, but I can't make it tonight.
(c) No, but I heard there's going to be quite a
crowd.
(d) Something smells wonderful. My stomach is
growling.

M 오늘 저녁에 저녁 먹으러 누가 오는지 알아?

W ____

(a) 나는 저녁으로 샐러드랑 빵을 가져올 거야.
(b) 그러고 싶은데, 저녁에는 갈 수가 없어.
(c) 아니, 하지만 꽤 많은 사람들이 온다고 들었어.
(d) 좋은 냄새가 나네. 배에서 꼬르륵 소리가 나.

유형 → 의문사 없는 의문문

Solution 저녁 식사에 누가 오는지 아느냐고 물었으므로 그건 모르
지만 많은 사람들이 올 거라고 들었다는 (c)가 가장 적절하
다. 저녁 식사에 뭘 가지고 올 거냐는 질문으로 착각하여 (a)
를 고르지 않도록 주의한다.

Voca make it (정해진 시간에) 대다, 도달하다 growl (동물 등이)
으르렁거리다

Answer (c) No, but I heard there's going to be quite a
crowd.

Joseph's focus

[Do you know who's coming over for dinner tonight?]
이라고 물었을 때는 자신은 알고 있으면서 다른 사람에게 묻는
경우일 수도 있고 누가 오는지를 정말 몰라서 묻는 경우일 수
도 있습니다. 그러므로 전자의 경우는 '나도 알고 있다' 혹은 '몰
라, 누가 오는데?' 등이 적절하며, 후자의 경우는 구체적인 사람
이름이나 관계를 말하거나 '나도 모른다'가 정답이 될 수 있습
니다. 혹은 (c)처럼 잘은 모르지만, 많은 사람들이 올 거라고 들
었다는 간접적인 답변이 정답이 될 수도 있습니다.

7 W Could you tell me where the biology building
is?

M ____

(a) It stays open late during the week.
(b) It's next to the library, on the left.
(c) I'm also studying for a biology degree.
(d) They just remodeled the building.

W 생물학과 건물이 어디 있는지 알려 주실래요?

M ____

(a) 주중에는 늦게까지 열어요.
(b) 도서관 옆 왼쪽이에요.
(c) 저도 생물학을 공부하고 있어요.
(d) 그 건물은 완전 개조됐어요.

유형 → 의문사 없는 의문문

Solution 건물의 위치를 묻고 있으므로 방향이나 어떻게 가는지를
설명하는 것이 정답이다. (a)는 건물이 언제 문을 닫는지에
대한 질문의 답변으로 알맞다.

Voca degree 학위 remodel 개조하다

Answer (b) It's next to the library, on the left.

Joseph's focus

[Could you tell me where the biology building is?]라고
길을 묻고 있으므로 구체적인 방향을 알려 주거나 자신도 잘
모르겠다는 표현이 답변으로 나올 수 있습니다. 의문사 where
를 정확하게 들었다면 위치를 묻는 문제라는 것을 쉽게 알 수
있습니다.

More Expressions

누군가 길을 물었을 때 잘 모르는 경우

I'm not from around here.
저는 여기 출신이 아니에요.

You'd better ask someone else.
다른 분께 물어 보세요.

I'm sorry, I don't know where that is.
죄송한데, 어딘지 모르겠네요.

Actually this is my first time here too.
저도 사실 여기가 처음이에요.

방향, 위치를 설명할 때

right next to ~ ~바로 옆에
right across from ~ ~건너편에
just around the corner from ~ ~에서 바로 모퉁이 돌아서

---

8 W Would you like to see a play with me tonight?

M ____

(a) Sure, do you want to get some popcorn
before we go in?
(b) No, but I saw them playing together yesterday.
(c) That depends on what it's about.
(d) It was the worst performance I've ever seen.

W 오늘 밤에 나랑 연극 보러 갈래?

M _______________________________________

(a) 물론이지. 들어가기 전에 팝콘 살래?
(b) 아니, 하지만 어제 그들이 함께 노는 걸 봤는데.
(c) 무슨 연극인지에 따라 다르지.
(d) 내가 본 것 중에 가장 형편없는 연기였어.

유형 → 의문사 없는 의문문(제안/초대)

Solution 오늘 밤 연극 보러 가겠냐고 물었으므로 승락을 하거나 거절을 하는 것이 답변으로 적절하다. 혹은 어떤 종류의 연극이냐에 따라 갈 수도 있고 안 갈 수도 있다는 (c)가 정답이 될 수 있다. (a)는 영화관에 들어가기 전에 적절한 표현이다.

Voca depend on ~에 달려 있다(~에 의해 결정되다)
performance 공연, 연주회

Answer (c) That depends on what it's about.

Joseph's focus

[Would you like to ~?]는 초대나 제안을 할 때 흔히 사용하는 표현입니다. 답변으로는 승락 혹은 거절을 의미하는 표현이 적절합니다. 초대를 받거나 제안을 받았을 때 왜 거절을 해야만 하는지 그 이유를 설명하는 것이 좋습니다. [I'd love to, but ~]이라고 말하면 상대방의 호의를 무시하지 않으면서 공손히 거절을 할 수 있습니다. (a)는 영화관에서 벌어질 수 있는 상황이고 (b)는 play를 동사의 의미로 사용한 함정입니다. 여기서는 승낙도 거절도 아닌, 어떤 내용의 연극인지에 따라 갈 수도 있고 안 갈 수도 있다는 (c)가 정답이 됩니다. (d)는 연극을 보고 난 후에 할 수 있는 말로 정답이 될 수 없습니다.

9 M Have you decided what you're going to order yet?

W _______________________________________

(a) No, I don't. I think hamburgers are better than pizza.
(b) No, thanks. I'm a vegetarian.
(c) This is not what I ordered.
(d) Can you give me a few more minutes?

M 무엇을 주문할지 결정하셨나요?

W _______________________________________

(a) 아니요. 햄버거가 피자보다 나은 것 같아요.
(b) 고맙지만 됐어요. 전 채식주의자예요.
(c) 이건 제가 주문한 게 아닌데요.
(d) 몇 분만 더 시간을 주실래요?

유형 → 의문사 없는 의문문

Solution (c)는 이미 주문을 해서 음식이 나왔을 때 할 수 있는 말로 주문을 아직 하지 않은 상태이므로 정답이 될 수 없다.

Voca vegetarian 채식주의자

Answer (d) Can you give me a few more minutes?

Joseph's focus

식당에서 웨이터가 주문할 음식을 결정했는지를 묻고 있는 상황입니다. 결정했거나 아직 안 했거나 메뉴에 대한 질문이 있는 세 가지 경우가 있을 수 있습니다. 첫 번째 경우에는 원하는 음

식의 이름을 말하며 주문을 할 것이고, 아직 결정을 안했을 경우에는 시간을 좀 더 달라고 할 수 있으며, 메뉴에 대한 질문이 있을 때는 곁들여서 나오는 음식이 뭔지, 양이 어느 정도 되는지 등에 대한 구체적 질문을 할 수 있습니다.

More Expressions

식당에서 사용되는 표현들

Do you have any specials? 특별 메뉴가 있나요?

I haven't figured out what I want yet.
아직 뭘 먹을지 모르겠어요

I'd like a steak. What does that come with?
스테이크로 할게요. 뭐랑 같이 나오나요?

---

10 M I'm excited about Jake's party this weekend. You're going, right?

W _______________________________________

(a) I'm not sure yet. I won't know anyone there.
(b) Don't worry. I'll give you directions to his house.
(c) Right. It's going to last until really late at night.
(d) The music was so loud that I couldn't sleep.

M 이번 주말 제이크의 파티가 기대돼. 너도 갈 거지?

W _______________________________________

(a) 잘 모르겠어. 아는 사람들이 별로 없을 것 같아.
(b) 걱정 마. 그의 집으로 가는 길을 알려 줄게.
(c) 그래. 밤늦게까지 계속될 거야.
(d) 음악 소리가 너무 커서 잠을 잘 수가 없었어.

유형 → 의문사 없는 의문문

Solution 파티에 갈 것인지를 묻고 있으므로 아는 사람이 별로 없을 것 같아서 망설여진다는 (a)가 가장 논리적으로 적절하다. (c)는 파티가 언제 끝날지를 묻는 질문에 대한 답변으로 적절하다.

Voca give (somebody) directions to (something) (~에게 ~로 가는) 길을 알려주다

Answer (a) I'm not sure yet. I won't know anyone there.

Joseph's focus

파티에 갈 것인지의 여부를 묻고 있습니다. 답변으로는, 갈지 안 갈지의 여부와 만일 못 가거나 안 가게 될 예정이라면 그 이유가 설명될 것입니다. 보기들 중에서는 (a)가 파티에 아는 사람이 별로 없어서 가야 할지 확신이 서지 않는다는 의미로 가장 적절합니다.

11 M Guess who just got promoted to senior manager?

W _______________________________________

(a) Congratulations! We should celebrate.
(b) You can do it. You just have to work hard.
(c) Kevin is a wonderful person to work with.

(d) Your guess is as good as mine.

M 누가 막 부장으로 승진했는지 맞춰 볼래?

W _______________________________________

(a) 축하해! 기념해야겠다.
(b) 너는 할 수 있어 열심히 일하면 돼.
(c) 케빈은 같이 일하기에 좋은 사람이야.
(d) 너와 마찬가지로 나도 몰라.

유형 → 의문사 없는 의문문(간접의문문)

Solution [Guess who just got promoted to senior manager?] 해석은 '누가 부장으로 승진했는지 맞춰 볼래?'이지만 내포된 의미는 '자신이 승진했다'는 의미이다.

Voca promote 승진시키다, 판촉하다

Answer (a) Congratulations! We should celebrate.

Joseph's focus

[Guess who just got promoted to senior manager?]는 누가 승진했는지를 묻는 질문이라기보다는 [I just found out that I got promoted to senior manager.]의 의미입니다. 승진을 했다고 했으므로 축하하는 말이 나올 것을 기대할 수 있습니다. 이미 승진을 했으면 (b)가 [You deserve it. You worked very hard.]라고 하는 게 정답이 될 수 있습니다. 문제에서는 실제로 누가 (who) 승진했는지를 몰라서 묻는 것이 아니므로 사람의 이름을 사용한 (c)는 정답이 될 수 없습니다. (d)는 너와 마찬가지로 나도 모른다는 의미이지만, 질문이 who를 묻는 것이 아니므로 정답이 될 수 없습니다.

More Expressions

기본적인 칭찬 표현

Way to go.　　　　　I'm proud of you.
You deserve it!　　　Good job! / Good work!

---

12 W I'd like to deposit this check and then transfer some money to another account.

M _______________________________________

(a) I'm transferring to the Busan office next week.
(b) The deposit is not refundable.
(c) No problem. I can check that for you.
(d) I need the account numbers and your signature.

W 이 수표를 입금한 후에 다른 계좌로 일부를 이체하고 싶은데요.

M _______________________________________

(a) 저는 다음 주에 부산지점으로 전근을 갑니다.
(b) 예치금은 환불이 되지 않습니다.
(c) 문제없어요. 그것을 제가 확인해 드리지요.
(d) 계좌 번호와 서명이 필요합니다.

유형 → 평서문

Solution 수표를 예금하고 돈을 이체하고 싶다고 했으므로 (d)가 가장 적절하다. (c)의 check은 '확인하다'의 동사로 쓰였다.

Voca check 수표, 확인하다　transfer 전학(근)가다　deposit 예치금　refundable 환불되는(↔non-refundable)　account 계좌　signature 서명

Answer (d) I need the account numbers and your signature.

Joseph's focus

은행에서 흔히 들을 수 있는 표현입니다. 수표를 예금한 후에 다른 계좌로 이체하고 싶다고 말하고 있습니다. 적절한 답변으로는 계좌 번호를 묻거나 양식을 작성해 달라고 할 수 있습니다. deposit과 check은 각각 명사와 동사로 쓰일 수도 있습니다. 문제의 transfer는 '자금을 이체하다'의 의미로 쓰였지만 (a)의 transfer는 '전근가다'의 의미로 쓰였습니다. (b)의 deposit은 '예치금, 계약금'의 의미로 쓰였습니다. 문제에서는 check이 명사 '수표'의 의미로 쓰였지만, (c)의 check은 '확인하다'의 동사로 쓰였습니다.

More Expressions

은행에서 사용될 수 있는 표현

endorse (수표에) 이서하다

open an account 은행 계좌를 개설하다

cash a check 수표를 현금으로 바꾸다

withdraw some money(=make a withdrawal) 돈을 인출하다

---

13 M Can you present your report tomorrow in the team meeting?

W _______________________________________

(a) Thanks. This is such a wonderful present.
(b) No, I have never been a part of the team before.
(c) Sure. I'll definitely have it prepared by then.
(d) Yes, you have to report back to your supervisor.

M 내일 팀 회의에서 보고서를 발표할 수 있겠어요?

W _______________________________________

(a) 고마워요. 매우 멋진 선물이에요.
(b) 아니오, 난 한 번도 팀에 속한 적이 없어요.
(c) 물론이죠. 그때까지는 준비되도록 할 거예요.
(d) 당신의 상관에게 보고해야만 해요.

유형 → 의문사 없는 의문문

Solution present가 동사로 '발표하다'의 의미로 쓰인다는 것을 알면 쉽게 해결할 수 있는 문제이다. (a)에서는 present가 명사 '선물'의 의미로 쓰였다.

Voca present v. 발표하다 n. 선물 a. 현재의, 출석한

Answer (c) Sure. I'll definitely have it prepared by then.

Joseph's focus

내일 있을 팀 회의에서 보고서를 발표할 수 있는지를 묻고 있습니다. present는 동사, 명사, 형용사로 쓰일 수 있지만, 여기

서는 동사로 '발표하다'의 의미로 쓰였습니다. (a)의 present는 '선물'의 의미이고 report 역시, 동사나 명사로 쓰일 수 있는데 문제에서는 '보고서'라는 의미의 명사로 사용되었으며, (d)에서는 '보고하다'의 동사로 쓰였음을 주의해야 합니다. 회의 때까지 보고서가 준비되도록 하겠다고 한 (c)가 답변으로 가장 적절합니다.

More Expressions

'회의'에 관련된 표현들

call a meeting 회의를 소집하다
attend a meeting 회의에 참가하다
set up a meeting 회의 일정을 정하다
adjourn a meeting 회의를 휴회하다

---

14 W It was great working with you.
   M ________________________

(a) That's OK.
(b) Sounds good.
(c) Likewise.
(d) It should be.

   W 같이 일하게 돼서 매우 좋았어요.
   M ________________________

(a) 괜찮아요.
(b) 좋아요.
(c) 저도 그래요.
(d) 그래야죠.

유형 → 평서문

Solution 같이 일해서 기뻤다라고 했으므로 감사의 표현이나 '나도 같이 일해서 기뻤다.'라는 표현이 가장 적절하다. (a)는 사과에 대한 답변으로 적절하다.

Voca likewise 저도 그래요

Answer (c) Likewise.

Joseph's focus

감사에 대한 답변을 요구하는 상황에서는 표현이 어려워서가 아니라 재빠르게 의미를 파악하지 못해서 답을 놓칠 수가 있습니다. likewise는 동의를 나타내거나 자신도 같은 심정이라는 의미로 흔히 쓰입니다. 문제에서처럼 같이 일하게 돼서 혹은 만나게 돼서 너무 반가웠다라고 말할 때 '저도 그래요'라고 답하고 싶을 때는 [Likewise.]라고 하면 됩니다. 또한 상대방이 [Have a nice weekend!]과 같은 인사말을 할 때는 [You too.]라고 하거나 [Same to you.]라고 말하면 '당신도 주말 잘 보내세요.'의 의미가 됩니다.

More Expressions

감사에 대한 답변

You're very welcome.	Don't mention it.
It was nothing.	No big deal.

15-1 W Sorry, I'm late, sir. I got tied up in traffic on the freeway this morning.
   M ________________________

(a) In fact, I think that's the quickest route.
(b) Well, how are you going to get to the office, then?
(c) Please make an exception just this once.
(d) Don't worry about it, but try not to be late again.

   W 미안합니다. 늦었어요. 오늘 아침 고속도로에서 교통 체증에 걸렸어요.
   M ________________________

(a) 실은 그게 가장 빠른 길이라고 생각해요.
(b) 그러면 출근은 어떻게 할 거예요?
(c) 이번 한 번은 예외로 해 주세요.
(d) 괜찮아요, 하지만 다시는 늦지 마세요.

유형 → 평서문

Solution 사과에 대한 가장 적절한 답변을 찾는 문제이다. 신경 쓰지 말고 다시는 늦지 말라고 한 (d)가 정답으로 가장 적절하다.

Voca get tied up (일 등에 묶여) 꼼짝할 수 없다   route 길, 경로   make an exception 예외로 하다

Answer (d) Dont's worry about it, but try not to be late again.

Joseph's focus

늦은 것에 대해 사과를 하고 있는 대화입니다. 사과를 할 때는 일반적으로 [sorry for~/excuse me for~/I apologize~] 라고 한 후, 이 문제에서처럼 늦게 된 이유를 설명하거나 다시는 그런 일이 없을 거라는 약속의 말을 하는 것이 보통입니다. 여자가 늦은 것에 대해 사과를 하고 있으므로 남자의 답변으로는 사과를 받아들이는 말을 하거나 자주 늦는 것에 대해 질책을 하는 경우들을 예상해 볼 수 있습니다. (a)는 가장 빠른 길에 대해 이야기하고 있고 (b)는 어떻게 사무실에 갈 거냐고 묻고 있으므로 정답이 될 수 없습니다. (c)는 한 번만 양해를 해달라고 부탁하는 내용이므로 남자가 할 말이 아니라 여자가 할 말로 적절합니다.

More Expressions

사과할 때

Sorry.	Excuse me.
My apologies.	I feel bad about…
I have to apologize for…	
You cannot believe how sorry I am.	
Words cannot describe how sorry I am.	

사과를 받아들일 때

Forget about it.	No harm done.
Don't let it bother you.	No big deal.

15-2 M Do you think you could explain this problem to me? I don't get it.

W _______________________

(a) Could you please go over that part again?
(b) Actually, I'm having trouble with it myself.
(c) Sorry, but I don't know where it is, either.
(d) I started my homework yesterday.

M 이 문제를 나한테 설명해 줄 수 있겠니? 난 이해가 안 돼.
W _______________________

(a) 그 부분을 다시 설명해 줄 수 있겠니?
(b) 사실, 나도 어려움을 겪고 있는 중이야.
(c) 미안한데, 나도 어디 있는지 몰라.
(d) 나는 숙제를 어제 시작했어.

유형 → 의문사 없는 의문문

Solution 문제가 이해가 안 되니 설명해 줄 수 있겠냐고 묻고 있으므로 사실은 나도 이해가 안 된다고 한 (b)가 정답으로 가장 적절하다.

Voca get 이해하다(=understand)

Answer (b) Actually, I'm having trouble with it myself.

Joseph's focus

남자는 문제가 이해가 되지 않는다며 여자에게 설명을 해 줄 수 있는지를 묻고 있습니다. (a)는 이해가 가지 않을 때 그 부분을 다시 설명해 줄 수 있냐고 요구하는 것이므로 여자가 할 말이라기보다는 남자가 할 말로 더 적절합니다. 동사 get에는 'understand'의 의미가 있습니다. 회화에서 [I don't get it.]이라고 하면 '이해가 되지 않는다'는 표현으로 흔하게 쓰입니다. 특히 농담 같은 것을 이해하지 못한다고 할 때도 많이 사용합니다. 반대로 '아, 이제 이해가 됐어.'라고 말할 때는 [Oh, I get it now.]라고 할 수 있습니다.

More Expressions

'이해가 안 된다/모른다'는 표현들

not have a clue 전혀 모르다
I don't have a clue what you're talking about.
네가 무슨 말을 하는지 전혀 모르겠어.

go over someone's head 이해가 안 가다
The chemistry lecture was so difficult that it went right over her head.
화학 강의는 너무 어려워서 전혀 이해가 안 됐다.

can't make heads or tails of something 이해가 안 가다
After reading the first chapter of the novel, he couldn't make heads or tails of it.
소설의 첫 장을 읽고 난 후, 그는 그것을 전혀 이해할 수가 없었다.

not know the first thing about something 전혀 모르다
Though she wanted to get a pet dog, she didn't know the first thing about taking care of an animal.
그녀는 애완견을 갖고 싶어 했지만, 동물을 돌보는 일에 대해서는 전혀 모른다.

Part II (16~30)

16 W What do you want to do today?
M I don't know. Do you have any ideas?
W We could stop by the flea market.

M _______________________

(a) Maybe not. I just went last week.
(b) I need to go to the supermarket.
(c) We're in the market for a new car.
(d) It's none of your business.

W 오늘 뭐하고 싶니?
M 모르겠어. 좋은 생각 있니?
W 벼룩시장에 가도 되고.
M _______________________

(a) 별로야. 지난주에 갔었거든.
(b) 슈퍼마켓에 가야 돼.
(c) 우리는 새 차를 살 거야.
(d) 네가 상관할 일이 아니야.

유형 → 평서문

Solution 벼룩시장에 가는 것을 제안했지만, 지난주에 이미 갔다고 말하는 (a)가 정답으로 가장 적절하다. [be in the market for]는 '~을 사려고 물건을 찾고 있는 중이다'는 의미다.

Voca flea market 벼룩시장(=swap meet)
in the market for (something) ~을 사려고

Answer (a) Maybe not. I just went last week.

Joseph's focus

오늘 무엇을 할지 계획을 세우는 대화입니다. 여자가 벼룩시장에 가는 건 어떠냐고 했지만, 남자는 지난주에 갔었기 때문에 오늘은 가고 싶지 않다고 말하고 있습니다. (c)의 [in the market for~]는 [interested in buying~]의 의미입니다. 참고로 flea market은 중고 물품들을 파는 장으로 flea market 이외에도, 개인들이 필요 없는 물건들을 차고에서 이웃들에게 파는 것을 garage sale/yard sale이라고 합니다.

17 W Hello, officer. What's the problem? Did I do anything wrong?
M Well, one of your headlights is out.
W Oh, I'm sorry. I had no idea.
M _______________________

(a) That's out of the question.
(b) Your car broke down on the way.
(c) You didn't stop for the stop sign.
(d) Please get it fixed as soon as you can.

W 경관님. 무슨 일이죠? 제가 뭘 잘못했나요?
M 헤드라이트 하나가 작동을 하지 않는군요.
W 어, 죄송해요. 몰랐어요.
M _______________________

(a) 그건 말도 안 됩니다.
(b) 당신 차가 오는 길에 고장 났어요.
(c) 정지 신호에서 멈추지 않았어요.
(d) 될 수 있는 한 빨리 수리하도록 하세요.

유형 → 평서문

Solution 경찰관이 운전자를 세워서 헤드라이트가 들어오지 않는다고 알려 주고 있다. 미안하다는 여자의 말에 빨리 수리를

하도록 하는 (d)가 답변으로 가장 적절하다.

 out (기계 등이) 작동하지 않는

 (d) Please get it fixed as soon as you can.

Joseph's focus

경찰관이 운전자를 세웠을 때 벌어지는 상황입니다. 문제에서는 교통 위반을 해서 세운 것이 아니므로 (c)는 정답이 될 수 없습니다. 운전자가 헤드라이트가 나갔다는 것을 몰랐다고 사과를 하고 있으므로 경고를 하고 보내 주거나 딱지를 뗄 수도 있습니다. 여기서는 마음 좋은 경찰관이 경고를 하고 보내주는 (d)가 정답으로 가장 적절합니다. 경찰관의 지시에 따라 운전자가 길옆에 차를 세우는 것은 pull over라고 합니다.

More Expressions

경찰관이 운전자에게 할 수 있는 표현

Don't drive at night until it's fixed.
고칠 때까지는 밤에 운전을 하지 마세요.

I'll let you go this time with a warning.
이번에는 경고만 하고 보내 줄게요.

Just stay off the road until it's fixed.
고칠 때까지는 길에 나오지 마세요.

---

18 W Is this Mrs. Kent's office?
　　 M Yes, who's calling, please?
　　 W This is Jessica Hudson. I'm just returning her call.
　　 M ______________________________

(a) Please hold all my calls.
(b) I'm afraid she's on another line.
(c) I have Mrs. Kent on line 2.
(d) When do you expect her to return?

W 켄트 씨 사무실인가요?
M 네, 전화하시는 분은 누구죠?
W 저는 제시카 허드슨이에요. 전화를 했다고 해서 전화 드렸어요.
M ______________________________

(a) 어떤 전화도 연결하지 마세요.
(b) 지금 통화 중인데요.
(c) 켄트씨가 2번 전화에서 기다리고 계십니다.
(d) 언제 돌아올 것 같은가요?

유형 → 평서문

 기다리라고 말하는 Please hold.와 (a)의 [Please hold all my calls.]을 혼동하지 않도록 한다. (a)는 전화를 연결시키지 말라고 부탁하는 말이다.

 return one's call (상대방이 전화를 했을 때) 답으로 전화를 하다

 (b) I'm afraid she's on another line.

Joseph's focus

실제 생활에서 전화 통화는 상대방의 표정을 보면서 대화할 수가 없기 때문에, 일반 생활 회화 중에서도 가장 어려운 부분입

니다. 다른 사람에게 전화가 와서 바꾸어 주며 할 수 있는 말로, [There is a phone call for you.] 혹은 [You have a phone call.]이라고 합니다. 전화 받기가 곤란해서 잠시 후에 다시 전화하겠다고 할 때는 [Can I call you back in just a few minutes?]라고 하면 됩니다. 전화를 해서 '지금 통화할 수 있니?'라고 묻고 싶을 때는 [Am I calling at a bad time?]이라고 합니다. 자신이 나간 사이에 전화온 데가 없었냐고 물을 때는 [Any calls for me?]라고 하면 됩니다.

More Expressions

전화 통화와 관련된 표현

Hold on. Let me go get her.
잠깐만요. 바꿔 드릴게요.

She's not here. Can I take a message?
지금 자리에 없는데요. 메시지를 전해드릴까요?

Could you call back in a few minutes?
몇 분 후에 다시 전화해 주시겠어요?

---

19 W Have you heard that John and Mary are getting hitched?
　　 M No, I haven't. But that's great news.
　　 W Yeah, they've been going out for five years now.
　　 M ______________________________

(a) Congratulations. I'm so happy for you both!
(b) I've been married for five years too.
(c) I know. It's about time they tied the knot.
(d) Are you going to tell them the news?

W 존과 메리가 결혼한다는 소식 들었어?
M 아니, 못 들었어. 하지만 기쁜 소식이네.
W 맞아. 둘이 5년째 사귀고 있잖아.
M ______________________________

(a) 축하해. 너희 둘에게 정말 기쁜 소식이구나.
(b) 나도 결혼한 지 5년 됐어.
(c) 나도 알아. 결혼할 때도 됐지.
(d) 그들한테 소식을 전할 거야?

유형 → 평서문

 두 사람이 결혼한다는 소식을 듣고 이미 5년 동안이나 사귀어 오던 사이라고 했으므로 이제 결혼할 때도 됐다는 의미의 (c)가 정답이다. (a)는 결혼하는 당사자들에게 축하의 말로 적절한 말이다.

 go out 사귀다, 교제하다 tie the knot 결혼하다

 (c) I know. It's about time they tied the knot.

Joseph's focus

get hitched와 tie the knot은 'get married'의 의미를 가진 숙어들입니다. 숙어의 의미를 모르면 대화의 내용을 이해하기 어려울 수도 있습니다. 대화의 내용은 두 사람이 결혼한다는 소식을 듣고 5년이나 사귀어 온 사이니 결혼할 때도 되었다는 내용입니다. [It's about time + 가정법 과거]가 '진작 ~했었어야 했는데 늦은 감이 있다'는 의미로 쓰인다는 것을 모르면 까

다로울 수 있는 문제입니다. [It's time to do~(~을 할 때다).] 와 혼동하지 않도록 주의합니다.

More Expressions

사랑과 결혼에 관련된 숙어들

unrequited love 짝사랑

head over heels in love with (someone)
~에게 홀딱 빠지다

made for each other (=a match made in heaven)
천생 연분

pop the question (=ask for someone's hand in)
청혼하다

20 W Hi Jim, I was wondering if you could give me a hand moving my furniture today.
　 M Certainly. Did you get some new furniture or are you just rearranging it?
　 W Oh, didn't you hear? I'm moving away.
　 M ＿＿＿＿＿＿＿＿＿＿＿

(a) How come you never told me?
(b) You must be my new neighbor. I'm Jim.
(c) I know. Let's move this couch over against the wall.
(d) That's great, but I don't live there any more.

　 W 안녕, 짐. 오늘 가구 옮기는 것 좀 도와줄 수 있겠니?
　 M 물론이지. 몇몇 새 가구를 샀니 아니면 그냥 배치를 바꾸는 거니?
　 W 어, 얘기 못 들었니? 나 이사 가.
　 M ＿＿＿＿＿＿＿＿＿＿＿

(a) 왜 나한테는 말 안했니?
(b) 새 이웃인가 봐요, 저는 짐이에요.
(c) 나도 알아. 이 소파를 옮겨 벽에 붙이자.
(d) 잘 됐네. 그런데 난 더 이상 거기 안 살아요.

유형 → 평서문

Solution 남자는 여자가 이사 간다는 사실을 전혀 모르고 있었으므로 (a)가 가장 적절하다. (b)는 새로 이사 온 이웃을 만나 자기 소개를 할 때 적절한 표현이다.

Voca give a hand 돕다(=help)　rearrange 재배치하다, (일정을) 조정하다

Answer (a) How come you never told me?

Joseph's focus

가구 옮기는 것을 도와줄 수 있는지를 묻자 기꺼이 도와주겠다고 합니다. 새로 가구를 샀는지 그저 가구의 위치를 바꾸려는 것인지를 묻자 이사를 간다는 얘기를 못 들었냐고 합니다. 그에 알맞은 답변으로는 '모르고 있었다' 혹은 '알고 있었는데 깜박 잊었다' 등이 적절합니다. move away는 '이사 가다'의 의미이며 새 집으로 '이사를 오다'는 move in, '이사를 가다'는 move out이라고 합니다. 또한 furniture가 water나 money와 같이 불가산 명사라는 것에 주의해야 합니다. 그러므로 a furniture나 furnitures라고 쓸 수 없으며, a piece of와 같은 단위 명사

를 사용하여 셉니다.

21 W Hi, I'm trying to get a hold of Mr. Jones. Is he available?
　 M He's in a meeting right now. May I take a message?
　 W Sure. This is Grace Martin. Please have him call me.
　 M ＿＿＿＿＿＿＿＿＿＿＿

(a) I'm sorry. Mr. Jones can't come to the phone right now.
(b) I'll do that, but did you try his cell phone number?
(c) I'm running late, so can we have this conversation later?
(d) Certainly. Can I get a phone number where he can reach you?

　 W 안녕하세요, 존스 씨와 통화를 하고 싶은데요. 계신가요?
　 M 지금 회의 중이신데요. 메시지를 전해 드릴까요?
　 W 네. 저는 그레이스 마틴인데요. 전화해 달라고 전해 주세요.
　 M ＿＿＿＿＿＿＿＿＿＿＿

(a) 죄송합니다. 존스 씨는 지금 전화를 받을 수 없는대요.
(b) 그렇게 하지요. 그런데 휴대 전화로 연락해 보셨나요?
(c) 제가 늦었거든요, 나중에 얘기할 수 있을까요?
(d) 그러죠. 존스 씨가 전화 할 수 있게 전화번호를 알려 주세요?

유형 → 평서문

Solution 전화를 해달라는 메시지를 전해 달라고 했으므로 연락할 수 있는 전화번호를 묻는 것이 가장 자연스럽다.

Voca get hold of ~와 연락을 취하다

Answer (d) Certainly. Can I get a phone number where he can reach you?

Joseph's focus

전화 통화에서는 전화를 한 사람이 할 말과 전화를 받는 사람이 할 말을 구별하는 것이 전체적인 흐름을 파악하는데 매우 중요합니다. 메시지로 전화를 해 달라는 내용을 남길 때는 전화 건 사람의 전화번호를 받아 두는 것이 보통입니다. 이미 존스 씨가 회의 중이어서 전화를 받을 수 없다고 했으므로 (a)나 (b)는 정답이 될 수 없습니다. (c)는 통화 중에 급히 전화를 끊어야 할 때 적절한 표현입니다. 전화로 메모를 남기고 싶을 때는 [Please tell him / her (자신의 이름) called.] 혹은 [Can you ask him / her to call me back at my office?] 등이라고 말할 수 있습니다.

22 W Do you usually eat at home?
    M Well, I try to eat at home more often, but sometimes I just don't have time to cook.
    W I know what you mean. How often do you eat out?
    M _______________

(a) I'm going to make some chicken for dinner.
(b) Thanks for asking, but I'm just not hungry.
(c) Good thinking. Where do you want to go?
(d) I guess two or three times a week.

W 주로 집에서 밥을 먹나요?
M 집에서 좀 더 자주 먹으려고 노력하지만, 때로는 요리할 시간이 없어요.
W 이해해요. 얼마나 자주 외식을 하는데요?
M _______________

(a) 저녁에 닭요리를 하려고요.
(b) 물어봐 주셔서 감사한데, 배가 안 고파요.
(c) 좋은 생각이에요. 어디로 가고 싶으세요?
(d) 일주일에 두세 번 정도요.

유형 → 의문사 있는 의문문

Solution   빈도를 묻는 문제이므로 얼마나 자주 외식을 하는지 횟수를 표현하는 것이 답변으로 가장 적절하다. (b)와 (c)는 외식을 하자고 청했을 때의 답변으로 알맞다.

Voca   eat out 외식하다

Answer   (d) I guess two or three times a week.

Joseph's focus

[How often]으로 시작하는 질문은 '얼마나 자주'의 빈도를 묻는 문제로 주로 빈도 부사(always, never, sometimes, often, usually 등)를 사용하여 답변을 하는 경우가 많습니다.

23 M Why didn't you show up yesterday?
    W I'm sorry, but I got tied up at work.
    M That's the second time that you've stood me up now!
    W _______________

(a) Where have you been?
(b) Were we supposed to meet yesterday?
(c) I promise I'll make it up to you.
(d) You really stood out in a crowd.

M 어제 왜 약속에 안 나왔어?
W 미안해. 사무실에 일이 생겨서 빠져 나올 수가 없었어.
M 네가 나를 바람맞힌 게 지금 두 번째야!
W _______________

(a) 어디 갔었니?
(b) 어제 만나기로 했었나?
(c) 내가 꼭 보상을 할게.
(d) 너는 정말 눈에 띄게 달랐어.

유형 → 평서문

Solution   두 번이나 바람을 맞혔다고 화를 내고 있으므로 사과를 하는 표현이 가장 적절하다. 일이 생겨서 약속을 지킬 수가 없었다고 말했으므로 (b)는 답이 될 수 없다.

Voca   show up 나타나다   stand somebody up 바람을 맞히다   make it up to (~에게 잘못한 것에 대해) 보상하다, 만회하다   stand out 눈에 띄다

Answer   (c) I promise I'll make it up to you.

Joseph's focus

make it up은 누군가에게 잘못한 것이나 신세진 것을 갚기 위해 무언가 좋은 일을 하는 것을 의미합니다. 'make up'은 매우 다양한 의미로 쓰일 수 있는데, '(이야기 등을) 꾸며 내다' 혹은 '화해하다'의 의미로 가장 많이 쓰입니다. 또한 make up for (something)은 잃어버린 물건이나 시간 등을 '보충하다'의 의미로 쓸 수 있습니다. stand (somebody) up은 약속 시간에 나타나지 않아 '바람을 맞히다'의 의미입니다. stand up for는 '(주의나 사람을) 지지하다, 옹호하다'의 의미가 있습니다.

24 W Do you need any help finding something?
    M Yes, actually. I'm looking for a black purse.
    W All right. Do you have a particular style in mind?

M ______________________________

(a) No thanks. I want to look around some more.
(b) Something small and light would be nice.
(c) You're right. A black purse is the best.
(d) I can't decide between the blue one and the green one.

W 물건 찾는 걸 도와 드릴까요?
M 네, 검정 가방을 찾고 있어요.
W 알겠습니다. 특별히 마음에 두고 있는 스타일이 있으신가요?
M ______________________________

(a) 아니오, 됐어요. 좀 더 구경을 할게요.
(b) 작고 가벼운 게 좋을 것 같아요.
(c) 맞아요. 검정 가방이 최고지요.
(d) 파란색과 녹색 사이에서 결정을 못하겠어요.

유형 → 의문사 없는 의문문

Solution 특별히 마음에 두고 있는 스타일이 있냐고 묻고 있으므로 가장 적절한 응답을 찾되, 이미 검은색 가방을 찾고 있다고 했으므로 (d)는 정답이 될 수 없다.

Voca particular 특별한 purse (주로 여성용) 지갑

Answer (b) Something small and light would be nice.

Joseph's focus

물건을 고르는 손님과 점원 사이에서 벌어지는 대화입니다. 특별히 찾고 있는 것이 있는지를 물을 때는 [Do you have anything particular in mind?]라고 합니다. 여러 상점을 다니면서 물건을 구매하기 전에 가격을 비교해 보는 것은 'shop around'라고 합니다. 그 밖에 shopping과 관련된 표현 중에서 shoplifting은 상점에서 '물건을 훔치는 것'을 말합니다. [particular]는 형용사로 '까다로운', [in particular]는 '특히'의 의미로 강조를 나타날 때 사용합니다. 복수형의 명사로 쓰일 때는 '상세한 정보'의 의미입니다.

More Expressions

상점에서 사용할 수 있는 표현들 (I)

Not really. What would you suggest?
아니오. 추천할 만한 게 있나요

I want something stylish yet not too pricey.
세련되지만 너무 비싸지 않은 걸 원해요

I'm looking for a shoulder bag.
어깨에 멜 수 있는 가방을 찾아요

25 W How can I help you?
M I'd like to return this shirt. I don't like the way it fits me around my arms.
W OK. Would you like a refund or would you prefer to exchange it for another one?
M ______________________________

(a) I just want my money back.
(b) What was the problem with it?
(c) Do you have the receipt?
(d) All sales are final.

W 어떻게 도와 드릴까요?
M 이 셔츠를 반품하고 싶어요. 팔에 잘 안 맞아서 싫어요.
W 알겠습니다. 환불을 해드릴까요, 교환을 하실래요?
M ______________________________

(a) 그냥 환불해 주세요.
(b) 문제가 뭔가요?
(c) 영수증 갖고 계신가요?
(d) 판매 후에 교환은 없습니다.

유형 → 의문사 없는 의문문

Solution refund는 돈을 되돌려 받는 것이므로 'money back'과 같은 의미다. (c)는 점원이 할 말로 적당하다.

Voca refund 환불 fit (모양이나 크기가 사람에) 맞다 final 변경할 수 없는

Answer (a) I just want my money back.

Joseph's focus

환불을 해 줄까, 교환을 해 줄까라고 물었으므로 둘 중의 하나를 선택하는 답변이 오게 될 것입니다. (a)의 돈을 되돌려 받고 싶다는 것은, 즉 '환불을 원한다'는 의미입니다. 종종 clearance sale에서 [All sales are final.]이라는 표시를 볼 수 있습니다. 이것은 한 번 구입하면 '교환이나 환불이 되지 않는다'는 의미입니다.

More Expressions

상점에서 사용할 수 있는 표현들 (II)

I don't want a refund. I just want one in a bigger size.
환불은 필요 없어요. 그냥 큰 사이즈로 바꿀래요

I just want to exchange it for another one.
다른 걸로 바꾸고 싶어요

I'm not sure. Can I look around?
잘 모르겠어요. 좀 둘러봐도 될까요?

26 W I'd like to see your selection of dresses, please.
M All right. Come this way. What kind of dress are you looking for?
W Well, I need something for a wedding that I'm going to in July.
M ______________________________

(a) This one would be great for a summer event.
(b) OK. What kind of dressing would you like?
(c) I'm sorry. We don't carry any wedding dresses here.
(d) That looks perfect. Do you need anything to go with it?

W 어떤 드레스들이 있는지 보고 싶은데요.
M 물론이죠. 이리로 오세요. 어떤 드레스를 찾고 계신가요?
W 7월 결혼식에 입을 것이 필요해요.
M ______________________________

(a) 이게 여름 행사에는 좋을 거예요.
(b) 알겠어요. 어떤 종류의 드레싱을 원하세요?
(c) 죄송합니다. 저희는 웨딩드레스는 판매하지 않습니다.

(d) 그게 안성맞춤이네요. 그것과 어울릴 만한 게 필요하신가요?

유형 → 평서문

Solution 여름 결혼식에 입고 갈 옷을 찾는다고 했으므로 summer event에 좋은 옷이라고 권한 (a)가 가장 적절하다. 웨딩드레스를 찾는 것이 아니므로 (c)는 정답이 될 수 없다.

Voca selection 선발, 선택 go with ~에 어울리다

Answer (a) This one would be great for a summer event.

Joseph's focus

상점에서 점원이 손님이 찾는 물건을 묻고 있는 대화입니다. 7월에 갈 결혼식에 입을 옷이라고 했으므로 summer event에 적절한 옷을 제안하는 (a)가 정답으로 가장 적절합니다. (b)는 식당에서 샐러드를 주문했을 때 어떤 샐러드드레싱을 원하는지를 묻는 질문입니다. dress와 dressing을 혼동하도록 한 함정입니다.

More Expressions

옷을 고를 때 사용되는 표현들

We have a great selection of sleeveless dresses here.
여기 소매 없는 드레스들이 다양하게 있어요.

What about a nice cotton dress? Would you like to try it on? 좋은 면 드레스는 어때요? 입어 보실래요?

Maybe something colorful would work well then.
그러면 색상이 화려한 게 좋겠네요.

---

27 W Are you doing OK? You're looking a little under the weather.
　　M I must have eaten something funny last night. I've been feeling sick to my stomach all morning.
　　W Why don't you take off early today? I can fill in for you for the rest of the day if you like.
　　M _______________________________

(a) I know. It's been raining all day.
(b) I think I can hang in there. Thanks, though.
(c) What a terrible day! I just called in sick.
(d) That's very nice of you, but I'd like you to stay.

　　W 너 괜찮니? 별로 안 좋아 보이네.
　　M 어젯밤에 뭘 잘못 먹은 것 같아. 아침 내내 토할 것 같은 느낌이야.
　　W 오늘 일찍 퇴근하는 게 어때? 원하면 내가 오늘 남은 시간 동안 네 일을 대신 해 줄게.
　　M _______________________________

(a) 맞아. 하루 종일 비가 오고 있어.
(b) 견딜 수 있을 것 같아. 그래도 고마워.
(c) 끔찍한 날이야! 결근한다고 전화했어.
(d) 넌 참 친절하구나, 하지만 네가 여기 있었으면 좋겠어.

유형 → 평서문(제안)

Solution 몸이 아파 보이므로 일찍 퇴근하고 싶으면 일을 대신해 주

겠다고 제안하지만 견딜 수 있을 것 같다고 하는 (b)가 가장 적절하다.

Voca under the weather 몸 상태가 좋지 않은 feel sick to one's stomach 구역질이 나다 take off 떠나다 (=leave) fill in for (somebody) ~을 대신하여 일을 하다 hang in there 버티다, 견디다 call in sick 전화를 걸어서 출근 못한다고 알리다

Answer (b) I think I can hang in there. Thanks, though.

Joseph's focus

몸이 아픈 동료에게 많이 아프면 자신이 일을 대신해 줄 테니 집에 가는 게 어떻겠냐고 권하고 있습니다. 대답으로는 제안을 받아들여 '일찍 집에 가겠다'고 하거나 혹은 '할 일이 있어서 갈 수가 없다'거나, 아니면 '괜찮다'고 말하는 것이 논리적으로 가장 적절합니다. (a)는 under the weather의 의미를 잘못 해석하여 '하루 종일 비가 오고 있다'고 대답하는 오답 보기입니다. hang in there는 '어려움을 견디고 참다'라는 의미로 육체적으로 아픈 경우가 아니더라도 어려움을 겪고 있는 사람에게 '조금만 참아봐.'는 격려의 의미로 자주 쓰이는 표현입니다.

28 W How's your proposal coming along?
　　M It's going well. I've been working really hard on it lately.
　　W I bet. I'd love to glance over it before the presentation. You don't mind, do you?
　　M _______________________________

(a) I'm not sure. It's the first time I've ever written a proposal.
(b) Certainly. Please make sure it's ready by the end of the day.
(c) Of course not. It'll be great if you can give me some feedback.
(d) Definitely. When do you think it'll be available?

　　W 제안서는 잘되어 가고 있나요?
　　M 잘되고 있어요. 요즘에 아주 열심히 제안서를 작업하고 있거든요.
　　W 물론 그렇겠죠. 발표 전에 훑어볼 수 있으면 좋겠어요. 그래도 괜찮지요?
　　M _______________________________

(a) 잘 모르겠어요. 제안서를 써본 건 이게 처음이에요.
(b) 물론이죠. 오늘 퇴근 시간까지 꼭 준비되도록 하세요.
(c) 괜찮고말고요. 의견을 주시면 정말 좋겠어요.
(d) 당연하죠. 언제 볼 수 있을까요?

유형 → 의문사 없는 부정의문문

Solution 발표하기 전에 제안서를 볼 수 있겠냐고 물었으므로 보여줄 테니 어떻게 생각하는지를 알려 주면 고맙겠다는 (c)가 가장 적절하다. (b)와 (d)의 경우는 각각 Certainly와 Definitely라고 대답했으므로 의미상으로는 보여 줄 수 없다는 의미가 된다.

Voca be coming along 진행되다 feedback 의견, 반응

Joseph's focus

제안서가 잘되어가고 있냐고 물으면서 발표 전에 자신에게 보여 줄 수 있겠냐고 간접적으로 요구하고 있습니다. 답변으로는 준비가 되면 보여 주겠다고 하거나 기밀 사항이라 보여 줄 수 없다거나 하는 것이 적절합니다. mind가 사용되어 부정의 대답이 긍정의 의미가 된다는 것에 주의합니다. 부가 의문문이 쓰여서 혼란스러울 수도 있지만, 여기서는 전체적인 의미를 파악하는 것이 정답을 찾는데 있어 더욱 중요합니다.

29 W What can I get for you, sir?
M What's the special for tonight?
W Our special is salmon in a citrus sauce with roasted potatoes. It's out of this world.
M ____________________

(a) Can I substitute potatoes with vegetables?
(b) I'll have that. I've had a craving for a steak all day.
(c) This was the best meal I've ever had. It hit the spot.
(d) Thanks, but I can't eat another bite.

W 뭘 드시겠어요?
M 오늘의 요리는 뭔가요?
W 오늘의 요리는 구운 감자를 곁들인 오렌지 소스 연어입니다. 천상의 맛이지요.
M ____________________

(a) 감자 대신에 야채로 바꿀 수 있을까요?
(b) 그걸로 할게요. 종일 스테이크가 먹고 싶었거든요.
(c) 최고의 식사였어요. 더할 나위 없이 맛있었어요.
(d) 고마워요, 하지만 한 입도 더 못 먹겠어요.

유형 → 평서문

Solution 식당에서 웨이터가 오늘의 요리를 설명해 주었으므로 그것을 주문하거나 다른 음식을 주문할 것으로 기대된다. 여기서는 같이 나오는 감자를 야채로 대신할 수 있는지를 묻는 (a)가 정답으로 가장 적절하다.

Voca **out of this world** 매우 훌륭한 **substitute** 대신하다 **hit the spot** 만족시키다, (자신이 원하는) 딱 그것이다

Answer (a) Can I substitute potatoes with vegetables?

Joseph's focus

연어와 구운 감자를 곁들인 요리가 오늘의 요리이고 아주 맛있다고 권하고 있으므로 감자를 야채로 바꿀 수 있냐고 묻는 (a)가 정답으로 가장 적절합니다. (b)는 연어를 주문해 놓고 스테이크가 먹고 싶었다고 하는 것은 논리에 맞지 않습니다. (c)는 식사를 마친 후에 할 수 있는 말로 적절하며 (d)는 음식을 더 먹으라는 권유에 배가 불러서 더 이상 먹을 수가 없다고 할 때 쓸 수 있는 표현입니다. substitute가 '대용하다'의 의미가 있고 음식을 주문할 때 많이 사용된다는 사실을 알지 못하면 어려울 수도 있는 문제입니다.

30₋₁ W This assignment is driving me crazy! I don't know how to solve this last problem.
M Let me take a look and see if I can help you out.
W It's this one here. Does it make any sense to you?
M ____________________

(a) You seem very frustrated. What's the matter?
(b) It was a great idea to hire a tutor to help you out.
(c) You should've turned in your assignment when it was due.
(d) This one is really tough. Do you have any notes from class?

W 이 숙제 때문에 미치겠어! 이 마지막 문제를 어떻게 푸는지 모르겠어.
M 내가 도와줄 수 있는지 한 번 보자.
W 여기 이거야. 너는 이해가 되니?
M ____________________

(a) 너 굉장히 짜증나 보인다. 무슨 일이야?
(b) 너를 도와 줄 과외 선생님을 구한 거 참 좋은 생각이었어.
(c) 너는 숙제를 마감 시간까지 제출했어야 했는데.
(d) 이거 꽤 어렵네. 혹시 수업 시간에 필기한 거 있니?

유형 → 의문사가 없는 의문문

Solution 숙제가 도저히 이해가 안 돼서 짜증을 내자 도와줄 수 있는지 한 번 보자고 하고 있다. 이해가 되는지를 묻고 있으므로 (d)가 가장 적절하다. 왜 짜증이 났는지 이유는 이미 알고 있으므로 (a)는 정답이 될 수 없다.

Voca **frustrated** 실망한, 좌절한 **drive (somebody) crazy** 짜증나게 하다 **make sense** 이해가 되다

Answer (d) This one is really tough. Do you have any notes from class?

Joseph's focus

make sense는 '이해가 되다'의 의미입니다. 반면에 '이해할 수 없다/모르다'라는 의미의 숙어들로는 [not have a clue / have no clue / can't make heads or tails of something / not know the first thing about something] 등이 있습니다. Part II에서는 대화가 흘러가는 방향을 제대로 파악하는 것이 매우 중요합니다. 이 문제에서는 숙제의 문제가 너무 어려워서 풀 수가 없다고 하자 도와 줄 수 있는지 한 번 보자고 합니다. [Does it make any sense to you?]라고 한 질문이 대화의 핵심입니다. 이러한 문제 유형에서 오답의 유형은 (a)처럼 이미 대화한 내용에 대해 반복해서 질문을 하거나, (b)처럼 개인 교사가 필요하다는 상황이 논리적인 것처럼 들리지만 시제나 주어가 일치하지 않은 경우입니다. 그리고 (c)처럼 대화에서 사용된 단어가 사용되었지만 논리적으로 적절하지 않은 경우 등이 있습니다.

30₋₂ W Do you want to leave already? I'm not ready to go home yet. Aren't you having fun?

M Yeah, it's a great party, but I'm feeling pretty
 exhausted.

W Well, why don't you take off and I'll find
 another ride home later then?

M ___________________________________

(a) I can't. I've already taken off Monday and
 Tuesday from work.

(b) Are you sure? I'll see you later if you don't
 mind then.

(c) I have a lot to do tomorrow and I need to get
 some sleep.

(d) Just wait here. I parked on the other side of
 the street.

W 벌써 가려고? 난 아직 집에 갈 준비가 안 됐는데. 재미없니?

M 아니, 멋진 파티야. 하지만 난 꽤 피곤해.

W 그러면 넌 집에 가고 난 나중에 집에 데려다 줄 다른 사람을
 찾을게.

M ___________________________________

(a) 그럴 순 없어. 벌써 월요일과 화요일에 결근을 했는걸.

(b) 정말 그럴 수 있어? 네가 괜찮다면, 그럼 나중에 보자.

(c) 내일 할 일이 많아서 잠을 좀 자야 돼.

(d) 여기서 기다려. 차를 길 건너편에 세웠거든.

유형 → 의문사 있는 의문문(제안)

[Solution] 두 사람은 같이 남자의 차를 타고 파티에 왔지만 남자는 집
 에 가고 싶어 한다. 결국에 여자는 남자에게 먼저 가라고
 말을 하고 있다. 이에 대한 남자의 답변으로 가장 적절한
 것을 찾아야 한다.

[Voca] exhausted 지친 take off 떠나다(=leave)

[Answer] (b) Are you sure? I'll see you later if you don't
 mind then.

Joseph's focus

두 사람은 같이 차를 타고 파티에 왔지만 남자는 집에 가고
싶어 하는데 여자는 더 있고 싶어 합니다. 여자의 말 [I'll find
another ride home.]을 통해서 두 사람이 남자의 차를 타고
왔다는 것을 알 수 있습니다. 남자가 피곤하다고 집에 가고 싶
다고 하자 여자는 자기를 두고 먼저 가라고 합니다. 이에 대한
대답으로는 '그냥 더 있다가 너랑 같이 가겠다' 혹은 '먼저 갈
테니 나중에 보자', '같이 집에 가자'고 설득하는 경우들을 생각
해 볼 수 있습니다. 대화에서 사용된 take off는 leave의 의미
입니다.

Part III (31~45)

31 W Good morning, professor.

M Good morning, Alice. What can I do for you?

W Well, I came to ask you about the final paper.

M Have a seat.

W I'm having trouble thinking of a topic to write
 about.

M I see. Have you checked out the list of topics
 on the syllabus?

W Oh, no. I forgot that we had that list to use.

M Let me give you a copy. You can pick one
 from there.

W Thanks a lot. I really appreciate it.

Q. What is correct according to the conversation?

(a) The woman is seeking advice from the man.

(b) The man is making a topic list for the woman.

(c) The woman forgot to bring her topic list to the
 meeting.

(d) The man is telling the woman which topic she
 should use.

W 안녕하세요, 교수님.

M 안녕하세요, 앨리스. 뭘 도와줄까요?

W 기말 보고서에 대해 질문이 있어서 왔어요.

M 앉아요.

W 무엇에 대해 써야 할지 주제를 정하는 데 어려움을 겪고 있
 어요.

M 그렇군요. 강의 계획표에 나와 있는 주제들을 살펴봤나요?

W 아니오. 그 목록을 사용할 수 있다는 걸 깜박했네요.

M 강의 계획표를 하나 줄게요. 여기서 하나를 고르면 돼요.

W 감사합니다. 뭐라고 감사드려야 할지 모르겠어요.

대화의 내용과 일치하는 것은?

(a) 여자는 남자의 조언을 구하고 있다.

(b) 남자는 여자를 위해 주제 목록을 만들고 있다.

(c) 여자는 면담에 주제 목록을 가져오는 것을 잊었다.

(d) 남자는 여자가 사용해야 할 주제를 알려 주고 있다.

유형 → 내용 일치

[Solution] 교수는 강의 계획표를 주면서 거기에 나와 있는 주제들 중
 하나를 고르라고 조언해주고 있다.

[Voca] syllabus 강의 계획표

[Answer] (a) The woman is seeking advice from the man.

Joseph's focus

교수와 학생 간에 벌어질 수 있는 대화입니다. 학생이 [I came
to ask you about the final paper~ I'm having trouble
thinking of a topic to write about.]이라고 말한 것으로 미
루어 볼 때, 보고서의 주제 선정에 있어 교수의 조언을 바라고
있다는 것을 알 수 있습니다. 교수는 학생이 고를 수 있는 여러
주제들이 있는 강의 계획표를 주며 [You can pick one from
there.]라고 했을 뿐 어떤 주제를 골라야 한다고 말하지는 않았
으므로 (d)는 정답이 될 수 없습니다. 선택지에 대화에서 나온
단어가 전혀 없다고 해서 정답이 아닐 거라고 간과해서는 안
됩니다.

32 W Thanks for calling the City Theater. How can I
 help you?

M Hi, I'd like to know what time the performances
 are this Saturday.

W There's a matinee at 2 p.m. and then there's
 one at 7 p.m.

M And how much are tickets?

W $25 for children and $35 for adults.
M I'd like to reserve two adult tickets for the later show, please.
W All right. You have to pick up your tickets at least half an hour before the show.
M No problem. Thank you.

Q. Which is correct according to the conversation?
(a) The man will bring two children to the performance.
(b) The woman is asking the man for the price of tickets.
(c) The two people are planning to see the performance together.
(d) The man should be at the theater by 6: 30 at the latest.

W 시티 극장에 전화를 해 주셔서 감사합니다. 어떻게 도와 드릴까요?
M 안녕하세요. 이번 토요일 공연이 몇 시에 있는지 알고 싶은데요.
W 2시에 낮 공연이 있고 7시에 또 공연이 있습니다.
M 입장권 가격은 얼마인가요?
W 어린이는 25달러이고 어른은 35달러입니다.
M 늦은 공연으로 어른 표 두 장을 예약해 주세요.
W 알겠습니다. 최소 공연 30분 전에 표를 찾아가셔야 합니다.
M 문제없습니다. 감사합니다.

대화의 내용과 일치하는 것은?
(a) 남자는 어린이 두 명을 공연에 데리고 올 것이다.
(b) 여자는 남자에게 입장권의 가격을 묻고 있다.
(c) 두 사람은 공연에 같이 갈 계획을 세우고 있다.
(d) 남자는 늦어도 6시 30분까지 극장에 가야 한다.

유형 → 내용 일치
Solution 여자는 극장 예매 직원이고 남자는 공연 시간과 가격을 묻고 있으므로 (b)와 (c)는 정답이 될 수 없다.
Voca matinee (영화나 연극의) 낮 공연
Answer (d) The man should be at the theater by 6: 30 at the latest.

Joseph's focus
대화에서 여자는 극장 예매 직원이고 남자는 공연에 대한 문의를 하고 있습니다. 그러므로 두 사람이 같이 공연에 가려고 한다는 (c)는 오답입니다. 흔히 오답으로 (b)처럼 남자와 여자가 하는 일을 바꾸어 놓는 경우가 많지만 대화를 잘 들으면 쉽게 오답이라는 것을 알 수 있습니다. 여자가 아이들의 가격도 알려주긴 했지만 남자는 [I'd like to reserve two adult tickets.]라고 했으므로 아이들을 데려올 거라는 (a)는 정답이 될 수 없습니다. 여자가 [You have to pick up ~ before the show.]라고 했으므로 공연 시간 30분 전, 즉 6시 30분까지 극장에 와야 한다는 (d)가 정답이 됩니다.

33 M Your total is $250, ma'am.
W Let me just write a check.
M No personal checks, please. It's either Cash or credit?
W I don't have enough cash, but I have a credit card. Here you are.
M Can I see your ID real quick?
[pause] OK. Thanks, Mrs. Wilson. Would you like your receipt now or should I put it in the bag?
W In the bag, please.

Q. Which is true according to the dialogue?
(a) The man is selling bags at the store.
(b) The woman can't pay for her purchase.
(c) The man refuses to take checks.
(d) The woman wants to return something.

M 총합계는 250달러입니다, 부인.
W 수표를 써 드리지요.
M 개인수표는 받지 않습니다. 현금이나 카드는 됩니다?
W 그렇게 많은 현금은 없지만 신용카드가 있어요. 여기 있어요.
M 신분증을 잠시 확인해도 될까요? [잠시 후] 네, 감사합니다. 윌슨 부인. 지금 영수증을 가지고 가시겠어요, 아니면 쇼핑백에 넣을까요?
W 쇼핑백에 넣어 주세요.

대화의 내용과 일치하는 것은?
(a) 남자는 가방 가게에서 일한다.
(b) 여자는 물건 값을 지불할 수 없다.
(c) 남자는 수표 받기를 거부한다.
(d) 여자는 물건을 반품하려고 한다.

유형 → 내용 일치
Solution 영수증이 언급된다고 해서 (d)처럼 물건을 반품하려고 한다고 착각하지 않도록 한다.
Voca cash 현금 credit 신용카드
Answer (c) The man refuses to take checks.

Joseph's focus
상점에서 벌어지는 대화이며, 남자는 직원이고 여자는 손님입니다. 여자가 수표를 써 주겠다고 하자 남자가 개인수표는 취급하지 않는다고 했으므로 (c)가 정답이 됩니다. 상점에서 계산을 하고 난 후, 영수증을 주면서 '영수증을 가지고 가시겠어요, 아니면 쇼핑백에 넣을까요?'라고 묻는 경우가 매우 흔합니다. 여기서 bag은 여자가 구매한 물건을 넣은 '쇼핑백'을 의미하는 것으로 여자가 가방 가게에서 구매한 가방을 의미하지 않습니다. 그러므로 (a) '남자가 가방 가게에서 일한다'는 것은 오답입니다. 여자는 250달러의 현금은 없지만 신용카드로 물건 값을 지불했으므로 (b)는 정답이 될 수 없습니다. 영수증이 언급된다고 해서 물건을 환불하려고 한다고 추측해서는 안 됩니다.

34 M So what are you planning on doing after college, Erica?
W Who knows? Right now I'm looking into finding a job.
M What kind of job do you have in mind?
W Well, I think it would be really cool to work for

a newspaper.

M Like as a journalist? What section would you write for?

W Actually, I'd like to be a columnist with my own column.

M That's a really hard job to get. And you'll need years of experience for that.

W I know, but I can still wish for it, right?

Q. Which of the following can be inferred from the dialogue?

(a) The man has extensive experience working for a newspaper.

(b) The man believes that the woman's writing skills aren't good enough.

(c) The woman doesn't think it's possible for her to become a columnist.

(d) The woman has been interviewed for a job as a journalist.

M 에리카, 대학교를 졸업하고 뭘 할 계획이니?

W 나도 모르지. 현재로서는 일자리를 구하는 중이야.

M 어떤 일자리를 생각 중인데?

W 글쎄, 신문사에서 일하는 게 정말 멋질 것 같아.

M 기자 같은 일? 어떤 분야의 글을 쓰고 싶은데?

W 실은, 내 칼럼을 쓰는 칼럼니스트가 되고 싶어.

M 하지만 그 일자리는 구하기가 아주 힘들어. 또 수년의 경험이 필요할 거야.

W 나도 알아, 하지만 그래도 꿈을 꿀 순 있잖아?

대화에서 유추할 수 있는 내용은?

(a) 남자는 신문사 일에 광범위한 경험을 갖고 있다.

(b) 남자는 여자의 글 실력이 별로 좋지 않다고 믿는다.

(c) 여자는 자신이 칼럼니스트가 되는 게 가능하다고 생각하지 않는다.

(d) 여자는 기자로서의 직업을 위해 면접을 보았다.

유형 → 추론

Solution 남자는 칼럼니스트가 되기 위해서는 수년간의 경험이 필요하다고 했을 뿐이므로 (a)는 정답이 될 수 없다.

Voca cool 멋진, 근사한 extensive 광범위한

Answer (c) The woman doesn't think it's possible for her to become a columnist.

Joseph's focus

남자는 여자에게 대학을 졸업한 후에 무엇을 할 계획인지를 묻고 있습니다. 여자는 아직 구체적인 계획은 없지만 신문사에서 칼럼을 쓰는 일이 멋있을 것 같다고 말합니다. 남자가 칼럼리스트가 되기는 매우 힘들고 수년간의 경험이 필요하다고 말을 하자, 여자는 무엇이든 바랄 수는 있는 것 아니냐고 반문하고 있습니다. [I can still wish for it, right?]로 볼 때, 여자도 자신이 칼럼니스트가 되기는 힘들다는 것을 알지만, 그럴 수 있다면 정말 좋겠다는 의미를 내포하고 있습니다. 대화에서 추론할 수 있는 또 다른 내용으로는 [The woman hasn't graduated from college yet.] 등이 될 수 있습니다.

35 M May I help you with something?

W Yeah, I have a question. The sign says here 75% off. Does it mean 75% off of the price on the sticker?

M Actually, all the sale items have red stickers.

W I see. I like this vase, but it doesn't have a sticker on it. How much is it?

M It's $350.

W Oh, that's too rich for my blood. Do you have any vases on sale?

M I have a smaller one here. It was originally $150, but I can give you 30% off.

W That's more like it. I'll take that.

Q. How much does the woman owe?

(a) $350

(b) $150

(c) $105

(d) $87.50

M 물건 찾는 것을 도와 드릴까요?

W 네, 질문이 있어요. 여기 표지판에 75퍼센트 할인이라고 써 있는데요. 그러면 스티커에 있는 가격에서 75퍼센트 할인이라는 의미인가요?

M 실은 세일하는 품목들은 모두 빨간색 스티커가 붙어 있어요.

W 알겠어요. 이 꽃병이 마음에 드는데 가격표가 붙어 있지 않네요. 얼마죠?

M 350달러예요.

W 제겐 좀 비싸네요. 세일 중인 꽃병이 있나요?

M 좀 더 작은 꽃병이 여기 있어요. 원래는 150달러였는데, 30퍼센트 할인한 가격에 드릴게요.

W 그 가격이 훨씬 낫네요. 그걸 살게요.

여자는 얼마를 지불해야 하는가?

(a) 350달러

(b) 150달러

(c) 105달러

(d) 87.50달러

유형 → 세부 내용 파악

Solution 150달러 꽃병을 30퍼센트 할인된 가격에 사기로 했으므로 150달러의 30퍼센트를 뺀 105달러를 지불해야 한다.

Voca too rich for someone's blood ~가 사기에는 너무 비싼

Answer (c) 105달러

Joseph's focus

상점에서 벌어지는 대화입니다. 여러 개의 가격과 할인율이 나오므로 숫자를 주의해서 듣고 결국에 어떤 물건을 사기로 했는지를 제대로 포착해야 합니다.

36 W What are you here for today?

M I've been having a lot of sinus pain and I've been sneezing a lot.

W Do you have an itchy throat, eyes, or nose?

M Yes, all of those.

W Have you taken any medications for it?
M I took some cold medicine, but it didn't help.
W Do your symptoms worsen while you're outside?
M Uh, come to think of it, yeah.
W It sounds like just some bad allergies. I'll just write you a prescription for it.

Q. Which is correct according to the dialogue?
(a) Cold medicine makes his symptoms severe.
(b) The man feels worse when he is outside.
(c) The conversation is taking place at a drug store.
(d) The woman believes he has a cold.

W 오늘은 무슨 일로 오셨나요?
M 코 속이 많이 아프고 재채기를 많이 해요.
W 목이나 눈, 코가 간지러운가요?
M 네, 전부 간지러워요.
W 그것 때문에 약을 드셨나요?
M 감기약을 먹었는데 도움이 안 됐어요.
W 증세가 야외에 있을 때 더 심해지나요?
M 그러고 보니 그런 것 같네요.
W 알레르기가 심한 것 같네요. 처방전을 써 드릴게요.

대화의 내용과 일치하는 것은?
(a) 감기약이 그의 증세를 더 심하게 만들었다.
(b) 남자는 밖에 있을 때 몸이 더 아프다.
(c) 대화는 약국에서 벌어지고 있다.
(d) 여자는 남자가 감기에 걸렸다고 생각한다.

유형 → 내용 일치

Solution 병원에서 진료를 받으러 온 상황으로 남자는 감기약을 먹었지만 효과가 없었다고 말하고 있다.

Voca itchy 가려운 symptom 증세 prescription 처방전

Answer (b) The man feels worse when he is outside.

JoSeph's focus

남자는 자신의 증세를 설명하고 있습니다. 감기약을 먹어 봤지만 효과가 없었다고 했으므로 증세가 더 심해졌다는 (a)는 내용과 일치하지 않습니다. 여자가 [Do your symptoms worsen while you're outside?]라고 한 질문에 그렇다고 대답했으므로 (b)가 정답입니다. 대화가 벌어지는 장소가 약국이고 여자가 약사라고 생각할 수도 있지만 맨 마지막에 여자가 [I'll just write you a prescription for it.]이라고 말한 것으로 미루어 보아, 여자는 약사가 아니라 의사라는 것을 알 수 있습니다. 남자는 처음에 감기에 걸린 줄 알고 감기약을 먹었다고 했으므로 여자는 남자가 감기에 걸렸다고 생각한다는 (d)는 오답입니다.

37 W You really shouldn't smoke.
M Yeah, that's what everyone says.
W Seriously, smoking is really gross. Plus, it's really bad for you.
M I tried to quit many times, but it was just impossible.

W Maybe you're not determined enough.
M Smoking calms my nerves when I'm stressed out. Besides, the fact that all my friends are smoking doesn't help either.
W Why not try yoga or some exercise instead? Smoking won't make you feel better when you get lung cancer. And get a new set of friends!
M OK, OK. I'll give it another try.

Q. Which is true according to the dialogue?
(a) The woman used to smoke, but she quit with determination.
(b) The woman wants the man to adopt a healthier lifestyle.
(c) The man's friend was recently diagnosed with lung cancer.
(d) The man smokes even more when he's nervous.

W 너 정말 담배 끊어야 돼.
M 알아. 모두들 그렇게 말하지.
W 진심이야. 흡연은 정말 지저분해. 게다가 너한테도 안 좋고.
M 여러 번 끊으려고 해 봤지만 불가능했어.
W 의지가 부족한 거겠지.
M 스트레스를 받을 때 담배를 피우면 맘이 편해져. 게다가 내 친구들이 모두 담배를 피운다는 사실도 내겐 도움이 안 되지.
W 대신 요가나 운동을 해 보지 그래? 폐암에 걸리고 나면 마음이 편해지지 않을걸. 그리고 새로운 친구들을 사귀라고!
M 알았어. 한 번 더 노력해 볼게.

대화의 내용과 일치하는 것은?
(a) 여자는 전에 담배를 피웠지만 강한 의지로 끊었다.
(b) 여자는 남자가 더 건강한 생활양식을 채택하기를 원한다.
(c) 남자의 친구는 최근에 폐암 판정을 받았다.
(d) 남자는 긴장을 하면 담배를 더 많이 피운다.

유형 → 내용 일치

Solution 여자는 남자가 의지가 약해 금연을 하지 못한다고 질책하고 있지만 여자가 흡연자였지만 강한 의지로 금연을 했다는 내용은 언급되지 않았다. 그러므로 (a)는 정답이 될 수 없다.

Voca gross (속어) 지저분한, 역겨운 determined 단호한, 굳게 결심한 diagnose (병을) 진단하다

Answer (b) The woman wants the man to adopt a healthier lifestyle.

JoSeph's focus

여자는 남자가 담배를 끊도록 결심하게 만들려고 설득하고 있습니다. 남자가 금연을 시도해 봤지만 불가능했다고 하자 [Maybe you're not determined enough.]라고 남자의 의지 부족을 질책합니다. 대화 내용으로 봐서는 여자가 이전에 흡연자였는지 여부를 알 수가 없습니다. 여자는 남자에게 담배를 끊고 운동을 해 볼 것을 권하고 있으므로 (b)가 정답이 됩니다. 여자가 담배를 계속 피우면 폐암에 걸릴 수도 있다고 말한 것과 남자가 자신의 친구들이 모두 흡연자라는 사실을 혼동하여 친

구가 폐암 판정을 받았다는 (c)를 선택하지 않도록 합니다. 남자가 흡연이 스트레스를 받았을 때, 마음을 가라앉혀 준다고 말하고 있지만 긴장을 하면 담배를 더 많이 피운다는 내용은 언급되지 않았습니다.

의 단어로 미루어 보아 두 사람은 공항에 있다는 사실을 알 수 있습니다. 대화중에 정답을 암시하는 몇 가지 실마리가 등장합니다. 첫째, 공항이 아주 붐비고 있다는 점과 둘째, [We must have missed him.]이라고 말하고 있는 것으로 미루어 보아, Steven이 제시간에 도착했지만 공항에 사람이 많아서 지나가는 것을 미처 보지 못했다고 유추할 수 있습니다.

38 M Lots of people are coming through that gate. Keep your eyes peeled. What time does Steven's flight come in?

W It's supposed to come in around six p.m. What time is it now?

M It's six-thirty. Where is he?

W His flight must be late. Let's check the screen.

M It says that his plane already landed. We must have missed him.

W Then let's go see if he's at the baggage claim area.

M I hope he's still at the airport. Let's hurry.

W You know what, I think I see him. See? He's waving at us.

Q. Which of the following can be inferred from the dialogue?

(a) The couple doesn't have Steven's flight information.

(b) Steven's flight was delayed for half an hour.

(c) The couple didn't notice Steven walk by.

(d) Steven already took his luggage and left the airport.

M 많은 사람들이 저 문으로 나오네. 눈 똑바로 뜨고 잘 봐. 스티븐의 비행기가 몇 시에 도착하지?

W 오후 6시 도착 예정이야. 지금 몇 시인데?

M 6시 30분. 스티븐은 어디 있는 거지?

W 비행기가 늦는 걸 거야. 스크린을 확인해 보자.

M 비행기가 이미 착륙했다고 나오는데. 그를 못 보고 지나쳤나 봐.

W 짐 찾는 곳에 있는지 가서 확인해 보자.

M 그가 아직 공항에 있으면 좋겠네. 서두르자.

W 그가 보이는 것 같아. 보여? 우리에게 손을 흔들고 있어.

대화의 내용에서 유추할 수 있는 것은?

(a) 두 사람은 스티븐의 비행기에 대한 정보를 모른다.

(b) 스티븐의 비행기는 30분 연착됐다.

(c) 두 사람은 스티븐이 지나가는 것을 보지 못했다.

(d) 스티븐은 이미 가방을 찾아서 공항을 떠났다.

유형 → 추론

Solution 스티븐의 비행기가 몇 시 도착 예정인지를 알고 있다는 사실과 공항 스크린에서 도착 여부를 조회하는 것으로 보아 두 사람은 Steven의 flight information을 가지고 있다.

Voca keep one's eyes peeled 눈을 크게 뜨고 찾아 보다 land 착륙하다 baggage claim area 수하물 찾는 곳

Answer (c) The couple didn't notice Steven walk by.

Joseph's focus

대화의 내용과 gate, flight, screen, land, baggage claim 등

39 W Well, I think I left my wallet here yesterday. I'm wondering if you've seen it by any chance.

M As a matter of fact, we found two wallets yesterday. What does yours look like?

W It's a red leather one with a zipper. It's kind of worn out.

M Let me check. Here it is. Can you verify the name for me?

W Sandra Chavez. There should be my daughter's photo inside.

M That's right. She's very cute. Here you go.

W Thank you so much.

Q. What is the conversation mainly about?

(a) Where the woman bought her red leather wallet

(b) Describing what the woman's daughter looks like

(c) The whereabouts of the woman's personal belongings

(d) Why the lost wallet is so important to the woman

W 어제 여기다 지갑을 두고 간 것 같아요. 혹시 보셨나요?

M 사실은 어제 지갑을 두 개 찾았어요. 지갑이 어떻게 생겼나요?

W 지퍼가 달린 빨간 가죽 지갑이에요. 좀 낡았어요.

M 찾아볼게요. 여기 있어요. 이름을 말씀해 주시겠어요?

W 산드라 차베스요. 제 딸 사진이 들어 있을 거예요.

M 맞아요. 아주 귀엽네요. 여기 있어요.

W 대단히 감사합니다.

무엇에 관한 대화인가?

(a) 여자가 어디에서 빨간 가죽 지갑을 샀는가

(b) 여자의 딸이 어떻게 생겼는지 묘사하기

(c) 여자의 개인 소지품이 어디 있는가

(d) 왜 잃어버린 지갑이 여자에게 소중한가

유형 → 주제 찾기

Solution 여자는 어제 두고 간 빨간 가죽 지갑을 찾고 있다. 지갑이 어떻게 생겼는지를 묘사하면서 지갑 안에 딸의 사진이 들어 있다고 했지만 딸의 생김새를 설명한다고 한 (b)는 정답이 될 수 없다.

Voca by any chance (의문문에서) 혹시라도 worn out 낡은 verify 확인하다 whereabouts 소재, 행방 belongings 소유물, 소지품

Answer (c) The whereabouts of the woman's personal belongings

여자가 맨 처음에 한 말 [I think I left~ by any chance.]가 대화의 핵심입니다. 여자는 지갑을 찾고 있는데 남자가 어제 주운 지갑이 두 개가 있었다면서 여자의 지갑이 어떻게 생겼는지를 묻습니다. 여자는 지퍼가 달린 빨간 가죽이고 그 안에 자신의 딸의 사진이 들어 있다고 말합니다. 특히 대화의 요점을 묻는 문제에서는 단순히 언급된 사실과 대화의 주제를 구별할 줄 아는 능력이 필요합니다. 대화에서 언급되었다고 해도 대화의 주 내용이 아닐 수 있기 때문입니다.

40 M Hello, I'd like a large thin crust pizza.
  W All right. What would you like on that?
  M I want pepperoni, mushrooms and onions, please. Easy on the cheese though.
  W OK. Can I get a name and an address?
  M Michael Brown. 224 Oxford Avenue. Oh, can I get a liter of soda with that, too?
  W Sure thing. Anything else with that?
  M No, that'll do it. How long will it be?
  W It'll be about half an hour.

Q. Which is correct according to the dialogue?
(a) The man is asking where the pizzeria is.
(b) The man doesn't want too much cheese.
(c) The man is confirming his order on the phone.
(d) The man will get free soda with his order.

M 여보세요. 라지 씬 피자를 주문하고 싶은데요.
W 알겠습니다. 무슨 토핑을 원하세요?
M 페퍼 로니, 버섯, 양파요. 치즈는 조금만 넣어 주세요.
W 네. 이름과 주소를 알려 주시겠어요?
M 마이클 브라운이요. 옥스포드가 224번지예요. 아, 그리고 탄산 음료수 1리터짜리도 함께 갖다 주실래요?
W 그러지요. 뭐 다른 거 필요하신 거는 없나요?
M 아니요, 그게 다예요. 얼마나 걸리나요?
W 30분 정도 걸릴 거예요.

대화의 내용과 일치하는 것은?
(a) 남자는 피자 가게가 어디인지 묻고 있다.
(b) 남자는 너무 많은 치즈를 원하지 않는다.
(c) 남자는 전화로 주문을 확인하고 있다.
(d) 남자는 음료수를 무료로 받게 될 것이다.

유형 → 내용 일치

[Solution] 남자는 전화로 피자를 주문하고 있다. 대화에서 주소가 언급되긴 했지만, 남자가 피자를 배달시킬 주소이지 피자 가게의 주소가 아니므로 (a)는 정답이 될 수 없다.

[Voca] (go) easy on (음식을) 적당히 먹다, 쓰다 pizzeria 피자 가게

[Answer] (b) The man doesn't want too much cheese.

전화상으로 피자를 주문하는 대화라는 것을 쉽게 알 수 있습니다. 세부 사항에 귀를 기울여 전화를 건 사람이 요구하고 있는 사항을 잘 들어야 합니다. 남자는 피자를 배달 주문하고 있으므

로 피자 가게의 위치를 묻는다는 (a)는 정답이 될 수 없습니다. (go) easy on은 '(음식에서) ~를 너무 많이 먹지/사용하지 말라'의 의미라는 것을 알지 못하면 남자가 피자에 치즈를 원하는 것인지, 많이 넣어 달라는 것인지 적게 넣어 달라는 것인지 파악하기 힘들 수도 있습니다. 현재 전화로 주문을 하고 있으므로 confirming한다고 한 (c)도 오답입니다. 남자는 피자와 함께 음료수도 주문을 했지만, 그것이 무료인지는 알 수 없으므로 (d) 역시 오답입니다.

41 W What is "laid-back"?
  M It's an expression for someone who is very relaxed.
  W Would you say that I'm laid-back?
  M Well, you're a little high-strung.
  W No, I'm not. I can't believe you would say that about me.
  M See, this is exactly what I'm talking about.

Q. What can be inferred from the dialogue?
(a) The woman acknowledges her own character flaws.
(b) The woman is upset because the man is lazy.
(c) The man doesn't know what 'laid-back' means.
(d) The man thinks the woman gets irritated easily.

W laid-back이 무슨 말이야?
M 그건 성격이 매우 느긋한 사람에게 쓰는 표현이야.
W 내 성격이 laid-back하다고 할 수 있니?
M 그게... 너는 약간 신경과민이야.
W 아니, 난 신경과민 아니야. 어떻게 나에 대해서 그런 말을 할 수 있니?
M 이거 봐. 이게 바로 내가 말하는 거야.

대화에서 유추할 수 있는 내용은?
(a) 여자는 자신의 성격적 결함을 인정한다.
(b) 여자는 남자가 게을러서 화가 났다.
(c) 남자는 'laid-back'의 의미를 모른다.
(d) 남자는 여자가 쉽게 신경질을 낸다고 생각한다.

유형 → 추론

[Solution] 남자는 여자가 high-strung하다고 생각하고 있으므로 (d)가 정답이다. 여자는 자신이 신경이 예민하다고 생각하지 않으므로 (a)는 정답이 될 수 없다.

[Voca] laid-back 느긋한 high-strung 신경과민의

[Answer] (d) The man thinks the woman gets irritated easily.

여자는 laid-back이 무슨 의미냐고 묻고 있습니다. 남자는 그 의미를 설명해 주면서 여자의 성격이 laid-back이라기 보다는 high-strung에 가깝다고 말을 합니다. laid-back의 의미는 남자의 말에서 설명이 되었지만, high-strung의 의미를 모른다면 대화의 내용으로 유추할 수 있어야 합니다. 자신이 highstrung하다는 말을 듣고 여자가 발끈하자, 남자가 [See, this is exactly what I'm talking about.]이라고 말하고 있으므로 high-strung이 신경이 예민하여 쉽게 화를 잘 내는 것이라고 짐작할 수 있습니다. 혹 단어를 모른다 하더라도 단어의 의미는 대화중에 설명이 되거나 상황으로 짐작할 수 있습니다.

42 W I thought you were heading out on vacation today. Why are you still here?
M Well, my sister was supposed to make a reservation for me and…
W Did she forget?
M Well, not exactly. She did book the flights, but she made a mistake on the dates.
W That's too bad. So what are you going to do? Just postpone the trip?
M The problem is that I can't go next month. I won't be able to take time off from work.
W Can't you just cancel the reservation and get a refund?
M I don't know. I have to make some phone calls today to find out.

Q. Which of the following can be inferred from the dialogue?
(a) The man's flight tickets could be non-refundable.
(b) The man's sister forgot to buy the plane tickets.
(c) The man is waiting for a phone call from the airlines.
(d) The man had to cancel his trip because of work.

W 오늘 휴가를 떠나는 걸로 알고 있었는데, 왜 아직도 여기 있는 거야?
M 그게 말이지, 내 여동생이 예약을 하기로 되어 있었는데...
W 여동생이 잊어 버렸구나?
M 잊어버린 건 아니고, 비행기를 예약을 하긴 했는데 날짜를 잘못 예약했어.
W 안 됐구나. 그래서 어떻게 할 건데? 여행을 연기할 거야?
M 문제는 내가 다음 달에는 갈 수가 없다는 거야. 직장에서 시간을 낼 수가 없을 거야.
W 그냥 취소하고 환불을 받을 순 없어?
M 잘 모르겠어. 알아보려면 오늘 전화를 좀 해야 돼.

대화에서 유추할 수 있는 내용은?
(a) 남자의 비행기 표는 환불 불가일 수도 있다.
(b) 남자의 여동생은 비행기 표를 사는 것을 잊었다.
(c) 남자는 항공사의 전화를 기다리고 있다.
(d) 남자는 직장 때문에 여행을 취소해야 했다.

유형 → 추론

 예약 실수로 휴가를 떠나지 못하게 된 것에 대해 이야기하고 있다. 환불이 가능한지 여부를 아직 알지 못하므로 (a)가 정답이다. 여동생이 예약하는 것을 잊은 게 아니라, 잘못된 날짜에 예약을 한 것이므로 (b)는 정답이 될 수 없다.

 head out 떠나다, 출발하다 non-refundable 환불 불가의

 (a) The man's flight tickets could be non-refundable.

Joseph's focus

남자는 오늘 휴가를 떠나기로 되어 있었지만, 여동생이 예약 날짜에 실수를 하여 다음 달로 잘못 예약했다는 내용입니다. 여동생이 예약하는 것을 잊은 것이 아니라 날짜를 잘못 예약한 것이므로 (b)는 정답이 될 수 없습니다. 일 때문에 바빠서 다음 달에는 휴가를 떠날 수 없을 것 같다고 말하고 있지만, 여행을 못 간 이유가 일 때문이 아니므로, (d)는 오답입니다. 환불을 받을 수는 없냐는 여자의 질문에 전화를 해서 알아봐야 한다고 했으므로 환불이 가능할 수도 있고 가능하지 않을 수도 있다는 것을 유추할 수 있습니다.

43 W Where are you going, Tom? Out for your evening walk?
M No, I'm going to the store. I need some breakfast stuff. Would you like to tag along?
W Not really, but will you be a dear and pick up some things for me?
M Why not? What do you need?
W Apples, chicken, some bread and …
M Hey, hold on a minute. I'm not going to do your shopping for you.

Q. What does the man ask the woman?
(a) To buy his groceries
(b) To come with him to the store
(c) To take a walk with him
(d) To bring something for breakfast

W 탐, 어디 가니? 저녁 산책 가는 거야?
M 아니, 가게에 가. 아침거리를 사야 돼. 같이 갈래?
W 아니, 하지만 뭐 좀 사다 줄 수 있겠니?
M 안 될 것도 없지. 뭐가 필요한데?
W 사과, 닭, 빵이랑...
M 잠깐만. 난 네 장을 봐 주진 않을 거야.

남자가 여자에게 요구하고 있는 것은?
(a) 식료품 사다 주기
(b) 같이 가게에 가기
(c) 같이 산책 가기
(d) 아침거리 갖다 주기

유형 → 세부 내용 파악

 남자는 가게에 가고 있는 상황이고 여자가 너무 많은 것을 사다 달라고 부탁하자 남자는 여자에게 같이 가자고 말하고 있다.

 stuff 재료 tag along 따라가다 be a dear and do (something) ~ 좀 해 줄래 (부탁할 때 하는 말) hold on 기다리다

 (b) To come with him to the store

Joseph's focus

대화 내용 자체는 매우 단순하지만, 누가 무슨 말을 하는지를 혼동하기 쉬운 문제입니다. 여기서 질문은 남자가 여자에게 부탁한 것을 고르는 것입니다. 가게에 가는 사람은 남자이므로 (a)를 답으로 고르지 않도록 주의해야 합니다. 대화 앞부분에서 남자가 [Would you like to tag along?]라고 말한 것으로 남자는 여자가 가게에 함께 갈 것을 바라고 있습니다. 남자가 한 말과 여자가 한 말을 잘 구분한다면 쉽게 해결할 수 있는 문제입니다.

라고 할 수 있는 내용을 골라야 합니다. 남자의 첫 말인 [I don't ~ any money.]가 대화의 요점이라고 할 수 있습니다. 남자의 문제는 매달 돈이 부족하다, [I'm always ~ the month.]라고 말하고 있습니다. 그러므로 남자가 항상 돈이 부족한 이유라는 (a)가 정답입니다. 간혹 대화 내용과 보기에서 돈에 관련된 속담과 표현들이 많이 등장하고 있으므로 잘 익혀두도록 해야 합니다.

44 M I don't understand why I'm not saving any money.

W Well, you'd better tighten your belt. You know money doesn't grow on trees.

M I'm not throwing money around, but I'm always in the red at the end of the month. Sometimes I splurge a little, but not too much.

W Let's try to figure it out. Do you eat out often?

M All the time. But as you know I can't even boil water.

W Eating at home would save a lot of money.

Q. What is the main topic of the dialogue?
(a) Why the man is always short of money
(b) What to do to make more money
(c) How to save money and eat well
(d) Putting aside money for a rainy day

M 나는 왜 돈을 저축하지 못하는지 이해할 수가 없어.

W 돈을 좀 아껴 쓰는 게 좋겠어. 돈이 나무에서 자라는 게 아니라는 거 알잖아.

M 쓸데없는 데 돈을 쓰는 건 아닌데, 매달 말에 보면 항상 적자야. 가끔은 과용을 하기도 하지만, 그렇게 많이는 아니야.

W 그럼 한번 계산을 해 보자. 외식 얼마나 자주해?

M 항상. 하지만 내가 물도 못 끓인다는 거 알잖아.

W 집에서 먹으면 돈을 많이 아낄 수 있어.

대화의 요점으로 알맞은 것은?
(a) 남자가 항상 돈이 모자라는 이유
(b) 돈을 더 많이 벌기 위해서 해야 할 일
(c) 돈을 절약하면서 잘 먹는 법
(d) 만약에 대비해서 돈 저축하기

유형 → 요점 파악

Solution 남자가 자신은 낭비를 심하게 하지도 않는데 왜 항상 적자인지 모르겠다고 말한다. 여자는 남자가 외식하는데 돈을 너무 많이 쓰기 때문이라고 지적하고 있으므로 (a)가 정답이다.

Voca tighten one's belt 돈을 아껴 쓰다
Money doesn't grow on trees. 돈은 저절로 생기지 않는다 throw (one's) money around 쓸데없는 데 돈을 쓰다 be in the red 적자이다 splurge 돈을 물쓰듯 하다 put aside 저축하다 rainy day 만일의 경우

Answer (a) Why the man is always short of money

Joseph's focus

보기의 내용들이 전반적으로 언급되긴 했지만, 대화의 요점이

45-1 W Excuse me, I'm here to meet Mr. Peterson.

M You must be Emma's mother. I'm Larry Peterson, Emma's English teacher. Thanks for coming in such a short notice.

W You're welcome. My daughter's education is always a top priority.

M Well, as I said on the phone, I'd like to talk about Emma's grades.

W Are her grades falling?

M I'm afraid so. She used be at the top of the class, but I've noticed that she's been having a hard time focusing lately. I was wondering if there's anything that I should be made aware of?

W Well, I don't think it's anything serious. I know she has a crush on a boy at school. That might be the reason why she's been daydreaming in class.

Q. What can be inferred from the dialogue?
(a) Emma has some serious problems with her family.
(b) The two people have never met before, but spoke on the phone.
(c) The man noticed that Emma would often fall asleep in class.
(d) The woman blames the teacher for Emma's falling grades.

W 실례합니다. 피터슨 선생님을 만나러 왔는데요.

M 엠마 어머니시죠? 제가 엠마의 영어 선생님인 래리 피터슨입니다. 갑자기 연락 드렸는데 와 주셔서 감사합니다.

W 천만에요. 제 딸의 교육이 항상 최우선이죠.

M 전화로 말씀드린 것처럼, 엠마의 성적에 대해 이야기를 하고 싶습니다.

W 성적이 떨어지고 있나요?

M 네, 그렇습니다. 엠마가 전에는 제 수업 시간에 항상 일등이었는데, 요즘에는 수업에 집중 하는 데 어려움을 겪고 있는 것 같아요. 혹시 제가 알고 있어야 하는 사항이 있는지요.

W 심각한 건 아닐 거예요. 학교에서 한 남학생에게 관심을 갖고 있는 것으로 알고 있어요. 아마도 수업 중에 딴생각을 하는 이유가 그 때문일 거예요.

대화에서 추론할 수 있는 내용은?
(a) 엠마는 가정에 심각한 문제가 있다.
(b) 두 사람은 전에 만난 적이 없지만, 전화 통화를 했다.
(c) 남자는 엠마가 수업 시간에 자주 조는 것을 알아챘다.

(d) 여자는 엠마의 떨어지는 성적에 대해 교사를 탓한다.

유형 → 추론

Solution 학부모가 교사와 상담하고 있는 대화이다. 얼굴을 보고도 알아보지 못했으므로 두 사람은 전에 만난 적이 없다는 것을 유추할 수 있다.

Voca at short notice 갑작스레, 급히 priority 우선사항
have a crush on ~에게 반하다
daydream 공상을 하다 blame ~을 탓하다

Answer (b) The two people have never met before, but spoke on the phone.

Joseph's focus

영어 선생님이 엠마의 성적이 떨어지는 것을 염려하여 엠마의 어머니에게 상담을 요청한 상황입니다. 대화 시작 부분에서 엠마의 엄마가 선생님을 알아보지 못한 것으로 보아 두 사람이 만난 적은 없다는 것을 알 수 있습니다. 선생님이 [as I said on the phone]이라고 말한 것으로 보아, 두 사람이 이전에 전화 통화를 한 적이 있다고 짐작할 수 있습니다. 선생님은 엠마의 가정에 무슨 문제가 있는지를 묻고 있지만, 엄마는 엠마에게 요즘 좋아하는 남학생이 생겨서 그럴 것이라고 말합니다. daydreaming은 '공상'을 의미하므로, 실제로 잠이 드는 것으로 착각하여 (c)를 정답으로 고르지 않도록 주의합니다.

45-2 M This guy is horrible. He needs to spend more time writing better jokes.
W Yeah, he's pretty awful. Everyone in the audience looks so bored.
M Well, at least the tickets to this show were free. Do you want to leave?
W No, let's give him a chance to improve.
M That's not going to happen. He's already been onstage for thirty minutes.
W You never know. Maybe he's just warming up.

Q. Which is correct according to the dialogue?
(a) The woman thinks that the comedian is funny.
(b) The man didn't pay for tickets to the show.
(c) The man thinks the comedian's performance is too short.
(d) The woman wants to leave the show early.

M 이 사람 정말 형편없다. 좀 더 나은 농담을 쓰는데 시간을 더 보내야 할 것 같아.
W 맞아. 정말 형편없다. 관객들이 모두 지루해하는 것처럼 보여.
M 그래도 표가 공짜여서 다행이지. 집에 갈래?
W 아니. 좀 더 나아질지도 모르니까 한 번 기회를 주자.
M 그럴 일은 없을걸. 이미 공연을 시작한 지가 30분이나 됐는걸.
W 그래도 모르는 일이야. 그저 워밍업을 하고 있는지도 모르지.

대화의 내용과 일치하는 것은?
(a) 여자는 코미디언이 재미있다고 생각한다.
(b) 남자는 표 값을 지불하지 않았다.
(c) 남자는 코미디언의 공연이 너무 짧다고 생각한다.
(d) 여자는 쇼에서 일찍 자리를 뜨고자 한다.

유형 → 내용 일치

Solution 두 사람은 코미디언이 공연하는 것을 공짜로 관람하고 있는 상황이다.

Voca awful 끔찍한 improve 나아지다 on stage 무대 위에서의, 관객 앞에서의

Answer (b) The man didn't pay for tickets to the show.

Joseph's focus

대화에서 어떤 상황이 벌어지고 있는가를 파악하지 못하면 혼란스러울 수도 있는 문제입니다. 두 사람은 코미디언의 공연을 보고 있는 중인데 코미디언이 하도 형편없어서 재미없다고 불평을 하고 있습니다. 여자가 [... he's pretty awful. Everyone in the audience looks so bored.]라고 말한 것으로 미루어 볼 때, 코미디언이 재미있다고 생각한다는 (a)는 사실이 아니라는 것을 알 수 있습니다. 남자는 [Well, at least the tickets to this show were free.]에서 재미가 없지만 '돈 내고 산 표가 아니라서 다행'이라고 말하고 있으므로 (b)가 정답이 됩니다.

Part IV (46~60)

46 KNME Forecast. Today is going to be sunny with a high of 88 degrees. There's going to be a slight breeze, moving at about two miles per hour. Tomorrow, expect to see some afternoon showers that are coming in from the north. The low pressure system is going to stick around for most of the week, bringing heavy rains. Watch for flash flood warnings throughout the week.

Q. What can be inferred from the announcement?
(a) Some residents were told to evacuate immediately.
(b) Heavy precipitation at this time of year is very rare.
(c) A torrential downpour is likely in some parts of town.
(d) Temperatures will drop significantly after the rain.

KNME 기상예보입니다. 오늘은 최고 기온이 88도까지 오르는 화창한 날이 될 것으로 예상됩니다. 약간의 바람이 불긴 하겠지만, 시속 2마일 정도에 그칠 것입니다. 내일은 북쪽으로부터 이동해 온 오후 소나기를 예상하세요. 저기압은 이번 주 내내 머물러 있으면서 폭우를 내릴 것으로 보입니다. 주 내내 홍수 경보가 나올지 모르니 주의하십시오.

방송에서 추론할 수 있는 것은?
(a) 일부 주민들은 즉각 대피하라는 말을 들었다.
(b) 연중 이맘때의 많은 강우량은 매우 드물다.
(c) 억수 같은 호우가 마을 일부 지역에서 발생할 가능성이 있다.
(d) 비가 온 후 기온이 크게 떨어질 것이다.

유형 → 추론

Solution 일부 지역에서 heavy rain이 예상된다고 했으므로 (c)가 정답이다.

Voca   forecast 일기예보   **flash flood** 갑작스런 홍수
evacuate 대피하다   **precipitation** 강수량
torrential downpour 억수 같은 비
throughout ~동안 죽, 내내

Answer   (c) A torrential downpour is likely in some parts of town.

Joseph's focus

일기예보를 듣고 내용을 유추하는 문제입니다. 일반적으로 여러 다른 종류의 날씨들이 등장하는 것이 보통입니다. 지문에서도 오늘의 날씨는 맑을 것이라고 시작하고 있지만, 일기예보의 주요 내용은 내일 오후부터 시작될 비입니다. 일부 지역에서 호우와 홍수가 예상된다고 했지만, 주민들이 대피해야 한다고 짐작해서는 안 되므로 (a)는 오답입니다. 연중 이맘때 많은 강수량이 발생하는 경우가 드물다고 한 (b)도 오답입니다. [The low pressure ~ heavy rains.]라고 했으므로 일부 지역에서는 집중 호우가 있을 수 있다는 (c)가 정답이 됩니다. 일반적으로 비가 온 후에 기온이 떨어지긴 하지만 여기서는 기온에 대한 내용은 전혀 언급되지 않았습니다.

47   Have you ever spilt wine or coffee on the couch and been unable to get it out? Try Brilliance. Brilliance can remove anything, from dirt in the carpet to grease on your clothes. Brilliance uses micro scrubbers to lift the stain out, leaving materials feeling fresh and clean. Brilliance doesn't use any perfumes and won't leave any spots behind.

Q. What is the advertisement for?
(a) An air freshener
(b) Stainless appliances
(c) Designer perfume
(d) A household cleaner

소파에 와인이나 커피를 엎질러 그 얼룩을 제거할 수가 없었던 적이 있으신가요? 브릴리언스를 써 보세요. 브릴리언스는 카펫의 때부터 옷의 기름때까지 모두 없애 줍니다. 브릴리언스는 미세 브러시를 이용하여 얼룩을 없애 주면서 직물을 상쾌하고 깨끗하게 만들어 줍니다. 브릴리언스는 향수를 사용하지 않으며, 어떤 얼룩을 남기지 않습니다.

무엇을 광고하고 있는가?
(a) 공기 청정제
(b) 스테인리스 가전제품
(c) 유명 상표의 향수
(d) 가정용 세제

유형 → 주제 파악

Solution   [Brilliance can remove anything, from dirt in the carpet to grease on your clothes.]에서 천에 생긴 얼룩을 제거하는 제품을 선전하고 있다는 것을 알 수 있다.

Voca   spill 엎지르다   grease 기름   stain 얼룩   leave 남기다   household 가정

Answer   (d) A household cleaner

Joseph's focus

광고문을 듣고 무엇에 대한 광고인지를 물어보는 유형의 문제입니다. 브릴리언스라는 제품을 광고하고 있습니다. 광고문에서는 주로 앞부분에 topic을 소개하고 잠재적인 고객들이 솔깃해 할 만한 상품의 효과들을 언급하고 어떤 장점이 있는지 등을 설명합니다. 광고의 처음 부분 [Have you ever spilt wine or coffee on the couch~?]의 내용을 통해 소파에 생긴 얼룩을 제거하는 제품이라는 것을 알 수 있습니다. 만일 이 부분을 이해하지 못했다면, feeling fresh and clean과 perfume을 듣고 (a)가 정답이라고 착각할 수도 있습니다. 얼룩을 제거할 수 있는 제품을 찾아야 하므로 stain remover나 household cleaner가 정답으로 적절합니다.

48   About 2.6 billion people, or 40 percent of the world's population, don't have basic sanitation. Over one billion people are drinking from unsafe water sources. Unsafe drinking water and poor sanitation sicken and kill thousands of children around the world every day. Farmers and laborers are less productive due to waterborne diseases, making national economies suffer more, according to UNICEF.

Q. Which of the following best summarizes the broadcast news?
(a) Almost half the world's population doesn't have access to sanitation services.
(b) UNICEF is planning to help countries improve sanitation facilities.
(c) Farmers are more likely to become sick from a lack of hygiene.
(d) Preserving water quality is very important for drinking water supplies.

약 26억의 사람들, 즉 전 세계 인구의 40퍼센트가 기본적인 위생 시설을 갖추지 못하고 있다. 10억 이상의 사람들이 안전하지 않은 물을 마시고 있다. 더러운 마실 물과 형편없는 위생 시설은 매일 전 세계적으로 수천 명의 아이들을 병들게 하고 죽게 만든다. 유니세프에 의하면, 농부들과 노동자들은 수인성 질병들 때문에 생산성이 떨어지고 이것으로 국가의 경제가 더욱 피해를 입고 있다고 한다.

뉴스의 내용을 가장 잘 요약하고 있는 것은?
(a) 전 세계의 거의 절반이 적절한 위생 시설을 이용하지 못한다.
(b) 유니세프는 국가들이 위생 시설을 개선하는 것을 도울 계획이다.
(c) 농부들은 위생 결핍으로 병이 날 가능성이 더 높다.
(d) 물의 질을 유지하는 것이 마실 물 공급에 있어 매우 중요하다.

유형 → 요약하기

Solution   뉴스의 내용은 전 세계적으로 얼마나 많은 사람들이 깨끗한 마실 물의 부족으로 고통을 받고 있는가에 관한 내용이다.

Voca   sanitation 공중위생   drinking water 식수   waterborne disease 수인성 질병

 (a) Almost half the world's population doesn't have access to sanitation services.

Joseph's focus

뉴스의 전반적인 내용을 파악한 후 요점을 고르는 문제입니다. [About 2.6 billion ~ basic sanitation.]이라고 했으므로, 거의 절반에 가까운 사람들이 이용할 수 있는 위생 시설이 없다고 할 수 있습니다. 요약문을 고르는 문제에서는 지문에서 언급되기는 했지만, 글의 요점이 아닌 것을 오답으로 이용하는 경우가 많습니다. 또한 일반적인 상식으로 우리가 알고 있는 사실이지만 지문에서는 언급되지 않은 것을 오답으로 제시하는 경우도 많으므로 함정에 빠지지 않도록 주의합니다.

유형 → 내용 일치

Solution 화자의 돈을 쓰는 것에 대한 의견을 고르는 문제이다. 문장의 첫 부분에 글쓴이의 의견이 나타나 있다.

Voca replaceable 대신할 수 있는   decent 버젓한, 괜찮은   routine (지루한 일상의) 틀, (판에 박힌) 일상

Answer (c) The speaker thinks travelling is a better way to spend money.

Joseph's focus

돈을 쓰는 것에 대한 화자의 태도로 가장 적절한 것을 고르는 문제입니다. 글의 첫 부분 [I would rather ~ a car.]과 글의 나머지 부분은 (c)라고 생각하는 이유를 잘 나타내 주고 있습니다. 즉 여행으로 얻을 수 있는 것들은 물질적인 것들과는 달리, replaceable하지 않기 때문이라고 설명하고 있습니다.

49 I would rather spend all of my money travelling than on having an expensive house and a car. First of all, a house and a car are just materials that can easily be replaced. However, with travelling, you're spending your money on seeing new places and gaining new experiences, which is something that isn't replaceable. Secondly, I won't gain the same experiences by staying in one spot and living in a routine. Plus, I can still live in a decent house and use public transportation if I use my money for travelling. The best part of travelling is that it's fun and relaxing. Who doesn't want to go on a vacation?

Q. What is the speaker's opinion on spending money?
(a) The speaker wants to buy an expensive house and a car.
(b) The speaker thinks it's best to save money and live frugally.
(c) The speaker thinks travelling is a better way to spend money.
(d) The speaker wants to invest her money and save it for later.

나는 비싼 집이나 자동차를 갖는 것 보다는 차라리 여행을 하는데 내가 가진 모든 돈을 쓸 것이다. 먼저, 집과 자동차는 쉽게 대체 될 수 있는 물건들일 뿐이다. 그러나 여행을 할 때는 새로운 장소들을 구경하고 새로운 경험을 얻는데 돈을 쓰게 되는데, 그것은 대체될 수 있는 것이 아니다. 두 번째로 한 곳에 머무르면서 일상적인 일을 반복하면 여행을 할 때와 같은 경험을 얻을 수 없을 것이다. 또한 여행에 돈을 쓰더라도 그런대로 괜찮은 집에 살면서 대중교통 수단을 이용할 수 있다. 여행을 하는 것의 가장 좋은 점은 재미있고 긴장을 풀어준다는 것이다. 휴가를 가고 싶지 않은 사람이 누가 있겠는가?

화자의 돈 지출에 대한 의견으로 올바른 것은?
(a) 화자는 비싼 집과 자동차를 사고 싶어 한다.
(b) 화자는 돈을 저축하고 검소하게 사는 것이 최선이라고 생각한다.
(c) 화자는 여행이 돈을 쓰는 더 나은 방법이라고 생각한다.
(d) 화자는 나중을 위해 돈을 투자하고 저축하고 싶어 한다.

50 Our two month journey to Scandinavia was absolutely fantastic. I wish to tell everyone that this has probably been the most relaxing and exotic holiday we've ever experienced. Although part of my time was taken up by an environmental symposium in Oslo, I still felt very relaxed and rested. Moreover, Norway was a great country to tour, especially the countryside. After Norway, we went on to tour Sweden by car, and then on to Finland by cruise ship. After spending a few days in Finland we drove into Denmark. Copenhagen was full of architectural marvels and wonderful people.

Q. Which is correct according to the speaker?
(a) The speaker thinks that the conference in Oslo was boring.
(b) Travelling to a foreign country is difficult but exciting.
(c) The speaker thinks highly of her journey to Scandinavia.
(d) Sweden is full of architectural marvels and wonderful people.

우리의 스칸디나비아 반도로의 두 달 동안의 여행은 매우 환상적이었습니다. 저는 모든 분들에게 이번 여행이 우리가 여태껏 경험한 것 중 가장 편안하고 이국적인 휴가였다고 말씀드리고 싶습니다. 비록 제 시간의 일정 부분이 오슬로의 환경 심포지엄에 참석하는데 할애되었지만, 그래도 전 매우 안락하고 편안함을 느꼈습니다. 게다가, 노르웨이는 여행하기에, 특히 시골로 여행하기가 좋은 나라였습니다. 노르웨이를 여행하고 나서, 우리는 더 나아가 자동차로 스웨덴을 여행했고, 그러고 나서 유람선을 타고 핀란드로 갔습니다. 핀란드에서 며칠을 보내고 나서, 차를 운전해서 덴마크에 갔습니다. 코펜하겐은 건축 업적들과 멋진 사람들로 가득 차 있었습니다.

화자의 말과 일치하는 것은?
(a) 화자는 오슬로의 회의가 지루했다고 생각한다.
(b) 외국으로 여행하는 것은 어렵지만 재미있다.
(c) 화자는 스칸디나비아로의 여행을 매우 높게 평가하고 있다.
(d) 스웨덴은 건축 업적들과 멋진 사람들로 가득 차 있었다.

Solution 첫 번째 문장과 두 번째 문장에서 화자는 이번 여행이 여태 껏 경험한 휴가 중에 가장 안락하고 멋진 휴가였다고 언급 했으므로, 화자는 스칸디나비아로의 여행을 매우 높게 평 가하고 있다는 내용의 (c)가 담화문의 내용과 일치한다.

Voca journey 여행 fantastic 환상적인 exotic 이국적인 cruise ship 유람선 marvels 경이로운 결과[업적]

Answer (c) The speaker thinks highly of her journey to Scandinavia.

Joseph's focus

내용 일치 문제로 내용자체가 평이하고 쉽기 때문에, 기억해야 하거나 메모해야 할 정보도 별로 없습니다. 도입부의 첫 번째 문장과 두 번째 문장을 주의 깊게 들었다면, 아주 쉽게 답을 구 할 수 있는 문제입니다. 오슬로에서 회의가 있었다는 내용은 담 화문에 언급되었지만, 지루했다는 내용은 언급되지 않았으므 로 (a)는 답이 될 수 없습니다. 외국여행이 어렵다는 내용 또한 언급되지 않았으므로 (b) 역시 일치하지 않습니다. 아름다운 건축물과 멋진 사람들로 가득 차 있었던 곳은 스웨덴이 아니라, 덴마크의 코펜하겐이었다고 했으므로 (d)역시 담화문의 내용 과 일치하지 않습니다.

51 The phrase green thumb refers to someone who is naturally good at gardening. It is believed that the phrase comes from King Edward I of England. He used to enjoy eating green peas so much that he had several serfs working in the garden to keep him supplied with them. A prize would be given to the person who produced and shelled the most green peas and therefore, having the greenest thumb.

Q. Which is correct according to the story?
(a) It is said that King Edward I of England was a great gardener.
(b) A green thumb used to refer to a serf working in the garden.
(c) Farmers competed to receive a prize, and the competition was fierce.
(d) A person with a green thumb can make plants grow well.

green thumb은 정원을 가꾸는 일에 천부적으로 소질이 있는 사람을 가리킬 때 쓰는 표현이다. 이 표현은 영국의 왕 에드워드 1세로부터 나온 것으로 전해진다. 그는 완두콩 먹는 것을 너무나 좋아해서 여러 명의 농노들이 정원에서 일을 하며 그에게 완두 콩을 계속해서 제공하도록 했다. 가장 많은 완두콩을 생산하고 가장 많은 콩깍지를 까는 사람에게는 상이 주워졌는데 그 사람 은 가장 녹색인 엄지손가락을 가진 사람이었다.

이야기와 일치하는 내용은?
(a) 영국의 왕 에드워드 1세는 훌륭한 정원사였다고 전해진다.
(b) green thumb은 정원에서 일하는 농노를 가리켰다.
(c) 농부들은 상을 받기 위해 경쟁했으며 경쟁은 치열했다.
(d) green thumb을 가진 사람은 식물들이 잘 자라도록 할 수

있다.

Solution green thumb이 정원 가꾸는 일에 소질이 있는 사람을 가 리키는 표현이라는 것을 알지 못했다 하더라도 지문에서 의미와 기원을 설명하고 있다.

Voca gardening 원예 serf 농노

Answer (d) A person with a green thumb can make plants grow well.

Joseph's focus

green thumb이라는 표현의 유래에 대한 이야기입니다. green thumb은 중세 유럽에서나 현대 사회에서나 '원예를 즐 기고 소질이 있는 사람'을 가리키는 표현으로 영국의 에드워드 1세 시대에 시작된 표현이라고 합니다. 에드워드 왕 자신이 훌 륭한 정원사였다는 내용은 언급되지 않았으므로 (a)는 정답이 될 수 없습니다. 농노들 중에서도 완두콩을 잘 가꾸고 잘 까는 사람의 녹색으로 물든 손가락에서 유래한 표현이므로 (b)는 정 답이 아닙니다.

52 This week is the grand opening of the Euphoria Day Spa. Open seven days a week from 8 a.m. to 6 p.m., Euphoria Day Spa is giving a 50 percent discount on all premium package treatments. Come by for a manicure, massage, or an entire day spa treatment. Our certified professionals will work the stress of a busy lifestyle away, bringing peace and relaxation to all of our guests. Regular treatments start at just $29. Call to make a reservation today.

Q.Which is correct according to the advertisement?
(a) All treatments will cost $29 on the grand opening day.
(b) The discount applies to all treatments except for the premium package.
(c) Euphoria Day Spa is only open on the weekdays.
(d) The employees are trained and qualified experts.

이번 주는 유포리아 데이 스파의 개점일입니다. 일주일에 7일 오 전 8시부터 오후 6시까지 영업을 하는 유포리아 스파에서 모든 프리미엄 패키지 요법에 50퍼센트 할인을 실시하고 있습니다. 매니큐어, 마사지 혹은 하루 종일 스파 요법을 받으러 오세요. 저 희의 공인된 전문가들은 바쁜 생활의 스트레스를 날려 버리고 고객 모두에게 평화로움과 편안함을 가져다 줄 것입니다. 일반 요법은 29달러부터 시작합니다. 오늘 전화해서 예약하세요.

광고의 내용과 일치하는 것은?
(a) 모든 요법은 개점일에 29달러일 것이다.
(b) 할인은 프리미엄 패키지를 제외한 모든 요법에 적용된다.
(c) 유포리아 데이 스파는 주중에만 연다.
(d) 직원들은 훈련을 받은 자격 있는 전문가들이다.

Solution 광고에서 직원들은 공인 받은 전문가들이라고 했으므로 (d)
가 정답이다. 일반 요법의 가격이 29달러부터 시작한다고
했으므로 (a)는 광고내용과 일치하지 않는다.

Voca certified 공인된 relaxation 완화, 기분 전환
treatment 치료, 처리 expert 전문가

Answer (d) The employees are trained and qualified
experts.

JoSeph's focus

광고의 내용을 듣고 올바른 내용을 고르는 문제입니다. 이러한
유형의 문제에서 오답은 일부만 사실이고, 나머지는 사실이 아
닌 경우가 많습니다. 예를 들어, (a)의 경우 지문에서는 [Regular
treatments start at just $29.]라고 했을 뿐 개점일에 모든 요
법이 20달러라고는 하지 않았습니다. 지문에서 [50 percent
discount on all premium package treatments]라고 했
으므로 50퍼센트의 할인은 프리미엄 패키지에만 제공되는 것
으로 (b)의 내용과는 정반대가 됩니다. [Open seven days a
week]라고 했으므로 주중은 물론 주말에도 영업을 하는 것
이므로 (c)는 오답입니다. [Our certified professionals]이
라는 것으로 미루어 볼 때, 직원들이 [trained and qualified
experts]라고 할 수 있으므로 (d)가 정답으로 가장 적절합니다.

53 Hello, Mrs. Gibson. This is Cynthia calling from
Dr. Pickett's office. This is just a reminder that
your son Adam has a dentist appointment with
Dr. Pickett this Thursday at 3 p.m. If you need
to reschedule or cancel his appointment, please
call me at least twenty-four hours in advance.
Otherwise, there will be a 20 dollar cancellation
fee. Thank you, and have a nice day.

Q. Which of the following is true according to the
phone message?
(a) A cancellation can be made 24 hours a day.
(b) The speaker is confirming a dental
appointment.
(c) There is a 20 dollar fee for rescheduling.
(d) Cynthia asks Mrs. Gibson to call her back.

안녕하세요, 깁슨 씨, 저는 피켓 선생님 사무실에 있는 신시아라
고 합니다. 아드님이 아담이 이번 목요일 오후 3시에 피켓 선생
님과 치과 진료 예약이 되어 있다는 것을 상기시켜 드리기 위해
전화를 했습니다. 만일 예약을 변경해야 하거나 취소해야 하면
최소한 24시간 이전에 전화해 주세요. 그렇지 않으면, 20달러의
취소 수수료가 있습니다. 감사합니다. 좋은 하루 보내세요.
전화 메시지의 내용과 일치하는 것은?
(a) 취소는 24시간 내내 가능하다.
(b) 화자는 치과 예약을 확인하고 있다.
(c) 예약 변경시 20달러의 수수료가 부과된다.
(d) 신시아는 깁슨 부인에게 전화해 줄 것을 요청한다.

유형 → 진위 파악

Solution 목요일의 진료 약속을 상기시키면서 예약을 변경하거나 취
소하려면 적어도 24시간 이전에 전화로 알려달라고 한 것

을 (a)의 24시간 내내 가능하다는 내용과 혼동하지 않도록
한다.

Voca reminder 상기 시키는 것 dentist 치과(진료소)
cancellation 취소 reschedule 일정을 변경하다

Answer (b) The speaker is confirming a dental
appointment. .

JoSeph's focus

전화 메시지를 듣고 올바른 내용을 고르는 문제입니다. 치과에
서 일하는 Cynthia가 Mrs. Gibson에게 아들 Adam의 치과
진료예약을 확인하기 위해 전화를 했습니다. (a)는 하루 24시간
중 어느 때나 취소가 가능하다고 했으므로 메시지의 내용과 일
치하지 않습니다. 예약 취소시 20달러의 수수료가 부과된다고
했지만 예약을 변경하는데 요금이 부과되는 것은 아니므로 (c)
는 오답입니다. 전화 메시지에서는 먼저 자신이 누구인가와 왜
전화를 했는지를 밝힙니다. 중간 부분에는 전화 받는 사람이 해
야 할 일을 언급하고 나중에는 전화를 해 달라거나 하는 내용
이 오게 됩니다. 이 메시지에서 Cynthia는 전화를 해달라고 부
탁하지는 않았으므로 (d)는 오답입니다.

54 Soap operas can be watched in many places
around the world. However, they didn't start
out as TV shows. They actually began as serial
dramatized radio shows back in the 1930s in
the United States. The daily fifteen minute radio
segment would present the dramatic lives of
characters. By the 1950s, soap operas went
from the radio to the TV, making their popularity
skyrocket. In fact, in the US some soap operas
today have been around for over 30 years.

Q. What is true according to the passage?
(a) Soap operas were originally designed for
advertising products.
(b) Before the 1950s, soap operas in the US
were for radio only.
(c) Demand for soap operas has dropped since
they went to the TV.
(d) Some American soap operas have viewers
outside of the country.

연속극은 전 세계적으로 많은 나라에서 볼 수 있다. 하지만 연속
극은 TV쇼로 시작하지는 않았다. 원래 연속극은 1930년대 미국
에서 연속극화된 라디오 쇼로서 시작했다. 매일 15분간 나누어
방송되는 라디오 쇼는 등장인물들의 드라마틱한 삶을 소개하곤
했었다. 1950년대에 이르러 연속극들은 라디오 쇼에서 TV로 옮
겨 가게 되었고 이것으로 그 인기는 높이 치솟았다. 실제로 미국
에서 오늘날 방영되고 있는 일부 연속극들은 30년이 넘게 지속
되어 온 것들이다.

글의 내용과 일치하는 것은?
(a) 연속극들은 원래 상품을 광고하기 위해 고안되었다.
(b) 1950년대 이전에 미국의 연속극들은 라디오 방송에 국한되
었다.
(c) 연속극에 대한 수요는 TV로 옮겨간 후에 떨어졌다.

(d) 일부 미국 연속극들은 미국 밖에도 시청자들이 있다.

유형 → 내용 일치

Solution 연속극들은 1930년대에 라디오 쇼로 시작하여 1950년대에 TV 프로그램으로 전환되었으므로 1950년대 이전에는 라디오에만 국한된 것이었다는 (b)가 정답이다.

Voca soap opera 연속극 · popularity 인기도 · skyrocket 치솟다

Answer (b) Before the 1950s, soap operas in the US were for radio only.

Joseph's focus

연속극이 어떻게 시작되었는가에 대한 글을 듣고, 일치하는 내용을 고르는 문제입니다. 연속극은 1930년대에 원래 라디오용으로 시작이 되었고 1950년대가 되어서 TV용이 되었습니다. 연속극이 원래 상품 광고를 위해서 고안되었다는 내용은 언급되지 않았으므로 (a)는 오답이고 1950년대 이전에는 라디오 방송이었다고 했으므로, 그 전에는 라디오에만 한정된 것이었다고 한 (b)가 정답입니다. 연속극의 인기는 TV로 옮긴 후에 더욱 높아졌으므로 (c)는 오답이 됩니다. 모든 사람이 인정하는 사실이라고 할지라도 지문에서 언급되지 않는 한 절대로 정답이 될 수 없습니다.

(d) 어떤 사람들은 아무리 노력을 해도 춤을 못 춘다.

유형 → 화자의 요점 파악

Solution 춤은 배우기 어렵고 연습과 시간이 필요하므로 인내심을 가지라는 것이 화자의 주장이다.

Voca apprehensive 염려하는 · clammy 축축한, 끈적끈적한 · task 일, 임무

Answer (c) It might take some time and effort to master the basics of dancing.

Joseph's focus

화자는 춤을 배우는 초보자들에게 참을성을 갖고 계속 연습을 하라는 조언을 하고 있습니다. 참을성을 가지라는 내용을 파트너에 대해 참을성을 가지라는 내용의 (a)와 혼동하지 않도록 합니다. 지문에서 파트너의 발가락을 밟는다는 내용이 나오지만, 그것은 초보자들이 흔히 하는 실수의 예를 들기 위해 제시되었을 뿐입니다. 음악에 맞춰 춤을 추는 것이 어려운 일이라는 내용이 언급되었지만 (b)의 내용은 구체적으로 언급되지 않았습니다. 처음에는 제대로 배울 수 없을 것 같이 느껴지더라도 계속해서 연습을 하면 나아진다는 것이 화자의 요지이므로, 아무리 노력해도 춤을 못 추는 사람이 있다는 내용의 (d)는 글의 전반적인 내용과 일치하지 않습니다.

---

55 Many people are very apprehensive when they go dancing for the first time. Their hands get clammy and oftentimes they step on their partners' toes. Dancing requires a lot of practice and most people don't get it right away. It's important to remember that you may not get the steps down in the first lesson, so you need to go several more times. Moving elegantly to music can also be a task for dance beginners.

Q. What is the speaker trying to say?

(a) Be patient with your partners even if they don't get it right.

(b) Good music plays an important role in effective dance practice.

(c) It might take some time and effort to master the basics of dancing.

(d) Some people just can't dance no matter how hard they try.

많은 사람들이 처음으로 춤을 추러 갈 때 매우 걱정을 한다. 그들의 손에서는 땀이 나고 종종 그들은 파트너의 발가락을 밟곤 한다. 춤은 많은 연습을 필요로 하고 대부분의 사람들은 금방 배우지 못한다. 당신은 첫 번째 교습에서 스텝을 제대로 이해하지 못할 수도 있으며, 그래서 여러 번 더 교습을 받아야 한다는 걸 명심하는 것이 중요하다. 음악에 맞춰 우아하게 움직이는 것은 춤을 처음 배우는 사람에게는 어려운 일일 수 있다.

화자가 말하려고 하는 것은?

(a) 파트너가 제대로 못하더라도 참을성을 가져라.

(b) 좋은 음악은 효과적인 댄스 연습에 중요한 역할을 한다.

(c) 춤의 기본을 배우는 데는 약간의 시간과 노력이 필요하다.

---

56 Many students have to drive or use the public transportation to the university, but I live close enough that I can walk. There are several advantages about living so close to campus. First, it only takes me a few minutes to get to my class. Plus, I'm getting some exercise while I walk. Walking is also good because I don't have to hunt for a parking spot every day, which can be a hassle. Some students park illegally on the street and come back to their cars later on to see that they've been ticketed.

Q. Which of the following can be inferred from the talk?

(a) Some people drive to campus even if they live nearby.

(b) There aren't enough parking facilities on campus.

(c) Heavier fines should be imposed on illgal parking.

(d) The speaker complains about there being too much traffic on campus.

많은 학생들이 학교까지 운전을 하거나 대중 교통수단을 이용해야 하지만 나는 걸어갈 수 있을 만큼 학교와 가까운 곳에 살고 있다. 캠퍼스 근처에 사는 데는 몇 가지 장점이 있다. 첫째로 수업에 가는데 몇 분밖에 걸리지 않는다. 게다가 걷는 동안 운동도 하게 된다. 걷는 것이 좋은 또 하나의 이유는 매일 주차할 곳을 찾아 헤매지 않아도 된다는 것인데, 주차 공간을 찾는 것은 정말 골치 아픈 일 일 수도 있다. 어떤 학생들은 길가에 불법 주차를 하고 나중에 돌아왔을 때 교통 위반 딱지를 떼게 된 것을

발견하게 된다.

글의 내용으로부터 유추할 수 있는 것은?
(a) 일부 사람들은 캠퍼스 근처에 살면서도 차를 타고 간다.
(b) 캠퍼스에는 주차 시설이 충분하지 않다.
(c) 불법 주차에 대해서는 더 많은 벌금이 부과되어야 한다.
(d) 화자는 캠퍼스 내에 교통량이 너무 많음에 불평한다.

유형 → 추론

Solution 화자는 캠퍼스 근처에 사는 것의 이점 중 하나로 주차 공간을 찾아 헤맬 필요가 없다는 것을 들고 있다. 일부 학생들이 불법 주차로 딱지를 떼곤 한다는 것을 언급했지만 더 많은 벌금을 물려야 한다고 주장하지는 않고 있으므로 (c)는 정답이 될 수 없다.

Voca advantage 이점, 장점 hassle 골치 아픈 상황 ticket 딱지를 떼다 impose 부과하다

Answer (b) There aren't enough parking facilities on campus.

Joseph's focus

화자는 캠퍼스 근처에 살고 있어서 차를 가져 와야 하는 학생들이 주차 공간을 찾느라 헤매는 동안 걸어서 수업에 갈 수 있다고 말하고 있습니다. [Walking is also good ~ which can be a hassle.]의 내용으로 볼 때, 캠퍼스 내에서 주차 공간을 찾는 것이 힘들다는 것을 유추할 수 있으므로 (b)가 정답이 됩니다. 추론 문제에서는 사실에 입각한 올바른 유추를 해야 하는데, 올바른 유추는 rephrasing과 달리, 직접적으로 언급되지 않은 내용이지만 여러 가지 정보를 종합해 볼 때, 사실인 것으로 간주되는 것을 찾는 것입니다.

57 A frost flower is a condition in which thin layers of ice form in the shape of a petal from water that is pushed out of long-stemmed plants. When water freezes inside of the stems of plants, it expands, causing long thin cracks along the stems. Water is then drawn out of the cracks and freezes, continuing to expand as more water comes out. The thin ice forms into intricate patterns and curls into the shape of a petal, making a frost flower.

Q. What is the main point of the talk?
(a) Why water expands when it freezes
(b) How unusual weather conditions affect the plants
(c) Ways to protect your flowers from frost in wintertime
(d) What frost flowers are and how they are created

서리꽃이란 줄기가 긴 식물에서 나온 물로부터 꽃잎의 모양으로 얇은 얼음 층이 형성되는 현상을 말한다. 물이 식물 줄기 안에서 얼면 팽창하게 되고 이것은 줄기를 따라 길고 얇은 균열이 생기도록 만든다. 그러면 물이 이 균열들을 통해 흘러 나와 얼게 되고, 점점 더 많은 물이 흘러나옴에 따라 계속해서 팽창을 하게 된다. 이 얇은 얼음 층은 복잡한 무늬로 형성되고 꽃잎의 형태로 말리

게 되는데 이 때문에 서리꽃이 만들어집니다.

담화의 요점은 무엇인가?
(a) 왜 물은 얼면 팽창하는가
(b) 이상 기후가 식물에 끼치는 영향
(c) 겨울에 꽃을 서리로부터 보호하는 방법
(d) 서리꽃이 무엇이며 어떻게 만들어지는가

유형 → 글의 요점 파악

Solution frost flower가 무엇이며 어떻게 만들어지는지를 설명하고 있다. 겨울에 서리로부터 꽃을 보호하는 방법이라고 한 (c)와 혼동하지 않도록 주의한다.

Voca expand 팽창하다, 확장하다 crack 균열 intricate 복잡한

Answer (d) What frost flowers are and how they are created

Joseph's focus

서리꽃이 무엇이며 어떻게 형성되는지의 과정을 설명하고 있습니다. 글의 요점을 파악하는 유형의 문제에서는 글 전체 내용을 대표할 수 있는 것을 정답으로 골라야 합니다. 오답의 주요 예로서, 지문에서는 언급되었지만 요점이 아닌 내용을 제시하는 경우가 많은데 이 문제에서 (a)가 그 예라고 할 수 있습니다. 그러므로 요점을 고르는 문제에서는 오답이 항상 사실이 아니라고 할 수는 없습니다. 지문의 내용에 어긋나는 내용일 수도 있고, 전혀 언급되지 않은 내용일 수도 있고 지문에 사용된 단어들을 이용한 경우들이 있을 수 있습니다.

58 Welcome to the second day of Warton Business School annual strategic convention. Our first speaker this morning will be Dr. George Perkins. Dr. Perkins visited us from McMaster University, Canada. His school is One of the Top 100 universities in the world and The "McMaster Model"—a student-centered, problem-based, interdisciplinary approach to learning—has been adopted by universities around the world. Dr. Perkins himself is a noted expert on standardizing testing and he's highly sought-after as a speaker. With regard to his speech today, we are going to hear about what he considers the misguided testing policies of the government and we'll talk about how they will, if implemented, do the exact opposite of what they are supposed to do. Alright, students—please welcome Dr. Perkins.

Q. According to this announcement, what will Dr. Perkins' speech be mainly about?
(a) How detrimental current testing policy is
(b) How the university plans to fight government policy
(c) How students misunderstand standardized testing
(d) How today's testing policies are implemented

제 2일차 Warton 경영대학원 연례 전략회의에 오신 걸 환영합니다. 오늘 아침 첫 번째 연설자는 조지 퍼킨스 박사님입니다. 퍼킨스 박사님은 캐나다 맥매스터 대학에서 오신 분입니다. 그의 학교는 세계 100대 대학 중 하나이며, 학생중심, 문제 중심, 학제간 학습법인 "맥매스터 모델"은 전 세계의 대학들에 의해 채택되었습니다. 퍼킨스 박사님 본인은 평가시험 표준화에 관한 저명한 전문가이시며, 연설자로서 매우 인기 있습니다. 오늘 있을 교수님의 연설에서, 우리는 교수님께서 기만적이라고 여기는 정부의 시험 정책에 대한 말씀을 듣게 될 것이고, 우리는 그러한 정책들이 시행된다면, 어떻게 그 정책들이 애초에 의도된 것과는 정확히 정반대의 효과를 가져오게 되는지에 대해 토론을 할 것입니다. 자, 학생 여러분 – 퍼킨스 박사님을 환영해 주시기 바랍니다.

발표에 따르면, 퍼킨스 박사의 연설은 주로 무엇에 관한 것인가?
(a) 현 시험 정책들이 얼마나 해로운지
(b) 대학이 정부 정책에 어떻게 맞서 싸우려고 계획하는지
(c) 학생들이 표준화된 시험에 대해 어떤 식으로 오해하는지
(d) 오늘날의 시험정책이 어떻게 시행되는지

유형 → 주제 파악

Solution 연설의 내용이 무엇에 관한 것인지 구체적으로 밝힌 중간 부분을 통해 퍼킨스 교수가 정부의 현 시험 정책들에 부정적인 생각을 가지고 있음을 알 수 있고, 연설의 내용 또한 이런 기만적인 시험 정책에 관한 것일 거라는 사실을 알 수 있으므로 정답은 (a)이다.

Voca business school 경영대학원 strategic convention 전략회의 interdisciplinary 학제간의 noted 유명한, 저명한 standardize 표준화하다 sought-after 인기 있는, 섭외가 많이 들어오는 misguided 기만적인, 속임수의 implement 시행하다, 실시하다

Answer (a) How detrimental current testing policy is

Joseph's focus

연설자를 소개하는 말을 듣고 세부 정보를 파악하는 문제입니다. 세부 정보 파악문제는 첫 번째 들을 때는 전체적인 흐름과 대의를 파악하면서 듣고, 질문지를 듣고 나서 두 번째 들을 때는 문제해결에 필요한 정보가 들어있는 부분만 집중해서 들어주는 것이 좋습니다. 퍼킨스 박사의 연설의 주제가 무엇에 관한 내용이 될 것인지는 담화문 중반부[With regard to ~ of the government.]에 잘 나타나 있습니다. 특히 misguided라는 단어가 detrimental로 paraphrase되어 있기 때문에 이 단어를 놓치지 않고 듣는 것이 관건이 되겠습니다.

59 We had a great time on our trip to South America. First, we traveled to the western part of Argentina near the border of Argentina and then onto our next destination, Chile. We hiked in the Andes Mountains and visited different wineries in the area. Some of the best red wines in the world are made in this part of the country. Then, we traveled south to Bariloche to see the glaciers. It was incredible! We could see where the glaciers carved out the mountainside, and sometimes we could even hear the glaciers move.

Q. Which is correct according to the talk?
(a) The glaciers left marks along the mountain ridge.
(b) The speaker traveled to Chile and then to Argentina.
(c) Bariloche is famous for both its red wine and it's wineries.
(d) The speaker was amazed to see the glaciers moving.

우리는 남미 여행에서 즐거운 시간을 보냈다. 먼저 우리는 아르헨티나와 그리고 우리의 다음 목적지인 칠레의 국경 근처에 있는 아르헨티나의 서부 지역으로 여행을 했다. 우리는 안데스 산맥을 올랐으며 그 지역의 다양한 와인 양조장들을 방문했다. 세계 최고의 레드 와인 중 일부는 바로 이 지역에서 만들어진다. 그리고 나서, 우리는 빙하를 보기 위해 남쪽에 있는 바리로슈로 이동했다. 그것은 놀라웠다! 우리는 빙하가 산등성이를 잘라낸 부분을 볼 수 있었고 빙하가 움직이는 소리를 가끔 들을 수 있었다.

글의 내용과 일치하는 것은?
(a) 빙하는 산등성이에 자국을 남겼다.
(b) 화자는 칠레로 여행한 후 아르헨티나로 갔다.
(c) 바리로슈는 레드 와인과 양조장들로 유명하다.
(d) 화자는 빙하가 움직이는 것을 보고 감탄했다.

유형 → 내용 일치

Solution 칠레에 가기 전에 아르헨티나에서 본 것들에 대해 이야기하고 있으므로 (b)는 정답이 될 수 없다.

Voca destination 목적지 different 각색의, 색다른 wineries 포도주 양조장 glacier 빙하 ridge 산등성이, 산마루

Answer (a) The glaciers left marks along the mountain ridge.

Joseph's focus

화자가 남미 여행 중에 한 일에 대한 내용을 듣고 글의 내용과 일치하는 것을 고르는 문제입니다. [We could see where the glaciers carved out the mountainside.]라고 했으므로 빙하가 이동하면서 산등성이에 자국을 남겼다는 (a)가 정답입니다. [...our next destination, Chile.]라고 했으므로 다음 목적지가 칠레라는 것을 알 수 있습니다. 그러므로 칠레를 여행한 후에 아르헨티나에 간다는 내용은 옳지 않습니다. 아르헨티나가 고급 레드 와인과 양조장들로 유명하다는 사실을 언급하고 있지만 Bariloche는 빙하가 있는 지역이지, 와인으로 유명한 지역이 아닙니다. 맨 마지막 문장을 귀 기울여 듣지 않으면 (d)를 정답으로 고르기가 쉽습니다.

60-1 Tourists to the island of Greenland must be surprised by what they actually see there. The island, a Danish territory which is located in the North Atlantic Ocean, does not show any scenic features that bear its name. As a matter of fact, most of it is buried beneath a layer of ice and snow even in the summer periods. Then how is it that this frosty place had such a seemingly incongruent name? Well, surprisingly, Greenland may have been a spelling mistake. The island was once known as Gruntland, which refers to the shallow bays along the coast. It's possible that the name was recorded incorrectly by European visitors, thus leading to the confusion.

Q. According to the talk, what was the island originally named after?
(a) The color of the ice there
(b) The vegetation on the island
(c) A water feature on the coast
(d) A European explorer

그린란드섬을 방문하는 관광객들은 자신들이 그곳에서 실제로 목격하게 되는 것에 놀랄 것입니다. 북 대서양에 위치하고 있는 덴마크 영토의 일부인 이 섬에는 섬 이름을 나타내는 어떤 특징적인 경치도 보이지 않습니다. 사실상 여름 기간에도 섬의 대부분은 얼음과 눈으로 덮여 있습니다. 그렇다면 이 꽁꽁 얼어 붙은 땅은 어떻게 그렇게 겉모습과 일치하지 않는 이름을 가지게 된 것일까요? 사실 놀랍게도, 그린란드는 철자의 실수로 생겨났을 수도 있습니다. 이 섬은 한때 그룬트랜드라고 알려졌었는데, 그룬트랜드는 해안가를 따라 있는 얕은 만들을 가리키는 말입니다. 그 이름이 유럽인 방문객들에 의해 부정확하게 기록되어서 이러한 혼동을 초래했을 가능성이 있습니다.

담화에 의하면 섬의 이름은 원래 어디에서 유래되었는가?
(a) 섬의 얼음 색깔
(b) 섬의 초목들
(c) 해안가의 물의 특징
(d) 유럽 탐험가

유형 → 세부 내용 파악

Solution 그린란드의 이름이 어디에서 유래되었는가에 관한 내용이다. 그린란드는 이름과는 달리, 항상 얼음과 눈으로 뒤덮여 있다. 원래 섬의 이름은 그룬트랜드였는데 유럽인들에 의해 기록되는 과정에서 이름이 변형된 것이라고 한다. [The island was once ~ along the coast.]에서 원래 이름이 해안가의 물의 특징에서 유래한 것이라고 설명한다.

Voca Atlantic Ocean 대서양 beneath 아래에 layer 층 frosty 얼어붙은, 서리로 뒤덮인 incongruent 일치하지 않는, 부적당한 refer to ~을 지칭하다 shallow 얕은 bay 만 lead to ~을 초래하다 confusion 혼란

Answer (c) A water feature on the coast

Joseph's focus

독해지문으로 등장해도 손색이 없는 높은 수준의 paraphrase 능력을 요하는 고난이도의 문제입니다. 도입부 두 문장을 통해 담화문이 무엇에 관한 내용인지 대의를 파악하고, 세부 사항인 Greenland가 한때 Gruntland라고 불렸다는 부분과, Gruntland의 철자 실수일 수도 있다고 언급한 부분 [In fact, Greenland may have been a spelling mistake.]에서 단서를 찾아야겠고, 결정적으로 Gruntland가 무엇인지를 설명한 부분[Gruntland, which refers to shallow bays.]을 놓치지 않고 들어주는 것이 관건입니다.

60-2 Last night, millions of viewers were on the edge of their seats to see who would take home the grand prize for the World's Most Charming Pet. The road leading to the big night was definitely a bumpy one, as thousands of dogs, cats, birds, snakes, and other creatures from all around the country—with the help of their human companions, of course—took part in contests to see who would make it to the finals and win the $1,000,000 cash prize. Viewers were encouraged to call in after each episode and vote for their favorite, whittling the contestants down to just three. For those of you who missed it, I won't give away the winner since channel 2 is re-airing the final show at 8 PM on Tuesday.

Q. What is the purpose of the announcement?
(a) To announce the winner of the contest
(b) To tell viewers about a rebroadcast
(c) To inform viewers about a contest
(d) To advertise a new TV program

어젯밤 수백 만 명의 시청자들이 누가 세계에서 최고로 매력적인 애완동물 대상을 받게 될지를 보기 위해 조마조마했습니다. 물론 인간 주인들의 도움으로 전국에서 온 수천 마리의 개, 고양이, 새, 뱀과 기타 동물들은 누가 결승에 진출하여 100만 달러의 상금을 타게 될 것인가를 가리는 이 대회에 참가했기 때문에, 이날 밤의 행사장까지 오는 길은 분명히 험한 것이었습니다. 시청자들은 매회 방송이 끝나고 나서 전화를 해 그들이 가장 좋아하는 동물에 투표를 하라는 권유를 받았고, 그래서 참가자들은 셋만 남게 되었습니다. 방송을 놓치신 분들을 위해서 2번 채널에서 화요일 저녁 8시에 결승전을 다시 방송할 것이므로 승자가 누구인지는 알려 드리지 않겠습니다.

위 방송의 목적은 무엇인가?
(a) 대회의 우승자 발표하기
(b) 시청자들에게 재방송을 알리기
(c) 시청자들에게 대회에 대해 알리기
(d) 새로운 프로그램 광고하기

유형 → 글의 목적

Solution 어제 방송된 프로그램에 대해 이야기하고 있지만 화요일 저녁에 재방송이 있을 것이라는 것을 알리기 위한 내용이다.

Voca be on the edge of one's seat 마음을 졸이다 companion 동반자 whittle down 줄이다

Answer (b) To tell viewers about a rebroadcast

Joseph's focus

어젯밤에 방송된 애완동물 대회에 대해 설명하고 있습니다. 이 대회는 전국에서 모인 온갖 애완동물들이 출연하는데, 매 방송 후에 시청자들이 전화를 해 투표를 하는 방식으로 진행되었고 세 마리의 애완동물이 결승전에 이르게 되었습니다. 이미 방송이 끝난 상태이고 승자도 결정이 된 상태이지만, 재방송이 있을 예정이기 때문에 방송을 보지 못한 시청자들을 위해 승자를 알리지 않겠다고 하고 있습니다. 그러므로 우승자를 알리기 위한 것이라는 (a)는 오답이 됩니다. 맨 마지막 부분(For those of you ~ on Tuesday.)에 안내방송의 목적이 잘 나타나 있습니다. 또한 대회에 대해 알리기 위한 것이라는 (c)와 새로운 TV 프로그램을 광고하기 위한 것이라는 (d)도 옳지 않습니다.

More Expressions

TV에 관한 표현들

What's on TV? 텔레비전에서 뭐하니?

What's on channel 5? 5번에서 뭐하니?

Is there anything on? 뭐 볼 만한 거 안 하니?

Stop flipping channels. 채널 좀 그만 바꿔.

Turn the TV off if you're not watching it. 안 보면 TV를 꺼.

Grammar

Part I (1~20)

1 A 금요일에 시험 볼 준비 됐니? 너 정말 열심히 공부해왔잖아.
  B 그런 것 같아. 그런데 아직도 오늘 오후 도서관에 가봐야 해.

유형 → 조동사/시제

Solution 오늘 오후라는 미래의 시점에 도서관에 가는 것이므로 have to go가 가장 적절하다.

Voca be prepared for ~할 준비가 되다

Answer (c) have to go

Joseph's focus

빈칸에 적절한 조동사의 형태를 고르는 문제입니다. must와 have to는 둘 다 '필요'나 '의무'를 나타내는 조동사로서 '~해야 한다'의 의미입니다. 대부분의 경우 must와 have to는 바꾸어 쓰는 것이 가능하지만 둘 중의 하나를 써야만 하는 경우들도 있습니다. 예를 들어, must는 과거형이 없으므로 '~했어야만 했다'라고 과거의 필요나 의무를 나타낼 때는 had to를 쓰고 미래시제에서는 will have to를 써야 합니다. 또한 must와 have to는 의미가 같지만 부정형은 각각 다른 의미를 갖는다는 것도 함께 기억해 둡니다. must not [mustn't]는 '~하면 안 된다'라는 금지의 의미이지만 don't have to는 '~할 필요가 없다'라는 뜻이 됩니다.

2 A 데이브는 정원에서 일하는 걸 별로 좋아하지 않을 거야.
  B 좋든 싫든 하게 될 거야. 그건 그의 직업인걸.

유형 → 접속사 whether

Solution '~이든 아니든'의 의미를 나타낼 때는 whether ~ or not 을 쓴다.

Voca enjoy -ing ~하는 것을 즐기다

Answer (a) whether

Joseph's focus

빈칸에 알맞은 접속사를 고르는 문제입니다. that, if, whether 는 명사절의 종속접속사로 주어, 목적어, 보어로 쓰이는 명사절을 이끌 수 있습니다. 또한 if와 whether는 둘 다 의문사가 없는 간접의문문을 이끌 수도 있습니다. 예를 들어, 직접 의문문 He asked her, "Are you tired?"를 간접 의문문으로 바꾼 He asked her if/whether she was tired.에서는 if와 whether 모두 가능합니다. 하지만 if가 아니라 반드시 whether를 써야 하는 경우들이 있습니다. 첫째는 부정사 앞에서입니다. I don't know whether to laugh or cry. (나는 웃어야 할지 울어야 할지를 모르겠다.)라고 할 때는 if 대신 whether를 씁니다. 둘째, 전치사 뒤에서는 if 대신에 whether를 씁니다. 예를 들어, I have my doubts about whether he's telling me the truth. (나는 그가 나에게 진실을 말하는지 의심이 간다.)라고 할 때 whether는 if로 대체할 수 없습니다.

3 A 아직도 정기적으로 라디오를 듣는 사람이 있을까 궁금해.
  B 없을 것 같아. 내가 아는 대부분의 사람들은 인터넷에서 음악과 뉴스를 얻는 걸.

유형 → 한정사 most

Solution 빈칸 뒤에 위치한 people를 한정해 주는 한정사 most가 필요하다. (a)의 mostly에도 '대체로'라는 의미가 있지만 부사이기 때문에 명사를 수식할 수 없다.

Voca on a regular basis 정기적으로(= regularly)

Answer (d) Most

Joseph's focus

most는 many와 much의 최상급으로 쓰이기도 하고 명사 앞에서 한정사로 쓰이거나 부정대명사로 쓰일 수 있습니다. 본 문제에서는 뒤에 명사 people이 위치하고 있으므로 이를 한정해 주는 한정사 most가 가장 적절하고 '대부분의'의 의미로 해석됩니다. [most + 명사]나 [most of + 명사] 뒤에 나오는 동사는 명사의 수에 일치시킵니다. 예를 들어, [Most people like him.]에서 동사 like는 people에 일치시킵니다.

4 A 방해해서 죄송하지만, 나비 카페가 어디 있는지 아세요?
  B 제가 잘못 알고 있는 게 아니라면 12번 가에 있는 서점 안에 있어요.

유형 → 간접 의문문의 어순

Solution 간접의문문 속의 어순은 [의문사 + 주어 + 동사]이다. 문제에서 의문사는 where, 주어는 the Butterfly Café, 동사는 is located이므로 (c)가 정답이 된다.

Voca if I'm not mistaken 내가 잘못 알지 않았다면 (자신이 옳다는 것을 공손하게 표현할 때)

Answer (c) where the Butterfly Café is located

Joseph's focus

간접의문문의 어순에 관한 문제입니다. 올바른 어순은 [의문사 + 주어 + 동사]입니다. 이외에도 간접의문문의 어순을 묻는 또

다른 유형의 문제는 think, suppose, believe, guess 등의 동사가 오는 경우 의문사가 문두로 나가는 것을 묻는 것입니다. 이때는 이 문제에 등장한 것과 같이 [의문사 + 주어 + 동사]의 순을 따르는 대신 [How do you think I felt about that?]과 같이 [의문사 + do you (think, suppose, believe, guess) + 주어 + 동사]의 순으로 써야 합니다.

5 A 네가 부모님 앞에서 그렇게 심한 말을 했다는 걸 믿을 수가 없어.
   B 그냥 농담이었어. 부모님들이 그렇게 화를 내실 줄 몰랐지.

유형 → 부사(정도)

Solution 빈칸에는 형용사 upset를 수식해 줄 수 있는 부사 so가 필요하다. such는 명사 앞에 쓰인다.

Voca outrageous 난폭한, 도가 지나친)

Answer (c) so

Joseph's focus

빈칸에 들어갈 올바른 부사를 묻는 문제입니다. 부사 so는 감정이나 품질, 정도를 강조하여 '매우'의 의미로 보통 형용사 앞에서 강조의 의미로 쓰입니다. such는 부정관사 앞에서 쓰이거나 명사 앞에서 형용사로 쓰입니다. rather는 부사이지만 '다소, 오히려'의 의미를 갖고 있으므로 의미상 적절하지 않습니다. such와 so는 어순 문제나, 결과를 나타내는 부사절 [so ~ that / such ~ that] 구문에서 such와 so를 구분하는 문제로 자주 출제됩니다.

More Expressions

[so+형용사/부사+that 주어+동사 = such+(a/an)+(형용사)+명사+that 주어+동사]

He was **so greedy that people didn't like** him.
= He was **such a greedy man that people didn't like** him.
그는 너무 욕심이 많아서 사람들은 그를 좋아하지 않았다.

---

6 A 아기가 확실히 자기 할머니를 닮은 것 같아. 그렇지 않니?
   B 글쎄, 내 생각엔 자기 언니를 더 닮은 것 같은걸.

유형 → 부가 의문문

Solution 부가의문문 앞의 문장이 일반 동사를 사용한 평서문 긍정의 형태이므로 do를 주어 the baby에 알맞게 변형시켜 부정형으로 쓰면 된다.

Voca resemble 닮다

Answer (c) doesn't she

Joseph's focus

평서문에 적절한 부가의문문을 찾는 문제입니다. 부가의문문을 만들 때는 본 문장의 동사가 일반 동사일 때는 'do'를 주어에 맞도록 변형해서 사용하고, 본 문장의 동사가 be동사일 때도 be동사를 주어에 맞도록 변형하여 쓰면 됩니다. 본 문장이 평서문일 때 부가의문문은 부정형이 되고, 본 문장이 부정문일 때 부가의문문은 긍정형이 됩니다. 여기서는 일반 동사

resemble이 쓰였으며 평서문이므로 (c)가 정답이 됩니다.

7 A 그래서 오늘 오후에 바쁘니?
   B 응, 1시에 치아 세척 예약이 있어.

유형 → [사역동사+사물+p.p.]

Solution 빈칸에 원형부정사를 쓸 것인지 과거분사를 쓸 것인지를 고르는 문제이다. have의 목적어 my teeth가 사물이므로 목적격보어로는 수동의 의미를 가진 과거분사를 쓴다.

Voca appointment (병원 따위의) 예약, 약속

Answer (b) cleaned

Joseph's focus

빈칸에 적절한 동사의 형태를 묻는 문제입니다. 사역동사 make, have, let 등은 목적어 다음에 목적격보어로 원형부정사를 씁니다. have는 목적어가 사람일 경우에는 [have + 사람 + 원형 부정사]의 형태로 '~이 ~하도록 시키다'의 의미입니다. 반면, 문제의 경우와 같이 목적어가 사람이 아닌 사물일 때는 목적격보어로 원형부정사가 아닌, 수동의 의미를 가진 과거분사를 씁니다.

8 A 왜 이렇게 늦었어? 네가 그녀를 그냥 데려다 주고 바로 집으로 올 줄 알았는데.
   B 응, 그러려고 했는데, 그녀가 모두 남아서 저녁을 먹고 가야 한다고 고집을 부려서.

유형 → 조동사 (should)

Solution [insist + that절]에서 알맞은 동사의 형태를 고르는 문제이다. stay 앞에 should가 생략된 것으로 봐야 한다.

Voca insist 주장하다, 강요하다

Answer (c) stay

Joseph's focus

insist, suggest, propose, demand, order, desire, wish, request 등의 동사 다음에 나오는 that절 내에는 should가 관용적으로 쓰입니다. 하지만 미국식 영어에서는 should를 생략하고 동사원형을 쓰는 경우가 더 많습니다. 그러므로 원래 문장이 [she insisted that everyone should stay for dinner]였는데 should가 생략된 형태로 생각하면 됩니다.

9 A 왜 나만 빼놓고 나간 거야?
   B 넌 낮잠을 자고 있었잖아. 넌 항상 위급한 상황이 아니면 너를 깨우지 말라고 말하잖아.

유형 → 접속사

Solution '만일 ~이 아니라면'에 해당되는 접속사를 찾아야 한다.

Answer (d) unless

Joseph's focus

빈칸에 적절한 접속사를 고르는 문제입니다. 보기로 주어진 네 개의 단어가 모두 접속사이므로 문제를 해결하기 위해서는 문장의 의미를 제대로 파악해야 합니다. if는 '만일 ~라면', unless는

'만일 ~이 아니라면'의 의미로 조건을 나타내는 접속사입니다. 여기서는 '위급 상황이 아니라면'의 의미가 상황에 가장 적절하므로 unless가 정답입니다. unless는 'if ~ not'의 의미로 이미 부정의 의미를 내포하고 있으므로 not을 덧붙이지 않도록 주의합니다.

More Expressions

접속사 As

As I arrived here, she was just leaving.
~할 때

As he grows older, he becomes weaker.
~하면서, ~함에 따라

As I was hungry, I ate two hamburgers.
~이기 때문에

Just do **as** I said.
~인 것과 같이

---

10 A 창문을 밤새도록 열어 두다니. 다시는 이런 일이 없도록 하세요.

   B 이상하네. 모든 문과 창문을 잠근 기억이 나는데.

유형 → 동명사/부정사

Solution 과거에 '~했던 것이 기억나다'의 의미가 되려면 빈칸에는 동명사의 형태가 가장 적절하다.

Voca weird 이상한

Answer (c) locking

Joseph's focus

빈칸에 동명사를 쓸 것인가, to 부정사를 쓸 것인가를 묻는 문제입니다. 빈칸 앞에 나온 동사 remember는 동명사와 to 부정사 모두를 목적어로 취할 수 있는 동사입니다. 하지만 각각의 경우 의미가 달라집니다. 동명사가 올 경우는 과거에 '~했던 것을 기억하다'의 의미가 되고, to 부정사가 올 경우에는 미래에 '~할 것을 기억하다'의 의미가 됩니다.

More Expressions

목적어를 동명사 혹은 to 부정사로 씀에 따라 의미가 달라지는 동사

We have plenty of milk already. I **forgot getting** some yesterday. 우유는 충분해. 어제 산 걸 깜박했어.

Don't **forget to buy** milk when you go to the store.
가게에 가거든 우유를 사는 걸 잊지 마.

If he doesn't answer the phone, **try calling** this number. 그가 전화를 받지 않거든 이 번호로 한 번 전화해봐.

I **tried to call** you last night, but no one answered.
어젯밤에 네게 전화를 하려고 노력했는데 아무도 전화를 안 받았어.

He suddenly **stopped talking** and began to cry.
그는 갑자기 이야기를 멈추고 울었다.

I **stopped to see** if I was going towards the right direction.
나는 내가 올바른 방향으로 가고 있는지를 보기 위해 멈췄다.

---

11 A 새 컴퓨터 샀니? 어때? 전의 컴퓨터보다 더 나아?

   B 비교도 안 되지. 옛날 것보다 10배는 빨라.

유형 → 비교급의 어순

Solution 배수사가 있는 비교급의 올바른 어순을 고르는 문제이다. 만일 (a)가 ten times as fast as라면 정답이 될 수도 있다.

Voca comparison 비교

Answer (b) ten times faster than

Joseph's focus

비교급의 어순을 묻는 문제입니다. 올바른 어순은 [배수사+as+원급+as…] 혹은 [배수사+비교급+than …]이 되어야 하므로 ten times as fast as나 ten times faster than이 적절합니다.

More Expressions

형용사나 부사의 원급을 이용한 비교 구문

[as+원급+as A] A만큼 ~한
Jack is **as tall as his father**. 잭은 그의 아버지만큼 키가 크다

[as+원급+as possible] 가능한 한 ~하게
Please finish the work as quickly as possible.
일을 가능한 한 빨리 끝내세요.

not as(so)+원급+as ~만큼 ~하지 않은
A used car isn't as expensive as a brand new car.
중고차는 신형 차만큼 비싸지 않다.

배수+as+원급+as ~보다 몇 배 ~한
Her husband is twice as old as Lisa.
리사의 남편은 그녀보다 나이가 두 배는 많다.

not so much A as B A라기보다는 B
She's not so much a singer as a composer.
그녀는 가수라기보다는 작곡가이다.

---

12 A 내 숙제를 도와주러 와 줘서 고마워.

   B 더 일찍 올 수도 있었는데, 오빠가 차로 태워다 줄 때까지 기다려야 했어.

유형 → 가정법 시제

Solution 과거 사실의 반대를 의미하므로 가정법 과거완료의 형태를 써야 한다.

Voca give someone a ride ~를 차로 태워다 주다

Answer (a) would have come

Joseph's focus

빈칸에 알맞은 시제를 고르는 문제입니다. 문장의 의미를 제대로 해석한다면, 쉽게 해결할 수 있는 문제입니다. 여기서는 더 일찍 올 수도 있었는데, 오빠가 차로 데려다 줄 때까지 기다려야 했기 때문에 그러지 못했다고 말하고 있으므로 기다릴 필요가 없었다면 더 일찍 올 수 있었다는 가정법의 의미가 됩니다. if절이 쓰이지는 않았지만, 실제 문장의 의미는 [If I hadn't had to wait for my brother to give me a ride, I would have arrived earlier.]가 됩니다. 오빠를 기다려야 했던 것은 과거의 사실이지만 그것의 반대를 가정하고 있으므로 주절은 가정법 과거완료의 형태인 [would have p.p.]를 씁니다.

---

13 A 왜 그렇게 화가 났니? 또 킴 때문이야?
    B 더 이상 못 참겠어. 걔는 자기가 다 아는 것처럼 얘기한다니까.

유형 → 가정법의 시제

Solution 현재 사실의 반대를 가정하고 있으므로 가정법 과거가 가장 적절하다.

Voca can't stand 참을 수가 없다

Answer (d) she knew

Joseph's focus

as if 다음에 동사의 과거형이나 과거완료형이 오면 현재나 과거 사실과 반대되는 내용을 가정하는 것입니다. as if 뒤에 가정법 과거가 오느냐 과거완료가 오는가 하는 것은 말하는 사람이 주절의 시제를 기준으로 언제의 일을 가정하느냐에 따라 다릅니다. 주절의 시제가 현재형이고 Kim이 아는 척을 하는 시점도 현재의 사실이므로 as if 뒤에는 가정법 과거가 적절합니다. 이 밖에도 가정법 시제를 사용하는 표현들로는 [I wish]와 [It's (about/high) time] 등이 있습니다.

14 A 그래서 밥이 내일 오는 거니? 네가 원한다면, 공항에 같이 마중 나갈 수 있어.
    B 좋은 생각인데, 그의 비행기가 정확하게 몇 시에 오는지 몰라. 그에게서 연락을 받으면 알려 줄게.

유형 → 시제

Solution 때를 나타내는 부사절에서 미래는 현재 시제로 미래의 일을 나타낸다.

Answer (c) hear

Joseph's focus

빈칸에 알맞은 시제를 고르는 문제입니다. 때나 조건을 나타내는 부사절에서는 미래의 일이라도 현재 시제를 씁니다. 여기서 그에게 연락을 받는 것은 미래에 발생할 것으로 예상되는 일이지만 현재 시제의 형태로 미래의 의미를 나타냅니다. 현재 시제가 미래의 뜻을 나타내는 경우는 출발과 도착을 나타내는 동사들(go, come, leave, arrive)입니다. 또한 가까운 미래의 일을 나타낼 때는 현재 진행형을 쓰기도 합니다. [I'm having dinner with Sue tomorrow.]라고 하면 가까운 미래에 예정되어 있는 일을 표현합니다.

15 A 역사 보고서는 잘 돼가고 있니? 주제는 정했어?
    B 마음에 두고 있는 주제가 있는데, 주제에 관한 정보가 거의 없어. 아무래도 새 주제를 골라야 할 것 같아.

유형 → 셀 수 없는 명사

Solution information은 셀 수 없는 명사이므로, 수식어로 little, a little, much, less, a lot of 등을 쓸 수 있다.

Voca have ~ in mind ~을 마음에 두다

Answer (a) little information

Joseph's focus

information은 셀 수 없는 명사이므로 복수형이 존재하지 않으며 수식어로는 much, little, a little, less 등을 사용할 수 있습니다. 예를 들어, table이나 sofa 등은 셀 수 있지만, furniture는 셀 수 없습니다. 특히, advice, news, homework, evidence, proof, luggage, baggage, traffic 등은 셀 수 없는 명사라는 것을 꼭 기억합니다.

> **More Expressions**
>
> **불가산 명사만을 수식하는 수량 형용사**
> much, a small amount of (적은 양의) little (거의 없는)
> a little (=some), quite a little (많은) only a little (적은)
> a good[great] deal of (많은)
>
> **가산, 불가산 명사 모두 수식할 수 있는 형용사**
> a lot of, lots of, plenty of (많은)

16 A 케이트가 내게 화가 난 게 아니면 좋겠어. 걔 감정을 상하게 할 의도는 전혀 없었어.
    B 나라면 걱정 안 할 거야. 걔는 화났다기보다는 당황했던 것 같아.

유형 → 비교 구문

Solution '~라기 보다는 ~'의 의미를 가진 구문을 찾아야 합니다.

Voca embarrassed 당황한, 당혹스러운(=perplexed)

Answer (a) more embarrassed than angry

Joseph's focus

[more A than B]는 B라기 보다는 A의 의미로 동일인이나 사물의 다른 특징들을 비교할 때 사용합니다. 여기서는 상황으로 보아 Kate가 화가 난 것이 아니고 당황했을 뿐이라고 말하고 있으므로 [more A than B]의 구조를 사용해야 합니다. 주의해야할 비교 구문으로 -or로 끝나는 형용사들(superior, inferior, senior, junior 등)이 있는데, 이 형용사들 뒤에는 than대신에 to를 씁니다.

> **More Expressions**
>
> **주의해야 할 비교 구문**
> A is no more B than C is D.
> A가 B가 아닌 것은 C가 D가 아닌 것과 같다.
>
> no more than (= only) 겨우
>
> no less than ~만큼이나 (수나 양이 많다는 의미)
>
> not more than (= at most) 기껏해야
>
> not less than (= at least) 최소한
>
> no longer 더 이상 ~ 않다
>
> not so much A as B (= rather B than A) A라기 보다는 B

17 A 왜 마크한테 인사하지 않았니? 너희들이 학교 다닐 때 상당히 친했는줄 알았는데.
    B 걔가 마크였어? 너무 오랫동안 못 봐서 그런지 못 알아봤어.

유형 → 분사구문

Solution 분사구문의 시제와 어순을 묻는 문제이다. [having+과거

분사를 부정할 때는 not을 맨 앞에 붙인다.

Voca **recognize** 알아보다, 분간하다

Answer (c) Not having seen him

Joseph's focus

완료형 분사구문은 주절의 동사보다 이전에 일어난 일을 나타낼 때 [having+과거분사]의 형태로 씁니다. 여기서 Mark를 오랫동안 보지 못한 것은 그를 알아보지 못한 시점 이전의 일이므로 빈칸에는 완료형 분사가 적당하며, 분사구문의 부정은 not을 문두에 놓습니다.

18 A 이 고물의 반품을 안 받아 주다니 믿을 수가 없어.
  B 내가 말한 대로 네가 영수증을 보관했더라면, 문제가 없었을 텐데.

유형 → 혼합 가정법

Solution 혼합 가정법 [if 주어+had p.p., 주어+would+동사원형] 공식에 맞는 시제를 골라야 한다.

Voca **junk** 고물

Answer (b) had kept

Joseph's focus

빈칸에 알맞은 가정법의 형태를 고르는 문제입니다. 주절의 wouldn't be만 보고 자동적으로 if절의 가정법 과거의 형태를 찾는다면 kept가 보기에 주어지지 않은 것을 보고 당황해할 수 있습니다. 하지만 주어진 문장은 혼합 가정법을 사용해야 하는 상황입니다. 혼합 가정법은 과거에 일어난 일이 현재까지 영향을 미칠 때 사용합니다. 문제에서 영수증을 보관하지 않은 것은 분명히 과거에 발생한 일이지만, 그 결과로 지금 물건을 반품할 수 없게 되었으므로 과거의 일이 현재까지 영향을 미친다고 볼 수 있습니다.

More Expressions

가정법 과거완료 vs. 혼합 가정법

If I had taken his advice, I could have avoided the accident. (가정법 과거완료)
내가 그의 충고를 들었더라면 사고를 피할 수 있었을 텐데.
 – 충고를 듣지 않은 것과 사고를 피할 수 없었던 것은 모두 과거의 일

If I had taken his advice, I could be safe now. (혼합 가정법)
내가 그의 충고를 들었더라면 지금 안전할 텐데.
 – 충고를 듣지 않은 것은 과거의 일이고 안전하지 않은 것은 현재의 일

19 A 회사에서 존슨 씨에게 회사를 떠나라고 요청한 게 사실이니?
  B 그건 단지 소문이야. 그는 사임을 요청받지도 그렇게 할 의도도 없어.

유형 → 도치

Solution 부정어 never, not, little 등을 강조하기 위해 문장의 앞에 두면 주어와 동사가 도치된다.

Voca **resign** 사임하다

Answer (a) does he intend to do so

Joseph's focus

도치 구문에서의 어순을 묻는 문제입니다.

More Expressions

도치가 일어나는 경우

부사어를 강조하기 위해

On the top of the hill stood an old house.
언덕 위에 낡은 집 한 채가 서 있다.

부정어 강조

Not till years later did he realize how foolish he was.
여러 해가 지나고 나서야 그는 자신이 어리석었다는 것을 깨달았다.

so, neither가 앞에서 한 말에 대해 '~도 그렇다/아니다'의 의미를 나타내는 경우
A: I really liked that movie. 그 영화 정말 맘에 들었어.
B: **So** did I. (=I really liked it, too.) 나도 그랬어.

no sooner A than B 'A하자마자 B하다'의 의미를 갖는 경우
No sooner had he started mowing the lawn **than** it started to snow.
그가 잔디를 깎기 시작하자마자 눈이 오기 시작했다.

20₋₁ A 마당에서 낙엽 긁어모으는 걸 거의 다했어. 다음에는 내가 뭘 하기 바라니?
  B 잘됐다. 욕실에 있는 세면대랑 욕조를 문질러 닦을 필요가 있어.

유형 → 동명사

Solution 동명사의 관용적 구문을 묻고 있는 문제이다. (a)가 to be scrubbed라면 정답이 될 수 있다.

Voca **rake** 긁어모으다 **tub** 욕조 **scrub** 문지르다

Answer (c) scrubbing

Joseph's focus

동명사의 관용적 용법에 관한 문제입니다. [need+동명사]는 [need to be p.p.]와 같은 의미입니다. The sink and the tub과 scrub의 관계가 수동이긴 하지만 scrub은 동명사의 형태가 되거나 to be scrubbed의 형태가 되어야 합니다.

동명사의 관용표현

What do you say to -ing? ~하는 게 어때?
look forward to -ing ~을 고대하다
come near[close to] -ing (~할 뻔하다)
spend/waste+(시간, 돈)+ -ing ~하는데 (시간, 돈을) 쓰다/낭비하다
cannot help -ing ~하지 않을 수 없다
be busy -ing ~하느라 바쁘다
There is no -ing ~하는 것은 불가능하다
be on the point of -ing 막 ~하려던 참이다
be far from -ing 전혀 ~이 아니다
in the face of -ing ~에도 불구하고
for the asking[seeking] 원하기[찾기]만 하면
be accustomed to -ing ~에 익숙하다
feel like -ing ~하고 싶다
be worth -ing(= it is worthwhile to 부정사) ~할 가치가 있다
it is no use -ing(= it is useless to 부정사) ~해도 소용없다

20-2 A 오늘 오후 게임이 끝난 후의 제니퍼의 행동은 정말 충격적이었어.

B 경쟁적인 것에 관련된 것이라면 무엇이든 그녀는 항상 지면 화내는 사람이야.

유형 → 숙어/의문사

Solution [when it comes to]는 '~에 관해서라면'의 뜻이다.

Voca shocking 충격적인 competitive 경쟁적인

Answer (a) when

Joseph's focus

빈칸에 알맞은 의문사를 고르는 문제입니다. [when it comes to]가 '~에 관해서는, ~에 관한'이라는 것을 모르면 까다로울 수도 있는 문제입니다.

More Expressions

when/where/how/what을 사용한 표현들

when all is said and done 최종적으로, 결국

where ~ be concerned ~에 관한 한

from where I stand 내 견해로는

How come?(= Why?) 왜?

how about that! 그것 정말 훌륭한 걸! 놀랐지!

what we call/what is called 소위

what are you getting at? 무슨 말을 하려는 거죠?

Part II (21~40)

21 많은 어린이들이 10살 즈음 되면, 더 이상 믿지 않지만 조사에 의하면, 네 살배기들 10명 중에 8명은 여전히 산타클로스가 진짜라고 믿고 있는 것으로 보인다.

유형 → every

Solution 8 out of every 10 four-year-olds는 '네 살배기들 10명 중 8명'이라는 뜻이다.

Voca survey 조사

Answer (b) every 10 four-year-olds

Joseph's focus

every는 일반적으로 단수 명사 앞에 쓰이고 단수 동사를 취하는 것이 보통이지만 하나의 예외가 있습니다. 그것은 '매 ~마다' 혹은 '~ 중에서'의 의미로 쓰일 때입니다. 문제의 경우처럼 every 뒤에 [숫자＋복수 명사]가 따라오는 경우가 그렇습니다. [every＋단수명사]는 '모든'의 의미이고, [every＋숫자＋복수기간]은 '~마다'의 의미가 있으며, [every＋서수＋단수기간]으로 바꾸어 쓸 수도 있습니다. four-year-olds는 '4살 먹은 아이들'을 의미하는데 four-year-old children이라고 쓸 때는 old를 단수형으로 써야 한다는 것도 함께 기억하도록 합니다. [수사＋단위명사]가 하이픈으로 연결되어 하나의 합성형용사로서 뒤의 명사를 수식할 때에는 단위명사를 복수 형태로 쓰지 않는다는 것 역시 기억해야 합니다.

22 소설의 마지막 장에서, 주인공인 노인 윌슨 포드는 대학 시절을 게으르고 멋대로 보낸 것을 후회한다.

유형 → 동명사/시제

Solution 후회하는 시점은 지금이지만 게을렀던 시점은 과거이므로 완료형 동명사를 써야 한다.

Voca undisciplined 규율이 안 잡힌, 멋대로인, 버릇없는

Answer (d) having been

Joseph's focus

문제는 동명사의 적절한 시제를 묻고 있습니다. 동명사가 문장 동사의 시제와 같거나 이후의 일일 때에는 현재형을 씁니다. 동명사가 문장 동사의 시제보다 한 시제 앞설 때는 [having p.p.]를 씁니다. 노인이 후회를 하는 것은 지금이고 게을렀던 것은 젊은 시절의 일로 그 이전의 일이므로 빈칸에는 동명사의 완료형이 필요합니다.

23 지금 사정이 허락한다면, 시(市)는 첨단의 시설들을 갖춘 새 시민회관을 지을 것이다.

유형 → 분사구문

Solution 분사구문에서 의미상의 주어가 주절의 주어와 다를 때는 의미상의 주어를 분사 앞에 써야 한다.

Voca civic 시민의 equipped 시설을 갖춘 up-to-date 가장 최근의

Answer (b) permitting

Joseph's focus

분사구문이란 [접속사＋주어＋동사]로 되어 있는 부사절을 현재분사가 이끄는 부사구로 간결하게 나타내는 구문입니다. 문제로 주어진 문장은 원래 [If funds permit, the city will build a new civic center equipped with the most up-to-date facilities.]가 됩니다. 부사절의 동사가 주절의 동사보다 먼저 일어난 일이 아니라, 단순히 조건을 표시하고 있으므로 완료형 분사구문을 쓸 이유가 전혀 없습니다. 부사절의 주어와 주절의 주어가 다른 분사구문을 독립 분사구문이라고 하는데 용법에 따라 때, 이유, 조건, 부대상황을 나타냅니다.

24 과학자들이 인간 정신세계의 작동 원리를 이해하려고 마음먹고 달려들면 들수록 그들은 그 신비로움에 더욱 당황해하는 것 같다.

유형 → 비교급

Solution [the 비교급, the 비교급]는 '~하면 ~할수록 더욱 ~하다'의 의미를 가진다.

Voca puzzled 어리둥절한

Answer (b) the more puzzled

Joseph's focus

[the 비교급, the 비교급]의 형태와 puzzle이 현재분사의 형태가 되어야 할지 과거분사의 형태가 되어야 할지를 동시에 묻는 문제입니다. puzzle은 interest, confuse 등과 같이 사람의 감정을 나타날 때 주어가 어떤 감정을 일으키는 것인지 아니면 그

감정을 직접 느끼는 주체인지에 따라 분사의 형태가 결정됩니다. 예를 들어, [Jackie is very ____, so everyone wants to become her friend.]라는 문장이 주어졌을 때 언뜻 생각하면, Jackie라는 사람이 주어이므로 빈칸에는 interested가 옳은 것 같습니다. 하지만 이 문장의 의미는 Jackie가 흥미를 느끼는 것이 아니라, 다른 사람들에게 흥미를 불러일으키는 것이므로 interesting이 옳습니다.

25 한 시간 동안 계속된 인터뷰에서, 배우가 가장 많이 후회하는 것은 그녀의 아버지가 돌아가시기 전에 화해할 기회를 갖지 못한 것이라고 고백했다.

유형 → 시제

Solution 과거의 어느 시점보다 먼저 일어난 일을 표시하는 시제를 찾아야 한다.

Voca confess 고백하다 reconcile 화해하다

Answer (b) hadn't had

Joseph's focus

빈칸에 알맞은 시제를 묻는 문제입니다. 시제 문제는 문장의 의미를 올바르게 해석하는 것이 관건입니다. 문제에서는 배우가 고백을 한 시점과 아버지가 돌아가신 시점 이전에 화해할 기회를 갖지 못한 것을 후회하는 것이므로 과거완료형(had p.p.)의 대과거가 적절합니다. 대과거는 문제로 주어진 문장에서처럼 before, after 등의 접속사를 이용하여 문맥상 시간의 전후 관계를 분명히 나타내는 경우가 많이 있습니다.

26 만일 세계 지도자들이 그것을 방지하기 위한 노력에 진심으로 헌신한다면 지구 온난화의 영향을 상쇄시킬 수 있는 가능성이 아직도 남아 있다.

유형 → 접속사

Solution 빈칸에는 '~한다면'의 의미를 가진 접속사가 필요하다.

Voca commitment 헌신, 전념 counterbalance 균형을 이루다, 보충하다, 상쇄시키다

Answer (a) If

Joseph's focus

빈칸에 가장 알맞은 단어를 고르려면 우선 문장의 의미를 정확하게 해석할 필요가 있습니다. 이 문장에서는 'if(만일 ~한다면)'의 의미가 가장 적절합니다. TEPS에서는 접속사 if, unless, that 등을 묻는 문제가 자주 출제됩니다. 특히 명사절을 이끄는 종속접속사인 that의 용법도 잘 알아둡니다.

27 시장은 새로운 예술 회관 건축을 위해 세금이 올라야 한다고 제안한 적이 절대 없다고 주장했다.

유형 → 시제

Solution 빈칸에 알맞은 시제를 찾는 문제입니다.

Voca claim 주장하다 raise 올리다

Answer (c) had never suggested

Joseph's focus

빈칸에 알맞은 시제를 찾는 문제입니다. 시장이 주장한 시점 이전에 제안을 한 적이 없다는 것이므로 claimed보다 한 시제 앞선 시제를 사용해야 합니다. 동사 claim은 문장에서 쓰인 것과 같이 '~을 주장하다, 요구하다'의 의미로 쓰입니다. 또한 '~에 대한 권리를 주장하다'의 의미로도 자주 쓰입니다. 예를 들면, [If no one claims the bag, it'll be taken to the lost and found.]와 같이 쓸 수 있습니다. 또한 claim은 명사로도 쓰일 수 있습니다.

28 아이는 일정한 나이에 도달해서야, 또래 집단의 다른 아이들과 협동의 중요성을 인식한다.

유형 → 도치

Solution 부정어 not until이 문두로 나오면 주어와 동사는 도치된다.

Voca cooperate 협조하다 peer 동료, 친구

Answer (c) does he or she recognize

Joseph's focus

부정어 not until이 문두로 나올 때 주어와 조동사가 도치되는 용법으로, 조동사를 주어의 수와 시제에 일치시켜야 한다는 것을 기억해야 합니다. 문장에서 주어는 he or she로 단수이고 시제는 현재형이므로 주어 앞에 나오는 조동사는 does가 되어야 합니다. 또한 TEPS에 가끔 출제되는 도치의 문제로는 if가 생략된 가정법 문장에서 조동사와 주어가 도치되는 경우입니다.

29 회사의 대변인은 그 기업에서 일어난 또 다른 은폐 공작에 분노한 주주들을 걱정했다.

유형 → 주격 관계대명사+be 동사 생략

Solution [주격 관계대명사 + be 동사]가 생략된 문장이다.

Voca spokesperson 대변인 stockholder 주주
cover-up 은폐, 무마 공작

Answer (a) angered

JoSeph's focus

[The spokesperson ~ (who were) angered by ~ at the corporation.]이라는 문장에서 주격 관계 대명사 who와 be 동사가 생략된 경우입니다. 이때 angered는 분사처럼 앞에 있는 명사 stockholders를 꾸며 주는 관계가 됩니다. 주격 관계 대명사 이외에, 동사의 목적어나 전치사의 목적어가 될 때에도 관계대명사의 생략이 가능합니다.

30 존슨 박사는 매우 존경받는 지식인이어서 전 세계에서 어떤 과학자도 그보다 더 높이 평가되지 않는다.

유형 → 비교급의 최상급 의미

Solution 형식은 비교급 형태이지만 그 의미는 최상급이다. [no other+명사+as+원급+as]은 최상급의 의미를 갖는다.

Voca admired 존경받는 intellectual 지식인 highly 크게, 매우 regarded 높이 평가받는

Answer (a) as highly regarded as

JoSeph's focus

[Dr. Johnson is such an admired ~ as him.]는 비교급의 형식이지만 최상급의 의미를 나타냅니다. 그러므로 의미상으로는 [Dr. Johnson is the most highly regarded scientist in the world]의 의미가 됩니다. 문제에서는 부정 주어(no other scientist)가 앞으로 나왔으므로 [as 원급 as]가 오거나 [비교급 than…]을 사용한 것이 정답이 됩니다. 만일 (b)가 more highly regarded than이라면 정답이 될 수도 있습니다.

More Expressions

최상급의 의미를 나타내는 구문들

부정 주어 (no other + 명사) + 동사 + as 원급 as…
No other scientist in the world **is as highly regarded as** him.

부정 주어 (no other + 명사) + 동사 + 비교급 than…
No other scientist in the world **is more** highly **regarded than** him.

주어 + 비교급 than any other + 단수명사
He is **more** highly regarded **than any other scientist** in the world.

주어 + 최상급 of all (the) + 복수명사
He is **the most** highly regarded scientist **of all the scientists** in the world.

---

31 그녀의 새 책에 대한 일부 비평가들의 평이 너무 어처구니가 없어서 대중들은 더욱 관심을 갖게 되었다.

유형 → 어순

Solution [so ~ that]구문에서 [so+형용사]가 문두로 나왔을 때 주어와 동사가 도치된다.

Voca absurd 어처구니없는 appealing 매력 있는

Answer (a) So absurd were the comments

JoSeph's focus

문장에서 [So+형용사]가 강조를 위해 문두로 나갔기 때문에 (the comments)와 동사 (were)의 위치가 바뀌어야 합니다. 도치되기 이전의 문장은 [The comments made by some critics were so absurd that her book seemed even more appealing to the public.]가 됩니다. 이 문장에서 보면 이것이 [so ~ that 구문(so+형용사/부사+that 주어+동사)]이라는 것을 한 눈에 알 수 있습니다. 문법에서 강조용법의 도치로 자주 등장하기는 하지만, 상당히 문어체적인 표현으로 실제 대화에서는 자주 사용하지 않습니다. So 다음에는 여기처럼 형용사(absurd)가 올 수도 있고 부사가 올 수도 있습니다.

32 이 해안가 마을 인구의 거의 5분의 2는 30세 이하의 사람들로 이루어져 있다.

유형 → 분수 표현

Solution 분수를 표현할 때는 [기수/서수의 복수형]으로 표현한다.

Voca coastal 해안의 be made up of ~로 구성되다

Answer (b) two fifths

JoSeph's focus

분수를 올바르게 표현한 명사를 고르는 문제이다. '~분의 ~'을 영어로 표현할 때 우리말과는 반대로, 분자가 먼저 오고 분모가 나중에 옵니다. 그러므로 two fifths는 5분의 2가 되고 분모 부분에서는 fifths를 복수형으로 써야 한다는 것도 기억해야 합니다. 또한 분수는 뒤에 따라오는 단어에 수를 일치시킵니다. 여기서는 two fifths 뒤에 population이라는 명사가 따라오므로, 동사는 population에 수를 일치시킵니다. 이 외에도 수의 일치 문제로 자주 출제되는 문제들로는 금액, 거리 등의 복수형 단어를 단수 취급하는 경우들이 있습니다. [Twenty dollars _____ a good price.]에서 빈칸에 알맞은 be동사의 형태는 are가 아니라 is가 되는 것이 그 예입니다.

33 많은 시간과 돈이 소요되는, 랜더스 씨가 제안한 수정안을 찬성하는 시의원들은 많지 않았다.

유형 → 관계대명사

Solution 올바른 주격 관계대명사를 고르는 문제이다. 빈칸에 알맞은 관계대명사의 선행사는 Mr. Landers가 아니고 the changes이므로 (c)가 적절한 답이 된다.

Voca approve 승인하다 council member 시의회 의원

Answer (c) which

빈칸에 알맞은 주격 관계대명사를 고르는 문제입니다. 빈칸 뒤의 문장에서 주어가 빠져 있으므로 빈칸에는 주격 관계대명사가 적절합니다. 다음으로 문장에서 관계대명사의 선행사가 사람인지, 사물인지를 판단해야 합니다. 여기서 함정은 선행사가 항상 관계대명사 바로 앞에 오지는 않는다는 점입니다. Mr. Landers만 보고 무조건 who를 고르지 않도록 주의해야 합니다. 문장에서 빈칸에 올 관계대명사의 선행사는 the changes이므로 which가 정답이 됩니다.

34 사람들이 신문에서 그것을 읽지 않았더라면, 대부분은 그렇게 말도 안 되는 이야기가 진짜라고 믿지 않았을 텐데.

유형 → 가정법

Solution 가정법 과거완료에 대한 이해를 묻고 있는 것으로, 종속절이 과거완료 형태이므로 주절은 [조동사의 과거+have+p.p.]의 형식이 들어가야 한다.

Voca ridiculous 말도 안 되는, 터무니없는

Answer (d) would not have believed

Joseph's focus

가정법 과거완료는 과거 사실과 다르거나 과거에 실현하지 못한 일을 가정해서 말할 때 사용합니다. if절의 동사는 [had p.p.]의 형태이며, 전체 해석은 '~했다면 ~했을 텐데'로 하면 됩니다. if절에 과거 완료가 쓰였다고 해서 주절의 시제보다 한 시제 앞선 것으로 해석해서는 안 됩니다.

35 회사의 새로운 정책들은 상식과 안전을 기본으로 하고 있음에도 불구하고, 일부 직원들은 여전히 사사로운 세부사항에 몰두하는 경향이 있다.

유형 → 전치사구

Solution despite는 접속사가 아니고 전치사이므로 완전한 문장이 뒤에 따라올 수 없다.

Voca petty 사사로운   despite ~에도 불구하고(=in the face of, regardless of)

Answer (b) based on

Joseph's focus

despite는 시험에 자주 출제되는 전치사입니다. 많은 분들이 despite를 접속사 although와 같은 의미라고 착각하는 경우가 많습니다. despite는 접속사가 아니고 전치사입니다. despite가 전치사이므로 이 전체를 명사구로 만들어 줄 수 있는 형태를 찾아야 합니다. 여기서는 원래 [Despite the company's new policies (which are) based on common sense and safety considerations]에서 관계대명사와 be동사가 생략되어 분사형 based가 policies를 수식해주는 형용사로 쓰이게 된 것이라는 것을 알면 (b)가 정답이라는 것을 쉽게 알 수 있습니다.

36 정부는 외국 기자들을 추방하고 시위자들을 구속함으로써 그들의 형편없는 인권 기록을 숨기려고 했다.

유형 → 병렬관계

Solution arrest는 by에 걸리는 동사이므로 deporting과 같은 형태가 되어야 한다.

Voca deport 추방하다   protester 항의자, 시위자

Answer (d) arresting

Joseph's focus

빈칸에 들어갈 동사 arrest의 올바른 형태를 묻는 문제입니다. 이 문장을 분석해 보면, 정부가 두 가지 조치를 취함으로써 자신들의 인권 문제를 숨기려 했는데, 그 첫 번째는 외국 기자들을 추방하는 것이었고, 두 번째는 시위자들을 체포하는 것이라고 말하고 있습니다. 이 문장은 빈칸 앞에 반복되는 부분인 '~함으로써'의 의미인 by가 생략된 것으로 이러한 문장 구조를 병렬관계 혹은 공통관계라고 부릅니다. 원래 문장은 [~ by deporting foreign journalists and (by) arresting]이므로 arrest는 deporting처럼 동명사 형태가 되어야 합니다.

37 전국에서 가장 큰 영화 대여 체인점인 무비 랜드는 이번 달 이전에 발생한 모든 연체료를 감면해주겠다고 발표했다.

유형 → 수 일치

Solution 문장의 주어가 둘이라고 착각하여 복수형 동사를 고르지 않도록 주의한다.

Voca rental chain 대여 체인점

Answer (a) has announced

Joseph's focus

Movie Land와 the biggest movie rental chain in the country는 동격이므로 주어가 두 개라고 착각해서는 안 됩니다. 그러므로 보기 중에서 단수형 주어에 적절한 것은 (a)와 (d) 뿐이라는 것을 알 수 있습니다. 무비 랜드가 발표를 한 것이므로 수동형으로 쓰인 (d)는 정답이 될 수 없습니다.

More Expressions

수 일치에 주의해야 하는 문장 구조

주어가 and로 결합되지만 단수 취급하는 경우
bread and butter, 집합명사 (staff, crew, etc), 동일인 (the singer and actor [가수이자 배우])

혼동하기 쉬운 주어와 술어동사의 일치 구문

either A or B, neither A nor B (→ B에 일치)

not only A but (also) B, B as well as A (→ B에 일치)

a number of 복수명사 → 복수동사

the number of 복수명사 → 단수동사

---

38 이웃들은 그에 대한 지지를 표시하기 위해 올슨 씨가 자기 소유지를 파는 데 동의하지 않았다면, 그들도 동의하지 않기로 결정했다.

유형 → neither

Solution neither가 부사로 '~도 또한 아니다'라는 뜻으로 쓰일 때 [neither+주어+동사]의 순서가 된다. (a)와 (d)는 neither가

부정어 not과 함께 쓰였으므로 정답이 될 수 없다.

Voca property 재산, 소유지

Answer (b) neither would they

Joseph's focus

neither가 '~도 또한 아니다'를 뜻하는 부사로 쓰여 문두에 나올 때는 [neither+주어+동사]의 어순으로 쓰입니다. neither는 이미 부정의 의미를 포함하고 있으므로 동사를 부정형으로 쓰지 않도록 합니다. if절에서 시제가 과거형이므로 주절에는 가정법 과거 형태의 동사가 와야 합니다. 그러므로 조동사 would가 쓰인 (b)가 정답이 됩니다.

More Expressions

neither의 쓰임

접속사
Neither David nor Cindy can make it.

한정사 (단수명사 앞에서)
Neither man knows where she is.

대명사
He has two sons, but **neither** of them looks after him.

---

39 고객들은 지금 쓰고 있는 요금제를 갱신하거나 그들의 필요에 더 잘 부합하는 다른 서비스를 고를 수 있는 기회를 갖게 될 것이다.

유형 → 등위접속사 or

Solution '~이거나'라는 선택의 의미를 나타내는 등위접속사가 필요하므로 or가 정답이다.

Voca fit 알맞다, (치수 등이) 맞다, 적절한, 건강한

Answer (c) or

Joseph's focus

문장의 해석만 바르게 해도 쉽게 해결할 수 있는 문제입니다. 선택을 나타내는 등위접속사 or의 용법에 대해 자세히 알아 두도록 해야 합니다.

More Expressions

or 용법

[등위접속사 (A or B)] (A이거나 B)
Is it Friday **or** Saturday today?

명령문, or (충고 혹은 경고) ~해라, 그렇지 않으면 ~
Put on your seatbelt, **or** you could get a ticket.

(부가설명) 즉
The bridge is 8,981 feet long, **or** 2,737 meters.

40-1 피고가 전에 여러 번 체포된 적이 있었기 때문에 대부분의 사람들은 판사가 그에게 너무 관대했다고 여겼다.

유형 → 어순

Solution far가 부사로 비교급, 분사형의 형용사를 수식한다는 것을 알면 쉽게 해결할 수 있는 문제이다.

Voca lenient (처벌에 있어서) 관대한

Answer (c) as being far too lenient on

Joseph's focus

빈칸에 들어갈 단어들의 어순을 바르게 배열하는 문제입니다. 이 유형의 문제는 오답 보기를 하나씩 제거해 나가는 것이 정답을 찾는데 좋은 방법입니다. 우선 문장에서 regard as는 consider와 유사한 의미로 '~하게 여기다'라는 의미입니다. regard가 수동으로 쓰이기는 했지만, as가 regarded 바로 뒤에 나와야 하므로 (a)와 (d)는 오답이 됩니다. 다음은 (b)와 (c) 중에서 올바른 어순을 고르도록 합니다. far가 부사로서 far more, far better 등과 같이 비교급을 수식하거나 [far too+형용사]의 어구로 쓰인다는 것을 모르면 정답을 찾기가 매우 힘들 수 있습니다. far는 명사 앞에서 형용사로 쓰일 수는 있지만 (far north), 부사로서 분사형이나 비교급이 아닌 일반 형용사를 직접 수식하는 데는 사용되지 않습니다. 그러므로 (c)가 정답이 됩니다.

40-2 또래 집단의 압력이나 실패에 대한 두려움에 의해 영향을 받지 않고 중요한 결정을 내리는 능력은 대부분의 부모들이 자식들에게 심어 주고자 하는 것이다.

유형 → 수 일치/관계대명사 what

Solution 빈칸에 알맞은 동사의 형태를 고르기 위해서는 먼저 문장의 주어를 찾아야 한다.

Voca sway 흔들다 peer 동료, 또래 strive 노력하다 instill (사상 등을) 심어 주다

Answer (c) is what

Joseph's focus

빈칸에 알맞은 be동사의 형태와 관계대명사를 고르는 문제입니다. be동사의 수를 확인하기 위해서는 우선 주어를 찾아야 합니다. 주어는 the ability이므로 be동사는 단수형이 되어야 하고 '대부분의 부모들이 자식들에게 심어 주고자 하는 것'이라는 의미가 되어야 하므로 관계대명사 what이 필요합니다. 관계대명사 that, what과 접속사 that을 구분하는 방법은 다음과 같습니다. 앞에 선행사가 있고 뒤에 주어, 목적어, 보어 중 하나가 빠져 있다면 관계대명사 that이 필요하며 앞에 선행사가 없고 뒤에 주어, 목적어, 보어 중 하나가 빠져 있으면 관계대명사 what이 옵니다. 앞에 선행사가 없고 뒤에 완벽한 형식의 문장이 오면 접속사 that이 필요한 문장입니다. 여기서는 선행사가 없고 instill의 목적어가 빠져 있으므로 빈칸에는 관계대명사 what이 가장 적절합니다.

Part III (41~45)

41 (a) A 학교 연극에서 역할을 맡아서 신나겠다.
(b) B 실은 굉장히 떨려.
(c) A 넌 여러 작품에 참여했잖아. 연기를 한 지가 얼마나 됐지?
(d) B 한 3년쯤, 하지만 암기해야 할 대사가 이렇게 많지는 않았어.

Solution (c)의 [How long have you acted?]는 현재도 연기를 하고 있는 상태이므로 현재완료 진행형으로 바꾸어 쓰는 것이 옳다.

Voca memorize 암기하다

Answer (c) How long have you acted? → How long have you been acting?

Joseph's focus

시제가 틀린 부분을 고르는 문제이다. 과거에 시작되어 현재에도 계속되는 일을 표현할 때는 현재완료나 현재완료 진행형을 쓸 수 있습니다. 하지만 현재에 진행 중임을 강조하고자 할 때는 현재완료 진행형을 쓰고, 상태가 아닌 행위의 계속을 나타낼 때는 현재완료보다는 현재완료 진행형을 더 많이 사용합니다. 문제에서 연기를 시작한 것은 3년 전, 즉 과거의 일이지만 현재에도 계속해서 연기를 하고 있는 중이므로 현재완료 진행형인 have you been acting을 씁니다.

42 (a) A 윌리엄스 교수님이 우리가 개별적으로 교수님 사무실에서 면담을 해야 한다고 했다니 믿을 수가 없어.
(b) B 맞아! 나는 너무 바빴어. 거기 갈 시간이 아직 없었는데.
(c) A 나도 그래. 내일 가도 되는지 교수님께 이메일을 보내려고 생각하고 있었어.
(d) B 난 내일 시험이 있어. 아마도 그 다음날 갈 수 있을 거야.

유형 → 현재완료

Solution 현재완료의 쓰임을 알면 쉽게 풀 수 있다.

Voca personally 개인적으로

Answer (b) didn't have → haven't had

Joseph's focus

우리말로 현재완료를 해석할 때는 과거 시제와 똑같이 하게 되기 때문에, 언제 현재완료를 쓰고 과거 시제를 써야 할지 혼동하게 될 수 있습니다. 단순히 과거에 무엇을 했다는 의미보다는 과거의 어떤 일로 인해 '(현재는) 어떠하다'는 의미를 표현하기 위해 현재완료를 쓴다고 생각하면, 현재완료를 이해하는데 조금이나마 도움이 될 것입니다. 현재완료를 쓰는 대표적인 경우들로는 결과, 완료, 경험, 계속이 있습니다. 사전을 찾아 네 가지를 정리해 기억하도록 합니다.

43 (a) A 시간을 내 저희와 만나 주셔서 감사합니다. 웰스 부인.
(b) B 천만에요. 귀하의 신문에 인터뷰를 하게 돼서 큰 영광이죠.
(c) A 저희 독자가 알고 싶어 할 만한 질문들을 하겠습니다. 패션 업계에서 성공하신 비결이 뭐가요?
(d) B 저는 운을 믿지 않아요. 제 성공은 열심히 일한 것의 산물일 뿐이지요.

유형 → 관사/어순

Solution 관사와 어순을 묻는 문제이다. 열심히 일한 것의 산물이라고 할 때는 the product of hard work라고 해야 한다.

Voca honor 영광 reader 독자

Answer (d) My success is just a hard work product.
→ My success is just the product of hard work.

Joseph's focus

관사와 어순을 한꺼번에 묻고 있는 문제입니다. 열심히 일한 것의 산물이라고 하려면 the product of hard work가 되어야 합니다. 여기서 product는 수식어구 (of hard work)로 한정되고 있으므로 정관사와 함께 써야 합니다.

More Expressions

부정관사 대신 정관사를 쓰는 경우

앞에 나온 명사를 반복할 때
I bought a nice shirt. **The** shirt was quite expensive.

수식어구로 한정될 때
Do you like **the** other students in your class?

전후관계로 어떤 것을 지칭하는지 알 수 있을 때
Open **the** door, would you?

종족 대표
The cat is an interesting animal.

시간, 수량의 단위를 나타낼 때
They sell candies by **the** gram.

유일무이한 것: **the** moon

관용구: in **the** morning

---

44 (a) A 직장에 지각하면 너무 싫어. 상사가 기분 나쁜 표정으로 쳐다본단 말야.
(b) B 내가 네 상사라도 그럴 것 같아. 너는 자주 늦는데다가 매번 엉뚱한 핑계를 대잖아.
(c) A 이번 주에 늦은 건 이번이 처음이었어. 게다가 너도 알다시피, 내 상사가 비위 맞추기가 힘들잖아.
(d) B 그래도 조심하는 게 좋을 거야. 해고당하고 싶진 않잖아, 그치?

유형 → 가정법 시제

Solution 가정법의 시제 문제이다. if절이 I were him의 가정법 과거이므로 주절에도 가정법 과거 시제가 쓰여야 한다.

Voca excuse 변명, 핑계

Answer (b) I will do the same → I would do the same

Joseph's focus

가정법 과거 시제는 우리말로 해석하면 '~했다면 ~할 거야'가 되기 때문에 주절을 미래로 착각하기 쉽습니다. 여기서는 현재 사실의 반대(I는 him이 아님)를 가정하고 있으므로 if절에 가정법 과거 were는 옳지만 주절의 will은 would가 되어야 합니다. If가 쓰였다고 해서 무조건 가정법은 아니고, If 뒤에 단순 조건 절을 쓰는 경우도 많습니다. 예를 들어, [If it rains, I'll stay home.]이라는 문장은 '만일 비가 온다면 집에 있을 거야'의 의미지만 실현 가능성이 희박하다거나 현재 사실의 반대가 아니므로 단순 조건을 표시하는 문장입니다. 그러므로 이 문장에서의 동사는 가정법의 형태에 구속을 받지 않습니다.

45-1 (a) A 이 새 컴퓨터 좀 봐! 너 새 컴퓨터 구하고 있지 않았니?

(b) B 응, 작고 가벼운 것을 찾고 있어. 그래서 가지고 다닐 수
있게.
(c) A 이건 크기는 좋은데 엄청나게 비쌀 게 분명해.
(d) B 네 말이 맞아. 그건 너무 비싸. 그렇게 비싼 건 절대 살 형
편이 안 돼.

유형 → 조동사

Solution can과 be able to는 같은 의미이므로 반복해서 쓸 필요가
없다.

Voca cost an arm and a leg 큰돈이 들다

Answer (d) could never be able to afford it → could
never afford it

Joseph's focus

언뜻 보기에는 무엇이 잘못됐는지 찾기가 힘들 수도 있습니다.
하지만 (d)에서 조동사 can과 그와 같은 의미인 be able to가
같이 쓰인 것을 볼 수 있습니다. 이것은 같은 단어를 두 번 반복
하는 것과 마찬가지이므로 둘 중의 하나만 써야 합니다.

More Expressions

Can의 쓰임

능력 (…할 수 있다) He **can** lift a rock.

가능성 (…할 수도 있다) Even a child **can** do that.

허가 및 요청 **Can** I park here?

강한 의심 (과연 …일까?) **Can** she be right?

부정적 추측 (…일 리가 없다) It **can't** be true.

45-2 (a) A 어젯밤에 그 콘서트 녹화를 TV에서 봤는데 믿을 수가 없
었어.
(b) B 멋진 장면이었지? 수만 명의 사람들이 경기장에 왔어.
(c) A 그렇게 많은 사람이 자기 음악을 좋아하면 그 기분이 어
떨까 궁금해.
(d) B 모르겠어. 하지만 나라면 분명히 무대 공포증에 걸릴 거야.

유형 → 명사

Solution tens of thousands of는 '수만의'라는 뜻이다.

Voca footage 방송, 필름 sight 광경 adore 매우 좋아하다
stage fright 무대 공포증

Answer (b) ten → tens

Joseph's focus

thousand는 숫자 천(1,000)을 의미하지만 thousands 혹은
a thousand는 '많은 수의'라는 막연한 수를 가리킬 때도 사용
될 수 있습니다. 숫자를 나타내는 단어나 several, a few 뒤에
서 thousand는 단수형으로 사용됩니다. tens of thousands
of라고 하면 '수만의'라는 의미이고 hundreds of thousands
of라고 하면 '수십만의' 의미입니다. 이때 tens, thousands,
hundreds는 복수형으로 써야 합니다.

ex. There are fifteen thousand students. (o)
　　There are fifteen thousands students. (x)

Part IV (46~50)

46 (a) 예술가가 예술 작품을 만드는데 사용하는 재료들은 종종 예
술가 자체만큼이나 독특하다. (b) 흔히 쓰이는 오일 페인트와 캔
버스 이외에, 일부 예술들은 자신들이 발견한 물건들을 사용
한다. (c) 예를 들어, 한 유명한 예술가의 작품은 깨진 접시들과
타일로 만들어져 있다. (d) 또 다른 예술가는 잘게 찢어진 신문
조각이나 음료수 깡통의 금속과 같이 대부분의 사람들이 쓰레기
라고 취급하는 재료들을 사용한다.

유형 → 전치사

Solution '~으로 만들어지다'는 be made of이다.

Voca garbage 쓰레기 scrap 조각

Answer (c) is made in → is made of

Joseph's focus

틀리게 쓰인 전치사를 고르는 문제입니다. 재료를 나타내는 전
치사로는 of와 from이 있습니다. be made of와 be made
from을 구분하는 원칙은 간단합니다. 재료의 성질 자체는 그
대로 유지한 채 형체만 변한 경우에는 of를 쓰고, 완전히 형체
가 변해 다른 물건이 되었을 때는 from을 씁니다.

---

47 (a) 브로빈스키 씨를 아는 사람들은 누구든지 그가 동네에서 가
장 구두쇠라고 생각했다. (b) 그는 매일 똑같이 빵과 치즈로 된
간단한 식사를 했다. (c) 그는 절대적인 필수품이 아니라면 무엇
이든 사는 것을 거부했고, 다른 사람에게 돈을 주는 법도 없었다.
(d) 그가 죽었을 때 브로빈스키 씨가 저축 예금 계좌에 수천 달
러를 축적했다는 것이 발견된 것은 놀랄 일이 아니었다.

유형 → 시제

Solution 그가 돈을 모은 것은 죽기 전의 일이므로 한 시제 앞선 시
제를 써야 한다.

Voca stingy 인색한 necessity 필수품 accumulate 축적
하다, 모으다

Answer (d) has accumulated → had accumulated

Joseph's focus

잘못된 시제가 쓰인 부분을 찾는 문제입니다. 글의 전체 내용은
과거 시제로 되어 있습니다. 구두쇠 브로빈스키 씨가 돈을 모아
둔 것은 그가 죽고 많은 돈이 저축되어 있다는 게 발견된 시점
이전의 일이므로 has accumulated는 had accumulated가
되어야 합니다.

---

48 (a) 많은 과학자들은 퇴화 기관의 현상을 진화의 증거로 이용한다.
(b) 퇴화 기관들은 동물의 몸에서 현재는 아무 기능도 없지만 한
때 조상들에 의해서는 사용된 신체의 일부를 말한다. (c) 예를 들
어, 타조의 날개는 나는 데는 사용될 수 없다. (d) 그것은 이 거대
한 새들이 한때는 날았지만, 자연 선택의 과정을 통해 그들의 날
개들이 나는 데 사용하기에는 너무 작아졌기 때문이다.

유형 → 관계사

Solution where는 관계부사로 선행사가 장소일 때 사용한다.

Voca vestigial 흔적으로 남은 evolution 진화 ostrich 타
조

Answer (b) where → which(that)

Joseph's focus

관계부사에는 when, where, why, how가 있습니다. 선행사가 시간을 나타내는 말일 경우는 when, 장소를 나타내는 경우일 때는 where, 이유나 원인을 나타내는 말일 때는 why를 쓰고 방법을 나타낼 때는 일반적으로 how 없이 the way를 쓰는 경우가 많습니다. 관계부사는 형용사절을 이끌어 앞에 있는 명사를 꾸며준다는 점에서는 관계대명사와 같지만 절 안에서 대명사의 역할을 하지 않고 부사 역할을 한다는 점이 다릅니다. [Vestigial structures ~ used by its ancestors.]에서 선행사는 an animal's body이고 [are now functionless ~ ancestors.]는 그것을 꾸며주는 형용사절입니다. 선행사와 형용사절의 관계가 주격이므로 where 대신에 주격 관계대명사 which나 that를 써야 합니다.

49 (a) 세상이 성별이 아니라 능력에 근거하여 작가를 받아들이고 판단하도록 만드는 데는 많은 용감하고 재능 있는 여성들의 노력이 필요했다. (b) 너무 오랫동안 여성들은 사회의 기준에 의해 적절하다고 여겨진 주제들에 대해서만 글을 쓸 수 있었고 최고의 여성 작가들조차도 남성 작가와 동등하게 여겨지지 않았다. (c) 요즘 저명한 여성 작가가 자신이 선택한 주제에 대해 글을 쓰는 것은 전혀 드문 일이 아니다. (d) 물론 대부분의 여성 작가들은 성공한 작가라 할지라도 그들의 직업에 좀 더 평등을 가져오기 위해서는 아직 할 일이 많이 남아있다고 말할 것이다.

유형 → 태

Solution 태를 묻는 문제이다. 여성들이 일정한 주제에 대해 글을 쓰도록 기대된 것이므로 expect는 were expected가 되어야 한다.

Voca judge 판단하다 celebrated 저명한 rarity 드문 것 equality 평등 profession 직업

Answer (b) expected → were expected

Joseph's focus

[For too long, ~ the equal of a male.]에서 여성들이 오랜 기간 동안 사회의 기준에 의해 적절하다고 여겨진 주제들에 대해서만 글을 쓰도록 기대되었다는 의미가 되어야 하므로 expected는 were expected의 수동태 형태가 되어야 합니다. 능동태는 행위를 하는 사람에, 수동태를 행위의 영향을 받는 사람에 초점을 맞출 때 사용합니다. 이 문장에서는 행위자를 나타내지 않고 있지만, 문맥상 '사회, 일반인들'이라는 것을 알 수 있습니다.

50₋₁ (a) 70년대 초 도로시 리톨랙이라는 이름의 과학자가 일련의 흥미로운 실험을 실시했다. (b) 그녀는 다른 종류의 음악들이 다른 방식으로 식물의 성장에 영향을 끼친다는 가설을 세웠다. (c) 요란한 록 음악과 같은 어떤 음악들은, 식물들이 더 천천히 자라게 만드는 것처럼 보였다. (d) 클래식 같은 다른 음악은 실제로, 식물들이 라디오를 향해 자라도록 만드는 것처럼 보였다.

유형 → 부정대명사 other

Solution others는 대명사로 이미 명사의 의미를 포함하고 있으므로 명사 앞에서 그것을 수식하는 데에는 사용되지 않는다.

Voca experiment 실험 hypothesize 가설을 세우다

Answer (d) Others → Other

Joseph's focus

other가 한정사로 쓰일 때는 명사 앞에서 '다른 ~'의 의미로 쓰이고, 대명사로 쓰일 때는 주로 [some+명사]와 함께 '일부는 ~하고 또 다른 일부는 ~하다'의 의미로 쓰입니다. 그러므로 [Others music, ~ the radio.] 바로 앞 문장에서는 Some music ~이라고 했으므로 others music은 other music으로 바꾸어 써야 합니다.

More Expressions

부정 대명사(one, another, the other, the others, some, others)

전체가 둘일 때: one, the other

전체가 셋일 때: one, another, the other

전체가 넷 이상이고 종류가 셋일 때: one, another, the others

전체가 셋 이상이고 종류가 둘일 때: one, the others

전체는 다수이고 종류가 둘일 때: some, others (나머지 중 일부) 혹은 some, the others (나머지 전부)

50₋₂ (a) 이것은 누구에게나 한 번쯤은 일어난 적이 있다. 당신은 물건을 어디에 두고 나서 그게 어디 있는지 기억을 하지 못한다. (b) 당신의 첫 번째 반응은 누군가가 당신의 물건을 가지고 갔고 다시는 그것을 볼 수 없을 것이라고 생각하는 것이다. (c) 하지만 성급히 결론을 내리기 전에 잠시 시간을 내어 당신이 한 일을 되짚어보자. (d) 당신은 물건을 어디에다 뒀는지를 정확하게 기억하고 있다는 걸 알게 될 것이다.

유형 → 혼동하기 쉬운 동사

Solution lie와 lay를 구분하는 문제이다.

Voca reaction 반응 belongings 소유물, 소지품 retrace 거슬러 올라가다 misplace 잘못 놓다, ~을 놓고 잊어버리다

Answer (a) lie → lay

Joseph's focus

lie는 자동사로 '(물건이) 놓이다, 눕다, ~에 위치하다'의 뜻으로 쓰이고 이때는 lie-lay-lain과 같이 불규칙 변화합니다. 단, lie가 '거짓말을 하다'의 뜻으로 쓰일 때는 lied-lied-lied와 같이 규칙 변화합니다. 반면에 lay는 타동사로 '~을 놓다'의 뜻으로 lay-laid-laid와 같이 변화합니다. 그러므로 lay는 lie의 과거형일 수도 있고 lay의 현재형일 수도 있으므로 이것을 구분할 줄 알아야 합니다. lie와 lay는 원어민들도 잘못 쓰는 경우가 많은 동사들이기도 합니다. (a)에서 '물건을 놓다'의 뜻으로 your stuff가 목적어로 쓰였으므로 동사는 lie down이 아니라 lay down이 되어야 하며, lie down은 '드러눕다'의 의미입니다. 정리하자면 lie는 자동사이고 lay는 타동사이므로 lie는 목적어를 가질 수 없고 lay는 반드시 목적어가 있어야 합니다. lie의 과거형인 lay와 현재형 lay를 구분하는 것이 문제로 자주 출제

되므로 문장을 제대로 해석하는 것이 문제 해결의 열쇠입니다.

Vocabulary

Part I (1~25)

1 A 난 정말 패트리샤의 긍정적인 인생관을 존경해.
    B 나도. 그녀는 항상 가장 힘든 상황도 견디어 낼 수 있는 방법을 찾아내.

유형 → 연어

[Solution] 문맥상 '어려움을 이겨내다'의 의미가 필요하므로 빈칸에는 make가 적절하다.

[Voca] **outlook on life** 인생관 **make it through** (어려움 등을) 이겨내다

[Answer] (c) make

Joseph's focus

make는 사전에서 가장 많은 공간을 차지하는 동사 중의 하나일 것입니다. 그만큼 용법도 다양하고 많은 이어 동사와 숙어의 일부로 쓰이며, 또한 연어(collocations) 문제에서도 자주 등장합니다. TEPS에서는 make, take, do와 같은 기본적인 동사의 쓰임을 묻는 문제가 자주 등장합니다.

More Expressions

make를 이용한 표현들

make it big (= to be very successful) 성공하다
She left for Hollywood hoping to **make it big**.
그녀는 성공하기를 바라면서 할리우드로 떠났다.

make it a rule to do/of doing ~하는 것을 습관으로 하다
I **made it a rule to get up** at 5:30 every morning.
나는 매일 아침 5시에 일어나는 것을 습관으로 했다.

make it clear 분명히 하다
I just want to **make it clear** that I have nothing to do with the incident.
나는 그 문제와 관련이 없다는 것을 분명히 해두고 싶어요.

---

2 A 미안한데, 네가 한 말을 못 들었어. 무슨 말 했니?
    B 어, 미안해. 그저 머릿속으로 생각하던 게 나도 모르게 튀어나왔어.
    A 괜찮아. 나도 항상 그러는걸.

유형 → 구어체 idiom

[Solution] think out loud는 '(생각을 하면서) 생각을 입 밖에 내어 말하다'는 뜻으로 쓰인다.

[Voca] **think out loud** (머릿속에 지나치는 생각을) 말로 하다

[Answer] (a) thinking

Joseph's focus

think도 용법이 매우 다양하고 TEPS시험에서 매우 자주 출제되는 동사 중의 하나입니다.

More Expressions

think를 이용한 유용한 숙어

can't think straight 논리정연하게 생각할 수가 없다
Gail was so tired that she **couldn't think straight**.
가일은 너무 피곤해서 제대로 생각을 할 수가 없었다.

I can't hear myself think.
(너무 시끄럽다는 의미로) 주의 집중이 안 된다
Turn down that loud music. **I can't hear myself think**.
그 요란한 음악 좀 줄여. 주의 집중이 안 되잖아.

think outside the box
(새로운 방법을 고안해내기 위해서) 사고방식을 변화하다
You have to **think outside the box** to invent something truly new and creative.
네가 진정으로 새롭고 창의적인 것을 발명하고자 한다면 사고방식을 바꿔야해.

---

3 A 3번가에 있는 그 집에 임대 신청서를 제출했니?
    B 아직. 임대 계약을 파기하는 것에 대해서 우리 집주인하고 얘기를 해야 돼.
    A 집 주인이 너한테 위약금을 내라고 하지 않았으면 좋겠다.

유형 → 혼동하기 쉬운 어휘

[Solution] landlord는 '집주인', tenant는 '세입자'라고 한다.

[Voca] **application** 지원서 **lease** 임대차 계약 **penalty** 벌금 **landlord** 집주인(↔tenant 세입자)

[Answer] (a) landlord

Joseph's focus

보기의 단어들은 모두 사람을 나타내는 단어들입니다. 대화의 내용은 3번가에 있는 집에 대한 임대 신청서를 제출했냐고 묻자, 자기의 현재 임대 계약을 파기하는 것에 대해 '이 사람'과 이야기를 해야 한다고 했으므로 세입자의 입장에서 집 주인과 얘기를 해야 한다는 것이 가장 논리적입니다. 마지막 말에서 그녀가 위약금을 물게 하지 않았으면 좋겠다고 했으므로 집주인에 대한 이야기를 하고 있다는 것을 확실히 알 수 있습니다. 집주인은 landlord 혹은 여자인 경우 landlady라고도 하며, tenant는 '세들어 사는 사람'을 말하며 'renter' 혹은 'occupant'라고도 합니다.

---

4 A 이 기침을 어떻게 처치할 수 있는지를 이 건강 웹사이트에서 찾을 수 있으면 좋겠어.
    B 진짜 의학 전문가와 상담하는 게 더 좋을 거야. 자가 진단은 위험할 수도 있어.

유형 → 문맥에 맞는 어휘

[Solution] consult는 ask for advice의 의미이다.

[Voca] **cough** 기침 **professional** 전문가 **self-diagnosis** 자가 진단

[Answer] (d) consult

Joseph's focus

self-diagnosis가 위험할 수도 있다고 했으므로, 의학 전문

가와 상담하는 것이 좋겠다는 의미가 되려면 consult가 가장 적절합니다. seek은 [seek advice/help]의 형태로 많이 쓰입니다. [It would be better to seek a real medical professional's advice/help.]라면 올바른 문장이 될 수도 있습니다. disregard는 '무시하다'의 의미이므로 문맥상 적절하지 않습니다. advise는 동사의 형태와 명사의 형태를 착각하기 쉬운 단어입니다.

5 A 타미가 비디오 게임을 또 하는 것 같아.
　　B 그가 좀 더 생산적인 일에 몰두했으면 좋겠어.

유형 → 구어체 idiom

Solution occupy oneself with는 '~에 몰두하다, 전념하다'의 의미이다.

Voca occupy oneself with ~에 전념하다, 몰두하다
productive 생산적인, 건설적인

Answer (b) occupy

Joseph's focus

occupy oneself의 숙어를 알지 못하면 해결하기 어려운 문제가 될 수 있습니다. occupy는 다양한 의미를 갖고 있습니다.

> **More Expressions**
>
> **occupy의 다양한 의미와 숙어**
>
> (장소를) 점유하다, 차지하다
> Is this seat **occupied**?
>
> 점령하다
> The country was **occupied** by Germany.
>
> (직책을) 맡다
> He wants to **occupy** an important position in the company.
>
> be occupied with ~하느라 바쁘다
> Ben **was** completely **occupied with** doing his homework.
>
> keep somebody occupied ~를 바쁘게 만들다
> **Keep your children occupied**, so they don't cause trouble.

6 A 섀넌이 그 광고회사의 일자리를 잡을 수 있을지 궁금해.
　　B 이런 말을 하긴 싫지만, 걔가 일자리를 구하게 될 확률은 매우 낮아. 자리는 세 개밖에 없는데 천 명이 지원했어.

유형 → 연어

Solution '가능성이 낮다'고 할 때는 slim chance라고 하고, '가능성이 높다'고 할 때는 good chance 혹은 fair chance라고 한다.

Voca chance 가능성

Answer (d) slim

Joseph's focus

가능성이 높다고 할 때는 excellent/good/high/strong/fair chance라고 하며, 가능성이 낮다고 할 때는 little/the merest/one in a million/minimal/slender chance라고 합

니다. 또한 '~할 가능성이 있다'고 할 때는 동사 stand를 사용하여 'stand a chance to'라고 한다는 것도 꼭 기억해 둡니다.

7 A 어젯밤에 네게 여러 번 전화를 했는데 연결이 안 됐어.
　　B 응, 전화가 밤새도록 불통이었어. 신호음이 전혀 없었어.

유형 → 연어

Solution '전화가 불통이다'라고 할 때는 the line is dead라고 한다.

Voca get through (전화가) 연결되다　dial tone 신호음

Answer (a) dead

Joseph's focus

'전화가 불통'이라고 할 때 dead를 사용합니다. dead는 '죽은'의 의미가 있지만, 여기에서처럼 기계나 배터리가 작동하지 않을 때도 사용할 수 있습니다.

> **More Expressions**
>
> **dead를 이용한 다양한 표현들**
>
> a dead end 막다른 길, 궁지
>
> be a dead ringer for somebody ~을 빼닮다
>
> in the dead of night/winter 한밤중에, 한겨울에
>
> over my dead body
> 내 눈에 흙이 들어가기 전에는 절대 ~할 수 없다
>
> wouldn't be caught dead 죽어도 ~하지 않을 것이다
>
> dead on time 정각에
>
> be dead meat 곤경에 처하다
>
> dead on one's feet 매우 피곤한

8 A 이 소포를 영국에 보내야 하는데요.
　　B 알겠습니다. 제가 도와 드리지요. 무게가 얼마나 나가는지 알아볼게요.
　　A 그다지 무겁지 않아요. 제가 친구를 위해 만든 스웨터일 뿐이에요. 비용이 얼마나 들까요?
　　B 5파운드 미만의 소포에 대해서는 균일 요금이 있어요.

유형 → 혼동하기 쉬운 단어

Solution flat rate나 flat fee는 '(정해진) 균일 요금'을 의미한다.

Voca weigh 무게가 나가다

Answer (d) rate

Joseph's focus

보기로 주어진 단어들은 모두 금액과 관련된 단어들입니다. 이러한 단어들은 모두 '비용, 요금' 등으로 해석되기 때문에 단어의 의미 자체보다는 대표적인 예들을 함께 익혀 두는 게 유용합니다. check은 '수표, 계산서'를 의미하고 fare는 air fare, bus fare 등과 같이 '(교통수단의) 요금'을 가리킬 때, 그리고 wage는 '봉급', rate는 '비율'을 의미합니다. 이 밖에도 fee는 admission fee(입장료), membership fee(회비) 등의 의미로 쓰이고, cost는 the cost of living(생활비), production costs(생산비용) 등과 같은 용법으로 쓰입니다. rate는 tax rate(세율), exchange rate(환율), the going rate (현행 요금), at this rate(이런 식으로)의 표현으로도 자주 쓰입니다.

9 A 마시가 그녀의 고양이를 안락사 시켜야 했다는 얘기를 방금 들었어. 고양이가 정말 많이 아팠대.
B 정말 안됐구나. 마시가 마음이 아팠겠다. 그 고양이를 참 좋아했는데.

유형 → 구어체 idiom

Solution 동정이나 실망을 나타낼 때는 'what a shame'이라는 표현을 쓴다.

Voca put (동물) to sleep 안락사 시키다　heartbroken 슬픔에 잠긴

Answer (b) shame

JOSEPH's focus

shame은 '부끄러움'이라는 의미가 있지만 [What a shame!]은 동정이나 실망을 나타내는 '그것 참 안됐구나!'의 의미입니다. 대화에서는 마시가 아끼던 고양이가 많이 아파서 안락사시켜야 했다고 하면서 마시가 마음 아팠겠다고 염려하고 있으므로 [what a shame]이 가장 적절합니다. shame은 '유감'의 의미로 자주 쓰인다는 것을 꼭 알아둡니다. 반면에 '부끄러운 줄 알아라'는 의미를 표현하고 싶을 때는 [Shame on you.]라고 합니다.

10 A 길을 잃었어요. 정기 간행물 코너를 찾고 있는데요.
B 그건 3층에 있어요. 저 계단으로 올라가시면 돼요.

유형 → 혼동하기 쉬운 단어

Solution 3층은 'third floor' 혹은 'third level'이라고 한다.

Voca periodical 정기 간행물

Answer (a) level

JOSEPH's focus

몇 층에 있다고 할 때 '층'은 floor 혹은 level을 씁니다. story에도 '층'이라는 의미가 있지만 주로 single-story building(단층 건물)과 같이 '몇 층짜리 건물'이라고 말할 때만 쓰입니다. flight는 flight of stairs/steps와 같이 일련의 '계단'이라는 의미로 쓰입니다.

11 A 내가 쓰레기통 비우라고 말하지 않았니?
B 네가 내 상사라도 되니? 난 네 명령을 받는 사람이 아니야.

유형 → 연어

Solution '〜의 명령을 받다'라고 할 때는 'take orders from'을 사용하고 이것은 obey와 같은 의미이다.

Voca trash can 쓰레기통　empty 비우다

Answer (a) take

JOSEPH's focus

order는 동사로는 '주문하다, 명령하다'의 의미가 있으며, 명사로는 '순서, 주문, 명령, 질서' 등의 의미로 쓰입니다.

More Expressions

order를 사용한 다양한 표현들

order in 음식을 배달시키다

out of order 고장 난

order somebody around 이래라 저래라 명령하다

in alphabetical/chronological order 알파벳/시간 순서로

12 A 어제 회의에 빠진 것에 대해 사과할게요. 몸이 별로 안 좋았어요.
B 안됐네요. 뭐가 문제였는데요?
A 의사가 준 약에 대해 부작용이 있었던 것 같아요.

유형 → 혼동하기 쉬운 단어

Solution 약에 대한 부작용은 'side effect' 혹은 'reaction'이라고 한다.

Voca aftermath 여파, 후유증　symptom 징후　reaction 반응, 부작용

Answer (d) reaction

JOSEPH's focus

약물에 대한 부작용은 side effect입니다. 하지만 그것만 알고 정답을 찾으려고 하면 보기에 side effect가 없다는 것을 금방 발견하고 당황하게 될 수도 있습니다. reaction에도 약물이나 음식 등으로 신체에 발생하는 '나쁜 반응'이라는 의미가 있습니다. 이외에 symptom도 시험에 자주 출제되는 단어이므로 어떤 단어들과 함께 자주 쓰이는지를 알아 두는 것이 좋습니다.

More Expressions

symptom과 함께 쓰이는 구문

develop symptoms of …의 증상을 갖게 되다

acute/chronic symptom 급성/만성 증상

a symptom persists 증상이 지속되다

13 A 제 당좌예금 계좌에서 저축 계좌로 500달러를 이체하고 싶은데요. 그리고 두 계좌의 잔고도 확인해 주시겠어요?
B 물론이지요. 손님 신분증을 보여주세요.

유형 → 혼동하기 쉬운 단어

Solution checking account에서 savings account로 돈을 옮기는 것이므로 transfer가 가장 적당하다. withdraw는 '(돈을) 인출하다'의 의미이다.

Voca balance 잔고　transfer 이체하다　convert 전환시키다, 환산하다

Answer (c) transfer

JOSEPH's focus

돈을 한 계좌에서 다른 계좌로 옮기고자 한다고 했으므로 transfer가 가장 적절합니다. withdraw는 '(돈을) 인출하다'는 의미이고 exchange는 '(달러를 원화로) 바꾸다', convert는 '전환[환산]하다'의 의미입니다. balance는 동사로는 '균형을

잡다'라는 의미가 있지만 은행 관련 어휘로는 '잔고'라는 의미로 쓰인다는 것을 기억해 둡니다.

> **More Expressions**
>
> **transfer의 다양한 의미**
>
> 전근하다, 전학하다
>
> (버스, 전철 등을) 갈아타다
>
> (전화를) 연결해주다
>
> 옮기다

14 A 벤자민은 오늘 다른 아이들과 함께 낮잠을 자는데 어려움을 겪었어요.
   B 걔는 단것을 너무 많이 먹으면 가끔 안정을 취하지 못해요.

유형 → 연어

Solution settle down은 '진정하다', let down은 '실망시키다'의 의미이다.

Voca **take a nap** 낮잠을 자다 **settle down** 진정하다

Answer (d) settle

Joseph's focus

대화의 내용으로 볼 때, 아이가 단것을 많이 먹으면 낮잠을 자지 못하고 진정하는데 어려움을 겪는다고 했으므로 down과 함께 쓰여 '진정하다'의 의미로 쓰이는 이어 동사를 찾아야 합니다. settle down에는 '진정하다' 이외에도, 다른 의미들이 있습니다. 가장 흔한 용법으로는 '결혼을 하여 정착하다'라는 의미와 '(자리를 잡고) 앉았다'의 의미로도 쓰입니다. let somebody down은 '실망시키다'의 의미이고, stay down은 '(먹은 음식이 넘어오지 않고) 위에 남아있다'를 의미합니다. settle down이 relax의 의미와 유사하기는 하지만 문제에서 down이 주어졌으므로 settle이 정답이 됩니다.

15 A 지난번에 내가 한 말에 허버트가 마음이 상한 것 같아. 그 이후로 나를 피하고 있어.
   B 하지만 넌 그저 사실을 말했을 뿐이잖아. 염려하지 마.
   A 그가 화가 난 게 아니길 바라. 난 그저 그의 글에 대한 내 솔직한 의견을 말했을 뿐이야.
   B 그는 가끔 너무 예민한 게 탈이라니까.

유형 → 구어체 idiom

Solution take offense는 '(다른 사람이 한 말이나 행동에 대해) 기분 나빠하다'라는 의미이다.

Voca **lose sleep over** (보통 부정문으로) ~을 크게 염려하다
   take offense 기분 나빠하다

Answer (a) offense

Joseph's focus

offense는 '경범죄, 위반' 등의 의미가 있지만, '불쾌하게 하는 것'을 의미하기도 합니다. (다른 사람이 말한 것이나 행동한 것에 대해) 기분 나빠하다라고 할 때는 'take offense'라고 합니다. 또한 no offense는 자신이 하려고 하는 말이 상대방의 기분을 상하게 할까봐 염려가 될 때 '기분 나빠하지 마'라는 의미를 가지고 있습니다. 예를 들면, [No offense, but I don't think you're qualified. (기분 나빠하지 마, 하지만 너는 자격 미달인 것 같아.)]와 같이 사용됩니다.

16 A 레이몬드는 절대 자기 신상에 대한 얘기를 안 해. 그는 참 비밀스러워.
   B 맞아. 그가 뭔가 숨기고 있는 것이 궁금하게 한다니까.

유형 → 형용사

Solution Raymond never tells me anything about his life.라고 말했으므로 (c)가 가장 적절하다.

Voca **controversial** 논쟁의 여지가 있는 **intimate** 친한, 사적인 **secretive** 비밀스러운 **confidential** 비밀의, 은밀한

Answer (c) secretive

Joseph's focus

[Raymond never tells me anything about his life.]라고 했으므로 '그는 매우 비밀스럽다'고 할 수 있습니다. 보기 (d) confidential에도 '은밀한, 비밀의'라는 의미가 있지만 주로 서류나 정보에 대해 사용되어 [These documents are confidential. (이 문서들은 기밀문서이다.)] 같이 쓰입니다. 자신에 대한 이야기나 감정에 대해 별로 얘기하지 않는 사람은 'reserved'하다고도 표현합니다.

17 A 케이트, 2번가에서 불이 났다는 얘기 들었어요?
   B 아니요, 우리 사무실이 거기에 있는데. 정확하게 어디서 불이 났는지 알아요?
   A 그 새로 생긴 그리스 식당에서 시작됐다고 들었어요.
   B 이런. 그건 바로 우리 사무실 건물 옆이에요. 지금쯤 불길이 잡혔기를 바라요.

유형 → 구어체 idiom

Solution be under control은 '순조롭다, 혹은 불길이 잡히다'의 의미이다.

Voca **blaze** 화염, 불길

Answer (d) control

Joseph's focus

under control은 '통제된, 지배된'의 의미와 함께 '불길이 잡히다'의 의미로도 쓰이며, 오답으로 주어진 fire가 under와 함께 쓰이면 '공격을 받는'의 의미가 됩니다. 또한 under one's command는 '~의 통제 하의'라는 의미이고 under one's direction은 '~의 지휘 하에'를 의미하므로 대화에서 요구하고 있는 표현과는 거리가 있습니다.

> **More Expressions**
>
> **control을 이용한 표현**
>
> **have control of/over something** ~을 통제하다
>
> **gain/lose control of** ~대한 통제권을 얻다/잃다
>
> **beyond someone's control** ~의 통제 밖의
>
> **out of control** 통제할 수 없는

18 A 그레고리가 아직 여기 있나요? 한 시간 전에 만나기로 했는데 제가 너무 늦었어요.

B 사실 그는 5분 전에 나갔어요. 막 놓치셨네요. 서두르시면 주차장에서 그를 볼 수 있을지도 몰라요.

유형 → 다의어

Solution '(버스나 사람을) 놓치다'라고 할 때는 동사 miss를 쓴다.

Voca miss 놓치다

Answer (d) missed

Joseph's focus

동사 miss에는 다양한 의미들이 있습니다. '(겨냥한 것이나 표적을) 놓치다' 혹은 '(사람이나 기차 등을) 놓치다'의 의미로도 쓰이고 '~을 보고 싶어 하다'의 의미로도 쓰입니다. 문제에서는 5분 전에 나갔고, 아직 주차장에 있을지도 모른다고 한 것으로 보아, 지금 막 나간 걸 놓쳤다는 의미이므로 missed가 정답이 됩니다. 약속 시간에 늦었다고 해서 ignored로 착각하지 않도록 합니다.

More Expressions

miss의 숙어적 표현

not miss something for the world
~을 무슨 일이 있어도 절대 놓치지 않는다

miss the point 의도를 잘못 이해하다

can't miss it 찾기 쉽다

miss the boat 좋은 기회를 놓치다

miss something by a mile 크게 실패하다, 과녁을 크게 벗어나다

---

19 A 온라인 은행 거래서를 보다가 내가 쓴 적이 없는 수표를 발견했어.

B 누가 네 서명을 위조해서 돈을 훔치려 했니?

A 믿기 힘들지 않니? 은행이 돈을 변상해주긴 했지만 겁나더라.

유형 → 동사

Solution '서명을 위조하다'의 의미가 되려면 빈칸에 알맞은 단어는 forge가 되어야 한다.

Voca reimburse 변상하다 disguise 변장하다 forge 위조하다 subsidize 보조금을 지급하다

Answer (c) forge

Joseph's focus

서명이나 여권 등과 같은 공식적인 서류를 '위조'하는 것을 forge라고 합니다. TEPS에서는 범죄에 관련된 단어들이 많이 등장합니다. check(수표)가 받아들여져서 돈이 빠져 나간 것을 'clear'라고 합니다. signature는 '서명'이지만 유명인의 사인은 'autograph'라고 한다는 점도 기억해 둡니다. reimburse는 '(먼저 돈을 지불하고 그 금액을 나중에) 보상해주는 것'을 의미합니다. disguise는 '위장하다'의 의미가 있지만, '(변장을 하여) 가장하다'라는 의미로 서명을 '위조하다'와는 의미가 다릅니다. subsidize는 '보조금을 지급하다'의 의미이므로 대화 내용의 흐름상 적절하지 않습니다.

---

20 A 넌 네 딸이 원하는 거라면 뭐든지 주는구나. 버릇을 잘못 들이고 있어.

B 괜찮아. 내 외동딸이고 그 애는 원하는 건 모두 가질 자격이 있어.

유형 → 구어체 idiom

Solution spoil somebody rotten은 '~가 원하는 걸 다 하도록 해준다'는 의미이다.

Voca rotten 썩은 spiteful 악의에 찬

Answer (b) rotten

Joseph's focus

spoil은 '망치다, 음식이 상하다, (아이를 귀여워해서) 버릇없게 만들다' 등의 의미가 있습니다. 또한 흔히 사용하는 속담 '사공이 많으면 배가 산으로 올라간다'는 것을 영어로는 [Too many cooks spoil the broth.]라고 하고, '매를 아끼면 자식을 버린다'는 속담은 [Spare the rod and spoil the child.]라고 합니다. 누군가가 원하는 것을 다 해준다는 의미로 'spoil somebody rotten'이라는 표현을 많이 씁니다. 어른에게 쓰는 경우도 있지만 주로 아이들이 제멋대로 하도록 두는 부모들을 두고 쓰는 경우가 많습니다. decay에도 '썩다'라는 의미가 있지만 '이가 썩다' 등의 의미로 쓰입니다. 우리말로는 같은 의미로 해석되지만 쓰임이 다른 단어들을 구별하는 것이 TEPS 어휘 문제의 핵심이라고 할 수 있습니다.

---

21 A 빌리가 결국에는 지난번에 우리 유리창을 깨뜨린 것에 대해 얘기하러 왔었어. 그가 미안하다고 했어.

B 그것이 진심 어린 사과였다고 생각하니?

A 잘 모르겠어. 적어도 제대로 하려고 노력을 했잖아.

유형 → 연어

Solution '(진심에서 우러나온) 사과'라고 할 때는 sincere apology라고 한다.

Voca sincere 진심 어린, 진실 된

Answer (a) sincere

Joseph's focus

apology와 함께 쓰이기에 가장 적절한 형용사를 찾는 문제입니다. 진심 어린, 마음에서 우러나온 사과라고 표현하고 싶을 때는 'heartfelt, profound apology'라고도 합니다. '사과를 하다'라고 할 때는 동사 make를 사용하여 'make an apology'라고 하며 또한 [My humble/deepest/sincere apologies.]라고 합니다. 누군가에게 사과를 해야 한다고 할 때는 [owe somebody an apology]라고 합니다. 상대방이 사과를 할 때 대답으로 알맞은 표현은 [That's quite all right. (괜찮아요), There's no need to apologize. (사과할 필요 없어요), 혹은 Apology accepted. (사과를 받아주지요.)]라고 대답할 수 있습니다.

---

22 A 파티 준비하는 거 도와줘 고마워. 정말 고마워.

B 천만에. 네가 언젠가 보답을 할 거라고 확신해.

A 물론이지. 내가 필요할 때 말만 해.

유형 → 연어

Solution '보답하다'의 의미로는 return the favor를 쓴다.

Voca favor 호의, 친절

Answer (c) return

Joseph's focus

대화의 상황만 잘 이해해도 쉽게 해결할 수 있는 문제입니다.
동사 return은 일반적으로 '돌아오다, 반환하다'의 의미로 쓰이지만 다른 사람이 도움을 줬을 때 나중에 자신도 보답을 하겠다는 의미로 [I'll return the favor some day.]라고도 합니다.
또한 return a phone call/a visit은 답례로 '전화를 하다/방문하다'의 의미입니다. 숙어 표현으로는 return evil for good이라는 표현이 있는데, 이것은 '은혜를 원수로 갚다'라고 해석할 수 있습니다. favor는 명사로 '호의, 친절'이라는 의미입니다.
'~에 찬성하다'라고 할 때는 in favor of라고 합니다. favor는 동사로 쓰일 수도 있는데, favor someone over someone else라고 하면 '~보다 ~를 선호하다'의 의미입니다.

23 A 너 설마 팀이 한 말을 정말로 믿는 건 아니지? 그는 분명히 새빨간 거짓말을 하고 있어.
    B 그가 내가 아는 사람 중 가장 정직한 사람은 아니지만 이번에는 진실을 말하고 있을지도 모르잖아.

유형 → 구어체 idiom

Solution '(속이 훤히 들여다보이는) 뻔한 거짓말을 하다'라는 숙어는 lie through one's teeth이다.

Voca lie through one's teeth 뻔한 거짓말을 하다

Answer (a) teeth

Joseph's focus

영어의 숙어에는 신체 부위에 대한 표현이 매우 많습니다. 문제에 등장한 lie through one's teeth는 '새빨간 거짓말을 하다'의 의미입니다. 정확한 표현을 알지 못하더라도 거짓말은 입으로 하는 것이므로 (a)혹은 (b)가 정답일 것이라고 짐작할 수 있을 것입니다.

More Expressions

'부정직함'에 관련된 숙어

a bad egg 믿지 못할 사람, 불량배

be up to no good 좋지 않은 일을 꾀하고 있다

pull the wool over somebody's eyes …을 속이다

lip이 등장하는 숙어들

My **lips** are sealed.
(비밀을 절대 누설하지 않겠다고 약속할 때 하는 말)

Read my **lips**! 내가 하는 말을 잘 들어!

lip service 입에 발린 말

---

24 A 내가 제임스에게 보고서를 제출하기 전에 철자법을 확인하라고 계속 말해왔는데 그가 한 일은 여전히 실수투성이야.

B 그를 주의 기울이게 만드는 것은 매우 힘들어. 난 오래 전에 포기했어. 그게 불가능하다는 걸 깨달았거든.

유형 → 구어체 idiom

Solution 'lost cause'는 성공할 가능성이 없는 일을 의미한다.

Voca challenging 까다로운 lost cause 가망 없는 일, 무리한 일

Answer (c) lost cause

Joseph's focus

보기로 주어진 명사구들은 그 의미를 알지 못하면 단어 자체의 의미만으로는 정답을 짐작할 수 없습니다. 보기의 'rain check'은 약속 등에 응할 수 없을 때 다음 기회에 하자는 의미로 사용합니다. 원래 이 표현은 스포츠 경기에서 비로 인해 경기가 중단되었을 때 관중들에게 나누어주었던 티켓에서 유래한 것입니다. 'power trip'은 권력의 과시를 위해 자신의 영향력을 사용하는 상황을 의미합니다. 'white noise'는 라디오나 텔레비전이 올바른 채널에 맞추어지지 않았을 때 나는 소음을 의미합니다. 'lost cause'는 가망 없는 일, 무리한 일을 의미합니다. 대화에서 제임스에게 아무리 말을 해도 듣지 않아서 포기했다는 이야기를 하고 있으므로 lost cause가 정답으로 가장 적절합니다.

25-1 A 한나는 자기는 없어진 서류에 대해서 아무 것도 몰랐다고 주장하고 있어.
    B 걔를 믿어야 할지는 모르겠지만 미심쩍긴 해도 믿어줄 거야.

유형 → 구어체 idiom

Solution give somebody the benefit of the doubt는 '(미심쩍긴 하지만) 상대가 하는 말을 믿어주다'의 의미다.

Voca give somebody the benefit of the doubt 미심쩍긴 하지만 선의로 봐 주다

Answer (d) benefit

Joseph's focus

[give somebody the benefit of the doubt]는 어떤 사람이 사실을 말하는지 확신이 서지는 않지만 그렇다고 가정하여 그 사람에게 유리하도록 해 주는 것을 의미합니다. 대화에서 한나가 자신은 아무 것도 몰랐다고 주장하고 있다고 하자 그 말을 믿어야 할지는 모르겠지만 그녀의 말을 믿어주겠노라고 말하고 있습니다. benefit은 동사로는 '~에게 도움이 되다, 이롭다'의 의미로 쓰이고, 명사로는 '이익, 혜택'의 의미로 쓰입니다.

25-2 A 이 기사를 쓴 사람은 미래에 대해서 꽤 희망적인 것 같아. 그렇게 생각하지 않니?
    B 글쎄. 그가 사용한 많은 단어들은 부정적인 암시를 담고 있어.

유형 → 문맥에 맞는 고난이도 어휘

Solution '부정적인 의미를 담고 있다'고 할 때는 negative connotations라고 한다.

Voca allegation 혐의 indication 징후, 증거

Joseph's focus

connotation의 의미를 알지 못하면 대화의 내용을 이해하기가 어려울 수도 있습니다. connotation이란 '부정적인 의미의 암시'라는 뜻입니다. 예를 들어, cheap이라는 단어는 '값이 싼'이라는 의미지만 그만큼 품질도 나쁘다는 의미를 포함하고 있습니다. 그래서 많은 사람들이 cheap보다 inexpensive를 쓰는 경우가 많습니다. 그러므로 단어 cheap은 negative connotations를 갖고 있다고 할 수 있습니다. allegation은 '혐의'라는 뜻으로 deny allegations(혐의를 부정하다), make allegations(혐의를 제기하다)와 같이 사용됩니다. indication에도 '암시'라는 의미가 있지만 '징후'와 같은 의미로 쓰입니다.

Part II (26~50)

26 하와이 섬의 많은 화산들이 과학자들에 의해 활화산으로 여겨지는데 그 화산들이 과거에 폭발한 적이 있기 때문이다.

유형 → 형용사

Solution '활화산'은 active volcano라고 한다.

Voca erupt (화산이) 폭발하다

Answer (d) active

Joseph's focus

빈칸에 알맞은 형용사를 고르는 문제입니다. 화산이 아직 활동을 하는 '활화산'이라고 할 때는 active를 쓰고 '사화산'이라고 할 때는 extinct를 씁니다. 과거에 폭발한 적이 있기 때문에 빈칸에는 active가 정답으로 가장 적절합니다. vanish는 '사라지다, 소멸하다'의 의미이고 dynamic은 active와 유사한 의미이기는 하지만, 화산을 묘사하는 단어로는 적절하지 않습니다. extinct는 동물이나 식물들이 더 이상 존재하지 않는다는 '멸종한'의 의미도 갖고 있습니다.

27 최근 원유 가격의 변동은 많은 운전자들이 대체 교통수단을 찾도록 만들었다.

유형 → 명사

Solution 가격 등의 오르고 내림은 fluctuation이라고 한다.

Voca alternative 대안의 fluctuation 변동 discrepancy 불일치

Answer (c) fluctuation

Joseph's focus

빈칸에 알맞은 명사를 찾는 문제입니다. 문장의 내용으로 보아 원유 가격의 '변동'으로 인해 운전자들이 대체 교통수단을 찾고 있다는 것이 의미상 가장 적절합니다. fluctuate는 '동요하다, 자주 변동하다'의 의미를 가진 동사이고, 그 명사형은 fluctuation입니다. disproportion은 '불균형', inequality는 '불평등', discrepancy는 두 가지 이야기나 계산 등을 비교해 볼 때 생기는 '불일치, 차이'를 의미합니다. '(가격이) 오르다'라고 표현할 때는 increase이외에도, skyrocket, soar 혹은 go

through the ceiling을 사용할 수 있습니다. 반대로 '(가격이) 폭락하다'라고 할 때는 take a nosedive 혹은 tumble을 사용할 수 있다는 것도 알아둡니다.

28 많은 범죄자들이 자신들이 아는 것에 대해 경찰과 이야기를 하기로 동의하기 전에 자신의 변호사를 만나기를 요구한다.

유형 → 혼동하기 쉬운 어휘

Solution '~할 것을 요구하다'의 의미로 demand가 가장 적절하다.

Voca criminal 범인, 범죄자

Answer (d) demand

Joseph's focus

claim, require, demand는 모두 우리말로 '요구하다'의 의미를 가지고 있습니다만, 그 쓰임과 의미가 약간씩 차이가 납니다. claim은 '(어떤 것이 사실이라고) 주장하다' 혹은 '(어떤 것이 자기 것이라고) 주장하다'의 의미로 주로 쓰입니다. require는 [require somebody to do something]의 형태나 [require that 주어+should+동사]의 형태로 쓰여서 '(다른 사람에게 ~할 것을 요구한다'는 의미가 됩니다. 문장에서는 범죄자들이 자신들의 변호사를 만나게 해달라고 요구하는 것이므로 의미가 같지 않습니다. demand는 [demand to do something] 혹은 [demand something of somebody]의 형태로 쓰일 수 있습니다. 사람이나 일이 demanding하다고 할 때는 '까다롭거나 시간과 노력이 많이 드는'의 의미입니다.

29 의사가 낙관적인 태도를 유지하라고 격려했지만, 스탠은 회복의 가능성에 대해 회의적이었다.

유형 → 형용사

Solution Even though로 시작된 것으로 볼 때 뒤에는 그에 반대되는 내용이 올 것이라는 것을 알 수 있다.

Voca optimistic 낙관적인 recovery 회복

Answer (b) skeptical

Joseph's focus

빈칸에 알맞은 단어를 고르는 문제입니다. Even though로 시작한 절에서 의사가 낙관적인 태도를 유지하라고 격려를 했음에도 불구하고 ~했다는 의미이므로 optimistic에 반대되는 의미의 단어가 빈칸에 적절하다는 것을 알 수 있습니다. irresolute는 '우유부단한'의 의미이고 problematic은 '의문의 여지가 있는'의 의미로 정답으로 착각할 수도 있지만 사람 주어에는 적합하지 않습니다. petrified는 terrified와 같은 의미로, 회복의 가능성에 대해 두려워한다는 것은 논리적이지 아니기 때문에 정답이 될 수 없습니다. skeptical하다는 것은 어떤 것의 성공 여부에 대해 확신이 없는 경우나 어떤 것이 사실인지 아닌지에 대해 '회의를 품는'의 의미이므로 doubtful과 유사한 의미로 정답으로 가장 적절합니다.

30 대중은 일 년 동안 시장의 거짓말을 참아왔지만 수질 오염 스캔들은 인내의 한계에 이르게 한 마지막 사건이었다.

무가 있는'의 의미이고 introverted는 '(사람의 성격이) 내성적인'을 말합니다. (a)와 (c)는 각각 in-과 im-을 단어 앞에 추가하여 반대말이 되는 경우들이지만, incumbent와 introverted의 'in-'은 반대말을 만들기 위한 접두사가 아니며 반의어는 extroverted (외향적인)입니다.

유형 → 구어체 idiom

Solution 'the last straw'는 일련의 나쁜 일들 가운데 더 이상 참을 수 없는 한계에 이르게 한 마지막 사건을 의미한다.

Voca endure 참고 견디다 narrow escape 구사일생

Answer (b) last straw

Joseph's focus

the last/final straw는 계속해서 발생한 나쁜 일들 중에 더 이상 참을 수 없는 한계에 이르게 한 '맨 마지막 사건'을 지칭합니다. 원래 [the straw that breaks the camel's back (낙타의 등을 부러뜨린 지푸라기)]에서 온 것인데, 이미 짐을 많이 싣고 가는 낙타 등에 지푸라기 하나를 얹은 것이 낙타의 등을 부러뜨린 원인이 되었다고 생각하면 됩니다. 여기서는 이미 대중이 시장의 거짓말을 일 년간 참아 왔으나 수질 오염 사건으로 더 이상 그의 거짓말을 참을 수 없게 됐다는 의미입니다. ups and downs는 '오르막과 내리막', '좋은 일과 나쁜 일'을 의미하고, spilt milk는 '돌이킬 수 없는 일', narrow escape는 '구사일생'의 의미입니다.

31 환자는 결단코 침대에서 나오려고 했기 때문에 간호사들은 밤에 그를 제지해야만 했다.

유형 → 혼동하기 쉬운 단어

Solution '억제하다, 제지하다'의 의미를 가진 단어가 적절하다

Voca determined 단호한

Answer (b) restrain

Joseph's focus

obstruct, impede는 모두 '방해하다'의 의미를 가지고 있습니다. restrain은 '(어떤 사람이 소란을 피우거나 할 때) 제지하다'라는 의미로 쓰입니다. 여기서는 환자가 침대에서 벗어나려고 해서 간호사들이 제지를 해야 했다는 의미이므로 restrain이 정답으로 가장 적절합니다. obstruct는 '(물리적으로) 길을 막거나 방해하다, 시야를 가리다'의 의미로 많이 쓰이며 bar는 '(법 등에 의해 공식적으로) 금지하다'의 의미입니다.

32 기자들은 특히 감동적인 미담을 보도할 때 종종 공정한 태도를 유지하기가 어렵다.

유형 → 혼동하기 쉬운 단어

Solution impartial은 '(한 쪽에 치우치지 않고) 공정한'의 의미이다.

Voca cover 보도하다

Answer (c) impartial

Joseph's focus

기자가 자신이 보도하는 내용에 대해 편견을 갖지 않기는 매우 힘들다고 말하고 있으므로 unbiased 혹은 unprejudiced의 의미를 가진 단어가 빈칸에 가장 적절합니다. impartial은 '공정한'의 의미로 fair, neutral의 동의어이며 반의어는 partial입니다. partial은 '부분적인', 혹은 '편파적인'의 의미입니다. indistinct '불명료한'의 의미입니다. incumbent는 '현직의, 의

33 스캔들이 젊은 배우의 경력을 완전히 망치지는 않았지만, 그의 명성이 너무나 심하게 훼손되어서 중요한 역할을 맡는 것이 더욱 어려워졌다는 것을 의심하는 사람은 거의 없다.

유형 → 혼동하기 쉬운 단어

Solution '(명성이) 훼손되다'라고 할 때는 be damaged를 사용한다.

Voca reputation 명성 land (일자리 등을) 얻다, 차지하다

Answer (b) damaged

Joseph's focus

damage가 동사로 쓰일 때는 '피해를 주다' 혹은 문제에서처럼 '(체면이나 평판 등을) 훼손하다'의 의미로 쓰입니다. 이때 함께 쓸 수 있는 부사들로는 badly, severely, extensively, irreparably, permanently가 있습니다. impair도 '손상시키다'의 의미가 있지만 주로 '(건강, 시력 등을) 손상시키다'의 의미로 쓰이거나 '~할 능력을 저하시키다'라는 의미로 쓰입니다. 예를 들어, hearing impaired라고 하면 '청각 장애가 있는'이고 visually impaired라고 하면 '시각 장애가 있는'의 의미가 됩니다. 또한 land가 동사로 쓰이면 '착륙하다'의 의미가 있지만 '원하던 일자리를 얻다(land a job)'고 할 때 자주 쓰이며, 특히 '(영화나 쇼에서) 역할을 맡게 되다'라고 할 때는 'land a role'이라고 한다는 것도 기억해 둡니다.

34 스미스필드의 시민들은 지난 한 해 동안 근무 중에 뛰어난 용기를 보여준 남녀 경찰관들의 공로를 기리는, 시장이 개최하는 연례행사에 참여하도록 초대된다.

유형 → 구어체 idiom

Solution In the line of duty는 '공무를 수행하던 중'에라는 의미다.

Voca exceptional 특별한 bravery 용감 in the line of duty 근무 중의

Answer (d) line

Joseph's focus

in the line of duty가 '공무를 수행하던 중에'라는 의미가 있다는 것을 모르면 정답을 찾기가 매우 힘들 수 있습니다. in the line of duty는 '(경찰관이나 군인들이 공무를 수행하던 중) 부상을 입었다' 혹은 '사망했다'라는 의미로 신문 기사에서 흔히 볼 수 있는 표현입니다.

More Expressions

line을 이용한 다양한 표현들

(something) is on the line ~이 위험에 처하다
Be careful. Your job could **be on the line**.
조심해. 네 일자리를 잃을 수도 있어.

cross the line 도가 지나치다
He crossed **the line** by insulting her parents.
그는 그녀의 부모를 모욕함으로써 도를 넘어섰다.

a fine/thin line 미묘한 차이
There may be **a very thin line** between being honest
and being rude.
정직한 것과 무례한 것에는 아주 미묘한 차이만이 존재할 수도 있다.

somewhere along the line (언제인지 모르지만) 언젠가, 어느새
I don't know what I did wrong, but **somewhere along
the line** I must have made a mistake. 내가 뭘 잘못했는지
모르겠지만 언젠가 내가 실수를 한 게 틀림없다.

read between the lines 숨은 뜻을 알아내다
She didn't say that she wanted us to leave, but I
could **read between the lines**. 그녀는 대놓고 우리가 가길
바란다고 말하진 않았지만, 나는 숨은 뜻을 알아챌 수 있었다.

---

35 한 시간 넘게 차로 주변을 빙빙 돌다가 내 파트너와 나는 우리
가 완전히 길을 잃었고 길안내가 필요하다는 것을 뼈저리게 느
꼈다.

유형 → 연어

Solution · aware와 함께 쓰일 수 있는 부사를 찾아야 한다. painfully
aware는 '(인정하는 것이 자존심이 상하지만) 그럴 수밖에
없었다'는 의미다.

Voca · inadequately 불충분하게   wildly 매우(=extremely)

Answer · (d) painfully

Joseph's focus

일정한 단어들이 함께 짝을 이루어 쓰이는 collocation에서
부사의 쓰임을 묻는 문제입니다. painfully는 '고통스럽게'라
는 의미도 있지만 '과도하게'라는 의미로 aware, honest, shy,
slow 등의 형용사와 함께 쓰입니다. 예를 들어, [When I was
younger, I was painfully shy.]와 같이 쓸 수 있습니다. 이때
painfully는 extremely와 같은 의미입니다. 보기 (b)의 wildly
로 일정한 형용사와 짝을 이룰 때, extremely를 의미합니다.
wildly는 enthusiastic, inaccurate, optimistic, popular 등
과 함께 쓸 수 있습니다.

More Expressions

[부사+형용사] 형태의 연어(collocation)

blissfully unaware 다행히도 알지 못하는

oddly familiar 이상하게 낯익은

eerily silent 괴기스러울 정도로 조용한

fiercely competitive 맹렬하게 경쟁적인

---

36 성별 간의 평등이 이루어지기 위해서 여성의 권리는 아직도 갈

길이 멀지만, 진보는 분명히 이루어졌다.

유형 → 혼동하기 쉬운 단어

Solution · progress는 주로 긍정적인 의미의 '진보'를 의미한다.

Voca · have a long way to go 갈 길이 멀다   expansion
팽창, 확장

Answer · (d) progress

Joseph's focus

유사한 의미들을 가진 단어들 중에서 문장의 흐름에 가장 적절
한 단어를 고르는 문제입니다. 문장을 완성하기 위해서는 '진보'
의 의미를 가진 단어가 필요합니다. TEPS 어휘 문제에서는 연
어를 알고 있는지를 묻는 유형의 문제들이 많은데, 예를 들어,
'시험을 보다'라고 할 때 영어로는 동사 take를 쓰지만, 이러한
collocation을 알지 못한다면 exam이라는 명사와 함께 어떤
동사를 써야 할 지 난감할 수도 있습니다.

More Expressions

연어(collocation)를 이용한 표현

make achieve evaluate hinder obstruct facilitate	progress	진보를	이루다 성취하다 평가하다 방해하다 방해하다 용이하게 하다
substantial inexorable rapid satisfactory	progress	상당한 멈출 수 없는 빠른 만족스런	진보

---

37 나는 집을 나서기 전에 내 안경을 찾아 곳곳을 뒤졌지만, 어디에
서도 안경을 찾을 수가 없었다.

유형 → 구어체 idiom

Solution · search high and low는 '(여기저기를 다 뒤져가며) 찾다'
의 의미이다.

Voca · search high and low ~을 찾아 곳곳을 뒤지다

Answer · (a) high and low

Joseph's focus

[형용사 and 형용사] 형태의 숙어 의미를 파악하는 문제입니
다. safe and sound는 '안전히, 무사히'의 의미이고 neat and
tidy는 '깔끔한'의 의미입니다. 이러한 표현들은 의미가 유사
한 단어를 앞뒤로 반복함으로써 강조를 하고 있으며 의미는 두
단어가 결합되었다고 해서 크게 다르지 않은 경우가 많습니다.
ready and willing은 '기꺼이 ~할 준비가 되어 있는'의 의미이
고 quick and easy는 말 그대로 '빠르고 쉬운'이라는 의미입
니다. 이처럼 이러한 표현들은 의미를 짐작할 수 있는 경우가
많지만 관용적으로 항상 그 형태로 쓰이므로 search low and
high 혹은 sound and safe와 같이 순서를 바꾸어 쓰지는 않
습니다.

38 남자가 경찰관에게 자신의 입장에서 본 이야기를 하자, 다른 목격자들이 대화에 끼어들어 좀 더 자세한 내용을 덧붙였다.

유형 → 연어

Solution chime in with의 의미를 알고 있어야 풀 수 있는 문제이다.

Voca be fed up with ~에 싫증나다   chime in with (대화에 끼어들어) ~을 말하다

Answer (d) chimed in

Joseph's focus

보기로 주어진 이어 동사들은 모두 with와 연결되어 각각 다른 의미를 가집니다. 그러므로 각각의 의미를 알지 못하면 까다로울 수 있는 문제입니다. be fed up with는 '~에 진절머리가 나다'의 의미입니다. get away with는 '(나쁜 일을 하고 처벌을 받지 않고) 빠져나가다', come down with는 '병에 걸리다', 그리고 chime in은 '대화에 끼어들다'의 의미로 with와 함께 쓰입니다. 여기서는 경찰에게 한 사람이 이야기를 하자 다른 목격자들도 자신들이 본 것을 이야기하며 끼어들었다는 의미가 가장 적절합니다.

39 교수는 등록되지 않은 전화번호를 갖고 있었기 때문에, 업무 시간 이외에, 그녀에게 연락을 하는 것은 불가능하진 않더라도 매우 어렵다.

유형 → 혼동하기 쉬운 단어

Solution 전화번호가 전화번호부에 기재되어 다른 사람들이 이름으로 찾아 볼 수 있는 경우에는 phone number가 listed되었다고 한다.

Voca office hours 근무[영업] 시간

Answer (c) unlisted

Joseph's focus

업무 시간 이외에 연락을 하는 것이 거의 불가능한 이유는 교수의 전화번호가 등록되어 있지 않기 때문입니다. 전화번호부나 교환원에게 전화번호를 문의할 수 있도록 등록되어 있는 것은 전화번호가 listed되어 있다고 합니다. list는 명사로 '명단, 목록'의 의미이고 동사로 쓰일 때는 '(목록에) 올리다'라는 의미를 가지고 있습니다. 전화에 관한 내용이라고 해서 (d) uncalled를 고르지 않도록 합니다. uncalled-for는 '주제넘게 나선'이라는 의미로 사용합니다.

40 양측의 이야기를 들은 후에 판사는 여자의 행동이 정당했으며 그녀는 피해에 대한 책임을 지지 않아도 된다고 판결했다.

유형 → 혼동하기 쉬운 단어

Solution warrant가 '정당화하다'의 의미를 가지고 있음을 알아야 한다.

Voca liable 책임이 있는

Answer (c) warranted

Joseph's focus

판사가 그녀의 행동이 warranted했다고 판결했다는 것은 정당한 것으로 간주했다는 의미입니다. 그러므로 피해에 대해 여자는 보상을 할 필요가 없다고 판결한 것입니다. warrant은 명사로는 '영장'이라는 의미가, 동사로는 '정당화하다 혹은 보증하다'의 의미가 있습니다. 예를 들어, search warrant라고 하면 '수색영장'이라는 의미이고 '영장을 발부하다'라고 할 때는 동사로 issue를 쓰기도 합니다. 구입한 물건에 대해 일정 기간 동안 무료로 수리를 해 주거나 교환을 해주는 품질 보증을 warranty라고 합니다.

41 모든 사람들이 사랑하는 사람을 잃은 슬픔에 같은 방식으로 반응하지는 않는다.

유형 → 혼동하기 쉬운 단어

Solution '사랑하는 사람을 잃은'이므로 grief가 가장 적절하다.

Voca respond 반응하다   relief 위안, 안심   remorse 후회, 죄책감

Answer (d) grief

Joseph's focus

grief는 '깊은 슬픔, 비탄'을 의미하며 특히 누군가의 죽음으로 인해 슬픔에 빠진 경우에 많이 사용합니다. 흔히 회화에서 [give somebody grief]라는 표현을 많이 쓰는데, 이것은 '누구를 비탄에 빠지게 하다'라는 의미라기보다는 '귀찮게 하다, 성가시게 하다'의 의미입니다. grief는 동사 express나 show와 함께 사용하고 [be stricken with grief]의 형태로 '슬픔에 빠지다'로 쓰입니다. grief의 동사형은 grieve이지만 이와 유사한 형태의 명사 grievance는 compliant의 의미입니다.

42 업무 회의 중 자신의 요점을 납득시키는 좋은 방법의 하나는 적절하고 시각적으로 흥미 있는 차트와 그래프를 이용하는 것이다.

유형 → 구어체 idiom

Solution drive home one's point는 '요점을 납득시키다'의 뜻의 숙어이다.

Voca relevant 적절한   visually 시각적으로

Answer (d) drive

Joseph's focus

drive home one's point 혹은 drive home이라고 하면 '(일의 핵심을) 지적하다, 요점을 납득시키다'의 숙어입니다. drive는 물론 '운전하다'의 의미가 있지만 명사나 숙어의 일부로도 자주 쓰입니다. 예를 들어, drive somebody crazy라고 할 때의 drive는 make의 의미로 '짜증나게 하다'의 뜻입니다. drive는 명사로도 쓰일 수 있는데 '모금 운동' 혹은 '추진력'의 의미가 됩니다. 참고로 fund-raising drive는 '모금 운동'이고 competitive drive는 '경쟁심'이라는 의미를 가지고 있습니다. 합성명사 외에, 숙어로 drive somebody to do something은 '…을 하도록 만들다'가 됩니다.

43 경찰은 보석 상점의 경보기에 의한 침입 경보를 받은 후, 단 몇 분이 지난 후에 범죄 현장에 도착했다. 그런데도 불구하고 도둑

은 거의 백만 달러에 상당하는 보석을 가지고 달아났다.

유형 → 연어

Solution '~을 가지고 달아나다'의 의미를 가진 이어 동사를 찾아야 한다.

Voca alert 경계 태세를 취하게 하다   break-in 불법 침입
gem 보석, 귀중품   shy away (~를) 피하다

Answer (b) made off with

Joseph's focus

경찰이 범죄 현장에 도착했을 때, 도둑들은 이미 백만 달러 상당의 보석을 가지고 달아났다라는 의미가 되도록 빈칸을 완성하는 표현을 찾는 문제입니다. take out on은 일반적으로 [take it out on (사람)]의 형태로 '~에게 화풀이를 하다'라는 의미입니다. make off with는 '(무언가를 훔쳐서 가지고) 달아나다'의 의미이고 shy away from은 '~하는 것을 피하다'의 의미입니다.

44 현대 의학 과학이 출현하기 훨씬 전인 고대에는 부족의 무당은 종종 다른 사람들을 치료하는데 초자연적인 존재의 도움을 기원했다.

유형 → 혼동하기 쉬운 단어

Solution invoke가 '간구하다'는 의미를 가지고 있음을 안다.

Voca advent 도래   shaman 무당   supernatural 초자연적인   invoke (~의 힘을) 빌다, 간구하다

Answer (d) invoked

Joseph's focus

문장의 의미가 완성되도록 빈칸에 가장 알맞은 단어를 고르는 문제입니다. 동사 invoke는 '(법을) 적용하다'의 의미와 함께 '간구하다'라는 의미를 가지고 있습니다. reprove는 '비난하다, 꾸짖다'의 의미이고 condemn도 유사한 의미를 갖습니다. 또한 condemn은 '형을 선고하다'의 의미로 [They were condemned to death. (그들은 사형 선고를 받았다.)]와 같이 쓰일 수도 있습니다. 이 문장에서는 의학이 발달하기 전에 부족의 무당들이 초자연적인 존재의 도움을 빌어 사람들을 치료했다는 의미가 되어야 하므로 invoked가 가장 적절합니다.

45 미국 대통령 프랭클린 루즈벨트는 소아마비에 걸려 말년을 휠체어에서 보내기는 했지만 그의 장애는 그가 위태로운 시기에 국가를 경영하는 것을 방해하진 못했다.

유형 → 혼동하기 쉬운 단어

Solution 소아마비로 인해 휠체어 신세를 지게 된 것은 장애 disability 때문이다.

Voca contract (질병에) 걸리다   disability 장애   deformity 기형(=malformation)

Answer (c) disability

Joseph's focus

의미와 형태가 유사한 단어들을 구분하여 문장의 의미를 가장 잘 완성해 주는 단어를 고르는 문제입니다. disability는 '신체적 · 정신적 장애'를 의미합니다. 또한 장애자라고 할 때는 disabled라는 단어를 사용하기도 하지만 people with disabilities라는 표현이 선호되며, '시각 장애자'나 '청각 장애자'는 각각 visually impaired, hearing impaired라는 표현을 더 많이 사용합니다. 일부 사람들은 challenged라는 표현을 선호하기도 해서 'physically challenged(신체 장애자)' 혹은 'visually challenged(시각 장애자)'와 같은 표현을 사용하기도 한다는 것도 알아 두면 도움이 될 것입니다. deformity는 '기형'이라는 의미이므로 이 문장에서 소아마비로 휠체어 신세를 지게 된 루즈벨트 대통령의 경우는 disability라고 하는 것이 옳습니다.

46 남녀가 함께 근무하는 회사에서 휴식 시간에 많은 음란한 농담들을 한 후에 짐은 상사의 사무실로 불려가 공식적인 질책을 받았다.

유형 → 연어

Solution off-color joke는 '음란한 농담'을 의미한다.

Voca reprimand 질책, 비난

Answer (a) off-color

Joseph's focus

휴식 시간에 음란한 농담 때문에 질책을 받았다면 직장에서 적절하지 않은 농담이었다는 것을 짐작할 수 있습니다. 특히 mixed company라고 한 것으로 미루어 보아 남녀가 함께 근무하는 회사라는 것을 알 수 있습니다. off-color joke는 rude하고 offensive한 농담을 의미합니다. on-target은 '정확한, 예상대로'의 의미이고, 반대로 '예상이 빗나간'의 의미로 쓰려면 off-target이라고 하면 됩니다. by-product는 '부산물'이라는 의미이고 unruly는 '제어하기가 힘든'이라는 의미로 unruly children, unruly behavior와 같이 쓰입니다.

47 컨트리 클럽의 주요 매력은 그 혜택들이 회원들에게 독점적이라는 점이다.

유형 → 혼동하기 쉬운 단어

Solution 형태가 유사한 단어들의 의미를 구분하는 문제입니다.

Voca attraction 매력, 명소

Answer (d) exclusive

Joseph's focus

-ive로 끝나는 형태가 유사한 형용사들의 의미를 파악하고 문장에 가장 적절한 단어를 고르는 문제입니다. affirmative는 '긍정적인, 확정적인'의 의미입니다. 예를 들어, 긍정적인 대답은 affirmative answer라고 합니다. extensive는 '광범위한'의 의미로 extensive experience, extensive damage, extensive knowledge와 같이 쓰입니다. intensive는 '집중적인'의 의미로 intensive language course, intensive training, intensive care와 같이 씁니다. exclusive는 문제에서는 '독점적인'의 의미로, exclusive rights (독점권), exclusive use (독점 사용), exclusive interview (독점 인

터뷰)와 같이 쓰입니다. 문제에서는 컨트리클럽의 혜택들이 회원들에게만 ~하다는 점이 가장 큰 매력이라고 했으므로 exclusive가 가장 적절합니다.

48 한 일 년 전쯤에 파티에서 낸시를 만났지만, 존은 그녀를 단지 조금 아는 사람 이상으로 생각했다.

유형 → 혼동하기 쉬운 단어

Solution 'acquaintance'는 친한 사이는 아니고 그냥 얼굴을 아는 정도의 사이를 의미한다.

Voca acquaintance 아는 사람

Answer (c) casual

Joseph's focus

acquaintance는 친구는 아니고 그저 '조금 아는 사이의 사람'을 의미하는 것으로 형용사 casual과 함께 사용합니다. [have a speaking/nodding acquaintance with]라고 하면 그저 말을 나누는/인사를 하는 사이라는 의미가 됩니다. 누군가를 처음으로 만나는 것은 [make somebody's acquaintance]라고 합니다. 또한 [be acquainted with somebody]라고 하면 누군가를 알게 된다는 것이고 [be acquainted with something]은 '무엇에 대해 잘 알고 있다'는 의미입니다. casual은 '우연한(casual encounter 우연한 만남)'의 의미로 쓰이거나 '무심코 한 말(casual remark)'과 같은 용법으로 쓰입니다.

49 많은 유명 인사들은 안정적인 사생활을 유지하면서 그들을 흠모하는 팬들의 무리로부터의 지속적인 관심에 대처하는 법을 배워야 한다.

유형 → 연어

Solution fans와 함께 쓰일 수 있는 가장 적절한 형용사를 찾는 문제이다.

Voca celebrity 유명인사 constant 지속적인 stable 안정적인

Answer (b) adoring

Joseph's focus

fans와 가장 어울리는 형용사를 찾는 문제로 collocation을 묻는 문제입니다. adoring은 '흠모하는, 숭배하는'의 의미로 adoring fans 혹은 adoring crowds와 같이 쓰입니다. 보기로 주어진 staggering, crushing, sprawling은 매우 자주 쓰이는 형용사들로 각각 함께 자주 쓰이는 명사들이 정해져 있습니다. staggering은 '비틀거리는'의 의미가 있긴 하지만 주로 금액과 함께 쓰여서 [The company earned a staggering 5 billion dollars last quarter.]처럼 '어마어마한'의 의미로 씁니다. crushing은 '압도적인'의 의미로 crushing defeat (압도적인 패배)와 같이 쓰입니다. sprawl은 '(여기저기로) 퍼져 나가다'라는 의미로 sprawling suburb (이리 저리 퍼져가는 변두리)와 같이 쓰입니다. 그 외에도 burning ambition(불타는 야심), nagging pain(누그러지지 않는 통증)등도 연어로 흔히 쓰이는

[-ing형 형용사+명사] 형태의 연어들입니다.

50-1 상원의원의 보좌관은 상원의원의 사무실에서 값비싼 예술품을 가지고 간 죄로 즉시 해고됐지만, 경찰에 의해 진짜 범인이 잡힌 이틀 후에 복직되었다.

유형 → 혼동하기 쉬운 단어

Solution reinstate가 '(원래 지위에) 복귀시키다, 복직시키다'의 의미를 가지고 있다.

Voca summarily 즉각적으로(=immediately) perpetrator 죄를 저지른 사람 reinstate 복직시키다 rejuvenate 젊어지게 하다 reinforce 강화하다 rehabilitate 건강을 회복하다

Answer (a) reinstated

Joseph's focus

re-로 시작하는 단어들 중에서 문장을 완성하는 가장 적절한 단어를 고르는 문제입니다. 이러한 문제는 보기로 주어진 단어들의 뜻을 알지 못하면 꽤 까다로울 수 있는 문제 유형입니다. 어휘력을 증가시키기 위해서는 글을 많이 읽고 다양한 문제들을 접하는 것이 최선의 방법이라고 할 수 있습니다. 새로운 단어가 등장할 때마다 사전을 사용하는 것도 큰 도움이 됩니다. 사전을 찾아볼 때는 그 단어의 우리말 뜻만 살피지 말고 예문과 그 단어를 이용한 표현들은 어떤 것들이 있는가를 함께 살펴봐야 합니다.

50-2 젊은 관객들에게 인기를 얻길 바라며 많은 회사들이 인기 음악 그룹이 출연하는 대규모 파티에서 자신들의 상품을 출시한다.

유형 → 문맥에 알맞은 어휘

Solution '제품을 출시하다'는 의미가 되어야 하므로 launch가 가장 적절하다.

Voca appeal to ~에게 인기가 있다 feature ~을 특별 인기 거리로 하다

Answer (b) launch

Joseph's focus

launch는 미사일이나 우주선 등과 같은 물체를 '쏘아 올리거나 배를 처음으로 물에 띄우다'를 의미합니다. 또한 '신제품을 내놓다, 계획을 착수하다'라고 하는 의미로도 쓰입니다. construct는 '건설하다', depict는 '묘사하다', generate는 '발생시키다'의 뜻입니다. feature는 '~을 특색으로 하다, 주연을 시키다, (신문이나 잡지 등에) 대서 특필되다'의 의미로 쓰입니다.

TEPS MASTER 1000제

Reading Comprehension

Part I (1~16)

1 화요일 뭄바이의 11층짜리 백화점 건물이 폭발로 붕괴된 이후 당국이 생존자들과 단서들을 찾아 나섰습니다. 원인은 밝혀지지 않았지만, 가스 폭발 또는 테러행위일 거라 추정되고 있었습니다. 최소 100명의 사람들이 사망하였습니다. 구조대원들의 말에 따르면 200명 이상의 사람들이 중상으로 입원했으며, 최대 145명의 사람들이 매연으로 가득 찬 잔해더미 속에 묻혀 있을 수도 있다고 합니다. 미국 CNN은 폭발은 외견상 천연가스 폭발 사고로 보인다고 보도했습니다. 하지만, 시일이 지나면서, 다른 관계자들은 시 동남쪽 변두리의 그 건물을 붕괴시킨 것은 폭탄일 수도 있다고 말했습니다.

(a) 붕괴시킨 것은 폭탄
(b) 파괴한 것은 가스 폭발사고
(c) 지은 것은 백화점
(d) 수색했던 것은 구조대원들

유형 → 논리적 흐름 완성

Solution 역접의 접속사 But이 단서이다. 백화점 건물 붕괴의 원인이 앞 문장에서 가스 폭발이었다는 내용이 나왔으므로, 접속사 but 뒤의 문장에는 폭탄이 원인일 거라는 내용이 이어지는 것이 자연스럽다.

Voca authorities 당국 search for ~을 찾다; 수색하다 clue 단서 tear apart 찢다 hospitalize 입원시키다 mount debris 파편; 잔해 blast 폭발 fringe 변두리; 가장자리

Answer (a) a bomb that ripped apart

Joseph's focus

한 백화점 건물 붕괴 사건을 보도하는 뉴스 기사문을 읽고, 논리적인 흐름을 완성하는 문제입니다. 단서는 역접의 접속사 But입니다. 도입 부분에서 사고의 원인이 가스 폭발 또는 테러공격으로 추정된다고 밝혔고, 가스 폭발일 거라고 추정하는 CNN의 입장이 나왔으므로, 역접의 접속사 but 뒤에는 테러공격의 일환일 거라고 추정하는 또 다른 일부 의견이 소개되는 것이 흐름상 자연스럽겠습니다.

2 최근에 헝가리 의사들이 세계 최초의 진정한, 살아있는 인간과 동물의 살아있는 연결고리라고 여겨지고 있는 5살짜리 개구쟁이 소녀를 발견했습니다. 흥분한 전문가들이 그 소녀가 인간들에게 던져 주는 미스터리를 풀기 위해 서로 경쟁함에 따라 그 소녀는 많은 과학 연구의 대상이 되었습니다. 전문가들에 따르면, 그 소녀는 인간세계에서 아주 편안함을 느끼지만, 마찬가지로, 동물들의 자연스런 친구이기도 합니다. 그녀는 동물들이 외치고, 흐느끼고, 짖거나 다른 소리들을 내면서 어떻게 의사소통을 하는지를 이해할 수 있다고 합니다. 그녀는 동물들의 언어로 동물들에게 대답할 수 있기 때문에, 완전한 의사소통이 이루어지고 있는 것으로 보입니다.

(a) 중요한 보호자
(b) 전문가
(c) 천적
(d) 자연스런 친구

유형 → 논리적 흐름 완성

Solution 첫 번째 문장에서 소녀가 인간과 동물의 연결고리라고 믿어진다고 언급되었고, 완전한 인간이면서도, 동물과 의사소통을 할 수 있다고 했으므로 동물의 친한 친구라고 볼 수 있다.

Voca fun-loving 장난을 좋아하는; 놀이를 좋아하는; 개구쟁이의 link 연결고리 subject 대상자; 피실험자 comprehend 이해하다 yelp 울부짖다 whine 흐느끼다

Answer (d) a natural companion

Joseph's focus

이 지문은 헝가리 의사들이 동물들과 진정한 의사소통을 할 수 있는 최초의 소녀를 발견했다는 내용의 첫 번째 문장이 주제문입니다. 그 뒤에 나오는 문장들은 이 주제문을 부연 설명하는 문장들인데, in the same way라는 연결어구가 정답을 찾는 단서가 될 수 있습니다. 앞부분에 인간 세계에서 완전히 편안함을 느끼는 온전한 인간이지만, 또한 동물들의 자연스러운 친구라는 내용이 이어지는 것이 흐름상 자연스럽습니다.

3 채식주의는 유제품과 계란을 곁들이든지 않든지 상관없이, 과일, 채소, 곡물, 견과류, 씨앗 등을 포함한 채식 위주의 식요법을 따르는 식습관을 말합니다. 채식주의자는 생선, 고기, 가금류를 먹지 않으며, 우유, 유제품, 계란은 먹기도 하고, 먹지 않을 수도 있습니다. 절대 채식주의 식단이란 유제품, 계란, 꿀 등을 포함한 모든 동물성 식품들을 배제하는 채식 방식입니다. 사람들이 이런 생활방식을 취하는 데에는 다양한 이유들이 있는데, 그 중에서도 가장 큰 이유들은 인도주의적 이유나 생태계 및 건강과 관련이 있습니다. 인도주의적 이유에서 절대 채식을 하는 사람들은 모든 형태의 생명체를 존중하므로 육류뿐만 아니라, 동물들을 착취함으로써 얻어진 그 어떤 식품도 피합니다. 일부 극단적 채식주의자들은 더 나아가 인도주의적으로 생산되었든 아니든 상관없이, 모든 유제품들과 계란도 피합니다. 심지어 꿀마저도 피할지도 모릅니다.

(a) 추방함
(b) 수입함
(c) 사육함
(d) 착취함

유형 → 논리적 흐름 완성

Solution 극단적 채식주의자가 계란이나 우유 같은 식품을 피하는 원인 중의 하나가 인도주의적인 이유라고 했으므로, 동물을 착취하여 얻은 식품이라는 내용이 들어가야 자연스럽다.

Voca vegetarianism 채식주의 vegetarian 채식주의자 poultry 가금류 consume 먹다, 마시다 vegan diet 절대 채식주의 식단 ecology 생태(학) vegan 절대 채식주의자

Answer (d) exploiting

Joseph's focus

채식주의의 두 가지 방식을 소개하는 글을 읽고, 문맥에 맞는 어휘를 빈칸에 골라 넣는 문제입니다. 일반적인 채식주의와는

달리 극단적 채식주의(veganism)는 육류뿐만 아니라, 우유나 계란 등과 같은 모든 동물성 식품을 피하는 것이라고 설명하고 나서, 그런 극단적인 채식을 하는 이유들 중의 하나가 인도주의적 차원이라고 언급하고 있습니다. 그러므로 빈칸에는 동물성 식품을 피하는 이유가 될 만한 내용이 들어가는 것이 논리적일 것입니다.

4 최근에, 한 캐나다 음악학자가 오래 전에 분실된 모차르트의 것으로 보이는 작품을 발견했습니다. 도로시아 링크라는 사람이 비엔나의 오스트리아 국립도서관에서 현악기와 소프라노를 위해 작곡된 악절을 우연히 발견한 것입니다. 그 위대한 작곡가가 쓴 35개의 소절들은 아리아인 '나는 가련다, 그러나 어디로, 신이여.'보다 먼저 쓰여진 작품입니다. 전문가들의 말로는 비록 새로 발견된 작품이 모차르트 자신의 필적은 아니지만, 정황들이 거의 확실하게 그의 저작을 가리킨다고 합니다. "저는 이 작품이 전적으로 모차르트의 작품이라는 증거가 매우 강하다고 생각합니다" 영국인 음악 학자이자 모차르트 전문가인 스탠리 새디가 말했습니다.

(a) 그의 생활수준
(b) 음악에 대한 그의 열정
(c) 그의 특징
(d) 그의 저작

유형 → 논리적 흐름 완성

> **Solution** Although는 역접, 대조의 접속사이므로, Although절과 상반 되는 내용이 이어져야 하므로, 그가 저작했다는 내용이 들어가는 것이 자연스럽다.

> **Voca** not a long time ago 얼마 전에 musicologist 음악학자 passage 악절 precede ~보다 앞서다; 선행하다 point to ~을 가리키다 authorship 저자, 저작

> **Answer** (d) his authorship

Joseph's focus

모차르트의 작품으로 추정되는 곡이 비엔나의 국립도서관에서 발견되었다는 내용의 뉴스 보도문을 읽고 빈칸을 완성해야 하는 문제입니다. 대조의 접속사 Although에 대한 이해가 문제를 해결하는 열쇠입니다. 새로이 발견된 곡이 모차르트가 "자신의 손으로 손수 쓴 것은 아니다"는 내용이 Although 부사절에 나왔기 때문에, 주절에는 이 내용과 대조를 이루는 내용이 이어지는 것이 자연스러울 것입니다. 따라서 확실히 모차르트에 의해서 써진 것이라고는 단정할 수 없지만, 모든 정황상 그가 쓴 작품임이 거의 확실하다는 내용으로 빈칸을 완성하면 정답입니다.

5 핵에너지를 평화적으로 사용하는 중요한 예 중 하나는 전력 생산입니다. 또한 핵에너지는 잠수함, 배, 우주선 등에 동력을 공급합니다. 핵반응은 또한 의학, 산업, 과학 분야에서 유용한, 핵방사라 불리는 미세 입자와 광선을 만들어 냅니다. 하지만, 핵방사는 매우 위험할 수 있습니다. 방사능에 너무 많이 노출되면 방사선 병이라고 불리는 질병에 걸릴 수도 있습니다.

(a) 사실은
(b) 그러므로
(c) 게다가
(d) 하지만

유형 → 연결어

> **Solution** 빈칸 앞의 내용과 빈칸 뒤의 내용이 대조를 이루고 있으므로 역접의 접속사 however가 알맞다.

> **Voca** submarine 잠수함 surface ship 수면 위에서 작동되는 전함(군함) spacecraft 우주선 nuclear reaction 핵반응 particle 극소량, (작은) 입자 result in ~을 야기하다, 일으키다(=cause) exposure 노출 radiation sickness 방사선 병

> **Answer** (d) However

Joseph's focus

핵에너지의 사용과 핵방사에 대한 글을 읽고, 빈칸에 연결어구를 넣는 문제입니다. 연결사 문제는 빈칸 앞뒤의 한두 문장을 정확히 살피고 어떤 내용인지를 간파하는 것이 제일 중요합니다. 빈칸 앞에서는 핵방사가 여러 분야에서 유용하다는 내용이 나왔고, 빈칸 뒤는 핵방사에 지나치게 많이 노출되면 매우 위험할 수 있다는 내용이 이어지고 있으므로 빈칸에는 역접을 나타내는 연결 어구를 고르면 됩니다.

6 20세기 초 많은 유럽의 예술가들은 영감을 찾기 위해 비서구적인 전통으로 눈을 돌렸다. 프랑스, 스페인, 영국 같은 국가들이 그들의 식민지 제국을 아프리카로 확장함에 따라, 아프리카 대륙의 예술을 활용하는 게 더욱 쉬워졌고, 그래서 많은 예술가들은 새로운 아이디어를 얻게 되었다. 예를 들어, 파블로 피카소의 〈아비뇽의 처녀〉들에서 볼 수 있는 얼굴들은 중앙아프리카 팡 조각상의 근거한다. 아메데오 모딜리아니의 작품에 담긴 인물들의 아몬드 모양의 눈, 작은 입과 긴 목 또한 아프리카 부족 가면에 대한 관심을 보여주는 것 같다.

(a) 식민주의를 선호했던 관습
(b) 피카소 작품의 주제들 중 다수
(c) 아프리카 부족 가면에 대한 관심
(d) 주로 유럽적인 예술적 전통

유형 → 인과 관계 파악

> **Solution** 유럽 국가들의 식민지 확장으로 인해 아프리카 문화가 유럽 예술가들에게 영감을 주었다는 내용이다.

> **Voca** inspiration 영감 display 보이다

> **Answer** (c) an interest in African tribal masks

Joseph's focus

글의 전반적인 내용은 20세기 초 많은 유럽 예술가들이 식민지 미술에서 영감을 얻었다는 것입니다. 유럽 국가들이 아프리카로 식민지를 확장함에 따라 아프리카 예술의 유럽 사회로의 유입이 증가되었으며 이러한 영향이 유명한 예술가들의 작품에 반영되었다는 것을 예를 들어 설명하고 있습니다. 글 전체가 아프리카 예술이 유럽 예술가들의 작품에 끼친 영향에 대한 것이므로 (c)가 정답으로 가장 적절합니다. 식민주의는 유럽 예술이 아프리카의 영향을 받게 된 시대적 배경을 설명하기 위해 소개된 사실로 피카소나 모딜리아니가 식민주의에 대한 선호나 비 선호를 보였다는 사실은 알 수 없으므로 (a)는 정답이 될

수 없습니다. [The almond eyes, small mouths, and long necks of figures in the work of Amedeo Modigliani also seem to display...]라고 했으므로 피카소의 아비뇽의 처녀들의 예와 더불어 아프리카 예술의 영향은 받은 또 다른 작가로서 모딜리아니를 예로 들고 있으므로 (c)가 적절합니다.

7 자유 시장은 폭력이나 사기를 단속하는 경우만 빼고, 정부의 경제적 개입과 규제가 없는 시장이다. 이 용어는 경제학자들에 의해서 사용되기도 하고 대중문화 속에서 사용되기도 한다. 자유 시장은 재산권의 보호를 필요로 하지만, 규제, 보조금 지급, 단일 금융시스템, 정부의 독점을 필요로 하지 않는다. 이 말은 통제 시장의 반대인데, 통제 시장에서는 정부가 물가와 재산의 사용을 규제한다.

(a) 그러나
(b) 그래서
(c) 왜냐하면
(d) ~이 아니라면

유형 → 연결어

| Solution | 자유 시장 경제는 재산권의 보호를 필요로 하지만, 규제, 보조금 지급, 정부의 독점은 필요로 하지 않는다는 흐름으로 연결되어야 하므로 but이 알맞다. |

| Voca | fraud 사기 intervention 개입, 간섭 regulation 규제 terminology 용어 property right 재산권 subsidization 원조, 보조금 지급 monopoly 독점 |

Answer (a) but

JoSeph's focus

자유 시장 경제와 통제 시장 경제를 비교한 글을 읽고 문맥에 맞는 연결사를 고르는 문제입니다. 지문 마지막 문장에서 자유 시장은 물가와 재산의 사용을 규제하는 통제 시장의 반대 개념이라고 언급하였으므로, 자유 시장 경제는 규제를 필요로 하지 않는다는 사실을 유추해 볼 수 있습니다. 빈칸 앞부분이 재산권의 보호를 필요로 한다는 긍정의 내용이고, 빈칸 뒤는 규제를 필요로 하지 않는다는 내용이 연결되어 빈칸 앞과 뒤가 역접 또는 대조의 관계이므로, 빈칸에는 역접의 등위접속사 but이 가장 자연스럽습니다.

8 담당자 귀하,
작년 12월 1일 저는 귀하께 편지를 써서 저희가 5월 1일 시내로 이사를 했기 때문에, 저희의 5개월 치의 사무실 임대료를 환불해달라고 요청하였습니다. 이제 2월인데 아직도 매월 청구서가 날아 오고 있고, 귀하로부터 어떤 연락도 받지 못하였습니다. 귀하께서 사실 관계를 확인하는 것을 돕기 위해, 제가 귀하에게 보낸 편지와 함께 청구서 사본들을 함께 동봉했습니다. 저희의 철회 요청에 대해 뭔가 조치를 취하고, 환불해 주실 수 없나요? 부수적으로, 저는 저희에게 임대료가 5월 이후의 달에 대해 청구되어서는 안 된다고 생각합니다. 가급적 빨리 응답해 주셨으면 합니다.
맨디 프레드리 드림

(a) 5월 이후의 달에 대해 청구되다
(b) 청구서 사본을 우송하다
(c) 5월 1일까지 시내로 이사하다
(d) 환불을 요구하다

유형 → 논리적 흐름 완성

| Solution | 훨씬 전에 이사를 했음에도 불구하고 사무실 임대료가 부당하게 청구되었다는 클레임을 거는 편지글이므로 빈칸에는 (a)가 흐름상 가장 자연스럽다. |

| Voca | To Whom It May Concern 관계자분께, 담당자 귀하 office rental fee 사무실 임대료 refund 환불 invoice 청구서, 송장 enclosed 동봉된, 둘러싸인 removal order 추방명령, 제거명령 at one's earliest convenience 가능한 한 빨리 incidentally 부수적으로, 그건 그렇고 |

Answer (a) be charged for any months after May

JoSeph's focus

편지글은 빈칸 넣기 유형의 part I이든, 세부 내용 파악, 진위 파악, 추론과 같은 part II의 문제와 상관없이 항상 글의 목적을 간파하는 것이 가장 중요합니다. 이 문제 역시, 글쓴이가 왜 편지를 쓰고 있는지를 간파했으면, 아주 수월하게 빈칸에 알맞은 선택지를 고를 수 있는 유형의 문제입니다. 편지글의 특성상 글의 목적이나 주제는 항상 도입부에 제시되는 경우가 많습니다. 이 편지글도 마찬가지로 [I wrote you ~ should be returned.] 부분에서 편지를 쓴 목적이 무엇인지 쉽게 파악할 수 있습니다.

9 용어 "밀레니엄 버그" – 각 년도의 마지막 두 자리 숫자만 읽음으로써 년도 2000 또는 "00"을 1900과 혼동할 수도 있는 컴퓨터에 의해 유발되는 문제들 – 는 이제 낡은 용어지만, 약 10년 전만해도 전 세계의 모든 국가들에게 있어서 엄청난 골칫거리였다. 그 당시에, 미국은 이 문제의 해결에서 세계를 선도할 것이라고 여겨졌다. 그러나 많은 개도국들은 그들의 근본적인 컴퓨터 시스템이 새 천년이 도래한 이후에도 계속 작동하도록 보장할 충분한 자금과 기술을 가지고 있지 않았다. 상당한 위험에 직면해 있었던 나라들 중에 러시아, 우크라이나, 중국, 인도네시아가 있었다. 반면 이탈리아에서는 심각한 실패의 가능성이 있었지만 서유럽 국가들은 더 잘 대비가 되어 있었다.

(a) 창조되다
(b) 계속 작동하다
(c) 계속 실패하다
(d) 많은 사람들에게 받아들여지다

유형 → 논리적 흐름 완성

| Solution | 밀레니엄 버그에 관련하여 선진국과 개도국을 대조하고 있으므로, 개도국은 잘 준비가 되어 있지 않았다는 내용이 적절하다. |

| Voca | two digits 두 자리(숫자) confuse 혼동하다 decade 십년 abundant 풍부한 function 기능하다, 작동하다 considerable 상당한 |

Answer (b) continue to function

JoSeph's focus

이 문제 역시 지문 중반부의 역접어구가 문제 해결의 열쇠입니다. 역접의 접속어구 However의 앞 문장에서 밀레니엄 버그에 선진국인 미국은 잘 대비되어 있었다는 내용이 언급되었으므로 후진국은 잘 준비되어 있지 않았다는 상반된 내용이 이어지는 것이 가장 자연스러울 것입니다. 단, 문장을 꼼꼼히 살펴보지 않고 성급하게 판단하면, (c)를 고르는 실수를 할 수도 있습니다. '보장하다'라는 동사 ensure 다음에 that절이라는 점에 유념하여야 합니다.

10 많은 정치가와 환경 보호주의자들이 물 부족 문제를 동부의 가뭄 탓으로 돌리고 있지만, 그것은 대자연에게 죄를 뒤집어 씌우는 꼴이다. 의심할 여지없이 심한 가뭄이 직접적인 원인이긴 하지만, 진짜 주범은 시장과 물가가 공급과 수요의 균형을 맞출 수 있도록 허락지 않는 규제이다. 이와 관련된 또 다른 놀라운 측면은 물과 가솔린의 유사성인데, 이는 매우 교훈적이다. 1970년대의 에너지 위기 역시 자연의 아주 적은 오일 공급 탓으로 여겨졌다. 그러나 석유 수출국 기구의 행동이 가격 통제권을 갖춘 오일 부족의 주원인이었다는 사실이 많은 사람들에 의해 밝혀졌다.

(a) 오랜 기간에 걸친 가뭄
(b) 과도한 생산
(c) 가격 통제권
(d) 풍부한 가솔린

유형 → 논리적 흐름 완성

Solution 선택지 중 석유 부족 사태를 야기할 만한 것은 (c) 가격 통제권이라고 할 수 있다

Voca shortage 부족 drought 가뭄 give somebody a rap ~에게 책임을 전가하다, 뒤집어씌우다 bum rap 누명 equalize 균형을 맞추다(=balance) niggardly 째째하게 구는, 빈약한, 근소한 petroleum 석유

Answer (c) price controls

Joseph's focus

물 부족이 자연에 의한 것이 아니고 인위적인 것이었듯이 기름 부족 문제 역시, 자연상의 공급 부족이 원인이 아니라 인위적이었다는 요지의 글을 읽고 빈칸에 논리적인 흐름을 완성하는 문제입니다. 지문 전반부에서는 물 부족 문제를 많은 사람들이 가뭄과 같은 대자연의 불가항력적인 현상에 의한 것이라고 생각하지만, 사실은 수요와 공급의 균형을 맞출 수 없게 한 각종 규제들 때문이었다는 내용이 소개되었고, 후반부는 오일 부족 문제 역시 물 부족 문제와 마찬가지로, 석유가 많이 나지 않아서가 아니라 인간의 인위적인 행동들이 주요인이었다는 내용이 이어지는 것이 가장 논리적이므로, 빈칸에는 오일 부족 문제를 야기할 만한 이러한 인간의 인위적인 행동에 해당되는 내용이 들어가는 것이 알맞습니다. 선택지 중 오일 부족 문제를 야기할 만한 요인은 (c) 밖에 없습니다.

11 학생 여러분께,
최근에 교내에서의 핸드폰 사용에 관한 새로운 정책에 대해 많은 논의가 있어 왔습니다. 여러분 중 많은 사람들이 내게 찾아와서 수업 시간에 핸드폰의 사용을 금하는 새로운 규칙에 대한 불만을 표시해 왔습니다. 5월 24일부터 시행되기로 한 이 금지 규칙은 학생들과 교사들 모두에게 생산적이고 안전한 환경을 유지하기 위해 제정되었습니다. 그러나 저는 학생들의 의견을 들을 여지가 있다고 생각합니다. 그래서 이 문제를 좀 더 깊이 토론하

기 위해서 디콘 지역사회가 참여하는 비공식적인 회의를 열기로 결정했습니다. 본인 이외에도 학생회의 몇몇 위원들이 이번 금지 조치에 대해 이야기하기 위해 참여할 것이며 그것이 실제로 현실적인 해결책인지, 어떤 타협이 이루어질 수 있는지를 판단할 것입니다. 저는 여러분 모두가 참가할 것을 권유하는 바입니다.

진심어린 마음으로,
교장 재니스 와이너

(a) 벌칙
(b) 타협
(c) 약속
(d) 논평

유형 → 대의 파악

Solution 글의 내용에 맞도록 빈칸에 알맞은 단어를 찾는 문제이다.

Voca frustration 좌절, 불평 ban 금지 input (정보, 의견의) 제공 practical 현실적인

Answer (b) compromises

Joseph's focus

학생들에게 핸드폰 사용을 금지하는 규칙에 대해 논의할 모임이 열린다는 것을 알리고 있습니다. 일부 학생들이 불만을 표시해왔다는 점과 학생들의 의견을 들을 필요가 있다고 생각한다는 점으로 미루어 볼 때, 학교 내에서의 핸드폰 사용 금지 규칙을 실시하기에 앞서서 학생들의 의견을 듣고 타협이 가능한 부분이 있는지 여부(what, if any, compromises can be made)를 논의하는 것이 모임의 목적이라는 것을 알 수 있습니다. 그러므로 빈칸에는 '타협, 양보'의 의미를 가진 compromises가 가장 적절합니다.

12 개인적으로 전 설거지하는 것에 불만하는 사람들이 이해가 안 됩니다. 제 생각엔, 설거지가 즐겁지 않다는 생각은 실제로 설거지를 하지 않는 사람들만 하는 것 같습니다. 소매를 걷어 붙이고, 싱크대 앞에 서 있는 것은, 참으로 즐거운 일입니다. 저는 시간적 여유를 갖고 접시들을 일일이 잡아, 접시들과 제 손의 움직임을 온전히 느끼는 게 즐겁습니다. 만일 내가 후식으로 치즈 케이크나 애플파이를 먹으려고 서두른다면, 설거지를 하면서 보내는 시간은 즐겁지 아니하고 쓸 만한 가치 없는 시간일 것입니다. 그건 참으로 안타까운 일이 될 것입니다. 왜냐하면 우리 삶의 매 순간은 그 자체로 하나의 기적이기 때문입니다.

(a) 많은 시간을 요하는 일이다
(b) 기적이다
(c) 정말로 가치가 없다
(d) 극단적이다

유형 → 대의 파악

Solution 글쓴이는 설거지하는 시간을 즐기는데, 그 이유가 될 만한 내용이 빈칸에 들어가야 한다.

Voca personally 개인적으로 comprehend 이해하다 sleeve 소매 be aware of ~을 자각하다; 인식하다

Answer (b) is a miracle

Joseph's focus

글의 전체적인 어조를 파악하면 아주 쉽게 답을 구할 수 있는 유형의 문제입니다. 글쓴이는 설거지를 하면서, 여유 있게 자신만의 시간을 갖는 것을 즐긴다면서, 설거지를 예찬하고 있다고 볼 수 있죠. 하지만, 설거지하는 순간을 온전히 즐기지 못하고 서두르게 될 경우엔 정말 안타까운 일이 되고 시간을 허비하는 것이 될 것이라고 주장하고 있습니다. 빈칸이 위치한 문장은 그 이유를 설명해야 하는 문장입니다. 따라서 인생의 매순간 순간이 소중한 시간이기 때문이라는 내용과 가장 부합할 수 있는 내용이 빈칸에 적절합니다. (a)와 (c)는 정반대의 내용이고, (d)는 주술 관계조차 성립되지 않는 무관한 내용입니다.

13 CTBT, 즉 포괄적 핵실험 금지 조약은 인류를 위한 과감한 조치와 핵전쟁에 의한 전멸이라는 심각한 위험으로부터 행성 지구의 주민들을 구하기 위한 국제사회의 공동 노력을 강조한다. 그러나 핵 공포를 최소화하려는 이 희망의 빛줄기는 점점 희미해지고 있는 것처럼 보인다. CTBT에 서명 또는 비준과 관련된 사태의 전개가 포괄적 조약을 발효 시키려는 우리의 기대를 저버리고 있을 뿐이다. 이 조약에 서명한 154개국 중에서, 남한을 포함한 51개 국가들만이 조약을 비준했다. 인도, 파키스탄, 북한은 여전히 CTBT와 핵확산 금지조약 둘 다 비준은 커녕 서명조차 거절하고 있다.

(a) 그렇지 않으면
(b) 게다가
(c) 그러나
(d) 그러므로

유형 → 연결어

Solution　빈칸 앞과 뒤의 내용이 역접의 관계이므로 However가 가장 알맞다

Voca　concerted effort 공동 노력　annihilation 전멸, 박멸　thin 가늘어지다, 희박해지다, 희미해지다　ratify (조약 따위를) 비준하다

Answer　(c) However

Joseph's focus

포괄적 핵실험 금지 조약에 관한 짧은 글을 읽고, 문맥상 적절한 역접어구를 골라 넣는 문제입니다. 연결사 문제는 빈칸 앞뒤의 한두 문장을 정독하여, 두 내용의 관계가 인과관계인지 아니면 순접인지, 역접인지를 판단하여야 합니다. 이 지문의 경우 빈칸 앞부분에서는 핵실험 금지 조약의 거창한 취지와 희망을 언급하고 있지만, 빈칸 뒤에는 내용은 이러한 희망이 점점 퇴색되어가고 있다는 내용이 이어지고 있습니다. 그러므로 빈칸에는 However가 정답으로 적절합니다.

14 개방된 사회에서는, 어떤 주전론적인 감정 폭발에 앞서 자유 시장 논리가 지켜져야 합니다. 자본주의 사회에서는 소비자들이 왕입니다. 만약 왕이라고 할 수 있는 소비자들이 국산품 대신에 한국 이외의 대중문화를 원하거나, 또는 그 반대의 경우라면, 그들이 원하는 것을 가질 수 있도록 해야 합니다. 결국, 그것은 다름 아닌 바로 우리 국민들이 선택한 결정입니다. 게다가 모든 개인은 자신의 선택이 다른 사람들의 동등한 권리 행사를 침해하지 않는 한, 자신이 선택하는 삶을 영위할 국민적 권리를 가지고 있습니다.

(a) 게다가
(b) 그럼에도 불구하고
(c) 그러나
(d) 사실상

유형 → 연결어

Solution　문맥상 빈칸 뒤의 내용이 빈칸 앞의 내용을 추가적으로 설명하는 관계이므로 (a) Besides가 가장 적절하다

Voca　logic 논리　uphold 유지시키다, 옹호하다　jingoistic 주전론적인, 대외 강경론의　sovereign 주권자, 통치자, 국왕　pop culture 대중문화　interfere with ~을 방해하다; 침해하다

Answer　(a) Besides

Joseph's focus

자유 시장 논리가 지배하는 자본주의 사회에는 소비자가 주인이므로, 소비자가 원하는 것을 가질 수 있도록 해야 한다는 요지의 글을 읽고, 문맥에 알맞은 연결 어구를 골라 넣는 문제입니다. 소비자들의 결정을 존중해야 하는 이유 중의 하나가 빈칸 앞에 언급 되었으며, 빈칸 뒤의 내용 역시 소비자들의 결정이 존중되어야 하는 이유를 언급하고 있으므로, 첨언할 때 필요한 연결 어구가 필요합니다.

15 이제 우리는 현대의 아인슈타인 같은 천재나 음악 천재, 또는 신동으로부터 몇 개의 세포를 추출하여 정확히 똑같은 유전자를 가진 수백 명의 복제아기를 만들어낼 수 있는 기술을 가지게 되었습니다. 많은 생물학 전문가들이 1997년 5월 클린턴 대통령이 인간 복제는 불법이며, 있어서는 안 되는 일이라고 공포한 걸 기억하고 있습니다. 그의 선언은 긍정적으로 받아들여졌고 찬사를 받습니다. 그러나 그가 덧붙여 한 말이 있는데 그건 바로 그 금지조치는 단지 5년 동안에 한한다는 것이었습니다. 결과적으로 인간 복제는 아마도 미국의 기업 연구실 안에서, 또는 미국 기술을 이용하여 이뤄질 것으로 예상됩니다.

(a) 그러나
(b) 결과적으로
(d) 게다가
(d) 반면에

유형 → 연결어

Solution　빈칸 앞과 빈칸 뒤의 내용이 원인과 결과의 관계이므로, As a result가 알맞다.

Voca　child prodigy 신동　gene 유전자　declaration 선언, 선포, 공표　human cloning 인간 복제

Answer　(b) As a result

Joseph's focus

인간 복제에 관한 짧은 글을 읽고 문맥에 알맞은 연결사를 넣는 문제입니다. 이 문제 역시 빈칸 전후의 내용이 어떤 관계에 있는지만 재빨리 파악하면 쉽게 답을 구할 수 있기 때문에, 시간을 절약할 수 있는 유형의 문제입니다. 인간 복제 금지령의 시효기간이 단지 5년이라는 빈칸 앞의 내용과 인간 복제가 행

하여 질 것이라는 빈칸 뒤의 내용은 인과 관계를 이루고 있다
고 볼 수 있습니다. 다시 말해, 빈칸 뒤의 내용은 빈칸 앞부분에
언급된 내용의 결과에 해당되므로, (b)가 정답이 됩니다.

16-1 모든 미성년 흡연자들에게 알립니다 : 7월 5일부로 18세 이하
인 사람이 캘리포니아 주에서 담배 피우는 것은 불법입니다. 담
배를 피거나, 씹거나, 또는 소지하고 있다가 경찰에 적발되면,
여러분은 범법자로서 200달러나 되는 벌금을 물고, 거리나 백화
점 바깥으로 끌려나와 순찰차 뒷좌석에 태워져 집으로 후송될
수도 있습니다. 이 법은 2010년까지 모든 캘리포니아 사람들의
담배 소비를 줄이려는 캠페인의 일환입니다.

(a) 담배 소비를 줄이다
(b) 담배 판매를 금지하다
(c) 경찰이 흡연했다는 이유로 미성년자들을 체포하는 것을 금
    지하다
(d) 젊은이들이 건물 바깥에서 흡연하는 것을 허락하다

유형 → 대의 파악

Solution 18세 미만의 미성년자들의 흡연을 법률로 금지할 만한 이
유는 담배 소비를 줄이려는 것일 것이다.

Voca illegal 불법의 chew 씹다 possess 소유하다, 소지
하다 offender 범법자 yank 끌어당기다; 잡아당기다
squad car 순찰차

Answer (a) reduce tobacco consumption

Joseph's focus

새로운 법 시행을 알리는 공지문을 읽고 빈칸의 내용을 추론하
는 문제입니다. 지문 전반부에서, 18세 이하의 청소년들이 담
배를 피우는 것은 불법이라고 언급했고, 빈칸이 위치한 마지막
문장은, 이러한 법안을 공표하는 이유나 배경을 밝히는 문장이
므로 빈칸은 흡연을 금지하는 이유가 될 만한 내용이 들어가는
것이 적절합니다. 선택지 중에서 흡연을 금지하는 이유에 해당
되는 선택지는 (a)밖에 없습니다.

16-2 대부분의 사람들은 자신들이 세계적인 빈곤의 심각성을 걱정하
고 있다는데 동의하지만, 그들의 행동은 <u>그들의 염려를 반영하
지 않는다</u>. 선진국에 사는 사람들에게 있어서, 더 가난한 지역에
사는 사람에게 도움의 손길을 뻗고자 하는 욕구는 보통 진심에
서 우러나온 것이다. 자선 단체들과 기타 유사한 활동에 기부를
하는 것은 분명히 빈곤을 퇴치하는데 도움이 될 수 있지만 문제
의 원인들을 해결하지는 못한다. 부유한 국가들의 국민들은 자
신들의 소비가 가난한 국가들에 사는 사람들의 생활방식에 깊
은 영향을 끼친다는 것을 깨닫지 못한다. 값싼 의류, 에너지, 음
식 등과 같은 많은 편리함이 다른 사람들의 희생으로부터 나오
는 것이지만 그것을 기꺼이 포기하고자 하는 사람들은 거의 없다.

(a) 종종 인정을 받지 못한다
(b) 그들의 염려를 반영하지는 않는다
(c) 국내적으로 더욱 필요하다
(d) 적은 수의 국가들에게만 도달한다

유형 → 주제 찾기

Solution 많은 사람들이 빈곤한 국가의 사람들을 도와야 한다고 생
각하고 실제로 도움의 손길을 뻗치고 있는 것은 사실이지

만 일상생활에서 자신들이 누리는 편리함이 누군가의 희생
에 근거한 것이라는 것을 이해하지 못한다는 내용이다.

Voca troubled 염려하는 extent 정도 address (문제 등을)
다루다 profound 심오한 convenience 편리함 at
the expense of …을 희생하여

Answer (b) do not reflect their concern

Joseph's focus

글쓴이는 선진국에 사는 많은 사람들이 세계적인 빈곤의 심각
성을 인식하고 있으며 도움을 주기 위해 기부를 하거나 자선
활동에 참여하는 것은 사실이지만 문제의 근본적인 원인을 간
과하고 있다는 주장을 하고 있습니다. 그들이 값싼 의류, 식품,
에너지의 혜택을 누릴 때 그것이 빈곤한 국가의 국민들의 희생
에 바탕을 두고 있다는 것을 인식하는 사람은 거의 없으며 그
들을 위해 자신들이 누리는 편리함을 포기하고자 하지는 않는
다는 내용입니다. 그러므로 많은 사람들이 세계적인 빈곤을 염
려하기는 하지만 실제로 행동으로 실천하지는 않는다는 (b)가
정답으로 가장 적절합니다.

Part II (17~37)

17 수신: 마을 방범대원 여러분들께
발신: 마을 방범대 대장
여러분들이 알고 계시다시피, 저희 동네에서 기물 파괴 행위와
관련된 문제들이 날로 심각해지고 있습니다. 우리 동네의 많은
사람들이 아침에 일어나 집 밖의 울타리와 인도에 낙서가 되어
있는 것을 발견해 왔는데, 이 문제는 특히 우리들이 가족들을 데
리고 여유를 즐기러 가는 그리고스 공원 부근 지역에서 더욱 만
연하고 있습니다. 이 문제에 대해 경찰에 신고가 되어 있는 상태
이지만 우리 모두가 우리 동네를 살기 좋고 안전한 곳으로 유지
하기 위해 행동을 취할 수 있습니다. 이번 토요일 마을 방범대는
오전 10시에서 1시 사이에 공원 부근의 피해를 입은 지역에 페인
트칠을 하기 위해 모일 것입니다. 이 일을 위해 여러분들이 제공
할 수 있는 페인트 도구들이 있다면 감사하겠습니다. 또한 의심
스러운 행동이 눈에 띄면 경찰에 즉각 신고해야 한다는 걸 명심
하는 것도 중요합니다. 저는 우리가 함께 힘을 합친다면, 이 눈
에 거슬리는 문제에 종지부를 찍을 수 있을 것이라고 믿습니다.

위 공고문의 내용과 일치하는 것은?
(a) 마을 방범대는 일부 낙서를 가질 계획이다.
(b) 최근의 기물 파괴 행위 문제를 논의하기 위한 회의가 있을
    것이다.
(c) 몇몇 기물 파괴자들이 그리고스 공원 근처에서 경찰에 체포
    됐다.
(d) 공원 옆의 일부 주택에서 낙서가 발견되었다.

유형 → 내용 일치

Solution 글의 중간 부분 [This Saturday, ~near the park.]에서 방
범대원들이 직접 낙서 위에 페인트를 칠할 것이라는 것을
알 수 있다.

Voca vandalism 기물 파손 행위 graffiti 낙서 suspicious
의심이 가는 unsightly 눈에 거슬리는

Answer (a) The Neighborhood Watch Program is
planning to cover over some graffiti.

마을 자율 방범대 대장이 대원들에게 보내는 공고문의 내용입니다. 동네에서 발생하고 있는 기물 파괴 행위와 낙서 문제를 언급하면서 이번 토요일에 문제가 발생한 공원 근처의 낙서들에 페인트칠을 하기 위해 모인다는 것, 페인트칠에 필요한 물품들을 제공해 줄 것, 의심이 가는 행위는 즉각 경찰에 신고할 것을 당부하고 있습니다. 글의 중간 부분 [This Saturday, ~ near the park.]에서 방범대원들이 직접 페인트 작업을 할 것이라는 것을 알 수 있습니다. 낙서 제거를 위해 만날 예정이긴 하지만, 문제를 논의하기 위한 회의가 있을 것이라는 (b)의 내용은 없습니다. 그리고 공원이 기물 파괴 행위와 낙서가 가장 심한 부분이지만 그 곳에서 기물 파괴자들을 잡았다는 (c)역시 없습니다. 일부 주민들이 집 울타리와 집 밖의 인도에서 낙서를 발견했다는 내용을 주택에서 낙서가 발견되었다는 것으로 잘못 이해하여 (d)를 고르지 않도록 합니다.

18 수신 : 모든 과학 교수님들
발신 : 과학 학장
전 대다수의 우리 학교 학생들이 대학에서 제공한 주차장을 사용하지 못하고 있다는 사실을 알게 되었습니다. 대신에, 학생들은 학교 변두리, 진입로, 정문 바깥에 주차하는 걸로 보고되었습니다. 하지만 아무 곳에나 임의로 주차하는 행위는 일반 대중들을 짜증나게 할 뿐만 아니라, 또한 학교 건물로 들어오는 배달을 방해합니다. 가장 심각한 것은 소방차나 구급차가 응급 현장에 도착하는 것을 방해하거나 심지어 불가능하게 할 수도 있다는 점입니다. 따라서 모든 교수님들과 강사님들은 조속히 학생들에게 정식 주차장을 사용하라고 주지시키고 2010년 7월 1일부로, 언급된 지역에 주차된 모든 차량은 견인될 것이며, 대학은 거기에 대해 어떤 책임도 지지 않을 거라는 사실을 통보해 주시기 바랍니다.

위 공지문과 일치하는 것은?
(a) 응급 차량을 방해한 차의 차주로 밝혀진 학생은 즉각 퇴학당할 것이다.
(b) 임의 주차의 가장 심각한 문제는 진입로를 막는다는 점이다.
(c) 학장은 학생들에게 학교 주변에 주차하라고 요청하고 있다.
(d) 2010년 7월 1일부로, 마구잡이로 주차된 차량은 차주의 비용으로 견인될 것이다.

유형 → 진위 파악

Solution 마지막 문장 [beginning 1 July 2010, ~ no responsible for that.]에 나와 있듯이, 대학은 견인된 차량에 대해 책임을 지지 않는다고 했으므로, 견인비용은 차주가 부담해야 함을 알 수 있다.

Voca perimeter 주변 access road 진입로 random 임의의, 되는 대로의 nuisance 골칫거리, 짜증나게 하는 행위나 물건 impede 방해하다 plant (학교 등의) 건물, 설비 hinder 방해하다 premise 전제

Answer (d) As of 1 July 2010, randomly parked cars will be towed away at the owners' expense.

한 대학의 새로운 주차 규정에 관한 공지문을 읽고 진위를 파

악하는 문제입니다. 공지문의 진위 파악 문제는 선택지를 먼저 읽고 지문과 대조해 나가면 시간을 보다 절약할 수 있습니다. (a)는 지문에 언급되어 있지 않으며, (b) 역시 임의 주차의 가장 심각한 문제는 진입로를 막는 것이 아니라, 소방차나 구급차가 응급 현장에 도착하는 것을 방해할 수도 있다는 점이라고 언급되었으므로 지문과 일치하지 않습니다. (c)는 지문에 언급된 내용과 정반대의 내용이므로 답이 될 수 없습니다.

19 바빌로니아는 바빌론을 수도로 삼았던 남부 메소포타미아 문명이었습니다. 바빌로니아는 함무라비 왕이 수메르와 아카드의 이전 왕국들의 영토에서 제국을 건설했을 때 출현했습니다. 아모리인들은 셈어족이었기 때문에, 바빌로니아는 문어인 셈어족 계통의 아카디아 언어를 공식 언어로 채택하였으며, 종교적인 목적으로는 수메르어를 유지했는데, 당시에 수메르어는 더 이상 일상 구어가 아니었습니다. 바빌로니아의 토지는 이집트만큼 비옥하지 않았고, 기후 또한 그리 좋지는 않았습니다. 멀리 떨어진 강으로부터 토지로 물을 대기 위해 그들은 운하를 건설하였고, 관개를 이용한 최초의 민족이었습니다. 게다가 이집트인들과는 달리, 그들은 많은 양의 건축용 석재를 가지고 있지 않았습니다. 대신에 그들은 진흙으로 벽돌을 만들어서 여름의 햇볕에 구웠습니다.

지문의 내용과 일치하는 것은?
(a) 바빌로니아에는 이집트처럼 벽돌 건물이 있었다.
(b) 바빌로니아인들에 의해 만들어진 벽돌은 돌처럼 단단했다.
(c) 바빌로니아의 토지는 이집트처럼 비옥하지 않았지만, 기후는 매우 좋았다.
(d) 바빌로니아인들은 운하를 건설했고, 세계 최초로 관개를 이용했다.

유형 → 내용 일치

Solution 밑에서 세 번째 문장 [To water the land far ~ first people to use irrigation.]에서 (d)가 지문의 내용과 일치함을 알 수 있다.

Voca civilization 문명 emerge 출현하다, 나타나다 empire 제국 adopt 채택하다, 받아들이다 fertile (토지가) 비옥한, 다산인 canal 운하 irrigation 관개

Answer (d) Babylonians built canals, and used irrigation for the first time in the world.

고대 문명국가인 바빌로니아에 대한 글을 읽고 진위를 파악하는 문제입니다. 이집트인들의 벽돌 사용 여부는 지문에 언급되어 있지 않으므로 (a)는 지문의 내용과 일치하지 않으며, 바빌로니아 사람들이 만든 벽돌이 돌처럼 단단했다는 내용도 지문만으로는 알 수 없으므로 (b) 역시 답이 될 수 없습니다. 바빌로니아의 기후는 그리 좋지 않았다고 언급되었으므로 (c) 역시 지문의 내용과 일치하지 않습니다.

20 오늘날 비즈니스 세계를 보면, 많은 사람들이 때 이른 성공에서 오는 지나친 자신감 때문에 파멸했습니다. 만약 처음에 돈이 쉽게 벌린다면, 그 돈을 전부 써서는 안 되며, 대신에 어려운 시기를 위해 일부를 따로 떼어 두어야 합니다. 여러분은 어떤 길이든

더욱 더 좋은 쪽으로 변할 수 있는 만큼 더욱 더 나쁜 쪽으로 바뀔 수 있다는 걸 반드시 염두에 두어야 합니다. 특히 시간이 지남에 따라, 수중에 더 많은 돈이 필요할 가능성이 크기 때문입니다. 게다가 처음에 돈이 아무리 천천히 벌리더라도, 여러분은 전혀 낙담하지 말아야 합니다. 성공으로 가는 쉬운 길은 없습니다. 왜냐하면 모든 길에는 함정이 있을 수 있기 때문입니다.

위 지문으로부터 추론할 수 없는 것은?
(a) 해가 지남에 따라, 당신의 돈도 사라질 것이다.
(b) 많은 사업가들이 실패한 것은 초기의 불운 때문이다.
(c) 돈을 벌지 못할 경우, 그 사실에 낙담하기 쉽다.
(d) 우리의 삶 전부가 다양한 역경으로 가득 차 있기 때문에, 우리는 최악의 경우를 대비해야 한다.

유형 → 추론

Solution 많은 사업가들이 실패하는 이유는 처음의 불운이 아니라, 초기의 성공으로 인한 지나친 자신감 때문이라고 언급되었으므로, (b)는 적절한 추론이 될 수 없다.

Voca ruin 파멸시키다 overconfidence 지나친 자신감, 과신 for the worse 더 나쁜 쪽으로; 더욱 더 나쁘게 discourage 낙담시키다, 실망시키다 not ~ in the least 조금도 ~ 않다; 전혀 ~ 않다 pitfall 함정 in vain 허무하게, 보람도 없이

Answer (b) It is from being unlucky at first that many businessmen have failed.

Joseph's focus

창업을 하려는 사람들에게 항상 최악의 경우를 대비해야 한다고 충고하는 글을 읽고 추론이 불가능한 것을 고르는 문제입니다. 사업 초기에 돈을 많이 벌었다고 몽땅 쓰면 곤란하고 어려운 시기를 대비해서 저축해 두어야 하고 시간이 지남에 따라 더 돈이 필요하게 된다고 했으므로 (a)와 (d)는 적절한 추론입니다. 초기에 돈이 잘 벌리지 않더라도 절대로 실망하지 말라고 충고하고 있으므로, 보통의 사람들이 낙담하는 경향이 있음을 추론할 수 있으므로 (c) 역시 적절한 추론이라고 할 수 있습니다. 지문의 정보만으로는 많은 사업가들의 실패의 원인이 초기의 불운 때문이라고 추론할 수는 없습니다. 오히려, 초기의 성공에서 오는 지나친 자신감 때문에 실패한다고 언급되었으므로 (b)는 지문의 내용과도 전혀 일치하지 않는다고 볼 수 있습니다.

21 10년 전과는 달리, 여성들은 미국인의 삶에서 중요한 역할을 하고 있습니다. 예를 들어, 미국의 많은 여성들이 많은 교육 분야에 고용되어 있습니다. 8학년에 이르는 초등학교에서 85퍼센트 이상의 교사들이 여성이며, 고등학교 교사 중 거의 80퍼센트가 역시 여성입니다. 그러나 대학에서는 남성 교수들이 여성 교수보다 더 많습니다. 하지만 미국 대학에서는 많은 다른 나라들의 대학에서보다 여성 교수들이 더 흔합니다. 아마도 미국의 기업과 산업 분야에 고용된 여성들의 숫자보다 훨씬 더 놀라운 것은 여성들이 주식, 채권, 부동산, 저축예금 계좌 등과 같은 모든 국부 중 70에서 80퍼센트를 소유하고 있다는 사실일 겁니다. 이러한 수치는 여성들이 남성들보다 더 오래 산다는 사실에 의해 부분적으로 설명이 가능합니다.

보고서에 따르면 다음 중 일치하는 것은?
(a) 대부분의 미국 여성들은 바깥일보다 자신들의 가정과 가족을 돌보는 일에 더 관심이 있다.
(b) 미국에서는 비즈니스와 지역사회의 삶에서의 여성들의 역할이 중요하기 때문에, 대부분의 여성들은 자신들을 주로 가정주부라고 여기지는 않는다.
(c) 미국의 대학들에는 남성 교수보다 여성 교수들이 더 많다.
(d) 미국에서 국부의 대부분을 여성들이 소유하고 있는 부분적인 이유는 여성들이 남성들보다 더 오래 살기 때문이다.

유형 → 진위 파악

Solution 지문의 마지막 문장을 통해서 여성들이 국부의 대부분을 차지하고 있는 부분적인 이유가 여성들이 남성들보다 더 오래 살기 때문이라는 사실을 알 수 있다.

Voca significant 중요한 outnumber ~보다 수가 더 많다 stock 주식 real estate 부동산 account for ~을 설명하다; 차지하다 in part 부분적으로 outlive 더 오래 살다

Answer (d) Partial reason for women's ownership of most of the national wealth in America is that they live longer than men.

Joseph's focus

미국인의 삶에서 여성이 차지하는 역할과 비중에 대한 글을 읽고 진위를 파악하는 문제입니다. 진위 파악 문제를 풀 때는 철저하게 지문에 근거해야 하며, 지나친 상상력은 금물입니다. 또한 우리말이 '아' 다르고 '어' 다르듯이, 지문과 선택지 사이의 표현상의 미묘한 차이를 둬서 오답을 유도하는 경우가 많으므로, 선택지의 진위를 파악할 때는 정확한 paraphrase가 되었는가를 꼼꼼히 확인하는 습관이 중요합니다. 선택지 (a)는 지문에 직접적으로 언급되어 있지 않지만, 지문으로부터 추론해 볼 때, 오히려 반대의 내용에 가깝습니다. 미국 여성들이 직업을 갖고 사회활동에 많이 참여한다고 해서, 자신들을 가정주부라고 여기지 않는다는 (b)도 지문에 언급되어 있지 않습니다. 미국의 여성 교수가 다른 나라들의 대학들에 비해 더 흔하다고 언급되었지, 여성 교수가 남성 교수보다 많다고 언급된 것이 아니므로 선택지 (c) 역시 오답입니다.

22 디트로이트는 미국 자동차 산업의 중심지로 유명하다. 세계의 전통적인 자동차 중심지로 알려진 디트로이트는 미국 자동차 산업의 환어이며, 대중음악의 중요한 근원지인데, 이러한 유산은 도시의 2개의 친숙한 별칭인 '모토 시티'와 '모타운'으로 찬양되고 있다. 디트로이트에는 많은 고속도로가 있으며, 자동차를 이용하지 않고는 어디에도 가기가 어렵다. 그래서 자동차와 공업으로 비롯된 심한 공기 오염이나 스모그의 도시이기도 하다. 2008년에 디트로이트는 912,062명의 시민들을 가진 미국에서 11번째로 인구가 많은 도시에 올랐다. 최고의 전성기였던 1950년에는 미국에서 4번째로 큰 도시였지만 그 후로 많은 인구가 교외로 이동하였다.

지문에 따르면 디트로이트로부터 유추할 수 있는 것은?
(a) 거의 모든 미국인들은 디트로이트에서 살고 싶어 한다.
(b) 디트로이트에서의 생활에는 자동차가 필수적이다.
(c) 세계 11번째의 인구 과밀 도시로 선정되었다.
(d) 미국 자동차 산업의 메카였다.

Solution 문장 [it is difficult to go anywhere without using a car.]에서 디트로이트에서 생활하기 위해서는 자동차가 필수적이라는 사실을 추론할 수 있다.

Voca metonym 환유어, 전어 legacy 유물, 유산 Motor City 자동차 도시, 디트로이트의 별칭 Motown 강한 비트의 리듬앤블루스, 디트로이트의 별칭 indispensable 없어서는 안 될

Answer (b) A car is indispensable for living in Detroit.

Joseph's focus

미국의 도시 디트로이트에 대한 글을 읽고 추론을 하는 문제입니다. 추론 문제 역시 세부 내용 파악이나, 진위 파악 문제처럼 철저하게 지문에 근거해야 오답율을 줄일 수 있습니다. (a)는 지문에 나타난 정보만으로는 추론이 불가능한 내용이며, (c)는 지문에 나온 populous라는 단어를 densely populated라는 어휘로 교묘하게 바꾼 오답 선택지입니다. '인구가 많다'는 뜻과 '인구 밀도가 높다'라는 말은 다른 뜻이기 때문에 답이 될 수 없습니다. (d)는 시제의 혼동을 준 오답 함정으로 [조동사 (used to)+ 동사원형]은 과거에는 그랬지만, 지금은 그렇지 않다는 의미가 숨어 있습니다. 디트로이트는 지금도 자동차 산업의 중심지라고 언급되었기 때문에 (d) 역시 답이 될 수 없습니다.

23 많은 국가들이 장기 성장을 누린 후에 경기 침체의 가능성에 직면하고 있지만 한 때 망가지고 멍들었던 브라질의 경제는 경제적 성공 스토리의 하나로 떠오르고 있다. 브라질의 풍부한 자연 자원과 견실한 제조 능력 덕분에 브라질은 급속하게 남미에서 가장 강한 나라들 중 하나로 변신하고 있으며 국제 경제에 있어 중요한 일원이 되고 있다. 지난 수십 년 동안 일련의 경제적 재난들을 겪은 후 브라질은 경제개발 붐과 평균 임금의 상승을 경험해 왔다. 현재 브라질은 연간 3.7퍼센트의 성장률을 자랑하고 있으며 물가상승률은 겨우 3퍼센트에 그치고 있다.

위 기사 내용으로부터 유추할 수 있는 것은?
(a) 브라질은 지금 행동하지 않는다면 국제 경제의 주요 일원으로서의 지위를 잃을 것이다.
(b) 브라질의 물가상승률은 현 시점에서 너무 높다고 여겨질 수 없다.
(c) 브라질의 노동자들은 국가의 최근 번영의 주역들이다.
(d) 브라질은 수입한 자연 자원을 이용하여 해외에 팔 물건들을 제조한다.

Solution 현재 브라질은 연간 3.7퍼센트의 성장률을 자랑하고 있으며 물가상승률은 겨우 3퍼센트에 그치고 있다고 했으므로 현재의 물가상승률이 긍정적인 상태로 여겨진다는 것을 유추할 수 있다.

Voca recession 경기 침체 emerge 나타나다 boast 자랑하다, 뽐내다

Answer (b) Brazil's rate of inflation cannot be considered to be too high at this point.

Joseph's focus

브라질이 오랜 경기 침체 후에 남미에서 가장 성공적인 국가

로 등장하게 되었다는 기사를 읽고 올바른 추론 내용을 고르는 문제입니다. 브라질은 현재 국제 경제의 중요한 일원으로 변신하고 있다[Brazil is quickly becoming ~ a major international player]고 했으므로 (a)는 정답이 아닙니다. 브라질이 풍부한 노동력을 갖췄다는 내용은 언급되었지만 구체적으로 노동자들이 경제 성장에 기여했는지 여부는 알 수 없으므로 (c)는 정답이 될 수 없습니다. 브라질이 성공하게 된 배경이 풍부한 자연 자원과 제조력(Due to its abundant ~ manufacturing capabilities.) 덕분이라고 했으므로 대부분의 자연 자원을 수입한다는 (d)는 옳지 않습니다. 어느 정도의 물가상승률이 적당한지에 대한 지식이 없다고 할지라도 3.7퍼센트의 성장률과 3퍼센트의 물가상승률을 자랑하고 있다고 했으므로 이 숫자들이 좋은 징후로 여겨진다는 것을 알 수 있습니다. 물론 물가상승률이 낮을수록 경기가 좋다는 의미는 알고 있어야 문제를 해결할 수 있습니다. 그러므로 브라질의 물가상승률이 현재로선 너무 높다고 여겨질 수는 없다는 (b)가 정답입니다.

24 유엔 식량 농업 기구에 의하면, 지구 온난화와 세계 기근을 일으키는 주요 원인들은 선진국에서 고기를 얻기 위해 기르는 가축들이라고 한다. 문제는 지구상에서 경작이 가능한 토지의 33퍼센트가 가축들의 먹이를 생산하는데 쓰인다는 점이다. 이것은 인간이 소비할 식량을 재배할 수 있는 비옥한 땅이 더 적어진다는 것을 의미한다. 많은 수의 가축들은 지구 기온의 상승에도 원인이 되고 있다. 가축들에 의해 방출되는 온실 가스는 교통수단들에 의해 생성되는 것보다 더 많다. 남미에서 아마존 열대우림의 70퍼센트가 방목지를 만들기 위해 파괴되어 왔다. 지구의 자연 자원의 얼마나 많은 양이 육류 생산에 사용되는지를 이해하기 위해서는 이 점을 고려해 봐라. 지구상의 모든 동물 중 5분의 10이 인간에게 소비되기 위해 길러지고 있다.

위 신문 기사를 가장 잘 요약한 것은?
(a) 유엔 식량 농업 기구는 사람들에게 육류를 많이 소비하지 말 것을 권장하고 있다.
(b) 가축은 온실 가스의 많은 부분에 책임이 있다.
(c) 식량으로 사용하기 위해 가축을 기르는 것은 세계적인 문제들을 일으킨다.
(d) 아마존의 열대 우림은 농경으로 인해 매년 줄어들고 있다.

Solution 요약 문제에서는 세부 사항이 아닌 글 전체를 대표할 수 있는 보기를 골라야 한다.

Voca arable 경작할 수 있는 livestock 가축 fertile 비옥한 grazing 방목

Answer (c) Producing livestock for consumption contributes to global problems.

Joseph's focus

식량으로 사용하기 위해 가축을 기르는 것이 지구 온난화와 세계적인 기근을 일으키는 원인이 된다는 기사를 가장 잘 요약한 보기를 찾는 문제입니다. 요약 문제에서는 오답이라 할지라도 지문과 일치하는 내용일 수 있다는 것을 기억해야 합니다. 지문에서 언급된 내용이기는 하지만 글의 주요 요점이 아

난 세부 사항이라면 글 전체에 적절한 요약문이라고 할 수 없기 때문입니다. 예를 들어 (b) 가축들이 온실 가스의 많은 부분을 만들어낸다는 내용은 본문에서 [The greenhouse gasses ~ transportation.]이라고 분명히 언급이 된 true statement 이지만, 가축을 먹이고 기르기 위해 인간 식량을 재배할 수 있는 땅을 사용함으로써 기근 문제가 발생한다는 내용은 포함되어 있지 않기 때문에 올바른 요약문이라고 할 수 없습니다. 이 글의 올바른 요약문이 되려면 글의 주제문이라고 할 수 있는 맨 처음 문장에서 언급된 [Key contributors to global warming and world hunger.]을 모두 포함할 수 있는 문장이어야 합니다.

25 많은 젊은이들에게, 대학 기숙사에서 사는 것은 최초이자 진정으로 경험하는 독립생활이다. 집을 떠나 살기로 결정하는 것은 많은 학생들에게 있어, 그들이 지적인 추구에 몰두함과 동시에 성공적인 성인이 되기 위해 필요한 능력들을 얻기 위한 하나의 방법이다. 부모의 감독과 지도가 없는 삶이 처음에는 두려운 것일 수도 있지만 대학 기숙사들은 성인의 세계로 쉽게 진입하게 해주는 안전한 장소를 제공한다. 학생들은 같은 것을 경험하는 또래들에 둘러싸이게 되고 위기 상황에는 상담원들이 겨우 몇 분 거리에 떨어져 있다.

위 글을 가장 바르게 요약한 것은?
(a) 많은 젊은이들이 고향을 떠나 대학에 진학한 후 향수병에 걸린다.
(b) 대학 기숙사는 젊은이들이 독립을 경험할 수 있는 안전한 장소이다.
(c) 대학에서 처음 1년을 보내는 학생들에게는 부모의 격려가 필수적이다.
(d) 대학 기숙사들은 신입생들에게 발생하는 문제들을 처리할 수 있는 준비가 되어 있다.

유형 → 요약하기

Solution　글의 요점은 대학 기숙사가 젊은이들이 완전한 성인이 되는 데 필요한 지식 추구는 물론 독립심을 기를 수 있는 장소라는 점이다.

Voca　dormitory 기숙사　simultaneously 동시에　engage in ~에 몰두[참여]하다

Answer　(b) A college dormitory is a safe place for young adults to experience independence.

JoSeph's focus

대학 기숙사에 대한 글을 읽고 가장 적절한 요약문을 찾는 문제입니다. 젊은이들이 처음으로 독립을 경험하게 되는 곳이 기숙사라고 소개하고 있습니다. 글의 요지는 기숙사가 지식의 추구는 물론 진정한 성인이 되기 위한 준비를 하도록 도와주는 장소라는 것입니다. 많은 학생들이 처음에는 자신들을 보살펴주는 부모가 곁에 없다는 것에 대해 두려움을 느낄 수도 있다고 했지만 향수병에 걸린다는 내용은 전혀 언급되지 않았으므로 (a)는 정답이 될 수 없습니다. [college dormitories ~ to ease into the adult world.]라고 언급한 부분에서 기숙사가 독립을 경험할 수 있는 안전한 장소를 제공해 준다는 것이 이 글의 요지라는 것을 알 수 있습니다.

26 음식물에서 발견되는 많은 양의 고과당 옥수수 시럽이 비만 문제의 주요 원인일 수도 있다. 옥수수 전분에서 설탕을 추출함으로써 만들어지는 이 물질은 사탕수수나 사탕무로 만든 설탕보다 값이 싸고 소다류에서부터 케첩에 이르기까지 모든 것에서 발견된다. 영양 학자들은 고과당 옥수수 시럽의 문제점은 이것이 다른 감미료와는 다른 방식으로 신진대사가 이루어진다고 설명한다. 이것은 신체가 인슐린이나 렙틴을 만들도록 하지 않는데 이 두 화학물질은 포만감을 느끼게 해준다. 고과당 옥수수 시럽은 신체가 실제로는 배가 고픈 상태가 아닐 때 여전히 배가 고픈 상태라고 착각하도록 만든다. 결과적으로 사람들은 필요 이상으로 음식을 먹게 되고 여분의 칼로리는 좀 더 많은 양의 지방이 몸에 축적된다는 것을 의미한다.

위 신문 기사의 내용을 가장 잘 요약한 것은?
(a) 영양 학자들은 고과당 옥수수 시럽이 비만의 원인이 된다고 생각한다.
(b) 현대 사회에서 비만의 주요 원인은 설탕의 지나친 섭취이다.
(c) 옥수수 시럽이 든 음식을 먹는 것은 신체가 해로운 인슐린을 생산하도록 만든다.
(d) 사탕수수와 사탕무로 만든 설탕은 고과당 옥수수 시럽보다 건강에 좋은 것으로 밝혀졌다.

유형 → 요약하기

Solution　고과당 옥수수 시럽이 비만의 원인이 되는 이유를 설명하고 있는 글이다.

Voca　obesity 비만　cornstarch 옥수수 녹말(전분)　metabolize 대사 작용을 하다　sweetener 감미료　trick 속이다　overconsumption 과잉 섭취

Answer　(a) Nutritionists believe that high fructose corn syrup contributes to obesity.

JoSeph's focus

여러 종류의 음식에 사용되는 고과당 옥수수 시럽이 비만을 더 심각하게 만들고 있다는 내용의 글입니다. 사탕수수나 사탕무로 만든 설탕보다 가격이 싸기 때문에 많은 식품업체들이 사용하는 고과당 옥수수 시럽은, 배가 부르다고 느끼게 만드는 화학 물질을 만들어내지 않기 때문에 불필요한 칼로리를 섭취하도록 만든다고 하고 있습니다. 그러므로 글 전체의 내용을 가장 잘 요약한 것은 (a)가 됩니다. 설탕의 과다 섭취와 비만이 관계가 있긴 하겠지만, 이 글에서는 언급되지 않았으므로 짐작을 해서는 안 됩니다. 옥수수 시럽이 들어 있는 음식을 먹으면 체내에서 인슐린이나 렙틴이 생성되지 않는다고 했으나 인슐린이 해롭다는 내용은 어디에도 없으므로 (c)는 오답입니다. 사탕수수나 사탕무로 만든 설탕의 가격이 더 비싸다는 내용은 언급되었지만, 건강에 더 좋다는 내용은 밝혀지지 않았습니다.

27 고인의 가족들이 사랑하는 사람을 땅에 묻을 때 장례식의 비용을 먼저 생각하는 경우는 거의 없을 것이다. 그러나 장례식 비용이 너무 비싸져 많은 사람들이 그것이 재정적인 부담이 될 수도 있다고 여기는 것이 가혹한 현실이다. 실제로 꽃 장식과 매장지를 고려해 본다면, 평균 장례식 비용은 만 달러까지 이를 수 있다. 하지만 장례지도사들은 가족이 사망했을 때 어마어마한 빚을 지지 않기 위한 몇 가지 조언들을 제공한다. 처음에는 이야기를 꺼내기 힘들 수도 있지만, 돈이 불필요하거나 원하지 않는 장

식에 낭비되지 않도록 확실히 하기 위해서 나이가 든 부모님과 원하는 장례식 절차에 대해 논의를 하는 것이 중요하다. 또한 여러 장례 서비스 업체들의 가격들을 비교 해봐도 아무 문제가 없다는 것을 기억하는 것이 중요하다.

위 글의 내용을 가장 잘 요약한 것은?
(a) 장례식 비용을 감당할 수 있도록 하는 데는 몇 가지 방법들이 있다.
(b) 사람들은 장례식 비용을 비교하는 데에 죄책감을 느낀다.
(c) 사랑하는 사람의 죽음은 가족 내에 혼란을 일으킬 수 있다.
(d) 모든 사람들이 자신의 장례식을 전통적인 형식으로 치르기를 원하지는 않는다.

유형 → 요약하기

Solution 비싼 장례식 비용 때문에 빚을 지는 것을 피하기 위한 몇 가지 방법들에 대한 내용입니다.

Voca funeral 장례식   the deceased 고인   burden 부담   embellishment 장식

Answer (a) There are several ways to make funeral costs affordable.

Joseph's focus

사랑하는 사람을 잃었을 때 장례식의 비용을 맨 먼저 염려하는 사람들은 별로 없지만, 현실적으로 장례식 비용이 경제적 부담이 될 수 있을 만큼 높을 수 있다는 내용과 함께 가족의 죽음으로 인해 예상치 않은 빚더미에 앉게 되는 것을 방지하기 위한 몇 가지 조언들을 제시하고 있습니다. 앞에 나왔던 요약 문제들처럼 여기서도 글 전체를 대표할 수 있는 보기를 찾아야 합니다. 보기는 모두 true statements이지만 (a)를 제외한 나머지들은 본문에서 언급된 세부 사항에 대한 내용에 해당될 뿐 입니다.

28 인터넷은 많은 지겨운 업무들을 좀 더 편리하게 만들었다. 이것의 가장 좋은 예들 중의 하나는 온라인 뱅킹이다. 은행까지 가서 직원의 도움을 받기 위해 줄을 서는 대신 많은 업무들이 안전한 웹사이트 상에서 쉽게, 그리고 몇 분 만에 완료될 수 있다. 은행 고객들은 다양한 계좌로 돈을 이체하고 잔고를 확인하고 대출을 신청할 수도 있다. 자동입금을 하면 바쁜 날 은행에서 수표를 바꾸지 않아도 당신의 계좌에 아무 문제없이 월급이 들어간다.

위 글의 제목으로 가장 적절한 것은?
(a) 인터넷 뱅킹의 인기 상승
(b) 인터넷 뱅킹: 생활을 편리하게 해준다
(c) 온라인상의 은행 사기를 막는 방법
(d) 정밀 조사를 받고 있는 인터넷 뱅킹

유형 → 제목 찾기

Solution 인터넷 뱅킹이 얼마나 생활을 편리하게 해주는가에 대한 내용이다.

Voca tedious 지겨운   scrutiny 정밀한 조사

Answer (b) Internet Banking: Making Life Easier

Joseph's focus

인터넷이 우리의 생활을 많은 면에서 보다 편리하게 만들어 주었으며 그것의 한 예로 인터넷 뱅킹을 들고 있습니다. 전에는 직접 은행까지 가서 줄을 서 기다려서 해야만 했던 업무들을 이제는 집 안에서 편히 인터넷으로 해결할 수 있다고 소개하고 있습니다. 글의 해석만 제대로 해도 해결이 쉬운 난이도 낮은 문제입니다. 한 가지 주의할 것은, 보기로 주어진 제목들이 모두 인터넷 뱅킹에 관련된 것들이므로 차이점을 제대로 분간해야 하고 글의 내용과 관련이 있는지, 글 전체 내용을 제목으로 대표할 수 있는지 여부를 확인해야 합니다.

29 유령 난초는 전 세계적으로 가장 희귀한 식물 중의 하나다. 잎이 전혀 없는 이 식물의 뿌리 체계는 특정 나무들의 기둥과 가지 주변에 얽혀 있다. 실제로 이 식물은 땅에 닿는 법이 없기 때문에 땅 위에 떠 있는 것과 같은 신기한 모습을 갖고 있다. 수분은 자이언트 박각시나방에 의해 이루어지는데 이 곤충은 이 난초의 긴 꽃 안쪽에 닿을 수 있을 만큼 충분히 긴 주둥이를 갖춘 유일한 곤충이다. 1844년 진 줄스 린덴에 의해 발견된 이 난초는 한때는 플로리다 에버글레이즈 국립공원에서 발견되기 전까지 쿠바에서만 자란다고 믿어졌다. 멸종 위기에 처한 이 유령 난초를 재배하려고 한 모든 시도들이 실패했다는 사실은 수집가들 사이에서 그것의 희귀성과 인기도를 설명한다. 이 난초가 잘 자라는 데 필요한 특정 조건들은 오직 자연 상태에서만 충족되는 것으로 보인다.

위 글의 제목으로 가장 적절한 것은?
(a) 난초 수집: 이국적인 취미
(b) 신비롭고 멸종 위기에 놓인 난초
(c) 멸종 위기에 놓인 식물 보호
(d) 매우 희귀한 난초 재배하기

유형 → 제목 찾기

Solution 유령 난초의 희한한 모습과 그것이 얼마나 재배하기 힘든가에 대한 글이다.

Voca tangle 엉키다, 얽히다   float (물에) 뜨다   attempt 시도   cultivate 재배하다

Answer (b) A Mysterious and Threatened Orchid

Joseph's focus

유령 난초라는 희귀한 식물에 대한 글을 읽고 제목으로 가장 적절한 것을 고르는 문제입니다. 유령 난초는 잎이 없는데다가 다른 나무의 기둥이나 가지에 얽혀서 자라기 때문에 마치 공중에 떠 있는 것 같은 겉모습을 하고 있다는 점과 인공적으로 기르려는 노력들이 모두 실패했다는 점(all attempts to cultivate the endangered Ghost Orchid have been unsuccessful)들로 미루어 볼 때 (b)가 정답으로 가장 적절합니다. 이 난초가 워낙 귀해서 수집가들이 열을 올리고 있다는 내용은 언급되었지만, 글의 내용은 난초 수집이나 재배에 관한 내용이 주라고 볼 수 없으므로 (a)와 (d)는 정답이 될 수 없습니다.

30 제 의견으로는 많은 대학 학장들 간에 법적 음주 나이를 낮추려는 움직임이 증가하고 있다는 것은 이 문제에 대한 지적인 논의를 촉구하는 중요한 첫 단계입니다. 폭음은 많은 젊은이들에게 심각하고 치명적인 문제가 되었으며 지금까지 성공적인 해결책이 없었습니다. 많은 대학 학장들은 현재의 법률이 이 위험한 문

제를 막는 데 실패했을 뿐만 아니라 사실상 더욱 악화 시켰다고 생각합니다. 법은 젊은이들이 책임감 있게 행동하도록 격려하는 대신에 음주를 금지된 행위, 따라서 더욱 매력 있는 행위로 만들고 있습니다.

위 글의 제목으로 가장 적절한 것은?
(a) 부모들은 어디 있는가
(b) 알코올 남용의 위험
(c) 대학생 음주의 증가
(d) 심각한 문제를 더욱 악화시키는 법률들

유형 → 제목 찾기

Solution 음주 나이를 제한하는 법률이 오히려 젊은이들이 폭음을 하도록 만들기 때문에 법적 음주 연령을 낮춰야 한다는 일부 대학 학장들의 주장에 대한 글이다.

Voca binge drinking 폭음 deadly 치명적인 deter 못하게 하다

Answer (d) Laws Make a Bad Problem Worse

Joseph's focus

우리나라에서도 대학생들이 폭음으로 사망하는 사고가 종종 발생합니다. 미국에서는 법적으로 술을 마실 수 있는 나이가 21세이기 때문에 대학생들의 음주 사고가 자주 발생합니다. 특히 21세 생일에 과다하게 술을 마시는 것이 큰 사회 문제가 되고 있습니다. 이러한 문제들을 해결하기 위해서 일부 대학 학장들이 현재 21세인 법적 음주 나이를 낮춰야 한다고 주장하고 있습니다. 그들이 이러한 주장을 하는 이유는 21세 이하 젊은이들의 음주를 법률로 막음으로써 그들에게 오히려 음주에 대한 동경과 환상을 심어준다는 것입니다. 그러므로 법이 문제를 막기보다는 오히려 악화시키는 상황이라는 것을 알 수 있습니다.

---

31 세계에서 가장 나이가 많은 노인이 이번 주에 생일을 맞이하는데, 그가 받은 선물 가운데는 그의 고향 일본 미야코노조의 시장이 보낸 현금 1,000달러가 포함되어 있었다. 티모지 타나베는 113세로서는 건강 상태가 매우 좋은데, 그는 이것은 일찍 일어나고 잘 먹고 흡연과 음주를 피하는 것을 포함하는 좋은 습관들 덕분이라고 한다. 일본에 사는 것이 그의 장수와 관계가 있을 수도 있는데 그것은 일본이 세계에서 가장 수명이 긴 나라들 중의 하나이기 때문이다. 작년 그의 생일에 타나베씨는 영원히 살고 싶다고 했다. 그러나 올해 그는 앞으로 한 5년 정도만 더 살고 싶다고 말했다.

위 기사 내용으로부터 유추할 수 있는 것은?
(a) 타나베씨는 노령으로 인한 전형적 질병들에 시달리지 않고 있다.
(b) 과학자들은 장수에 대해 더 많은 것을 알기 위해 타나베씨를 연구하고 있다.
(c) 일본 국민들은 다른 나라 국민들보다 담배를 적게 피운다.
(d) 건강한 생활 습관을 유지한다면 120세까지 사는 것이 가능하다.

유형 → 추론

Solution 본문 중 [Tomoji Tanabe is in good health even at 113 years old] 부분을 통해 타나베씨가 노령으로 인한 일반적 질병들에 시달리지 않고 있다는 것을 유추할 수 있다.

Voca attribute ~탓으로 돌리다 longevity 장수 life expectancy 수명 infinity 무한

Answer (a) Mr. Tanabe believes his healthy lifestyle accounts for his old age.

Joseph's focus

세계에서 최고령의 노인이 113번째 생일을 맞이한 것에 대한 기사를 읽고 추론하는 문제입니다. [Tomoji Tanabe is in good health even at 113 years old.] 부분에서 타나베씨가 노령으로 인한 일반적 질병들에 시달리지 않고 있다는 것을 유추할 수 있습니다. 타나베씨가 흡연을 삼가는 것이 자신의 장수 비결이라고 했고 일본이 전 세계적인 장수국 중의 하나라는 것은 사실이지만 일본인들이 다른 국가 국민들에 비해 담배를 적게 피운다고 할 수는 없습니다. (b)와 (d)도 일반적인 상식으로 있을법한 일들이지만 주어진 글에서 유추할 수 있는 내용은 아닙니다. 독해 문제를 해결할 때 주제에 대한 사전 지식이 있으면 도움이 되는 경우가 많지만 자신이 들어서 알고 있는 사실과 글에서 주어진 내용을 혼동해서는 안 됩니다. 아무리 사실이라고 해도 글에서 언급되지 않는 이상 정답이 될 수는 없습니다.

---

32 미국 의회 예산처의 자료에 따르면, 미국 가정의 상위 30퍼센트, 즉 약 5000만 명이 1989에서 1999년 사이에 소득이 약 40퍼센트 증가하여 평균 11만 달러인 것으로 신고했다. 미 주택 건설업자 협회에 따르면, 작년에만 신규 주택의 20퍼센트가 300평방미터 이상이었고, 이는 1986년 수치의 두 배 이상이라고 한다. 7미터보다 긴 보트의 판매가 지난 2년 동안 40퍼센트가 증가하여 총액 17억 달러에 육박했다. 대조적으로, 하위 30퍼센트의 가구의 세후 소득은 20퍼센트 감소하여 7,800달러였다. (평균적인 미국 가구의 소득은 약 4만 5000달러이다.) 이는 수백만 명의 사람들이 수백 만 달러의 쓸 돈을 가지고 있고, 그들은 실제로, 특히 사치품에 그 돈을 쓰고 있음을 의미한다.

신문 기사를 가장 잘 요약한 것은?
(a) 미국의 부유한 가정과 가난한 가정의 격차가 커졌다.
(b) 평균적인 미국 가정의 소득은 많이 증가했다.
(c) 미국인들은 큰 집을 선호하는 경향이 있다.
(d) 미국 가정의 상위 20퍼센트가 거의 모든 국가적 부를 독점하고 있다.

유형 → 요약하기

Solution 글 전체가 미국의 부유한 가정과 가난한 가정의 소득 격차가 벌어졌다는 내용이다.

Voca Congressional Budget Office (미) 의회 예산처 household 가구, 가정 square meter 평방미터 after-tax income 세후 소득 luxury 사치품

Answer (a) The gap between rich and poor American households has broadened.

Joseph's focus

미국 상위 계층 가정과 하위 계층 가정의 소득 변화 추이를 설명하고, 소득의 격차가 커졌다는 글을 읽고, 가장 잘 요약한 선택지를 골라야 하는 유형의 문제입니다. 이 유형의 문제 역시, 글의 주제나 대의 파악이 우선되어야 하며, 문제를 푸는 요령은 제목 찾기 유형과 마찬가지로, 지문에는 언급되었지만 범위가 너무 넓거나, 너무 좁은 오답 선택지를 고르지 않도록 유의해야

합니다. (b)의 상위 30퍼센트의 가정의 소득이 40퍼센트 증가했다는 내용은 나와 있지만, 평균적인 미국 가정의 소득이 증가했는지의 여부는 지문에 언급되어 있지 않습니다. (c) 지문 중간에 신규 주택의 20퍼센트 이상이 300평방미터 이상의 큰 집이었다는 내용이 언급되긴 했지만, 이 내용으로부터 대부분의 미국인들이 큰 주택을 선호한다고 일반화시킬 수는 없습니다. (d)의 상위 20퍼센트가 미국 국부의 거의 대부분을 차지하고 있다는 내용은 언급되어 있지 않았습니다.

33 로봇이 제공할 수 있는 장점은 무궁무진할 수 있습니다. 로봇은 인간과는 달리 불만이나 결근 없이 단조롭고, 더럽고, 불쾌한 일들을 할 수 있습니다. 로봇은 한 번에 수 주 동안, 수년 동안 드릴로 구멍을 파거나 금속판을 만듭니다. 로봇은 또한 오랜 기간 하기에는 인간들에게 너무 위험한 일이나, 질병을 유발하는 일이나 가스나 방사능으로 잦은 사고가 발생하는 일을 합니다. 게다가, 조립라인의 로봇은 인간보다 더 비용 효율적입니다; 로봇은 24시간 내내 일을 할 수 있기 때문입니다.

다음 중 위 지문을 가장 잘 요약한 것은?
(a) 로봇은 유독 가스 또는 방사능 때문에 발생하는 다양한 사고들을 막을 수 있다.
(b) 로봇은 쉬지 않고 하루 종일 일을 할 수 있다.
(c) 로봇은 인간보다 더 복종적이고, 비용 효율적이다.
(d) 로봇은 사람들이 오랜 기간 동안 하기에는 너무 위험한 일들을 할 수 있다.

유형 → 요약하기

Solution 글은 전체적으로 로봇의 장점을 열거하고 있으므로 (c)가 지문을 가장 포괄적으로 요약한 선택지라고 볼 수 있다.

Voca numberless 무수한, 셀 수 없는 monotonous 단조로운 complaint 불만, 불평 fume 연기, 가스 radiation 방사능 assembly line 조립대, 조립라인 cost-effective 비용 효율적인, 비용 대비 효과가 뛰어난 round the clock 24시간 내내

Answer (c) Robots are more obedient and cost-effective than men.

Joseph's focus

로봇의 장점을 열거한 글을 읽고, 글의 내용을 가장 잘 요약한 선택지를 고르는 문제입니다. 이 문제의 경우 대부분의 선택지가 지문에 언급은 되었지만, 지극히 부분적이거나, 지엽적인 내용으로 오답을 유도하고 있습니다. (a)는 지문에 언급되지 않은 정보입니다. 다양한 사고가 많이 나는 일을 할 수 있다고 언급되었지, 사고를 방지할 수 있다는 내용이 아닙니다. (b)와 (d)는 지문에 언급되었으므로, 지문의 내용과는 일치하지만, 글 전체를 요약하는 내용으로는 너무 지엽적이므로 정답이 될 수 없겠습니다.

34 새로운 연구 조사에 따르면, 견과류, 통곡물과 같이 비타민 E를 함유하고 있는 음식이 많이 들어있는 식단은 흡연자들이 폐암에 걸릴 위험을 약 20퍼센트 낮춰줄 수 있다고 한다. 핀란드의 연구자들은 약 3만 명의 남성 흡연자들을 대상으로 연구를 실시했고 비타민 E의 주요 형태인 알파 토코페롤을 혈액 속에 많이 가지

고 있었던 사람들의 폐암 발병률이 19퍼센트에서 23퍼센트 줄어들었음을 발견했다. 연구 결과에 따르면, 60세 이하의 남성과 40년 미만 동안 담배를 약간만 핀 흡연자들 사이에서 효과가 매우 두드러졌다. 이러한 그룹의 남성들에게서 나타난 폐암 발병률의 감소는 40퍼센트에서 50퍼센트로 변화했다.

다음 중 위 신문 기사를 가장 잘 요약한 것은?
(a) 비타민 E가 풍부한 음식은 폐암을 어느 정도 막아줄 수 있다.
(b) 연구자들은 비타민의 주요 형태는 알파 토코페롤이라고 결론을 내렸다.
(c) 핀란드의 흡연자들은 견과류를 먹음으로써 폐암 발병률을 줄였다.
(d) 흡연은 고혈압을 훨씬 더 위험하게 할 것으로 예상된다.

유형 → 요약하기

Solution 비타민 E가 많이 들어있는 음식을 섭취하면, 폐암에 걸릴 위험을 줄여줄 수 있다는 요지의 글이다

Voca whole grains 통곡물; 정제되지 않은 곡물 lower 낮추다 incidence 발병(율) significant 큰, 두드러진, 현저한, 중요한

Answer (a) Foods rich in vitamin E can provide certain protection from lung cancer.

Joseph's focus

비타민 E와 폐암 발병률의 상관관계에 대한 연구 조사를 보도하는 신문 기사를 읽고 기사의 내용을 가장 잘 요약한 선택지를 고르는 문제입니다. 지문의 내용을 가장 잘 요약한 선택지를 고르는 문제 역시 대의 파악을 해야 하는 유형이므로 주제문을 찾는 것이 가장 중요합니다. 신문 기사는 거의 대부분 두괄식의 글 구조를 취하기 때문에 주제문은 첫 문장이나 도입부에 제시될 가능성이 높습니다. 이 지문의 경우도 첫 문장이 주제문이므로, 이 주제문과 관련 있는 선택지나 주제문을 paraphrase한 선택지를 고르면 됩니다.

35 다른 많은 나라들에 비해, 호주는 영토의 상당 부분이 울퉁불퉁한 산악 지형이라 작물을 재배할 수 있는 공간이 부족하다. 몇몇 지역들은 또한 붉고 메마른 사막으로 덮여 있어서 아무것도 자랄 수가 없다. 그럼에도 불구하고 호주는 많은 양의 농작물을 생산하고 있고, 계곡의 토양은 상당히 비옥하며 따뜻한 기후가 일년 내내 작물을 재배할 수 있게 해준다. 그러나 강우량이 풍족치 않으며, 각 섬의 남부와 서부 쪽 땅의 대부분은 강우량이 너무 적어 대부분의 작물이 잘 자랄 수 없다. 그래서 강우량이 많은 여러 지역에서는 우물과 골짜기가 관개에 필요한 물을 공급한다.

위 지문에 가장 적합한 제목은?
(a) 지형이 호주 기후에 미치는 영향
(b) 기후가 호주 관광에 미치는 영향
(c) 기후가 호주인들의 여가 생활에 미치는 영향
(d) 지형이 호주 농업에 미치는 영향

유형 → 제목 찾기

Solution 호주의 지리적 특성과 농업에 관한 글이다.

Voca proportion 부분, 비율 soil 토양 valley 계곡 fertile 비옥한, 기름진, 다산의 all year long 일 년 내내, 연중 내내 plentiful 풍부한 mountain stream 골짜기

 (d) The Effect Geography Has on Australian Agriculture

Joseph's focus

호주의 지형과 농업에 관한 짧은 글을 읽고 제목을 찾는 문제입니다. 이 지문 역시 호주는 영토의 상당 부분이 울퉁불퉁한 산악 지형이라 작물을 재배할 수 있는 공간이 부족하다는 내용의 첫 문장이 주제문이라고 할 수 있으므로, 두괄식의 글 구조를 가지고 있습니다. 제목 찾기 유형 역시 글의 주제를 찾는 것이 관건입니다. 항상 강조하는 내용이지만, 제목을 찾을 때는 지문에 언급은 되었지만, 제목으로 잡기에는 너무 광범위한 것이나, 지문에 언급된 일부분에만 해당되는 너무 좁은 선택지는 오답이라는 점에 유념해야겠습니다. 호주의 관광과 호주인들의 여가생활에 대해서는 전혀 언급이 없으므로, 선택지 (b)와 (c)는 무조건 오답이고 (a)는 지문에 호주의 지형과 기후가 언급이 되었기 때문에 그럴싸해 보이지만, 지형이 기후에 어떻게 영향을 미치는지는 구체적으로 전혀 언급이 되어 있지 않기 때문에 답이 될 수 없습니다.

36 래리에게,

저는 콜롬비아 마약 범죄 조직과의 전쟁이 한층 더 강화되어야 한다는 미국의 입장을 충분히 이해하며 지지합니다. 제 관점에서 볼 때, 약자의 입장에서는 반란군과 평화협상을 벌일 수 없다는 사실을 콜롬비아 대통령 안드레스 파스트라나가 이해하지 못하는 것은 불행한 일입니다. 마약 범죄 조직들은 법과 명예를 지키는 것에는 추호의 관심도 없으며, 어떠한 도덕적 원칙도 없이 마약거래, 강탈, 납치를 통해 상당한 이득을 챙기고 있는 무자비한 무리들이라고 생각합니다. 대통령은 군과 긴밀한 관계를 유지해야 합니다. 왜냐하면, 군대는 대통령이 반란 세력들에게 그들의 행위가 극히 어리석고 위험하다는 것을 깨닫게 하도록 도울 수 있는 유일한 힘이기 때문입니다.

후안 루코사
콜롬비아 보고타에서

위 편지에 가장 어울리는 제목은?
(a) 반란 세력들이 원하는 것
(b) 마약 반군들에게 대처하는 방법
(c) 콜롬비아와 미국의 미래 전망
(d) 마약 거래에 대한 미국의 입장

유형 → 제목 찾기

 글쓴이는 마약 조직에 군대를 동원하여 강력하게 대응할 것을 요구하고 있으므로, (b) 마약 반란군을 다루는 방법이 제목으로 가장 적절하다

 drug cartel 마약 카르텔, 마약 범죄 조직 raise another notch 눈금[단, 급, 수준]을 한 칸 더 올리다 drug trafficking 마약거래 extortion 약탈

 (b) How to Deal with Drug Rebels

Joseph's focus

콜롬비아 대통령이 군을 동원하여 콜롬비아 마약 범죄 조직과의 전쟁을 강화해야 한다고 주장하는 편지글을 읽고 제목을 찾는 문제입니다. 글쓴이는 콜롬비아 마약 조직과는 회유적인 방법으로는 평화를 이끌어낼 수 없으므로, 군대를 동원하여 힘으로 반란군을 제압해야 한다고 주장하고 있으므로 가장 적절한 제목은 (b) 마약 반군을 다루는 방법입니다. (a)는 지문에 언급이 되어 있지 않으며, 제목으로 잡기에는 너무 지엽적이고, (c)는 글과는 전혀 무관한 내용의 제목이며, (d)는 콜롬비아 마약 거래조직에 대한 미국의 입장은 언급되었지만, 마약 거래 전반에 대한 미국의 입장은 지문에 언급되지 않았으므로, 제목으로 잡기에는 너무 광범위합니다.

37-1 데이비스 씨와 부인께,

학기가 막 시작한 것 같았는데 벌써 매우 보람 있는 한 해의 끝에 다다랐습니다. 학생들이 열심히 노력한 덕분에 우리는 올해가 압도적인 성공이었다고 분명히 장담할 수 있습니다. 실제로 지금은 일 년 동안 모든 학생들이 한 수고를 축하할 때가 되었습니다. 두 분도 아시다시피, 학군의 연례 연말 시상식이 5월 12일 후버 고등학교 강당에서 열릴 예정입니다. 귀댁의 따님 사라가 영예로운 올해의 학생 상에 지명되었다는 것을 알려 드리게 된 것을 기쁘게 생각하며 5월 11일 수업 시간 중에 후버 고등학교에서 있을 시상식 연습에 참가해야 한다는 것을 알려 드립니다. 이 이메일에 첨부된 승낙서에 서명을 하여 팩스나 이메일로 보내 주십시오. 이 승낙서는 사라가 수업 시간 중에 학교 밖으로 나갈 수 있게 해 줄 것입니다. 감사합니다. 매우 자랑스러우시겠습니다.

메리 오브라이언
브라이언 존스 고등학교 교장

이 편지의 목적으로 알맞은 것은?
(a) 데이비스 부부를 시상식에 초대하기 위해서
(b) 데이비스 부부의 노고에 감사하기 위해서
(c) 사라를 학교 시상식의 수상자로 지명하기 위해서
(d) 사라 부모의 승낙서 서명을 요청하기 위해서

유형 → 글의 목적 파악

 편지를 보낸 이유는 사라가 시상식 연습에 참여하기 위해 수업 시간 중에 학교를 떠날 수 있도록 승낙서에 서명을 해 줄 것을 요구하기 위해서이다.

 fruitful 보람 있는 auditorium 강당 nominate 지명하다 prestigious 영예로운 consent 승낙

 (d) To request the signing of a permission form from Sarah's parents

Joseph's focus

편지는 사라라는 학생이 다니는 학교의 교장이 사라 부모님에게 보낸 것입니다. 편지에서 사라가 올해의 학생 상을 받게 되었다는 것을 알리고 있습니다. 하지만 편지를 쓴 목적은 사라가 시상식 전날 시상식 연습에 참가해야 하는데 그것이 수업 시간 중에 진행되므로 사라가 수업에 빠져도 좋다는 승낙서에 서명을 해 달라고 부탁하기 위한 것입니다. 그러므로 [To request the signing of a permission form from Sarah's parents]가 정답입니다. 사라가 이미 수상자로 지명되었다는 것을 알리고 있으므로, (c)는 정답이 될 수 없습니다. 편지의 목적을 묻는 글에서는 혼동을 유발하기 위해 오답을 유도하는 어구들을 편지 초반에 쓰는 경우가 많이 있다는 것을 기억해야 합니다.

37-2 최근 프랑스 학교에서 머리에 쓰는 스카프를 금지시킨 조치는
분노를 일으켰다. 머리에 쓰는 스카프뿐만 아니라 커다란 십
자가와 유대인들의 스컬 캡과 시크 교도들의 두건에도 적용되
는 이 금지에 대한 대규모 항의에도 불구하고 이 법은 의회에
서 494표 대 36표로 통과했다. 이러한 찬반 투표는 자신들의 지
역구 주민들의 기분을 맞추려는 프랑스 정치 지도자들과 관계
가 있는데 최근 여론조사에 의하면 이 법은 70퍼센트의 국민들
이 찬성하고 있다. 그러나 항의자들은 이 금지를 종교적 자유의
침해로 여긴다. 이 법을 도입한 온건 우파 UMP당의 의원은 이
것이 프랑스 정교분리적 성격을 보존하기 유지하기 위한 것이고
소수의 종교 강경론자들에 대한 대책이라고 말한다.

위 기사의 제목으로 가장 적절한 것은?
(a) 프랑스의 UMP 당이 압도적으로 승리하다.
(b) 머리 스카프의 금지가 프랑스에서 논쟁을 불러일으키다.
(c) 프랑스 국민들은 머리 스카프 금지를 지지한다.
(d) 종교 강경론자들이 프랑스 학교의 평화를 위협한다.

유형 → 제목 찾기

Solution 프랑스 학교에서 특정 종교를 상징하는 의복이나 장신구들
을 금지하는 법률이 통과된 것으로 인해 항의가 발생하고
있다는 내용이다.

Voca **ban** 금지 **headscarf** 머리에 쓰는 스카프 **outrage**
분노, 격분시키다 **mass** 대규모의 **skullcap** 유대 성직
자 등이 쓰는 테두리 없는 베레모 **constituency** 선거구
민 **reveal** 밝히다 **infringement** 침해, 위반 **deputy**
(프랑스) 국회의원 **moderately** 적당히, 중간 정도로
uphold 지지하다 **secular** 비종교적인, 종교와 관계가 없
는 **hardliner** 강경론자

Answer (b) Headscarf Ban Raises Controversy in
France

Joseph's focus

최근 프랑스에서 특정 종교를 상징하는 의복이나 장신구들을
학교에 착용하고 오는 것을 금지하는 것에 대한 기사입니다. 의
회는 압도적으로 이 금지 법안을 통과시켰지만 일부 항의자들
은 이것이 종교의 자유를 침해하는 행위라고 비난하고 있습니
다. 이 법률이 도입된 것은 다수의 프랑스 국민들이 이 금지 법
률을 환영한다는 점을 정치인들이 법률로 반영한 것으로 법안
의 통과를 처음 제안한 당의 의원에 의하면, 프랑스 정부는 종
교와는 분리되어야 한다는 점과 이것이 일부 종교 강경론자들
에게 메시지를 보내기 위한 것이라고 말합니다. 그러므로 머리
스카프의 금지가 프랑스에서 논쟁을 일으키고 있다는 (b)가 정
답입니다.

Part III (38~40)

38 미 연방 대법원은 미국의 최고 사법기관으로서 연방정부의 사법
부를 이끌고 있다. (a) 미 연방 대법원에는 저스티스(정의의 여신)
로 불리는 아홉 명의 판사들이 있는데, 그들은 본인들이 원하는
만큼 오래 판사로 근무할 수 있다. (b) 미국에서는 투표권이 있는
사람이라면 누구라도 소환되어 배심원 또는 대배심원의 역할을
맡을 수 있다. (c) 연방 대법원은 본래 상고법원이지만 작은 규모
의 소송들에도 원심 재판권을 가지고 있다. (d) 연방 대법원으로
오는 소송들은 언론의 자유와 같이 종종 연방 헌법에 관계된 것

들이다.

유형 → 글의 흐름 파악

Solution 글 전반은 미 연방 대법원에 관한 글인데, (b)는 미국의 일
반적인 배심원 제도에 관한 내용이므로 흐름에 맞지 않는다.

Voca **judicial** 사법의 **judiciary** 사법부, 사법제도 **appellate
court** 상고법원 **jurisdiction** 재판권, 관할권

Answer (b) In the US, anyone who is able to vote can
be called upon to serve on a jury or grand
jury.

Joseph's focus

미 연방 대법원의 구성과 기능에 대한 글을 읽고 흐름상 어색
한 선택지를 고르는 문제입니다. 항상 첫 문장이 주제문(topic
sentence)이므로, 글을 읽어나가면서, 첫 문장과 topic이 일
치하는지 비교해 보는 것이 좋습니다. 이 글의 경우 첫 문장에
서 글의 토픽이 연방대법원임을 간파했다면, 쉽게 정답을 고를
수 있는 문제입니다.

39 사람들은 에이즈가 출현한 이후로 안전한 성교를 행하고 에이즈
와 다른 질병들로부터 스스로를 보호하기 위한 수단으로서 콘돔
을 사용하도록 권장 받아왔다. (a) 콘돔은 성교시 임신 가능성과
성병의 확산을 감소시키기 위해 가장 보편적으로 사용되는 방어
장치이다. (b) 사람들은 종종 가게 등에서, 특히 점원이 여성인
경우, 너무 난처해 콘돔을 달라는 말을 못하는 남성들에 관해 농
담을 하곤 한다. (c) 프렌치레터, 러버, 듀렉스 등과 같이 콘돔을
칭하는 일반적으로 알려진 다양한 이름들이 있다. (d) 후천성 면
역 결핍증인 에이즈는 1981년에 미국에서 처음 보고되었으며 이
후 전 세계적으로 퍼진 주요 전염병이 되었다.

유형 → 글의 흐름 파악

Solution 글 전체는 AIDS에 관한 글이 아니라, 콘돔에 관한 글인데,
(d)는 AIDS에 관한 글이므로 흐름상 어색하다.

Voca **have sex** 섹스를 하다 **barrier** 장벽, 방어물 **sexual
intercourse** 성교, 성관계 **sexually transmitted
disease** 성병 **French letter** 콘돔의 별칭
cf. Rubber, Durex **immune** 면역 **deficiency**
결핍; 부족 **epidemic** 전염병, 유행병

Answer (d) AIDS—acquired immune deficiency
syndrome—was first reported in the
United States in 1981 and has since
become a major worldwide epidemic.

Joseph's focus

이 문제 역시 토픽이 불일치하는 선택지를 고르는 유형의 문제
입니다. 첫 문장만 봐서는 글이 AIDS에 관한 글인지 콘돔에 관
한 글인지 알 수 없지만, 선택지 (a), (b), (c) 모두 토픽을 AIDS
가 아니라 콘돔으로 몰아가고 있기 때문에, 이 글의 토픽은 콘
돔이 됩니다. 따라서 토픽이 불일치하여 흐름상 어색한 문장은
AIDS에 관한 내용인 (d)가 됩니다.

40-1 수면은 인간에게 매우 중요하다. 사람은 평균적으로 평생 동안
잠을 자는 데에 220,000 시간을 소비하기 때문이다. 수면은 감

각과 운동 활동이 일시적으로 중지된 상태가 자연적으로 되풀이 되는 상태로, 완전한 또는 부분적인 무의식의 상태에 빠지고 거의 모든 수의근이 마비되는 것이 특징이다. (a) 다른 동물들과 같이 인간은 언제 자고 언제 먹을지를 알려주는 생물학적인 시계를 지니고 있다. (b) 약 30년 전까지만 해도, 수면에 대해 많이 아는 사람은 없었다. (c) 그때부터 의사들과 과학자들은 수면 실험실에서 연구를 하기 시작했다. (d) 그들은 수면 중인 사람들을 연구함으로써 수면에 대해 많은 것을 알게 되었지만 여전히 이해할 수 없는 부분이 많이 있다.

유형 → 글의 흐름 파악

Solution 글 전체는 수면이란 무엇인지에 관한 글인데, (a)는 다른 동물과 인간의 생물학적 특징에 관한 내용이므로, 흐름상 어울리지 않는 문장이다.

Voca average 평균의, 보통의 recur 재발하다, 반복되다, 되풀이되다 suspended sensory 정지된 감각(기관) motor (생리) 운동의, 운동신경의 motor activity 운동활동 voluntary muscle 수의근

Answer (a) Humans, like other animals, have a biological clock that tells us when to sleep and eat.

Joseph's focus

수면의 정의와 수면의 성격을 규명하려는 인간의 노력에 관한 글입니다. 얼핏 보면, 선택지 (a)에 sleep이라는 단어가 들어 있으므로, 토픽이 일치한다고 착각할 수도 있지만, (a)는 수면에 관한 글이 아니라, 인간과 동물의 생물학적 시계에 관한 내용이므로 흐름상 어색합니다. Part Ⅲ에서는 토픽의 불일치, 주제의 불일치, 어조 (tone)의 불일치 순으로 많이 물어보고 그 중에서도 토픽의 불일치가 가장 많이 등장합니다. 따라서 첫 번째 주제 문장과 토픽이 불일치하면 일단 정답일 가능성이 아주 높으므로, 항상 주제 문장을 기준으로 잡고 비교해서 답을 고르도록 하는 습관을 기르는 게 좋습니다.

40-2 전 세계의 종교 박해에 관해 국무성이 발표한 한 새로운 보고서에 따르면, 중국시민들은 정부가 공식적으로 후원하는 교회들을 벗어나서 종교행위를 할 경우 고초를 겪거나 노동 캠프에 장기간 감금될 수도 있다고 한다. (a) 보고서는 또한 티베트를 포함한 중국의 스님과 비구니에 대한 종교적 박해 사건들에 대한 신뢰할 만한 보고들을 인용하고 있다. (b) 중국은 종교적 자유에 관한 일련의 연례 보고서들의 첫 번째 격인 그 보고서에서 조사된 194개 국가들, 또는 영토들 중의 하나이다. (c) 그 연구 결과는 수요일에 국회의원들에게 공개되었고, 목요일에 언론에 공개될 것이다. (d) 자유 시장 자본주의 시스템은 경제 활동에 참여하는 모든 주체들이 자신들의 최선을 성취할 기회를 부여받지 못하면 효과적으로 기능할 수 없다.

유형 → 글의 흐름 파악

Solution (d)는 자본주의 경제 시스템에 관한 글로 전체 흐름에서 벗어난 내용이다.

Voca harassment 괴롭힘 detention 감금; 구류 sponsor 후원하다 religious persecution 종교박해 credible 믿을 만한 incident 사건, 사고, 사례 territory 영토 annual series 연간 시리즈 release

배포하다, 공개하다

Answer (d) A free-market capitalist system cannot operate effectively unless all participants in the economy are given opportunities to achieve their best.

Joseph's focus

중국의 종교 박해에 관한 미 국무성의 한 보고서에 관한 글을 읽고 흐름상 어색한 문장을 찾는 문제입니다. 흐름 찾기 문제는 항상 첫 문장이 주제 문장입니다. 첫 문장에서 글 전체의 토픽이 a new report on religious persecution임을 감지하고, 선택지를 순서대로 읽어 나간다면, 아주 쉽게 답을 찾을 수 있습니다. 각 선택지에 등장한 핵심 키워드를 주목하여 볼 필요가 있습니다. (a)에서는 the report와 abuses of Buddhist monks and nuns, (b)에서는 report와 religious freedom, (c)에서는 the study라는 어구가 일관성 있게 등장하고 있다는 걸 알 수 있습니다. 하지만 (d)에서는 앞에서 일관성 있게 등장한 어구가 등장하지 않을 뿐만 아니라, 내용 또한 자본주의 경제 시스템에 관한 것으로 흐름에서 완전히 벗어났음을 쉽게 간파할 수 있습니다.

Joseph Kim's **TEPS MASTER** 1000제

TEPS의 마침표를 찍을 수 있도록 엄선된 실전문제와 함께
친절한 설명을 담고 있는
Joseph Kim's TEPS MASTER 1000제

· 영역별, 파트별로 반드시 알아 두어야 할 유형과 전략을 담고 있는 실전 완성의 최종
· 최고 TEPS 강사가 만든 유형별 분석(Analysis), Solution과 별도로, 문항별 focus를 두어 문제의
  핵심을 알 수 있도록 한 차별화된 해설
· 문항별 난이도를 표시하여 자신의 실력이 어느 정도인지를 가늠해 볼 수 있는 기회 제공
· 단순 Vocabulary 정리가 아닌 어휘의 확장(Extension)을 위한 동의어(Synonym),
  반의어(Antonym), 연어(Collocation) 제공
· TEPS 시험 대비를 위한 분야 · 주제별 주요 청해 표현 제공

978-89-6049-164-9 18740   978-89-6049-135-9(set)

18740
9 788960 491649